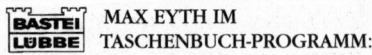 MAX EYTH IM
TASCHENBUCH-PROGRAMM:

13 880 Der Schneider von Ulm
14 212 Der Kampf um die Cheopspyramide

KLASSIKER DES HISTORISCHEN ROMANS

MAX EYTH

Der Kampf um die

PYRAMIDE

HISTORISCHER ROMAN

Neu durchgesehen, mit Anmerkungen
und einem Nachwort
von Nikolaus Gatter

BASTEI LÜBBE TASCHENBUCH
Band 14 212

Erste Auflage: Mai 1999

Sie finden uns im Internet unter
http://www.luebbe.de

© Copyright 1999 by
Bastei-Verlag Gustav H. Lübbe GmbH & Co.,
Bergisch Gladbach
Lektorat: Marco Schneiders
Titelbild: Archiv für Kunstgeschichte, Berlin
Umschlaggestaltung: Karl Kochlowski, Köln
Satz: KCS GmbH, Buchholz / Hamburg
Druck und Verarbeitung:
Elsnerdruck, Berlin
Printed in Germany
ISBN 3-404-14212-8

Der Preis dieses Bandes versteht sich einschließlich der gesetzlichen Mehrwertsteuer

Alles Vergängliche
Ist nur ein Gleichnis
Goethe

Inhalt

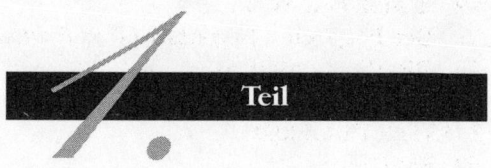

Teil

Wasser

Vom Himmel kommst du; aus der Erde Tiefen,
Gesegnet Element, quillst du empor.
Kristallhell brichst du aus der Felsen Tor,
Und perlst hernieder, wenn die Gletscher triefen.

Dann, wo erstarrt einst tote Wüsten schliefen,
Regt sich das Leben; grünt und blüht's hervor.
Und Leben – Leben schlägt an Aug' und Ohr:
Das Wunderkind, das deine Kräfte riefen.

Doch wenn die schweren, gelben Fluten schwellen,
Stürzt auch der Tod auf deinen Sturmeswellen
Laut jauchzend übers Land, das du verschlingst. –

Gesegnet Element, lehr uns verstehen:
In Tod und Leben, Wachsen und Vergehen
Liegt erst der ganze Segen, den du bringst.

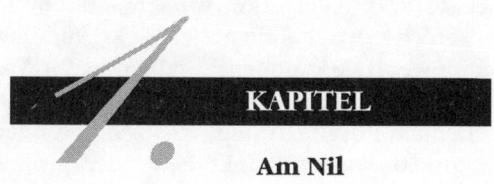

KAPITEL

Am Nil

»*Hydor men ariston!*« rief ich in verzeihlicher Erregung, als mir plötzlich ein dreißig Zentimeter dicker Strahl gelben Nilwassers aus der Rohrmündung entgegenschoß, in deren schwarzen, gurgelnden Schlund ich eine Minute lang sorglich geblickt hatte. Wild sprudelnd füllte die sehnlich erwartete Flut eine Holzrinne, welche sie dem Kanal zwischen zwei frisch aufgeworfenen Erddämmen hinter der Lokomobile zuführte.

»Was?« schrie Fritschy, den Anlaßhebel der Maschine in der Hand, mit dem ganzen verschmierten Gesicht lachend, über das die Schweißtropfen niederrannen. Er glaubte, einen arabischen Befehl nicht richtig gehört zu haben.

»Hydor –!« doch ich faßte mich und winkte dem Mann, der auf der andern Seite des sausenden Maschinenriemens doch nichts verstehen konnte, daß alles in Ordnung sei. Es schickte sich nicht, den Kopf zu verlieren und den Ruf orientalischer Gelassenheit, den ich mühsam zu erwerben begann, leichtfertig aufs Spiel zu setzen. So drängte ich die Erinnerung an halbvergessene Schulzeiten, die mit dem Wasser und der Freude am gelungenen Werk plötzlich aufgestiegen waren, gewaltsam zurück und schraubte mit der Miene selbstverständlicher Gleichgültigkeit die Stopfbüchse der Kreiselpumpe fester, die zu tropfen anfing. Innerlich aber fuhr ich fort, den alten Pindar zu preisen, dessen Verse zweitausend Jahre lang

11

frisch geblieben waren, und mir entgegenbrausten, als hätte er sie gestern gedichtet. Wasser ist das Beste: hurra!

Solch erfrischende Augenblicke kommen nicht alle Tage, aber wenn sie kommen, bezahlen sie für Wochen und Monate afrikanischer Hitze. Wir waren in Thalia, einem Fellahdörfchen am Rosettaarm des Nils zehn Stunden Wegs unterhalb Kairo, dem Mittelpunkt eines der größeren Güter Halim Paschas. Ich hatte hier im Laufe der vergangenen Woche die zweite Zentrifugalpumpe aufgestellt, die sich meines Wissens im Lande der Pharaonen befand, und zwar nach einem Plan, mit dem eine große Schwierigkeit ägyptischer Verhältnisse überwunden zu sein schien. Die erste der damals neuen Wasserhebemaschinen dieser Gattung stand am Nilufer bei Schubra auf mächtigen, senkrecht eingerammten Pfählen, die gewissenhaft nach den ausgesandten Zeichnungen eingerammt waren, ebenso gewissenhaft aber alle vierzehn Tage umfielen, denn die Pumpe selbst saugte den Sand weg, der sie tragen sollte. Schwere und teure Fundierungsarbeiten gestatteten die Verhältnisse aus örtlichen und zeitlichen Gründen nicht. Es war ein Jammer, und nichts wollte helfen. In Thalia hatte ich nun auf die steilgeneigte Böschung des Nilufers, in der Richtung von oben nach unten, zwei gewaltige Balken niederlegen lassen, auf denen die Pumpe je nach dem Wasserstand des Nils in jeder Höhe angeschraubt werden konnte. So ließ sie sich leicht dem Fallen und Steigen des Stromes anpassen und hatte dabei stets trockenen, festen Grund für ihre Auflagerung unter sich: eine Aufstellungsweise, die später im ganzen Land üblich wurde, hier aber das Licht der Welt erblickt hat. – Man weiß bei solchen Neuerungen, so einfach sie scheinen mögen, nie, ob nicht ein boshafter Kobold das Gelingen im letzten Augenblick zu hintertreiben vermag; und die Zeit für Versuche war knapp, denn die Baumwollpflänzchen in den benachbarten Feldern hingen schon sterbend die Köpfe. So war mir das ›*Hydor men ariston*‹ aus dem Herzen, in dem es seit Jahrzehnten verborgen gelegen hatte, mit dem Wasser in den Kopf gestiegen und herausgesprudelt, ohne mein Wissen und Wollen.

Die modernen Musen, wenn es solche gibt, werden mir allerdings den Anfang dieser Geschichte so wenig verzeihen, als die alten. Jene riechen kopfschüttelnd den altertümelnden Moder, diese naserümpfend die giftigen Schimmelpilze unserer Tage. Doch es ist mir und ihnen nicht zu helfen. Ich erzähle, was ich sah und hörte, wie es unter demselben Himmel seinerzeit der wackere Herodot zu tun pflegte. *So* fing meine Geschichte an und so wird sie, fürchte ich, auch weitergehen. Niemand braucht heutzutag den Herodot zu lesen, der keine Lust dazu hat; desgleichen andere Bücher.

Es war eine erregte Gruppe, auf welche das rotgelbe Licht der Abendsonne fiel, die als glühender Ball über den Hügeln der Wüste am andern Ufer des Stromes hing. Die buntgemalte englische Lokomobile, die in stürmischer Geschäftigkeit ihr Schwungrad drehte, funkelte und blitzte wie ein lebendiges Wesen, und schickte fröhlich summend eine Säule schneeweißen Rauchs und Dampfes in den tiefblauen Himmel hinauf. Rings um sie her, so nahe als sie zu kommen wagten, standen wohl hundert schwarzbraune Fellachin mit vorgestreckten Hälsen und freudig grinsenden Gesichtern, still noch, etwas erschreckt von dem Wunder, das vor ihren Augen geschah. In der Ferne, entlang dem Nilufer, riefen sich Weiber, ließen ihre Wasserkrüge stehen, um schneller laufen zu können und stießen von Zeit zu Zeit einen jener schrillen Freudentriller aus, als ging's zu einer ihrer Hochzeiten. Kleine nackte Jungen erfaßten die praktische Seite der Sache, und hüpften wie Frösche in den sich füllenden Kanal, der die dickgelbe Wassermasse dem nächsten Felde zuführte. Einer der Saise* des Dorfschechs machte mit seinem langen Amts-

---

* ›Sais‹ nennt man die Hausdiener, welche für Pferde und Esel zu sorgen haben. Beim Ausreiten oder Ausfahren rennen sie als Läufer, mit großen Stöcken bewaffnet, vor den Pferden her. Im Hause werden sie auch zu

stock vergebliche Versuche, die noch losen, frisch aufgeschütteten Kanaldämme zu verteidigen. War ein Junge gezwungen, die Flucht zu ergreifen, so warfen sich in kleiner Entfernung sechs andere jauchzend in den reißenden Bach. Das war etwas anderes als die müd dahinrieselnden Wässerchen, die von den Schaduffs* nach den Feldern sickerten! Selbst die Ochsen an den besten Sakien** konnten nicht daran denken, einen ähnlichen Strom auf das durstige Land zu gießen. Noch vor einer halben Stunde hatten zwei Burschen, dreißig Schritte von uns, schläfrig singend, ihre an Stricken hängenden Strohkörbchen geschwungen und das Wasser von Stufe zu Stufe in höher gelegene Gräben geschleudert. »Ja Salaam!«*** schrien beide, als sich die Maschine zu drehen anfing, warfen ihre Körbe, die seit etlichen Jahrhunderten an derselben Stelle geschwungen worden waren, in die Luft und standen andächtig vor der Mündung des Druckrohrs, das mit ruhiger, stetiger Gewalt das Wasser jetzt wie einen starren Körper aus gelbgrünlichem Glas auswarf. Und wie wenn die Nachricht bis an die fernsten Enden des Gutes durch die Luft geflogen wäre: An seinen fünfzehn Sakien, die sich durch den langen heißen Tag stöhnend gedreht, und das lebenbringende Naß in tönernen Krügen langsam und feierlich aus der Tiefe gewunden hatten, standen wie auf ein verabredetes Zeichen dreißig Ochsen stille, und die fünfzehn dazugehörigen Jungen merkten es nicht. Denn sie liefen schreiend der Stelle zu,

andern Dienstleistungen gebraucht. Vornehme Personen lassen sich häufig von zwei Saisen begleiten.
* ›Schaduff‹ ist die landesübliche von Hand betriebene Schöpfvorrichtung, mittels welcher das Wasser in mit Lehm gedichteten Strohkörbchen aus Fluß oder Kanal auf das höher gelegene Land geschleudert wird.
** ›Sakie‹ ist eine meist von Büffeln in Bewegung gesetzte Vorrichtung, welche das Wasser aus dem Nil oder aus Brunnenschächten mittels einer endlosen Kette irdener Töpfe hebt.
*** ›Ja Salaam!‹ Der gewöhnliche Ausruf der Fellachin bei jeder Art von Erregung; wörtlich: ›o Friede!‹

wo Rauch und Dampf gen Himmel stiegen und ein fränkisches Ding aus Eisen Wasser spie wie ein Afrit.* Die Ochsen aber sahen sich an. Dreitausend Jahre waren sie im Kreise herumgelaufen; sollte das jetzt wirklich aufhören? Ja Salaam!

Doch alle Aufregung, die dieses weltgeschichtliche Ereignis in Thalia hervorrief, vermochte nicht die ruhige Würde des älteren Fellahs zu stören, der in jenen abgelegenen Landesteilen auch äußerlich den Typus bewahrt hat, welchen uns die tausendjährigen Gräber seiner Vorfahren zeigen. Nicht bloß Leid und Elend, auch Glück und Freude, die der Himmel schickt, trägt er mit einer Ergebung, die uns erregbarere Europäer oft genug beschämt. Voran Ali el Hagar, der weißbärtige, grünbeturbante Schech des Dorfs. Er stand, das Kinn auf seinen Stock gestützt, vor der Pumpe, ein mildes Lächeln auf den nicht unfeinen Zügen, und wartete auf den Kaffee, den sein zweiter Sais zur Feier des Ereignisses zu bereiten bemüht war. Dieser hatte das erforderliche Feuer in dem noch trockenen Kanalbett angefacht und war von der Wasserflut überrascht worden, die niemand erwartet hatte. Dadurch war eine Verzögerung eingetreten, bis ein neuer fliegender Herd aufgebaut und in Tätigkeit gesetzt werden konnte. Fritschy seinerseits, angesteckt von der Erregung, die in der Luft lag, warf eine Schaufel voll Kohle nach der andern in die Feuerbüchse; die Maschine summte und sauste immer eifriger in der Lust ihrer ersten Pflichterfüllung, und ich selbst stand stillvergnügt vor dem übervollen Trog, dem entlang das Wasser nach dem Kanal schoß, wo es ruhiger seinen Weg zum Felde fortsetzte.

Plötzlich kamen von dort her Laute des Schreckens, heftiges, mehrstimmiges Schreien. In wilden Sätzen, sein blaues Hemd unwürdig hoch geschürzt, nahte sich ein brüllender

---

* ›Afrit‹ ist ein Gespenst, ein Geist, ähnlich dem germanischen Nix und Kobold. Alles Wunderbare, alles was sie erschreckt, schreiben Fellachin ohne weiteres einem Afrit zu.

15

Mann. Schon aus weiter Ferne rief er den Schech um Hilfe und Allah um Erbarmen an; doch war es unmöglich, zu verstehen, um was es sich handele. Mein Dragoman befand sich, wie gewöhnlich, wenn er am nötigsten war, in Beratungen mit dem Koch verwickelt auf dem Dampfer. Fritschy, dessen ›Vulgär‹-Arabisch vulgärer, aber leistungsfähiger war als das meine, schmunzelte zufriedener als je, und warf drei weitere Kohlenschaufeln in den Kessel. Er ahnte wohl, was kommen mußte. Die Maschine spie Feuer und Dampf und die Pumpe schien ihr Saugventil ausspeien zu wollen. Der Kanal, soweit man ihn sehen konnte, war bis an den Rand mit Wasser gefüllt, das mit plötzlich beschleunigter Geschwindigkeit den fernen Baumwollfeldern zueilte.

Mit flehenden Gebärden drang der Fellahbote, mit zornigen Ausrufen der Schech auf den boshaft tauben Maschinisten ein, der, sichtlich um sie zu ärgern, mit gutem Elsässer Deutsch alle arabischen Beschwörungen siegreich abschlug. Auch die Volksmenge wurde jetzt unruhig. Ein Dutzend Leute, mit den unvermeidlichen Hacken und Strohkörben des Fellahs bewaffnet, liefen schreiend und gestikulierend dem Kanal entlang. Sie füllten im Laufe ihre Körbchen mit Erde, und der Schech – jetzt auch er in flehendem Tone – wandte sich an mich:

»Halt, beim Allbarmherzigen, halt! Merkst du nicht, o Baschmahandi,* daß wir ersaufen? Die Dämme dort draußen sind gerissen, die Erde schwimmt fort, das Feld steht unter Wasser! Zehn Fadan** Baumwolle gehen zu Grunde. Halt, o Baschmahandi. Ein Teufel ist in deiner Pumpe und wird uns alle ersäufen.«

Fritschy, vom bösen Gewissen leicht berührt, gehorchte meinem scharfen »Stop!« mit militärischer Promptheit. Der Schech, den seine würdevolle Ruhe in dieser Krisis verlassen

* ›Baschmahandi‹, mein amtlicher Titel, heißt Oberingenieur.
** ›Fadan‹ ist ein ägyptisches Feldmaß, ungefähr ein halber Hektar.

hatte, denn er glaubte kaum mehr, von irdischen Mächten umgeben zu sein, stieß einen tiefen Seufzer aus, sah gen Himmel und sprach feierlich: »Allah sei gepriesen, der dir den Verstand gegeben hat, o Baschmahandi!«

Dann betrachtete er mißtrauisch die Maschine, welche, vom Schwungrad getrieben, noch ein paar behagliche Umdrehungen machte, während der Strom, den die Pumpe ausspie, plötzlich verschwunden war, und das Wasser im Steigrohr gurgelnd zurücksank. Man konnte jetzt in der plötzlich eingetretenen Stille das Sieden im Kessel hören.

»Gott sei Dank, daß du Verstand hast!« wiederholte der wackre Nasir* von Thalia, indem er dicht an mich herantrat, um mir mit einem Seitenblick auf Fritschy ins Ohr zu flüstern: »Er hätte uns alle ersäuft, dein Vekil!**« »Er ist ein Narr!«

»Er ist ein braver Mann, o Schech«, antwortete ich ernst; »aber du hast ihn in den letzten vier Wochen, seitdem er in Thalia ist, fast verhungern lassen, wie ich höre. Dein Brot war hart und deine Hühner hatten nur Federn und Knochen. Deshalb versteht er nicht mehr, was du ihm sagst.«

»Der Allwissende weiß es: ich habe ihn behandelt wie meinen Bruder!« begann der Alte mit erhobenen Armen.

»Der Allgerechte bestraft, wen er will!« unterbrach ich ihn, im funkelnagelneuesten Arabisch, das ich erst gestern meinem Dragoman abgerungen hatte.

»Ist ein Mensch nicht der Sohn eines Hundes, der mit unreinen Tieren zusammenlebt? Würdest du es glauben: er ist der Bruder von Schweinen!« flüsterte der Schech vorwurfsvoll.

Dann warf er einen scheuen Blick auf die Pumpe, sichtlich befürchtend, daß sie plötzlich wieder Wasser speien könnte. Die wütend abblasenden Sicherheitsventile der Maschine

---

* ›Nasir‹ ist der Titel amtlicher Gutsverwalter.
** ›Vekil‹ heißt ein Stellvertreter; gewöhnlich eine sehr wichtige Persönlichkeit.

erfüllten ihn mit einer Angst, die er kaum zu verbergen vermochte. Trotzdem entfernte er sich langsam, in gekränktem Schweigen, während die beiden bestockten Saise, den halbfertigen Kaffee im Stich lassend, durch den immer neugieriger andrängenden Fellahhaufen eine Gasse hieben.

»Machen Sie alles zurecht für die Nacht, Fritschy!« sagte ich zu meinem Maschinisten, »oder sehen Sie, daß der lange Achmed dies tut. Er mag als Heizer hier bleiben; er versteht das Geschäft so weit. Lassen Sie ihn morgen mit dem Wasserpumpen anfangen, sobald der Schech seine Kanaldämme wieder aufgebaut hat. Kommen sie auf den Dampfer, sobald Sie zunacht gegessen haben, oder vorher, wenn Ihre Küche leer sein sollte. Wir wollen zu Ehren des Tages die letzte Flasche öffnen, die ich an Bord habe. Sie stammt aus Ihrer Heimat.«

Fritschy war Elsässer und Frankreich zu jener Zeit noch sein Vaterland. Man wußte es nicht besser. – Dann ging auch ich.

Mein Dampfer lag hundert Schritte flußabwärts in einer kleinen Bucht des Stroms, dicht am Ufer, das hier überall aus einer Höhe von fünf bis sechs Metern steil nach dem Flußbett abfällt. Oben am Rand dieses Absturzes standen drei mächtige Sykomoren, hinter deren dunklen Zweigen das Weiß der kleinen Moschee des Dorfes mit ihrem verbogenen Minarett hervorschimmerte: ein Bildchen, das sich in Ägypten hundertmal wiederholt, immer aber denselben freundlich-friedlichen Eindruck macht. Ich hatte mir vor drei Tagen diesen Landungsplatz ausgesucht und freute mich allabendlich an der feierlichen Stille, in der der zweifelhafte Heilige schlummerte, dessen Gebeine dort oben unter der halbzerfallenen Kuppel ruhten. Müde, aber leidlich zufrieden mit mir und der Welt kletterte ich auch jetzt an dem fast senkrechten Ufer hinunter. Es war ein glühend heißer Tag gewesen. Am Morgen hatte

ein tüchtiger Chamsin* die ganze Landschaft in seine gelben
Sandwirbel gehüllt, die wie in Schlachtordnung aus der
nahen Wüste über den Nil herübertrieben. Nun war es besser. Man spürte von Zeit zu Zeit einen kühlen Hauch von Norden, der in sanften aber scharf getrennten Stößen den Glut-
wind kreuzte, der von West nach Ost zog. So konnte man auf
eine erträglichere Nacht hoffen als die gestrige. Doch war
auch die Erregung, mit der ich vor einer Stunde mit dem alten
Pindar das Wasser des heiligen Nils begrüßt hatte, schnell ver-
duftet. Das Leben eines Baschmahandis im Delta hat Augenblicke von längerer Dauer, die nicht ohne Mühsal sind.

Im Vorderteil des niedlichen Bootes, das den poetischen
Namen ›Schech en nar‹, zu deutsch Feuerschech führte und
mir seit zwei Jahren oft genug als Wohn- und Schlafstätte
gedient hatte, war mein Koch Mansur, ein Nubier, und der fette
Dragoman Abu Sa, Kopte seines Stamms, flüsternd damit
beschäftigt, eine Sardinenbüchse zu zertrümmern, während
der Reis** des Schiffs, von oben herab, durch seine Ratschläge
das schwierige Werk förderte. Das geeignete Messer für die
Operation war soeben über Bord gefallen, was mir erst zu
gelegenerer Stunde mitgeteilt werden sollte. Abu Sa war bei
solchen Gelegenheiten stets hilfsbereit. Er fühlte sich verpflichtet, die Oberleitung meiner wandernden Haushaltung
in die Hand zu nehmen. Durfte er doch erwarten, daß auch für
ihn ein Fischlein oder zwei abfielen, wenn die Büchse glücklich geöffnet war. Ich war's zufrieden. Wären nur seine Finger,
die allzuoft als Gabel dienten, etwas weniger braun gewesen.

Im Heck des Schiffs, unter einem luftigen Zeltdach, pflegte
ich zu hausen. Dort lagen auf den im Halbkreis angebrachten
Bänken etwas abgebrauchte Kissen und Polster, die zwar eine
erhebliche Menge Wüstenstaub eingesogen hatten, trotzdem

---

*   ›Chamsin‹ heißt in Ägypten der Wind, der in Italien Scirocco genannt
     wird.
**   ›Reis‹ ist die Bezeichnung der Kapitäne der Nilschiffe.

aber ein verhältnismäßig behagliches Lager abgaben. Ich warf sie ein paarmal hin und her, meinen abendlichen Tee erwartend, und machte mir's so bequem, als es gehen wollte. Nach zwei Jahren ägyptischen Lebens versteht man sich auf diese Kunst.

Zwei Jahre waren es schon! Wie die Zeit fliegt in diesem Lande, in dem man auf Schritt und Tritt nach Jahrtausenden rechnet! Der Zufall wollte es, daß ich damals fast gleichzeitig mit dem Vizekönig Ismael Pascha, der von seiner Investitur und seinem ersten Besuch in Konstantinopel zurückkam, in Alexandrien ans Land stieg mit der Absicht, es nach wenigen Wochen wieder zu verlassen. Dies kam aber anders: Der Orient mit seinem Fatum griff zum erstenmal in mein junges Leben, und tat einen guten Griff. Ein paar Tage vor meiner Abreise nach Suez wurde klar, daß es mir bestimmt war, auf unbestimmte Zeiten, zunächst auf vier Jahre, in Ägypten zu bleiben und ursprüngliche indische Pläne und Verpflichtungen über Bord zu werfen. Den Interessen der Dampfkultur, denen ich seit einigen Jahren schon in England Leib und Leben geweiht hatte, konnte ich vorläufig am Nil besser dienen, als am Ganges. Doch dies ist eine Geschichte, die nicht hierher gehört, wenn es mir auch Vergnügen machte, auf zerrissenen arabischen Kamelstaschen ausgestreckt sie heute wieder einmal in Gedanken zu durchleben. Hatte sie doch ein phantastisches Märchen meiner Jugendjahre in harte, greifbare Wirklichkeit umgewandelt, und mir das Land der Pharaonen zur halben Heimat gemacht.

Seit jener Zeit stand ich im Dienste Halim Paschas. Er war der Onkel des neuen Vizekönigs, der jüngste der Söhne Mohamed Alis, der voraussichtliche Thronfolger; damals auch der größte Grundbesitzer des Landes und der einzige der königlichen Paschas, der sich mit Lust und Liebe um seinen Grundbesitz kümmerte. Durch ihn war der erste ägyptische Dampfpflug in Schubra in Tätigkeit gekommen und es war zunächst meine Aufgabe geworden, für die weitere Entwicklung der Dampfkultur am Nil zu sorgen. Ein halbes Jahr später wurde ich Basch-mahandi, d. h. Oberingenieur sämtlicher Besitzungen des Paschas, die vom Fuß der Syenitberge Edfus in Oberägypten bis in die Sümpfe des Deltas bei Damiette über das Land zerstreut lagen und im Sturmschritt unserer Zeit einem großartigen Aufschwung entgegengeführt werden sollten. Der Baumwollanbau lieferte in jenen Jahren während des Bürgerkriegs in den Vereinigten Staaten glänzende Erträge und verschaffte scheinbar ohne Schwierigkeit die gewaltigen Geldmittel, welche zunächst erforderlich waren, um die Landwirtschaft Ägyptens den neuen Verhältnissen anzupassen. Das ganze Land schien von einem wilden Fortschrittsdrang ergriffen zu sein; nirgends aber war derselbe in so verständiger, zielbewußter Weise zur Tat geworden, als auf Halim Paschas Gütern. Es war eine Freude, mitten in diesem Getriebe zu stehen.

Schubra, ein Dörfchen vier Kilometer von Kairo, war der Wohnsitz Halims, dessen Vater einen Palast am Ufer des Nils gebaut hatte, der den Mittelpunkt eines großen Gutes bildete. Dort pflegte der greise Despot seine eigenen landwirtschaftlichen Versuche anzustellen. Ich wohnte wenige hundert Schritte davon in einem Gartenhaus, das einst für eine Molkereianstalt erbaut worden war, umgeben von einem Wald von Orangenbäumen, Dattelpalmen und Tamarisken. Aber ich war selten zu Hause. Mein unruhiger Beruf führte mich in die abgelegensten Teile des Landes, und alle Mittel der Fortbewegung, allerdings häufig nicht die behaglichsten, standen mir jederzeit zur Verfügung. Unter anderen auch das kleine Dampfschiff, auf dem ich wochenlang halb im Freien hauste, denn so niedlich es gebaut war und so tapfer seine kleine Maschine jede Strömung des Flusses überwand, es hatte eine Puppenstube statt der Kajüte und war ursprünglich nur für kurze Vergnügungsfahrten bestimmt gewesen.

Wichtiger fast als die Dampfpflügerei, die mich im ersten Jahr völlig in Anspruch genommen hatte, wurde mir im zweiten die Aufgabe der Bewässerung des Landes, das in immer größerer Ausdehnung der Kultur gewonnen werden sollte. Die Einrichtungen hierfür, die seit tausend Jahren genügt hatten, wollten nirgends mehr ausreichen. Wasser ist die Frage aller Fragen Ägyptens, und auch für sie suchte unsere Zeit neue Lösungen. In Schubra, nicht weit von meinem Hause, stand die erste größere Dampfpumpe des Landes, die noch aus Abbas-Paschas Zeiten stammte. Überall entlang dem Nil begannen Schornsteine aus dem Boden zu wachsen. Man sprach schon von vier-, sechshundertpferdigen Pumpen. Der Vizekönig hatte eine ganze Anzahl derartiger Maschinen für Mittelägypten bestellt. Hier bot sich ein reiches Feld auch für neues Schaffen. Die schweren Pumpenanlagen verschlangen Millionen. Ihre Fundamente in dem grundlosen Sand des beständig wechselnden Strombettes, die ausgedehnten Kanalanlagen zur Verteilung des Wassers über große Flächen waren schwere Nachteile des Systems, nach dem man in der Not des Augenblicks greifen mußte. Ich hatte dies im Norden bei Teranis und im Süden zu El Mutana selbst erfahren, und drängte auf kleine, leicht versetzbare Anlagen, wofür die Zentrifugalpumpe, die im Anfang der sechziger Jahre noch wenig verbreitet und am Nil völlig unbekannt war, der richtige Typus schien. So kam die erste Maschine dieser Gattung nach Schubra, die zweite nach Thalia und ich sah im Geiste schon Hunderte entlang den Ufern des Stroms und Tausende in den alten Brunnenschächten der Sakien, von denen fünfzigtausend über das Delta verbreitet sind. – Mein Tee schmeckte wohl ein wenig nach Nilwasser und die Sardinen waren übel zerrissen aus ihrer Büchse gekommen. Aber eine Lebensaufgabe wie diese hätte Schlimmeres erträglich gemacht, und ich war noch jung genug, an Zukunftsbilder zu glauben und mich von ängstlichen Zweifeln nicht beirren zu lassen.

Allerdings war es eine uralte Aufgabe, die schon vor viertausend Jahren manchem klugen Pharao das heiße Blut in den Kopf getrieben haben mochte, wie mir in diesem Augenblick. Damals waren die Ingenieure noch Könige, wie es auch heute nur recht und billig wäre, und regierten Land und Wasser mit autokratischer Gewalt. Welches Geschlecht, wenn man bedenkt, mit welchen Mitteln sie ihre Welt schufen! Eine Übersetzung des ältesten Baedekers, den ein gewisser Herodot herausgegeben hatte, begleitete mich auf allen Kreuz- und Querfahrten zwischen Assuan und Alexandrien. Da Fritschy mich warten ließ und mein Tee sich bereits dem Ende zuneigte, schlug ich ihn auch jetzt auf. Es war ein allabendlicher Genuß, mir einzubilden, daß ich heute wieder in die Fußstapfen des klugen, wenn auch etwas vertrauensseligen Weltreisenden getreten war, die ich fast täglich in dieser oder jener kleinen Einzelheit meiner Erlebnisse zu erkennen glaubte. In Alexandrien und Kairo sind diese Spuren allerdings etwas verwischt. In Thalia, in Schirbin, in Kaffr Schech, Punkte, die der neue Baedeker als nicht lohnend übergeht, sind sie noch deutlich im harten Nilschlamm zu sehen, der nach Jahrtausenden der alte geblieben ist.

Das halbzerfetzte Bändchen öffnete sich von selbst an einer wohlbekannten Stelle. Dies hatte seinen guten Grund: die Seite war abgegriffener als alle andern. Sie hatte mich hypnotisiert, seitdem ich die erste Tonne Nilwasser auf das steinharte Land fließen sah, das meine Dampfpflüge aufbrechen sollten. Und so las ich, schon halb im Mondschein, vielleicht zum zehnten Male:

›Wiewohl das Labyrinth ein wahres Wunder ist, so stellt sich uns doch der in seiner Nähe befindliche Mörissee als ein noch größeres dar. Denn sein Umfang ist 3600 Stadien, genau so groß als die ganze Meeresküste Ägyptens. Der See erstreckt sich von Norden nach Süden und hat eine größte Tiefe von 50 Klaftern. Daß er von Händen gegraben ist, läßt sich leicht erkennen. Denn in seiner Mitte stehen zwei Pyramiden, die eine Höhe von 50 Klafter über und 50 Klafter unter dem Wasser haben. Das Wasser im See kommt nicht aus der Erde, die Gegend ist dort ganz wasserarm, sondern wird mittels eines Kanals aus dem Nil hineingeleitet. Sechs Monate im Jahr fließt es in den Nil. Wenn es herausfließt, so bringt die Fischerei während der sechs Monate jeden Tag ein Silbertalent in den königlichen Schatz; wenn das Wasser in den See hineinfließt, so beträgt der Gewinn nur zwanzig Minen.‹

Ganz hatte der gute Herodot den Zweck und Sinn des Riesenwerks zwar nicht erfaßt. Trotzdem konnte er die gewaltigste Bewässerungsanlage, die die Welt je gesehen hat, nicht klarer und überzeugender beschreiben. Nicht um Fische handelte es sich, sondern um die Fruchtbarkeit des gesegnetsten Stückchens Erde der alten Welt. Der Mörissee war der Riesenbehälter, in dem bei hohem Nilstande die überschüssigen Wasser aufgestaut wurden, um sich in der trockenen Jahreszeit befruchtend über Mittel- und Unterägypten zu ergießen. Was waren unsere Pumpen von heute, selbst wenn sie in etlichen Jahren von Tausenden von Pferdekräften in Bewegung gesetzt würden, gegen ein solches Werk? Was muß der Stolz des alten Möris gewesen sein, als sein See zum erstenmal Millionen Tonnen Wasser über das durstige Land fluten ließ, verglichen mit der Freude, die mir vor einer Stunde eine zwölfpferdige Zentrifuge gemacht hat? Wir Jungen fühlen uns so gern als Riesen. Sind wir, im Lauf der Jahrtausende, doch am Ende nur großfühlende Zwerge geworden?

Es wurde zu dunkel. Ich klappte das Buch mit einem Gemisch von Ärger und Bewunderung zu, warf mich wieder auf den Divan zurück und lauschte auf das Plätschern der Nilwellen, die in ruhelosem Takt gegen die Seiten des Bootes schlugen. Oft war's wie ein Flüstern, wie Geplauder, oft wie ein ärgerlicher Ausruf; dann wieder, als erzählten sie sich eine alte, lange Geschichte. Ich verstand sie in der Stille der sinkenden Nacht. Zwerge, du und deine Genossen! murmelte es aus dem Wasser. Vor viertausend Jahren ließen sie uns nicht ins Meer entwischen, wie ihr es tut. Damals mußten wir Kanäle füllen, jahraus, jahrein; Felder bewässern, Mais und Getreide tränken. Pumpt nur! Pumpt nur; wir spüren es kaum. Heute sind wir frei und ziehen, wohin es uns zieht. Pumpt nur, pumpt nur, Zwerge!

KAPITEL

Ein
Wandergeselle

Dies, nach einem glorreichen Tag, wie heute!

Und dazu erhob sich plötzlich lautes Geschrei auf dem Vorderteil des Boots. Ich raffte mich auf, um nachzusehen, was den Frieden der Dämmerung zu unterbrechen drohe. Vor uns auf dem schwankenden Brett, das uns mit dem Lande verband, schien in einem Knäuel von sechs bis acht Leuten heftiger Streit ausgebrochen zu sein. Die beiden Saise des Schechs waren mittendrin und fochten mit ihren Stöcken in der Luft. Die Bärenstimme meines Reis versuchte vergeblich die scharfe Fistel Abu Sas zu ersticken, der, wenn er erregt war, in den höchsten Tönen mit Befehlen um sich warf, die niemand befolgte. Auch Fritschys Mühlhäuser Deutsch drang durch den Tumult: ein weiterer Beweis, daß die Sache einer ernsten Wendung nahe war. Dazwischen hörte man das klägliche Blöken eines Schafs, und ein knurrendes Pusten: unheimlich zischende Laute, die, sooft sie hörbar wurden, alle andern zum Schweigen brachten, und ein plötzliches Auseinanderstieben des Menschenknäuels zur Folge hatten. Es war eine unheimliche Szene in dem unsichern Mondlicht, und doch war die Ursache des Aufruhrs die durchaus erfreuliche Absicht, mir ein Geschenk darzubringen; – zwei Geschenke! Der Schech schickte durch seine Saise ein Schaf, und Fritschy war auf den glücklichen Gedanken gekommen, mir den jungen Wolf zu verehren, das beste Stück seiner Menagerie, das

25

ich am Morgen, um ihm eine Freude zu machen, ungebührlich bewundert hatte. Auf dem Gangbrett des Dampfers
waren die beiden Präsente zusammengetroffen. Der Wolf, so
jung er war, machte Anstalt, das viermal größere Schaf anzu-
fallen, und dieses voll Verzweiflung suchte sich in den Nil zu
stürzen, denn es wollte von einem so kleinen Kerl lieber tot
als lebendig gefressen werden. Der eine der Saise, seiner ver-
antwortlichen Stellung bewußt, hielt es noch am Schwanz
zurück und bat Allah laut um Hilfe, der andere griff Fritschy
und den Wolf an, zwischen denen ebenfalls die lebhaftesten
Meinungsverschiedenheiten ausgebrochen waren, so daß das
Tierchen zu ersticken oder der Strick, an dem es hing, jeden
Augenblick zu reißen drohte. Die Matrosen hatten sich aus
Nützlichkeitsgründen auf die Seite des Schafs geschlagen.
Zwei suchten es mit eigener Lebensgefahr an den Ohren in
das Schiff zu ziehen, während die andern vier Fritschy und
den Wolf beschimpften, was diese zum Glück nur mangelhaft
verstanden. Trotzdem stand der eine der Matrosen im nächsten Augenblick bis an die Schultern im Wasser, infolge eines
sehr geschickten Stoßes von Fritschy, den er unbedenklich
für einen unglücklichen Zufall erklären konnte.

Mein Erscheinen löste den Knoten. Fritschy zog sich auf
meine energische Einladung ans Ufer zurück, bis Abu Sa und
der Koch das Schaf geborgen und abgeführt hatten, das, noch
zitternd vor Angst, im Vorbeigehen meinen morgigen Salat
fraß. Die Saise überbrachten in höflichster Form den Gruß
des Schechs und warteten dann mit feierlicher Hartnäckig-
keit auf ihr Bakschisch. Wenige Minuten später saßen Fritschy
und ich mit gekreuzten Beinen in friedlicher Eintracht auf
meinem Divan, zwei Gläser und eine Flasche erträglichen Medocs zwischen uns. Der kleine Wolf aber lag kurz angebun-
den unter der Bank, wo seine Äuglein wie Karfunkel glühten,
ohne daß man sonst etwas von ihm sah oder hörte.

»Lieber Sohn!« sagte ich zu dem Monteur in väterlichem
Ton, in den ich Fritschy gegenüber leicht verfiel: der Mann

hatte eine so eigentümliche, knabenhafte Zutraulichkeit, wenn die Arbeitsstunden vorüber waren, und seine ganze Erscheinung: der braune Krauskopf, die rosige Gesichtsfarbe, die kleine aber wohlproportionierte Gestalt stimmte damit überein; »lieber Sohn, Sie sind ein recht brauchbarer Monteur für Pumpen und werden in kurzer Zeit für Dampfpflüge ebenso brauchbar sein; aber Sie sind zu leidenschaftlich. Sie müssen freundlicher zu den Eingeborenen sein und ruhig. Man kommt damit zweimal so weit, glauben Sie mir das. Übrigens: Prosit, Fritschy! Wir haben einen schönen, harten Tag hinter uns und verdienen ein Glas.«

Ganz heimatlich klangen die Gläser und Fritschy, der seit vier Wochen keinen Rotwein gesehen hatte, schien rasch glücklich zu werden. Doch konnte er meine Bemerkung nicht ganz hinunterschlucken.

»Ruhiger!« sagte er gekränkt. »*Mais* – ich bin die *tranquilité* selbst. Haben sie nicht bemerkt, wie ruhig und *paisiblement* es in meinem *chambre* zugeht, und man sollte es oft kaum für möglich halten. Aber die braunen Nigger wollen mich nicht *comprendern*. Überhaupt – es ging mir immer so: *je ne suis pas compris*.«

Ich mußte lachen. Fritschys Deutsch, das ich mit Rücksicht auf unsere teure Muttersprache in der Folge nicht wörtlich wiedergeben darf, wirkte stets erheiternd. Seine Stube, in dem größten, aber natürlich zerfallenen arabischen Haus des Dorfes, bot ein Bild, und einen Geruch, die eine Reise nach Thalia wert waren. In der einen Ecke wohnte er auf einem schlichten eisernen Feldbett, das durch Teile einer zerbrochenen Maschinenkiste ergänzt war. Eine zweite Kiste bildete einen brauchbaren, wenn auch nicht eleganten Tisch. Damit ist das Zimmergerät aufgezählt. Unter der Tischkiste, die, nach vorn offen, einen vortrefflichen Stall vorstellte, hatte der junge Wolf gehaust. In der andern Ecke der Stube lebte ein Adler, ein schöner, schwermütiger Vogel, doch leider ein Invalide, der seinen angeschossenen linken Flügel traurig auf dem

Boden nachschleppte, und sich in der gemischten Gesellschaft sichtlich nicht wohl fühlte. Um so heiterer ging es in der dritten Ecke zu. Dort, in einer geräumigen, roh zusammengezimmerten Bucht hausten acht kleine Wildschweine und grunzten vergnüglich, obgleich sie erst kürzlich ihre Mutter verloren hatten, die durch die stets offene Zimmertüre entwischt war. Zwei merkwürdig zahme Schlangen machten von der Erlaubnis, das gesamte Zimmer jederzeit benutzen zu dürfen, den ausgedehntesten Gebrauch. Es hatte dies nichts anstößiges, da Schlangen sehr reinliche Tiere sind, und keinen unnötigen Lärm machen. Manchmal kamen Besuche; namentlich nachts, wenn alle Fenster und Türen des Hauses offen standen: wilde Hunde, ein Rudel neugieriger Schakals; und selbst eine hübsche Hyäne wäre vor einigen Nächten eingetreten, wenn sie sich nicht geniert hätte. Es war ihr zu lebendig in den gastlichen Räumen.

»Sie sind ein geborener Familienvater, Fritschy«, hub ich nach einer Pause nicht ohne wohlüberlegte Absichten wieder an, »ein Hausvater, der auf ein falsches Gleis geraten ist. Man sieht, sie können nicht allein leben. Das verbittert. Sie sollten heiraten.«

»Heiraten!« brauste er auf; dann nach einer abermaligen Pause fuhr er wehmütig fort: »Sie haben recht, Herr Eyth! Ich weiß, Sie kennen ihre Leute und meinen es gut. Ich habe ein weiches Herz. Sie glauben z.B. nicht, wie schwer es mir fällt, mich von dem Wölflein zu trennen, obgleich es mich nicht zu lieben scheint – *pas encore*. Aber heiraten – das ist etwas ganz anderes. Sie wissen vielleicht nicht, daß ich nach Thalia gelaufen bin, um den Weibern zu entgehen.«

»Das ist schade! Sie sagten mir, Sie seien wandermüde, und ich kann's glauben. Wenn Sie verheiratet wären, wüßte ich einen feinen Platz für Sie: weit besser als Thalia. Zwanzig Pfund den Monat und steigendes Gehalt. Etwas Dauerndes, für lange Jahre; aber gerade deshalb braucht der Platz einen Mann mit einer Frau. Das ist leider Bedingung.«

»Wer sie gemacht hat, muß das Leben noch kennenlernen«, bemerkte Fritschy, mit einem überaus altklugen Gesicht. »Seit ich auf der Wanderschaft bin – und auch daran war ein Mädel schuld – werde ich der Weiber wegen von Ort zu Ort geschoben. Hier in Thalia geht's zur Not. Was man sieht, steckt wenigstens in Säcken.«

»Sie sollten sich's überlegen«, mahnte ich. »Sie treffen im Leben nicht leicht wieder eine Gelegenheit wie die, die ich Ihnen heute bieten kann. Der Verwalter von El Mutana, dem großen Gut Halein Paschas in Oberägypten, sucht einen guten Mechaniker, der etwas mehr kann, als gerade feilen. Monier heißt der Herr. Er ist ein Franzose und spricht weder deutsch noch englisch. Er würde Ihr Französisch zu schätzen wissen. Und er hat böse Erfahrungen mit seinen Leuten gemacht: Sie liefen ihm alle mit ziemlicher Regelmäßigkeit nach drei Monaten davon. Nun besteht er darauf, einen verheirateten Mechanikus zu bekommen. Sie wären der richtige Mann, wenn Sie eine Frau nehmen wollten: das einzige, was Ihnen fehlt.«

»Und dann glaubt der Herr, ich liefe nicht davon!« Fritschy lachte auf, mit der ganzen Bitterkeit, deren er fähig war. Es war nicht viel. »*Ah, Monsieur Eyth!* Das ist immer dieselbe Geschichte: *je ne suis pas compris.* Lassen Sie sich erzählen.«

»Dazu sitzen wir beisammen«, versetzte ich, aufmunternd. »Der Mond scheint gerade voll genug für Herzensgeschichten. Zigarre gefällig? Vergessen Sie den Baschmahandi und machen Sie sich's bequem. Rauchen Sie mir etwas vor aus Ihrem verkohlten Herzen.«

»Zu meinen Geschichten braucht's wenig Mondschein, wie Sie sich sogleich überzeugen werden«, begann der kleine Monteur und rollte sich zusammen wie ein Igel. »Also Nummer eins! – Nummer eins lassen wir weg. – Eine Lehrbubengeschichte mit einem doppeltschmerzhaften Ende. Das Davonlaufen ergab sich ganz von selbst. Zum Glück war meine Lehrzeit gerade zu Ende. So ließ es sich mit dem

Beginn der Wanderjahre verbinden und machte sich ganz gut. Sie heiratete kurz darauf einen Schneider in Straßburg. *Dégoûtant!* Ich arbeitete dort in einer kleinen Maschinenfabrik und das Unglück wollte es, daß der Schneider dem Fabrikchen gegenüber seinen Laden auftat. Das konnte ich nicht mit ansehen und zog vierzehn Tage später weiter. *Ah, mon coeur*!

Schon in Stuttgart ging mir das Geld aus, aber ich fand Arbeit bei einem Schlossermeister. Hubbe hieß der Mann und schöne Arbeit war's: Geldschränke. Der Meister war einer von altem Schlag: grob wie Bohnenstroh und schon ein wenig dumm. Die Meisterin war um so jünger und nicht aufs Maul gefallen. Sie sah so sanft aus wie ein blauäugiges Vergißmeinnicht, aber sie hatte eine Zunge – *parbleu!* Er war im Grund seines dummen Herzens so sanft, wie sie aussah, aber er brauchte die Fäuste, wenn er sich nicht mehr anders zu helfen wußte. Ich war ein grüner Gelbschnabel und verstand von der Welt soviel als von den Weibern und alles ging mir zu Herzen. So, eines schönen Abends, als sie wieder aneinander waren, sie mit der Zunge, er mit den tappigen Schmiedshänden, konnte ich's nicht mehr mit ansehen und fuhr dazwischen. Es sah wohl aus, wie, wenn ein kleiner, fünfzollhoher Pinscher eine Bulldogge anfällt. Aber ich war desperat und der Meister ebenso verblüfft wie die Meisterin. Dazu war ich schon damals ein behendes, kräftiges Bürschchen, so daß er, ehe er mich zur Tür hinaustrug, ein paar derbe Nasenstüber weg hatte. Ich glaube noch heute, er hätte mich nicht hinausgebracht. Aber, sollten Sie es für möglich halten? – Die Frau, für die ich mein Leben samt Seele und Seligkeit dran wagte, riß mir ein Büschel Haare aus, um dem großen Esel beizustehen. Das brachte mich aus der Fassung. Ich konnte es nicht verstehen und der Atem ging mir aus. Zum Glück war die Treppe nur zwei Schritte vor der Türe, ein enges, steiles Gelump, wie man es in den alten Weingärtnershäusern von Stuttgart manchmal noch trifft. Mit einer geschickten Wendung schlüpfte ich ihm zwischen den Beinen durch und nahm seinen linken Fuß mit. Der Zorn gab die Kraft dazu. Es war mir zumute, wie dem Simson, als er die Säulen des Philistertempels niederriß. Er taumelte; wollte mich mit dem andern Fuß zertreten und bums! ging's die Treppe hinunter. Donnerwetter, wie das krachte und donnerte, bis er unten war. Dann war's ganz still. Der Sieg hatte mir die Besinnung fast geraubt. Ich stand da, und sah mit aufgerissenen Augen die Meisterin an, die mit einem Schürhaken auf mich zukam, um mir den Schädel einzuschlagen. Das wartete ich nicht ab, sondern entfernte mich für den Rest des Abends.

Am andern Morgen hatte der Meister einen verbundenen Kopf und war stiller als gewöhnlich. Ich weiß nicht wie es in seinem Innern aussah. Mir taten alle Knochen weh. Die zwei Lehrjungen mußten das Treppengeländer reparieren und mit Bandeisen verstärken. Mich ließ er bis zum Frühstück unbehelligt an meinem Geldschrank arbeiten, dann rief er mich in die kleine Stube neben der Werkstätte. Jean, sagte er, ganz sanft, es tut mir leid, aber ich muß Sie entlassen. Sie sind ein tüchtiger Arbeiter und Sie haben sich immer zu meiner Zufriedenheit betragen, bis heute früh. Merken sie sich das; bis heute früh. Aber ich muß Sie plötzlich entlassen; die Meisterin besteht darauf. Hier ist Ihr Lohn: die volle Woche; hier ist Ihr Wanderbuch. Und dies hier – geben Sie Obacht mit Ihren schwarzen Fingern – dies ist Ihr Zeugnis. Machen Sie, daß Sie fort sind, ehe die Meisterin herunterkommt. Ich habe Sie plötzlich entlassen. Merken Sie sich das für die Zukunft, Jean! Beim heiligen Gußstahl! Es tut mir leid, denn Sie sind ein tüchtiger Arbeiter, und es ist nicht Ihre Schuld, daß die Treppe so nah bei der Türe liegt. Aber Sie haben einen großen Fehler, Jean: Sie kennen die Weiber nicht. Machen sie daß Sie fortkommen; schnell! – Er gab mir die Hand, und sah mich an, aus seiner Bandage heraus, wie ein Vater. Ich hätte heulen können, denn ich merkte mit einemmal, daß ich den besten Meister unter der Sonne verlassen mußte. Aber ich lief. Man hörte sie schon oben mit den Lehrjungen schimpfen.«

Der Monteur, in wehmütige Erinnerungen versunken, schwieg.

»Machen Sie weiter, Fritschy!« sagte ich aufmunternd. »Es tut gut, in diesem gelben Wüstenstaub etwas von der grünen Heimat zu hören. Wenn wir so ein altes kühles Weingärtnerhaus hier hätten! Und statt des sauren gefälschten Medocs einen Untertürkheimer vom Faß! Haben Sie auch schon bemerkt, daß das Heimweh zumeist im Magen liegt?«

Doch mein bescheidener Freund ließ sich auf derartige Sentimentalitäten nicht ein und fuhr fort:

»Das war das dritte Mal, wenn Sie gefälligst nachzählen wollen, daß mir der Wanderstab in die Hand gedrückt wurde. Nun kommt die Hauptgeschichte. Sie lief ohne Prügel ab und tat mir weher als alle andern. – Mit der Zeit kam ich nach Chemnitz, behaglich von Ort zu Ort pilgernd. Es war Sommer; der Durst und das Bier durch Bayern waren gut und soweit reichte das Geld. In Chemnitz fand ich Arbeit bei Hartmann, und blieb sieben Monate. Werkzeugmaschinen. Der Verdienst war gut. Man verlangte genaue Arbeit, die mir behagte und das Leben in Sachsen gefiel mir nicht minder, sonderlich weil ich einen guten Freund gefunden hatte, meinen Schraubstocknachbar, einen dünnen, himmellangen Schullehrerssohn, der die ganze Weltgeschichte im Kopf hatte, und mich stundenlang belehrte, wie die alten Römer Konstantinopel erbaut hätten und die Griechen Alexandrien. Es war nicht viel dran, vertrieb aber die Zeit angenehm, wenn wir Richtplatten schlichteten und andere Langweilereien. Ich dachte damals nicht daran, daß ich das Zeug später in Ägypten noch einmal nachprüfen werde. Nach sieben Monaten wurde es uns zu einförmig in Chemnitz. Wir packten unsere Ränzel und gingen nach Berlin. Arbeit bei Borsig; Lokomotiven; großartig, so daß ich doch nach und nach die Augen aufriß und drei Jahre blieb. Erst im zweiten Jahre wurden Täßle, mein Sachse, und ich wieder Schraubstocknachbarn. Die Römergeschichten hatte ich mittlerweile vergessen, so daß er von vorn anfangen konnte; beim Sündenfall, der gar nicht so schlimm gewesen sein soll. Auch war ein dritter Mann zu uns gestoßen, ein Dreher namens Lehmann; dazu ein Berlinerkind. Über den Sündenfall dachte er wie Täßle, nur stärker. Sonst, wie Dreher nun einmal sind, wußte er alles besser. Es war erbaulich zuzuhören, wenn sie sich stritten, ob Friedrich der Große oder Hannibal der größere Feldherr gewesen sei. Der Dreher war natürlich für seinen Fritz. Täßle hatte den Gebrauch der Elefanten und das Felssprengen mit Essig für sich und Hannibal. Meine Aufgabe war, Frieden zu stiften, wenn sie sich in die Haare gerieten. Dabei wurden wir immer dickere Freunde, so daß uns die andern die drei verrückten Historiker hießen, worauf wir uns im stillen etwas einbildeten. Sonst halfen wir uns, wo es nottat, brüderlich genug. Besonders war Lehmann, der das Berliner Leben kannte, wie ein Schusterjunge zu allen Streichen bereit; er war bei weitem nicht so schlecht wie sein Maul. Im dritten Jahr lasen sie ein zweibändiges Buch über Rußland. Weil Lehmann mit dem ersten Band anfing, mußte sich Täßle mit dem zweiten begnügen; und da beide die Ergebnisse ihrer Studien mir gleichzeitig mitteilten, verwirrte sich die russische Geschichte ein wenig. So kam ich dazu, im Tivoli, nach einem heftigen Streit über Katharina und den großen Fritz, der uns den ganzen Abend verdarb, vorzuschlagen, allen Zweifeln ein Ende zu machen und die Sache an Ort und Stelle zu untersuchen. Die andern lachten, aber der Gedanke schlug Wurzel, und ehe jeder mit dem Band des andern fertig war, hatten wir uns entschlossen, als Handwerksburschen vom alten deutschen Schlag auf die Wanderschaft zu ziehen, fechtend wenn nötig; auf Schusters Rappen, wie Täßle betonte, der seine langen Beine strecken wollte. Petersburg sollte unser Ziel sein, oder Moskau, oder beides; es kam so genau nicht darauf an.

Wie es bei andern großen Feldzügen schon gegangen ist,

begannen auch wir mit einem kleinen Fehler. Wir brachen zu spät in der Jahreszeit auf und hatten die Entfernungen nicht ganz richtig abgeschätzt. Im Oktober, um Königsberg, das ging noch; aber durch Kurland im November und in Livland noch später war hart; und daß uns mit dem ersten Schnee das Geld ausging, erleichterte die Lage nicht. Nun hieß es, sich durchzufechten. Ich gestehe, ich schämte mich anfänglich: Maschinenbauer, geradeaus von Borsig – Donnerwetter! – Die andern hatten mehr historischen Sinn. Zum Glück spricht die bessere Gesellschaft, auf die wir unsern Umgang möglichst beschränkten, dort meist noch deutsch, aber das Land ist kahl und dünn bevölkert und Lehmann versicherte, daß er noch nie so viel Schuhwerk zerrissen habe um eines lumpigen Rubels willen. In den ersten Tagen des Dezembers machte unser Kleeblatt den Eindruck, als ob selbst Xenophons Rückzug nicht mehr ausführbar wäre. Lehmann hinkte jämmerlich, Täßle hatte es im Magen und meine Sommerhosen wurden mit jedem Tage ungeeigneter für einen russischen Feldzug. Dabei waren wir noch wer weiß wie weit von Petersburg.

Mit Müh und Not erreichten wir eines Abends ein elendes, echt russisches Dörfchen und kehrten in seiner einzigen Schenke ein, ohne zu wissen, wie wir den Juden bezahlen oder weiterkommen sollten. Am Morgen beim Frühstück, das dem Täßle mit seinem schlechten Magen noch immer besser schmeckte als uns andern, waren wir nicht weiser. Doch hieß es wieder einmal: Ist die Not am größten, ist die Hilfe am nächsten. Sie lauerte schon auf uns, hundert Schritte hinter dem Dorf, während wir berieten, wie wir wenigstens davonkommen könnten; denn der Jude ließ uns nicht einen Augenblick allein. Täßle meinte, ich solle versuchen, die Zeche mit meinen völlig nutzlosen Sommerhosen zu bezahlen. Lehmann war damit einverstanden. Ich bemerkte, daß bei dieser Witterung Sommerhosen immer noch besser seien als gar keine. Da trat ein üppig in einen Pelzmantel gehüllter Herr ein. Es war der Herr Kammerdiener vom Schloß. Hinter dem Dorf lag nämlich ein Schloß, das wir gestern in der Dunkelheit nicht bemerkt hatten. Die Kunde von unserer Ankunft in der Dorfherberge hatte sich noch in der Nacht verbreitet, wie es mit wichtigen Ereignissen an solch abgelegenen Orten zu gehen pflegt. Auch war bereits bekannt, daß wir ein hervorragendes Kleeblatt von Ingenieuren aus Berlin zu sein die Ehre hatten. Dafür hatte Lehmann gesorgt. Wenn dem so sei, meldete der Herr Kammerdiener, so lasse der Herr Graf die Herren bitten, sich aufs Schloß zu verfügen. Wir ließen uns dies nicht zweimal sagen. Lehmann machte rasch Toilette – auch Täßles und die meine – und wir folgten dem Pelzmantel voller Hoffnung, wie drei gerupfte Frühlingsschwalben.

Ein alter Herr, den die ganze Welt zu ärgern schien, denn er hatte die Gicht, lag auf einem übel zerwühlten Sofa und bemühte sich sichtlich aber vergebens, uns freundlich zu empfangen. Sein Deutsch war so schlecht, wie sein Aussehen und als er merkte, daß ich fein französisch sprach, mußte Lehmann in den Hintergrund treten, was diesen schwer beleidigte. Aber wir waren nicht in der Lage, auf Zeremonien zu bestehen; auch hatte Lehmann rasch einen Trost gefunden. Die junge Haushälterin des Grafen, der Witwer zu sein schien, ging ab und zu, und unser Berliner suchte durch die stumme Sprache seiner wasserblauen Augen ohne Verzug ihr Wohlwollen zu erwerben. Dies ärgerte Täßle, der ihn mit einem Rippenstoß auf das Unpassende seines Betragens aufmerksam machte. Da dies aber nichts half und der Graf ganz mit mir beschäftigt war, versuchte Täßle wenigstens in ehrlichem Wettbewerb seinen Freund unschädlich zu machen.

Mir erzählte inzwischen der Graf in steigendem Zorn, daß er von den verfluchten Maschinenbauern aufs schändlichste hintergangen worden sei: ›Alles ein Pack von Juden und Spitzbuben!‹ Das fängt gut an, dachte ich auf Deutsch, aber halblaut – ›Spitzbuben und Juden, die ihr eigenes Geschäft nicht verstehen Herr – Herr – wie heißt man?‹ schrie er mich an.

35

›Fritschy, Euer Gnaden‹, sage ich. ›Maschinenbauer von Profession, aber weder Jude noch Spitzbube!‹ – ›Na, na, schon gut, Monsieur Fritschy. Guter Name. Könnte polnischer Landsmann sein.‹ Dann erzählte er weiter, daß er in Riga vor etlichen Monaten eine englische Lokomobile und einen Dreschkasten gekauft habe, mit denen er seine diesjährige Ernte ausdreschen wollte. – Eine Stunde lang – nicht länger – sei die Maschine gelaufen, wie ein vernünftiges Donnerwetter, dann, sobald sie die ersten russischen Garben gerochen habe, sei sie wie verrückt geworden, habe sich vorwärts und rückwärts gedreht und sei schließlich stillgestanden, wie ein Sägbock. Seinen Inspektor habe sie verbrüht und einer Stallmagd die Hand zerquetscht, das sei ihre Leistung gewesen. Ob wir drei Gelehrte das Luder mores lehren könnten?

Ich bemerkte, daß lasse sich nicht sagen, ehe wir die Maschine gesehen und genau untersucht hätten, was dem Gnädigen einleuchtete. Er schrie nach Mamsell Jeanette und seinen Pelzstiefeln. Lehmann und Täßle ließen sich's nicht nehmen, das Fräulein in zuvorkommendster Weise in ihren häuslichen Pflichten zu unterstützen, obgleich der Graf beim Anlegen der Stiefel mehrmals aufschrie und Lehmanns Eifer mit einem: ›Langsam, langsam, Sie verfluchter Kerl!‹ zu zügeln suchte. Dieser grinste nur mit dem ganzen Leib. Er hatte höchst unerwartet gefunden, nach was er sich seit Jahren sehnte: einen hohen Herrn, den er gewaltsam patronisieren konnte, und eine Dame, die ihn dabei bewunderte.

In einer Scheune des Hinterhofs fanden wir die unglückliche Lokomobile, sorgfältig zugedeckt, blink und blank, als ob sie gestern aus der Fabrik gekommen wäre. In einer Ecke stand ein Werkzeugkasten, der zu ihrer Ausstattung gehörte, mit Hämmern, Meißeln, Feilen, Schraubenschlüsseln jeder Art, alles in peinlichster Ordnung. Man sah, welche Ehrfurcht sie dem verbrannten Inspektor eingeflößt hatte. Äußerlich war nichts zu entdecken, was die Geschichte des Grafen hätte erklären können. Ich machte ihm begreiflich, daß wir die Maschine vor allen Dingen auseinandernehmen müßten. Daran machten wir uns, nach einem reichlichen Frühstück, das Fräulein Jeanette auf Befehl des Grimmigen in einer Stube des Hinterhauses aufgetragen hatte: das erste seit drei Wochen, bei dem wir ordentlich warm und satt wurden. Lehmann, der sich schon ganz zu Hause fühlte, erhob sich gegen den Schluß des unerwarteten Festmahls, hielt eine Rede über die Bedeutung des Maschinenbaues im neunzehnten Jahrhundert und brachte ein Hoch auf den Grafen aus, das dieser unter der offenen Türe mit wohlwollendem Grunzen erwiderte.

Nun ging's an die Arbeit. Wir schraubten die Deckel der Zylinder und des Schieberkastens ab. *Nom de dieu!* es war einer der wenigen Glückstage meines Lebens. Als ich mit einem Lichtstümpchen, das Fräulein Jeanette herbeigebracht hatte, das Innere des Schieberkastens erleuchtete, sah ich auf den ersten Blick die Ursache des Unheils: Der rechtsseitige Zylinder war kein fehlerloses Gußstück. In einer Ecke des Schieberkastens zeigte sich ein ganzes Nest von Gußblasen. Eine derselben bildete ein ziemlich großes Loch, das vom Schieberraum in den linksseitigen Dampfkanal führte. Man konnte durch dasselbe eine Federmesserklinge bis in den Zylinder schieben. Wenn man ein derartiges Gußstück nicht wegwerfen will, werden die Löcher manchmal mit Blei ausgegossen, oder mit einem umgenieteten Kupferdraht ausgefüllt. Das ist und bleibt eine Pfuscherei, aber die beste Maschinenfabrik steht nun einmal in dieser schlechten Welt. Dann kann's vorkommen, daß sich der Dampf nach einiger Zeit an der Bleifüllung vorbeiarbeitet, oder den Kupferdraht herausbläst. Ich fand die Bleistückchen später selbst im Schieberkasten. Die Folge davon war, daß ein Teil des Dampfs, statt durch die Schieberkanäle ordnungsmäßig verteilt einzutreten, fortwährend direkt in den Zylinder blies, und die wunderlichsten Bewegungen des Kolbens und damit der Maschine hervorrief. Man hätte, um die Reparatur gründlich auszuführen, das Loch ausbohren und eine Schraube einsetzen sollen. Das ließ sich auch jetzt in einer Stunde machen. Doch sagte ich nichts, ließ die anderen ruhig die Kurbellagerdeckel und die Exzenterstangen abnehmen, und überlegte mir unsere Lage. Wir waren halbverhungert. Lehmann, so elegant er vor Fräulein Jeanette herumhüpfte, konnte kaum mehr stehen. Täßle war schwer krank, und meine Sommerhosen hielten keine drei Tage mehr aus. Die bittere Not kennt kein Gebot, aber sie macht erfinderisch.

Ich ließ mich beim Herrn Grafen melden, der längst wieder auf sein Sofa zurück gekrochen war, und berichtete über das Ergebnis der Untersuchung. Die Sache sei allerdings sehr ernst. Die Maschine müsse völlig demontiert, einige der wichtigsten Teile aufs sorgfältigste gereinigt, vielleicht sogar umgearbeitet werden; dann aber könne ich garantieren, daß die Lokomobile in jeder Beziehung seinen Erwartungen entsprechen werde. – Zunächst überschüttete der Gestrenge die Juden, die ihn überall anschmierten und die Maschinenbauer, die von ihrem Geschäft nichts verständen, mit einem neuen, nicht allzu säuberlichen Seelenerguß, dann fragte er erschöpft, ob ich mir getraue, diese Arbeit auszuführen. Ich getraute mir, mit Hilfe meiner Kollegen. Was ich dafür verlange, brummte er, mit wiedererwachendem Grimm. Dies hatte ich mir bereits überlegt: nur 60 Rubel, und freie Kost und Wohnung, für mich und meine Kameraden, so lange, bis die schwierige Aufgabe zu seiner vollen Zufriedenheit gelöst sei. Zum erstenmal stahl sich ein grimmiges Lächeln über das blutrote Gesicht des Grafen. Ins Deutsche übersetzt hieß es: Der Kerl ist ein deutsches Schaf, trotz seines Französischen, und weiß nicht, was er verlangen kann! – Wir waren beide zufrieden.

Noch am selben Nachmittag siedelten wir ins Grafenschloß über. Es kam mir ganz märchenhaft vor. Man wies uns eine gut geheizte Stube mit drei mächtigen Betten an und gab uns ein Abendessen, wie ich's seit Berlin nicht mehr erlebt hatte. Es bleibt mir unvergeßlich, wie Lehmann einhieb. Täßle legte sich ohne Verzug ins Bett; er war zu krank, um zu essen. Aber es tat ihm schon gut, uns zuzusehen. Der riesige Ofen war üppig geheizt. Ich brannte, noch vor dem Zubettgehen, ein großes Loch in meine Sommerhosen. Es wäre noch größer geworden, wenn Lehmanns feine Nase nichts gerochen hätte. Wir verstanden die russischen Öfen noch nicht. Und wie man schlief! Gegen Mittag des folgenden Tags begannen wir damit, eine Heizvorrichtung in der Scheune zu erbauen. Dies kostete drei Tage; sie bewährte sich aber auch vorzüglich. Täßle, dessen Gesundheitszustand Schonung verlangte, beschäftigte sich in der ersten Woche ausschließlich mit der Feuerung. Wir anderen machten uns an die Lokomobile.

Sie glauben nicht, wie viel Arbeit man an einer neuen Maschine findet, wenn man einen ehrlichen Willen mitbringt. Ich beschloß zunächst die Kurbelstangen um zwei Millimeter dünner zu feilen, was ohne Drehbank ein wirklich schwieriges und zeitraubendes Geschäft ist und trotzdem nichts schadet. Lehmann, der feinere Arbeit liebte, hatte die Aufgabe, alle Lagerdeckel zu polieren, womit er in vierzehn Tagen kaum fertig wurde. Der Graf besuchte uns täglich zweimal und freute sich unserer Fortschritte, namentlich anfänglich. Es war oft nicht ganz leicht, ihm die Notwendigkeit gewisser Verbesserungen, die wir vornahmen, deutlich zu machen, doch fügte er sich. ›Die verfluchten Maschinenbauer‹, wie er uns mit einer Mischung von Wut und Bewunderung titulierte, mußten schließlich wissen, was sie taten. Er hatte noch niemand gesehen, der sich ohne Not in Schweiß arbeitete, wie Lehmann, so oft sein hoher Gönner die Scheune betrat.

Er war übrigens nicht unser einziger Besucher. Fräulein Jeanette kam ebenso häufig und später häufiger, erkundigte sich, ob wir die russische Kost ertragen könnten, zeigte viel Teilnahme für den kranken Täßle und wollte sich mit meiner Hilfe im Französischen vervollkommnen, was der Graf wünsche, da sie im Sommer häufig ausländische Besuche bekämen. Ich machte mir nicht viel aus der Mamsell – wirklich! – aber ich muß heute noch zugeben, daß sie ein dankbares, und dabei ein zartfühlendes Herz hatte. Schon am dritten Tag, nach sehr wenigem Französisch, fand ich vor meinem Bett eine wohlerhaltene, warme Hofjägeruniform; die mir paßte wie angegossen, wenn sie auch in allen Richtungen etwas zu lang war. Ich hatte natürlich kein Wort gesagt; vielleicht sprachen meine Sommerhosen für sich. Nun aber bat ich sie, die grünen Borten abzutrennen, die mich beim Feilen hinderten. Auch das tat sie.

Auf Lehmann und Täßle hatten diese Besuche keinen guten Einfluß: sie wurden eifersüchtig aufeinander, Lehmann gab seinen Gefühlen beredten Ausdruck – er verstand das – und schilderte der Mamsell das Glück, an der Seite eines liebenden Mannes die Triumphe der Neuzeit zu genießen. Täßle, der sich langsam erholte, aber noch immer sehr schwach war, beschränkte sich auf das Altertum, sprach vom Glück des Schäferlebens, und wünschte, sie hieße Phyllis oder Daphne. Denn im Grunde war Täßle gebildeter als Lehmann. Er hatte einen Onkel in Chemnitz, der Gymnasiallehrer war. Daher die Daphne.

Keine Frage: Es ging uns zu gut. Dies erklärt vieles. In der Not hatten wir zusammengehalten wie Kletten: einer für alle, alle für einen. Keiner dachte anders, als daß ein besseres Kleeblatt von guten Kameraden im weiten russischen Reich nicht zu finden sei. Wir sprachen nicht viel von Treu' und Freundschaft und stritten uns von morgens bis abends. Aber hinter Riga hatte ich trotz der mörderischen Kälte gefühlt, daß uns ein Bund fürs Leben warm hielt. Ich hatte diese Art von Wärme früher nie gekannt. Sie tat wohl, bis in die Zehen hinunter.

So ging's in die dritte Woche: Lehmann wurde fett, und unserem Täßle war es so wohl wie einem Fisch; aber sie wurden immer giftiger aufeinander. Wenn sich Jeanettes rotes

Schürzchen zeigte, so wedelten beide, wie Hunde; *dégoû-tant!* Jeanette machte keinen merkbaren Unterschied zwischen ihnen. Wenn Lehmann das Scheunentor für sie aufriß, so lächelte sie ihn an und wenn Täßle ihr einen Bündel Stroh zurechtrückte und sie zum Sitzen einlud, so lächelte sie auch *den* an. Dann sagte sie beiden, sie komme nur wegen ihrer französischen Stunde und fing an, mit mir zu parlieren, ohne zu lächeln: bestes Mühlhäuser Französisch. Die anderen hätten Gift gespien, wenn sie auch mich angelächelt hätte. Aber sie lächelte so wenig wie ich; sie machte nur Augen schwarz wie Kohle und groß wie Suppenteller. So ließen sie's hingehen.

Schließlich wurde der Graf ungeduldig. Jeanette erzählte ärgerlich, er wolle nichts mehr von ihren französischen Stunden wissen und wir fühlten, daß es Zeit sei, an die Weiterreise zu denken. Wir hatten uns erholt und herausgefüttert. Das Wetter war umgeschlagen. Herrlichere Wintertage für einen tüchtigen Marsch von ein paar Wochen konnte es nicht geben und Lehmanns und Täßles Stimmung war derart, daß eine Luftveränderung dringend notwendig schien. So, eines Abends, machte ich mich daran, bohrte das Gußloch aus und setzte eine solide Schraube ein, die es dampfdicht verstopfte. Zwei Stunden später hatten wir die Maschine fix und fertig montiert. Am anderen Morgen gab's Feuer und Dampf, und sie lief wie ein junger Kreisel, fast lautlos summend, daß ich mich selbst freute. Auch der Graf schnupperte befriedigt dran herum, so weit dies dem alten Brummbären möglich war. Nur Jeanette hing den Kopf und Lehmann und Täßle seufzten. – Am Nachmittag gingen wir aufs Schloß, um uns zu verabschieden und die Rechnung zu präsentieren – 60 Rubel. Ich hatte sie ausgeschrieben und Lehmann ließ sich's nicht nehmen, sie künstlerisch auszugestalten. Der Kerl konnte alles und tat es auch. Trotzdem empfing uns der Graf in seiner schlechtesten Laune. Er habe uns drei Wochen lang gefüttert wie polnische Mastgänse. Ob wir glauben, er habe nicht gemerkt, daß wir ihn die ganze Zeit an der Nase herumgeführt hätten? Mit der Mamsell scharmuzen, das verstände der Lehmann zur Not, aber Maschinen reparieren –! Er, der Herr Graf, hätte das Gelump in acht Tagen selbst fertiggemacht. Wir seien fett genug geworden und könnten zum Teufel gehen. – Die gemeine Gesinnung ärgerte mich mehr, als alles andere, so daß wir uns zum Schluß die Meinung sagten; gründlich, auf deutsch. Aber wir mußten mit 25 Rubeln abziehen. Er wolle dies und das sein, wenn er einen Kopeken weiter bezahle. ›Die verfluchten Maschinenbauer!‹ Das war unser Abschied.

Lehmann und Täßle schienen sich wenig daraus zu machen. Mir wurmte die Geschichte so, daß ich erst nicht wußte, was ich mit mir anfangen sollte. Wir verteilten die 25 Rubel, ohne ein Wort zu sagen. Dann ging jeder für den Abend seiner Wege. Lehmann hoffte Jeanette in irgendeinem Winkel zu finden, um ihr einen letzten, vielleicht auch einen ersten Kuß aufzudrücken. Desgleichen Täßle. Sie begegneten sich dreimal, sahen aber von Jeanette nichts. Erst nachdem Täßle eine finstere Hühnertreppe heruntergefallen und ohne Lehmann sicher den Hals gebrochen hätte, der gerade voller Hoffnung angefangen hatte, hinaufzuklettern, gingen beide wütend zu Bett.

Ich nahm eine Stallaterne, und schlich in die verlassene Scheune. Dort nahm ich den Schieberkastendeckel zum letztenmal ab, zog die Schraube aus dem Gußloch und brachte sodann alles wieder in Ordnung. Es geht rasch, wenn das Herz bei der Arbeit ist. Die Schraube wickelte ich in ein Papier, schrieb mit Rotstift darauf: ›*Für den Herrn Grafen. Wert 35 Rubel!*‹ – und legte das Paketchen in eine Mauerritze, nicht allzuweit von der Maschine. Ob es dort jemand gefunden hat, weiß ich nicht. Eins aber weiß ich: Als neun Monate später, nach der Ernte, das Dreschen beginnen sollte und der Graf die Maschine heizen ließ und sie wieder anhub, Bewegungen zu machen, wie ein verrückter Schneider, da dachte er an uns drei und sagte sicherlich nicht allzu freundlich zu Mamsell Jeanette: ›Die verfluchten Maschinenbauer!‹

Aber das Schlimmste kommt noch: Am anderen Morgen zogen wir in aller Frühe zum Hoftor hinaus. Das Wetter versprach einen prachtvollen Wintertag, aber wir waren alle drei in der schlechtesten Stimmung. Fett geworden sein allein macht nicht glücklich. Da kam Jeanette um die Ecke der Scheune, die wir passieren mußten. Sie hatte, weiß der Himmel, auf uns gelauert und hatte rote Augen. Vielleicht war's die Kälte, denn ihre Nase war auch nicht weiß. In der Hand aber hielt sie eine Rose, die wir alle kannten, denn Lehmann hatte schon am zweiten Tag unseres Aufenthalts auf den Rosenstock hinter ihrem Fenster aufmerksam gemacht und bemerkt: ›Sah ein Knab ein Röslein stehn. – Kinder, wenn ich mir die Knospe nicht erobere, könnt ihr mir an 't Fensterkreuz aufknüpfen!‹ Vor acht Tagen war die Rose aufgesprungen, da sagte Lehmann: ›Paßt man auf, jetzt wird's Zeit‹, so daß Täßle ganz blau vor Zorn wurde. Nun hatte sie die Rose in der Hand, kam auf uns zu, stülpte ihr Taschentuch schamhaft über ihr Gesicht, gab sie mir und weg war sie. Hinter der Scheune hörten wir noch etwas weniges schluchzen.

Wir standen da, wie drei Eiszapfen, minutenlang. Dann gingen wir weiter, ohne uns anzusehen. Keiner sagte ein Wort. Das dauerte eine Viertelstunde lang. Plötzlich blieb Täßle stehen.

›Der Teufel soll mich holen, wenn ich mit diesem versteckten, hinterrucksen Hund noch einen Schritt mache!‹ zischte er in sich hinein und spie etwas Tabak aus. Er hatte eine Zigarre des Grafen vollständig zerbissen, als ob er zu den Wiederkäuern übergegangen wäre.

›Ditto mit Franzen!‹ rief Lehmann. ›Der Fritschy ist der gemeinste Kerl zwischen Berlin und Petersburg. Gehen wir zurück, Täßle, zu ehrlichen Leuten.‹

Und ehe ich mich von meinem neuen Schrecken erholen konnte, waren die zwei Arm in Arm hundert Schritte von mir und marschierten im Stechschritt Berlin zu. Das war mir denn doch zu toll. Ich warf ihnen die Rose nach und ging meiner Wege. Sehen Sie, Herr Eyth, so habe ich meine zwei besten Freunde wegen einer Rose verloren, um die ich keine fünf Kopeken gegeben hätte. Ist das nicht genug, einen Mann nachdenklich zu machen?«

»Dagegen gibt es ein altes, probates Mittel, Fritschy!« sagte ich, teilnehmend, und griff nach der Flasche. »Ich wollte, es wäre ein gesunder, deutscher Wein – und mehr!«

Als echter Elsässer zuckte er höflich, aber merkbar mit den Schultern. Der Franzose war ihm gut genug. Darauf trank er tief; so tief, als es das Glas erlaubte. Dann seufzte er und starrte gedankenvoll in die Laterne, die vor uns auf dem Boden stand. Hunderte von Moskitos und anderem Nachtgesindel stießen die kleinen Köpfe hartnäckig gegen die Scheiben, daß man ein unaufhörliches Knistern hörte. Dumpfe Schwüle brütete über dem Nil, ein weißlicher Schleier zog sich langsam über den Sternenhimmel und ein leises, heißes Atmen zog durch die Nacht. Der Chamsin von gestern schien wieder einsetzen zu wollen und die hellen Schweißtropfen standen uns auf der Stirne. Am Vorderteil des Boots hatte ein Schiffer seinen endlosen, sanft heulenden Nachtgesang angestimmt, den die anderen in regelmäßigen Zwischenräumen mit ihrem ghaselenartigen »Leele, ja leele!« unterbrachen. Freundliche Aussichten für eine Nachtruhe!

»Sind Sie mit Ihren Leiden zu Ende?« fing ich nach einer Pause wieder an. »Ich wollte, Sie erzählten etwas Kühlendes.«

»Damit könnte ich wohl dienen, wenn Sie mehr hören wollen«, versetzte er, sich aufraffend. »In meiner Hofjägeruniform kam ich ohne Schwierigkeit nach Petersburg und fand schon zwei Tage nachher Arbeit in den Reparaturwerkstätten der Staatsbahn. Kaum vier Wochen später stellten sie mich auf eine Lokomotive als Heizer und wieder nach einem Monat war ich Lokomotivführer auf der Moskau-Nischni-Nowgoroder Bahn. Man nimmt's so genau nicht mit den Prüfungen dort hinten; auch war's nur eine Güterzuglokomotive. Dies war mir lieb. Man hatte ein freieres Leben und konnte fahren, wie man wollte. Mein Heizer, der Zugführer und ich gingen nie von Nischni ab ohne Pulver und Blei. Ich hatte für uns Jagdgewehre gekauft. Auf der Strecke hielten wir stunden- lang, wo es uns gefiel, vergnügens- und geschäftshalber. Zum Vergnügen gingen wir auf die Jagd und schossen Hasen und Rehe, die ich in Moskau gut verkaufte. Fürs Geschäft stahlen wir Brennholz. Denn wir Führer bekamen damals schöne Prä- mien für Brennmaterialersparnis; die gewissenhafte Direk- tion hatte dies nach deutschem Muster im Interesse der rus- sischen Staatskasse eingeführt. Die geschicktesten und fleißigsten Holzdiebe unter uns bekamen natürlich die Prä- mien und eine Belobigung dazu. Es war oft etwas mühselig, denn die Forstleute beugten ihr Holz nicht immer so bequem an der Linie auf, als man's wünschen konnte, und man mußte wissen, wo die Staatswaldungen anfingen und aufhörten; die Privatbesitzer machten Schwierigkeiten. Aber es gab jährlich zwei-, drei- fünfhundert Rubel; das konnte man mitnehmen. Und man verdiente es. Die Wintermonate waren hart. Diese Kälte, das Eis, der Schnee! Der Mann war breiter als hoch im vollen Arbeitsreiseanzug und kam als festgefrorener Klum- pen am Ende der Fahrt an. Man mußte von der Maschine in die Wartestube gerollt werden und konnte sich erst auf den Heimweg machen, wenn sie einen eine Stunde lang auf den Ofen gelegt hatten.«

»Fritschy!« rief ich vorwurfsvoll.

»Sie wollten eine kühle Geschichte haben und in dieser Wüstenhitze tut es mir zum erstenmal wohl, an die zwei Win- ter zu denken, die ich auf der Linie verlebte. Die Bezahlung war gut und ich fing an, ein reicher Mann zu werden. Es wurde mir schon wieder zu wohl, trotz des Thermometers. Aber es kam bald genug anders, und wieder waren es die Wei- ber, die den Umschlag zuwege brachten.«

»Sie haben trübe Erfahrungen hinter sich, mein armer

Freund!« sagte ich, »aber man muß den Mut nicht verlieren. Immer zu !«

»Sie kennen die große Messe in Nischni-Nowgorod? Ich wohnte in der Stadt, in einem anständigen Krug, den ein deutscher Jude betrieb. In dieselbe Wirtschaft kam alljährlich ein Belgier aus Odessa, um sein Fabrikat, einen patentierten Essig, an der Wolga abzusetzen, und bis nach Sibirien zu verkaufen. In meinem zweiten Jahr brachte er seine Frau mit, ein bildschönes Frauenzimmer und dazu eine Elsässerin. Sie verstand das Geschäft besser als ihr Mann, und war auf den Verdienst aus wie eine Elster. Auch auf mich, woraus ich mir kein Verdienst mache, da ich es erst merkte, als es zu spät war. Ihr Mann explizierte mir nämlich jeden andern Abend, wenn ich von meiner Fahrt zurück war, daß er eine weltumstürzende Erfindung gemacht habe: eine neue Art von Wodki, die sehr billig aus Sägespänen hergestellt werden könne und ganz vortrefflich wirke. Wir versuchten ihn an meinem Heizer, denn der Belgier hatte Proben bei sich, und es war richtig: Er wirkte. Alles, was meinem Monsieur Cartouche fehlte, um die Sache im großen zu betreiben und Millionen zu verdienen, war etwas Kapital und ein zuverlässiger Geschäftsteilnehmer, der zugleich Mechaniker sein müßte, um die nötigen Apparate anfertigen und aufstellen zu können. Er selber und seine Frau seien mehr Chemiker. Ich dagegen sei in jeder Beziehung der geeignete Mann, den sie brauchten, und keinem Menschen würden sie's mehr gönnen, die Millionen mit ihnen zu teilen, als mir. Durch die erste Kampagne widerstand ich; die Hasenjagden machten mir noch zu viel Spaß. Im folgenden Jahr brachten sie weitere Proben; ich war noch viel mehr der Mann, den sie brauchten; die Frau wurde immer schöner und da – na, Sie wissen, wie die Weiber sind, wenn sie einmal etwas ernstlich wollen – da sagte ich schließlich ja, gab meine Stellung auf und zog mit meinen neuen Freunden nach Odessa. Lassen Sie mich's kurz machen. Wir schafften Destillierapparate an und Kessel und Pfannen, von denen ich nichts verstand, aber ich arbeitete wie ein Hund, nach den Anweisungen meines Associés, der in Handschuhen zusah. Mein Geld war bald zu Ende. Wir machten Schulden bei Juden und Christen. Hierbei war Madame Cartouche sehr geschickt, das muß ich ihr lassen; und die Millionen mußten ja kommen. Der Associé ließ einen Chimborasso von Sägespänen auffahren und alles ging gut, bis wir ans Brennen kamen. Dann aber – der Kukkuck weiß, wie es kam – die Sägespäne waren vortrefflich, die Apparate arbeiteten ausgezeichnet und doch, wir mochten tun was wir wollten, statt Wodki gab's immer nur Essig. Madame Cartouche wurde allerdings nicht müde, mir Mut zuzusprechen: »*Courage, mon ami!*« war seit dem Brennen ihr drittes Wort. Eines schönen Morgens aber war sie samt ihrem Mann und der gemeinsamen Geschäftskasse spurlos verschwunden. Was übrig blieb, waren die Apparate, ich, die Sägespäne und unsere Schulden.

Nach einigem Überlegen wußte ich, was ich zu tun hatte. Am Abend der Katastrophe ging ein englisches Schiff nach Konstantinopel und Alexandrien. Ich verfluchte alles, was Weib und Wodki heißt, so leis als möglich, nahm in der Stille ein Billett und fuhr lautlos ebenfalls ab. Als ich in Alexandrien landete, bestand mein Hab und Gut aus 2 Rubeln, 5 Franken und 8 türkischen Piastern. Zum Trost besaß ich die Photographie meiner Landsmännin und das Bewußtsein, daß die Gläubiger der Firma Fritschy und Cartouche sich in fünftausend Essigkrüge teilen konnten, die mit einer hübschen Etikette als echter russisch-belgischer Patent-Wodki bezeichnet waren. Ich bin wenigstens ein ehrlicher Mann geblieben, soweit es möglich war. Dem Belgier nehme ich nichts übel; ich glaube, er glaubte an seine Sägespäne. – Meine Landsmännin aber hat hoffentlich der Teufel geholt. Hier ist ihre Photographie. Nicht geschmeichelt. Sie war bildschön. Abu Sa, halten Sie mal die Laterne!«

Er gab meinem Dragoman, der zu unseren Füßen als

unförmliche Masse in einen Pferdeteppich eingehüllt laut schnarchte, einen zornigen Fußtritt.

»Sie sind bitter, Fritschy, und zu verwundern ist dies nicht«, sagte ich besänftigend. »Ich würde Ihnen nochmals einschenken, wenn die Flasche nicht leer wäre. Wir müssen das Leben nehmen wie es kommt. Es gibt auch wieder bessere Tage.«

»Natürlich«, stimmte der Monteur zu. »Ich habe Glück, sobald mich die Weiber in Ruhe lassen. Sie haben das ja selbst gesehen, Herr Eyth. Ziemlich trostlos ging ich mit meinen acht Piastern im Arsenal in Alexandrien unter den tausend Kisten, Kesseln und Maschinen spazieren, die dort von England und dem Rest der Welt ankommen, und besah mir die neue Gegend, in die mich der Patent-Wodki und der Zauber der Schönheit gebracht hatten. Da mußten Sie daherkommen und auf ein paar Tage einen Handlanger brauchen, der mit Hammer und Meißel Kisten aufbrechen konnte. Feine Arbeit; doch es war wenigstens keine Chemie dabei im Spiel, und ich war wieder unter Dach.«

»Ja; und das sollten Sie sich jetzt über dem Kopf erhalten, Fritschy!« ermahnte ich ihn. »Ein besseres als in El Mutana finden Sie nicht so leicht wieder und das können Sie haben, wenn Sie nur ein wenig heiraten wollten.«

»Lieber wieder in den Essig!« versetzte mein Elsässer mit ungewohnter Heftigkeit.

»Nehmen Sie Vernunft an, Fritschy. Ich muß einen Mann in El Mutana haben, auf den ich mich verlassen kann. Es ist zu weit weg, um einen völlig Unbekannten dorthin zu setzen und Monier, der Direktor, macht nun einmal diese, ich gebe es zu, unvernünftige Bedingung. In Kairo, in Alexandrien finden Sie in vierzehn Tagen ein Dutzend hübsche Mädchen, die Ihr Schicksal zu teilen bereit sind. Sie sind ein netter Bursche, an dem jede ihre Freude haben kann, wenn Sie Ihre Menagerie aufgeben wollten. Und dafür wird sie schon sorgen.«

»Geben Sie sich keine Mühe«, sagte Fritschy düster. »Lieber sterben. Sterben müssen wir ja doch alle; heiraten nicht. Wenn

Sie erfahren hätten, was ich erfahren habe, Herr Eyth – erst aus der Heimat vertrieben, dann den bravsten Meister eingebüßt, dann die zwei besten Freunde und zuletzt Hab und Gut verloren, gerade als ich anfing ein wohlhabender Mann zu werden – und warum?«

Er schwieg, warf einen fragenden Blick auf die Flasche und stand auf.

Ich reichte ihm die Hand. Er hatte vielleicht nicht so ganz unrecht. Es gibt nun einmal Pechvögel in der Welt, denen nicht zu helfen ist. Man sollte sie in Ruhe lassen.

»Vielleicht –«, sagte ich nachdenklich, »vielleicht geht's auch ohne das.«

»Natürlich geht's auch ohne das!« rief er rasch und vergnügt, wie wenn er eine unangenehme Last abschüttelte.

»Ich meine mit El Mutana«, fuhr ich fort. »Packen Sie ein paar Sachen zusammen. Gehen Sie morgen mit mir nach Schubra. Achmed hält die Pumpe ohne Anstand ein paar Tage lang in Gang. So viel ich weiß, kommt Monier übermorgen von oben, um seine Jahresrechnungen abzugeben. Ich werde Sie dem Herren vorstellen. Einer von Euch wird wohl Vernunft annehmen.«

»Wenn ich das nicht zu sein brauche, bin ich zu allem bereit«, sagte Fritschy und suchte zum Abschied seinem Wölfchen auf den Kopf zu klopfen, das zischend nach seiner Hand schnappte.

»Lieber noch das!« brummte er vorwurfsvoll, aber entschlossen, wickelte sein Taschentuch um einen blutenden Finger und ging. Ich sah wohl, es war nichts mit ihm anzufangen. Der Mann hatte Grundsätze.

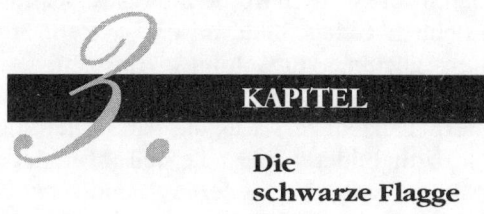

KAPITEL

Die
schwarze Flagge

Wir dampften munter stromaufwärts. Es war einer jener herrlichen, erfrischenden Morgen, die zu Anfang des Februars in Ägypten landesüblich sind. Ein zarter Duft lag über den Ufern des Nils und schuf aus den schlichtesten Bildchen: einer kleinen Moschee, einer Gruppe von Palmen, die noch im Halbschlummer die Blätterkronen senkten – eine Märchenwelt voll Lieblichkeit. Wohl sah aus senkrechter Höhe das dunkle, fast schwarze Blau des Himmels in drohender Klarheit auf uns nieder; hier unten hatten die schiefen Strahlen der Sonne, die über das sanft bewegte Wasser tanzten, noch nicht die Kraft, den Morgendunst zu erdrücken. Wenn sie in einigen Stunden von oben herunter brannten, war's mit Duft und Märchenwelt zu Ende. Um so gieriger atmete man jetzt in vollen Zügen die köstliche Luft, die uns, nach einer der unerträglichen Chamsinnächte, von Norden her in sanften Stößen frisches Leben zuführte. Arbeitslustig blies sie zugleich hinter und vor uns ein Dutzend glänzend weißer Segel von Nilbooten vor sich her, so daß der emsig plätschernde kleine Dampfer den Fellahfahrzeugen aus der Pharaonenzeit gegenüber Mühe hatte, seine Würde als Kind unserer Tage und als Triumph des neunzehnten Jahrhunderts aufrecht zu erhalten. Auf geradlinigen Flußstrecken, die in der Windrichtung lagen, hatten jene sogar, nach Art der Fellachin, die Frechheit, mehr als Schritt mit uns zu halten. Wir gewannen jedoch in den

Krümmungen, und der sinkende Strom, in dessen Bett sich bereits die weißen Köpfe zahlreicher Sandbänke zeigten, bot reichlich Gelegenheit, unsere größere Steuerfähigkeit und Beweglichkeit zur Geltung zu bringen.

»Lohnend« im Sinne des fürsorglichen, aber sensationslüsternen Baedekers war die Fahrt allerdings nicht. Unseren Horizont bildeten meist die steil abfallenden Lehmwände des Nilufers und die niederen Dämme, welche vom Juli bis Dezember die Hochwasser des Stromes einschließen, jetzt aber scheinbar zwecklos sich parallel mit dem Fluß hinziehen. Rechts von uns, wo da und dort die Wüste ihren Sand bis in das grünlich-gelbe Wasser hereinrieselt, sah man gelegentlich sanfte Hügel in endloser Ferne sich verlieren und die toten Riesenflächen Libyens in der Morgensonne schimmern. Links, gegen Osten, erschienen nicht selten Fellahdörfchen mit ihren spärlichen Baumgruppen und flachen, schmucklosen Lehmhäusern in bläulichem Schatten. In ihrer Nähe zeigte sich dann auch das stille Leben des Deltas: ein paar Frauen in dunkelblauem Hemd, die, im Wasser stehend, ihre Krüge füllten und die schwarzen, flatternden Burkos – ihre Gesichtsschleier – züchtig zusammenrafften, um uns mit Anstand besser beobachten zu können; der dunkelblaue Schattenriß eines Kamels oder eines Trüppleins von Eseln, die unter Bergen von Klee fast verschwanden, oder auch eines dicken, würdigen Dorfschechs, auf der Kruppe des kleinsten der Tierchen sitzend, das mit unglaublichem Eifer seine schwere Last den Damm entlang trug. Zwischen den Dörfchen schien eine fast leblose Welt in den Tag hinein zu schlummern. Ein paar Pelikane, die nachdenklich auf einer Sandbank standen, ein Geier, der auf der träge dahinschwimmenden Leiche eines ertrunkenen Schafes saß, waren Ereignisse.

Die Morgenstimmung wäre vielleicht etwas zu einförmig geworden, hätte sie nicht fröhlicher Lärm auf dem Vorderteil des Boots von Zeit zu Zeit unterbrochen. Dort war die ganze

Bootsmannschaft einschließlich der Fahrgäste damit beschäftigt, das Geschenk des Schechs von Thalia seinem Lebenszweck dienstbar zu machen. Der erste Sonnenstrahl des Tages nach einer Nacht voll Angst und Schrecken war auch der letzte gewesen, den das arme, aber wohlgemästete Tier sehen durfte. Der Reis verstand sich vortrefflich auf das Schlächterhandwerk, und nun halfen Abu Sa, mein Sais und die Bootsleute eifrig beim Fellabziehen und Zerlegen des Tiers. Es sollte, ehe wir gegen Nachmittag Kairo erreichen konnten, den Glanzpunkt eines festlichen Mahles bilden. Selbst Fritschy beteiligte sich an diesen Vorarbeiten. Er hatte das Wölfchen, nunmehr mein Eigentum, wieder entlehnt und nach vorn geschleppt. Dort freute sich der kleine Wilde zunächst mit dem Egoismus der Jugend an dem Schicksal seines gestrigen Leidensgenossen. Dann verfolgte er mit dem höchsten Interesse die Gebräuche einer ihm unverständlichen Kultur und verschlang mit dem alten, undankbaren Geknurr und Gezisch jeden blutigen Bissen, den ihm Fritschy zuwarf.

Ich selbst hatte mir ein Tischchen zurechtgerückt und skizzierte. Wie ich mir einbildete, war ich damit beschäftigt, einem glücklichen Gedanken Form und Gestalt zu geben, und in jener hierfür besonders förderlichen Stimmung, ohne die auch Dichter nichts zustande bringen. Es handelte sich um folgendes: Der befruchtende Wert der Tausende von Brunnenschächten des Deltas, an denen in diesem Augenblick hundertundfünfzigtausend Ochsen mühselig Wasser schöpfen, konnte verdoppelt werden, wenn statt der Ochsen kleine Dampfmaschinen die doppelte Menge Wasser aus ihnen herauspumpten. Pumpen und Maschinen müßten aber ohne Schwierigkeit von Brunnen zu Brunnen fahren können, so daß jede Pumpe drei oder vier Brunnen bediente; sonst würde die Anzahl der Maschinen, die ein größeres Gut nötig hätte, etwas beängstigend werden und die Anschaffungskosten zu hoch kommen. Auch würde voraussichtlich selbst die kleinste Dampfmaschine den einzelnen Brunnen zu rasch trocken pumpen und müßte dann müßig stehen, bis das Sickerwasser ihn wieder gefüllt hätte. Aus diesen Betrachtungen ergab sich meine Aufgabe. Wir brauchten eine dreipferdige Dampfpumpe, die mit Kessel und Maschine, mit Saug- und Druckröhren von Brunnen zu Brunnen lief, und sich fast von selbst an die Arbeit machte, wo sie Wasser fand. Blatt auf Blatt füllte sich mit den Möglichkeiten der Lösung des Problems, mit jedem Blatt aber wurde die Sache greifbarer. Ich fühlte, wie mir das Wasser zu Kopf stieg. Diese Fahrt von Thalia nach Kairo sollte nicht umsonst gefahren werden, darüber, wenn auch noch über sonst nichts, war ich völlig im klaren.

Auch die Sonne begann jetzt fühlbar zu brennen. Wir waren drei Stunden unterwegs und näherten uns der Deltaspitze: dem Punkte, wo sich der Nil in den Rosetta- und Damiettearm spaltet. Die Sandbänke wurden häufiger. Der Rosettanil bildet hier zahlreiche Buchten, Kanäle und Inseln, zwischen denen man sich ohne Vorsicht und Ortskenntnis nicht zurechtfindet. Der Reis stand jetzt selbst am Steuer, ohne sein scheinbar trübes, aber sehr aufmerksames Auge von den Vorgängen auf der improvisierten Schlachtbank ganz abzuwenden. Schon stiegen an vier Punkten des Horizonts eigentümliche, turmartige Bauten in die Höhe, die kaum in eine ägyptische Landschaft passen wollten. Es waren die Brückenköpfe der Barrage von Kaliub, jenes Stauwerks, das seinerzeit dazu bestimmt war, im Dienst eines großartigen Bewässerungsplanes die beiden Nilarme an dieser Stelle zu sperren. Ich hatte das merkwürdige Denkmal französischer Ingenieurkunst, von dem man im ganzen Lande mit einem Gemisch von Bewunderung und Verachtung sprach, aus dem niemand klug werden konnte, schon fünfmal passiert, aber noch nie Zeit gefunden, es näher zu besichtigen. Diesmal hatte ich im Sinne, bei der großen Schleuse anzuhalten, und mit eigenen Augen zu prüfen, was an dem üblichen Für und Wider zwischen französischen und englischen Berichten Wahres sein mochte. Von der Ferne sahen die ziegelroten, zinnengekrönten Türme stattlich genug aus, so daß das Minarett von Kaliub, das jetzt ebenfalls auftauchte, sich neben denselben kaum sehen lassen konnte.

Die Aufmerksamkeit der ganzen Schiffsbesatzung richtete sich jedoch mit einmal nach einer anderen Richtung. Etwa anderthalb Kilometer westlich von uns, scheinbar hinter einer größeren, bebauten Insel, die wir gerade umschifften, ragte schlank wie eine Binse die mächtige Segelstange einer großen Dahabie in die Luft, an der das schlaff flatternde Segel müßig hin- und herschlug. Von der Spitze der Stange, hoch über dem Horizont, den an dieser Stelle ein dichtes Gebüsch von Kaktusfeigen bildete, hing eine schwere, unförmige, schwarze Flagge, wie sie – das war auf den ersten Blick zu erkennen – auf dem Nil noch nie gesehen worden war. Fritschy kam mit schafblutigen Händen auf mich zu und bat mich um meinen Feldstecher. Er sah wortlos, mit steigendem Staunen durch das Glas. Dann gab er es mir zurück.

»Wenn wir in Tonkin wären«, meinte er ratlos, »würde ich sagen, es sähe einer schwarzen Flagge zum Verwechseln ähnlich und wir seien nicht weit von Flußpiraten.«

Auch ich studierte jetzt den Gegenstand mit angestrengter Aufmerksamkeit.

»In diesem Fall könnten Sie behaupten«, sagte ich unter dem Glas hervor, »wir stünden einer Bande von vier Seeräuberhäuptlingen gegenüber. Sooft der Wind das Ding hebt, sieht man vier Spitzen.«

Er nahm mir das Glas von den Augen; die Aufregung entschuldigte die kleine Formlosigkeit. Zögernd sagte er dann, nach einer langen Pause:

»Wenn wir auf einer Hochzeit in Straßburg wären, würde ich sagen, es ist ein Frack.«

Nun riß *ich* ihm das Glas aus der Hand. Der Wind breitete das schwarze Rätsel gerade in fast horizontaler Richtung in meinem Gesichtsfeld aus. Wahrhaftig! Es konnte nichts anderes sein. Es *war* ein Frack!

»Rückwärts«, schrie ich dem Reis zu. »Abu Sa! Wo ist Abu Sa?«

Der Dragoman, ein sorgsamer Hausvater, der hoffen konnte, heute abend nach längerer Trennung die Seinen wiederzusehen, hatte sich soeben die Schafsnieren in ein Papier gewickelt und dieses in seinen weiten türkischen Hosen verschwinden lassen. Er kam deshalb sehr erschrocken herbeigelaufen, und war hocherfreut, als er merkte, daß es sich nur um ein Gespräch mit dem Reis handle. Es galt, diesem begreiflich zu machen, daß er zurückzufahren habe, um an der unteren Spitze der Insel in den Kanal einzubiegen, in dem die befrackte Dahabie liegen mußte. Ob die wunderliche Flagge ein Notsignal war, oder einen Faschingsscherz bedeutete, war unwesentlich. Es lohnte sich, der Sache auf den Grund zu kommen.

Der Reis protestierte. Dort sei, bei dem jetzigen Stand des Nils keine Durchfahrt möglich; auch sei der Fluß an der Stelle, wo wir uns befanden, zu schmal, um den Dampfer zu drehen.

»So fahren wir rückwärts!« befahl ich und nach einigem weiteren Parlamentieren, bei dem Abu Sa, seiner Nieren gedenkend, einen ungewohnten Eifer an den Tag legte, fühlte sich der Ries bewogen zu gehorchen. In zehn Minuten waren wir wieder an der unteren Spitze der Insel und fuhren vorsichtig in den sie umfassenden rechtsseitigen Arm. Mehr als einmal konnten wir das zähe Schlürfen hören, wenn der flache Kiel des Boots durch den Sand schnitt, und fühlten, wie sich der Schiffskörper gewaltsam hob. Der Reis verfehlte dann nicht, mir einen vorwurfsvollen Blick zuzuwerfen, aber wir kamen vorwärts. Hinter einer scharfen Biegung erreichten wir eine teichartige Bucht, wo, auf einer Sandbank, welche den sich verengenden Kanal fast sperrte, eine große, frisch bemalte Dahabie hilflos festlag. Ein Dutzend nackter Bootsleute standen bis an die Hüften im Wasser, besprachen sich leidenschaftlich, hatten aber sichtlich alle Versuche aufgegeben, das Fahrzeug wieder in Bewegung zu setzen. Langsam, mit rühmlicher Vorsicht, fuhr mein Ries auf seinen verunglückten Gefährten zu. Eine Minute lang war unser Boot nicht weit davon, ebenfalls festzusitzen, schließlich aber lagen wir fast an der Seite der Dahabie, in achtzig Zentimeter Wasser, einer Tiefe, in der es meinem kleinen Dampfer gerade noch wohl war.

Die verunglückte Dahabie war ein neues, einmastiges Boot, mit einer Reihe spiegelblanker Fenster, die auf vier Kajüten schließen ließen. Ein rot- und weißgestreiftes Zeltdach schmückte das Oberdeck, auf dem amerikanische Schaukelstühle und andere Zeichen modernster Zivilisation prunkten. Hilflos hing das lateinische Segel von der fast senkrecht aufgerichteten, riesenhaften Segelstange, an deren höchster Spitze noch immer der Frack kläglich wie ein Gehenkter hin und herschaukelte. Auf dem Vorderteil des Bootes stand ein schneeweiß gekleideter Dragoman, der uns mit lautem Geschrei in schlechtem Englisch begrüßte, neben ihm ein pechschwarzer Koch und ein Reis in grünem Turban, dessen schwarzbraunes Gesicht und glühende Augen bitterböse dreinsahen. Hinter diesen Dreien fast versteckt, bemerkte man zwei Gestalten, die nicht nach Ägypten gehörten, eine Frau und einen Mann in einer Tracht, die den fernsten Osten verriet. Die übrige Schiffsmannschaft war uns teilweise entgegengeschwommen und versuchte jetzt mit lautem Freudengeschrei den Dampfer zu erklettern, während meine Leute fröhlich auf den Scherz eingehend, ihnen mit Ruderstangen auf die Finger schlugen.

Auf dem Oberdeck, dem Dach der Kajüten, standen ebenfalls drei Gestalten: ein unverkennbarer Engländer mit rotem Vollbart, von kleiner Statur und rundlichen Formen, in grauem Reiseanzug, einem Korkhelm mit weißem Schleier auf dem Kopf, einen riesigen Sonnenschirm in der Hand. Hinter ihm befanden sich eine größere und eine kleinere Dame in weiß und hellgelb. Schon aus der Ferne bemerkte ich, daß der Herr mit ungewöhnlicher Lebendigkeit auf und ab ging und keineswegs den Eindruck eines unglücklich Gestrandeten machte, dessen letzte Hoffnung in der zufälligen Begegnung mit einem Süßwasser-Samariter lag. Auch schien er keiner von denjenigen seiner Landsleute zu sein, die unter allen Verhältnissen die Regeln der heimischen Etikette festhalten, denn er erkundigte sich schon aus weiter Ferne, seinen Dragoman überschreiend, nach meiner Gesundheit: »*How do you do, Sir? I hope, you are quite well!*«

Ich erwiderte, die Reihe sei eigentlich an mir, zu hoffen, daß er sich, in der Erwartung eines drohenden Schiffbruchs, wohl befinde. Dies schien ihn so lebhaft zu belustigen, so daß er nur mit einem schallenden Gelächter antworten konnte. Nach einiger Zeit, während wir hin und her manövrierten, um der Dahabie möglichst nahe zu kommen, ohne selbst festzufahren, teilte er mir mit, er habe sich noch nie besser befunden, bat mich dringend, an Bord zu kommen, und »*to take something*«, etwas zu mir zu nehmen.

Ein Blick konnte jeden überzeugen, daß das Boot ohne Hilfe eines Dampfers vor Juli, wenn der Nil wieder steigen mußte, nicht mehr los kommen konnte. Es hatte seine Nase fußtief in dem zähen Schlamm begraben, der schon halb trocken aus der schmutzig gelben Flut aufstieg. Trotzdem, nachdem ein Gangbrett zwischen beiden Schiffen ausgeworfen war, und wir auf demselben, jeder an seinem Ende, uns gegenüberstanden, begrüßte mich der Herr mit allen Zeichen patronisierenden Wohlwollens. Zum Glück kannte ich meine Engländer schon gut genug, so daß ich auch diese Form, um Hilfe in der Not zu bitten, nicht mißzuverstehen brauchte.

In der Tat, man konnte dem Mann nicht böse sein, wenn man in sein rundes, rotes Gesicht sah, das unter dem blendenden Sonnenschirm förmlich strahlte. Der rote wallende Bart ließ etliche graue Flocken noch nicht aufkommen. Dagegen umrahmte den kahlen Schädel ein Kranz weißer freundlicher Löckchen, an denen, frisch wie Morgentau, die Schweißtropfen eines ungezügelten Eifers blitzten. Man sah dies, so oft er sicherheitsventilartig seinen Helm lüftete, als ob er etwas Dampf ablassen wollte. Kleine, blaugraue Äuglein von rastloser Lebendigkeit schienen in allen Richtungen nach Punkten zu suchen, die der Aufmerksamkeit und des unmittelbaren Eingreifens wert sein mochten. Selbst wenn er nur zuhörte, war er ein Bild der verkörperten Energie, ohne persönlich aufdringlich zu erscheinen. Sein ganzes Wesen schien sich mehr den Dingen als den Menschen hinzugeben. Im übrigen verriet seine ganze Figur einen Schotten von nicht ganz gewöhnlichem Typus. Um so unverfälschter war sein Dialekt, den zu verstehen ich einige Mühe hatte, obgleich er mit seinem breiten A und gutturalen Ch deutscher klang als jedes andere Englisch.

Einleitungen und Übergänge schienen seine Stärke nicht zu sein: Er sei im Begriff eine Reihe von Versuchen zu machen, die allerdings für den Augenblick auf eine unvorhergesehene Schwierigkeit gestoßen seien, rief er mir zu. Ich möchte doch herüber kommen und mir die Sache erklären lassen. Er bitte darum. Er sei auf dem Weg nach Tantala, um einen Ingenieur namens Weit aufzusuchen; aber er habe keine Eile.

Ich spitzte die Ohren. Es gab kein Tantala weit und breit. »Thalia vielleicht?« schrie ich hinüber.

Er rief nach seinem Dragoman. Ja; Thalia hieß der Platz.

Nun ist Thalia ein Dörfchen, das seit ein paar Jahrtausenden kein Sterblicher aufgesucht hat, der nicht dort geboren wurde; und kaum ein solcher, denn die Eingeborenen hatten nie Veranlassung, es zu verlassen. ›Weit‹ aber, auf englisch White, konnte nichts anderes sein, als einer der zahllosen Versuche, meinen Namen dem britischen Geschmack mundgerecht zu machen. Es war in der Tat Zeit, dem Herrn näher zu treten. Er schüttelte mir heftig die Hand, als ich meinen Fuß auf seine Dahabie setzte:

»Sehr erfreut, Sie zu sehen; sehr erfreut! Gestatten Sie, daß ich mich selbst vorstelle: Mister Thinker, Mister Ben Thinker aus London, Glasgow und Glenisloch, Schottland. Es ist mir ein großes Vergnügen, Mister – Mister –«

Er sah mich fragend an.

»Eyth, Herr Thinker – wenn ich Sie richtig verstanden habe«, sagte ich, so deutlich als möglich, und versuchte im Handschütteln mit ihm zu wetteifern.

»Eyth – Weit – Weit – Eyth – ganz richtig!« rief er freudig erregt. »Das ist alles dasselbe in diesem Land Babylonien. Das Arabische macht mich ein wenig konfus, namentlich die Namen. Eyth? Jawohl, Eyth. Sehr erfreut, Ihre Bekanntschaft zu machen. Wie geht es Ihnen, Herr Eyth. Sehr erfreut!«

»Es ist in der Tat ein glückliches Zusammentreffen, wenn Sie wirklich auf dem Weg nach Thalia waren«, sagte ich. »So wie die Sachen stehen, hätten Sie Ihr Ziel vor August nicht erreicht. Sie sitzen ziemlich fest hier, Herr Thinker.«

»Nicht der Rede wert! Ich habe keine Eile«, versicherte der Engländer mit strahlenden Blicken. »Allerdings wollte ich Sie aufsuchen. Meine Bankiers in Kairo, die Ägyptische Handelsgesellschaft, haben Sie mir empfohlen. Sie kennen den Prokuristen, O'Donald? Ein vortrefflicher junger Herr! Er sagte mir, Sie seien der richtige Mann. Sie würden mir über die Wasserverhältnisse Ägyptens allen nötigen Aufschluß geben können. – In Schubra fand ich Sie nicht; so nahm ich eine Dahabie, um Sie in Tartara zu besuchen und mich mit Ihnen ein wenig zu unterhalten.«

»Thalia, Herr Thinker!« mahnte ich. »Das erste, was wir tun sollten, scheint mir übrigens, Sie wieder loszubekommen. Wenn ich Sie nicht zufällig entdeckt hätte, verehrter Herr –, das heißt –«

Ich sah nach oben. Hoch am blauen Himmel, von der Brise wieder einmal hübsch horizontal ausgebreitet, hing noch immer an der Spitze der fast senkrechten Segelstange der Frack, der uns zum Umkehren veranlaßt hatte.

»Zufällig! Nennen Sie das Zufall?« rief er freudig. »Ich wußte, daß mein Notsignal wirken würde. Kundel, wer hat jetzt recht?« Das rief er auf das Oberdeck hinauf, von wo die Frauen auf uns herabsahen. »Die Dame in Weiß ist meine Nichte, Herr Eyth; ich werde Sie sogleich vorstellen. Wir stritten uns. Ich sagte, eine Flagge hilft nichts; aber an einem Frack am unrechten Platz fährt niemand vorbei, ohne ihn genauer anzusehen; ziehen wir den Frack hinauf! Nun frage ich Sie, hatte ich recht oder nicht? Wären Sie hier, wenn ich zwanzig Flaggen aufgezogen hätte? – Praktisch! – Sie ist alles, nur praktisch ist meine liebe Kundel nicht.«

»Vor allen Dingen aber müssen wir versuchen, Sie loszuschleppen, Herr Thinker«, wiederholte ich. »Das scheint mir für den Augenblick das Praktischste zu sein. Der Nil sinkt mit jeder Stunde, und mit jeder Stunde werden wir schwierigere Arbeit haben.«

»Keine Eile, keine Eile!« rief Thinker mit unerschütterlichem Vertrauen in die Zukunft. »Zunächst will ich Sie mit meinem jüngsten Experiment vertraut machen, das eine Revolution auf dem Nil anbahnen muß. Eine brillante Idee, wenn sie auch noch nicht ganz die gewünschte Wirkung erzielt hat. Haben Sie schon eine Erfindung gemacht, die dies auf den ersten Wurf tat? Wenn Ihnen das passiert sein sollte, so war sie nichts wert.«

Er zog mich gewaltsam nach dem Vorderteil des Schiffs, über ein Gewirr von Seilen und Flaschenzügen, Schlingen und Rollen, die in allen Richtungen am Boden hin nach rückwärts gegen das Steuerruder und nach vorn zum untern Ende des Segelbaums liefen.

»Sie haben natürlich selbst beobachtet«, fuhr er eifrig fort, »wie die Nilschiffer ihre Boote steuern und zugleich die Stellung ihres großen lateinischen Segels ändern, um das Boot bei allen Windrichtungen in möglichst ungeschickter Weise vorwärts zu bringen. Es interessierte mich vom ersten Augenblick an, als ich die Burschen manövrieren sah. Nun sage ich mir: Der Mann am Steuer und der Junge am Segel sind zwei Elemente. Es muß eine Stellung für das Steuerrad und das

Segel geben, bei der ein Maximum von Bootgeschwindigkeit in der gewünschten Richtung herauskommt. Sie sind Ingenieur, Herr Eyth; Mathematiker, sagte mir unser gemeinsamer Freund O'Donald. Sie verstehen mich. Es läßt sich zweifellos ein Takelwerk konstruieren, durch dessen Vermittlung der Steuermann gleichzeitig mit der Stellung des Ruders die Stellung des Segels regelt und dabei das günstigste Ergebnis für die Schiffsgeschwindigkeit erzielt. Dies bringt heute ein Fellahjunge am Ende eines Stricks nicht zuwege; Sie sehen dies ein. Gut! Es ist mir gelungen, das Verhältnis zwischen Segel und Ruder festzustellen. Ich habe provisorisch, natürlich nur provisorisch unsere Dahabie mit der Vorrichtung ausgestattet, die dies selbsttätig bewirkt, das heißt, die durch die Stellung des Steuerruders auch die Stellung des Segels regelt. Darin liegt der Kern einer Revolution: einer Revolution auf dem Nil!«

»Aber«, begann ich, ohne weiterzukommen. In der Absicht, die Lage der Dinge in ihrem ganzen Elend zu überblicken, hatte ich mich rasch umgedreht. Die beiden Kapitäne, der meinige und der Thinkers, stellten wenige Schritte von uns ähnliche Betrachtungen an und waren in regem Gebärdenaustausch begriffen, wie er den Arabern eigen ist. Der meine lachte, Thinkers Mann sah aus wie die Nacht, verschlang seinen Herrn mit stechenden Blicken und schlug sich mit dem Zeigefinger heftig gegen die schwarzbraune Stirne; eine Bewegung, die nicht mißzuverstehen war. Auch Thinker hatte sie verstanden. Er brach plötzlich ab und seufzte zornig.

»Sie glauben nicht, Herr Eyth«, sagte er, weggehend, »mit welchen Vorurteilen ein Erfinder zu kämpfen hat. Das ist nicht allein mit Fellachen der Fall. Wenn wir nicht den Wunsch in uns trügen, dem törichten Volke nützlich zu sein, die Überzeugung, der Menschheit voranzuschreiten! Kommen sie!«

Wir machten uns nicht ohne Schwierigkeit aus dem Seilgewirr los, das unsere Füße umgarnte und gingen die Treppen zum Oberdeck hinauf, wo sich die Damen befanden. Nicht ohne Verwunderung bemerkte ich, daß Fritschy bereits oben war und sich im besten Einvernehmen mit der schöneren Hälfte unserer gestrandeten Freunde befand. Er stellte soeben der kleineren der Damen das Wölflein vor, das unter ihnen auf dem Deck des Dampfers wie toll an seinem Strick zerrte. Und was noch erstaunlicher war: Er sprach sein zutrauliches Elsässer ›Dütsch‹, und die Dame schien ihn zu verstehen.

Herr Thinker führte mich auf die größere zu.

»Kundel!« rief er in nachlässig fröhlichem Ton, der für eine korrekte Vorstellung kaum paßte, »hier ist Mister Weit, den wir in Tanagra besuchen wollten. Er hat den Stiel umgedreht, wofür du ihm dankbar sein wirst. Mister Weit –«

»Eyth – Eyth!« bat ich dringend.

»Mister Eyth – diese arabischen Namen! Herr Eyth, erlauben Sie mir, Ihnen mein Mündel und Nichte, Miss Kundel vorzustellen: – Mister Eyth, Miss Thinker –«

Die junge Dame lächelte erst mich, dann ihren Onkel an und sagte:

»Wie wäre es, wenn du Herrn Eyth meinen richtigen Namen mitteilen wolltest.«

»Oh«, sagte der Onkel, »man beliebt heute als Prinzessin zu empfangen. Auch gut. Mister Eyth – Miss Sitta Sakuntala Thinker, Tochter der Rani von Nirwapura im nördlichen Dekan, Indien. War das richtig, Madame? Sie geben zu, Herr Eyth, ›Kundel‹ ist einfacher.«

So plötzlich konnte ich mich von der Einfachheit Kundels, Sakuntalas und der ganzen Sachlage nicht überzeugen. Es war eine mehr als mittelgroße überaus zierliche Gestalt, die vor mir stand. Auch die Ätherischste der Engländerinnen hätte einen andern Eindruck gemacht, obgleich die Haltung des Kopfs, die Bewegungen der mädchenhaften Erscheinung englischer Herkunft zu sein schienen. In den regelmäßigen Gesichtszügen lag jedoch etwas völlig fremdes. Die Hautfarbe war dunkler, der Schnitt von Nase und Mund fast ideal regelmäßig. Man hätte darin jene geistlose Schönheit finden können, in die sich das klassische Ideal so leicht verirrt, wenn nicht ein paar große, leuchtende Augen die Züge wie mit einem Blitz erhellt hätten, sooft das Mädchen die langen, schwarzen Wimpern aufschlug. Und diese Augen waren dunkelblau. Die etwas niedere Stirne bedeckte zur Hälfte pechschwarzes Haar, das sich in sanften Wellen nach den kleinen Ohren zog, die wie Rosenmuscheln aus dem Dunkel hervorschimmerten. – Ein solches Mädchen hieß der Onkel Kundel! Dazu gehörte immerhin einiger Mut.

Mit einem kleinen Schrei beantwortete die zweite Dame Thinkers spöttischen Warnungsruf, ließ Fritschy stehen und lief, indem sie sich noch einmal lächelnd nach ihm umsah, auf uns zu.

»Miss Bertha Schütz – Mister Eyth. Mister Eyth – Miss Bertha Schütz!« Diesmal war die Vorstellung wie aus einem Komplimentierbuch geschnitten. »Miss Schütz hat die Güte, meiner Nichte Gesellschaft zu leisten, nachdem sie drei Jahre lang ihre Erziehung geleitet hat. Ich gebrauche sie jetzt, mit ihrer Erlaubnis, als Konversationslexikon. Sie ist ein wandelndes Buch, das ich täglich mehr bewundern würde, wenn es nicht in deutschen Lettern gedruckt wäre. Sie leisten in Ihrem Vaterland Erstaunliches auf diesem Gebiet, Herr Eyth!«

Ich verneigte mich, etwas gefaßter. Fräulein Schütz machte, vielleicht dem Landsmann zu Ehren, einen unenglischen Knicks, warf dann aber ihr Köpfchen auf gut englisch in den Nacken, zeigte ihr hervorragendes Stumpfnäschen dem blauen Zenit und suchte sich nach Möglichkeit ein würdiges, matronenhaftes Aussehen zu geben. Es war ein kleines, blondes, lebhaftes Persönchen, mit einem runden Kindergesicht, das ungemein altklug dreinsehen konnte, wenn sie daran dachte, ihre Würde zu wahren, den gegenteiligen Eindruck aber machte, wenn sie mit weitaufgerissenen braunen Augen voller Neugier die Welt um sich her betrachtete. Ob das kindliche oder das altkluge Gesicht ihr eigenes sein mochte, war schwer zu entscheiden. Manchmal ist es auch mir schwierig geworden, Bücher in deutschen Lettern zu entziffern.

Die beiden Schiffskapitäne, die zum mindesten Vettern zu sein schienen, hatten sich mittlerweile verständigt. Hag-Ali, der grünbeturbante, bat Herrn Thinker um die Erlaubnis, sämtliche Stricke und Taue des neuen Patentsegelsteuerapparates abnehmen und zur Rettung des unglücklichen Opfers der Wissenschaft benutzen zu dürfen, was mit einer grimmigen Handbewegung gestattet wurde. Mein weißbeturbanter Reis versicherte sich meiner selbstverständlichen Zustimmung, den Dampfer zum Abschleppen der Dahabie von der Sandbank zu gebrauchen. Mit viel Geschrei und Kommandieren, wobei sich die beiden Dragomane, die von dem ganzen Vorgang nichts verstanden, besonders hervortaten, wurden zwei Trossen improvisiert, und das Hinterteil der Dahabie mit dem des Dampfers verbunden, der jetzt fünfzig Schritte stormabwärts in leidlich gutem Fahrwasser lag, und, den Ernst der Aufgabe erkennend, dicke Wolken schwarzen Rauches ausstieß. Thinker setzte sich mit plötzlich eingetretener Ruhe auf einen Feldstuhl, als ob ihn die ganze Sache gar nichts anginge. Fritschy, dieser unglückselige Fritschy, wurde ohne Zaudern von den Damen benutzt, sich den Vorgang erklären zu lassen.

Nachdem die Seile befestigt waren und mein Reis das Steuerrad auf dem Dampfer ergriffen hatte, übernahm ich vom Oberdeck der Dahabie aus das Kommando. Langsam anziehen. *Go ahead; full steam!* Dampfer verstanden leider schon damals auch auf dem Nil nur englisch. Das kleine Boot zog an; die Seile spannten sich und zitterten wie Geigensaiten. Man fühlte den kräftigen Zug durch den ganzen Schiffskörper, auf dem wir standen, aber keine Bewegung. »Zurück!« – Die Seile senkten sich und verschwanden teilweise im Wasser. – »Vorwärts!« – Ich versuchte es mit kleinen, vorsichtigen Stößen;

ein nicht ganz ungefährliches Vorgehen. Aber ohne etwas zu wagen, war hier nichts zu gewinnen. Beim dritten Stoß riß mit einem lauten Knall das linke Seil, flog wie eine riesige Peitschenschnur in die Luft und versank im Wasser. Fräulein Schütz begleitete den Zwischenfall mit einem pflichtschuldigen Mädchenschrei. Thinker sagte ruhig: »Sehr gut! Das zählt eins für uns!« Er schien das Ganze für einen Wettkampf zwischen der festsitzenden Dahabie und dem beweglichen Dampfer anzusehen und sich dabei auf die Seite der Dahabie gestellt zu haben. Dann rückte er mit erwachendem Interesse seinen Feldstuhl näher an die Brüstung des Decks und wartete auf die Dinge, die kommen sollten.

Das zerrissene Seil wurde in einer Viertelstunde nach arabischen Zunftregeln zusammengeflickt. In solchen Lagen lassen sich Fellachin zu Wasser und zu Land nicht aus der Fassung bringen. Je zerrissener eine Vorrichtung ist, um so wohler ist es ihnen dabei. Die Sicherheitsventile auf dem Dampfer bliesen jetzt ab wie toll; das hatte ich auf dem Gewissen. Die beiden Reise ließen die gesamte Schiffsmannschaft ins Wasser springen, und jeder der Leute schien jetzt bereit, die Welt aus den Angeln zu heben. Laut und häufig wurde dabei die Vermutung geäußert, daß der englische Herr ein unermeßliches Bakschisch verteilen werde, sobald die Dahabie schwimmen sollte. – Nun endlich begann der Dampfer wieder anzuziehen und den Urschlamm des Flußbetts aufzuwühlen. Fünf, zehn Minuten vergingen erfolglos. Die Spannung auf den Gesichtern der Frauen machte der Angst, die Ruhe auf dem des Onkels der Langeweile Platz. Der kleine Dampfer schwankte in seiner Überanstrengung am Ende der Trossen hin und her, wie ein Betrunkener. Dabei kam er dem Ufer gefährlich nahe. Auf einen Augenblick hieben die Schaufeln des linken Rades hörbar in den Sand. Ein Zittern ging durch den Rumpf der Dahabie. Sie hatte sich bewegt. Das Kampfgeschrei der Araber, die schiebend und ziehend wie Frösche um das Boot hüpften, wurde betäubender. Der Dampfer gab Gegendampf; dann stürmte er mit zorniger Energie wieder vorwärts. »Ja Salaam! Ja Getan!« O Friede! O ihr Gläubigen! heulten die Frösche. – Wieder ein Stoß. – Wenn jetzt die Seile nicht rissen, waren wir gerettet. Man hörte das Glitschen und Gleiten durch den Schlamm. Das Boot neigte sich weit nach rechts und gleich darauf nach der linken Seite, so daß Fräulein Schütz wieder zu schreien gezwungen war und sich an Fritschys Arm anklammerte, der mit einen hilfeflehenden Blick zuwarf. Noch ein Stoß und wir schossen in das offene Fahrwasser hinaus, die ganze braune Schiffsmannschaft am Ufer der Sandbank zurücklassend. Jubelnd stürzte sich der Trupp, wie auf ein Signal, eine Minute später ins Wasser, und, allerhand fröhliche Allotria treibend, schwamm uns nach.

Ben Thinker hatte noch mitten im Sturm des Flottwerdens eine Anzahl Sodawasserflaschen geöffnet und mit dem Material, das sein Dragoman herbeischleppte, ein halbes Dutzend Gläser kunstgerecht gefüllt. Es war schottischer Whisky aus bester Quelle.

»Auf eine glückliche Heimfahrt!« rief er, indem er mir ein Glas anbot und Fritschy winkte.

»Ohne Patentsegelsteuer!« sagte ich.

»Meinethalben«, gab er zu. »Das ist jetzt Nebensache. Ziehen Sie mich erst aus diesem verdammten Sandwinkel heraus, dann sollen Sie sehen, was mein Patent wert ist. Ich brauche Spielraum, wie alles, was zu leben wert ist. Doch zur Hauptsache. Ich wollte Sie aufsuchen und nun habe ich Sie lebendig eingefangen. Was können Sie mehr verlangen?«

»Und was verschafft mir eigentlich diese Ehre?« fragte ich, während er mich einlud, Platz zu nehmen. Die Boote, die den Hauptstrom erreicht hatten, schickten sich an, flußabwärts zu steuern. Man konnte jetzt den Dingen ihren Lauf lassen.

»Das ist so rasch nicht gesagt, Herr Eyth«, begann Ben Thinker nach einer Pause. »Ich bin Ingenieur, Zivilingenieur. Nicht von Beruf wie Sie. Ich habe kein Geschäftsbüro; es ist bei mir Herzenssache.«

»Das kann beides zusammen der Fall sein«, meinte ich.

»Es ist's aber nicht, in meinem Fall. Bei mir ist's Herzenssache, und schon seit Jahren beschäftige ich mich mit der Bewässerung der Welt. So ganz im allgemeinen geht das nun allerdings nicht. Man muß einzelne trockene Punkte ins Auge fassen, will man der ganzen Menschheit nützen. Das ist auch bei andern Dingen so.«

Ich nickte und trank. Sein Whisky schien mir mehr wert zu sein als seine technische Lebensweisheit. Doch war ich bereit, das weitere geduldig abzuwarten. Er setzte sich bequemer in einen amerikanischen Schaukelstuhl, während ich das liebliche Bild der zwei Damen auf mich wirken ließ, die in einiger Entfernung noch immer Fritschy examinierten.

»Wenn man die unglaublichen Fortschritte der Technik seit fünfzig Jahren in Rechnung zieht«, fuhr er fort, »so begreift man kaum, daß es noch beträchtliche Teile der Erde gibt, die nicht bewässert sind. Haben Sie von den Marskanälen schon gehört? Es ist eine Schande für uns. Oder nehmen Sie Indien. Leider war ich selbst nie dort, aber ich habe mich seit Jahrzehnten mit indischer Landwirtschaft beschäftigt und alles, was Sie an Wohlbehagen auf unserem Boote sehen, verdanken wir indischer Bewässerung. Sie finden das unglaublich. Ich kann Ihnen, wenn wir nach Kairo kommen, noch viel mehr dergleichen zeigen. Kundel! Herr Eyth will nicht glauben, daß wir unser Dasein indischer Bewässerung verdanken.«

Die junge Dame lächelte herüber.

»Es ist so, Herr Eyth, wenn Sie meinen Onkel richtig verstehen wollen«, sagte sie mit einer Altstimme, die wie Samt klang und mir durch Mark und Bein ging.

»Ich wollte schon, Miss – Miss –«

»Kundel!« half Thinker nach, der sich an meiner Verlegenheit ergötzte.

»Miss Thinker!« sagte ich mit Betonung, »aber Ihr Onkel macht es mir nicht gerade leicht, ihn zu verstehen.«

Sie konnte kaum siebzehn Jahre zählen, aber sie flößte mir einen Respekt ein wie die Königin von Saba, wenn Ihre dunkle Majestät das Boot plötzlich beehrt hätte. Die Wahrheit zu sagen: Ich verstand weder den Onkel noch die Nichte. Fritschy schien sich dreimal schneller in die wunderliche Gesellschaft gefunden zu haben.

»Wir werden uns verstehen, Herr Eyth«, sagte Thinker ermutigend und holte die Flasche unter seinem Stuhl hervor. »Lassen Sie sich ein wenig erklären«, – damit schenkte er ein. – »Auch mit Ägypten habe ich mich ernstlich beschäftigt, und habe einen Plan für das Land, ich sage Ihnen, einen Plan, in dem Millionen stecken. Wir sind schon seit acht Tagen in Kairo. Hotel Shepheard. Ich rechne auf Ihren Besuch. Meine Absicht ist vor allen Dingen, mich zu überzeugen, daß mein Plan rasch und zweckentsprechend ausgeführt werden kann. Dazu ist es ohne Zweifel wünschenswert, die heute vorliegenden Verhältnisse zu kennen. Ich war da und dort überrascht, nicht alles so zu finden, wie ich es nach schriftlichen Angaben annehmen mußte, und da fragte ich gelegentlich bei meinem Bankhaus nach, ob die Herren mir die nötigen Aufschlüsse geben könnten. Geld – ja, so viel ich wolle; Aufschlüsse – nein. Aber wenn ich Herrn Eyth, den Ingenieur von Halim Pascha, besuchen würde, der gehe zur Zeit in Wasser und Dampf auf. Und nun habe ich Sie und bitte, mir Aufschlüsse zu geben.«

»Aber verehrtester Herr Thinker, das ist so einfach nicht, wie Sie denken«, sagte ich. »Was wollen Sie eigentlich wissen? Wo soll ich anfangen?«

»Ich weiß, ich weiß!« rief mein neuer Freund etwas ungeduldig. »Man sagte mir im Büro der Handelsgesellschaft, Sie seien ein Deutscher. Ich erwarte nichts anderes. Die Deutschen wissen alle so viel, daß nichts aus ihnen herauszubekommen ist. Verstopfung der Geistesfunktionen. Ganz natürlich.«

Dies ärgerte mich denn doch, obgleich es in einem Ton

gesagt war, aus dem man beim besten Willen keine kränkende Absicht heraushören konnte. Aber es ist seit langen Jahren das Los der Deutschen gewesen, geärgert zu werden. Ich konnte mich demselben nicht ganz entziehen.

»Sehen wir also zu«, sagte ich deshalb etwas scharf, »was bei Ihnen herauskommt, mit dem Nichtswissen.«

Er sah mich mit großen, unschuldigen Augen an. Er hatte sichtlich keine Ahnung von dem, was mich bewegte.

»Nehmen Sie noch etwas Whisky!« meinte er begütigend, wie wenn er mir eine Medizin aufschwatzen wollte. Dann, indem er mich von Zeit zu Zeit fragend ansah, begann er ruhig zu erzählen, was er vom Nil wußte: von seinem regelmäßigen Steigen im Juni und Juli, von den Überschwemmungen zwischen August und November, die das ganze Land geschaffen hatten und es heute noch befruchten, von dem Eindämmen der besser gepflegten Ländereien, um sie vor dem jährlichen Hochwasser zu schützen und den Anbau von Pflanzen wie Baumwolle und Zucker zu ermöglichen, die ein volles Jahr zum Reifen bedürfen. Dann kam er auf das Sinken der großen tropischen Nilwelle, das von Dezember an den ägyptischen Landmann zwingt, während acht Monaten das Wasser aus dem tiefen Flußbett, oder aus den Tausenden von Brunnenschächten, welche das Sickerwasser des Stromes speist, auf die Höhe des Ackerlandes zu schleudern, zu ziehen oder zu pumpen und Tausende und Abertausende von Menschen und Tieren in einförmiger, mühevoller Arbeit verzehrt, wenn das Volk sein tägliches Brot wachsen sehen will. Ich begann meinen neuen Freund etwas höher einzuschätzen. Er wußte zweifellos mehr von einem fremden Lande als ein Normalengländer zu wissen für nötig findet.

»Ist es nicht eine Schande, frage ich Sie noch einmal«, – schloß er seinen Stegreifvortrag, »daß in unseren Tagen, in der Zeit des Dampfs, der Wissenschaften, des uferlosen Fortschritts diese Millionen Pferdekräfte aus Menschen- und Tiermuskeln gesaugt werden, anstatt mit ein wenig Nachdenken die Natur zu zwingen, für uns, ihren Herrn und Meister, zu arbeiten? Ja, sehen Sie mich nur an, Herr Eyth, ich meine auch Sie, trotz Ihrem Dutzend Dampfmaschinen. Das sind ja alles Spielereien, die einem Pascha genügen mögen, und *den* vielleicht zugrunderichten; aber nichts, das die Millionen berührt, um die es sich hier handelt. Sie schwimmen gedankenlos auf dem Nil herum wie ein kleiner Seekönig und jeder Tropfen des gelben Wassers, das ihr Dampfschiffchen trägt, könnte zum Heil der Menschheit von einer Baumwollstaude aufgesaugt werden, wenn er da wäre, wo er sein sollte. Sie haben ein Pumpwerk von 180 Pferden in Ihrem Schubra, und Sie sollen ein paar hundert Pferdekräfte weiter aufstellen. Was wollen Sie eigentlich mit der Zwergwirtschaft?«

Er wurde immer röter und gröber, mein wunderlicher Freund; aber es schien ihm so furchtbar ernst, daß es unmöglich war, ihm böse zu sein: Und hatte ich nicht selbst im Stillen fast das gleiche gedacht, erst gestern Abend? »Dazu, wenn man weiß«, fuhr er ruhiger fort, »wie es die Leute vor dreitausend Jahren in diesem selben Ägypten getrieben haben, und schon vor tausend Jahren und heute wieder an den großen Flüssen in Indien. Dorthin sollten Sie einmal gehen und sich die alten Anicuts* des Cauvery, des Coleroon, des Godavery ansehen. *Die* kenne ich wie meine Tasche, und schäme mich für Sie, wenn ich Ihren Nil ansehe.«

»Aber ich bitte Sie, Herr Thinker«, unterbrach ich ihn endlich, »der Nil gehört wirklich nicht mir.«

»Ich weiß, ich weiß! Sie sind nur ein Deutscher«, sagte er mit einer mich entschuldigenden Handbewegung. Es dürfte nützlich sein, daran zu erinnern, daß wir noch nicht 1866 schrieben; und damals in der ganzen Welt ›*nur*‹ Deutsche waren. »Aber die Franzosen, diese Schwätzer, tun, als ob ihnen

---

* ›Anicut‹ nennt man in Indien die Wehre oder Staudämme, welche quer durch ein Flußbett gelegt, dazu dienen, das Wasser zum Zweck landwirtschaftlicher Bewässerung aufzustauen.

hier Land und Wasser gehöre. Und was haben sie daraus gemacht: Sehen Sie!«

Er deutete nach vorn. Dort, am Horizont, stieg jetzt das prachtvolle Bauwerk der Barrage, die den Rosettaarm des Nils sperrt, in seiner ganzen imposanten Länge vor uns auf. Es hatte das Aussehen einer riesigen Brücke von 75 durch kräftige Rundbogen verbundenen Pfeilern, die je von einem zierlichen Türmchen gekrönt waren, während in der Mitte und an beiden Enden ein stattlicher Monumentalbau mit Türmen und Zinnen das etwas einförmige, aber gewaltige Gesamtbild schmückte. Wir erblickten trotzdem so nur die Hälfte des ganzen Werkes, denn wir fuhren zu tief zwischen den steilen Uferböschungen dahin, um etwas von der entsprechenden Brücke über den Damiettearm des Stroms zu sehen.

»Ich weiß nicht viel mehr von diesem roten Zuckerbäckermachwerk, als daß es nichts taugt«, begann Thinker nach einiger Zeit aufs neue, »und daß der alte Mohamed Ali einen seiner besten Gedanken hatte, als er den Bau der Barrage beschloß, und einen seiner schlechtesten, als er die Ausführung den Franzosen übertrug. Ansehen aber wollte ich mir das Ding doch, und da Sie in Schubra nicht zu finden waren, nahm ich die Dahabie und wollte Sie in Tantala dazu abholen. Wäre mein Patentsteuersegel nicht ein wenig in Unordnung geraten, so hätte ich Sie schon gestern abend aufgefunden. Nun mußte ich heute früh den Frack zu Hilfe nehmen.«

Wenn man, wie ich, wochenlang einsam jenseits der Grenze der Zivilisation zu arbeiten hat, so ist ein Gast aus dem Diesseits, mag er sich auch noch so wunderlich gebärden, ein freudiges Ereignis, das man dankbar begrüßt, und mit sechs Stunden oder auch mit einem geopferten Tag gerne bezahlt. Auch hatte ich ja selbst den Wunsch gehabt, die Barrage des Näheren zu besichtigen und da ich jedenfalls bis zum Abend Kairo erreichen konnte, so war mir Thinkers Vorschlag willkommen. Wir hatten die Schleuse erreicht, die sich am östlichen Ende der Brücke befindet. Eine ganze Flotte, wohl dreißig Nilboote, die der frische Morgenwind zusammengeblasen hatte, lagen entlang der sauber gepflasterten Böschung und warteten, bis die Reihe des Durchschleusens an sie kam. Der Dampfer hörte auf zu ziehen, und die Dahabie legte sich langsam an seine Seite. Ich ging nach vorn, um die nötigen Weisungen zu geben. Dort fand ich Fritschy auf einem Feldstühlchen zwischen den beiden Damen, in lebhafter Unterhaltung. Sie trieben römische Geschichte. Warnend erhob ich meinen Zeigefinger und errötend erhob er sich. Fräulein Schütz versicherte mir, daß sie in Herrn Fritschy einen hervorragenden Gelehrten entdeckt habe, der ihnen auf ihrer beabsichtigten Nilfahrt von größtem Nutzen sein könnte. Seine Mitteilungen über Kleopatras Nadel und deren Verhältnis zu Antonius seien hochinteressant gewesen.

Ich entschuldigte mich, die gemeinsamen Studien unterbrochen zu haben, und sprang auf meinen Dampfer, um für einige Minuten den Befehl zu übernehmen. Da ich die Flagge Halim Paschas führte, hatten wir das Recht, vor allen anderen Booten durchgeschleust zu werden. Ich beabsichtigte, nachdem dies geschehen war, die Boote anlegen zu lassen, um der Barrage unseren Besuch abzustatten. Mittlerweile sollte Mansur el Habeschi nach bestem Wissen und Gewissen das Schaf zurechtbraten, so daß wir bei der Rückkunft ein festliches Gabelfrühstück vorfänden. Der Koch aber machte ein sehr langes Gesicht. Das Schaf beiseite lassend, nagte meine Küche an den letzten Vorräten, die wir mit uns führten. Selbst das Salz sei auf der Neige. Abu Sa aber wußte Rat. Er hatte sich mit dem Dragoman der Dahabie rasch befreundet; beide bemächtigten sich mit seltener Zuvorkommenheit der schwierigen Aufgabe, das Festmahl vorzubereiten. Ich konnte sie den vereinten Kräften des dienstfeifrigen Paares vertrauensvoll überlassen und fuhr vorsichtig, die Dahabie dicht hinter mir, in die gewaltige Schleuse ein, deren eiserne Riesentore sich langsam und feierlich vor uns auftaten. Es hatte doch manchmal sein Angenehmes, unter der Flagge eines künftigen Vizekönigs zu segeln. Und die indische Prinzessin, die ich im Schlepptau führte! – Dies alles stimmte nicht übel mit der geheimnisvollen Welt des Orients, in der ich mich mit jedem Tage mehr zu Hause fühlte und die noch immer fast täglich etwas bot, das daran erinnerte, daß es eine Märchenwelt ist.

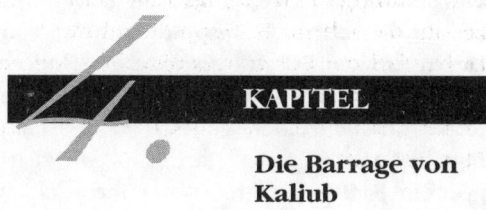

KAPITEL

Die Barrage von Kaliub

Unter dem Brausen und Gurgeln des Wasserschwalls, der uns aus dem oberen Schleusentor entgegenstürzte und die beiden Boote in unruhiges Schaukeln an den sie festhaltenden Tauen versetzte, stiegen wir langsam empor; nicht allzuhoch, denn der Höhenunterschied zwischen der Wasserfläche unter- und oberhalb des Stauwerks betrug kaum mehr als einen Meter. Dann beruhigte sich die kochende Wassermasse, das Schleusentor vor uns öffnete sich mit derselben phlegmatischen, echt orientalischen Feierlichkeit, die sein Genosse am untern Ende der Kammer beobachtet hatte, und wir fuhren wieder hinaus aus dem feuchten, halbdunkeln Mauerkasten in das grelle Sonnenlicht, das auf den seeartig ausgebreiteten Strom niederbrannte, der jetzt vor uns lag.

Wohl fünfzig schwarzbraune Gesichter unter weißen, schwarzen und grünen Turbanen, unter schmutzigroten oder erdbraunen Tarbuschen hatten über die Mauerkante der Schleuse herabgesehen und uns mit echter Fellahneugier gemustert: Das Dienstpersonal der Barrage, müßige Dorfleute aus Kaliub und Umgebung, die geduldige Mannschaft der Boote, die oberhalb und unterhalb der Schleuse zum Warten verurteilt war. Jetzt setzte sich die ganze Gesellschaft in Bewegung, um uns dem Ufer entlang ein ehrendes Geleite zu geben, und mit dem Wort aller Worte Ägyptens »Bakschisch!« zu begrüßen. Voran schritt ein würdiger Herr, der von der

Masse des Fellahpöbels mit ehrfurchtsvoller Scheu gemieden wurde. Drei Schritte hinter ihm gingen zwei Saise, als weiterer Beweis seiner hohen Stellung, und hinter diesen zwei Herrn unzweifelhaft ägyptischer Herkunft: Der eine, in schwarzem Turban und rot- und gelbgestreiftem Kaftan, war Kopte und Schreiber, wie sich aus seinem Tintenzeug erkennen ließ, das er pistolenartig im Gürtel trug; der andere, in grünem Kleid und grellrotem Tarbusch, war unzweifelhaft Adjutant, Geschäftsvertreter, der ›Vekil‹ des hohen Beamten. Dieser Herr selbst trug, sehr auf den Hinterkopf geschoben, einen Tarbusch von offiziellem Dunkelrot, unter dem ein weißes Mützchen hervorsah, im übrigen aber einen schwarzen europäischen Anzug, welchem Alter und Gebrauch einen rostbraunen Glanz verlieh und dessen Knöpfe teilweise durch Bindfäden kunstreich ersetzt waren. Er war klein und mager; das ausdrucksvolle, soldatische Gesicht gelbbraun. Eine unarabische Habichtsnase von feinem Schnitt, aber viel zu groß für die ganze Gestalt, beschattete einen schneeweißen Schnurrbart, und einen spärlichen, aber langen Knebelbart. Graue, stechende Augen glitzerten in tiefen Höhlen unter struppigen Augenbrauen. Dabei waren die Bewegungen des Herrn von nervöser, zuckender Raschheit, wie wenn er Gewehrübungen zu machen gewohnt wäre. Von der Ferne konnte man ihn für einen alten, etwas verkommenen französischen Offizier halten, den ein unfreundliches Schicksal nach Kaliub verschlagen hatte.

Die Vermutung schien sich zu bestätigen, als ich, über der letzten Barke, die uns den Platz versperrte, Dampfer und Dahabie an die Uferböschung anlegen ließ und die Gangbretter ausgeworfen waren. Er stellte sich an dem des Dampfers auf und begrüßte mich mit großer Höflichkeit in gutem, levantinischem Französisch. Dann aber, wie er sah, daß die Damen auf der Dahabie ebenfalls Anstalt machten, ans Ufer zu kommen, ließ er mich mit einer entschuldigenden Handbewegung stehen, um ihnen behilflich zu sein. Dies ärgerte

Fritschy, der neben mir stand, und gab ihm Zeit mir zu sagen, der alte Kerl sei der Schleusenwärter der Barrage, und habe ihn schon zweimal in Thalia besucht, um sich zu überzeugen, daß dort kein Raki oder sonstiger Kognak zu haben sei.

Ganz richtig war dies nun allerdings nicht, wie sich sofort herausstellte, nachdem sich die ganze Gesellschaft um den höflichen Halbfranzosen gruppiert hatte und der sprachliche Verkehr einigermaßen geregelt war. Ben Thinker versuchte anfänglich, durch sehr lautes Englisch dem Herrn technisch näher zu kommen, da dieser aber nur ein paar Worte englisch und Thinker kaum ein Wort französisch verstand, mußte sehr bald Fräulein Schütz den Dolmetscher spielen. Die beiden offiziellen Dragomane hatten sich sofort für wissenschaftliche Verhandlungen als völlig untauglich erwiesen, aber auch Fräulein Schütz bewegte sich meist in wunderbaren Mißverständnissen, bis Thinker auch sie absetzte und sich an mich klammerte. Nun ging's leidlich; wir fingen an, uns zu verstehen.

Iskander Effendi, oder wie er vorzog sich zu nennen: ›*Monsieur Marie – Alexandre Marie, chef de section neuf de l'irrigation de la Basse Egypte, inspecteur du barrage de Kalioub, s'il vous plaît*‹ war Staatsbeamter, ›höherer Staatsbeamter, *s'il vous plaît*‹, der mit der Oberaufsicht über die Rosettahälfte der Barrage betraut war. Allerdings hatte er auch den Schleusendienst zu überwachen und die gesetzlichen Abgaben für die Durchfahrt zu erheben: eine vielseitige, aufreibende Tätigkeit von hoher Verantwortlichkeit, die unverantwortlich schlecht bezahlt werde. »*Mais, que voulez-vous?* Allah regiert nun einmal in diesem Land nicht anders!« Er blickte grimmig auf die Bindfäden herab, die seine Beinkleider zusammenhielten. Übrigens, wandte er sich plötzlich sehr lebhaft an mich, wenn ich mit Halim Pascha, einem Herrn von hervorragender Intelligenz und höchstem Einfluß, den er seit Jahren anbete, einige passende Worte über diese Mißstände sprechen wollte, so zweifle er nicht, daß sich alles mit einem Schlage ändern werde. Dann würde er in der Lage sein, uns in Zukunft würdiger zu empfangen. – Ich nickte wohlwollend, sagte aber, wir seien heute schon von seinem Empfang entzückt. Unseren Zweck, unter seiner Leitung eine eingehende Besichtigung des berühmten Stauwerks vornehmen zu dürfen, werde er gewiß freudig begrüßen und wenn es ihm genehm sei und es seine kostbare Zeit erlaube, möge er die Güte haben, sofort die Führung zu übernehmen.

Während dieser Präliminarien hatten sich die wirklichen Schleusenwärter, die fünfzig wartenden Schiffer und was an Bewohnern aus der Umgebung Kaliubs herbeieilen konnte, in so dichtem Kreis um uns geschart, daß es einige Mühe kostete, den Menschenknäuel zu zerhauen. Wir erkannten jetzt erst die Würde Iskander Effendis und die Tatkraft seiner bestockten Saise in ihrer vollen Bedeutung. Nach kurzer Zeit stiegen wir die Treppe zum oberen Stockwerk der Barragebrücke empor und von dort, um einen allgemeinen Überblick zu gewinnen, in einem der Türme des Brückenkopfes weiter: Thinker, ich und Iskander voran, die Damen mit Fritschy zögernd hinterher. Die übrige Bevölkerung wurde von den zwei Unterbeamten, die uns den Rücken deckten, in unzeremoniöser Weise die Stufen hinuntergeworfen, die sie mit uns zu erklettern suchte. Befriedigt gingen sie sodann ihrer Wege, jeder an seine Arbeit, die für die Mehrzahl darin bestand, das *dolce far niente* ins Arabische zu übersetzen.

Man hatte hier oben einen prächtigen Überblick über die ganze Landschaft und Monsieur Marie war keineswegs ein schlechter Führer. Er überraschte mich im Gegenteil mehr und mehr mit Erklärungen, die eine gründlichere Kenntnis der Verhältnisse verrieten, als man nach dem Äußern des Mannes erwarten konnte.

Um uns lag das Rund einer gewaltigen Ebene, über der sich der wolkenlose Himmel wie eine riesige Glocke wölbte. In weiter Ferne gegen Süden konnte man wenigstens mit dem Glase die nadelförmigen Minaretts der Moschee Mohamed

Alis auf der Zitadelle von Kairo erkennen und sah auch ohne Glas die rotgelben Felsen des Mokkatam und rechts davon die zwei großen Pyramiden von Gise, über die Fräulein Schütz mit weiblicher Lebhaftigkeit sofort herfiel, wahrscheinlich und namentlich, weil sie nicht in den Beobachtungskreis gehörten, um dessentwillen wir den Turm bestiegen hatten. Sie wollte von Fritschy wissen, was der Zweck dieser rätselhaften Monumente des Altertums gewesen sein mochte, mit denen ein anderer Zweig der Thinkerschen Familie eng verknüpft sei, wie sie geheimnisvoll beifügte. Auch Miss Thinkers träumerische Augen blieben an dem fernen Rätsel haften, und ich selbst mußte mich ein wenig anstrengen, zu Iskander und der Barrage zurückzukehren. Das ist nun einmal der Zauber, den diese Bauwerke von jeher auf alle Welt ausgeübt haben, ein Zauber, der nach Jahrtausenden seine Kraft noch nicht verloren hat.

Von jenem südlichsten Punkte des Horizonts zieht sich ein schmaler blaugrüner Streifen durch die gelbe Landschaft, immer breiter und grüner werdend, je näher er uns tritt. Rechts und links begrenzen ihn zwei endlose Flächen, in welchen leichtes Braun, Rot und Gelb mit fast blendendem Weiß in regellosen Flecken wechselt: die arabische und die libysche Wüste, zwischen denen der Nil um sein Leben kämpft. Da und dort blitzt der Spiegel des Stroms aus dem tiefeingegrabenen Bett, belebt von blendendweißen Segeln, die zu Dutzenden flußaufwärts treiben. Unter uns zur Linken, einen halben Kilometer vom Turm entfernt, auf dem wir stehen, liegt die Spitze des Deltas. Hier hat man den mächtigen Strom in seiner ganzen Breite vor sich und sieht, wie er sich in zwei Arme spaltet, die, immer weiter auseinander strebend, eine gewaltige grüne Fläche fruchtbaren Landes umschließen, welche sich gegen Norden immer breiter ausdehnt und schließlich den ganzen nördlichen Horizont in bläulichen Dunst zu hüllen scheint. Auch rechts und links von den zwei großen Nilarmen sind grünliche Flecken und Streifen zu erkennen, von denen namentlich die im Osten entlang dem Damiettearm liegenden Teile eine bedeutende Fläche bedecken. Hunderte von Dörfchen, hundert zierliche Gruppen von Palmen und Sykomoren beleben diese Gründe, und da und dort sieht man deutlich die Linien alter Kanäle, wenn sie auch um diese Jahreszeit schon ganz oder nahezu wasserlos durch die Kleefelder oder die bereits reifenden Weizenflächen hinziehen. Als gewaltiges Werk der Menschenhand ragt in dieser schlichten Landschaft der brückenartige Bau empor, auf dem wir stehen. Er erstreckt sich von Ufer zu Ufer quer über den Rosettaarm des Nils und ihm entsprechend bemerken wir in einer Entfernung von vier Kilometern einen ähnlichen Bau, der den Damiettearm überbrückt. Oberhalb der beiden Brücken ist der Strom seeartig aufgestaut. Von Sandbänken und vertrocknenden Seitenarmen ist hier noch nichts zu sehen; dagegen sind sie unterhalb der Brücken um so häufiger und schimmern in grellem Gelb an zahlreichen Stellen aus dem grüngelben Wasser.

Monsieur Marie, der offenbar Sinn für landschaftliche Wirkungen hatte, ließ uns ruhig und wortlos minutenlang das gewaltige Bild betrachten. Dann deutete er mit einer Handbewegung an, daß er das alles als sein Eigentum betrachte und begann zu erklären. Dies machte Thinker ungeduldig, bis ich ihm Wort für Wort übersetzte, was jener sprach. Es war kein Wunder, daß sich die Damen mit Fritschy nach kurzer Zeit auf den Weg machten, um ihre Studien auf eigene Rechnung fortzusetzen. Monsieur Marie aber hatte begonnen:

»Sie sehen dort, an der Spitze des Deltas, umgeben von Befestigungswerken, die nichts taugen, die Mündung eines neuen, breiten Kanals. Das ist der Menufiekanal, der – wenn er gefüllt wäre – dem Teil des Deltas, welchen die beiden Nilarme umfassen, das Wasser zuführen müßte. Rechts von uns, am westlichen Nilufer sehen Sie einen zweiten Kanal, den Behera abzweigen. Er ist für das Land auf dem linken Ufer des Rosettaarms bestimmt, ganz wie auf der anderen Seite des

Stroms etwa drei Kilometer von hier der Tscharkie das Land auf dem rechten Ufer des Damietearms bewässern sollte. Das würde auch geschehen, wenn er voll Wasser wäre; und sie wären voll, alle drei, jahraus, jahrein, wenn das Stauwerk, auf dessen Brückenkopf wir stehen, den Nil so hoch aufstauen könnte, als es beabsichtigt war: vier bis fünf Meter nämlich. Leider hat ein unglückseliges Geschick uns verraten; verraten, Messieurs! Und so bleiben die drei großen Kanäle, die die Hauptadern des ganzen Bewässerungssystems von hier bis in das 160 Kilometer entfernte Meer bilden sollten, von Ende Februar bis Mitte Juni trocken. Ah, meine Herren, das war ein entsetzlicher Schlag für uns, als es nicht mehr möglich war, zu leugnen, daß die geplante Stauhöhe nicht erreicht werden konnte. Nicht mehr möglich! Nicht mehr möglich! *Mon dieu! Mon dieu! Mon dieu!* Das waren Tage!«

In diesem Augenblick glaubte ich einen echten Franzosen vor mir zu haben, der seiner Verzweiflung die Zügel schießen läßt. Er erhob beide Arme gegen den Himmel und tanzte mit den kurzen Beinchen, als ob er auf einer glühenden Platte stünde.

»Doch seien wir ruhig; es ist nicht mehr zu ändern«, fuhr er fort, die Pantomime plötzlich abbrechend. »Sie haben den Gedanken des großen Paschas begriffen, meine Herrn, die Idee, wie sie Mougel ausführte, dieses Ideal eines Planes? Während acht Monaten strömt der Nil in seinem tiefeingegrabenen Bett fünf, sechs Meter unter der Fläche des bebaubaren Landes dahin. Alles Wasser, ohne das in dem regenlosen Ägypten nichts wächst, muß deshalb gehoben werden. Das sollte durch das Stauwerk an dieser Stelle für das ganze Delta geschehen. Die drei Kanäle, gleich hoch oder höher gelegen als das Kulturland, sollten von dem aufgestauten Nil aus während des ganzen Jahres gespeist werden. Sie sollten dann das Wasser über die weite Fläche des Deltas verteilen, ohne daß sich ein Ochse zu drehen oder ein Fellah zu quälen brauchte. War das nicht großartig? Und es wäre beinahe gelungen. –

Noch vor vierzehn Tagen hätten Sie die Kanäle fließen sehen. Heute ist es damit zu Ende, denn wir stehen in der Zeit des sinkenden Nils. Wir wagen nicht das Wasser über sechzehn Dezimeter zu stauen. Ich habe die strengste Weisung von der Zentraldirektion in Kairo, sechzehn Dezimeter nicht zu übersteigen. Keinen Millimeter mehr. Man hat seine Gründe hierfür. Was helfen aber sechzehn Dezimeter, wenn man fünf Meter braucht, um die Kanäle zu füllen? Ich frage Sie, meine Herren! *Mon dieu! Mon dieu!*«

Er war schon auf der Turmtreppe und verschwand beim dritten ›*Mon dieu!*‹. Wir folgten dem erregten alten Herrn mit etwas mehr Hochachtung, als wir ihm anfänglich zugestanden hatten. Es war klar: er kannte und liebte seine Barrage, und seine Liebe machte ihn nicht glücklich. Ich hatte kaum erwartet, in dem zerrissenen Stambulrock so viel Verstand und Gefühl zu finden. Als wir aus dem Turm heraustraten, hatte er sich wieder gefaßt und führte uns über die Brücke, an deren fernem Ende wir die hellen Kleider der Damen gerade noch bemerken konnten, zwischen denen Fritschy sich wie ein verzärtelter Junge zwischen zwei Tanten ausnahm. Es ist eine imposante Perspektive entlang der einundsechzig Türmchen, welche die Pfeiler krönen. Zwischen je zweien derselben befindet sich ein fünf Meter weiter Durchlaß, der mittels eines eisernen Falltors geschlossen werden kann; die Türmchen bergen die sinnreiche Windevorrichtung, welche die Stellung der Falltore beherrscht. Auch diese Tore hatten ihre Leidensgeschichte. Sie bestanden aus einem Gerippe von eisernen Röhren in waagerechter Lage, die durch Eisenplatten verbunden waren. In die Röhren konnte Luft gepumpt werden, wodurch die Tore schwimmend erhalten und dadurch ihre Schwere fast aufgehoben werden sollte. Aus irgendwelchen Gründen aber, die Iskander leider nur durch ein undeutliches Gemurmel andeutete, wollten die Luftpumpen nicht wirken und die Tore nicht schwimmen, so daß nunmehr fünfzehn Mann erforderlich waren, wenn man sie heben oder senken wollte. Zum Glück sind Menschen seit Pharaonenzeiten in Ägypten billig. – Eine Anzahl der Tore waren geschlossen, andere ganz oder teilweise gehoben, so daß an diesen Stellen eine reißende Wassermasse von dem gestauten Strom nach dem untern Flußbett zwischen den Pfeilern hindurchschoß. Es war Iskanders Lebensaufgabe, durch das teilweise Schließen und Öffnen der Tore dafür zu sorgen, daß der Unterschied der Stromhöhe über und unter der Barrage während des ganzen Jahres sechzehn Dezimeter nie überschritt. Den diesem Höhenunterschied entsprechenden, immerhin gewaltigen Wasserdruck vermochte das Bauwerk ohne Gefahr zu widerstehen; mehr durfte ihm nicht zugemutet werden, und damit war der Hauptzweck der Barrage nur während weniger Wochen im Jahre, bei sinkendem und bei steigendem Nil zu erreichen. Sank der Fluß tiefer als ungefähr drei Meter unter seinen höchsten Stand, so wurden die Mündungen der drei großen Bewässerungskanäle vom gestauten Wasser nicht mehr erreicht. Dann mußte dem Delta nach wie vor sein Wasser mittels Menschen-, Ochsen- oder Dampfkraft zugeführt werden. Wenn alles war, wie uns Monsieur Marie mit zornbebender Stimme und in zwanzig Variationen auseinandersetzte, so standen wir vor einem der größten Mißgriffe, die unsere Zeit auf ihrem technischen Gewissen hatte.

»Aber woher wissen Sie, daß der Bau einen höheren Druck nicht aushält?« fragte ich auf dem Rückweg vom fernen Ende der einen halben Kilometer langen Brücke, die wir gewissenhaft abgeschritten hatten.

»Sehen Sie dorthin!« sagte er halblaut, mit einer wahren Grabesstimme, und wies über die Brückenbrüstung stromabwärts in das Wasser. Ungefähr in einer Entfernung von achtzig Schritt sah man auf der sonst glatten Oberfläche ein leises Wallen und Sieden, wie wenn Quellen im Flußbett ausgebrochen wären und nach oben drängten.

»Verstehen Sie das?« fragte er nach eine Pause, in der er die

Erscheinung mit weit hervorstehenden gläsernen Augen angestarrt hatte. »Das sind Wasseradern, die durch das Fundament des Baus ihren teuflischen Weg gefunden haben, und an der Grundfeste jedes Pfeilers nagen. Wer weiß, wie lange es so fortgehen kann. Manchmal wird es schlimmer, manchmal wird es auch besser. Aber jeder Dezimeter weiterer Stauhöhe, weiteren Wasserdrucks macht es gefährlicher. Ich könnte Ihnen eine ganze Reihe kleiner Geyser zeigen, wenn ich es wagte, ein weiteres Dutzend Falltore schließen zu lassen. Aber ich lasse das wohl bleiben und halte mich an Allah. Er weiß, wie lange die Brücke noch stehen wird.«

»Sind Sie Moslem?« fragte ich erstaunt.

»So halb und halb«, antwortete er verlegen. »Das Leben in Kaliub und auf der Brücke wäre sonst nicht auszuhalten.«

Ich glaubte ihm fast. Die Sonne stand jetzt nahezu senkrecht über der Barrage, und brannte, als ob sie uns samt dem Nil aufsaugen wollte. Wir hatten der Besichtigung des Bauwerks zwei Stunden gewidmet. Iskander allein war noch nicht erschöpft und trotz seiner inneren Erregung der einzige, der der sengenden Mittagsglut mit trockener Stirne Trotz bot. Fritschy, der Schlaukopf, saß mit den Damen schon seit geraumer Zeit unter dem schattigen Zeltdach der Dahabie und fütterte Fische. Ben Thinker war seit einer Viertelstunde auffallend still geworden und hatte aufgehört, auf die Übersetzung jedes Satzes des unerschöpflichen Schleuseninspektors zu dringen. Er blieb öfter zurück, in tiefes Nachdenken versunken. Wenn ich mich nach ihm umsah, stand er still, unverwandt nach Süden blickend, wo im glühenden Dunst des Mittags gerade noch die Spitze der Cheopspyramide am Horizont zu erkennen war. Was hatte er, der praktische Mann der Gegenwart, mit dem Steinrätsel zu tun, das dort seit viertausend Jahren oder länger sein verschollenes Geheimnis bewahrte?

Deutlicher sprach in uns allen eine innere Stimme. Thinker bat mich schließlich, den Inspektor einzuladen, uns nach den

Booten zu begleiten. Mit überströmender Höflichkeit erklärte dieser seine Bereitwilligkeit, uns zu folgen und versuchte sofort, die Bindfäden seiner Beinkleider neu zu arrangieren. Die Dragomane hatten ihre Pflicht getan. Auf dem Oberdeck der Dahabie war eine Mittagstafel aufgebaut, die zu den kühnsten Erwartungen berechtigte. Die Damen begrüßten uns mit liebenswürdiger Ungeduld; sie waren ohne Zweifel so hungrig wie wir. Thinker, der wie abwesend bald den Nil, bald den Horizont betrachtet hatte, raffte sich zusammen und übernahm die Rolle des gastfreundlichen Wirts. Bis zu einem gewissen Grade war er hierzu berechtigt, denn außer meinem Schaf konnte ich zu dem unerwarteten Festmahl so viel wie nichts beisteuern. Wenige Minuten später saßen wir auf anständigen Stühlen *à la franca* um einen Tisch, der in Deutschland, Frankreich oder England nicht einladender hätte ausgestattet sein können.

Die Suppe war ein Meisterstück meines Kochs. Er verstand dies; denn er hatte vor Jahren als Küchenjunge eine Nilfahrt mit einem schwäbischen Geologen gemacht. Der Dragoman der Dahabie hatte in unserer Abwesenheit einen Nilfisch gefangen und der jenseitige Koch schien, was Fische anbelangt, auf der Höhe moderner Zivilisation zu stehen. Vielleicht ist bei dieser begeisterten Schilderung in Betracht zu ziehen, daß wir drei Semi-Eingeborenen, der Inspektor, Fritschy und ich, durch bittere Erfahrung in unseren kulinarischen Ansprüchen etwas herabgestimmt waren, und daß die ganze Gesellschaft trotz der Hitze mit einem gesunden, nordländischen Hunger Platz genommen hatte. Der Hammelbraten war kein Southdown, aber auch ein Deltaschaf, das seine Jugend in ägyptischem Klee zugebracht hat, kann sich sehen, oder vielmehr schmecken lassen. Zum Schluß überraschte uns ein süßes arabisches Gericht, aus Reis und geheimnisvollen Kräutern, das Fräulein Schütz – sie hatte zur Vorsicht im Baedeker nachgeschlagen – an die Glanzzeit der zwölften Dynastie erinnerte, unter der Ägypten den Höhepunkt alter Kultur und raffinierten Lebensgenusses erreicht haben soll. Dazu kamen ein paar Flaschen kühlen Rheinweins. Ben Thinkers Dahabie schien unerschöpflich in allem, was das Leben lebenswert macht. Die so hergestellte Verbindung des alten, treuherzigen Vaters Rhein mit dem noch älteren, geheimnisvollen Nil hatte einen ganz besonderen Reiz, dem sich Monsieur Marie willenlos hingab, der sogar auf Miss Thinkers eigentümlich dunkeln Wangen ein zartes Rot hervorzauberte, das sich wie der Duft auf einem Pfirsich ausnahm. Sie sprach nicht viel, aber sie war eines jener seltenen Wesen, die mit einem Wort mehr zu sagen wissen, als andere mit stundenlangen Vorträgen. Hierin haben Altstimmen einen schwer erklärlichen Vorteil. Fräulein Schütz mochte noch so viel plaudern, man fühlte, Fräulein Thinker sagte mehr, wenn sie ihre wundervoll gezeichneten Lippen nur bewegte.

Als zum endgültigen Abschluß materieller Genüsse Orangen, Mandeln und Datteln erschienen, waren wir alle in bester Stimmung, zufrieden mit dem Lauf der Welt, seit der Nil an diesem gesegneten Land zu bauen begonnen hatte, und ergeben in alles, was die Zukunft bringen mochte, sogar in die Mittagshitze der Gegenwart. Die Damen zogen sich nach englischer Weise zurück, um für eine halbe Stunde die wohlverdiente Ruhe aufzusuchen. Fritschy seufzte auf, wie wenn er einer großen Gefahr entronnen wäre, und seufzte dann noch einmal, wie wenn er sie zurückwünschte. Thinker setzte sich in nachdenklichem Halbschlummer in einem Schaukelstuhl zurecht, was ihn jedoch nicht abhielt, fast lauernd den Barrageinspektor im Auge zu behalten. Bei diesem zeigte sich das Unglaubliche: daß er noch gesprächiger wurde, als vor dem Essen. Was unter solchen Umständen unvermeidlich ist, geschah auch ihm: Wes das Herz voll ist, des geht der Mund über. In einem wunderbaren Gemisch von Französisch, Englisch, Italienisch, Griechisch, Arabisch und Türkisch – ja einige deutsche Worte suchte er mir zu Ehren einzuflechten – erzählte er Thinker, der nicht einen Satz davon verstehen konnte, die Geschichte seines Lebens, die, wie er feierlich versicherte - gleichbedeutend sei mit der Geschichte der Barrage von Kaliub. Wie viel Zigaretten diese Erzählung kostete, soll hier nicht erörtert werden, so verführerisch es ist, die fortlaufende, hochdramatische Pantomime zu schildern, mit welcher das Rollen, Anzünden, Anrauchen und Wegwerfen der zierlichen Glimmstengel den Bericht des alten Herrn begleitete. Ebensowenig ist es möglich, den Bericht in seiner ursprünglichen Form wiederzugeben, die ihren Reiz nicht allein der ungekünstelten Mischung von sechs Sprachen verdankte, sondern auch den uralten Kampf zwischen Morgen- und Abendland, der uns unter diesem Himmelsstrich fast stündlich entgegentritt, den Gegensatz zwischen Ergebung und Tatkraft, zwischen der phlegmatischen Würde des Halbtürken und der Ruhelosigkeit halbfranzösischer *Amour propre* zum Ausdruck brachte.

»Mougel! Sie kennen Mougel?« begann er, und warf zornig die erste Zigarette über Bord, die er soeben gedreht hatte, um uns, wie er meinte, ›in aller Ruhe‹ die erbetene Geschichte zu erzählen. »Der größte Mann des Jahrhunderts! Ich bin stolz, ihm gedient zu haben; stolz, meine Herrn! Ich war seine rechte Hand. Ich kannte ihn, als er in Ägypten ankam und in den Dienst des Vizekönigs trat, als bescheidener Assistent mit Linant; nicht *unter* Linant, *mit* Linant! Er war arm. Das Genie ist meist arm. Und ich - ich war schon zu Anfang seiner glänzenden Laufbahn seine rechte Hand, das heißt - um mich rückhaltlos auszusprechen - sozusagen -«

Dem Erzähler wurde sichtlich etwas unbehaglich zumute. Er tat einen kräftigen Zug aus seinem Weinglas, dann begann er aufs neue:

»Messieurs, die Mehrzahl der Menschen beginnt das Leben klein, sehr klein. Dies ist keine Schande; es ist das Gesetz der Natur. Ich schäme mich dessen nicht; im Gegenteil. Wenn ich sage, ich war von Anfang an Mougels rechte Hand, so wollte ich damit andeuten, ich war Chef seines Haushalts, seiner -

seiner Küche. – Das heißt, anfangs war ich das allerdings nicht. Ich hatte klein zu beginnen, wie er und war ein Junge von fünfzehn Jahren, als ich mit einem englischen Lord von Chios, meiner Heimat, in Alexandrien ankam. Nur wenige Tage später verließ ich meinen Engländer, der mich nicht zu würdigen wußte, – ein Nationalfehler dieses überschätzten Volkes – *ah! Pardon, Monsieur Thinker, mille pardons!* – und nur wenige Monate später war ich Mougels Chef – *chef de cuisine.*«

Dies war überstanden. Iskander war Koch bei Mougel Bey gewesen. Es war ihm nicht ganz leicht geworden, uns dies mitzuteilen.

»Sie haben den Vorzug, Grieche zu sein, Iskander Effendi«, sagte ich höflich. »Monsieur Marie ist wohl ihr Familienname. Er klingt eigentümlich; mehr französisch als griechisch.«

»Ich bin stolz darauf«, erwiderte der Inspektor. »Es ist mein Familienname. Ich habe ihn Herrn Mougel zu Ehren angenommen und bin stolz darauf!«

Zu einer weiteren Erklärung ließ er sich nicht bewegen. Erst auf Umwegen erfuhr ich später von Fritschy, der es von einem Cafétier in der Esbekie hatte: Mougel habe anfänglich eine französische Köchin gehabt und sei an ihren Namen so gewöhnt gewesen, daß er fortfuhr, auch dem Küchenjungen ›Marie‹ zu rufen, als jene ihr Schicksal einem Haarkräusler in Alexandrien anvertraut hatte, und dieser in die verantwortliche Stellung eines Kochs aufgerückt war. Daraus entstand im Laufe der Zeit der neue Familienname. – Nun aber konnte die Geschichte mit vollen Segeln dahingleiten, wobei nicht zu vergessen ist, daß die französische Flagge lustig über ihr flatterte. Zum drittenmal hub Monsieur Marie an:

»Der große Kaiser Napoleon, meine Herren, ist der Vater des Gedankens der Barrage. Kein Zweifel! Dann kam der große Vizekönig, Mohamed Ali, und griff die Idee auf. Auch er war der Vater des Gedankens. Zwei Väter. Nichts Ungewöhnliches im Orient, meine Herrn! Als die schweren Kriegszeiten vorüber waren, dachte der geniale alte Herr daran, das ruinierte Land wieder aufzubauen. Der Machmudiekanal wurde gegraben und führte Wasser und Verkehr nach Alexandrien. Nun sollte die Bewässerung des Deltas an die Reihe kommen und Linant Bey erhielt den Auftrag, Pläne auszuarbeiten. Damals konnte mittels der Sakien und der meist trockenliegenden alten Kanäle eine Viertelmillion Fedan bebaut und bewässert werden. Die Barrage sollte die Möglichkeit schaffen, von den vorhandenen dreieinhalb Millionen wenigstens eine Million das ganze Jahr hindurch ohne Schöpfwerke oder Pumpen mit fließendem Wasser zu versorgen. Der Grundgedanke war, durch die Stauung der beiden Nilarme an der Spitze des Deltas das Niveau des Stroms dauernd so hoch zu halten, daß drei neue Hauptkanäle, die in die Oberfläche des Kulturlandes einzuschneiden waren, fortwährend mit Wasser versehen würden und es den drei Hauptprovinzen des Deltas, Behera, Manufie und Tscharkie zuführen könnten. Linant Beys erster Entwurf wurde 1834 fertig und einer Kommission von sieben Arabern, fünf Franzosen und zwei Engländern vorgelegt. Es waren aber nur ein Araber und ein Engländer für den Plan zu gewinnen. *Wir* waren damals noch zu klein und Linant nicht unser Freund. Aber wir wuchsen und 1842 bekamen wir den Auftrag, einen neuen Plan auszuarbeiten. Herr Mougel arbeitete Tag und Nacht. Wir arbeiteten beide Tag und Nacht. Ich konnte nicht genug Kaffee brauen. – Dann kam ein Kampf, als wären die alten Kriegszeiten wieder zurückgekehrt, heiß und bitter. Linant oder Mougel; Mougel oder Linant; das war die Parole. Der große Pascha aber sah zu, sechs Monate lang, und sagte kein Wort. Mougels Plan war der, die beiden Nilarme unterhalb der Deltaspitze durch zwei Stauwerke mit beweglichen Falltoren und den nötigen Schleusen für die Schiffahrt zu sperren. Linant wollte einen ähnlichen Bau weiter unten auf dem trockenen Lande des Deltas ausführen und dann den Nil in einem neu zu grabenden Bett durch die so aufgeführte Barrage leiten. Das war der Unterschied. Mougels Plan war natürlicher, einfacher, billiger; nicht wahr? Aber was will das heißen in Ägypten? Linant war schon längst Bey und der oberste Baschmahandi Seiner Hoheit; wir waren damals kaum mehr als kleine Effendis. Linant Bey war ein reicher Mann und wir waren arm. Der große Pascha schwieg. Die Pläne wurden nach Paris geschickt, und von den ersten Autoritäten geprüft. Mein armer Herr wollte verzweifeln; ich aber sprach: Vertraue auf Gott!

Eines Tages kamen wir in unserer Dahabie von Kaliub herauf, wo wir zum zehntenmal das Flußbett untersucht hatten, und mußten schon nachmittags in Schubra anlegen, des schlechten Windes wegen. Dort war der neue Palast des Vizekönigs gerade fertig geworden; der hohe Herr bewohnte ihn seit wenigen Tagen und alles war noch in großer Unordnung. Da sah er uns aus den Fenstern und ließ Herrn Mougel sagen, er werde in der Abendkühle auf das Boot kommen und das Abendbrot bei ihm nehmen. Ich zitterte; Mougel aber sagte: Vertraue auf Gott, Marie, und mache deine Pastete *à l'anglaise* mit Kognak, *fine Champagne,* – Sie wissen, meine Herren, *plum pouding.* Ich hatte ihn bei meinem Lord kennen gelernt und Mougel liebte ihn, obgleich wir sonst die Engländer nicht liebten – *pardon, Monsieur Thinker, mille pardons!*

Dann geschah das Unerhörte: der große Pascha betrat unsere Dahabie, ließ Polster und Kissen bringen und Schibuks und rauchte mit Mougel, als wären sie zwei Brüder. Die Barragepläne wurden herbeigebracht. Sie waren den Tag zuvor aus Paris zurückgekommen; aber die Gelehrten, wie sie's zu machen lieben, hatten nicht ja und nicht nein gesagt. Der Pascha ließ sich alles noch einmal erklären, stundenlang. Er nickte wohl mit dem Kopf, aber er schwieg. Hierauf kam mein Plumpoudain, und als ich den Kognak vor seinen Augen anzündete, lächelte er zum erstenmal. Dann aß er, zweimal, dreimal und ehe er aufstand, um sein Abendgebet zu verrichten, sprach er zu Herrn Mougel: ›Dein Abendbrot hat mir das

Herz erwärmt; es brennt wie süßes Feuer. Mougel Effendi, heute bist du Bey geworden; und beim Allmächtigen und Allweisen, dein Plan soll ausgeführt werden.‹ Ich stand drei Schritte von ihm, als er das sagte und die Reste meines Plumpoudain rauchten noch. Es ist nicht ruhmsüchtige Eitelkeit, wenn ich sage, daß ich die Nilbarrage zur Ausführung gebracht habe. Ich bin heute ein unglücklicher, alter Mann. Aber das ist der Stolz meines Lebens. Drei Schritte von mir gab er den Befehl; der Pudding war noch nicht kalt!

Dann gings ans Drängen. Im folgenden Jahr wurde, zuerst mit der Rosettabrücke, der Bau begonnen. Das Land der Deltaspitze ist frisch aufgeschwemmter Nilschlamm von geringer Festigkeit; das Flußbett und der Untergrund, so tief man auch bohren mag, feiner Sand, flüssig wie Wasser. Auch hat der Querschnitt des Stroms an der Stelle, wo das Stauwerk erbaut werden mußte, eine ganz mißliche Form: Gegen das westliche Ufer ragten Sandbänke vier Meter hoch über das Niederwasser des Stroms hervor; am östlichen ist die Tiefe des Wassers über zwanzig Meter. Dort mußte ein vierzig Meter breiter Graben ausgehoben, hier ein Damm aus Steinblöcken und Geröll aufgeschüttet werden, um ein gleichförmiges waagerechtes Bett für das Zementfundament der Brücke zu gewinnen. Dieses sollte von einem durchlaufenden Betonblock von drei komma fünf Meter Dicke und dreiunddreißig Meter Breite gebildet werden, der, von Ufer zu Ufer eine Länge von über fünfhundert Meter erhalten mußte. An diesem Block, welcher an Ort und Stelle aufgebaut werden mußte, konnte natürlich nur bei niederstem Nilstand gearbeitet werden. Es handelte sich darum, in drei Monaten täglich zweitausendsiebenhundert Kubikmeter Beton in den Nil zu schütten. Wer es nicht mit angesehen hat, macht sich keinen Begriff von dieser Aufgabe. Eines der größten Bauwerke ähnlicher Art war bis zur Zeit der Hafendamm von Aberdeen gewesen, sagten uns die Engländer, die unseren Mut bewunderten. Dort wurden neunzehntausendachthundert Kubikmeter in einem Jahr, somit täglich im Durchschnitt sechzig bis siebzig Kubikmeter versenkt! Schon das Ausheben des Grabens zwischen den Spundwänden und Schutzdämmen am westlichen Ufer machte unsägliche Schwierigkeiten. Unter dem Druck der Seitendämme quoll der Sand wie Wasser aus dem Grund herauf, je mehr man davon wegnahm. Auch der Damm aus Bruchsteinen, mit dem der tiefste Teil des Flußbettes am Ostende ausgefüllt werden mußte, verschlang in rätselhafter Weise Hunderte von Kubikmetern Füllmasse, wie wenn die Erde ein bodenloses Faß wäre. Dabei war das schlimmste Hindernis, die größte Gefahr Seine Hoheit, der Vizekönig selbst, der jede Woche, jeden Tag von Schubra herunterkam und trieb und trieb, als ob die Hölle hinter ihm wäre. Kein Plumpudding lockte ihm jetzt ein Lächeln mehr ab. Ob die Arbeit gut oder schlecht ausgeführt war, ob sie Zeit zum Trocknen oder Zeit zum Wasseranziehen brauchte, es gab kein Zaudern, kein Halten mehr. Vorwärts! Vorwärts! Das Schrecklichste war das Frühjahr '47, in dem in den drei Monaten des niedersten Wasserstandes April, Mai und Juni das Zementbett gelegt werden mußte. Alles war für die Riesenarbeit vorbereitet, doch der Nil fiel langsamer als gewöhnlich; zwei kostbare Wochen gingen verloren. Endlich konnte man beginnen. Hunderte und Hunderte von Arbeitern schütteten von Gerüsten den an den Ufern aufgehäuften Beton in die Grube, welche die Spundwände einschlossen, aber nach wenigen Tagen war ersichtlich, daß die tägliche Leistung nicht entfernt das erreichte, was zur rechtzeitigen Fertigstellung des Blocks nötig war. Der Pascha schäumte; Mougel zitterte vor Wut und Kummer. Ich war längst nicht mehr Koch, sondern Mougels Vekil und Dragoman. Aber ich kochte wieder Plumpudding, in der Hoffnung, die hohen Herren zu besänftigen. Ich mußte ihn selbst essen. Mougel sagte fast weinend, daß er mit dieser Zahl von Fellachin nicht zu Ende komme. Bei Allah! schrie der Pascha, du sollst haben was du verlangst. Hunderttausend; sprich! Aber wenn das Zementbett Mitte Juni nicht fertig ist und der Nil zu steigen anfängt, so leg ich dir den Kopf vor die Füße, und wenn ganz Europa Zeter schreit. Warum mußte mich Gott mit Blindheit schlagen, daß ich Linants Plan verwarf? Sprich, Sohn eines Hundes: wieviel? – Mougel verlangte fünfzehntausend Mann, und hundert berittene Boten flogen nach allen Seiten, um die Dorfbewohner im Umkreis von fünfundzwanzig Kilometer zusammenzutreiben. Sie kamen, singend, heulend, einige in Ketten schon am folgenden Morgen, – nicht fünfzehntausend aber doch achttausend – und als man sie auf den Gerüsten verteilte und die Bewegung der Tausende von wandelnden Strohkörbchen begann, da war für zweitausend Mann kein Platz mehr, um auch nur zu stehen. Wie sich das zeigte, hatte ich zum zweitenmal die Ehre und das Unglück, drei Schritte von Seiner Königlichen Hoheit entfernt zu stehen. Er erhob plötzlich den Krückstock, mit dem er in seinem Alter zu gehen pflegte und schlug mich über die linke Schulter, daß mein Schlüsselbein zerbrach. Die Ehre ist groß; bedenken Sie: der größte Pascha des Jahrhunderts! Ich werde das nie vergessen. Aber das Bein ist heute noch krumm. Fühlen Sie!«

Mit einem Gemisch von Stolz und Wehmut schlüpfte Iskander zur Hälfte aus seinem Stambulrock, und lud mich ein, den Sachverhalt zu bestätigen. Das historische Schlüsselbein war in der Tat krumm. Dann wischte er sich den endlich ausgebrochenen Schweiß von der Stirne und fuhr fort:

»Mougel wollte zweimal desertieren, aber der Pascha ließ uns bewachen wie Haremsdamen, und die Arbeiten nahmen ihren Fortgang. Als im Juni der Nil zu steigen anfing, hatten wir noch das Werk von vierzehn Tagen vor uns. Es wurde weiter gearbeitet. Die berechnete Menge Zement liegt im Nil. Ob alles am richtigen Platz liegt, weiß Allah. Er regiert die Wasser, daß sie steigen zu ihrer Zeit; er ist auch Herr des Zements. Dies sagte ich zu Nasir Ali Bey, dem Adjutanten des Vizekönigs, den er alle Morgen heruntersandte, um uns seiner Ungnade zu versichern. Der Bey war ein gläubiger Moslem, wie sein Herr, dem er alles wörtlich mitteilte, was er an der Barrage hörte. Wir hatten darauf einige Tage Ruhe.

Im folgenden Jahre wurde mit dem Oberbau begonnen. Das Treiben nahm kein Ende. Mohamed Ali fühlte, daß die Tage seines Leibes gezählt waren, und noch rascher brach sein Geist zusammen. Wir hatten dafür zu büßen, denn er wollte die Barrage fertig sehen, ehe er das Paradies betrat, das Gott für geisteskranke Paschas zubereitet hat. Sie können sich denken, *wie* gearbeitet wurde. Ein Wunder wäre es gewesen, wenn die Hälfte nicht eingefallen wäre, fast ehe sie aufgebaut war, hätte nicht mit einemmal das Interesse des Vizekönigs eine andere Richtung eingeschlagen. Er beschäftigte sich nun mit Baumwollkultur in Schubra und dem Zuckerrohr um Minie. Man konnte den Oberbau der Brücke fertigstellen, ohne mit ungebrannten Backsteinen und mit halbgelöschtem Kalk rechnen zu müssen. Sie sehen, was wir hinstellten. Splendid! Magnifik! Nicht wahr? Im Jahre '50 waren an diesem Bau, der jetzt vor uns steht wie ein schlummerndes altägyptisches Weltwunder, acht fünfundzwanzigpferdige Dampfbagger in Tätigkeit, des weiteren zwei Dampf- und sechs Handpeilkatzen, vier Dampfmaschinen zum Kalkmischen, zwei fünfzigpferdige Dampfmaschinen und sechzehn Mühlen zum Zementmahlen; vier Dampfmaschinen zum Backsteinformen und zwei für die Taucherglocken, daneben zwölftausend Soldaten, dreitausend Matrosen, zweitausend Fellahtaglöhner, vierhundert Zimmerleute, sechshundert Maurer, und so weiter. Was das ›Undsoweiter‹ an Kohle, Bauholz, Schreibmaterial und anderen Nebendingen verschlang, davon kann man sich schwer eine Vorstellung machen. Ich weiß es, denn ich hatte die Buchführung über diesen Teil des Unternehmens zu leiten und trug die schwere Verantwortung, welche damit zusammenhing. Damals schon waren fünfzig Millionen Francs verausgabt und ein Glück, eine gnädige Fügung Allahs konnte man es nennen, daß der greise Vizekönig in den letzten Jahren seines Lebens nicht mehr imstande war, den schwierigen Berechnungen und Zusammenstellungen zu folgen, welche ich und einige andere allmonatlich auszuarbeiten gezwungen waren. Alles schien sich aufs beste gestalten zu wollen, seitdem wir etwas mehr Ruhe hatten. Wenn ich dann abends die meilenlange Werkstätte überblickte, auf der Tausende von Arbeitern wimmelten und der Dampf aus zweiundzwanzig Dampfmaschinen gen Himmel stieg und ich bedachte, daß, genaugenommen, ich die Ursache dieses Triumphs der Zivilisation und des Fortschritts war – Sie haben nicht vergessen, meine Herren, auf welche Weise der Vizekönig veranlaßt wurde, den entscheidenden Entschluß zu fassen – da hob sich meine Brust in berechtigtem Selbstgefühl und ich wußte, daß ich mit gutem Gewissen von den Früchten genießen durfte, welche ein solches Werk dem darbenden Volk versprach. Ja, meine Herren, wie Sie mich hier sehen – damals war ich auf dem geraden Weg, ein wohlhabender, ein reicher Mann zu werden. Hatte ich nicht das Recht, meine Verdienste, die von andern verkannt wurden, entsprechend zu belohnen? Und zögerte ich, es zu tun? Nein, zweimal nein. Und dennoch! *Mon dieu, mon dieu!* – was ist geblieben? Ein gebrochenes Schlüsselbein! – ein armer Mann!« –

Der alte Sünder, den ich nur zu gut verstand, wischte sich eine Träne aus den Augen, erhob sein Glas, und leerte es, seine ganze Männlichkeit zusammenraffend, auf unsere Gesundheit. Dann fuhr er fort:

»Ibrahim Pascha hatte noch vor dem Tode Mohamed Alis die Regierung übernommen und starb, um sie Abbas Pascha zu übergeben. Beide kümmerten sich wenig um unser Werk, das nun rasch seiner Vollendung entgegenging. Der zweifache Brückenbau war fertig. Die eisernen Falltore wurden eingesetzt. Da kam endlich der große Tag des ersten Versuchs. Der neue Vizekönig und sein Hof, ganz Kairo und halb Europa pilgerten nach Kaliub, um dem Feste der Zivilisation, dem Triumph Mougels beizuwohnen. Mich nannten nur wenige, doch ich wußte, welcher Anteil an dieser Siegesfeier mir gebührte. Das genügte. Die Sperrtore zwischen den Pfeilern wurden niedergelassen. Es war eine mühevolle und gefährliche Arbeit, da die hierfür bestimmte Maschinerie nicht fertig war, und nie fertig geworden ist. Ein paar hundert Fellachin bleiben in einem solchen Falle die zuverlässigste Maschine. Man fing am östlichen Ende der Rossettabrücke an. Fünf, sechs, zehn Tore fielen nieder. Hinter denselben fing der Nil an zu steigen und durch die noch offenen Durchlässe stürzte das Wasser mit wachsender Gewalt. Mougel, die Schar seiner Beamten hinter ihm her, kommandierte wie ein Feldherr. Auf jedem dritten Pfeiler stand eine Vedette, um die Befehle weiter zu senden. So beherrschte er eine Schlachtlinie von einem halben Kilometer. Abbas Pascha, der all diese Dinge, die der Stolz seines Großvaters gewesen waren, haßte wie Teufelswerk, stand mit zwei Ulemas und seinen Adjutanten zehn Schritte von dem Oberingenieur, und beobachtete mit lauerndem Blick, wie Mougel bleicher und bleicher wurde. Ich habe dies mit eigenen Augen gesehen, wenn ich mich diesmal auch wohl hütete, den hohen Herren zu nahe zu kommen. Langsam, aber sichtlich stieg der Nil hinter dem Stauwerk einen halben, einen Meter. Man sah die Wasserfläche gegen Kairo in unruhiger Verwirrung hin- und herfluten. Es war ihr, seit die Welt steht, solch ein Hindernis noch nie in den Weg getreten. Zwanzig Tore waren jetzt ganz, sechsunddreißig gegen das Westende der Barrage zur Hälfte geschlossen. Da war plötzlich ein Laufen und Rennen auf der Brücke. Mougel, der aussah, als wüßte er nicht mehr, was geschah, deutete mit zitternder Hand flußabwärts. Dort, fünfzig Meter von der Brücke, auf der ruhigen Wasserfläche hinter den geschlossenen Toren, an drei, vier, an immer mehr Stellen entstand eine lebhafte Bewegung. Das Wasser wallte auf, fußhoch. Es hatte den Anschein, als ob hundert Quellen im Flußbett entstanden wären und sprudelnd nach oben drängten. Auch der Pascha beobachtete die Erscheinung, drehte sich dann plötzlich um und lief – lief – lief im Sturmschritt, die Ulemas, die Adjutanten hinterher, nach dem Brückenende und nach seinem Dampfboot, das ohne einen Augenblick zu zögern vom Lande abstieß und in der Richtung nach Kairo davonfuhr.

Wir standen ratlos auf der Brücke: Die Beys und kleinen Paschas, die Gesandten und Konsuln mit ihren Damen, die ganze Stadtgesellschaft Kairos und Alexandriens, welche die Festlichkeit herbeigelockt hatte. Niemand verstand, was geschehen war, außer Mougel und seine Ingenieure. Er befahl, fast schluchzend, die Tore wieder zu öffnen; was mit Mühe und Not geschah. Der Nil hinter der Barrage sank rasch auf einen halben Meter, und das Wallen, das wir gesehen hatten, hörte auf. Dann ging auch Mougel nach seiner Dahabie und legte sich zu Bett. Die feine Festtafel, die auf dem Oberdeck des Boots aufgestellt war, wurde von Dorfschechs und hungrigen Effendis gestürmt. Ich mußte es mit ansehen, wie die köstlichsten Leckerbissen von Schiffern und Fellahjungen verschlungen wurden. Es war, als ob an diesem Tag alles zu Grunde gehen sollte.

Und was war geschehen? Was hatte das alles zu bedeuten? *Mon dieu*. Sie wissen es ja. Weiter nichts, als daß das Wasser unter dem Druck, den die Stauung hervorruft, die kleinen Ritzen, Löcher und Kanäle in und unter dem Zementfundament entdeckt hatte, unter den eisernen Falltoren durchsickerte und nach kurzer Zeit in armdicken Strömen seinen Weg fand. Wo dann das Zementlager aufhörte, wallte es frech und fröhlich in die Höhe und zeigte, wie wenig es von unserem Prachtbau inkommodiert wurde. Wenn dies so fortging, mußte man befürchten, daß die Kanäle weiter und weiter ausgespült würden und daß das ganze Stauwerk schließlich zusammenstürzen und den Nil hinab gespült werden könnte.

Aber es kam noch schlimmer. Als Abbas Pascha von all dem des weiteren hörte, hatte er einen seiner Wutausbrüche und befahl, alle Bücher und Rechnungen, die sich auf die Barrage bezogen, streng zu prüfen. Torheit! Konnte das die Kanäle verstopfen oder die Fundamente befestigen, die viele

Meter tief unter Wasser auseinanderrissen? Hundert Schreiber fielen über uns her: eine Schar von Eseln und Linant-Bey, zu seiner Schande muß es gesagt sein, Linant-Bey übernahm die Leitung des Rudels. Es gibt schlechte Menschen auf der Welt, meine Herren! Leute, denen man im Glück Gutes getan hat, schämen sich nicht, uns im Unglück die Haut über die Ohren zu ziehen. Sie schämten sich nicht, auch meine Bücher zu untersuchen, die ›Varia‹, welche ich gewissenhaft ausgegeben und verrechnet hatte, zu prüfen. Natürlich verstanden sie von allem so viel als ein taubes Krokodil, und es war nicht möglich, sie aufzuklären. Zu dumm, zu dumm! Meine Berufung auf Mohamed Ali, auf meine Verdienste, auf mein Schlüsselbein, auf meine erprobte Rechtlichkeit – es half alles nichts. Der große Pascha war tot, und mein Schlüsselbein geheilt. So nahmen sie mir das kleine Vermögen, das ich mühevoll erworben hatte und da saß ich, an der Barrage, der ich die schönsten Jahre meines Lebens gewidmet hatte, ein Bettler – schlimmer als ein Bettler –: ein Spitzbube. Man hieß mich einen Spitzbuben; man behandelte mich wie einen gemeinen Dieb! Allah straft, wen er will. Herr Mougel war krank. Ihn ließ man in Ruhe.

Als er nach einem Jahr wieder gesund wurde, begann man an der Barrage zu doktern; aber es half wenig oder nichts. Schiffsladungen von Zement, von Kiesel und Sand wurden vor der Brücke versenkt. Sie sollten die Löcher im Fundament verstopfen, aber sie wurden durchgerissen, so oft man versuchte, das Stauwerk wieder in Tätigkeit zu setzen. Eine Reparatur im Großen, einen halben Neubau zu unternehmen, um das Übel an der Wurzel zu packen: dazu hatte weder Abbas noch sein Nachfolger Said-Pascha Geld und Lust. Von Zeit zu Zeit schickten sie eine Kommission, um die Schäden zu betrachten. Diese berichtete dann, daß die von der vorigen Kommission empfohlenen Maßregeln nicht ausgeführt worden seien, empfahl sie aufs neue und einige mehr, und reisten wieder ab. Mougel will nichts mehr von seinem Lebenswerk wissen, bezieht seine Pension als Bey und ruht in Paris von seinen Sorgen aus. Durch seine Vermittlung wurde ich zum Brücken- und Schleuseninspektor ernannt. Es ist besser als nichts. Ich habe ihm verziehen.«

Bitterer Gram kämpfte in den Zügen Maries mit der Ergebung eines Weltweisen, während er zusah, wie Thinker die Gläser aufs neue füllte.

»Ja, Barrageinspektor!« begann er nach einer Pause wieder. »Ein schweres, jämmerliches, verantwortliches Amt, bei dem man keinen Morgen sicher ist, ob der Grund, auf dem es steht, nicht über Nacht davongeschwemmt worden ist. Ich habe strenge Weisung, die Stauhöhe nicht über eineinhalb Meter anwachsen zu lassen, und ich muß diesem Befehl gehorchen, solange mir mein Leben lieb ist. Das gibt genug schlaflose Nächte und ruhelose Tage; denn der Nil ist nicht mein Freund und tut, was ihm beliebt. Bis heute steht die Barrage noch, dank meiner Fürsorge. Statt der acht Monate nützt sie dem Land wenigstens sechs Wochen und füllt so lange die drei Kanäle des Deltas mit dem Wasser, das sie hebt. Der Wert hiervon berechnet sich für die ägyptische Landwirtschaft immerhin auf jährlich drei Millionen Francs. Wäre die Ausführung gelungen, wie sie geplant war, so hätte das in acht Monaten gehobene Wasser einen Wert von fünfzig Millionen gehabt. Und wenn hohe Herrschaften hierherkommen, um das weltberühmte Stauwerk zu besichtigen, so sehen sie gewöhnlich mich an, als ob ich an der Differenz schuld wäre. Ich! Das arme Ich! Welch ein Schicksal!«

Er stand plötzlich auf, wie übermannt von seinen Gefühlen. Es war in der Tat Zeit, die Sitzung aufzuheben. Thinker, der längst aus seinem Halbschlummer erwacht war und zuletzt mit gespannter Aufmerksamkeit und mit dem Entschluß, unverzüglich Französisch zu lernen, zugehört hatte, drückte ihm warm die Hand und sah mich fragend an. Ich nickte. Gleich darauf glänzte der Schein von Gold zwischen den Fingern der beiden Herren. Der Kummer in Iskanders Zügen vertiefte sich um mehrere Grade, nachdem, rasch wie ein Blitz, ein freudiges Aufleuchten über sie hingeflogen war. Wie die zwei Napoleon in seinen Taschen verschwanden, ist mir heute noch ein Rätsel. Sie waren wie weggeblasen. Niemand hätte dem würdigen Greis eine derartige Taschenspielergewandtheit zugetraut. Ob sie von Chios stammte, ob Ägypten seine Leute soweit auszubilden vermag? Spätere Erfahrungen belehrten mich, daß beides gleich möglich ist.

Auch die Damen waren wieder erschienen und hatten sich mit Fritschy auf den Weg gemacht, um auf dem Dampfer dem Wölfchen einen Besuch abzustatten. Fräulein Schütz interessierte sich ungemein für kleine Wölfe und merkwürdigerweise interessierte sich das Wölfchen kaum weniger für Fräulein Schütz. Es zeigte, was bis jetzt noch nie gesehen worden war, Zeichen unverkennbarer Angst. War es der große Palmblattfächer, mit dem sie das Tierchen scherzhaft bedrohte, war es das Klingeln und Blitzen ihrer Chatelaine, die aus einer alten Ritterburg zu stammen schien, war es am Ende die Lorgnette, die ihr ein überaus strenges und würdiges Aussehen gab: Das sonst so freche kleine Geschöpf verkroch sich unter der Bank und winselte zornig. Der Monteur aber warf einen Blick aufmerksamer, fast ängstlicher Verehrung auf das kleine Fräulein. Da ich gerade vom Oberdeck der Dahabie über das Geländer gebeugt auf die Gruppe herabsah, ohne bemerkt zu werden, war mein warnendes »Fritschy! Fritschy!« von durchschlagender Wirkung. Er sah entsetzt auf und erschrak heftig. Dann zog er den zischenden Wolf rücksichtslos unter der Bank hervor und schüttelte ihn. Auch Miss Thinker sah auf, und ein mißbilligender Blick traf mich aus ihren dunkelblauen Augen. Das rettete Fritschy vor weiteren unpassenden Scherzen.

Ich wandte mich zu Ben Thinker, der sich hilflos unter dem Redeschwall des abschiednehmenden Iskander nach mir umsah und sagte ihm, daß es Zeit sei, an die Fortsetzung der Fahrt nach Kairo zu denken. Da sich, wie gewöhnlich um diese Stunde, der Wind gedreht hatte und uns entgegenblies, so sei ich gern bereit, die Dahabie im Schlepp bis Schubra mitzunehmen. Von dort könne er entweder mit dem Abendwind noch leicht nach Bulak, der Landungsstelle für Kairo kommen, wenn er auf sein Patentsteuersegel so lange verzichten wolle, oder mit zu beschaffenden Eseln direkt nach Shepheards Hotel reiten und die Dahabie nachkommen lassen. Mein wohlgemeinter Vorschlag fand jedoch keinen Anklang. Thinker wurde geheimnisvoll, nahm mich auf die Seite und versicherte warm, er verdanke mir die interessanteste Bekanntschaft seines Lebens. Ich deutete erstaunt und fragend auf Iskander, der jetzt den Damen vom Dampfer auf die Dahabia zurückhalf. »Nein, die Barrage!« rief er entrüstet. »Und was mehr ist, ich bin nicht imstande, mich so rasch von ihr zu trennen. Fahren Sie mit Gott, Herr Eyth. Ich werde hier bleiben, einen Tag, zwei Tage, wer weiß. Vielleicht kann ich Ihnen eines Tages mitteilen, was mich fesselt.«

»Sie sind ihr eigener Herr, Mister Thinker«, sagte ich höflich. »Ich hätte Sie gerne den Gefahren ihres Patentsteuersegels entzogen, schon um der Damen willen. Aber Sie wissen ohne Zweifel am besten, welche Pläne Sie verfolgen.«

»Wir dürfen dies wohl annehmen«, antwortete er mit überlegenem aber gutmütigem Lächeln. »Vielleicht kommt der Tag, an dem sogar Sie so denken werden. Überlassen Sie mich meinem Schicksal. Einen Dienst, einen unbezahlbaren Dienst könnten Sie mir allerdings noch erweisen. Lassen Sie mir ihren Herrn Fritschy auf zwei oder drei Tage hier.«

»Aber wozu?«

»Als Assistenten, als technisches Faktotum, als Dragoman. Er versteht Herrn Marie, Fräulein Schütz versteht ihn, ich verstehe Fräulein Schütz. Er ist gerade der Mann, den ich brauche. Ich muß einige Abmessungen vornehmen; ich muß dieses Bauwerk in seiner ganzen Bedeutung kennenlernen. Ich muß wissen, wie die Franzosen dazu kamen, eine solche Torheit in die Welt zu setzen. Und dabei muß mir Iskander zur

Seite stehen und Herr Fritschy muß meinen Umgang mit Iskander vermitteln. Sie sehen, wie das alles ineinander greift. Was verlangen Sie? Ich kaufe Fritschy. Ich zahle, was Sie verlangen.«

Ich lachte: »Zu verkaufen ist Fritschy nicht; aber einrichten läßt sich die Sache vielleicht.«

Wir riefen ihn herbei und machten ihn mit dem Vorschlag bekannt. Wenn er zwei Tage später nach Kairo komme, meinte ich, so sei unserem Zweck, seiner Begegnung mit dem Verwalter von El Mutana, noch immer gedient. Vielleicht sei Monier sogar noch nicht einmal in Kairo. Ich habe nichts dagegen, wenn es ihm Spaß mache, Herrn Thinker zu unterstützen. Fräulein Schütz, die die Oberleitung über den Haushalt auf der Dahabie zu führen schien, bemerkte zuvorkommend, daß noch eine kleine Kajüte auf dem Boot leerstehe. Der Monteur sah mich angstvoll an. Ich suchte ihn aufzurichten: »Den Kopf wird's nicht kosten, Fritschy!«

»Es ist mir nicht so sehr um den Kopf!« sagte er mit erzwungenem Lächeln.

»Also! Nach dem, was Sie mir gestern erzählt haben, sind Ihre übrigen Organe gesund und widerstandsfähig. Ich würde es wagen.«

»Ach Sie – Sie haben gut reden!«

Doch ein paar weitere ermutigende Worte brachten ihn zum Entschluß. Er erklärte sich bereit, das Schicksal der Dahabie auf ein paar Tage zu teilen, wenn ich ihm den kleinen Wolf so lange wieder leihen wolle. Er könne ohne wenigstens einen seiner Freunde aus der Tierwelt nicht gut existieren. Auch hierüber beruhigt, machte er sich mit Eifer an seine neue Lebensaufgabe. In fünf Minuten war sein Handkoffer, dessen schwarzer, borstiger Pelzüberzug die russische Herkunft verriet und sich in der Sonnenglut eines ägyptischen Nachmittags wunderlich ausnahm, von dem einen nach dem andern Boot gebracht. Die Mannschaften beider Schiffe, die auf dem Vorderteil der Dahabie brüderlich beisammen saßen, klaubten sich auseinander; der kleine Dampfer stieß ein paar unternehmende Rauchwolken aus, die Taue, die uns zusammenhielten, wurden gelöst; die Räder rührten sich.

»Auf Wiedersehen in Kairo!« Ein fröhliches Händeschütteln rings herum, ein Sprung und der Abschied, kurz und heiter nach englischer Art, lag hinter uns. Wir trieben schon fast mitten im Strom, als ich Thinker mir nachrufen hörte und mit Mühe einige abgerissene Worte verstand: »Dank – Rettung – Schiffbruch – Dank – *good bye!*« Es war ihm gerade noch rechtzeitig eingefallen, daß er ohne mein Dazwischenkommen meilenweit von hier in einem vertrocknenden Nilarm stecken würde.

Ich blieb noch lange nachdenklich neben dem Steuerrad stehen und sah den Fluß hinunter. Die Barrage zog sich in ihrer ganzen imposanten Länge auseinander, violett gegen den goldenen Hintergrund des Himmels; ein prachtvolles Bild. Auch das Weiß und Grün der Dahabie war zu erkennen, und noch immer flatterte mir ein weißes Taschentuch einen Abschiedsgruß nach. Fräulein Schütz, deren deutsches Herz sich regen mochte, wedelte unermüdlich wie ein weißes Hündchen. Und manchmal erhob sich ein zweites Tuch. Ich konnte mich unmöglich täuschen. Neben Fräulein Schütz stand die größere, zierliche Gestalt Miss Thinkers. Ihre dunkeln, blauen Augen konnte ich natürlich nicht sehen. Doch ja, ich konnte es; sogar ohne Glas. Es war mehr als rätselhaft.

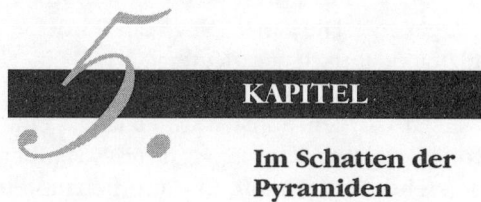

5. KAPITEL

Im Schatten der Pyramiden

Der ›Feuerschech‹ war flink genug, wenn er nichts zu schleppen hatte. Schon eine Stunde vor Sonnenuntergang plätscherte er an dem himmelblauen Palast von Schubra vorüber, vor uns in der roten Abendglut die Zitadelle und die Minaretts von Kairo, rechts in violettem Schatten die Umrisse der Pyramiden von Gise, links in wohltuendem Grün die steil abfallenden Ufer der Palastgärten Halim Paschas und die trauliche, stets willkommene Anlegestelle des kleinen Dampfers. Ich war wieder einmal daheim, sprang ans Land und überließ es Abu Sa und dem Koch, meine kleine fliegende Haushaltung zusammenzupacken. Behaglich schlenderte ich meinem Hause zu, einem schattigen, gemauerten Kanal entlang, da und dort von einem Fellah oder einem meiner Arbeiter begrüßt, der sich, vom späten Mittagsschlummer erwachend, die Augen rieb, und dann hinter meinem Rücken einen lautlosen aber raschen Trab anschlug, um auf Umwegen die bedrohliche Kunde weiter zu verbreiten, daß der Baschmahandi angekommen sei und da und dort ein etwas schärferes Arbeitstempo wünschenswert sein möchte. Die Botschaft war für heute unnötig. Ich selbst war müde genug und wollte mich noch am Abend für eine Woche oder vierzehn Tage ruhigerer Arbeit in Schubra einrichten.

Mein einstöckiges, aber solid gebautes Haus, das wie sämtliche vizeköniglichen Bauten in Schubra aus Mohamed Alis Zeiten stammte, lag neben einem kleinen Teich, in grünem

Dickicht von Sykomoren und Tamarisken, mit der fensterlosen Rückseite unfreundlich gegen Süden nach der Straße hin gekehrt. Die ganze Länge der Vorderseite nahm ein nicht allzu pedantisch gepflegter Garten ein, der eine beträchtliche Tiefe hatte. Von Amts wegen war mir ein Gärtner zugewiesen worden. Sonst wäre er längst eine liebliche Wildnis von Orangen, Kaktusfeigen und Trauben geworden. Fernerstehende Bekannte in Kairo behaupteten trotzdem, dem ganzen Anwesen fehle eine Frau. Sie verstanden weder mich noch den Garten. Seine entzückende Natürlichkeit wäre wahrscheinlich rasch dahingeschwunden, wenn ich auf die Ratschläge gehört hätte, die mir in reichlichem Maße erteilt wurden. Um meinen Freunden nach Möglichkeit entgegenzukommen, hatte ich meinen Gärtner heiraten lassen. Dies schadete nichts.

Der ›Boab‹, der meist schlummernde nubische Türhüter, welcher zur Bewachung meiner verlassenen Häuslichkeit angestellt war, mein Eselsjunge Mustapha, der ihn hierin zu unterstützen pflegte und der erwähnte Gärtner empfingen mich schon vor dem Gartentor in einiger Erregung. Ein fremder Esel sowie eine Droschke versperrten den Weg in bedrohlicher Weise. Es sei Besuch gekommen, wurde mir nach der üblichen freudigen Begrüßung von dem dreistimmigen Chor mitgeteilt.

Dies war nichts Ungewöhnliches. Die Nähe der Landeshauptstadt und die Annehmlichkeiten der damals berühmten Allee, die Schubra mit Kairo verband, brachte mir manchen unerwarteten Gast, den ich meist dankbar willkommen hieß, denn es konnte zuzeiten in meiner grünen Einsamkeit sehr stille werden. Ich wollte wissen, wo sich der Besuch befände, um meine Gastfreundschaft an den Mann bringen zu können.

Der Herr des Esels sei im hintersten Teil des Gartens und sitze mit einem Schreibebuch auf dem Boden, wurde mir mit geheimnisvoller Miene mitgeteilt. Er schien dem Trio eine höchst bedenkliche Erscheinung zu sein. Die andern zwei

Herren, die Herren der Droschke, seien im Salon und warteten, da man wußte, daß ich kommen werde.

»Aber«, sagte ich etwas erstaunt, »ich habe den Schlüssel des Salons in der Tasche!«

»Ja, Salaam!« rief der Boab, bemüht, mich zu beruhigen, »sie sind durchs Fenster eingestiegen. Es war sehr heiß hier außen, und das Fenster war glücklicherweise offen.«

Dies war neu. Ich muß ein etwas bedenkliches Gesicht gemacht haben, denn der Gärtner kam seinem Freund, dem Boab, lebhaft zu Hilfe.

»Malisch! Es tut nichts, o Herr«, begütigte er, »der eine ist dein Freund O'Donald von der Handelsgesellschaft. Er weiß den Weg und wir haben ihm eine Flasche von dem Wein hineingereicht, den er liebt.«

Ich hatte von jeher eine sentimentale Bewunderung für arabische Gastfreundschaft gehegt. Meine Leute sollten mich nicht beschämen.

»Ihr seid vortreffliche Menschen und musterhafte Hauswächter«, sagte ich deshalb und ging etwas rascher in das Vor- und Speisezimmer, das durch eine offene Glastür mit dem Garten in unmittelbarer Verbindung stand, um die legitime Tür des Salons aufzuschließen und mich von meinen Gästen empfangen zu lassen. Ehe ich jedoch den Schlüssel aus der Tasche zog, begrüßten mich die Klänge meines Pianos, eines guten deutschen Instruments, das ich mir, ein Jahr zuvor, in einer besonders trostbedürftigen Zeit aus der Heimat verschrieben hatte. Seitdem war ihm schon so manches kleine Abenteuer zugestoßen, daß ich mich kaum gewundert hätte, wenn es darauf verfallen wäre, in dem verschlossenen Zimmer auch einmal für sich allein zu musizieren. Es spielte langsam, aber sehr bestimmt, taktfest und streng einstimmig den Trauermarsch aus Händels Saul. Dies war das einzige Stück, das mein Freund O'Donald, allerdings nur mit einem Finger zu spielen vermochte, und das er unaufgefordert vortrug, wo sich irgend eine Gelegenheit dazu bot. Wie und wo er sich diese seinem Talent entsprechende Kunstfertigkeit erworben hatte, ist eine Geschichte, die leider nicht hierher gehört. Ich drehte rasch den Schlüssel und öffnete die Tür.

Der kleine, sonnenverbrannte Herr in seinem schneeweißen Anzug saß in der Tat vor dem Piano, den runden Kopf mit seinen überaus kurz geschorenen schwarzen Haaren liebevoll über die Tasten gebeugt und ließ sich nicht stören. Ein Erdbeben hätte dies nicht vermocht, ehe der Marsch zu Ende war. In der andern Ecke des Zimmers saß auf dem Divan ein großer magerer Mann in schwarzem Anzug, erhob sich zur Hälfte und starrte mich mit dunklen glänzenden Augen an, indem er mir zugleich ein Zeichen gab – halb verlegene Entschuldigung, halb dringende Bitte – den Künstler nicht zu stören. Sie waren offenbar beide entzückt von dem in Ägypten immerhin ungewöhnlichen Genuß, wie es nur Musikenthusiasten englischer Abkunft zu sein vermögen. Ich schlich mich auf den Zehen hinter O'Donald und wartete bis der letzte Ton mit großer Kraft und Befriedigung angeschlagen war, schlug ihn dann aber nicht minder kräftig auf die Schulter. Er drehte sich samt dem Musikstuhl langsam um und sagte zutraulich: »Wissen Sie, das war wieder einmal nicht schlecht!« Dann begrüßten wir uns.

Bekanntlich versteht man bei Vorstellungen auch in Deutschland den Namen dessen nie, den man soeben mit so großem Vergnügen kennenzulernen die Ehre hat. Bei Vorstellungen nach englischer Art ist dies noch zehnmal schlimmer, weil es der britische Anstand verlangt, dreiviertel aller Silben zu verschlucken und den kümmerlichen Rest möglichst unhörbar zu lispeln. Ich war deshalb doppelt erfreut, ziemlich klar darüber zu sein, daß mir O'Donald einen Herrn Joseph Finke – den Reverend Doktor Finke – gebracht hatte, welcher dringend wünschte, mich als einen in Ägypten ansässigen und ortskundigen Mann kennenzulernen, der als Ingenieur sich gewiß eingehend mit den berühmten Bauwerken des Pharaonenlandes zu beschäftigen pflege.

›Dr. Finke‹ klang gut deutsch, und manches andere in der Erscheinung und dem Benehmen des Herrn hätte diesen Eindruck bestärken können. Doch fehlte zum deutschen Doktor die Brille und verschiedene Kleinigkeiten von ähnlicher Bedeutung. Zum Beispiel war der Herr, wenn auch unpassend für das ägyptische Klima, in seinem dunkeln Salonanzug überaus sorgfältig gekleidet. Das feingeschnittene Gesicht war etwas bleich, und zwei glänzende schwarze Augen gaben ihm ein eigentümlich fremdartiges, wie abwesendes Leben, denn sie schienen, wenn er sie aufschlug, weit in die Ferne zu sehen. Um die dünnen Lippen spielte ein gewinnendes, halb trauriges Lächeln, als ob er beständig jemanden überreden wollte, den er lieb hatte, der aber auf ganz falschen Wegen ging. Manchmal konnte man auch eine gewisse Hilflosigkeit in den Zügen lesen, die im nächsten Augenblick wieder einem entschlossenen, fast begeisterten Ausdruck wich. Sein Mienenspiel sagte dann mit merkwürdiger Deutlichkeit: Ich weiß zwar nicht aus noch ein, aber das macht nichts. Ich bin meiner Sache sicher: es wird alles werden, wie es werden muß. Im übrigen war es eine etwas ungelenke hagere Gestalt, die, als er wieder auf dem Divan niedersaß, das glattrasierte Kinn seinen Knien gefährlich nahebrachte.

»Der Herr Doktor ist mit Empfehlungsbriefen unseres Londoner Geschäftshauses vorgestern hier angekommen«, begann O'Donald zu erklären. »Briefe erster Klasse!« fügte er leise, mit halb zugekniffenen Augen bei, womit er mir einen Wink hinter Finkes Rücken geben wollte. Dann fuhr er laut fort: »Er reist zu seinem Vergnügen alten Denkmälern nach – ich wollte, wir hätten es auch so gut, Eyth – und hat ganz wunderbare Ideen mitgebracht, die kein Mensch versteht. Sie verzeihen, Herr Doktor, aber Sie müssen mir schon erlauben, Herrn Eyth in unserer hierzulande üblichen Sprache aufzuklären. Da dachte ich gleich, dies sei etwas für unsern Freund in Schubra. Sie wissen, Herr Doktor, die etwas gebildeteren Deutschen sind auch alle halb verrückt.«

Da hierbei der Doktor nervös in die Höhe fuhr und O'Donald und mich erstaunt und verlegen ansah, fügte der etwas allzu humorvolle Prokurist der Ägyptischen Handelsgesellschaft rasch hinzu, indem er dem Gelehrten die Hand beruhigend auf die Schulter legte:

»Macht nicht, macht nichts! Ich habe ihm dies schon öfter mitgeteilt. Er will es zwar noch nicht verstehen, es ist für ihn zu natürlich. Volk der Denker! Das kann auf die Länge nicht gesund sein. – Doch lassen Sie mich gefälligst fortfahren«, wandte er sich wieder an mich. »Ich habe dem Herrn Doktor meine Gewehre angeboten, habe mich bereit erklärt, ihm meine zwei Vorstehhunde zu leihen, die ich vorige Woche aus England erhalten habe; er will nichts von beidem wissen. Kein Jagdfreund. Es gibt unbegreifliche Menschen auf dieser sonst runden Erde. Und doch, er bewundert Musik. Aber außer meinem Trauermarsch ist in Ägypten nicht viel zu hören; obgleich auch Sie ein wenig klimpern. Der Februar ist noch ein erträglicher Monat zu einem Ausflug nach dem Sinai, und gestern war ein Trupp Beduinen in der Stadt, mit denen sich ein Abkommen für eine interessante Überlandtour hätte treffen lassen: Gosen, rotes Meer, Mosesquelle, Tal der Verirrungen und so weiter. Aber unser verehrter Freund will nicht auf den Sinai. – Pyramiden! Er will Pyramiden studieren. Was sich an einfachen Dreiecken studieren läßt, sie mögen noch so groß sein, ist mir schon zur Schulzeit unklar geblieben. Vielleicht läßt sich in Gise feststellen, ob die Menschheit vor zehntausend Jahren –«

»Viertausend, genauer 4025«, unterbrach ihn zum erstenmal Dr. Finke, indem er einen fast schmerzlichen Blick auf mich warf.

»Viertausend und fünfundzwanzig also!« rief O'Donald fröhlich zustimmend. »Es wäre vielleicht festzustellen, ob die Schulmeister damals schon ebenso langweilig waren wie die Meinigen. Gut! Als ich mir dann gestern abend erlaubte, zu erzählen, daß ich bei Ihnen auch schon Spuren pyramidaler

Verirrungen bemerkt habe, zu Zeiten, in denen Sie nicht durch Dampfpflüge und Wasserpumpen im Gleichgewicht gehalten werden, ließ unser verehrter Freund mir keine Ruhe mehr. Er ahnte in Schubra eine verwandte Seele.«

Der durch einen jahrelangen Aufenthalt im Orient etwas verwilderte Prokurist stand auf, offenbar in der Absicht, sich wieder ans Piano zu setzen. Ich hielt ihn mit Gewalt zurück.

»Man muß meinen Freund O'Donald verstehen, Herr Doktor«, sagte ich zu meinem Gast, der sich bemühte, sein Entsetzen niederzukämpfen. »Er gebraucht, wie er selbst angedeutet hat, seine eigene Sprache, hinter der aber nicht viel Böses steckt.«

»Ich verstehe; gewiß, ich verstehe – nicht viel steckt!« wiederholte der Doktor, mit einem Zwinkern in den träumerischen Augen, das ich dort nicht vermutet hätte. »Aber ich bin trotzdem Herrn O'Donalds Schuldner. Ich verdanke ihm unsere Begegnung, Herr Eyth, die Bekanntschaft eines Deutschen, der nicht, wie meine armen Landsleute so oft, an der Oberfläche der Dinge haften bleibt. Sie gehören einem Volke an, das in die Tiefe zu dringen weiß und dem nichts zu hoch ist. Das hat seine Nachteile für das vielgerühmte praktische Leben, dem wir alle Irrtümer und alles Elend des Daseins verdanken. Aber es bleibt eine bewundernswerte Eigenschaft, die mich in Deutschland oft genug mit schmerzlichem Neid erfüllt hat.

»Sie kennen Deutschland?« fragte ich, durch diesen ungewohnten Ausbruch aufs angenehmste überrascht.

»Gewiß kenne ich Ihr Vaterland«, erwiderte Finke, seinen ernsthaftesten Fernblick fest auf O'Donald richtend, der wieder unruhig wurde. »Das Vaterland! Warum sollten wir Angelsachsen es nicht auch so nennen? Es ist germanisches Blut hier wie dort. Ja; ich war viele Jahre in Deutschland und habe in Bonn und Heidelberg und später in Göttingen schöne Tage erlebt; herrliche Tage. Ich bin stolz darauf, ein deutscher Doktor zu sein!«

Was Jugendeindrücke nicht alles machen! Darauf brauchte er wirklich nicht stolz zu sein; ein deutscher Doktor ist beträchtlich billiger als ein englischer, dachte ich in meiner damals noch zeitgemäßen nationalen Bescheidenheit. Doch hütete ich mich, ihm die schöne Illusion zu nehmen, um so mehr, als er jetzt munter weiterplauderte:

»Ich kam aus meiner schottischen Heimat zuerst nach Bonn. Mein Landsmann Carlyle gab den Anstoß dazu, wenigstens mittelbar. Was er in Ihrem Vaterland fand, wollte ich auch finden: Tiefe, Innerlichkeit. Das deutsche Studentenleben fiel mir etwas sauer, anfänglich. Das Bier ist zu leicht für einen schottischen Magen, und mit der deutschen Metaphysik geht es uns umgekehrt. Doch wir sind zäh im Norden. Ich hielt beides aus. Wahrhaft wohl wurde mir jedoch erst, als ich meinen Weg in die philologischen und später in die geschichtsphilosophischen Abgründe der deutschen Forschung zu finden begann. Ihnen, den Deutschen, ist es gelungen, das klassische Altertum in seiner ganzen Reinheit wieder ins Leben zurückzurufen, klassische Bildung ins Blut des Volkes einzuführen, so daß sie eine widerstandsfähige Kraft geworden ist, die dem Eindringen des modernen flachen materiellen Geistes, der wahrhaftig mehr Leib als Geist ist, Einhalt gebietet, wie eine Mauer. Gewiß, wir haben auch in England einzelne Gelehrte, die jedem würdig zur Seite stehen, der in Deutschland unsere Bewunderung verdient. Was aber Ihnen gelang, ist, ein Volk von Gebildeten zu erziehen, das unbeirrt von äußeren Verhältnissen seine tiefste Befriedigung, sein Glück und seine Stärke in der frischen Kraft des alten Roms, in dem jugendlichen Denken und Fühlen des alten Griechenlands gefunden hat.«

Ich ließ den Kopf hängen, während O'Donald seinen Trauermarsch auf dem Tisch zu trommeln begann und leise dazu pfiff. Finke aber fuhr begeistert fort:

»Es ist ja natürlich, daß ihre Landsleute dadurch dem Leben der Gegenwart etwas entfremdet worden sind, daß sie sich nicht selten im Rauch und Dampf, in der Hast und dem Lärm unserer Tage nicht heimisch fühlen. Ja, es ist möglich, daß die Innerlichkeit des deutschen Lebens gewisse Nachteile mit sich bringt, die Sie, anderen Völkern gegenüber, manchmal unbehaglich empfinden. Beneidenswertes Unbehagen! Welche Vorteile haben Sie dagegen eingetauscht in Ihrer beständigen Berührung mit jener klassischen Welt, zu der die Menschheit immer aufblicken wird, so oft sie sich sammelt und wiederfindet, mit jener sonnenhellen Klarheit des Denkens und des Ausdrucks, mit dem Sie von Kindesbeinen an vertraut gemacht werden und das noch das Stammeln Ihres Greisenalters ziert.«

»Verehrtester Doktor«, fiel ich ein, »sind Sie wirklich in Deutschland, in meinem Deutschland gewesen?« – Aber es half nichts; er ließ sich nicht anhalten. Seine Augen fingen an zu leuchten:

»All das scheint mir so natürlich, so selbstverständlich: der Lohn jener Selbstzucht, deren Gebote Ihnen Ihr großer Kant auf ehernen Tafeln hinterließ. Waren nicht jene klassischen Zeiten dem Augenblick so viel näher, an dem Gott sprach: es werde Licht? Dem Tag, an dem der Mensch, reineren Geistes und erhabeneren Sinns, aus der Hand seines Schöpfers kam? Wieviel ist seitdem geschehen, das diesen Zusammenhang trübt und verwirrt. Ich weiß, Ihre Landsleute tun es nicht mit dem vollen Bewußtsein, sich an den Idealen des klassischen Altertums zurückzufinden zu jenem erhabensten aller Augenblicke, den die Geschichte der Menschheit je gekannt hat. Aber ich sehe trotzdem in der Geistesrichtung der deutschen Erziehung die segensreiche Wirkung eines Instinkts, der keinem anderen Volke in ähnlicher Stärke gegeben worden ist.«

»Ja«, sagte O'Donald, seinen getrommelten Trauermarsch für einen Augenblick unterbrechend, – »und der unsern Freund Eyth zu einem prächtigen Schulmeister ausgedörrt hätte, wenn er nicht beizeiten durchgebrannt wäre.«

Finke, dessen schwarze Augen über ein paar Jahrtausende

wegstrahlten, sah und hörte den unehrerbietigen Prokuristen nicht.

»Ich hatte einen Busenfreund in Bonn«, fuhr er fort, »mit dem ich diese Dinge unzählige Mal besprach, während wir von der Höhe des Siebengebirgs in den träumerischen Rhein herab sahen. Er starb, allzufrüh für diese Welt, als Bibliothekar in Greifswald; ein Mann, den ich einen der Geistesheroen seiner Zeit nennen darf, wenn ihm auch äußerer Ruhm versagt blieb. Er hinterließ ein leider noch heute ungedrucktes vierbändiges Werk über die unregelmäßigen griechischen Zeitwörter und ihren Zusammenhang mit gewissen Formen des Sanskrit. Ich werde ihn nie vergessen. Er war auf dem richtigen Weg, der *via triumphalis*, die Ihre Landsleute zum Heil der Menschheit zu pflastern bestimmt sind.«

»Pflastern ist eine durchaus achtbare Beschäftigung«, begann O'Donald wieder, »doch gehört ein höherer Geist dazu, als er mir beschieden ist, sie unbedingt zu bewundern.«

»Das glaube ich«, sagte der Doktor mild und legte seine Hand auf O'Donalds Finger, um dem Trauermarsch Einhalt zu tun. Dann wandte er sich wieder an mich:

»Eins ist und bleibt mir rätselhaft: Wie kommt es, daß der gewissenhafte, gründliche Deutsche bei den Römern und Griechen stehen bleibt. Hinter diesen begnadeten Völkern liegt noch soviel! – soviel Höheres!«

»Die Pyramiden, zum Beispiel!« rief der ununterdrückbare O'Donald, indem er sich bemühte, seine Finger wieder frei zu bekommen.

»Ganz recht, die Pyramiden«, wiederholte Finke freudig. »Eine Pyramide wenigstens. Ich spreche nicht von der ägyptischen Kultur im allgemeinen, so hochbedeutsam sie sein mag. Wieviel ist hier noch auszugraben, zu entziffern, zu erforschen. Die Franzosen mit ihrer angeborenen Leichtfertigkeit und ihrem gänzlichen Mangel an Ehrfurcht, von Champollion bis Mariette haben mehr geschadet als genützt. Der alte, kluge Greaves, Howard-Vyse, Wilkinson und andere ahnten wohl den richtigen Weg; man glaubt manchmal ihr Heureka zu hören; aber sie haben ihn nicht gefunden.«

»Und unser Brugsch, unser Lepsius!« warf ich endlich einmal ein; denn ich hatte vor wenigen Monaten den Stolz der deutschen Ägyptologen, in Schweiß gebadet und staubbedeckt, aus einer halbverschütteten Grube gezogen und hochschätzen gelernt.

»Brugsch kenne ich nicht, ich höre, er läuft den Franzosen nach«, antwortete Finke ungeduldig und fuhr dann mit einem Seufzer fort:

»Ach ja, Lepsius! Gewiß, Lepsius. Ein wackerer, gewissenhafter Mann; ein deutscher Gelehrter, ohne Zweifel. Aber in Vorurteilen befangen, die ihn verführen, jedem heidnischen Phantasiegebilde nachzuspüren, als ob er daraus eine Wahrheit konstruieren könnte. Solchen Herren fehlt die Ehrfurcht vor den großen Geheimnissen, die sie umgeben. Daraus erklärt sich ihre Unfähigkeit, das Höchste zu erfassen.«

»Was nennen Sie das Höchste? Haben Sie es erfaßt?« fragte ich, nun selbst den Gleichmut ein wenig verlierend: Ich konnte dem Flug Finkes nicht mehr folgen. Er packte jetzt mit der anderen Hand auch meine Finger, und preßte sie sanft.

»Darüber, verehrter Freund, werden wir wohl noch sprechen. Es ist der Morgenstern, der mich nach Ägypten geführt hat. Wären Sie so sehr erstaunt, wenn man auf diesem Boden, der seit vielen Jahrtausenden das Wunderland der Welt ist, eine der heiligen Wahrheiten entdeckte, für deren Entfaltung der Menschheit die Erde zur Wohnstätte gegeben wurde? Und wenn es uns – mir und Ihnen – vergönnt sein sollte, an dieser Entdeckung teilzunehmen, die unserer Zeit und unserem Volke vorbehalten zu sein scheint; ich nehme keinen Anstand, sie mit einzuschließen, Herr Eyth, denn ich spreche von der großen germanischen Rasse, die bestimmt ist, sich über den Erdkreis zu verbreiten, und ihn in anderer, edlerer Weise zu beherrschen, als es jenem auserwählten Stamm aus dem Geschlechte Sems bis heute gelungen ist, der seine geheiligte Bestimmung von sich stieß –«

Er hielt an, um Atem zu schöpfen.

»Sie sprechen in Rätseln!« sagte ich, mit dem unbehaglichen Gefühl, immer tiefer in einen Sumpf zu geraten.

»Ich spreche von Rätseln, ja! Aber wir sind an dieser Stelle, im Schatten der großen Pyramide ihrer Lösung näher, als Sie glauben. Ich werde heute nicht zu viel sagen, denn ich möchte Sie nicht erschrecken. Sie sind erschrocken, ich sehe es Ihnen an. Aber ich weiß auch, daß wir uns verstehen werden, mit der Zeit. Sie müssen sich Zeit lassen. Ich habe in dieser Hinsicht manch bittere Erfahrung gemacht, und möchte sie hier nicht wiederholen. Denn ich bedarf Ihrer.«

»Der Mann ist verrückt!« dachte ich heimlich, und sah O'Donald fragend an. Dieser, wie ich leicht bemerken konnte, dachte genau dasselbe, ohne ein großes Geheimnis daraus zu machen. Kaum hörbar, während der Doktor in träumerischer Begeisterung zum Fenster hinaus in das Gewirr meiner Dattelpalmen starrte, flüsterte er mir zu:

»Harmlos! Einführungsbriefe erster Klasse. Unbeschränkter Kredit!« –

Hatte Finke doch etwas gehört? Er zuckte leise zusammen und fuhr mit der Hand über das Gesicht. Als er mich wieder ansah, hatten seine Augen den matten Glanz wie gewöhnlich.

»Ich habe im Sinn, dieser Studien wegen ein paar Monate hier zu bleiben, wenn es mir nicht zu heiß wird«, begann er wieder, ruhig und freundlich. »Nach dem, was mir Herr O'Donald von Ihnen erzählt hat, fürchte ich, daß ich Sie mehr als einmal mit einer Bitte um Auskunft, um einen Rat angehen werde, da Sie Land und Leute immerhin sehr viel besser kennen müssen, als ich mit meiner Erfahrung von drei Tagen. Es ist deshalb notwendig, Ihnen zu sagen, wer ich bin und was ich will. Wollen Sie mich anhören?«

Dies klang praktisch und brauchbar. Dann aber fuhr er fort, wie wenn er mir eine Pistole auf die Brust setzte:

»Kennen Sie Piazzi Smyth?«

»Nein!« ich hatte den wunderlichen Namen in meinem Leben nie gehört.

John Taylor?

Taylors kannte ich in Menge, selbst einen John Taylor. Sie sind in Yorkshire so häufig, wie Schultze und Müller in Berlin. Die ersten Panzerplattenschmiede in Leeds konnten aber die Leute kaum sein, die er meinte, ebensowenig die großen Flachsspinner in Bradford. Von beiden Geschäftshäusern hatte Finke keine Ahnung. Kurz, es stellte sich heraus, daß ich seinen Taylor ebensowenig kannte wie seinen Piazzi. Er seufzte.

»Da muß ich wohl mit dem Anfang anfangen und Sie müssen mir verzeihen, wenn ich Sie mit persönlichem Kleinkram belästige. Ich bin Schotte und war Landgeistlicher der schottischen Staatskirche in Glenisloch, wie es mein Vater gewesen ist. Ein stiller Ort zwischen kahlen Bergen. In der Nähe befindet sich ein einsamer großer Bergsee, der Mulardoch, der schuld daran ist, daß das Tal neun Monate des Jahres im Nebel begraben liegt. Das verinnerlicht den Menschen, wie Sie sich denken können. Man lernt mit anderen Augen sehen, so daß ich kein Dorf in Schottland kenne, wo die Leute mehr vom zweiten Gesicht wissen als in Glenisloch. Mein guter Vater, sonst ein kluger, kühler Mann, glaubte daran, wie an seine Bibel. Wir waren drei Brüder. Ich, der zweite, habe vielleicht am meisten von der Luft unseres Heimattales eingesogen. Wir alle drei strebten jedoch hinaus – das lag auch in der Luft von Glenisloch – jeder allerdings in anderer Weise.

Am meisten Sorge machte den Eltern der älteste Bruder David. Meine gute Mutter hatte für unsere Zukunft nur einen Herzenswunsch: Sie wollte drei Söhne haben, die aller Welt das Wort Gottes verkündigten. Der Vater sollte uns unterrichten, bis es Zeit war, die Universität in Edinburgh zu beziehen. Aber David sträubte sich mit der Starrköpfigkeit eines echten schottischen Jungen gegen alles, was klassischem Wissen und theologischen Studien ähnlich sah. Es kostete ein jahrelanges Ringen, bis sich der Vater entschloß, den unbändigen Erstling zu einem entfernten Vetter in eine Fabrik nach Glasgow in die Lehre zu geben, wo Schiffsgeräte aller Art hergestellt wurden. Aber auch dort, wo man schon die Seeluft riecht, wollte der unruhige Bruder nicht lange gut tun. Der Kampf zwischen dem Geist des Elternhauses und seinen natürlichen Neigungen hatte zu einer tiefen Verstimmung auf beiden Seiten geführt. Ohne die Zustimmung der Eltern ging er schließlich als Schiffsjunge, soviel man erfahren konnte, nach Indien und blieb jahrzehntelang verschollen. Dann kamen Nachrichten, daß es ihm gut, mehr als gut gehe. Leider erlebten dies die Eltern nicht mehr. Und schließlich wollte es das Unglück, daß er als eines der ersten Opfer des großen indischen Aufstandes, bei einem Fluchtversuch aus dem Innern des nördlichen Dekans in einem Boot auf dem Ganges treibend erschossen wurde. Ein wildes, aber nicht nutzloses Leben, wie es Hunderten von Jungen unserer rauhen Heimat beschieden ist, deren Arbeit und deren Blut die Größe des britischen Reichs aufbauen und erhalten. Und mehr noch: Was sie draußen erringen, hilft oft genug dem innern Leben in der Heimat; ich will das dankbar anerkennen.

Der jüngste Bruder Benjamin war eine ähnliche Natur, wenn auch sein Lebensweg, Gott sei Dank, weniger abenteuerlich verläuft. Die Eltern hatten mit David eine bittere Erfahrung gemacht, die dem Jungen zugute kam. Er erhielt seine Erziehung als Zivilingenieur in Glasgow, und hat unser bescheidenes väterliches Vermögen in Erfindungen angelegt, die nie einen Heller gebracht haben, aber ebensowenig seinen Mut und seine Hoffnungsfreudigkeit zu dämpfen vermochten. Ich verstehe ihn so wenig, wie ihn die Eltern verstanden, deren Sinn und Geist auf mich allein übergegangen zu sein schien. Aber selbst in mir steckte etwas von dem Wandertrieb, den die Nebel des Loch Mulardoch groß ziehen. Mein Vater gestattete mir, meine Studien in Edinburgh zu unterbrechen und mich ein halbes Jahr in Deutschland umzusehen. Wie ich schon bemerkte: In den ersten Monaten wollte mir das Leben am Rhein nicht behagen. Die Luft war mir zu hell, das Land zu sonnig und das Studentenleben zu bunt und zu laut. Es schien mir eine Welt voll großer Kinder, deren allzu harmloses Lachen nur aufhörte, um über die lächerlichsten Kinderreien komisch ernste Gesichter zu schneiden. Als aber der Herbst vorüber war und ich endlich Zeit fand, mich in deutsche Bücher zu versenken, entdeckte ich, was niemand unter der sonnigen Oberfläche vermutet hätte. Ich fühlte mich zuhause hinter der deutschen Studierlampe; mehr als zuhause. Dichtere Nebel als am Loch Mulardoch schienen mich liebevoll zu umgeben und langsam, aber immer deutlicher, immer herrlicher traten aus ihrem Wallen und Wogen die Gebilde hervor, die das Volk der Denker zu gestalten weiß, um in einer höheren Welt die Nichtigkeiten der Wirklichkeit zu vergessen. – Aus den sechs Monaten wurden drei Jahre und wären vielleicht noch mehr geworden, wenn mich nicht der Tod meines Vaters zurückgerufen hätte. Schon der Mutter zuliebe mußte ich das Amt übernehmen, das er fast fünfzig Jahre lang getreulich verwaltet hatte. Es war dies, in der Familie wie in der Gemeinde, seit meiner Knabenzeit eine ausgemachte Sache und nun eine Pflicht geworden, der ich mich nicht entziehen konnte noch wollte.

So war ich achtundzwanzig Jahre lang Pastor in dem nebelbegrabenen Dörfchen meiner alten Heimat. Die Gemeinde war klein und ist es geblieben. Die Fische im See und der rauhe Boden tragen nicht mehr. Aber die einfachen Leute halten fest an ihrem alten Glauben wie an ihren alten Sitten. Dazu hätten sie kaum einen Pastor gebraucht, wenn er nicht zu diesem Glauben gehört hätte. Eisenbahnen haben ihren Weg in das abgelegene Tal bis heute noch nicht gefunden, und ein paar Fischerkähne aus Großvaters Zeiten – gezimmert, nicht aus einem Baumstamm geschnitzt! – sind die modernsten Fahrzeuge der Gegend geblieben. Solche Verhältnisse lie-

ßen mir Zeit und Stimmung, meine Lieblingsstudien fortzu-
setzen, und immer mehr gewann ich die Überzeugung, daß
die Welt des klassischen Altertums nicht das Endziel unserer
Forschungen bleiben dürfe. Sie hat dem menschlichen Geist
Form und Gestalt gegeben, aber hinter jenen Zeiten liegt
mehr, hinter diesen Formen liegt Tieferes. Zurück, zurück!
Das war zwanzig Jahre lang der leitende Gedanke meiner
Arbeit, das Leben meiner Einsamkeit.«

»Sie hatten keine Familie, Herr Doktor?« fragte ich, um auf
etwas festeren Boden zu kommen.

»Nein«, antwortete er im Tone zweifelnder Unsicherheit.
»Nein; das heißt, ich hatte eine Frau, mit der mich meine
wackere Mutter noch in den letzten Jahren ihres Lebens ver-
heiratete. Ein gutes, sanftes Wesen, das zu meiner tiefsten
Betrübnis, wie ich nachträglich bemerkte, die Nebel des Loch
Mulardoch nicht ertragen konnte und nach wenigen Jahren
von mir schied. Ich weiß, und es ist mir ein Trost zu wissen,
daß sie in einem sonnigeren Land das Glück gefunden hat,
das ihr Glenisloch nicht geben konnte. Für jenes höhere
Leben, das mich über die äußerliche Trübseligkeit der Umgebung erhob, war ihr leider der Sinn versagt. Doch auch die
wohltuende Stille meiner Kreise wurde durch zwei große
Ereignisse unterbrochen. Das erste war meine Berührung mit
Piazzi Smyth, dem viel verkannten Gelehrten der Sternwarte
von Edinburgh, und mit seinem Freund und Meister John Taylor, jenen zwei Männern, die ihr ganzes Sinnen und Trachten
dem großen Problem zugewandt haben, das schon seit Jahrtausenden die denkende Menschheit beschäftigt, und denen
es vergönnt scheint, den Schleier zu heben, wenn auch vielleicht nur zum kleinen Teil zu heben, der die größten Geheimnisse unserer irdischen Welt noch heute verhüllt.«

»Sie meinen?« wagte ich zu fragen. Je mehr der gute Doktor, dem es bitter ernst zu sein schien, in der Schilderung seines Lebens fortschritt, um so weniger wußte ich, wo er hin-
auswollte.

»Wollen Sie wirklich sagen, lieber Herr Eyth, daß Sie es nicht gefühlt haben?« sagte er, fast flüsternd, mit einem schmerzlichen Zug um den Mund. »So nahe! So nahe und ohne Ahnung!«

Dies wurde nachgerade peinlich. Ich raffte mich zusammen und sagte ziemlich scharf: »Nein, Herr Doktor, ich habe nichts gefühlt!«

»Die große Pyramide! Die Pyramide des Hirtenkönigs; das Rätsel aller Rätsel«, rief er leidenschaftlich. Dann, nach einer längeren Pause fuhr er niedergeschlagen fort:

»Ich sehe, ich bin wieder zu rasch gewesen. Mein alter Fehler, mit dem ich schon so viel Unheil angerichtet habe. Und doch wissen wir seit achtzehnhundert Jahren, daß man die Perlen nicht vor die – Ich bitte um Verzeihung, Herr Eyth!«

Er stockte und bot mir die Hand über den Tisch, die leise zitterte. Ich schüttelte sie und dachte dabei, daß es klüger sein dürfte, seinen unterbrochenen Gedankengang nicht weiter auszuspinnen. Ich fragte deshalb mit etwas erzwungener Heiterkeit: »Und was war das zweite Ereignis, das Ihre Idylle in Glenisloch unterbrach?«

»Eine bloße Äußerlichkeit, aber das Merkwürdigste, was man sich denken kann. Infolge der Erfindungen meines Bruders Benjamin waren wir arm geworden wie Kirchenmäuse. Es wäre mir dies fast gleichgültig gewesen, wenn es mich nicht gehindert hätte, die oft teuren Werke zu beschaffen, welche verläßliche Mitteilungen über die neuesten Funde in Ägypten, Chaldäa, Mexiko brachten, oder wo immer sonst gegraben und geforscht wurde. Da kamen Nachrichten aus Indien. Unser verschollener Bruder war tot, und wir beide, Ben und ich, waren plötzlich reiche Leute, mit der Verpflichtung, für sein Töchterlein zu sorgen, das sich schon auf dem Wege von Kalkutta nach England befand. Sie können sich denken, in welche Aufregung mich dies versetzen mußte. Ich als der Ältere sollte zuerst die Pflichten eines Vormundes und Onkels erfüllen. Zum Glück war das Kind noch klein, und doch nicht so klein, um es nicht einer Erzieherin überlassen zu können, die ich mit Hilfe meiner deutschen Freunde sofort verschrieb. Mein Bruder Ben protestierte zwar. Wir waren auch in diesem Stück, wie in allen andern Dingen, verschiedener Meinung. Er hält nicht viel von Ihrem Vaterland; was ich von deutscher Erziehung denke, wissen sie. Da er aber mit der Erfindung eines Ringofens für gepreßte Backsteine sehr beschäftigt war, den er nunmehr ausführen lassen konnte, so drang ich durch.

Auch ich mußte und konnte nun manches ausführen, woran ich noch wenige Monate zuvor nicht zu denken wagte. Unser indisches Pflänzchen, das sein erstes Jahr in England mit mir in Glenisloch zugebracht und dann, den Testamentsbestimmungen gemäß, das zweite Jahr bei Bruder Ben in London gelebt hatte, konnte einen zweiten Aufenthalt in dem nordischen Nebel nicht ertragen. Auch mich zog es hinaus; der Umgang mit gleichgesinnten Menschen wurde mir wieder Bedürfnis. Ich übergab mein Amt einem Bruder meiner seligen Frau und mietete eine kleine Villa in Sydenham. Dort, eine Stunde entfernt von der Bibliothek und den Schätzen des britischen Museums, im Bereich aller Hilfsmittel zum Studium der verborgensten, vergessensten Fragen, die sich der Mensch je gestellt hat, begann für mich ein Leben reinsten Genusses, dem bald der tiefste Ernst seine Weihe gab. Ich beschränkte mich zunächst auf das Gebiet altägyptischer Dinge, und bald fand ich, daß auch in jenem Lande nur ein Ding der Forschung wert war. Dabei trat ich durch Vermittlung meines Freundes und Landsmanns Smyth dem ehrwürdigen John Taylor näher. Unter seiner Führung sah ich die ersten Lichtstrahlen auf dem Weg, der mich nunmehr bis hierher, bis an den Fuß der Pyramide des Hirtenkönigs geführt hat.«

»Sie erwähnten den Herrn schon früher«, sagte ich, natürlich auf Taylor, nicht auf den Hirtenkönig bedacht. »Wollen Sie mir gütigst mitteilen, in welcher Weise dieser große Mann

122

Licht verbreitet?« Ich sträubte mich noch immer, in den ernsten Ton des bewegten Doktors einzustimmen.

»Ein gottbegnadeter Mann«, antwortete er unentwegt. »Wenn Sie Ihr Lächeln, das ich Ihnen nicht verüble, unterdrücken könnten, würde ich ihn auch in Ihrer Gegenwart einen Propheten nennen: einen Propheten, der nach rückwärts sieht. Sie werden mich später noch verstehen lernen, und nicht mehr lächeln.«

O'Donald, dem es bei der ganzen Unterhaltung höchst unbehaglich geworden war, hatte sich der sanften Hand des Doktors entwunden. Er saß wieder am Piano und begann triumphierend die zweite Aufführung seines Trauermarsches. Ich warf ihm einen strafenden Blick zu, obgleich Finke mit sichtlicher Freude den harten, schwermütigen Tönen lauschte. Die Sonne mußte eben untergegangen sein, denn die kurze ägyptische Dämmerung warf ihre Schatten bereits in das bei lichtem Tage düster gehaltene Zimmer. Wir schwiegen minutenlang. Eine schwüle, unerklärliche Schwere lag in der Luft. Alles schien plötzlich fremd und geheimnisvoll werden zu wollen, wie mir meine eigenen Räume noch nie vorgekommen waren. Zum erstenmal hatte wohl O'Donald, dieser zu jedem verrückten Streich stets aufgelegte Mensch, in einem solchen Stimmungsbild mitgewirkt. Er schien dies selbst zu fühlen und begann, mitten in seinem Marsch abbrechend, von neuem, leiser, eine Oktave tiefer. Es war, als ob der alte Saul wiederkäme oder andere, uralte Gespenster, aus chaldäischen Zeiten. Der Doktor aber wiegte den Kopf im Takte hin und her, als ob es ihm niemals wohler gewesen wäre.

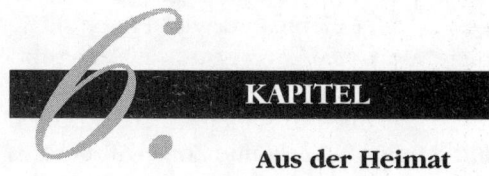

6. KAPITEL

Aus der Heimat

Ein heller Lichtschein fiel störend in unser Halbdunkel. Leise und ruckweise hatte sich die nach dem Speisezimmer führende Türe geöffnet. Vor derselben, Kopf an Kopf hintereinander, stand das gesamte Personal meines Haushalts und telegraphierte, vorläufig noch sprachlos, daß etwas Entsetzliches vor sich gehe: der kleine, freche Eselsjunge Mustapha natürlich voran, aber mit einem Gesicht, aus dem aller Mut gewichen war, dann der Koch, der Boab, der Sais, der Gärtner und ganz hinten Abu Sa, welcher sich offenbar vergebens bemühte, die aufgeregten Leute zu beschwichtigen. Ich sprang auf, um die allzu zutunliche Gesellschaft hinauszuwerfen.

»Was wollt ihr? Was ist geschehen? Marsch, hinaus, ihr Söhne von Hunden!« sagte ich freundlich, wie ich mit meinen Leuten stets zu verkehren pflegte, wenn ich sie auf Abwegen antraf.

»O Baschmahandi, der fremde Herr –!« begann Mustapha, mit weitaufgerissenen Augen, bereit in ein Geheul auszubrechen.

»O Herr, wir bitten um deine Hilfe – der Fremdling!« unterbrach ihn der Sais, ein schöner, baumstarker junger Bursche, zitternd.

»Was ist's? – Welcher Fremdling? Wo ist er?« fragte ich.

»Der Herr des fremden Esels!« erklärte der gesetztere und welterfahrenere Koch. »Er schont niemand. Er hat Mustapha

125

in sein Buch gemalt. Er wird uns alle in sein Buch malen. Wer weiß, was er mit uns anfängt? Du schreibst in deine Bücher. Das schadet nichts und wir kennen dich. Aber er malt. Hat nicht Mohamed – gesegnet sei der Prophet! – diese Sünde verboten? Wir bitten um deinen Schutz.«

»Er hat mich in seinem Buch!« klagte Mustapha, in einer Mischung von Angst und Zorn. »Ali, der Sais hat mich erkannt und versuchte ihm das Buch mit einer Orange aus der Hand zu werfen; aber er traf nicht. Sonst trifft er immer. Der Fremde ist ein Zauberer. Was wird aus mir werden?«

»Dann setzte er sich vor meiner Küche nieder«, rief der Koch ein, »und malte auch sie. Ich versteckte mich hinter der Frau des Gärtners. Und nun macht er Anstalt zu gehen. Halte ihn auf; vernichte sein Buch! Sind wir nicht deine Kinder? Wir alle flehen um deinen Schutz!«

»Ihr seid Dummköpfe«, sagte ich beruhigend. »Wo ist der Fremde?«

»Bei seinem Esel. Er reitet davon, wenn du nicht eilst«, rief der Chor, machte kehrt und lief, von Neugier und Ängstlichkeit getrieben, mir voran dem Gartentor zu.

Neben dem struppigen Mietesel dritter Güte, den ich schon bei meiner Rückkehr vom Fluß bemerkt hatte, stand in der Tat ein Herr in einem grauen, losen Reiseanzug, im Begriff, die Steigbügelriemen seines Reittierchens zu verlängern. Als er sich aufrichtete, traute ich meinen Augen kaum.

»Buchwald! Donnerwetter!«

»Eyth, grüß dich Gott! Sind deine englischen Besuche endlich beim Kuckuck?«

»Aber was treibst du denn? Was schleichst du um mein Gehöft und erschreckst meine Leute, anstatt hereinzuplatzen wie eine willkommene Bombe?«

»Wollte nicht stören und habe Zeit.«

»Das ist zwar beides gut deutsch und ich erwarte von dir nichts anderes. Aber daß du wieder davonreiten wolltest wie ein Dieb in der Nacht, das ist einfach gemein. Mustapha, gib dem Esel einen Arm voll Klee, und du, alter Freund, kommst in die Prunkhalle meines Palasts, in der ich die höchsten Gäste aus allen Weltteilen empfange.«

»Sind sie fort?«

»Wer? Die Engländer? Was kümmern dich die rothaarigen Barbaren? Es sind keine wilden Tiere, und du bist sie so gewöhnt wie ich. Hinein mit dir! Aber sag, was bringt dich in dieses Land von Sand und Wasser.«

»Und Luft und Licht«, unterbrach er mich lebhaft. »Es ist so schlimm nicht bei euch Ägyptern, und du wohnst in einem kleinen Paradies von Palmen und Kakteen und hast einen Jungen hier, den man als Modell eines pharaonischen Prinzen brauchen könnte. Wie uns diese Fellahgesichter anstarren, als sei das dritte Jahrtausend vor unserer Zeitrechnung wieder lebendig geworden. Eine fremde Zeit, eine fremde Welt; Gott sei Dank!«

»Was? Bist du auch europasatt? Um so besser. Hier lernst du nach ein paar Monaten wieder schätzen, was du heute ins Pfefferland schickst.«

»Schwerlich. Vorläufig möchte ich so viel davon vergessen, als sich vergessen läßt.«

»So mußt du einiges erlebt haben, seit wir uns trennten – du erinnerst dich – in einem echten, gelbbraunen Londoner Nebel, unter dem Ludgatehill-Viadukt. Hu, wie naß und kalt und klebrig alles war! Aber vorwärts! Wenn du nicht meinen kleinen Springbrunnen dort hinten im Garten ausgetrunken hast, mußt du durstig sein wie ein Schiff der Wüste. Törichter Mensch! Hier außen sitzen, während ich drinnen mit zwei trockenen Engländern pokuliere. Vorwärts!«

Ich schob meinen wiedergefundenen Freund ohne weitere Zeremonie ins Zimmer, wo die Engländer eben im Begriff waren aufzubrechen. Die gegenseitige Vorstellung führte jedoch rascher, als üblich ist, zu einem lebhaften Gespräch. Während derselben hatte mich zwar der Doktor in einer, wie mir schien, unpassenden Weise unterbrochen und zu korrigieren versucht – was ging es ihn an, wenn ich Namen deutlicher auszusprechen liebe, als es diesen Engländern gelingt –, dann aber kam seine rühmliche Zuneigung für alles Deutsche, die er seinen Jugendjahren in Bonn verdankte, zu vollem Durchbruch. Er war entzückt, einen weiteren Sohn des ›Vaterlands‹ gefunden zu haben, wie er unsere Heimat kurzweg nannte. O'Donald fügte sich dem Unvermeidlichen, schielte aber bereits wieder nach dem Piano, über dem mein Koch und Haushofmeister eine Hängelampe anzündete. Dann öffnete der Mann, wie allabendlich, alle Fenster des Hauses, um die Abendluft in beliebiger Richtung durchströmen zu lassen und der gesamten nunmehr beruhigten Dienerschaft Gelegenheit zu geben, von außen unserer Unterhaltung zu folgen. Daran muß man sich in Ägypten gewöhnen. Ich hatte zu Ehren meines neuen Gastes eine Flasche Rüdesheimer entkorkt, deren Inhalt sich mit dem kristallhellen kühlen Nilwasser der Kullahs* trefflich mischte. O'Donald versorgte die Gesellschaft mit Zigaretten, und so saßen wir nach kurzer Unterbrechung behaglich auf den Diwans und Lehnstühlen umher, mit denen das Zimmer reichlich ausgestattet war.

Hermann Buchwald war eine große, stattliche Gestalt; blondhaarig und blauäugig, die Nase etwas kurz, Lippen und Kinn von einem leichten, hellblonden Bart beschattet, die breite Brust und die kräftigen Muskeln die eines Turners aus der besten Zeit, kurz äußerlich ein Germane, den man in jedem lebenden Bilde als die Verkörperung der vier F in Mannesgestalt mit Ehren hätte gebrauchen können. Unsere Freundschaft stammte aus London, wo wir in Islington im gleichen Boardinghaus zusammengetroffen waren und die Ähnlichkeit unserer Lage rasch einen engeren Anschluß her-

---

* ›Kullah‹ nennt man die eigentümlichen Wasserkrüge aus porösem Ton, in denen sich das Trinkwasser durch Verdunstung kühlt und die zur Ausstattung jedes anständigen Wohnraums in Ägypten gehören.

beigeführt hatte. Auch er stammte vom Neckar, aus einer Malerfamilie, die offenbar mit Glücksgütern nicht übermäßig gesegnet war, und war mit ein paar nutzlosen Empfehlungsschreiben nach London gekommen, um dort, wie er hoffte, sein Glück zu finden. Ich hatte als junger Ingenieur dasselbe Ziel im Auge, wenn auch andere Wege zu gehen. Zunächst waren wir beide über diese Wege in besorgniserregender Unklarheit, wenn es uns auch an gutem Mut nicht fehlte. Auch war er mir bald etwas vorausgeeilt. Seine nutzlosen Empfehlungsbriefe hatten auf Umwegen doch zu einer nützlichen Bekanntschaft geführt. Er bekam in einer Bankierfamilie ein Baby zu malen und machte den kleinen Wurm, in Verbindung mit einem Kaninchen, so niedlich, daß ihm die entzückte Mutter die Bestellung auf weitere sechs Babys unter der Bedingung verschaffte, sie alle mit Kaninchen auszustatten, was er natürlich mit Freuden versprach. Und der Mensch wuchs mit seinen höheren Zwecken. Rasch war er bis zu zehn- und zwölfjährigen Mädchen fortgeschritten; seine Kinderbilder wurden Mode, und statt des Kaninchens kam er mehr und mehr in die Lage, hocharistokratische Bernhardiner verwenden zu müssen. Doch verdankte er seine Erfolge keineswegs allein dem Glück und den Bernhardinern. In seinen Kinderbildnissen lag etwas, das ihm nicht jeder nachmachte. Es war ihm gelungen, die Tiefe in der Kindlichkeit zu sehen, die uns oft so fremd und so beweglich aus Kinderaugen entgegen leuchtet, jene dem Kinde selbst unbewußte Ahnung eines Geisteslebens, das aus einer anderen Welt zu stammen scheint, und er wußte dieses Wunderbarste an einem Kindergesicht, wo immer sich das Modell dazu eignete, auf der Leinwand festzuhalten. Das mochte er dem Umstand verdanken, daß er selbst das kindlichste Gemüt besaß, das mir je bei einem Mann von fünf Fuß zehn Zoll begegnet ist. Die wenn auch oberflächliche Berührung mit den höchsten Gesellschaftskreisen, welche seine Bilder bald mit sich brachte, das Leben der Millionenstadt mit ihrem schwülen Treiben, in dem auch das Zigeunertum der Künstlerwelt üppig gedeiht, all das ging an ihm vorüber, als ob er es nicht sehe. Er turnte dreimal in der Woche mit halsbrecherischer Kühnheit, trank morgens Milch statt Tee und abends Milch statt Bier, und schien oft wochenlang in seinen Kinderaugen aufzugehen. Wir gingen in jener ersten Zeit allabendlich von Middletonsquare nach Highbury spazieren, um aus dem Häusermeer herauszukommen und ein paar alte grüne Bäume und ein uraltes Dorfkirchlein zu besuchen, die in der Brandung der nördlichsten Vorstädte noch nicht ganz versunken waren. Dabei erzählte ich ihm von den Erfindungen, die ich tagsüber gemacht hatte, da ich leider noch keine andere Beschäftigung gefunden hatte, und ließ mich von ihm bewundern. Er verdiente schon beträchtliche Summen; ich nichts. In diesem Punkt nahm ich keinen Anstand, ihn zu bewundern; und so, auf gegenseitige Bewunderung uns stützend, wurden wir die besten Freunde. Doch wie es das Leben mit sich bringt: Als ich London verließ und meinerseits das Glück gehabt hatte, in die Kohlen- und Eisendistrikte Yorkshires zu geraten, verloren wir uns aus dem Gesicht. Nur ein fast zufälliges Zusammentreffen vor meiner Abreise nach dem Osten, einer ungewissen Zukunft entgegen, hatte uns zwei Jahre später noch einmal zusammengeführt. Er hatte jetzt größere Aufträge in Menge, kannte Marquisen und Herzoginnen, und war mit sich um so weniger zufrieden, je besser es ihm ging. Dies war das einzig Neue an ihm. – Und nun kam er plötzlich, wie aus blauem Himmel in meine ägyptische Welt hereingeschneit, noch immer der Alte; das heißt etwas älter, natürlich. Das mochte die Ursache sein, daß über den blauen Augen, die früher so munter und klar in die Welt gesehen hatten, etwas lag wie ein dünner Schleier.

Während ich O'Donald von den künstlerischen Triumphen meines Freundes erzählte, und ihm durch ein paar aristokratische Namen – Lady Doodley, die Herzogin von Hamilton –, die bei Engländern ihre Wirkung nie verfehlen, Achtung eingeflößt hatte, war Buchwald von dem Doktor völlig in Beschlag genommen worden. In seiner mir wohlbekannten Weise Fremden gegenüber blieb er still und zurückhaltend. Nur seine Augen sprachen und sogen sich, nach Malerart, in den feinen, vergeistigten Zügen seines Gegenüber fest. Der Doktor dagegen war bereits wieder in vollem Zuge und glaubte, eine verwandte Seele gefunden zu haben. Da sie beide Neulinge im Lande waren, sprachen sie naturgemäß von ihren ersten Eindrücken: von der einfachen Schönheit der Nilbilder, von den klaren, bestimmten Farben, in denen die Natur hier malt, und von dem Zauber – nun war Finke in seinem Fahrwasser –, der sich von den Pyramiden hinter Gise über die ganze gewaltige Landschaft um Kairo ergießt: im frischen, klaren Morgenlicht, wenn sie sich goldgelb im Sonnenschein gegen das Blau des Wüstenhimmels abzeichnen, um Mittag, wenn sie starr und schweigend in der blendenden Hitze emporragen wie die brennenden Altäre eines unbekannten Gottes, am Abend, wenn ihre violetten Schatten auf dem Goldgrund des Abendhimmels ruhen, oder nachts, wenn sie schwarz und feierlich unter dem sternbesäten Firmament, ewig wie dieses, vom Schaffen der Menschheit zeugen. So ungefähr beschrieb sie Finke. »Und wenn man erst weiß, Herr Buchwald«, fuhr er fort, »selbst wenn man nur ahnt, was sie bedeuten; was eine derselben, die größte, die wichtigste, in Wirklichkeit ist: das Ebenbild des Weltalls auf unserer gottbegnadeten Erde!«

Buchwald riß seine blauen Augen auf, so weit es gehen mochte und war sichtlich ergriffen.

»Ich verstehe Sie nicht, Herr Doktor«, sagte er nach einer Pause, »aber daß einen etwas packt, wie Ahnung, wenn man vor dem Riesenbauwerk steht, das will ich gern zugeben. Nur weiß man nicht recht, was man ahnt.«

»Sehen Sie!« sagte der andere triumphierend, »das ist es eben. Wir fühlen es. Die Menschheit fühlt es seit Jahrtausenden: das Große, Unerklärliche. Ist das nicht ein Beweis, daß hinter den fast formlosen Steinmassen etwas steckt, das weit über alles hinausreicht, was in leblosem Granit und Kalk liegen kann.«

»Die Riesenmasse von Steinen ist es nicht, die uns anzieht«, bemerkte Buchwald nachdenklich, »sonst müßte uns jeder mäßig hohe Bergkegel ergreifen. Auch nicht das gigantische Totenmal eines Königs, von dem wir so viel als nichts wissen.«

»Nein, nein; tausendmal nein!« rief Finke mit großer Lebhaftigkeit. »Ein Totenmal könnte nie dieses Leben ausströmen. Es ist kein Totenmal!«

»Wenn ich mir's überlege«, fuhr der Maler fort, dem das Philosophieren sichtlich sauer fiel, »auch mich zieht das Leben an, das in dem steinernen Riesenleibe steckt; die Kraft, die ihn schuf. Im Lauf der Woche habe ich, nur aus der Ferne, ein paar Aquarellskizzen gemacht. Tote Dreiecke, in flimmerndem Sonnenlicht. Auf diesem Weg wird nichts draus. Auch möchte ich einmal ein wirklich großes Bild malen. In Deutschland, in England, hinter meinen Kaninchen und Schoßhündchen, wäre mir der Wunsch vielleicht nie gekommen. Auf der Fahrt entlang der griechischen Küste zwischen Korfu und Candia packte mich's mit einemmal, und seit einer Woche habe ich einen Gedanken: ein Riesengemälde: der Bau der Cheopspyramide.«

Der Doktor schüttelte den Kopf heftig, doch Buchwald ließ sich nicht irremachen. Nun war *er* am Zuge.

»Ich denke mir die Sache so: die Pyramide ist mehr als halb fertig. Wir stehen auf der Höhe, die sie erreicht hat, in einem steinbruchartigen Gewirr von behauenen Felsblöcken. Ringsum ein Gewirr von Arbeitern aller Volkstypen des Ostens: Maurer und Steinmetze, Meister und Gesellen, Soldaten und Aufseher, Treiber und Getriebene: ein Bild rastlosen, qualvollen Schaffens. Zu unsern Füßen Memphis und das Niltal, im Hintergrund die Berge des Mokattam und das grünende Delta: die liebliche Natur und die ganze Pracht der alten Zivilisation. Dann, im Vordergrund, der greise Pharao, der mit zitternder Hand seine Trabanten antreibt. Er fühlt, daß er keine Zeit zu verlieren hat, daß alle Macht und Herrlichkeit der Welt ihm keine letzte Ruhestätte geben wird, wenn er sie nicht mit dem Todesschweiß auf der Stirne selbst fertigzustellen vermag. Das denke ich mir in den Lokalfarben gemalt, die uns hier von allen Seiten entgegenleuchten und mit den Gestalten belebt, die heute noch durch die Straßen Kairos wimmeln, wie sie damals in Memphis gewimmelt haben müssen.«

Buchwald stockte. Ich nickte lebhaft. Aus meinem kleinen Kindermaler, wie ich ihn früher genannt hatte, schien etwas Größeres werden zu wollen. Der Doktor aber schüttelte nochmals den Kopf, und es trat eine jener nicht ganz angenehmen Pausen ein, die man in allen Gesellschaftskreisen nach dem unerwarteten Ausbruch der Begeisterung eines der Anwesenden beobachten kann.

»Wenn Sie tiefer gehen wollten!« sagte Finke endlich sanft. »Ja, wenn Sie die geheimnisvolle Zeit erfassen könnten, in der jenes Bauwerk entstand! Aber dazu sind wir noch nicht reif, noch lange nicht reif.«

»Die Zeit liegt aber doch so weit hinter uns«, warf ich jetzt ein, um einer zweiten feierlichen Stockung vorzubeugen, »daß es einem Künstler erlaubt sein muß, seine Phantasie mitbauen zu lassen.«

»Ich weiß nicht«, sagte der Doktor sehr ernst. »Es gibt Dinge, bei denen wir mit unserer Phantasie sehr sparsam sein sollten; Dinge, die über unseren menschlichen Gedanken stehen und bei denen wir auf schwere Irrwege geraten können, wenn wir unser Spiel mit ihnen treiben. Was soll es mit ihrem Pharao auf der großen Pyramide«, wandte er sich wieder an Buchwald, der seine naive Offenherzigkeit zu bereuen begann. »Diese Pyramide war nie ein Königsgrab.«

»Was war sie denn?« fragte ich, meinem sprachlosen Freund zu Hilfe kommend.

»Wie soll ich das Ihrem Freund erklären?« seufzte der Doktor. »Wie soll ich überhaupt in einigen Minuten deutlich machen, was mich, und Bessere als mich, Jahrzehnte des Studiums und Nachdenkens gekostet hat? Sind Sie mit der Zahl Pi bekannt? Dem griechischen ›π‹?« – Er wandte sich mit seinem gewinnenden Lächeln wieder ausschließlich an Buchwald, in den er offenbar mehr Vertrauen setzte als in mich.

»Pi?« fragte der Maler, während seine großen Kinderaugen unstet umherirrten. »Pi? Ich erinnere mich aus meiner Schulzeit – dunkel. Was war es doch? Eyth, hier hast du endlich eine Gelegenheit, deine Freundschaft zu beweisen.«

Ich machte mir das boshafte Vergnügen, ihn jetzt zappeln zu lassen. O'Donald hatte das Skizzenbuch aufgeschlagen, das Buchwald beim Eintreten auf den Tisch gelegt hatte: prächtige Sachen, die mich vollständig gefangen nahmen. Gute Freihandskizzen hatten von jeher für mich einen unwiderstehlichen Reiz gehabt. Es ist unglaublich, wieviel Seele in einem Strich liegen kann. So kam's, daß ich nur noch halb auf Finke hörte.

»Das griechische Pi!« fuhr dieser unbeirrt fort, und es zeigte sich, daß doch ziemlich viel vom deutschen Schulmeister an ihm hängen geblieben war. »Sie wissen, so bezeichnet man kurz das Verhältnis des Durchmessers zum Umfang eines Kreises; jene merkwürdige, unergründliche Zahl, die in der Natur tausendfach wiederkehrt, die den Grundpfeiler alles physikalischen und astronomischen Wissens, aller technischen Tätigkeit des Menschen bildet, die trotzdem noch kein Mensch mit mathematischer Genauigkeit auszudrücken vermochte. Ist sie doch der Schlüssel zu der ewig unlösbaren Quadratur des Kreises, das ergreifendste Symbol eines andern unlösbaren Verhältnisses – der Materie zum Geist, des Irdischen zum Himmlischen – 3,1415926535 … und so weiter, und so weiter. So weit hat sie ein Gelehrter im Jahr 1580 berechnet. Vor zwanzig Jahren erst bestimmte sie ein Rechenkünstler auf zweihundert Dezimalstellen, ohne daß man ein Gesetz oder ein Ende der rätselhaften Zahlenreihe zu erkennen vermag. Ob die alten Chinesen oder die Chaldäer sich mit dem Problem beschäftigten und einen Annäherungswert fanden, weiß ich nicht. Das zahlenkluge Volk Israel begnügte sich noch um Salomos Zeiten, tausend Jahre vor unserer Zeitrechnung mit der rohesten Schätzung und gibt an, daß der Umfang der kreisrunden metallenen Schale im Vorhof des Tempels dreimal so groß sei, als sein Durchmesser. Für den größten Weisen jener Zeit war Pi gleich drei, wie Sie im 23. Kapitel des 1. Buchs der Könige lesen können. Siebenhundert Jahre später kam der große griechische Mathematiker der Wahrheit um einen Schritt näher. Ihm galt das Verhältnis von 7 zu 22 oder auch von 71 zu 223 als das richtige. Das eine war zu groß, das andere zu klein; aber dabei blieb die Weltweisheit der folgenden zwei Jahrtausende. Wenn ich Ihnen nun sage, daß der Erbauer der großen Pyramide vor viertausend Jahren die Zahl Pi gekannt haben muß mit einer Genauigkeit, die wir heute noch nicht übertroffen haben? Wenn Ihnen greifbar vor Augen tritt, daß dort drüben über dem Nil ein Bauwerk aus der Urzeit der Menschheit steht, welches die heute noch ungelöste Quadratur des Kreises mit vielleicht mathematischer Genauigkeit in Riesenmaßen verkörpert? Was sagen Sie dazu? Wissen Sie jetzt, weshalb Sie das unerklärliche Ahnen beim Anblick des siebenten Weltwunders der Alten ergriffen hat, dessen sich seit viertausend Jahren niemand erwehren kann, der ihm gegenübersteht?«

So sehr mich Buchwalds Skizzen fesselten und gerade in diesem Augenblick ein wundervoller Frauenkopf fast entsetzte – wer konnte das sein?! –, hatte mich doch Finkes Auseinandersetzung so angezogen, daß ich das Skizzenbuch O'Donald allein überließ. Dieser hoffentlich nur vermeintliche Zusammenhang von Pi mit der Cheopspyramide – es war ja reiner Unsinn! Da mich überdies der Maler unter dem Zahlenstrom, mit dem ihn der Doktor übergossen hatte, verwirrt und hilfesuchend ansah, schien es an der Zeit, wieder einzugreifen.

»Ein merkwürdiger Zufall!« sagte ich deshalb, »und eine glänzende Entdeckung überdies, wer sie auch gemacht haben mag.«

Dies sollte ein Kompliment für Finke sein, dem ich, als meinem Gast, möglichst entgegenzukommen wünschte. Aber es wirkte anders.

»Zufall!« rief er entrüstet. »Sie sind Ingenieur, Herr Eyth. Sie sollten Mathematiker sein. Sie verstehen etwas von Wahrscheinlichkeitsrechnung. Wie groß ist die Wahrscheinlichkeit, daß sich zwei zusammenhanglose Zahlen bis auf die zehnte Dezimale gleichlautend gestalten? Wäre ein solcher Zufall nicht wunderbarer, als das Wunderbarste, das eine entfesselte Phantasie erfinden könnte. Nein, mein Freund, solche Zufälle gibt es nicht in dieser endlichen Welt, in der wir leben. Dahinter steckt etwas anderes, als Ihr Zufall, mit dem Sie alles verwischen möchten, was über den Fernblick unseres kleinen Ichs, über den Horizont von heute oder gestern hinausgreift. Zufall!«

Erst bei dieser Veranlassung erfuhr ich, welcher Grimm, welche Verachtung sich in sechs Buchstaben ausdrücken ließ, die mit Leidenschaftlichkeit eigentlich nichts zu tun hatten. Nun auch etwas erregt, fragte ich:

»Wo aber, im Namen aller Pharaonen, haben sie die Pyramidenmaße her, auf denen diese wunderbare Entdeckung beruhen soll? Es dürfte nicht leicht sein, die Höhe und die Grundlinie des Bauwerks so genau festzustellen, um daraus zehnstellige Dezimalen abzuleiten? Sind Sie schon in Gise gewesen? Standen Sie schon in dem Trümmerfeld von Steinblöcken am Fuß der Pyramide, oder auf der abgeköpften Spitze, auf die man heute eine kleine Villa stellen könnte?«

»Sie haben recht; das ist nicht ganz einfach«, gab der ebenso plötzlich wieder ruhig gewordene Doktor zu. »Deshalb bin ich nach Ägypten gekommen. Aber was geschehen konnte, ist geschehen. Die Spitze der Pyramide läßt sich aus dem Neigungswinkel der Seitenflächen berechnen, und dieser ist aus den wenigen noch vorhandenen außerordentlich harten Kalksteinblöcken der Verschalung mit großer Schärfe zu bestimmen. Was die Seitenlänge der quadratischen Grundfläche betrifft, so hat man zwei in den Felsboden eingemeißelte Hohlräume gefunden, in welche die Ecksteine der nördlichen Grundlinie eingesenkt waren. Es handelte sich nur darum, ihre richtige Entfernung zu messen, und ich muß zugeben, daß die Gelehrten bis jetzt nicht imstande gewesen sind, diese scheinbar einfache Aufgabe mit genügender Genauigkeit zu lösen. Auf dem Papier sieht das alles so hübsch aus, so bestimmt, so zweifellos. Ah, mein lieber Herr Eyth, wenn die gläubige Welt wüßte, wie ihre berühmtesten Gelehrten mit den Stangen im Nebel herumfahren, so oft es sich darum handelt, wirklich einmal etwas genau zu messen, was die gottgeschaffene Natur klar und deutlich auf ihre Tafeln geschrieben hat! – In unserem Falle sind die glaubhaftesten Messungen die der französischen Expedition von 1799, und die von Howard-Vyse aus den Jahren 1836 und 37. Nehmen Sie den Durchschnitt dieser zwei Angaben. Berechnen Sie sodann, hierauf fußend, die Höhe der Pyramide aus dem Neigungswinkel der gefundenen Verschalungssteine. Wenn Sie nun die Berechnungen weiter verfolgen wollen, Herr Buchwald – Buchwald deutet an, daß er lieber alles zu glauben bereit sei –, so finden Sie, daß das Verhältnis dieser Höhe zu der doppelten Seitenlänge, wie 1 zu 3,14195, wie 1 zu Pi ist.«

Finke sah sich um, wie ein triumphierender Prophet. Es war nutzlos, gegen seine Zahlen anzukämpfen. Wenn sie richtig waren, so lag allerdings eine schwer erklärliche Tatsache vor, die meine schon zuvor hohe Achtung vor der Cheopspyramide ins Unbehagliche steigerte. Auch der Gedanke, daß Finkes Gehirntätigkeit nicht ganz normal sein dürfte, wollte nicht haften. Wirkliche harte Zahlen sind nie verrückt und haben unserem weichen Menschengehirn gegenüber eine stumme Grausamkeit, die ich nur allzu wohl kannte.

»Wenn das *alles* wäre!« begann Finke nach einer langen Pause wieder. »Es wäre, denk' ich, genug, eine Pilgerfahrt nach Ägypten zu rechtfertigen, um sich an Ort und Stelle zu überzeugen, daß noch immer ein Wunder der Welt am Nil steht.

Aber es ist nicht alles. Sie werden noch mehr von mir hören müssen, Herr Eyth, denn ich bedarf Ihrer.«

Hier war jene Redewendung zum zweitenmal, mit der ein ganz anderer Prophet als Finke ein Eselein in Anspruch genommen hatte. Sie gefiel mir nicht sonderlich, doch hielt ich es für klüger, die hierauf folgende Stille nicht zu unterbrechen. Es war dem wackeren Mann so furchtbar ernst.

»Und auch Ihrer, Herr Buchwald!« rief er, aufstehend. »Ihr Gedanke, ein glänzendes Bild des Pyramidenbaus zu malen, kann eine große Tat werden. Machen wir unsere Studien gemeinsam – Sie die Schale, ich den Kern. Sie werden, sobald wir uns verstehen, etwas anderes in den Vordergrund stellen als einen eitlen Tyrannen umgeben von seinen Sklaven und Höflingen.«

»Zum Beispiel dies!« rief O'Donald, der der ganzen Unterhaltung nicht den geringsten Geschmack abgewonnen hatte, und jetzt dem Doktor Buchwalds Skizzenbuch unter die Nase hielt. Es dauerte eine halbe Minute, bis es dieser sah. Dann wurden seine umflorten Seheraugen plötzlich größer, und ein erstauntes Lächeln spielte um seinen Mund.

»Das ist merkwürdig! Das ist wirklich merkwürdig!« murmelte er, und hielt das Buch, das ihm O'Donald überlassen hatte, auf Armeslänge von sich.

Er hatte nicht unrecht. Hier war er wieder, der wunderbare Mädchenkopf, der mich schon vor einer Viertelstunde auf der Rückseite des dritten Blattes im Buch mit Erstaunen erfüllt hatte. Es war abermals eine Rückseite; diesmal die des letzten Blatts, die man gewöhnlich benutzt, um einen flüchtigen Gedanken, einen vorübergehenden Eindruck festzuhalten. Auf derselben zeigte sich, leicht hingeworfen, eine volle Gestalt in phantastischer, orientalischer Tracht, während der Kopf mit der zartesten Sorgfalt ausgeführt war.

»Es ist ja nicht möglich!« sagte der Doktor, indem er mit dem Buch unter die Hängelampe trat und Anstalten traf, eine Brille aus der Tasche zu ziehen. »Haben Sie diese Skizze nach der Natur gezeichnet? Herr Buchwald? Sie waren doch wohl noch nicht in Indien? Oder – oder – in Sydenham?«

Der Maler, der noch immer als gewissenhafter Mensch über Pi nachgedacht und nicht aufgemerkt hatte, errötete wie ein Mädchen und wollte Finke das Buch aus der Hand nehmen. Ich kam ihm jedoch zuvor.

»Zweimal nein!« sagte er mit großer Entschiedenheit. »Künstlerphantasien, Herr Doktor! Sie sehen, es hat keine Bedeutung. Man zeichnet ernsthafte Skizzen nicht auf die falsche Seite des Papiers.«

Ich ließ die Blätter durch die Finger laufen: Küstenlandschaften aus Dalmatien und Griechenland, die Nadel der Kleopatra, Straßenszenen aus Alexandrien, Wasserträger, Orangenweiber, dann eine Partie aus meinem Garten und Mustapha, mein Eselsjunge. Man sah, Buchwald war über Triest gekommen; die Skizzen mußten die Ausbeute der letzten Wochen sein. Aber auf der Rückseite von nicht weniger als fünf Blättern war der Mädchenkopf; im Profil, *en face*, zum Himmel blickend, zu Boden sehend, selbst fast von hinten, so daß man nur die wundervolle Kontur der Wange sah und ihn doch erkannte. War das für heute das zweite Spiel des Zufalls, das aller Wahrscheinlichkeitsrechnung ins Gesicht schlug? Buchwald konnte meine Sakuntala, die zehn Meilen von hier, unten an der Barrage, in diesem Augenblick den ägyptischen Sternenhimmel betrachtete, nicht gesehen haben. Zwei Sakuntalas konnte es in unsern Tagen nicht geben. Und doch!

Ich streckte mich, um den Docht der Hängelampe etwas höher zu schrauben. Buchwald benutzte die Gelegenheit, riß mir mit einem raschen Griff das Buch aus der Hand und klappte es zu.

»Du kannst später, bei besserem Licht, all das betrachten, so lange du willst«, sagte er, verlegen lachend.

»Jetzt aber ist es die höchste Zeit, aufzubrechen«, fiel O'Donald ein. Es ist stockfinster in der Schubraallee, auch beim Mondlicht, und wir dürfen von Glück sagen, Herr Doktor, wenn wir nicht über den Wurzeln eines wilden Feigenbaums den Hals brechen.«

»Wagen wir's!« rief der Doktor, mutig. »Sie aber, Herr Eyth, muß ich noch um eine Gefälligkeit bitten. Ich habe in meinen alten Tagen noch Unterricht in der praktischen Geometrie genommen und mit meinen Meßinstrumenten ganz Sydenham in Aufregung versetzt. Es waren nur Vorbereitungen für das, was hier geschehen muß. Sie haben sicher einen guten Theodolit. Meine Sachen schwimmen noch auf hoher See und kommen vielleicht erst in vierzehn Tagen in meine Hände. Die Ungeduld verzehrt mich und ohne Instrumente komme ich nicht weiter. Wollen sie mir aushelfen?«

»Das war eigentlich, kurz gesagt, der Zweck unseres Besuchs«, lachte O'Donald. »Wir hätten Ihnen einiges ersparen können, wenn unser verehrter Doktor mich hätte reden lassen. Zum Beispiel die Vorlesung über Pi.«

»Ich hätte sie ungern geschwänzt«, sagte ich zu Finke, »und was ich habe, steht Ihnen mit Vergnügen zur Verfügung. Nur ist mein Theodolit für den Augenblick noch eingepackt, an Bord meines Boots. Sie wohnen im Hotel Shepheard? Vielleicht übernimmt mein Freund Buchwald, der heute bei mir übernachtet, die kleine Mühe, Ihnen morgen das Instrument zu bringen.«

Buchwald sträubte sich ein wenig bezüglich des Übernachtens. Ich sagte ihm aber gebieterisch, ein Feldbett sei stets für ihn bereit, auf oder unter meinem Dach, und sein vernünftigerer Esel schlafe schon.

»Auf Sie rechne ich also!« rief Finke, ihm warm die Hand schüttelnd. »Je mehr ich darüber nachdenke, um so deutlicher sehe ich Ihr großes Bild. Wenn Sie der Mann sind, für den ich Sie halte« – er sah dem Maler dabei mit väterlicher Zärtlichkeit in die Augen –, »und wenn Sie mir folgen – aber das werden Sie – so müssen Sie das größte Gemälde des Jahrhunderts schaffen. Niemand wird es verstehen. Aber was tut das. Das Größte wird nie verstanden.«

140

**Wie klein
die Welt ist**

Mansur el Habeschie, mein schwarzer Koch, hatte seine Küche mittlerweile in betriebsfähigen Zustand gesetzt. Er war mit Tee, den stattlichen Resten einer Hammelkeule, mit wohl gepfefferten Pickles, Marmelade und Reis bereit, uns zu erquicken, als der Wagen der Engländer im Dunkel der Tamarisken verschwunden war. Das kleine Festmahl zu Ehren meines Gastes und Freundes war bedenklich einfach, aber es tut wohl, wieder an einem vierbeinigen Tisch zu sitzen, wenn man acht Tage lang auf dem Boden herumgelegen hat, um seine Mahlzeiten einzunehmen, und auch Buchwald schien sich mit meiner Junggesellenwirtschaft rasch befreundet zu haben, obgleich er noch keine Gelegenheit gehabt hatte, ägyptisches Leben im Urzustande zu genießen. Nach dem Tee wurden zwei Schaukelstühle auf das flache Dach des Hauses gestellt. Dort unter dem Sternenhimmel einer orientalischen Frühlingsnacht ließ sich fast so gut plaudern, wie hinter einem Glas deutschen Biers oder an einem englischen Kaminfeuer.

Still war es allerdings nicht ringsumher. Hinter uns im Garten, vor uns unter den Tamarisken, wo in warmer Feuchtigkeit sich üppig bewässerte Kleefelder ausbreiteten, musizierten Millionen von Grillen und begrüßten den Frühling mit ihren schrillen Stimmchen, die sich zu einem gewaltigen Tutti vereinigten. In dem Teich neben dem Hause sangen hundert jugendliche Frösche in nicht leicht verständlichem, aber unzweifelhaftem Rhythmus das gleiche hohe Lied. – Ein alter Froschgesangkünstler aus dem Vorjahre, musikalisch wenig veranlagt, aber vom besten Willen beseelt, stimmte mit seinem Baß von Zeit zu Zeit kräftig in den Diskant der anderen und erregte, wie nicht mißzuverstehen war, die Heiterkeit der unehrerbietigen Jugend. In der Ferne hörte man das Nachtgebell um Schubra und nach Osten hin, wo uns die Wüste am nächsten lag, gelegentlich den Schrei eines Schakals, dem die feinfühlenden Hunde sofort zornig antworteten. Trotz all dem nächtlichen Lärm lag tiefe Ruhe auf dem ganzen Bild. Der Mond war groß und voll hinter Heliopolis aufgegangen und säumte die Baumwipfel unter uns mit bläulichem Licht. Fast taghell trat die nächste Umgebung aus schwarzen Schatten hervor, rechts drüben die schweigenden Mauern der Palastgärten und der mächtige, stalaktitenumsäumte Zinnenkranz von Halim Paschas Harem. Vor uns, in dämmriger Ferne, aber fast so deutlich wie bei Tage gegen den grünlichen Nachthimmel sich abhebend, die Kuppel und die zwei Minaretts der Moschee Mohamed Alis auf der Zitadelle von Kairo und weiter nach Süden, dem Wissenden erkennbar, aber wie hingehaucht in den nächtlichen Äther, die zwei großen Pyramiden von Gise. Über all dem ein Himmel voll wimmelnder Sterne, eine unergründliche Tiefe, eine unergründliche Stille.

Ich konnte das alles seit zwei Jahren fast allnächtlich genießen und doch war es mir heute so neu wie am ersten Tag. So, mit wenigen kleinen Änderungen, war es schon vor tausend Jahren gewesen, so, kaum merklich anders, wird es in tausend Jahren noch immer sein. Das ist das Rätsel der uralten, ewig jungen Natur. Buchwald, der das Bild in dieser Form zum erstenmal sah – ähnliches ist ja unter allen Himmelsstrichen zu finden, nirgends aber spricht es so deutlich wie in diesem ältesten aller Länder –, fühlte den Zauber nicht weniger als ich. So kam es, daß wir in unseren Schaukelstühlen zunächst zehn Minuten lang still nebeneinander lagen und die Nachtluft einsogen. Ein kühler sanfter Nordwind kommt, wie immer um diese Stunde, vom Meere her, oder vielleicht von den Bergen jenseits des Meeres oder gar aus der fernen deutschen Heimat. Wer konnte es wissen, woher diese wohlige Kühle stammte.

»Das ist umgekehrt, aber fast so gut und traulich, wie wenn wir uns in einem Londoner Nebel am Kaminfeuer wärmten«, sagte ich endlich, um wieder auf festen Boden zu kommen.

»Oder wie wenn wir im Moos lägen, bei Heidelberg, im Odenwald«, versetzte mein Freund, dessen mächtiger Brustkasten aufatmete, daß sein Stuhl krachte. Dies war seine Art zu seufzen, wie ich später entdeckte, denn in unserer Londoner Zeit hatte er es noch nicht so weit gebracht.

»Ganz ähnlich!« gab ich, etwas verwundert zu. »Und das beste an der Sache bleibt, daß man in jedem Winkel der Welt etwas von unvergleichlicher Vortrefflichkeit findet.«

»Und verlieren kann, ja!« meinte er kurz und fuhr fort zu schweigen.

»Aber was bringt dich eigentlich hierher, lieber Pinsel«, begann ich nach einer längeren Pause aufs neue. »Wie wär's, wenn wir uns etwas erzählten?«

»Fange getrost an!« antwortete er, ohne sich in der Betrachtung des Sirius im geringsten stören zu lassen, der ihn ebenso beharrlich anblinzelte.

»Gern, denn ich werde rasch zu Ende sein!« sagte ich. »Es ist mir etwas wunderlich gegangen, aber doch einfach genug, seitdem wir uns unter dem Ludgatehill-Viadukt in London trennten. Du mußt wissen, wir sind hier im Lande des Fatums und brauchen uns nur treiben zu lassen; dabei kommt man am weitesten.« Dann erzählte ich ihm die bekannte Geschichte: wie ich meiner Dampfpflüge wegen auf der Fahrt nach Indien begriffen war, wie ich auf dem Wege durch Ägypten den ersten Pflug auf Halim Paschas Gütern, der dem Verderben nahe war, wieder in brauchbaren Stand setzte, und wie dann Halim mich zurückgehalten hatte, um mir ein halbes Jahr später die technische Leitung des ganzen Maschinenwesens auf seinem gewaltigen Grundbesitz anzuvertrauen: eine Aufgabe, die mir seit zwei Jahren manchen Schweißtropfen gekostet, aber auch manche hoffnungsfrohe Stunde gebracht und, was mehr sagen wollte, einen greifbaren Lebenszweck gegeben hatte. Denn Halim Pascha war, soweit ich ihn nun kannte, ein Pionier der vernünftig geleiteten, stetig fortschreitenden Zivilisation in diesem versunkenen, aber unerschöpflichen Lande der ältesten Kultur. Er schien mir weit mehr, als sein ungeduldiger Neffe, der Vizekönig, auf dem richtigen Wege, das hohe Ziel zu erreichen, dem das Land mit aller Macht zusteuerte. An einem solchen Werke mitarbeiten zu können, war mehr als ich vom Leben erhofft hatte. »Und, nebenbei gesagt«, schloß ich unnötigerweise etwas selbstgefällig: »Es lohnt sich, in mehr als einem Sinn!«

»Und befriedigt dich somit doppelt!« sagte Buchwald herzlich. »Man muß dir gratulieren, so oft man dir begegnet. In London, weil du auf dem Wege nach Indien warst, hier, weil du ihn verfehltest. Du warst von jeher ein Glückspilz.«

»Es kam mir nicht immer so vor«, antwortete ich lachend. »In London, zum Beispiel, warst du mir mit deiner kleinen Kindermalerei immer um Pferdelängen voraus. Ich pumpte dich zweimal nicht ohne Berechtigung an, wenn du dich gnädigst erinnern willst.«

»Aber du zahltest schon unter dem Ludgatehill-Viadukt alles mit Zinseszinsen zurück, eine Berechnungsweise, die völlig über meinen Horizont geht!« versetzte Buchwald. »Und die Kindermalerei hat ein klägliches Ende genommen.«

»Brauchst du Geld?« fragte ich.

»Nein!« antwortete er, sehr kurz.

»So schütte dein Herz aus! Unter einem solchen Himmel in einer solchen Nacht sollte dies nicht allzu schwer sein. Denke, du erzähltest die Geschichte dem alten Schech meiner Frösche, der gerade jetzt wieder so jammervoll quakt. Liebesgram! Die Jungen sind ihm wahrscheinlich zu flink. Hörst du?! Das arme Vieh macht keine Mördergrube aus seinem Herzen!«

»Du hast recht. Sein Jammer flößt mir Vertrauen ein; er soll alles erfahren!« sagte Buchwald ernst und drehte seinen Stuhl so, daß er bequem nach dem Teich sehen konnte, in den das Mondlicht zwei leuchtende Streifen zog. Den einen unterbrach ein schwarzer Fleck, vermutlich das schwimmende Blatt einer Seerose. Es konnte auch der Frosch sein. Er lauschte jetzt. Von Zeit zu Zeit aber äußerte er seine Ansicht über die Mitteilungen meines Freundes mit lauter Stimme, was Buchholz höflich anhörte. Dieser hatte halblaut begonnen, ohne sich weiter um mich zu kümmern:

»So wisse denn, o Schech der Frösche!«

Mir aber wurde fast, als gingen wir wieder nebeneinander um das alte Highburykirchlein spazieren, wo er mir ähnliche Kindereien aus dem Stegreif vorspielte, wenn uns beide die trockenen Sorgen des Alltaglebens allzusehr verstimmt hatten.

»Wisse, o klagender Sohn des Schilfs, es ging mir mehr als gut, so lange dein Deichhauptmann, der Baschmahandi, wie du ihn zu nennen scheinst, noch mit mir in London hauste. Die Kindermalerei gedieh über alles Erwarten, was wohl daher kommen mochte, daß in jenem fruchtbaren Lande immer neue Kinder aufkeimten, so daß auch der fleißigste Künstler nicht mit ihnen Schritt halten konnte. Eine Mutter sagte es der andern, und meine Kleinen hätten sich gemehrt wie der Sand am Meer, wenn ich ein gewissenloser Handwerker und Geldfabrikant gewesen wäre. Aber ich verlor zum Glück den Kopf nicht und hütete meine Künstlerehre, so gut ich konnte. Dabei wuchs die Qualität meiner Kinder: sie wurden immer plutokratischer, immer blaublütiger. Unter ein Herzogskind ging ich nur noch, wenn mich die Mutter bezauberte und ein Citymagnat oder ein ostindischer Indigokönig mußte mir sein sechsmonatliches Baby mit Gold aufwiegen. In Middletonsquare war für mein Atelier kein Raum mehr. Ich brauchte einen größeren Trockenplatz für meine Leinwand und nahm eine Wohnung in St. Johns-Wood, wo man mir bald auch größere Kinder aufzudrängen suchte. Du glaubst nicht, alter Sohn des Papyros, wie leicht das alles geht, wenn man einmal im richtigen Fahrwasser ist. Man schämt sich fast vor sich selber, kann sich aber nicht helfen. Wer in Mode kommt, darf darauf rechnen, darin unterzugehen, wie in jedem andern Sumpfe, wenn er nicht ein Frosch ist, wie du, oder eine höhere Fügung ihn rettet.

Die Rettung kam, aber in einer Form, die vielleicht schlimmer war als das Übel, dem ich entgegen trieb. Eine millionenschwere Chininfürstin empfahl mich einer Villa in Stoke-Newington. Es war das merkwürdigste Haus, das sich mir je geöffnet hat, obgleich ich längst gewöhnt war, die wunderbarsten Kinderstuben ruhig und gefühllos zu betreten. Die Wohnung war halb indisch eingerichtet. Elefanten aus Elfenbein und kostbare Drachen aus Bronze saßen in jeder Ecke. Palmen, Mimosen und Gummibäume rankten und reckten sich unter dem stattlichen Glashaus des Gartens, in dem Tropenvögel hin und her schwirrten. Zwei zutrauliche Affen machten jedem nervösen Besucher das Leben zur Qual. Dabei war alles so eingerichtet, daß man nur einen Knopf zu drücken brauchte, um die verwunderlichsten Wandlungen hervorzurufen. Doch mußte man mit Vorsicht drücken und wissen, was man tat. Denn beim Berühren eines blauen Knopfs kam ein Spieltisch aus dem Boden, ein grüner brachte Pantoffeln aus der Wand. Drückte man einen gelben, so wurde man in den zweiten Stock hinaufgeschoben, drückte man zweimal, so gings in den Keller. Alles per Dampf, und einiges sogar schon mittels Elektrizität. Das Haus gehörte nämlich einem großen Erfinder, der zugleich, wenn ich meine Ansicht ehrlich aussprechen soll, ein halber Narr war. Zur Zeit, als ich ihn kennenlernte, beschäftigte er sich mit einer Flugmaschine, die mir viel Spaß, ihm aber schwere Sorgen machte und seinem Kutscher ein gebrochenes Bein eintrug. Schade, o Sohn der trüben Gewässer, daß du dich fürs Fliegen weniger interessierst, sonst könnte ich dir hier ein hübsches Geschichtchen erzählen.

146

Das Schönste im Hause aber war ein Kind, das jedoch kaum mehr zur Gattung der Kinder gerechnet werden konnte. Sie mochte zwölf, dreizehn Jahre zählen und konnte, dem Aussehen nach, fünfzehn oder sechzehn sein und selbst darüber. Wie soll ich sie dir aber beschreiben, Bruder des Papyrus, wenn ich bedenke, daß dein Maßstab für das Liebreizende immerhin ein anderer sein muß als der unsere. Zwar weiß ich, daß auch du, trotz deines kühleren Blutes und reifen Alters die Liebe kennst; dein jammervolles Quaken bezeugt es laut. Auch ist ein entfernter deutscher Vetter von dir seinerzeit einer wunderschönen Prinzessin beharrlich nachgehüpft, bis er sein Ziel erreichte. Doch ist dies nur eine Sage, und man weiß nicht, was Wahres daran ist. Glaubhafter wird dagegen erzählt, daß deine Ahnen hierzulande der Schrecken eines Pharaos und seines ganzen Volkes gewesen sind, und dies hat dich uns und unserem Geschlecht schwerlich näher gebracht. So glaube meinen Worten, auch ohne sie zu verstehen. Geht es mir mit deinem Gequak nicht ähnlich?

Sie erschien mir wie ein rätselhaftes Wesen aus dem Morgenland, halb Mensch, halb Fee. Schlank und zierlich, wie eine Gazelle. Ein Gesicht von griechischem Profil, stolz und sanft, ernst und lächelnd, bald wie glühender Sonnenschein, bald wie ein warmer, vom Mond bestrahlter Regenschauer. Kohlschwarze Haare, dunkelblaue Augen und eine wunderbare Haut. Du weißt, Papyros, ich bin Maler, und du hast mir in diesem Punkte mit Andacht zuzuhören. Ich hatte vielleicht zu viele milch- und erdbeerfarbene Häutchen malen müssen, so daß ich sie fast haßte. Ihre Haut war weiß und durchsichtig wie Glas, und durch das Glas schimmerte ein Goldbraun, das nicht von dieser Welt war. Du verstehst mich nicht? Ich habe nichts anderes von dir erwartet.

Dabei ein munterer, treuherziger, kindlicher Sinn, der in jedermann und in jedem Ding einen Freund und Spielgenossen sah und in einer halben Stunde mit mir so vertraut war, als sei ich ihr älterer Bruder. Dem Namen nach war sie eine

Engländerin, in Wirklichkeit stammte sie aus Indien. Auch hatte sie noch eine echte Ajah aus Rajputana um sich, die ihr den Kopf mit den Märchen ihrer Heimat verdrehte, so daß die deutsche Erzieherin, eine gute, hausbackene, praktische, kleine Dame, die sofort den Landsmann in mir erkannte und ins Herz schloß, die liebe Not mit ihr haben mochte. Trotz allem Fremdartigen aber war sie ein natürliches Kind, wenn auch die Gouvernante behauptete, Sakuntala –«

»Was?!« rief ich, fast entsetzt.

Buchwald drehte sich um und sah mich fragend an.

»Sakuntala!« sagte er dann langsam und schwermütig. »So hieß sie: Sitta, Sakuntala. Ein langer Name, den ihr Onkel, der Erfinder, jammervoll verhunzte. Er glaubte, auch sprachlich praktisch tätig sein zu müssen. Aber laß mich weiter erzählen. Die Geschichte fängt endlich an, interessant zu werden, so daß selbst mein kühler Freund dort unten im Teich Ungeduld verrät.

Ich kam jede Woche zweimal nach Stoke-Newington. Das Atelier hatten wir im Gewächshaus aufgeschlagen. Dort saß die Kleine unter einem Palmbaum, zwischen wunderlichen Orchideen und trotzigen Kaktusstauden. Eine lebende zahme Schlange hauste in der Nähe, die harmlos, bald über die stachligen Kaktusblätter, bald über ihre zierlichen Arme glitt und sich manchmal neugierig mit meinen Ölfarben beschäftigte. Ich habe die Anmut der Schlangen von jeher bewundert und nie die törichte Abneigung gegen die stillen, prächtigen Tiere empfunden, mit der man bei uns kokettiert. In der ersten Sitzung zeigte mir Sakuntala das schöne Geschöpf und fragte schmeichelnd: ›Könnten Sie meinen Indra liebhaben?‹ Und als sich das glänzende Wesen ohne Umstände um meine linke Hand wand und ich es mit dem Pinsel streichelte, da waren wir drei gute Freunde und es war beschlossene Sache, daß auch Indra auf der Leinwand erscheinen müsse.

Sie war das geschickteste und willigste Kindermodell, das mir je gesessen, ich wohl auch der in seine Aufgabe versunkenste Künstler, der je ein Elfenkind gemalt hat. – Noch mehr; fast muß ich sagen, leider noch mehr! In den Stunden, die ich in Stoke-Newington zubrachte, wurde mir zum erstenmal klar, was die Kunst von uns armen Sterblichen verlangt. Nicht Arbeit, unermüdliche Arbeit von Kopf und Hand; nicht Hingabe der ganzen Seele. Auflösung! – Schrei nicht so laut, o Sohn des Papyros, auch wenn du wieder einmal nichts davon begreifst! Zum erstenmal erfaßte mich das heilige Feuer, in dessen Glut große Künstler reifen, aber auch das ganze Elend, Tag für Tag vor einer Leinwand zu stehen und nicht zu erreichen, was uns vorschwebt, was wir vor Augen sehen. – Sie war geduldig wie ein Lämmchen und saß mir für drei Aufnahmen. Nach den Sitzungen sprachen wir in Märchen. Sie erzählte glaubhafte Schlangen- und Affengeschichten ihrer Heimat voll wunderlicher Poesie und fremder, altkluger Weisheit. Ich holte unseren ganzen deutschen Grimm hervor, durch dessen volkstümliche Sagen etwas wie eine Ahnung uralter indischer Phantasien läuft. Es war Sakuntalas Hauptvergnügen, nach freiem Belieben die grotesken, germanischen Gestalten in die Helden- und Tiergeschichten ihrer indischen Heimat zu verflechten, während ich für das wundervolle Oval des Gesichtchens, für die ruhelosen Züge, für die tiefen Augen umsonst nach Form und Farbe suchte. Ich weiß nicht, ob ich mich damals verliebte. Sie war wirklich noch ein Kind und ich wurde es mit ihr. Aber in einen Zustand kam ich, der sich nicht in Worte fassen läßt. Meist war mir, als habe ich mich selbst wieder gefunden, in der Kindheit eines früheren Lebens, fern, fern von allem, was heute um uns vorgeht. Verstehst du ein Wort von all' dem, alter Sohn der lauen Nilflut?

Meine Bilder machten schlechte Fortschritte. Nichts wollte gelingen, so fleißig ich vom frühen Morgen bis in die späte Dämmerung an der Arbeit war. Sie wären heute noch nicht fertig, wenn mir nicht eines Tags die Erzieherin mitgeteilt hätte, daß sie in kurzer Zeit mit dem Kind nach Schottland gehen werde und beide mindestens auf ein Jahr London verlassen müßten. Es waren etwas eigentümliche Verhältnisse, in denen sich die ganze Familie zu bewegen schien. Der Vater der Kleinen, ein Bruder des Erfinders, muß in Indien als steinreicher Mann gestorben sein. Er hinterließ sein einziges Kind und die Verwaltung seines Vermögens zwei Brüdern, mit der Bestimmung, daß Sakuntala abwechselnd je ein Jahr bei jedem ihrer Onkel leben möge, bis sie mit ihrer Volljährigkeit in den Besitz der Hälfte ihres väterlichen Vermögens treten sollte. So ungefähr erklärte mir die Erzieherin den Stand der Dinge und die Ursache, welche sie zwang, die schöne Villa in Stoke-Newington mit einem gottverlassenen Dorf im schottischen Hochland zu vertauschen. Daran war nichts zu ändern. Mit blutendem Herzen lieferte ich eins der Bilder ab und erhielt einen fürstlichen Scheck für das Werk, das mich zur Verzweiflung brachte, wenn ich es ansah. Das letzte Märchen wurde unter dem Palmbaum ausgesponnen, während Indra sich unruhig um unsere Hände schlang, als ahnte sie die Trennung. Es war ein hübsches Märchen; aber etwas zu lang für Fremde, und traurig. Ich werde es dir ein andermal erzählen, Papyros.«

»Du erzähltest deine Geschichten ruhiger, als wir noch in Middletonsquare zusammen wohnten, Buchwald!« sagte ich endlich, selbst etwas bewegt; denn der Humor, mit dem er den Frosch ins Gespräch zog, schien mir erzwungen, und seine Stimme zitterte.

»Das will ich meinen!« antwortete er, mit erkünstelter Gleichgültigkeit. »Man muß fieberfest sein, wenn man täglich mit Indra in Berührung kommt und ich erfuhr zu spät, daß ich dies nicht war. Doch was war zu machen? Alles nahm seinen vorgeschriebenen Verlauf, wie die Dinge auf einem Eisenbahnfahrplan. Bei meinem letzten Besuch in Stoke-Newington waren Kind und Gouvernante schon über Berg und Tal. Mister Ben Thinker, der Onkel, hatte ein neues Flügelpaar erfunden und wollte es mir mit Gewalt anschnallen. Aber ich widerstand und habe seitdem die Villa nie mehr besucht. Das heißt – um genauer zu sein –, ich stand wohl zehnmal vor dem phantastischen Eingangstor, und drückte an allen Knöpfen, mit denen es noch heute ausgestattet ist. Aber keiner wirkte. Das Haus steht leer, seit Jahren. Thinker reist viel. Vielleicht fliegt er schon. Jedenfalls ist er verschwunden.

Wochenlang war ich außerstande, etwas zu malen. Dann nahm ich die zwei Bilder vor, die mir aus der Märchenzeit geblieben waren und malte aus der Erinnerung. Wie oft ich sie wegwarf, wie oft ich sie wieder vornahm, kann ich nicht sagen. Das eine blieb ein Kinderbild mit dem Gewächshauspalmbaum, und dem Kaktusfeigenbusch in einem grünen Kübel. Es brachte mir eine kleine goldene Medaille und alle erdenklichen Lobsprüche. Auf dem andern wurde das Kind immer größer und ernster, eine wahre Sakuntala in dem Märchenwald, in dem der indogermanische Mensch vor vielen tausend Jahren aus seinem Halbschlummer erwacht ist. Das war die Zeit, als die eine Hälfte von uns noch nicht nach dem kalten Norden, die andere noch nicht nach dem brennenden Süden gewandert war. Niemand wollte dieses Bild verstehen; aber oft war es, als habe es mein Herzblut gekostet. Milch half nichts. Turnen half nichts. All die Dutzend kleiner, niedlicher englischer Püppchen, die ich seitdem zu malen hatte, und die mir emsig die Geldtasche füllten, halfen nichts. Ich wurde regelrecht melancholisch. Und schließlich sagte mir ein deutscher Arzt, dessen Zwillinge ich aus Freundschaft um meinen niedersten Einheitspreis kopierte: Das einzig Richtige für mich sei, einen andern Himmel aufzusuchen. Ich glaube, er hatte recht. Schon in Triest, als ich an den kahlen Bergwänden die ersten Mandelbäume blühen sah, wurde mir's leichter, und entlang der griechischen Küste merkte ich, daß die Welt doch noch nicht so leer war, wie ich gefürchtet hatte.«

Schon seit einigen Minuten war ich Buchwald kaum mehr gefolgt, so sehr beschäftigte mich ein innerer Kampf mit mir selber. Sollte ich sprechen, sollte ich schweigen? Meine Überzeugung stand fest, daß ich vor noch nicht sechs Stunden an der Seite seiner indischen Prinzessin gesessen, daß er vor einer kleinen Stunde in seiner Verblendung die Reste derselben Hammelkeule gleichgültig zurückgewiesen, die ihre Lippen berührt hatten. War ich verpflichtet, ihm dieses Geheimnis mitzuteilen, oder sollte ich ihn milde hintergehen und dem dunklen Geschick seinen Lauf lassen; wofür sich in der Tat hundert Gründe anführen ließen? – Hundert Gründe? – Nein; wenn ich ehrlich sein wollte, wozu ich wenig Lust verspürte, so war es nur einer. Heiß und hell stand es plötzlich vor mir, welchen Eindruck dieses Wesen auch auf mich gemacht hatte. Es war nicht meine Aufgabe, Buchwald und Sakuntala zusammenzuführen. Ich hatte keine Zeit zum Überlegen, aber ich beschloß, zunächst mit der äußersten Vorsicht vorzugehen und fragte:

»Du hast in diesen zwei langen Jahren keinen Versuch gemacht, sie wiederzusehen?«

»Kaum«, sagte er düster. »Ich hatte nicht den Mut dazu und sah keinen Zweck dabei. Für mein erstes Bild brauchte ich keine Sitzung mehr, und für das zweite war sie nicht das richtige Modell – noch nicht. Das mußte ich aus dem eigenen Kopf malen. Es wurde ihr dabei allerdings ähnlicher als das erste. So kam alles durcheinander! – Und dann – ich war ja nicht verliebt.«

»Nicht verliebt!« rief ich entsetzt. »Mensch, du bist von Sinnen. Du brauchst einen Irrenarzt. Du warst verliebt bis über die Ohren, du bist es noch und ich fürchte, du wirst es bleiben, wenn das ägyptische Klima kein Wunder wirkt. Weißt du denn nicht, was das heißt? Bist du nie zuvor verliebt gewesen? Hand aufs Herz?«

»Wenn verliebt sein das ist, was ich seit zwei Jahren bin, so bin ich's nie zuvor gewesen«, sagte Buchwald feierlich. »Aber ich bin nicht verliebt. Eine unerklärliche Sehnsucht zieht mir die Seele aus dem Leib. Das ist alles. Ich weiß, es würde nicht anders, wenn ich das Kind wiedersähe. Es ist wahr, die Sehnsucht knüpft sich an alle möglichen Erinnerungen: kleine äußerliche Dinge, ein Wort, eine Bewegung, einen Blick, einen wunderlichen Gedanken, wie sie manchmal Kinder haben und große Träumer.«

»Wie du einer bist!«

»Daß ich nicht wüßte! Ich bin der kühlste Mensch der Welt. Auf unseren Londoner Spaziergängen hast du selbst mir dies hundertmal vorgeworfen, wenn du hinter jedem Fenster hübsche Mädchen sahst, und ich nur Kinderköpfe verschiedenen Alters. Nein; ich habe nicht nach ihr gesucht. Das heißt – statt um unser Kirchlein in Highbury strich ich wohl manchmal um die leerstehende Villa in Stoke-Newington, notierte mir auch ihre Adresse in Schottland, die die Gärtnersfrau kannte, welche das vereinsamte Haus bewachte. Einmal schrieb ich sogar einen Brief an die Erzieherin, voll sogenannten Humors, mit dem Gefühl eines Jungen, der beim Äpfelstehlen ertappt wird. Er blieb unbeantwortet. Entweder war der Humor nicht von der richtigen Sorte oder die Wandervögel waren weitergezogen. Ein andermal glaubte ich, im Kristallpalast zu Sydenham eine Gestalt zu sehen, bei deren Anblick mir ein elektrischer Schlag durch den ganzen Leib fuhr. Es war in der Dämmerung des maurischen Hofs, hinter dem Alhambrabrunnen, und ich konnte mich getäuscht haben. Sie war unter den Säulen der kleinen Halle verschwunden, ehe ich mich zusammenschütteln konnte. Ja, damals! – damals lief ich eine Stunde lang wie besessen durch alle Höfe und Winkel des Riesenbaus, bis es gespenstisch still und einsam wurde und mich ein Aufseher gewaltsam hinauskomplimentierte. Gefunden hatte ich sie nicht. Dagegen war ein schwerer Rückfall in meinem Zustand eingetreten, so daß ich mir mit aller Gewalt vornehmen mußte, die Gegend um Sydenham nicht weiter abzusuchen. Wohin sollte das führen? – Es gelang auch. Der Mensch kann viel, wenn er will, Eyth. Selbst sterben.«

Buchwald sagte dies so ernsthaft, daß ich es nicht übers Herz brachte, ihm mit einem wohlverdienten schlechten Witz zu antworten. War er am Ende einer vom Stamme der Asra, dieser Germane? – Das schien doch ganz unmöglich. Aber es war mir jetzt klar geworden, daß ich ihm mitteilen mußte, was ich wußte.

»Es ist ein kurioser Fall!« sagte ich einleitend und konnte dabei eine gewisse Besorgnis nicht ganz verbergen. »Möglich, daß du ein wenig krank bist.« – Ich deutete an meine Stirne, was er nicht bemerkte, da er sich wieder nach seinem Vertrauten, dem Frosch, umsah, der gerade ein entsetzliches Gequak anstimmte. »Daß du ernstlich krank bist, möchte ich nicht schlechtweg behaupten. Solche Zustände sind vorübergehend, hoffe ich. Du hast dich zu wenig mit der bessern Hälfte des Menschengeschlechts beschäftigt, alter Freund. Du weißt, ich warnte dich schon vor Jahren. Und nun kommt es über dich, in einer akuten Form, die mit Vorsicht behandelt sein will. Ohne kleine Erschütterungen wird es nicht abgehen. Aber du bist groß und kräftig, und kannst noch immer etwas aushalten, so kläglich du dich auch gebärdest.«

»Unmensch! Du bist schlimmer als dein Frosch!« brummte der Maler. »Hast du eine Silbe von dem verstanden, was ich dir erzählt habe?«

»Nein«, antwortete ich ruhig; »ich bin allerdings kein Frosch, bei dem du Verständnis und Teilnahme erwarten kannst. Aber würdest du dich wundern, wenn ich dir dazu verhülfe, deine indische Prinzessin am Nil wiederzufinden?«

Er drehte sich rasch um, so daß sein Schaukelstuhl fast umkippte und faßte meine Hand. Etwas in meiner Stimme mußte ihm verraten haben, daß ich ihm eine gewichtige Mitteilung zu machen hatte.

»Im Zusammenhang mit dem Kind ist nichts unmöglich«, sagte er, mit erkünstelter Fassung. »Laß einmal hören!«

»Den Eindruck eines Kindes hat sie nicht auf mich gemacht«, erklärte ich. »Übrigens müssen es jetzt volle drei Jahre sein, seitdem ihr deutsche und indische Märchen austauschtet. Das macht immerhin einen Unterschied.«

»Ich wollte, es machte keinen!« meinte der Maler nachdenklich.

»Ein echter Malergedanke!« rief ich. »Du bist für haltbare Farben und solide Leinwand. Lieber Freund, das Leben malt nicht in Öl, daran mußt du dich gewöhnen. Was du gestern sahst und morgen sehen wirst, sind zwei sehr verschiedene Bilder; oft kaum mehr zum Wiedererkennen. Darin sehe ich einige Hoffnung für dich. Sonst hätte ich nicht gesprochen.«

»Aber was wolltest du sagen?« drängte Buchwald, vorwurfsvoll. »Kannst du nicht einen Augenblick ernsthaft sein?«

»Der Schein trügt; ich bin es immer«, antwortete ich, mit der Entschiedenheit innerster Überzeugung. »Und du sollst sogleich erfahren, wie sehr.«

Dann erzählte ich ihm, was ich in den letzten zwölf Stunden erlebt hatte. Er machte während meines Berichts mehrere Versuche, mir die Finger zu zerquetschen, hörte ihn aber im übrigen mit löblichem Stillschweigen an. Stimmte doch alles wunderbar. Es war nicht wahrscheinlich, daß auf diesem Erdball gleichzeitig zwei rothaarige Ben Thinker herumliefen, von denen der eine in Stoke-Newington Flugmaschinen, der andere im Nildelta Steuersegelapparate in die Welt setzte. Auch Fräulein Schütz, die deutsche Erzieherin, war uns beiden bekannt. Nur meine Schilderung Sakuntalas entsprach den Ansprüchen meines armen Freundes kaum. Ich hatte, nach seinem Urteil, nicht annähernd die richtigen Farben aufgetragen, die ihr Bild erforderte. Einiges wollte überhaupt nicht stimmen, z. B. daß sie einen niedlichen, gesunden Hunger an den Tag gelegt hatte, als mein Fellahschaf auf der Tafel erschien. Das war völlig unglaublich. Lotosblätter in Rosenöl, zur Not, Blutorangen – ja; aber Hammelkeule! – Von Zeit zu Zeit zeigten sich bei ihm doch beruhigende Spuren eines ganz gewöhnlichen Anfalls.

»Und was gedenkst du nun zu tun«, fragte ich zum Schluß, »wenn du mir für meine unschätzbaren Mitteilungen die Hände genügend blau gedrückt hast?«

Buchwald lag drei Minuten lang still in seinem Stuhl und rührte sich nicht. Ich konnte warten.

Dann sagte er gepreßt: »Was würdest du mir raten?«

»Zu was bist du eigentlich nach Ägypten gekommen?« fragte ich.

»Um mich zu erholen; um andere Gedanken zu bekommen«, war die Antwort. »Gerade nach Ägypten? Das war eigentlich Zufall. In Korfu war ich auf dem Sprung, nach Sizilien und dann nach Algier zu gehen.«

»Wie wär's, wenn du so fortfahren wolltest?« meinte ich, ermunternd. »Erhole dich; bekomme andere Gedanken; laß den Zufall ein wenig weiter regieren. Du kannst dich nicht beklagen, daß er dich bisher schlecht bedient habe, vielgeprüfter Pinsel. Und um mit all dem anzufangen, schlage ich dir vor, jetzt zu Bett zu gehen.«

Ich sprang auf. Er folgte langsam, nicht allzu willig. Man stieg in einer Frühlingsmondnacht ungern von meinem Dach herunter. Aber der Tag war lang genug gewesen, und fast schien es, als ob es im Osten schon dämmern wollte. Das ging gegen alle Grundsätze eines soliden Arbeiterlebens, das seit Jahren mein beneidenswertes Los war.

Unten, über einem der Diwans des Besuchszimmers war ein Moskitozelt aufgebaut und ein vortreffliches Lager für Buchwald aufgeschlagen. Meine Leute hatten diese Aufgabe nicht zum erstenmal zu lösen und verstanden sich darauf. Während ich ihm gute Nacht und die schönsten indischen Träume wünschte, fiel mein Auge auf den Tisch in der Mitte des Zimmers, auf dem zwei Visitenkarten lagen, die ich bis jetzt nicht bemerkt hatte. Gleichgültig griff ich danach. Die eine war die wohlbekannte O'Donalds, die er wohl hier niedergelegt hatte, während er und der Doktor auf mich warteten. Die zweite mußte die seines Begleiters sein. Ich las sie, mit halbgeschlossenen Augen, denn die Rechte eines allzu vollen Tages machten sich gebieterisch geltend. Aber ich riß sie wieder auf – Mund und Augen – und bot die Karte Buchwald hin. Dies war eine Überraschung! Ich mußte jemand haben, der mir lesen half; denn auf der Karte stand; »*The Rev.*^d *Dr. Josef Thinker. Pyramid Villa Sydenham!*« – – –

»Also nicht Finke, Thinker hieß mein Gast, Joseph Thinker!« rief ich und schüttelte Buchwald an beiden Schultern. »Joseph Thinker, der Bruder unseres Erfinders!«

»Ihr zweiter Onkel!« keuchte der Maler, und starrte mich dabei bleich und sprachlos an.

»Aber jetzt zu Bett! Schnell!« drängte ich. »Wer weiß, was sonst heute noch passiert.«

Und wahrhaftig: meine Angst schien voll berechtigt zu sein. Draußen im Garten wurde es lebendig. Man hörte Stimmen: das schläfrig kreischende ›Wachet!‹ (Bekennet!) das Boab, heftiges, halblautes Reden und Gegenreden, die schlürfenden Tritte meines Kochs, der aus dem Nebenhaus herbeigeeilt kam; dann das Aufreißen der Türe im Eßzimmer. All das war unerhört um diese Stunde. Ich eilte hinaus, um zum mindesten zu hören, daß Schubra in Flammen stehe, oder eine Beduinenhorde in den Garten eingebrochen sei.

Beides war nicht der Fall. Ein alter, fremder, eher geängstigt als bedrohlich aussehender Fellah und ein erschöpftes Eselchen standen klagend vor dem Gartentor. Der Mann bestand darauf, den Baschmahandi ohne Verzug zu sehen. Das zu erreichen habe er gegen die Zusage eines hohen Bakschischs unternommen, und sei vier Stunden geritten, ohne anzuhalten, trotz der Angst vor Waldteufeln und Nachtgespenstern, die ihn fast umgebracht habe. Mein gesamtes Dienstpersonal war jetzt um ihn versammelt, bewunderte seinen Mut, weigerte sich aber laut und entrüstet, mich in meinem Schlummer stören zu lassen.

Der Mann nahm, als er mich sah, seinen ärmlichen Turban ab, und aus demselben ein abgerissenes Blättchen Papier, das er mir nach feierlicher Begrüßung trotz der tiefen Dunkelheit mit dem Wunsch überreichte, daß mein Schatten nie kürzer werden möge. Man hatte Lebensart, in Kaliub. Der Zettel

stammte aus einem Taschenbuch und war mit Fritschys wohlbekannten Krähenfüßen bedeckt. Beim Schein einer Laterne,
die der Koch hochhielt, entzifferte ich folgende Botschaft:

›Monsieur!‹ – wenn es galt, höflich zu sein, zog der wackere
Monteur leider seine adoptierte Muttersprache der angeborenen vor, soweit es irgend möglich war – ›Wollen Sie die
complaisance haben, uns *par le porteur* den Theodolit zu
schicken, *si vite que possible, s'il vous plaît*. Mr. Thinker will
prendre des mesures, (niveau d'eau etc.) pour ses études an
dem Barrage. Auch sagt er: wenn Sie ihm in Kairo oder Alexandrien einen Zeichner oder sonstigen Künstler auftreiben
könnten, *il le payera très cher, volontièrement.* Am Nötigsten fehlt es dem Monsieur nicht. *Quant à moi - les dames
sont charmantes. C'est dangereux, mais je me porte très
bien. Agréez, Monsieur, etc.* Fritschy.‹

Buchwald hatte mir über die Schulter gesehen und half
lesen.

»Da haben wir's: eine Kollision in bester Form!« sagte ich,
als dies geglückt war, und sah ihn kopfschüttelnd an. »Und du
stehst als Herkules am Scheideweg. Dem einen Onkel hast du
vor zwei Stunden versprochen, das verhängnisvolle Instrument morgen in Kairo zu übergeben, dem andern kannst du
es gleichzeitig nach Kaliub bringen und dich als Zeichner und
Künstler für alles vorstellen; ganz nach Belieben. Schleunigste
Abreise nach Sizilien wäre vielleicht der dritte und rätlichste
Ausweg. Der Scheideweg läßt nichts zu wünschen übrig. Ob
du dich als Herkules bewähren wirst, muß sich bald zeigen.«

Er besann sich.

»Was würdest du tun, Eyth? Der Theodolit ist dein Eigentum!« sagte er endlich, mit einer Unsicherheit, die bewies, daß
er nicht mehr der gesunde Turn- und Kraftmensch war, den
ich früher gekannt habe. O Liebe, wie viele hast du schon auf
dem Gewissen!

»Was ich täte –? Zu Bett gehen!« sagte ich entschlossen.
»Beschlafen wir den Fall. Es ist genug für heute.«

Er drehte sich um, ohne ein Wort zu sagen, und ging seiner improvisierten Lagerstätte zu wie ein großes Kind, das er war. Ich sorgte rasch dafür, daß dem Roß und Reiter aus Kaliub die Gastfreundschaft des Orients zuteil wurde und sperrte beide in den geräumigen Eselstall, der mir zur Verfügung stand. Dann aber, anstatt mich niederzulegen, kehrte ich auf das Hausdach zurück, wo ich gewohnheitsmäßig verwickelte Fragen zu überlegen pflegte.

Hier oben bleibt immer alles beim alten; das gibt dem Menschen die nötige Ruhe. Der Mond stand jetzt fast in Scheitelhöhe und goß seinen Silberglanz ungestört über die weite Welt. Die Grillen zirpten ohrbetäubend, die Frösche, voran der Sohn des Papyros, den ich jetzt persönlich aus Hunderten herauskannte, quakten mit aller Macht und die fernen Hunde bellten. Und doch versank das alles unter dem flimmernden Firmament wie in einer unermeßlichen Stille.

Auch in mir wurde es stiller, nach einem kleinen Kampf. Selbstverständlich! Es war ja der reine Unsinn, der mich vor einer halben Stunde bewegte. Buchwald hatte ältere Rechte, dort drunten an der Barrage, die ihm kein guter Freund gefährden würde, selbst wenn er es könnte. Dieser Punkt ist abgemacht!

Wie groß, wie unendlich groß die Welt ist. Sollte dies nicht jedem genug sein? – Und auf diesem Fleckchen muß ein halbes Dutzend Menschen zusammenstoßen, die in allen Himmelsrichtungen zerstreut waren und nicht daran dachten, sich hier zu begegnen; müssen sich zusammenfinden, zu Freud oder Leid; wer kann's wissen?

Wie klein die Welt ist!

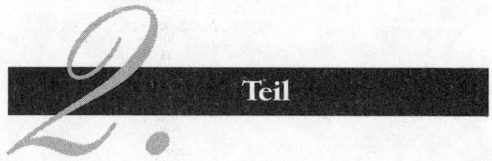

2. Teil

Feuer

In Blitzesflammen hat dich Gott gesandt;
Im Erdenschoße kochst und wallst du bebend;
Im Sonnenlichte, freundlich milde webend,
Durchstrahlst du lebenspendend Meer und Land.

Du Rätsel, das kein irdscher Sinn erkannt;
Licht, Wärme, Kraft, für immer aufwärts strebend
Nach deiner Heimat und für immer lebend:
Du heilig Feuer aus des Schöpfers Hand. –

So brennt in uns, seitdem wir Menschen waren
Nach aufwärts ringend, seit vieltausend Jahren,
Gehorchend einem himmlischen Befehle,

Bald leise knisternd, bald wie Donner hörbar,
In Sturm und Stille, ewig unzerstörbar
Die Kraft im Feuer einer Menschenseele.

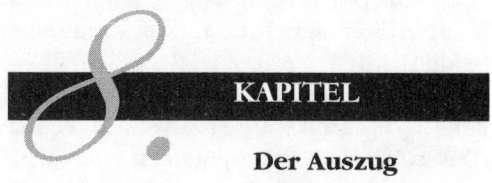

KAPITEL 8.

Der Auszug

Vielleicht machten es die Begegnung mit dem alten Freunde und die Erinnerungen, welche dieses Zusammentreffen wachgerufen hatten: Buchwald ritt am folgenden Morgen mit einem Gefühl von Entschlossenheit und Tatenfreudigkeit unter den Sykomoren der Schubraallee auf Kairo zu, das er seit Monaten nicht mehr empfunden hatte. Alles um ihn her war im Einklang mit dieser Stimmung. Selbst sein jämmerlich mageres Eselchen fühlte sich angefeuert und fegte mit emsiger Geschäftigkeit in dem dezimetertiefen Staub dahin, geschmeichelt, in so feiner Gesellschaft sein Tagewerk beginnen zu dürfen. Denn unmittelbar hinter ihm trabte reiterlos des Baschmahandis von Schubra bester Reitesel, auf dessen breitem, mit einem roten goldbefransten Tuch bedecktem Sattel ein poliertes Kästchen hüpfte, obgleich es sorgsam festgebunden war. Aus ziemlicher Entfernung weiter rückwärts schallte von Zeit zu Zeit das Schimala! Yemenak! – rechts! links! – der zwei Eselsjungen, die sich befreundet hatten und in vollem Trab nachrennend ein lebhaftes Gespräch über die Aussichten auf Bakschisch unterhielten, als ob für sie die Lunge ein unbekannter Begriff wäre. Buchwald aber, dessen deutsches Gemüt in der ägyptischen Morgenfrische mächtig erwacht war, pfiff laut und wohlgemut: »Freiheit, die ich meine.«

Als sein Eselein um die gewohnte Ecke in die Esbekiye einbog, winkte ihm schon aus der Ferne von der Veranda des Hotels Shepheard eine lange schwarze Gestalt entgegen, und noch ehe er abgestiegen war, schüttelte ihm Joe Thinker beide Hände.

»Ich habe Sie erwartet; ich wußte, daß Sie kommen werden«, sagte er mit warmer Zuversicht im Klang seiner Stimme. »Das ganze Haus ist ausgeflogen: nach der Zitadelle, nach den Bazars und den Moscheen, nach den Mamelukengräbern oder nach Bulak, wo immer die armen zerstreuten Leute weitere Zerstreuung zu finden hoffen. Wir sind allein und können ruhig unsere Pläne schmieden. Aha, das Kistchen! Nun ist alles gut. Wir brauchen keine Minute der kostbaren Zeit zu verlieren. Es wird licht werden, und Sie werden mir leuchten helfen. Nehmen sie Platz! Bitte, nehmen Sie Platz!«

Mit Ausnahme eines armenischen Photographiehändlers, der in einer Ecke seine Ware ordnete, befand sich niemand auf der geräumigen Veranda, die ein paar Meter über der Straßenhöhe den Eingang in den Gasthof vermittelt. Die beiden Herrn setzten sich in zwei Korbstühlen einander gegenüber. Der Doktor hatte den Theodolitkasten auf seine Knie gestellt und klopfte von Zeit zu Zeit zärtlich auf dessen Deckel. Er schien aufgeregter als gestern und wie in Eile zu sein, ohne recht zu wissen, wie er seine Nervosität verwerten könnte.

»Sie sehen, Herr Buchwald«, begann er, »wir müssen so schnell als möglich aufbrechen.«

Der Maler fuhr auf.

»Nicht auf diese Weise, mein lieber Freund! Bitte, bleiben Sie doch sitzen. Sie verstehen mich falsch«, rief der andere begütigend, sein Gegenüber fast ängstlich in den Stuhl zurückdrängend. »Es versteht sich ja von selbst, daß Sie meine Einladung annehmen; es ist eine ausgemachte Sache, daß Sie mich auf meiner Expedition begleiten. Ich habe mir dies heute nacht vollständig klargemacht. Wir gehen nach Gise. Wir werden vierzehn Tage, drei Wochen lang auf dem Pyramidenfeld wohnen, um in aller Ruhe mit unsern Studien den

Anfang machen zu können; Sie für Ihr großes Bild, ich für – für eine größere Sache. Und wer weiß, ob nicht auch Sie diese Sache dem Bilde vorziehen werden, ehe wir zu Ende sind.«

»Sehr gütig!« sagte Buchwald. »Aber eine Studienreise in dieser Form macht, denke ich mir, beträchtliche Umstände und Kosten, für die meine Mittel vielleicht nicht berechnet sind. *Mein* Kredit bei Ihrer Handelsgesellschaft ist nicht unerschöpflich.«

»Machen Sie sich keine Gedanken«, lachte Thinker. »Für die Umstände und Mittel wollen wir sorgen; ich weiß nur noch nicht, wie. Aber mit vereinten Kräften sind alle Schwierigkeiten zu überwinden. Ich kann Ihnen nicht aussprechen, wie sehr ich mich freue, Sie gefunden zu haben, wie nützlich Sie mir sein können, wenn Sie Ihre Studien an meiner Seite machen wollen. Gewiß, ich sehe voraus, daß wir körperlichen und geistigen Anstrengungen entgegengehen. Innerlich fühle ich mich zwar jung wie ein Adler, seitdem ich dieses gesegnete Land betreten habe. Äußerlich sind Sie trotzdem etwas jünger, und eine frische, junge Kraft um mich zu wissen – kurz und gut, greifen Sie zu! Ziehen wir zusammen an einem Strang.«

Er ließ das Kästchen fallen, um Buchwalds Hände zu fassen. Dieser fing es gerade noch rechtzeitig auf und verhütete damit ein schweres Unglück.

»Sehen Sie!« rief Thinker triumphierend; »da haben Sie schon die halbe Expedition gerettet, während Sie aus kleinlichen Bedenken versuchten, mir Ihren ferneren Beistand zu entziehen. Das also wäre abgemacht.«

Er stellte den Theodolit jetzt vorsichtig auf den Boden, faßte Buchwald zum zweitenmal an beiden Händen und schüttelte ihn, bis dieser sich überzeugt hatte, daß der Doktor kräftiger sein müsse als er aussah. Dann begann er wieder in energischem Geschäftston, der den praktischen Engländer nicht ganz verleugnete.

»Wir müssen nämlich eilen, mein lieber Buchwald, denn

ich habe noch gestern abend eine unangenehme Entdeckung gemacht.«

Der Maler sah seinen sanften, aber gewalttätigen neuen Freund fragend an:

»Eine höchst unangenehme Entdeckung! Sie wissen – ich glaube wir sprachen gestern schon davon –, ich habe leider einen Bruder. Sie müssen nicht denken, daß ich die Bande der Familie nicht hoch schätze; aber alles hat seine Grenzen. Es ist mir höchst peinlich, Ihnen diese Mitteilung heute schon machen zu müssen. Wir werden uns aber mehr und mehr verstehen lernen, und sie werden dann einsehen, weshalb ich Sie an dem ständigen Herzenskummer meines Lebens teilnehmen lassen muß. Mein armer Bruder hat nämlich von Kindheit an Wege eingeschlagen, die ich aufs tiefste bedaure, und ich fürchte, unsere Gefühle sind gegenseitig. Er lebt völlig in der modernen, materiellen Welt, die uns heute umgibt und bedrängt. Er gehört zu den unsäglich törichten Menschen, die glauben, Maschinen könnten glücklich machen. Wir, lieber Herr Buchwald, wissen, daß die einzige Befriedigung in Idealen liegt, die wir nur in der großen Vergangenheit des Menschengeschlechts finden könnten. Ich hasse – Sie sehen mir das kaum an, aber ich spreche mit dem vollen Bewußtsein des Gewichts jeder Silbe – ich hasse, was er liebt; er verhöhnt, was ich verehre. Und dabei sind wir unglückseligerweise durch die eigentümlichsten Verhältnisse aneinander gebunden, neuerdings sogar mehr als je zuvor. Wir sollen nämlich ein bildsames, mir sehr teures Wesen – und ich fürchte, er ist ähnlicher Empfindungen nicht ganz unfähig – gemeinsam erziehen! Doch das interessiert Sie nicht, und gehört nicht hierher. Jede Aussprache über diesen Gegenstand führte zu einer unziemlichen Szene. So haben wir beide seit Jahren ein stummes Abkommen getroffen, uns nur das nötigste schriftlich mitzuteilen. Er schreibt ein gräßliches Englisch nebenbei; den reinsten Telegraphenstangenstil, dürr und kahl. Und nun muß der boshafte Zufall es fügen, daß dieser, ich darf

166

wohl sagen, entartete Bruder fast gleichzeitig mit mir nach Ägypten kommt und hier in Shepheards Hotel, unter demselben Dach mit mir, Wohnung nimmt. Helfen Sie mir, mein lieber Freund. Was er hier will, weiß der Himmel; aber ich kann und will ihm auf diesem geweihten Boden nicht begegnen. Wir müssen so schnell als möglich fortzukommen suchen. Unter den Mumien von Memphis hat er nichts zu schaffen. Dort sind wir sicher!«

»So ganz ohne Vorbereitungen werden wir aber doch kaum in die Wüste ziehen können«, meinte Buchwald bedenklich. »Meines Wissens können wir hinter Gise auf keine Gasthöfe rechnen.«

»Er ist zum Glück selbst auf einem größeren Ausflug, wie ich höre«, seufzte Thinker. »Zech, der Gasthofbesitzer, sagte mir, er habe eine Dahabie genommen und die Speisekammern des Gasthofs geplündert, wie wenn er vier Wochen auf dem Nil bleiben wollte. Wir haben also jedenfalls ein paar Tage vor uns, und wenn wir vom Pyramidenfeld zurückkommen, so siedle ich mich im ›Hôtel du Nil‹ an. Dort entdeckt er uns vielleicht nicht.«

»Ist er so kampflustig?« fragte der Maler, belustigt von der unzweideutigen Angst, mit der Joe Thinker seinen jüngeren Bruder betrachtete.

»Er nicht, aber der Geist der Zeit, in der er versunken ist«, erwiderte dieser. »Sie kennen keinen Frieden, diese Leute, und beginnen an allem zu rütteln, was über ihnen steht. Ich will mir meinen Aufenthalt an den heiligen Stätten, wo das klassische Griechenland geboren wurde und noch ganz andere Wiegentrümmer im Sande liegen, nicht verbittern lassen. Flucht ist oft genug die einzige Möglichkeit, den Sieg zu sichern. Also fort! Sie sind doch bereit?«

»Jeden Augenblick! Mein Malkasten ist in zehn Minuten reisefertig; sonst bedarf ich wenig«, sagte Buchwald, der den kommenden Abenteuern jetzt freudig entgegensah. »Trotzdem: außer dem Malkasten und dem Theodolit werden wir doch noch einiges brauchen. Von Farben, Linien und Winkeln allein lebt es sich ziemlich schlecht.«

»Auch ich habe schon daran gedacht!« sagte Joe Thinker sinnend. »Rufen wir Herrn Zech!«

»Oder«, rief Buchwald von einem glücklichen Gedanken beseelt, »besuchen wir Ihren Freund O'Donald.«

»Ein etwas leichtfertiger junger Mann, aber er kennt Land und Leute. Sie haben recht. – Esel!« rief der Doktor energisch, über das Verandageländer hinunter.

Im Schatten der Platanen auf der andern Seite der Straße lagen und standen wohl zwölf dieser unschätzbaren Vierfüßler, in süßem Halbschlummer hindämmernd. Der Ruf des Doktors wirkte wie ein elektrischer Schlag. Geschrei und Getümmel erhob sich. Stöcke sausten durch die Luft und fielen knallend auf graue, geduldige Hinterviertel. Die Eselsjungen ließen ihren Schutzbefohlenen nicht Zeit, aufzuwachen und ihre fünf Sinne zu sammeln. Gezerrt und gestoßen drängte sich ein wilder Knäuel um den Fuß der Veranda und triumphierend trabten die beiden kräftigsten Burschen, die den Doktor und den Maler erfolgreich ergriffen und in die Sättel gesetzt hatten, mit ihrer Beute über die Esbekiye nach den Geschäftsräumen der Ägyptischen Handelsgesellschaft.

Der ›leichtfertige junge Herr‹ war in diesem Falle der rechte Mann am rechten Platz. Er hatte schon Dutzende von großen und kleinen Karawanen zusammengestellt und unternehmende Ingenieure wie hilflose Gelehrte, Leute, die Gold oder Kohle, Ophir oder Sodom suchten, glücklich in die Wüste befördert. »Geben Sie mir den nötigen Kredit«, sagte er aufmunternd zu Joe Thinker, ehe dieser die Hälfte seiner Besorgnisse ausgekramt hatte, »sagen Sie mir, wohin Sie wollen und wie lange Sie ausbleiben möchten, ohne zu verhungern und zu verdursten; alles übrige lassen Sie mich besorgen!«

Er hatte kaum zuviel versprochen. Als Buchwald gegen Abend aus seinem kleinen Indian Family Hotel in einem alten

Koptenhause an der Nordseite der Esbekiye in Shepheards Hotel zurückkehrte, um nach seinem künftigen Reisegefährten zu sehen, fand er in der geräumigen Halle vor dessen Zimmer einen kleinen Volksauflauf. Joe Thinker stand unter der offenen Türe und suchte sich vergeblich der stürmischen Beredsamkeit von fünf Dragomanen zu erwehren, die ihm ihre Zeugnisse in die Hand drückten und geheime Mitteilungen über den zweifelhaften Charakter der vier andern in die Ohren zu flüstern bemüht waren. Alle versicherten, von Mister O'Donald hergeschickt worden zu sein. Einen baumlangen Kerl in zerlumptem europäischem Anzug, den frechsten von allen, hatten die andern einmütig zurückgedrängt, indem sie versicherten: Er nix Dragoman! Er nix versteh! Er nur langer Küchenjunge! Plötzlich verlor der Mann die Geduld. Sein Gesicht verzog sich zu einer nervösen Fratze mit weit hervorstehenden Augen. Er schlug seinem Vordermann mit geballter Faust auf den Tarbusch, dessen kahlrasierten Schädel unziemlich entblößend, und stieß ein zerfetztes Papier, das er wie eine Kriegsfahne in der Luft geschwungen hatte, dem entsetzten Gelehrten förmlich ins Gesicht. Es war die höchste Zeit, daß Buchwald erschienen war. Er packte den Überdiensteifrigen mit der kräftigen Hand eines deutschen Turners am Kragen und schleuderte ihn unter die Köche zurück, welche die zweite Schlachtlinie bildeten. Der erstaunte Pseudo-Dragoman hatte seinen Zorn wie mit einem Schlage verloren und sah beschämt zu Boden. »Warum schlägt mich der Herr?« murmelte er demütig. »Habe ich etwas Unrechtes getan? Darf ich dem englischen Lord nicht meine Zeugnisse präsentieren, ohne geschlagen zu werden?« Thinker hatte mittlerweile Zeit gefunden, das Dokument zu lesen, das mit lakonischer Bestimmtheit abgefaßt war: »Abdallah ben Ali ist ein Lügner und ein Dieb, aber er kocht nicht schlecht.« Er gab es über die Köpfe der andern, die ihm, jetzt etwas bescheidener, ähnliche Papiere in die Hand zu schieben suchten, dem selbstzufriedenen Eigentümer zurück. Dieser faltete es sorgfältig in ein rotes Taschentuch, fragte erstaunt: »Was? Nix zu machen?« und entfernte sich, schwer gekränkt.

Unter der energischen Leitung des Malers nahm jetzt die Prüfung der Kandidaten einen geordneteren Verlauf, und nach wenigen Minuten wurde ein altes Männchen mit einem ehrwürdigen Silberbart und schlauen, munteren Äuglein, Ibrahim ben Musa, würdig befunden, der Expedition als Dragoman zu dienen. Er stammte allerdings aus älterer Zeit und sprach leidlich französisch; doch konnte man auch sein Englisch verstehen, namentlich wenn man französisch sprach. Sobald er bemerkt hatte, daß Buchwald ein Deutscher war, suchte er auch in dessen Muttersprache zu glänzen: »Wollen mein Herr haben Esel? Nix Bier. Feiner Herr, gute Bakschisch. Was ist der deutsche Vaterland? Schöne Sprach; aber schwer, sehr schwer!« Damit verneigte er sich ehrerbietig, mit dem stillen Lächeln des feinen Arabers und trat ohne Verzug den Dienst an, indem er seine übriggebliebenen drei Berufsgenossen fortjagte und aus der Volksmenge einen Koch, Jakub mit Namen, herausholte und vorstellte. Auch dieser Mann hatte ein verhältnismäßig besseres Aussehen, war sauber arabisch gekleidet, und zeigte zwei französische Zeugnisse vor, die dem Sultan Achtung eingeflößt hätten. Nun sollte noch, unter dem Titel eines Sais, ein allgemeiner Haus- oder Lagerdiener angeworben werden, und auch hierfür wußte Ibrahim rasch Bescheid. Er empfahl einen jungen Burschen, Ismail, aufs dringendste, der zwar keine Zeugnisse besaß, mit Pferden und Eseln aber umzugehen verstehe, als ob er ihr Bruder wäre; auch habe er noch nie gestohlen, niemals, niemals! – Dies war eine erfolgreiche halbe Stunde geworden. Als allerdings O'Donald am späten Abend ins Hotel kam, schüttelte er den Kopf ein wenig. Er versicherte, daß er weder einen Koch noch einen Dragoman hergeschickt; daß er im Gegenteil geeignete Leute gefunden habe und am nächsten Morgen gebracht haben würde. Nützlich sei es immerhin, zu wissen, daß Koch und Sais die jüngeren Brüder Ibrahim ben Musas seien und daß sich die ganze Familie der Beni Musa des Rufes großer Verschmitztheit erfreuten. Da es aber Joe Thinker auf eine Zehnpfundnote mehr oder weniger nicht anzukommen brauche, sei so ein schlauer Dragoman vielleicht wertvoller, als ein ehrlicher dummer Kerl. Kein Zweifel: O'Donald war ein etwas leichtfertiger, junger Herr.

Am folgenden Tag wurden mit vereinten Kräften Einkäufe gemacht, wobei Dragoman, Koch und Sais eifrig mitwirkten, obgleich O'Donald sich redlich Mühe gab, ihnen das Amt zu erschweren, so daß Ibrahim ben Musa schließlich mürrisch den Kampf auf spätere Zeiten verschob. Wie konnte man doch einen geheiligten alten Brauch, das Einsammeln des Bakschischs von den schmunzelnden Kaufleuten hinter dem Rücken des Käufers, so gänzlich mißverstehen! Im schwülen Schatten der Bazars hin- und herreitend erstand die Gesellschaft zwei Zelte, zwei eiserne Feldbettstätten, leichte Matratzen, Kopfkissen und Decken aller Art, ein Feldtischchen und zwei Feldstühle, dann das nötigste Küchengeschirr, Schüsseln, Teller, Tassen, Messer und Gabeln, Tisch- und Handtücher und einen Waschständer. In der Moski, bei Appleton, einem englischen Händler, der alles vom unentbehrlichen Streichholz bis zur entbehrlichsten Punschessenz auf Lager hatte, wurden Weine, Konserven, Kaffee, Tee, Salz und Zucker, Lichter und Seife aufgetürmt. Ein beladener Esel nach dem andern wanderte nach dem Hotel, und der amtseifrige Koch, der sinnende Dragoman glaubten noch immer neue Gedanken aus der Tiefe ihrer Erfahrung herauspumpen zu müssen. Selbst der Sais verlangte einen neuen Spazierstock, bis O'Donald endlich gebieterisch Halt gebot. Was noch fehle, könne nachgeschickt werden. Niemand, der einen solchen Tag nicht hinter sich hat, ahnt, wieviel der zivilisierte Mensch in der Wildnis bedarf, um ein einigermaßen menschenwürdiges Dasein führen zu können. Buchwald fühlte sich ehrlich beschämt, als er die Schätze betrachtete, die gegen Abend vor Thinkers Zimmer aufgehäuft lagen. Nie hätte er sich für einen solchen Sybariten gehalten. In der Dämmerung brachte er seinen eigenen Handkoffer und seinen Malkasten. Erst jetzt war Joe Thinker, der ihn tagsüber ängstlich bewacht hatte, völlig beruhigt.

In der Hitze gemeinsamer Arbeit schien eine warme Freundschaft zwischen dem ungleichen Reisegespann reifen zu wollen. Trotz dem Bild eines gelehrten Träumers, mit dem der Doktor in die ihm fremde Welt hinaussah, hatte er ein Auge für die praktische Seite der Dinge, das den Engländer verriet, während Buchwald, trotz des festen und raschen Griffs, mit dem er einen störrischen Eselsjungen am Hals zu packen und freundlich zu schütteln wußte, wie eine Maus, sich manchmal in Künstlerträumen verlor, die ihn dem nächstliegenden entrückten. Aber auch seiner tatkräftigen Energie, die eine ungewohnte Lebendigkeit in die bedächtigen Bewegungen Ibrahims brachte, und den Koch veranlaßte, den Preis von Hühnern und Eiern um 50 Prozent zu ermäßigen, gelang es nicht, an diesem zweiten Tag sämtliche Vorbereitungen für den Aufbruch zu beenden. Weitere vierundzwanzig Stunden lang mußte Thinker seine Ungeduld zügeln, bis die nötigen Lasttiere angeworben und alles in transportfähigen Paketen den neuen Kameltaschen, Körben und käfigartigen Kisten anvertraut war, die der geschäftige Ibrahim unter den Augen Buchwalds auftürmte. Dann endlich brach der bedeutsame Morgen an; eine Woche früher, als das erstaunte, schlaftrunkene Hotel jemals einen ähnlichen Auszug reisebereit gesehen hatte. Verschiedene neuangekommene Gäste ließen sich wecken, um zum erstenmal im Leben eine Wüstenkarawane zu bewundern.

Sie hätten Shepheards braunen Hausknechten diese Mühe ersparen können, denn nach Landessitte erfolgte der auf sechs Uhr festgesetzte Aufbruch gegen neun Uhr: voraus ein

Kamel mit den Zelten, den Betten und dem schweren Geschütz der Küchenbatterie, dann drei Reitesel mit der Familie Musa, hierauf die beiden Pyramidenforscher, der Gelehrte und der Maler und zum Schluß drei weitere Esel, schwerbepackt mit Körben und Käfigen, deren Inhalt für die mannigfaltigen Bedürfnisse des inneren Menschen bestimmt war. Zornig schnaubend hatte sich das Kamel erhoben und schaukelte jetzt seine allzuleichte Last verächtlich hin und her. Ibrahim ben Musa, an dem sich Buchwald zweimal vergriffen hatte, ohne ihm wehe zu tun, machte ein bitterböses Gesicht, und selbst der Maler, trotz seiner sonst sonnigen Natur, war in gereizter Erregung. Endlich konnte er das Zeichen zum Aufbruch geben, das Thinker, seit einer halben Stunde im Sattel sitzend, geduldig erwartet hatte. Hätten die beiden Ägypten besser gekannt, so wären sie innerlich beruhigt, ja glücklich gewesen. Es war die richtige Aufbruchsstimmung, die sie umgab und alles kam wie es kommen mußte. Mit jedem Schritt, der die Entfernung vom Hotel und bald von Kairo vergrößerte, wuchs auch wieder die Lust am Wanderleben, dem sie entgegenzogen; die Freude, alles vergessen zu können, was hinter ihnen lag, die Hoffnung und Begierde, alles zu erleben, was eine fröhliche, abenteuerlustige Welt bringen mochte.

Damals, anfangs der sechziger Jahre des vorigen Jahrhunderts, gab es noch keine Brücke über den Nil, noch keine Trambahn, die jetzt die wohlchaussierte Straße nach Gise schändet, noch kein Hotel am Fuß der Pyramiden, nicht einmal eine europäisch-türkische Vorstadt Ismailia. Der Weg zog sich zunächst nach Süden durch verwilderte Gärten, hinter halbzerfallenen Mauern, die wenig mehr als spärliche struppige Dattelpalmen und verstaubte, aber mächtige Stauden von Kaktusbirnen zu zeigen hatten. In einer Stunde war Alt-Kairo erreicht, ein sichtlich zerfallendes Städtchen auf den Scherbenhügeln einer Stadt aus der ersten Christenzeit, die auf einer Stadt aus der Zeit des Kambyses gestanden hatte.

Die uralte Koptenkirche, der neue kleine Christenfriedhof, der noch kahl in der glühenden Sonne auf vorüberziehende Reisende wartete, blieben beide fast unbeachtet. Selbst die turmartige Sakie, welche den Aquädukt für die Zitadelle von Kairo speist, hielt Thinker nicht auf, obgleich von ihren zerfallenen Zinnen eines der schönsten Landschaftsbilder der Umgebung zu genießen ist. Ibrahim ben Musa, an der Spitze der Karawane, bahnte ihr durch den dumpfigen kleinen Bazar des Städtchens den Weg, und wenige Minuten später stand sie, scharf nach rechts abbiegend, am steil abfallenden Flußufer der kleinen Hafenstadt. Goldgelbe Berge von Tebn, gehacktem Stroh, dem gebräuchlichsten Kamelsfutter am Nil, lagen auf Dutzenden von Booten entlang dem Ufer. Große unförmige Flöße aus zusammengebundenen Krügen aus Kenne in Oberägypten warteten darauf, auseinandergenommen und gelandet zu werden. Friedlich und bedächtig spielte sich hier der Welthandel ab, und ein unverfälschtes Stück ägyptischen Lebens, durch das noch der Zug einer Vorzeit, älter als die arabische, zu gehen schien, brütete unter der Glut des nahenden Mittags. Selbst das braungelbe Wasser des Nil glitt unhörbar talab und spaltete sich wellenlos in der Mitte des Stroms an der Spitze der Insel Rhoda, die dem Landungsplatz gerade gegenüber lag. Sie bildete einen dunkelgrünen Fleck in der sonnigen Landschaft, in dessen tiefblauen Schatten der Nilmesser seit tausend Jahren das Steigen und Fallen des Stroms verzeichnete. Am entgegengesetzten Flußufer lagen die zerfallenen Manuelukenpaläste von Gise, umgeben von einem Dörfchen, das es mit Alt-Kairo in hoffnungsloser Einfachheit aufnehmen konnte. Hinter Gise endlich und den wenigen Palmen, die es schmückten, stiegen schon jetzt massig und überwältigend die zwei großen Pyramiden auf, an denen Thinkers Auge hing, so oft sein etwas widerspenstiger, nach Tebn lüsterner Esel es gestattete. Sein Herr schien in stiller Dankbarkeit die Ruhepause zu genießen, während man auf das von Gise herüberkommende Fährboot wartete.

Das vorsintflutliche, lebensgefährlich aussehende Fahrzeug, dessen Deck eine weitüberhängende Plattform bildete, das aber mit großer Geschicklichkeit und Ruhe über den Fluß gerudert wurde und fünf tiefverschleierte Frauen brachte, stieß hundert Schritte unterhalb des Landungsplatzes ans Ufer und wurde sodann von seinen vier Schiffern mittels eines Seils heraufgeschleppt. Selbst die Reitesel, die behaglich etwas Nilwasser zu sich genommen hatten und dann einige Häufchen vergessenen Tebns auseinanderbliesen, sahen dem Vorgang mit Interesse zu.

»Bemerken Sie wohl«, sagte Joe Thinker sinnend, indem er den Maler aus dem Studium der flimmernden Luft über der Wasserfläche zu reißen suchte, »fünf Esel, auf denen wir hergeritten kommen, ohne daß uns hierbei irgendwelche Absicht leitete, und fünf verschleierte Frauen, die uns an der Schwelle des geheimnisvollen Landes entgegenfahren. Fünf, gerade fünf! Nicht einer mehr, nicht eine weniger. Finden Sie dies nicht auffallend, lieber Buchwald?«

Buchwald sah den Doktor an: sollte er einen kleinen Scherz gewagt haben? Aber auch nicht das leiseste Lächeln spielte um die ernsten Züge des Gelehrten. So begann auch der Maler über diese merkwürdige Erscheinung nachzudenken, ohne viel dabei zu gewinnen. Die sengende Hitze, in der sie seit einer Viertelstunde standen, scheint derartigen Betrachtungen ganz besonders förderlich zu sein, während die Ohren zu summen anfangen und das Blut dem Siedepunkt entgegenkocht.

Zum Glück stieß die Fähre jetzt ans Land. Die fünf verschleierten Frauen entfernten sich lautlos, und das heftig widerstrebende, ängstlich brüllende Kamel wurde über die steile Böschung heruntergebracht. Es hatte sichtlich das vollste Verständnis für die Gefahren der Überfahrt. Die unnatürliche, fast verzweifelte Stellung seiner vier Beine, von denen eines im Boot, das andere im Nil, die übrigen zwei noch auf festem Land standen, ließen für Zelte und Betten das

Schlimmste befürchten. Doch sollte diese Besorgnis erst später ihre Berechtigung gewinnen. Der kräftige Zug von zwei Bootsleuten und dem Kameltreiber an dem Strick, der als Halfter diente, und die Stöcke der fünf Eselsjungen, die seine Beine bearbeiteten, erinnerten nach einiger Zeit das geängstigte Tier an das Sprichwort vom Nachgeben des Gescheiteren. Es machte einen spaßhaften Sprung mit der hinteren Hälfte seines ungelenken Riesenkörpers und stand im nächsten Augenblick zwar noch etwas zitternd, aber gefaßt mitten auf der Plattform. Nun sollten ihm die Esel folgen, welche verschiedene Grade der Abneigung gegen jede Art von Binnenschiffahrt an den Tag legten, sich aber mit der Zeit doch entschlossen, das Boot zu betreten, das, unter der ungewohnten und unruhigen Last schaukelnd, die Plattform bis an den Rand des Wassers tauchte. Und schließlich kam auch der Mensch an die Reihe. Buchwald, ein vortrefflicher Schwimmer, protestierte zwar, selbst Thinker schlug vor, auf die nächste Überfahrt zu warten. Davon aber wollten die Fährleute nichts wissen, und die drei Söhne Musas machten keine Schwierigkeit. Sie waren zu fest überzeugt, daß es doch nichts helfe, am Lande zu bleiben, wenn es nach Gottes Willen bestimmt sei, daß sie heute eines nassen Todes sterben sollten. So stieß das Boot vom Ufer: eine malerisch aufgebaute Gruppe mitten in dem schimmernden Gewässer; so daß der Maler fast vergaß, mit welcher Gefahr sie erkauft war, und nur den einen Wunsch empfand, sie vom Ufer aus sehen und skizzieren zu können.

Das Kamel war ein ungewöhnlich verständiges Tier. Es hatte die Sachlage offenbar erfaßt und blieb so steif und unbeweglich stehen, wie seinerzeit das Pferd von Troja, ja es versuchte mit den zerlegten Bettstellen hoch auf seinem Rücken dem Schwanken des Bootes kunstvoll entgegenzuwirken. Weniger rühmlich war das Betragen der Esel, die sich plötzlich zu erotischen Scherzen aufgelegt fühlten und nur beruhigt werden konnten, indem man jedem spärliche

176

Sträußchen Klee zwischen die Zähne schob. Die Fähre war mittlerweile eine gute Strecke am Ufer flußaufwärts gerudert worden und trieb jetzt quer über den Strom. Selbst die beiden Herren aus Europa begannen ruhiger über die Sache zu denken und den stolzen Nil, der jetzt in seiner ganzen sonnigen Breite vor ihnen lag und sie so freundlich nach dem andern Ufer trug, dankbar zu bewundern.

Noch drei Schritte vom jenseitigen Strand waren alle Bedenken geschwunden, da plötzlich hatte auch das Kamel einen glücklichen Gedanken. Es sah das sichere Ufer vor sich und über der Böschung das Winken eines saftigen Kleefeldes. Das war besser als der Strick, an dem es bisher gekaut hatte. Mit einem völlig unerwarteten Ruck riß es seinem Treiber das Seil aus der Hand, stürmte rücksichtslos über Esel und Menschen weg, die ihm im Wege standen, und setzte mit einem tollen Sprung ans Land. Das gewagte Unternehmen glückte, soweit das Vorderteil des Tieres in Betracht kam. Seine Hinterbeine aber versanken in Wasser und Schlamm des zum Glück nicht allzu steil abfallenden Ufers. Es folgte ein verzweifelter Kampf um seine andere, man darf wohl sagen bessere Hälfte in den nach allen Seiten wild aufspritzenden Gewässern. Dies war zu viel für die Feldbetten und die Küchenbatterie, die so künstlich auf seinem Höcker aufgebaut waren. Alle Bande der Ordnung lösten sich. Das befreite Kamel hatte sein Ziel glücklich erreicht und graste, als ob nichts geschehen wäre, friedlich in dem ersehnten Kleefeld, während die übrige Schiffsgesellschaft mit rühmlicher Selbstaufopferung nach Schüsseln, Stühlen und Betten im Wasser herumplätscherte.

Hier wieder bewährte sich Thinkers englischer Gleichmut in glänzender Weise. Wie sich im kritischen Augenblick auf dem Fährboot die Ereignisse überstürzten, wußte nachher niemand mit Sicherheit anzugeben. Als der Sturm vorüber war, stand, abgesehen vom Kamel, nur er ruhig am Ufer und sah zu, wie Buchwald als gewandter Schwimmer lachend und mit großem Erfolge Plaids und Decken zusammenfischte und an den Strand brachte, wobei die Eselsjungen eifrig mitarbeiteten, während Ibrahim ben Musa in der Mitte der kleekauenden Esel Allah für die Lebensrettung aller dankte. In hellen Haufen eilten aus der Ferne die Bewohner von Gise herbei und erfüllten die Luft trotz der ungewöhnlichen Umstände mit dem gewohnten Geschrei nach Bakschisch, halfen aber dann redlich, ja mit fast bedenklicher Dienstfertigkeit, mit, die zerstreuten Stücke der Kamelsladung zum Trocknen auszubreiten und auf ihre Brauchbarkeit zu prüfen.

Der kleine Zwischenfall verursachte einigen Zeitverlust. Doch ist die ägyptische Sonne, auf eine schattenlose Uferböschung niederbrennend, eine wirksame Trockenmaschine, so daß alles einschließlich des Malers wieder rasch seine ursprüngliche Form und Farbe annahm. Was trocken geblieben war, suchte den spärlichen Schatten etlicher Palmen auf, wo das Ereignis lebhaft besprochen wurde. Freudig erregt bestand der Koch darauf, einen der Esel abzupacken und ein kleines Gabelfrühstück auszubreiten, zu dessen Resten sich einige Honoratioren von Gise teilnehmend einluden. Schließlich, nach einer kurzen Siesta, gestattete das Kamel, ohne große Schwierigkeit eingefangen und wieder beladen zu werden, so daß die Karawane vier Stunden nach Mittag die unterbrochene Reise fortsetzen konnte.

Der Weg führte auf einem alten, gelegentlich durchgerissenen Damm quer über das Niltal gegen den westlichen Wüstensaum, der aus dem Grün des Klees und den goldbraunen, bereits abgeernteten Weizenfeldern schroff ansteigt und den felsigen Absturz eines mäßig hohen, fast waagerechten Tafellandes bildet. An dessen nördlichem Ende stehen, mehr und mehr das ganze Bild beherrschend, die ›Pyramiden von Gise‹, alles überragend, zwei, die von Cheops und die von Chefren und, nur halb so groß und am meisten nach Süden gerückt, die Menkauras. Am Fuße dieser gewaltigen Steinmassen, für die dem Auge mehr und mehr jeder vergleichende Maßstab verschwindet, treten nach und nach sechs von den kleinsten hervor, drei bei der Cheopspyramide und drei südlich von Menkauras Grabdenkmal. – Ein paar Dörfchen liegen still, wie ausgestorben in der Nachmittagsglut, die wenigen Baumgruppen treten eine nach der andern zurück, und das fremdartige Wüstenbild, brennend gelb auf tiefblauem Grund, wird mit jeder Viertelstunde größer und ergreifender in seiner gewaltigen Einfachheit. Schweigend, das Auge unverwandt auf die Cheopspyramide gerichtet, ritt Thinker an der Spitze der kleinen Karawane. Buchwald, der unmittelbar hinter ihm kam, fühlte mit ihm, daß hier Schweigen mehr sagen konnte als alle Worte. Volle zehn Minuten hinter beiden kam erst der Rest des Zuges, leise plaudernd oder halb schlafend: das Kamel mit erhobenem Kopf und schnuppernder Nase, seine Wüste begrüßend, die Esel mit gesenkten Ohren, der Philosophie des Unbewußten nachsinnend.

Jetzt hatte die Spitze des Zuges den Wüstensaum erreicht, der sich scharf gegen die letzten ärmlichen Kleefelder abzeichnet. Links lag Kafr, das letzte Fellahdörfchen, das, seinen Nachmittagschlummer abschüttelnd, einige Bewegung zeigte, die den zu dieser Tageszeit ungewohnten Gästen galt. Zwei Dinge waren nicht in Ordnung und mußten unverzüglich untersucht werden; so ungefähr lauteten die Telegramme, die verschiedene in den Feldern zerstreute Weiber in schrillen Trillern ihren im Dorfe schlummernden Männern zusandten: Die üblichen Pyramidenbesucher kommen morgens; was hat diese Gesellschaft so spät am Tage in Kafr zu suchen? Und Pyramidenbesucher bringen keine Kamele aus Kairo; was hat das Tier zu bedeuten? Vier beduinenartige Fellachin von stattlichem Wuchs eilten herbei. Die zwei ersten legten die Arme zutraulich auf den Hals von Thinkers Esel. Die zwei nächsten hatten dieselbe Form des Empfangs Buchwald zugedacht. Als dieser aber mit der geballten Faust kräftig ausholte, wurde die Bedeutung der Pantomime freundlich lachend anerkannt. Doch blieben die vier Männer für die nächsten Stunden ihre treuen Begleiter, während die übrigen Dorfbewohner sich dem Kamel zuwandten und den Dragoman in ein lebhaftes Gespräch verwickelten.

Völlig unbekümmert um die leidenschaftlich erteilten Weisungen seiner arabischen Begleiter ritt Thinker den sandigen Hügel hinan. Er betrat ihm zum erstenmal im Leben, aber Buchwald fühlte sofort, daß sein Freund hier zu Hause war und vertraute blindlings seiner Führung. Jetzt erst, als sie auf der Höhe des Tafellandes angelangt waren, aus dessen sanften Sandwellen da und dort der weißgelbe Kalkfels hervortrat, empfand er die ganze erdrückende Wucht des Bauwerks, von dessen trümmerbedecktem Fuß sie kaum zweihundert Schritte entfernt waren. Thinker stieg vom Esel und machte Anstalt – wie Buchwald fürchtete – eine bis jetzt an dieser Stelle nicht gebräuchliche, halbreligiöse Zeremonie vorzunehmen, die wohl der feierlichen Stimmung, welche ihn beherrschte, einen passenden Ausdruck geben sollte. Der Maler seufzte erleichtert auf, als sich sein Freund eines besseren besann und auf dem nächstgelegenen Felsblock niedersaß. Unverwandt, mit leuchtenden Augen betrachtete er so die abgestumpfte Spitze der Pyramide, zu der die von hier zu übersehende nördliche und östliche Seite des Riesenbaus in zahllosen, rohen Stufen emporführten. Auch Buchwald fühlte in der Stille, die sie umgab, daß dieses Denkmal eine Sprache redete, die man noch heute vernehmen kann, wenn sie auch nicht mehr verstanden wird.

»Sie haben recht, Herr Thinker«, begann er endlich, wie wenn der Doktor etwas gesagt hätte. »Diese Steine sprechen. Mir kommt es vor, als sprächen sie von einer Ahnung, daß das Leben nie aufhöre. Es klingt wie ein Gebet an die Ewigkeit. Die Könige unserer Tage hätten nicht den Mut, sich solche Totenmale aufzustellen. Aber auch die Alten wußten schwerlich, was sie taten, nachdem sie kaum über die Schwelle des menschlichen Wissens und Denkens getreten waren.«

»Glauben Sie«, fragte Thinker leise, »ich würde vor dem Totenmal eines alten Heiden zu knien bereit sein, wie ich es fast getan hätte? Es ist nie und nimmer ein Totenmal. Hier hat das Leben gebaut; ein Leben, das wir allerdings nicht mehr verstehen können. Die Griechen ahnten es noch. Wissen sie, was das rätselhafte Wort Pyramide andeutet? Pyros heißt Weizen, Metron Maß. ›Weizenmaß‹ nannten sie ihr siebentes Weltwunder, ohne zu wissen, was sie damit sagten. Merken Sie etwas?«

Buchwald, den im Gespräch mit seinem Freunde jetzt von Zeit zu Zeit ein ungeduldiger Zorn erfaßte – der Mann war so wunderlich und doch so vernünftig! –, schämte sich nicht, energisch zu versichern, daß er nichts merke. Der Doktor sah ihn traurig an. Dann, mit einem tiefen Seufzer, schlug er vor, einen Ritt über das Pyramidenfeld anzutreten, um einen ersten Überblick zu gewinnen. Damit bestieg er seinen Esel wieder, der in bedächtigen Schrittchen seinen Weg durch die den Boden bedeckenden Felsblöcke, Scherben und Löcher zu suchen begann. In stürmischem Galopp kam nun aber Ibrahim ben Musa angeritten: zuerst, seit Menschengedenken, besteige jeder Fremde, der sich nicht zu alt fühle, den Gipfel der großen Pyramide. Herr Thinker sei nicht zu alt. Der Dragoman erhielt jedoch zu seiner großen Unzufriedenheit Befehl, mit dem Rest der Karawane an der Nordseite der Pyramide zu warten, bis Thinker und Buchwald zurückkehren würden. Er möge sich damit beschäftigen, die Beduinen abzuhalten, dem Umritt zu folgen. Dies war gegen alles Herkommen. Aber Buchwalds energische Befürwortung der Thinkerschen Anweisungen überzeugten den Alten, daß es ratsamer sein dürfte, zu gehorchen. Einige Beruhigung gewährte ihm der Gedanke, daß er für die Rückkehr seiner wunderlichen Herrn ein Mittagessen herrichten werde, das jedenfalls eingenommen werden müsse, ehe man an das Aufschlagen des Lagers gehen könne. Nun erst konnte der beabsichtigte Ritt mit der nötigen Ruhe und Sammlung fortgesetzt werden.

Entlang der Nordseite der Pyramide gegen Westen reitend überschritten sie einen mächtigen Schutthügel, der sich an die Seite des Bauwerks anlehnt. Über demselben konnte man den steinbruchartig zerklüfteten Eingang in das Innere bemerken. An der nordwestlichen Ecke angekommen, suchte Thinker vergeblich nach der im Sand begrabenen Stelle, wo ein Eckstein der verschwundenen äußeren Verschalung in den Felsboden eingesetzt gewesen war. »Hier« erklärte er eifrig, »wird morgen meine Arbeit beginnen, hier und am andern östlichen Ende dieser Grundlinie. Wir müssen diese beiden Endpunkte, die nach früheren Berichten durch zwei Vertiefungen im Felsboden bezeichnet sind, wiederfinden. Dann gilt es, ihre Entfernung voneinander mit mathematischer Genauigkeit festzustellen. Dutzende haben dies schon versucht und jeder hat eine andere Länge gefunden, und doch hängt alles weitere davon ab, diese Aufgabe richtig zu lösen. Hier, im Felsgrund festgelegt, ruht ein Maß verborgen, mit dem der Bau des Weltalls zusammenhängt. Ich wollte, es wäre Ihnen möglich, lieber Buchwald, dieser Tatsache mit etwas weniger zweifelhafter Miene entgegenzusehen. Aber wir müssen Geduld miteinander haben. Ich habe dies längst als die einzig richtige Grundregel im Umgang mit meinen Nebenmenschen, selbst mit den besten, erkannt. Auch Sie werden anders denken, ehe wir dieser heiligen Stätte den Rücken kehren.«

Sie verließen nun die große Pyramide, hinter welcher in einer Entfernung von kaum dreihundert Schritt gegen Südwesten die zweite, die Chefrenpyramide hervortrat. Da sie auf einer etwas höher gelegenen Grundfläche steht, erscheint sie zum mindesten ebenso groß als die erste. Trotzdem behandelte sie Thinker mit auffallender Geringschätzung und verlangte von Buchwald, mit ihm zu fühlen, wie unvergleichlich weniger beachtenswert sie sei. Schon die oberflächlichste Prüfung zeigte, daß über Chefrens Bau nicht derselbe Geist gewaltet habe, der in dem Bau des Cheops zu erkennen sei. Wieder mußte Buchwald gestehen, daß ihm der Sinn für solch feine Unterschiede abgehe. Es schien ihn im

Gegenteil die Chefrenpyramide mehr anzuziehen, da ihre Spitze und die glatte Verschalung des Baus an ihrem oberen Drittel noch erhalten war, die man der Cheopspyramide schon vor Jahrhunderten abgestreift hatte.

Eine Viertelstunde lang führte der Weg durch ein wild zerrissenes Feld halb oder ganz in Trümmer liegender Mastabas, wie man die Grabstätten reicher und vornehmer Ägypter aus der Zeit der Pyramidenbauer, d. h. der vierten und fünften Dynastie des alten Reiches nennt. Sie waren alle schon erbrochen und dann wieder verschüttet worden. Da und dort gähnte noch das viereckige Loch eines senkrechten Schachts, durch den man mit Stricken und Leitern in die unterirdischen Grabkammern hätte gelangen können. Da und dort zeigten sich noch die Spuren der Gebetskapelle, die in den Oberbau der Mastaba eingebaut gewesen war. Überall lagen gebleichte Knochen und viertausend Jahre alte Fetzen von Flechtwerk oder Lappen und Tücher umher, in denen die verschwundenen Mumien einer Prinzessin oder eines hohen Staatsrats eingehüllt gewesen waren, um ihnen eine anständige Auferstehung zu sichern.

Nach einer Wendung gen Süden, über sanft ansteigenden Grund, den in allen Richtungen die Reste ähnlicher Grabdenkmale bedecken, standen die beiden Forscher an einer senkrecht abfallenden Felswand, welche nach der nördlichen und westlichen Seite hin die aus dem lebenden Gestein ausgehauene Fläche begrenzt, in deren Mitte die Chefrenpyramide aufsteigt. Durch einen Riß in dem Felsen, der ihnen wohlbekannt schien, kletterten die Esel mit unerwarteter Gewandtheit hinunter. Erst dann konnte man bemerken, daß auch diese Felswand von Zellen und Grabkammern durchbrochen war, deren nicht allzu tiefes Innere mit seinen kühlen Schatten zu kurzer Rast förmlich einlud. Buchwald, dessen Neugier in steigendem Grade erwacht war, je weiter sie in der lautlosen Totenstadt vordrangen und der sich kaum zurückgehalten hatte, in den einen oder andern der pechschwarzen Schachte der Mastabas hinabzuklettern, sprang aus dem Sattel und betrachtete sich das Innere der Kammern. Man konnte durch niedere, schmale Öffnungen bequem eintreten. Im Innern war der Boden von weißem, glänzendem Sand fußtief bedeckt. An den meisten Wänden zeigten sich Spuren hieroglyphischer Inschriften. In zwei der größten Gelasse, ungefähr in der Mitte der westlichen Felswand fand er bildliche Darstellungen, die trotz des weichen Kalksteins, in den sie eingegraben sind, die merkwürdige Klarheit des Ausdrucks und Bestimmtheit der Formen bewahrt hatten, welche man überall an ägyptischen Kunstwerken der ältesten Zeit bewundert. Es war die Darstellung eines Festes, ohne Zweifel eines Hochzeitsfestes, die man dem oder der Toten zur freundlichen Erinnerung an ihr diesseitiges Leben auf die lange Wanderung mitgegeben hatte. In der benachbarten Kammer, in welche man auch unmittelbar durch die durchbrochene Trennungswand gelangen konnte, waren an der einen Wand die Spuren einer Gazellenjagd, an der andern ein Geflügelhof mit militärisch aufmarschierenden Gänsen und Hühnern deutlich zu erkennen. Auch Thinker war etwas zögernd und kopfschüttelnd eingetreten, befreundete sich aber rasch mit den lebenslustigen Bildwerken, mit denen die alten Ägypter ihre Toten zu umgeben pflegten.

»Diese beiden Kammern gehörten sicherlich zusammen«, meinte er nach einigem Studium. »Vielleicht war das Gemach mit der Hochzeit der Frau, das mit den Gazellen und Gänsen dem Mann gewidmet; oder umgekehrt. Wer weiß, wie sich damals das Verhältnis zwischen Mann und Frau gestaltet hatte.«

»Heute sind es jedenfalls zwei vortreffliche Stübchen«, sagte Buchwald, »in denen ein paar Einsiedler kühler und besser aufgehoben wären, als in Zelten.«

»Wahrhaftig, Sie haben recht!« rief der Doktor mit jugendlicher Begeisterung. »Sie sind mein guter Engel, lieber Buchwald! Seit dreißig Jahren war es der Traum meines Lebens, in einer ägyptischen Totenkammer wohnen zu dürfen. Wir wollen keine Minute verlieren, einzuziehen. Ihr Esel scheint mir der jüngere zu sein. Wollen Sie mir den unbezahlbaren Gefallen tun, die Karawane herbeizurufen. Hier wollen wir unsere Hütten bauen oder vielmehr dankbar anerkennen, daß sie vor viertausend Jahren für uns gebaut wurden. Der frühere Besitzer scheint spurlos verschwunden zu sein. Um so besser. Ich werde mich an das Eingangsloch setzen, damit uns niemand diese herrlichen Wohnungen wegschnappt. Sie stammen zwar sichtlich aus den Tagen des Chefren oder seiner Nachfolger, nicht mehr aus der heiligen Zeit der ersten, der großen Pyramide. Aber man muß auch mit Modernerem zufrieden sein, wenn das Wahre, das ganz Alte nicht zu haben ist. Eilen Sie! Hier auf diesem Stein finden Sie mich, wenn Sie wiederkommen. Ein herrliches Plätzchen! Ich sehe gerade noch hinter Chefren die stolze Kante von Cheops gen Himmel steigen. So etwas wie eine Jakobsleiter. Dieser Stein sei mein Stein, für alle Zeiten!«

Buchwald ritt zurück und hatte die Bedenken Ibrahims mit gewohnter Energie in fünf Minuten überwunden, so daß das im spärlichen Schatten eines Felsblocks auf dem Sand ausgebreitete Tischzeug wieder in die Körbe verpackt werden und auf die Wanderschaft gehen konnte. Auch das Kamel geruhte, murrend sich zu erheben und seine Last um einen Kilometer weiter zu tragen. Schwieriger war es, die arabische Gesellschaft zu überreden, daß die zwei Grabkammern zum Hausgebrauch eingerichtet werden sollten. Es sei sicher, erklärte Ibrahim, als berechtigter Wortführer des gesamten Gefolges, einschließlich der Einwohnerschaft von Kafr, die die Karawane hartnäckig begleitete und sich, wenn auch in achtungsvoller Entfernung, um den Eingang der Grabkammern niederließ –, es sei sicher, daß zahllose Afritis und Wüstenteufel diese Kammern besuchen, die Betten umstürzen und jedermann in den Tod erschrecken würden. Auf Thinkers Vermittlungsvorschlag verstand sich endlich Buchwald dazu, Ibrahim zu gestatten, die Zelte in einiger Entfernung auf der Höhe des Tafellandes aufzuschlagen; dort sollten sie der besorgten Dienerschaft zu freier Benutzung überlassen bleiben. Damit war der Friede hergestellt. Man konnte an die Arbeit gehen.

Die beiden Feldbetten wurden auf den dringenden Rat des Dragomans in der Hochzeitskammer aufgestellt, der Teufel wegen, die sich vor zwei Herren doch eher scheuen würden, als wenn sie jeden einzeln in getrennten Kammern erwischten. Er selbst könne unter keinen Umständen in unmittelbarer Nähe schlafen. Herr Buchwald brauche dem Afrit, wenn er etwas auf arabisch sagen sollte, ja keine Antwort zu geben. Er werde das Zelt mit dem Koch und dem Sais teilen; im geräumigeren Herrenzelt könne man dann die Esel sehr gut unterbringen. – Die zweite Kammer wurde durch die Aufstellung des Feldtischchens und der zwei Stühle, – durch die drei stattlichen Koffer der Reisenden, sowie durch den Theodolit- und den Malkasten in einen eleganten Salon umgewandelt, dem das Aufhängen von Thinkers Rasierspiegel – die Messer hatte der Gelehrte allerdings vergessen – einen wohnlichen Charakter verlieh. Nicht weniger geschickt hatte der Koch in einem etwas entfernteren kleinen Loch eine Kohlen- und Speisekammer eingerichtet und vor demselben nach allen Regeln der Kunst einen Kochherd aufgebaut, zu dem er ein Ofenrohr aus Kairo mitgebracht hatte. Auf dem oberen Plateau in der Entfernung von fünfzig Schritt schlug indessen der Sais mit den Eselsjungen, unterstützt von den Ratschlägen der Eingeborenen, die beiden Zelte auf. So konnten schon nach einer Stunde die neuen Höhlenbewohner ihre nachgerade sehr notwendig gewordene erste Mahlzeit vor der Tür ihrer Gräber abhalten und in dieser Weise ihr neues Heim mit hoher Befriedigung einweihen.

Trotz Ibrahims lebhafter Mißbilligung wurden nach Tisch fünf von den acht Eseln und das Kamel nach Kairo zurückgeschickt. Ganz erfolglos dagegen blieb die zum sechstenmal wiederholte Ermahnung, die man an die Einwohner von Kafr richtete, nach ihrem Dorf zurückzukehren, da jetzt wirklich nichts mehr zu sehen sei. Dann, eine Stunde vor Sonnenuntergang, schwangen sich die beiden Anachoreten – wie Buchwald sich und seinen Freund benannte – noch einmal in den Sattel, um ihren Umritt über das Pyramidenfeld zu beenden.

Nur dreihundert Schritte weiter nach Süden stand Menkauras Grab, die kleinste der drei großen Pyramiden. Obgleich kaum halb so hoch als die beiden anderen und mannigfache Spuren vandalischer Mißhandlung aufweisend, war es noch immer ein gewaltiges Bauwerk, das sie, an seiner westlichen Seite hinreitend, umkreisten. Hier, in der südwestlichen Ecke der gewaltigen Gräberstätte des ältesten Memphis, von wo aus sich die einsame Wüste ins Unendliche zu verlieren scheint, stehen in einer Reihe noch drei kleine Pyramiden, ähnlich den dreien, die sich an der Ostseite der Cheopspyramide befinden: namenlose Gräber von großen Prinzen und Fürsten, die heute vergessen sind. Weiter, vorbei an den tief im Sand versteckten Tempelresten vor der Mankaurapyramide, führen die Spuren eines uralten Steindamms nach Osten, der dazu gedient hatte, die Blöcke von den Steinbrüchen am jenseitigen Nilufer nach den Baustellen der südlicheren Pyramiden zu bringen. Links von diesem Wege fällt der steinige Grund in Form einer Felswand plötzlich ab. Auch sie ist von zahlreichen Grabhöhlen durchbrochen, deren Wände teilweise von Hieroglyphen und bildlichen Darstellungen bedeckt sind. Noch etwas weiter nördlich, im Sand fast völlig begraben, liegen die Reste des Tempels vor der Chefrenpyramide. Von dort, abermals nach Osten sich wendend, fand Thinker nicht ohne einige Mühe den gähnenden Schacht von ›Campbells Grab‹, der größten und eigentümlichsten offenen Grabstätte des ganzen Pyramidenfeldes. Der törichte Name stammt von einem englischen Konsul in Kairo, der an der Aufdeckung des Denkmals im Jahre 1837 beteiligt gewesen war. Ein weiterer Schacht, annähernd neun

Meter im Geviert, von glatten, senkrechten Felswänden gebildet, zeigt heute in einer Tiefe von sechzehn Metern den mit Wüstensand gefüllten Grund, aus dem heraus der schwarzgrüne Kopf eines Mumiensarges stumm und starr in das offene Blau des Himmels emporblickt. Rings um diesen Schacht, ein zweites größeres Quadrat bildend, führt eine gewaltige Grube, mit ebenfalls senkrechten Wänden und von einer Tiefe, daß ihr Boden bei Hochwasser vom Nil überschwemmt werden könnte, wenn eine tunnelartige Verbindung mit der Sohle des Niltals hergestellt wäre. Es würde dann das eigentliche Grab auf einer kleinen künstlichen Insel stehen und in eigentümlicher Weise mit der Beschreibung übereinstimmen, die Herodot vom Grab des Cheops gibt. Lange stand der Doktor schweigend am Rand dieses Schachtes, in dessen jetzt halbdunkle Tiefe man nicht ohne hohe Leitern hätte gelangen können.

»Ich weiß«, sagte er endlich, »die sogenannten Gelehrten unserer Zeit, die Ägyptologen, sind anderer Ansicht. Aber wie leicht ist es, in diese Felswände, hunderte von Jahren später, Inschriften einzumeißeln, die alle Zeitrechnung in Verwirrung bringen müssen. Die einzige Hieroglypheninschrift, die heute die große Pyramide befleckt, stammt von Ihrem Lepsius, der, wie es den Anschein hat, seine Persönlichkeit und die seines Fürsten an dem Bau des großen Hirtenkönigs zu verewigen hofft. Wer weiß, ob es ihm nicht gelingt. In dreitausend Jahren finden die sogenannten Gelehrten einer kommenden Kultur vielleicht die Inschriften dieser Größen von heute, und flugs werden sie sich beweisen, daß unzweifelhaft ein Berliner die größte Pyramide gebaut habe. Das ist der gewöhnliche Lauf der Dinge. Früher hieß es: wenn die Könige bauen, haben die Kärrner zu tun. Wir sind weiter gekommen: wenn die Könige bauen, setzen sich die Kärrner in ihre Tempel!«

Der Doktor sprach mit einer Entrüstung, die Buchwald in Erstaunen setzte. Er fuhr fort:

»So ist es ohne Zweifel auch mit diesem Grab gegangen. Hier schläft Cheops und kein anderer; hier ruht das göttliche Werkzeug, das die große Pyramide schuf, im Schatten des wunderbarsten Werkes, das je von Menschenhänden gebaut wurde.«

»Aber«, wagte der Maler einzuwenden, »man glaubt doch allgemein, daß Cheops in seiner Pyramide begraben liegt und weiß, daß er sie zu diesem Zweck erbaut hat.«

»Weiß man das? Man glaubt allgemein!« rief der Doktor bitter. »Haben Sie noch nie bemerkt, daß die größten Lügen am allgemeinsten geglaubt werden? Man lärmt und posaunt, man schreit und schreibt und daraus entsteht der Glaube der Welt. Sehen Sie hinab in diesen Schacht. Sehen Sie das ernste starre Antlitz, daß seit Jahrtausenden vorwurfsvoll, aber stumm gen Himmel sieht. Dort unten liegt die Wahrheit. Das ist Cheops.«

Er gab seinem Esel ein paar heftige Stöße mit dem sporenlosen Stiefel und ritt weiter. Über der Kante des nächsten Sandhügels ragte der Kopf der Sphinx hervor, vor der sie nach wenigen Minuten abstiegen. Der aus dem lebendigen Felsen gehauene Riesenleib, den man vor Jahrzehnten ausgegraben hatte, war bis an die Schultern wieder im Sande versunken. Ernst und schweigend sah das verstümmelte Angesicht dieses Wächters des Totenfeldes nach Morgen, wo jetzt, in mächtigem Bogen, der Schatten des Abendhimmels heraufzog, unter dem noch die kahlen Berge von Tura, jenseits des Niltals in feurigem Rot erglühten. Das gewaltige Monument der grauesten Vorzeit erschien dem Maler eindrucksvoller als alles, was er heute gesehen hatte. Er erwartete bei seinem Freunde einen neuen Ausbruch geheimnisvoller Begeisterung. Aber er täuschte sich. Thinker sah den starren Kopf neugierig, aber ohne jede Ehrerbietung von allen Seiten an. Dann sagte er, mit müder Stimme:

»Wahrhaftig, ein trauriges Götzenbild; wie jedes andere Machwerk dieser Art, das aus den Verirrungen der Menschheit hervorging. Ja, ja! ein würdiger Wachposten für dieses To-

tenfeld von Priestern und Königen mit ihrem eitlen welt-
lichen Treiben, dem sie umsonst den Stempel der Ewigkeiten
aufzudrücken suchten. Ist es nicht fast unbegreiflich, daß auf
diesem selben Felde auch das Göttliche stehen muß, das nie
stirbt und daß dieser stumpfe Koloß sich breit davor hinsetzt,
als müßte er bewachen, was niemand zerstören kann?«

»Lieber Herr Thinker«, begann jetzt auch Buchwald, dessen
Gewissen nicht länger schweigen wollte: »darf ich in aller
Bescheidenheit gestehen, daß ich kein Wort von allem verstehe, was Sie mir sagen. Ich bin ein schlichter Maler. Mir
scheint diese Sphinx und alles um sie her ein wundervolles
Bild von Tod und Unsterblichkeit, ganz abgesehen von dem
indigoblauen Schatten, den sie in den goldgelben Sand wirft.
Ich wollte nur, ich hätte den Mut ihn wiederzugeben, wie ich
ihn sehe, aber das kommt vielleicht noch. Und dann das
duftige Niltal und die rotglühenden Wüstenberge dort drüben, und die Pyramiden, die uns von hinten fast erdrücken
mit ihrem lichtflimmernden Dunkel. Herrgott, ist das alles
schön!«

Thinker seufzte:»Und hinter all dieser Schönheit liegt so
viel, das Sie nicht sehen!«

Wieder bestieg er seinen Esel, drehte dessen Kopf nach
Westen, und ritt der untergehenden Sonne entgegen, die die
ganze Welt von Pyramiden, Mastabas und Felsengräbern in
flimmernden Goldduft hüllte. –

Die Dämmerung war angebrochen, als sie ihre Lagerstätte
wieder erreichten. In dem einen der Gräber brannte Licht.
Ibrahim und seine Leute hatten die Zeit benutzt, um die häus-
liche Einrichtung der beiden Kammern in löblicher Weise zu
vervollständigen. Ein Wasserfilter stand vor dem Eingang der
›Jagdstube‹ und tropfte schon. Für die Namen der Kammern
hatte Buchwald mit Beziehung auf die Wandgemälde rasch
gesorgt. Im Innern derselben lagen Strohmatten und auf diesen ein paar Polster und Teppiche. Auf dem Tisch standen
unter der Laterne, die aufgehängt war, eine Teekanne und

zwei Teetassen. In der ›Hochzeitskammer‹ waren die Betten aufgemacht. Hier und da huschte eine Fledermaus in harmloser Ängstlichkeit pfeilschnell durch das Dunkel. Solch gewalttätige Besucher hatte sie noch nie erlebt.

Für Troglodyten ließ der Tee, dem eine Büchse von konserviertem Rheinsalm den nötigen Halt gab, nichts zu wünschen übrig. Mit schmunzelnder Bescheidenheit nahmen Dragoman und Koch Thinkers Lobsprüche entgegen. Dann brachten sie Teppiche und Polster ins Freie und breiteten sie auf den Felsplatten aus, die das Dach der Grabhöhlen bildeten. Hier legten sich die beiden Einsiedler nieder, um nach der Hitze des ereignisvollen Tages noch ein Stündchen zu verplaudern. Der Mond, eine liegende Sichel, stand fast im Zenit, so hell, daß man die beschatteten Teile seiner Kugelform sehen konnte, die Sterne begannen in ihrer ganzen Pracht aus dem schwärzlichen Blau des Firmaments hervorzubrechen. In matter, gelblicher Dämmerung lag die Welt ringsumher. Sie machte den Eindruck eines Traumes, und nur die zwei dreieckigen Riesenflächen, die in unmittelbarer Nähe zum Himmel stiegen und gespenstische Reflexe des Abendhimmels zurückwarfen, schienen eine fast erdrückende Wirklichkeit zu sein. Buchwald fühlte jetzt erst, in welch fremder Welt er sich bewegte; der Länge nach ausgestreckt, mit der rechten Hand im warmen, zarten Wüstensand spielend, ließ er sich gehen, wohin sie ihn führte. Thinker saß neben ihm, aufrecht, den Blick auf seine Pyramide gerichtet, die, von der Chefrens fast verdeckt, nur zu einem Viertel hinter derselben hervorsah. – Die Dienerschaft hatte sich in die Zelte zurückgezogen, wo sie noch Besuche aus Kafr empfing. Doch nur von Zeit zu Zeit hörte man leises, fernes Gemurmel. Sonst war es todesstill.

»Ich bin froh«, begann der Doktor nach langem Schweigen, »daß wir eine Lagerstätte nicht unmittelbar unter der Cheopspyramide gefunden haben. Allzu nahe könnte ich sie nicht ertragen. Hier können wir plaudern.«

Buchwald schwieg. Er dachte heute zum erstenmal seit längerer Zeit an sein großes Bild, und wie er die hundert Eindrücke des Tages hineinarbeiten könnte.

»Habe ich Sie vielleicht gekränkt, lieber Buchwald«, fuhr der Doktor fort, sich zu ihm wendend. »Ich vergesse alle Augenblicke, daß wir uns in der Hauptsache noch nicht verstehen, nicht verstehen können und daß Ihnen meine Gedanken vielleicht etwas wunderlich vorkommen mögen. Wir müssen noch eine kurze Zeit Geduld miteinander haben.«

Mit Freuden. Bist du nicht ihr Onkel?! dachte Buchwald, mit einem Gefühl, über das er zu anderen Zeiten laut gelacht hätte. Aber er blieb noch immer stumm. Die reine Luft der Wüste war wie Balsam, das bloße Atmen ein Genuß, dem er sich am liebsten ungestört hingegeben hätte.

»Und wir müssen uns verstehen! Ich habe Sie zu lieb gewonnen und kann Sie nicht loslassen!« fuhr Thinker eindringlich fort. »Wollen Sie mich anhören?«

»Gewiß, herzlich gern«, antwortete Buchwald endlich, »wenn Sie mich nicht geradezu zwingen, zu allem ja zu sagen.«

»Ich weiß, was Sie zwingen wird«, sagte Thinker leis.

Buchwald lachte nun wirklich, ein halb schwermütiges, halb fröhliches Lachen. ›Guter, alter Freund, ich weiß es auch; du aber hast keine Ahnung davon‹, sagte er zu sich selbst. Dann flogen seine Gedanken nach Kairo: ›Ob sie wohl zurückgekommen ist? Ben Thinker, der andere Onkel, wurde ja fast stündlich erwartet. Ob sie sich je begegnen würden? Ob es nicht eine verrückte Torheit gewesen war, in die Wüste zu fliehen, wie ein Anachoret aus der ersten Christenzeit.‹ Er empfand es jetzt tief: dazu war er kaum reif.

»Sie sinnen darüber nach«, hub Joe Thinker zuversichtlich an, »was vor den andern Pyramiden, die uns hier umgeben, an dieser ältesten so wunderbares sein soll. Daß sie ein paar Dutzend Fuß höher ist als die zweite kann uns nicht in dieser Weise ergreifen. Auch ihre Beziehungen zur Zahl Pi, von denen ich Ihnen in Schubra sprach, so rätselhaft und einzig sie sein mögen, sind kein genügender Grund für die Verehrung, mit der sie uns erfüllt. Merkwürdig, fast unheimlich merkwürdig sind dagegen die zahllosen Anzeichen, daß dieses Bauwerk aus einem andern Geist hervorging, als alles andere, das uns hier umgibt. Überall auf unserem Umritt sahen wir die Spuren eines phantastischen Heidentums, die Hieroglyphen einer Priesterkaste, welche die Menschen von Täuschung zu Täuschung führte. In und an der großen Pyramide ist nicht ein Fleckchen von all dem: kein Götterbild, kein Zeichen, kein Wort, das sie mit dem Wahnglauben der alten Ägypter in Verbindung brächte. Rein steht sie da, scheinbar stumm und wortlos und doch die größte unter allen, und die beredteste.

Auch das ist merkwürdig: In allen Nachrichten, die uns die Vergangenheit überliefert hat, wird sie als das älteste Bauwerk ihrer Art bezeichnet, und nichts fand sich bis jetzt, das diese Tatsache erschüttert hätte. Gewiß, sie ist auch zeitlich die erste Pyramide, die als Riesenmarkstein an die Schwelle der Menschengeschichte gestellt wurde. Zeigt irgendwo sonst die Entwicklung der Baukunst eine ähnliche Erscheinung? Langsam, in zahllosen, ungeschlachten Versuchen, wachsen die Formen der Tempel und Paläste von Indien und Mexiko, von Griechenland und Rom herauf, erst nach Jahrhunderten, in leicht zu verfolgenden Stufen erreichen sie ihre Vollkommenheit, soweit sie derselben fähig sind. Hier steht das Gewaltigste, das Vollkommenste unvermittelt, wie aus dem Nichts geboren vor uns, und alles was nachfolgt, wird schlechter, unbedeutender, nichtssagender in Plan und Ausführung. Chefrens Pyramide steht der uralten am nächsten, aber sie schon ist kleinlicher und weniger vollkommen. Dann kommt Menkaura und stellt einen aufgeblasenen Zwerg an die Seite der zwei Riesen. Was aber nun folgte, läßt sich gar nicht vergleichen mit dem Wunderbau aus der Heroenzeit.

Sie haben lange herumgeraten und herumgedoktert, die

französischen Gelehrten zu Anfang des Jahrhunderts, und nach ihnen Doktoren aus aller Welt, bis sie in den Hieroglyphen lesen konnten, welch große Kinder diese Lügenschreiber in Stein gewesen sind. Sie raten und dozieren sich noch immer von einem Mißverständnis ins andere. Ist es zu verwundern, wenn wir Nachgeborene ein Jahrhundert länger ratlos vor der Riesenschrift stehen, die dort drüben im Mondschein glänzt und im Innern der Pyramide eingebaut ist, greifbar, unzerstörbar und doch so, daß sie seit Jahrtausenden niemand ahnte. Ähnlich der Schrift, die in flimmernden Punkten den Nachthimmel über uns bedeckt und die heute noch kein Mensch zu entziffern vermag. Wir armen Erdenwürmchen wissen ja nicht einmal, daß es eine Schrift ist, die das Hallelujah der Gottheit verewigt, ganz – fast ganz wie es in der Pyramide geschieht. Es waren zwei verschiedene Griffel, dort oben und hier unten. Es ist dieselbe Hand, die sie führte, und wunderbar über alles: es ist derselbe Geist, der aus den Sternen und aus den Steinen spricht.

Sie haßten den Erbauer der Cheopspyramide, die alten Ägypter. Das sagt uns Herodot und alle andern Überlieferungen. Nichts ist wahrscheinlicher; nichts bestätigt mehr, was wir heute fühlen. Das Volk, das vor Krokodilen und Katzen auf den Knien lag, mußte ihn hassen. Denn er kannte die Wahrheit, und verkündigte sie in unzerstörbaren Felsblöcken denen, die seine Schrift zu lesen vermögen. Und einiges, nicht alles, weit nicht alles, haben wir entziffert, lieber Freund!«

Thinker, der bis hierher leise wie mit sich selbst gesprochen hatte, wandte sich plötzlich mit fast zitternder Stimme an den Maler, den die Erregung des Doktors zur Aufmerksamkeit zwang. Jene geheimnisvolle Kraft, die in einer Überzeugung liegt, packte auch ihn, fühlbar.

»Darf ich Ihnen, in der Stille dieser Nacht, angesichts des Riesenwerks, das Sie mit mir verehren, einiges daraus vorlesen?« fragte Thinker.

»In diesem Halbdunkel?« rief Buchwald erschrocken, aber so sanft als möglich. »Lieber Herr Thinker – Ihre Augen!« –

»Nicht aus Büchern!« sagte der Doktor rasch und fast verächtlich; »aus der Schrift die dort drüben, schwarz und schweigend gen Himmel ragt. Darf ich?«

»Lesen Sie!« rief Buchwald, dem es nie schwergefallen war, auf alle Phantastereien einzugehen, denen er begegnen mochte.

»Aber Sie müssen den Kopf zusammennehmen«, sagte Thinker sich aufrichtend. Er hatte während der letzten Viertelstunde flach auf dem Rücken gelegen und in den Sternenhimmel hineingesprochen.

»Das hätte ich kaum vermutet«, versetzte Buchwald und fühlte, wie ihm die Selbstironie wieder zu Kopf stieg; auch wie nötig dies war.

»Wehe dem Mann, der im Chor der Spötter sitzt«, rief Thinker; doch lächelte er dabei freundlich. »Ich habe auch das ertragen lernen. Es war nicht die leichteste der Prüfungen, die mir meine Forschungen auferlegten. Jetzt aber tun Sie, was ich Sie zu tun heiße: Nehmen Sie die doppelte Länge der Seite der Pyramide, oder, was das gleiche ist, den Umfang eines Kreises, dessen Halbmesser der Höhe der Pyramide gleichkommt. Teilen Sie diesen Umfang in 356,26 Teile, genau in so viele Teile, als das irdische Sonnenjahr Tage hat, so haben Sie die Länge des Pyramidenmeters, des Maßes, auf das alle Abmessungen im Innern und Äußeren der Pyramide begründet sind. Der Pyramide und des Weltgebäudes! Denn zunächst, um in unserer Nähe anzufangen, ist der Pyramidenmeter genau der fünfhunderttausendste Teil der Polarachse der Erde. Soll ich Ihnen die ans wunderbare grenzende Genauigkeit dieser Angabe, soweit sie die neuesten astronomischen Forschungen zu bestätigen vermögen, im einzelnen nachweisen? O daß wir meinen Freund Piazzi Smyth hier hätten!«

»Nein, nein!« bat Buchwald. »Ich glaube es. Ich glaube alles, was Sie mir in diesen ungeheuren Zahlen sagen.«

»Fünfhunderttausend Pyramidenmeter ist also die Länge der Polarachse unserer Erde. Fünf ist nämlich die heilige Zahl, die sich durch den ganzen Pyramidenbau zieht«, sagte Thinker feierlich.

»Ich erinnere mich!« fiel Buchwald eifrig ein. »Die fünf Weiber im Boot zu Gise und die fünf« – er stockte weislich. Es wollte sich, dem Ernst des Doktors gegenüber, nicht gut machen, der fünf Esel zu gedenken, auf die sein Freund bei der Überfahrt selbst hingewiesen hatte. Es hätte nichts geschadet, denn der Gelehrte fuhr unbeirrt und erfreut über die selbsttätige Aufmerksamkeit seines Schülers eifrig fort:

»Wieviel Spitzen hat die Pyramide? – Sie zaudern? – Fünf! Vier an den Ecken ihrer Grundfläche und eine, die wichtigste: die Spitze oder Ecke, die gen Himmel sieht. Seit Menschengedenken ist vier die Zahl alles Irdischen, Geschaffenen; eins, die heilige Einheit aber, die Zahl, der Name Gottes, des Einen. So deckt schon die äußere Form der Pyramide alles was ist: Gott und Welt. – Ich weiß, Sie denken, das sind symbolische Spielereien. Leugnen Sie nicht! Ich verzeihe Ihnen. – Aber ist nicht alles um uns her Symbol und Gleichnis?

Unsere Feinde sind allzu geneigt, der Tatsache keine große Bedeutung beizulegen, daß die Pyramide mit ihren vier Seiten genau nach den vier Himmelsgegenden gestellt ist. Schon uralte Völker hatten ja einen annähernden Begriff von Süd und Nord, Ost und West. Eine Genauigkeit aber, wie sie in diesem riesigen Bauwerk vor uns steht, die nach den heutigen Messungen – und wer weiß, wie falsch sie sind – nur eine Abweichung von vier Minuten vermuten läßt, war für jene Zeiten eine einfach unbegreifliche Leistung. Weit erstaunlicher aber ist ein Winkel, der im Innern der Pyramide zur Darstellung kommt, das ich hier ungern heute schon erwähnen muß. Ein sonst unerklärlicher Kanal führt von der sogenannten Königskammer durch das ganze fest gelagerte Mauerwerk des Baus in genau nördlicher Richtung nach oben und zwar unter einem Neigungswinkel von dreißig Grad, soweit die bis jetzt bekannten Messungen zuverlässige sind. Dreißig Grad aber ist der Breitengrad des Punktes der Erde, auf dem die Pyramide steht, oder war es vielmehr mit absoluter Genauigkeit zur Zeit ihrer Erbauung, wenn man die kosmischen Änderungen in Betracht zieht, welche die genauesten modernen Beobachtungen der letzten hundert Jahre mit Sicherheit ergeben haben. All das war in diesem Felsenbau eingeschrieben, Tausende von Jahren, ehe das weiseste Volk des Altertums eine Ahnung von der Kugelgestalt der Erde oder gar von der Ekliptik der Erdbahn hatte. Und gerade an dieser Stelle unter dem dreißigsten Grad mußte die Pyramide erbaut werden, dem wichtigsten der bewohnten Erde, weil hier die Lebensbedingungen die günstigsten sind, die sie dem Menschen bietet, weil deshalb auf dieser Linie naturgemäß der Mittelpunkt, der Schwerpunkt des Menschengeschlechts zu suchen ist, soweit es sich auf dem Erdball verbreitet hat.«

Buchwald stöhnte.

»Lieber Herr Doktor«, sagte er demütig, »ich gebe mir alle Mühe, Ihnen zu folgen, aber bedenken Sie, mit wem Sie sprechen, sonst erleben wir noch ein Unglück. Das alles interessiert mich in hohem Grade, mein Kopf aber brennt schon jetzt wie Feuer. Fühlen Sie!«

»Glauben sie, der meine habe nicht gebrannt, seit zwanzig Jahren?« fragte Thinker mit zorniger Geringschätzung. »Wir müssen die Wahrheit hören, auch wenn sie uns wehe tut, und wir sind nicht die ersten, die um der Wahrheit willen leiden. Und hier, angesichts des stummen Zeugen dort drüben tut sie nicht weh. Es ist eine geheiligte Stätte für unsere kleine Erde, wie für das Weltall. Hier berühren sich die Weltteile, die der Menschheit ihre Geschichte gaben. Sie wissen jetzt, daß wir genau im geographischen Mittelpunkt der bewohnten Erde, im Schwerpunkt der gesamten Menschheit stehen? Wählte der alte königliche Werkmeister seinen Bauplatz nicht auch in dieser Hinsicht mit unerklärlicher Weisheit?

Und mit welchen Maßen er arbeitete! Teilen Sie den Pyra-

midenmeter, der, wie Sie jetzt wissen, das Sonnenjahr verkörpert, in fünf mal fünf, das heißt fünfundzwanzig Teile, so erhalten Sie den Pyramidenzoll. Die Polarachse der Erde mißt fünfhundert Millionen Pyramidenzoll. Dagegen beträgt die
mittlere Entfernung der Erde von der Sonne genau tausend
Millionen mal die Höhe unserer Pyramide. Tausend Millionen
ist zehn hoch neun – (10^9) – zwei Zahlen, die in dem Winkel
des diagonalen Querschnitts der Pyramide angegeben sind.
Es haben nämlich der Sinus und Cosinus dieses Winkels
genau das Verhältnis von zehn zu neun.«

Der Maler sprang auf:

»Das geht zu weit, Doktor! Das geht wahrhaftig zu weit!«

»Gewiß; hier berühren wir die Sterne«, sagte Thinker mild.
»Warum sollten wir es nicht tun, wenn uns dort drüben in
greifbarer Form der Weg gewiesen wird und seit viertausend
Jahren gewiesen war. Es geschah nicht um eines Spiels wil-
len. Wir sind zu großen Dingen berufen, wenn wir nur die
Augen öffnen wollen.

»Aber es geht zu weit«, rief Buchwald laut klagend. »Es ist
spät. Der Mond geht unter. Es wird bald stockfinstere Nacht
sein. Ich bitte Sie, Doktor, ziehen wir uns in unsere Gräber
zurück. Auch Sie brauchen Ruhe, wenn sie morgen den Theodolit richtig einstellen wollen.«

»Ich glaube, Sie haben recht!« sagte Thinker mit nüchter-
ner, plötzlich völlig veränderter Stimme und folgte Buchwald
geduldig, der rasch die Teppiche zusammenraffte und über
den mondbestrahlten Sand der Felswand zuschritt, an der sie
zu ihrer Höhlenwohnung hinabkletterten.

Kurz danach war der Doktor in der Tiefe der Totenkammer
spur- und lautlos verschwunden. Durch die türlose Öffnung
und ein viereckiges Loch über derselben, das bei Tage treffliche Dienste als Fenster leistete, fiel der matte Glanz der
mondbeschienenen Chefrenpyramide in die Kammern; ließ
aber die hintere Hälfte des Gemachs in wohltuender, pechschwarzer Finsternis. Thinker schlief nach wenigen Minuten,

als habe er nie ein anderes Schlafgemach besessen. Buchwald fand die ersten Stunden im Grabe, das eben doch nicht sein eigenes war, weniger behaglich. War es die aufregende Gehirnarbeit, die ihm der Doktor zugemutet hatte, war es der leise Mumiengeruch, der alles durchdrang, oder gar das Hochzeitsfest an der Wand, die seine Bettstelle berührte: wunderliche, phantastische Gedanken wollten ihn nicht zur Ruhe kommen lassen, bis er im Geist an seinem Pyramidenbild zu malen begann und das starre, unerbittliche Felsendreieck sich nach und nach mit Lotosblumen, mit Schilf und Mimosen bedeckte. Etwas später machte der alte Pharao, der Pyramidenbauer, seiner herrlichen Tochter Platz, die den kleinen Moses auf einem englischen Teebrett präsentierte und ein indisches Aussehen annahm, wie die Palmgruppe, hinter der die Pyramide verschwunden war.

9. KAPITEL

Leben in Gräbern

Ein köstlicheres Schlafgemach als ein Grab gibt es auf dieser Welt schwerlich, träumte Buchwald, der sich im Halbschlummer für einen alten griechischen Philosophen hielt. Dann rief er, mit wohliger Behaglichkeit: »Guten Morgen, Herr Thinker! Auferstehung!« und drehte sich nach der Felswand, um noch etwas weiter zu schlafen. Die lautlose Stille veranlaßte ihn jedoch, sich aufzurichten, und nun erst bemerkte er, daß Thinkers Feldbett leer stand und daß der helle Tag durch die Türöffnung hereindämmerte. Er war allerdings rücksichtsvoll gedämpft, als wolle er die Morgenstimmung der Langschläfer dieser Felsenhöhlen nicht stören. In den Frühstunden warf die Chefrenpyramide den Schatten eines riesigen Dreiecks über die ganze nächste Umgebung und schützte auch die Gräber vor den Strahlen der aufgehenden Sonne, während am Abend die nach Osten gekehrte Felswand, in welche die Höhlen eingehauen sind, im eigenen Schatten lag. In der weiten lybischen Wüste gab es wohl keine Stätte, sei es zum Schlafen oder zum Wachen, die sich solcher Vorzüge rühmen konnte.

Erst als der Maler in die frische Morgenluft hinausgetreten war, wurde er sich bewußt, daß ihn ein kaum merklicher Modergeruch umgeben hatte und daß ihm jetzt erst der reine Odem des jungen Tages entgegenströmte, der den Menschen bis in die Fingerspitzen mit dem Drang erfüllt, zu leben, zu genießen und zu schaffen. Das hatte wohl auch Thinker so früh herausgelockt, der auf ›seinem‹ Steine saß und dem Dragoman Audienz erteilte. Er war trotz allem nicht ganz glücklich. Sein Rasierspiegel hing zwar über zwei Tänzerinnen des Hochzeitsfestes an einem nicht ganz ungünstigen Platz, das Rasiermesser aber war durch eine rätselhafte Verkettung von Umständen in Kairo geblieben. Des weiteren berichtete Ibrahim Ben Musa, daß sich der beträchtliche Salzvorrat, den man eingekauft hatte, vielleicht im Nilwasser bei Gise aufgelöst habe; jedenfalls sei er verschwunden. Ferner: in der Nacht sei der Esel des Herrn Malers ausgebrochen und gehe in der Entfernung von etlichen Kilometern in der Wüste spazieren, was die Abwesenheit des Sais und einer reichlicheren Menge von Waschwasser erkläre. All dies war jedoch von geringer Bedeutung. Thinker verlangte von Ibrahim sechs bis zwölf Männer: Fellachin mit Hauen und Strohkörbchen, wie er sie gestern an Bewässerungsgräben hatte hantieren sehen, um seine Forschungsarbeiten ohne Verzug beginnen zu können. Der Dragoman schüttelte den Kopf bedenklich, bis er erfaßt hatte, daß sein Engländer diese Leute um jeden Preis haben wolle. Dann schmunzelte er. Wenn ihm jeder der Arbeiter aus seinem Tagelohn einen oder anderthalb Piaster bezahlte, ließen sich allerdings beträchtliche Ausgrabungen vornehmen, dachte er im stillen. Er werde sofort nach Kafr gehen, sagte er laut und geschäftseifrig, und sehen, was zu machen sei. Die Fellachin von Kafr seien zwar faul und teuer; namentlich teuer. Wenn ihnen aber Seine Hochwohlgeboren vier Piaster versprechen wollten oder fünf, und ein kleines Bakschisch – Inschallah! – so würden sie vielleicht zu bewegen sein, mit Vorsicht ein wenig zu arbeiten!

»Gut; sehr gut!« rief Thinker, hocherfreut. »Du scheinst ein geborener Unternehmer und Organisator zu sein, Ibrahim. Gehe, so schnell du kannst. Knausere nicht; ich muß die Leute haben. Und bringe sie dort an die nächste Ecke der Cheopspyramide, wo wir mit der Arbeit beginnen werden. Nimm meinen Esel. Du könntest schon längst fort sein!«

Das letztere bezweifelte Ibrahim kopfschüttelnd. Sein Herr war gut, aber zu hastig; das mußte man ihm abgewöhnen. Langsam, in tiefes Sinnen versunken, ging er nach den Zelten und berechnete, wie viel in der Woche zwölfmal anderthalb Piaster täglich für ihn ausmachten.

»Sieben mal achtzehn Piaster! Nicht übel.« Dann ging er etwas schneller.

Als Vorbereitung zum Frühstück stellte Buchwald das Feldtischchen und die zwei Stühle vor die Höhle ins Freie, was sich sehr gut ausnahm. Dann aber entstanden mannigfache Schwierigkeiten, und die beiden Anachoreten sahen zu spät, daß es nicht klug getan war, den Dragoman von seinen Berufspflichten zu entbinden und auf die Suche nach Arbeitern auszusenden. Kein noch so lautes Englisch oder Deutsch bewog den Koch, sich nach Milch umzusehen. Es gab in fingerhutgroßen Schalen heißen schwarzen arabischen Kaffee, so dick wie ein Mehlbrei, der gut und erfrischend, aber weit davon entfernt war, die gewaltige Schüssel nahrhaften Milchkaffees zu ersetzen, die zu den Lebensbedingungen Buchwalds gehörte. Ebenso entschiedenen, wenn auch nur passiven Widerstand setzte Jakub dem Wunsch Thinkers entgegen, daß schon so früh am Tage in eine Sardellenbüchse eingebrochen werden möge. Dagegen erläuterte er in längerer, fließender Ansprache den Herrn, die kein Wort davon verstanden, wie beim gestrigen denkwürdigen Nilübergang sämtliche Eier zerbrochen und in die Nachbarkiste eingedrungen seien. Dort, in der Hitze auf dem Weg nach den Pyramiden, hätten sie unbemerkt eine Art wilden Omelettes mit Schinken erzeugt, das er klagend herbeibrachte. Richtig war, daß sich auch der Schinken in einem wahrhaft jammervollen Zustand befand. Dann erschien der Sais mit dem verlorenen Esel über der Felswand und erzählte von oben herab eine lange Geschichte von seinen belohnungswürdigen Anstrengungen. Den Esel habe allerdings schließlich ein Mann aus dem benachbarten Abusir gefunden, der jetzt bei den Zelten warte, um sein wohlverdientes Bakschisch in Empfang zu nehmen. Manchmal glaubte Thinker Anklänge an hebräische Worte zu hören, die ihm Veranlassung boten, die kühnsten Schlüsse bezüglich des Inhalts der unversieglich fließenden Mitteilungen zu ziehen. Aufs freudigste aber begrüßten beide Einsiedler das Wiedererscheinen Ibrahims, der unerwartet bald an der Spitze von neun Mann hinter der südwestlichen Ecke der Chefrenpyramide auftauchte. Als die Truppe näher herangekommen war, stellte sich allerdings heraus, daß die Mehrzahl der erwarteten Männer kleine Jungen, drei davon sogar Mädchen waren. Fünfe der Schar hatten jedoch Hacken, und alle Strohkörbchen. Für einen Anfang war dies nicht ganz hoffnungslos.

Vor allen Dingen wurde der Sais auf dem wiedergefundenen Esel nach Kairo abgesandt. Einen langen Zettel, den er dem Direktor des Hotels Shepheard zeigen sollte, verbarg er sorgfältig unter seinem Tarbusch. Buchwald hatte die Liste der augenblicklichen Bedürfnisse mit Hilfe der ganzen Gesellschaft angefertigt. Sie begann: ein Rasiermesser, vierzig Eier, einen kleinen Schinken, einen Thermometer, einen kupfernen Kochtopf, vier Pfund Makkaroni, Rauchkerzchen gegen den Modergeruch in unseren Gräbern, und so weiter. Trotz aller Fürsorge hatte man in der Tat mancherlei vergessen, wie sich jetzt herausstellte. Um so tröstlicher war, daß der Sais bis gegen Abend zurück zu sein versprach.

Damit waren die häuslichen Sorgen für heute erledigt; man konnte freien Geistes an die ernsteren Aufgaben des Tages gehen. Die Fellahmädchen voran zog die kleine Karawane singend und plaudernd dem Fuß der Cheopspyramide zu: Thinker in würdigem Schwarz, unter einem mächtigen weißen Sonnenschirm, als Feldherr, hoch zu Esel; Buchwald, neben dem seinen herschreitend, auf dessen Sattel Malkasten, Stuhl und Schirm befestigt waren. Auch er wollte den Tag nicht ohne eine Skizze vorübergehen lassen, die sich ja wohl finden würde.

An der Nordwestecke des Riesenbaus angelangt, zog Thinker die Zügel und musterte sorgfältig die Unebenheiten des sandigen Grundes, aus dem die mächtigen Kalkblöcke, welche die Kante der Pyramide bilden, in gigantischen Staffeln emporsteigen. Der Wind hatte hier den Wüstensand meterhoch angeweht, so daß die unterste Horizontalschicht des Baues völlig begraben war. Eine wellenförmige Vertiefung schien trotzdem anzudeuten, daß an dieser Stelle in früheren Jahren gegraben worden war. Hier mußte der verschwundene Eckstein gelegen haben, dessen in den Fels gehauenes Fundamentlager in erster Linie zu suchen war.

Die Entfernung des Oberflächensandes war Kinderspiel. Doch mußte eine ungewöhnlich weite Grube angelegt werden, wenn man einige Meter in die Tiefe gehen wollte, da der Sand keine steile Böschung zuließ. Die Jungen arbeiteten mit vergnüglicher Neugier; das Graben nach vermeintlichen Schätzen war ihnen keine ungewohnte Beschäftigung, und die mit ihren Körben hin- und herwandernden Mädchen sangen schrille Ghaselen eigener Dichtung, in denen das Wort Bakschisch wie gewöhnlich die Hauptrolle spielte. Der Dragoman handhabte den Stock des Sais warnend, jedoch in milder Herrscherlaune, und die beiden Forscher saßen neugierig und zufrieden am Rand der entstehenden Vertiefung, aus der nach und nach festere, mit Scherben und Knochenstückchen gemischte Erde hervorkam. Doch immer wieder schweifte ihr Blick staunend an den Seiten der Pyramide empor, wo sich die horizontalen Schichten des Bauwerks in meterhohen Treppen übereinandertürmten.

»Welche Mühe es sich gegeben haben muß, dieses Volk der Finsternis«, begann Thinker nach einer langen Pause, »die Tausende von dreieckigen Felsblöcken herunterzureißen, die seinerzeit die treppenartigen Seitenflächen bedeckten und eine glatte Oberfläche herstellten, wie wir sie noch an der Spitze der Chefrenpyramide sehen! Sie konnten halb Kairo mit den wertvollen Steinen bauen und doch findet man heute nichts

205

mehr von ihnen in den ältesten Häusern der arabischen Stadt. Vielleicht ruhte der Fluch der Vergänglichkeit auf den Gebäuden, bei denen sie verwendet wurden. Man sagte mir, daß in den Wänden der Gama Amr, der ältesten Moschee Alt-Kairos, ein paar dieser Steine eingemauert seien. Ich gäbe viel darum, wenn es wahr wäre. Es war mein erster Ritt in Kairo, aber bis jetzt suchte ich vergeblich. Als die kunstvolle Verschalung diese Seitenwände noch bedeckte, hatte man keine Mühe, ihren Neigungswinkel auf die Sekunde zu bestimmen. Heute kann jeder aus den meterhohen Stufen, die eher einem Steinbruch gleichen, als einer Fläche, herauslesen, was er will. So kamen ein Dutzend falscher Maße in die Welt, mit denen die Herren Ägyptologen die Wahrheit verdunkeln. Zwei Dinge müssen vor allem festgestellt werden, so daß kein Zweifel mehr möglich ist: die Entfernung der Ecksteine der Pyramide oder in anderen Worten die Länge ihrer Grundfläche und der Neigungswinkel der Seitenflächen. Wenn nur ein einziger wohlerhaltener Stein der uralten Verschalung aufgefunden würde – er müßte mit Gold aufgewogen werden. Howard-Vyse soll im Jahre 1836 einen dieser Blöcke aus hartem fast marmorweißem Kalkstein ausgegraben und nach England geschickt haben. Dort lag er vielleicht in einem der Keller des britischen Museums; tatsächlich ist er in unerklärlicher Weise spurlos verschwunden. Ist es nicht manchmal, als ob die Macht des Bösen ihr Spiel treibe, um die arme Menschheit so lange als möglich im Dunkeln tappen zu lassen. Warum? Manchmal erfüllt mich diese Frage mit sündhafter Bitterkeit. – Hallo!« –

Thinker war aufgesprungen und starrte nach einer Stelle, wo in einer Entfernung von zehn Schritten zwei besonders eifrige Jungen, die in der Hauptgrube keinen Platz mehr gefunden hatten, den Sand in die Luft schleuderten. In der Tiefe von etwa eineinhalb Metern wurde die scharfe Kante eines bläulichweißen Felsblocks sichtbar.

»Hierher! Hierher!« rief er und zum erstenmal sah Buchwald, daß auch sein würdiger Freund das Gleichgewicht der Seele verlieren konnte, denn er packte zwei der Fellachin gleichzeitig am Hals und stieß sie nach der Stelle, wo die Jungen arbeiteten. Vergeblich suchte der Dragoman zu erfassen, was er übersetzen solle. Doch nach wenigen Minuten war der kleine Wirbelsturm vorüber und sämtliche Hacken damit beschäftigt, Schutt und Sand rings um den mächtigen Stein zu lockern. Thinker selbst hatte dem kleinsten der Fellachin sein Werkzeug entrissen. Er arbeitete wie drei und leistete ungefähr so viel als ein halber Fellah. Leider bedarf der Gebrauch selbst einer primitiven Hacke mehr Übung und Erfahrung als Begeisterung. Doch war nach zehn Minuten rings um den weißen Steinblock eine tiefe Grube entstanden. Er war mindestens acht Fuß lang und die regelmäßige Form seiner drei Langseiten, sowie die wunderbare Glätte der einen derselben ließen unzweifelhaft erkennen, daß hier vor Jahrhunderten einer der ersehnten Verschalungssteine liegen geblieben war.

Thinker richtete sich endlich auf und trocknete den Schweiß von der Stirn. Er schien nicht bloß erschöpft, sondern auch innerlich tief ergriffen zu sein.

»Lieber Buchwald, Sie bemerkten, wie ich seine Gegenwart ahnte!« sagte er leise. »Welcher Anfang unserer Arbeiten! Dies ist der schönste Augenblick meines Lebens. Ob uns noch schönere vorbehalten sind, weiß ich nicht. Aber wenn wir auch nichts weiter entdecken sollten, als was uns dieser erste Morgen beschied, so ist meine weite Reise, das Studium der letzten zwanzig Jahre reichlich belohnt.«

Der Maler konnte diesem Gefühlssturm nicht widerstehen. Er schüttelte Thinker heftig die Hand und beglückwünschte ihn zu dem unverhofften Erfolg.

»Sie sehen«, rief der Doktor, wieder in die Grube springend und vor dem Stein niederkniend, »wie scharf seine Kanten sind, wie unzweideutig der Winkel, die Neigung der Seitenflächen zu erkennen und zu messen ist. Der Block ist groß genug, um diesen Winkel nach Sekunden zu bestimmen. 54

Grad, 16 Minuten und 13 Stunden erwarte ich. 54 Grad, 16 Minuten und 13 Sekunden wird er aufweisen, und damit für immer jedem Zweifel den Kopf zertreten.«

»Daß er 54 Grad hat, und etwas darüber, glaube ich mit bloßem Auge sehen zu können«, meinte der Maler, in der Hoffnung, seines Freundes Freude dadurch noch zu erhöhen. Aber er kam schlecht an.

»Nein!« sagte Thinker heftig. »Was kann das menschliche Auge anders in solchen Dingen, als uns irreführen. In solch oberflächlicher Weise darf hier nicht verfahren werden! Nicht um Grade handelt es sich, sondern um Zehntel von Sekunden. Sechzehn Sekunden werden uns wirklich gute Instrumente angeben. Das glaube und weiß ich. Aber die große Wahrheit hängt an den Dezimalen.«

Buchwald schwieg beschämt.

»Um eins aber möchte ich Sie bitten«, fuhr der Doktor fort. »Wollen Sie mir ein feierliches Versprechen geben? Wir sind hier in einem fremden Land, fern von unserer Heimat, in einem halbwilden Teil der bewohnten Erde und wissen nicht, was uns die nächsten Tage bringen mögen. Ich bin ein alter Mann und Erschütterungen wie die heutige können unerwartete Wirkungen haben. Wenn mich je etwas Menschliches befallen sollte, wollen Sie diesen Stein behüten, wie – wie – Ihren Augapfel. Wollen Sie ihn nach Europa bringen und in die Hände meines Freundes und Meisters Piazzi Smyth niederlegen? Bei ihm ist er sicher, als das verehrt zu werden, was er wirklich ist – als der Schlüssel – einer der Schlüssel des großen Geheimnisses der Cheopspyramide.«

Buchwald maß den acht Fuß langen Schlüssel mit bedenklichem Blick und versprach lächelnd, zu tun, was der Doktor verlangte. Es war ihm nicht möglich, den Ernst der Aufgabe völlig zu würdigen.

»Nun kann ich ruhig sterben«, sagte dieser mit wehmütiger Freude; »das heißt, wir wollen ohne Verzug unsere Forschungen fortsetzen und den Eckstein suchen.«

Er streichelte die scharfe Kante seines marmornen Fundes noch einmal zärtlich mit der Hand, stieg aus der Grube heraus und bat Ibrahim, alle Fellachin an der Stelle zu vereinigen, wo er die Fundamentspuren vermutete, von denen schon frühere Pyramidenforscher berichtet hatten.

Dem Maler wurden nun aber die Grabarbeiten zu einförmig und zu unkünstlerisch. Er bat den erstaunten Thinker, ihn auf einige Stunden in Gnaden zu entlassen. Er wolle sich in der Nachbarschaft umherziehend nach eigenem Gutdünken seine Geistesnahrung suchen. Man könne ja gegen Mittag bei der Höhlenwohnung wieder zusammentreffen, um nach Küche und Keller zu sehen und während der heißen Stunden des Tags Ruhe und Erfrischung zu suchen. Damit zog er, seinen Esel mit dem Malgerät am Zügel führend, an der Nordseite der Cheopspyramide entlang. An der Ostseite der großen liegen drei kleine Pyramiden, von denen die mittlere von der Tochter des Cheops erbaut sein soll und eine Entstehungsgeschichte verewigt, die Thinker ohne Zweifel als eine Erfindung Beelzebubs entrüstet zurückgewiesen hätte. Jetzt stand das halbzertrümmerte Bauwerk bescheiden und traurig genug neben seinem riesigen Nachbar. An dieser Gruppe vorüberziehend kam Buchwald an die Kante des Tafellandes, wo der Fels gegen das Niltal hin steil abfällt. Auch hier ist das Gestein mannigfach von Grabhöhlen durchbrochen, die mit Bildwerken und Inschriften bedeckt sind. Vor dem sogenannten ›Zahlengrab‹ des Chafra, des Wächters und Priesters der großen Pyramide und seiner Gattin, der Priesterin der Neith, fühlte er sich versucht, eine Farbenskizze aufzunehmen. Doch zog ihn die Neugier weiter, und selbst der eigentümliche Tempelbau, den etwas weiter südlich Mariette vor zwei Jahren entdeckt und aus seinem fünf Meter tiefen Sandlager herausgegraben hatte, hielt ihn nicht fest. Erst vor der Sphinx blieb er stehen. In der grellen Beleuchtung des nahenden Mittags lag auf dem halb zertrümmerten Gesicht ein schmerzlicher Zug, der Buchwald eigentümlich berührte. Hier war eine treffliche Gelegenheit zu ein paar Stunden stiller Studien und einer Landschaftsskizze in Gelb und Weiß, voll grausamen Sonnenlichts. Sie konnte zu einem Bild des lebendigen Todes führen, wie es in Europa wohl nirgends gefunden werden könnte.

Rasch war der Esel an einen Stein gebunden, die fliegende Malerwerkstätte aufgebaut und die Skizze in ihren Umrissen auf der Leinwand festgelegt. Die starren Linien der Totenwelt ringsumher waren einfach genug. Nicht so einfach war es, aus dem zerbröckelnden Felsgestein die uralten Züge einer verschwundenen Rasse herauszulesen, aus denen, trotz ihrer Starrheit, unverkennbar ein eigentümliches geistiges Leben sprach. Und noch schwieriger fand es Buchwald, einen Begriff von der flimmernden, ertötenden Sonnenglut zu geben, die das ganze Bild überflutete und selbst die schwarzblauen Schatten durchglühte, welche an wenigen Punkten das leuchtende Gelb, das schmerzende Weiß des Gesteins unterbrachen. Doch in der Stille dieser Wüste gab es keine Zeit. Er konnte ungestört ihren Farben und Formen nachträumen und darauf warten, daß sie ihm ihr Geheimnis verrieten. Es war eine jener Stunden, in denen Künstler träumen und Träume schaffen, und Buchwald fühlte mit steigender Wärme, daß etwas zu entstehen im Begriff war, wenn ihn nichts störte. Was sollte ihn aber stören?

Darauf antwortete allerdings die Beduinenjugend aus Kafr bald genug, die längst aus vorsichtiger Entfernung die Wanderung des einsamen Fremdlings beobachtet hatte. Seitdem er sich niedergelassen, hatte sie hinter dem nächsten Sandhügel eine gedeckte Stellung eingenommen, von wo aus der eine oder andere der Jungen meist auf dem Bauche kriechend dem ahnungslosen Gegner gefährlich nahegerückt war, um dann ohne allen Grund aufzuspringen und im Sturmschritt hinter dem Hügel wieder Deckung zu suchen. Dort wurde flüsternd ein erregter Kriegsrat gehalten:

Was macht der Fremde? – Was hat er vor dem Vater des Schreckens – das ist im Mund der Araber der Name der Sphinx – niederzusitzen und mit seinem Zauberkasten zu hantieren? Er malt! Erklärte ein älterer Bursche, der schon öfter in Kairo gewesen war und Lebenserfahrung besaß. Das tun diese Ungläubigen oft. Niemand weiß, weshalb. Es ist nutzlos, was sie machen; man kann es weder essen noch trinken. Wenn es auch den Dingen ähnlich wird, die sie darstellen wollen, so ist ihr Tun nur um so unbegreiflicher. Denn der Abklatsch ist nie so gut, als das Bild, das man in einem Spiegel sieht. Und wer bezahlt ein Bild in einem Spiegel? Es ist weniger als nichts wert.

»Und doch muß der Fremde einen Zweck haben bei seinem Treiben«, sagte ein alter Mann, der mit einem halben Dutzend anderer herbeigeschlichen war. »Er scheint unter seinem Schirm hart zu arbeiten, und wer setzt sich in der Mittagshitze in die Wüste ohne Zweck? Vielleicht malt er den Vater der Schrecken, den Wächter, der unser Dorf beschützt. Das kann er nur tun, um Zauberei zu treiben. Gutes kann dabei nicht herauskommen.«

»Sein älterer Bruder treibt es noch schlimmer, hinter der großen Pyramide«, sagte einer der Jüngeren. »Er gräbt Löcher in den Boden und sucht nach Schätzen. Ich komme von dort, um es euch zu sagen; mir wurde angst und bang.«

»Es sind ungläubige Hunde, alle beide«, murrte der Alte. »Der Prophet wird sie verdammen!«

»Mittlerweile können sie Menschen und Vieh mit ihren Zauberkünsten verderben!« flüsterte der Junge, hob einen Stein auf und schleuderte ihn, mit einem wunderlichen Gemisch von Angst und Wut in seinen beweglichen Gesichtszügen gegen den Maler. Gleichzeitig warf sich die ganze Gesellschaft wie auf Kommando flach auf den Bauch, so daß Buchwald nur den Stein zwei Schritte von seinem Standort niederfallen sah und daraus schließen konnte, daß er nicht ganz allein war.

Nach längerer Pause kam ein zweites Geschoß. Ein kleiner Junge sprang in einer Entfernung von zwanzig Schritten hinter einem Stein auf, rannte pfeilschnell über den nächsten Sandhügel und verschwand hinter einer Mastaba.

Wieder ein Stein, der diesmal bis vor die Füße des Malers rollte. Diese steinschleudernde Einsamkeit wurde nachgerade unbehaglich. Doch zeigte sich jetzt wenigstens ein greifbares lebendes Wesen. Ein etwa zwölfjähriges Fellahmädchen in langem blauem Hemd, mit einer Kullah – einer jener landesüblichen, porösen Wasserflaschen – im Arm kam den Hügel herunter, aus dessen Richtung die Steine geflogen waren und schritt sichtlich völlig furchtlos auf Buchwald zu. Sechs Schritte hinter ihm machte sie halt und betrachtete seine Leinwand aufmerksam. Sie schien ihr ungefährlich zu sein, denn plötzlich kam sie auf ihn zu und bot ihm mit jener schönen Bewegung, halb Schüchternheit, halb gastliches Wohlwollen, die man auf guten Bildern von Rebecca und Eleasar sieht, ihren Krug an. Er trank. Das kühle, erfrischende Nilwasser war ein köstlicher Genuß unter dem glühenden Sonnenschirm. Dann gab er dem Mädchen einen halben Piaster.

Das Bild der kleinen Rebecca war mit einem Schlage verschwunden. »Bakschisch!« schrie das Kind mit schriller Stimme und schwang das Geldstück triumphierend in der Luft. Zehn, zwölf Köpfe tauchten gleichzeitig hinter dem Sandhügel auf und bald war der Maler umgeben von einer scheinbar harmlosen, lebhaft gestikulierenden Bande von braunem Gesindel, dessen Neugier die Besorgnis vor dem Zauberer siegreich überwunden hatte. Die Zutraulichkeit der Burschen wäre schlimmer geworden, als das Steinewerfen, wenn nicht die Kleine laut erklärt hätte – was allerdings Buchwald nicht verstand –:

»Ich bin deine Frau! Ich werde dich beschützen. Fort, ihr Söhne von Hunden!«

Sie hatte dem kleinsten Jungen einen Stock entrissen, und

stellte sich tapfer vor den Maler, um den sie einen fünf Schritte weiten Kreis freihielt, wobei ihre kleine, aber scharfe Zunge eine wirksamere Waffe sein mochte als ihr Stöckchen.

Von der Stunde an hatte Buchwald auch in den folgenden Tagen einen Trabanten und eine Leibwache. Sie erschien mit ihrem Kullah morgens in aller Frühe vor den Grabkammern und verschwand abends mit der Sonne. Er sprach deutsch mit ihr, während des Malens; sie plauderte arabisch, in langen Geschichten. Natürlich verstanden sie sich mit keinem Wort, aber es ging vortrefflich. Ihren halben Piaster nahm sie jeden Abend in Empfang, ohne ihn zu fordern und ohne Scheu, als eine selbstverständliche Sache. Dafür hielt sie den Kullah gefüllt und lief eine Stunde weit ins Dorf, so oft dies nötig war. Auch mahnte sie den Esel an seine Pflicht, wenn sich das gelangweilte Tier auf den Weg machte, um einen entfernteren Dornbusch zu untersuchen. Ihre Hauptarbeit aber sah sie darin, die Beduinenjungen in achtungsvoller Entfernung zu halten. »Sei nicht bange«, sagte sie, wenn ein besonders frecher Kerl sich zu sehr herandrängte. »Bin ich nicht deine Frau? Ich werde dich beschützen.«

Gegen Mittag an jenem ersten Tag wurde die Hitze auf der kahlen Felsfläche unmenschlich, so daß auch die Fellachin, einer nach dem andern, lautlos verschwanden. Selbst die Sphinx hatte in der Beleuchtung der fast senkrechten Sonnenstrahlen einen andern Gesichtsausdruck angenommen und sah drein wie eine mürrische, halbschlummernde Negerin. Es war weniger als wertlos, an der sorgfältigen Studie weiter zu arbeiten, welche in lichtem Hellbraun aus dem satten Kobalt des wolkenlosen Himmels hervortrat. Buchwald klappte sein fliegendes Atelier zusammen und pilgerte an der Seite seines Esels, eifersüchtig gefolgt von seiner kleinen Frau, der Westseite der Chefrenpyramide zu.

Thinker erwartete ihn bereits. Er saß erschöpft, ein Bild des Jammers und der Entmutigung auf seinem Stein. Überrascht fragte Buchwald, was ihn betroffen habe.

»Nichts gefunden!« rief er ermunternd, ohne die Antwort abzuwarten. »Aber mein lieber Herr Thinker, Sie können nicht erwarten, alle halbe Stunden einen Marmorblock der Verschalung zu entdecken. Wenn sie nicht bis aufs Fundament des Ecksteins gekommen sind, so ist es auch noch nicht aller Tage Abend, nicht einmal des heutigen.«

»Da haben Sie ohne Zweifel recht«, entgegnete der Gelehrte, sich den Schweiß von der Stirne trocknend. »Was aber kann ich ohne Leute machen, wenn ich bis zum Abend aller Tage hiersitze. Sie waren kaum ein Stündchen weg, so lief mir die ganze Gesellschaft ohne weiteres davon. Das sei zu harte Arbeit, meinten sie. Der Älteste der Leute erklärte dem Dragoman, man könne nicht wissen, ob sie nicht den Afrit der großen Pyramide erzürnten und den Vater der Schrecken aufweckten, wenn sie am Fuß seines Hauses unter dem Befehl eines Ungläubigen herumkratzten. Hat Effendini dies Werk befohlen, fragten sie mich. Hast du einen Firman vom Sultan? Hast du uns ein Bakschisch gegeben, als wir den großen Stein für dich ausgruben? Sollen wir uns und unsere Kinder arm und unglücklich machen, weil es dir beliebt, hier nach Schätzen zu graben?«

»Und weit mehr!« fiel Ibrahim ben Musa ein, der mit feuchtem Bart aus der improvisierten Küche und Speisekammer herauskam, in der sein Bruder, der Koch, wirtschaftete. »Dinge, die ich nicht zu verdolmetschen wage. Ich fürchte, wir werden sie nicht mehr sehen, diese Lumpen. Es sind Söhne von Schweinen.«

Buchwald traute dem würdigen Greis nicht ganz. Sein scharfes Malerauge sah in den niedergeschlagenen Lidern des Alten ein listiges Zucken, das ihm nicht gefiel. Für den Augenblick aber ließ sich nichts anderes machen, als das Nötigste: Denn auch an Thinkers gedrückter Stimmung war vielleicht mehr der Hunger schuld, als das mißglückte Ende der Vormittagsarbeit. Wurde doch selbst Buchwalds Farbenskizze, für die er ein begeistertes Lob erwartet hatte, ungnädig aufgenommen.

»Warum malen Sie dieses verdrießliche Götzenbild«, sagte der Engländer halb zornig, »an das schon Moses gedacht hat, als ihm dort drüben am Sinai der Herr befahl: Du sollst dir keine andern Götter neben mir machen. Sie finden auf diesem Totenfeld so einzig Großes und Schönes zu malen, und verlieren ihren ersten Morgen auf diese Weise! Lichteffekt, sagen Sie? Ich kenne nur einen Lichteffekt, und der kommt von dort!« –

Dabei deutete er nach der Spitze der Cheopspyramide.

Es war ein Glück, daß der Koch die Suppe brachte, denn mit ihr stellte sich auch bei Thinker wieder menschlicheres Denken und Fühlen ein. Jakub schien in der Tat der Beste des Musaschen Kleeblatts zu sein. Er hatte trotz der fehlenden Eier eine ganz erträgliche Mahlzeit zustande gebracht, an der sich im Hintergrund auch Buchwalds kleine Frau beteiligte. Sie hieß Haifa und war die Schwester des Imams von Kafr, erklärte der Dragoman, der sie zuerst zu treten versucht hatte, dafür aber Buchwalds Faust zu sehen bekam, vor der er eine instinktive Abneigung empfand. Die Kleine hatte ihr Harem in einer benachbarten Felsritze aufgeschlagen und ließ sich dort bedienen wie eine Prinzessin. Ihre Erziehung in einer Fellahhütte am Rand der Wüste mochte manch kleine Untugend entschuldigen – schüchtern war sie nicht.

Nach Tisch – wenn es erlaubt ist, diese Redeform im Zusammenhang mit Thinkers Riesenkoffer zu gebrauchen, auf dem kunstvoll gespeist wurde, nachdem sich das blecherne Feldtischchen zu diesem Zweck für zu klein erwiesen hatte – nach Tisch hatten die zwei Anachoreten Gelegenheit, ihre Grabwohnung von der idealsten Seite kennen zu lernen. Das dämmerige Halbdunkel, die köstliche Kühle, die Freiheit von Moskitos und andern Lebewesen verwandter Art boten den Genuß einer Mittagsruhe, wie ihn kein Vizekönig, kein Khalif sich hätte besser wünschen können. Dabei mit halbgeschlossenen Augen den in Stein verewigten Hochzeitstanz zu verfolgen, der vor viertausend Jahren das Fest einer Prinzessin von Arsinoë geziert haben mochte, oder die Gänse zu zählen, die zu jener Zeit der Stolz eines heimlichen Rats – Name unleserlich – des Königs beider Ägypten gewesen waren, und dann hinüberzusegeln in das Reich der Träume, in dem sich Gänse und Prinzessinnen im Gewirr blaugrüner indischer Blumen verloren, denn den Träumen ist auch die träumerischste Wirklichkeit nicht fern genug! – Leider waren beide Einsiedler noch zu wenig an die süßen Pflichten einer morgenländischen Mittagsruhe gewöhnt und lagen bald wieder mit offenen Augen auf ihren Bettstätten, die Lage der Dinge erwägend.

»Das einzig Richtige ist, Onkel!« rief, sich vergessend, plötzlich Buchwald, indem er wie eine ausgelöste Stahlfeder aufsprang, »den Schech von Kafr aufzusuchen, und ihn für die Graberei zu interessieren.«

Dann wurde er sehr rot, während Thinker sich langsam erhob, und ihn erstaunt ansah.

»Träumen Sie öfter von Ihren Anverwandten?« fragte er in aller Unbefangenheit. »Es ist ein gutes Zeichen für einen jungen Mann, lieber Buchwald. Aber es muß schmerzlich sein, so weit entfernt von teuren Angehörigen plötzlich zu erwachen und dazu in einem Grab. Ich hoffe, daß Sie mir kein Heimweh bekommen.«

Buchwald lachte künstlich, gab aber keine weiteren Aufschlüsse über seine Familienverhältnisse. Er hatte die unangenehme Empfindung, seit kurzem der ehrliche Mensch nicht mehr zu sein, der so hoffnungslos unglücklich gewesen war.

»Ich glaubte, anderswo zu sein«, sagte er ausweichend. »Was ich sagen wollte, – ich habe es aus Reisebeschreibungen älteren Datums –: in diesen Ländern ist nichts zu machen, wenn man sich nicht auf die Obrigkeit des Distrikts stützen kann. Deshalb schlage ich vor, wir reiten heute abend nach Kafr hinunter und machen dem Dorfschech unsere Aufwartung. Es hätte gestern schon geschehen sollen. Wenn uns jemand die Leute verschaffen kann, die Sie brauchen, so ist es dieser Herr.«

Der Gedanke lenkte Thinkers ganze Aufmerksamkeit auf seine große Aufgabe zurück.

»Wahrhaftig, Sie haben recht«, rief er freudig. »Ich betrachte es als eine wahre Fügung, daß ich Sie gefunden habe, mein Freund! Auf, zu Pferde!«

Auch Ibrahim ben Musa, der rasch geweckt wurde, hielt zum erstenmal einen Vorschlag Buchwalds für nicht ganz unausführbar, schien ihm sogar mehr und mehr Geschmack abzugewinnen, während er leise murmelnd Pläne überdachte wie er bei den bevorstehenden Verhandlungen den eigenen Vorteil sichern könnte. Das Ergebnis seines Sinnens war offenbar befriedigend. Sonst hätte ihn die Tatsache sichtlicher verstimmt, daß er eine Viertelstunde später zu Fuß hinter den zwei Eseln seiner Herren in leichtem Trabe folgen mußte, da der Sais mit dem dritten Esel vor Abend nicht zurückerwartet werden konnte.

In einer kleinen, aber warmen halben Stunde war das Lehmhüttendörfchen am Fuße des Pyramidenhügels erreicht. Die kleine Haifa war eine wichtige Persönlichkeit geworden und führte die Gesellschaft nach dem Haus des Schechs, der einzigen Lehmhütte des Orts, die sich eines ersten Stockwerks rühmen konnte. Dort hinter zwei grünen Fensterläden befand sich das Harem des Dorfoberhauptes. Es ruhte noch alles in sanftem Mittagsschlummer und nur langsam sammelte sich das übliche Gefolge von Fellachin beiderlei Geschlechts um die kleine Karawane. Auch hatte der Dragoman längere Zeit den Klopfer an der grünen Haustüre in Bewegung zu setzen, ehe ein Diener erschien, und den ungewohnten Besuch in den Hof hinter dem Hause führte, eine Binsenmatte auf eine Lehmbank warf und die Fremden einlud, Platz zu nehmen. Nach weiteren zehn Minuten brachte er drei Täßchen brennend heißen Kaffees, die man nach feierlicher Verneigung, dem Beispiel des Dragomans folgend, schlürfte. Dann öffnete sich das kleine Hinterpförtchen des Hauses und der Schech erschien in eigener Person: ein würdiger alter Herr in grünem Turban und braunem Kaftan. Er begrüßte seine Gäste mit stiller Feierlichkeit und einem Anstande, der Buchwald in Verlegenheit versetzte. Man fühlte, trotz aller Ärmlichkeit, in diesen Bettlern eine tausendjährige Kultur, von deren Feinheiten wir Europäer keinen Begriff haben. Dann winkte der Schech Thinker, neben ihm auf der Lehmbank Platz zu nehmen, während für Buchwald ein zerbrochener Strohsessel gebracht wurde. Schließlich befahl er seinem Sais, die Dorfbevölkerung ein wenig zum Hof hinauszujagen, und noch etwas Kaffee zu bringen. Erst nachdem sich all dies mit bedächtiger Ruhe abgespielt hatte, wandte er sich fragend an Ibrahim ben Musa.

»Meine Herren sind große Effendis aus den Frankenländern, o Schech«, erklärte dieser, »und kommen zu dir als Bittende. Sie hoffen, daß dich Allah erleuchten möge und du ihr Verlangen erfüllen wirst.«

»Gott erleuchtet seine Gläubigen«, versetzte der Schech. »Sprich ohne Furcht. Was wollen die Fremden, die ich in meinem Hause willkommen heiße.«

»Gesegnet sei dein Dach, dein Vieh und deine Knechte«, sagte Ibrahim. »Sie wünschen dir ein langes Leben. Auch wünschen sie ein Dutzend Leute zu mieten, um ein Loch in der Wüste zu graben.«

»Bei Gott, dem Allwissenden«, rief der Schech prompt, »ich habe keine Leute, o Effendi. Der Vizekönig hat die besten geholt, schon vor zwei Monaten und nach Suez geschickt, an den Kanal. Achtundzwanzig Mann aus diesem kleinen Dorf! So arm wir sind, sie mußten gehen. Was noch hier ist, sind Kinder und Weiber. Sie sind auf den Feldern, um die Wassergräben wiederherzustellen, denn die Zeit des Bewässerns ist da. Was sollen wir essen, ohne Wassergräben? Ich habe nicht einen Mann.«

»Mein Herr wünscht nur zwölf, o Vater der Gläubigen«, versetzte Ibrahim, als ob der Schech nichts gesagt hätte. »Auch will er sie nicht umsonst. Allah segnet, wen er will. Er hat Geld im Überfluß und will sie bezahlen.«

»Ihr habt heute morgen sechs meiner Leute weggenommen, die im Felde arbeiten sollten, und habt sie im Sand graben lassen. Ist das recht, o Effendi? Liegt darin ein Sinn?«

»Ich bitte Gott um Verzeihung, wenn ich dir widerspreche, o Schech. Es ziemt dem weißen Barte nicht, hastig zu sein, wie der Bartlose. Mein Herr wollte dir ein großes Bakschisch schenken, gerade als du uns die Leute wegnahmst. Weshalb schneidest du in dein eigenes Fleisch?«

»Wo ist das Bakschisch?« fragte der Schech verdrießlich. »Wäret ihr gekommen, mich zu besuchen, wenn ich die Leute nicht zurückgeholt hätte?«

Jetzt erst berichtete der Dragoman seinen hilflos und schweigend dasitzenden Herren einiges über den Fortgang der Verhandlungen: Der Schech sei erfreut, sie zu sehen und bereit, zwölf Leute zu stellen. Aber die Leute seien gegenwärtig wegen der notwendigen Feldarbeiten kaum entbehrlich. Es sei ein schwerer Verlust im Ertrag der kommenden Ernte zu befürchten, wenn sie ihre regelmäßigen Bewässerungsgeschäfte unterbrechen müßten. Man könne deshalb nicht verlangen, daß sie um geringen Lohn in der Wüste arbeiteten.

Thinker erklärte laut seine Bereitwilligkeit, jeden einigermaßen vernünftigen Taglohn zu bezahlen und bat, dem Schech dieses selbstverständliche Anerbieten möglichst deutlich zu machen.

Ibrahim nickte und begann wieder arabisch zu arbeiten: ein langes mühevolles Geschäft, das flüsternd und mit wachsender Lebhaftigkeit des Gebärdenspiels fortgesetzt wurde. Manchmal schien zu befürchten, daß ein mit Tätlichkeiten gewürzter Abbruch der Verhandlungen unvermeidlich war, die dann plötzlich wieder alle Anzeichen brüderlicher Übereinstimmung trugen. Es ist nicht möglich, von all dem mehr als den kürzesten Auszug mitzuteilen:

»Ich bin nur ein Dragoman, o Schech«, begann Ibrahim, »aber die Ehrlichkeit ist meine Stärke. Allah wird sie an anderer Stelle belohnen. Meine Herren schlagen vor, drei Piaster Tagelohn für den Mann zu bezahlen –«

»Landesgeld oder türkisch?« unterbrach ihn der Schech, mit unzufriedener Miene; eine berechtigte Frage, da der türkische, amtliche Piaster um die Hälfte mehr ist als der volkstümliche ägyptische.

»Landesgeld natürlich!« erklärte Ibrahim mit seinem einschmeichelndsten Lächeln. »Du weißt, dies ist ein hoher Tagelohn; es ist zweimal so viel als gegenwärtig üblich ist, aber sie sind mit Verstand reich gesegnet, meine Herren, wie mit andern Gaben. Ich bitte dich, o Bruder, dieses glänzende Anerbieten nicht von dir zu weisen. Ich habe viele Mühe mit der Sache, und die Leute sind dein Eigentum. Erwäge meinen Vorschlag mit Wohlwollen: Du nimmst einen Piaster, ich nehme einen Piaster und der Mann nimmt einen Piaster. Du siehst: dies macht drei Piaster. Ich mache nicht viele Worte, denn die Ehrlichkeit ist meine Stärke.«

Der Schech unterdrückte rasch eine freudige Bewegung und sagte sehr ernst: »Du bist von Kairo, ein Mann der Stadt. Du magst klüger sein als wir; aber du verstehst nichts von Bewässerung. Hier verläßt dich der Allerbarmer, der Allweise. Sagen wir sechs Piaster für den Mann. Sie lassen sich ähnlich verteilen.«

»Das ist unmöglich!« rief der Dragoman leidenschaftlich, »das ist unerhört. Sechs Piaster hat noch nie ein Sterblicher für einen Fellah bezahlt. Auch die Geldkiste der Franken hat einen Boden und Gott liebt den nicht, der den unwissenden Fremdling übervorteilt. Sagen wir vier Piaster.«

»Es ist unmöglich!« sagte der Schech, aufstehend. »Zieht hin in Frieden, denn dies ist unmöglich. Wir brauchen heute Wasser und kein Geld. Die Baumwolle wächst nicht, selbst wenn man sie mit Gold begießt.«

»Viereinhalb Piaster«, seufzte Ibrahim.

»Wie willst du viereinhalb Piaster verteilen; es ist unmöglich, o Bruder«, sagte der Schech düster. »Wie gerne würde ich deine Bitte erfüllen; aber Gott will es nicht. Er hat dir den Verstand versagt.«

»Dann lebe wohl, o Schech«, schloß Ibrahim, sich ebenfalls erhebend. »Wir werden morgen nach Kairo zurückkehren. Ich wünsche, daß das Wasser, das dir Gott beschert, deinen Feldern wohl bekommen möge. Es ist schad, daß er dir die Gabe verweigerte, deinen Vorteil zu erkennen.«

»Fünfeinhalb Piaster«, sagte der Schech ruhig, indem er sich wieder setzte, und frischen Kaffee bestellte.

»Viereinhalb. Ich kann nicht anders, denn die Ehrlichkeit ist meine Stärke«, war die Antwort.

Dann folgte eine lange Pause. Ibrahim erklärte Thinker, daß die Verhandlungen fortschritten, daß der Schech aber ein alter Wüstenräuber sein müsse, mit dem nichts anzufangen sei.

Thinker bat ihn, die Geduld nicht zu verlieren und lieber das Angebot zu verdoppeln. Ibrahim schüttelte den Kopf. Er werde seinen Herrn doch nicht von einem solchen Hundesohn über die Ohren hauen lassen.

»Du bist mein Bruder,« sagte er dann zum Schech, der jetzt mit dem Gesicht eines tiefgekränkten Mannes in seinen heißen Kaffee blies. »Wir stehen uns jetzt so nahe! Viereinhalb! Du nimmst zwei, ich nehme ein und einhalb, und der Fellah nimmt einen Piaster: macht viereinhalb. Willst du mehr haben und deine Seligkeit verwirken? Beim Propheten, o Schech, denke an dein Ende!«

»Fünf!« seufzte der Schech, kleinlaut.

»Fünf!« rief der Dragoman, zornig. »Sind wir Brüder? Wollen wir streiten, bis die Sonne untergeht? Du nimmst zwei, ich nehme zwei und der Fellah nimmt einen Piaster. Macht fünf. Es ist gut. Der Segen Allahs sei mit uns.«

»Nein, nein, nein!« flüsterte der Schech heftig. »Du nimmst eineinhalb, ich nehme zweieinhalb und der Fellah nimmt einen. Das macht auch fünf.«

»Du hast mich zu Grunde gerichtet; möge dir Gott verzeihen!« entgegnete der Dragoman gebeugt. »Du bist der Stärkere; Allah wollte es nicht anders.« Dann zwinkerten sie sich beide freundlich zu und reichten dem Sais die Kaffeetäßchen, um sie nochmals füllen zu lassen, worauf der Schech in ruhigem Tone wieder begann:

»Ich höre, o Bruder, deine Fremden wohnen in den Grabhöhlen hinter der zweiten Pyramide, wie wilde Hunde. Äußerlich sehen sie nicht so schlimm aus, aber kein Gläubiger kann dieses Treiben verstehen. Vielleicht verschwinden sie eines Tages in die Luft wie ein Afrit. Ich werde jeden Abend in dein Zelt kommen. Du wirst mir den Lohn für die Leute einhändigen, die den Tag über bei euch gearbeitet haben.«

»So sei es«, rief der Dragoman. »Du bist der Weiseste deiner Zeit, o Schech. Wer hat dir solche Klugheit gegeben?«

»Die hab ich von meinem Vater. Er war Dragoman zur Zeit Mohamed Alis!« war die Antwort, die der Schech mit einem so feinen Lächeln begleitete, daß Buchwald nach seinem Skizzenbuch griff.

Nun erst wandte sich Ibrahim wieder an Thinker, der ungeduldig auf seiner Matte hin- und herrückte. Hing doch dessen ganze Hoffnung für die nächsten Wochen am Ausgang der offenbar höchst schwierigen Verhandlungen.

»Er ist der größte Spitzbube unter der Sonne; ekelerregend!« sagte der Dragoman mit kaum zu unterdrückender Wut. »Wir sind einig geworden. Aber er verlangte acht Piaster für den Kopf und mit Müh und Not habe ich ihn auf sechseinhalb heruntergeschraubt. Danket Gott, daß ihr einen solchen Dragoman besitzt. Aber ich fand immer den größten Vorteil in der Ehrlichkeit. Ich weiß, Eure Hochwohlgeboren werden mich belohnen für die Summen, die ich Ihnen erspart habe: einenhalb Piaster per Kopf und Tag! Daraus läßt sich ein schönes Bakschisch ansammeln.«

In freundlichen Gesprächen, die Ibrahim jetzt gewissenhaft Satz für Satz hin und her übersetzte, erklärte der Schech seinen Gastfreunden, daß er ein größeres Bakschisch am Schluß der Arbeiten ganz ihrem Ermessen überlasse. Er werde ihnen noch heute abend ein Schaf schicken, da sie ihm die Ehre erwiesen, in seiner Nähe zu wohnen. Morgen früh werden zehn Mann zum Graben kommen, wenn es Gottes Wille sei. Heute sei doch nichts mehr zu machen, denn die besten Leute, die er seinen Freunden schicken werde, seien auf dem Feld. Er würde raten, den kühlen Abend zu benutzen, um die große Pyramide zu besteigen und werde hierfür die nötigen Führer sofort besorgen.

Damit war Thinker einverstanden, und nach einer weiteren Viertelstunde, die mit reichlichen Versicherungen gegenseitiger Hochachtung und heißen Wünschen für allseitiges Wohlergehen ausgefüllt war, befanden sich Thinker und Buchwald wieder auf dem Weg nach dem Pyramidenhügel.

Die Besteigung der Cheopspyramide beginnt seit Menschengedenken an der nordöstlichen Ecke des Baues. Dorthin zog jetzt die von vier Beduinen begleitete kleine Gesellschaft. Lange, ehe das Ziel erreicht war, bemerkte Buchwald mit Verwunderung, daß sich ein bunter Volkshaufen um diese Ecke gesammelt hatte. Helle und dunkle Kleider, Sonnenschirme und Schleier, weiße Helme und Hüte, und eine ganze Herde von Eseln umdrängten den Platz und lautes Lachen und Schreien drang über die Mastabas herüber. Es war, wie sich leicht erkennen ließ, eine größere Karawane, die der Zufall aus den verschiedenen Gasthöfen Kairos zusammengewürfelt hatte, und die durch einen der häufigen Unfälle an der Fähre zu Alt-Kairo aufgehalten, so spät noch einen Besuch der Pyramiden unternehmen wollte. Joe Thinker schien von dieser Begegnung wenig erbaut zu sein und suchte so rasch als möglich an der Gesellschaft vorbei in die Höhe zu kommen. Doch war dies nicht so leicht, als er gehofft hatte. Die ungewohnte Umgebung, die Luft, die, so heiß sie sein mochte, mit ihrer erfrischenden Reinheit alle Nerven belebt, das Gefühl unbegrenzter Freiheit, das die erste Berührung mit der Wüste hervorruft, hatte auch diese Schar von Globetrottern ergriffen und je nach ihrer Art beseelt. Der schwarze Anzug des Gelehrten, als einziger dunkler Punkt in der hellen Landschaft, konnte ihrer neugierigen Aufmerksamkeit nicht entgehen.

»Sagen Sie mal, verehrter Rabenvater«, rief ihm ein jugendlicher runder und roter Landsmann mit sehr aufgestülpter Nase und fast glattrasiertem Kopfe zu, »Sie haben doch nicht im Sinn, mit ihren beschnittenen Fittichen an diesem Steinhaufen emporzuhüpfen?«

Was den jungen Mann bewegte, war nicht eigentlich Frechheit, sondern eine Stimmung, die man in England in unübersetzbarer Weise als »*high animal spirits*« bezeichnet und hochschätzt. Er wollte zum Ergötzen seiner nächsten Freunde nichts weiter als einen Witz machen und war sichtlich erschrocken, als Thinker in sehr gemessenem Englisch erwiderte.

»Sie dürften mir dankbar sein, junger Herr, wenn ich Sie unter meine beschnittenen Flügel nähme, ehe wir oben sind.«

»Großer Gott«, rief der Kleine, mit komischem Entsetzen, »ich hatte keine Ahnung, daß Sie mich verstehen würden. Ich hielt Sie für einen verdammten Deutschen.«

»Das bin *ich*«, sagte Buchwald in kaum weniger gutem Englisch, vom Esel springend und auf das witzige Männchen zugehend. »Unter meine Flügel nehme ich Sie zwar schwerlich; wenn ich Sie aber sonst decken kann, stehe ich zu Diensten.« Er machte halb lachend, halb ernsthaft eine Gebärde, die jeder Engländer versteht. Sie ist einfach und bedarf nichts weiter als zwei geballte Fäuste.

»Gnädiger Himmel!« schrie der Kleine, »man ist ja hier seines Lebens nicht sicher. Gentlemen, ich bitte Sie um Verzeihung. Ich wollte dem alten Cheops einen kühlen Höflichkeitsbesuch abstatten und habe nicht die geringste Absicht, in dieser Hitze Boxerhandschuhe anzulegen. Schwamm drüber!«

»Nee, diese Engländer!« rief ein zweiter Herr, sich freundschaftlich an Buchwald herandrängend.»Wir sind Landsleute. Mein Name ist Mayer-Berlin. Mayer und Kompanie, mit dem Ypsilon. Hochfeine Firma. Machen in getönten Papieren aller Sorten. Ich will mir das Land des Papyros einmal ansehen und wenn sich dabei ein Geschäft machen läßt, so ist mein Alter bereit, den neuesten Pharao kostenlos mit Goldschnitt zu versehen.«

»Jetzt, Missis, sind wir am Ziel, an meinem Ziel!« sagte mit näselnder Stimme ein mastbaumartig gebauter Yankee zu seiner kugelrunden Frau. Er brauchte die Füße nur auf den Boden zu stellen und sein Eselchen laufen zu lassen, um abzusteigen. »Du kannst meinethalben mit Jemima da hinaufklettern, zehn Yard über die Spitze, wenn dir's Spaß macht; mich bringen keine zwanzig Maulesel weiter. Pharao und alles Ungeziefer der heiligen Schrift sind mir egal, bei dieser Temperatur. Krabbelt nur zu! Ich will indessen die Schmalzpreise in Chicago studieren. Gib mir den Herald, Jemima. Der bringt das Neueste, wenn es auch drei Wochen alt ist. Eine verflixte Geschichte, diese alten Länder!«

»Hipp, hipp, hurra für Lord Palmerston«, rief der jugendliche Sohn Albions, der, unternehmender als die andern, schon die zehnte Stufe der Pyramide erreicht hatte und sich triumphierend umwandte.»Lassen Sie mich bei dieser Gelegenheit einige passende Worte sprechen, meine Damen und Herren. Dieser Cheops, den in törichter Überschätzung einige Narren heute noch verehren, hatte keinen Begriff von einer anständigen Treppe, namentlich für Damen. Ich bitte die älteren Herren, vorsichtig zu sein!«

»Jemima!« rief der Yankee, dessen Tochter mit rücksichtsloser Energie emporstrebte. »Sei vorsichtig, Jemima!« Dann begann er, nach einigen energischen Worten seiner Frau, dem tatenlustigen Töchterchen stöhnend nachzuklettern.

Jemima aber kümmerte sich ebensowenig um ihren Papa als um den Berliner, der, von den beiden Engländern verfolgt, ihr eifrig nachkletterte. Bald genug aber kam alles zum Stillstand. Die Überwältigung der manchmal fast meterhohen Felsblöcke kostete immerhin einige Anstrengung, und selbst die jüngeren Mitglieder der Kletterpartie warteten schließlich atemlos auf den Zuzug der Beduinen, die jetzt in hellen Haufen aus Kafr angerannt kamen und schon aus der Ferne ihre Dienste anpriesen:

»Halt! Bakschisch! Halt!« schrien sie in zerhackten Brocken aus vier europäischen Sprachen. »Pyramide sehr gefährlich. Ladys brauchen Beduin! Zwei Beduin! Gentlemen zufrieden! Langsam, langsam! Bakschisch sehr gut. *All right*. Hipp, hipp hurra!«

Nachdem Jemima von zwei besonders gewandten Fellachin eingefangen war, ihr Papa seine Taschen mit sogenannten ›Altertümern‹ gefüllt hatte, die andere mit gut gespielter Heimlichkeit aus den Fetzen ihrer Burnusse wickelten, und die ganze Gesellschaft mit den üblichen eingeborenen Führern versehen war, konnte der Aufstieg in bitterem Ernste beginnen. Selbst der Großhändler in Schweinefleisch aus Chicago ergab sich in sein Schicksal, nachdem er den alten Cheops feierlich verflucht und seine Tochter nochmals vergeblich beschworen hatte, von dem unsinnigen Unternehmen abzusehen. »*Gentlemen satisfied – up; Bakshish very good – up!*« sangen seine beiden arabischen Schutzengel in monotonem Wechselgesang und zerrten ihr keuchendes Opfer bei jedem ›Up!‹ um eine der fürchterlichen Stufen höher. Bei den Kleineren von etwa sechzig Zentimeter Höhe ging dies leidlich gut, bei den Größeren verlor der arme, schweißbedeckte Mann zu öfterem jeden Halt und bewegte sich, auf dem Bauch geschleift, über die Kante des nächsten Felsblocks. »Verdammte Kerls, langsam!« brüllte er von Zeit zu Zeit. »*Gentlemen satisfied; up!*« war die Antwort.

Der Aufenthalt zu Anfang der Besteigung hatte Thinker und Buchwald Zeit gegeben, der größeren Schar vorauszueilen, und da diese öfters Ruhepausen bedurfte, um den geistreichen Bemerkungen zu lauschen, die der Berliner getönte Papierfabrikant und der junge Engländer, ein aus Indien zurückkehrender Militärarzt, in gemischtem Deutsch und Englisch austauschten, so vergrößerte sich die Entfernung der zwei ungleichartigen Gesellschaften mehr und mehr. Buchwald, dem deutschen Turner, machte die Bewegung Spaß, namentlich wenn ihn seine beiden nicht abzuschüttelnden Beduinen zur Vorsicht mahnten. Thinker verleugnete seine schottische Heimat nicht. Er war trotz der weißen Haare und seiner eckigen Bewegungen ein vortrefflicher Bergsteiger. So hatten sie den Gipfel erreicht, während das Plaudern und Lachen der andern aus halber Höhe der Pyramide kaum hörbar zu ihnen heraufdrang.

Die heutige Spitze bildet eine Fläche von etwa fünfzehn Meter im Geviert. Sie besteht aus den lose nebeneinanderliegenden rechteckigen Kalkblöcken der vermutlich neunten Horizontalschichte, von der verschwundenen wirklichen Spitze des Bauwerks gerechnet. In der Mitte dieser Plattform liegen noch einige höhere Steine, die zur achten gehört haben müssen. Thinker und Buchwald setzten sich auf einen derselben, und betrachteten lange schweigend das gewaltige Rund, in dessen Mitte, hoch über allem Irdischen, sie sich zu befinden schienen. Nur der besser erhaltene Gipfel der Chefrenpyramide, etwa fünfhundert Meter von ihrem Standort entfernt, aber so klar und deutlich sichtbar, als ob man ihn mit Händen greifen könnte, stieg bis zur Horizonthöhe aus der Tiefe empor.

Buchwalds Auge schweifte entlang dieser gewaltigen Horizontlinie. Dort drüben im Nordosten, deutlich erkennbar an den zwei nadelförmigen Minaretts der Zitadelle lag Kairo, am Fuß des Mokkatam, links davon im bläulichen Dunste die Ebene des Deltas, rechts die langgestreckte, horizontal geschichtete Felsenkette, die das Niltal vom Roten Meer trennt. Sie bildet gen Osten die Berge von Tura, an deren Fuß man das einsame Helluan erkennen konnte, wenn man wußte, wo es zu suchen war. – Weiter nach Süden hin glitt der Blick über das dort sich verflachende Niltal Oberägyptens, dessen schmaler, grüner Streifen, da und dort vom aufblitzenden Spiegel des Stroms belebt, die gelben Flächen der zwei großen Wüsten trennt: im Osten die arabische Gebirgswüste, im Westen die flachen Sandhügel der lybischen Wüste. Dort oben, im fernsten Süden, wo die Einsenkung nach dem Fayum abzweigt, sind die Pyramiden von Daschur zu erkennen. In gleicher Richtung, jedoch näher, liegen die Totenfelder von Sakkara, wo die Palmenwälder von Mit-Rahine die Lage der alten Königsstadt Memphis andeuten. Dort erhebt sich in fünf selbst von hier aus erkennbaren Stufen die uralte Staffelpyramide, die von vielen für das allerälteste Bauwerk Ägyptens gehalten wird. Sie hat in der Tat sieben Stufen, sagen die Gelehrten dieser Schule und sehen hierin einen Beweis ihres chaldäischen Ursprungs; worüber, als Buchwald dies schüchtern erwähnte, Thinker die Nase rümpfte; denn er gehörte zu einer andern Schule, für die fünf viel besser paßt als sieben. Endlich, noch näher bei Gise, liegen die drei kleinen Pyramiden von Abusir. Nach Westen hin breitet sich in weitem Bogen die einsame Fläche der lybischen Wüste, die im Norden, den gewaltigen Kreis schließend, wieder das blaugrüne Delta berührt.

In nächster Nähe, tief unter ihren Füßen erkannten die Freunde mit wunderbarer Schärfe in der Klarheit der kristallreinen Luft fast jeden Stein auf dem weiß und gelb glänzenden Felsboden, erkannten selbst das grüne Tischchen von ihrer Höhlenwohnung, welcher eine kleine Schar Araber unter der Führung des Kochs soeben einen Besuch abstattete. Weiter links lag die Sphinx, wie ein Spielzeug, und da und dort sah man in die dunkeln Schachte der Mastabas, die einzigen kleinen schwarzen Punkte in der gelben Fläche. Etwas weiter entfernt gen Osten zog der mattgrüne Streifen der Niltalsohle von Süden nach Norden an diesem Totenfeld der Natur und der Menschheit vorüber und der Strom mit seinen stummen Zeichen fruchtbringenden Lebens. Er hatte schon vor Jahrtausenden das Volk ernährt, das diese Riesenbauten schuf. Heute noch erhält er es, während alles ringsumher von Babylon bis Karthago eine leblose Wüste geworden ist.

»Und welche Bilder sehen wir von der zertrümmerten Spitze, auf der wir stehen«, sagte Thinker langsam, »wenn wir statt des leiblichen das geistige Auge aufschlagen: den dunklen Anfang der Menschengeschichte, den nur der Höchste kennt; all die Verirrungen der ägyptischen Urzeit, aus denen die hochgepriesene Kunst der Griechen emporstieg. Dann die Perser und Mazedonier, und die Römer in ihrem Glanz als Herrscher der Welt. Die Wiege des Christentums und eines der vielen Gräber, die es sich selber grub, nachdem es seine Ideale zertrümmert und seinen Erlösungsgedanken vergessen hatte. Später die Araber in ihrem Glanz und Zerfall; glänzend auch noch im Zerfall. Und jetzt, seit Europa wieder gebieterisch an die Tore des Morgenlandes schlägt, eine neue wunderliche Blüte, bereit sich zu entfalten, die dem Lande Glück und Segen bringen kann, glänzender als je; oder auch das Gegenteil – wer kann es wissen? Hier stehen wir im Zentrum der menschenbewohnten Erde, in der Mitte der Weltgeschichte. Begreifen Sie jetzt, lieber Buchwald, weshalb Er gerade an diese Stelle sein Heiligtum gestellt hat?«

»Wer?« fragte Buchwald.

Thinker schwieg.

»Aber wer?« Der Maler wurde eigensinnig. Manchmal setzte sich ihm die Mystik seines Freundes auf die Nerven, wie sie ihn zu andern Zeiten belustigte. Klarheit wollte er haben.

»Ich weiß es nicht«, sagte Thinker demütig. »Ich weiß es noch nicht. Helfen Sie mir suchen. Heißen wir ihn Cheops, wie die andern. Aber es war kein Mensch gewöhnlicher Art, soviel weiß ich gewiß. Ein gewöhnlicher Mensch hätte die Grundwahrheiten des Weltalls und die Geschichte der Menschheit nie und nimmer in einem solchen Bau niederlegen können.«

»Aber bester Herr Thinker – ich bitte Sie –«

»Lieber Buchwald, ich bitte Sie, warten Sie noch ein wenig. Haben Sie Geduld mit sich selbst. Die Wahrheit wird über uns kommen wie ein gewappneter Mann. Sie wird uns erschrecken, aber wir werden frohlocken.«

Thinkers schwarze Gestalt hatte sich hoch aufgerichtet. Er starrte mit seiner Prophetenmiene gen Osten und bewegte die Lippen, ohne hörbar zu sprechen. Man sah, er war in einer andern Welt.

»Verrückt!« dachte Buchwald mit einem leisen Schauder der Ehrfurcht. Es war das wunderliche Gefühl, das man im Morgenlande, vom Ganges bis zum Nil, seit Urzeiten kennt: wo sie in dem Verrückten den Entrückten verehren.

Hipp, hipp, hurra! schallte es wie eine schneidende Dissonanz in diesem Augenblick über die Plattform und hinter der Kante der Nordseite tauchte das harmlose, krebsrote Gesicht des angloindischen Chirurgen auf. »Hulloh!« fuhr er mit wohlwollendem Erstaunen fort: »der Rabenvater ist auch schon da. Sie entschuldigen doch, aber es macht etwas warm in dieser Gegend. Dabei geht alle Etikette zum Kuckuck. – *Up*, Miss Jemima, *up*! Unsereins ist oben. Alt-England hat wieder einmal gesiegt. – Guter Gott – wenn Sie mir's nicht übelnehmen wollen, liebenswürdigste unserer transatlantischen Schwestern, wie sieht der Herr Papa aus! Schwarzblau! Das gibt eine Katastrophe. – Können sie bei einem Aderlaß behilflich sein? Haben Sie zufällig eine Lanzette in der Tasche?« wandte er sich mit der größten Vertraulichkeit an Thinker.

»Ich würde Ihnen gerne ein paar Unzen abzapfen, wenn wir das Geräte dazu hier hätten«, sagte Buchwald, da Thinker sich in stummer Verachtung abwandte.

»Nicht mir; dem Schmalzhändler, dem Yankee!« lachte der Chirurg. »Ihr Freund ist wohl der Hohepriester dieser erhabenen Tempelstätte. Donnerwetter«, fügte er leise hinzu, »macht er ein Spinnengesicht!« dann sich rasch abwendend: »Miss Jemima, hipp, hipp, hurra! Wieder eine oben!«

Sie kam allmählich herauf, die Hälfte der entsetzlichen Gesellschaft, stöhnend, pustend und jubilierend, je nach der körperlichen Verfassung der einzelnen: der Berliner Papierfabrikant hinter Jemima, der zweite junge Engländer, der seinen Beduinen von Zeit zu Zeit einen zornigen Stoß gab, und im übrigen das Schweigen eines Stockfischs bewahrte, der amerikanische Fleischhändler, dessen Frau auf der zehnten Stufe von unten mit zwei Franzosen umgekehrt war, nachdem sie ihrem widerstrebenden Mann das Versprechen abgenommen hatte, ihre Jemima nicht zu verlassen. Flehentlich, fast weinend, hatte dieser auf dem ganzen Leidensweg seine Tochter gebeten, die ›tolle‹ Besteigung aufzugeben. Sie würdigte ihn nur einmal einer Antwort:

»Papa, mein Wahlspruch ist: *Exelsior!* Wenn du dafür zu träge bist, so rutsche wieder hinunter!«

Der wackere Mann, der den Hohn seiner Angehörigen nicht verdiente, denn er hatte ein Leben der Arbeit für sie geopfert, seufzte tief und rutschte weiter, aufwärts.

»Gott sei Dank!« ächzte er, als ihn seine Beduinen mit dem letzten: *Gentlemen satisfied – up!* aufrichteten und zärtlich auf beiden Seiten stützten, so daß er nicht umfallen konnte. »Gott sei Dank, Jemima! Wenn du deinen Vater umgebracht hast, wirst du an mich denken. Den alten Cheops soll aber ein siediges –«

Thinker wandte sich langsam um und sah dem armen Mann starr ins Gesicht.

»Ich bitte Sie um Verzeihung, Herr – Herr –« stotterte der Fleischhändler, nach Luft schnappend.

»Rabenvater!« flüsterte der Chirurg.

»Halt dein Maul, Webster!« sagte sein anständigerer, stummer Freund.

»Es ist ein freies Land, hier oben, so viel ich sehe«, versetzte jener. »Davon macht auch unser verehrter Vetter aus Yankeeland Gebrauch. Hipp, hipp, hurra! Wer hat die Whiskyflasche?«

»Ich bitte Sie um Verzeihung«, begann der Fleischhändler

wieder. »Ich fluche nicht, gewohnheitsmäßig. Ich bin überhaupt gegen das Fluchen. Aber das ist zuviel! Sind Sie verheiratet, Herr Fremder? Solch ein Mädel wie meine Jemima, das ist wirklich zuviel. Sie würde sieben Väter unter die Erde bringen, mit ihrem verdammten ›Excelsior‹!«

Er entglitt den Händen der Beduinen und ließ sich auf den Boden fallen wie ein Maismehlsack aus Illinois.

»*Gentlemen satisfied, bakshish very good!*« bemerkten seine Helfershelfer, ihn gierig anblickend.

»Aber nicht ›up‹! Ihr Teufel, nicht ›up‹; das hat ein Ende!« stöhnte der Daliegende und suchte, mit Aufbietung der letzten Kräfte nach seiner Börse; dann sank er auf die Seite, wie ein gestrandetes Schiff, und regte sich nicht mehr.

»Papa, Papa«, rief nach einigen Minuten der Umschau Fräulein Jemima, indem sie ihren regungslosen Vater mit einem roten Sonnenschirmchen scherzhaft in die Rippen stieß, »Herr Webster sagt, die kleine Pyramide dort unten habe der Tochter deines Freundes Cheops gehört. Und er weiß eine Geschichte von ihr; er will sie mir aber nicht erzählen. Erzähl' mal!«

»Laß mich in Ruh!« stöhnte der Papa.

»Erzähl' einmal, sag' ich!« wiederholte das Töchterlein; scharf, mit einem zweiten ermunternden Stoß des Sonnenschirms.

»Au!« schrie der Fleischhändler, erfreuliche Zeichen wiederkehrenden Lebens verratend. »Na – also, wenn du darauf bestehst«, begann er dann, noch immer keuchend. »Der alte Cheops war ein Pharao. Er hatte eine Tochter, die hieß Jemima. Sie brachte ihren Vater zu solcher Verzweiflung, daß er sich die – die große Pyramide baute.«

»Stupid!« rief Miss Jemima entrüstet und wandte sich wieder ihrem Freund Webster zu, der soeben mit einem neuen ›Hipp, hipp, hurra!‹ einen großen Korb begrüßte, den zwei Fellachin nicht ohne wirkliche Anstrengung herauf geschleppt hatten.

»Das war mein Gedanke!« sagte der Berliner, mit Bewußtsein.

»Und mein Geldbeutel!« fügte der stille Engländer bei.

»Ich aber bin der einzige, der auf der Höhe der Zeit steht,
und aus Geld und Gedanken etwas zu machen weiß«, rief
Webster, zog einen Champagnerkorkenzieher hervor und
machte sich über den Korb her, dessen Inhalt er rasch und
niedlich auf dem höchsten Gestein der Plattform ausbreitete.
Alles scharte sich um den improvisierten Tisch, ein paar Kor-
ken knallten in die Luft und der Berliner ließ in einem Englisch, an dem der gute Wille das Beste war, das aber trotzdem
der Sprachgewandtheit des deutschen Kaufmannsstandes
Ehre machte, ein neues Paar, Jemima und den alten Cheops,
hoch leben. Staunend erkannte Webster den höheren Gei-
stesschwung seines Rivalen an. Buchwald und Thinker, die
aufs dringendste eingeladen wurden, an dem Festmahl teilzunehmen, hatten höflich dankend abgelehnt. Sie setzten sich
an der nordwestlichen Ecke der Plattform nieder, die Beine
behaglich über die Kante des Felsblocks hängend, der ihnen
zum Sitz diente. Je lauter es um den Festmahlstein zuging, um
so tiefer wurden die Schatten, die sich auf Thinkers Zügen
lagerten.

»Seien Sie kein Rabenvater, Verehrtester«, rief ihm Webster
zu, dem in der Hitze der Sekt rasch zu Kopf stieg und der auch
in nüchternem Zustand seinen bescheidenen Gedankenvor-
rat nach Möglichkeit verwerten mußte. »Lassen Sie wenigstens ihr Junges trinken.«

Buchwald wollte auffahren, aber Thinker legte die Hand
auf seine Schulter.

»Lassen sie das Geziefer schwatzen!« sagte er bitter. »Sie
meinen es nicht böse. Aber es ist schmerzlich, einen herrlichen Abend in dieser Weise geschändet zu sehen.«

»Und nun zum Schluß!« rief Webster nach einer weiteren
Viertelstunde des Lachens und Trinkens, das in einer Teebude
bei Kew nicht fröhlicher und nicht schaler hätte sein können.

Die beste Stimmung schien die Gesellschaft ergriffen zu haben und alle wünschten natürlich, zur ewigen Erinnerung an dieses klassische Mahl, ihre unvergänglichen Namen auf dem zehntausendjährigen Denkmal – man nahm es nicht mehr genau mit den Tausenden – des größten der Pharaonen eingegraben zu sehen.

»Damen voran!« erklärte Webster. »Miss Jemima Prudentia Switchley von Nummer 28 Fultonstraße New York U.S. Wer hat einen Bleistift?«

Darauf hatte das Dutzend Araber in der Südwestecke der Plattform schon längst gewartet. Es ist ein alter Brauch: der Reisende zeichnet seinen Namen möglichst auf den höchsten Stein, auf dem er Raum findet, die Beduinen schneiden ihn, zu zehn Paras den Buchstaben, in das merkwürdig weiche Material und der berühmte Afrikareisende ist verewigt. Der Gipfel ist gewöhnlich bedeckt mit den Namen dieser Berühmtheiten. Weder Thinker noch einer der andern Teilnehmer der Besteigung wußten, daß alle zwei bis drei Monate die klugen Kinder Sems sämtliche Steine voll berühmter Namen mit flüssigem Gips übergossen, um ihre lohnende Tätigkeit ohne räumliche Hindernisse fortsetzen zu können. Sonst hätte Thinker die Sache wohl weniger ernst genommen. Er trat höflich aber sehr entschlossen auf den kleinen Webster zu und sagte:

»Gestatten Sie, daß ich mich selbst vorstelle: der Reverend Dr. Joseph Thinker; Pyramidenvilla, Sydenham, London. Ich muß Sie dringend bitten, dieses Bauwerk, das mir verehrungswürdiger erscheint als ich auszusprechen vermag, nicht in der beabsichtigten Weise zu verunstalten.«

»Donnerwetter«, sagte Webster, »mein Name ist Webster. Harry Webster, dreiundachtzig Stella Lane, Bradford. Er ist so gut als ein anderer; ich schneide ihn ein, wo ich Platz finde. Und Miss Jemima Switchley klingt auch nicht schlecht. Die junge Dame wird Ihnen dies ohne Zweifel selbst deutlich machen.«

»Mit jungen Damen bespreche ich diese Dinge nicht«, versetzte Thinker fast unhöflich und setzte sich ohne weiteres auf das in zehn Zentimeter langen Buchstaben aufgezeichnete ›Jemima‹. Dabei konnte er den ehrenwerten Familiennamen der Switchley, sowie Fultonstraße bequem mit seinen Rockschößen decken.

»Verdammter Schwarzrock«, murmelte Webster in aufsteigendem Zorn, »kann ich Ihnen Jemima in die Beine schneiden lassen? Es ist freies Land hier oben. Sie haben die alten Steinblöcke nicht gepachtet. Gehen Sie weg – oder –«

Buchwald stand auf und stellte sich vor Thinker, der ruhig sitzen blieb. Der kleine Webster wurde rot wie ein Truthahn und ballte die Fäuste. Aber die Verhältnisse waren nicht günstig. Er hätte dem Maler unter dem erhobenen Arm durchspazieren können.

»Spiele nicht den Narren«, sagte sein stiller Gefährte leise. »Wenn der andere dich über die Kante drängt, liegst du dem alten Cheops näher, als dir lieb ist.«

Webster hatte sich in Boxerstellung geworfen und war fast bis an den Rand der Plattform zurückgetreten. An Mut fehlte es dem kleinen Mann offenbar nicht. Doch drehte er sich jetzt um, sah die fast unabsehbare Flucht der steilen Stufen hinunter und erbleichte.

»Ein andermal!« murmelte er, mit plötzlicher Ernüchterung. »*All right*, ein andermal, Mister –! Entschuldigen Sie mich. In Gegenwart von Damen boxe ich nicht. Das mag in Ihrem Vaterland Mode sein. Es ist nicht englisch – o nein! – es ist nicht englisch! Und ich will verdammt sein« – sein Zorn wuchs wieder – »wenn Sie mich daran kriegen, etwas zu tun, was ein englischer Gentleman nicht tut. Habe die Ehre!«

Harry Webster hob seinen Korkhelm, bot Jemima Switchley den Arm und führte sie an den Rand der Plattform, wie wenn er seine Dame aus einem Salon geleitete. Dort wurden beide ohne viele Zeremonien von ihren Beduinen ergriffen. Der Abstieg begann. Auf der dritten Stufe drehte sich der kleine Doktor noch einmal um, ohne den großen eines Blicks zu würdigen.

»Jem«, rief er seinem Freund zu, »ich bin ein wenig in Eile. Ich muß noch ins Innere des verflixten Gemäuers, denn ich habe meiner alten Tante ein Stück vom Sarkophag des Pharao versprochen und der Kuckuck soll mich holen, wenn ich mein Versprechen nicht halte. Es wird nicht überall ein Rabenvater sitzen, wo es gilt, Damen einen Dienst zu erweisen. Du gehst mit, hoffe ich; allein will ich in den Löchern nicht herumkriechen. Man muß sich hierzuland eine Leibgarde halten, wie die Hochwürden dort oben.«

Er verschwand hinter der nächsten Stufe und bald hörte man, schwächer und schwächer, aus der Tiefe das ferne Lachen und Plaudern der Absteigenden. –

Thinker saß noch immer auf dem Stein, die Ellbogen auf den Knien, das Gesicht in beiden Händen begraben, ein Bild der Verzweiflung. Buchwald legte die Hand auf seine Schulter.

»Sehen Sie um sich, lieber Freund!« sagte er tröstend; »das Geschmeiß ist verschwunden.«

»Wie ist es nur möglich, daß mein eigenes Vaterland solche Menschen hervorbringt?« fragte er, mit einem vorwurfsvollen Blick gegen den Himmel.

»Es waren Amerikaner dabei«, tröstete Buchwald, »und leider Gottes auch ein Deutscher. Die zwei Franzosen, die zur Gesellschaft gehörten, kamen nicht bis herauf. Sie sind ohne Zweifel nicht besser.«

»Alles eine Rotte Korah!« stöhnte Thinker. »Und nun kriecht das kleine Scheusal in die Königskammer; in das Allerheiligste, das wir auf dieser Erde kennen und klopft mit seinen unseligen Fingern an der heiligen Truhe herum. Gott sei Dank, daß der Granit, der das große Rätsel verewigt, härter ist, als die schwächliche Hand des Bösen! Er wußte, was er tat, der große Baumeister, als er das härteste Gestein aus Syene herbeischleppte, um es im Innersten seiner Pyramide zu bergen. O diese Kainsbrut!«

Die Sonne berührte jetzt den Horizont: eine rote Kugel in goldflimmerndem Dunste, der die ganze westliche Wüste in ein Feuermeer verwandelte. Im Osten gegen den dunklen Abendhimmel, auf dem sich der kreisförmige Schatten der Erdkugel deutlich abzeichnete, standen blutrot der Mokattam und die Berge von Tura. Zwei riesige, dunkelblaue Dreiecke, die scharfen Schatten der Pyramiden, erstreckten sich quer über das Niltal, als wollten sie es erdrücken. Es war ein fast unheimliches Bild in seiner Pracht und stummen Größe. Nur dort unten, gen Kafr, sah man ein paar bunte Fleckchen sich ameisenartig gegen den Nil hin bewegen; die Karawane der Reisenden, die Thinker aus der Fassung gebracht hatte.

»Gott sei Dank!« seufzte er auf. »Der Mensch war nicht im Innern. Er konnte den Frevel in so kurzer Zeit nicht begehen. Aber andere werden kommen und werden sich Zeit nehmen; und was sie mit Hämmern und Meißeln nicht zuwege bringen, vermag das Pulver. Natürlich; sie wissen nicht, was sie tun. Es ist Satan, der die Torheit der Menschen benützt, um das Ewige zu vernichten.«

Nach einer langen Pause erhob er sich, sah in die untergehende Sonne und sagte mit strahlenden Blicken:

»Es war nicht umsonst, was wir sahen. Nun weiß ich, was meine Aufgabe in diesem Lande ist. Andere sind geschickter als ich, zu forschen und zu enträtseln; ich fühle das längst. Ich werde mich bescheiden, nachzuprüfen, was diese Männer in dem heiligen Gestein lesen. Meine Aufgabe ist, es zu retten vor der Torheit und Bosheit der Menschen. Wie ich dies angreife, weiß ich noch nicht, aber bei diesem letzten Sonnenstrahl, der alles um uns her vergoldet, wie er es seit Tausenden von Jahren täglich getan hat: ich werde es tun. Mit meinen eigenen Händen werde ich das Heiligtum schützen und diesen Greueln ein Ende machen!«

Die Sonne war untergegangen. Rasch und schweigend kletterten die beiden Einsiedler in der bleichen Abenddämmerung zur Erde herab, Thinker sichtlich in hundert Plänen vertieft, Buchwald in fast unheimlichem Erstaunen: wo es mit seinem wunderlichen Freund noch hinauswolle. Das Schlimmste war: Er fühlte, wie sie auch ihn gefangennahm, diese Pyramide, mit ihrer stillen, erdrückenden Wucht. Jetzt waren sie unten und da stand sie, beredt und schweigend, wie immer, ob die Menschen um sie her sie anbeteten oder in Stücke zu schlagen suchten, ob sie Weisheit in ihr sahen, oder über sie verrückt wurden. Eine fast sichtbare, eine unheimlich fühlbare Kraft lag in der unzerstörbaren Ruhe ihres Daseins. Buchwald schüttelte sich; es half nichts. Er folgte Thinker, der mit großen Schritten und gesenkten Hauptes der Gräberwohnung zuschritt.

KAPITEL

Unter Fellachin

Nahezu vierzehn Tage waren verflossen, seitdem sie auf dem Pyramidenfelde hausten. Buchwald hatte aufgehört, die Tage zu zählen. War es möglich, fragte er sich manchmal, wenn er halbbetäubt von der Hitze über seine Leinwand hinweg in den brennenden Sand starrte, oder in der Abenddämmerung müde zusah, wie die kleine Haifa in den Resten ihres Kullahs seine Pinsel wusch, ist es wirklich möglich, daß das Leben in der Wildnis eine so ruhige Form annehmen kann? Es war, mit kleinen Abweichungen, ja fast wie in Middletonsquare zu Islington und weitaus geordneter, als in St. John's Wood. Mit jenem Instinkt, der den Engländer nirgends verläßt, hatte Thinker ohne sichtliche Schwierigkeiten das Jägergrab in ein ›Parlour‹, ein Wohnzimmer, umgewandelt. Der Tee duftete nach Sydenham, und zum Frühstück erschienen Eier und Yorkshireschinken, den der Koch, nach einigen mißlungenen Versuchen, vortrefflich zu rösten gelernt hatte. Es fehlte nur der Toast, der allen Experimenten widerstand, um fast zu vergessen, daß sie in der Wüste hinter Gise lagerten, statt in einer Villa zu Camberwell zu wohnen. Trotz seiner zeitweiligen Weltvergessenheit war Thinker kein unpraktischer Träumer, wenn es galt, ein bestimmtes Ziel zu erreichen.

Ein vierter ständiger Esel wurde nach der Rückkehr des hochintelligenten Sais Ismael von seiner ersten Sendung nach Kairo eingestellt, von der er statt des erwarteten Rasiermessers ein kräftiges Beil für Fleischhauerarbeiten mitgebracht hatte. Ähnliche kleine Mißverständnisse gehörten auch später zur Tagesordnung und zur ständigen Würze der sonst vielleicht allzu ernsten Unterhaltung der beiden Einsiedler. Sie machten es überdies notwendig, daß der Sais mindestens an jedem zweiten Tag seinen Ritt nach der Hauptstadt wiederholte, um dieses oder jenes dringende Bedürfnis des täglichen Lebens befriedigen zu können. Dies hatte zur Folge, daß sich in Kürze eine wunderliche Sammlung völlig nutzloser Gegenstände in den Höhlen anhäufte, die denselben das Aussehen behaglicher Wohnlichkeit gaben. Die Sache ging soweit, daß in Buchwald der Verdacht aufstieg, sein Freund Eyth überrede Thinkers Freund O'Donald, gelegentlich nach eigener Eingebung irgend einen in Kairo entbehrlichen Gegenstand nach Gise zu senden, um die Höhlenbewohner zu überraschen. Die Ankunft eines zerbrochenen Kanarienvogelkäfigs konnte auf keine andere Weise erklärt werden, nachdem der Koch um eine Drahtglocke gebeten hatte, die seine Fleischvorräte vor Insekten schützen sollte. Vieles, andererseits, gelang über Erwarten: Zwei Schaukelstühle zum Beispiel, die zwar im Sand schlecht schaukelten, sonst aber sehr bequem waren; eine Hängelampe, die wohl vier Tage lang auf den Docht warten mußte, schon in dieser Zeit aber einen herrlichen Schmuck des Jägergrabs bildete und es später ermöglichte, die Abende lesend und schreibend aufs angenehmste zuzubringen. Unerschöpflich erwies sich der Koch in Wünschen nach Geräten aller Art, die er zur Herstellung der wunderbarsten Gerichte aus Tausendundeiner Nacht nötig hatte, wie Buchwald wegwerfend vermutete. Thinker aber, der das Geld mit Verachtung behandelte, bat seinen Freund, der phantasievollen Tätigkeit des arabischen Küchenmeisters nicht Einhalt zu tun. Da glücklicherweise beiden das Verständnis für die Genüsse von Feinschmeckern in bedauerlicher Weise abging und sie kaum mehr bedurften als zweimal des Tags einen guten, heißen Tee, so war es nicht nötig, dem Übereifer des Kochs unliebsame Schranken zu setzen und erfreulich zu sehen, wie sämtliche Gebrüder Musa dabei fett und rund wurden.

Die täglichen Bedürfnisse: Milch, frische, nicht allzu reinliche Ziegenbutter in kleinen Kügelchen, Eier von phänomenaler Kleinheit, Täubchen in reichlicher Menge, manchmal auch ein knochiges Huhn lieferten Kafr und die nächsten Dörfer, sobald bekannt wurde, daß ein mythisch-reicher Engländer mit seinem ›Vekil‹ ein Mumiengrab bezogen und sich dort sichtlich als ›Magnun‹, als eine Art ungläubiger Heiliger, niedergelassen habe. Dem Dragoman, der selbst immer weniger begriff, was er aus seinen Herren machen sollte, gefiel diese Erklärung so wohl, daß er sie nach Kräften unterstützte. Als nach einer Woche Thinkers eigene Meßinstrumente ankamen, änderte sich die Ansicht der Umgegend ein wenig. Der lange, ältere Herr, den man nie anders als in Schwarz gekleidet sah, der mit sonderbaren Gebärden an der großen Pyramide auf- und abkletterte, und allerhand unheilige Gebetsverrichtungen mit Maschinen vornahm, war sichtlich ein großer Zauberer, den zu ärgern man sich wohl hüten mußte. Eher könne man seinem Zauberlehrling durch einen gelegentlichen Steinwurf andeuten, was man von beiden denke, obgleich auch dies besser unterblieb. War er doch ebenfalls scheinbar harmlos, obgleich er sich den ganzen Tag damit beschäftigte, farbige Hexenzeichen auf Leinwand zu schmieren. Der einzige im Dorf, der diese milde Auffassung nicht billigte, war der Imam, ein schwarzbrauner Araber, dessen finstere Züge Buchwald schon zweimal zu skizzieren versucht hatte. Sobald aber der Mann bemerkte, was vorging, war er zornig aufgesprungen und hatte sich tief beleidigt, ohne ein Wort zu sagen, entfernt. Die kleine Haifa war seine Schwester, erzählte der Dragoman. Mit zornsprühenden Augen erklärte der Bruder im Kreis seiner beunruhigten Gemeinde: der Ungläubige habe das Kind behext. Die Kleine schien sich jedoch nichts aus dem Zorn ihres Bruders zu machen und lief nach wie vor nach eigenem Gutdünken dem Maler oder ihrem halben Piaster nach.

In der Höhlenwohnung konnte man nicht malen; es war dort zu dunkel. Im Freien war es während des größeren Teils der Zeit zu heiß. Aber schon am dritten Tag hatte Buchwald in der Nähe des Sphinx neben dem sogenannten ›Zahlengrab‹ eine tiefe Nische gefunden, auch wohl eine frühere, jetzt halbzerstörte Grabhöhle, deren vierte Seite nach Osten hin völlig offen war. Hier hatte er seine Malerwerkstätte aufgeschlagen und diesen Raum betrachtete Haifa von der Stunde an als ihr Gebiet. Sie brachte einen Strohwisch und fegte den Sand hinaus. Sie sah danach, daß der Malkasten geordnet und geschlossen wurde, wenn sich Buchwald entfernte. Sie brachte zwei weitere Kullahs, stellte sie am Eingang auf einen Stein, den sie mit Aufbietung all ihrer Kräfte herangewälzt hatte und sorgte dafür, daß die Flaschen stets gefüllt blieben. Groß war ihre Erregung, als – wie dies auch vor der Grabwohnung geschah – ein schwarzer Nubier als Boab (Türhüter) vor der Nische erschien. Thinker hatte sich diese Leute nachträglich aus Kairo verschrieben, um die unerwünschten Besuche der Umgegend abzuhalten und dem Verschwinden kleiner aber oft wertvoller Gegenstände aus der gemeinsamen Behausung Einhalt zu tun. Da Haifa über diese neue Einrichtung leidenschaftlich erzürnt schien, sprach ihr Buchwald freundlich zu, worauf sie sich langsam beruhigte. Den Boab aber betrachtete sie in der Zukunft als ihren Diener, ermahnte ihn, bei Tag wach zu bleiben und bei Nacht beide Augen aufzumachen. Dies ließ der Boab mit dem üblichen Ernst seiner Zunft sich ruhig gefallen. Er schien die Ansicht des Mädchens zu teilen, daß sie die kleine Frau des Malers sein müsse.

Das tägliche Leben der beiden Anachoreten verlief nach einigen Tagen in der geordneten Weise, welche angestrengte Tätigkeit stets mit sich bringt. Nach dem Frühstück, das eine halbe Stunde nach Sonnenaufgang bereit stand, packten beide einigen Mundvorrat in die Tasche und zogen auf ihren Eseln in die Welt hinaus: Thinker nach Norden der Cheopspyramide zu, Buchwald meist nach Südost, um zuerst seinem Atelier einen Besuch abzustatten. Jeder hatte nun mit seinen eigenen Arbeiten bis gegen Mittag vollauf zu tun. Um diese Zeit fanden sie sich wieder in ihrer Höhlenwohnung zum frühen Mittagsmahl zusammen, dem die wohlverdiente Siesta folgte. Um dreieinhalb Uhr wurden ein paar Täßchen arabischen Kaffees getrunken. Dann ging es abermals hinaus in den glühenden Sonnenschein, bis die Abenddämmerung sie wieder vereinigte. Meist lagen sie nach dem Tee noch stundenlang auf den Felsplatten über den Gräbern, halbträumend ihr Arbeitsfeld überblickend und von Zeit zu Zeit ein paar Worte tauschend. Die heißen, ägyptischen Tage ermüden, auch wenn sie keine größeren körperlichen Anstrengungen bringen. Doch fehlte es auch an diesen namentlich Thinker nicht, dem es mit seinen Vermessungsarbeiten bitterer Ernst war und der häufig noch bis in die tiefe Nacht hinein Notizen ordnete, schrieb oder studierte. Denn aus seinem gewaltigen Koffer war nach und nach eine ansehnliche Bibliothek herausgekrochen: ein englisches und ein altes hebräisches Testament, Herodot, Strabo, Plinius, ein paar Araber, die Werke der französischen Expedition, Howard-Vyse, Wilkinson und anderes mehr, und hatte auf einem geschickt horizontal laufenden Felsvorsprung an der hinteren Wand des Jägergrabs Aufstellung gefunden. Buchwald konnte sich nicht enthalten, ein paar heimliche Skizzen seines Freundes auszuführen; wie man ihn unter der Hängelampe über die alten Bände gebeugt, durch die verwitterte Öffnung des Felsengrabs in dem gespenstisch erleuchteten Raum sitzen sah: ein Faust, der noch nicht die Hoffnung verloren hatte, in den Gräbern das alte, und vielleicht ein neues Leben zu finden.

Dem Maler gewährte sein ungewohntes Arbeitsfeld eine Befriedigung, die er kaum erwartet hatte. Dies mochte nicht zum geringsten Teil daher stammen, daß ihm hier Motive entgegentraten, grundverschieden von denen, die ihn bisher beschäftigt hatten. Dort moderne Menschen, umgeben von dem Luxus und der Unnatur unseres heutigen Tages, unter dessen schillerndem Licht selbst das Kind in der Natürlichkeit, die es auf die Welt bringt, kaum mehr zu erkennen ist; hier die Natur in ihren einfachen Formen, in der jede Berührung mit dem Menschen seit Jahrtausenden erstorben war, groß und gewaltig, aber stumm, voll Licht und Luft, aber doch ohne Leben. Der Gegensatz von heute und gestern tat ihm wohl. Der Bann einer Gedankenwelt, die ihn seit Jahren umgeben und gequält hatte, löste sich unmerklich, und die frische reine Wüstenluft erfüllte ihn mit neuen, bisher unbekannten Kräften.

Er fand merkwürdig viel Schönes in der scheinbaren Einförmigkeit seiner Umgebung: die Farbenpracht des Gesteins in Licht und Schatten der Abendsonne, die schneidende Bestimmtheit der Formen in der brennenden Helle des Mittags, den Duft über den fernen zierlichen Palmen des Niltals am frühen Morgen. Dazu ein Vordergrund, der lautlos auf Schritt und Tritt an den geheimnisvollen Uranfang der Menschheit mahnte: hier eine Mastaba, dort die Ecke einer der Pyramiden, dazwischen die Sphinx, der stumme Wächter des Totenfeldes. Er hatte Dutzende von Skizzen und drei oder vier größere Bilder angefangen: Träumereien aus einer Vergangenheit, die niemand mehr kennt, Freilichtstudien, wie sie vor vierzig Jahren kein zweiter Maler gewagt hätte. Und mit wachsender Freude fühlte er, wie unter dieser Sonne der Plan für sein großes Bild reifte, in dem er alles vereinigen wollte, was ihm diese Tage brachten.

Ab und zu suchte ihn Thinker auf, wenn der Gelehrte einen besonders wichtigen Fund gemacht zu haben glaubte, oder in der Länge eines Felsblocks, der Höhe einer Schicht des Pyramidenbaues neue Beziehungen zu Himmel und Erde entdeckt hatte. Buchwald, ruhig fortpinselnd, lachte dann wohl im Stillen, je mehr ihn sein älterer Freund mit Zahlen überschüttete. Aber langsam und fühlbar zog ihn doch die Begeisterung, der felsenfeste Glaube seines Gefährten in ihren Bannkreis. Er war nicht mehr weit davon entfernt, ein gläubiger Jünger der kleinen Pyramidengemeinde zu werden, die in Thinker ihren eifrigsten Apostel gefunden hatte.

Allerdings streute dieser neue Prediger in der Wüste den Samen seiner krausen Wahrheiten auf einen Boden, den ein Pflug gelockert hatte, von dem er nichts wußte. Hundertmal, wenn Buchwald hinübersah, wo in bläulichem Dunst die Minaretts von Kairo zu erkennen waren, fragte er, ob sie wohl zurückgekommen sein mochte, ob er sie wiedersehen werde, ob er nicht der größte Narr unter der Sonne sei, hier zu sitzen und tote Wüstenbilder zu klecksen, anstatt dort drüben das einzige aufzusuchen, was das Leben lebenswert mache. Warum mußte sich an diese Gedanken ein scharfer heimlicher Schmerz knüpfen, etwas wie eine Angst ohne Ursache? Sie war das Kind nicht mehr, das er gekannt hatte; natürlich! Konnte sie aber nicht zehnmal schöner geworden sein? Ja. Aber konnte sie nicht auch im bunten Treiben der großen Welt so viel anderes und hundert andere gesehen und die unvergeßlichen Stunden von Stoke-Newington längst vergessen haben?

Trotz aller Mystik, in der der Gelehrte lebte, ging es an der Cheopspyramide, bei Thinker, einfacher und verständiger zu. Statt der versprochenen zwölf Mann waren am Tage nach der Unterredung mit dem Schech von Kafr doch sechs und vier Mädchen angetreten. Nachdem sich der Dorfschech überzeugt hatte, daß Thinker in der Bezahlung von Männern und Mädchen keinen Unterschied machte, kamen am folgenden Morgen vier Männer und sieben Mädchen, von denen zwei, wegen allzu zarten Alters, sofort wieder heimgeschickt werden mußten. Aber auch so machte die Arbeit unter dem schrillen Gesang des Frauenchors sichtliche Fortschritte und am Abend dieses zweiten Tages hatte der Forscher die unaussprechliche Freude, die Stelle frei zu legen, welche das in den gewachsenen Felsboden eingemeißelte vertiefte Lager des nordwestlichen Ecksteins der Pyramide gebildet haben mochte. Die Kanten der Vertiefung zeigten noch immer die Schärfe, welche der Stolz der alten Baumeister gewesen sein muß: ein Gefühl, das aus dem Sinn des heutigen Ägypters völlig verschwunden ist, der ein genaues Maß und eine gerade Linie nicht kennt. Schon am folgenden Tage glückte es, die entgegengesetzte nordöstliche Ecke aufzufinden, die weit weniger tief im Sande begraben lag, und auch hier ließ sich, wenn nicht von Millimetern, so doch von unzweifelhaften Zentimetern sprechen, wenn es galt, die Seitenlänge der Grundfläche der Pyramide festzustellen. Man hatte nur die Entfernung der gefundenen Kanten mit der nötigen Genauigkeit zu messen, um aller Welt den Glauben an eine der merkwürdigsten Eigentümlichkeit der Cheopspyramide, ihre sozusagen prophetischen Beziehungen zur Zahl π, aufzuzwingen. »Nur!«

Es war so einfach nicht, als es sich ausspricht. All die Gelehrten, die bisher die Aufgabe zu lösen versuchten, mußten sich schließlich mit einem zweifelhaften ›ungefähr‹ begnügen. In der zu messenden Linie von annähernd zweihundertunddreißig Metern lagen kleine Täler und Hügel, haushohe Trümmerhaufen und verwitternde Felsblöcke in wilder Verwirrung, über die hinweg genau zu messen selbst einem gewieften Geometer von Beruf nicht leicht geworden wäre. Doch Thinker war auf seine Aufgabe vorbereitet wie wohl kaum ein anderer seiner Vorgänger, und hatte monatelang den Spott der Jungen und das Kopfschütteln der Alten um Sydenham ertragen, wo er durch Parkstücke und an Gartenwegen entlang imaginäre Pyramidenseiten abmaß. Zunächst mußte auf günstigerem Grund und Boden in einiger Entfernung eine Vermessungsbasis abgesteckt werden. Eine etwa hundert Meter lange, fast völlig ebene Strecke, die sich hierzu eignete, da von deren beiden Enden die Eckpunkte der Pyramide gesehen werden konnten, fand sich noch auf dem Felsplateau im Norden des Baus. Thinkers eigene, sehnsüchtig erwartete Meßgeräte hatte der Sais Ismael tags zuvor aus Kairo gebracht. Sie waren nach Landessitte auf dem Zollamt zu Alexandrien zweimal verloren gegangen und gegen ein entsprechendes Bakschisch wiedergefunden worden. Die weiblichen Grabarbeiter wurden zum stillen Ärger Ibrahim ben Musas und unter lautem Widerspruch des Schechs nach Hause geschickt. Sie waren vorläufig nicht mehr nötig. Dagegen mußte Buchwald, den dringenden Bitten seines Gefährten nachgebend, seine Studien unterbrechen und hatte das Hochgefühl, wie Thinker meinte, bei dem Ausstecken der Vermessungsbasis behilflich sein zu dürfen. Das Abmessen von dreihundert englischen Fuß wurde sodann mit allem wissenschaftlichen Raffinement vorgenommen. Die drei, sechs Fuß langen stählernen Meßstangen lagen in hölzernen Mänteln, aus denen an den Ecken nur ihre Stahlspitzen hervorsahen. Sie wurden auf Böcken genau horizontal eingestellt, nachdem sie in der Richtung der abzumessenden Linie niedergelegt waren. Vor dem Ablesen des kleinen Zwischenraums zwischen den Stangenspitzen, die sich nie berühren durften, mittels eines Mikrometers, wurde die Temperatur der Umgebung notiert, um die Expansion des Stahls in Rechnung ziehen zu können. Denn die abzusteckende Basis sollte keineswegs in der Sonnenhitze eines Nachmittags, sondern bei der mittleren Jahrestemperatur unter dem dreißigsten Breitengrad dreihundert englische Fuß messen.

»Ich würde am liebsten sogleich alle Messungen in Pyramidenzoll ausführen, wenn unsere Instrumente entsprechend eingeteilt wären«, sagte Thinker leise zu Buchwald, denn er fürchtete in kritischen Augenblicken selbst die Störung einer Schallwelle. »Sie erinnern sich, dieser Zoll ist der fünfzigste Teil des Pyramidenmeters, der wieder der fünfhunderttausendste Teil der Polarachse der Erde ist. So müssen wir uns zunächst mit dem englischen Zoll behelfen, der übrigens nur um ein Tausendstel länger ist, als der Pyramidenzoll. Ist dies nicht eine erstaunliche« – Plötzlich stockte er.

»Himmlische Heerscharen!« – es war sein heftigster Fluch, der ihm nur in der äußersten Aufregung entschlüpfte – »ich wollte Ihnen dies in einem feierlicheren Augenblick mitteilen. Sie reifen heran, lieber Buchwald; sichtlich. Aber für diese Wahrheit, die unser teures, englisches Volk mit den Offenbarungen der großen Pyramide verknüpft, sind Sie noch nicht reif. Nehmen Sie keinen Anstoß an dem, was Sie gehört haben. Ihre Zeit wird kommen. Sie kommt sicher.«

»Null Komma drei drei fünf!« rief Buchwald, in großer Seelenruhe seinen Mikrometer ablesend, so daß Thinker sich beruhigte. Seine unvorsichtige Äußerung hatte sichtlich kein Unheil angerichtet. Der Maler freute sich an den Fortschritten, die er in der praktischen Geometrie machte und bemerkte mit Verwunderung, wie vielerlei man im Land der Pharaonen lernen konnte, auch ohne auf die Offenbarungen der Pyramide einzugehen.

Das Abstecken der Vermessungsbasis kostete zwei volle Tage. Dann ging es an die trigonometrische Aufnahme der gesuchten Seitenlinie. Während dieser Arbeit bat der Maler dringend, entlassen zu werden, eine Bitte, die ihm Thinker nach langem Zögern kopfschüttelnd gewährte. Die jüngeren Fellachin erwiesen sich anstellig genug, wenn man sie von Zeit zu Zeit mit einem Bakschisch ermunterte und den Dragoman nicht hinderte, handgreiflichere Mittel anzuwenden. Allerdings flößte ihnen die Aufstellung des Theodolits große Besorgnis ein, namentlich nachdem sie entdeckt hatten, daß es keine gewöhnliche kleine Kanone war, wie man anfänglich vermutet hatte. Was konnte der Zweck des rätselhaften Instrumentes sein, das der Fremde bedrohlich nach lächerlichen Zielen richtete, das aber trotzdem nie losging? Was mochte der schwarze Zauberer im Schilde führen? Er gab Bakschisch, reichlich, aber wer konnte sagen, ob sie nicht alle dafür zu büßen hätten, ehe das geheimnisvolle Treiben zu

Ende war! Im Dorf wuchs die bange Erwartung von Tag zu Tag. Und dann kam aus dem eine Stunde entfernten Abusir die Nachricht, daß dort ein Mann, der Amtsschreiber des Schechs, tot zu Boden gestürzt sei, gerade zur Zeit, als Thinker mit dem Theodolit zu hantieren begann. Niemand hatte einen Knall gehört, niemand sah einen Rauch und trotzdem war der Mann mausetot. Kein Zweifel mehr: es war eine Zauberkanone der schlimmsten Gattung und von unerhörter Fernwirkung.

Am fünften Tag blieb Thinker allein in seinem Grab und schrieb und rechnete stundenlang. Buchwald hatte sich mit ungewohnter Entschiedenheit geweigert, ihm Gesellschaft zu leisten. Fast hätten sie sich gezankt. »Alles hat seine Grenzen«, sagte der Maler zu sich, als er in wirklichem Zorn den Esel bestieg, um sein Atelier aufzusuchen. »Logarithmen! Das geht zu weit.«

Er fand mittags Thinker in einem Zustand so tiefer Betrübnis, daß ihm sein Zorn leid tat. War und blieb er nicht ihr Onkel?

»Sehen Sie, lieber Herr Thinker«, sagte er reuig, »ich will ja gerne alles für Sie tun; nur Logarithmen, die waren mir von Kindesbeinen an ein solcher Greuel –«

»Ich weiß, ich weiß!« unterbrach ihn Thinker, nach seiner Hand greifend. »Aber gehen Sie nach Tisch mit mir. Sie wissen nicht, wieviel an den nächsten vierundzwanzig Stunden hängt. –«

Die Freunde waren versöhnt und wanderten in der Glut der Nachmittagssonne nach der Vermessungsbasis. Dort begannen sie sofort, die Strecke zum drittenmal zu messen. Das Ergebnis der ersten Berechnungen hatte Thinker nicht befriedigt. Und in der Tat: am Abend stellte sich heraus, daß die Linie im Lauf der letzten drei Tage um achtzehn Millimeter kürzer geworden war!

»Unglaublich«, rief Thinker, »wenn nicht die Mächte der Finsternis ihr Spiel dabei haben. Ich möchte dies fast vermuten. Wir stehen hier an der Pforte von Geheimnissen, die das Übernatürliche fühlbar berühren. Sie wissen, wie in den Volkssagen aller Völker Schätze von Dämonen gehütet werden. Kommen Sie mir nicht mit Ihrem alten Lächeln, das Sie sich seit einigen Tagen abgewöhnt hatten. Die Volksseele steht der Wahrheit näher, als unsere blinde Vernunft.«

Mit Mühe hielt ihn Buchwald ab, die Nacht durchzurechnen. Dafür wälzte er sich schlaflos auf seinem Bett umher und stand zweimal geräuschvoll auf, in der Hoffnung, dadurch den Anbruch des Tags zu beschleunigen. Es war noch frische, kühle Dämmerung, als er bereits das Feldtischchen vor die Höhle gerückt hatte, und siebenstellige Logarithmen vor sich hinflüsterte.

Gegen zehn Uhr suchte er Buchwald auf, der von der halben Höhe der Menkaurapyramide die beiden Großen zu malen begonnen hatte, und schwenkte während des Aufstiegs einen Bogen Papier triumphierend über seinem Kopf. Die Berechnung war abermals durchgeführt. Das jetzige Ergebnis stimmte auf drei zweiunddreißigstel Zoll mit der Theorie. Drei zweiunddreißigstel Zoll auf eine solche Länge ist ein Fehler, der dem besten Meßinstrument unserer Zeit zugeschoben werden kann, erklärte er triumphierend. »Wir haben also in der Tat die genaue Tageszahl des Sonnenjahrs in der Seitenlänge der Pyramide gefunden«, erklärte er. »Infolge der gotteslästerlichen Zertrümmerung ihrer Spitze kann die ursprüngliche, wahre Höhe des Bauwerks nicht anders als durch Berechnung bestimmt werden. Der Böschungswinkel, den uns der gefundene Verschalungsstein angibt, läßt sich allerdings mit den uns zur Verfügung stehenden Instrumenten mit der wünschenswerten Genauigkeit nicht messen. Jedenfalls aber liegt er um 51 Grad und 32 Minuten. Dies ergibt eine Höhe, die nicht nur die Zahl Pi, sondern auch die für unser ganzes irdisches Dasein so hochwichtige Entfernung der Erde von der Sonne verkörpert«.

Unter einer Flut von Zahlen malte Buchwald ruhig weiter.

Thinker hatte sich an seiner Seite niedergelassen, während Haifa, vor ihm sitzend, wie wenn sie einen wilden Vogel betrachtete, jedes Wort mit weitaufgerissenen Augen von seinen Lippen ablas. Sie liebte Thinker nicht. Er war auch für sie der schwarze alte Zauberer, vor dem sie für Buchwald Angst hatte. Dieser ließ den Zahlenregen schweigend über sich ergehen, in der Hoffnung, daß auch wieder sonnigere Stunden kommen würden.

»Nur eins begreife ich nicht, Herr Thinker«, begann er endlich, als der Gelehrte in seiner freudigen Erregung nach Luft schnappte; »weshalb gehen wir nie hinein, ins Innere Ihrer großen Pyramide. Wenn Sie in der Schale schon solche Wunder lesen, muß da der Kern nicht zehnmal wundervoller sein?«

Der Doktor wurde plötzlich sehr ernst.

»Haben Sie noch eine kleine Weile Geduld«, sagte er nach einer Pause. »Ich bin gewohnt, Schritt für Schritt zu gehen. Man sollte das Heiligste nicht in unziemlicher Hast betreten. Manchmal packt mich ein förmlicher Schauder der Ehrfurcht. Wäre es möglich, daß Sie sich würdig fühlten? Armer junger Freund!«

»Würdig in der großen Pyramide herumzukriechen?« fragte Buchwald, mit seiner unverwüstlichen Naivität. »Warum nicht?«

»Sie sollen es in einigen Tagen erfahren; haben Sie Geduld«, antwortete Thinker. »Ich habe zuvor noch eine mühselige Arbeit zu vollenden. Gewiß, eine Arbeit der Liebe ist wohl nie eigentlich mühselig, aber ich gestehe: Das Klettern, Bücken und Knien tut mir heute weniger wohl als vor fünfundzwanzig Jahren. Morgen werde ich beginnen, die Höhe der einzelnen Horizontalschichten zu messen, aus denen die Pyramide besteht. Wenn ich richtig gezählt habe, sind es zweihundertundvier, vom Grund bis zur Spitze, wenn man die verschwundenen Stufen des Gipfels mitzählt.«

»Was fangen Sie aber mit den Maßen an, wenn Sie sie haben?« fragte der Maler.

»Ich weiß es nicht; aber ich hoffe es wird sich zeigen«, antwortete Thinker. »Nichts in diesem Bauwerk ist gleichgültig oder das Werk des Zufalls. Sie werden dies mit mir empfinden, wenn wir uns zusammen dem halbentzifferten Innern nähern. Dort wird vielleicht auch Ihnen ein Licht aufgehen. Geduld und Arbeit muß uns zum Ziel führen, was es auch immer sein möge. Es ist nicht gut, den Baum der Erkenntnis leichtfertig zu schütteln.«

Er warf einen Blick auf die Leinwand des Künstlers und seufzte.

»Das echte Sinnbild von Menschenwerk, wie es der Affe zustande bringt! Ruhig, mein Freund. Verlangen Sie keine Erklärung. Ich wollte Sie nicht beleidigen. Sie malen die Chefrenpyramide wieder mit ihrer boshaften scharfen Spitze und ihren sinnlosen Winkeln? Und – ei, ei, da oben in der Ecke wieder einmal der Mädchenkopf! Buchwald, Buchwald, laufen sie mir nicht zu lange falschen Göttern nach!«

Er faltete das mit Zahlen bedeckte Papier zusammen, steckte es sorgfältig in seine Brusttasche, und kletterte die Stufen des Menkauragrabdenkmals hinunter, sichtlich nicht völlig befriedigt von diesem Besuch bei seinem jungen Freund.

In den folgenden Tagen war Buchwald kaum imstande, den Besuch heimzugeben. Thinker bewegte sich auf den höchsten Stufen der Cheopspyramide, das einzige schwarze Fleckchen auf der gelben Fläche. Stöhnend folgte ihm der Dragoman und wimmernd die vier Fellachin, die seine ständige Leibwache geworden waren. Mit Senkblei, Winkel und Richtlatte wurde Stufe um Stufe gemessen und langsam arbeitete sich auf diese Weise das Trüpplein in fünf Tagen vom Gipfel bis gegen den Grund herab. Täglich ein- oder zweimal mußte die Arbeit unterbrochen werden, wenn zu immer neuausbrechendem Jammer des Doktors eine Gesellschaft fremder

Besucher von Gise her geritten kam, und am Fuß der Pyramide Anstalt machte, den Gipfel zu besteigen. Dann floh er entlang der horizontalen Staffel, auf der er sich befand, an deren äußerstes westliches Ende und kauerte sich dort unter dem geöffneten Sonnenschirm wie eine Landschildkröte zusammen, bis das ›Ungeziefer‹ verschwunden war. Keine Worte waren ihm am Abend stark genug, seinen Empfindungen Ausdruck zu verleihen, wenn bei einer Begegnung dieser Art ein allzu neugieriger Reisender gewagt hatte, die Natur der eigentümlichen Schildkröte näher zu untersuchen, oder wenn er die Schläge eines Hammers hören mußte, der Stückchen von den Felsblöcken auf dem Gipfel lostrennte, die ›zur Erinnerung‹ mitgenommen werden sollen. »Als ob ein mit Vernunft begabtes Wesen die große Pyramide vergessen könnte!« Er lachte bitter und erwartete von seinem Freund ein sympathisches Echo. Und Buchwald lachte mit. War er nicht ihr Onkel?

Für den vereinsamten Europäer inmitten einer afrikanischen Bevölkerung, deren Sprache er nicht versteht, von deren Denkweise er keine Ahnung hat, bleibt das Leben der Eingeborenen, selbst wenn er täglich mit ihnen in Berührung kommt, ein mit sieben Siegeln verschollenes Buch. Es ist ihm von morgens bis abends, als stände er vor einem dichten Vorhang, auf dem Schatten vorüberhuschen, hinter dem er Lärm und Stimmen hört; was sie aber bedeuten, muß er erraten, und meist rät er falsch. Manchmal glaubt er, von verbohrter Feindseligkeit bedroht zu sein, während die Leute die Absicht hatten, ihm heimlich das Beste zuzustecken, das sie selbst besaßen, ein andermal meint er einen rührenden Zug von Treue und Anhänglichkeit belohnen zu müssen, weil ihn ein besonders schlauer Spitzbube geschickt hinters Licht geführt hatte. Ahnungslos geht er an wirklichen Gefahren vorüber, die er durch eine Handlung vermeintlicher Höflichkeit selbst heraufbeschworen hatte, und greift erschreckt nach seinem Revolver, wenn ihn ein wohlwollender Halbwilder etwas dringender als gewöhnlich zum Abendessen bittet. Diesem Schicksal entgingen auch Buchwald und sein würdiger Freund nicht, deren Beziehungen zu den Bewohnern von Kafr und den Nachbardörfern durch mancherlei Wandlungen gingen, ohne daß sie das geringste davon merkten. Denn Thinker arbeitete wohl nächtlicherweise eifrig am Entziffern von Hieroglyphen und altarabischen Urkunden, lernte aber kaum ein Wort Vulgärarabisch, und Ibrahim ben Musa übersetzte nur, was ihm gut und nützlich dünkte. Buchwald allerdings hatte in Haifa, seiner ›kleinen Frau‹, eine Lehrmeisterin, die ihm stundenlang vorplauderte. Aber ihre Methode war primitiv und die Fortschritte, die er machte, etwas lückenhaft und zickzackartig. So blieb ihnen auch in der zweiten Woche ihres Aufenthalts stilles Beobachten und Erraten das Haupthilfsmittel im Verkehr mit den sie umgebenden Halbbeduinen, die ihrerseits die Fremden mit wachsender Scheu beobachteten.

In den ersten Tagen, während des Suchens nach den Fundamenten der Ecksteine kam der Schech von Kafr, Hag-Ali, allabendlich auf seinem alten, weißen Esel, der bessere Tage gesehen hatte, angeritten und begab sich ohne weiteres in Ibrahims Zelt, um den Tagelohn für seine Arbeiter in Empfang zu nehmen, den der Dragoman sich zuvor mit großer Pünktlichkeit bei Thinker geholt hatte. Man hörte dann wohl eine Stunde lang heftigen Wortwechsel, meist im Flüsterton, manchmal aber auch in laut klagende oder zornige Rufe ausbrechend. Es handelte sich zunächst stets darum, wie viel von der Gesamtsumme der Dragoman für seine eigenen Verdienste bei der Sache zurückzubehalten berechtigt sei. Der Schech glaubte beschwören zu können, daß sie übereingekommen seien, Ibrahim solle eineinhalb Piaster für den Kopf und Tag erhalten, der Dragoman schwur ohne viel Federlesens, daß sie zweieinhalb Piaster verabredet hätten. Diese Vorfrage mußte jeden Tag aufs neue erledigt werden, wobei manchmal der Schech, manchmal der Dragoman obsiegte.

Dann kam die schwierigere Berechnung des Gesamtbetrags und die unvermeidlichen Rechnungsfehler zu Gunsten des Dragomans, die den Schech mit dumpfer Wut erfüllten, denn er fühlte sich auf diesem Gebiete schwach. Sah der Dragoman, daß der alte Mann, unter verzweifelten Bitten um den Beistand Gottes gegen seinen Widersacher, zusammenzubrechen drohte, und schwur, nie mehr einen tauben Krüppel zu liefern, wenn man ihn behandle wie den Sohn eines Hundes, so gab er nach. Dies wurde ihm in der Tat nicht allzuschwer, denn er hatte ja vornweg eineinhalb Piaster vom Tagelohn jedes Arbeiters in der Tasche, von denen der Schech nichts wußte: den Unterschied der Löhnung, die Thinker in Wirklichkeit, und die er nach Hag-Alis Glauben bezahlte. So endete der Streit regelmäßig mit einem Versöhnungskaffee, worauf sich die Freunde in tiefem Frieden und mit den herzlichsten Versicherungen gegenseitiger Hochachtung trennten.

Während sich diese Dinge im Zelt abspielten, lagen Buchwald und Thinker in der Abenddämmerung gewöhnlich auf den Felsplatten über ihren Gräbern, Thinker in Betrachtung der Wände der Cheopspyramide vertieft, Buchwald nicht immer so aufmerksam, als es wünschenswert gewesen wäre. Manchmal, wenn der Streit im Zelt an Schärfe zunahm, konnte man einzelne Worte hören. Dann lauschte Thinker aufmerksam und belehrte Buchwald, daß die Leute offenbar ihr Abendgebet verrichteten. Der Maler nickte zustimmend, aber er war in Gedanken in Kairo oder Stoke-Newington. Es war ihm heute ein deutsches Lied aus seiner Studienzeit eingefallen, und summte ihm stundenlang im Kopf herum: ›Ob sie wohl kommen wird, zu beten an meinem Grab?‹ Ein rechter Unsinn, wenn man bedenkt, daß das Grab keineswegs das seine, sondern das der Tochter des Oberpriesters Menusi aus der Zeit der fünften Dynastie des alten Reichs war. Soviel hatte nämlich Thinker, nach mühevollen Studien, aus den Hieroglyphen herausgelesen, die das Wandgemälde des Hochzeitsfestes in der zweiten Kammer umgaben.

Als die trigonometrischen Arbeiten und die Höhenmessungen an die Reihe kamen und Thinker nur noch ein Drittel der Arbeiter aus dem Dorf nötig hatte, schickte Buchwald die andern unbarmherzig nach Hause. Diese zogen es jedoch vor, den Zurückbehaltenen bei ihrer Arbeit hartnäckig zuzusehen, und als sie für dieses Zusehen vergeblich bezahlt zu werden wünschten, entstand eine tiefe Verstimmung im Dorf, die der Schech und selbst der Dragoman teilte. In dieser Weise plötzlich ihre hübschen Einnahmen auf weniger als die Hälfte vermindert zu sehen, erschien allen im Lichte einer Willkür, zu welcher die Fremden nicht berechtigt waren. Überhaupt, wurde in Kafr jetzt gefragt, wer gab diesen Ungläubigen das Recht, an den Pyramiden herumzumessen, die Sphinx, den Vater der Schrecken, abzumalen und ähnliche Teufelskünste zu treiben? Der junge Imam, dessen Stimme gegen die strömenden Bakschische Thinkers machtlos angekämpft hatte, fühlte, daß er wieder Boden gewann. Er hatte seine Schwester Haifa zweimal eingesperrt, aber die Kleine war gewandt und schlau wie ein junger Schakal, und nach wenigen Stunden durch das Dach der brüderlichen Lehmhütte entwischt. Atemlos kam sie mit ihrem frischgefüllten Kullah dem Maler wieder zugelaufen. Sie schlief jetzt im Atelier und frühstückte mit dem Boab. Daß sie verhext sein mußte, war zweifellos, und dies schützte sie. Die Leute gingen ihr vorsichtig aus dem Weg und der Imam beschloß, bei der nächsten Gelegenheit einen Weli, einen heiligen Mann zu befragen, der in der Nähe von Mit Rahine unter einer Kuhhaut wohnte und sich für solche Fälle eines großen Rufes erfreute. Mit um so größerer Aufmerksamkeit beobachtete er mittlerweile aus sicherer Entfernung das Treiben der Fremden. Seitdem der Theodolit, die Zauberkanone, in scheinbar völlig zweckloser Weise von Zeit zu Zeit aufgestellt und sorgfältig gerichtet wurde, um unsichtbare Zauberkugeln unhörbar in unbekannte Fernen abzufeuern, stand die Tatsache fest, daß hier von ungläubigen Hunden schwarze Magie der schlimmsten Art getrieben wurde, der man am besten aus dem Wege ging, wenn man sie nicht verhindern konnte. Dies war neuerdings die Auffassung des Imams, der zugleich Dorfschmied und ein klarer Kopf war, dem man wohl glauben mußte.

Der Schech und die übrigen Dorfbewohner teilten die Ansicht ihres Imams und selbst dem Dragoman, mit dem man jedoch über so kitzlige Dinge nicht offen zu sprechen wagte, wurde es unbehaglich. War je ein Reisender wochenlang vor den Pyramiden sitzengeblieben? Und das Graben und Messen, das nächtliche Schreiben in der erleuchteten Grabhöhle – das alles war nicht geheuer. Wenn Allah es duldete, gut; das war Allahs Sache. Wenn er es aber hindern wollte, noch besser. Er, Ibrahim ben Musa, würde sich dem Zorn des Allmächtigen nicht aussetzen, um zwei ungläubige Schwarzkünstler vor gerechter Strafe zu retten. – Ja, wenn die Bakschisch nicht wären, seufzte die ganze Umgegend. Und dann zahlten die Fremden für Eier und Hühner, für Milch und Butter mehr als doppelte Preise. Selbst die Weiber wollten nichts davon wissen, daß solche Leute ganz des Teufels seien. – Namentlich bei dem Maler war dies unwahrscheinlich. Hatte er nicht eine Haut wie Milch und Rosenblätter? Beim Alten – ja; bei dem mochte das Schlimmste seine Richtigkeit haben.

Diese Stimmung wuchs von Tag zu Tag. Man betrachtete die Fremden mit feindlicher Scheu, ging ihnen am liebsten aus dem Weg, oder war, wenn eine Begegnung stattfand, höflich bis zum Versinken. Die harmlosen Höhlenbewohner hatten von alldem keine Ahnung, gingen ruhig ihrer Wege und glaubten, nach und nach das Wohlwollen und Vertrauen der braven Leute von Kafr gewonnen zu haben.

Seit einigen Tagen befand sich ein Trupp wandernder Beduinen in der Nähe, wie dies in jener Gegend nicht selten der Fall ist. Sie hatten ihr kleines Lager bei Abusir, gegen Sakkara hin, aufgeschlagen und ließen etliche zwanzig Kamele am Rand der Wüste weiden. Einzeln oder in Trüppchen kamen sie auch nach Kafr herüber, tranken mit den Dorfleuten, die selbst seßhaft gewordene Beduinen waren, Kaffee, und erzählten, daß sie für den Vizekönig und für Halim Pascha wilde Tiere aus dem Sudan gebracht hätten. Nun wollten sie ein paar Tage rasten, ehe sie den Rückweg nach Siut anträten. Der Imam, der ein echter Beduine war, besuchte seine Stammesgenossen bei Abusir fast täglich und schlich stiller und verschlossener umher als je zuvor. Auch die kleine Haifa kam nicht mehr so regelmäßig wie früher und schien unruhig und geängstigt zu sein. Wenn sie kam, erzählte sie Buchwald wichtigere Geschichten als gewöhnlich, von denen er um so weniger verstand, je länger sie waren.

Schließlich führte all das zu einer kleinen Katastrophe, die leicht eine größere hätte werden können. Buchwald skizzierte gegen Abend an der südöstlichen Kante des Tafellandes, das Niltal überblickend, eine panoramaartige Fernsicht gegen Kairo und das Delta, als Haifa, die den ganzen Nachmittag nicht erschienen war, flink wie eine Gazelle, ihre Burka im Winde flatternd, über den Sand gelaufen kam.

»Schuff, schuff!« (Sieh, sieh!) rief sie schon aus der Ferne in wilder Aufregung »ich wußte nicht, wo du warst. Schnell! Die Diebe, die Räuber! Sie stehlen dir deinen Vater. Dort, dort!«

Sie lief nach Buchwalds Esel, der im Schatten einer Felsbank schlief und riß ihn in die Höhe. Buchwald sprang auf und warf seine Staffelei über den Haufen. Fast einen Kilometer südlich von der Menkaurapyramide bewegte sich eine dichte kleine Staubwolke gegen Sakkara hin. In derselben sah er durch sein Feldglas fünf oder sechs weiße Gestalten, alle auf Eseln, in rascher Bewegung. In der Mitte der Gruppe war von Zeit zu Zeit eine schwarze Figur sichtbar. Das mußte Thinker sein, wenn Haifa recht hatte. Der Maler sprang in den Sattel, den das Mädchen zurechtgerückt und festgeschnallt hatte und trieb das Tier mit Absätzen und Faustschlägen vorwärts. Da Haifa gleichzeitig den am Boden liegenden Malstock aufgehoben hatte und ihn mit aller Kraft verwendete, um dem erstaunten Grauschimmel einen Begriff von der

Sachlage beizubringen, so galoppierte Buchwald in kürzerer Zeit, als all dies zu erzählen kostet, in die Wüste hinaus. Haifa folgte ohne Anstrengung und wurde nicht müde, auf den Esel loszuschlagen, der nur einmal anhielt, um munter hinten auszuschlagen und damit anzudeuten, daß er begriffen habe, was man von ihm verlange. Dann aber stürmte er vorwärts, daß Buchwald jeden Augenblick befürchtete, samt dem wuchtigen Sattel auf dem Sand zurückzubleiben.

Anfänglich schienen die Beduinen den Verfolger nicht zu bemerken. Sie waren alle mit Thinker beschäftigt, auf den sie einsprachen und dabei zwei Lanzen wild hin- und herschwangen. Ein heißer Wind kam aus Süden, so daß sie das Geräusch des galoppierenden Esels nicht hören mochten, bis der Maler kaum hundert Schritte von ihnen entfernt war. Dann begann eine wilde Jagd. Das Feldglas, in Stellvertretung einer Pistole zielend ausgestreckt, ritt Buchwald vorwärts. Das Gefühl, das dem Europäer auch gegenüber einer überwältigenden Übermacht der dunkleren Rassen treu bleibt, hatte auch ihn ergriffen. Es fiel ihm gar nicht ein, daß er nahezu waffenlos gegen sechs mehr oder weniger bewaffnete Araber losstürmte und daß auch sein Esel kein Streitroß war. Und der Feind nahm ohne Verzug Reißaus. Doch nach wenigen Minuten zeigte es sich, daß sich die feindlichen Esel nicht mit Buchwalds Tierchen messen konnten, wenn sie beisammen bleiben wollten. Die Entfernung wurde mit jeder Minute kleiner. Der Maler erinnerte sich jetzt erst, daß er einen kleinen ungeladenen Revolver in der Tasche seiner Beinkleider und zwei Patronen in der Westentasche hatte und es gelang ihm, ohne die Geschwindigkeit seines Tieres zu hemmen, beide hervorzuziehen und den Revolver zu laden.

»Halt!« rief er jetzt, den Revolver im Anschlag, mit der ganzen Kraft seiner Lungen.

Möglich daß die Beduinen das allzukleine Mordwerkzeug weniger fürchteten, als die drohendere Mündung des Feldstechers, sie antworteten mit einem wilden Feldgeschrei und schlugen mit vereinten Kräften auf Thinkers Esel los.

»Halt, oder ich schieße!« schrie der Maler, dem die Aufregung der Jagd nach und nach in den Kopf stieg. Und doch –: es kostet einen Entschluß, in Zeiten des Friedens gegen Menschen abzudrücken. Aber es schien ihm vor den flimmernden Augen, daß seine Entfernung von den Beduinen wieder wuchs. Das durfte nicht sein.

»Halt! – Bei Gott, ich schieß!« rief er zum drittenmal, mehr um sein Gewissen zu beruhigen als in der Hoffnung, verstanden zu werden. Dann knallte es los. Ein Taschenrevolver auf einem galoppierenden Esel, bei dreißig Schritt Entfernung – das kann kein wirkliches Unheil anrichten. Dieser Gedanke schoß ihm durch den Kopf, während die Kugel flog. Aber trotz allem – sie hatte ein Ziel gefunden.

Nach sechs Richtungen flogen die Beduinen auseinander. Auf dem Schlachtfeld lag ein Esel am Boden, nicht tot, denn er schlug heftig mit den Hinterbeinen im Sand umher, und neben ihm stand schwarz und feierlich, mit zusammengebundenen Händen Thinker, so ruhig, als ob der siegreiche und nicht unblutige Kampf ihn nur nebenbei berührte.

Der Esel blutete wirklich. Buchwalds Kugel war ihm ins Hinterbein gedrungen. Rasch und in freudiger Aufregung laut lachend, löste der Maler die nicht allzu festen Fesseln seines Freundes. Dann versuchten beide, den Esel aufzustellen, was nur mit großer Mühe gelang. Kurze Zeit darauf aber steckten die zwei Langohren die Köpfe vertraulich zusammen, um das Ereignis gemeinsam zu beschnüffeln. Die Tiere am Ziegel führend, machten sich die beiden Freunde auf den Heimweg. Von den Beduinen war keine Spur mehr zu sehen; sie hatten hinter verschiedenen Sandhügeln Deckung gefunden. Der erbeutete fremde Esel hinkte zwar kläglich, aber er kam noch leidlich vorwärts. Es war ein erhebendes Gefühl, das die Helden des Tags zum erstenmal kosteten: mit einer wirklichen, lebendigen Kriegsbeute nach Hause zu kommen.

Thinker wunderte sich, daß sich sein Freund so sehr erhitzt hatte. Er sei mit den Beduinen vortrefflich ausgekommen. Sie hätten ihn allerdings etwas gewaltsam eingeladen, nach Sakkara mitzugehen. Auch habe er wohlverstanden, daß es sich um ein Lösegeld handeln werde. Sie seien bezüglich des Betrags nicht ganz ins klare gekommen, was bei der Schwierigkeit der Verständigung ohne Dragoman ja nur natürlich gewesen sei.

»Donnerwetter; ja!« unterbrach ihn Buchwald, in ehrlichen Zorn ausbrechend. »Wo war der alte Spitzbube, während man Sie einlud, Ihre Wüstenfahrt anzutreten? Es sollte mich nicht wundern, wenn wir noch herausfinden, daß die ganze Bande unter einer Decke mit dem Raubgesindel steckte.«

»Nein, nein, nein!« rief Thinker. »Denken wir nicht das Schlimmste von den Leuten. Ich möchte eher vermuten, daß einer der Beduinen unser Freund, der Imam von Kafr war. Sie waren zwar alle in ihren dicken Gesichtsschleiern eingemummt, daß man nur die Augen sah. Aber Augen wie die seinen sind nicht leicht zu verwechseln.«

»Wenn dies irgend jemand weiß, so ist es meine kleine Haifa!« rief Buchwald und sah sich zum ersten Male nach dem Kinde um. Aber Haifa war spurlos verschwunden. Auch am nächsten und übernächsten Tage tauchte sie nicht auf und dann – nun, dann dachte niemand mehr an das Beduinenmädchen, das der Maler verhext hatte, ohne es zu wissen und zu wollen.

Als sie in ihr Lager zurückkamen, fand Buchwald den schwer vermißten Dragoman in seinem Zelt. Er saß, scheinbar an nichts Böses denkend, vor einer Kiste und hatte auf deren Deckel eine beträchtliche Anzahl Piaster in Reih und Glied aufgestellt, die er der Reihe nach an den Zähnen auf ihre Echtheit prüfte. Buchwald packte ihn an den Schultern und schüttelte ihn so lange, bis sein Turban und sämtliches Geld am

Boden lag und er nur noch lallend versichern konnte – beim Allwissenden, beim Allerbarmer – daß er so unschuldig sei wie ein neugeborenes Kind, daß er die Beduinen nicht kenne, daß er nie einen Beduinen anspeien würde, diese Söhne von Hunden! – Am andern Morgen erschien er als wahres Jammerbild. Er hatte sich einen Umschlag aus Lehm um den Hals gelegt, trug den linken Arm in einer Schlinge und hatte den Kopf mit den zerrissenen Resten einer Leibbinde in kreuz und quer umwickelt. Er sei schwer krank; Herr Buchwald habe ihm das Genick gebrochen. Aber er werde nichts dagegen sagen – Gott strafe, wen er wolle –, wenn man ihm nur seinen ehrlichen Namen wieder gäbe. Ehrlichkeit sei seine Stärke. Ob er aussehe wie ein Menschenräuber?

Noch während des Frühstücks kam der Schech von Kafr in feierlichem Aufzuge mit seinem Vekil und seinem Amtsschreiber. Er habe mit Schmerzen von dem gestrigen Vorfall gehört und bitte Gott stündlich um Verzeihung, daß solches in der Nähe seines Dorfes geschehen sei. Auch flehe er seine Herren und werten Gäste, die er wie Brüder liebe, inständig an, von dem Geschehnis keine Anzeige in Kairo zu machen. Dies würde ihnen allen wahrscheinlich große Ungelegenheiten machen und niemand etwas nützen. Er und seine Leute seien arme, aber ehrliche Fellachin, die täglich Gott bitten, er möge den Fremden Frieden, Reichtum und Verstand geben. Die Beduinen aber seien schlecht, Lügner und Räuber von Anbeginn, niemand könne sie regieren. »Soll ich wissen, weshalb sie Allah erschaffen hat?« fragte er zum Schluß, mit Bitterkeit.

Buchwald erklärte: Herr Thinker sei geneigt, die Untat zu verzeihen, obgleich ihm die Bosheit des Schechs und der anderen Dorfbewohner jetzt bekannt sei. Bei diesen Worten sahen die drei Vertreter der Dorfgemeinde erbleichend nach dem Theodolitkasten. – »Wenn aber in der Zukunft das Geringste vorkomme«, fuhr Buchwald fort, »das als Feindseligkeit angesehen werden müsse, so werde man dies und auch das Verbrechen von gestern zur Anzeige bringen. Wie es dann dem Dorfe ergehen werde, wisse nur Allah. Es gäbe zwar andere Mittel, sie zu strafen« – wieder blickte der tiefzerknirschte Schech nach dem Theodolitkasten, und hinderte Buchwald mit flehender Gebärde, ihn zu öffnen –, »vorläufig aber wolle man sich begnügen, vier Gewehre und hundert Patronen aus Kairo kommen zu lassen. Das nächste Mal würde man keine Esel mehr schießen.«

Der übliche Kaffee bestätigte den Friedensschluß und nachdem geziemendermaßen eine weitere halbe Stunde Zeit vergeudet worden war, ging jedermann an seine Tagesarbeit, mit Ausnahme des Dragoman, der es für schicklich fand, wenigstens bis Mittag schwer krank zu sein. Fünf Stunden verliefen nun ohne jeglichen Anstoß. Die vier Fellachin, die sich eine große Übung im Staffelmessen erworben hatten, waren voll Eifer. Der Schech schickte nach einer Stunde ein Kitzlein, und ein halbes Dutzend Weiber brachten Eier und Butter in nie gesehener Fülle. Der Koch hatte ein vortreffliches Mittagsmahl vorbereitet, währenddessen Thinker seinen Freund und Retter bat, ihn doch vor Abend am Pyramideneingang zu besuchen. Er komme mit der Feststellung der äußeren Maße im Laufe des Nachmittags zu Ende und wolle dort, nach den aufregenden Ereignissen der jüngsten Zeit, mit ihm eine Stunde der Ruhe und Sammlung genießen, ehe ein neuer Abschnitt ihrer Forschungen beginnen möge. Morgen sei der fünfzehnte Tag ihrer Anwesenheit auf dem Pyramidenfeld, der dreimal fünfte wie man ihn besser nennen sollte, und auch Buchwald sei für einen weiteren Schritt nunmehr genügend vorbereitet. »Oh, mein Freund«, schloß er, »für eine große Sache gemeinsam gelitten zu haben, fördert mehr, als wenn uns all ihre Schätze ohne Kampf und Mühe in den Schoß fielen!«

So saßen die beiden kurz vor Sonnenuntergang am Eingang der Pyramide, den Buchwald heute zum erstenmal genau betrachtete. Man hätte fast glauben können, sich in der

Felsennische eines großen Steinbruchs zu befinden, die mit regellos aufgetürmten, roh zugehauenen Steinblöcken halb gefüllt ist. Diese Nische befindet sich auf der Nordseite der Pyramide, in der Höhe von etwa dreißig Metern über der Grundfläche des Baues. Ihr Boden, aus härteren, gefährlich glatten Kalkblöcken bestehend, neigt sich gen Süden, unter einem Winkel, der es schwierig macht, über denselben hinabzuklettern. Wo diese geneigte Ebene an die hier senkrechte Wandfläche der Pyramide stößt, befindet sich in letzterer eine nahezu quadratische Öffnung, von etwas über Meterhöhe. Dies ist der schmucklose Eingang in die große Pyramide. Drei übereinanderliegende horizontale Felsblöcke bilden sein unmittelbares Dach. Über denselben sind ähnliche Riesenblöcke giebeldachförmig aneinandergestellt, um die Riesenlast des darüber sich auftürmenden Gesteins zu tragen und die waagerechte Decke des steil in die Tiefe führenden Gangs zu entlasten. An einem dieser geneigt stehenden Felsen rechts oben befindet sich die Hieroglypheninschrift, welche Lepsius einhauen ließ und die Thinkers Blick nie streifte, ohne daß ein zorniges Zucken über sein Gesicht flog.

»Auch aufs Heiligste muß die Narrheit der Menschen ihren Stempel drücken«, sagte er, nachdem sie das eigentümliche Bild lange schweigend betrachtet hatten. »Törichte Neugier, Habsucht, Willkür, Despotenlaune, Heuchelei, Aberglaube und zu guter Letzt das Verächtlichste von allem, selbstgefällige Eitelkeit – all das hat sich an diesen Ruinen versündigt und hofft den kommenden Jahrtausenden zu verkündigen, welch erbärmliche Geschöpfe wir zu allen Zeiten gewesen sind. Und das Merkwürdigste ist, daß wir trotz alledem der Wahrheit näher kommen und sie uns heute ihre Tore öffnet.«

Er deutete auf das viereckige Loch, das ihnen schwarz und schweigend entgegengähnte.

»Dreitausendfünfhundert Jahre lang hat die Pyramide ihre Geheimnisse vor jedem menschlichen Blick leiblicher und geistiger Augen gewahrt, und jedem Versuch, in ihr Inneres einzudringen, mühelos widerstanden. Ägypter und Griechen, Römer und Araber mußten sich bis vor tausend Jahren damit begnügen, die geheimnisvollen Räume, von denen sie nichts wußten, mit ihren Phantasiegebilden auszuschmücken. Natürlich sparten sie Gold und Edelsteine nicht, welche von Drachen und Gespenstern bewacht wurden, denn selbstsüchtige, furchtsame Kinder blieben die Menschen ihr Leben lang. Der Sohn Harun al Raschids, der Kalif Al Mamun, konnte die Ungewißheit nicht länger ertragen. Er wußte viel und wollte alles wissen. Er war entschlossen, gewaltsam in die Pyramide einzudringen, koste es, was es wolle. Eine uralte Sage lebte noch: daß der Eingang an der Nordseite zu suchen sei. Sie sehen die Schutthaufen am Fuß des Baus, genau in der Mitte der nördlichen Grundlinie. Dort begann er seine Tunnelarbeit und trieb mit entsetzlicher Mühe wochen- und monatelang einen Gang durch die fast undurchdringliche Felsmasse. Es gab damals weder Pulver noch Steinbohrer.

Der weise Erbauer der Pyramide hatte wohl vorausgesehen, wie man hundert Generationen nach ihm denkt und rechnet, wenn man einen Einbruch beabsichtigt, und hatte deshalb die Gänge, die ins Innere führen, nicht in die Mittellinie des Baus gelegt, sondern acht Meter seitlich, nach Osten hin, gerückt. So wäre Al Mamuns Zerstörungswerkführer wohl zeitlebens nicht aus dem kompakten Steinwerk herausgekommen. Der Einbruchstunnel war schon hundert Fuß tief und die Leute hätten die Arbeit längst aufgegeben, wenn sie der Kalif nicht gezwungen hätte, das hoffnungslose Werk fortzusetzen, und die unermeßlichen Schätze, von denen man seit Jahrhunderten fabulierte, ihn nicht immer wieder zur Ausdauer angespornt hätten. Da, eines nachts – denn Tag und Nacht mußte mit Brecheisen und Hämmern, mit Essig und Feuer an dem Gestein gebrochen und gesprengt werden – hörten die Werkleute im Innern zu ihrer Rechten einen dumpfen Schlag. Es war die erste Regung im verschlossenen Herzen der Pyramide, seit dreitausend Jahren. Nun wurde, der

Richtung des Schlages folgend nach rechts gegraben und wenige Tage später brach das Gestein durch. Sie drangen in einen dumpfigen, niederen Gang, der steil nach unten führte, sich in dem gewachsenen Felsen des Berges fortsetzte und in einer rohen, nicht vollendeten Höhlenkammer endete. Dieselbe enthielt keine Spur von Schätzen; nicht einmal den gewöhnlichen Schmuck einer schlichten Mastaba. Dieser Teil des Baus war offenbar nie fertiggestellt worden. Doch entdeckten nunmehr die Werkleute, die zitternd vor Gier und Furcht den niederen endlosen Gang untersuchten, die Ursache des Geräuschs, das sie wenigstens so weit geführt hatte: Nicht weit von der Stelle, wo sie in den Gang eingebrochen waren, war von oben ein keilförmiger Felsblock herabgestürzt, der zuvor in die polierte Decke eingelassen gewesen war, so daß an dieser Stelle niemand etwas Ungewöhnliches hätte entdecken können. In dem durch das Herabfallen des Steins entstandenen Loch zeigte sich das Ende eines nach oben führenden Gangs, der allerdings durch riesige Granitblöcke, die ihn genau ausfüllten, weiter oben völlig abgeschlossen zu sein schien. Aufs neue wurde nun um diese Blöcke herum gesprengt und gegraben. Nach einigen Tagen war auch dieses Hindernis besiegt, und der Kalife drang jetzt ohne weitere Schwierigkeit in dem aufwärts führenden Gang nach oben, weiter, immer weiter, mit wachsendem Staunen, mit Hoffnung und Angst durch die große Galerie in die Vorhalle, durch die Vorhalle in die Königskammer. Wir werden das alles ja selbst sehen. Und da standen sie, die Narren mit den gierigen Augen, mit dem Angstschweiß auf der Stirne, in dem stolzen, einfachen, leeren Gemach, das nichts enthielt als am fernen Ende, stumm und feierlich, ein granitnes Ding. Sie hielten es für einen Sarkophag – törichte Leute glauben dies heute noch – aber es hatte keinen Deckel, es war leer, ein unerklärliches Rätsel. Al Mamud war wütend und beschämt. Der weise Kalife schämte sich der besiegten Neugier vor dem Ärmsten seiner Werkleute, und sein Finanzminister sah ihn vorwurfsvoll an. Denn das Werk der Zerstörung hatte Schätze verschlungen, anstatt sie zu bringen. Um dem verstohlenen Murren und den heimlichen, höhnischen Blicken nicht mehr trotzen zu müssen, ließ er in der folgenden Nacht aus seinem eigenen Schatz Barren von Gold und Silber und altes gemünztes Geld in die Pyramide bringen und an der Stelle verscharren, wo ihnen der Durchbruch nach dem Hauptgang gelungen war. Diesen Schatz mußten die Werkleute in Gegenwart der Hofgesellschaft wiederfinden, um die Weisheit des Kalifen zu retten. Die Hofpoeten aber erhielten Befehl, die neueste Großtat des Herrn der Gläubigen zu besingen und seine Klugheit, seine Ausdauer, seine glückliche Hand und den Segen zu preisen, den Allah sichtlich auf all sein Tun herniederstrahlte. Und sie sangen, nach Poetenart, vielstimmig, wie ihnen befohlen war, von Kairo bis Bagdad, wo der weise Mamun im Jahre 820 verstarb, so daß man kaum mehr ein wahres Wort von den wirklichen Vorgängen zu entdecken vermag. Der Klügste von ihnen beschrieb den Deckel des mit Schätzen gefüllten Sarkophags, der niemals vorhanden gewesen ist und erzählte sehr ernsthaft: Auf demselben sei in arabischen Buchstaben zu lesen gewesen: ›Abu Amad – der Vater Adam – baute diese Pyramide in tausend und einem Tag.‹ Eine Geschichte für Scheherazade! Es war zu jener Zeit wenigstens *ein* Mann in Fostad gewesen, der Humor hatte. Daß er wegen Majestätsbeleidigung gepfählt wurde, während seine Zunftgenossen die Weisheit und Freigebigkeit des Herrschers zu rühmen hatten, ist mehr als wahrscheinlich.

Doch genug von diesen fabulierenden Alten. Später wurde der Eingang, vor dem wir jetzt stehen, von innen heraus durchgebrochen und Tausende sind seit tausend Jahren durch denselben eingedrungen und aus der schlichten Königskammer zurückgekehrt, so weise wie zuvor. Eins hat Al Mamun für uns getan; das soll ihm nicht vergessen sein: Er hat das dreifach versiegelte steinerne Tor der Pyramide geöffnet. Vor dem fünffach versiegelten geistigen stehen wir noch heute; doch sind wir nicht mehr weit von der Zeit, in der auch dieses sich uns öffnen wird. Wer weiß, lieber Buchwald, ob wir morgen in dem dunklen Innern nicht mehr sehen werden als andere je zuvor gesehen haben. Gehen wir! Die Sonne ist untergegangen, und morgen beginnen wir den zweiten Abschnitt unserer Forschungen. Dazu bedarf es frischer Kräfte.«

Buchwald hatte den Sonnenuntergang und das Spiel von Licht und Schatten auf dem Wüstensand unter ihren Füßen mit besonderem Genuß beobachtet, worin ihn die Geschichte des Doktors in keiner Weise störte. Er war es gewohnt geworden, sich über die Wunder, die sein Freund in jedem Stein sah, nicht mehr zu wundern. Sie lebten in einer ungewöhnlichen Welt, zweifellos, und es war hier leichter als in London und Berlin, an Dinge zu glauben, über die man dort lachend hinweggeht. Wer konnte sagen, welche dieser zwei Welten der Wahrheit näher lag? Eins war ihm in diesen vierzehn Tagen jedenfalls klar geworden: Die alte Mystik Ägyptens war noch nicht tot und packte noch immer alles, was sich in ihre Zauberkreise wagte.

Thinker schien mehr als gewöhnlich erregt zu sein. Nach dem Tee setzten sie ihre Schaukelstühle vor den Eingang der Grabhöhlen, und bald genug hatten seine Gedanken das gewohnte Geleise wiedergefunden, in dem ihm Buchwald mehr und mehr widerstandslos folgte.

»Wir werden morgen gemeinsam das Innere des Gebäudes betreten, nach dessen Erschließung sich die Menschheit Tausende von Jahren sehnte, fast ohne zu wissen, weshalb«, begann der Doktor, nachdem er seinen Stuhl sorgfältig hin- und hergerückt hatte, bis er die Spitze der Cheopspyramide genau in der Mitte seines Sehfeldes hatte, wenn er den Kopf zurücklehnte und gen Himmel blickte. »Lassen Sie mich zur Vorfeier dieses wichtigen Tages das eine oder andere seiner Geheimnisse verraten. Sie werden einiges verstehen; Sie werden anderes nicht verstehen. Aber versprechen Sie mir, dann nicht zu lachen. Es ist um Ihrer selbst willen.«

Buchwald versprach, unbedenklich. Er war nicht in der Stimmung, zu spotten. Es ging eine unbestimmte Bewegung durch seine Seele, wie wenn er bald etwas erleben müßte.

»Wenn wir jetzt, anstatt uns hier behaglich zu schaukeln, im Grunde des geneigten Eingangsschachtes stünden, den Sie vor einer Stunde betrachteten, und nach oben sähen, so würden wir wie durch ein riesiges Fernrohr genau nach dem Nordpol des Himmels sehen. Allerdings nicht so genau, wie wir es bei andern Erscheinungen des Pyramidenbaues gewohnt sind. Die Mittellinie des steinernen Riesenteleskops trifft in unseren Tagen den unteren Kulminationspunkt des Sternes δ im kleinen Bären, des heutigen Polarsterns. Dies war nicht immer der Fall; denn auch der Fixsternhimmel über uns bewegt sich und durchläuft in fünfundzwanzigtausend-achthundert Jahren einen himmlischen Kreislauf. Diese Bewegung nennen wir heute die Präzession der Tag- und Nacht-gleichen. Neunzehnhundert Jahre nach der mutmaßlichen Erbauung der Pyramide war der Grieche Hipparchus aus Nicäa der erste, der eine Ahnung von dieser Bewegung hatte. So kommt es, daß nach John Herschels Berechnungen ein anderer noch wichtigerer Stern – α im Drachen – im Jahr 2170 vor Christus, das heißt viertausend Jahre vor unseren Tagen sich der Pyramide gegenüber in dieser Stellung befand. Durch diese Beziehungen zur Sternenwelt hat der Erbauer der Pyramide die Zeit um 2170 vor Christus für alle Zeiten als eine hochwichtige bezeichnet. Mit Recht; denn das war die Zeit, in der die große Pyramide erbaut wurde!«

»Aber woher wissen Sie das, verehrter Freund?« fragte Buchwald, etwas unsicher.

»Zweifler, Zweifler noch immer! Sie sind ein echter Deut-scher«, entgegnete Thinker. »Woher wir das wissen? So, wenig-stens annähernd so rechnen Herodot, Plinius, Strabo und all die Alten, die jenen Zeiten näher standen als wir. Dann kam allerdings eine Periode bei den Franzosen und auch bei den Deutschen, in der man sich in großen Zahlen nicht genug tun konnte. Aber beobachten Sie die Erscheinungen der Gegenwart: sie schwinden, diese großen Zahlen, mehr und mehr. Die Gelehrten, die vor dreißig Jahren den Mund mit ihren Jahrtausenden nicht voll genug nehmen konnten, sind jetzt nicht mehr weit von den vier Tausenden, die Herschel aus dem Zusammentreffen des herrlichen Stern im Drachen mit der Richtung des Pyramideneingangs berechnet. Ja, mein lieber Buchwald, die Pyramide ist ein Buch voller Schriftzüge, von denen jeder eine Wahrheit verkündet. Sie sehen keine irdischen Buchstaben an dem ganzen Gebäude und doch ist es geschriebene Schrift, in steinernen Lettern. Glauben Sie, es lasse sich nur in Buchstaben schreiben? Die alten Ägypter schrieben in Bildern, die Chinesen schreiben in Zeichen, die keine Laute bedeuten, sondern die Dinge selbst; die Inkas und ihr Volk schrieben in den Knoten von Peitschenschnüren, und hier vor uns stehen die Geheimnisse des Weltgebäudes in einer Steinschrift, die kein Kalife mit seinem Machtwort, kein moderner Vandale mit seinem Dynamit, kein Zahn der Zeit zu zerstören vermochte.

Aber hören Sie weiter! Sie wissen, seitdem wir hier sind, was der Pyramidenmeter ist: Das Maß, das in der Polarachse der Erde wiederkehrt. Warum sollte ich Ihnen in dieser feierlichen Nacht nicht vom Größten sprechen, das wir morgen sehen und berühren werden? In der leeren Königsmauer steht, einsam und unerklärt, ein gewaltiger Block aus dem edelsten Granit, den Gelehrte und Narren heute noch für den Sarkophag des Cheops halten. Ein Sarkophag, in dem nie eine Mumie gefunden wurde! Ein Sarkophag ohne Deckel! Denn der Deckel hätte nie aus dieser Totenkammer herausgenommen werden können. Die Gänge sind hierfür zu eng, abgesehen davon, daß kein Mensch sich die unsägliche Mühe genommen hätte, einen solch sinnlosen Diebstahl zu begehen. Einen Sarkophag ohne Deckel aber hat es nie und nirgends gegeben – Nein; jener Stein hat nicht den entferntesten Zusammenhang mit einem Sarkophag. Die Königskammer ist kein Totenhaus. Sie birgt ein Maß: das Urmaß, das wir im Bau des Universums wiederfinden.«

»Ein Maß!« rief Buchwald. »Ist das Maß so wichtig, daß die größte Pyramide gebaut werden mußte, um ihm als Behausung zu dienen?«

»Können Sie fragen?« versetzte Thinker, fast entrüstet. »Was unterscheidet die rohe, amorphe Masse von der Gestalt, die unorganische Materie vom organischen Leben? Das Maß. Wodurch beherrscht der Geist den Stoff? Durch das Maß. Was gibt dem Menschen seine Gewalt über alles um ihn her? Das Maß. Was hat seine eigene Entwicklung vom stumpfen Barbaren zum König der Geister bedingt? Wieder, immer wieder das Maß. Und was sehen die Astronomen außerhalb unseres Erdkreises in allem, was die Himmel bewegt? Das Maß! Verachten Sie mir das Maß nicht. Es ist Gesetz und Richtschnur für alles Seiende; es ist das, was bleibt, auch wenn Himmel und Erde vergehen. Und deshalb konnte nichts anderes im Innersten der großen Pyramide liegen als ein Symbol – und zugleich eine Verkörperung des Maßes, mit dem Gott das Weltgebäude gemessen hat, als er es schuf.«

»Aber wie kann ein ausgehöhlter Stein dieses Maß verkörpern oder symbolisieren?« fragte Buchwald kleinlaut.

»Darauf komme ich. Ich gestehe in aller Demut, selbst hätte ich es nie entdeckt und es hat meinen begnadeten Freund Piazzi Smyth Jahre und Jahre gekostet, das Geheimnis zu ergründen. Daß es ein Hohlmaß ist, war ja augenscheinlich, aber seine Länge, Breite und Tiefe wollten, mit dem Pyramidenmeter gemessen, keine einfachen Verhältnisse zeigen, und doch mußten solche Beziehungen bestehen, wenn nicht all unsere Vermutungen zusammenbrechen sollten. Da, in einer weihevollen Stunde kam Licht. Multipliziert man den Kubus des Pyramidenmeters mit dem spezifischen Gewicht der Erdkugel, das heißt mit 5.7, so erhält man genau den Inhalt des steinernen Gefäßes der Königskammer. Und diese hochwichtige Zahl 5.7, das spezifische Gewicht des Planeten, auf dem der Geist der Menschheit seiner Reise entgegengeht, die Zahl, die mehr als irgend eine andere unsere Beziehungen zum Sonnensystem, unsere Stellung im Weltall bestimmt, kennen wir kaum seit einem halben Jahrhundert! Glauben Sie jetzt an den Propheten, der die Pyramide gebaut hat?«

Buchwald schwieg. Mit dem inspirierten Jünger dieses Propheten ließ sich nicht rechten.

»Doch um in unsere engere Welt zurückzukehren«, fuhr derselbe eifrig fort – »aber vergessen Sie nicht: Es ist nichts klein, nichts groß vor dem Schöpfer des Weltalls – Was ist wohl das erste Maß, dessen die Menschheit bedurfte, als sie aus ihrem Urzustand heraustrat und der Kultur entgegenging? Ihr erstes gesittetes Gewerbe war der Landbau, ihr erstes Maß das Weizenmaß. Die heilige Truhe der Königskammer ist das Weizenmaß der Urmenschheit, das mit den Maßen des Weltgebäudes in wunderbarer Verbindung steht. Und nun zeigt sich etwas überaus Wunderliches, über das Sie wieder lächeln werden, fürchte ich. Wir haben in England ein Weizenmaß aus uralter germanischer Zeit, vielleicht aus vorgermanischen Zeiten, das noch heute im Gebrauch ist. Niemand weiß, wer es dem Volke gab. Es ist die größte Maßeinheit, mit der gerechnet wird und heißt, wie Sie vielleicht wissen, ein ›Quarter‹, ein Viertel. Die Einheit dieses Viertels ist nie im Gebrauch gewesen. Vier solche Viertel als Ganzes kennt man nicht. Vier solche Viertel aber sind genau der Inhalt des Sarkophags in der Königskammer der großen Pyramide zu Gise.«

Thinker schwieg erschöpft und Buchwald lachte nicht. Alles um sie her war so still und feierlich, daß sein Freund noch wunderlichere Geschichten hätte erzählen können, ohne die Stimmung zu stören, die auf dem Bilde lag, das sie umgab. Sie saßen im tiefen Schatten der Felswand ihrer Höhlengräber, denn der Mond war schon am Untergehen. Gespenstig hing sein bleiches Licht an den Spitzen der zwei großen Pyramiden, die sich scharf gegen den schwarzen, sternbesäten Nachthimmel abhoben, und wie Riesen der Vorwelt auf sie herabsahen. Ibrahim ben Musa hatte sich lautlos in das Jagdgrab geschlichen, um die Hängelampe anzuzünden, die durch den niederen Eingang einen rötlichen, leuchtenden Streifen auf den sonst tiefdunklen Sand warf. Alles war todesstill. Nur eine Fledermaus huschte von Zeit zu Zeit mit leisem Schwirren pfeilschnell über sie weg. Thinker begann wieder:

»Wie klein wir sind, all der stillen Größe gegenüber, die uns hier entgegentritt: tausendjährige Vergangenheit in greifbarer Gegenwart. Aber auch wir Kleinen haben unsere Aufgabe in dieser großen Welt. Die meine sehe ich deutlicher als je. Soll dieser heilige Bau der Gefahr ausgesetzt bleiben, die in unseren jämmerlichen Zeiten liegt? Sollen törichte Fellachin fortfahren, an ihm herumzuhämmern, wie spielende Kinder, sollen törichtere Narren aus unserer eigenen Heimat ihn schänden mit ihrem nichtssagenden Gelächter und Geschwätz und ihn mit der Zeit in sinnlosen Splittern und Stücken nach aller Welt verschleppen? Es handelt sich hier nicht um einen alten Heidentempel, um die Erhaltung einer leeren, schönen Form. Dort drüben, in der Nähe Ihrer Malerwerkstätte, liegt das Grab des Pyramidenwächters aus der Zeit der vierten Dynastie, die diese Wunder schuf. Damals verstanden sie ihre Schätze zu hüten. Ich kann mir nichts Größeres denken, als auch mein Leben –«

In diesem Augenblicke flog ein gewaltiger Stein von der Felswand in ihrem Rücken herab und rollte, nach einem lauten Krach, vor die Füße Thinkers. Beide sprangen auf. Gleichzeitig erhob sich ein lautes Geheul, und sie sahen Ibrahim ben Musa auf dem linken Bein, den rechten Fuß mit beiden Händen haltend, im roten Licht der Lampe hin und her tanzen. Sie eilten auf ihn zu, um ihm beizustehen; aber er warf sich zu Boden und zog, wie ein kleines Kind, laut heulend den Fuß fast bis an den Kopf herauf.

Es war klar: Der Steinwurf, der Thinker oder Buchwald

gegolten, hatte den armen Dragoman ans Bein getroffen. Buchwald kletterte im Zorn wie eine Katze an der fast senkrechten Felswand hinauf. Oben aber war keine Spur eines Menschen zu sehen. Aus dem Zelt kamen der Koch, der Sais und zwei Araber, die dem Lager einen Besuch abgestattet hatten, laut schreiend herbeigelaufen. Auch sie behaupteten, niemand bemerkt zu haben und verfluchten den Bösewicht oder den Afrit, der den Stein geschleudert haben mußte. Dann trugen sie den winselnden Ibrahim nach dem Zelte. Er mochte nun wirklich seinen Lehmumschlag, den er am Morgen heuchlerischerweise am Hals getragen hatte, am Beine nötig haben, obgleich, wie sich Buchwald überzeugt hatte, nichts gebrochen war. Doch waren die Spuren einer tüchtigen Quetschung nicht zu verkennen. Aufs neue heulend – all der Lärm war auf die Erhöhung eines ansehnlichen Schmerzensgeldes berechnet –, mußte sich der Dulder eine kräftige Einreibung mit Kognak gefallen lassen, und tröstete sich erst einigermaßen, nachdem ihm der Maler versprochen hatte, die Flasche über Nacht in seinem Zelt zu lassen.

Nun gingen auch Thinker und Buchwald zur Ruhe, zum erstenmal mit den Revolvern unter dem Kopfkissen. Es schien doch, als ob dem nächtlichen Frieden des Totenfeldes nicht ganz zu trauen wäre.

»Morgen aber, so Gott will, soll uns nichts die Feier des Tages verkümmern, den ich seit Jahren herbeigesehnt habe«, sagte der Doktor, indem er Buchwald gute Nacht wünschte.

»Inschallah!« antwortete dieser, schon halb im Schlafe und als guter Deutscher bereits imstande, arabisch zu träumen.

Dann aber lag Grabesstille über den Gräbern.

Hatte Allah den frommen Wunsch der friedlichen Schläfer nicht gehört?

Es schien fast so. Schwarzblau ragten die Pyramiden in den blutroten Morgenhimmel. Die Sonne war noch nicht am Horizont erschienen, da regte sich's schon vor der Höhle: Schlürfen von losen, weiten Lederschuhen, halblaut geflüsterte Worte, aus denen man Aufregung und Ärger heraushören konnte. Ein fremder Mann in den unordentlich angelegten Kleidern eines wohlhabenderen Fellahs stieß mit dem Fuß den Boab an, der, wie ein Igel zusammengerollt, vor dem Eingang des Jägergrabes lag. Er hatte sich in seinen braunen Mantel gewickelt, und die Kapuze in einer Weise übergezogen, daß man nur durch das Gehör ermitteln konnte, wo Kopf und Füße zu suchen waren. Ein Ende des Knäuels schnarchte, das andere war still.

»He, o Bruder, aufgewacht!« schrie der Fremde. »Bist du ein Boab! Auf! Rufe deine Herren! Ja Salaam, heißt das Wachen, du Sohn eines Hundes!«

Der Boab entrollte sich endlich und saß aufrecht da, wie besinnungslos um sich blickend, nachdem er mehrere Versuche gemacht hatte, sich brummend wieder zusammenzurollen.

»Was willst du, o Bruder«, sagte er endlich, gähnend. »Ist es nicht früher Morgen? Laß mich in Frieden. Auch dem Vieh gibt Allah seine Zeit zum Schlafen.«

»Und doch hätte der Allmächtige besser getan, das Vieh zum Nachtwächter zu machen, als dich, mein Sohn!« entgegnete der andere zornig. Dann nahm er plötzlich die demütigste Haltung an, denn Buchwald war unter dem Grabeingang erschienen. Er haschte nach dessen Hand, um sie zu küssen. Dies scheiterte an einer rasch abwehrenden Bewegung des Malers, was den Fellah schmerzlich zu berühren schien.

Darauf folgte ein Strom leidenschaftlicher Worte: offenbar eine erschütternde Nachricht; dann ein ängstliches Bitten. Soweit verstanden sich Araber und Europäer. Was aber das Ganze des näheren zu bedeuten hatte, blieb für Buchwald unergründlich. Man mußte sich dazu bequemen, dem verwundeten Dragoman einen Besuch abzustatten, da derselbe nach mehrmaligem Rufen nicht zu erscheinen für gut fand.

Er schlief noch, ebenso sanft als fest, auf einer Strohmatte am Boden seines Zeltes liegend, ähnlich wie der Boab in seinen Burnus eingewickelt. Sobald es gelungen war, ihn aufzurütteln, und er sich seines verbundenen Fußes bewußt wurde, fing er an, laut zu stöhnen und von den unerträglichen Schmerzen einer schlaflosen Nacht zu erzählen.

»All das kannst du mir nachher sagen, Ibrahim«, unterbrach ihn Buchwald mit gefühlloser Strenge. »Jetzt hast du deinen Dienst zu versehen, wozu du die Füße nicht brauchst. Wer ist der Mann hier, und was will er?«

Ibrahim fügte sich winselnd und begann zu arbeiten. Ein langes Hin- und Hergespräch folgte, von unzähligen ›Wallahs‹, ›Ja Salaams‹ und ›Inschallahs‹ sowie sichtlichen Zeichen lebhafter Beunruhigung begleitet.

»Nun, was ist's?« fragte endlich Buchwald.

»Der Mann ist der Vekil des Schechs von Kafr«, antwortete Ibrahim kleinlaut. »Sein Herr schickt ihn zu dir und zu Herrn Thinker. Er läßt dir einen gesegneten Morgen wünschen. Er hoffe, daß du noch unzählige Morgen wie diesen erleben mögest und er lasse soeben dem Schwager seines Vekils, dem Imam Hassan ben Kursi, fünfzig Kurbotschhiebe auf die Fußsohlen aufzählen.«

»Aber wozu? Wofür?« rief Thinker, der ebenfalls in das Zelt getreten war, mit aufrichtigem Entsetzen.

»Gott straft, wen er will«, sagte Ibrahim demütig und sehr nachdenklich. »Möge mir der Allerbarmer vergeben, wie er dem Imam vergeben wird, wenn wir uns versündigt haben und bereuen. Er weiß, daß wir nur das Beste wollten, und daß wir den Beduinen empfahlen, euch kein Haar zu krümmen. Aber er straft, wen er will. Nun hat der Imam wunde Füße und ich auch. Wunderbar, wunderbar!«

Er verfiel in tiefes Sinnen. Auch Buchwald überlegte sich den Stand der Dinge. Sie sahen sich gegenseitig an, der eine scheu, der andere forschend. Der Maler begann den Zusammenhang des Abenteuers zu durchschauen, dessen Opfer sie gestern beinahe geworden wären und konnte sich des Lachens kaum enthalten. Der Imam, der Dragoman und die Beduinen hatten ohne Zweifel unter einer Decke gespielt und auf bequeme, harmlose Art aus Thinker ein hübsches Lösegeld erpressen wollen. Das Mißlingen des Plans hatte den boshaften Imam, in dem sich der fast erstorbene Fanatismus des ägyptischen Moslems geregt haben mochte, zu dem Steinwurf veranlaßt, der den falschen Mann traf. Und nun suchte der Schech, der wohl ebenfalls von allem wußte und Thinkers Zauberei oder eine polizeiliche Anzeige in Kairo fürchtete, diesen durch die prompte Bestrafung des Hauptschuldigen zu versöhnen.

So mag es wohl gewesen sein.

Plötzlich sprang der Dragoman auf, stürzte ohne Rücksicht auf sein verbundenes Bein auf Thinker los und warf sich vor ihm auf die Knie.

»Gott ist barmherzig«, rief er in sichtlich ungeheuchelter Angst. »Laß es genug sein, o Herr! Er tut, was er will: Er gibt Kräfte, die wir nicht kennen und leitet die Steine in der Luft. Wir haben uns versündigt; aber laß es genug sein! Das ist's, um was dich auch der Schech durch diesen Mann bitten läßt. O mein Fuß! Und in diesem Augenblick schreit unten im Dorf der Imam, der Bösewicht der an allem schuld ist: Ja nabbi, o meine Füße! Wir flehen dich an: laß es genug sein!«

Buchwald lachte laut. Thinker lächelte wohlwollend, wenn auch noch etwas verwirrt. Die Sachlage erschien ihm kaum genügend aufgeklärt. Der Dragoman übersetzte jedoch das Mienenspiel seiner Herren mit ungewohnter Promptheit.

»Friede! Versöhnung!« rief er auf Arabisch, mit strahlendem Antlitz, Thinkers Hände mit seinen Küssen bedeckend. »Eile, Mohamed, eile, o Vekil! Mein Herr ist befriedigt. Man soll aufhören, auch wenn noch einige von den Fünfzig fehlen! Er verzeiht! Barmherzigkeit ist seine Stärke. Eile, o Vekil, eile!«

Der Vekil war schon dreißig Schritte vom Zelt entfernt und lief wie ein Reh über den Sandweg, während ihm Ibrahim noch immer nachrief, zu eilen und Allah zu danken, der das Herz Thinkers erweicht habe. Er hatte den Koch rücksichtslos über den Haufen gerannt, während dieser Anstalt traf, ihm das Kaffeetäßchen der Gastfreundschaft zu kredenzen.

Kein Zweifel, der Vekil hatte nicht Komödie gespielt. Jede Minute, die er gewinnen konnte, ersparte seinem Schwager voraussichtlich drei Hiebe. Denn der Imam genoß in diesem Augenblick das bittere Frühstück, daß er reichlich verdient hatte, während die beruhigte Gesellschaft unter den Zelten, stillvergnügt in der Gerechtigkeit des Allwissenden, ihren heißen Morgentrank schlürfte.

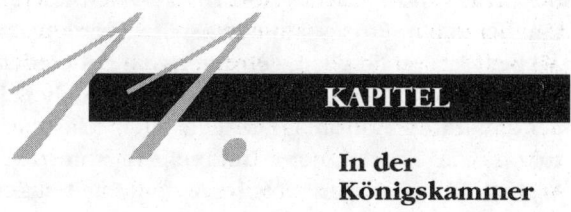

KAPITEL

**In der
Königskammer**

Trotz des packenden Abschlusses voll poetischer Gerechtigkeit – in diesem Lichte sah ihn Buchwald – bedauerte Thinker
den peinlichen Zwischenfall lebhaft. Er schien etwas von der
Weihe zu nehmen, die der wackere Doktor so gerne mit dem
ersten Besuch des Pyramideninneren verbunden hätte. Er vergaß, eine wie gewöhnliche Erscheinung es ist, daß sich das All-
zumenschliche um so hartnäckiger aufdrängt, je feierlicher
der Augenblick ist, an dem wir es aus unserem Gesichtskreis
zu verbannen wünschen. Unter diesem Zeichen war auch der
heutige Tag angebrochen.

Doch hatte die ägyptische Sonne, die in ihrer gewohnten
Strahlenpracht aufgestiegen war, die leichten Morgennebel
längst zerstreut, als zwei Stunden später Thinker und Buchwald, begleitet von den vier Arabern, die mit ungewohnter
Pünktlichkeit erschienen waren, am Eingang der Pyramide
ihre Vorbereitungen für den Abstieg in das Innere trafen. Man
konnte sofort bemerken, daß es sich nicht um einen jener
nichtssagenden Besuche einer Gesellschaft von Vergnü-
gungsreisenden handelte, die mit fröhlichem Gelächter und
törichten Scherzen zu beginnen pflegen und mit kräftigem
Schimpfen über ›wenig lohnende‹ Mühseligkeiten enden,
Forschungsfahrten, für welche der ernstere Teilnehmer, der
seinen Baedeker studiert hat, höchstens eine Pistole, des
Knallens wegen, und ein paar belegte Butterbemmen mit-

nimmt. Zwei der Beduinen erhielten Fackeln, die andern, Buchwald und Thinker große, dicke Wachskerzen, als sollte eine feierliche Prozession veranstaltet werden. Der eine der Araber hatte, anfänglich wenigstens, zwei Meßstangen zu tragen, die er nach kurzer Zeit heimlich zurückließ. Eine kleine Leiter wurde schon am Eingang im Stich gelassen. Der andere trug einen Thermometer und einen Kompaß. Der erste Fackelträger, den man stets im Auge behielt, war mit hinreichendem Mundvorrat bepackt, um bis gegen Abend im Innern bleiben zu können; der andere trug zwei wohlgefüllte Kullahs, die beide nach einer halben Stunde zerbrochen waren. Buchwald mußte auf die dringende Bitte Thinkers sein großes Skizzenbuch mitnehmen und der Doktor selbst waffnete sich mit einem gewaltigen Notizbuch und zwei Maßstäben. Doch sollte dies alles nur einen vorbereitenden ersten Überblick ermöglichen und im allgemeinen zeigen, ob und wie sich die Erwartungen, welche die jahrelangen Vorstudien in Europa erweckt hatten, weiter verfolgen ließen.

Thinker warf einen letzten, traumverlorenen Blick auf die sonnige Wüstenlandschaft zu seinen Füßen und rief dann feierlich: »Vorwärts, in Gottes Namen!« Buchwald gab, in Ermangelung des unpäßlichen Dragomans, dem ersten Fackelträger einen sanften Stoß, so daß er mit einem erschreckten Ausruf die steile, glatte Kalksteinfläche gegen die Mündung des Eingangs hinabglitt, sich aber noch rechtzeitig bückte und in der viereckigen, schachtartigen Öffnung verschwand. Die andern folgten vorsichtiger; voran Thinker, brennend vor Wißbegierde, aber trotzdem langsam fortkriechend und entschlossen, sich nichts von der kleinsten Bedeutung entgehen zu lassen. Ihm folgte der Maler, kaum weniger neugierig, denn Thinkers wunderliches Gedankenleben war ihm nach und nach ins eigene Blut gedrungen. Er war in den letzten Tagen nahe daran gewesen, das alte: »Ich glaube, Herr, hilf meinem Unglauben!« in dieser unpassenden Verbindung ärgerlich vor sich hin zu brummen. Dann kamen die zwei Araber mit den

Lichtern und zum Schluß der zweite Fackelträger: ein ansehnlicher Aufzug, dessen Teilnehmer jetzt in tiefgebückter Haltung, sich vorsichtig gegen die glatten Seitenwände stemmend, in dem steil abfallenden Gang hinunterglitten.

Der tunnelartige Schacht senkt sich unter einem Winkel von annähernd dreißig Grad nach unten, eine Neigung, die es nahezu unmöglich macht, auf den glatten Steinplatten ohne seitlichen Halt zu stehen. Die Höhe des Ganges ist kaum vier Fuß, die Breite etwas über drei. Decke, Seitenwände und Boden bestehen nicht aus dem Numulitenkalk des Gesamtbaus, sondern aus gewaltigen Blöcken eines besonders harten Kalksteins, der in weit entfernten Steinbrüchen der östlichen Wüste gefunden wird. Die Blöcke sind in rechtwinkligen Fugen so genau aneinandergepaßt, daß sich kaum eine Federmesserklinge in die Ritzen stecken läßt. Diese Fugen schienen Thinkers Aufmerksamkeit ganz besonders zu fesseln; er konnte an keiner vorüber kommen, ohne sie mit seinem Licht zu verfolgen und sein Taschenmesser in die dünne Linie einzuführen. Die Fortschritte, die auf diese Weise gemacht wurden, waren sehr gering. Aber schon etwa fünfzehn Meter vom Eingang kam die Gesellschaft überhaupt zum Stillstand, da der Doktor entlang der glatten, schwärzlichen Wandfläche ängstlich nach etwas suchte. Plötzlich legte er mit einem lauten Freudenruf die eine Hand gegen den Stein, und hielt mit der andern den erstaunten Fackelträger fest, so daß er die Stelle grell beleuchten mußte.

»Sehen Sie, Buchwald«, rief er erregt, »hier ist es! Vergessen Sie nie in Ihrem Leben, daß ich Ihnen heute diese Stelle gezeigt habe.«

Buchwald sah nichts als an den sonst glatten, fast poliert aussehenden Seitenwänden des Ganges, die hier vom Boden bis zur Decke von einem einzigen Felsblock gebildet werden, sowohl zur Rechten, als zur Linken, eine senkrechte, wie mit einem Meißel eingeritzte Linie, die Thinker mit strahlenden Augen und mit einem vom roten Fackelschein förmlich verklärten Gesicht betrachtete.

»Sehen Sie denn nicht?« flüsterte er, wie wenn er Buchwald das tiefste Geheimnis mitzuteilen hätte. »Das sind Zeitmaße. Jede dieser Fugen hat ihre Bedeutung in der Geschichte der Menschheit. Ihre räumliche Entfernung voneinander mißt die zeitliche Entfernung der Ereignisse. Ein Pyramidenzoll ist ein Sonnenjahr. Der Anfang dieses Ganges ist für immer zerstört; der Anfang der Menschheit wird uns für immer in Dunkel und Zweifel gehüllt bleiben. Die Kante des ersten Steins des Ganges aber, an der wir vorüberkamen und die heute aufgedeckt im freien Sonnenlichte liegt, bedeutet die Zerstreuung des Menschengeschlechts beim Turmbau zu Babel. Damals versuchten die irrenden Kinder der Welt ein ähnliches Denkmal ihrer Größe und Weisheit aufzurichten. Heute sucht man seine Trümmer vergeblich an den Ufern des Phrat. Hier am Nil, an dieser heiligen Stätte, hat eine andere Macht und Weisheit einen Bau errichtet, der stehen wird, so lange die Welt steht. Und diese zwei wunderbaren Linien, die einzigen, die genau senkrecht zum Erdhorizont gezogen sind, denn alle übrigen Fugen stehen senkrecht zur Richtung des Ganges, bezeichnen das Jahr des Heils, in dem die Pyramide gebaut wurde. – Dreihundert Zoll, dreihundert Jahre seit dem Turmbau zu Babel. Vergessen Sie nicht, daß ich Ihnen dies sagte. Sie halten jetzt den Schlüssel zu dem, was ein vergessener Prophet in diesen Bau gelegt hat.«

Es war nicht wahrscheinlich, daß Buchwald den Augenblick dieser Mitteilungen vergaß, denn zum erstenmal seit längerer Zeit fragte er sich wieder, und diesmal mit wirklichem Entsetzen: ›Ist mein armer Thinker in der Tat verrückt?‹

Doch sie stiegen oder glitten vielmehr weiter und der Doktor gestattete ein etwas rascheres Fortschreiten, wenn es ihm auch schwer fiel, auch nur eine der Fugen, über die seine Hand glitt, ohne einen kurzen Aufenthalt zu verlassen.

»Es ist nutzlos, heute all dies erfassen zu wollen«, sagte er, sich selbst ermahnend. »Hier liegt Arbeit für Monate, denn die Länge jedes dieser Felsblöcke muß aufs genaueste gemessen werden. Sie werfen eine Flut von Licht auf eine Geschichte, die für unsere Gelehrtesten in nebelhaftem Halbdunkel hin und her schwankt. Hier liegt sie, in Stein gemeißelt, für alle Zeiten. Man muß sie nur zu lesen verstehen.«

Sie waren jetzt an der Stelle angelangt, wo der von dem Kalifen Mamud eingesprengte, annähernd waagerechte, aber heute verschüttete Kanal die seitliche Wand des Pyramidenganges durchbrochen hatte. Es war hierdurch eine unregelmäßige mit Trümmern und Felsblöcken verlegte Kammer entstanden. Der weiter nach unten führende Pyramidengang, die unmittelbare Fortsetzung des bisherigen Tunnels ist von hier an in den gewachsenen Felsgrund eingesprengt, auf dem die Pyramide steht, und endet, etwa dreiunddreißig Meter unter der Oberfläche, in einer ausgemeißelten, nicht vollendeten Totenkammer, die ihrem Zweck nie gedient haben konnte. Denn noch heute ist ihr Boden roher, unbearbeiteter Fels und infolge hiervon die Kammer, deren Decke eine fertige horizontale Fläche bildet, in der unregelmäßigsten Weise ein bis vier Meter hoch.

»Lassen wir die Toten ihre Toten begraben!« sagte Thinker, indem er sich mit einem Schauder von dem Loch abwandte, das dieser Unterwelt zuführte. »Das ist das dunkelste Geheimnis, dieser Gang nach unten. Von hier an geht unser Weg aufwärts. Aber werfen Sie zuerst einen Blick durch den Schacht empor, in dem wir bisher herabgestiegen sind.«

In einer Entfernung von etwa dreißig Meter von ihrem jetzigen Standpunkt sah man die kleine, fast quadratische Öffnung des Eingangs wie einen leuchtenden, wasserhellen Bergkristall.

»Und sehen Sie den Polarstern! Dort, nicht ganz in der Mitte; etwas unten, links!« rief Thinker entzückt. »Das ist der Stern Delta des kleinen Bären! Am hellen Tag wie in tiefer Nacht zeigt er an, auf welchem Punkte der Erde und des Weltalls die Pyramide steht. Und vor viertausend Jahren stand hier der Stern Alpha des Drachen, so daß dieser scheinbar finstere

Gang durch seine Neigung für ewige Zeiten die Jahreszahl feststellt, in der der heilige Bau von übermenschlicher Weisheit errichtet wurde. Ich fürchte mich nicht mehr, lieber Buchwald, Ihnen all dies zu sagen. Ihr alter, verbildeter Adam mag sich noch ein wenig sträuben. Aber Sie sind auf dem richtigen Weg. Sie glauben schon, ohne es selbst zu wissen.«

Der Maler konnte mit dem besten Willen den Stern nicht sehen, den Thinkers erregte Phantasie ohne alle Schwierigkeit entdeckte, aber er hielt es für überflüssig, diesen Punkt des weiteren zu erörtern. Auch kletterten die Araber, die die Pyramide noch nie in so bedächtiger Weise besucht hatten, bereits eifrig über den mächtigen Felsblock, der den Weg nach oben versperrte und begannen halblaut ihr »*Gentlemen satisfied, bakshish very good*« zu singen, bis Buchwald mit einem energischen Pst! die weihevolle Stille wieder herstellte.

Hier war der Punkt, wo der aufsteigende Hauptgang durch die Decke des absteigenden bricht und der erstere mit riesigen Granitblöcken sorgfältig versiegelt war. Der Kalif Al Mamun hatte, um das Hindernis zu umgehen, einen seitlichen Durchgang hergestellt und auch heute noch muß man über einen rauhen, gewaltigen Felsblock klettern, um die richtige Fortsetzung des Hauptgangs der Pyramide wieder zu gewinnen. Dann geht es zunächst in diesem genau unter dem gleichen Neigungswinkel, den der absteigende Gang gezeigt hatte, nach oben. Auch die Höhen- und Breitenmaße des Gangs bleiben dieselben, und die dumpfige Luft, die hier seit viertausend Jahren eingeschlossen ist, trägt nichts dazu bei, den Aufstieg leichter und angenehmer zu machen. Selbst der schwächste Lichtschimmer vom Eingang her ist nun infolge der Biegung des Ganges verschwunden. Man ist jetzt wirklich im Innern des Baus und drängt, tiefgebückt, langsam und mühevoll nach oben, während der Rauch der Fackeln um jedes Licht einen rotgelben Heiligenschein bildet und qualmend an der geschwärzten Decke hinzieht. Noch immer griff auch hier Thinker nach den feinen Fugen der Wände und Decke bildenden Felsblöcke, und versicherte Buchwald, daß sie an der Biegungsstelle die Zeit Moses verlassen hätten und nun inmitten der griechischen und römischen Geschichte emporstiegen.

Mit einemmal ändert sich das Bild. Die niedere Decke ist verschwunden. Eine elf Meter hohe, nur zwei Meter breite, aber noch immer unter demselben Winkel von sechsundzwanzig Graden steil aufsteigende Halle öffnet sich vor den Forschern. Mit dem Gefühl der Erlösung richten sie sich auf; ihr Auge sucht vergeblich nach dem fernen Ende der Halle, die sich in der schwärzesten Nacht verliert. Unmittelbar vor ihnen liegt die Mündung eines in horizontaler Richtung weiter ins Innere leitenden Ganges von der ihnen wohlbekannten unbehaglichen Höhe und Breite, welcher zur sogenannten Kammer der Königin führt. In der Wand zur Rechten ist ein rohes Loch zu erkennen: die Mündung eines fast senkrechten Schachtes, der mit dem in die unterirdische Grabkammer führenden Gang zusammenhängt. Durch diesen Gang konnten sich die Arbeiter entfernen, die seinerzeit mit den erwähnten Granitblöcken das untere Ende des aufsteigenden Ganges verschlossen hatten. Nach aufwärts endlich führt die schmale aber hohe Halle, in der sich Thinker mit einer Mischung von Ehrerbietung und Stolz umsah.

»Nunmehr sind wir in die Zeit des Christentums eingetreten«, sagte er, tief aufatmend. »Die Nordwand dieses erhabenen Raums, der uns eine wahre Erlösung von der drückenden Enge unseres bisherigen Fortschreitens bringt, diese senkrechte, gewaltige hohe Nordwand bezeichnet das Jahr des Heils. Von hier nach rückwärts und nach vorwärts weisend wird uns die Geschichte der Menschheit klarer, als sie dies alle Gelehrsamkeit der Welt zu machen vermochte. Sehen Sie hier unten die Mündung des horizontalen Ganges, der uns den Aufstieg recht unangenehm erschwert. Das ist die Abzweigung der Geschichte der heidnisch gebliebenen

Menschheit und von allem späteren, was der christlichen Entwicklung entgegenstand. Der Gang endet in der schönen, aber fast sinnlosen Kammer der Königin, wie das Gemach von den verblendeten Ägyptologen getauft wurde. Diese Toren! Ihre Kammer hat so viel mit einer Königin zu tun; als der Kristallpalast von Sydenham mit Nebukadnezar. Lassen wir sie vorläufig liegen. *Excelsior* muß unser heutiger Wahlspruch sein. Er muß uns damit versöhnen, daß wir manches Wunderbare am Wege liegen lassen müssen.«

Das Klettern über die senkrechte Wand, in der sich die Öffnung des horizontalen Gangs befindet, den Thinker so verächtlich behandelte, war nicht ganz einfach. Doch sind in den Seitenwänden Löcher eingehauen, die den Aufstieg erleichtern, und nun hatten die Forscher den steil ansteigenden, eigentlichen Boden der großen Halle erreicht. Es ist dies ein meterbreiter schmaler Gang, an dessen Seiten sich erhöhte Rampen befinden, auf welchen es sich etwas leichter gehen läßt als auf dem völlig glatten Boden zwischen denselben. In diesen Rampen, ihrer ganzen Länge nach, befinden sich auf jeder Seite zweiundzwanzig viereckige tiefausgemeißelte Vertiefungen, deren Zweck oder Bedeutung heute noch unerklärt ist. Mit ärgerlichem Unbehagen versicherte Thinker, daß diese Löcher ihn manche schlaflose Nacht gekostet hätten, ohne daß die ersehnte Erleuchtung eingetreten sei.

Ungefähr sechzig Meter weit konnte nun ohne wesentliche Schwierigkeiten weitergeklettert werden, obgleich sich erst in diesem hallenartigen Raume zeigte, wie gefährlich steil der Aufstieg über die glatten Felsblöcke war, so daß sich selbst die Fellachin, trotz ihrer nackten Füße, manchmal die Hände reichten, um nicht auszugleiten. Schließlich endete die bisher ununterbrochene geneigte Ebene mit einer meterhohen Stufe. Ihre Entfernung vom untern Endpunkt der Halle, dem Anfang der christlichen Zeitrechnung, ist, wie Thinker fast flüsternd mitteilte, 1878 Pyramidenzoll – 1878 Jahre!

»Hier, lieber Buchwald, stehen wir mitten in den Geheimnissen der Zukunft. Ich maße mir nicht an, ihre Zeichen zu deuten. Daß aber eine derartige Stufe, die sogar Sie nicht überwanden, ohne zweimal auszugleiten, eine Weltkatastrophe andeutet, darüber bin ich mir vollständig klar. Denn in einer weiteren Entfernung von nur achtundsechzig Zoll stehen wir am Ende der großen Halle der christlichen Zeitrechnung. Sie schließt mit einer nicht ganz senkrechten, mit einer leicht, aber drohend überhängenden Wandfläche, durch die ein niederer Durchgang, der engste in der ganzen Pyramide, in die innersten, die heiligen Kammern des Baus führt. Doch ich bedarf der Stärkung, ehe wir weiter gehen. Hier wollen wir eine kleine Weile rasten. – Wo ist der Speisekorb? – Es ist unrecht, das Leibliche, die sinnliche Welt, allzusehr zu verachten. Stehen wir nicht gerade hier an einer Stelle, wo das Wunderbarste greifbar geworden ist? Wer weiß, ob der Schöpfer nicht öfter als wir glauben, seine erhabensten Gedanken in Stein und Erde, in Wasser und Feuer, kurz in Stoffen ausdrückt, die gering zu schätzen wir uns törichterweise oft den Anschein geben. – Wo ist der Speisekorb?« –

Buchwald setzte sich neben Thinker auf die Stufe der so nahe bevorstehenden Weltkatastrophe und zerlegte nach wenigen Minuten zwei Hähnchen kunstgerecht auf einer englischen Zeitung älteren Datums. Auch eine Flasche Rotwein und zwei Gläser fanden sich. Geduldig, wie schwarzbraune Statuen, saßen die vier Fellachin rechts und links auf den Rampen, und warteten nicht vergeblich auf die Brosamen, die von ihrer Herren Tisch fallen mußten. Die zwei Fackeln warfen ein trübrotes Licht auf die Gruppe und erhellten das obere Ende der Halle, die steil abfallend sich in einem schwarzen Abgrund verlor. Von dort herauf hörte man gelegentlich das leise, schrille Pfeifen einer Fledermaus, die wie zornig plötzlich die Köpfe der Dasitzenden umschwirrte, um wieder ebenso schnell in dem tiefen Schacht zu verschwinden. Es war, so weit die Umgebung in Betracht kam, das wunderlichste Gabelfrühstück, das Buchwald in seinem Leben eingenommen hatte.

»Wir befinden uns hier fast im Mittelpunkt der Pyramide«, sagte Thinker, indem er den abgeschälten Schlegel seines Hähnchens sinnend betrachtete, »in der Mitte der gewaltigsten Masse toter Materie, die je der Mensch zusammengeschleppt hat, und doch ist diese tote Masse, wo man sie anfaßt, voll von Gedanken. Wissen sie, wie viel die Pyramide wiegt? 5 273 000 Pyramidentonnen; und das Gewicht unseres Erdballs ist 5 273 000 Quadrillionen Tonnen! Das Verhältnis des Gewichts der Pyramide zum Gewicht unserer Erde ist wie eins zu 10^{15} oder anders ausgedrückt, wie eins zu zweimal fünf auf der dreimal fünften Potenz. Sie bemerken die Wiederkehr der Grundzahl alles Geschaffenen – von Fünf!«

Buchwald seufzte. Dies war vielleicht richtiger und um ein kleines vernünftiger als die historische Fugenrechnung in den Gängen. Aber die Weltgeschichte in Steinblöcken war ihm noch immer lieber als dieses Hexeneinmaleins der Wissenschaft unserer Tage. Thinker ließ sich jedoch nicht stören.

»Wissen sie, wie groß der Kubikinhalt der großen Pyramide ist?« fragte er eifrig weiter. »Hunderteinundsechzigtausend Millionen Pyramiden-Kubikzoll. Und so viel ist nach den besten uns möglichen Berechnungen die Zahl der Menschen, die bis in unsere Zeit die Erde bewohnten. Jeder Kubikzoll ein Menschenleben! Sie denken, diese Berechnung muß im nächsten Jahrhundert falsch sein, und mit jedem Tage unrichtiger werden. Wer aber bürgt ihnen dafür, daß die Menschheit das nächste Jahrhundert erleben wird? Fühlen wir nicht, unter dieser drohend überhängenden Steinwand, daß wir dem Ende nahe sind? – Ah, mein Freund, da glauben wir armen Erdenwürmer, mit unserem Verstand, der in einem Fingerhute Platz hat, und unseren fünf Fühlhörnchen, den Sinnen, die am nächsten Strohhalm ihre Grenze erreichen – da bilden wir uns ein, daß unsere Sprache, das Lallen mit vierundzwanzig Buchstaben, das einzige Mittel sei, Gedanken auszudrücken, Wahrheiten zu verkündigen! Sprechen nicht Steine eine größere, eine deutlichere Sprache, und dazu von Dingen, die wir kaum mehr zu fassen vermögen?«

Er warf zornig das Zeitungspapier weg, das ihm als Tischtuch und Serviette gedient hatte und sprang auf.

»Sehen Sie dort oben am höchsten Punkt dieser Abschlußwand, fast nicht mehr zu erkennen in der Dämmerung, und heute jedenfalls für uns nicht erreichbar: dort oben führt ein Gang nach fünf Höhlen – fünf – fünf – eine über der anderen, die über der Decke der Königskammer liegen, um dieselbe zu entlasten. Geben Sie zu, daß diese alten Baumeister klug genug gewesen wären für unsere Tage? – Und wer weiß, was diese abgelegenen Höhlen des weiteren zu erzählen wissen? Dieses gewaltige Buch öffnet sich uns nicht mit einem Mal. – Nun aber weiter, in Demut!«

Er fiel auf die Knie. Es war für eine lange Gestalt, wie die Thinkers, die bequemste Art, durch die niedere Öffnung zu kommen, die ihm in der Abschlußwand der Halle entgegengähnte. Sie bildet zum Glück nur einen Durchgang von einem Meter Länge. Dann konnte er sich wieder aufrichten und stand in dem granitnen Vorgemach der Königskammer.

Es ist keine imposante Halle; nur etwa drei Meter lang, eineinhalb breit und dreidreiviertel Meter hoch. Aber schon der sorgfältig bearbeitete Granit im Gegensatz zu den Kalkwänden, zwischen denen man sich bisher bewegt hatte, war für Thinker ein Beweis, daß er hier den bedeutsamsten Teilen des Innern nahe war. Die Nordwand, durch die man hereingekrochen war, besteht noch aus dem harten Kalk, der die Wände der großen Halle bildet. Dann aber, gegen Süden, ist alles mit Granit verkleidet.

Das erste Unerklärliche in diesem Raum ist ein tafelförmiger Granitblock, der, wie ein aufgezogenes Falltor, in halber Höhe quer von der Ost- nach der Westwand durch die Kammer gezogen ist. Auf der sonst glatten Nordseite dieser auffallenden Tafel befindet sich ein hervorragender halbkreisförmiger Knauf. Dies war nach Thinkers Erklärung die unmittelbare Darstellung des Pyramidenzolls, der Maßeinheit für den ganzen Riesenbau. Denn dieser Knauf hatte eine Höhe von einem Pyramidenzoll und einen Durchmesser von genau fünf Pyramidenzoll, oder von einem Fünftel eines Pyramidenmeters.

»Hier«, rief er triumphierend, »haben Sie in sichtbarer und greifbarer Gestalt jenes Urmaß, das wir in der großen Pyramide überall wiederfinden und das den Abmessungen unseres Erdballs und unseres Sonnensystems zu Grunde liegt. Weshalb kommen Sie mir wieder mit ihrem alten Lächeln? Scheint ein Zoll Ihnen zu klein zu sein für solche Messungen? Dem Baumeister, der dieses Maß gebrauchte, ist ein Tag so lang wie tausend Jahre und ein Zoll nicht weniger bedeutsam, als die Länge von tausend Erddurchmessern oder hundert Lichtjahren. – Über dem niederen Eingang in das Allerheiligste, vor dem wir stehen, und der uns noch einmal auf die Knie zwingen wird, sehen Sie die Südwand dieser Kammer durch vier senkrechte Gruben von der Decke bis zur Oberkante der Ausgangsöffnung in fünf gleichbreite Streifen geteilt. Dies ist ein Wink, daß die heilige Fünf, die Grundzahl auch dessen, was die Gelehrten des Unglaubens und der Rebellion ihr vielgepriesenes Dezimalsystem nennen, überall zu finden ist, wo wir in der Pyramide oder im Weltall einen Maßstab anlegen. Beachten Sie diese wunderbar ineinander gefügten Felsblöcke der Wände! Sie alle kommen aus weiter Ferne, denn nichts war zu kostbar für diese Räume. Es muß Jahre und Jahre gekostet haben, die fast diamantharten Steine mit den Werkzeugen jener Zeit in dieser Weise zu bearbeiten und in messerdünnen Fugen aneinander zu fügen. Dafür sehen wir heute noch das fast viertausendjährige Werk so vollkommen, als wäre es gestern unter der Polierscheibe unserer Maschinenzeit hervorgegangen. Aber glauben Sie mir eins! Man hat diese Steine nicht aus eitler Spielerei so fein geschliffen. Jeder dieser Fugen hat ihre tiefe Bedeutung. Doch es handelt sich in dieser Kammer nicht mehr um die Geschichte des Menschen, des blinden Erdenwurms, dem all dies ein verschollenes Buch ist und wohl auch bleiben wird, sondern um das Weltgebäude des Schöpfers, der hier in unverwüstlichen Zeichen zu seinen Geschöpfen spricht. Heute ahnen wir nur, was er sagt. Aber ehe ich von diesen Räumen Abschied nehme, werde ich mehr davon verstehen. Bücken Sie sich!«

Zum zweiten Mal sank Thinker auf die Knie und kroch allen voran unter den riesigen Granitblock in der Südwand der Kammer, der über dem Durchgang in die Königskammer hängt. Dieser Durchgang ist etwas länger als der nördliche Eingang in die Vorkammer. In der pechschwarzen Finsternis, welche der Schein der Fackeln aus der Vorkammer in gespenstischer Weise durchbrach, richtete sich der Doktor auf. Seine Knie zitterten; er mußte sich an der glatten Wand stützen. Aber es war nicht die ungewohnte Anstrengung des Kletterns und Kriechens, die ihn erschütterte, es war das Gefühl, an der Stelle zu sein, von der er seit Jahrzehnten geträumt hatte und die für ihn eine Bedeutung hatte wie keine zweite auf dem Erdenrund.

Tiefgebückt, einer dem andern folgend, kamen Buchwald und die Araber mit ihren Fackeln und Lichtern aus der viereckigen Öffnung hervor und beleuchteten schweigend Wände und Decken des Gemachs. Es ist nicht überwältigend groß: zehneinhalb Meter lang, fünf Meter breit und sechs Meter hoch, um annähernde Maße zu geben. Wände, Decken und Boden sind aus geschliffenem rotem Granit in riesigen Blöcken, die mit einer immer aufs neue Bewunderung erregenden Genauigkeit aneinandergepaßt sind. Kein Bildnis, keine Inschrift, kein Zierat irgendwelcher Art stört die ergreifende Einfachheit der Halle. Es ist Mathematik im Stein, die Verkörperung der absoluten Wahrheit in ihrer einfachsten Form, soweit dies mit irdischen Mitteln je möglich sein wird. Das war der erste Eindruck, den die Königskammer selbst auf

Buchwald machte, dessen Sinn für das Schöne in mathematischen Wahrheiten nicht sehr rege war. Erst Minuten später dachte er an das erstaunliche Werk der Menschenhand, das ihn umschloß.

Der erste Blick fällt naturgemäß auf die Wände des Gemachs. Sie sind aus fünf waagerechten Steinschichten aufgebaut, in denen die riesigen Granitblöcke übereinanderliegen, deren Fugen in dem unsteten Licht der Fackeln kaum zu entdecken sind.

»Sie sehen – fünf! Das immer wiederkehrende Fünf!« sagte Thinker leise. »Die Decke allerdings besteht aus sieben gleich breiten und zwei schmäleren Felsblöcken, die alle über fünfeinhalb Meter lang sein müssen, um dieses gewaltige Dach zu bilden. Daß nicht auch hier fünf Blöcke Verwendung fanden, muß eine Bedeutung haben, die zu ergründen noch nicht gelungen ist. Wir sind umgeben von Geheimnissen, aber es wird licht. Seitdem das Rätsel der granitnen Truhe gelöst ist, des Heiligsten, das diese Kammer bringt, dürfen wir an nichts mehr verzweifeln.«

Keine Frage, es macht einen eigentümlichen Eindruck, entlang der Westwand dieser leeren, schmucklosen Kammer im Halbdunkel des Fackellichts den einsamen Felsblock liegen zu sehen, der seit Menschengedenken für den Sarkophag eines der ältesten Könige der Menschheit gehalten wird. Er ist so schmucklos, wie jeder andere Stein in der Kammer: ein einfacher, ausgehöhlter Block aus poliertem Granit. Der Hohlraum in seinem Innern ist leer und nach oben völlig offen; nirgends eine Spur von einem Deckel. Die obere Kante der Truhenwandungen ist nicht mehr scharf und namentlich an der östlichen Langseite schwer beschädigt. Hunderte von törichten Neugierigen haben es seit bald zwei Jahrhunderten für passend gefunden, auch hier Stückchen von dem Granit abzuschlagen, um sie neugierigen Freunden nach Hause zu bringen, die sie im besten Falle nach ein paar Jahren auf den Kehrichthaufen warfen.

»Woraus zu ersehen«, sagte Thinker mit Bitterkeit, »daß der Menschenschädel da, wo es sich darum handelt, ein Verbrechen oder eine Dummheit zu begehen, härter ist als Granit. Auch diese Wahrheit muß uns die Königskammer für alle Zeiten erhalten!«

Er setzte sich auf den Rand des Sarkophags, wie Buchwald die heilige Truhe noch immer nannte, und bat den Maler, neben ihm Platz zu nehmen. Die Fellachin mit ihren Fackeln und Lichtern wurden an das andere Ende der Kammer geschickt, wodurch dieselbe in jedem Winkel hell erleuchtet wurde.

»Hier wollen wir uns sammeln und ein wenig ruhen«, begann Thinker sanft. »Kein Pharao hat je in dieser Höhlung gelegen, und doch ist es eine Stätte der Ruhe, an der es sich lohnt, still zu betrachten, wo wir uns befinden und was wir um uns sehen. Hier, buchstäblich im Schwerpunkt des menschenbewohnten Festlandes der Erde liegen sie seit Anbeginn, all die Wahrheiten, die unser irdisches Dasein in seinem tiefsten Grunde bestimmen, an denen – gerade deshalb, möchte ich sagen – zahllose Millionen achtlos vorübergehen; hier liegen sie, nicht begraben, sondern lebendig eingeschrieben in einer Weise, die nur mit dem Erdball selbst vergehen wird. – Haben Sie schon gesehen, wie sie in Paris, in London, wohl auch in Ihrem Berlin die komischen, sinnlosen, falschen Normalmaße ihres Landes in Gewölben eingemauert halten; in Kartenhäuschen, verglichen mit dem was wir hier sehen; und alle fünfundzwanzig Jahre, wenn ich mich recht erinnere, eine Kommission von bebrillten Gelehrten beauftragen, danach zu sehen, ob sie vielleicht länger oder kürzer geworden sind? Diese Herren wissen wohl, wenn sie auch sonst nicht viel wissen, wie vergänglich all ihr Spiel mit Dingen ist, die der Menschengeist immer nur annähernd wissen kann, und alle hundert Jahre wieder anders weiß. An dieser Stelle dagegen wurde ein Normalmaß, das von keinem Schwanken menschlichen Wissens abhängt, vor viertausend Jahren niedergelegt und liegt heute noch hier, wie am Tage, an dem diese Kammer für ewige Zeiten dem Tageslicht verschlossen wurde. Die Polarachse der Erde gibt uns den Pyramidenmeter, den wir in dieser Truhe wiederfinden, im Zusammenhang mit dem Gewicht unseres Erdballs. Und diese Truhe hat ein gottbegnadeter Mensch vor Jahrtausenden mit seinen Händen geformt. Läßt sich ein wunderbareres Verhältnis zwischen unserem menschlichen Wirken und dem Schaffen des göttlichen Baumeisters denken? Könnten wir einen geeigneteren Ort finden, diese erstaunlichen Tatsachen in schweigender Ehrfurcht zu betrachten?«

Buchwald wußte, was es hieß, wenn Thinker eine schweigende Betrachtung ankündigte. Es war dann das Klügste, ihn schweigend weissagen zu lassen. Auch fühlte er mehr und mehr, daß der Doktor am Ende doch recht haben könnte. Die Wucht der Zahlen überwältigte ihn, auch wenn er sie nicht verstand. Überdies saß man ganz behaglich auf der Kante der heiligen Truhe. Weshalb sollte er nicht stille halten?

»Das sind die großen weltumspannenden Wahrheiten, von denen wir sprechen«, begann Thinker aufs neue. »Aber alles in dieser scheinbar leeren Kammer ist voll von kleineren, bedeutsamen Beziehungen zum Leben, das uns der Schöpfer gegeben hat. Jede Fuge, jede Steinlänge hat ihre Bedeutung. Der hochwichtige Inhalt der Truhe ist rings um uns her in der mannigfachsten Weise wiederholt. Ihr äußerer Kubikinhalt ist genau das Doppelte ihres inneren Hohlraums. Der Kubikinhalt der Königskammer bis zur Höhe der ersten Steinfuge in ihrer Wandung ist genau das Fünfzigfache desselben Hohlraums, so daß, wenn die Narren unserer Zeit die heilige Truhe völlig zertrümmert hätten, ihr Maß nicht verloren wäre. – Sie sehen die zwei kleinen Löcher, das eine in der Nordwand, das andere in der Südwand dieser Kammer. Es sind die Mündungen von Kanälen, die durch das ganze riesige Mauerwerk der Pyramide nach Nord und Süd, gegen oben und außen führen. Man hält sie für Ventilationskanäle, welche die Luft in der

Königskammer seit Jahrtausenden rein erhalten. Das mag so sein. Aber sie sind gleichzeitig auch unzerstörbare Linien im Raum, die unverrückbar bleiben werden, bis die ganze Pyramidenmasse zerbröckelt ist. Können Sie sich eine weniger der Vernichtung ausgesetzte Weise denken, eine Linie im Raum für alle Zeiten festzulegen? Die nach Süden gerichtete Linie macht den gleichen Winkel mit der Horizontalen, wie alle übrigen Gänge innerhalb der Pyramide, nämlich sechsundzwanzig Grad und achtzehn Minuten, die nach Norden gerichtete hat eine Neigung von dreißig Grad. Wenn das Werk der Finsternis, die langsame Abnutzung und Zerstörung von wichtigen Teilen der Pyramide noch jahrtausendelang seinen Fortgang nehmen sollte, so blieben doch für alle Zeiten die Winkel bewahrt, von denen, wie ich Ihnen früher zeigte, der eine die Lage der Pyramide auf der Erdkugel, der andere das Erbauungsjahr der Pyramide in seiner Beziehung zur Präzession der Tag- und Nachtgleichen festlegt. – Der Boden der Königskammer ist in gleicher Höhe mit der fünfzigsten Gesteinsschicht des Pyramidenbaus, die an der äußeren Oberfläche zu Tage tritt. Der Umfang der Pyramide an jener Stelle ist fünfundzwanzigtausendachthundertsiebenundzwanzig Pyramidenzoll. Fünfundzwanzigtausendachthundertsiebenundzwanzig Jahre ist aber auch die Dauer eines Kreislaufs der Präzession der Tag- und Nachtgleichen, jener wichtigen kosmischen Periode, welche aller Wahrscheinlichkeit nach unsere Eiszeiten, und damit Leben und Tod der Erdbewohner bestimmt. – Sie sehen nach allen Seiten hin Licht, greifbares Licht, wenn auch unsere trüben Augen es noch oft vergeblich zu fassen suchen.«

Thinker atmete auf; aber die innere Bewegung gönnte ihm selbst hierfür kaum die nötige Zeit. Er fühlte, daß sein junger Freund noch immer nicht völlig überzeugt war.

»Manches, ich gebe es zu, ist heute nur Vermutung«, fuhr er fort; »aber vieles ist so gewiß, so klar, als daß zwei mal zwei vier macht, heute, gestern und in alle Ewigkeit. Und dieses

Viele ist so erstaunlich, so wunderbar, daß wir berechtigt sind, auch das noch Zweifelhafte mit gläubiger Ehrfurcht zu betrachten, und uns der Pflicht nicht entziehen dürfen, zu suchen – zu suchen –! Wo wir irren, sind es unsere mangelhaften Geräte, unsere plumpen Hände, unsere schwerfälligen oder leichtfertigen Sinne, die uns täuschen, nicht die granitnen Wahrheiten dieses Baus. Ist es nicht bezeichnend: Seitdem der alte ehrliche Greaves im Jahr 1637 die ersten genauen Messungen dieser Truhe vornahm, die so einfach mit Händen greifbar vor uns liegt, daß sie jedes Kind zu messen vermag – seit jener Zeit haben meines Wissens dreiundzwanzig Forscher und Gelehrte aus allen zivilisierten Nationen Europas und Amerikas sie in der Tat gemessen und jeder hat ein anderes Maß der Welt in feierlicher Druckerschwärze mitgeteilt. Mühselig mußte mein verehrter Freund Smyth Durchschnittsmaße herausklügeln, wobei er aufs gewissenhafteste die Glaubwürdigkeit der einzelnen Angaben in Rechnung zog, um den Wahrheiten auf die Spur zu kommen, die uns heute in Erstaunen setzen. Und das sind die Weisen unserer Tage, die die Nase rümpfen über den alten Pyramidenbauer, der den Granit schnitt, als ob er ein Tonkloß wäre und mehr von Himmel und Erde wußte, als sie alle zusammen. Sehen wir je in unsern Tagen Form und Gehalt in solcher Vollkommenheit vereinigt? Lohnt es sich – ja oder nein, mein Freund – zu den Alten zurückzukehren, um solchen Meistern zu begegnen? Von den Alten zu den Ältesten? Was ist all unser neues Wissen, unser neues Können, verglichen – Guter Gott, was ist das?«

Der Schreckensruf des Doktors war verzeihlich. Die vier Araber waren unschuldig an den unheimlichen Tönen. Die Betrachtungen ihres Herrn waren ihnen schon längst langweilig geworden. Sie kauerten in der südöstlichen Ecke der Kammer in einem engen hellerleuchteten Kreis und kauten an vier Zwiebeln und den zerrissenen Stücken eines ihrer flachen Brotkuchen. Das geisterhafte Flüstern und Schlürfen kam aus dem Gemäuer. Es wurde lauter. Man hörte gedämpfte Rufe, fernes höllisches Lachen. Und es kam näher. Wenn auch scheinbar noch in weiter Ferne und von wunderlichen Echos hin und hergeworfen, tönte es jetzt stoßweise aus der Eingangsöffnung der Kammer. Selbst den Maler hatten die unerklärlichen Laute für einen Augenblick erschreckt. Jetzt klärten sich seine Züge auf, während Thinker finster, ein nervöses Zucken um den Mund, in die granitne Truhe starrte. Hier war kein Ausweichen möglich. Ein vielstimmiger Trupp der verwünschten Globetrotter war im Anzug.

Jetzt schalt einer in unzweifelhaftem Englisch über die schwer zu erkletternde Stufe am Ende der hohen Galerie. Jetzt waren sie in der Vorkammer, schwatzend und lachend, weil ein anderer den Kopf an der Decke des niederen Durchgangs angeschlagen hatte und ein dritter nicht auf den Knien rutschen wollte. Gellend schrie eine Frauenstimme: Eine Fledermaus, Hilfe! Eine Fledermaus! Thinker sprang auf, Grimm und Verzweiflung in den rollenden Augen. Man sah es ihm in jeder Bewegung an: er wollte fliehen; er konnte diese Menschen hier nicht sehen. Aber wohin? Es gab nur den einen Ausgang und durch diesen schlüpfte gerade tief gebückt, mit katzenartiger Gewandtheit der führende Araber der Reisegesellschaft.

Dann kam ein Herr auf allen vieren, schlug, da er sich etwas zu früh aufrichtete, an der Kante des Granitblocks über dem Eingang seinen Korkhelm vom Kopf, warf dem Granitblock einige zornige Worte zu und sah sich dann erstaunt in dem erleuchteten Gemach um: ein kleiner Herr in grauem Reiseanzug mit feuerrotem Vollbart und einem Kranz weißer Löckchen um den kahlen glänzenden Schädel, das Gesicht rot und rund. –

»Himmlische Heerscharen! Ein Gespenst oder – oder Bruder Ben!« rief Thinker, mit vorgebeugtem Körper die Gestalt anstarrend.

»Der Teufel auch, Joe!« schrie der Fremde. »Joe, wie er leibt und lebt.« Dann flog ein fröhliches Lachen über sein Gesicht. »Was der Kuckuck machst du in diesem Loch, Joe? Wie geht's, wie geht's? Auf der Papyrusjagd? Na, warte nur! Ich will dir die alten Schmöker schon herausholen. Nur ein bißchen Geduld und keine Angst. Jeden Fetzen, den wir finden, sollst du haben!«

Ben Thinker ging mit ausgestreckten Armen auf seinen Bruder zu, der sich krampfhaft an der Granittruhe festhielt und wie Hilfe suchend auf Buchwald blickte. Dieser war hinter den Steinblock gesprungen und sah kaum weniger entsetzt in die wohlbekannten Züge seines Erfinders von Stoke-Newington. Es war kein Verkennen möglich; nur die Löckchen waren etwas weißer geworden. Aber ein stürmisches Pochen seines Herzens, das ihm fast den Atem raubte, verhinderte jede nähere Prüfung der unerwarteten Erscheinung. Am Eingang des Gemachs stand eine weitere Gestalt: weiß, hoch, schlank wie eine Pharaonentochter und doch nicht aus der ägyptischen Welt. Sie mußte es sein! Das Kind von damals; das Bild all seiner Künstlerträume seit drei langen Jahren, und auch der andern; sonst wäre diese plötzliche Herzbeklemmung unerklärlich gewesen. Sie war es; und an ein Ausweichen in dieser leeren Felsenhalle mit dem einzigen kaum tischhohen Ausschlupf war nicht zu denken. Wozu auch? Buchwald war von Natur kein Feigling. Er raffte sich zusammen und dankte Gott, daß die Königskammer keine zwei Ausgänge hat.

Aber es krabbelte noch immer. Fräulein Schütz streckte den Kopf herein und drehte sich vorsichtig hin und her, wie eine kleine Maus, ehe sie sich weiter wagte. Dann sprang sie auf, stieß ihren Fledermausschrei aus und flog auf den Maler zu.

»Herr Buchwald! Herr Buchwald! Nein, das ist ein Spaß! In Ägypten! In der Pyramide!«

Daß das impulsive Fräulein dem wiedergefundenen Landsmann nicht an den Hals flog, war ein wahres Wunder plötzlicher Selbstbeherrschung. In Deutschland, in England hätte sie sich soweit nie vergessen, natürlich. Aber hier, in diesem wildfremden Lande, in einer vieltausendjährigen Totenkammer durfte man sich jenseits von Raum und Zeit fühlen und konnte sich Dinge erlauben, die in Stoke-Newington nicht auszudenken gewesen wären.

Dann kam Fritschy, in elegantem, grauem Reiseanzug, ein knallrotes, flatterndes Halstuch umgeschlungen. Er hatte sich in vierzehn Tagen merkwürdig verändert, doch ließ sich darüber streiten, ob zu seinem Vorteil. Der kleine, ehrliche Monteur war verschwunden; er sah aus wie ein aus dem Ei geschälter Stutzer, der sich etwas unbehaglich in der ihm neuen Welt umsieht.

Fräulein Schütz hatte jetzt auch Herrn Joe Thinker bemerkt und erkannt. Sie schien durch die völlig unerwartete Begegnung mit alten Freunden das gesellschaftliche Gleichgewicht nahezu verloren zu haben, faßte ihn an beiden Händen und hoffte stürmisch, daß er sich wohl befinde. Dann zog sie ihn gewaltsam hinter der ›häßlichen alten Kiste‹ hervor, wie sie unehrerbietig die Verkörperung des Pyramidenkubikmeters in Verbindung mit dem spezifischen Gewicht der Erde nannte.

»Haben Sie das gehört, Buchwald!« rief Joe Thinker erregt. »Alte Kiste, sagte Fräulein Schütz. Fällt Ihnen hierbei nicht ein schönes Wort Ihrer Heimat ein: Was kein Verstand der Verständigen sieht, das ahnet in Einfalt ein kindlich Gemüt! Sehr richtig, Fräulein Schütz, sehr wahr! Sie sagten: eine alte Kiste. Das ist es wahrhaftig: eine Kiste, eine Truhe, ein Hohlmaß – alles eher als ein Sarkophag!«

»Au!« schrie Fräulein Schütz, denn Thinker drückte ihr so dankbar die Hand, daß dieselbe kirschrot wieder zum Vorschein kam. »Und Sie glauben wirklich, Herr Joe«, fuhr sie mit jugendlicher Lebhaftigkeit fort, und schielte dabei mit einem kleinen Schauder der Neugierde nach dem Granitblock, »Sie glauben, daß wir keinen Pharao mehr in der schwarzen Bahre finden werden? Wie schade! Ich hatte so darauf gehofft. Doch nachdem wir Sie gefunden haben, ist es fast noch besser. Ich weiß aus den Zeiten in Glenisloch und Sydenham, wie Sie sich ganze Nächte lang mit diesen gruslichen Dingen beschäftigten. Sie müssen wissen, wo der alte Pharao liegt und wann die Pyramide gebaut wurde und wie viel sie wiegt und all das. Nicht wahr, Sakuntala, sie erinnern sich, wie viel Papier Ihr Herr Onkel voll Zahlen schrieb, daß einem angst und bange wurde. Jetzt bitte, erklären Sie uns! Aber ohne Zahlen, nicht wahr! Sakuntala bekommt so leicht Kopfschmerzen.«

Sie plauderte in der Freude ihres Herzens wie ein kleines Mühlrad, während Buchwald und Sakuntala sich ansahen, ohne ein Wort zu reden. Beide hatten die zweite waagerechte Steinfuge an der Südwand der Königskammer aufmerksam verfolgt, sie von Osten, er von Westen, bis sie zusammentrafen. Dann sagte Buchwald, mit bebender Stimme:

»Wie genau diese Steine zusammenpassen, Fräulein Thinker! Niemand könnte es heutzutage besser machen.«

»Es ist wunderbar«, sagte sie; »vor viertausend Jahren, meint Onkel Joe.«

»Sakuntala!« sagte er, »vor drei Jahren –«

»Ja«, sagte sie und seufzte. »Es war eine lange, lange Zeit!«

Er merkte nicht, daß sie in diesem unbewachten Augenblick alles gesagt hatte, was er zu wissen wünschte, denn er war noch halb betäubt. Aber so war es und es ging ihr um kein Haar besser als ihm. Vorläufig kamen sie in ein stoßweises, flüsterndes Gespräch, in dem die ganze Pyramidenwelt wie in einer Wolke von indischem Rosenduft versank. So war es nicht allzu verwunderlich, daß sie eine halbe Stunde später in ruhigerem Gespräch über alte Dinge aus der Zeit von Stoke-Newington plauderten und fast den alten Ton wiedergefunden hatten. Auch daß sie, jeder für sich, sich fragten, ob sie in jenem ersten Augenblick nicht zu viel gesagt oder gehört hätten. Es war ja kaum möglich, vor der ganzen Gesellschaft!

Mittlerweile war es auch Ben gelungen, die Hände seines Bruders Joe zu ergreifen und herzlich zu schütteln, während Fritschy einen Maßstab aus der Tasche zog. Er war trotz seines unnatürlich eleganten Reiseanzugs doch noch der ehrliche Monteur vom vorigen Monat, der, wachend oder schlafend, bereit war, seinen Maßstab hervorzuziehen. Fräulein Schütz mußte ohne Verzug die Länge, Breite und Höhe der heiligen Truhe kennenlernen, die übrigens von ihr nun wieder zum Sarkophag degradiert wurde und beide machten sich mit Ernst und Eifer an die nötige Vermessungsarbeit. Später wollte sie sich zur Probe hineinlegen, um zu sehen, wie es einem Pharao zumute sei, sobald Fritschy den schwarzen Boden des Hohlraums mit seinem Taschentuch säuberlich ausgestäubt hatte. Sie war ohne Frage eine mutige kleine Dame, die mit Wölfen spielte und in Sarkophagen schlafen konnte und den verhärtetsten Weiberfeind zu jedem Ritterdienst heranzuziehen wußte.

»Begraben wir alle Dummheiten, Joe, mit denen wir uns in früheren Zeiten das Leben sauer gemacht haben«, begann Ben Thinker mit fröhlicher Herzlichkeit. »Donnerwetter, Mann! Wir begegnen uns hier in einem Grab, das hoffentlich groß genug dazu ist. Dann wäre der alte, eckige Maulwurfshaufen doch auch einmal zu etwas gut, in seinem tausendjährigen Dasein. Wie, Joe, beide Hände her! Wie in der guten, alten Bubenzeit am Loch Murdoch, wenn du mir mein Patentfischgerät verwirrtest oder ich dir deine Bücher an den Kopf warf.«

Joe war zurückhaltender; doch war ein versöhnliches Lächeln auch über seine ernsten, etwas scheuen Züge geglitten. Als aber Ben von dem Maulwurfshaufen sprach, war die alte, mißtrauische Bitterkeit in seinem Blicke wieder aufgetaucht.

»Versündige dich nicht«, sagte er hastig; »du weißt nicht, was du sprichst. Wir stehen hier an einer heiligen Stelle.«

»Unsinn!« rief Ben lachend; »was kannst du Heiliges an dem

alten Mauerwerk sehen? Nichts ist heilig, was wir mit Hammer und Meißel bearbeiten können. Ich glaube etwas dergleichen steht auch in deiner Bibel. Gute Arbeit, mächtige Steine; Donnerwetter ja; das lasse ich gelten. Aber heilig ist nichts daran; eher das Gegenteil. Wenn die alten Könige, die diese Blöcke zusammenschleppen ließen, nichts Nützlicheres zu tun wußten, als ihre Leichname in solchen halben Riesenoktaedern unterzubringen, waren sie eher miserable Sünder und Taugenichtse als Heilige.«

»Ben, du weißt wirklich nicht, was du sprichst«, sagte Joe sehr ernst. »Doch lassen wir das! Eins aber wirst du mir zugeben müssen. Die Jahrtausende, von denen uns diese Steine erzählen, haben auch auf dich ihren tiefen Eindruck gemacht. Was hätte dich sonst hierhergeführt? Selbst der Widerwilligste muß fühlen, wieviel uns diese große Vergangenheit wert ist.«

»Na, na!« lachte Ben, »streiten wir uns nicht. Sagt nicht eines deiner alten Sprichwörter: Ein lebendiger Hund ist mehr wert, als ein toter Löwe. Vielleicht lernst sogar du noch einsehen, daß es sich in unserem Jahrhundert nicht um Hundezeug handelt. O Joe, wenn ich dich nur dazu bringen könnte, die Augen aufzumachen, anstatt wie ein blinder Maulwurf im Moder herumzustöbern. Der Mensch hat Pflichten, Joe! Wir müssen für die Zukunft bauen. Ist es dir noch nie durch den Sinn gegangen, daß so ungefähr dein alter verehrter Ägypter schon gedacht haben muß, als er den Grundstein zu seiner Pyramide legte.«

»Und was bringt *dich* hierher, Ben?« fragte der ältere Bruder triumphierend. »Je mehr ich darüber nachdenke, desto mehr freue ich mich, daß wir uns gerade hier wiederfinden müssen. Ist es nicht das instinktive Gefühl, das selbst du nicht loswerden kannst: die Verehrung, die uns das Altertum abzwingt, das Große und Schöne, das Weise und Gute, kurzum die idealen Güter, die uns nur die längst vergangenen Zeiten in ihrer Reinheit zeigen. Das ist es, Ben. Du weißt es nicht, aber es ist so. Trotz eurer Maschinen und eurer Erfindungen, immer eine toller als die andere, könnt ihr ihn nicht loswerden, den besseren Menschen in euch, den ihr ersticken wollt. Was der in seiner Jugendzeit ersann und schuf, müssen wir in vergangenen Jahrtausenden suchen. Das hat dich heute in die Königskammer getrieben.«

»Joe, wir sind Brüder und dürfen uns ein ehrliches Wort sagen«, versetzte der Jüngere, jetzt auch ernst werdend, indem er sich gegen die Granitwand lehnte, als wolle er sich für alle Fälle den Rücken decken. »Ich habe dich von jeher für verrückt gehalten. In diesem Punkt; natürlich nur in diesem Punkt. Und es ist dies keine Schande. Ich möchte dir diese Versicherung ausdrücklich geben. Es ist ein Unglück, aber keine Schande. Du hast zu viele Genossen in der merkwürdigen Nebelwelt, in die ihr euch einzuschließen wißt, so daß man den einzelnen nicht allzu hart beurteilen darf. Solche Dinge sind ansteckend und namentlich erblich. Ganze Zeitperioden, ganze Nationen haben darunter gelitten. Es ist mit dir in diesem heißen Land offenbar eher schlimmer, als besser geworden. Du hättest einen Arzt fragen sollen vor deiner Abreise oder mich, deinen einzigen Bruder, der es wahrhaftig gut mit dir meint.«

»Du siehst, Ben«, unterbrach ihn hier der Gelehrte, »ich höre deinen Unsinn ruhig und geduldig an. Das sieht nicht danach aus, als ob du einen Verrückten vor dir hättest. Wer weiß, wo mehr ruhige Lebensweisheit zu finden ist, wenn ich das Treiben um mich her betrachte, in dem auch du deine Kräfte, deine Zeit und dein Geld bisher vergeudet hast. Auch dein Geld, Ben. Man darf das wohl erwähnen, wenn man das Kapitel der vernünftigen Lebensführung berührt.«

»Mein Geld? Donnerwetter, ja!« rief Ben, wieder belustigt. »Siehst du hierin nicht etwas von deinem Idealismus? Lächerlich! Als ob wir den nicht auch hätten: größer, sonniger und vor allem lebenskräftiger, als ihr?«

Joe nahm keine Rücksicht auf diese Unterbrechung.

»Das Jagen und Treiben nach Besitz und Macht in der niedersten Form, das Ringen und Drängen nach Genuß und Vergnügen der leersten Art; denn worauf anders zielt all das schließlich ab, wenn auch der Genuß Euch immer wieder unter den Fingern zerrinnt. Ihr fühlt es, ihr seht's, ihr könnt es greifen und doch könnt ihr nicht davon lassen, von diesem Treiben und Drängen ohne Ziel und ohne Zweck. Merkst du jetzt, Ben, wo sich die Narren tummeln? Merkst du, was dich getrieben hat, wenn auch nur für einen Augenblick, Ruhe zu suchen in dem, was für ewige Zeiten feststeht – in der Vergangenheit.«

»Tu mir den einzigen Gefallen, Joe«, lachte Ben etwas unbehaglich, »und komm zu mir herunter, auf den Boden, auf dem sich Menschen bewegen. Dann will ich dir ehrlich und aufrichtig sagen, weshalb ich hierhergekommen bin. – Diese Pyramide muß abgebrochen werden!«

Joe Thinker taumelte ein paar Schritte zurück und hielt sich mit bebender Hand am Rand der Granittruhe, gegen die er angestoßen war. Er war todesblaß geworden aber seine Augen sprühten Feuer. Die Szene hätte ein fast tragisches Aussehen angenommen, wenn nicht Fräulein Schütz in ihrem weiblichen Forschereifer in der Truhe gesessen hätte, wie in einer Badewanne. Sie sah nur noch mit dem Kopf hervor und stieß einen kleinen Schrei aus, in der Befürchtung, Joe Thinker werde im nächsten Augenblick über sie herfallen. Dieser Schreckensruf aus der Tiefe des spezifischen Erdgewichts veranlaßte den Gelehrten, wieder aufzuschnellen und sich umzusehen. Eine neue Art von Schrecken spielte auf seinem Gesicht.

»Fräulein Schütz, wissen Sie, wo Sie sitzen?« stöhnte er.

Fräulein Schütz glaubte es zu wissen, stand lachend auf und kletterte mit Hilfe Fritschys aus dem Sarkophag.

Joe Thinker starrte minutenlang in die finsterste Ecke der Kammer.

»Gehen wir«, sagte er dann, sich endlich umdrehend.

»Gehen wir, Bruder Ben. Ich habe dich falsch verstanden. Ich habe – glaube ich – überdies eine Art von Halluzination gehabt. Eine Frauenerscheinung in – in –.«

»Ich sagte es ja!« rief Ben, nicht ohne eine gewisse Befriedigung.

»Aber ich bin gefaßter. Gehen wir! Es muß mich ein kleiner Schwindel gepackt haben. Vielleicht ist es die Luft in dieser Kammer.«

»Viertausendjährige Luft«, lachte der jüngere Bruder. »Es sollte mich nicht wundern, wenn sie dir zusetzt, auf die Länge. Machen wir, daß wir hinauskommen, sonst wird es auch mir noch übel.«

Er nahm den Doktor unter den Arm, der sich etwas widerstrebend fügte.

»Sei vernünftig Joe,« fuhr er fort, »sei so vernünftig, als es dir möglich ist. wir haben uns seit Jahren nicht gesehen und werden uns so wie heute nie mehr begegnen. Ich freue mich von Herzen, dich gefunden zu haben.«

»Auch ich freue mich, Ben«, versetzte der Ältere nachdenklich. »Vielleicht werde ich dich noch heute überzeugen. Es ist wie eine Fügung. – Es ist der fünfzehnte Tag, der dreimal fünfte Tag, seitdem wir hier sind.«

»Was?« fragte Ben, die Augen aufreißend.

»Du wirst das heute noch verstehen, Bruder. Nur hinaus für jetzt. Wir sind keine Gesellschaft für diese Kammer, und ich fürchte mich förmlich vor Halluzinationen wie die eben erlebte. Ihr werdet Euch in unserer Gräbervilla etwas ausruhen und erfrischen. – Darf ich dir meinen Freund Buchwald vorstellen.«

»Kenne den Herrn schon«, lachte Ben Thinker, dem Maler die Hand schüttelnd – »und wünsche Ihnen Glück, Herr Buchwald. Sie malen jetzt wohl Mumien! Das ist vielleicht gescheiter als kleine Mädchen.«

Dann bückte er sich fast bis zur Erde und kroch zur Königskammer hinaus. Die andern folgten; eine stattliche

Prozession, alle auf den Knien in nicht gerade imponierender Haltung, aber mit dem eigenen Gedanken in einer Weise beschäftigt, daß dies niemand bemerkte. Nur Fräulein Schütz konnte sich nicht enthalten, Fritschy darauf aufmerksam zu machen. Unten, beim Abstieg über den Felsblock, den der Kalif Mamun im Wege hatte liegen lassen, und der heute noch jeden nicht sehr gewandten Pyramidenbesucher vor eine fast halsbrecherische Aufgabe stellt, fiel Sakuntala dem hilfsbereiten Buchwald auf einen Augenblick in die Arme, so daß auch Fräulein Schütz ihre Würde als ehemalige Erzieherin wieder fand, ehe sie das Licht des Tages begrüßte.

Es war herrlich: der blaue Himmel, die reine Luft, die strahlende Sonne, mit einem Wort: das Heute, nach diesen Stunden in der ewigen Nacht der Vergangenheit. Selbst Joe Thinker atmete auf, wenn auch nur heimlich.

KAPITEL

**Ein Märchen aus
Tausendundeiner
Nacht unserer Zeit**

Für Buchwald sollte die Cheopspyramide von der Königskammer bis zur Spitze an diesem Tag eine unvergeßliche
Bedeutung erhalten. Sieben Worte, die er in ihrem Innern
gehört hatte, waren ihm tief ins Herz gedrungen und hatten
ihn mit hoffnungsseliger Freude erfüllt. »Sakuntala, vor drei
Jahren« - hatte er gesagt. »Ja«, hatte sie geantwortet, »es war
eine lange, lange Zeit.« Das waren genau sieben Worte, würde,
mit vielsagenden Blicken, sein Freund Joe Thinker bemerkt
haben, wenn es sich um die Pyramide gehandelt hätte,
obgleich ihm fünf lieber gewesen wären. Und es handelte
sich um weit mehr!

Die Pyramide aber fuhr fort, in ihrer Weise mitzuspielen.
Die Königskammer, mit ihren Rätseln, lag hinter ihnen. Auf
ihrer Spitze sollte der Maler eine Geschichte aus unsern
Tagen hören, voll wilder Poesie und blutiger Farbenpracht,
die ihm noch tiefer ins Herz schnitt als die sieben Worte.

Scheherazade, die Königin der Märchenerzähler, weiß von
Helden zu berichten, die im Handumdrehen von Ägypten
nach Indien, von Kairo nach Delhi fliegen und in Bagdad, auf
dem Weg durch die Lüfte, ein kleines Abenteuer mitnehmen,
um keine Zeit zu verlieren. Was ihnen hierzu verhalf, war die
Macht der Genien und die List und Gewalt der Afritis; doch
sie, samt der Poesie jener Zeiten, sind dahin. Die Schwere der
Materie, der die Menschheit heute dient, hat sie vernichtet.

Welt und Leben sind kühl und träge geworden, so daß wir in Büchern, bei Römern und Griechen, bei Arabern und Indern suchen müssen, wenn wir etwas vom frischen Hauch lebendiger Phantasie verspüren wollen. So lehrte Joe Thinker in mancher Viertelstunde, die ihm seine Pyramidenstudien übrig ließen, und Buchwald war nahe daran gewesen, ihm zu glauben. Er glaubt ihm nicht mehr, seit jenem fünfzehnten Tag auf dem Pyramidenfeld zu Gise. Tausendundeine Nacht lebt noch, im harten, grellen Sonnenlicht unserer Tage. Wie kommt es doch, daß es Millionen gibt, die dies nicht sehen wollen?

Wie Buchwald eines Besseren belehrt wurde? – Das kam so:

Die Gesellschaft war der Einladung Joe Thinkers willig gefolgt, um den Höhlenwohnungen der Einsiedler einen Besuch abzustatten. Während die Grabkammern und ihre Einrichtung unter fröhlichem Geplauder besichtigt wurde, wobei Fräulein Schütz auch die geringsten Einzelheiten mit sachkundigem Interesse prüfte und nichts einer wohlwollenden Kritik entgehen ließ, hatte sich Jakub ben Musa, der Koch, in aller Geschwindigkeit selbst übertroffen. Ein mit Berücksichtigung der Verhältnisse würdiges Gastmahl konnte nach einer halben Stunde seinen Anfang nehmen, und Fräulein Schütz mußte zugestehen, daß unter ganz außerordentlichen Umständen selbst die Küche ohne weibliche Oberaufsicht ein menschenwürdiges Dasein zu bekunden vermöge. Im kühlen Halbdunkel des Jägergrabes ließ sich auf dem Feldtischchen und den zusammengerückten Koffern das etwas mannigfaltige Tischgerät, das Jakub und Ben Thinkers Dragoman herbeizuschaffen wußten, in eleganter Vollständigkeit entfalten, und bald trat eine wirkliche, wenn auch gedämpfte Heiterkeit an die Stelle der Spannung, welche die Gesellschaft noch auf dem Weg von der Pyramide hier her beherrscht hatte. Die Brüder schienen zu einem stummen Übereinkommen gelangt zu sein, die Ursache ihrer Verstimmung vorläufig nicht zu berühren. Sie erzählten sich Knabenstreiche und lachten über die Kämpfe, die der früh hervortretende Unterschied ihrer Neigungen herbeigeführt hatte. Erinnerst du dich, Ben – weißt du noch, Joe – flog es hin und her, und dann folgte die Schilderung einer Schlacht, sei es mit Büchern, sei es selbst mit gröberen Waffen, in der sich gewöhnlich der ältere Bruder mit dem moralischen Siege begnügen mußte. Es waren ja vergangene Zeiten. Auch das Unangenehme kann in der Erinnerung zum Genuß werden, wenn es in der Morgensonne der Jugend wieder aufleuchtet. Und die alte schottische Heimat, Glenisloch und die Ufer des Mulardoch mit ihren Nebeln, ihrem Regen und Schnee, nahmen sich nicht übel aus, in dieser Umgebung, über der draußen die ägyptische Nachmittagssonne brütete, während die Reflexlichter der gelben Wüste durch das bläuliche Dunkel der Grabkammer zitterten.

Nach Tisch schlug Joe seinem Bruder vor, ein wenig zu ruhen, ein Vorschlag, der dankbar angenommen wurde. Denn Ben hatte einige Mühe gehabt, die Augen offen zu behalten, als der Doktor, auf Abwege geratend, die Verbindung der altägyptischen Kultur mit der chaldäischen und andererseits mit der griechischen darzulegen anfing. Die beiden älteren Herren beschlossen demgemäß, sich in das Hochzeitsgrab zurückzuziehen, und Ben freute sich darauf, daß er das Gefühl haben werde, als achtjähriger Junge zu erwachen. Seitdem Joe nach Edinburgh auf die Schule geschickt worden war, hatten sie ein Schlafzimmer nicht mehr geteilt. Jetzt friedlich nebeneinander in einem Grab zu liegen – famos! Damit verschwanden die Alten.

Die Jugend hatte andere Pläne. Der Tag war verhältnismäßig kühl und die Zeit der eigentlichen Mittagshitze bereits vorüber. Die Pyramide mußte noch bestiegen werden, wenn der Plan des Tages in seiner Vollständigkeit ausgeführt werden sollte, und die Mädchen fühlten sich frisch genug, allen Anstrengungen zu trotzen. Ein Trüpplein Beduinen hatte schon seit einer Stunde auf diesen Entschluß gelauert; die Reitesel standen vor der Türe. Warum sollte man sich nicht auf den Weg machen, unter so vortrefflicher Führung, wie sie Buchwald mit seiner vierzehntägigen Erfahrung versprach.

All seine Befürchtungen, die er nicht zu äußern gewagt hatte, schwanden, nachdem seine Schutzbefohlenen ein Dutzend Stufen der Pyramide erklettert hatten. Sakuntala stieg wie eine junge Gazelle, Fräulein Schütz war einem etwas bejahrteren Zicklein ihrer deutschen Heimat zu vergleichen. Fritschy hatte bereits das Lied der Araber: ›*Gentlemen satisfied – up! Bakshish very good – up!*‹ gelernt und bestand darauf, an der Seite von Fräulein Schütz einen Beduinen zu ersetzen, was diese nicht nur für sehr schicklich, sondern sogar für fast notwendig erklärte.

Man war, vom allseitigen Wetteifer getrieben, doch etwas zu rasch gestiegen und empfand, auf dem Gipfel angelangt, die Anstrengung der ungewohnten Bewegung. Dafür konnte man jetzt in triumphierender Ruhe das herrliche Bild bewundern, das der Horizont umschloß und so verschieden geartet die vier Teilnehmer der Besteigung sein mochten: sie fühlten alle den mächtigen Eindruck des Riesengemäldes, das sich zu ihren Füßen ausbreitete. Ein sanfter, köstlich erfrischender Nordwind erhöhte den Genuß, den sie sich mit der Ersteigung der Spitze erkauft hatten.

Fräulein Schütz richtete ihr Opernglas längere Zeit aufmerksam auf die Höhlenwohnung und die zwei Zelte, die hinter der Chefrenpyramide gerade noch zu sehen waren.

»Dort unten«, sagte sie endlich, »ist alles mäuschenstill. So lange deine liebenswürdigen Onkel schlafen, können wir hier oben Weltgeschichte treiben und ausruhen. Dort, mit Kairo und dem Delta vor den Augen, scheint mir die interessanteste Ecke zu liegen. Hier habe ich im Sinn, zu beginnen. Wer studiert mit?«

Sie ging nach der nordöstlichen Kante der Plattform und setzte sich. Fritschy zögerte nicht, neben ihr Platz zu nehmen.

Sein Sinn für Weltgeschichte regte sich mächtig an einer Stelle, wo sie ihm in so gewaltigen Zügen entgegentrat. Himmel! Hätte er seine alten Freunde, Lehmann und Täßle, hier gehabt! Das war der Platz, sie über das Schicksal der Menschheit aufzuklären! Und doch – vielleicht war es besser, daß diese zwei Leuchten selbständiger Forschung ihr Wissen an einem Schraubstock im fernen Vaterland zerpflückten. Er fühlte, daß ihn das Schicksal in eine höhere Luftschicht emporgetragen hatte.

Zufällig – war es Zufall? – stand Sakuntala in diesem Augenblick in der südöstlichen Ecke und sah nach Osten. Sehnsüchtig und schwermütig, dachte Buchwald; oder war sie nur müde? Jedenfalls ließ sie sich ebenfalls nieder, und Buchwald setzte sich auf die nächste Stufe unter ihr. Der Schlaukopf! Er konnte so, wenn er aufsah, ihr Halbprofil von unten betrachten, in einer Stellung, in der sie ihm mehr wie ein Engel oder eine Göttin erschien, als wenn er ihr Auge in Auge geblickt hätte. Maler haben solche Phantasien. Und er konnte es ganz ungestört tun, denn Sakuntala schien ihn kaum zu bemerken.

»Sie sind nicht hier, Fräulein Thinker«, sagte er nach einer langen Pause.

»O doch«, antwortete sie lächelnd. Das war noch das alte Lächeln. »Aber«, fuhr sie fort, »ich fühle mich hier oben zum erstenmal seit vielen Jahren wieder in einer andern Welt.«

»War Ihnen Stoke-Newington so unangenehm?«

»Nein; aber es war nicht meine Welt.«

»Mit den Palmen im Gewächshaus«, rief Buchwald, »und den Lotosblumen und mit Indra! Was macht Indra?«

»Meine Königsschlange; mein Schlangenkönig? Ausgewandert«, antwortete Sakuntala schwermütig.

»Ausgewandert?«

»Gewandert; vielleicht nach der alten Heimat; totgebissen von einer Bulldogge, die Onkel Ben nach Hause gebracht hatte. Sie wurde dafür erschossen. Aber das half uns wenig. Indra war bereits auf der Wanderschaft.«

»Ah!« rief Buchwald, der sie plötzlich verstand, denn er erinnerte sich jetzt an ihre alten Kindermärchen;»Sie glauben noch an das Wandern der Seelen, trotz Ihrer sieben Jahre im kühlen, vernünftigen England.«

»Weshalb nicht?« fragte Sakuntala ruhig. »Meine Mutter glaubte daran und ihre Mutter und alle vor ihr, seit zweitausendfünfhundert Jahren. Es ist kein allzu törichter Glaube, keiner, der uns schlechter macht. Er lehrt uns, alles um uns her zu lieben. Hier, um diese Totenstätte hat er auch gelebt, Hunderte und Hunderte von Jahren. Dort drüben, über den Bergen im Osten lebt er noch heute.«

Ihre tiefblauen, träumerischen Augen blieben an der Gebirgskette von Tura hängen, während sie sprach. Ein Wort gab das andere in fast flüsterndem Gespräch. Es war einsam und still hier oben, wie es nur irgendwo in der Welt sein konnte, und doch so frei und licht. Kairo in weiter Ferne, das Niltal unter ihren Füßen, die stolzen Felswände des Mokkatam – sie sah von all dem nur die Höhen von Tura und über sie hinweg einen ferneren Osten, den ihr leibliches Auge nicht erreichen konnte. Ein erfrischender Nordwind spielte mit ihrem Haar. Sie sprach leise, ohne Erregung, fast wie im Traum eines leichten Mittagsschlummers und es bedurfte kaum eines gelegentlichen Worts, sie zu bewegen, fortzufahren, wenn der Traum stille stand. Mehr, zwei, drei Worte hätten wahrscheinlich ihr sinnendes Erzählen abgebrochen. Das fühlte Buchwald, der sich kaum rührte. Auf diese Weise hörte er zum erstenmal die Geschichte Sakuntalas, die er bisher kaum zu erraten gewagt hatte. Sie war märchenhaft genug, für die Lippen, die sie flüsterten, für den Ort, wo sie saßen. Und sie führte auch ihn in jene andere Welt, von der sie gesprochen hatte, wie es die Genien des Morgenlandes in alten Zeiten kaum besser hätten tun können. – Das aber ist, was er hörte:

Im Süden von Allahabad und Mirzapur, im bergigen Innern des nördlichen Dekan, dreihundert Meilen vom Ganges liegt, weitab vom ruhelosen Strom des angloindischen Weltverkehrs, eine abgeschlossene Landschaft, die der obere Lauf des Mahanadi durchschneidet. Sie ist rings von den östlichen Ausläufern der Vindhyaberge umschlossen, die im äußersten Süden das Quellgebiet des Flusses, ein Gewirr von waldigen Gebirgsschluchten bilden. Wo das letzte dieser Seitentäler in das Haupttal einmündet, liegt ein altes Bergschloß und am Fuß seines Felsenhügels die Stadt Nirwapura, die dem kleinen Radsch seinen Namen gab. Von hier an weitet sich das Tal. Der Fluß durchzieht eine fruchtbare, mit zahlreichen kleinen Dörfchen besäte Ebene, bis die hohen Berge, die in einer Entfernung von fünf bis sechs Meilen den Flußlauf begleiteten, sich diesem wieder nähern, und ihn in einen Paß einengen, durch den er sich, über drei Abstürze brausend, hindurchzwängt, um in das Gebiet des Son und mit diesem in das Flachland des Ganges einzutreten.

In dem Talkessel wohnen seit alten Zeiten Landbau treibende Hindus, die trotz ihrer friedlichen Beschäftigung, gestählt durch die Luft der Berge, ein kräftigerer und unabhängigerer Stamm von Leuten geblieben sind, als man sie in Bengalen und selbst am mittleren Ganges anzutreffen gewohnt ist. Sie hatten seinerzeit den Ureinwohnern jener Gegend, den Nagas, das Tal abgerungen und diese in die waldigen Berge zurückgedrängt, wo sie fortfuhren, ein armes Jägerleben zu führen, sich von den Waldfrüchten zu nähren, die unter der tropischen Sonne jener heißen Täler reiften, und ihre Schlangen anzubeten.

Vor mehr als dreihundert Jahren, als es noch kein Nirwapura gab und sich das undurchdringliche Dickicht der Wälder tief in die Ebene herabsenkte, ließ sich ein heiliger Mann am Fuß jener Hügel nieder. Das war Okrura, ein frommer Brahmine, der am Hof der Fürsten von Oude die Eitelkeit alles Irdischen erkannt hatte, und gekommen war, um in der Waldeseinsamkeit der Weisheit des Schöpfers und der Torheit seiner Geschöpfe nachzusinnen. Aber es gelang ihm nicht ganz,

die Ruhe zu finden, die er ersehnte. Er begann damit, der Gottheit, die er suchte, einen kleinen Tempel zu bauen, und bald
war er der fast angebetete Ratgeber und Friedensstifter der
Leute des Tals, die ihm Speise und Trank brachten, und vor seinem Tempel zu dem Gott beteten, den ihr Heiliger verehrte.
Selbst die Waldleute, die Nagas, kamen herab und brachten
ihre Schlangen, daß er sie segne, wodurch sie wirksamer wurden, ihnen Gutes zu tun. Um die kleine Pagode bauten die Talleute mit der Zeit Hütten und später Häuser und als der Heilige starb, stellten sie seine Asche in einen Schrein und
errichteten einen Tempel darüber. Sein Sohn aber, der nach
wenigen Jahren den Beruf des Heiligen aufgab, zu dem ihm
der innere Trieb fehlte, begann die Burg auf den Felsen hinter der Pagode zu bauen, die bis auf unsere Tage, natürlich
stattlicher und reicher, als sie damals gewesen sein mochte,
das Tal beherrscht. So entstand die Stadt Nirwapura und das
Fürstentum, das den Ranas von Nirwapura seit drei Jahrhunderten untertan war.

Die Geschichte weiß nicht viel von ihnen zu erzählen. Es
waren Leute des Friedens, wie der Stifter ihres Hauses und
das ganze Volk, das weit ab von den Stürmen, die von Zeit zu
Zeit über Indien hereinbrachen, in frommem Fleiß dahin-
lebte. Vier- oder fünfmal, im Lauf der Jahre, war ein junger
Rana genötigt, die Söhne und Töchter seiner Anverwandten
erschlagen oder vergiften zu lassen, um den väterlichen
Thron in Ruhe besteigen zu können; zwei- oder dreimal
mußte auch der Rana sich einem blutigen Schicksal beugen.
Das war das Los der Fürsten von einem Ende Indiens zum
andern und erregte niemand, der die Sitten des Landes hochhielt. Sonst aber herrschte Friede im Tal, dessen Lage, weitab
von der Heerstraße der Mahratten, der Afghanen und der großen Sultane des Nordens, gegen die Raubzüge der kleineren
unschwer zu verteidigen war. Des Volkes Nöte und Gefahren
kamen von oben, wenn die Regen ausblieben, und der Mahanadi vertrocknete. Dann fehlte Reis und Getreide, und nie-

mand wußte Hilfe von außen zu bringen. Doch auch das ertrugen die Leute in Ergebung, wie sie Okrura gelehrt hatte. Sie legten sich auf die Erde, an die vertrocknete Brust ihrer aller Mutter und starben. Der Gott zürnte, denn sie hatten gesündigt. Jemand mußte doch die Strafe tragen. Immer blieben einige übrig und diesen, das wußten sie alle, war er wieder gnädig, zu seiner Zeit.

Zu Anfang des Jahrhunderts wurde der Vater Ramanutschas Fürst des Landes. Zu jener Zeit blieben die Regen in zwei aufeinanderfolgenden Jahren aus und schon im ersten Jahre war die Hungersnot groß. Die Armen starben und die reichen wurden krank vor Elend. Ramamutschas Vater war aber ein frommer Mann und dachte darüber nach, auf welche Weise er und sein Volk sich dermaßen versündigt haben konnten. Vielleicht war Nirwapura zu groß und reich und lärmend geworden, so daß die Asche ihres Heiligen, des Okrura, mitten in der Stadt keine Ruhe fand. Er ließ deshalb die Nagas aus der dritten Waldschlucht am Mahanadi aufwärts, welche man die Schlangenschlucht nannte, vertreiben, und baute dem Heiligen einen Schrein, mitten im Walde. Auch ließ er Palmen- und Brotfruchtbäume um den Tempel pflanzen, die der heilige Mann besonders geliebt hatte, wie in einer alten Schrift zu lesen war.

Aber es half nichts. Die Regen blieben noch einmal aus und die Not wurde erschreckend. Die Leute mußten das Tal verlassen, wenn sie leben wollten. Hunderte taten dies; Tausende starben lieber. Der Fürst aber prüfte sich aufs neue, mit was er und sein Volk sich dermaßen versündigt haben könnten. Da wurde ihm hinterbracht, daß sein Bruder, der die frevelhafte Gewohnheit hatte, mit den unreinen Nagas heimlich auf die Jagd zu ziehen, dies auch mit einem Engländer getan hatte, welcher, von einem bösen Geist getrieben, in das Tal gekommen war. Diese beiden hatten, vielleicht aus Versehen, eine weiße Kuh getötet, die beim Tempel Okruras zu grasen pflegte. Der Fürst hielt seinem Bruder das schwere Verbrechen vor, strafte ihn hart mit Worten und ließ ihn den Hungertod sterben. Aber es half wieder nichts.

Nun bedachte er, daß er selbst vielleicht gesündigt haben könnte, und das war richtig. Er hatte seinem Sohne Ramanutscha eine Frau gegeben, die Tochter eines benachbarten Radschas. Ihr Vater war von guter Kaste. Allein ihre Mutter war es nicht, denn dort unten am Ganges waren die Muhamedaner Herr des Landes geworden, und nicht wenige der alten Hindufürsten von Ratschputana hatten sich durch unreine Heiraten versündigt. Kann aber Reines von Unreinem kommen? Er sprach mit seinem Sohne und bat ihn, seine Frau in ihre Heimat zurückzuschicken. Dieser weigerte sich jedoch zu gehorchen, denn er liebte sie mehr als sein Auge. Da nun die Not des Volkes noch immer wuchs und der Fürst tief bereute, was er getan hatte, ließ er die Frau töten. Und wie er nun sah, daß auch dies nichts geholfen hatte und sein eigener Sohn in wahnsinnigem Schmerz ihm nach dem Leben trachtete, legte er sich nieder und starb selbst; aus Hunger sagten die einen, aus Gram über sein Volk, das vor seinen Augen dahinschwand, sagten andere; durch die Hand seines Sohnes logen die dritten.

Dann kamen die Regen wieder und Ramanutscha wurde Rana von Nirwapura. Das war im Jahre 1828, als Lord Benthink englischer Vizekönig in Indien war, und nach den blutigen Mahrattenkriegen im Westen Friede im Lande herrschte. Was übrig geblieben war vom Volke Ramanutschas, konnte sich erholen; zu Tausenden kamen die Ausgewanderten zurück. Der Fürst aber teilte Sorgen und Liebe zwischen seinem Volke, seiner einzigen Tochter Draugadi, dem Pfande, das ihm seine ermordete Frau hinterlassen hatte, und seinen Büchern. Denn er war ein Gelehrter, verstand die Sprachen der Völker von Ceylon bis Nepal und suchte jahrelang in vergilbten Schriften und Palmblättern, die er sich aus ganz Indien zu verschaffen wußte, nach den geheimen Mitteln und Zaubersprüchen, mit denen in alter Zeit weise und heilige Männer für ihre Mitmenschen Regen vom Himmel oder Wasser aus der Erde sogen. Für immer blieb ihm jene Schreckenszeit in Erinnerung, in der er drei Viertel seines Volkes, seinen Vater und die Geliebte seiner Jugend verloren hatte. Nach einer zweiten Frau trug er kein Verlangen. Sein Herz war tot und sie sagten im Lande, er sei auf dem Wege, wie sein Ahne Okrura, ein Heiliger zu werden. Er war jedenfalls auf dem Wege, seine irdischen Güter vor der Zeit zu verlieren.

In dem benachbarten Radsch, der Heimat seiner verstorbenen Frau, das eine Mahrattenfamilie beherrschte, war einer jener Kämpfe zwischen Brüdern ausgebrochen, in denen, wenn es gut geht, die Hälfte der Familie Leben und Hab und Gut zu verlieren pflegt. Nur Salabut, ein Neffe des erschlagenen Bruders, entrann dem Blutbad und floh nach Nirwapura, wo er freundliche Aufnahme fand. Ramanutscha behandelte ihn als Verwandten. Er gab ihm ein Haus und ein genügendes Einkommen, um standesgemäß leben zu können. Der junge Mahratte, schlau wie sie alle sind, hatte sich rasch in die neuen Verhältnisse eingelebt und bezeugte seine Dankbarkeit, indem er alle Dienste, die ihm der Fürst auftrug, willig und geschickt verrichtete. In dieser Weise stieg er nicht nur in der Gunst Ramanutschas, sondern wußte diesem auch die täglichen Regierungsgeschäfte mehr und mehr abzunehmen, was dem alternden, in seine Bücher vertieften Fürsten außerordentlich angenehm war. Schließlich wurde Salabut der erklärte Minister des Ranas, und war tatsächlich der Regent des kleinen Fürstentums, so oft der gesetzliche Herrscher keine Zeit fand, sich seines Berufes zu erinnern. Dies war die Sünde seines Lebens.

Der allzugütige Fürst beachtete nicht, daß er sich seinen heiligsten Pflichten entzog. Er glaubte im Gegenteil, denselben mit Fleiß und Aufopferung obzuliegen. Waren doch seine Forschungen und Versuche bei Tag und Nacht der Aufgabe gewidmet, im Fall einer drohenden Hungersnot durch irgendwelche natürliche oder übernatürliche Mittel dem Elend vorzubeugen, das seinerzeit die Kraft seines Volkes und das Glück seiner Jugend gefressen hatte. Allerdings waren all seine Mühen bisher erfolglos geblieben. Opfer und Gebete zu den verschiedensten Göttern des alten Glaubens schienen wirkungslos zu sein. Auch war genug von der Lehre Buddhas in das Tal des Mahanadi gedrungen, um den Glauben der Denkenden an die Wirkung des Gebets zu erschüttern. Mit der Zauberei ging es auch schlecht genug. Er hörte deshalb mit doppelter Aufmerksamkeit, daß die englischen Statthalter an vielen Orten einen andern Weg eingeschlagen und schon zweimal eine drohende Hungersnot in Orissa im Osten und am Godavery im Süden abgewendet hätten. Nicht durch Gebete und Zauberei. Nicht durch das Aufspeichern von Korn. Wer könnte genug Korn aufspeichern, und woher sollte es kommen, um eine fehlende Ernte zu ersetzen? Nein; durch das Aufspeichern von Wasser. – Dies mußte er sehen.

Im Jahre 1836 übergab er alle Regierungsgeschäfte an Salabut, seinen Vertrauten und machte sich auf die Reise. Nur schwer trennte er sich von seinem zwölfjährigen Töchterlein, das er in den Gärten seiner prachtvollen Zenana zurückließ, wohl behütet von einer Schar von Eunuchen, Dienern und Kriegern, auf deren Treue er bauen durfte. Er besuchte Benares, Pura, Kalkutta. Er sah, wie sie im Gangestal mächtige Kanäle gruben, die das Wasser des Stroms nach weit entfernten Landstrichen leiteten. Er fürchtete das Meer nicht und schiffte sich ein, um die Wasserwerke von Madras und die alten und neuen Anikuts (Stauwerke) des Godavery zu sehen. Das war mehr als Zauberei, und das Beste daran war: Der Mensch konnte es verstehen. Voll widerstrebender Bewunderung für die Fremden kam er nach Hause. Man hatte ihm nicht nur alles gezeigt, sondern ihn überdies wie einen großen Fürsten behandelt. Dies machte ihn stolz und glücklich. Der Statthalter von Bengalen hatte ihn seinen Freund genannt und ihm jede Hilfe zugesagt. So kam er zurück mit einer neuen Hoffnung.

Peinlich berührte ihn allerdings, was er zu Hause antraf. Salabut hatte sich in einem Seitenflügel des Schlosses fast fürstlich eingerichtet und hielt es kaum für nötig, ihn nachträglich um die Erlaubnis zu fragen. Auch die Dienerschaft der Zenana beklagte sich, der Statthalter habe mehr als einmal versucht, in dem Palastgarten mit der kleinen aber klugen Draugadi zu scherzen und ihr Geschenke gesandt, die ein weniger scheues und stolzes Mädchen hätten erfreuen können. Dies mochte bei den Mahratten erlaubt sein. In Nirwapura verstieß es gegen die gute Sitte. Es gab einen heftigen Auftritt zwischen dem Fürsten und dem Minister; doch der listige Salabut fügte sich und war in kurzer Zeit wieder der unentbehrliche Ratgeber und Stellvertreter für alles, was die täglichen Pflichten des Regenten betraf.

Mit großem Eifer wurde nun aber ein Briefwechsel mit dem englischen Statthalter von Bengalen geführt. Das Ergebnis desselben war, daß nach Jahresfrist der Gouverneur von Benares einen seiner Landsleute, einen jungen Ingenieur nach Nirwapura sandte, der einen Plan für die Bewässerung des Tals und für die Aufstauung des Wassers in trockenen Sommern ausarbeiten sollte. Wochenlang war jetzt der Fürst mit dem halben Hofstaat in seinem südlichen Gebirgsland und in den Wäldern der Nagas, in Begleitung des Engländers, der die besten Wege suchte, um die Wünsche des Fürsten zu verwirklichen. Er hieß Thinker Sahib, war blutjung, aber voll Eifer für seine Aufgabe. Auch sprach er schon genügend Hindostani, um sich mit dem Rana verständigen zu können. Nach einem vollen Monat des Suchens wählte er das tiefe, aber enge Schlangental. Dies sollte an seiner unteren Mündung durch einen gewaltigen Damm gesperrt werden, wodurch in der Regenzeit ein großer Teich entstehen würde, der in trockenen Jahren genug Wasser abgeben könnte, sagte der Fremde, um die Ernte zu retten. Nachdem dies alles wohl erwogen und besprochen war, kehrte Thinker Sahib nach Benares zurück.

Die Hindus im Tal aber wollten nichts von dem Werk wissen. Zu den Unzufriedenen gehörte auch Salabut, der Mahratte. Um ihn sammelten sie sich und schürten wechselweise ihre Mißbilligung. »Wollte der Rana die Werke Brahmas, des Schöpfers verbessern? Oder Wischnu dem Erhalter vorschreiben, wann seine Menschen essen und trinken sollten? Glaubte er Schiwa, der über Leben und Tod gebietet, in die Arme fallen zu können? Wozu arbeiten, um solch eitles Tun zu fördern und den Zorn der heiligen Drei auf das Land herabzubeschwören, von Indra, dem alten Gott ihres Tales nicht zu reden?«

Ramanutscha ließ sich jedoch nicht irre machen. Er sprach: »Was ich gesehen habe, das habe ich gesehen. Keiner unserer Götter zürnt den Engländern wegen dieser Werke, nicht einmal Waruna, der Gott des Wassers, das sie bezwingen. Auch haben unsere Väter vor uns ähnliches getan.« Dann begann er aufs neue an seinen Freund, den Statthalter von Benares, Briefe zu schreiben, bis eines Tages Thinker Sahib zurückkehrte. Er sollte im Tale bleiben und das Werk vollenden.

Der Rana ließ im Schlangental dem Sahib ein Haus bauen und gab ihm Diener und was er sonst bedurfte. Dann befahl er, ihm Leute zu schicken: Erdarbeiter, Maurer, Schmiede. Die vom Tale wollten nicht gehen: Sollten sie die Ruhe des Heiligen im Schlangental zum zweitenmal stören? War es nicht genug, daß der Hunger das Volk damals schier aufgefressen hatte, wahrscheinlich dieser Sünde wegen. Aber die Nagas kamen; denn sie sahen mit Erstaunen, daß sie von dem Sahib für ihre Arbeit bezahlt wurden und daß sie mit dem Geld Dinge kaufen konnten, die sie nie zuvor besessen hatten: Glasperlen, Spiegel und Messer. Er war wundervoll geschickt, der Sahib, ihr Vertrauen zu gewinnen. Mit seiner Flinte hatte er zwei Tiger, Menschenfresser der schlimmsten Art, in einer Woche getötet. Sein Fernrohr und seinen Medizinkasten beteten sie an, wenn sie es heimlich tun konnten. Ihn hielten sie für den Heiligen eines unbekannten Gottes und für den Bruder der Schlangen im Schlangental. Nach einem Jahr hatte er tausend Mann um sich, die seinem Wink gehorchten, als seien sie seine Kinder. Ein gewaltiger Damm wuchs unter ihren Händen und ein tiefer, vorläufig noch trockener Kanal zog sich an den waldigen Berghängen hin gegen Nirapura. Es war ein wunderbares Werk.

Allwöchentlich zog der König hinauf in die Berge, um zu sehen, wie die Arbeit gedieh und am Schrein seines Urahns zu beten. Häufig begleitete ihn Draugadi, denn das Tal um des Heiligen Grab war überaus lieblich und wenn sie gebetet hatten, vergnügte sich das Mädchen im Waldesdickicht mit ihren Gespielen, sammelte Blumen und flocht Kränze. War sie müde, so saß sie stille und folgte mit den Augen ihrem Vater und dem Sahib, der unten im Tal auf dem Damme stand, und die Nagas gehen und kommen hieß. Sie brachten hier Steine, zu zehn und zehn, dort Erde in Körbchen, zu Hunderten; wie Ameisen. Der Sahib aber, mit seinem weißen Schleier über dem Helm, erschien ihr fast größer als der eigene Vater; wie ein König, in seiner Art.

Mittlerweile ging es in Nirwapura nicht gut. Salabut wurde mit jedem Tage stolzer und anmaßender. Er hatte den Leuten gesagt, daß die Götter sicherlich ihren Fluch auf das Tal legen müßten, wenn es Ramanutscha erlaubt würde, in seinem sündigen Tun fortzufahren. Auch sei es eine Schmach, daß sie, die Talleute, Hindus von reiner Kaste, den unreinen Nagas, den Schlangenanbetern und Fleischfressern, allwöchentlich Berge von Reis liefern sollten. So sammelten sich die Unzufriedenen mehr und mehr um ihn. Nichts, sprach er weiter, könne dem Greuel Einhalt tun, als wenn er zum anerkannten Nachfolger des Rana gemacht würde. Dann könnte er den Verirrungen des alten Mannes mit der Berechtigung eines weiseren Sohnes entgegentreten. Selbst die Priester am Schrein Okruras neigten sich auf seine Seite, denn sie fürchteten, der See, den der Fremdling zu schaffen Anstalt machte,

werde das Heiligtum unter Wasser setzen: ein nicht auszuden-
kender Greuel. Sie glaubten den Versicherungen Thinker
Sahibs nicht, der vorher sagte, daß das Wasser nicht mehr als
die erste Stufe der Pagode berühren würde; was in der Sommerzeit dem Heiligen nur angenehm sein könne. Merkwürdig
war, daß Draugadi, welche fromm und gottesfürchtig und
auch der Priester Liebling war, fest an diese Worte glaubte.

Ein schwerer Schlag traf Ramanutscha und sein Werk im
zweiten Jahr des Baus. Während der Regenzeit, die reichlicher
war, als je zuvor, kam ein Wogenschwall aus der Tiefe des
Schlangentals, der alles fortriß, was bis jetzt geschaffen worden war. Seht, rief alles Volk, kann noch immer jemand an der
Güte des Gottes für uns, und an seinem Zorn gegen das Werk
des Fremdlings zweifeln? und verlangte, daß der Engländer zu
seinen Leuten zurückgesandt werde. Salabut war ihr Spre-
cher. Mehr als das; er machte Anstalt, den Sahib mit Gewalt zu
vertreiben. Doch wagte niemand, in das Schlangental einzudringen. Denn als der Sahib von den Dingen hörte, die in Nirwapura vorgingen, bewaffnete er die Nagas, seine Arbeiter.
Ramanutscha aber gebot Frieden. Murrend gehorchte Salabut
und seine Freunde und Thinker Sahib begann an einer andern
Stelle seinen Damm aufs neue zu bauen.

Ein gutes Jahr ging vorüber und dann ein zweites, in dem
die Regen ausblieben und der drohende Hunger durchs Tal
schritt. »Seht, was vorgeht«, sagte Salabut heimlich zu jedem,
der ihn hören wollte. »Wollt ihr den Zorn des Gottes noch
immer nicht begreifen? Wollt ihr alle umkommen, eines
betörten alten Mannes wegen? Er gebe mir seine Tochter zur
Frau, wie er mir schon die Macht des Radschs in die Hände
gegeben hat. Dann werde ich nach alter Sitte euer Fürst sein
und euch alle erretten.« Ramanutscha war tief betrübt, denn
er fühlte die Schwäche des Alters und wußte doch, daß er es
war, der sein Volk retten konnte. »Willst du Salabut zum
Manne nehmen?« fragte er seine Tochter. »Lieber sterben!«
antwortete Draugadi. Dann bestieg sie eine schneeweiße

322

Kuh und ritt mit ihrem Gefolge in das Schlangental, um am Schrein des Heiligen zu beten. Es war Frühling und die Zeit des Vollmonds. Um den Schrein sangen die Nachtigallen und blühte alles, was im Walde zu blühen vermochte. Die Blumen aber neigten ihre Kelche und beteten mit ihr. Da kam der Sahib aus seinem Hause herauf, denn auch er hörte die Nachtigallen klagen wie nie zuvor, und sprach zu ihr: »Sei nicht bange, Lieblichste der Blumen. Du wirst nicht sterben, wo alles blüht.«

Als der nächste Neumond kam, war Salabut bereit, zum tödlichen Streich auszuholen, den er seit Jahren in seiner giftigen Seele erwogen hatte. In öffentlicher Versammlung, umgeben von seinen treubrüchigen Anhängern, trat er vor Ramanutscha und verlangte Draugadi, seine Tochter, zur Frau. Zornig verwies der Rana dem Mahratten, den er als Flüchtling und Bettler aufgenommen und mit Wohltaten überhäuft hatte, seine Keckheit. Zornig erwiderte Salabut. Worte flogen hin und her wie Pfeile; ein Tumult erhob sich, und ehe jemand wußte, was geschah, lag Ramanutscha, von Salabuts Dolch getroffen, auf den Marmorplatten des Palasthofes. Ein wildes Morden hub an; doch Draugadi war nicht das Kind, das sie zu sein schien. Sie schrie nicht um Hilfe. Aus den Fenstern ihrer Zenana gab sie Befehle. Die Getreuen ihres Vaters sammelten sich in dem Teil der Burg, den sie bewohnte, und verteidigten einen Tag und eine Nacht lang jede Türe gegen den Ansturm der Bösewichte. Rasend vor Zorn, daß sein Streich nicht sofort gelungen war, ließ Salabut in der Morgendämmerung Berge von Holz und Stroh um die Zenana häufen. Konnte er die Königstochter nicht besitzen, so sollte auch das Königsschloß mit ihr zu Grunde gehen.

Doch die Hilfe war nahe. Thinker Sahib hatte noch am Abend zuvor von fliehenden Dienern Ramanutschas vernommen, was sich in der Stadt ereignete und kam mit tausend Nagas das Tal herunter, wie ein Wildbach alles vor sich hertreibend, was sich ihm widersetzte. Ehe er das Schloß erreichte, strömten ihm Scharen von Talleuten zu, die merkten, daß sich der Wind gedreht hatte oder dem alten Fürstenhaus Treue bewahren wollten. Um das Tor des Burghofs erhob sich ein heißer Kampf. Die Nagas waren die scheuen Waldleute nicht mehr, die sich in Schluchten versteckten, wenn sie Menschen sahen. Sie besaßen dreißig Gewehre, die Thinker Sahib aus Allahabad verschrieben hatte, um seinen Damm zu schützen, und wußten sie zu gebrauchen. Andere schwangen eiserne Brechstangen und große Steinhämmer, Hunderte wuchtige Spitzhauen, die keine schlechte Waffe waren. Und alle hatten gelernt, in geordneten Haufen unter ihren Werkführern zu gehen und ihren Befehlen zu gehorchen. Das Burgtor wurde erstürmt. Der Schloßhof ist nach einer Seite hin offen, nur durch eine brusthohe Mauer von dem Felshang getrennt, der fast senkrecht nach dem Tal hin abstürzt. Über diese Mauer flüchteten die Leute Salabuts, die sich aus dem Handgemenge retteten; denn sie sahen keinen andern Ausweg. Hier wurde Salabut selbst von Thinker Sahib erreicht. »Töte ihn! Töte ihn!« rief Draugadi aus dem Fenster der Zenana, von wo sie und ihre Frauen in den Hof herabgeschossen hatten, als wären sie Kriegerinnen aus der alten Zeit. Thinker Sahib aber wandte sich ab und ließ den Mahratten über die Mauer entkommen. Des andern Tages fand man dreißig zerschmetterte Leichen am Fuß des Felsen, doch war Salabuts Leiche nicht unter ihnen. »Ich danke dir und unseren Göttern«, sprach Draugadi zu Thinker Sahib. »Warum aber hast du mir das getan?«

Sie war sanft wie eine Taube, aber sie verstand die unerbittlichen Gesetze ihrer Heimat besser als der Fremde, und sie hatte recht, zu klagen.

Nun huldigte das ganze Land der jungen Rani und sie begann zu regieren, weise und gerecht, daß sich jedermann verwunderte. Die Freunde Salabuts, die noch gefunden wurden, ließ sie töten. Die meisten jedoch, welche nicht im Kampfe um die Burg gefallen waren, hatten sich aus dem

Staube gemacht. Thinker Sahib aber kehrte mit seinen Nagas, die reich belohnt wurden, nach dem Schlangental zurück und baute an seinem Damme weiter.

Doch war dies nicht mehr seine einzige Beschäftigung. Immer häufiger kam die Fürstin, um nach dem Werke zu sehen, das sie zur Ehre ihres Vaters vollenden wollte. Der Asche Ramanutschas aber ließ sie am See, der nun in Bälde entstehen mußte, gegenüber dem Schrein Okruras einen kleinen, kostbaren Tempel erbauen. Und bei allen Schwierigkeiten, die die Regierung Nirwapuras betrafen, fragte sie Thinker Sahib um seine Meinung. Er besaß ihr Vertrauen, mehr als irgend jemand ihres eigenen Volkes, und bald wußte alle Welt, daß er ihr Ratgeber und erster Minister war, wenn er auch noch immer in seinem Waldhaus im Schlangental wohnte.

Nach zwei weiteren Jahren war sein großes Werk beendet. Die Regenzeit kam und der Teich füllte sich. Dschungel und Bäume der Talsohle, bis tief in die Berge hinein, versanken unter einer blauen Fläche klaren Wassers. Tiger und Schlangen flohen voll Entsetzen in unbekannte Wälder. Die stille Flut stieg bis zur ersten Stufe des Schreins Okruras, des Heiligen, doch nicht weiter. Da sah alles Volk, daß der Heilige mit dem Werk zufrieden war, lobte die Götter und bereitete ein Fest, wie es in Nirwapura nie zuvor gefeiert worden war. Am Abend jenes Tages, als sich der Vollmond im See spiegelte und die Nachtigallen in ihrer Freude jauchzten, wurde die Rani von Nirwapura Thinker Sahibs verlobte Braut. Dann, einen Monat später, wurde unter dem Jubel von allem Volke im Tal und in den Bergen die Hochzeit gefeiert, nach den Sitten des Landes. Und wenn auch viele der alten Leute dies mit heimlichem Grauen sahen, denn Thinker Sahib blieb ein kastenloser Fremder und konnte nie und nimmer der Fürst von Nirwapura werden, so glaubten sie doch mit der Zeit, daß es der Gott des Landes nicht anders gewünscht hätte. Denn im folgenden Jahre brach wieder einmal eine große Hungersnot über Orissa und das ganze nördliche Dekan herein. Umsonst beteten die Millionen südlich vom Ganges um Regen. Indra hörte nicht, Waruna schlief; der Himmel blieb wie Blei und Hunderttausende starben. Nur in Nirwapura lebten sie ruhig und zufrieden weiter, als wäre keine Not im Lande, und dankten Wischnu, dem Erhalter und ihrer Rani. Denn der See gab Wasser für das ganze Tal, bis Reis und Korn geerntet waren, und die nächste Saat im Boden lag und die Felder aufs neue mit Grün bedeckt hatte.

Im selben Jahre schenkte der Himmel der Fürstin ein Kind, denn es war ein Jahr des Segens für Nirwapura, während ringsumher die Menschen starben. Die Rani aber war voll Dank, obgleich es ein Mädchen war und ihr Volk glaubte an das, was sie mit Augen sahen – und war nicht allzu entrüstet, daß ein Missionar, der sich im Tale niedergelassen hatte, die Rani nach der Christen Weise traute und das kleine Mädchen taufte. Nahm er doch das Wasser aus dem See, den sie schon den heiligen Teich genannt hatten.

»Das Mädchen aber nannten sie Sitta, Sakuntala, denn das war ich«, sagte die Erzählerin, indem sie Buchwald halb neckisch, halb verschämt ansah. Dieser, der bisher lautlos zu ihren Füßen gesessen hatte, antwortete auch jetzt nur mit einem Blick. Man würde eine irdische Göttin nicht anders angesehen haben, wenn man an sie geglaubt hätte.

»Ich wußte es, daß du ein Königskind warst, seitdem ich dich kenne«, sagte der Blick. Es war dies nicht buchstäblich wahr. Aber konnte er in jener Stunde noch unterscheiden, was irdische Wahrheit und was himmlische Märchen waren?

Sie verstand den Blick und verzieh ihm, lächelnd. »Das ist nicht zum Aushalten!« dachte er, ballte heimlich beide Fäuste, um ruhig zu bleiben und sah nach den kahlen Bergen von Tura hinüber, zum selben Zwecke. »Wie unglaublich schön sie ist, wenn sie lächelt! Male das einer!« war sein einziger etwas klarer Gedanke. Sakuntala aber fuhr fort:

»Jahre gingen darüber hin. Ich wuchs auf in der glückseligen Stille einer paradiesischen Wildnis, unter Blumen und

Nachtigallen, umgeben von der Sorgfalt liebender Menschen. Meine Eltern hatten ein freundliches, einfaches Landhaus im Schlangental am Ufer des Ramanutschasees erbauen lassen. So hieß man die nie vertrocknende Wasserfläche nach meines Großvaters Namen. Herr Osborn, der Missionar, lehrte mich lesen und schreiben, und die Vögel und Blumen, die Schmetterlinge und die stillen klugen Schlangen lehrten mich alles andere, was ein glückliches Kind zu wissen braucht. Könnte ich die Bilder wiedergeben, die in meinen ersten Kindererinnerungen leben: die lustigen Äffchen im Geäst, die schillernden Käfer in den Blumenkelchen, die Wasserlilien, die sich im Mondschein auf dem Teiche wiegten! Ringsum hohe, waldige Berge in duftigem Nebel, Okruras Schrein unter Riesenblättern und Schlinggewächsen halb begraben, und drüben, über dem See, weiß wie ein freundlicher Geist der Nacht, des Großvaters Ruhestätte. Werde ich euch wiedersehen, mit Kinderaugen, wie in jenen glücklichen Tagen? Niemals – niemals! Zu viel Blut floß zwischen damals und heute.

Es war wahrhaftig nicht meines Vaters Schuld, der stets geschäftig, aber zufrieden an der Seite seiner fürstlichen Gattin für das Glück des Tales lebte, wie es niemand zuvor getan hatte, noch weniger Herrn Osborns, seines vertrautesten Freundes, welcher in aller Stille seinem Beruf im Tal und auf den Bergen nachging und eine kleine Christengemeinde um sich gesammelt hatte, die niemand belästigte: aber beider Landsleute, die Engländer, die in Bengalen schon zu Hause waren, kamen uns mit jedem Tage näher. Offiziere und Zivilbeamte aus Benares und Allahabad, welche die Jagd in den Bergen aufsuchten, Kaufleute, die nach den Erzeugnissen und Bedürfnissen, Forscher, die nach Sprache, Sitten und Gebräuchen der Einwohner fragten, wurden mit jedem Jahr häufiger. Zu unserem Nachbarstaate wurden zwei dieser Herrn von Thugs getötet. Zum Schutz der Europäer wurde infolge dieses Unglücks kurze Zeit hernach und für alle

Zukunft eine kleine Garnison eingeborener englischer Truppen in die dortige Hauptstadt gelegt, denen bald genug ein englischer Ratgeber folgte, der dem Radscha an die Seite gestellt wurde. Nun regten sich auch wieder die Unzufriedenen in Nirwapura, die vorhersagten, daß das gleiche Schicksal unserm Bergtal drohe, ja daß die Gefahr, in die Schlingen der Fremden zu geraten, uns viel näher liege, als bei den Nachbarn. Sei nicht der Gatte der Rani ein Engländer und immer darauf bedacht, alte Sitten abzuändern, neue Einrichtungen unter allen erdenklichen Vorwänden einzuführen? Niemand in der Umgebung meiner Mutter wußte sich zu erklären, woher diese Änderung der Stimmung ihrer Leute kam, die zu einer Verschwörung gegen das Leben meines Vaters führte. Als dies zum Glück noch rechtzeitig entdeckt wurde, fand sich, daß Salabut, als Kaufmann verkleidet, seit Monaten in Nirwapura gewohnt und große Summen Geldes unter die Leibwache der Rani verteilt hatte. Das Schlimmste war, daß es ihm gelang, wieder zu entwischen und daß mein Vater von all dem nichts glauben wollte. Dagegen hatte die Mutter keine Ruhe mehr. Sie selbst war es, die an den englischen Statthalter zu Benares die Bitte richtete, eine Kompanie Sepoys nach Nirwapura zu legen, zum Schutz ihres Gatten, bis der Sturm vorüber sei. Statt einer Kompanie kamen zwei, und als alle Gefahr vorüber war, und obgleich nirgends eine Spur von Salabut entdeckt werden konnte, blieben die Soldaten samt ihren englischen Offizieren und begannen, mit der widerstrebend gegebenen Einwilligung der Rani, aus Bauernsöhnen des Tals und Nagas von den Bergen ein Regiment aufzustellen und nach europäischer Weise einzuüben.

Wieder gingen zwei Jahre vorüber. Alles schien sich an den Stand der Dinge gewöhnt zu haben. Saat und Ernte folgten sich. Der See spendete Wasser und ein heiterer, sorgloser Friede herrschte im Tal. Auch die Mutter ahnte nicht, welch schweres Gewitter im Anzug war. Aber wie durch ganz Bengalen und Radschputana gingen auch in Nirwapura kleine braune Kuchen von Hand zu Hand. Niemand wußte, woher sie kamen. Rätselhafte Zeichen waren in dieselben einge-backen, welche die Eingeweihten mit Hoffnung und blutdür-stiger Freude, das gemeine Volk mit banger Erwartung erfüll-ten. Meine Mutter bekam keinen dieser Kuchen zu sehen.

Es war im Frühling. Der Vater spielte mit uns auf dem See im Schlangental. Er hatte die Mutter mit weißen Rosen geschmückt und lehrte mich Kränze flechten aus Wasserli-lien. Ich sehe noch heute, wie der Kranz, der meinen kleinen Händen entfallen war, langsam davon schwamm und das Spiegelbild des Mondes umrahmte; ein Bild still dahinziehen-den Glücks, das keine Zeit kennt. In jener Nacht brachten sie einen schweißtriefenden Eilboten aus Mirzapur an das See-ufer, der die erste Nachricht brachte, daß die Sepoys, die ein-geborenen Soldaten von Barakpore sich gegen die Engländer empört hätten. Das war im Februar '57. Es war das erste Grol-len des fernen Donners. Leise flüsterten die Leute in den Bazars. Boten, die niemand kannte, liefen durch das Land und verteilten Kuchen, die niemand aß, von denen niemand wußte, wer sie buk. Ich sah eines Tags meine Mutter mit einem dieser Brote, das ihr eine Nagafrau gegeben hatte. Sie sah es lange an; dann begann sie zu zittern wie ein Palmblatt im Sturmwind, und fiel meinem Vater in die Arme, wie tot. Mein Vater aber blieb von dem Tage an ein tiefernster Mann, wie ich ihn nie zuvor gekannt hatte. Wir verließen das Schlan-gental und kehrten in die Burg von Nirwapura zurück, wo man Reis und Korn in den Kellern aufhäufte, Gewehre rei-nigte und Waffen schmiedete. Nur die englischen Offiziere lachten ob all dem Geflüster. Hatten sie doch ihre Sepoys von Mirzapura um sich, und das eingeborene Regiment, in muster-hafter Ordnung.

Doch hörten sie auf zu lachen, als im Mai die Nachricht von der Empörung zu Meerout eintraf, die mit dem Massen-mord aller Europäer begann, und dann Schlag auf Schlag die Kunde kam, Luknau habe sich den Empörern ergeben, Ihansi stehe in Flammen, Cownpore, Rana Sahibs Hauptstadt, erhebe die Waffen gegen die Engländer. Im ganzen Königreich Oude wurden die Fremden gejagt wie wilde Tiere: Benares, Allahabad, Mirzapur, alle großen Städte am Ganges waren die Fanggruben, in denen sie geschlachtet wurden. Der alte Löwe von Delhi hatte sich erhoben. Der Mogul, das Gespenst vergangener Zeiten, war wieder lebendig geworden und trank Blut wie Wasser, um zu leben. Zuletzt hörten wir auch in Nirwapura von heulenden Banden, die unter einem bluttriefenden Führer das Tal heraufrückten und alles schlachteten, was sich ihnen in den Weg stellte; geführt von einem der Henkersknechte Rana Sahibs – Salabut! –

Als man vom Schloß aus die Dörfer am unteren Mahanadi brennen sah, befahl meine Mutter dem Regiment, das sein Lager vor der offenen Stadt hatte, die Burg zu besetzen. Wären die Soldaten nur Leute aus dem Tal, ja nur Nagas gewesen, sie hätten sicher ihrer Rani gehorcht, aber die fremden Sepoys murrten laut. Sollen wir unser Blut im Streit mit unsern Freunden und Brüdern vergießen, riefen sie. Fort! Ihnen entgegen, die uns die Freiheit bringen! Und einige der Frechsten machten Anstalt, hinter der fliegenden Fahne das Lager zu verlassen. Mit erhobenen Pistolen stellten sich die englischen Offiziere den Rasenden in den Weg. Da fielen die ersten Schüsse aus den hinteren Reihen der Sepoys und die beiden Engländer lagen am Boden. Auch in unserem friedlichen Nirwapura hatte Kali, die alte Göttin des Mords, ihr blutiges Haupt erhoben.

Wie alles kam, in den nächsten Tagen, weiß ich kaum zu sagen. Ich war ein Mädchen von elf Jahren und wäre wohl zwanzigmal zertreten worden, wenn mich nicht meine Ayah mit ihrem Leibe gedeckt hätte. Meine Mutter, die an die alte Macht ihres Hauses glaubte wie an ihren neuen Gott, stellte sich im Burghof mitten unter die Soldaten und forderte sie auf, sie und ihr Kind zu schützen. Mehr als die Hälfte war bereit, auf ihre Seite zu treten, aber mitten im Tumult wurde von einem Verräter das Burgtor aufgerissen. Der Zauber ihrer Kraft war dahin. Fremde, wilde Männer fragten sie laut, weshalb sie ihr Volk verraten und die alten Götter verlassen habe. Wieder fielen Schüsse und als mein Vater, mit einer Handvoll Getreuer sie aus dem Menschenknäuel herausgehauen hatte, da brachte er eine Sterbende in die Zenana zurück. Schüsse krachten, Kugeln flogen durch die Fenster, während sie auf den Teppichen ihres Frauengemachs verblutete. Gegen die verrammelten Türen donnerten die Kolbenstöße der wütenden Teufel und der gellende Schrei Salabuts schallte durch die Gänge des Palasts, wie das Brüllen eines wilden Tiers, während mein Vater das Blut zu stillen suchte, das aus der Brust meiner Mutter strömte und auch mir Hände und Gesicht netzte. Da krachte ein entsetzlicher Knall durch das ganze Haus. Mauern zerrissen, Balken stürzten herab. Alles versank in Dampf und Rauch, durch den rote Flammen schossen. Dann kam eine plötzliche Stille, in der ich nichts vernahm, als das leise Knistern und Prasseln von Feuer und das Beten meiner Ayah. Ein Teil der Burg war in die Luft geflogen. Wir wären wohl alle gestorben, wenn nicht Herr Osborn, der Missionar, meinen Vater in die Höhe gerissen hätte, und die Ayah, den Männern folgend, mich ihnen nachgetragen hätte. Durch einen Felsgang, den sie kannten, kamen wir in den Park hinter der Burg, wo wir leicht ein Versteck fanden, das uns für den Augenblick schützte. Denn alles Volk hatte sich um die brennende Burg gesammelt, die einen schreiend und jubelnd, die andern stumpf und gebeugt unter den Feuerzeichen ihrer Kali. In der prasselnden Glut, die in den Abendhimmel schlug, lag meine Mutter. Für keine Fürstin von Nirwapura haben sie in alter Zeit einen gewaltigeren Scheiterhaufen angezündet. Das mochten die Leute wohl denken, als das Geheul des Kampfes sich gelegt hatte, denn rings um den brennenden Berg sangen sie die Totenlieder des alten Glaubens. Ich war noch ein Kind, halbtot vor Schreck und Erschöpfung und schlief ein, in namenlosem Jammer, in den

Armen meines Vaters. Aber nie, so lange ich lebe, werde ich vergessen, wie die letzte Rani von Nirwapura, meine Mutter, hinüberging in den Himmel ihres neuen Glaubens.

In den Armen meines Vaters erwachte ich wieder. Wir waren auf der Flucht, durch Berg und Wald und Dschungel. Nur sechs Leute, ein Trüpplein treuer Nagas aus der Zeit des Dammbaus, begleiteten und führten uns durch die undurchdringliche Wildnis: meinen Vater, Herrn Osborn, mich und die Ayah. Das alles erscheint mir jetzt nur noch wie ein wirrer, häßlicher Traum, der heute und morgen, Tag und Nacht, Berg und Tal in unlöslicher Verwirrung durcheinander warf. Was ich davon weiß, hat mir vielleicht später die Ayah erzählt und ihr ängstliches Geplauder ist meine Erinnerung geworden. Wir brauchten auf Umwegen aller Art dreizehn Tage und Nächte, bis wir zwischen Benares und Ghasipur den Ganges erreichten, denn meistens konnten wir unsere Flucht nur bei Nacht fortsetzen, da jedes Dorf auf flüchtige Engländer lauerte. Zum Glück führte Herr Osborn eine beträchtliche Summe Geldes bei sich. Er allein hatte in jener Schreckensstunde die Ruhe nicht verloren und dachte an die lange, entsetzliche Flucht. So gelang es uns doch, da und dort die nötigste Nahrung zu kaufen. Sonst wäre uns nichts geblieben als die Wahl, Hungers zu sterben oder erschlagen zu werden. Am Ufer des Stroms hatten wir das Glück, ein verlassenes Boot zu finden, genügend groß, uns alle aufzunehmen. Wir schifften uns ein und trieben den Fluß hinunter, in der Hoffnung, Landesteile im östlichen Bengalen zu erreichen, die noch unter dem Schutz englischer Truppen standen. Wenn wir uns in der Mitte des Stroms hielten, konnten wir jetzt auch bei Tag die Reise fortsetzen, obgleich von Zeit zu Zeit vom Ufer aus Schüsse auf unser kleines Boot abgegeben wurden, die uns bewiesen, daß wir Freundesland noch nicht erreicht hatten. Ob wir es je erreichen würden wurde immer zweifelhafter. Vier Tage hatte die Fahrt schon gedauert, und zweimal mußten die Männer unser aller Leben wagen, um wieder etwas

Reis oder Brot zu beschaffen. In diesen Tagen hatte Herr Osborn meinem Vater, der schwer erkrankt war, das Versprechen gegeben, mich nach England zu bringen, wenn er ihn überleben sollte, und seine Brüder aufzusuchen. In ein Taschenbuch, dessen Blätter teilweise mit dem Blut meiner Eltern getränkt sind, schrieb er seinen letzten Willen und was er sonst seinen Angehörigen in der alten Heimat mitzuteilen wünschte. Er konnte dies in aller Ruhe tun, während Herr Osborn am Steuer saß, und die sechs Nagas ruderten. So waren mehrere verhältnismäßig ruhige Tage vorübergegangen, mitten im Jammer der entsetzlichen Zeit, in der wir stündlich an Leichen von weißen Männern und Frauen vorüberruderten, die langsam dem Meere entgegenschwammen, als ob sie ihre ferne Heimat suchten. Doch unsere Lage wurde mit jedem Tage verzweifelter. Mein Vater lag fast bewußtlos im Boot, vom heftigsten Fieber geschüttelt. Die Nagas waren kaum mehr imstande, die Ruder zu rühren. Es war die höchste Zeit, wieder etwas Reis zu erbeuten, und so waren wir mit Eintritt der Dämmerung gezwungen, in der Nähe eines Dörfchens anzulegen. Dort hörten sie, daß wir noch zwei Tagereisen von Patna entfernt waren, wo die regulären englischen Truppen die Ordnung wiederhergestellt hatten. Auch versahen uns die Leute willig mit Brot, denn sie merkten schon, daß der Aufstand, wenigstens in Bengalen, eine für die Hindus ungünstige Wendung nahm. In der Freude über die nahe Errettung ließen meine Freunde die Vorsicht, mit der sie bisher gefahren waren, außer acht. Das Boot lag wenige Schritte vom Ufer, wo sie die Morgendämmerung erwarten wollten. Herr Osborn und der Naga, die Wache halten sollten, waren, zum Tod erschöpft, eingenickt und schliefen, bis sie von einem Flintenschuß aus nächster Nähe geweckt wurden. In weniger als einer Minute fielen fünf, sechs weitere Schüsse. Aber auch das Boot war frei und flog, von hastigen Ruderschlägen getrieben, in den offenen Strom hinaus. Wenige Augenblicke später waren wir in Sicherheit.

Mitten auf der gewaltigen, mondbeglänzten Fläche des Ganges, diesem Bild des ewigen Friedens, zog Herr Osborn mit einem ›Gott sei Dank!‹ das Ruder ein. Dann erst sah er, daß die Ayah den Kopf meines Vaters im Schoße hielt und leise schluchzte. Niemand sonst hatte es bemerkt: Er war tot. Eine Kugel vom Ufer hatte ihn in die Stirne getroffen und ohne einen Laut war er heimgegangen.

Sie hatten noch drei Tage zu rudern, ehe wir die erste Station der englischen Truppen erreichten, denn in Patna war die Rebellion aufs neue ausgebrochen, infolgedessen sich die Engländer zurückgezogen hatten. In der nächsten Nacht haben sie meinen lieben Vater im Ganges versenkt. Mitten im mondbeglänzten Strom ließen sie ihn hinab, während Herr Osborn das Gebet für die Toten las, denn auch sein kleines Gebetbuch hatte der sorgliche Mann gerettet. Nun war ich ganz allein. Wie ich in jener Nacht weinte! Wie ich mich mit hinabsehnte; mit hinauf! Als meine Mutter in Feuerflammen zum Himmel ging, hatte ich keine Tränen gefunden, denn ich wußte kaum, was geschah; es war zu entsetzlich für mein kleines Herz. Heute ist es mir kein allzu schrecklicher Gedanke, daß mein Vater sein Grab im heiligen Ganges gefunden hat, wie meine Mutter den Strom nannte. Heilig ist, wo unsere Lieben schlummern. Er ist auch mir wieder ein heiliger Strom geworden.

Zwei Tage später waren wir geborgen. Im östlichen Bengalen war das Schlimmste vorüber. Das Bankhaus in Kalkutta, mit dem mein Vater in steter Verbindung gewesen war, hatte seine Geschäftsräume wieder eröffnet. Ohne große Schwierigkeit wurde dort auf Grund des Taschenbuchs Herr Osborn als der berechtigte Vollstrecker des letzten Willens meines Vaters anerkannt, so daß ihm die nötigen Geldmittel, und weit mehr als das, zur Verfügung standen, um für mich zu sorgen. Er entschloß sich, mich selbst nach England zu bringen, da ihm für die nächste Zeit jede ersprießliche Tätigkeit in Indien unmöglich geworden war. Auf diese Weise kam ich in drei

weiteren Monaten zu meinem guten Onkel Joe nach Glenisloch und spielte am Ufer des Mulardoch in den Hochlandne-
beln, wie ich vor wenigen Monaten am Schlangenteich von
Nirwapura unter der Glut der indischen Sonne gespielt hatte;
ein ernsteres Kind voll heimlicher Sehnsucht, die man einem
indischen Mädchen in den schottischen Bergen wohl verzeihen kann.«

Sie schwieg. Die schlichte Art ihres Erzählens hatte Buchwald aufs tiefste bewegt. Was er jetzt von diesem kurzen, an
Glück und Unglück reichen Leben wußte, schleuderte ihn hinaus in eine wogende See von Zweifeln und Befürchtungen.
Seit Jahren hatte er gefühlt, daß ihn die reiche Erbin bange
gemacht hätte. Er war vor einer Stunde noch bereit gewesen,
den Kampf um seine Liebe durchzufechten wie ein Mann. Jetzt
aber?! – Sie kam wirklich und wahrhaftig aus einer andern
Welt. Durfte, konnte er es wagen, sie auch jetzt noch zu bitten,
ihn um einen solchen Preis ringen zu lassen? – Er sah es wohl:
In stiller Ruhe hingen ihre feuchten, tiefblauen Augen an dem
östlichen Saum des Horizonts, wo die Berge schon ihre Gipfel
in das glühende Rot tauchten, das die Abendsonne aus dem
Westen herüberstrahlte. Die heimliche Sehnsucht, von der sie
gesprochen hatte, erfüllte auch heute noch ihre Mädchenträume. Was konnte er ihr bieten, sie zu stillen? Wie ein schweres Gewicht senkte es sich ihm auf die Brust. Sehnsucht um
Sehnsucht. Es war ein ähnlicher Glanz, der bange Blick nach
etwas Fernem, Unerreichbarem, in beider Augen.

Ein leiser Schauder ging durch ihren Körper: die Rückkehr
der Seele aus weiter Ferne. Dann, mit einem Lächeln, als ob
sie sich entschuldigen wollte, fuhr sie fort:

»Das kleine, unscheinbare Taschenbuch, in dem ich das
Blut meiner Eltern wohl hundertmal geküßt habe, ist mein
Schicksal von heute. Es liegt in London, unter Schloß und Rie-
gel, bei den Akten der Gerichtsbehörden, welche die gesetzlichen Verhältnisse der von England verwalteten Gebiete ein-
heimischer indischer Fürsten ordnen. Durch das Bankhaus in

Kalkutta hatte mein Vater ein beträchtliches Vermögen in London angelegt. Er war ein kluger Mann, der für die Seinen gesorgt hatte, welche Wendung auch die Verhältnisse nehmen mochten. Meine Mutter war die anerkannte Erbin der Herrschaft von Nirwapura gewesen, die allerdings nach dem großen Aufstand, wie andere kleine Staaten in ganz Indien, der nächsten englischen Provinz angeschlossen wurde. Doch erkannte die englische Regierung die Verpflichtung an, der Erbin der Rani eine Abfindungssumme auszusetzen, die nicht spärlich bemessen wurde, da Herr Osborn und mein Onkel Ben sich der Sache mit großem Eifer annahmen.

Dann hatte mein Vater gewünscht, daß ich abwechslungsweise, Jahr um Jahr, bei seinen zwei Brüdern wohnen sollte, bis mir nach den Landesgesetzen die Bestimmung über mein eigenes Los zustand. Gleichzeitig hinterließ er jedem seiner Brüder eine Summe Geldes, die ihre Unabhängigkeit von jeder äußeren Sorge sicherstellte, und bat sie, für meine Erziehung zu sorgen, für die die Nutznießung meines halben Vermögens ausgesetzt war. Und so wandere ich von Jahr zu Jahr von einem Onkel zum andern, und werde erzogen. Heute muß ich Flugmaschinen verstehen lernen und sollte ein wenig flattern können, morgen darf ich Hieroglyphen lesen und griechisch-ägyptische Statuetten zeichnen. Sie sehen, man könnte es nicht besser haben. – Und nun wissen sie, mit wem Sie auf der Spitze der Cheopspyramide sitzen.«

Der träumerische Hauch über ihren Augen war verschwunden. Sie lachte fröhlich.

»Ich weiß, zu wessen Füßen ich sitze!« sagte Buchwald und schluckte hinunter, was er weiter sagen wollte. Der Stein auf seinem Herzen wurde fast unerträglich schwer. Wie sollte er ihn weiter schleppen?

Ein Glück war's, daß in diesem Augenblick Fräulein Schütz von der andern Seite der Plattform herüberkam. Sie schien alle Fassung verloren zu haben, wirklich und aufrichtig erschreckt zu sein, und rief hastig:

»Um Gottes willen, Sakuntala! – Herr Buchwald! Kommen Sie! schnell, schnell! Sehen Sie! Dort hinunter! Was geht hier vor?«

Fritschy stand am Westrand des Gipfels und hielt sein Feldglas mit beiden Händen vor die Augen. Er sah nach der Stelle, wo hinter der Chefrenpyramide der Eingang der Höhlenwohnungen zu sehen war, und murmelte von Zeit zu Zeit:

»Donnerwetter! Donnerwetter!«

Auch Buchwald suchte jetzt den Punkt, der die erschreckte Aufmerksamkeit der andern angezogen hatte. In der Tat, es war ein Bild, das auch ihn festhielt.

Durch sein vortreffliches Glas sah er alle Einzelheiten mit genügender Deutlichkeit. Das kleine grüne Feldtischchen war wie gewöhnlich über Tag vor dem Eingang der Felsgräber aufgestellt. Auf demselben lag ein Bogen Papier, über den offenbar der Inhalt eines Tintenfasses oder einer Kaffeetasse ausgeschüttet war, deren weiße Scherben am Boden lagen und von Jakub, dem Koch vorsichtig zusammengeklaubt wurden. Vor dem Tisch standen Joe und Ben Thinker. Ben, der der ruhigere der beiden zu sein schien, hatte beide Fäuste auf die Tischplatte gestützt, der Oberkörper war herausfordernd vorgeneigt, der Kopf unbedeckt, denn auch sein Korkhelm lag am Boden, das Gesicht krebsrot. Joe stand etwas weiter zurück, als hätte ihn die drohende Haltung Bens vom Tischchen vertrieben, mit flatternden Rockschößen, mit der geballten Faust der Rechten in die linke hohle Hand schlagend, sichtlich, weil er die wohl verteidigte Tischplatte nicht benutzen konnte, um einem Strom sprudelnder Worte den gewünschten Nachdruck zu geben. Manchmal schien er gegen den trotzigen Sieger Sturm zu laufen und sich namentlich durch unerwartete Angriffe von der Seite einen kleinen Vorteil sichern zu wollen. Aber Ben drehte sich samt dem Tischchen so, daß er dem Gegner immer wieder seine drohende Faust zeigte. Natürlich war alles für die Beobachter auf der Pyramidenspitze eine lautlose Pantomime. Um so beunruhigender war dieses Bild offenbarer, ungezügelter Leidenschaftlichkeit, welche ihnen zwei Herrn boten, die man kaum je zuvor die Ruhe von Gentlemen hatte verlieren sehen.

»Ich glaube, ich weiß was dies bedeutet«, sagte Buchwald nach einer längeren Pause, in der er den Auftritt mit halb belustigter, halb erschreckter Teilnahme beobachtet hatte. »Die Herrn sind aneinandergeraten, wegen – über –«

Er stockte, denn der Wortkampf dort unten schien an Hitze zuzunehmen.

»Um Himmels willen«, flüsterte Fräulein Schütz, »das ist eine neue Schlacht bei den Pyramiden.«

»Sagen Sie lieber: um die Pyramide«, versetzte Buchwald mit wachsender Besorgnis.

»Hupp!« schrie Fritschy und fing an zu tanzen, ohne sein Glas von den Augen zu nehmen. Das Tischchen war umgefallen, rollte im Sande weiter und stellte sich dann so zu sagen auf den Kopf, seine drei dünnen Beinchen wie verzweifelt gen Himmel streckend. Ben war ihm nachgelaufen, hatte den Bogen weißen Papiers vom Boden aufgerafft und hielt ihn Joe unter die Nase. Dieser erfaßte ihn mit einem raschen Griff und riß ihn in zwei Stücke. Dann – wie wenn der andere eine schreckliche Tat begangen hätte – erhob er beide Arme, wie Moses in der Amalekiterschlacht.

»Es mag sein, was es will«, flüsterte Sakuntala, »meine Onkel sind außer sich. Es ist vielleicht die Hitze. Wir müssen ihnen so schnell als möglich zu Hilfe kommen.«

»Hinunter also!« rief Buchwald und sprang schon vom nordöstlichen Eckstein der Plattform auf die zweite Stufe. Gleichzeitig stieß er einen Beduinen auf die Seite, der Sakuntalas Hand erfassen wollte. Der Mann bemächtigte sich ebenso rasch Fräulein Berthas, und der Abstieg begann sich in eine wilde Flucht aufzulösen.

»Achtung! Achtung!« schrie Fritschy, dem das erregte Fräulein vertrauensvoll in die Arme gefallen war.

Aber wie in einem Wirbelsturm ging es in die Tiefe.

13. KAPITEL

Die feindlichen
Brüder

Als sie aus der kleinen Felskluft heraustraten, durch welche
man von der Höhe, auf der die Cheopspyramide steht, zu den
Höhlenwohnungen hinabsteigt, war es ringsum grabesstille.
Buchwald wurde es fast bange. Hatten die feurigen alten Herren sich bis zur völligen Vernichtung bekriegt oder waren
beide nach entgegengesetzten Himmelsrichtungen entflo-
hen, um den schrecklichsten Folgen eines Bruderzwistes zu
entgehen? Als er den Eingang zum Jägergrab zu Gesicht
bekam, konnte er sich wenigstens hierüber beruhigt fühlen.
Sie kehrten sich zwar den Rücken, aber sie befanden sich
noch zur Stelle und waren scheinbar wohlauf. Ben saß an
dem wieder aufgerichteten Tischchen im Schatten der Felswand und schrieb oder skizzierte mit einem Eifer, den ihm
Buchwald für jede sitzende Beschäftigung kaum zugetraut
hätte. Joe lag in seiner Lieblingsstellung mit zurückgelegtem
Kopf auf seinem Stein und betrachtete die Spitze der großen
Pyramide. Er sah die Ankommenden nicht, obgleich sie unmittelbar auf ihn zugingen. Erst der laute Ausruf der leicht
erregbaren Gouvernante, die hinter Sakuntala aus der Felsspalte trat – »Gott sei Dank, wir kommen noch rechtzeitig!« –
brachte eine müde Bewegung in die fast leblose Gestalt auf
dem Steinblock, während sich Ben noch immer nicht stören
ließ.

»Hoho, kommt ihr endlich?« sagte der Doktor, mit einem

erzwungenen Versuch, seine Gäste heiter zu empfangen. »Wir haben euch seit einer Stunde erwartet.«

»Aber wir sind kaum so lange fortgewesen«, meinte Fräulein Schütz, »und Sie haben viel versäumt, Herr Joe. Es ist prachtvoll, auf der Spitze und hochinteressant. Was alles uns diese Wüste zu sagen hat, wenn man sie von oben betrachtet!«

»Wir haben uns hier unten ebenfalls nicht gelangweilt«, sagte Ben Thinker, mit den Augen zwinkernd, indem er sich von seinem Stuhl erhob und Sakuntala zuwandte. »Dein Onkel Joe hat mich auch auf Spitzen herumgeführt, Kundel, und weiß das so interessant zu machen, daß wir noch ganz erschöpft sind.«

»Davon hatte ich schon öfter Gelegenheit, mich zu überzeugen«, fiel Buchwald lustig ein, in der Hoffnung, etwas zur Erheiterung der Gesellschaft beitragen zu können, während der Doktor sich verlegen abwandte und mit seinem Stock Hieroglyphen in den Sand schrieb.

»Sie auch?« fragte Ben, unschuldig. »Na, lebhaft ist mein Bruder Joe von Kindesbeinen an gewesen. Wir unterhielten uns, wie in alten Zeiten; nicht wahr Joe?«

»Allerdings«, versetzte der Bruder, zögernd und etwas kleinlaut. »Wir unterhielten uns. Dein Onkel Ben suchte mir einen seiner Pläne zu erklären, die von jeher meine Verwunderung erregt haben. Ich war kaum imstande, ihm zu folgen.«

»Verwunderung!« rief Ben vorwurfsvoll. Dann, nach einer längeren, peinlichen Pause fuhr er fort: »Es wäre nicht gerade nötig gewesen, sie in *dieser* Weise auszudrücken. Dies war einmal eine wertvolle Zeichnung.«

Er deutete auf zahllose kleine Papierstückchen, deren Weiß grell vom braunen Sandboden abstach.

»Nein!« gab Joe zu, indem er versuchte, nach der entgegengesetzten Seite zu sehen. »Aber wenn Sie wüßten, Herr Buchwald, was mein unglückseliger Bruder mir vorschlug! Wir besprachen uns bis dahin in durchaus passender Weise.«

»Das heißt – nimm mir's nicht übel, Joe –, du erzähltest mir Dinge, die – die –«

»Sprich dich aus, Ben! Du siehst, ich bin völlig ruhig.«

»Und ich hörte dir geduldig zu«, fuhr der jüngere Bruder etwas lebhafter fort, obgleich mir's manchmal zumute war als unterhielten wir uns in einem – es muß heraus – in einem Irrenhaus.«

»Es ist hart«, sagte der Doktor traurig, »aber ich werde nie vergessen, daß wir in einer Wiege lagen. Es mag dir unbegreiflicherweise alles Verständnis für Dinge abgehen, die über dem Horizont unserer öden, materiellen Zeit liegen. Trotzdem dürftest du in deinen Ausdrücken etwas zurückhaltender sein, angesichts des größten Denkmals aller Zeiten. Ich mute dir wahrhaftig nicht zu viel zu, Ben, wenn ich dich *darum* bitte; schon der Jugend wegen, die uns aufmerksam zuhört, wie ich bemerke. Verlassen wir dieses Thema. Es kann dir nur peinlich sein, an deine Unfähigkeit erinnert zu werden, die Bedeutung dieses Riesenwerks zu würdigen.«

»Ich bin völlig mit dir einverstanden, Joe; verlassen wir diesen widerwärtigen Gegenstand. Daß deine Pyramide als das nutzloseste Gebäude auf dem ganzen Erdenrund noch immer hier steht, gibst du mir ja im großen Ganzen zu.«

»Das nutzloseste Gebäude! Ich hätte dies zugegeben?« fuhr der Doktor auf. »O ihr himmlischen Heerscharen! Welche Prüfung uns ein leiblicher Bruder sein kann, mit dem wir so gern in Friede und Eintracht lebten.«

»Na, wir sind ja einträchtig! Die Zahl π, die ich so hoch verehre wie du, braucht deshalb nicht in einem Steinklumpen verewigt zu sein. Sie existierte, ehe die Welt war, und wird sie überleben, wie die Wahrheit, daß zwei mal zwei vier ausmacht. Darüber können sich nur Gelehrte von deinem Schlag wundern, die jede Wahrheit mit Entzücken erfüllt, wenn sie nur in Schutt und Moder gefunden wird. Daß ein Freund von dir sie gerade hier fand, ist allerdings bemerkenswert. Ich hätte es euch beiden nicht zugetraut.«

»Mußt du in diesem Ton sprechen?« fragte der Doktor vorwurfsvoll.

»Na, warum nicht? Sind wir nicht Brüder und dazu auf die Welt gekommen, uns in aller Liebe die Wahrheit zu sagen? Das ist brüderlich, hoffe ich.«

»Gewiß; und ich selbst will nichts anderes, so sauer du mir es auch machst. – Wie oft hat unser heimgegangener Vater uns jene schlichte Weisheit, jene klare durchsichtige Schönheit der Alten an hundert klassischen Beispielen nachgewiesen. Erinnert dich dieses älteste Denkmal der Vorzeit, vor dem wir stehen, nicht an die unvergeßliche Jugend der Menschheit, in der ihr den Sinn für das Gute, Wahre und Schöne über alles ging und eine schaffende Kraft war, wie seitdem nie mehr.«

»Da wären wir ja wieder im Zug, Joe«, lachte Ben gezwungen. »Immer zu. Es ist mir weniger beängstigend als deine Pyramidenrechnungen.«

Damit setzte er sich wieder vor dem Tischchen nieder, ergriff einen Bleistift und vertiefte sich in ostentativer Weise in seine Skizze, indem er den Rücken krümmte wie ein Kater, der einem erbarmungslosen Regenschauer entgegensieht, vor dem er sich nicht zu retten weiß. Joe trat festen Schritts auf ihn zu, und stützte sich auf die Rückenlehne seines Stuhls, sichtlich entschlossen, die Vorteile zu benutzen, die ihm die Gegenwart Buchwalds und der Frauen sicherte. Der Maler sah voraus, daß ein Kampf aufs neue entbrennen würde, dessen Ende nicht abzusehen war. Das Klügste schien, sich in Geduld in das Unvermeidliche zu fügen. Er holte deshalb die zwei einzigen noch übrigen Stühle aus der Jägerkammer und winkte dem Sais, der ein Brett aus der Küche herbeischleppte. Rasch war eine prächtige Bank hergestellte, deren Rücklehne die Felswand bildete. Sakuntala, Bertha, Fritschy und er nahmen Platz und saßen in Reih und Glied wie Geschworene, vor denen die Anwälte eines großen Rechtsstreites sich zum erbitterten Wortgefecht rüsteten. Es hatte tatsächlich mit allem Feuer begonnen, ehe die äußere Einrichtung des improvisierten Areopags ganz beendet war. Der Doktor begann mit erkünstelter Ruhe:

»Wozu soll ich dir wiederholen, was du, Ben, so gut weißt, als ich, seit wir es zusammen aus Virgil und Horaz, aus Homer und Sophokles herauslasen? Sooft die Menschen sich wieder aufrafften aus der Roheit ihrer Unkultur, aus dem Sumpf ihrer Verbildung, gingen sie zurück zu den alten Quellen. In ihrem Muttergestein – schwerlöslich, das gebe ich zu – liegen die Ideale, die die Menschheit zu verjüngen, zu vergeistigen vermögen, wenn sie in der groben Sinnenwelt zu versinken droht. Unsere Aufgabe ist und bleibt, uns nach jenen Mustern zu bilden, unsere eigene Jugend, die gar zu gerne altklug tut und gar zu rasch alt wird, in den Gesundbrunnen jener ewigen Jugend zu versenken. Denn damals stand die Menschheit der Natur und die Natur ihrem Schöpfer näher. So müssen jene Zeiten und was sie schufen für immer das Muster bleiben, nach dem wir unser Denken und Fühlen, selbst unser Leben zu gestalten haben, wenn wir gesund und frisch und jung bleiben wollen.«

»Wir sehen das an deinen Gelehrten, deinen Bücherwürmern, deinen Schulmeistern, die ihr Leben lang an dieser Quelle saugen«, brummte Ben, indem er zornige Striche über sein Papier zog. »Willst du meine ehrliche, unverblümte Ansicht wissen? Dein Altertum ist zum Fluch der Menschheit geworden, seitdem ihr sie zwingen wollt, in den besten Jahren des Lebens – nein, das ganze Leben hindurch – den Blick nach rückwärts zu richten, anstatt vorwärts, wie Gott seine Menschen geschaffen hat; in Staub und Moder nach Nahrung zu suchen, anstatt auf der frischen Weide, die uns die Natur alljährlich aufs neue grünen läßt; wiederzukauen, was sie vor tausend Jahren meinetwegen mit Genuß verzehrt haben. Ich bitte dich, Joe, sieh dir doch deine Menschen an, die ausgemergelten, halbblinden, hilflosen Geschöpfe, die in einer Welt von Phantomen leben; wohlgemerkt nicht in der alten Welt, wie sie war – die macht keine Gelehrsamkeit mehr lebendig –, in einer Welt von Puppen, die ihr vor fünfzig Jahren ausgestattet habt mit allem philologischen Kehricht, von dem die Alten selbst keine Ahnung hatten, und die ihr heute behängt mit den Fetzen und Scherben, den Töpfchen und Waffen, die ein unglückseliger Schlammvulkan oder ein Sandsturm für euch zugedeckt hatte. Gut, wenn es euch Spaß macht, tut es. Aber sagt nicht, das sei die Aufgabe der Menschheit. Heißt nicht diesen Trödel und was aus demselben hervorgeht: Bildung. Es ist nichts dergleichen; es ist eitles, nichtiges Zunftwissen. Wir sind geschaffen, in der Richtung zu sehen, in der wir gehen können: vorwärts. In der Zukunft liegt die Aufgabe der Menschheit, nicht in der Vergangenheit.«

Bei aller Verschiedenheit der äußeren Erscheinung trat in der Erregung des Streits eine merkwürdige Ähnlichkeit der Brüder zu Tage. Ihre Leidenschaft, ihre sprudelnden Worte verrieten den gemeinsamen Ursprung. Ben war aufgestanden. Beide rangen einen Augenblick wortlos mit dem Tischchen, das sich unfehlbar wieder auf den Kopf gestellt hätte, wäre Buchwald nicht beigesprungen. Unmöglich aber war ihm, ein beruhigendes Wort einzuschalten, denn Joe benutzte die Atemlosigkeit seines Bruders, der blaurot im Gesicht geworden war, das Heft wieder in die Hand zu bekommen. Mit sichtlicher Willensanstrengung sich zurückhaltend, sagte er energisch, aber ruhiger:

»Du beurteilst die Dinge, die du kennst, Ben. Bei uns in England hat die materielle Entwicklung den Leuten den Kopf verrückt. Die Behaglichkeit des Reichtums, den sie uns gibt, hat uns bestochen. Du solltest die Deutschen sehen, dieses Volk der Denker, der ›Bücherwürmer‹ und ›Schulmeister‹, wenn dir diese Worte Spaß machen. Dort hast du ein Volk, das gelernt hat, in etwas Höherem seine Befriedigung, seinen Stolz zu finden, als in soundsoviel hunderttausend Spindeln, soundsoviel Millionen Zentner Stückkohle. Sie wissen, in welchen Bergwerken die wahren Schätze der Menschheit liegen. Gewiß, es geht nicht ohne Mühe und Entbehrung und Arbeit zu, und mancher bleiche Gelehrte sieht so schlecht aus als der verkümmertste Minenarbeiter und der blutloseste Weber deiner Mache. Aber was hat er dafür ans Tageslicht gebracht, was hat er dafür gesponnen? Keinen Kohlengries, um etwas mehr Dampf zu machen, keinen Kattun für Chinesen!«

»Es ist merkwürdig«, flüsterte Fräulein Schütz, die mit leuchtenden Augen dem Kampf gefolgt war; »wenn Herr Joe spricht, bin ich ganz seiner Ansicht und wenn Herr Ben das Wort hat, bin ich überzeugt, daß er recht haben muß. Zu guter Letzt müssen es doch die Deutschen gewinnen, hoffe ich!« Doch konnte sie sich weiteren Hoffnungen nicht hingeben, denn Ben, der keine Unterbrechung duldete, schrie wütend:

»Ganz recht! Was hat er gesponnen? Seh dir sie an, wo sie hingeraten sind, mit ihrer Schulmeisterei. Ein Wolkenkuckucksheim haben sie sich aufgebaut, in dem keine Kirchenmaus mehr satt wird. Ihre eigene Sprache – Worte, Worte sind ja das A und O ihres Lebens geworden – haben sie sich verhunzt, hör' ich, daß man eine lateinische Grammatik braucht, um den Satzbau eines waschechten deutschen Juristen und das Kauderwelsch ihrer Philosophen zu begreifen. Ihr Stolz soll sein, alles so zu sagen, daß es niemand verstehen kann, der nicht zu ihrer Zunft gehört und ihr engbrüstiges Zunftwissen nennen sie ›allgemeine Bildung‹! Das haben sie solange ihrem Volk vorgepredigt, ihrer Jugend aufgezwungen, bis es alle Welt um sie her glaubte. Wahnsinn! Wahnsinn! Aber ein Wahnsinn, der die ganze Nation erfaßt hat, und der, wie der Hexenglaube erst in ein paar Jahrhunderten als das erkannt werden wird, was er ist. Inzwischen kann das Volk daran zu Grunde gehen, wenn nicht, was wir für deine Freunde hoffen wollen, eine derbe Faust aus der verachteten Wirklichkeit dreinschlägt und das Hirngespinst zerschmettert.«

Es ist vielleicht nützlich, daran zu erinnern, daß diese Wortschlacht im Jahre 1865 geschlagen wurde, gerade zur Zeit, als sich die Faust, die nur wenige ahnten, heimlich zu ballen anfing.

Fräulein Schütz, die ihre Entrüstung kaum mehr bemeistern konnte, war aufgesprungen, um Joe zu Hilfe zu kommen. Es war unnötig. Das Blatt hatte sich zu Ungunsten Bens gewendet. Je heftiger dieser wurde, um so ruhiger wurde sein Gegner.

»Ben! Ben!« sagte er langsam, »Niemand sollte prophezeien, ehe er seiner Sache gewiß ist. Wir sind noch nicht am Ende unserer Tage; auch die Deutschen nicht.«

»Gut; betrachte dir ihren Nachwuchs, ihre Zukunft«, fuhr Ben grimmig fort. »Ich habe meinen Weg hierher durch Deutschland genommen und sah mir die Bürschlein an. In Kassel – oder war es in Stuttgart? – hatte ich das Glück, zu einem Schulfest zu kommen, zu einer Preisverteilung, wie mir der Oberkellner unseres Gasthofs sagte, der Englisch sprach wie ein Cockney. Sie marschierten von ihrem Gymnasium nach einem Turnplatz oder Schützenhaus – was weiß ich – kleine, bleiche, altkluge Männchen, denen man ansah, daß sie nichts konnten, weil sie zu viel wußten; jedes dritte Kind mit einer Brille auf dem Näschen. An der Spitze ihre Lehrer, gelehrte Herren ohne Zweifel, voll von Idealen unter den kahlen Schädeln, bebrillt ohne Ausnahme, blinde Blindenführer. Das sind Äußerlichkeiten; selbst die äußere Welt von heute wird nicht mehr von Fleisch und Knochen beherrscht, wirst du am Ende sagen. Und das gehört auch zum Wahnsinn des ganzen Treibens.«

»Bleiben Sie ruhig«, flüsterte Buchwald Fräulein Schütz zu, die abermals aufzuspringen drohte. »Es ist immer unangenehm, aber es ist manchmal gut zu sehen, wie uns andere sehen. Unser Freund ist noch nicht geschlagen.«

»Das sind Äußerlichkeiten!« rief der Doktor gereizt. »Wahr ist es, die Deutschen haben für die Arbeit ihrer Jugend zu bezahlen, für die Jahre, in denen sie sich in die alte Welt der Ideale versenken, in denen ihnen die Klarheit und Schönheit, die uns Rom und Griechenland hinterließ, in Fleisch und Blut übergeführt werden. Aber welcher Gewinn für das ganze übrige Leben, mit der Milch jener herrlichen Zeiten genährt worden zu sein. Du solltest sie kennenlernen, sie hören, wie ihnen die Erinnerung an diese Jugendeindrücke durch das ganze Leben eine Quelle der Zufriedenheit und des Genusses bleibt. Wie das logische Denken der Alten auch sie gelehrt hat, logisch zu denken, daß wir, mit unseren wirren praktischen Instinkten, oft nur staunen müssen.«

»Das Staunen gebe ich zu«, versetzte Ben höhnisch. »Die Zufriedenheit? Den Genuß? – was beweist das? Laß ein Kind in einer kahlen, öden Umgebung aufwachsen: es wird sein Leben lang in einer öden, kahlen Gegend Freude und Genuß finden. Das ist die Wirkung der Jugendeindrücke, die alles verklären, auch den Moder der Vergangenheit. Und dann – wenn ein ganzes Volk durch eine Reihe von Generationen in dieser Richtung irre geht, starr nach rückwärts blickt und darin den Zweck des Lebens sieht: Wie soll es anders werden, wie kann sich der einzelne helfen, wenn er nicht einer deiner Heroen ist, ein Herkules vor dem Augiasstall? Ja, seh dir deine Alten doch einmal näher an! Haben sie nach rückwärts gesehen, obgleich auch hinter ihnen die Geschichte einer Menschheit lag – Kleinasien, Ägypten, Chaldäa. Haben sie, wenn sie schufen, was sie groß machte, kleinasiatische Philologie, ägyptische Philosophie, chaldäische Naturwissenschaft getrieben? Nein, sie lebten in ihrer Gegenwart und schufen für die Zukunft.«

»Die Römer studierten griechisch«, warf Joe lächelnd ein, der darauf lauerte, Ben auf dem Eise ausgleiten zu sehen, auf das er sich etwas leichtfertig begeben hatte.

»Ja, zur Zeit, als sie anfingen, zugrunde zu gehen«, rief Ben. »Wenn deine Deutschen soweit sind –

»Wüßtest du das alles, Ben«, unterbrach ihn Joe, entschlossen, nichts mehr unwidersprochen über sich ergehen zu lassen, »wüßtest du das alles, wenn du nicht im Hause unseres Vaters den Grund zu der Geistesbildung gelegt hättest, die du heute verhöhnst? Ihr neuen Leute wißt nicht, was ihr uns, den Alten verdankt. Nimm aus dem Leben weg, was du aus dem Vaterhause mitnahmst, wo uns der Geist des Altertums umgab und unsere Kindheit und Jugend verschönte. Was bleibt dir? Welches Leben, wenn das alles vergessen wäre! Von dem sittlichen Gewinn will ich nicht reden, der uns aus der selbstlosen Beschäftigung mit Idealen erwächst. Wenn in der Kindheit die wahre Lebenskraft des Mannes liegt, so liegt in der Jugend der Menschheit die wahre Bildung des Geistes. All eure Erfindungen –«

»Was verstehst du von unseren Erfindungen?« fiel ihm Ben ins Wort. »Hättest du diesen Korkhelm auf dem Kopfe, der deinen heißen Schädel schützt, könntest du deine verwunderlichen Ideen der erstaunten Welt mitteilen, wärest du heute hier am Fuße deiner angebeteten Pyramide ohne unsere Erfindungen? Das ganze Leben, man mag's anpacken wo man will, in seinen kleinsten und in seinen erhabensten Blüten und Früchten, ist unsere Erfindung, Joe! Du selbst –«

»Nein, Ben, das geht zu weit!« rief Joe und der Anflug eines selten durchbrechenden Humors verklärte für einen Augenblick die bleichen Züge, denen der leidenschaftliche Streit einen bitteren Ausdruck gegeben hatte. »Erfunden habt ihr mich nicht. Ich glaube vielmehr, ein geistiges Produkt jener ältesten, ehrwürdigsten Zeit zu sein, die selbst hinter den klassischen Jahrhunderten der Griechen liegt. Du machst dir keinen Begriff, wie wohltuend mir dieser Gedanke ist und wie traurig ich bin, einen solchen Bruder mein nennen zu müssen.«

»Genau meine Gefühle, Joe! Aber es wird dir nicht gelingen, den siegreichen Gang deiner eigenen Zeit aufzuhalten; sicherlich nicht mit Phantastereien, wie sie deine Geistesrichtung zu Tage fördert. Deine Pyramide ist da und ist ein großes und gewaltiges Bauwerk, das dem alten Cheops alle Ehre macht. Du siehst, ich mache dir jedes vernunftgemäße Zugeständnis. Unsere Aufgabe aber ist es, sie für unsere Zeiten nutzbar zu machen. Und du solltest dich freuen, daß es mir gelungen ist, den Weg zu entdecken, wie dies geschehen kann. Die Sache treibt mich schon seit Jahren um. Erst aber seitdem ich die Verhältnisse an Ort und Stelle näher kennen lernte, ist mir völlig klar geworden, daß ich einer unerklärlichen Inspiration einen großen, unserer Zeit würdigen Plan verdanke.«

»Aber laß dich doch wenigstens belehren, lieber Ben! Suche mich ruhig anzuhören«, bat der Doktor klagend. »Ich will ja selbst nichts anderes, als diesen wunderbaren Bau für die Gegenwart und für alle Zukunft nutzbar machen. Dieser Augenblicks- und Nützlichkeitsgedanke ist eine niedere Auffassung dessen, was ich für die Wahrheit halte, aber ich will sie dir zu lieb gelten lassen. Die Pyramide ist die Verkörperung eines idealen Maßsystems, das uns für alle Zeiten über die Irrtümer und Zufälligkeiten unserer landesläufigen Meßkunst hinaushebt. Du weißt, so gut wie ich, wie die Franzosen zu ihrem Meter gekommen sind. Sie beanspruchen mit ihrer gewohnten Selbstgefälligkeit eine wissenschaftliche Grundlage für ihr System. Ihr Meter soll der Teil eines Erdmeridians, ihr Meter, eine gerade Linie, wohlgemerkt *eine gerade Linie*, soll der Teil eines Kreisumfangs sein. Ist das Wissenschaft? In der Pyramide hast du eine unanfechtbare, wissenschaftliche Grundlage: die geradlinige Länge der Polarachse der Erde. Ich habe mir's angelegen sein lassen, unser eigenes Maßsystem durch die Geschichte des englischen Volks zu verfolgen. Es ist ein trauriges Bild von Unregelmäßigkeiten und Vernachlässigung, und doch ist es dem Pyramidenmaße näher verwandt, als das den menschlichen Irrtum systematisierende, atheistische Franzosenmaß. Unsere Vaterlandsliebe muß uns zwingen, die Pyramide mit ihren metrischen Offenbarungen hochzuhalten, und vor jeder Entweihung zu schützen. Wenn ich dir wiederhole, daß der Pyramidenzoll nur um ein Tausendstel von unserem guten, alten, englischen Zoll abweicht, der unsern Urvätern auf die Völkerwanderung mitgegeben wurde und im Laufe der Jahrhunderte recht wohl ein Tausendstel geschwunden sein kann, daß wir also in der Pyramide das Urmaß der höchstentwickelten Menschenrasse verkörpert und aufbewahrt sehen: kannst du daran denken, dieses Denkmal einer kosmischen Offenbarung anzutasten?«

»Joe, wenn du nicht mein Bruder wärest« – versetzte der Jüngere, nun ebenfalls in einem elegischen Ton verfallend, »oder vielmehr, wenn ich dich nicht von Kindesbeinen an kennen würde, hättest du mich heute überzeugt, daß du völlig verrückt geworden bist. Nimm mir's nicht übel: Das sind Lächerlichkeiten, die nur in einem Gehirn entstehen können, dessen Tätigkeit zu lange auf einen Punkt gerichtet war. – Ähnliche Erscheinungen sind ja unter deinen Freunden des Altertums nicht selten. Sie sind an sich harmlos; aber sie können gefährlich werden. Für dich sind sie gefährlich geworden. Selbst wenn ein unerhörter Zufall es so gefügt hätte, daß einige deiner Beobachtungen zutreffen – ich gestehe, die Geschichte mit dem π intrigiert mich –.«

»Gott sei Dank, ein Lichtblick!« schaltete Joe ein.

»Selbst wenn sie richtig wäre, was wäre dabei viel zu verehren, wie du es uns zumutest. Sein Maßstab ist so gut wie ein anderer. Nicht das Maß hat irgendwelche Bedeutung, sondern das Ding, das wir messen, nicht die Form und Größe ist das Wesentliche, sondern der Stoff, die Materie. –«

»O Ben, nicht das Ding, nicht der Stoff, nicht die Materie ist das Bleibende. In der Form, im Maß liegt Gedanke und Geist. Darin liegt auch die Bedeutung der Pyramide und dessen, was sie uns sagt.«

»Meinetwegen; das ist mir zu hoch«, sagte Ben verächtlich. »Ich habe im Sinn für meine Mitmenschen zu arbeiten, nicht indem ich die Elle verherrliche – ich glaube, das ist das Vorrecht der Schneider –, sondern indem ich den Stoff bilde, die Dinge zu nützlichen Zwecken zusammenfüge. Weiß der Himmel, sogar die Schneider tun das! Daß die Pyramide seit viertausend Jahren zu nichts nütze war, als den Leuten die Köpfe zu verdrehen oder sie mit blödsinnigem Staunen zu erfüllen, mußt du einsehen. Das soll nun anders werden. Ich möchte dich wirklich bitten, etwas geduldiger zuzuhören, als es dir bisher möglich war, wenn ich Herrn Buchwald meinen Plan kurz entwickle. – Sie sehen dieses Blatt. Ich kann nicht zeichnen, und mein Bruder hat mir das Original leider zerrissen. Aber Sie werden mich verstehen. Die Sache ist überaus einfach.«

Die vier Geschworenen erhoben sich einmütig von ihrer Bank in der Hoffnung, daß die Sitzung nun bald ihr Ende erreicht haben müsse und betrachteten die Zeichnung, deren kräftige, aber etwas wirre Striche an verschiedenen Stellen in einem Loch endeten, ein Beweis, mit welcher Energie Ben Thinker seine Gedanken zu Papier gebracht hatte. Buchwalds und Fritschys Mienen drückten Zweifel und Bedenken aus. Fräulein Schütz begrüßte den Plan mit der freudigen Zustimmung vollen Verständnisses. Sakuntala wandte sich ihrem Onkel Joe zu, dem sie freundliche Worte der Beruhigung zuflüsterte, denn er sah tief betrübt zu Boden und schien kaum fähig, seiner Bewegung Herr zu werden. Ben dagegen fuhr im Ton triumphierender Überzeugung fort:

»Sie sehen hier den Nil in seinem Lauf von Süd nach Nord. Dieser – dieses Loch ist Kairo. Etwas weiter unten spaltet sich der Fluß in den Damiette- und Rosettaarm; bei dieser Spaltung liegt Kaliub und beginnt das Delta. Weiter oben ist Gise mit unseren Pyramiden. Sie sehen diese Dreieckchen! Etwas oberhalb liegt die Flußinsel Thirse, die den Nil ebenfalls in zwei Arme spaltet. Bei Kaliub bauten die Franzosen ihr verunglücktes Stauwerk. Es ist mir völlig klar geworden, weshalb dieses anspruchsvolle Machwerk, dem ein vortrefflicher Gedanke zu Grunde lag, nichts taugt. Es ist auf verhältnismäßig neuangeschwemmtem Boden erbaut. Die Spitze eines Deltas ist immer und überall neuangeschwemmter Boden, auf dem sich nichts Feststehendes bauen läßt. So wurde es auch dem Nil leicht, die mangelhaft ausgeführten Fundamente der Barrage zu unterspülen. Sie hätte viel weiter oben, auf altem Grund und Boden gebaut werden sollen; die Spitze der Insel Thirse zum Beispiel wäre ein geeigneter Punkt gewesen. Hier muß sie angelegt werden.«

»Aber wie kommen Sie mit dem dort aufgestauten Wasser ins Delta«, fragte Buchwald, der einen regen Ortssinn besaß: »Sie müßten den Rosetta- oder den Damiettearm des Nils kreuzen.«

»Das«, sagte Ben eifrig, »das ist ein Detail, über das ich mich später aussprechen werde. Verlassen sie sich darauf: Ich komme hinüber. Kein großer Gedanke würde zur Tat werden, wenn man sich bei jedem Detail aufhielte. Also: Ich komme hinüber. Die Verlegung der Barrage von Kaliub nach der Insel Thirse aber ist eine bloße Geldfrage. Allerdings – sie gab mir reichlich zu denken. Man muß mit den Verhältnissen rechnen, in Geldsachen.«

»Ganz hast du den Kopf doch noch nicht verloren, Ben!« unterbrach ihn der Doktor mit Bitterkeit.

»Das eben ist *dein* Unglück, Joe, wie du sogleich sehen wirst«, versetzte der andere mit höhnischer Überlegenheit. »Hätte man mit einem völligen Neubau zu tun, wäre alles Erforderliche erst zu beschaffen, so würden die beträchtlichen Kosten selbst die Regierung eines Vizekönigs wie Ismael Pascha abhalten, an die Aufgabe heranzutreten. Wir begegnen aber gerade an dieser Stelle einem Glücksfall, ich möchte fast sagen, einer Fügung der Vorsehung. Das gesamte Baumaterial ist vorhanden, wie es wohl niemals in der Kulturgeschichte der Menschheit bereit lag. Jeder Block dieser Cheopspyramide wird noch zur Fruchtbarkeit, zur Wiedererstehung Ägyptens beitragen. Ich werde dieses nutzloseste Werk, das je die Menschen geschaffen haben, zum Nützlichsten umgestalten, das die Welt je gesehen hat. Millionen Menschen sollen noch auf den halbverdorrten Flächen dort unten wohnen und satt werden und sollen meinethalben dem alten, von meinem Bruder Joe abgöttisch verehrten Pharao dafür dan-

352

ken, daß er vor Jahrtausenden die nötigen Steinblöcke für das Bauwerk zusammengeschleppt und wie in einem großen Magazin aufgestapelt hat. Nun endlich kommen vernünftige Menschen, die sie zu gebrauchen wissen. Klingt das wie Wahnsinn? Hand aufs Herz, Joe!«

»Es klingt wie Gotteslästerung«, stöhnte der Doktor, auf seinen Stein niedersinkend. »Der Gedanke, dieses hehre Bauwerk zu vernichten, um ein Stauwehr daraus zu machen, ist Blasphemie. Natürlich hast du keine Ahnung davon, was uns eine heilige Kunst aus der Zeit, in der es noch Offenbarungen gab, in diesem Bau überlieferte. Die großartigen Zahlen- und Maßverhältnisse wagst du nicht zu leugnen. Aber du weißt nichts von den Aufschlüssen über die Menschengeschichte, von ihren Uranfängen bis auf unsere Tage, von den rätselhaften, prophetischen Angaben, deren unzerstörbare Steinschrift nur darauf wartet, entziffert zu werden. Ich getraute mir nicht, hier davon zu sprechen, denn ich weiß, daß mein eigener Bruder leider Gottes im Rat der Spötter sitzt. Nun aber, nachdem du deinen ganzen, abscheulichen Plan enthüllt hast, darf ich nicht länger zögern, dich auf alles hinzuweisen, was deine Absicht zum Verbrechen stempelt. Hast du dich nie gefragt, wer diesen Bau nach der Eingebung und unter der Leitung des Allerhöchsten aufgeführt hat? Die alten Ägypter spielten mit dem Namen Cheops, Sufu, Chufu und ähnlichem. Der König war nicht ihres Volkes, erzählen sie; er zwang sie unter seinen erhabenen Willen, und sie haßten ihn. Alte Überlieferungen, von denen in verworrener Weise Manetho berichtet, sprechen von einem uralten Hirtenkönig Philitis, der den Pharao Cheops beeinflußte. Es kann sich nicht um die Hyksos handeln, die ein weit späteres, entartetes Geschlecht gewesen sind. Alle Berechnungen, die uns die Pyramide selbst an die Hand gibt, deuten darauf hin, daß dieser geheimnisvolle König ein Zeitgenosse Abrahams war, ein Kind jener Zeit, in der die Offenbarungen Gottes über dem Erdball schwebten und wie ein leuchtender Meteor alles erhellten, das Unerschaffene wie das Geschaffene. Wie dem Stammvater des Volkes Israel ein Blick in die Geheimnisse der übersinnlichen Welt vergönnt ward, so wurde seinem Freund und Bruder im Lande Misr die Weisheit geoffenbart, die im Geschaffenen liegt, und er legte sie nieder in diesem Bauwerk, das du – du – du Mißgeburt eines Geschlechts von Pygmäen, zu zerstören gedenkst.«

Joe Thinker hatte schließlich ganz leise gesprochen, aber mit einer Leidenschaftlichkeit, die seinen ganzen Körper durchbebte, so daß ihn die Frauen erschrocken ansahen und selbst Buchwald besorgt wurde. Der Doktor war auf seinen Stein zurückgesunken, während Sakuntala ihre Hand auf seine Stirne legte, auf der große Schweißtropfen standen. Eine längere, peinliche Pause war eingetreten, in der beide Brüder sich sichtlich bemühten, die nötige Ruhe wiederzugewinnen.

»Du sprachst natürlich bildlich, Joe; ich weiß, du sprachst bildlich«, begann endlich Ben, in versöhnlicherem Ton, aber mit ungewohntem Ernst.»Wenn ich es nun auch für meine heilige Pflicht hielte, zu tun, was Millionen armer Mitmenschen zufrieden und glücklich machen müßte; was ich einer Eingebung verdanke, die mich vor Jahresfrist zweitausend Meilen von hier überfiel? Ich bin kein Melchisedek zweifellos; ich brauche deshalb noch keine Mißgeburt zu sein. Aber, daß ich Eingebungen habe, in meiner Art, darüber bin ich nicht im geringsten Zweifel, Inspirationen, wie jeder Erfinder. Wir mögen nach deiner Ansicht Zwerge sein; aber wir sind die Propheten unserer Zeit, und niemand hat das Recht, sein Pfund zu vergraben, es mag noch so klein sein. Wir haben unser Dasein erhalten, um diese Erde fruchtbar zu machen und über sie zu herrschen, dafür zu sorgen, daß sie die Menschheit nährt und daß die Menschheit das Glück des Lebens genießt, nicht um im toten Moder zu graben wie blinde Maulwürfe. Ich weiß, was mir in diesen Jahren meines Lebens zu tun bestimmt ist, und – bei Gott! – ich werde es tun.«

»Du wirst es nie fertigbringen«, seufzte der Doktor kaum

hörbar.»Du weißt nicht, wie lächerlich dein Größenwahn diesem Werk gegenüber erscheint.«

»Was das betrifft«, lächelte Ben, »so weißt du nicht, wer für mich arbeitet. Die Sprengstoffe von heute, die Maschinen, die Kräne, die Hebewerke, die Schienengeleise unserer Zeit sind alle meine Bundesgenossen, sobald ich die Berechtigung erhalte, das große Werk zu beginnen. Die Zustimmung des hierzulande allmächtigen Vizekönigs ist allerdings unumgänglich notwendig. Dann aber machen wir in wenigen Tagen, was früher Jahrzehnte gekostet hätte. Was gilts, in drei Jahren siehst du das hellste Sonnenlicht in deiner Königskammer? Du solltest mir dankbar sein, Joe. Wer weiß, was wir dabei noch finden werden.«

»Niemals wirst du die Erlaubnis erhalten; niemals wirst du beginnen!« rief der Doktor, mit erneuter Kraft, denn Buchwald und Fräulein Schütz hatten ihm, wie einem erschöpften Preisfechter, ein Glas Wein gereicht.»Über diesem Bau walten höhere Mächte als dein Dynamit und dein Dampfkran. Und was ich tun kann, dich vor dir selbst und deinem Verbrechen zu schützen, das soll geschehen. Aber immer klarer wird mir, daß eine wirksame Wache über den heiligen Bau gesetzt werden muß, die deinen und ähnliche Anschläge im Keim zu ersticken weiß. Dafür laß mich sorgen.«

»Zwinge mich nicht, Joe, dich samt deinen Wachen in den Nil zu schieben«, versetzte Ben eindringlich. »Es ist alles zu lächerlich, was du sagst. Niemand wird für deine Hirngespinste einen Finger rühren. Sei vernünftig. Vereinige dich mit mir. Alles, was im Innern gefunden wird, sei es Wissenschaft oder Offenbarung oder Kunst oder ganz gemeine Schätze aus Gold und Silber, all das soll dein sein, soweit ich es bestimmen kann. Aber der Vizekönig muß in wenigen Wochen überzeugt werden, daß er sein Ägypten verdoppeln kann, wenn er mir freie Hand läßt, und daß ich seinem Finanzminister Millionen in die Kasse schwemmen werde. Er soll ein schlauer Kopf sein. Es ist undenkbar, daß er zaudern wird.«

»Wir werden ja sehen!« lachte Joe, den die Verzweiflung boshaft machte. »Zum Glück habe ich einen Freund in Schubra, durch dessen Vermittlung ich ohne Schwierigkeit eine Audienz bei Halim Pascha, dem Onkel des Vizekönigs erhalten kann. Auf diese Weise gewinne ich wohl auch das Ohr des jüngsten Pharao und dann habe ich keine Sorge mehr.«

»Du sprichst von Herrn Eyth in Schubra«, höhnte Ben. »Den kannte ich vor dir. Er ist Ingenieur, und wie mir scheint, ein nicht ganz unverständiger Mensch. Das liegt in seinem Beruf. Alle Ingenieure müssen auf meiner Seite stehen. Wenn er mich nicht selbst zum Vizekönig führt und sich an die Spitze meines Unternehmens zu stellen sucht, ist er nicht der Mann, für den ich ihn halte.«

»Ich fürchte, du hast dich hier, wie schon so manchmal übel verrechnet«, spottete Joe in einem für ihn völlig unnatürlichen Ton. »Ich weiß, Herr Eyth hat mehr Sinn, mehr Ehrfurcht vor den Denkmälern des Altertums, von der inneren Bedeutung der Pyramide nicht zu sprechen, um je seine Hand zu einem solchen Werk des Vandalismus zu bieten. Ich glaube man kann Ingenieur sein und braucht deshalb doch noch kein Barbar zu sein. Auf Eyth kann ich mich verlassen. Er sagte mir, er wäre selbst mitgegangen, um sich an meinen Vermessungsarbeiten zu beteiligen, wenn ihm zur Zeit seine Dampfpumpen nicht allzu viel Sorge machten.«

»Die ich alle überflüssig machen werde«, fiel Ben ein, »wenn wir das System selbsttätiger Bewässerung ausgeführt haben, wozu uns diese Pyramide das Material liefern wird. Das weiß er so gut wie ich, und muß sich mit mir vereinigen, wenn er das Gewissen eines Technikers im Leibe hat.«

»Und wenn er das Gewissen eines gebildeten, für das Höhere empfänglichen Menschen besitzt, wofür ich einige Anhaltspunkte habe«, brauste der Doktor wieder auf, »so wirst du auch bei ihm auf einen entrüsteten Widerstand stoßen. O Ben! Ben! Daß ich dich an fast heiliger Stätte so weit verirrt wiederfinden muß!«

»Donnerwetter, tue jeder seine Pflicht, wie er sie versteht«, schrie Ben in neuerwachtem Zorn.»Wer Herr bleibt, hat recht gehabt. Das sagt mir *mein* Gewissen und danach will ich handeln, wenn auch mein leibhaftiger Bruder darüber –«

»Vortrefflich, vortrefflich!« rief Joe, seinen Gegner überschreiend.»Das ist der Ton, in dem Kain und Abel sich unterhielten, ehe sie übereinander herfielen. Du hast es nicht anders gewollt, Ben. Du wirst deinen entsetzlichen Plan nie ausführen, und wenn dir das Herz darüber bräche.«

Ben hatte sich während des letzten Teils der Unterhaltung in herausfordernder Weise auf das Feldtischchen gesetzt, die zusammengerollte Skizze seines Stauwerks wie einen Feldherrnstab in der Luft geschwungen und auf seinen Bruder herabgesprochen. Jetzt sprang er von seinem gefährlich hohen Sitz herab. Das mannigfach gefährdete Tischchen fiel nun wirklich zum zweitenmal um und nahm, die Beine gen Himmel erhebend, aufs neue seine Lieblingsstellung ein.

»Die Esel! Wo sind die Esel?« schrie Ben in die Wüste hinaus, indem er sich zornig abwandte. »Was nützt ein Wortgefecht mit dir, Joe? Nichts. Das weiß ich aus unserer Jugendzeit. Du willst das letzte Wort haben. Meine Sache ist's, zu handeln. Wenn ich dich recht verstand, prophezeihst du aus deinen Steinen heraus, daß das Ende der Welt nicht mehr fern sein kann. Wie wär's, wenn sich deine Zeichen etwas anders deuten ließen? Hat das alte Dreieck vielleicht sein eigenes Ende geweissagt? Dann wäre schließlich doch etwas richtig an deiner Zeichendeuterei. Gib mir die Hand, alter Querkopf. Es wird ungemütlich in der Abendluft. Aber ich möchte nicht im Zorn von dir scheiden. Hand her, ehe wir handgemein werden.«

Der Doktor hatte sich ebenfalls von seinem Stein erhoben. Ein tief schmerzlicher Zug spielte um seine Lippen. Er rang die langen Hände, daß die Knochen krachten und ging dem Höhleneingang zu.

»Es ist mir nicht möglich, Ben«, murmelte er kaum hörbar,

bückte sich und verschwand unter dem Felsentor des Jäger-grabs.

»Auch gut!« sagte Ben, ihm halb verwundert, halb empört nachsehend. »So muß es eben ausgefochten werden auf dem Felde der harten Tatsachen. An mir soll es nicht fehlen, Joe. Wo sind die Esel?«

Bens Dragoman telegraphierte der grauen Gruppe, die vor den Zelten im Sande lag, mit erhobenen Armen in die Hände klatschend, worauf fünf Esel und ebensoviele schreiende Eselsjungen in wildem Galopp herankamen. Rasch waren Sät-tel und Zügel in Ordnung gebracht. Ben Thinker benutzte sei-nes Bruders Stein, um aufzusteigen und gab demselben einen mürrischen Fußtritt. Fritschy hatte Fräulein Schütz in den Sat-tel gehoben. Auch der Dragoman saß schon würdevoll, nach Araberart fast auf dem Schwanzansatz seines Tierchens. Nur Sakuntala fehlte noch. Sie war ihrem Onkel Joe gefolgt, denn es schien ihr unmöglich, ihn zu verlassen, ohne ein Wort der Beruhigung, der Versöhnung mit ihm gewechselt zu haben. Aber sie trat allein, ohne ein Lächeln, wieder aus der Höhle.

»Ich muß es Ihnen überlassen, meinen guten Onkel zu trö-sten«, sagte sie zu Buchwald, der ihr in den Sattel half.

»Glauben sie, ein armer Sterblicher werde erreichen, was einem Friedensengel nicht gelang«, antwortete der Maler. »Ich fürchte, auf diesem alten Totenfelde, das nicht zum ersten Male zum Schlachtfelde geworden ist, werden wir umsonst mit unsern Palmen winken.«

»Dann ist es nur gut, daß man sich auch auf andern als ägyptischen Feldern begegnen kann.«

»Sie haben recht. Die Welt ist klein. Wer weiß, ob wir uns nicht auf indischen wiedersehen werden.«

Buchwalds Blicke hatten sich verdüstert; Sakuntalas Augen leuchteten auf, und doch hatten beide auf einen Augenblick ganz dasselbe gesehen.

Ben Thinker ritt mit Fräulein Schütz und Fritschy schon dreißig Schritte entfernt der Felskluft zu, trotzig und hoch aufgerichtet auf seinem Esel sitzend. Seine breite, stämmige Gestalt hatte auch von hinten gesehen wenig Versöhnliches.

»Kundel, Kundel!« rief er, sich umwendend, indem er lachend seinen Ärger niederkämpfte; »keine Pyramidenschwärmereien! Du weißt, bis zum ersten Oktober gehörst du mir und der Zukunft. Wenn dich die bösen Buben locken –«

Sakuntalas Eselsjunge gab seinem Tier einen Schlag, so daß es seinen Gefährten mit plötzlich erwachtem Eifer nachtrabte. Zwei Minuten später war die ganze Gesellschaft durch die Felsspalte verschwunden.

Als sich Buchwald umwandte, stand Joe Thinker unter dem Eingang der Grabhöhle.

»Ich hätte ihm gerne die Hand gereicht«, sagte er düster. »Es war kein brüderlicher Abschied.« Dann, nach einer längeren Pause fuhr er wie im Selbstgespräch fort: »Aber es ist vielleicht besser so. Es gibt Pflichten, die über brüderliche Gefühle Herr werden müssen. – Ich danke Ihnen, Herr Buchwald, daß Sie in dieser Stunde der Trübsal bei mir ausgehalten haben. Ich habe allerdings nichts anderes von Ihnen erwartet. – Himmlische Heerscharen! Das war der Tag, nach dem ich mich seit zehn Jahren gesehnt habe!«

»Nehmen sie die Sache nicht zu tragisch, lieber Herr Thinker«, bat der Maler, indem er das teilnahmsvolle Feldtischchen wieder aufstellte, »Sie haben es gewiß schon hundertmal erlebt, wie verschieden die Auffassungen wackrer Leute in den ernstesten Dingen sind. Die Welt geht deshalb nicht aus den Fugen.«

»Nicht zu tragisch!« rief der Doktor mit neuerwachender Erregung. »Halten sie, was wir hier hören mußten, für eine akademische Diskussion? Haben Sie nicht den Eindruck gewonnen, daß es sich um einen Kampf mit offenen Messern, um ein Ringen auf Leben und Tod handelt? Den Gedanken, daß die Pyramide vielleicht ihr eigenes Ende vorhergesagt haben könnte, hätte ich meinem Bruder nicht zugetraut. Er ist

Wahnsinn, aber er beweist, daß es ihm bitterernst ist mit seinem entsetzlichen Plan. Gut, gut! Auch mir ist es bitterernst. Wir stehen jetzt vor der Frage, wie und wo wir die schneidendsten Waffen herbeischaffen.«

»Sie werden in einigen Tagen ruhiger über die ganze Sache denken«, tröstete der Maler.

»Und mittlerweile legt er seine Minen und setzt ein Dutzend Zündfäden in Brand, um uns alle in die Luft zu sprengen. Sie kennen meinen Bruder nicht. Wenn er ein Ziel im Auge hat, stürmt er drauf los wie einer unserer kleinen zottigen Hochlandstiere und erreicht es, oder liegt stöhnend im ersten, besten Graben. Gott geb's! Aber auch daraus macht er sich nicht viel. Es ist ein unheimlicher Mensch, in diesem Zustand.«

»Ohne das Gleichnis weiter verfolgen zu wollen«, lachte Buchwald, in der Hoffnung, der Sache eine heitere Seite abzugewinnen – »haben Sie in Schottland nicht auch ein Sprichwort, das andeutet, daß es unter Umständen das beste ist, jungen Stieren Gelegenheit zu geben, sich die Hörner abzulaufen?«

»Einen hübschen Gebrauch würde er davon machen«, entgegnete Joe ängstlich. »Es sollte mich nicht wundern, wenn er morgen zu unserm Freund nach Schubra stürmt, übermorgen beim Vizekönig vorspricht und in drei Tagen einer Regierungskommission seinen Vortrag über die billigste Art und Weise hält, das älteste Bauwerk der Welt dem Erdboden gleichzumachen. So sind diese Leute. Geht es nicht mit Pulver und Dampf, so phantasieren sie von Elektrizität, wie wenn ihnen Gott der Herr seine Blitze mit Gebrauchsanweisung in die Hand gedrückt hätte. Ein entsetzliches Volk.«

»Aber was ist gegen solch gefährliche Menschen zu machen?« fragte Buchwald, selbst etwas hoffnungslos dreinblickend.

»Wir müssen uns aufraffen«, antwortete der Doktor sich in die Höhe richtend und die Fäuste ballend. »Wir müssen von ihnen lernen, zu unserer Verteidigung sie anzugreifen. Die Vernunft, die Sittlichkeit, das menschliche Gewissen ist auf unserer Seite; aber wir müssen uns entschließen, für die höchsten Güter in der niederen Welt der Materie zu kämpfen. Morgen, in aller Frühe, wird unser Feldlager abgebrochen, so schmerzlich mir der übereilte Abschied wird. Aber wir kommen ja wieder; wir kommen hundertmal wieder. Unsere Studien haben wir erst begonnen. Vor allem müssen wir uns den Rücken decken, und das kann nur in Kairo geschehen. Sie sind, wenn ich sie recht verstand, ein Jugendfreund des Ingenieurs zu Schubra, auf dessen Hilfe mein unglückseliger Bruder rechnet. Wir werden ihm zuvorkommen. Auch unser Konsul kann jetzt nicht mehr müßig zusehen. Vielleicht kann Herr O'Donald nützlich sein. Er kennt Nebenwege, die rascher zum Ziel führen als die breite Straße. Wir machen alles mobil, was den geringsten Einfluß in Ägypten verspricht. Und wenn ich dann die günstigste Gelegenheit gefunden habe, Ismael Pascha, dem Vizekönig, den Sachverhalt vorzulegen, wenn ich dem hochintelligenten Herrn zeige, welch unermeßlichen Schatz sein Land birgt, wenn ich ihm beweise, daß es seine Herrscherpflicht ist, diesen Schatz zu bewahren wie seinen Augapfel – glauben Sie nicht auch, daß wir dann die Treibereien des Feindes verlachen können?«

Er warf sich auf seinen Stein und betrachtete die Pyramide mit leuchtenden Augen, während eine fiebrige Röte auf seinen Wangen aufstieg. Dann fuhr er leiser fort: »Mein altes, ehrwürdiges Denkmal einer vieltausendjährigen Offenbarung! Sie werden keinen Stein von deinem Gipfel lösen. Ich werde über dir wachen wie der älteste Pyramidenwächter dort drüben, bis ich, wie er, mich in den Felshöhlen an deinem Fuße begraben lassen darf. Nach mir werden andere kommen, Tausende, Tausende, die an die Wahrheit glauben, welche du birgst. Sie werden fortfahren, dich zu schützen. Sei ruhig, in deiner ewigen Ruhe. Es hat keine Not.«

Er sank zurück, wie von krankhafter Erregung geschüttelt.

Buchwald hielt es fürs beste, den inneren Sturm ohne ein Wort vorüberbrausen zu lassen. Er trat in das Jägergrab, um ein Chininpulver zu holen und den Sais wenn möglich noch in der Nacht nach Kairo zu schicken. Dieser sollte so schnell als möglich die Lastesel und das Kamel herbeischaffen. Ihr fünfzehntägiger Aufenthalt am Fuß der Pyramiden war zu Ende.

3,14159·26535·89793·
23846·26433·83279·
50288·41971 = π

Halt, wenn die Barriere geschlossen! steht etwas überflüssi-
gerweise in meinem lieben Heimatland Schwaben zehn
Schritte vor jedem Eisenbahnübergang zu lesen, schwarz auf
weiß, weithin sichtbar, auf einem hohen Pfahl. Auch hier
möge diese Warnung stehen; denn es wäre ja nicht unmöglich, daß einer meiner engeren Landsleute mir bis zu dieser
Stelle gefolgt wäre und, gedankenvoll wie die Schwaben nun
einmal sind, den geschlossenen Schlagbaum, den die Über-
schrift dieses Kapitels vorstellen soll, nicht bemerkte. Woraus
leicht ein kleines Unglück, jedenfalls aber viel unnötiges Murren und Schelten entstehen könnte.

   Man wird mir eins zugestehen müssen: daß ich mich in diesem wahrheitsgetreuen Bericht von vielleicht nicht immer
wahrscheinlichen Erlebnissen bisher sorgfältig gehütet habe,
die liebenswürdige Leserin oder den hochgeneigten Leser
durch diese und ähnlich schmeichelhafte Anreden zu belästi-
gen oder sie mit jenem Kunstlächeln in die Freuden und Leiden eines Geschichtenschreibers einzuführen, mit dem sich
erfahrenere Schriftsteller in der Gunst ihres Publikums festzu-
setzen wissen. Mit grimmigem Ernst und ruhigem Gewissen
erzähle ich drauflos, einem Ernst, der dem Leben entspricht,
das mir im alten Wunderlande des Nils entgegentrat; unbekümmert ob dem geneigten Leser glaubhaft und verständig oder
der reizenden Leserin rührend genug erscheinen mag, was ich

363

zu sagen habe. Heute jedoch fühle ich mich gezwungen, eine Ausnahme zu machen und meine Zurückhaltung zu durchbrechen. Vor diesem vierzehnten Kapitel warne ich männiglich. Es gehört nicht in eine Erzählung, nicht in eine Novelle, nicht in einen Roman, nicht in irgend eine der bis jetzt erfundenen Kunstformen der mehr oder weniger schönen Literatur. Deshalb habe ich seinen Titel nach Art eines Schlagbaums gestaltet und niedergelassen. Wenn jemand polizeiwidrige Kühnheit hat, ihn zu überspringen, möge er weiterlesen. Es geschieht auf seine eigene Gefahr. Ich habe das meinige getan.

»Was Sie mit all dem bezwecken, hätten Sie sehr viel billiger haben können«, wird mir mit einem mitleidigen Lächeln angedeutet. »Warum, im Namen des gesunden Menschenverstandes, haben Sie das Kapitel geschrieben, wenn es niemand lesen soll?«

Darauf habe ich zweierlei zu erwidern. Erstlich: daß ich es nicht geschrieben habe, daß es mir vielmehr nahezu druckfertig ins Haus geschickt wurde, ohne mein Wissen und Wollen. Und zweitens: daß ich einen heißen Kampf mit mir selbst durchzufechten hatte, ob ich das unpassende Schriftstück diesem Buche einverleiben solle oder nicht, daß ich aber schließlich gegen besseres Wissen unterlag. Denn es war sicher mein böser Genius, der mir in die Ohren raunte, es möchten sich am Ende doch zehn oder fünf Leser – von den Tausenden, die ich mir wünsche – finden, die, wie seinerzeit ich selbst, zu wissen wünschen, was eigentlich Wahres an den Pyramidenphantasien des ersichtlich achtbaren Reverend Joseph Thinker ist. Sich darüber ein Urteil zu bilden, ist jedoch nahezu unmöglich, wenn uns die tiefsinnigsten und verwickeltsten Wahrheiten entgegenflattern, wie die zerrissenen Fetzen einer im Sturm des Lebens wallenden Fahne. Und da ich auf mühelose Weise zu einer Zusammenstellung dessen kam, was die wunderlichen Freunde meines Freundes gefunden zu haben glauben, so fühle ich mich kaum berechtigt, die Ergebnisse ihrer Forschungen jenen zehn oder fünf ernsteren Lesern vorzuenthalten, die den Dingen auf den Grund zu gehen lieben. Ich weiß, ich setze mich der Gefahr aus, daß andere zehn diesen Abschnitt für das langweiligste Machwerk erklären werden, das sie je übersprungen hätten, ganz abgesehen von den unerträglichen Wiederholungen, von denen es wimmle. Der unglückselige Verfasser ahnte natürlich nicht, wie gründlich ich ihn weiter oben schon bearbeitet hatte. Doch meine Warnungstafel war groß genug und die fünf Leser, für die ich dies erdulde, werden mich trösten. Gütiger Himmel! Ich habe just auf ägyptischem Boden gelehrte Schriftsteller kennengelernt, deren gesamte Werke, an die sie ihr Leben rücken, von nicht mehr als zwei bis drei Menschen auf dem weiten Erdenrund gelesen werden können! Sie fühlen sich groß und glücklich in diesem Gedanken. Habe ich ein Recht, mehr zu verlangen, als sie, deren Schuhriemen – auf dem Felde der Gelehrsamkeit – ich aufzulösen nicht würdig wäre?

Das fragliche Manuskript fand ich nämlich in einem wohl versiegelten Paket auf meinem Eßtisch, als ich nach einem heißen, arbeitsvollen Tag von der Gesira, der Nilinsel gegenüber Schubra, zurückkehrte, wo ich mich acht Stunden lang redlich gequält hatte, auf den wellenförmigen Feldern aus Nilschlamm und Wüstensand eines im Werden begriffenen Gutes die günstigste Richtung von Gräben und Kanälen festzustellen, und die Teile eines Pumpwerks auseinanderzuklauben, die an der ungeschicktesten Stelle des Flußufers im Sande lagen. Neben dem Paket entdeckte ich auf einem abgerissenen Stück Zeichenpapier eine hastig geschriebene, aber ziemlich lange Bleistiftnotiz von Buchwald, von dem ich seit fast drei Wochen nichts gehört hatte. Unter dem Zeichenpapier lagen zwei versiegelte Briefe. Ich überflog nur das offene Schreiben. Alles andere wurde auf die Seite geschoben, denn zunächst mußte unter dem wohltätigen Einfluß der abendlichen Teekanne der innere Mensch sein kühles Gleichgewicht wieder zu gewinnen suchen.

Buchwald schrieb:

Lieber Eyth!

*Auf den dringenden Wunsch unseres Freundes Joe Thin-
ker – der gute Mann besteht darauf, daß auch Du sein
Freund seist – bringe ich Dir das beiliegende Paket und
einen Brief, der Dir hoffentlich alles weitere erklärt. Da
Thinker an einem leichten Fieberanfall erkrankt ziemlich
hilflos in Shepheards Hotel liegt und Deine Leute sagen,
daß Du vor Sonnenuntergang schwerlich nach Hause
kommen werdest, kann ich Dich nicht erwarten. Es tut
mir leid, denn ich habe Dir eine lange Geschichte zu
erzählen: Sinn und Unsinn, Glück und Unglück. Es ist, als
hätte sich in den letzten vierzehn Tagen meine halbe
Lebensgeschichte abgespielt. Ägypten, keine Frage, ist ein
Wunderland. – Was Thinker schließlich niederwarf, war
ein tolles Spiel von Zufällen, die uns seit vorgestern verfolgen. Das Erste, was er bei unserer Rückkehr von Gise tat,
war aus Shepheards Hotel nach dem Hotel du Nil überzu-
siedeln, um seinem Bruder zu entgehen, mit dem er in bitterer Feindschaft lebt. Das hatte aber sein Bruder ein paar
Stunden zuvor ebenfalls getan, so daß sie sich gestern
beim Frühstück wieder gegenüber saßen. Sie wechselten
kein Wort, zogen aber beide ohne Verzug zu Shepheard
zurück. Infolge einer besonderen Aufmerksamkeit des
Gastwirts, der das brüderliche Verhältnis noch nicht
kennt, kamen sie an der Gasthofstafel abermals nebeneinander zu sitzen. Dies war Joe, der ein etwas nervöser Herr
ist, zuviel. Er verließ den Tisch und legte sich zu Bett. Heute
fand ich ihn ernstlich krank an der erlittenen Gemüts-
schütterung, wie ich glaube. Er behauptet, es würde ihm
guttun, das Paket in deinen Händen zu wissen; sonst sei er
einer zweiten schlaflosen Nacht sicher. Diesen Gefallen
können wir ihm ja tun.*

*Ich selbst laufe halb im Fieber umher und dabei sagen
die Leute, Kairo sei fieberfrei! Wie mich's ärgert, Dich nicht
getroffen zu haben! Ich habe Kopf und Herz so voll von*

Erlebnissen, daß ich sie allein fast nicht mehr schleppen
kann. Davon also ein andermal; aber sobald als möglich. –
  Dein Buchwald

»Nanu, was kann er viel erlebt haben, im Wüstensand hinter Gise!« dachte ich und setzte mich beruhigt zu meinem Tee nieder. »Alles hübsch der Reihe nach! Des alten Thinkers Paket und Sendschreiben wird wohl warten können!« – Doch erbrach ich das letztere, als sich bei der dritten Tasse Tee die Rückkehr meiner Lebenskräfte wieder fühlbar machten und las mit der Behaglichkeit, mit der ich aus meiner Schubraer Einsamkeit heraus das Leben und Treiben der Menschen in Kairo zu beobachten pflegte, wie folgt:

Verehrter Freund!
  Eine große Aufregung hat mich aufs Krankenlager geworfen; sonst hätte ich das Paket, das Ihnen mein Freund, Herr Buchwald, zu überbringen verspricht, persönlich in Ihre Hände gelegt. Ich beschwöre Sie, keinen Einflüsterungen von anderer Seite Ihr Ohr zu leihen, ehe Sie die Aufzeichnungen gelesen haben, die ich in einsamen Nachtstunden am Fuß der Cheopspyramide fast immer in Gedanken an Sie niederschrieb.
  Ich versuchte, die nackten Tatsachen in aller Ruhe und im Geiste wissenschaftlicher Forschung zusammenzustellen, auf denen meine Überzeugung bezüglich des merkwürdigen Bauwerks beruht, dessen Bedeutung auch Sie tief empfinden müssen, der Sie es schon seit Jahren täglich vor Augen haben. Trotzdem schrieb ich, vielleicht mit Unrecht, wie wenn ich einen Zweifelnden vor mir sähe, einen Neuling, der ahnungslos dem großen Geheimnis entgegentritt. Lesen Sie, prüfen Sie, denn was ich Ihnen heute mitteile, ist jeder Probe gewachsen. In das Größere, Geheimnisvollere, von dem dieses bescheidene Werkchen nicht spricht, werde ich Sie, so Gott will, später einführen

dürfen. *Das heute Vorliegende genügt, wenn Sie den offenen, vorurteilsfreien Sinn besitzen, den ich bei Ihnen zuversichtlich voraussetzen darf, Sie für den Dienst der großen Sache zu gewinnen, der ich mein Leben geweiht habe. Nochmals aber, lassen Sie sich durch Einflüsterungen nicht betören, die, wie ich weiß, den Zweck verfolgen, uns und aller Welt bitteres Leid zu bereiten. Und wenn Sie für einen Kranken in fremdem Lande ein freundliches Wort des Trostes und der Ermutigung finden, so zögern Sie nicht, mich aufzusuchen.*

  Ihr aufrichtig ergebener
  Dr. Joseph Thinker

Nachschrift. Die zwei Zeichnungen, welche ich des leichteren Verständnisses wegen beilege, bitte ich mit der größten Sorgfalt zu behandeln. Sie stammen von der Hand meines teuren Freundes Piazzi Smyth. Ihr Verlust würde mich untröstlich machen. Auf die geometrischen Verhältnisse, die aus dem zweiten Blatt zu ersehen sind, bin ich im Text allerdings nicht näher eingegangen. Sie als Ingenieur werden dieselben auch ohne weitere Erklärung zu würdigen wissen.

  D. O.

Auf diese Weise kam ich zu dem Aufsatz, vor dem ich den unbefangenen Leser mit allen mir zu Gebot stehenden Mitteln zu bewahren versuche. Er kostete mich selbst den größeren Teil jener Nacht und hatte die Folge, daß ich, statt in meinem Bett, in einem Gewirr von endlosen Zahlen, von Dreiecken und Kreisen einschlief, von Erdmeridianen und Sonnenfernen, von leeren Granitsarkophagen und Pharaonen, die mit meilenlangen Maßstäben und leuchtenden Prophetenaugen die Himmelsräume durchschritten. Am andern Morgen aber blieb doch so viel Greifbares übrig, das das Licht der grellen Sonne zu ertragen schien, daß ich bis zum heutigenTag den Gedanken nicht los werde: Es könnte doch etwas an der Sache sein, die rätselhaft, unerklärlich bleibt, man mag sie wenden, wie man will. So ungern ich's gestehe: Dies ist der wahre Grund, weshalb ich das Manuskript auch heute nicht auf die Seite schiebe, sondern ihm dieses Eckchen in meinen Erinnerungen gönne. Es erklärt wenigstens denen, die meinen Schlagbaum absichtlich durchbrechen, wie sonst vernünftige Menschen alle Vernunft in die Winde schlagen konnten, wenn sie in den Zauberkreis des Totenfeldes von Memphis traten.

So aber, in festen, zierlichen Schriftzügen, die zu lesen eine Freude war, begann Joe Thinkers kleines Werk, das, als letzte und äußerste Warnung für leichtfertige Leser, auch im Druck anders und bedrohlicher erscheinen möge als der Rest des Buches:

Ich, der Reverend Joseph Thinker, D. D., von Sydenham bei London in der Grafschaft Kent, in England, beginne diese Schrift am 14. Februar des Jahres 1865, am Fuß der Pyramide Chefrens, im Grabe Menestos, des Pharao Menkaura der vierten Dynastie Kämmerer und Oberjägermeisters, der hernach Wächter ward und Priester der Pyramide Chufsus des Heiligen, und begraben wurde im dritten Felsengrab, von der westlichen Ecke der Gräber nächst der Chefrenpyramide – solches alles unter der Voraussetzung, daß ich, Joe Thinker, die heidnischen Inschriften an den Wandungen des besagten Grabes richtig zu lesen verstand; was ich nicht zu behaupten wage. Denn unser Wissen ist Stückwerk, auch wo wir uns weise dünken.

Hiermit möchte ich andeuten, daß in dieser Schrift nicht als Wahrheit hingestellt werden soll, was ich nicht für erwiesen erachte, und nur weniges, das nicht in unbeugsamen Zahlen und geraden Linien nachzuprüfen ist von jedem, der mit Zahlen und Linien zu hantieren weiß. Dies ist allerdings eine Kunst, die seltener gefunden wird, als man gewöhnlich annimmt. Denn der Umgang mit Zahlen erfordert Ehrlichkeit, die gemeinhin der Gelehrte, der mit vorgefaßter Meinung und fertiger Theorie an ein Problem herantritt, nicht besitzt; und was gerade Linien betrifft, so ist des Menschen Geist von Natur krumm, und noch nie einer geraden Linie gefolgt, ohne in jeder Sekunde nach links oder rechts abzuschweifen. Das aber sollte ihn nicht abhalten, nach Möglichkeit der Wahrheit nachzuspüren und, wo er ihre Spuren entdeckt, an sie zu glauben und sie zu bekennen.

Für den Oberflächlichsten wie für den Tiefdenkendsten bleibt die große Pyramide das unerklärlichste Bauwerk der Welt. Wann und wie konnte dieser riesige Markstein, der den Beginn der Menschengeschichte bezeichnet, entstehen? Überall sonst, wo wir Bauwerke des Altertums finden, sehen wir, wie sie sich aus kleinen, rohen Anfängen zu der Vollkommenheit entwickeln, die in ihrem Grundgedanken verborgen liegt. Von den 130 Pyramiden, deren mehr oder weniger guterhaltene Trümmer von Nubien bis ins Delta die Urgeschichte des Niltals bezeichnen, ist keine nachweislich älter als dieses Bauwerk, keine von gewaltigeren Abmessungen, von einer größeren Vollkommenheit, von ähnlicher großzügiger Genauigkeit der Ausführung, die selbst die Technik unserer Tage nicht zu übertreffen vermag. Wie war es möglich, daß diese Meisterschaft in Form und Größe plötzlich in die Erscheinung trat, ohne daß wir irgendwelche Spur der Entwicklung solchen Schaffens entdecken, eine Meisterschaft, die nach allen Erfahrungen anderwärts nur eine vielhundertjährige Kultur zur Reife bringen konnte? – Fast ebenso unerklärlich ist die Tatsache, daß an dem ganzen Riesenbau, der uns in jeder andern Richtung Beweise eines glänzenden technischen Könnens liefert, nicht eine Spur eines Bildwerkes, nicht die Andeutung einer Inschrift zu finden ist: keine jener zahllosen Darstellungen, mit denen die alten Ägypter ihre Freude am Dasein, ihren Glauben an ein Jenseits bekundeten, kein Wort jener ruhmredigen Zeichensprache, in der die endlose Reihe der Pharao-

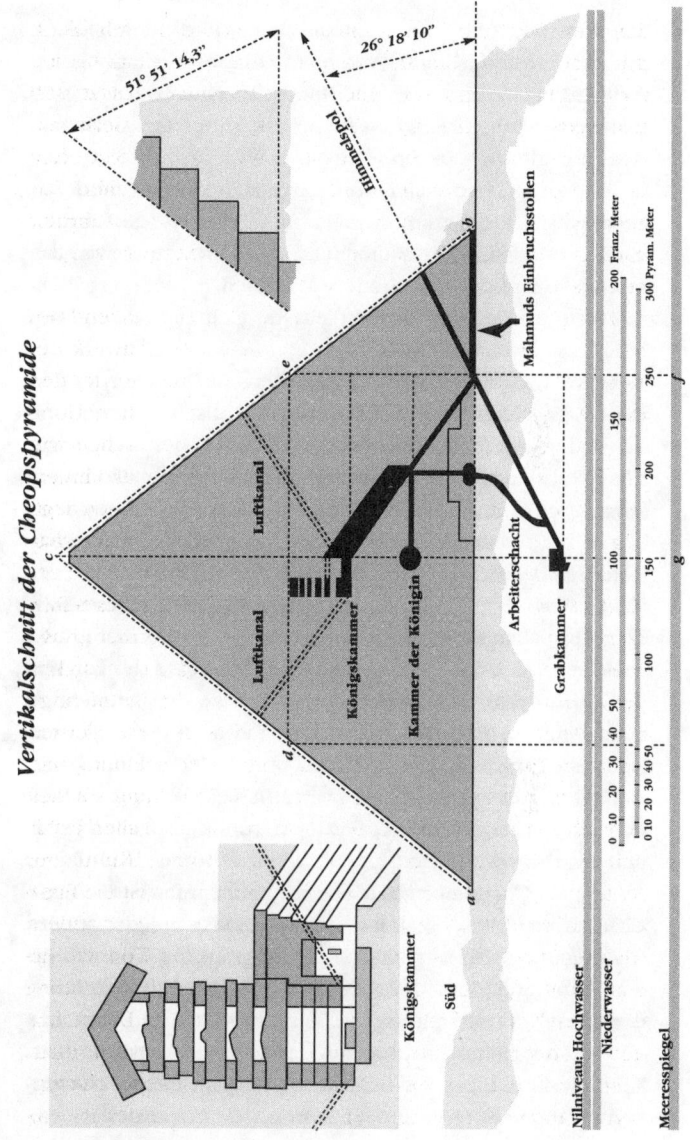

Vertikalschnitt der Cheopspyramide

51° 51' 14,3"

26° 18' 10"

Himmelspool

Mahmuds Einbruchsstollen

Luftkanal

Luftkanal

Königskammer

Kammer der Königin

Arbeiterschacht

Grabkammer

200 Franz. Meter

300 Pyram. Meter

Königskammer

Süd

Nilniveau: Hochwasser

Niederwasser

Meeresspiegel

371

nen ihre Heldentaten in Krieg und Frieden zu verherrlichen
pflegten. Stumm in seiner Vollkommenheit steht das Riesen-
denkmal da, inmitten der zerfallenen, geschwätzigen Bauten
späterer, reicherer, kultivierterer Zeiten; stumm durch Jahrtausende für alle, die seine Sprache nicht verstehen. – Und zwecklos, wie zu tausend Malen vom Unverstand betont wird: Ein
ungefüges Steinungetüm, das selbst als Grabstätte die Aufgabe
nicht erfüllte, für die es möglicherweise bestimmt war, das
jedenfalls mit seiner ungeheuern Masse außer allem Verhältnis
zu einem solchen Zweck steht; ein Rätsel auch in dieser Hinsicht.

Es war natürlich, daß der Gedanke, in der Cheopspyramide
das Grabdenkmal eines Pharao der ägyptischen Urzeit vor
sich zu haben, die ältesten Überlieferungen beherrschte, denn
alle Nachahmungen des Riesenbauwerks, die immer kleiner,
immer ärmlicher wurden, statt in aufsteigender Linie an
Größe und Vollkommenheit zu wachsen, waren tatsächlich
Königsgräber. Es war Sitte des Pharao geworden, beim Antritt
seiner Herrschaft auch mit der unterirdischen Grabkammer,
dem Kern seiner künftigen Pyramide, zu beginnen. Über dieselbe legte sich dann Schicht auf Schicht, so daß der Bau mit
der Zeitdauer seiner Regierung wuchs, wie die Jahresringe
eines Baumes, bis der Tod dem König und seinen Bauleuten
Halt gebot; während die Pyramide, ob groß oder klein, jederzeit nahezu fertig dagestanden hatte. In dieser Weise, wie Lepsius ganz richtig feststellte, sinnreich, von innen nach außen,
und doch planlos, entstanden alle späteren Pyramiden.
Anders die Cheopspyramide, die nach einem festen Plan von
außen nach innen gebaut ist, von dem jedoch die Priester des
späteren Ägyptens so wenig als die Ägyptologen unserer Tage
eine Ahnung hatten. – Herodot mußte sich an die bezüglich
der ältesten Geschichte schlecht unterrichtete Priesterkaste
des Landes halten und teilt uns gläubig ihre Irrtümer mit.
Seine Beschreibung der Grabeinrichtung im Innern der großen Pyramide ist so unsinnig wie irgendein Märchen der Grie-

chen oder Araber, das sich später an die Pyramiden knüpfte. Sie ist dagegen verständig und sogar richtig genug, sobald man entdeckt, daß sie sich nicht auf das Innere der großen Pyramide, sondern auf das wirkliche Grab des Cheops bezieht, das ganz woanders zu suchen war und erst vor einigen Jahrzehnten gefunden, dann aber auch gründlich mißverstanden wurde.

Ohne irgendwelche genauere Kenntnis des Innern, ja schon bei der oberflächlichsten Betrachtung der äußeren Form und Masse des Riesenbauwerks empfanden zu allen Zeiten Hunderte, daß es Torheit sei anzunehmen, ein so kolossales Gebäude könne nur dem Zweck gedient haben, den Sarkophag eines einzelnen Menschen zu bergen. Griechen, Römer und Araber, Italiener, Franzosen, Deutsche, Engländer und Amerikaner versuchten ihren Witz, eine Erklärung für das Unbegreifliche zu finden. Sonnen-, Mond- und Feuertempel, Riesenzisterne für das Trinkwasser einer Riesenstadt, Schatzhaus für das Pharaonenreich, Kornkammer für das ganze Volk, astronomisches Observatorium, Verteidigungsbauwerk gegen den Wüstensand, Zufluchtstätte für die nächste Sintflut, all dies und ähnlichen Unsinns mehr wurde zur Erklärung der großen Pyramide erfunden. Schließlich blieben die Gelehrten unserer Tage an Herodot und seinen Priestern hängen: daß es doch nur die Begräbnisstätte eines Pharao sein könne, weil dies die schwächlichen Nachahmungen des großen Vorbilds waren. Daß die unterirdische Grabkammer unter der Cheopspyramide eine rohe unfertige Höhle geblieben ist, daß der sogenannte Sarkophag in der überirdischen sogenannten Königskammer leer, ohne Deckel, ohne jede Inschrift oder andern Beweis seiner Bestimmung gefunden wurde, hiervon und von vielem andern muß auch bei dieser Theorie abgesehen werden, um sie glaubhaft zu machen. Sie ist in der Tat so wenig stichhaltig als die andern, die mit dem sachlichen Befunde nicht im entferntesten Zusammenhang stehen, und zeigt nur, mit welchem Erfolge seit dem napoleonischen Einfall von 1799 Franzosen, Deutsche, Amerikaner und leider auch meine eigenen Landsleute im Dünkel ihrer Klügeleien sich dem Lichte verschlossen, das über dem Geheimnis Ägyptens zu dämmern begann.

Meinem ehrwürdigen Freund John Taylor war es vergönnt, den ersten hellen Strahl in das Dunkel zu werfen. Man sollte glauben, bei einem schon durch seine Größe Staunen erregenden Bau, auf den seit Jahrtausenden die Augen aller Welt gerichtet waren, müßten wenigstens die äußeren Hauptmaße längst zweifellos festgestellt sein. O diese Schriftgelehrten! Jeder der Dutzende von Meßkünstlern aus aller Herren Länder, gelehrte Mathematiker, Geometer und Astronomen, die das Bauwerk mit wichtiger Miene maßen und den Befund der staunenden Nachwelt hinterließen, gab ihm eine andere Höhe, der quadratischen Grundfläche eine andere Seitenlänge. Allerdings ist die eigentliche Spitze und die glatte Verschalung der Seitenflächen längst verschwunden: eine Schandtat der arabischen Steinräuber aus Gise und Kairo, so daß man die wirklichen ursprünglichen Maße nur mit Hilfe von Berechnungen feststellen kann. Dazu aber dienen die unzweifelhaften, in den gewachsenen Felsgrund eingehauenen Fundamente der vier Ecksteine des Baus und der Winkel der mit wunderbarer Genauigkeit gearbeiteten Verschalungssteine, von denen Howard-Vyse im Jahr 1837 zwei entdeckte, und ich vor wenigen Tagen vielleicht den letzten kostbaren Fund ans Tageslicht förderte.

Wenn nun die verschiedenen Angaben sorgfältig nach ihrem Werte geprüft und in Rechnung gestellt werden – ohne von meinen eigenen Messungen zu sprechen, die ich als noch nicht abgeschlossen bezeichnen muß –, wenn namentlich der genau gemessene Winkel der Verschalungssteine, ein Winkel von 51° 51′ 14,3″ als nicht zu bezweifelnder Anhaltspunkt benutzt wird, so zeigt sich, daß die Cheopspyramide eine Höhe von 486,256 engl. Fuß und eine Seitenlänge der Grundfläche von 763,810 Fuß hatte.

Daraus ergibt sich durch einfache Rechnung die erstaunliche Tatsache, daß der Umfang der quadratischen Grundfläche der großen Pyramide (3055,24′) gleich dem Umfang eines Kreises ist, dessen Halbmesser der Höhe gleich ist (= 2 x 486,256 x π); mit andern Worten – da dieses wunderbare Zusammentreffen unmöglich das Werk des Zufalls sein kann: daß dem Erbauer der Pyramide Jahrtausende vor unserer Zeitrechnung das Verhältnis zwischen dem Umfang und dem Durchmesser eines Kreises, die berühmte Zahl π (3,14159 usw.) mit einer Genauigkeit bekannt war, von der die Weltweisen von Griechenland und Rom, die Mathematiker von Deutschland, Frankreich und England bis in das 15. Jahrhundert nichts wußten.

Geht dies mit natürlichen Dingen zu? Ich frage diejenigen, welche die Geschichte jener merkwürdigen Zahl kennen, die der Menschheit zu denken gab, seit sie den Begriff des Messens kennt. Sie wurde allerdings im Laufe der jüngsten Jahrhunderte mit immer größerer Annäherung an ihren wirklichen Wert bestimmt, mit mathematischer Genauigkeit aber kann sie wahrscheinlich niemals in Ziffern ausgedrückt werden. Mit ihr wäre das uralte Problem der Quadratur des Kreises gelöst. – Auf dem Höhenrücken hinter Gise hat eine unbekannte Hand die Lösung dieser Aufgabe in Stein gemeißelt, ehe der Mensch in seiner Kindheit auch nur ahnen konnte, daß mit diesem Problem noch nach Jahrtausenden seinem Ausdrucks-, seinem Begriffsvermögen ein unüberwindliches Halt geboten sei.

Doch es häuften sich nunmehr rasch Rätsel auf Rätsel, als mein verehrter Freund, Piazzi Smyth, der Königl. Astronom von Schottland an die Seite Taylors trat und unter dem Gespött der zünftigen Gelehrten seine Forschungen veröffentlichte. Was kümmerte ihn, was kümmert uns dieser Spott, wenn wir mit jedem Schritt deutlicher fühlen, daß neues Licht auf unsern Weg fällt, der durch ungezählte Jahrhunderte im Dunkeln lag.

Daß unser englisches Maßsystem, so wenig als das vielgepriesene französische, dieser Ausbund menschlicher Klugheit, nicht geeignet ist, die Abmessungen der Pyramide in einfachen Zahlen auszudrücken, läßt sich sofort vermuten. Der Erbauer der Pyramide, der mit so erstaunlicher Genauigkeit zu messen verstand, arbeitete sicherlich mit seinem eigenen Maßstab. Es fragt sich nun vor allem, was war die Einheit, der Fuß, der Meter, die Elle, die er gebrauchte?

Piazzi Smyth, der Astronom und Mathematiker, der in dem Zahlengewirr falscher und richtiger Pyramidenmessungen zu Hause ist wie an seinem Sternenhimmel und dessen glückliche Kombinationsgabe an den Seherblick alter Zeiten gemahnt, hat das Siegel dieses Geheimnisses gelöst.

Nach den Berechnungen unserer heutigen Wissenschaft hat das Sonnenjahr unserer Erde 365,2422 Tage. Teilt man die Seitenlänge der Pyramide in 365,2422 gleiche Teile, das heißt also genau in so viel Teile als das irdische Jahr Tage zählt, als sich die Erde jährlich um ihre Achse dreht, so ergibt sich eine Länge, die Smyth mit Recht den Pyramidenmeter nennt. Er findet sich in allen Maßen der Gänge und Kammern des Innern in auffallender Wiederholung und bedeutsamen Verhältniszahlen wieder. Es ist kaum möglich, daran zu zweifeln, daß diese Maßeinheit dem Pyramidenbaumeister zur Festlegung aller Hauptverhältnisse seines Werkes diente.

Teilt man aber den Pyramidenmeter in 25 gleiche Teile, so erhält man den Pyramidenzoll, der, um alle Zweifel zu heben, an einer der wichtigsten Stellen des Innern, auf der Granittafel vor dem Eingang in die Königskammer, dargestellt ist und zwar in der Form eines sonst unerklärlichen Knaufs, welcher eine Höhe von genau 1 und eine Breite von 5 Pyramidenzoll hat.

Die Einteilung aber des Meters in 25, das heißt in 5 mal 5 Pyramidenzoll entspricht der Tatsache, daß sich die Zahl Fünf durch alle Maßverhältnisse der Pyramide zieht. Sie ist die Leitzahl, die dem ganzen fünfeckigen fünfflächigen Bauwerke zu Grunde liegt, dessen Grundfläche und Spitze bei der Aufzählung von Flächen und Ecken nicht vergessen werden dürfen.

Der Pyramidenmeter aber, der das Sonnenjahr unserer Erde mit der Seitenlänge der Pyramidengrundfläche in so merkwürdige Verbindung bringt, ist genau der 10 000 000. Teil der halben Polarachse der Erde, so weit und so genau uns diese Länge nach den neuesten Forschungen unserer Astronomen bekannt ist. Das will allerdings nicht allzuviel sagen. Denn auch heute noch stimmen die Berechnungen der Deutschen, der Engländer, der Franzosen, der Russen und der Amerikaner nur so weit überein, daß die Länge der Polarachse, welche sich aus dem Pyramidenmaße ergibt –: 500 000 000 Pyramidenzoll, einer auffallend genauen Durchschnittszahl der gelehrten Rechenkünstler entspricht.

Jedenfalls aber haben wir hier ein Maßsystem, das aus einer geraden Linie von kosmischer Bedeutung hervorging, die für das Leben unserer Erde, ja für das Ursein der Menschheit von der höchsten Wichtigkeit ist. Zum erstenmal, vor kaum mehr als einem halben Jahrhundert, haben die Gelehrten Frankreichs in ihrer grundstürzenden Weisheit einen ähnlichen Gedanken verfolgt. Sie suchten ihren Meter als den vierzigmillionsten Teil des Meridians zu bestimmen, der durch Paris geht, als Teil einer gekrümmten Linie, von der man heute noch zweifelt, ob sie ein Kreis, oder eine Ellipse, oder eine völlig unregelmäßige, mathematisch unbestimmbare, ja selbst bewegliche Kurve ist. Wie ganz anders, wie viel sicherer konnte der Pyramidenbaumeister zu Werk gehen, als ihm sein Maßstab in die Hand gelegt wurde: der gerade Teil einer genau bestimmten geraden Linie!

Und nun sehen wir noch deutlicher die erstaunlichen Beziehungen des Pyramidenbaus zum Bau und Leben unserer Erde, denn der Umfang der Grundfläche der Pyramide ist nunmehr 36524,2 Pyramidenzoll, eine Zahl, die in merkwürdiger Weise auf die genaue Tageszahl (365,242) im Sonnenjahr hinweist. Die Achse aber, um die sich die Erdkugel dreht und damit den Erdentag bestimmt, hat eine Länge von $5 \cdot 107$ Pyramidenzoll.

Es ist nun an der Zeit, auf eine Tatsache hinzuweisen, die sich aus obigen Berechnungen auf die einfachste Weise ergibt, deren Erklärung aber noch manchem Forscher auf den verschiedensten Gebieten menschlichen Wissens schlaflose Nächte bereiten wird, um so mehr als uns eine ähnlich rätselhafte Übereinstimmung von scheinbar weit Auseinanderliegendem später noch begegnen wird.

Der Pyramidenmeter hat eine Länge von genau 25,025 englischen Zoll. Der Pyramidenzoll ist nur um ein Tausendstel größer als der alte angelsächsische Zoll, jenes urgermanische, arische Maß, das ohne Zweifel aus den ersten Zeiten stammt, in denen unsere Vorfahren zu messen begannen.

Es ist nicht meine Absicht, in dieser Schrift die Rätsel und Wunder zu verkündigen, die in der großen Pyramide liegen, sondern Zahlen zusammenzustellen, die hart, wie der Granit, der sie uns überliefert, jedem Zweifel die Stirne bieten, jeder Prüfung standhalten. Es sei ihnen überlassen, ihre eigenen Wunder zu erzählen.

Wie wir sahen, ergab die sorgfältigste Berechnung aus der Seitenlänge der Grundfläche und dem Neigungswinkel der Seitenflächen eine Pyramidenhöhe von 486,2567 engl. Fuß oder 5813,01 Pyramidenzoll.

Diese Höhe steht in unmittelbarer Beziehung zu einem andern Maß von kosmischer Bedeutung. Die Entfernung der lebenspendenden Sonne von der lebenempfangenden Erde ist 10^9 mal die Höhe der Pyramide. Ja, selbst die Zahlen 10 und 9 finden sich in der äußeren Gestalt der Pyramide ausgedrückt und weisen auf ihre Beziehungen zur Sonne hin: Die nach oben, nach der Spitze weisenden Kanten des Bauwerks machen mit der Grundfläche einen Winkel, derart, daß sich die vertikale zur horizontalen Projektion der Kante, oder anders aufgefaßt, die Höhe der Pyramide zur halben Diagonale der Grundfläche verhält wie 9 : 10. –

378

Ungefähr 1500 Jahre nach der Erbauung der großen Pyramide vermutete die Weisheit der alten Griechen, daß die Entfernung der Sonne von der Erde ungefähr 10 Meilen betragen dürfte. Sie wuchs langsam, in der Schätzung der Gelehrten ihrer Zeit, auf 10 000 und langsamer noch auf 2 500 000 Meilen. Nach mehr als zwei Jahrtausenden schätzte sie Kepler auf 36 Millionen. Unter Louis IX. berechnete sie der Abbé Lacaille, auf südafrikanische Äquatorialbeobachtungen gestützt, auf 78 Millionen. Dann, zu Anfang unseres Jahrhunderts, betrug die wissenschaftlich anerkannte Entfernung 95 233 058 Meilen. Wie wunderbar weit wir's gebracht hatten, namentlich in der Genauigkeit! Aber wehe uns! Gegen die Mitte unseres Jahrhunderts konnte infolge zahlreicher neuerer Beobachtungen nicht mehr bezweifelt werden, daß auch diese Zahl einen schweren Irrtum enthielt, nur stimmten die Ergebnisse der neuesten Beobachtungen auch untereinander nicht. In jüngster Zeit spaltete sich die Gelehrtenwelt in zwei Gruppen. Die eine hält die alte Zahl fest, die andere hält eine beträchtlich niedrigere für die richtige, so daß 91 840 000 Meilen, die Entfernung, welche sich aus der Pyramidenhöhe berechnet, eher etwas höher ist, als die neuesten Triumphe (90 bis 90^1/$_2$ Millionen Meilen) unserer auf die feinsten Instrumente der modernsten Technik gestützten Weltweisheit. So herrlich weit haben wir es gebracht, daß uns jede neue Reihe von Beobachtungen und Berechnungen der Wahrheit ein klein wenig näher zu bringen scheint, unzweifelhaft aber unsere Kenntnis der Beobachtungsstörungen und Rechnungsfehler ganz außerordentlich vermehrt. Wenn wir in dieser Weise noch heute im Dunkeln suchen, was ist dann von dem Licht zu denken, das vor 4000 Jahren die Pyramide auf den Bau des Weltalls warf?

Doch kehren wir zu näher liegenden Dingen zurück.

Schon die französischen Gelehrten von 1799 fanden mit Bewunderung, wie genau die große Pyramide den Himmelsrichtungen entsprechend gestellt ist. Sie entdeckten, daß die Abweichung von der mathematischen Süd- und Nordstellung nur 19′ 58″ betrage, bemerkten aber klugerweise und mit Recht, daß sie die in Trümmer liegende Außenseite am Fuß des Bauwerks als Richtlinie benutzen mußten. Die jüngsten Messungen, für welche die innern Gänge und die Stellung des Polarsterns maßgebend waren, zeigen die außerordentlich geringe Abweichung von 4′30″; einen Fehler, der mit den Instrumenten heutiger Baumeister kaum entdeckt werden könnte. Wer weiß aber, ob genauere Messungen selbst diese minimale Abweichung nicht als einen Irrtum unserer Meßgeräte erweisen werden. Wer weiß des weiteren, ob die Stellung des Pols in 4000 Jahren eine völlig unveränderliche geblieben ist? Auch hierüber streiten sich die Gelehrten. Denn die Erde zittert und das Weltall schwankt wunderlich, wenn wir es mit ihren Formeln und ihren Instrumenten auch nur anrühren. Alle übrigen Pyramiden zeigen weit größere Abweichungen, alle späteren Bauten des alten Ägyptens, namentlich die aus der sogenannten Glanzzeit der Pharaonen, sind nach allen Himmelsrichtungen gestellt; ein weiterer Beweis, daß die große Pyramide in einem völlig andern Geist erbaut wurde als alles, was nach ihr kam.

Auch in rein geographischem Sinn steht sie auf einem merkwürdigen Punkt: an der Spitze des dreieckigen Nildeltas, an der Stelle wo sich drei Weltteile berühren, fast genau unter dem für das Leben des normalen Menschen wichtigsten 30. Breitengrads, im Schwerpunkt alles Landes und der von Menschen bewohnten Erde. Sowohl der Breiten- als auch der Längengrad, der durch die Pyramide geht, durchschneidet mehr Land, als irgendein anderer Längen- und Breitengrad. Es ist in der Tat der Mittelpunkt unserer irdischen Welt, den die Griechen in ihrer sinnigen Unwissenheit zu Delphi, die Römer in ihrem Stolz zu Rom, die eitlen Franzosen in Paris, unsere goldprunkenden Landsleute in London, die Amerikaner mit der

Komik ihrer Selbstironie in Boston suchen und die Deutschen am Ende noch in Berlin sehen werden. – Genau genommen liegt die Pyramide, die das Felsenbett bei Gise als Grundlage benutzen mußte, unter 29° 58′ 22″. Mit Berücksichtigung der Refraktion des Lichts ist jedoch die scheinbare Polhöhe, vom Mittelpunkt der Pyramide aus gesehen, in der Tat 30° mit einer Abweichung von nur 26″. Aber selbst diese kleine Abweichung ist nicht unerklärlich. Nach Angabe der königlichen Sternwarte zu Greenwich, die zweifellos in unsern Tagen mit den feinsten Waffen der Wissenschaft ausgestattet ist, betrug die Breite von Greenwich im Jahr 1776: 51° 28′ 40,0″, im Jahr 1834 51° 28′ 39″ 00″ und im Jahr 1856 51° 28′ 38,2″. Wer will sagen, daß sich der Breitengrad der Cheopspyramide in 4000 Jahren nicht um den geringeren Unterschied von 26 Sekunden geändert haben kann? Nichts ist fest unter diesen Sternen, am wenigsten das, was Menschen messen.

Soviel von der äußeren Schale; sehen wir, welchen Kern sie birgt.

Alle seitherigen Hypothesen über den Hauptzweck der Pyramide, der sicher schließlich in ihrem Innern gesucht werden muß, verfliegen wie Luftgebilde, wenn wir in diese Riesenmasse kompakten Gesteins und in ihre wenigen in ewige Nacht gehüllten Kammern und Gänge einzudringen suchen. Sie bieten nur *eine* große, greifbare Tatsache: eine Anzahl von Linien und Maßen, die in unzerstörbarer Weise dargestellt nach Jahrhunderten noch dieselbe Bedeutung erkennen lassen, die sie am Tag ihrer Ausführung gehabt haben müssen. Nichts hat sich in diesem Innern geändert, nichts wird und kann sich ändern, bis die Pyramide mit der Erde und ihren Bewohnern in Staub zerfällt. Die Erhaltung dieser Linien und Maße ist der Zweck des Baus; das Verständnis derselben ist unsere Aufgabe.

Die einzige Theorie, die zurückzuweisen der Mühe lohnt,

ist die des Grabdenkmals. Sie war natürlich und war deshalb die Dauerndste und Verbreitetste, weil alle Nachahmungen der ersten und ältesten Pyramide diesem Zweck tatsächlich gedient haben. So übersah man das, was die Cheopspyramide von allen späteren Bauten Ägyptens unterscheidet. Bestärkt wurden die neueren Zeiten in ihrem Irrtum durch die Auffindung des sogenannten Sarkophags in der Königskammer, des Sarkophags ohne Deckel und Inschrift, der somit eine andere Gestalt und Beschaffenheit hatte, als irgendein anderer Sarkophag, der je in einem Grab gefunden worden ist, jener offenen Granittruhe, die man nie anders als leer gesehen hat. Die Lage der Königskammer hoch über der Erde, der rohe, unfertige Zustand der eigentlichen unterirdischen Grabkammer, welche möglicherweise zur Bergung der Mumie eines Pharaos hätte benutzt werden können, die Unmöglichkeit anzunehmen, daß der Deckel des Sarkophags nachträglich entfernt wurde, da hierzu die Gänge zu eng sind, abgesehen davon, daß niemand daran denken würde einen derartigen, viele Tonnen schweren Deckel fortzuschleppen, das völlige Schweigen in den ältesten Urkunden von dem Fund einer Mumie, ja, die ausführliche Erzählung von der Enttäuschung des Grabschänders, das alles sind ebensoviele Beweise dafür, daß die große Pyramide einen andern Zweck gehabt haben mußte, als den der späteren Pyramiden. Was dieser Zweck war und noch heute ist, lassen die Wahrheiten ahnen, die uns schon die äußere Form des Bauwerks in seiner steinernen Sprache geoffenbart hat. Auch im Innern können wir nun darauf gefaßt sein, Enthüllungen zu begegnen, vor denen unser Wissen und Verstehen sich hoffnungslos beugen muß.

Wir gelangen in dieses Innere durch einen steil abwärtsführenden Gang, dessen Richtung auf den Himmelspol hinweist. Nicht genau jedoch, wie auch in der weiten Natur das mathematisch genaue Zutreffen ihrer großen Gesetze nirgends zu finden ist, und in diesen Abweichungen ihre Bewegung, ihr Leben besteht. Die Sehlinie, welche durch den Eintrittsgang festgelegt ist, trifft in unserer Zeit den Polarstern – den Stern δ im kleinen Bären – genau in seiner unteren Kulmination, und deutet damit zweifellos an, daß gerade unsere Zeit für die Pyramide eine besondere, eine hohe Bedeutung hat. Hat sie dies nicht, wenn wir bedenken, daß das wunderbare Bauwerk nach vier Jahrtausenden des Schweigens zu uns zu reden anfängt?

Infolge der Präzession der Tag- und Nachtgleichen aber, jener langsamen Bewegung der großen Himmelsuhr, die der Grieche Hipparchus 1900 Jahre nach dem Bau der großen Pyramide zuerst geahnt hat, und deren Kreislauf erst die Astronomen unserer Tage annähernd festzustellen lernten, war der Polarstern nicht immer in dieser Stellung. Ein anderer berühmter Stern, der Stern α im Drachen, befand sich nach Sir John Herschels Berechnungen im Jahre 2160 vor Christus in derselben Lage; das heißt, er war der Polarstern seiner Zeit und stand in seiner unteren Kulmination in der Mittellinie des Eintrittsganges der Pyramide. Dieser Gang, und der Winkel, den er festlegt, ein Winkel von fast genau 26° 18' deutet deshalb auf das Jahr 2160 vor Christus als eines von ähnlich hoher Bedeutung für den Pyramidenbau hin.

Weshalb aber, wenn dies alles Absicht war, wählte der Erbauer der Pyramide die untere und nicht die obere Kulmination des wichtigsten Zirkumpolarsterns seiner Zeit zur Bestimmung der Zeitlinie des großen Werkes? Eine Antwort auch auf diese Frage verdanken wir Herschel, der wie alle freien, wahrhaft großen Geister sich vom approbierten Zunftwissen keine Mauer um sein Forschergebiet ziehen ließ und die Astronomie der Cheopspyramide der ernstesten Prüfung unterzog. Im gleichen Jahre 2160 v. Chr. und zu gleicher Stunde kreuzt ein anderer berühmter Stern den Meridian oberhalb des Pols. Es ist Alcyone im Sternbild der den Alten so vertrauten Plejaden, heutzutag der Stern η im Stier. Ein derartiges Zusammentreffen zweier astronomischer Vorgänge, das in 25 827 Jahren nicht wiederkehrt, konnte im Pyramidenbau nur festgehalten und sozusagen verewigt werden, wenn das merkwürdige Ereignis zur Zeit des Baus der Pyramide stattfand. 2160 v. Chr. war das Jahr ihrer Erbauung und sie selbst sagt es uns in ihrer unzerstörbaren steinernen Sprache nach 4000 Jahren, wie sie es in 8000 und in 16 000 Jahren noch sagen würde, wenn unsere Erde so lange stände. Denn die Weltuhr, an die sich diese Zeichen knüpfen, hat einen langsamen Gang. Ein Kreislauf der Präzession der Tag- und Nachtgleichen dauert 25 827 Jahre. Auch das sagte die Pyramide 4000 Jahre früher als unsere Astronomen; denn der Umfang der Pyramide in der Höhe des granitnen Fußbodens der alles beherrschenden Königskammer ist 25 827 Pyramidenzoll!

Was aber sagen unsere Ägyptologen hierzu; die Gelehrten, die uns alle fünfundzwanzig Jahre, wenn nicht öfter, eine neue Zeitrechnung für das alte Ägypten vorrechnen, welche nun aber gewiß – bis zur nächsten – die allein wahre ist? Vor einem Jahrhundert hielten sie sich noch an biblische Angaben und die bescheidenen Zahlen, die uns die Semiten überlieferten. Dann kamen die Franzosen der Revolution und schwelgten in ungezählten Jahrtausenden. Doch der Taumel, wie so vieles jener Zeit der Empörung, dauerte nicht lange. In unsern Tagen setzen dieselben Franzosen, Lesueur, Mariette, Renan Cheops, den Pharao der vierten Dynastie in das Jahr 4956, Lepsius, Bunsen, Fergusson und andere um 3124, Wilkinson und Rawlinson um 2440, W. Osburn um 2228. Die Riesenzahlen schwinden mehr und mehr und schließlich wird die Pyramide mit ihren 2160 Jahren recht behalten. Sie wird es wohl am besten wissen, wann sie gebaut wurde.

Wir treten nunmehr unter der Granitplatte mit dem Bild des Pyramidenzolls in das Heiligste, in die viel erwähnte Königskammer. Wir stehen vor dem Block aus edelstem Granit, der seinerzeit mit unsäglicher Mühe von den äußersten Grenzen Ägyptens bis hierher, in das Herz des Landes, gebracht wurde.

Daß und warum er kein Sarkophag sein kann, hätten selbst die zünftigen Ägyptologen, die in ihrem Hypothesenfieber so unsäglich viel Unheil angestiftet haben, auf den ersten Blick sehen müssen. Wo ist der Deckel? Wo sind die Götterbilder, die auch den ärmsten Toten begleiteten? Wo die stolzen, ruhmstrotzenden Inschriften, ohne die kein König zur ewigen Ruhe gebettet wird?

Der hohle Block, innen und außen glattpoliert, aus dem unverwüstlichsten Stein gefertigt, den wir kennen, ist das Hohlmaß der Urzeit, das Maß, auf welchem Gewicht und Volumen unserer Erde, ja unseres Sonnensystems beruht und ist gleichzeitig das erste Maß, das die Menschen bedurften, als sie aus dem Urzustand ihrer Kindheit heraustraten und zu messen begannen: ein Getreidemaß.

Wundern wir uns nicht. So legt die göttliche Weisheit das scheinbar Kleinste und das scheinbar Größte ineinander. Denn für sie gibt es weder groß noch klein.

Dieser Hohlraum ist 77,85 Pyramidenzoll lang, 26,70 Zoll breit und 34,31 Zoll tief. Er hat deshalb einen Inhalt von 71 250 Kubikzoll unseres Pyramidenmaßes.

Lohnt es sich, darauf hinzuweisen, daß von den sämtlichen Meßkünstlern, die diese einfache Truhe gemessen haben, nicht weniger als 25 gelehrte Herren von Bellonius im Jahre 1553 bis auf Howard-Vyse im Jahr 1837 nicht einer mit einem zweiten übereinstimmt? Wohl aber lohnt es sich zu betonen, daß die angegebenen Abmessungen von P. Smyth nur nach sorgfältigster Prüfung als richtig anerkannt wurden und daß sich der Rauminhalt der Truhe in mannigfacher Wiederholung im Bau der Pyramide wiederfindet. So ist der Kubikinhalt der äußeren Abmessungen der Truhe genau das Doppelte, die Grundfläche der Königskammer genau das Fünfzigfache jenes Hohlraums, so daß, selbst wenn der Innenraum der Truhe bis zur Unkenntlichkeit verletzt, ja die Truhe vollständig zertrümmert würde, das Maß ihres Inhalts, in anderer Form nicht verloren wäre.

Die genaueste Prüfung ihrer Abmessungen war um so dringender geboten, als nichts in diesen Maßen mit dem Pyramidenmeter oder -zoll in einfacher Weise übereinstimmte. Sie blieben jahrzehntelang unerklärlich, bis Piazzi Smyth seine geniale, an eine Offenbarung grenzende Entdeckung machte: Der Inhalt der Truhe ist gleich dem Kubikpyramidenmeter multipliziert mit 5,7, dem spezifischen Gewicht unseres Erdballs!

Wie verhielt sich unsere gelehrte Welt zu dieser Zahl, die für das Leben der Erde im Weltraum von einer Bedeutung ist, wie kaum eine zweite? –

Vor dem 17. Jahrhundert beschäftigte sich niemand ernstlich mit dieser Frage, bis Newtons Genius die Vermutung ausgesprochen hatte, daß die Erdkugel 5 bis 6 mal schwerer sein dürfte, als wenn sie aus Wasser wäre. Vom Jahre 1772 an wurde nach Versuchen von Dr. Maskelyne 4,8 als der richtige Wert angenommen. Experimente von Roß Clarke in Schottland ergaben um 1855 die Zahl 5,316. Sir G. B. Airy in Greenwich fand 6,565. Spätere Forschungen lassen uns die Wahl zwischen 5,316, 5,675 und 6,565. Heute schwanken sie um 5,7 hin und her; so herrlich weit haben wir's gebracht.

Doch worüber beklagen wir uns? Die Feststellung des geheimnisvollen Gewichtsverhältnisses ist in der Tat von großen Schwierigkeiten umgeben. Sahen wir nicht in einer so überaus einfachen Sache, wie das Messen eines Granitblocks, ein ähnliches Schwanken? Sogar hierbei war der gewissenhafte Piazzi Smyth gezwungen, sorgfältig ausgewählte Durchschnittszahlen festzustellen, um seine weiteren Forschungen auf denselben aufzubauen. Sie führten zu dem Ergebnis, daß das Hohlmaß der großen Pyramide eines der wichtigsten kosmischen Verhältnisse zum Ausdruck bringt.

Mit Recht nennt nun Piazzi Smyth das Gewicht dieses mit destilliertem Wasser gefüllten Hohlmaßes die Pyramidentonne, und findet sodann ein nicht weniger merkwürdiges Verhältnis. Mit Berücksichtigung sämtlicher Hohlräume und

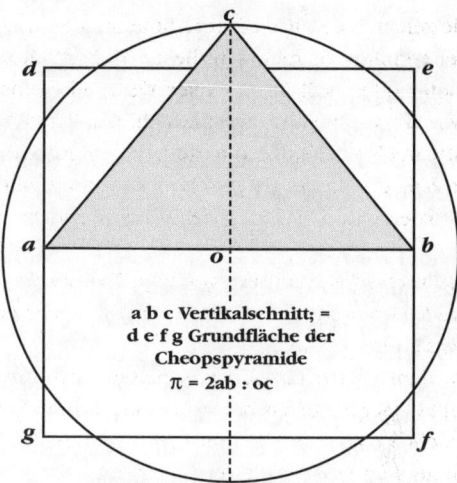

a b c Vertikalschnitt; =
d e f g Grundfläche der
Cheopspyramide

$$\pi = 2ab : oc$$

Der Umfang der Grundfläche der Pyramide =
dem Umfang des Kreises vom Halbmesser der
Höhe.
Die Seitenlänge = 365,242 Pyr.meter.
Der Pyr.meter = $\frac{1}{10^7}$ der halben Erdachse

Flächen:
Dreieck a b c =
Quadrat d e f g =
Kreis h i k.
Längen:
o p = o q;
o m = m n = n p;
o s = o c
o t = d e
o r = r q
Winkel:
s o b = 26° 18' 10";
Winkel:
c a b = 51° 51'b 14,3"
Winkel:
t o b = 30°
(der
Breitegrad
der
Pyramide)
r z paralell mit o s

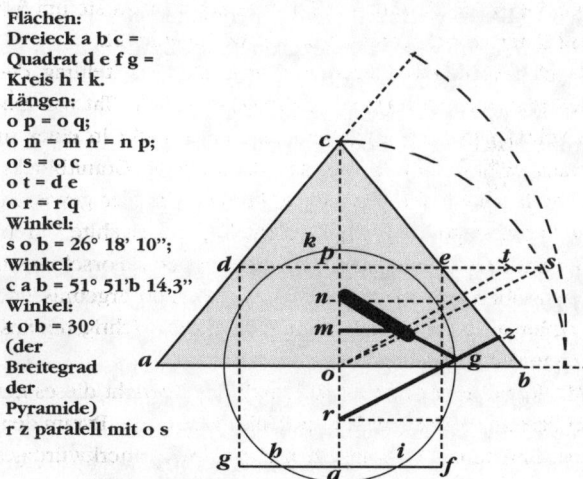

Richtung der Gänge in der Cheopspyramide

387

des höheren spezifischen Gewichts der härteren Verschalungssteine berechnet sich das Gesamtgewicht der Pyramide auf 5,273 Millionen Tonnen, das Gewicht des Erdballs aber auf 5273 Quintillionen, so daß das Gewicht der Pyramide zum Gewicht des Erdballs in dem einfachen Verhältnis von 1 zu $10^{3,5}$ steht.

Kehren wir zurück zu uns näher liegenden Dingen, indem wir den Inhalt der Truhe als Getreidemaß betrachten.

Das älteste und größte anglosächsische Getreidemaß ist das ›Quarter‹, das Viertel, dessen Einheit, soweit Menschen wissen, nie im Gebrauch war, während der Sprachgebrauch, die Bezeichnung ›Quarter‹, noch heute auf diese Einheit hinweist. Vier englische Quarter sind aber genau der Inhalt der granitnen Truhe in der großen Pyramide!

Wir finden hier abermals jenen unerklärlichen Zusammenhang, der uns schon bei dem Zoll begegnete, zwischen dem Pyramidenmaß und dem ältesten angelsächsischen, germanischen, arischen Maßsystem; einen Zusammenhang, der völlig rätselhaft bleibt, wenn wir nicht annehmen wollen, daß sich – wie ja schon von vielen meiner grübelnden Landsleute vermutet wurde – durch das britische Volk eine semitische Ader zieht, die es mit den zehn verlorenen Stämmen Israels und hierdurch mit der Welt des biblischen Orients in Verbindung bringt.

Ist all das nicht erstaunlich genug?

Ja, es sei für heute genug! Ich unterlasse es, auf die Wunder und Zeichen hinzuweisen, die sich uns im Dunkel der Gänge und Kammern der Pyramide in überwältigender Weise entgegendrängen; Zeichen, die das Leben der Menschheit in seiner höchsten, der göttlichen Erlösung zustrebenden Entwicklung berühren; die mit erschütternder Bestimmtheit kundtun, was uns heute Vergangenheit und Zukunft verbirgt. Mit festen Strichen sehen wir an den Wänden des Eintrittsganges die Jahreszahl 2160 vor Christi Geburt verzeichnet, das Erbauungsjahr der Pyramide, welches gleichzeitig, wie wir sahen, durch die astronomischen Beziehungen dieses Ganges zum Sternenhimmel angegeben ist. Die Menschengeschichte, von der in ewige Nacht gehüllten Urzeit bis auf unsere Tage und über dieselben hinaus, ist in hundert Fugen und Ritzen von den Felswänden der Gänge abzulesen, die nach der Königskammer führen, und dort das drohend nahe Ende andeuten. Es widerspricht dem Zweck dieser Schrift, die ich am Fuß der Pyramide in der feierlichen Stille eines Grabes schreibe, mehr als eine Andeutung von dem beizufügen, was der Zukunft vorbehalten bleiben muß. Was in unwiderleglichen Zahlen und Abmessungen dieses Bauwerks vor viertausend Jahren niedergelegt und nunmehr offenkundig geworden ist, muß selbst dem Leichtfertigsten, dem Gewohnheitsspötter und Zweifler, den Gedanken als ein Verbrechen erscheinen lassen, diese Schöpfung einer geheimnisvollen geistigen Kraft der Zerstörung preisgegeben zu sehen. Wie die Pyramide seit vier Jahrtausenden ihre steinerne Offenbarung treu und schweigend gewahrt hat, so soll sie auch bis zum Ende des Erdendaseins uns erhalten bleiben: als ein unzerstörbarer Beweis dafür, daß es mehr Dinge zwischen Himmel und Erde gibt, als sich unsere Schulweisheit träumen läßt. Denn dieses Mehr ist unser besser Teil und soll es bleiben.

Meine Lampe brannte nur noch trüb, während ich die letzte Seite des Thinkerschen Manuskripts las, umschwärmt von schweren Schmetterlingen und anderem Nachtgesindel ähnlicher Art. Ich hatte vergessen, die Türe des Zimmers zu schließen, die nach dem Garten hinausführte, und es war Mitternacht geworden. Anfänglich hatte ich mich wieder an den Tisch gesetzt, um einige der Zahlenangaben nachzurechnen, in der Hoffnung, etliche saftige Rechnungsfehler zu finden, mit denen Gelehrte von der Geistesrichtung meines Freundes wissenschaftliche Untersuchungen zu würzen pflegen, wenn sie aus der Höhe ihrer phantastischen Traumwelt auf den Boden harter Tatsachen herabsteigen. Aber es stimmte, wenigstens in dieser Beziehung, alles, was ich zu prüfen vermochte. Mit der Zeit gab ich die Versuche auf, auf diesem Wege meinen gesunden Menschenverstand zu retten, warf mich abermals auf den nächsten Diwan und hatte so den Aufsatz zu Ende gelesen. Es war wieder einmal eine schwüle dumpfige Chamsinnacht heraufgezogen, die nicht übel zu der unbehaglichen Stimmung paßte, mit der ich das letzte Blatt zu Boden warf.

Was war von all dem zu denken? – Zufall? – Unsinn? –

Oder standen wir wirklich vor einem der Fälle, die der kluge Shakespeare, der wahrhaftig kein Phantast war, so treffend schildert, daß uns noch nach dreihundert Jahren seine Worte: – »Es gibt mehr zwischen Himmel und Erde« und so weiter – aus allen möglichen Nöten helfen müssen?

Ich bin leider keine der glücklichen Naturen, die jedes Rätsel, an dem sie sich stoßen, mit einem kräftigen: »Verrücktes Zeugs!« auf die Seite schleudern können, um dann auf der breiten, asphaltierten Landstraße weiterzupilgern, behaglich und ungetrübten Geistes, als ob ihnen nichts begegnet wäre. Ich bliebe vor dem Hindernis stehen, betrachte es von allen Seiten, rüttle, schiebe es hin und her, länger als klug und nützlich ist und kann nicht dran vorbeikommen. Der Schweiß stand mir auch jetzt auf der Stirne. Zweifellos aber war die Schwüle der Nacht daran schuld und nicht Thinker und die Schwarmgeister seiner Pyramide, die er heraufbeschworen hatte. Was wollte der gute Mann eigentlich von mir?

Matt und ärgerlich griff er nach seinem Brief, bekam aber den zweiten in die Hand, der unter dem Paket gelegen hatte und bisher völlig unbeachtet geblieben war.

Es war ein kleines Billett, ebenfalls von Thinker unterzeichnet, aber in einer andern Handschrift, derb und groß, so daß der Schreiber alle vier Seiten brauchte um ein paar Worte zu sagen. Aha, »B. Thinker«, der Bruder! Es war durch die ägyptische Post gelaufen, deretwegen mein Sais täglich nach Kairo zu reiten hatte, denn das Briefaustragen war damals noch nicht Sitte im Lande. Der Mann mußte es gebracht haben.

»Mein lieber Freund!« fing es an. Wie mein Freundeskreis sich ausdehnte!

Mein lieber Freund! Eine großartige Idee, die ich in indirekter Weise Ihnen und Ihrer Mitwirkung bei dem Besuch der Barrage zu Kaliub verdanke, gewinnt mit jedem Tage eine greifbare Gestalt. Sie bedeutet die Krönung des Gebäudes, dem auch Sie Ihre Tätigkeit widmen. Ich rechne deshalb zuversichtlich auf Ihre fernere Unterstützung. Wenn Sie morgen nicht nach Shepheards Hotel kommen, um mit mir die zunächst zu ergreifenden Maßregeln zu besprechen, werde ich Sie übermorgen in Schubra aufsuchen. Die Gefahr ist nicht ausgeschlossen, daß uns feindliche Elemente zuvorzukommen suchen. Lassen Sie alles andere beiseite. Die Zeit drängt und ich muß Ihnen sagen, wie glücklich ich mich schätze, in Ihnen eine so kräftige Stütze gefunden zu haben. Ihr ergebener B. Thinker.

Das klang fast noch geheimnisvoller als die langen Mitteilungen des älteren Bruders, so deutlich und eindringlich auch jedes Wort vor meinen schlaftrunkenen Augen stand. Da aber in diesem Augenblick zwei der frechsten Nachtschmetterlinge im Liebestaumel in die Glasröhre der Lampe eingedrungen waren und nach einem kurzen, schrecklichen Kampf, selbst brennend, das Licht ausgelöscht hatten, ließ ich Ben Thinkers Brief aus der Hand fallen. Die gütige Natur meinte es besser mit mir als meine Freunde und legte ihre weiche Hand auf meine heiße Stirne. Erschöpft von den Anstrengungen eines arbeitsvollen Tages schlief ich ein, wo ich lag und schlief, ruhig und traumlos, bis in den lichten Morgen hinein. –

Nun ist mir nicht unbekannt, daß manche unordentlichen

Leser, ja selbst die liebenswürdigsten der Leserinnen einzelne Kapitel und ganze Bücher, deren Anfang ihnen nicht interessant genug erscheint, von hinten zu versuchen pflegen. Für solche Fälle würde der Schlagbaum, den ich vor diesem vierzehnten Kapitel niedergelassen habe, wirkungslos sein, und mit Entsetzen denke ich an die Folgen, welche die Rückwärtslektüre gerade dieses Abschnitts für mich und andere haben könnte. Ich rechne deshalb auf den Dank jedes Verständigen, wenn ich auch an diesem Ende meine Patentbarriere niederlasse und mit dem Titel schließe, der den Kern und das unleugbare Wahre in der Abhandlung des Reverend Joe Thinker klar und deutlich vor Augen führt:

$$\pi =$$
$$3{,}14159 \cdot 26535 \cdot 80793 \cdot 23846 \cdot 26433 \cdot 83279 \cdot 50288 \cdot 41971$$

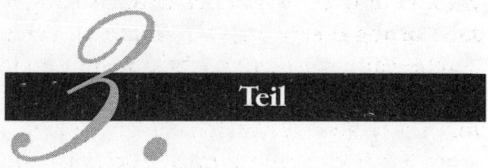

3. Teil

Luft

Ein Erdenkind, trotz deinem Elfenleibe
Und Elfensinn, bald trotzig, bald verzagend;
In Ernst und Spiel die tollsten Streiche wagend,
Als wär' das Leben nur zum Zeitvertreibe.

Ruhloses Nichts, kennst du das Wörtchen: Bleibe?
An jedem Stein ohnmächtig dich zerschlagend,
Dann jubelnd welkes Laub gen Himmel tragend,
Als wär dir nicht zu hoch die Sonnenscheibe.

Doch immer wieder zieht dich's erdenwärts.
So dringst du auch ins arme Menschenherz
Und hilfst ihm pochen, ohne Rast und Ruh.

Es brennt in dir, es lebt und stirbt mit dir,
Es irrt, wie du, durch alle Himmel schier,
Denn ach, es ist ein Erdenkind, wie du.

KAPITEL

Im Schweiß deines Angesichts

Es wurde unerträglich. Noch nie war ich in einer ähnlichen Lage gewesen; noch nie in meinem Leben hatte mich eine solch beängstigende Beklemmung niedergedrückt. Wir krochen auf allen vieren weiter, wobei ich meine Willenskraft tüchtig zusammennehmen mußte, um die bleischweren Beine nachzuschleppen. Die Decke schien sich immer tiefer herabzusenken, die Wände des Ganges rückten enger zusammen. Dabei war es stockfinster. Mein eigenes Lämpchen erhellte kaum einige Quadratdezimeter des fingerdicken, modrigen Staubs, in dem bei jedem Ausgreifen die Hand versank. Von dem Licht meines Vordermanns sah ich, über mir, nur von Zeit zu Zeit einen Schimmer zwischen seinem Leib und den Armen hindurchzittern, die sich mammutartig fortbewegten; denn alles Gefühl für Größenverhältnisse war mir entschwunden. Es ging steil aufwärts.

»Wo sind wir eigentlich?« fragte ich mit halberstickter Stimme.

»Im südlichen Luftkanal der Königskammer!« keuchte Joe Thinker, der mich in seinem Eifer gelegentlich von hinten anstieß. »Unter einem Winkel von neunundzwanzig Grad achtundfünfzig Minuten und einundfünfzig Sekunden aufsteigend. Genau die geographische Breite der Pyramide.«

»Luftkanal!« höhnte ein dünnes zitterndes Stimmchen vor uns. »Luftkanal! O ihr blinden Blindenführer! Aber still! Hört ihr ihn?«

Wir hielten an und wagten kaum zu atmen. Durch die Todesstille konnte man ein knisterndes Geräusch vernehmen, ähnlich dem, das wir selbst beim Vorwärtskriechen gemacht hatten. Meine Beklemmung wurde immer peinlicher. Eine unerklärliche Angst schnürte mir die Kehle zu.

»Wer ist es?« brachte ich endlich heraus.

»Der alte Cheops«, antwortete die dünne Stimme vor mir, kaum hörbar. »Heut oder nie! Er kriecht alle fünfundfünfzig Jahre aus der Grabkammer zu seinen Schätzen, der versteckte Halunke. Endlich sind wir ihm auf der Ferse.«

»Um Gottes willen – und wer sind denn Sie?« fragte ich, im Vollgefühl einer hilflosen Verwirrung.

»Ich? – Kennt mich niemand mehr?« fragte das Stimmchen hochmütig. Gleichzeitig merkte ich, daß sich der Mann aufrichten wollte, aber mit dem Hinterkopf heftig an die Decke stieß. Es war ein Glück, daß er einen Turban trug, was uns der weiche Klang des Aufschlagens verriet. Er schüttelte sich zornig und sah über die linke Schulter. Zwei Katzenaugen glühten im Dunkel wie brennende Kohlen; nur grün.

»Wer ich sei?« wiederholte er. »In den Staub, junger Mann! Ich bin Al Mamun der Kalif, der Sohn Haruns, des Gerechten. Auf die Knie, Christ! hätte ich Ihnen vor tausend Jahren zugerufen. Übrigens sind Sie es schon«, setzte er etwas ruhiger hinzu.

»Vorwärts, vorwärts!« rief Thinker hinter mir. »Heute ist der fünfte Tag des fünften Monats im zweimal fünfhundertundfünfundfünfzigsten Jahr, wenn ich richtig rechne, seitdem Eure Majestät das heilige Gebäude erbrachen. Jedenfalls kommt jetzt meine Generation an die Reihe, und ich glaube selbst: Sie haben recht. Es ist der nie genug zu verehrende Cheops, der Neffe Melchisedeks, der uns voran kriecht.«

»Ja Salaam, Herr Doktor, nicht so laut! Er darf nicht merken, daß wir ihm folgen«, flüsterte der Kalif ängstlich, aber gierig weiterkriechend. »Rubine, Saphire, Smaragde – Edelsteine ohne Zahl, und Gold – es prickelt mir in allen Fingern – Gold – Gold wird er uns zeigen!«

»Er wird uns offenbaren, was seit Jahrtausenden verborgen lag«, rief Thinker, alle Vorsicht vergessend, indem er mich rücksichtslos vorwärts stieß. O du Weisester der Weisen, Licht! – Licht!

Mit meinen Kräften war es zu Ende. Ich machte noch einen letzten verzweifelten Versuch, mich vorwärts zu schieben, und sank dann auf die Steinplatten. Aber im selben Augenblick wurde es tageshell.

»Es war doch der Luftkanal; wir sind durch!« schrie Thinker, jubelnd.

»Wieder betrogen!« kreischte Mamun und kollerte in wilden Sätzen über die Stufen der Pyramide in die Tiefe.

Ich riß die Augen auf so weit ich konnte. Ein schwarzes, entsetztes Gesicht starrte mich an; eine schüchterne, fast zärtlich weiche Hand lag auf meiner Schulter. Es war Mansur el Habeschi, der Koch, der den Morgenkaffee hereingebracht hatte und mich in den Kleidern, den Kopf nach unten, auf dem Diwan des Speisezimmers fand. Er war heftig erschrocken. Derartiges war bisher nie vorgekommen. Jetzt schmunzelte er. Der Baschmahandi trank nicht; sollte er an Haschisch geraten sein? – Die ersten Strahlen der Morgensonne fielen mir durch das Laub der Orangenbäume vor meinem Fenster voll ins Gesicht. Kein Wunder, daß es in meinem verrückten Traum hell geworden war. Nun war es vorüber. Ich schüttelte mich und trat in den strahlenden Garten hinaus, in dem ein frischer Morgenwind die Blätter der Bananen und Palmen sanft hin und her wiegte. Ja, Gott sei Dank, diese Hirngespinste lagen hinter mir!

Eine halbe Stunde später war ich auf dem Wege nach unsern Baumwollfeldern bei Damanur, ein paar Kilometer unterhalb Schubras. Ich hatte mein Pferd satteln lassen, obgleich an einem arbeitsvollen Tage, wie es der kommende zu werden versprach, ein Esel für meine und andere ägyptische Verhältnisse bequemer und nützlicher gewesen wäre. Aber ich wollte so schnell als möglich aus dem Dunstkreis dieser Nacht herauskommen, und hierfür war ein Morgenritt auf dem munteren, etwas eigenwilligen Araber, den mir Halim Pascha geschenkt hatte, geeigneter. Hinter den Haremsgärten von Schubra öffnet sich das flache Land des Deltas, das die Bahn nach Alexandrien durchschneidet. Entlang derselben läuft ein leidlich gepflegter Weg. Dort ließ ich das Pferd laufen, und als mir ein Eisenbahnzug in den Rücken kam, brauchte ich nicht dafür sorgen, daß wir schnell genug vorwärts kamen. Keuchend blieb mein armer Sais zurück, der sonst mit jedem galoppierenden Pferd Schritt zu halten wußte, ehe ich das Tier zum Stehen bringen konnte, das mit seinen klugen verwunderten Augen dem Zuge folgte, bis er in weiter Ferne, im Blaugrün der aufsprossenden Baumwollfelder verschwunden war.

Dort drüben hinter dem Erdhügel, unter welchem eine kleine altägyptische Stadt begraben sein mochte, lag das einzige kahle Feld des großen, wohlbebauten Gutes, auf dem zur Zeit experimentiert werden konnte. Mais, Weizen und Klee bedeckten alles übrige mit üppigem Grün, und endlose Reihen von Baumwollstauden sproßten aus den hochgewölbten Beeten, welche mit dem uralten Einzinkenpflug und mühseliger Handarbeit hergestellt werden mußten. Die altägyptischen Werkzeuge schienen den Fellachin hierfür noch immer die geeignetsten, wenn sich die Leute auch den Dampfpflug für die harte Arbeit des ersten Aufbrechens des Bodens gefallen ließen, sobald die Erde für ihren ägyptischen Pflug zu trocken geworden war. Doch selbst hinter dem Dampfpflug waren Hunderte von Leuten wochenlang beschäftigt, die Beete zu formen, in welche die Baumwollsaat gelegt werden mußte, und die dazwischenliegenden Furchen zu vertiefen und zu säubern, in denen dem keimenden Pflänzchen das lebenspendende Wasser zugeführt wurde.

Die in dieser Weise beschäftigten Arbeiter waren mir seit meinem ersten Frühling am Nil ein Dorn im Auge gewesen, wenn auch damals Fellachenarbeit spottbillig zu haben war.

Man lächelte über mich: Ich verstehe dieses Land noch nicht. Als aber der Baumwollsturm der sechziger Jahre über das Delta brauste und zugleich der Suezkanal Tausende von Arbeitskräften verschlang, fing man auch in hohen und höchsten Kreisen an, Fellaharme zu zählen. Es war nicht schwierig gewesen, Halim Pascha, der ein paar Jahre weiter voraussah als seine Landsleute, zu überreden, mich einen Versuch mit einem Dampfkultivator machen zu lassen, der diese Arbeit des Schollenbrechens, Beeteformens und Gräbenziehens mit einem Schlage verrichten sollte, und der, wenn er, wie ich beabsichtigte, drei Gräben gleichzeitig herstellte, die Arbeit von achtzig Leuten ersetzen konnte.

Dies war der Gedanke, der mich vor einem Jahr in lebhafte Erregung versetzt hatte. Es ließ sich ja alles mögliche Schöne davon erwarten. Man glaubt in jüngeren Jahren leicht und fest, achtzig Menschen glücklich zu machen, wenn man eine Maschine in die Welt stellt, die ihnen die Arbeit abnimmt. Auch gehört der erste Akt des Erfindens zu den höchsten Genüssen, die das Leben zu bieten vermag, ganz abgesehen von den Hoffnungen und Illusionen, die ihn wie liebliche, goldschimmernde Luftspiegelungen umgeben. Auf dem Papier sah alles vortrefflich aus: der gewaltige Rahmen des Gerätes, die Art wie er gesteuert und gedreht werden sollte, die drei Furchenpflüge, welche die Gräben auswerfen mußten, die wuchtigen Stachelwalzen zwischen den Pflügen, die die Schollen zu zerbrechen und die Beete zu formen hatten. Selbst Halim Pascha konnte es kaum erwarten, diesen neuesten Triumph seiner Schubraer Musterwirtschaft in Tätigkeit zu sehen. Denn er war, wie Mohamed Ali, sein großer Vater, von Zeit zu Zeit mit Leib und Seele Landwirt und kannte die Bedürfnisse seines heimatlichen Bodens wie nicht viele seinesgleichen. So wurden die Zeichnungen des Apparates vor einem Dreivierteljahr mit dem dringenden Ersuchen nach England geschickt, die Ausführung schleunigst in Angriff zu nehmen und die Geräte bis spätestens November, zu Anfang der Pflug- und Pflanzzeit, in Alexandrien abzuliefern. Versuche in England machen zu lassen wäre fast wertlos gewesen, denn dort fehlten alle entsprechenden Vorbedingungen und damit auch das Verständnis für die Brauchbarkeit der Maschine. In üblicher Weise traten alle erdenklichen Verzögerungen ein, so daß aus November Februar geworden und die wichtigste Jahreszeit für den Gebrauch des ersehnten Baumwollpflugs verpaßt war. Vor vierzehn Tagen endlich kam die Nachricht aus Alexandrien, daß auf den Bergen von Maschinen, die sich seit zwei Jahren im dortigen ›Arsenal‹ anhäuften, unerklärliche Eisenteile gefunden werden, die vielleicht nach Schubra gehörten. Die Begleitscheine seien mit vielem andern verloren gegangen. Allah fügte es, daß sich alles zusammenfand und nun sollten in dem einzig übriggebliebenen Felde die ersten Proben mit dem neuen Werkzeuge gemacht werden. Der sonnverbrannte, steinharte Boden war allerdings geeignet genug, seine Leistungsfähigkeit aufs schwerste zu prüfen.

Dort stand es nun, zwischen den zwei behaglich rauchenden Dampfpflugmaschinen, hübsch rot und blau angestrichen, umgeben von dem Trüpplein der Araber, welche die Bemannung des Dampfpflugs ausmachten und neugierig wie Kinder das Riesenspielzeug betrachteten. Sie waren offenbar mit seiner Zusammenstellung kaum fertig geworden, denn Hämmer und Schlüssel lagen noch ringsumher. Die Zugseile der Dampfmaschinen waren noch nicht angehakt, und ein paar Leute hämmerten unter dem Apparat, während ich vom Pferde stieg. Als ich auf sie zutrat, tauchte Fritschys rosiges Gesicht röter als gewöhnlich und freundlich grinsend unter dem wuchtigen Gestell auf.

»Tausend alle Welt, Fritschy, seit wann sind Sie hier«, rief ich, denn ich hatte meinen Monteur seit vierzehn Tagen nicht mehr gesehen. Mit dem raschen Instinkt seiner Klasse fühlte er, daß sich ein Donnerwetter über seinem Kopf zusammenzuziehen drohte. Aber er war der Gefahr gewachsen. Mit einem Schwung saß er auf dem hohen Sitz des Kultivators, probierte das Steuerrad und begann von oben herunter zutraulich und wohlwollend mit mir zu parlamentieren.

»Seit gestern nachmittag, *Monsieur, s'il vous plait,* – und ein wahres Glück dazu! Die Kerle hatten alle drei Pflüge verkehrt angeschraubt, so daß sie rückwärts hätten fahren müssen, um eine Furche zu ziehen. Nun kann's losgehen! Gestern abend sah das Ding aus, wie ein verrückter Seekrebs. Heute hat es wenigstens ein menschliches Aussehen. Man weiß, wo Kopf und Schwanz ist; man sieht, wo es hin will.«

Er betrachtete sein Werk wohlgefällig, denn er wußte, je länger ich in ähnlicher Weise beschäftigt war, um so sicherer mußte sich das Gewitter verziehen, ohne Schaden zu tun. Man war zu jener Zeit in Ägypten gezwungen, mit brauchbaren Leuten vorsichtig umzugehen, so daß ich mich manchmal nicht ungern stellte, als merkte ich das Spiel nicht.

»Wirklich – er sieht nicht schlecht aus!« sagte ich nach einer Pause, während ich mit schwer zu verhehlender Befriedigung die Gestalt betrachtete, die meine Idee angenommen hatte. Etwas überrascht steht man in solchen Augenblicken immer vor dem eigenen Werk.

»Er sieht aus, als ob man die Welt damit linieren könnte«, bestätigte Fritschy, mit vielleicht erheuchelter Begeisterung. »Hakt die Seile ein, ihr Faulpelze!« rief er den Fellachin zu, die uns mit offenen Mäulern zuhörten. »Es geht doch nichts über ägyptische Esel. Alle drei Pflüge sahen nach rückwärts, so wahr ich hier sitze! Sie sind in Schubra auch nicht klüger als in Thalia, wo der Nasir in der Rauchkammer seiner Lokomobile Feuer anzünden ließ.«

»Das bringt mich drauf, Fritschy«, begann ich jetzt ernst, »wo in Kuckucks Namen waren Sie in den letzten vierzehn Tagen?«

»Ich?« fragte Fritschy erstaunt. »Haben Sie mich nicht an die Engländer verliehen?«

»Auf zwei, drei Tage, ja«, versetzte ich entrüstet; »aber nicht auf ebensoviele Wochen. Und ohne mir ein Wort zu sagen! Das geht denn doch –«

»Übers Bohnenlied«, half mir der freche Bursche. »So sagt Meister Hubbe in Stuttgart auch. Ich bin ganz Ihrer Ansicht, Herr Eyth, und bitte Sie um Verzeihung, wenn dies nötig sein sollte. Aber Sie sind selbst schuld daran. Seit vierzehn Tagen lebte ich in Todesängsten, aus verschiedenen Gründen, und in der jüngsten Zeit mehr als einmal in Lebensgefahr. An der Barrage unten gings noch an. Dort mußte ich Stangen schießen und lernte tauchen wie ein Nilpferd. Das ganze Zementlager des verdammten Bauwerks habe ich abgeschritten, drei Meter unter Wasser. Fragen Sie Fräulein Schütz! Alles aber hat seine Grenzen. Die Pyramide war mir zuviel! – In pechschwarzer Nacht, in Gräbern herumkriechen mit Frauenzimmern! – Nicht, daß es nicht durchaus anständig zuging – alle Achtung! – zu sehr! – Sind *Sie* schon einmal von der Großen in zehn Minuten heruntergeklettert, mit einer Dame im Arm, weil sich unten zwei alte Gentlemen in den Haaren lagen?«

»Warum, alle Wetter, sind Sie nicht zurückgekommen, wenn Ihnen das alles so mißfiel?« fragte ich.

»Bin ich nicht hier?« war die vorwurfsvolle Gegenfrage. »Habe ich mich nicht förmlich geflüchtet, gestern nachmittag, während alles schlief und mich ohne weiteres in diesem einsamen Versteck von einem Feld an die Arbeit gemacht, wo Ihnen die Fellachin jeden Pflug verkehrt angeschraubt hatten? Machen Sie mit mir was Sie wollen, Herr Eyth. Schicken Sie mich sobald als möglich nach Thalia zurück oder nach Oberägypten oder nach Timbuktu. Nach Kairo gehe ich nicht mehr, ehe der Wind umgeschlagen hat und eine gewisse Dahabie abgesegelt ist. Es ist zu gefährlich für mich.«

Daß es Fritschy zur Hälfte ernst war, daß er zur anderen Hälfte Theater spielte, ließ sich vermuten. Er war eben doch ein halber Franzose und hatte dabei etwas von der treuherzigen Frechheit des Alemannen, der man nicht lange böse sein konnte, selbst wenn es sich um ernstere Dinge gehandelt hätte.

»Sie haben Narrenglück«, sagte ich deshalb nach dem mißlungenen Versuch, eine strenge Amtsmiene zu bewahren.
»Nach allem, was ich von Thalia erfahre, ist dort in Ihrer Abwesenheit kein vernichtendes Unglück passiert. Der Dampfpflug scheint stillzustehen und die Pumpe arbeitet noch, beides zur vollen Zufriedenheit des Nasirs,* so daß Sie
ebensogut in Gise und Kaliub als dort unten aufgehoben
waren. Und Monier, der Güterdirektor von El Mutana, wegen
dessen ich Sie mitnahm, schreibt, daß er vor drei Wochen
nicht hier sein könne. Also ist auch in dieser Sache nichts verloren. Das Klügste ist, Sie bleiben vorläufig, wo Sie sind, und
helfen mir experimentieren. Alle Hände voll zu tun findet
sich in und um Schubra immer, und das scheint mir das Beste
für uns alle.«

»*Nom de dieu*!« rief der Monteur plötzlich und sprang von
seinem Sitz auf; doch blieb er auf dem Geräte stehen, schützte
seine Augen vor der Sonne, die ihm voll ins Gesicht schien,
und blickte gegen Schubra. Auf dem Weg von den Palastgärten her sah man zwei Esel, die in raschem Trab auf uns zukamen.

»Er ist allein«, murmelte Fritschy. »Das ist wenigstens etwas.«

»Wer?« fragte ich. »Können Sie die Leute erkennen? Das ist
kaum möglich, auf diese Entfernung.«

Fritschy setzte sich wieder, halb ergeben, halb trotzig.

»Den gelben Dragoman kenne ich auf zehn Kilometer!«
sagte er. »Es ist Mister Ben, wie sie ihn bei Shepheards heißen,
Ben Thinker. Ich wette, er sucht mich. Aber, Herr Eyth –: was
Sie sagten, war ein Versprechen. Ich lasse mich nicht mehr
ausleihen. Sklaverei ist abgeschafft unter dem neuen Vizekönig. Und wir haben alle Hände voll zu tun, in und um Schubra; hieß es nicht so? *Bon!* Dann will ich's abwarten. – Sollen
wir losfahren? He, ihr Lumpen« – dies ging die Fellachin an –
»marsch auf die Maschinen!«

---

* ›Nasir‹ heißen die Gutsverwalter von Domänen.

Er warf eine nicht allzu kleine Erdscholle nach einem der Maschinisten und traf ihn sehr geschickt zwischen die Schulterblätter. Der Mann sah sich einen Augenblick zornig um; da aber all seine Freunde lachten, lachte er auch und galoppierte gutmütig der fernen Maschine zu, um seines Amts zu warten. Ehe er sie erreicht hatte, kamen die zwei Reiter quer über das Feld auf uns zu. Ben Thinker stieg rasch ab, trocknete sich den Schweiß von der Stirne und begrüßte mich mit lebhaftem Händeschütteln.

»*Lord bless you* – Gott segne euch!« rief er, sichtlich hocherfreut; »hier sind Sie ja alle beisammen! Den einen suche ich, den andern finde ich. Glück muß der Mensch haben. Wie geht es Ihnen, Herr Eyth. Tausend noch einmal, was ist das für eine Riesenlandkrabbe?«

Ben war in seiner gewöhnlichen Stimmung, die ihn überall mit Glücksfällen überschüttete, voller Lebens- und Tatenlust. Er stieg, ohne ein weiteres Wort zu verlieren, auf den Kultivator, setzte sich neben Fritschy und begann, das Instrument zu studieren.

»Sehr gut, sehr gut!« sagte er nach einer kurzen Pause. »Kräftig genug, um unserer guten Mutter Erde alle Eingeweide aus dem Leib zu reißen und Hackfleisch daraus zu machen. Das ist der einzige Fehler von Fowler und seinen Leuten; ich kenne es von Schottland her. Ihr glaubt, es sei eure Lebensaufgabe, die Welt umzudrehen und auf den Kopf zu stellen. Manchmal mag dies ja gut sein, aber nicht überall. – Nun hören Sie einmal, Herr Eyth: Lassen Sie das alles liegen und stehen; es ist das einzig richtige für die nächsten paar Jahre. Haben Sie mein Briefchen erhalten?«

»Gestern abend, Herr Thinker«, antwortete ich; »und ich beabsichtige halb und halb, Sie morgen in Kairo aufzusuchen.«

»Und mit Ihnen, lieber Fritschy habe ich wirklich ein ernstes Wort zu reden«, wandte sich der Engländer an den verlegenen hin und herrückenden Monteur. »Als ich gestern abend nach Ihnen sah, waren Sie verschwunden, spurlos, in den Boden gesunken. Ich brauchte Sie notwendig, um das Modell meines neuen Nadelgewehrs abzuändern. Sie blieben verschwunden. Selbst Fräulein Schütz wußte Sie nicht zu finden und machte ein Gesicht, als ob sie auch etwas abzuändern hätte. Ich habe noch nie einen unangenehmeren Abend zugebracht. Das geht nicht. Man verläßt seine guten Freunde nicht wie ein Dieb in der Nacht, während sie einen kleinen Mittagsschlaf halten. – Gestern abend?« wandte sich der ruhelose Mann wieder an mich, als ob all das nur ein nebensächlicher Zwischensatz gewesen wäre. »Echt ägyptisch! Ich gab den Brief vorgestern, morgens um neun Uhr, auf die Post, und Sie erhalten ihn gestern nacht. Zehn Stunden für viereinhalb Kilometer! Und dann wollen Sie mich – halb und halb – übermorgen – aufsuchen! Lieber Herr Eyth, weiß man hierzuland, daß wir im neunzehnten Jahrhundert leben? Aber ich glaube wahrhaftig, daß man in diesem verkommenen Kulturland so wenig ahnt wie man mit der Zeit, als wie man mit dem Wasser umzugehen hat.«

»Ich dachte bisher, die alten Ägypter wüßten mehr vom Wasser als die heutigen Engländer«, entgegnete ich ruhig.

»Sagen Sie Franzosen, und wir sind einig!« rief Thinker eifrig. »Stellen diese Leute das größte Stauwerk mitten in den größten Fluß der Welt, vergeuden dabei anderthalb Millionen Pfund Sterling und wissen nun nicht, was sie damit machen sollen. Haben Sie – Sie, Herr Eyth, vom Wert des Wassers für dieses erstaunliche Land eine Ahnung?«

»Entfernte Vermutungen«, versetzte ich lachend. »Seit drei Jahren habe ich infolge davon mehr geschwitzt, als irgendein zweiter Sterblicher in derselben Zeit.«

»Und doch!« fiel Ben Thinker entrüstet ein. »Hier sitzen Sie, zehn Meilen von diesem Wunderwerk moderner Bausinnlosigkeit und stellen Pumpen auf in allen Enden und Ecken und pusten und rauchen und verbrennen Kohle zu dreißig Schilling die Tonne und könnten das alles umsonst haben, wenn

Ihr Stauwerk einen Pfifferling wert wäre. Verzeihen sie; man wird grob, wenn man dergleichen mitansehen muß.«

»Sprechen Sie sich aus, Verehrtester; wir sind im Freien«, sagte ich, beruhigend; »nachträglich bitte ich zu bedenken, daß die Barrage nicht mir gehört; nicht einmal meinem Halim Pascha, der Ihnen übrigens von Herzen zustimmen würde.«

»Das ist das Schlimmste«, fuhr der Engländer fort. »So etwas gehört niemand, wenn es verpfuscht ist. Und doch kostet es nur einen Gedanken, um den glänzenden Plan Mohamed Alis lebendig zu machen und Millionen, Millionen, sag ich Ihnen, aus der feuchten Erde zu stampfen. Natürlich kostet's auch den Kopf, der den Plan erdenkt, und ein paar Hände, die ihn ausführen. Deshalb habe ich Ihnen geschrieben. Sie sollen ihn mit mir teilen.«

Ich war alt genug, um zu wissen, welch gefährliche Menschen Erfinder sind, kurz nachdem sie eins ihrer goldenen Eier gelegt zu haben glauben. Nicht nur ist die Sache, für die sie schwärmen, in neun von zehn Fällen ein nicht zu erfassendes Irrlicht, sie selbst müssen im Zustand ihrer Hypnose mit der größten Vorsicht behandelt werden, wenn man einen persönlichen Zusammenstoß der peinlichsten Art vermeiden will. Ich heuchelte deshalb zunächst das bereitwilligste Entgegenkommen:

»Darf man wissen, worin dieser Gedanke besteht und wie ich mich daran beteiligen kann?«

»Zunächst wünsche ich nur, Ihren Rat einzuholen«; sagte der Erfinder herablassend. »Sie sind schon ein halber Ägypter; gerade was ich brauche. Können wir nach Ihrem Haus zurückreiten? Sie müssen mir eine Stunde schenken, in der ich mich aussprechen kann, eine Stunde oder zwei. Später werden Sie mir Ihr Leben aufdrängen, davon bin ich fest überzeugt.«

»Aber Sie sehen, werter Freund, ich bin eben im Begriff, selbst eine Erfindung in die Welt zu setzen«, bemerkte ich.

»Ach was! Ich sagte es Ihnen ja. Sie können nichts Gescheiteres tun, als alles liegen und stehen lassen, was auf dem unglückseligen, steinharten Boden steht. Wasser ist die Seele dieses Landes. Sehen Sie denn das nicht ein? Fühlen Sie es nicht?«

»Und ich erwarte jeden Augenblick Halim Pascha«, versetzte ich, eigensinnig werdend. »Er möchte sich an meinen Triumphen beteiligen, denn er glaubt glücklicherweise, es sei größtenteils seine Idee, was Sie hier sehen.«

»Sie sind ein Politikus!« rief Thinker, mit sichtlich wachsender Achtung. »Um so besser. Ich glaube, das tut mir in der Tat ein wenig Not. Nun also hören Sie! Aber lassen Sie mich von Ihrer Landkrabbe herunterklettern. Dort, im Schatten der Bäume, können wir alles etwas kühler betrachten.«

»Also hören Sie!« begann er wieder, indem er meinen rechten Arm unter seinem linken durchzog und mit seiner rechten Hand den oberen Knopf meines Rockes festhielt. So spazierten wir im Schatten der Tamariskengruppe auf und ab, die am Rande des Feldes stand, während er mir seine neuesten Ansichten und Pläne auseinandersetzte, die, wie mir schien, unter dem Einfluß der ägyptischen Sonne etwas rasch in die Höhe geschossen waren.

Der Gedanke der Barrage, die, wenn sie gelungen wäre, das Delta von einem Ende des Jahrs zum andern mit Nilwasser gespeist haben würde, indem sie die sogenannten Sommerkanäle gefüllt gehalten hätte, fand seine volle Billigung. Alles andere war nutzloses, kleinliches Kinderspiel. Aber die Barrage stand am falschen Platz. Der Untergrund an der Spitze des Deltas war zu junges, aufgeschwemmtes Land. Er konnte ein derartiges Bauwerk wohl tragen, aber keinen seitlichen Wasserdruck aushalten. Diese Lehre hatte man mit anderthalb Millionen Pfund bezahlt. Nun wußte man jedenfalls eins: daß die Barrage verlegt werden müßte, um ihren Zweck zu erfüllen. Oberhalb Kairos war der Boden altes festes Land; dort konnte selbst der felsige Untergrund erreicht werden. Dies war der richtige Platz für ein wirksames Stauwerk und damit war die Lösung der Aufgabe gegeben. Nichts war einfacher als das hier, oberhalb Kairos, aufgestaute Wasser dem eigentlichen Delta zwischen den zwei großen Nilarmen zuzuführen. Auf beiden Seiten des Stromes mußte es zunächst auf der Höhe der Nilufer talabwärts in zwei Kanälen geleitet werden. Der östliche Kanal könnte im Vorbeigehen Kairo mit Wasser versehen, wie keine Stadt des Orients getränkt war. Dann bei Kaliub konnte der Oberbau der alten nutzlosen Barrage dazu gebraucht werden, einen gußeisernen, kanalartigen Trog von den entsprechenden Abmessungen zu tragen, so daß nurmehr das aufgestaute Wasser von zwei Seiten her die Spitze des Deltas erreichte, und sich von dort aus in den vorhandenen Sommerkanälen über das ganze Land bis an das Meer ausbreitete und immergrüne Gärten schaffen müßte, wo wir heute, sechs Monate jährlich, die fruchtbarsten Felder in brennender Dürre schmachten sehen. – Der Plan mußte einem angehenden alten Ägypter, wie mir, ein bißchen phantastisch klingen. Doch Thinker war zweifellos einer von den kleinen Poeten unserer Zeit und wußte andere fortzureißen, auch wenn sie sich in der ersten Viertelstunde sträubten. Ganz nutzlos sind selbst in unseren Tagen die Poeten nicht; fast war ich bereit, so viel zuzugeben. Doch gewann mein kühleres Denken wieder die Oberhand, als Ben eine Pause machte, um Atem zu holen und sich den Freudenschweiß von der Stirne zu wischen.

»Das ist alles wunderschön, lieber Herr Thinker«, sagte ich nachdenklich. »Aber was mag es kosten? Und wer wird für Ihren Garten bezahlen?«

»Was er kostet ist ganz gleichgültig, wenn Sie gütigst berechnen wollen, was er einbringt«, antwortete Thinker munter. »Ich gehe gern darauf ein, denn jetzt kommen wir auf meinen glänzendsten Gedanken: das reinste Ei des Columbus!«

Er faßte mich wieder am Rockknopf, um jeden Fluchtversuch vorzubeugen, denn er fühlte wohl, daß er einem kritischen Augenblick entgegengehe. Der Bau eines völlig neuen Stauwerks würde allerdings eine hübsche Summe erfordern, gab er zu, aber die Hälfte – zwei Drittel war schon getan. Das gesamte Baumaterial und mehr als man brauchte, lag in prächtigen Steinquadern am Ufer des Nils, bereit, versenkt zu werden.

Natürlich starrte ich ihn ungläubig an. War der Mann aus dem Häuschen? Aber er packte meinen Rockknopf nur etwas fester und fuhr fort:

»Kennen sie die große Pyramide?«

»Und ob!« rief ich, über diese Abschweifung entrüstet; wahrhaftig, der Engländer mißbrauchte meine Geduld. Die Sicherheitsventile der Dampfpflugmaschinen bliesen ab, wie besessen; Fritschy saß ungeduldig auf dem Pflug, bereit loszufahren. Es war endlich Zeit, an ehrliche Arbeit zu denken.

»War das alte Ungetüm je zu etwas gut?« fragte Thinker, mich scharf ansehend.

»Nicht, daß ich wüßte«, versetzte ich.

Thinker hielt jetzt still und schüttelte mich ein wenig. – Dann sagte er feierlich:

»Heute hat seine Stunde geschlagen. Aus dem nutzlosesten Bausteinlager, das sie hinter Gise aufgetürmt haben, soll der Segen über das Land kommen. Jeder seiner Felsblöcke soll unser neues Stauwerk fester und sicherer aufbauen. Jeder Stein soll den Millionen Brot geben, die diesen Garten der Welt bewohnen werden.«

In diesem Augenblick riß der Knopf ab, an dem er mich gehalten hatte. Er sah ihn lange nachdenklich an und warf ihn dann verächtlich weg, als ob mich dieser nicht unwesentliche Teil meines Anzugs nicht das geringste anginge. Ich selbst war zu entsetzt, um die Gelegenheit zu benutzen, zu entkommen. Der Gedanke Thinkers war schändlich, aber wirklich – er hatte etwas Großartiges. Solche Gedanken, in ihrer Art, hatten die Eroberer der alten Welt; warum nicht auch unsere Heroen? Dürfen wir nicht, wie sie, zerstören, um aufzubauen?

»Die ganze Frage ist«, fuhr Thinker mit einer, wie mir schien, gekünstelten Gleichgültigkeit fort, »wie wir die Sache in Bewegung bringen. Zeit ist Geld. Jedes Jahr, das wir verlieren, ist nachweislich so und so viel Millionen Verlust. Ein Kind muß dies einsehen. Daß mir jemand den Gedanken wegnimmt und mit ihm vorausrennt, befürchte ich nicht. Wir haben genug zu tun, sie hinter uns herzuschleppen, die Vielfraße und Gedankenfaultiere, die in dem gesegneten Lande herumsitzen. Es ist deshalb meine Absicht, zur Einleitung des Feldzugs meinen Plan in einem Vortrag in Shepheards Hotel zu entwickeln. Das wird sie aufrütteln. Wie ein Posaunenstoß soll es durch die träge Gesellschaft schmettern.«

»Lieber Herr Thinker«, sagte ich besorgt. »Sie vergessen sich. Wir sind nicht in England. In dieser Weise läßt sich eine derartige Sache in Ihrer Heimat fördern. Hier haben Sie nichts mit dem Volke zu tun, wenn Sie für das Volk arbeiten wollen. Eine öffentliche Meinung, die Ihnen nützlich oder schädlich sein könnte, gibt es nicht. Sie sind in Ägypten.«

»Das ist mir ganz gleichgültig«, versetzte Thinker. »So würde ich es in England machen; so mache ich es hier. Die Herrn Fellachin werden sich über kurz oder lang an die englische Weise gewöhnen, wenn sie einmal unser Wasser trinken.«

»Natürlich können sie tun, was Sie wollen. Ägypten ist, wenigstens für Europäer, ein freies Land«, bemerkte ich, »nur hätten Sie dann nicht nötig gehabt, meinen Rat einzuholen. Aber es bleibt dabei: Der Vizekönig ist der einzige Mann, um den Sie sich zu kümmern haben, er und vielleicht ein halbes Dutzend der kleinen Paschas, die ihn umgeben. Alles übrige braucht für Sie nicht zu existieren. Dieses Verhältnis hat seine Nachteile, aber es ist bequem, sobald Sie den richtigen Weg gefunden haben: Wenn Sie eine Rechnung von achtzehn Schillingen bezahlt haben möchten, gehen Sie zum Vizekönig; wenn Sie die große Pyramide auf die Spitze stellen wollen, gehen Sie zum Vizekönig.«

»Daran habe ich selbst schon gedacht und wollte Sie hierüber um Rat fragen«, versetzte Ben.

»Das Einfachste ist, Sie veranlassen Ihren Konsul«, begann ich bereitwillig.

»Coalville!« unterbrach er mich zornig. »Wenn Sie mir einen Gefallen tun wollen, so sprechen sie nicht von diesem eingebildeten Narren. Ich hatte den unglücklichen Gedanken, ihn gestern zu besuchen; genau zu dem Zweck, auf den Sie lossteuern. Ich verlangte von ihm, beim Vizekönig eingeführt zu werden, um ihm meine Pläne vorzulegen. Das Kamel starrte mich mit seinem amtlichen Schafsgesicht an und ehe ich halb fertig war, sowie ich auf meinen Hauptgedanken, die Pyramide, zu sprechen kam, erklärte er, daß er mit solchen Phantastereien nichts zu tun haben wolle. Ein ähnlicher Thinker habe ihn soeben nicht ganz gutwillig verlassen. Dieser Herr habe ihm eine ganze Stunde lang das tollste Zeug ähnlicher Gattung vorgeschwatzt. Sie können sich denken, Herr Eyth, daß ich auf dies hin kein Blatt vor den Mund nahm. Was ging es mich an, ob er sich mit meinem Bruder herumgestritten hatte oder nicht? Ich fragte ihn, wer ihn bezahle? Er schien es nicht zu wissen. Ich klärte ihn auf: wir, die Steuerzahler von England und wir erwarten von unseren Dienern, ob sie in Kairo sitzen oder in Westminster, daß sie uns achtungsvoll anhören und tun, wofür sie bezahlt sind. Es war dann allerdings nur noch die Frage, wer den andern rascher aus dem Konsulatsbüro hinausbefördern werde, und dabei war ich leider im Nachteil. Eigentlich war mein unglückseliger Bruder an der ganzen Geschichte schuld. Der muß ihm, unmittelbar vor meinem Besuch, den ohnehin schwachen Kopf verwirrt haben. Aber zu machen ist mit Coalville nichts mehr, das werden Sie zugeben.«

»Schade, aber nicht überraschend«, sagte ich. »Diese Herren wollen mit ihrer Eitelkeit gegängelt werden. Es ist ein verhältnismäßig harmloses Mittel und ohne Mittel geht es eben nicht in dieser Welt. Sie haben sich den einfachsten Weg in den Audienzsaal des Vizekönigs selbst verlegt. Wir müssen einen andern finden.«

»Deshalb suchte ich Sie auf«, sagte Ben etwas kleinlaut.

»Und hier kommt Halim Pascha wie gerufen«, rief ich. »Der Onkel des Vizekönigs, Herr Thinker, und sein Nachfolger, vorausgesetzt, daß alles bis dahin mit rechten Dingen zugeht. Zu verachten wäre auch er nicht, wenn Sie für die Zukunft arbeiten, was ich stark vermute.«

Der Engländer ließ mich los und rückte seinen Hemdkragen zurecht, der im Eifer des Gesprächs eine selbständige Stellung angenommen hatte.

»Ich rechne darauf, Herr Eyth, daß Sie mich vorstellen«, sagte er dann dringend. »Der künftige Vizekönig darf nicht im Ungewissen darüber bleiben, was ihm bevorsteht.«

Der kleine, elegante Korbwagen, mit zwei weißen Vollblutarabern bespannt, tanzte in gefährlichen Sätzen über die Furchen des brachliegenden Baumwollfeldes auf uns zu. Noch während er im Gange war, sprang Rames Bey, der Adjutant und Leibmameluk des Paschas ab, ein prächtiger, blondhaariger Tscherkesse in grüner, goldgestickter Türkentracht. Fast ebenso rasch und gewandt folgte Halim in heller europäischer Kleidung, den roten Tarbusch auf dem Kopfe. Das dunkle Gesicht mit den blitzenden, schwarzen Augen und die kleine, bewegliche Gestalt verrieten das Beduinenblut, auch wenn man ihn nicht im Kreise seiner türkischen Vettern sah. Er schien in bester Laune zu sein, und kam freundlich grüßend auf mich zu.

»Guten Tag, Herr Eyth«, rief er, während ich mit meiner noch jungen orientalischen Feierlichkeit Stirne und Brust berührte. »Nun, wie geht es?«

Er sprach, wie immer mit Europäern, sein Pariser Französisch, aus dem in unverkennbarer Weise das *Quartier latin* herausklang, in dessen Nähe er mehrere Jahre verlebt hatte, und eilte, ohne einen Augenblick zu verlieren, auf den Baumwollpflug zu. Der etwas überraschte Fritschy sprang von seinem Sitz auf, fiel zwischen dem Gestänge des Geräterahmens durch und salutierte in dieser unbehaglichen Stellung nach Zuavenart, was er in seiner Kindheit zu Mühlhausen erlernt haben mochte, während der Engländer seinen Helm auf den Hinterkopf schob, und damit ernst, aber herablassend zu grüßen glaubte.

»Wir waren eben im Begriff, den ersten Versuch zu machen, Monseigneur!« sagte ich, äußerlich lächelnd, innerlich etwas verstimmt. Es ist immer peinlich, derartige Probefahrten in großer Gesellschaft vornehmen zu müssen, aber es ging nun einmal nicht anders. Thinkers unzeitiger Besuch hatte mir den halben Morgen verdorben.

»Schön, daß ich nicht zu spät komme«, sagte der Pascha. »Es macht Spaß zu sehen, wie sich solch ein Ding zum erstenmal rührt. Aha, Sie haben die Pflüge umgedreht. Ich habe sie gestern selbst anschrauben lassen, während Sie auf der Gesira waren. *Sapristi* – das sieht jetzt etwas anders aus! – Nun, meinetwegen; es wird auch so gehen. Fahren Sie los! – Rames, die Zigaretten!«

Der Mameluk holte sein silbernes, edelsteinbesetztes Etui aus der grünen Jacke und tat, was seines Amtes war. Halim Pascha puffte zweimal in die Luft und warf das Spielzeug weg. Ich gab dem Maschinisten auf der Maschine, vor der wir standen, ein Zeichen. Dieser pfiff und die ferne Maschine fing an, das Seil anzuziehen. Im nächsten Augenblick saß ich neben Fritschy auf dem Gerät, das Steuerrad in der Hand, und riß den Hebel zurück, der die drei schweren Furchenpflüge in die Höhe hielt. Mit einem dumpfen Schlag fielen sie zu Boden und bohrten sich leise knirschend in die Erde.

Es war ein Augenblick jener Spannung, die das Leben eines Ingenieurs lebenswert macht. Die stille Arbeit von Monaten mußte in den nächsten Minuten ihre Früchte zeigen. An sich war wohl der neue Pflug kein großes Werk, doch war er ein Teil des Ganzen und konnte diesem Ganzen einen neuen Wert und den Antrieb zu weiteren Fortschritten geben. All diese kleinen Dinge bildeten die Glieder einer großen Kette, an der ich seit Jahren mit Lust und Liebe schmiedete.

Und es schien zu gehen – es ging! Die drei Pflüge öffneten drei tiefe Furchen in dem aufgewühlten Boden. Jeder schob die Schollen, die er aus dem Grund heraufbrachte, nach rechts und links auseinander. Die ihm folgenden entsprechend gestalteten Walzen zermalmten die größeren Klumpen und gaben den Furchen und den dazwischen liegenden hohen Beeten eine regelmäßige, fast allzu glatte Form, wie sie die Hacke des Fallahs nach tagelanger Arbeit nie hergestellt hätte. Die Dampfmaschine, die uns zog, lief allerdings für einen ersten Versuch dieser Art viel zu rasch – die Gegenwart Halims war hieran schuld – so daß ich kaum Zeit fand, gelegentlich nach rückwärts zu sehen. Ich brauchte, gemeinsam mit Fritschy, alle Aufmerksamkeit, das Gerät in gerader Linie zu steuern. Auch waren wir bald in einer Wolke von Staub eingehüllt, durch die ich Halim Pascha erblickte, der in kaum würdigen Sprüngen uns nachrannte. Hinter ihm kam Rames Bey, welcher mit dem Stoizismus des echten Mameluken im Laufe eine zweite Zigarette anzuzünden suchte und hinter diesem folgte Ben Thinker, den die Freude an allem Neuen, das sich bewegt, mitriß. Durch das Knirschen der Pflüge und das polternde Geräusch der schweren Ringelwalzen hörte ich von Zeit zu Zeit das »Bravo, bravo, Monsieur Eyth!« Halims; eine herzerquickende Begleitung zu dem ungewohnten Lärm, mit dem wir über das Land brausten.

Jetzt hielt das Gerät still. Wir waren ohne Unfall am andern Ende des Feldes angelangt. Hinter uns lagen drei- bis vierhundert Meter lange Beete, bereit die Baumwollsaat aufzunehmen, zwischen ihnen drei wohlgeformte Gräben, in die im nächsten Augenblick das befruchtende ›rote‹ Nilwasser hätte eintreten können. Sie waren nicht übermäßig geradlinig; hierfür war die Geschwindigkeit und der Mangel an Übung im Steuern des Apparates zu groß gewesen. Aber für einen ersten Versuch war das Ergebnis alles, was man erwarten konnte. Mir wurde warm und wohl ums Herz und Halim Pascha hüpfte über die Gräben hin und her, wie ein Schuljunge.

»So hab ich mir's gedacht. So mußte es kommen«, rief er mir zu. »Das wäre wieder ein Schritt vorwärts, aber nicht der letzte. Nun brauchen wir noch eine Pflanzmaschine und dann – dann –«

»Wir sind noch nicht ganz über dem Graben, Hoheit«, rief ich zurück und gab das Zeichen zum Wenden. Dies sollte durch den Zug der jetzt fernen ersten Maschine geschehen, die langsam angelassen werden mußte. Ich hatte dies dem sonst leidlich aufmerksamen Maschinisten dringend eingeschärft, aber wie vorauszusehen war, hatte er die Mahnung längst vergessen; zu Ehren des Paschas, dessen Gegenwart die Leute zu außerordentlichen Leistungen anspornte. Mit einem tollen Stoß setzte die Maschine ein. Die drei Pflüge hoben sich aus dem Boden, der breite Rahmen des ganzen Gerätes wurde herumgerissen, so daß Fritschy und ich nur durch einen glücklichen Zufall nicht vom Sitz geschleudert wurden, das steuernde Vorderrad stellte sich senkrecht zur Gangrichtung und riß den Boden auf, wie ein wildgewordenes Nilpferd. Für einen Augenblick, bis wir ihm wieder die erforderliche Richtung geben konnten, sah es aus, als ob alles in Stücke gehen müßte. Aber es gelang, mit dem Aufwand aller Kräfte, das Rad einzustellen, und stürmisch, brausend und krachend, polternd und glitschend ging es wieder vorwärts. Die zweite dreifache Reihe von Beeten lief, wie ein brauner lebendiger Wasserstrom, unter uns weg.

»Bravo, Monsieur Eyth, bravo!« rief Halim, uns abermals nachjagend.

Ich war nicht mehr so siegessicher. Eine bange Beklemmung fühlte ich nur halb, weil keine Zeit dazu war, sie ganz zu fühlen. Da hörte man plötzlich einen dumpfen Knall; aber es ging noch immer vorwärts, polternd und knirschend. Alles schien in Ordnung, nur das Vorderrad machte jetzt eine eigentümliche Bewegung, wie wenn es nach links ausweichen und mit dem ganzen Geräte davon laufen wollte. Doch konnte man es noch halten. Da warf plötzlich Fritschy beide Arme gen Himmel. Ich sah rückwärts. Schon dreißig Schritte hinter uns stand in der dritten Furche, die dort plötzlich aufhörte, einer der drei Pflüge, ruhig, als ob ihn die ganze Sache nichts anginge. Er war, aus irgendeinem unerklärlichen Grund, abgerissen.

Also doch! dachte ich, in der Bitterkeit meines Herzens. Der übliche Anfang einer guten Sache und ein verlorenes Jahr! –

Ich konnte nicht weiter weltweiseln, denn ich mußte das Steuer mit aller Kraft festhalten, um nicht in der tollsten Weise über das Feld geschleppt zu werden. So ging es noch vierzig Schritte weiter, ehe der Maschinist auf der ziehenden Maschine Fritschys erhobene Arme und den schrillen Notpfiff der andern zu bemerken geruhte und stillhielt.

Halim Pascha war bei dem abgerissenen Pflug stehengeblieben. Thinker, der sich jetzt im Sturm des Gefechts ohne weitere Umstände als Mitarbeiter fühlte, lag vor dem Gußstück auf den Knien und untersuchte seine Bruchstellen. Es war ein guter, gesunder Bruch; ein fehlerhafter Guß hatte das Unglück nicht verschuldet, ebensowenig die ungenügende Stärke des Pflugkörpers, der jede Baumwurzel ausgerissen hätte. Aber noch ehe ich die Gruppe erreichte, wurde mir klar, wo die Ursache des Unheils zu suchen war. Beim gewaltsamen Wenden des Gerätes hatte sich der große, verhältnismäßig leichte Rahmen des Apparats verbogen. Die Walzen hatten infolge hiervon auf den Pflug gedrückt und dieser Druck ohne Zweifel den Pflugkörper abgeknickt, der dann eine zweite Reise über das Feld nicht mehr ertrug.

»Machen sie kein so schwarzes Gesicht«, sagte Halim munter; »das Ding kann repariert werden. Sie haben schon schlimmeres Flickwerk in unsern Schubraer Werkstätten fertig gebracht. Geht's dort nicht, so haben wir die Staatsfabrik in

Bulak zur Verfügung und schließlich England. Das braucht uns keine Sorge zu machen. Das Prinzip der Maschine ist richtig, so viel hat sich gezeigt; die Arbeit, die sie hinlegt, ist vortrefflich. Alles übrige braucht weiter nichts als Geduld, die sie in Ägypten schon noch lernen werden, und Zeit, an der es nur unvernünftigen Menschen fehlt. Den Vernünftigen gibt Gott so viel als sie brauchen, und mehr!«

»Kleinigkeit!« rief Thinker, sich aufrichtend. Er fühlte instinktiv, daß ihn Halim verstehen müßte, wenn er möglichst laut und gebrochen englisch spreche, denn diese Regel, behauptet er, habe sich bei seiner Reise durch Deutschland glänzend bewährt. »Kleinigkeit – Wieder machen lassen. Nur Geld – Tasche – nicht Kopf. – Aber ich – größeres, unvergleichlich größeres – Fürstengedanken – Königsgedanke! –«

Halim, der wie sein Neffe, der Vizekönig, mehr englisch verstand als er zugab und auf diese Weise aus den Gesprächen seiner Besucher mit ihren Dolmetschern manches erfuhr, was er sonst nicht gehört hätte, sah den unbekannten Stammler verwundert und dann mich fragend an. Thinker verneigte sich in so korrekter Weise, und sein Gesicht, das aus Begierde, zu helfen, mitzuarbeiten, förmlich glühte, kam hierbei so sehr zur Geltung, daß sich die Miene des Paschas, die bewölkt zu werden drohte, wieder aufhellte. Es war merkwürdig, wie sich in diesen dunkeln Zügen die innere Bewegung spiegelte, wenn er sich gehen ließ und wie steinern sie sein konnten, wenn er es wollte.

Nun aber ging für mich ein Dolmetschen los, das mir fast den Atem raubte. Halim war in vieler Beziehung ein echter Sohn seines Landes, war doch seine Mutter ein Kind der Wüste gewesen. An Wasser knüpfte sich für ihn alles, was ihm nützlich, lieblich und poetisch erschien, an die wasserlose Dürre alles Hassenswerte und Beängstigende. Thinker merkte rasch, daß er seinen Mann gefunden habe. Aus den geöffneten Schleusen seiner Seele stürzte ein Wildbach von Worten, in dem ich unterzugehen drohte. Nur in einem doppelt verkürzten Auszug konnte ich dem Pascha deutlich machen, für was sich der Engländer ereiferte, und mehr als einmal verriet die gespannte Aufmerksamkeit und das lebhafte Mienenspiel des Prinzen, wie ich es noch nie an ihm bemerkt hatte, daß er Thinker auch ohne Übersetzung verstand.

»Sagen Sie Ihrem Freund«, wandte er sich nach einer langen Auseinandersetzung über die Ursachen des Versagens der Barrage an mich, »sagen Sie ihm, wenn ich einmal Vizekönig werde, Barrage oder nicht, soll kein Tropfen roten Nilwassers mehr ins Meer fließen.«

»Das ist ein Wort, eines Königs würdig!« rief Thinker begeistert. Wie mich vor einer Stunde, hätte er den Pascha um ein Haar am Rockknopf gepackt, wenn ich nicht rasch dazwischen getreten wäre. Das Gefühl wohlwollender Herablassung, das jeden Briten ergreift, wenn er einem *foreigner*, einem Nichtengländer begegnet, der Verständnis für seine Pläne zeigt, drohte ihn fortzureißen. Als er jetzt auf die Pyramide zu sprechen kam, stutzte der Pascha kaum merklich. Er verstand es vortrefflich, Fremden gegenüber seine orientalische Gemessenheit zu bewahren. Dann lachte er und meinte: Auch er habe für die Pyramiden keine allzugroße Verehrung. Man könnte es zur Not ertragen, wenn eine weniger den Horizont von Schubra schmückte.

»Das einzige, was mir heute zu denken gibt«, schloß Thinker triumphierend, »ist, wie die Sache so rasch als möglich ins Werk gesetzt werden könnte. Ach! Wenn das herrliche Land das Glück hätte, unter der Führung und Herrschaft Eurer Königlichen Hoheit zu stehen – aber – aber –«

Halim Paschas Stirne zog sich in Falten. Kein Wunder. Thinker hatte keine geschickte Art, mit der Tür ins Haus zu fallen. Nach einer Pause sagte er:

»Direkt kann ich nichts für Sie tun, Herr Thinker. Mein Neffe, der Vizekönig, regiert und ist zur Zeit nicht einmal im Lande. Ob er Geld für Ihre Pläne hat, wenn er aus Stambul zurückkommt, müssen Sie ihn selbst fragen. Daß er es braucht, weiß der Himmel.«

»Darin liegt meine Stärke!« rief der unerschütterliche Engländer. »Wenn ich Gelegenheit fände, ihm meine Berechnungen vorzulegen, hätte ich gewonnen.«

Halim zuckte kaum merklich mit den Schultern.

»Sie denken sich die Sache sehr einfach«, sagte er lächelnd. »Mein Neffe hat seinen eigenen Kopf und seine Umgebung, eine traurige Bande, umschwindelt ihn täglich mit Projekten, die das Ihre weit übertreffen.«

Thinker stutzte. War der Pascha am Ende nicht so naiv, wie alle übrigen beturbanten Großen, denen er bisher begegnet war? Für die Ironie des Arabers hatte der wackere Engländer kein Verständnis. Er erzählte von dem geplanten Vortrag in Shepheards Hotel.

Halim lachte etwas unzweideutiger. »Schaden kann das ja nichts«, meinte er wohlwollend. »Ihre Landsleute werden zuhören und keine Miene verziehen; die Herrn Franzosen werden ihre Witze darüber machen. Aber den Nil werden Sie auf diese Weise kaum aufstauen. Das kann nur der Vizekönig, wenn er will und ihm die rechten Leute zugeführt werden. Seit einiger Zeit ist der kleine Sadyk Bey sein Ohr und Auge: ein Fellah; aber ein Schlaukopf! Ich wollte, ich könnte Ihre Pläne fördern, aber – nun ja, es ist unmöglich, daß ich mich mit diesen Menschen einlasse.«

Die Unterhaltung hatte eine Richtung genommen, die ihn sichtlich verstimmte. Der Hof des Vizekönigs und der seines Thronfolgers hatten nach uraltem Herkommen seit einiger Zeit aufgehört, sich zu verstehen und das Gewitter, das später über Halims Haupt ausbrechen sollte, begann bereits sich zu sammeln.

»Kann ich Ihnen irgendwie behilflich sein, Herr Thinker?« fragte er plötzlich, indem er sich rasch umwandte und seinem Korbwagen zuschritt; »Ihre Pläne haben mein lebhaftes Interesse.«

Wir folgten ihm. Ich übersetzte.

»Wenn Eure Königliche Hoheit einem Ihrer Leute gestatten wollten, mich ein paar Wochen lang zu unterstützen« – sagte Thinker, dem ein glücklicher Gedanke durch den Kopf schoß.

»Wen?« fragte Halim scharf, mit jenem rasch geweckten Mißtrauen, das in hohen ägyptischen Kreisen zum guten Ton zu gehören schien. Wer nicht intrigierte oder Intrigen fürchtete, gehörte kaum in diese Welt.

»Herrn Fritschy«, versetzte Thinker, »ein intelligenter junger Mann, der mir sehr nützlich sein könnte.«

»Den Monteur von Thalia?« lachte Halim, indem er mich ansah.

»Er spricht genügend englisch für meine Zwecke«, fuhr Thinker fort, »der spricht französisch und arabisch und er hat eine rasche Auffassungsgabe, wie – wie ich sie außerhalb Englands nicht zu finden erwartete.«

»Ein Kompliment für uns, Herr Eyth«, spottete Halim. »Sapristi, die Herren Engländer wissen uns zu beurteilen! Aber Fritschy können Sie haben, so lange Sie wollen. Sorgen Sie dafür, daß Thalia in der Zwischenzeit nicht zu Grunde geht, Herr Eyth, und lassen Sie sich von Ihrem Baumwollpflug das Herz nicht abdrücken! Er ging ja vortrefflich. *Bonjour, Messieurs!*«

Er war in den Wagen gesprungen, streckte zwei Finger nach Thinker aus, die dieser zu ergreifen nicht rasch genug war, denn im gleichen Augenblick zogen die ungeduldigen Araber an und das Korbwägelchen flog über die Furchen des alten Baumwollfeldes, daß es zumeist nur auf einem Rad zu tanzen schien.

Thinker machte ein Gesicht, wie wenn er die Welt erobert hätte.

»Ein vortrefflicher Herr«, murmelte er; »sehr verständig, sehr intelligent! Wissen Sie was, Herr Eyth«, fuhr er nach einer Pause fort, die wir brauchten, um unsere Gedanken in das Alltagsleben zurückgleiten zu lassen, »mir ist's, als ob dort drüben am Horizont die Pyramide schon verschwunden wäre und ich den Nil mit meinen Händen aufhalten könnte. Man spürt bei diesen orientalischen Herren, trotz allem, was er uns sagte, doch immer etwas davon, was Macht ist.«

»Man merkt auch, wie leicht sie durch die Finger schlüpft«, sagte ich. »Hierfür sind Sie noch nicht lange genug im Lande, Herr Thinker.«

Dann rief ich Fritschy beiseite und erzählte ihm, was sich zugetragen hatte. Sein Gesicht verzog sich, daß es wie ein lebendiges Bilderrätsel aussah. Er wünschte offenbar, daß ich denken sollte, wie schwer er sich mißhandelt fühle, und konnte doch eine heimliche Freude kaum verbergen.

»Ich vermute, es gibt ein Schicksal hierzuland«, sagte er düster. »Die Türken und Araber sind fest davon überzeugt, und beugen sich, wenn es sie packt.«

»Sie können nichts Klügeres tun als ihr Beispiel nachahmen«, unterbrach ich ihn, ohne mich auf seine Betrachtungen näher einzulassen. »Gehen Sie ruhig mit Herrn Thinker. Was Sie zu tun haben ist weiter nichts als eine angenehme Spielerei, fürchte ich. Aber auf ein paar Wochen kommt es Ihnen unter den Umständen nicht an, wenn sie gut dafür bezahlt werden. Mittlerweile kommt Monier aus Oberägypten, und dann kann aus meinem Plan für Sie immer noch etwas werden. Er wäre der erste Franzose meiner Bekanntschaft, dem es mit dem Heiraten ernst wäre, das er seinem künftigen Monteur zumuten will.«

»Ich bin ein Christ«, sagte Fritschy wehmütig und leider nicht mit dem Ernste, den die Bemerkung verdient hätte. »Wenn mich ein türkisches Schicksal ereilen sollte, so werde ich es tragen müssen, ob ich mich sträube oder beuge. Ich glaube selbst, letzteres bleibt das Vernünftigere. Gehen wir, Herr Thinker! Aber ich muß bitten, mir eine schickliche Arbeit zu geben und mich vor den Gefahren zu schützen, die mein zeitweiliger Beruf mit sich bringt. Ich bin nur geliehen.

Herr Eyth und Halim Pascha wünschen mich wieder ganz und ungeteilt zurückzuerhalten.«

Thinker sah den alemannischen Komiker verwundert an. Er hatte ihn glücklicherweise nicht verstanden; ich selbst verstand ihn nur halb. Nach weiteren zehn Minuten war alles Nötige besprochen und geregelt. Ich bat Fritschy, mich von Zeit zu Zeit wissen zu lassen, was er treibe, und mir namentlich immer mitzuteilen, wo er sich befinde, so daß ich ihn nach Bedarf jederzeit zurückrufen könnte. Ben Thinker war selbstverständlich damit einverstanden, und Fritschy versprach, mich auf dem laufenden zu erhalten. Dann ritten die beiden nebeneinander in der Richtung von Kairo davon, befriedigt, aber sehr laut plaudernd, denn Fritschys mangelhafte Kenntnisse der englischen Sprache schienen dies zu verlangen.

Ich war endlich allein mit meinem Baumwollpflug. Es war der rechtsseitige Pflugkörper, der gebrochen war, so daß sich das Gerät infolge des einseitigen Widerstandes nicht mehr steuern ließ. Ich ließ deshalb die Reste des verunglückten Pflugs entfernen, den mittleren abschrauben und an die Stelle des gebrochenen setzen. So konnte wenigstens eine Zeitlang weiter gearbeitet werden, um diese und jene praktische Frage zu studieren, auf die ein neues Geräte eben nur im Felde Antwort gibt. Vieles erschien hoffnungsvoll. Dagegen waren verschiedene Teile des Hauptrahmens für das gewaltsame und unvorsichtige Wenden an den Enden des Feldes, auf das man in Ägypten rechnen muß, zweifellos zu schwach. Das sind Dinge, die eben nur die Erfahrung entscheidet, und diese zu sammeln gehört zum Geschäft des Erfinders ebensosehr als der erste glückliche Gedanke. Der Rahmen hatte sich nach einer weiteren Stunde des Arbeitens bei einer zu raschen Wendung noch etwas mehr verbogen. Bei der nächsten Fahrt über das Feld brachen gleichzeitig die beiden übriggebliebenen Furchenpflüge ab. Ich hatte dies erwartet und beabsichtigt, so lange zu arbeiten, bis irgendeine Katastrophe der weiteren Tätigkeit ein Ende machen würde.

Nun saß ich auf den verbogenen Trümmern meiner Maschine, trocknete mir den Schweiß von der Stirne und skizzierte Pläne für die erforderliche Verstärkung des Rahmens, die schlimmstenfalls in Bulak ausgeführt werden konnten. Aber wie die Verhältnisse dort lagen, mußten Wochen, ja Monate vergehen, ehe wir hoffen durften, wieder im Felde zu sein. Die Sonne brannte jetzt fast senkrecht auf mich herunter, die Eisenteile, die ich berührte, waren brennend heiß. Ich konnte mich einer trüben Stimmung nicht ganz erwehren. Es war doch ein einförmiges, einsames, mühseliges Leben auf den vertrockneten Feldern des endlosen Deltas. Alles um etwas mehr Baumwolle, Reis oder Zucker in die Welt zu setzen!

Geduld! – Ihr habt gut reden, zu Hause hinter dem gemütlichen Glas Bier, oder selbst in den kühlen Zeichensälen, wo sich große Pläne und sinnreiche Gedanken so hübsch aufs Papier werfen lassen. Geduld! Und dabei ist der alte Spruch: ›Dornen und Disteln soll dein Feld tragen‹, noch nicht einmal verjährt. »He da, Achmed! Ja, Mansur! Spannt die Seile ab und führt den Krüppel so vorsichtig als möglich in die Werkstatt. – Aber aufgepaßt! Es hat keine Eile mehr; vorsichtig!«

KAPITEL

Horch, der Wilde tobt schon an den Mauern

Zwei Wochen waren vorübergegangen. In den drei größeren Gasthöfen von Kairo fühlte man den nahenden Sommer. Die Zugvögel auf der damals mit verwildertem Gestrüpp bedeckten, halbversumpften Esbekije, nach welcher Shepheards Hotel und das heute verschwundene Hotel de l'Orient hinausblickten, sowie im niedlichen Palmengärtchen des Hotel du Nil waren gen Norden abgezogen. Die menschlichen Wintergäste Ägyptens gedachten nicht ohne heimliches Vergnügen, und laut jammernd über die wachsende Hitze, es ihnen nachzutun. Doch war das europäische Treiben in der nördlichen Ecke der alten Kalifenstadt noch nicht ganz verschwunden, und da und dort richtete sich ein deutscher Gelehrter, ein zäher englischer Geschäftsmann oder ein französischer Abenteurer mit hochfliegenden Plänen darauf ein, dem Sommer im Niltal zu trotzen. Buchwald hatte im Innern der Stadt in einem Winkel hinter dem Hotel du Nil einen prachtvoll wilden Garten gefunden, der durch ein finsteres, nicht zwei Meter breites Gäßchen zugänglich war, und hinter demselben ein großes, leeres, halbzerfallenes Mamelukenhaus aus dem vorigen Jahrhundert. Es gehörte einem verkommenen Pascha aus Mohamed Alis Zeiten, der dem Maler mit zitterndem Schmunzeln ein paar kahle, in Staub erstickte, skorpionenbewohnte, aber hohe luftige Zimmer vermietete. Dort hatte er nach etlichen Tagen ein fast ideales Atelier ein-

425

gerichtet und sammelte eifrig Skizzen zu seinem großen Bild, welches schon in einem halben Dutzend Entwürfen an den Wänden umherstand. Joe Thinker, der sich von den leiblichen und geistigen Anstrengungen seines ersten ägyptischen Feldzugs erholt hatte, schrieb und rechnete mit unermüdlichem Eifer und wechselndem Erfolg im kühlen Halbdunkel seines Gasthofzimmers, wenn er nicht seinen Freund Buchwald besuchte, um dessen Bild die wünschenswerte Geistesrichtung zu geben. Dies gelang mehr und mehr. Eine fast alttestamentliche Prophetengestalt war schon aus dem harten, sklaventreibenden Pharao geworden, welchem die keuchenden Ägypter in scheuer Anbetung gehorchten. – Herr Ben, inmitten einer wachsenden Schar von Freunden und Bekannten, war in fieberhafter Tätigkeit. Er hatte es in der Tat nicht so leicht gefunden als er erwartete, die Wege für seinen Vortragsabend zu ebnen. Das Vorgehen erschien der internationalen Gesellschaft Kairos zu fremdartig, zu ernsthaft. O'Donald war allerdings nach einigem witzelnden Zaudern in Bewegung geraten und half dem großen Wasserschwärmer, wie er ihn nannte, lachend, sich in den höheren ägyptischen Kreisen zurechtzufinden. Hierfür bot ihm, als dem Leiter einer Zweig-Geschäftsstelle der ›Ägyptischen Handels-Gesellschaft‹, seine Bank alle erforderlichen Anknüpfungspunkte, denn vom vizeköniglichen Pascha bis herab zum bartlosen Effendi war zu jener Zeit alles in Baumwollgeschäften, Maschinenkäufen und Anlehnsspekulationen verwickelt. – Auch Fritschy, der unter Fräulein Schütz erstaunliche Fortschritte in der englischen Sprache machte und einer gefährlichen Verfeinerung seiner ehrlichen Monteurnatur entgegenging, war in der gleichen Richtung von anerkanntem Nutzen. Herr Ben, eine Bezeichnung, die wie ›Herr Joe‹ sich im Hotel bis herab zu den schwarzen Stiefelputzern eingebürgert hatte, brauchte für seine Pläne und seine innere Befriedigung nicht bloß die Spitzen der Aristokratie des Landes. Er schwärmte dafür, das Volk, für dessen Wohl er zu arbeiten gedachte, hinter sich zu sehen. Fritschy sollte das Volk beschaffen. »Wackerer Thinker!« schloß O'Donald, wenn er sich hierüber aussprach, und die heitere Skepsis seines Wesens aus allen Poren dampfte. Dieses Verhältnis hinderte ihn jedoch nicht, auch Herrn Joe wohlwollend auf die Schultern zu klopfen. Der Doktor schien ihm ein so hilfloses Kind zu sein, daß er ihn nicht ohne Zärtlichkeit zu behandeln vermochte. Beide, O'Donald und Fritschy sorgten nebenher eifrigst für die Damen. Miss Thinker hatte ihr Malzeug hervorgeholt und entwarf Landschaften mit nach der Natur gezeichneten Vordergründen und indischen Sonnen- und Mondaufgängen von überraschender Wirkung. Fräulein Schütz studierte die Geschichte Ägyptens im Mittelalter und durchforschte die Kalifen- und Mamelukengräber, wenn sie irgend jemanden bewegen konnte, sie zum Bab en Nasir oder zum Bab Tulun hinaus zu begleiten. Fritschy, wenn auch innerlich widerstrebend, zeigte eine rühmliche Beweglichkeit. Er fühlte, daß er für das höhere geistige Leben, in das er eingeführt wurde, nicht undankbar sein dürfe.

Nur Buchwald hatte in diesen vierzehn Tagen ein erwähnenswertes kleines Abenteuer erlebt. In seinen Streifereien durch die entlegensten Winkel der herrlich zerfallenen Kalifenstadt, in der es von Modellen wimmelte, die schon vor viertausend Jahren ein naturalistischer Maler als echte Volkstypen ausgewählt hätte, glaubte er eines Tages zu bemerken, daß er von einem tiefverschleierten Fellahweibchen förmlich verfolgt wurde. Doch verlor sie sich, sobald er in der Nähe seiner Wohnung in die Bazars der Mukli einbog. Als er jedoch am folgenden Tag gegen Mittag von einer ähnlichen Wanderung nach Hause kam, fand er die kleine Haifa eifrig beschäftigt, seine Pinsel zu waschen. Der Boab – der Hauswächter – entschuldigte sich laut und suchte ihm deutlich zu machen, daß er sein Möglichstes getan habe, aber daß die Kleine Gewalt gegen Gewalt setze und sich nicht vertreiben lasse. Als er ihr mit einigen nicht sehr freundlichen Bemerkungen die Pinsel wegnahm, und den Rat erteilte, ohne Verzug nach Kafr oder zum Kuckuck zu gehen, hüllte sie sich schamhaft in ihren Schleier und setzte sich in die Ecke des Ateliers, still, wie ein Häufchen blauer Baumwolle. In seiner Not ging er zu Shepheards und holte Joe Thinkers Dragoman. Das Baumwollhäufchen belebte sich sofort, aber das Ergebnis war nicht das erhoffte. In einer stürmischen Szene, in welcher Haifa die Rolle einer kleinen Wildkatze spielte, erlitt Ibrahim ben Musa eine völlige Niederlage, da Buchwald – unerklärlicherweise, wie der Dragoman gekränkt bemerkte – ihm nicht gestattete, zu körperlichen Gewaltsmaßregeln überzugehen. Schließlich erklärte sie, doch etwas erschöpft von dem lebhaften Gedankenaustausch mit dem alten Ibrahim und in Tränen ausbrechend, daß sie kein Bakschisch wünsche. Sie wolle nur die Pinsel waschen, was ihr Recht und ihre Pflicht sei. Sie habe dies immer getan und werde bis zum letzten Pinselstrich bei dem Maler ausharren.

Was war zu tun? Glücklicherweise war in dem Hause Raum für zwanzig Haifas. Der Mamelukenprinz, der es gebaut hatte, mußte wohl für eine ähnliche Anzahl Sorge getragen haben. Wenn man in eines der verlassenen Gemächer eine Binsenmatte legte, und einen alten Teppich darüber warf, so war für die Kleine eine fürstliche Wohnung eingerichtet. Buchwald gab den Kampf vorläufig auf, was Haifa sofort bemerkte und mit einem schrillen Freudentriller begrüßte. Dann ergriff sie zwei Kullahs, die im Zimmer standen und eilte hinaus, um ihre Tätigkeit zu beginnen. Allerdings ließ Buchwald noch am Abend mit Hilfe des Dragomans und eines an der Ecke der Mukli sitzenden Straßenschreibers einen Brief an den Schech von Kafr aufsetzen, um dieser Amtsperson mitzuteilen, wo sich das verlaufene Mädchen befinde und ihren Angehörigen unnötige Sorge zu ersparen. Weder der Schech noch die Angehörigen ließen jedoch etwas von sich hören. So hatte Buchwald, ob er wollte oder nicht, als unerwarteten Anfang zur Begründung eines Hausstandes ein diensteifriges Mägdlein erhalten, und mußte sich bis auf weiteres dreinfügen. –

In der Hoffnung, diesen bedrohlichen Zuwachs seiner Junggesellenwirtschaft in kürzester Frist wieder los zu werden, kümmerte sich der Maler möglichst wenig um das Treiben der kleinen Wilden. Er war deshalb auch mehr und mehr erstaunt, wie sie, neben dem Waschen der Pinsel und der Versorgung des Ateliers mit Trinkwasser, wichtige Pflichten einer höheren Kultur, die ihr früher völlig unbekannt gewesen sein mußten – das Aufräumen der Zimmer, das Abstauben von Tischen und Stühlen, das Stiefelputzen und Ausbürsten umherliegender Kleidungsstücke –, an sich riß. Einige Tage später erklärte sich dieses Geheimnis. In dem auf der anderen Seite des Gartens liegenden Hotel de Nil trieb sich ein kleiner schwarzer Junge herum. Er war der Diener und Eselsjunge einer im Hotel wohnenden Schauspielerin und ein durchtriebener Spitzbube, versicherte der deutsche Portier des Hauses. Dieser Junge hatte Haifa ebenfalls entdeckt und trug ihr ohne Verzug seine Freundschaft an, wofür er, zähnefletschend vor Vergnügen, manche kräftige Ohrfeige eintauschte. Trotz der zur Schau getragenen Verachtung, mit der Haifa den kleinen Chalil behandelte, benutzte sie ihn als Lehrmeister und Ratgeber in Fragen europäischer Zivilisation, so daß Buchwald auch den Jungen manchmal in seinen Zimmern traf, woran beide, Haifa und Chalil, nicht den geringsten Anstoß zu nehmen schienen. Ja, er kam in die peinliche Lage, daß seine Stiefel eine ganze Woche lang mit der Wichse der ihm sonst unbekannten Schauspielerin gewichst wurden, ehe er wenigstens diesem Verhältnis ein Ende machen konnte.

An der Gasthofstafel des Hotel Shepheard war man bei den Äpfeln und Orangen angelangt, und die geräumige Veranda, die bereits seit einer halben Stunde im rasch wachsenden Abendschatten des Hauses lag, begann sich zu beleben wie täglich um dieselbe Stunde. Listige ältere Herren und kluge Damen ohne Alter verzichteten auf die letzten Genüsse eines satten Gaumens, um die bequemeren Schaukelstühle zu besetzen, mit denen Zech, der Hotelbesitzer, den berühmten Vorplatz seines Hauses ausgestattet hatte. Wer später kam, mußte seinen Stuhl mitbringen oder seine müden Glieder auf das eiserne Geländer stützen, das die Plattform umgab. Vor derselben, auf der Straße, war es schon still geworden. Unter den Sykomoren, entlang der andern Seite des Wegs, lagen noch ein paar halbschlummernde Eselsjungen mit ihren Tieren, in der Hoffnung auf einen Ritt im Mondschein. Ein Schlangenbändiger kauerte an der Treppe und begann aus einem zerrissenen Sack lässig zwei seiner Zöglinge hervorzuziehen und sie, wie zum eigenen Vergnügen, um Hals und Arme zu schlingen. Auch drüben in dem Buschwerk der Esbekiye war es noch still und kein unruhiges Licht flimmerte in den bläulichen Schatten, die sich auf das ganze Bild herabsenkten.

Nur ein erfahrener Beobachter hätte entdeckt, daß mit jeder Viertelstunde eine nicht gewöhnliche Bewegung in der Umgebung des Gasthofs wuchs. Ein außerordentliches Ereignis schien sich vorzubereiten, das jedermann mit einer gewissen Spannung erwartete, von der er möglichst wenig verraten zu wollen schien. Shepheards Hotel war von jeher die Hauptniederlassung der Engländer gewesen. Es war deshalb natürlich, daß auch auf seiner Veranda der gedämpfte englische Ton vorherrschte. Ein Fremder hätte im Hotel d'Orient, auf der andern Seite der Esbekiye, vor dem ein Dutzend Tischchen boulevardartig aufgestellt waren, in zwei Minuten alles erfahren, was er zu wissen wünschte. Obgleich die Franzosen nichts von der ›conférence d'un Monsieur anglais‹ erwarteten, wurde dort das kommende Ereignis von allen Seiten beleuchtet, und die Hälfte der Gesellschaft wäre gegen ihren Willen bereit gewesen, zu ›assistieren‹, hätte sie nur sicher sein können, Madame Geraldinens Schlangentanz im Café français nicht zu versäumen.

430

Doktor Thinker war seines Schaukelstuhls in der rechten Straßenecke der Veranda sicher, wenn an dem betreffenden Tag kein unwissender Fremder angekommen war. Ein historisches Recht, das sich auf einen vierzehntägigen Besitz stützt, wird auch in einem ägyptischen Gasthof anerkannt und geachtet. Neben ihm saß O'Donald auf einem gefährlich krachenden Kindersesselchen; hinter beiden stand Buchwald, der sich auf das Geländer stützte, alle drei in halblautem, leidenschaftslosem Gespräch über die Dinge, die um sie her vorgingen und in der Stimmung, in der sich der Mensch nach einem heißen Tage und einem späten, nicht zu leichten Mittagsmahl der Arbeit des Verdauens hingibt.

Der marmorbelegte Platz um sie her füllte sich nach und nach mit satten Leuten, die, ähnlich wie sie, behaglich plaudernd und diskret lachend aus dem Hotel heraustraten und sich dem Genusse von Zigarren und Zigaretten in allen erdenklichen Variationen hingaben. Die Amerikaner, denen man auf der Spitze der Pyramide begegnet war, befanden sich noch hier. Herr Switchley geleitete seine zentnerschwere Gattin zum solidesten Sorgenstuhl, der sich überdies gegen die Hotelwand stützte, und das Privateigentum der Familie Switchley war. Dann begann er stillvergnügt über das Geländer der Veranda zu spucken, um einer vertrockneten Aloe neue Lebenshoffnungen einzuflößen. Längst hatten sich friedliche Verhältnisse zwischen England und Amerika herstellen lassen, und Buchwald war sogar von Jemima gebieterisch ersucht worden, ihr Malstunden zu geben. Dies hatte Harry Webster hintertrieben, so daß sich der Maler eines Gefühls der Dankbarkeit selbst gegen dieses minder liebenswürdige Glied der angelsächsischen Rasse nicht ganz erwehren konnte. Ähnlich, wenn auch etwas anders, fühlte die schöne Amerikanerin, oder vielmehr die amerikanische Schöne. Der Chirurgus hatte deshalb seine Abreise nach England aufopferungsvoll um vierzehn Tage verschoben und hoffte, in nicht allzu ferner Zukunft in den Vereinigten Staaten praktizieren zu dürfen; ja, in gewissem Sinne tat er es jetzt schon. Im dunkelsten Winkel der Veranda beriet er sich mit Miss Jemima, ob nicht ein Mondscheinritt in der Schubraallee dem zu erwartenden Vortrag vorzuziehen wäre, und schon war er im Begriff, die erforderlichen zwei Esel heranzuwinken. Die Selbständigkeit der amerikanischen Frau, die er in Jemima – nicht ohne Furcht und Zittern – häufig zu bewundern Gelegenheit hatte, gab der Sache jedoch eine Wendung in entgegengesetzter Richtung. Miss Switchley schwärmte für geistige Genüsse und entschied sich gegen die Esel. Harry mußte sich auf einen liebeleeren Abend gefaßt machen. ›Die verdammten Thinker!‹ dachte er, bekanntlich nicht zum erstenmal, und faßte sich und Jemimas rundliche Hand. Ein aufrichtiger, fester Gegendruck war sein Lohn.

Später erschien Ben Thinker und hinter ihm ein noch kleinerer, noch rosiger aussehender junger Herr. Beide waren in Gala: weißer Halsbinde, schwarzem Frack und in Beinkleidern von derselben ernsten Färbung. Man bemerkte sofort, daß Herr Ben den Mittelpunkt der allgemeinen Aufmerksamkeit bildete und daß er dies nicht allein seinem in Ägypten ungewöhnlichen Anzug verdankte. Er grüßte diesen und jenen mit flüsternder Geschäftigkeit und schien einige Mühe zu haben, Glückwünsche und Komplimente abzuweisen. Wie ein etwas ungeschickter Schatten folgte ihm sein junger Begleiter, dem es bei der Sache weniger wohl zu sein schien. Die Ecke, in der Joe und seine Freunde saßen, vermieden beide bei ihrem Umgang geflissentlich. Auch der Doktor spielte den Gleichgültigen, folgte den zweien aber mit den Augen und sagte nach einer Pause traurig:

»Da geht er, mein armer Bruder, und macht seine Bücklinge vor jedem leeren Schädel, der ihm begegnet, um ein Werk zu fördern, das im voraus bestimmt ist, zugrunde zu gehen; um eins zu hindern, für das uns alle Zukunft danken wird. Und er meint es gut und ehrlich, soweit kenne ich meinen leiblichen Bruder! Aber welche Verirrung! Welche Selbsttäuschung und – das ist das Schlimmste – welche Täuschung anderer. Dabei diese Erniedrigung seiner selbst, um der Schandtat die verbrecherischen Wege zu ebnen. Sagen Sie nicht, ich gebrauche zu starke Worte, Herr O'Donald. Sehen Sie nur, wie er jetzt dem Franzosen die Hand schüttelt – einem Franzosen! Ein Suezkanalmann, wenn ich recht unterrichtet bin; einer von den Metermenschen, die bereit sind, einen Graben durch die Landenge zu lügen, auf der schon der Pharao des Auszugs in seinen Sünden unterging. Ist es nicht ekelerregend? Sehen Sie, der Franzose bringt ihm einen Türken. Natürlich – schüttle ihn, bis er mit dem Kopfe wackelt! Es ist eine Schmach!«

»Kennen sie den andern Herrn im Frack, den Jungen?« fragte Buchwald, um seinen erregten Freund auf andere Gedanken zu bringen. Aber es half nichts.

»Er sagt, er kämpfe für seine Ideale«, fuhr dieser erbittert fort. »In einem gewissen Sinne ist dies ja richtig. Aber was müssen es für Ideale sein, für die man in dieser Weise kämpft. Ich kämpfe, scheint mir's, auch für Ideale. Wäre es mir möglich, so weit herabzusinken? Vor dem Dämos förmlich zu kriechen, damit er mir gnädigst erlaube, ihn zu füttern und zu tränken.«

»Bei Georg, ich wollte, unser Freund von Schubra wäre hier«, rief O'Donald entzückt. »Sie fragten, wer Herr Bens Schatten sei. Jetzt weiß ich's: Fritschy ist's; einer der Monteure von Halim Pascha. Ich hätte ihn gleich erkennen sollen. Er trägt sein Monatsgehalt auf unsere Bank, soweit er ihm übrig bleibt. Die Leute sind unsinnig gut bezahlt. Wie der Frack den Menschen hebt, unglaublich! Ein niedliches Bürschchen ist's, so oder im Arbeitskittel, das wollen wir ihm lassen. Bei Zeus, jetzt macht er Fräulein Schütz den Hof: das reinste Kavalierchen.«

»Traurig!« wiederholte Joe. »Sie sehen, wie diese Richtung alle Verhältnisse zerrüttet. Und ich frage immer wieder –: wozu?«

»Nun, das werden wir ja sehen, wenn wir gesund bleiben!«
entgegnete O'Donald, wenig geneigt, in den grämlichen Ton
des Doktors einzustimmen. »Eins müssen Sie Ihrem Herrn
Bruder zugestehen: er arbeitet wie ein Pferd und macht entsprechende Fortschritte. Es ist nicht meine Sache, in diesem
Familienzwist Partei zu ergreifen. Wenn mich Herr Ben um
eine Gefälligkeit bittet, die mir keine Mühe macht, so stehe
ich zu seiner Verfügung, fast so gern wie Ihnen. Ich denke, wir
wollen fortfahren, mit offenen Karten zu spielen, Herr Thinker. Ich weiß und brauche kein Geheimnis daraus zu machen,
daß er Terrain gewinnt, über alles Erwarten. Sie werden sich
rühren müssen, wenn Sie Schritt mit ihm halten wollen.«

»Keine Furcht! Ich bin meiner Sache sicher«, versetzte der
Doktor. »Sie braucht solche Hilfsmittel nicht, und nichts wird
mich bewegen, zu seinen Mitteln herabzusteigen.«

»Sie scheinen mir so verwerflich nicht«, meinte O'Donald.
»Ihr Bruder sieht sich in der Welt um, mit der er zu tun hat, er
rührt sich, er spricht, als ob er an seine Sache glaubte, er
geniert sich nicht, einen Sultan am Rockknopf zu packen.
Bescheidenheit ist eine Zier, doch – sehen Sie, das ist wieder
eine seiner neuesten Errungenschaften!«

Es kamen nun auch Leute von außen angefahren und angeritten: plaudernd und lachend, eine Truppe Franzosen vom
Hotel d'Orient, ein paar deutsche Gelehrte aus dem Hotel du
Nil, fast alle ansässigen Engländer, die eine Stellung im Lande
einnahmen: Fred George, der Telegraphendirektor, Jeffrey
Bey, der Direktor der Eisenbahnen, Douglas, der Leiter der
staatlichen Spinnereien, Wilson, der Oberingenieur des Vizekönigs und schließlich auch jüngere Ägypter, die sich redlich
aber erfolglos bemühten, französischen Boulevardiers ähnlich zu sehen. Der letzte Ankömmling war einer dieser Herrn.
Er hüpfte aus einem einspännigen Kabriolet, vor dem zwei
elegante Saise herliefen, und kam rasch die Treppe herauf,
süßlich lächelnd und nach rechts und links grüßend. Der
junge Mann konnte kaum zwanzig Jahre alt sein. Ben sowohl

als Fritschy gingen ihm entgegen und begrüßten ihn mit ungewöhnlicher Lebhaftigkeit.

»Sehen Sie!« wiederholte O'Donald. »Ich möchte Ihnen wünschen, Herr Joe, Sie hätten diesen Fang gemacht. Die Sache wird zu einseitig.«

»Wieder ein Französchen!« spottete Thinker mit ungewohnter Bitterkeit.

»Ein Vollblut-Araberchen, wenn ich bitten darf«, berichtigte der Prokurist. »Das ist Osman-Effendi, lieber Doktor, Sohn des Mufetischs* Sadyk Pascha. Wissen Sie, daß sein Papa vor acht Tagen Pascha geworden ist? Der Sohn des kommenden Mannes, oder vielmehr des gegenwärtigen, wird bald genug Bey sein. Wenn Sie den Alten gewännen, wäre dies freilich noch besser, denn man sagt, er habe den Vizekönig in der Tasche. Das ist wohl nur halb wahr, soweit ich Seine Königliche Hoheit einzuschätzen vermag. Aber der einflußreichste Mann am Hof ist Sadyk heute und bis auf weiteres. Ein Fellah, Sohn eines Fellahs; so geht es hierzulande. Allerdings eine Milchverwandtschaft: seine Mutter war die Amme des Vizekönigs. Der kleine Osman, der übrigens, genaugenommen, nur der Adoptivsohn Sadyk Paschas ist, kam vor ein paar Monaten aus Paris zurück, wo der Diamant geschliffen wurde, wie Sie sehen. Der Vater versteht kein Wort außer Arabisch nach unten und ein wenig Türkisch nach oben. Damit scheint er allen Diplomaten und Bankiers von Kairo gewachsen zu sein und bis heute die bodenlosen Geldschränke des Vizekönigs gefüllt zu haben. Ismael Pascha glaubt deshalb an ihn wie an seinen Koran. Wenn es Ihnen gelänge, diesen einzigartigen Fellah von Ihren Pyramidenträumen zu überzeugen, brauchten sie keine Vorträge im Hotel Shepheard zu halten. – Aha, jetzt erklärt sich die Gegenwart der Herren Franzosen!«

Was O'Donald zu diesem Ausruf hinriß, war eine mehr als

---

* Mufetisch ist der Titel des Regierungspräsidenten einer Provinz; auch des Generaldirektors der vizeköniglichen Güter und Finanzen.

elegant gekleidete Dame, die auf einem prächtigen weißen Esel vor der Veranda still hielt. Ein kleiner pechschwarzer Neger hielt mit komischer Würde das stolze Tier am Zügel. Die Reiterin trug einen gewaltigen Hut mit drei bunten Federn – weiß, rot und blau –, einen großartigen goldgelben Chignon, ein scharlachrotes Zuavenjäckchen, ein Kleid aus weißem gazeartigem Stoff, in dem kleine goldene Sterne eingewebt waren und eine Krinoline, deren Behandlung auf dem Esel ein Meisterstück weiblicher Taktik war, wenn auch ihre schöne Besitzerin das unter den Umständen Unmögliche nicht zu leisten vermochte: einen niedlichen Fuß und gelbe Lederstiefelchen mit zweizollhohen Absätzen zu verbergen. Drei Herren aus der französischen Gruppe stürzten die Stufen der Veranda hinunter, um die reizende Geraldine aus dem Sattel zu heben, kamen aber zu spät. Die wenigen Damen, die sich bereits in der Gesellschaft befanden, schienen dagegen die neue Erscheinung nicht zu bemerken und setzten die Unterhaltung mit ihrer Umgebung mit erhöhtem Eifer fort, während die schöne Reiterin, keck nach allen Seiten grüßend, über die Veranda rauschte und im Hoteleingang verschwand.

»Sapristi«, lachte O'Donald, der von dem Sprachgemisch Kairos nicht unberührt geblieben war. »Sie operiert heute mit schwerem Geschütz. Wird Ihnen bange, Herr Buchwald?«

Während alles andere, was jung und männlich war, die Hälse neugierig gestreckt hatte, war der Maler in fast auffallender Weise zurückgetreten, so daß der Pfeil, der aus zwei braunen blitzenden Augen in seiner Richtung abgeschossen wurde, den guten Doktor voll ins Gesicht traf.

»Sie kennen die Dame, Herr Thinker?« fragte der Prokurist, ihm zutraulich die Finger in die Rippen stoßend. »Bei George! Ich hätte es Ihnen nicht zugetraut; aber stille Wasser –«

»Ich habe keine Ahnung!« rief Joe entrüstet.

»Na, eine Ahnung dürften Sie immerhin haben. Das wäre ganz harmlos, denn Madame Geraldine befaßt sich nicht mit

Ahnungen. Nach allem, was man in der Nähe der Esbekiye hört« – die Stimme des Prokuristen sank plötzlich zu einem vertraulichen Flüstern herab – »wäre es ein kluger Schachzug, wenn Sie sich die Gunst dieser Dame sicherten – in allen Ehren, natürlich; in allen Ehren!«

Herr Thinker warf dem leichtfertigen Plauderer einen Blick zu, der ihn vernichtet hätte, wenn es nicht O'Donald gewesen wäre.

»Es ist der neue Stern im Café français«, fuhr dieser fort, »kommt direkt aus Paris, hat in London getanzt und stammt aus Böhmen, behauptet die kleine Triangel. Mehr kann man in Kairo kaum verlangen. So soll namentlich Sadyk Pascha denken. Doch ist dies wahrscheinlich erlogen, wie alles was man in Kairo sagt. Wäre es wahr, so könnte Madame Geraldine Ihre Pyramide retten, wenn es irgend jemand in Ägypten kann.«

»Herr O'Donald, Sie sind – Sie sind wirklich –« des Doktors Stimme zitterte vor Erregung – »nehmen Sie mir's nicht übel: ich fürchte, Sie sind unfähig, einen ernsten Gedanken ernsthaft zu erfassen.«

»Da haben Sie recht«, versetzte der Prokurist mit der unbefangensten Miene. »Aber Achtung! Hier kommt noch etwas vom schwersten Kaliber. Ihr Herr Bruder hat wahrhaftig nicht umsonst getrommelt und gepfiffen. Wenn Sie sich meinen Winken hartnäckig verschließen, werden Sie unfehlbar den kürzeren ziehen. Sehen Sie: Diese Freundschaft! Und Scherif-Pascha ist der künftige Minister des Innern, so sicher als Nubar Pascha der heutige ist. Diese zwei Herren sitzen auf derselben Schaukel.«

Ein schmuckes, zweispänniges Gefährt hielt vor dem Gasthof, ein kleiner wohlbeleibter Herr von noch jugendlichem, sehr aufgewecktem Aussehen stieg aus und ging mit Ben, der rasch an den Wagenschlag getreten war, Hand in Hand die Treppe herauf. Man sah sofort: der Hauptgast des Abends war angekommen. Gefolgt von Fritschy traten die Herren ohne

Verzug in das Hotel und schlugen den Weg nach dem Speisesaal ein. Eine allgemeine Bewegung bemächtigte sich der
Veranda. Alles strömte hinter Fritschy her, der in der letzten
halben Stunde merkwürdig rasch gelernt hatte, sich wie
andere hohe Herrn herablassend zu verneigen, und mit vielem Anstand die Honneurs machte. Niemand außer O'Donald
hätte den Monteur von Thalia jetzt wiedererkannt. Der Prokurist hatte in Ägypten Gelegenheit gehabt, ähnliche Umwand-
lungen öfter zu beobachten.

Zech, der Gasthofbesitzer, hatte die Tische aus dem Speisesaal entfernen und die Stühle in feierlichen Reihen aufstellen
lassen. Nur am oberen Ende des Saals war ein Tisch, mit einem
bunten persischen Teppich bedeckt, stehen geblieben, hinter
dem, der Versammlung zugewandt, Scherif Pascha Platz
nahm. Zu seiner Rechten saß Ben Thinker, der jetzt mit englischer Gelassenheit über den sich füllenden Saal wegblickte,
zur Linken der junge Osman-Effendi, welcher, seit Scherif
erschienen war, etwas weniger selbstbewußt um sich sah.
Neben Thinker ließ sich Fritschy nieder. All das hätte in
Europa nicht korrekter und ernsthafter aussehen können.
Selbst eine allerdings etwas unförmliche Glocke stand vor
dem Pascha, mit der er spielte, während er sich leise mit seinem Nachbarn unterhielt.

Lärmend, in allen Sprachen der Welt plaudernd, hatte die
Gesellschaft im Saal Platz genommen. Die ganze europäische
Kolonie Kairos war erschienen, alle Konsuln, außer dem eng-
lischen – »was sehr bemerkt wurde« – mit ihren Damen, Kauf-
leute und Handwerker, die wandernden Insassen der Gast-
höfe, ja sogar eine kleine Zahl eingeborener Würdenträger
Beys und Effendis, teils in europäischer, teils in ägyptischer
Tracht. Die Neuheit der Veranstaltung und der Eifer, mit dem
Ben Thinker, Fritschy und O'Donald dafür gesorgt hatten, daß
die Einladung allgemein bekannt wurde, hatten ihre Wirkung
nicht verfehlt. Sakuntala und ihre Freundin waren aus dem
Garten gekommen, wo Fritschys Wölfchen untergebracht

war und viel besucht wurde, als sie den Lärm des sich füllenden Saales hörten und hatten am Ende der ersten Stuhlreihe Platz genommen. Hinter ihnen saßen Joe, Buchwald und O'Donald. Am anderen Ende hatte sich Madame Geraldine rauschend niedergelassen, umgeben von ihren französischen Freunden, deren Geplauder und Lachen das allgemeine Gesumme beherrschte. Unmittelbar vor dem Tisch saß die Familie Switchley und zwei deutsche Gelehrte, Professor Prückner und Dr. Suchmann, die sich auf der Durchreise nach Oberägypten befanden, wo sie untersuchen wollten, ob die neueren Ausgrabungen zu Theben mit einem von ihnen geschriebenen Buch übereinstimmten. Auch sonst fehlte es in der Versammlung nicht an bekannten, fast berühmten Namen; man wurde zu jener Zeit leicht berühmt, wenn man afrikanischen Boden betrat. – Ben Thinker konnte zufrieden sein.

Da Scherif Pascha, der viel Sinn für Mechanik besaß, den Klöppel der Präsidentenglocke mit vieler Mühe ausgehakt hatte und nicht wieder einzuhängen vermochte, klopfte Fritschy mit seinem Taschenmesser gegen die Wasserflasche, bis verhältnismäßige Stille eingetreten war, worauf sich der Pascha langsam erhob. Wie manche der ägyptischen Herren, deren Jugendjahre in die Zeit Mohamed Alis fielen, hatte auch er seine Erziehung in Paris erhalten, sprach fließend Französisch und etwas Englisch und fühlte sich einer derartigen Versammlung gegenüber nicht fremd. Er begann:

»Mesdames et Messieurs!«

Nur um Madame Geraldine wurde noch laut und lebhaft gesprochen. Fritschy klopfte jedoch so heftig gegen die Wasserflasche, daß auch diese Ecke nach und nach verstummte und der Pascha in angenehmem Plauderton und mit der dem ägyptischen Araber angeborenen Beredsamkeit aufs neue anhub:

»Meine Damen und Herren! Wir sind in Ägypten; Ägypter. Wir wissen, was unser Land, einen Garten zwischen zwei

Wüsten, vor Jahrtausenden geschaffen und seit Jahrhunderten erhalten hat. Das ist der Nil. Das Wasser, das wir in dieser Flasche sehen, gibt den Millionen unseres Volkes auch seine Nahrung. Denn ohne dieses Wasser wäre das älteste Kulturland der Erde, unsere Heimat, eine selbst von hungernden Beduinen gemiedene Wüste. Deshalb ist seit unvordenklichen Zeiten all unser Dichten und Trachten auf den Nil gerichtet. Durch ihn leben und sind wir. Die alten Ägypter haben ihn auf den Knien angebetet. Wir danken Allah, dem Allgütigen und müssen lernen, unseren stummen Wohltäter besser zu verstehen, besser zu benutzen.

Hierüber möchte uns mein Freund, der berühmte Ingenieur, Erfinder und Wassermann Ben Thinker des weiteren belehren. Zivilisation und Fortschritt ist die Losung des Tages und der Wunsch unseres gnädigsten Herrn, des Vizekönigs Ismael Pascha. Ich habe deshalb nicht gezögert, dieser ehrenwerten Versammlung beizuwohnen, um meinem Verlangen Ausdruck zu verleihen, daß Zivilisation und Fortschritt, selbst wenn sie uns von Fremden gebracht werden sollten, auch das Verhältnis des Landes zu unserem Nil beeinflussen mögen.

Wir Ägypter wissen, welchergestalt dieses Verhältnis vor Zeiten und bis auf den heutigen Tag gewesen ist. Da wir uns aber unter Fremdlingen befinden, die unsere Gäste sind, ist es billig, vor allem sie zu berücksichtigen. Denn wir kennen die Gesetze der Gastfreundschaft der Araber, unserer Väter. Lassen Sie mich deshalb darlegen, welche Zustände wir heute vorfinden. Darauf wird Ihnen Herr Ben Thinker sagen, was wir zu ändern haben, um unser Land fruchtbarer, unser Volk glücklicher zu machen. Ich spreche Französisch, der Fremden wegen, denn meinen eigenen Landsleuten würde ich nur sagen, was jedes Kind unter uns weiß und alljährlich aufs neue miterlebt.«

Selbst die Franzosen hörten jetzt auf zu plaudern. Scherifs Art zu sprechen hatte auch sie zu packen gewußt. Er fuhr nach einer kleinen Pause fort.

»Soweit das rote Nilwasser reicht – rot heißen wir es, solange es vom Schlamm gefärbt ist, den es aus dem Innern Afrikas bringt – wird der Sand der Wüste fruchtbar; wo es fehlt, wächst nicht ein Halm. So bestimmt die Natur die Grenze unseres Landes. Alljährlich im Juni fängt der Fluß an zu steigen, und steigt während eines Monats in Oberägypten fünf bis sechs, hier um Kairo fünf, weiter unten vier, drei und zwei Meter, bis er seine Ufer überschwemmt und die Talsohle mit seinem Wasser bedeckt. Nun läßt er den befruchtenden Schlamm auf unsere Felder niedersinken. Sind diese Bestandteile abgelagert, ist das Wasser klar geworden, so hört es auf, befruchtend zu wirken; es ist verhältnismäßig wertlos. So bringt uns der Nil nicht bloß das Wasser, sondern auch die Erde, von der wir leben. Von August bis Oktober bedeckt er das Tal in seiner ganzen Breite, wo nicht einzelne Teile durch Dämme geschützt sind, und die Dörfchen ragen wie Inseln aus der Wasserflut hervor. Dann, wenn der Strom in seine Ufer zurückgesunken ist, wird auf dem weichen, feuchten Boden mühelos gesät. Später aber, schon vom November an, ist der beständig sinkende Nil nicht mehr imstande, die Felder zu benetzen. Das zum Wachstum der Pflanzen unentbehrliche Wasser muß durch Tausende von Sakien und Schaduffs, alt hergebrachte Schöpfwerke, gehoben werden, aus dem tief zwischen seinen hohen Ufern strömenden Nil selbst, wo sich die Felder in dessen Nähe befinden, aus Brunnenschachten, weiter im Innern des Landes, die ihr Wasser aus dem sandigen Untergrund ziehen, der mit dem Strom in Verbindung steht; oder endlich aus Kanälen, die vom Nil aus in allen Richtungen das Land durchziehen. Die Kanäle bringen so lange Wasser, als ihr oberes vom Nil abzweigendes Ende noch vom Wasserspiegel des Flusses erreicht wird. Sinkt derselbe unter die Kanalmündung, so hört natürlich der Eintritt von Wasser aus dem Hauptstrom auf, und die meisten dieser sogenannten Sommerkanäle sind trockene Rinnen, bis sie beim nächsten Steigen des Nils wieder Wasser erhalten. Man nennt sie Sommerkanäle, weil sie, wenn in gutem Stande, bis in den ägyptischen Sommer hinein Wasser führen. Wenn sie vertrocknet sind, ist auch alles weitere Wachstum in den Gegenden, die sie speisen sollten, zu Ende. Je tiefer sie gegraben werden, um so länger schöpfen sie Wasser, aber diese Grenze ist bald erreicht, denn sie müßten an ihrer oberen Mündung eine Tiefe von sechs bis sieben Meter erhalten, um zu jeder Jahreszeit Wasser führen zu können.

Dasselbe Ziel würde erreicht, wenn der Nil an der Ausmündung eines Sommerkanals das ganze Jahr hindurch so hoch gestaut würde, als er bei Hochwasser steigt. Dies war der Zweck der Barrage bei Kaliub, die der weiseste der verstorbenen Beherrscher unseres Landes, der Großvater unseres Herrn Ismael Pascha, Mohamed Ali Pascha von seinem Ingenieur Mougel erbauen ließ. Gott wollte es anders, um unsere Geduld zu prüfen. Das große Werk mißlang und nützt heute nur so viel, daß es die Sommerkanäle des Deltas um drei Wochen länger speist als zuvor, während sich das Köstlichste, was Allah dem Menschen gab, nutzlos im Meer verliert, wie zur Zeit unserer Väter.«

»*Mon dieu!*« seufzte Madame Geraldine hörbar in das Ohr ihres Nachbarn.»Interessiert Sie das – Wasser! Wasser, in dem seine Väter gebadet haben.«

»*Courage Madame!*« antwortete der geistreiche junge Mann. »*Voilà le sabre, le sabre de son père!* Ich hoffe, er kommt in wenigen Minuten an den Champagner ... *Civilisation et progrès. – Attention!* –«

Die englische Gruppe warf der französischen entrüstete Blicke zu. Geraldine schwieg, versuchte aber sich damit zu amüsieren, daß sie in Buchwalds Richtung mit Augen und Fächer zu telegraphieren begann, als ob sie und der blonde Deutsche die besten Freunde wären. Tatsache war, daß die leichtblütige Künstlerin den schwermütigen Maler in gewissem Sinne kannte. Sie wohnte im zweiten Stock des Hotel du Nil und sah seit acht Tagen während des Studiums ihrer Cou-

plets über den wilden Garten hinweg in sein Atelier. Dort verfolgte sie mit reger Teilnahme und einem guten Opernglas die
Fortschritte seines pharaonischen Propheten. »*C'est mon
type!*« sagte sie unbefangen zu dem kleinen Attaché der französischen Gesandtschaft, der sie bei diesen Kunststudien
angetroffen hatte. »Ein Prophet in Öl; welche Verirrung!« rief
dieser nach einem flüchtigen Blick durch ihr Opernglas. Der
unschuldige Buchwald hatte in der achtbaren Entfernung
von siebzig Metern von all dem keine Ahnung gehabt und versuchte auch jetzt redlich seine Aufmerksamkeit auf die Wasserwirtschaft Ägyptens zu beschränken. Es wäre dies gelungen, wenn nicht Sakuntala zwischen ihm und Scherif Pascha
gesessen hätte. Dieser nahm ein Glas vom ›Köstlichsten, das
Allah dem Menschen gegeben‹ zu sich und fuhr mit erfrisch-
ter Stimme fort:

»Keine Dämme schützten in alten Zeiten das Land vor den
jährlichen Überschwemmungen. Es war deshalb unmöglich,
im Jahr eine zweite Ernte auf ägyptischem Boden zur Reife
zu bringen. Auch war es besser, zunächst nicht daran zu denken, sondern die befruchtende Wirkung des Wassers ungestört wirken und das Land durch dessen Ablagerungen sich
stetig heben zu lassen. Später wurden in ganz Oberägypten
einzelne Felder und ganze Bezirke mit Dämmen umgeben,
um die Überschwemmungen nach Belieben verhindern zu
können, oder das Wasser längere Zeit über den Feldern stehen zu lassen und auf diese Weise eine größere Menge des
Niederschlags zu gewinnen. Auf solchem Lande war es dann
möglich, zwei Ernten zu erzielen, oder Pflanzen, wie Zucker
und Baumwolle, zu bauen, die länger als ein halbes Jahr zum
Reifen erfordern. Dann aber mußte auch in den Monaten des
niederen Nilstandes mit doppelter Sorgfalt für künstliche
Bewässerung gesorgt werden. Gott schickte uns die Künste
Europas und dessen Pumpen. Im ganzen Lande erheben sich
heute Schornsteine für die Dampfmaschinen, die Wasser
heben. Sie sind unser Reichtum, unsere Rettung in der Nähe

des Stroms. Aber am Ufer eines trockenen Sommerkanals sind sie nutzlose Torheiten. Auch fressen sie Geld wie die Riesen unserer Märchen. Wenn die Klugheit von Fremden, die uns und unser Land lieben, neue Mittel zu ersinnen vermag, welche diese weniger angenehmen Eigenschaften der Wunder der Zivilisation mildern, sollten wir Allah nicht danken? Deshalb habe ich Herrn Thinker gebeten, uns zu belehren und zögerte nicht, mich an seine Seite zu stellen. Denn ich liebe meine Heimat, ich liebe den Strom, der sie schuf und liebe das Geld, das er uns bringt. Wer liebt es nicht? Möge der Allweise unsere Ohren öffnen.«

Die letzten Sätze sprach Scherif auf arabisch, mit dem näselnden Tone eines Imams, so daß sich die Turbane im Saal, die mehr und mehr nach vorn gesunken waren, wieder aufrichteten, und zwei oder drei brünstige Inschallahs hörbar wurden. Staunend horchten die Ungläubigen auf. Eine derartige Versammlung hatte Shepheards Hotel noch nie erlebt. Ben Thinker war in der Tat der Mann, von dem man das Ungewöhnlichste erwarten mußte, dachte Buchwald und sah seinen Freund, den Doktor, mitleidig an.

Scherif hatte sich gesetzt, was ein schüchternes Händeklatschen hervorrief. Man wußte noch nicht, wie ein Pascha unter solchen Umständen zu behandeln war. Nun erhob sich Ben und gleichzeitig mit ihm Fritschy und Osman Effendi. Auch der Herr Präsident stand wieder auf.

»Ich habe vergessen zu erwähnen«, sagte er, »daß Herr Thinker seine Mitteilungen in englischer Sprache machen wird. Herr Ingenieur Fritschy wird dieselben französisch wiedergeben. Mein junger Freund Osman Effendi wird das Gesagte sodann in unserer Muttersprache vortragen. Denn Herr Thinker wünscht nach Art seiner Landsleute, daß auch der Fellah am Pflug verstehen möge, was Zivilisation und Fortschritt ihm zu bringen bereit sind.«

Scherif Pascha setzte sich jetzt an das Ende des Tischs. Die drei andern Herren standen kampfbereit nebeneinander. Ben

444

in der Mitte, links Fritschy, rechts Osman. Alles war sichtlich wohldurchdacht und vortrefflich eingeschult. Geraldinen schien die Sache jetzt zu gefallen; es war wie in einem Theater. Sie klatschte leise in die Hände und sagte laut zu ihrem Nachbar:

»*Voilà les trois mousquetaires du progrès!*«

Die leichtfertigen Franzosen lachten. Die Engländer murrten laut. Ben Thinker aber räusperte sich und begann.

»Eure Exzellenz, Ladies und Gentlemen!«

»Eure Exzellenz, Damen und Herrn!« übersetzte Fritschy mit vor Erregung zitternder Stimme. Die Verhältnisse waren ihm doch etwas ungewohnt; namentlich der Frack, den ihm Ben hatte machen lassen und der dem englischen Schneider in der Muski nicht ganz gelungen war.

»O, ihr Gläubigen!« rief Osman Effendi in dünnen durchdringenden Tönen, die er aus seiner arabischen Schulzeit hervorholte, wenn er feierlich zu sein wünschte. Herr Ben, sehr zufrieden mit diesem Anfang, erhob seine Stimme aufs neue:

»In kurzem, lichtvollem Vortrag hat Ihnen mein verehrter Freund Scherif Pascha die Unvollkommenheiten der bisherigen tausendjährigen Wasserwirtschaft Ägyptens dargelegt.« – »Übersetzen Sie, aber rasch! Wir kommen sonst nicht zu Ende!« fügte er flüsternd hinzu. Fritschy raffte sich auf:

»Der kurz illustrierte Vortrag meines Freundes Scherif Pascha behandelte die unvollkommene, aber tausendjährige Wirtschaft des ägyptischen Wassers.«

Etwas gekürzt, aber nicht übel, dachte Herr Ben. Osman Effendi dagegen stand mit Entsetzen vor einer peinlichen Schwierigkeit. Er war zwar der Adoptivsohn des aufgehenden Sterns, Sadyk Pascha. Allein er fühlte sich doch kaum berechtigt, Scherif Pascha, der vor vierzehn Tagen noch Minister gewesen war und es in zwei Wochen wieder sein konnte, vor seinen Landsleuten mit dem Titel ›mein Freund‹ anzureden. Er stotterte deshalb nicht wenig und begann:

»Mein – mein – das heißt Herrn Ben Thinkers Freund, Seine

445

Exzellenz Scherif Pascha hat Sie in einem kurzen aber unvollkommenen Vortrag erleuchtet über die ägyptische Wirtschaft des tausendjährigen Wassers.«

»Er schilderte uns in glänzender Weise die Wirkung eines Stauwerks!« rief Ben Thinker.

»Er beschrieb eine brillante Barrage!« dolmetschte Fritschy.

»Die Barrage bei Kaliub!« sagte Osman, wieder Mut fassend, allerdings mehr erklärend als übersetzend.

Thinker sah seinen jüngsten Freund fragend an. Das Arabische erschien ihm unnatürlich kurz, an der Seite des Englischen. Dann bat er Fritschy flüsternd, Osman zu sagen, nichts auszulassen. Er habe jedes Wort wohl erwogen. Dieses ›bei Seite‹ übersetzte Fritschy mit lauter Stimme, was bei der Gruppe der Franzosen unruhiges Hin- und Herfragen hervorrief. Man schien den Zusammenhang des Gesagten mit der Barrage nicht sofort zu erfassen. Thinker suchte zu erklären, gab dies aber nach einigen Worten auf, trocknete sich den Schweiß von der Stirne und fuhr fort:

»Er schloß damit, offen zuzugeben, daß das kostspielige Stauwerk von Kaliub den Zweck nicht erfülle, dem es dienen sollte; eine Tatsache, die seit einer Reihe von Jahren zur unumstößlichen Gewißheit geworden ist.«

»Donnerwetter«, sagte Fritschy halblaut, »das ist mir zu lang!« Bens strafender Blick veranlaßte ihn jedoch, entschlossen an die Arbeit zu gehen.

»Er beschloß offen, den Zweck der kostspieligen Barrage von Kaliub nicht zu erfüllen, wenn er sie mit unumstößlicher Gewißheit bedienen sollte.«

Osmans Übersetzung des Satzes lautete:

»Er öffnete zum Schluß die kostspielige Barrage durch einen zwecklosen Diener mit Gewißheit.«

Die Franzosen sahen sich mehr und mehr verwundert an, nicht so sehr wegen des unergründlich tiefen Sinnes von Fritschys Auslassungen, als infolge des Elsässer Französisch, das der Monteur in seiner steigenden Not jetzt unbedenklich anwandte. Die beiden deutschen Gelehrten, von denen der ältere Französisch, der Jüngere Englisch erlernt zu haben glaubte, machten eifrig Notizen und verglichen sie flüsternd und kopfschüttelnd. Nur die Turbane im Saal nickten verständnisvoll, so daß Thinker beruhigt fortfuhr:

»Ein Höhenunterschied des Wasserspiegels von einem Meter war das Äußerste, was durch das scheinbar großartige Bauwerk erreicht werden konnte. Um dem gesamten Delta, diesem gottbegnadeten Landstrich, von wirklichem Nutzen zu sein, ist aber an dessen Spitze eine Stauung von mindestens vier bis fünf Metern erforderlich.«

»Ich bitte Sie um Gottes Willen, nicht so viel auf einmal!« flehte Fritschy, fast in Verzweiflung, tat dann aber sein Möglichstes in folgender Form:

»Das unfähige Bauwerk staut den Wasserspiegel einen Meter hoch. Dies ist ungenügend. Die heilige Spitze des Landstrichs braucht vier bis fünf Meter.«

Nun verfiel Osman in einen verzeihlichen kleinen Irrtum. Das französische Wort ›heilig‹, das Fritschy in seiner freien Übersetzung für gottbegnadet gebraucht hatte, kam einem dem hochgebildeten Effendi nur zu wohl bekannten französischen Fluch allzunahe. Er übersetzte deshalb gewissenhaft, mit Übergehung des ersten Teils des Satzes:

»Das verdammte Land braucht vier bis fünf Meter Wirksamkeit.«

Wieder nickten die Turbane beifällig. Die Köpfe, Arme und Notizbücher der zwei deutschen Herren bildeten eine engverschlungene Gruppe, die fast an Laokoon erinnerte.

»Ehe ich Ihnen meine Pläne vorlege, meine Herren, werde ich auf die Frage antworten: Warum ist es so?« rief Herr Ben.

»Ehe ich antworte, meine Herrn, frage ich: warum!« rief Fritschy, hocherfreut, endlich einmal einen kurzen, klaren Satz übersetzen zu dürfen. Osman teilte seine Freude nicht und sagte kleinlaut:

»Ehe ich frage antworte ich. Meine Herrn, warum?«

»Dann werde ich Ihnen sagen, was zu tun ist, damit es anders und besser werde«, fuhr Thinker fort »und endlich sollen Sie hören –«

»Halt! Es ist genug!« schrie Fritschy auf französisch, in seiner Aufregung überzeugt, daß er nur eindringlich flüstere. »Lassen Sie mich dies erst übersetzen! – Herr Thinker sagte« – er wendete sich wieder an das Publikum –»dann werde ich sprechen, bis alles anders und besser wird.«

»Halt, es ist genug, bis alles anders wird«, übersetzte Osman, der die eingeschaltete Bemerkung nicht ganz richtig aufgefaßt hatte.

Thinker, dessen praktischer Verstand zu ahnen begann, daß die von ihm erfundene Übersetzungsmaschine nicht tadellos funktioniere, fuhr jedoch mit verzweifelter Entschlossenheit fort:

»Endlich gehe ich über zu der Frage, wie die verhängnisvollen technischen Fehler des Erbauers der Barrage wiedergutzumachen sind, und zum Schluß werde ich zeigen, was und wieviel das Land gewinnen muß, wenn es meinen Ratschlägen Folge leistet.«

»Zum Schluß«, begann Fritschy kleinlaut, denn er fühlte, daß der erste Teil des Thinkerschen Satzes vom Strom der Zeit hoffnungslos fortgerissen war; »zum Schluß werde ich Ihnen sagen, wie viel Land durch meine Ratschläge gewonnen werden kann.«

»Zum Schluß«, rief Osman, vom Beifall seiner Landsleute fortgerissen: »Zum Schluß werde ich Ihnen sagen, wieviel, nach dem Ratschluß des Höchsten, dieses Land verdienen kann, wenn wir mit Hilfe einer neuen Barrage genügend Baumwolle, Zucker, Reis und andere Gewächse dieser Art bauen, die Allah den Gläubigen gegeben hat, damit sie ihre Taschen füllen mit dem Gelde der Fremden.«

Selbstzufrieden sah er sich um. Er wußte, daß er den Vortrag des Engländers diesmal wesentlich verbessert hatte, und beschloß bei sich, dies auch in Zukunft ohne Zaudern zu tun.

Selbst Thinker belohnte ihn mit einem wohlgefälligen Lächeln, dankbar, im Gefühl, daß endlich einmal einer seiner Sätze vollständig wiedergegeben worden war.

Es trat nun eine kleine Pause ein. Scherif flüsterte eifrig mit Osman Effendi, dieser mit Fritschy, Fritschy mit Herrn Ben. Der letztere trocknete sich abermals den Schweiß von der Stirne und begann sodann, in weniger gehobener Stimmung die Versammlung aufs neue anzureden.

Es werde, wie ihm scheine, mit Recht bezweifelt, daß sein Vortrag den hochverehrten Anwesenden in dieser Weise mit der unbedingt erforderlichen Klarheit übermittelt werde. Die Unterbrechungen durch das zweimalige Übersetzen störe den Gedankengang allzusehr. Man werde es vielleicht passender finden, wenn er seine sämtlichen Ausführungen zunächst in englischer Sprache vorbringe. Herr Fritschy werde sodann das Wesentliche auf Französisch, Osman Effendi auf Arabisch vortragen. Wenn hiergegen kein Widerspruch aus der Versammlung erhoben werde, beabsichtige er in dieser Weise fortzufahren.

Da keiner der nicht englisch sprechenden Herren verstand, was Herr Thinker gesagt hatte, erhob sich kein Widerspruch. Im Gegenteil. Harry Webster rief laut genug, um im ganzen Saale gehört zu werden: »Gott sei Dank, daß diese babylonische Turmvorstellung zu Ende ist!« Er erhielt zwar einen kräftigen Rippenstoß von Miss Jemima und die Mahnung ›sich zu betragen‹; aber auch ein Lächeln von Herrn Ben, der den Ausruf als begeisterte Zustimmung zu seinem Vorschlage deutete. Nur Madame Geraldine, erhob sich mit den rauschenden Bewegungen unterdrückten weiblichen Unmuts. Drei ihrer Begleiter folgten ihrem Winke fast mit Überstürzung. An der Türe angelangt, sah sie über ihre wohlgerundeten Schultern noch einmal strafend nach Buchwald, der sie nicht bemerkte, und seufzte zum allgemeinen Besten laut: »*Mais ils sont insupportables, ces Anglais!*« ehe die drei Trabanten die Türe hinter ihr geschlossen hatten.

Ben Thinker aber fuhr jetzt in fließendem Englisch fort, die Mängel der Barrage und ihr gänzliches Mißlingen zu besprechen, ohne sich um das Murren der zurückgebliebenen Franzosen zu kümmern. Dann erörterte er die damals nicht mehr bestrittene Unmöglichkeit, sie da, wo sie jetzt stehe, durch Reparaturen in völlig arbeitsfähigen Stand zu setzen, was die Notwendigkeit nahe lege, sie auf festerem Grund und Boden aufs neue aufzubauen. Endlich entwickelte er mit wachsendem Feuer seinen eigenen Plan: den Bau eines Stauwerks oberhalb Kairo, an der Spitze der Insel Tirse, und zeigte, daß durch dieses Werk ein Teil von Oberägypten und das ganze Delta in Land umgewandelt würde, auf dem zwei reiche Jahresernten wachsen könnten, und die Berieselung mit frischem Nilwasser von einem Ende des Jahres zum andern ohne nennenswerte Kosten möglich wäre. Man könne überdies auf diese Weise mit dem Überschuß des aufgestauten Wassers im Delta neues, heute öde liegendes Land von mindestens fünfhunderttausend Hektar unter Kultur bringen: ein Gewinn, der dem Volke und der Staatskasse fast unberechenbare Millionen in den Schoß werfen müßte. Die Ausführung dieses Plans sei infolge eines Zufalls, den er am liebsten einen Wink der Vorsehung nennen möchte, fast ein Kinderspiel. Und nun kam er auf die große Pyramide zu sprechen und schilderte in flammenden Worten dieses nutzlose Werk der Eitelkeit eines mit Recht vergessenen Tyrannen.

Bis hierher hatte der jüngere der deutschen Gelehrten mit einem Eifer nachgeschrieben, daß ihm die Schweißtropfen in regelmäßigen Zwischenräumen auf sein Notizbuch fielen, zwei auf jedes Blatt. Jetzt hörte er auf zu schreiben, und flüsterte eifrig mit seinem Nachbar. Beide schienen mehr und mehr von einer zornigen Erregung erfaßt zu werden. Auch Joe Thinker hatte sich von Buchwald, der ihn zurückzuhalten suchte, losgerissen, beugte sich, auf die Rücklehne von Sakuntalas Stuhl gestützt, gierig vorwärts und folgte mit blitzenden Augen seinem Bruder. Dieser stürmte in wilden Sätzen über alle Hindernisse weg, die seinem Plane entgegenstanden, und die er der Reihe nach nur heraufbeschwor, um sie ebenso rasch zu zerschmettern. Für einen Erfinder von Beruf ist dies ein leichtes. Er war überzeugt, seinen Traum auf der sicheren Grundlage der Wirklichkeit aufgebaut zu haben, und schwelgte in einem Zukunftsbilde von Glück und Segen; Zucker und Baumwolle, wie Joe murmelte. Auch fühlte er jetzt, daß er die Mehrzahl seiner Zuhörer mit sich riß, wenn sie ihn auch nur halb verstanden. Das war die fast nie versagende Wirkung einer eigenen Überzeugung, die von Seele zu Seele überspringt, man weiß heute noch nicht, wie; die Kraft des Glaubens, die sich auch in kleinen Dingen geltend macht. Dabei merkte er nicht, daß sich unmittelbar vor ihm ein Gegenwirbelsturm zu erheben drohte. Mitten in einem Satz, in dem er gegen das nutzlose Werk vergangener Jahrtausende eiferte, mußte er einen Augenblick inne halten, um Atem zu holen.

Diese Gelegenheit benützte Dr. Suchmann, der jüngere der Deutschen, der seit einigen Minuten darauf gelauert hatte, erhob sich, strich sein dünnes blondes Haar mit nervös zuckenden Fingern über den glänzenden, jugendlichen Schädel und begann in gebrochenem, aber verständlichem Englisch mit entschlossener, wenn auch etwas zitternder Stimme:

»Meine Damen und Herren! Ich darf die Gelegenheit nicht vorübergehen lassen, ohne im Namen der europäischen Wissenschaft Protest zu erheben gegen das, was hier in beredten Worten als ein erstrebenswertes Ziel hingestellt wird. Das erste, wie ich in meinem soeben erschienenen Buch nachweise, zwölftausendjährige Bauwerk des ältesten Volks der Erde, die erste Kunde aus einer Zeit, in der die Menschheit aus ihrem Urzustand trat und nach den einfachsten, rohesten Formen tastete, um ihr Geistesleben zu betätigen, der erste Ausdruck jenes Machtgefühls, das wir in den Cäsaren Roms, den Kaisern und Päpsten des Mittelalters, einem Friedrich dem Großen und Napoleon bewundern, weil es sie mit elementa-

rer Gewalt über die allgemeinen Menschenscharen heraus-
hob, das soll geopfert werden! – Wofür? Um Baumwolle und
Zucker, Reis und Weizen für den Fellah und seinesgleichen zu
schaffen. Ich protestiere gegen den bloßen Gedanken, das
Denkmal der Pharaonen der vierten Dynastie für diesen oder
irgend welchen andern Zweck zu vernichten. Ich bin überzeugt, daß die Gelehrtenwelt Europas den Schimpf nicht dulden wird, den man hier als eine Wohltat der Menschheit
anpreist. Ja, ich darf die Hoffnung aussprechen, daß Zivilisation und Fortschritt, die der Redner des Abends mehr als einmal ins Feld führte, auch in den leitenden Kreisen Ägyptens
soweit verstanden werden, um die Wissenschaft der Welt vor
einer derartigen Infamie sicherzustellen.«

Der junge Herr setzte sich, bebend vor Aufregung, in die
ihn seine eigene Beredsamkeit versetzt hatte. Joe Thinker
aber war jetzt nicht mehr zu halten. Er richtete sich zu seiner
vollen Höhe auf und wandte sich gegen die Versammlung,
welche halb belustigt, halb entsetzt der Wandlung folgte, die
in so unerwarteter Weise eingetreten war.

»Ich begrüße in dem mir unbekannten Herrn Vorredner
einen Bundesgenossen«, begann er sehr ernst, »wenn ich
auch seine Ansichten nicht teile. Die sogenannte Wissenschaft Europas – und leider kann ich die Herren Ägyptologen
Deutschlands nicht ausnehmen – hat die größte Pyramide
Ägyptens nie verstanden und wird sie, fürchte ich, nie verstehen. Diese Wissenschaft klebte von jeher am Äußerlichen
und läßt sich von jedem Lügner des alten Heidentums in die
Irre führen. Was uns die Pyramide teuer, ja heilig macht, ist
etwas weit Höheres und Wichtigeres, als es das Grabmal eines
götzendienerischen Pharaos sein könnte. Deshalb protestiere
ich mit doppelter Entschiedenheit gegen die Entheiligung
des viertausendjährigen Monumentes. Der Gedanke seiner
Zerstörung ist für mich undenkbar. Sie darf, sie wird, sie kann
nicht stattfinden. Aber trotzdem sind Vorträge, wie wir einen
solchen heute gehört haben, tief bedauerlich, um des Geistes

willen, mit dem der Vortragende gestraft ist, um der Zustimmung willen, die seine Ansichten bei den Gedankenlosen dieser Welt finden konnten. Ich nehme an, ja ich habe Grund zu glauben, daß der Redner überzeugt ist von dem, was er uns sagte. Es gab Lügenpropheten zu allen Zeiten; es gab Schwindelzauberer schon vor Jahrtausenden in diesem selben Lande Ägypten, in dem wir uns befinden, die an die trüben Blasen glaubten, welche in ihrer Seele aufstiegen. Es ist auch heute so. Aber nichts darf uns abhalten, sie ihrer Verirrungen zu zeihen, um diejenigen davor zu bewahren, die, geblendet von den bunten Bildern unserer heutigen Maschinenmalerei, nicht selbst imstande sind, sich davor zu schützen.«

Scherif Pascha erhob sich und überblickte mit verlegener Miene die bewegte Versammlung, in der verschiedene Gruppen gleichzeitig an der Diskussion teilzunehmen begannen. Die Franzosen lachten und spotteten. Sie waren wie ein Mann gegen Ben Thinker, weil er ihre Barrage beschimpft hatte. Die Deutschen machten nach beiden Seiten Front. Die Bundesgenossenschaft Joe Thinkers war ihnen in hohem Grade verdächtig. Was wollte der Mann mit seiner Geheimniskrämerei und seiner Verhöhnung der Wissenschaft? Allerdings war der andere noch schlimmer, ein Anarchist der gefährlichsten Gattung. Die Engländer hielten es mit Ben: Lohnte es sich, wegen des alten Steindreiecks so viel Lärm zu machen? Und welche Millionenaufgabe für den Unternehmer, der das Werk in die Hand bekäme! Es ließe sich dem Suezkanal würdig an die Seite stellen, der nun doch, trotz allen Widerstrebens, eine französische Tatsache zu werden drohte.

»Ich hatte keine Ahnung davon, daß es hier zu einem Streit kommen werde«, sagte Scherif. »Ich bin höchst unangenehm berührt. Ich bin geneigt, die Versammlung zu schließen.« Dann fuhr er lauter fort: »Das Wesentliche hat uns Herr Thinker mitgeteilt. Es waren geniale Gedanken, vortreffliche Vorschläge. Aber sie scheinen nicht ganz ohne Widerspruch hingenommen zu werden.«

»Das ist das Lebenselement von allem Guten«, rief Ben Thinker mutig und wandte sich dann scharf gegen seinen Bruder:

»Es ist nicht zum erstenmal, daß mir dieser Herr entgegentritt und mehr als einmal habe ich ihn buchstäblich vernichtet. Er lebt in einer Welt der Vergangenheit und möchte, daß auch wir in sie zurückkehren. Ich sage: Laßt die Toten ihre Toten begraben. Ägypten hat das Recht, stolz zu sein auf die Jahrtausende, in denen sich sein nationales Leben abspielte. Aber es wird stolzer sein auf seine Zukunft, wenn ein erleuchteter Herrscher, wie Seine Königliche Hoheit Ismael Pascha, seine Geschicke in die richtigen Bahnen leitet.«

»Ich protestiere!« unterbrach Joe Thinker, in rücksichtslosem Eifer.

»Seine Geschicke leitet«, fuhr Ben mit Nachdruck fort, »zum Heil kommender Generationen, die seine Bevölkerung verdoppeln, seine Ernten verfünffachen, seine politische Macht ihm wiedergegeben werden, auf Kosten einer nutzlosen Steinruine.«

»Ich protestiere!« rief Joe, außer sich.

»Wir protestieren!« riefen die zwei Deutschen.

»Bravo! Da Capo!« lachten O'Donald und Harry Webster, ohne sich genau zu prüfen, wem ihr Beifall galt.

»Sehr gut! Sehr gut!« sagte Scherif hilflos. »Gestatten Sie, meine Herren –«, aber man hörte ihn nicht.

»Wir protestieren, wir protestieren!«

Die halbe Versammlung protestierte jetzt in komischem Rhythmus, den die Franzosen eingeleitet hatten. In Ermangelung einer arbeitsfähigen Präsidentenglocke schlug Fritschy so heftig an die Wasserflasche, daß sie mit lautem Geklirr in Stücke ging. Eine Wasserflut stürzte nach allen Seiten über den Tisch. Eine allgemeine Berieselung des Präsidiums erschien unvermeidlich, doch Scherif sprang rechtzeitig auf und rief mit großer Geistesgegenwart:

»Ich danke für die lebhafte Teilnahme, die die Verhandlungen gefunden haben. Auch dem Redner des Abends spreche ich im Sinne der Versammelten den wärmsten Dank aus. Ich schließe die Versammlung!«

»Wir protestieren!« sangen die Franzosen aufs neue.

Ben, der jetzt förmlich kochte, trat auf seinen Bruder zu. Fritschy suchte ihn mit Gewalt zurückzuhalten, wurde aber mitgeschleppt. Der Doktor hatte die Arme übereinandergeschlagen und erwartete, wie ein Fels den Anprall einer Sturzwelle, seinen Gegner, der sich glücklicherweise zwischen den nur noch teilweise besetzten Stühlen durchzuwinden hatte.

»Du hast mir den schönsten Erfolg verdorben, Joe!« rief er keuchend.

»Das war meine Absicht«, versetzte der andere bitter, »und was mehr ist, es war meine Pflicht.«

»Ich werde dir nie verzeihen«, zischte Ben.

»Ich hoffe zu Gott, daß ich dir verzeihen kann, mit der Zeit, wenn du zur Vernunft zurückkehrst«, entgegnete der Doktor.

»Vernunft!« lachte Ben. »Auf welcher Seite glaubst du sie zu finden?«

»Das frage ich dich!« höhnte Joe. »Seit wann lag die Vernunft, die uns der Herr gab, im Magen? Seit wann war sie die Kunst, den Bauch zu füllen? O Ben – Ben!«

»Oh, Joe!«

Es war nicht leicht, viel von knirschender Wut in diese zwei sanften, einsilbigen Namen zu legen; aber was in dieser Richtung möglich war, geschah. Sakuntala, die milde lächelnd mitten im Sturm gestanden hatte – als ob sie einer andern Welt angehörte, dachte Buchwald – legte jetzt die Hand auf den Arm ihres Onkels Ben. Wie unter dem Einfluß eines Nervenstroms löste sich die Spannung in dem erregten Gesicht des Zornigen. Die perlenden Schweißtropfen auf der Stirn trocknend, sank er auf den nächsten Stuhl nieder.

Joe verließ langsamen Schritts den Saal, der sich rasch geleert hatte, eine unbeschreibliche Bitterkeit im Herzen. Er hatte gesiegt, daran zweifelte er keinen Augenblick, aber er sah trotzdem, wie weit sein Feind und Bruder vorwärtsgekommen war. Durfte er länger zaudern und sich in sein Zimmer begraben, unter Büchern und Berechnungen? Das Leben verlangte mehr von ihm: Kampf und Sieg; tatsächlichen, greifbaren Sieg, selbst, geistig gesprochen, über die Leiche seines Bruders hinweg! – Leiche? – Nein, das wohl nicht. Bitte, keine Übertreibungen, sagte er zu sich selbst. Maßhalten ist das heilige Gesetz der Zeiten, für die ich eintrete. Daß Ben so gar kein Verständnis zeigt, für die höchsten Güter des Lebens – doch auch seines eigenen Lebens! So hoch wir streben, so nieder wir kriechen, sind wir schließlich nicht alle Menschen; sogar mein Bruder?

Kairo bei Nacht

Joe Thinker stützte sich schwer auf Buchwald, während sie langsam den alten Koptenhäusern entlang schlenderten, welche damals die Ostseite der Esbekiye begrenzten. Es war eine stattliche Reihe düsterer Bauten, deren Verschwinden jeder ältere Besucher Kairos noch heute bedauert. Der Vollmond goß sein ruhiges, fast taghelles Licht über die zerfressenen Kalkwände und die schwarzbraunen, zierlich geschnitzten Erker der Haremsfenster, die in geheimnisvoller Stille auf die Straße herabsahen, in welcher nur wenige halbvermummte Gestalten und da und dort ein herrenloser Hund scheu und lautlos dahinschlichen. Auf der andern Seite des breiten Weges, im Schatten von Baum und Busch war es nicht ganz so still. Aus dem Dunkel blitzten unruhig flackernde Lämpchen; stellenweise fiel ein trübroter Streifen Licht aus einer geöffneten Türe, einem halbverhängten Fenster über leere Stühle und Tische, die in sorgloser Unordnung umherstanden. Ein wirres Summen und Musizieren drang gedämpft über den Weg. Dort drüben reihten sich halborientalische, halbeuropäisierte Kaffeehäuser und Vergnügungsbuden aneinander, in denen sich die Nachtfalter Ägyptens, die Jugend der äußersten Levante und der Orientreisende, der arabisches Leben zu sehen glaubte, allabendlich begegneten.

Die erste dieser Wirtschaften, zugleich die dunkelste und geheimnisvollste, war in der Tat ein unverfälschtes ägyptisches

Kahwa, dessen Inneres zwei mächtige verstaubte Laternen spärlich erleuchteten. Entlang der Vorderseite der Bude, auf einer diwanartigen Erhöhung aus Backsteinen, die mit Binsenmatten bedeckt waren, saßen fast unerkennbar in der Finsternis vier eingeborene Künstler, die vermittelst eines Hackbretts, einer Geige, einer Laute und einer Derwischflöte – um deutsche Namen für phantastisch gestaltete Instrumente zu gebrauchen, die man in Europa vergebens suchen würde – einen zitternden Lärm erzielten. Eine nur von arabischem Musiksinn erkennbare Melodie wiegte sich in unberechenbaren Molltönen auf und ab, sank manchmal in ein unbehagliches Grunzen oder ein klagendes Gurgeln hinab, schwang sich dann aber auch in plötzlicher Aufwallung zu kreischendem Jauchzen empor, das von den andächtig rauchenden Zuhörern entlang der Wände des Cafés mit kurzen Ausrufen des Entzückens begrüßt wurde. Ein europäisches Ohr hätte in dem Tongeräusch allerdings von Musik kaum eine Spur zu erkennen vermocht; doch ahnte man mit heimlichem Grauen, daß in diesen Klängen eine uns für immer verschlossene Volksseele nach Ausdruck rang. Der durchdringende Geruch von glimmendem Stroh und Kamelsdünger, welcher, dem dunkeln Hintergrund des Schuppens entsteigend, sich mit dem Aroma des schweren Kaffees mischte, war ein Nebengenuß, den der Fremde gern entbehrt hätte, der ihn aber bald beißender, bald milder verfolgt, so lange er auf ägyptischem Boden weilt.

Die zweite Bude war stumm. Sie stand unter dem Geist und Zeichen Griechenlands, des wirklichen Griechenlands, nicht des heiligen Hellas, und glich einer innerlich und äußerlich unsoliden Räuberhöhle. Wilde, schwerbewaffnete Gestalten bedienten die Gäste, die in schmutzigweißen, hundertfach gefältelten Weiberröcken umhersaßen, flüsternd ihre Schnurrbärte drehten, und mit Dolchen spielten. Der Ort hatte wenig Einladendes für den müden Wanderer, der ein ruhiges Abendstündchen zu verrauchen wünschte. Wenn jemand in der Esbekiye gestochen wurde, suchte man den

Täter zuerst in dieser Gegend, fand ihn aber – zur Ehre des griechischen Kaffees muß dies beigefügt werden – nie.

Dann kam Lärm und Licht in das nächtliche Bild; kein allzu unangenehmer Lärm, wenn man bescheidene Ansprüche stellte. Im Innern der nächsten geräumigen, wenn auch niedern Holzhalle spielte, in schuldloses Weiß gekleidet, eine böhmische Damenkapelle die Ouverture aus Zampa oder den blauen Donauwalzer. An den hölzernen, schmutzigweiß angestrichenen Tischchen des Saals saßen vorläufig nur spärliche Besucher: junge europäische Kaufleute und Handwerker sowie ägyptische Beamte, meist in harmlosem, wenn auch schwierigem Gespräch mit Kellnerinnen, deren mährisches, kroatisches oder ungarisches Deutsch sich anstandslos mit dem Arabischen der nach europäischer Kultur dürstenden Effendis mischte. Waren die letzten Klänge aus Zampa verhallt, so flatterte die weiße Taubenschar auseinander und die ständigen Musikfreunde, welche die höheren Genüsse des Abends geduldig getragen hatten, fanden ihren Lohn. Der eine durfte der blonden ersten Violine einen Mokka aufwarten, dem andern trank die kräftige Bratsche zutraulich das Bierglas aus. Freundschaften, wenn auch nicht fürs Leben, knüpften sich, und mancher junge Ägypter von kosmopolitischer Bildung träumte sich nach Wien zurück, das er von dieser Seite ziemlich genau kannte.

Licht und Lärm wuchsen mit der letzten Bude, dem Café français. Hier erreichte die Zivilisation Ägyptens ihren derzeitigen Höhepunkt. Unter den Sykomoren auf dem Vorplatz des Cafés standen zwanzig Marmortischchen um einen verstaubten Springbrunnen, der allerdings nie gesprungen hatte. Im Innern tobte eine Musikkapelle, ebenfalls böhmischer Herkunft, aber männlichen Geschlechts, und von dem Ehrgeiz beseelt, der neuesten Operettenmusik Offenbachs Bahn zu brechen. Das Orchester saß auf der rechten Seite des grell erleuchteten Saals, halb unter den Gästen zerstreut, die sich ungebührlich um dasselbe drängten. Den Abschluß der buntgeschmückten Halle bildete in dieser Richtung ein derb bemalter Vorhang, auf dem Apollo und Venus oder Adam und Eva gemeinsam eine Leier stimmten, während links und rechts von üppigen Palmen herab zwei symmetrisch sich wiegende Schlangen mit je einem Apfel auf Gelegenheit lauerten, das nichtsahnende Paar zu verführen. Es waren die unverkennbaren Reste des Bühnenvorhangs eines *Café chantant*, der in Marseille oder Lyon bessere Tage gesehen haben mochte. An der hintern Längswand des Saals, den offenen Vorderfenstern gegenüber, schloß eine grellrote Portière ein Hinterzimmer ab, die sich unablässig hob und senkte, um Besuchern aller Farben und Trachten den Ein- und Ausgang zu gestatten. Ein vierschrötiger Herkules saß schläfrig auf einem Stühlchen vor dieser Pforte. Hinter derselben befand sich – was in keiner außer der arabischen Wirtschaft der Esbekiye fehlen durfte – ein Roulettetisch.

Buchwald war mit seinem tiefverstimmten Freund bis in die Nähe des letzten Kaffeehauses gekommen und stand einen Augenblick still, um, an anderes denkend, über den fast leeren Vorplatz in den hellen Saal zu schauen, der, wie das Licht die Mücken, den Blick auch des gleichgültigst Vorübergehenden anzog. Der Maler hatte ohne merklichen Erfolg versucht, Thinker auf andere Gedanken zu bringen. Als sie den Gasthof verließen, wobei Buchwald fast Gewalt gebrauchen mußte, schien ihn jedes Wort, auch das freundlichste, wie ein körperlicher Stich zu verletzen; selbst die bereitwilligste Zustimmung bot ihm eine Handhabe zu Ausfällen gegen alle Welt. Der gute, sanfte Mann schwelgte in der Stimmung eines kranken Panthers. Doch wirkte die kühle Nachtluft nach und nach etwas beruhigend. Ein dumpfer, schwermütiger Groll trat an die Stelle der Ausbrüche, die vor einer halben Stunde keine Rücksicht mehr gekannt hatten.

In diesem Augenblick holte sie O'Donald ein und klopfte Thinker nach seiner Art zutraulich und nicht allzu sanft auf die Schulter. Der Gelehrte zuckte zusammen, lächelte aber, als er den Prokuristen erkannte, dem seine Bekannten eine weitgehende Narrenfreiheit gestatten mußten, sie mochten wollen oder nicht.

»Wissen Sie was, lieber Doktor«, rief er munter, »Sie sind verärgert. Man sieht es Ihnen von hinten an. Das ist nicht gut in diesem Klima; es drückt auf die Nieren. Setzen wir uns ein wenig zu den Franzosen!«

»Lassen sie mich in Ruhe! Ich bin nicht in der Stimmung«, versetzte Joe ablehnend.

»Gerade deshalb!« lachte der Prokurist. »Wenn mich meine Landsleute toll machen, laufe ich immer zu den Franzosen; und das kommt oft genug vor, Gott sei's geklagt. Wissen Sie, Herr Joe, wir sind ein trauriges, nützliches, widerwärtiges Volk. Immer mit den Hörnern voraus, nicht nach links, nicht nach rechts sehend auf unser Ziel los. Das muß alles um uns her verstimmen, uns selbst am meisten. Es ist nicht an den Himmel zu malen, wieviel wir dabei versäumen an Vergnügen und Genuß, und – und innerem Gewinn!«

Das schwermütige Gesicht Thinkers hatte O'Donald zu dieser ungewohnten Betrachtung verführt. Er sah, daß der Doktor, der ihm nach dem Gesetze der sich anziehenden Gegensätze nicht gleichgültig war, wirklich litt, und auf einen Augenblick empfand er ein neues, völlig unbekanntes Gefühl für den wackeren alten Herrn. Es war Mitleid. Doch schämte er sich ebenso rasch dieser Regung und fuhr fort:

»Klüger sind die Franzosen. Wenn sie gelebt haben, haben sie gelebt. Wir sind indessen fünfzig Jahre in einer Tretmühle gelaufen, an der nichts erfreulich ist als ihre Größe. Kommen Sie! Vielleicht lernen wir etwas in dem Tingeltangel für unser nationales Seelenleben.«

Er faßte Thinker unter dem freien Arm und zog ihn samt Buchwald nach der andern Seite der Straße. Doch ehe sie das Innere des Saales betraten, den man von außen in jeder Richtung überblicken konnte, stemmte sich der Gelehrte mit aller Macht.

»Bis hierher und nicht weiter!« sagte er halb lachend. »Es ist mir zu hell in dieser Spelunke.«

»Gut!« rief O'Donald, indem er sich an einem der runden Tischchen niederließ, das vom Schatten eines gewaltigen Sykomorenstammes gedeckt war. »Sie haben recht: dies schickt sich besser für die reifere Jugend. Bei Zeus, der Platz ist nicht halb so schlecht, als er aussieht. Man geht nie ganz fehl, wenn man der Erfahrung in Silberhaaren folgt.«

Er hatte sich rasch nach allen Seiten umgesehen. Vor sich sah man durch das offene Fenster die kleine Bühne, auf der zwei weibliche Turkos in nicht ganz korrekter Uniform, unter dem Gesange eines kriegerischen Liebesliedes, Handgriffe und Marschübungen ausführten. Hinter ihnen, in einer Entfernung, welche zwei leere Tischchen ausfüllten, saß Madame Geraldine mit ihrer Theatermutter und zwei männlichen Begleitern.

»Unglaublich, wie geschickt Sie manövrieren!« flüsterte O'Donald, nachdem er drei Tassen Kaffee bestellt hatte. Der ahnungslose Gelehrte saß mit dem Rücken gegen die Bühne und sah der Primadonna aus Paris und Steiermark voll ins Gesicht, ohne es zu bemerken.

»Geschickt manövrieren!« seufzte er aus tiefster Seele. »Nach dem was wir heute erleben mußten! Ich fühle mich nicht berechtigt, die Folgen abzuschätzen, die mein öffentlicher Einspruch gegen die Absichten meines unglückseligen Bruders haben wird. Natürlich, ich habe ihn gründlich widerlegt, seinem Standpunkte jede Berechtigung entzogen. Und doch fühle ich mich entmutigt. Er schien nicht geneigt, den hoffnungslosen Kampf aufgeben zu wollen, und die ganze Versammlung zeigte, wie Sie leider nur zu richtig bemerkten, daß sich Ben bereits einen großen gefährlichen Anhang zu verschaffen gewußt hat, während ich meinen Forschungen oblag. Ich will nicht erörtern, was das Wichtigere, was das Würdigere ist. Er wendet sich an die niederen Instinkte der Masse. Auf diesem Wege werde ich ihm nie folgen.«

»*Allons enfants de la patri – i – ie!*« sangen die zwei kleinen Turkos jetzt mit gellender Stimme durchs Fenster. Madame Geraldine, gehoben von einem freiheitlichen Aufschwung, der in Paris zur Zeit nicht möglich gewesen wäre, kommandierte eine Brigade imaginärer Sanskulottes mit ihrem Fächer und sah mit ungeduldigem Lächeln zu Thinkers Gruppe herüber.

»*Formez les bataillons!*« kreischten die Kleinen.

»*E'bin!*« rief Geraldine, wie ein Tambourmajor Takt schlagend und dem Doktor lustig zuwinkend; – oder galt es Buchwald? – Doch jetzt *mußte* Thinker sehen, was er sah. Ein unwilliger Ernst flog über seine Züge. Er drehte seinen Stuhl halb um und blickte nach der Bühne, von der ihm die Turkos, die am Schlusse ihrer Nummer angelangt waren, Kußhändchen zuwarfen. Sollte er den Stuhl noch einmal drehen? Glücklicherweise rauschte der Vorhang mit dem Apoll und seiner Genossin nieder. Die Musik verstummte; man konnte wenigstens reden.

»Ich glaube selbst, Sie müssen einen andern Weg finden, wenn Sie die Vorstöße Ihres Herrn Bruders parieren wollen«, sagte O'Donald. »Sehen Sie dorthin! Das sieht nicht aus wie eine geschlagene Armee.«

Zehn Schritte entfernt, im vollen Lichte der Saalbeleuchtung, die ihnen durch die weit offenen Türen entgegenstrahlte, schritt Ben Thinker, rechts von ihm Osman Effendi, links Fritschy, auf das Café zu. Sie hatten die Fräcke abgelegt und mit ihnen die feierliche Festmiene, die sie vor einer Stunde so würdig gekleidet hatte. Ben sah unternehmungslustig in die Welt hinaus, als ob er den glücklichsten Tag seines Lebens damit beschließen wollte, als fideler alter Onkel zwei unerfahrene Neffen ins Leben einzuführen. Tatsächlich hätten die ernster dreinblickenden Neffen dem heiteren Onkel einige Winke geben können. Sie führten ihn ohne Zaudern in den Saal und setzten sich an eines der Tischchen in der Nähe der roten Portière, hinter der jetzt das Klingen von Gold und Silber deutlich zu hören war.

»Das ist das Schlimmste für Sie, diese Freundschaft!« fuhr O'Donald fort, verstohlen nach der Gruppe im Saal deutend. »Zwar kann niemand hierzuland wissen, wie weit der Sohn den Vater beeinflußt. Oft genug, besonders in den oberen Kreisen, sind sie Todfeinde. Nach allem aber was man weiß, ist dies mit Sadyk Pascha und seinem goldenen Früchtchen, um das Ihr Bruder herumsummt, noch nicht der Fall. Überdies ist Osman nur der Adoptivsohn Sadyks, den ihm eine seiner Frauen mitbrachte; ein bei diesen ägyptischen Türken übliches Verhältnis, das bessere Beziehungen zu gestatten scheint. Und Sadyk fängt an, allmächtig zu werden. Die Dinge drehen sich wunderlich in dieser Chamsinluft.«

»Erzählen Sie uns etwas«, bat Buchwald, noch immer bestrebt, Thinker seinen nagenden Gedanken zu entreißen.

»Wenn Sie nicht darauf bestehen, daß die Geschichte wahr sein soll, recht gern«, antwortete O'Donald, indem er Eisstückchen aus seinem Wasserglas in den Kaffee warf, und den Folgen dieses Experiments aufmerksam zusah. »Wir leben hier von Lügen, wenn wir nicht zu arbeiten und nichts zum Spielen haben; der Sommer wäre sonst unerträglich. Ärgerlich ist nur, daß die wirkliche Wahrheit meist viel wunderlicher ist, als was wir zusammenzudichten vermögen. Sadyk Effendi, Sadyk Bey, Sadyk Pascha, das alles kam Schlag auf Schlag in den letzten drei Jahren. Wo Sadyk selbst herkam, weiß niemand mit Sicherheit. Als der gute, alte Taugenichts Said Pascha, der vorige Vizekönig, allein und verlassen in seinem Schloß am Meer bei Meks starb, waren drei der hohen Herren bereit, seine Herrschaft anzutreten: Ismael, Mustapha und Halim Pascha, die ersteren zwei Söhne Ibrahim Paschas, des Adoptivsohns Mohamed Alis, Halim der letzte, leibhaftige Sohn des alten Herrn. Unzweifelhaft war aber Halim um ein Jahr jünger als die andern und machte keinen ernstlichen Versuch, das Ziel zu erreichen, das ihm seinerzeit sicher sein muß. Die andern zwei dagegen waren nur um Wochen oder gar Tage auseinander. Solche zeitlichen Wunderlichkeiten sind in vizeköniglichen Harems nichts Seltenes. Im allgemeinen hatte man Ismael für den älteren gehalten, doch war es Mustapha gelungen, im entscheidenden Augenblick eine Anzahl Eunuchen und ähnliche Geheimräte beiderlei Geschlechts zu gewinnen, die bereit waren, Stein und Bein zu schwören, daß Mustapha, wenn auch heimlich, volle sechs Wochen vor Ismael das Licht der Welt erblickt habe. Dies begründeten sie mit einer Haremsgeschichte von echter Lokalfarbe. Aber auch Ismael hatte seine Eideshelfer bereit, unter denen sein Milchbruder Sadyk, von dem zuvor kaum jemand etwas gewußt hatte, und dessen Mutter, ein altes, verschrumpftes Fellahweibchen, eine hervorragende Rolle spielten. Die Entscheidung mußte in Konstantinopel getroffen werden. Dort hängt sie jedoch nicht vom massenhaften und kräftigen Schwören allein ab. Ein weiser Sultan weiß, daß dies stets nach Bedarf zu haben ist. Der kluge Prinz, der heute das glückliche Niltal der Zivilisation entgegenführt, schätzte die Verhältnisse richtiger ein – oder war Mustapha, der sein Spielerleben in Paris schon begonnen hatte, zu sorglos: kurz, es war für des Sultans Tasche vorteilhafter, Ismael an die Spitze des bevorzugtesten Paschaliks des ottomanischen Reichs zu stellen. So bekamen wir unseren neuen Vizekönig und die, wir wollen hoffen, meineidigen Freunde Mustaphas denken im Sudan über das Gebot Allahs nach, die Wahrheit zu sagen, so lange man nicht ganz sicher ist, daß das Gegenteil nichts schadet. Sadyk aber, der so glücklich gewesen war, sich zu erinnern, wann er mit Seiner Königlichen Hoheit an einem Busen gelegen hatte, wurde Bey und Mufetisch des vizeköniglichen Privatvermögens, das, wie Sie wohl wissen, in untrennbarem Zusammenhang mit der Finanzwirtschaft des Staates steht.«

Hier unterbrach O'Donald seine Erzählung. Die Vorstellung auf der Bühne hatte eine neue, allzufesselnde Wendung genommen. Unter den ersten Klängen eines Trauermarschs im Walzertakt von Verdi war Señor Rodrigo Zorilla y Alcantarito, Professor aus Salamanca, mit seinen zwei Zöglingen aufgetreten. Der Professor war vom Wirbel bis zur Zehe in würdiges Schwarz gekleidet, die Zöglinge in nichts. Sie waren nämlich ein Hahn und ein Schwein, und die ursprünglich eines tieferen Sinns entbehrende Vorstellung bestand darin, daß unter der Leitung des Herrn Professors der Hahn sich bemühte, dem ungelehrigen Rüsseltier Unterricht im Krähen zu erteilen. Es war nicht leicht zu entscheiden, ob die qualvollen Bemühungen des Schweins, seinem Lehrer zu gefallen, oder der Zorn des Hahns über die mißglückenden Versuche des talentlosen Schülers bei dem dankbaren Publikum allabendlich größeren Beifall fanden. Der Reiz dieser Szene hätte keiner Steigerung bedurft, und doch wurde er seit acht Tagen dadurch erhöht, daß man dem Schwein durch einen grauen Anstrich das Aussehen eines munteren kleinen Nilpferdes zu geben gewußt hatte. Nun stellte der gravitätische Hahn Frankreich vor, und das Nilpferd – nun ja, das war eben ein Nilpferd. Das Ganze aber führte den allerdings nur heimlich geflüsterten Titel *Civilisation et progrès en Egypte*. Der geistvolle Gedanke war das Erzeugnis eines jüngeren Stammgastes des Cafés, dem Direktor und Publikum nicht dankbar genug sein konnten. Allerdings standen zwei ältere türkische Herren, ebenfalls Stammgäste, beim Erscheinen des Schweins regelmäßig auf und entfernten sich schweigend, aber sie kamen wieder. Erst als der Professor, das gefälschte Nilpferd zur Rechten, den Hahn zur Linken sich dreimal verneigt hatte, und nach dem dritten Hervorruf das der Bewunderung müde Schwein nur unter fürchterlichem Gequiekse noch einmal auf die Bühne gezerrt worden war, sah sich O'Donald in der Lage, seine Erzählung wieder aufzunehmen. Auch Buchwald – betrübend zu gestehen – war einem Lachkrampf nahe gewesen. Herr Joe hatte mehr Ernst von den jungen Leuten erwartet; wenigstens von dem Maler. Er sah traurig vor sich nieder, während Madame Geraldine Kügelchen aus Kuchenteig nach seinem Tisch warf. Den Luchsaugen O'Donalds entging dies nicht; er riß sie weit genug auf. Und doch hatte er sich in seinen allzu raschen Schlüssen getäuscht. Buchwald war unschuldig.

»Die Dinge gehen seitdem einen merkwürdigen Gang«, begann er wieder. »Der Vizekönig braucht Geld; vor allen Dingen für Konstantinopel, wo die politischen Pläne der Familie auf dieser solidesten aller Grundlagen raschere Fortschritte machen als unter Mohamed Ali mit all seinen siegreichen Armeen. Man spricht nicht laut davon, aber die völlige Unabhängigkeit Ägyptens gehört zu den Träumen des so wenig träumerisch veranlagten Herrn. Heute schon läßt er sich ungern *Viceroi* nennen, und der französische Gesandte, der ihn bei einem der ständigen Gespräche über die Zivilisation Ägyptens mit sittlichem Ernste zurief: »*Monseigneur, il faut abolir les vices!*« konnte sich trotz der Suezkanalfrage eine Woche lang rühmen, in der Hofgunst höher zu stehen als sein englischer Kollege. Der Suezkanalstreit verschlingt Millionen, wenn er auch die Fellachin vom Frondienst auf dem Istmus befreit, so daß sie auf den vizeköniglichen Gütern zahlreicher verwendet werden können. Dann kostet es Millionen und Millionen, diese Güter abzurunden, Land aufzukaufen, wenn es eben nicht anders gehen will, es einzudämmen, mit Pumpwerken, Dampfpflügen, Baumwollfabriken zu versehen und die nötigen Verkehrsmittel zu schaffen. Ein großartiger Nilkanal, dreihundert Kilometer lang, von Siut bis in die Gegend von Sakkara ist geplant und in Angriff genommen, der in Mittelägypten 300 000 Hektar bewässern wird. Das alles sollte sich bezahlen und wird sich bezahlen, wenn es zur Ausführung kommt, wie es geplant ist und sich der Preis der Baumwolle noch ein paar Jahre lang auf der heutigen Höhe erhält; zwei sehr fragliche Annahmen. Außerdem hat natürlich Seine Königliche Hoheit einige Liebhabereien, die nicht ganz billig sind: möchte den Sudan erobern, baut Schiffe und Paläste, Theater und Moscheen und spritzt – als Grandseigneur, der er ist – das Geld um sich, als ob es Nilwasser wäre. Das lernte er, so sparsam er vor seinem Regierungsantritt war, mit unglaublicher Behendigkeit, und das Talent wächst mit der Übung von Jahr zu Jahr. Anfänglich waren denn auch die Kassen immer leer; es war ein Jammer. Seit Sadyk sie in der Hand hat, schienen sie unerschöpflich zu sein. Wie er es macht, weiß niemand genau. Aus den Fellachin wird der letzte Blutstropfen gepreßt; das versteht er als Fellah meisterlich. Namentlich kennt er das Geheimnis, daß ein Ägypter, dem man diesen letzten Blutstropfen ausgepreßt hat, immer noch eine ziemliche Menge rötlichen Saftes abgibt, wenn man ihn an einer andern Stelle anzapft. Er ist ein wahrer Poet in der Erfindung von Besteuerungsmethoden und Steuerobjekten. Merkwürdig ist, wie die europäischen Bankiers sich die Füße ablaufen, um ihm ihr Geld in den Schoß zu werfen: die Oppenheim, die Erlanger, die Barings und Rothschilds, von den kleinen Fischen der Levante, die selbst nichts haben, nicht zu reden. Es ist eine tolle Wirtschaft. Die Schulden des Landes – *L'Etat c'est lui* – sind in den ersten drei Jahren seiner gesegneten Regierung von sieben auf zwanzig Millionen Pfund gewachsen. Ein achtbarer Anfang. Aber es geht weiter wie eine Lawine und Sadyk Pascha kennt vorläufig keine andern Sorgen, als das Stirnrunzeln seines Herrn, wenn eines schönen Morgens kein Gold in der Kasse des Kriegsministeriums ist, um einen Diamantschmuck zu kaufen oder der Geldschrank des öffentlichen Unterrichts – Sie sehen, für alles ist gesorgt – leer gefunden wird, wenn eine Schiffsladung Eisenbahnschienen bar bezahlt werden soll. Rasch muß dann ein griechischer Jude oder ein jüdischer Franke herbeigerufen werden, um das Loch im System zu verstopfen. ›Das darf nicht wieder vorkommen, mein Lieber‹, sagt Seine Hoheit lächelnd und Sadyk ist aufs neue der Mann des Tages.« –

Auf der Bühne exerzierte jetzt bei den Klängen einer tollen Janitscharenmusik ein Invalide aus dem Krimkrieg, mit einer glutroten Nase und einem Stelzfuß, den er abschnallen, laden und abfeuern konnte. Trotz der erstaunlichen Geschicklichkeit, mit der der Brave, auf einem Bein hüpfend, gegen einen gedachten Malakoff losstürmte, waren seine Leistungen doch kaum fesselnd genug, um O'Donalds Schilderungen zu unterbrechen. Dies geschah von Buchwald, der darauf aufmerksam machte, daß Ben Thinker mit seinen Begleitern spurlos verschwunden war.

»Ich wunderte mich schon seit einiger Zeit«, bemerkte der Prokurist, »daß es unser Freund Osman Effendi so lange vor dem roten Vorhang aushielt. Wenn Sie die Herren finden wollen, so müssen Sie hinter demselben suchen. Der hoffnungsvolle Junge kam vom Spielteufel besessen aus Paris zurück und wird, fürchte ich, das Finanzgenie seines Papas noch auf eine harte Probe stellen, soweit diesem der Vizekönig Zeit läßt. Hoffentlich ist Fritschy nicht Esel genug, ihm Gesellschaft zu leisten. Ihrem Herrn Bruder schadet es nicht viel, so viel ich weiß.«

»Mein Bruder verspielt sein Geld in anderer Weise«, versetzte Joe mißmutig. »Ich wollte es wäre dies alles, was ich gegen ihn zu sagen habe.«

»Auch Madame Geraldine hat ihr letztes Geschoß abgefeuert«, sagte der Prokurist, indem er ein Kuchenkügelchen neben Thinkers Tasse aufhob und es dem Gelehrten unter die Nase hielt, der es verständnislos anstarrte. »Man steht vor einem ewigen Rätsel bei diesen und andern Damen«, fuhr er lachend gegen Buchwald gewendet fort, der ebenfalls keine Lust zeigte, auf den Scherz einzugehen. Dann warf er die wirkungslose Kugel in der Richtung der Bühne weg, wo soeben die schuldige Künstlerin tiefgebückt in einem schwarzen Loch an der Seite des Podiums verschwand. Trotz aller Zivilisation waren die Einrichtungen in dem berühmten Café français du Caire noch immer etwas urwüchsig.

»Aha!« rief der Prokurist freudig. »Die Diva geht an die Arbeit. In einer halben Stunde werden Sie eine Schlangenzauberin bewundern, wie sie selbst im alten Ägypten selten waren. Machen Sie sich auf etwas Außerordentliches gefaßt. Madame Geraldine setzt ihren Ehrgeiz darein, Eva und die Schlange gleichzeitig zu spielen.«

Der übermütige O'Donald bemerkte erstaunt, daß nun auch der Maler mit dem Gelehrten wetteiferte, ihn feindlich anzustarren. Buchwald konnte es nicht ertragen, daß jemand von Schlangen unehrerbietig sprach. Es war eine Wunderlichkeit, die ihn seit Stoke-Newington verfolgte; vor kurzer Zeit war sie aufs neue und heftiger als je ausgebrochen. O'Donald verstand natürlich nicht, was in dem deutschen Gemüt vorging und fühlte sich etwas unbehaglich zwischen seinen sichtlich verstimmten Freunden.

»Nun also«, rief er, »lassen Sie mich mit Sadyk Pascha aufräumen. Der alte Spitzbube – alt im gewöhnlichen Sinne kann man ihn zwar kaum nennen – vergißt natürlich nicht, sein eigenes Nest zu federn, und der Vizekönig scheint dies nicht einmal ungern zu sehen. Er weiß, daß er jeden Augenblick seine fette Hand drauf legen und alles in die eigene Tasche stecken kann, was sein emsiger Milchbruder zusammenklaubt. Vorläufig ist Sadyk Hahn im Korb. Der ganze Hof kriecht vor dem Fellah und er bemüht sich redlich, ein feiner Herr mit vornehmen Passionen zu werden. Nicht ohne Erfolg. Und wenn jemand beim Vizekönig etwas durchsetzen will und den Mufetisch gewonnen hat, so ist alles gewonnen. Soweit ich Ägyptologie verstehe, hat Ihr Bruder Ihnen den Rang in dieser Richtung abgelaufen. Anders kann ich mir seine Freundschaft mit dem gezierten Laffen Osman Effendi nicht erklären. Fritschy hat ihn in einer der Spielspelunken kennengelernt. Das brachte sie zusammen. Nehmen Sie sich in acht, Herr Thinker. Ihr Bruder hat auch in Fritschy keinen üblen Bundesgenossen, und Osman kann möglicherweise den Ausschlag geben.«

»Ich bin für meinen Bruder nicht verantwortlich«, versetzte der Doktor steif. »Mein Weg geht geradeaus und verträgt keinen Schmutz.«

»Die Sache ist die, mein lieber Doktor«, unterbrach ihn O'Donald, »daß wir es sind, die im Leben dieser Welt es lernen müssen, den Schmutz zu ertragen, wenn wir vorwärts kommen wollen.«

»Nicht alle«, entgegnete Joe rasch, »nicht alle! Sehen Sie den Unterschied zwischen unsern Wegen und vor allem zwischen unsern Zielen nicht? Jawohl, Verehrtester, es hängt ein wenig davon ab, wo wir herkommen und wo wir hin wollen. Das ist das Große an idealen Bestrebungen: Sie heben uns über den Schmutz des täglichen Lebens hinaus.«

»So habe ich mir sagen lassen«, versetzte der unverbesserliche Prokurist. »Wenn Sie aber Ihre Ideale verteidigen wollen gegen die Tücken dieses irdischen Lebens, so werden Sie wohl ein wenig zu uns herabsteigen müssen, fürchte ich. Tun Sie es, ehe es zu spät ist«, setzte er plötzlich ernsthaft und eindringlich hinzu. »Es wäre mir wahrhaftig selbst leid um die alte Pyramide.«

»Nie!« rief der Doktor entrüstet. »Wie?« fragte er nach einer Pause kleinlaut, und sah O'Donald fast ängstlich an.

»Das ist die Frage«, antwortete dieser nachdenklich. »Kommen Sie!« rief er dann plötzlich, wie wenn ihm die Wendung des Gesprächs wenig behagt hätte. »Es kann nicht mehr lange dauern, bis sie auftritt. Hier kommt schon die tanzende Schwiegermutter, und der Saal füllt sich. Die Franzosen nehmen uns die besten Plätze weg. Und vor Ihnen liegt noch ein letztes Kügelchen von ihr. Nehmen Sie es mit, Herr Thinker, zum Andenken an unsern heutigen Abend. Wer weiß, ob es Ihnen nicht noch nützlich sein wird. Kügelchen rollen wunderlich durcheinander, hierzuland.«

Sie erhoben sich und Thinker folgte jetzt ohne Widerstreben. Man trennte sich nur schwer von O'Donald, wenn er dies nicht wünschte. Die leichtfertige Gutherzigkeit, die er zur Schau trug, war ansteckend.

Es war kein Monaco hinter der roten Portière, nur ein Zimmer mit zwei nach der Wildnis der Esbekiye offenen Fenstern, durch die der Dunst und Tabaksqualm von dreißig Menschen in die Stille der Mondnacht hinauszog. Stühle waren nicht vorhanden. Eng zusammengedrängt hatten kaum zwei Dutzend Leute Raum zum Stehen, denn die Mitte des kleinen Saals war von dem buntbemalten Roulettetisch eingenommen, hinter dem, gegen die Wand mit den Fenstern sich stützend, der Bankhalter und zwei Croupiers Aufstellung genommen hatten: bleiche, schwarzhaarige Griechen in Hemdsärmeln mit riesigen Manschetten und breiten, knallroten Leibbinden statt der Gürtel. Entlang den drei andern Seiten des Tisches standen die Spieler, zwölf bis fünfzehn Vertreter aller Nationalitäten, sichtlich Leute der verschiedensten Spielreife: ein paar geisterhaft blasse junge Herren der arabischen *jeunesse dorée*; zwei rote, gesunde Engländer, die auf dem Weg nach Indien von den Freuden europäischer Kultur Abschied nahmen und dafür still und verbissen ihr erstes indisches Monatsgehalt in halben Sovereigns auf den Tisch legten; ein verkommener französischer Schauspieler, der mit tragischen Gebärden seinen Fünffrancstücken nachsah; zwei Griechen, Baumwollmakler und Spieler von Beruf, die mit leisen, aber fürchterlichen Flüchen das wechselnde Glück beschworen, und sich dabei nicht im geringsten von dem milden Lächeln zweier Türken stören ließen, die nach langen Pausen größere Haufen Gold bedächtig auf Rot oder Schwarz setzten. Nur *eine* Dame befand sich in der Gesellschaft und sie war in Männerkleidern: einer der kleinen Turkos von der Bühne. Sie spielte mit dem Gelde eines schwarzhaarigen, wohlgeölten Armeniers, der ihr von Zeit zu Zeit zögernd ein Zehnfrancstück zusteckte. Von der Decke des Gemachs hingen zwei Petroleumlampen unter großen grünen Schilden, welche die beiden Enden des Tischs grell beleuchteten. Über die Mitte des Roulettetisches warfen sie einen geheimnisvollen Schatten, in dem auch die Croupiers begraben lagen. Von diesen Herren sah man fast nichts als die langen wachsweißen mit falschen Steinen reichgeschmückten Finger und die ruhelosen Krücken, die wie selbständige lebendige Wesen Silber und Gold von der Tafel fegten. Die Einrichtung des Spieltischs war nicht ganz die übliche. Statt auf 36 spielte man hier nur auf 24 Feldern. Dies und ein dreifaches Zero gab der Bank ungefähr die doppelten Chancen der damaligen Banken zu Baden und Homburg und der heutigen zu Monaco. Auch gelang es der Gesellschaft, die sich um den Tisch drängte, nicht immer, jene steinerne Ruhe zu bewahren, unter der man in Europa die Erregung verbirgt, welche den Genuß des kultivierteren Spielers ausmacht. Gelegentlich unterbrach ein dalmatischer Kapitän oder ein halbwilder Arnaute das gedämpfte Flüstern mit einem Sturm von Flüchen in seiner rollenden, glücklicherweise niemand bekannten Muttersprache, ehe sich das Naturkind, mit seinen Pistolen spielend oder gar mit perlenden Tränen in den ausdrucksvollen Augen, entfernte.

Zwischen zwei Gestalten dieser Art, die ein freundlicher Wink der Krücke von der andern Seite des Tischs auseinandertrieb, um für den Sohn Sadyk Paschas Platz zu schaffen, drängte sich der kleine Effendi, zog ein schmutziges Stückchen Papier aus der Tasche seiner seidenen Weste und legte zehn Napoleon vor sich auf den Tisch. Der Croupier winkte ihm kameradschaftlich zu und einer der anwesenden Ägypter wünschte ihm flüsternd den Segen Allahs, des Allgütigen, zu seinem Tun. Fritschy, der mit Ben Thinker unmittelbar hinter ihm stand, warf jenem einen fragenden Blick zu. Herr Ben aber schüttelte mißbilligend den Kopf und beide beschränkten sich darauf, dem Spiel zuzusehen.

Eine Zeitlang hörte und sah man nichts, als was auf der ganzen Welt jeder derartige Spieltisch mit wenig Abwechslung bietet; für den Uneingeweihten eine fast einförmige Szene. – »*Faites votre jeu, Messieurs*« – »*faites votre jeu!*« – »*Rien ne va plus!*« – Das Schnurren der Roulettekugel; ein klappernder Klang, wenn sie ihr Fach gefunden hat – »*Dix neuf! Rouge! Impare!*« in schneidender Fistelstimme – oder »*Zéro!*« in schwermütigem Baß, als ob der Bankhalter nur mit verhaltenem Schmerz das ganze Feld einheimste. Und dann wieder: »*Messieurs, faites votre jeu!*« – »*Rien ne va plus*« und so weiter, stundenlang, tage- und nächtelang. –

Osman Effendis Zwanzigfrancstücke verschwanden mit überraschender Regelmäßigkeit, eins nach dem andern, er mochte das Glück mit schwarz oder rot, gerade oder ungerade versuchen. Zu Anfang des Abends auf Zahlen zu setzen, ehe sich die Stimmung Fortunas erklärt hatte, war gegen seine Grundsätze. Ihre Laune schien heute in der Tat in schlechtmöglichster Verfassung zu sein, denn soeben hatte er den neunten Napoleon gesetzt und verloren. Die zwei chiotischen Seeräubergestalten neben ihm sahen fast mitleidig auf das zierliche Männchen herab, das rot vor Ärger geworden war. Er ergriff das letzte Goldstück mit bebenden Fingern, setzte es auf Schwarz, nahm es aber wieder weg und gab es Fritschy.

»Bitte, setzen Sie für mich«, sagte er flüsternd.

Fritschy warf den Napoleon auf den Tisch. Das Goldstück rollte über das rote Feld hinweg zwischen die Zahlenreihen hinein und blieb auf siebzehn liegen. Im gleichen Augenblick rief der Croupier sein scharfes »*Rien ne va plus!*« Osman Effendi griff mit der Rechten unter sein glänzend gestärktes Oberhemd und faßte ein Amulette, das er seit seiner Kindheit auf der bloßen Brust trug, während die Kugel ihre verhängnisvolle Melodie absang. Dies hatte auch einmal in Paris geholfen. Man hörte das Fallen des Kügelchens nicht, denn in derselben Sekunde schoß der Invalide draußen im Saal sein geladenes Bein ab und durch die ganze Spielergesellschaft ging ein fühlbares Zucken. Es konnte ebenso leicht am Spieltisch ein Schuß gefallen sein.

»Siebzehn! Schwarz!« rief der Bankhalter einen Augenblick später, faßte dann zögernd eine der vor ihm stehenden Goldrollen und schleuderte mit Taschenspielergewandtheit vierundzwanzig Napoleon auf die Stelle, wo Osmans Geldstück lag. Dieser nickte Fritschy dankbar zu und ordnete seine neuen Rekruten für den nächsten Feldzug. Ein unterdrücktes Murmeln der Bewunderung ging von Mund zu Mund. Die Chioten sahen Osmans Geldhäufchen mit glänzenden Blicken an und rückten ihm zutraulich näher.

Die unerwartete Wendung der Dinge hatte seinen Mut gehoben. Er ließ fünf Napoleon auf dem Kreuzungspunkt der Zahlen 13, 14, 17 und 18 stehen. Vierzehn kam heraus. Er hatte wieder dreißig Napoleon gewonnen.

»Sapristi«, flüsterte er nervös, »das Glück erinnert sich meiner. Jetzt drauflos, so lange es lächelt; aber nicht überstürzen!«

Er setzte vorsichtig: einen Napoleon auf drei, zwei auf sieben, drei auf einundzwanzig.

Wieder rollte die Kugel.

Zero! – Die sechs Napoleon waren weggeblasen.

»Vielleicht, wenn Fritschy wieder gesetzt hätte«, murmelte Osman, »oder der Invalide im richtigen Augenblick schießen wollte. Bah! Man muß auch zu verlieren wissen!«

»Verdammter Unsinn!« sagte Ben Thinker, mit ehrlicher Entrüstung, indem er sich umwandte. »Machen Sie keine Dummheiten, Fritschy. Ich erwarte Sie draußen im Saal!« – Damit hob er den roten Vorhang auf und schlüpfte hinaus.

Den jetzt dichtgefüllten, grellerleuchteten Saal durchbrauste schallendes Gelächter. Die tanzende Schwiegermutter hatte soeben den Schluß ihrer ›Nummer‹ erreicht, Harlekin und Colombine auf den Knien vor der robusten, freudig erregten Dame stellte mit dem Aufwand glänzender Mimik in einem nicht mißzuverstehenden lebenden Bild das Glück des Ehestands dar.

»Dummheiten!« brummte auch hier der verstimmte Thinker. »Wenn man bei all dem nicht Zweck und Ziel hätte, wofür es sich lohnte, sich zu ärgern!«

In der hintersten Ecke des Saals war ein Tischchen frei. Dort ließ er sich nieder, und bestellte ein Glas Grog. Ehrlicher schottischer Whisky war leider nicht zu haben in der Jammerbude! –

O'Donald trat auf ihn zu, um ihn zu begrüßen.

»Sie sind allein?« fragte er teilnehmend.

Herr Ben deutete auf den roten Vorhang.

»Aha! Osman Effendi erinnert sich seiner Kinderstreiche«, sagte der Prokurist. »Er spielte schon, ehe er nach Paris ging. Das schadet weiter nichts; der Papa hat's. Aber lassen Sie Fritschy nicht anbeißen. Es wäre schade um sein hübsches Häufchen Geld, das auf unserer Bank liegt.«

»Ich denke, er ist alt genug, sich selbst zu hüten«, meinte Ben mürrisch. »Gibt es eine größere Torheit, als sein Geld und seine Zeit und die Kraft von Leib und Seele diesem Schwindel in den Rachen zu werfen. Dazu mit der Sicherheit, alles zu verlieren, wenn man lang genug spielt!«

»Geschmacksache, wie alles in der Welt«, antwortete O'Donald, indem er sich rittlings neben Thinker auf einen umgedrehten Stuhl niederließ, um anzudeuten, daß er sich nur gastweise hier befinde.

»In einer Welt, in der es so viel auszuklügeln, zu schaffen, zu wagen gibt«, fuhr Ben fort; »in der wir Aufregung finden, so viel unsere Nerven zu tragen vermögen, wenn wir nur zugreifen wollen – und angreifen!«

»So ist's; das aber wollen die wenigsten«, meinte der Prokurist. »Einem Rädchen zuzusehen, das ein anderer spinnen läßt, ist weitaus bequemer, als Quader für Stauwerke heran zu schleppen, die schließlich ins Rollen kommen können, so gut wie eine Roulettekugel.«

»Das eben verschafft uns die Aufregung!« sagte Thinker, nicht ohne Behagen an seinem Strohhalm saugend.

»Geschmacksache!« wiederholte O'Donald. »Ich glaube kaum, daß Ihr Effendi sich für das Stauwerk übermäßig aufregen wird.«

»Mehr als ich erwarten konnte, wenn man ihn am richtigen Ende zu fassen weiß«, flüsterte Ben, indem er sich vorbeugte, um gehört zu werden, ohne zu laut zu sprechen. »Die Augen beginnen mir aufzugehen: Spitzbuben, und nicht halb so blöde, als sie aussehen, diese Ägypter! Übrigens kommt es auf den Alten an, wie Sie besser wissen als ich; und ich glaube auf dem richtigen Weg zu sein. Lassen Sie mir acht Tage Zeit; Sie werden dann vielleicht von uns hören.«

»Acht Monate!« lachte O'Donald. »Sie kennen Ägypten noch nicht. Aber unmöglich ist es nicht, daß Sie Ihr Ziel erreichen, wenn Sie soviel Geduld als Feuereifer haben.«

Sie verstanden sich, auch ohne ein Wort zu sagen, das ein dritter verstanden hätte. Die Miasmen Kairos haben auch des ehrlichen Ben Thinkers Nerven gehörig angegriffen, dachte O'Donald, den nichts überraschte.

In diesem Augenblick erschien Fritschy mit strahlendem Gesicht unter der roten Portière, überflog mit einem Blick die bewegte Menge und kam rasch auf seine Bekannten zu.

»Ein Narrenglückspilz, dieser Effendi!« sagte er hastig. »Wir haben sechstausend Franc gewonnen, soviel ich in der Geschwindigkeit zählen konnte. Und es geht weiter, Schlag auf Schlag.«

»Donnerwetter!« rief O'Donald, »hat das Bänkchen so viel?«

»Sie wollten aufhören«, versetzte der Monteur, »aber zwei Gentlemen aus Chios, die auch gewinnen, drohten mit ihren Pistolen. So mußte der Bankier Nachschub holen lassen. Er sagt aber entschlossen, daß sei das erste und letzte Mal. Wenn es so fortgehe, ziehe er selbst die Pistolen vor. *Bonjour!*«

»Geben sie acht, daß die Gentlemen von Chios nicht helfen, den Gewinn nach Hause zu schleppen!« rief O'Donald dem Monteur nach, der hinter dem roten Vorhang wieder verschwand.

»Wir sollten fast nach ihnen sehen«, fuhr er, gegen Ben gewandt fort. »Solche Ausnahmefälle nehmen hier selten ein gutes Ende, und es würde nicht den besten Eindruck machen, wenn Ihren zwei Trabanten gerade heute etwas Menschliches begegnete.«

»Lassen Sie die Kinder spielen!« antwortete Thinker gleichgültig, fast verächtlich. »Für halb verloren halte ich den Tag sowieso. Mein armer verrückter Bruder hat mir einen Knüppel zwischen die Beine geworfen. Ich bin nicht böse; er weiß nicht, was er tut. Aber dem Knüppel wird er wohl wieder begegnen. Das verspreche ich ihm in aller Brüderlichkeit.«

»Werden Sie nicht bösartig, Herr Ben. Das harmoniert nicht mit Ihrer Art«, lachte O'Donald. »Sehen Sie nur hin, wie harmlos der wackere Herr dort sitzt; wie weltvergessen er nach der Bühne blickt, wo jetzt jeden Augenblick der Stern des Abends erscheinen muß. Und verzeihen Sie, daß ich Sie verlasse. Er bedarf meines Trostes mehr als Sie. Langweilen Sie sich nicht!«

Der Prokurist war aufgestanden und drängte sich durch das Stuhl- und Menschengewirr seinem alten Platze zu. Der Theatervorhang hatte sich wieder gehoben. Eine fürchterlich hölzerne Palmenlandschaft mit einem türkischen Kiosk aus Pappe im Hintergrund, den jeder Luftzug bewegte, stellte die Haremsgärten Harun al Raschids zu Bagdad vor, wie auf dem Souffleurkasten zu lesen war. Eine tscherkessische Sklavin von übernatürlicher Schönheit, Milch und Blut von einer Löwenmähne goldensten Haars umwogt, trat langsam auf die Bühne und stimmte tiefverstimmt ein wehmütiges Heimatslied an, das gegen das Ende jedes Verses in unerwartet gutes Tiroler Jodeln überging. Madame Geraldine hatte im Leben gar manche Wandlung durchgemacht, wie es tscherkessischen Sklavinnen ja auch passieren soll. Die alte steirische Heimat schlug aber noch immer durch, sooft sich Gelegenheit dazu bot und war und blieb in der Tat das Beste, das sie bieten konnte. Unter lebhaftem Beifall verschwand sie, um nach wenigen Augenblicken, in denen sie einen Teil ihrer spärlichen Sklavenkleidung abgelegt hatte, wieder zu erscheinen. Sie schien in der kurzen Zwischenzeit in der Gunst des Sultans aufs höchste gestiegen zu sein, denn sie war an Armen und Beinen, am Hals und im Haar mit goldenen Ketten und blitzenden Edelsteinen überreich geschmückt und eine rote und eine grüne Lieblingsschlange wand sich zierlich und symmetrisch um ihren fast mehr als zierlichen Leib. Aus den tscherkessischen Bergen schien ihr noch etwas von der herben Schönheit ihrer rauhen Heimat anzuhaften, was sofort bei den anwesenden europäischen Handlungsgehilfen eine frenetische Begeisterung entfesselte und die wenigen still ihre Schibuks rauchenden Türken zum gelegentlichen Aufschlagen träumerisch gesenkter Augenlider veranlaßte. Nun begann der berühmte Schlangentanz. Die Tiere beteiligten sich mit vieler Intelligenz an der graziösen und nicht mühelosen Arbeit, wurden aber schließlich entbehrlich, da der reizende Tanz unter den Klängen der immer toller brausenden Zigeunermusik in einen ungarischen Czardas überging, der das Herz des gefühlsstumpfesten Kalifen hätte erweichen müssen. Wieder tobte der Beifall durch den Saal und Madame Geraldine verschwand zum zweitenmal.

»Ich glaube wahrhaftig, sie tanzte uns an«, sagte O'Donald, an dem Eis nippend, das ihm eine Kellnerin in Odaliskentracht gebracht hatte. Nach zehn Uhr abends erschienen alle Kellnerinnen im Café français in türkisch-französischen Phantasiekostümen.

»Unsinn!« antwortete Buchwald. »Sie tanzte den ganzen Saal an und arbeitet wie ein Pferd. Mir wird es immer unbehaglich vor Mitleid bei solchen Vorstellungen.«

»Überall ist Ihr Mitleid nicht am Platze und ich fürchte, diese Dinge verstehe ich besser als Sie. Entweder tanzte sie für Herrn Joe, was ich für das Wahrscheinlichere halte; oder für Sie. Ich bin *hors de concours*, da jedermann weiß, daß mich gegenwärtig eine innige Freundschaft mit der kleinen Triangel bei der Damenkapelle in der böhmischen Kneipe verbündet. Ich liebe die Grazie, die ins Kolossale geht, überhaupt weniger. Aber unseren Tisch ging es an; darauf können

Sie Gift nehmen. – Sehen Sie; wieder eine Wendung!« unterbrach er sich selbst, halb aufstehend und scharf nach dem hinteren Saalende sehend: »Dacht' ich mir's doch! Ach, mit des Geschickes Mächten – das sind die einzigen fünf Worte, die mir aus meinen deutschen Schulstunden noch ankleben!«

Der Zufall wollte es, daß in diesem Augenblick durch das Vordrängen der Leute gegen die Bühne eine förmliche Gasse frei geworden war, durch die man bis an die Hinterwand der Halle sehen konnte, wo Ben Thinker Platz genommen hatte. Fritschy stand wieder neben ihm, aber bleich und verstört, und hinter ihm Osman Effendi, noch bleicher und verstörter. Sie sprachen beide auf Herrn Ben ein, der mißmutig dreinsah und mehrfach Zeichen gab, daß er von allem nichts verstehe oder nichts wissen wolle. Schließlich zog er eine schwere Börse aus der Tasche und zählte eine Reihe Goldstücke auf den Tisch, die Osman, mit einemmal wieder süßlich lächelnd, einstrich, worauf beide rasch in dem Gedränge verschwanden.

»Zwanzig!« sagte O'Donald, sein kleines Opernglas senkend. Er hatte den Vorgang mit gespannter Neugier verfolgt und atmete jetzt auf. »Genau zwanzig! Das war auch ein Stückchen aus der Pantomime des Abends, das ich ungern übersehen hätte. Haben Sie das Intermezzo verstanden?«

»Nur halb und halb«, antwortete der Maler. »Es scheint mir eine dumme Geschichte zu sein.«

»Richtig!« sagte der Prokurist. »Das Ganze bedeutet: Osman Effendi hat all sein Geld verloren. Er meint, er müsse es wieder haben. Wenn man ein paar tausend Franc gewonnen und wieder verloren hat, meint man dies unfehlbar. Und Herr Ben hat ihm zwanzig Pfund geliehen, die in einer halben Stunde auf demselben Weg verschwinden werden.«

»Ich hätte Herrn Ben für klüger gehalten«, bemerkte Buchwald.

»Urteilen Sie nicht zu rasch, junger Mann!« mahnte O'Donald, mit der komischen Miene frühreifer Erfahrung. »Herr

Ben weiß, was er tut, und Osman Effendi ist Sadyk Paschas Ältester und sozusagen der Milchneffe des Allmächtigen.«

Der Doktor warf dem Leichtfertigen einen seiner ernstesten Blicke zu.

»Ich meine nicht unseren Herrgott«, entschuldigte sich dieser. »Der Allmächtige hierzulande ist ein Mensch und hat seine Schwächen, wie wir. Er heißt Vizekönig. Dies alles erkannt zu haben ist die Stärke Herrn Bens und wenn Sie Ihren leiblichen Bruder wirklich vernichten wollen, so hilft alles nichts: Sie müssen einen ähnlichen Weg finden. Sonst wäre es weiser, den Kampf aufzugeben.«

»Sie sind ein unverbesserlicher Taugenichts!« sagte der Doktor ärgerlich, konnte aber nicht weiter kommen, da Madame Geraldine zum drittenmal aus den Kulissen trat. Es schien im Harem des Kalifen etwas schief gegangen zu sein. Die prachtvollen Ketten und Edelsteine und andere Teile des fürstlichen Anzugs einer Favoritin waren verschwunden. Sie schwebte tiefbetrübt und auch äußerlich in sehr reduzierten Umständen auf einen Rosenbusch zu, der neben einem roten Diwan plötzlich aufgeblüht war. Hinter demselben zog sie ihre zwei Schlangen hervor, liebkoste sie zärtlich und bot ihnen nach einem kurzen Gesang ihren nur leicht geschützten Busen dar. Nach einigem Widerstreben bissen sich die entsetzlichen Bestien in dem zarten Muslin fest, und Madame Geraldine begann unter graziösen, allmählich rascher und qualvoller werdenden Bewegungen auf den Diwan nieder zu sinken und zu sterben. Sie litt lange. Besonders ergreifend war die letzte Zuckung, die man nicht mehr erwartet hatte, da durch die wehmütig verschwebende Musik das völlige Ableben der großen Künstlerin bereits angedeutet war. Es trat ein Augenblick bewegter Stille ein, während sich die Bühne verdunkelte. Dann fiel ein Strahl roten Stronzianlichtes auf die herrlichen Formen, die regungslos auf dem Diwan ausgestreckt lagen. Jetzt aber brach das Bravo der erschütterten Zuschauer unaufhaltsam hervor, schließlich erstickt von dem hundertstimmigen *Da capo! Bis! Da capo!* der Menge. Und Madame Geraldine war gutmütig genug, nachdem sie sich nach allen Seiten lächelnd bedankt hatte, mit Weglassung der Schlangen, die zu ermüdet waren, noch einmal zu sterben.

»Gehen wir!« rief Joe, zornig aufstehend. »Ich begreife nicht, wie wir hierhergekommen sind.«

»Gut, aber langsam«, sagte O'Donald bereitwillig. »Ich möchte noch einiges sehen, das auch Sie interessieren sollte. Dann können wir, nach einem wohlverlebten Tag, zufrieden und glücklich nach Hause gehen. Das heißt, ich muß mich noch einen Augenblick den Böhmen widmen. Die kleine Triangel erwartet nach zwölf Uhr eine Tasse Schokolade, die ich zu liefern verpflichtet bin. – Sehen Sie mich nicht so bösartig an, Herr Thinker. Meine Absichten sind durchaus achtbar. Ich bemühe mich schon seit einiger Zeit, den Trauermarsch aus Saul auf der Triangel zu erlernen. Nicht leicht, das kann ich Ihnen sagen. Das Instrument scheint mir neuerdings nicht den genügenden Umfang zu besitzen.«

»Taugenichts!« wiederholte der Doktor, diesmal ernsthafter als zuvor.

»O dieser Pharisäer!« rief O'Donald. »Sie haben gut reden! Spielen Sie einmal Triangel, fünf Stunden lang, fast ohne Unterbrechung. Ob Sie dann nicht auch Lust hätten, ein Tässchen Schokolade zu sich zu nehmen?« –

Sie waren in dem Strom der Menschenmasse, die jetzt das Café verließ, bis vor den Wirtschaftsgarten hinaus gekommen. Auf der Straße vor demselben stand ein eleganter geschlossener Wagen mit Sais und Kutscher. O'Donald zögerte in einer für seine Begleiter unerklärlichen Weise, ehe er Thinker nach links, in der Richtung des Hotel Shepheard abbiegen ließ. Langsam setzten sie sich endlich in Bewegung. Aber nach wenigen Schritten hielt er wieder an und drehte nicht bloß sich, sondern auch die andern um. Eine dicht verschleierte Dame, gefolgt von einer zweiten, kam soeben aus dem

Garten. Der in Weiß und Gelb gekleidete Sais öffnete den Wagenschlag. Die Damen stiegen ein und das Gespann fuhr lautlos in der Richtung der Muski davon.

»Also doch!« seufzte O'Donald nachdenklich. »Ich kenne das Fuhrwerk. Man kennt noch jeden europäischen Wagen in Kairo und braucht seine zehn Finger nicht um sie zu zählen, wenn man die vizeköniglichen wegläßt. Der dort verschwand, gehört Sadyk Pascha. Und Sie kennen die Dame, Herr Doktor – wie?«

Joe wandte sich mißmutig ab.

»Er läßt sie nur ins Hotel du Nil fahren, wo sie wohnt; vielleicht eine bloße Höflichkeit«, fuhr O'Donald fort. »Seine eigene Villa liegt auf der Schubraallee, in entgegengesetzter Richtung. Zur Hälfte hat das Stadtgeschwätz also seine Richtigkeit; aber vielleicht nur zur besseren Hälfte. Er treibt es jedenfalls fein. Man kann diesen Fellachin nachgerade alles zutrauen. – Achtung! Dort drüben geht die feindliche Truppenmacht: Herr Ben, Fritschy und Osman. Geschlagen und gerupft, dem Aussehen nach. Aber glauben Sie mir, ehe wir scheiden Herr Doktor: Ihr Bruder hat heute einen größeren Sieg im Café français davongetragen, als im Konferenzsaal des Hotel Shepheard. Rühren Sie sich, mit oder ohne Geraldine.

»Taugenichts!!« – und damit trennten sie sich.

Buchwalds Weg führte ihn in entgegengesetzter Richtung vorbei an der düstern Saptiye, dem Polizeigebäude der Stadt, in die Muski. Es war die breiteste Straße des damaligen Kairos, eine enge Gasse zwischen hohen düstern Häusern halb italienischer, halb arabischer Bauart. Die kleinen europäischen Läden in ihrem Erdgeschoß waren seit Sonnenuntergang geschlossen. Die spärlichen hohen Fenster in den bleichgelben, mondbeschienenen oberen Stockwerken starrten schwarz und leblos in die Nacht hinaus. Tot lag die dunkle Straße vor dem nächtlichen Wanderer, die sich streckenweise, wo zerfetzte Matten und Teppiche von Haus zu Haus quer über den Weg gezogen waren, in einen riesenhaften, pechschwarzen Tunnel verwandelte. Das Drängen und Treiben, das bei Tag durch diesen Engpaß wogt, war völlig verstummt. Kaum drei oder vier bunte Papierlaternen bewegten sich in der Ferne gespenstisch wie Glühwürmchen hin und her. Wo, einem Mauseloch vergleichbar, ein Seitengäßchen abzweigte, sah man wohl in tiefem Grunde einen roten Schein und über demselben eine oder zwei Girlanden bunter Lämpchen, und hörte das einförmige Gemurmel von Gebeten oder das sanfte rhythmische Händeklatschen, das andeutete, daß sich dort eine ›Fantasia‹, eine kleine Festlichkeit der Araber abspielte. Denn es war die zweite Woche des Ramadan. In den unverfälschten ägyptischen Stadtteilen waren die Nächte unruhiger als gewöhnlich und doch unvergleichlich stiller als das Nachtleben der Esbekiye, das der Maler mit einem Seufzer der Erlösung hinter sich gelassen hatte. Die Träume, die seit Wochen seine Tage erfüllten, zogen ihn jetzt mit aller Macht in ihre Kreise, so daß er wieder umkehren und dreißig Schritte rückwärts gehen mußte, um in das pechschwarze Gäßchen einzutreten, das zu seinem Mamelukenpalast führte.

Als er in sein Atelier eintrat, schien ihm der Mond voll ins Gesicht. Schwarz und schweigend lag der wilde Garten zu seinen Füßen. Über demselben wölbte sich ein Sternenhimmel von weltentrückender Klarheit, wie ihn nur Ägypten kennt. Zur Rechten ragten die Kuppel und zwei Minaretts einer Moschee empor, deren zierliche Formen sich fast taghell gegen das schwarzblaue flimmernde Firmament abhoben. Zur Linken versperrte die dunkle Wand eines mächtigen Häuserblocks einen Teil des südöstlichen Horizontes. Es war das Hotel du Nil. Nur im obersten Stock des Gebäudes zeigte sich noch ein erhelltes Fenster und in weiter Ferne bellten Hunde. Alles andere lag in tiefem Schlummer.

Der Maler setzte sich auf die Brüstung seines Fensters und

sog die köstliche Nachtluft in vollen Zügen ein. Die Stunde seiner wachen Träume, die er sich durch keine Wirren des Tages rauben ließ, war heute etwas spät angebrochen. Seine Gedanken hatten seit kurzem nicht weit zu wandern. Langsam, aber klarer mit jedem Tag, fühlte er, daß sein Sehnen zum Hoffen wurde und sein Hoffen zum Entschluß, zur Tat heranreifen werde. Und auf diesem Weg ging er auch jetzt ein Schrittchen weiter und sandte Grüße in die Nachtluft hinaus, so heiß, so schwer, daß sie ihm fast das Herz abdrückten. Er war ein echter Deutscher und sie war aus so weiter Ferne – in so weiter Ferne!

War es eine Ferne? War indisches Denken, indisches Empfinden dem Germanen eine so ganz fremde Welt? Regte es sich nicht manchmal, im geheimsten Wogen seiner Gedanken, wie die Erinnerung an eine ur-uralte Zeit? Wenn er wieder sehen könnte, was er in verschwommenen Bildern ahnte, die verflogen, sobald er sie zu fassen versuchte? Ob all das erwachen würde, klar und blitzend, wie ein Strom, der plötzlich aus der Felsennacht der Berge bricht. War nicht etwas derart in ihm erwacht, als er sie zum erstenmal sah?

Aber es war ein Unglückstag auch noch zu dieser späten Stunde. Aus der Richtung des erhellten Fensters über dem Garten zitterten, erst kaum hörbar, dann lauter und schließlich hell und schmelzend wie die Stimme einer Nachtigall, das wohlbekannte Schubertsche Lied: »Leise flehen meine Lieder.«

Es war Geraldine. Der Klang der kräftigen, wohl geschulten Stimme war nicht zu verkennen und die ganze maurische Traumwelt ringsumher klang mit. Es war der Zauber der deutschen Klänge, die sich überall zurechtfinden, wo es etwas zu fühlen gibt. Ein Hauch heißer Sehnsucht wogte über den schwarzen Garten und um die Minaretts, die regungslos in die Mondnacht hinaufwiesen.

»Leise flehen meine Lieder –«

Ist es nicht eine verrückte, verkehrte Welt! Sagte er ingrimmig, und schloß das Fenster.

18. KAPITEL

Kleine Sorgen

Fräulein Bertha Schütz sah nachdenklich in ihre Frühstückstasse. Sie hatte schon seit etlichen Tagen etwas auf dem Herzen und der geeignete Augenblick war gekommen, es abzuwälzen. Daher der Ernst. Ihr gegenüber lag in einem behaglichen Lehnstuhl Herr Ben, hinter einem riesigen Zeitungsblatt versteckt. Die wöchentliche Post aus England war gestern angekommen. Er hatte in jeder der vier Taschen seines Morgenrocks ein Exemplar der *Times*, eines unter dem linken Arm und das sechste in beiden Händen. So strotzte er förmlich von Neuigkeiten aus der Heimat, die er im Laufe der nächsten Stunden rückwärts zu verschlingen gedachte; einer der wenigen eigentümlichen Genüsse, die der Aufenthalt in fernen, halbzivilisierten Ländern dem Kulturempfinden bietet. Beide saßen in einer Fensternische des noch leeren Speisesaals, denn Ben Thinker und Fräulein Schütz pflegten das Hotel Shepheard zu unnatürlich frühen Tagesstunden zu beunruhigen und genossen den Balsam der Morgenluft, der durch das offene Fenster hereinströmte. Auf dem zwischen ihnen stehenden Tischchen standen die Reste eines kräftigen englischen Frühstücks und eine unberührte Tasse, die auf den dritten Morgengast der kleinen Thinkerschen Gesellschaft wartete.

»Ich halte es für meine Pflicht, Herr Thinker«, begann Fräulein Bertha, indem sie sich mutig an das Zeitungsblatt wandte, »Ihnen zu sagen, daß mir Miss Sakuntala seit einigen Wochen fast – ein wenig – wie soll ich sagen? – Sorge macht.«

»Lord Palmerstons Gesundheit? Ganz richtig, Fräulein Schütz. Bei seinem Alter muß man auf alles gefaßt sein«, antwortete Ben höflich, nachdem er einen langen Satz zu Ende gelesen hatte, ohne aus seiner Kulisse hervorzutreten.

»Ich spreche von Ihrer Nichte, Herr Thinker«, erklärte das Fräulein.

»Und dann hat ihn die Geschichte mit Dänemark –« wollte Ben fortfahren.

»Ich bitte Sie, mir einen Augenblick Gehör zu schenken, ehe sie herunterkommt«, unterbrach ihn die einstige Gouvernante, mit der ihrem Beruf eigenen Bestimmtheit. Ben legte die Zeitung auf seine Knie und sah sie fragend an, wie wenn er sie jetzt erst nicht verstände.

»Haben Sie nicht auch bemerkt, daß unsere liebe Sakuntala nicht mehr die alte ist?« fuhr sie fort. »Ihre Munterkeit, ihre rege Teilnahme für alles um sie her ist verschwunden. Sie malte noch vor acht Tagen eifriger als je, aber auch das hat nachgelassen. Ich beobachte sie aufmerksam, denn ich liebe sie, wie wenn sie meine jüngere Schwester wäre und ich bemerke, daß sie manchmal vor ihren Skizzen sitzt, ohne einen Finger zu rühren, ohne einen Laut von sich zu geben. Es macht mich nervös, denn ich sehe, daß sie leidet.«

»Aber was – was ins Kuckucks Namen soll mit unserer Kundel los sein?« fragte Ben, indem er seiner Besorgnis die Form und Farbe eines gesunden Ärgers gab.

»Ich dachte an das Klima. Es wird mit jedem Tag heißer«, sagte Fräulein Schütz, probeweise.

»Das Kind einer indischen Rani!« rief Thinker, die Vermutung verächtlich wegwerfend. »Ich dächte, es sollte ihr zum erstenmal wieder wohl sein, seitdem wir in Alexandrien landeten. Suchen Sie einen andern Grund. Finden müssen wir ihn, Fräulein Bertha, und geholfen muß werden, wenn etwas an der Sache ist. Ich – wirklich – ich habe nichts bemerkt.«

»Sie malte zu viel«, sagte Fräulein Schütz, vorsichtig.

»Unsinn! Öl ist nicht gesundheitsschädlich, und ich glaube überdies, sie malt meist in Wasserfarben. Auch was sie malt, scheint mir ziemlich harmlos zu sein. Wenn ihr unser Freund Buchwald nicht ein paar Kleckse hineinsetzt, ist bei ihren größten Kunstwerken kaum zu erkennen, was oben und was unten ist, so viel ich von der Sache verstehe.«

»Ich fürchte, Herr Thinker, von der Sache, die ich gerne mit Ihnen besprochen hätte, haben Sie keine Ahnung«, sagte Fräulein Schütz bedeutungsvoll.

»Na, na; was wird's sein!« lachte Ben sorglos. »Mädchenträume. Weibergeschichten. Das geht über meinen Horizont; und was besser ist: es geht vorüber. Sie langweilen sich in diesem Hotel, das täglich leerer wird und möchten eine andere Umgebung und vielleicht andere Menschen um sich haben.«

»Nicht ich!« beteuerte Fräulein Schütz. »Ich war noch nie an einem Ort der Welt, wo so viel des Interessanten auf einer Stelle zusammengedrängt ist. Es ist einfach entzückend. Aber Sakuntala braucht eine Luftveränderung. Sie sehen und hören nichts als ihr wundervolles Stauwerk; deshalb war ich so frei zu reden. Ich habe Sie gewarnt. Ich bin ernstlich besorgt um das liebe Kind, das wir sorgfältiger beobachten sollten. Aber allerdings: sie wird mehr und mehr wie eine Mimose, empfindet jedes Wort wie einen Stich, schließt die Blättchen bei jedem Atemzug. – Wir könnten zum Beispiel den Nil hinauffahren, Herr Thinker, und dabei das verbesserte Segelsteuer versuchen. Die Dahabie liegt seit vier Wochen nutzlos in Bulak.«

»Erlauben Sie, daß ich *mein* Blättchen wieder öffne«, sagte der Erfinder etwas verdrießlich, indem er die zweite seiner Timesnummern entfaltete. »Ich kann Kairo jetzt unmöglich verlassen und wenn Herzen darüber brechen sollten. Der Vizekönig ist gestern zurückgekehrt. Die Schlacht muß in den nächsten Wochen geschlagen und gewonnen werden. Unterhalten Sie das Kind; unterhalten Sie sich, liebes Fräulein. Reiten Sie spazieren, graben Sie Kalifen aus, kopieren Sie

Inschriften oder kaufen Sie persisches Rosenöl, – alles was Ihr Herz oder Sakuntala erfreuen kann. Nur lassen sie mich noch einen Monat im Frieden.«

»Wie Sie wünschen, Herr Thinker«, sagte Fräulein Schütz aufstehend. »Ich habe meine Pflicht getan. Wenn möglich möchte ich heute Vormittag die Grabmoschee des Sultans Aschraff besuchen; ich bin gerade an seiner Thronbesteigung, 1423; 305 der Hedschra. Vielleicht läßt sich Sakuntala bereden, den herrlichen Morgenritt mitzumachen. Die Wüstenluft vor dem Bab en Nasir würde ihr gut tun. Darf ich Herrn Fritschy bitten, uns zu begleiten?«

»Eigentlich brauche ich ihn, um mein neuestes Barragemodell abzuändern«, antwortete Ben zaudernd. »Es bekommt nachgerade eine Form, die alles Dagewesene übertrifft, und jeden Tag kann sich jetzt Gelegenheit bieten, es dem Vizekönig vorzuführen. Aber – meinetwegen! Wenn es Euch Spaß macht, das Deutschfrancösche um Euch zu haben und – Sie haben recht – eine Schutzwache ist immerhin nützlich.«

Bertha war schon auf dem Wege, um die nötigen Vorbereitungen für den Ausflug zu treffen. Unter der Saaltüre begegnete ihr Sakuntala, die mit einem Skizzenbuch in der Hand eintrat, ihr zunickte und ihrem Onkel guten Morgen wünschte. Dann ließ sie sich am Frühstückstisch nieder, mit allen Anzeichen, daß wenigstens ihr Appetit noch keine Besorgnis zu erregen brauchte.

»Du kommst spät, Kundel«, sagte Ben, sie über die Kante seiner Zeitung aufmerksam betrachtend. Die morgenfrische Erscheinung verdiente es, auch ohne besondere Veranlassung.

»Verzeihe; ich war im Garten und zeichnete«, antwortete das Mädchen. »Seit wir in Ägypten sind, geht meine Uhr wie sie will. Es ist ein Wunderland. Aber weißt du, Onkel, Wunder tragen nichts zur Regelmäßigkeit des Lebens bei.«

»Was hast du gezeichnet?« fragte Ben.

»Eine Aloe«, war die Antwort. »Ich habe ein großes Phantasiegemälde für Onkel Joe entworfen. Du weißt doch, daß am

5. Mai sein Geburtstag ist. Dazu brauche ich etwas im Vordergrund, das alle tausend Jahre blüht. Solche Gewächse freuen ihn. Die Aloe, sagte mir Koryati, als ich noch ein Kind war – (Koryati war die alte Hinduaja, die noch immer zur Familie gehörte) – blüht allerdings schon alle hundert Jahre. Aber Onkel Joe multipliziert ohne Schwierigkeit mit zehn, oder mit zweimal fünf, wie er lieber sagt.«

Eigentlich schwermütig ist Kundel noch nicht«, dachte Ben;»aber die häufigen Besuche bei Onkel Joe sind ihr nicht zuträglich. Ihre Phantasie hat auch ohne sein Gefasel einen Hang ins Träumerische.

Sie trank jedoch ihren Tee, aß ihr Ei und schonte die Marmelade nicht, wie es sich für eine gesunde junge Dame ihres Alters geziemt, sei sie eine indische Prinzessin oder ein schottisches Hochlandmädchen. Aber auch bei ihr glaubte jetzt Thinker eine ungewöhnliche Befangenheit zu bemerken. Er liebte fröhliche und sorglose Gesichter um sich her, wenn ihm nicht gerade eine weltumstürzende Erfindung durch den Kopf ging. Es wurde ihm unbehaglich.

»Nun?« fragte er, seine Gedanken und Gefühle in dem kurzen Wörtchen zusammenfassend.

»Ich wollte seit mehreren Tagen mit dir sprechen, Onkel«, begann Sakuntala errötend.»Darf ich?«

»Seit wann erkundigst du dich danach?« fragte Ben, indem er seine Unbehaglichkeit unter dem freundlichsten Lächeln verbarg, das einem Onkel zu Gebote stehen muß, der seine Pflichten kennt.

»Unsere gute Bertha gefällt mir seit einiger Zeit nicht«, sagte Sakuntala mit einem kleinen Seufzer.»Du weißt, wir sind die besten Freundinnen, seitdem sie aufgehört hat, mich mit ihrer französischen Grammatik zu quälen. Ich denke manchmal, sie könnte meine ältere Schwester sein, so lieb habe ich sie; und da macht mir's wirklichen Kummer, zu sehen, wie – wie das Klima sie angreift.«

»Was? Sie auch?« fragte der Onkel erstaunt.

»Seit drei, vier Wochen bemerke ich es schon«, versetzte Sakuntala eifrig. »Sie ist unruhig, aufgeregt; bald fast zu lustig und dann wieder – gestern früh traf ich sie mit Tränen in den Augen. Vielleicht studiert sie zuviel. Sie hat sich in den Kopf gesetzt, alle Kalifen und Sultane von Ägypten seit Omar bis auf den heutigen Tag auswendig zu lernen. Dann reitet sie nach den Mamelukengräbern, zu jeder Tagesstunde, wenn Herr Fritschy Zeit hat, und will herausfinden, wo sie begraben liegen. Ich bin die Hitze gewöhnt, von Kindheit her. Mir ist's wie eine liebe Erinnerung, wenn die Sonne, die richtige Sonne, auf meine Wangen brennt. Mit Bertha ist es anders. Sie muß darunter leiden, wenn sie sich auch nicht klar darüber ist.«

»Merkwürdig!« sagte Onkel Ben; »ihr scheint beide diese herrliche ägyptische Luft nicht zuträglich zu finden.«

»Was – ich?« fragte Sakuntala, überrascht.

»Ich meine nur«, sagte der Onkel ausweichend. »Ich glaube, die ganze Geschichte ist die: Ihr langweilt euch. Ich kann mich zu wenig mit euch beschäftigen. Wo sollte ich die Zeit hernehmen, mit dem Stauwerk auf dem Gewissen? Und die Gesellschaft, die Kairo bietet, ist nahe beisammen. Bruder Joe ist unbrauchbar, und, offen gesprochen, liebe Kundel, du solltest dich nicht zuviel von ihm beeinflussen lassen. Er ist imstande, den gesundesten Kopf verrückt zu machen. Der Maler, der Buchwald, steckt auch immer bei ihm, oder umgekehrt, und scheint seine Tollheiten in Öl ausführen zu wollen. Der Prokurist der angloägyptischen Bank ist ein amüsantes Kerlchen, aber –«

»Hallo, was: aber?« lachte eine muntere Stimme zum Fenster herein. O'Donalds Pferd stand auf der andern Seite des Gartens vor dem Hotel. Er kam von seinem täglichen Morgenritt zurück. Als er den weißen Schädel Thinkers erblickt hatte, war er abgestiegen und unter das Fenster getreten. Von dort, das Kinn auf den Sims gestützt, hatte er eine Zeitlang schmunzelnd zugehört.

»Guten Morgen, Miss Thinker! *Bonjour, Monsieur Ben!*«

rief er fröhlich. »Frühe Vögel fangen Würmchen. Es ist doch schön, wenn ein altes englisches Sprichwort auch in unserer Zeit noch hier und da recht behält.«

Ben lachte: »Ist das in Ägypten Brauch, meuchlings durchs Fenster in das Innerste der Familiengeheimnisse einzudringen? Wieviel haben Sie gehört?«

»So ziemlich alles«, antwortete O'Donald. »Wir leben in Gottes freier Natur, so lange Shepheard keine Haremsfenster aufstellt; das gehört zu den Menschenrechten des Landes. So weiß ich: Sie haben keine Zeit, sich mit den Damen zu beschäftigen. Herr Joe ist geistig oder gänzlich unbrauchbar. Der Maler malt verrücktes Zeugs, das ihm der Doktor einbläst. Ich bin ein amüsantes Kerlchen. Schön! Ich werde meinem Charakter Ehre machen. *Voilà!*«

Er bot drei große Briefumschläge durchs Fenster, die Ben mißtrauisch ansah.

»Was hat das zu bedeuten?« fragte er.

»Unterhaltung für die Damen und wer weiß was noch«, antwortete der Prokurist. »Greifen Sie zu, es kostet nichts. Hier sind weitere drei, an andere Adressen.«

Ben nahm jetzt die Briefe, aus denen er große Karten hervorzog, die mit einem breiten Goldrande und in jeder Ecke mit einer silbernen Mondsichel geschmückt waren.

»Sie wissen, Fräulein«, erklärte O'Donald, »morgen haben die Gläubigen hierzulande eines ihrer großen Feste: El Molid en Nebbi, den Geburtstag des Propheten. Sie haben wohl seit acht Nächten das Getrommel und Gepfeife auf der andern Seite der Esbekiye gehört. Das bedeutete die Vorbereitung zur Andacht. Heute ist der neunte des gesegneten Monats Rabia el Auwal; morgen der Hauptfesttag. Damit nun die Ungläubigen, die für das meiste, was hier geschieht, das Geld herbeischaffen, nicht ganz leer ausgehen, gibt der Vizekönig seinen europäischen Gästen einen großen Ball. Die Italiener seiner Umgebung haben ihm die Bedeutung des Karnevals auseinandergesetzt. Der Februar liegt nicht weit hinter uns und so genau nehmen wir hier solche Dinge nicht. Einer seiner Spaßvögel, hinter den ich mich steckte, hat in diesem Sinne bahnbrechend gewirkt. Mit den Masken wird es vielleicht nicht viel werden. Dafür ist es besser als eine Maskerade, einen arabischen Schech Quadrille tanzen zu sehen, und hiermit lege ich Ihnen die Einladungen Seiner Hoheit zu Füßen.«

»Sie sind ein liebenswürdiger Mensch, Herr O'Donald«, sagte Sakuntala mit ihrem sonnigsten Lächeln. »Ich weiß nicht, wie Ihnen mein Onkel genügend danken soll.«

»Wenn er dies seiner holden Nichte übertragen wollte, und sie mir in Erfüllung der Pflichten ihres Onkels einen Tanz gestattete, könnte der Geburtstag des Propheten der glücklichste Tag eines Ungläubigen werden«, versetzte O'Donald, der nicht umsonst sechs Jahre im Orient gehaust hatte. »Aber ehrlich gesprochen: Sie müssen diese Einladungen nicht zu hoch anschlagen. Jeder, der einen schwarzen Rock über das mittelländische Meer gebracht hat, erhält sie, wenn er weiß, wo sie zu holen sind. Die Gesellschaft, fürchte ich, wird etwas gemischt werden für eine indische Prinzessin.«

»Lassen wir das!« sagte Sakuntala mit einem Blitz aus ihren schwarzblauen Augen, der den Prokuristen, so selten er die Fassung verlor, mit hilfloser Bewunderung erfüllte.

»Sogar für eine englische Dame«, verbesserte er sich. »Aber jedermann geht und unterhält sich köstlich, wenn er seine eigene Gesellschaft mitbringt. Das können wir ja machen, wenn Sie befehlen.«

»Und der Vizekönig nimmt persönlich teil daran?« fragte Thinker, mit plötzlich erwachtem Interesse.

»Natürlich!« versicherte O'Donald. »Dann soll Lesseps hier sein, und General Gordon auf seiner Rückkehr von China, und ein deutscher Erbgroßherzog und Speke und Grant, die die neuesten Nilwunder mitgebracht haben; alles kommt. Selbstverständlich alle großen und kleinen Paschas: Sadyk, Nubar, Scherif, bis herab zu – ja wie heißt der Kleinste, dem die Zahnstocher Effendinis anvertraut sind? Kurz, es lohnt sich, den Scherz anzusehen.«

»Aber das ist ja herrlich!« rief, in die Hände klatschend, Fräulein Schütz, die in einem einfachen Reitkleid eingetreten war. »Da bekommen wir ja die ganze Weltgeschichte des Jahrhunderts in einem lebenden Bild.«

»Zum mindesten eine Maskerade derselben«, versetzte O'Donald, »was uns kleineren Leuten genügt, die wir mehr zur Unterhaltung auf der Welt sind, als um uns zu ärgern.«

»Und die Masken! Das wäre köstlich! Aber wo nehmen wir Masken her?« fuhr Bertha fort, deren Erinnerungen an die rheinische Heimat sich mächtig regten.

»Sie kennen den Vizekönig schlecht, wenn sie fürchten, daß er seine Gäste zu einem Maskenball einlädt, ohne für ihre Masken zu sorgen«, beruhigte sie der Prokurist. »Schon vor acht Tagen kam, auf höchsten Befehl, ein Garderobier mit fünfzig Kisten aus Wien an, dem ein Haus neben dem Abdinpalast eingeräumt wurde. Wer eine Einladungskarte besitzt, braucht nur hinzugehen und kann als Favoritin Harun al Raschids, als Nonne oder als Alligator wieder herauskommen, ganz nach Belieben.«

»Reiten wir hin, Sakuntala!« drängte Fräulein Schütz. »Die Moschee des Sultans Aschraff kann warten.«

Sakuntala schüttelte den Kopf.

»Sie haben recht«, nickte O'Donald. »Ich glaube überhaupt nicht, daß der Maskengedanke Anklang finden wird. Es wäre schade, wenn sich Kairo maskieren wollte. Und zehnmal interessanter wäre es Ihnen sicherlich, den Ernst des Molid en Nebbi kennenzulernen.«

»Aber wie machen wir das?« fragte Bertha etwas kleinlaut.

»Heute nacht könnten wir einen Sikr, einen Gebetstanz oder wie Sie es nennen wollen, mit ansehen,« versetzte der Prokurist, »und morgen Vormittag zum Doseh gehen, wobei die frömmeren Gläubigen zur Ehre Gottes einen heiligen Derwisch über sich wegreiten lassen.«

»Wollen Sie uns hierfür auch Karten besorgen? O, bitte, Herr O'Donald!« rief Fräulein Schütz. »Das müssen wir doch sehen, Sakuntala! Bitte – bitte –!«

»Dazu brauchen Sie keine Karten, Fräulein, es kostet Sie nur eine halbe Nacht und einen halben Tag und viel Geduld. Aber eine wunderliche Geschichte ist es, die man nicht versäumen darf, wenn man des Propheten Geburtstag in Kairo feiert. Christen können dabei lernen, was Glauben heißt.«

»Das können sie auch in Indien«, sagte Sakuntala ernsthaft.

»Wie in England, zu Zeiten«, meinte O'Donald, der sein Vaterland nicht ganz auf der Seite liegen lassen wollte. »Bedenken Sie, wir gehen alle Sonntage zweimal in die Kirche. Dazu gehört Glaubensstärke.«

Wieder blitzten Sakuntalas Augen und Fräulein Schütz runzelte ihr Stirnchen auf einen Augenblick und sagte:

»Sie sind ein leichtsinniger Mensch, Herr O'Donald. Aber wie machen wir's?«

»Ganz einfach«, antwortete der Gefragte. »Werden Sie uns begleiten, Herr Thinker?«

»Erlassen Sie es mir!« bat Ben. »Solcher Hokuspokus ist nicht meine Sache. Ich sehe nicht ein, wie und was er nützen kann. Unser Herrgott braucht ihn nicht; uns kostet er Zeit und Geld.«

»Gut also!« sagte der Prokurist, nicht ganz unzufrieden mit Bens Auffassung. »Sie haben die Güte, Fräulein Schütz, hübsch zu Hause zu bleiben und der Ruhe zu pflegen, denn Sie haben nun zwei harte Nächte und einen heißen Tag vor sich. Um neun Uhr abends hole ich Sie ab. Ihr Dragoman und, wenn Sie wollen, Fritschy und Buchwald können ebenfalls mittrollen. Alles übrige wird sich dann finden. Wenn Sie nach dieser Prüfung nicht darauf bestehen, als gläubige Muselfrau in einem besseren Harem Aufnahme zu finden, habe ich mich bitter in Ihnen getäuscht. Auf Wiedersehen. Muß auch die englische Post gerade heute kommen? Bis gegen Abend habe ich Sklavenketten zu schleppen. Wünschen Sie mir Glück!«

Er ging raschen Schrittes nach der Straße, schwang sich auf sein Pferd und ritt im Trab davon.

»Na«, sagte Thinker aufstehend, »auf zweimal vierundzwanzig Stunden könnt Ihr jetzt unbesorgt in die Zukunft sehen und ich im Frieden an der Wiedergeburt Ägyptens arbeiten. Gott sei Dank! Kein Spaß, zwei Mädchen auf dem Gewissen zu haben, und ein Stauwerk!«

19. KAPITEL

El Molid en Nebbi

Ibrahim ben Musa, der Dragoman, zeigte einen ungewöhnlichen Eifer, als er hörte, was seine Herren zu tun beabsichtigten. Er war in seiner Jugend selbst aktiver Derwisch gewesen und verdankte es nur dem unerforschlichen Willen des Höchsten, daß ihn das Schicksal aus diesem heiligen Stand in den weniger heiligen eines Dragomans geschleudert hatte. In jenen Tagen war er mit einem armen deutschen Sprachforscher in Berührung gekommen, der selbst fast wie ein Derwisch lebte und sich sechs Jahre lang abquälte, den Koran so zu übersetzen, wie ihn die Araber unserer Zeit verstehen. Er war einer jener Männer gewesen, auf die unser Vaterland, als eine seiner Spezialitäten, mit Recht stolz ist, und lag schon seit fünfzehn Jahren zu Alt-Kairo in einem vergessenen Grab. Ibrahim aber war noch immer stolz auf seinen gelehrten Freund und auf die Frömmigkeit seiner Jugend. Deshalb beschloß er, die Gelegenheit nicht ungenützt vorübergehen zu lassen und seinen zwar ungläubigen, aber wohlwollenden Gebietern von heute den wahren Glauben in seiner ganzen Größe und Herrlichkeit zu zeigen. Schon in der Abenddämmerung durchstreifte er freiwillig und ohne Extra-Bakschisch die buntbelebten südlichen Teile der Esbekiye und ihrer Nachbarstraßen, tauschte da und dort mit alten Freunden eine langwierige Begrüßung aus, besah die mit jedem Jahr wechselnde Einrichtung des Festplatzes und erkundigte sich, wann und wo die Hauptfestlichkeiten der Nacht stattfinden würden. Nunmehr, drei Stunden nach Sonnenuntergang, geleitete er die ihm anvertraute kleine Gesellschaft durch das nächtliche Jahrmarktsgewühl, das um das Haus des Schech el Bekri, des Hauptes aller Derwische, summte. Hier befanden sie sich im Mittelpunkt des bunten Treibens der Festnacht, in welchem ihnen nur der kundigste Führer den richtigen Weg bahnen konnte.

Fräulein Schütz, einfach besorgt und doppelt neugierig, hatte den Ärmel seines Kaftans erfaßt und ließ nicht mehr los. Fritschy führte sie am andern Arm und ließ sich willig erklären, was sie soeben dem Dragoman abgerungen hatte. Hinter ihnen kam Buchwald mit Sakuntala, die äußerlich sehr ruhig war, deren dunkle Augen aber einen eigentümlichen Glanz annahmen, als das dumpfe Murmeln und Brausen der Volkswogen lauter anschwoll. O'Donald umkreiste die Gruppe wie ein rühriger Schäferhund seine Herde und wußte mit einem derben Spazierstock Platz zu schaffen, wenn das heute besonders milde Grüßen und Lächeln Ibrahims nicht mehr ausreichte. So, während sie langsam vordrangen, verschlang sie das Gewühl der Menge. Doch hätte niemand gewünscht, die phantastischen Bilder, die sie auf allen Seiten umgaben, rascher an sich vorübergehen zu lassen.

Zwischen der nördlichen und der südlichen Seite der damals weit größeren Esbekiye – sie ist jetzt zu zwei Drittel überbaut – lag ein versumpftes Stück Land, das während der Zeit des hohen Nils einen Teich bildete, jetzt aber, gegen das Ende des März, mit Gestrüpp und halbverdorrtem Unkraut bedeckt war. In gewöhnlichen Nächten herrschte auf dem südlichen Teile die Stille eines Fellahdorfes; heute diente derselbe als Hauptfestplatz des Molid en Nebbi. Kairenser aus allen Schichten der Bevölkerung, Fellachin der Umgegend, Beduinen aus den Oasen des Westens und von Suez her, Araber, Syrer, Türken drängten sich durcheinander, selbst hohe persische Mützen und bunte Riesenturbane auf dem Kopf pechschwarzer Neger aus dem innersten Sudan ragten da und dort über das Gewimmel der Köpfe hervor. Wie sich auf der nördlichen Seite des Platzes das Völkergemisch Europas in seiner oft wenig würdigen Weise vergnügte, so schien sich hier im Süden Asien und Afrika zu begegnen. An den Rändern des Festplatzes und in den engen, heute buntbeleuchteten Gassen, die auf denselben einmünden, hatten sich Händler von Eßwaren niedergelassen. Schaukeln und ächzende Schaukelräder bewegten sich über dem See der Köpfe im unruhigen Lichte von hundert flackernden Kerzen und Lämpchen und dampfenden Pechfackeln. Da und dort drängte eine kleine Prozession murmelnder Männer, Laternen auf hohen Stangen tragend, nach den Zelten, die sich an verschiedenen Stellen erhoben und den Sammelpunkt eines bestimmten Derwischordens bezeichneten. Dutzende von hölzernen Kronleuchtern hingen an unsichtbaren Stricken in der Luft und beleuchteten dort einen Kreis lauschender und lachender Zuhörer, die sich um einen Märchenrerzähler drängten, hier eine Gruppe, welche ein Possenreißer von dämonischer Häßlichkeit unterhielt, dort einen Schlangenzauberer, der sich vergeblich bemühte, Raum für seine Vorstellung frei zu machen, hier einen halbnackten Riesen, welcher eine blitzende Klinge bis ans Heft in den eigenen Rachen stieß, oder stöhnend und pustend brennendes Werg kaute.

Doch Ibrahim drängte vorwärts, bis er am Eingang einer der Nebenstraßen einen kleinen nach drei Seiten geschlossenen Platz erreichte, wo es, vor einer kleinen Moschee, etwas ruhiger zuging. Hier sprachen die Leute mit gedämpfter Stimme und drängten mit freundlicher Höflichkeit an einander vorüber. In der Mitte des Platzes stand ein hoher Mast, an dem wohl zehn Leuchter hingen. Hinter demselben, unmittelbar vor der Moschee, befand sich ein hölzernes Gerüst von der Höhe eines kleinen Hauses, das viele hundert Lämpchen trug. Sie waren so angeordnet, daß sie weit hinaus

501

in die Nacht in arabischer Schrift die Worte strahlten: Es ist
kein Gott, außer Gott.

Gegenüber der Moschee und ihrem Minarett, auf dessen
Spitze eine einsame Lampe ausgehängt war, die wie der
Abendstern ruhig über der summenden, siedenden Menge
leuchtete, befand sich ein arabisches Kaffeehaus. Hier endlich hielt Ibrahim still. Die Leute, die dichtgedrängt einen offenen Raum umstanden, machten höflich Platz. Der Kaffeewirt
brachte auf Ibrahims Wink eine niedere Bank aus Weidenge-
flecht herbei und nach kurzer Frist saßen die Damen in der
vordersten Reihe der Zuschauer, die den freien Platz umgaben, auf dem der Hauptsikr der Nacht abgehalten werden
sollte.

Wohl sechzig Derwische, einige im Kaftan der Handwerker und kleinen Kaufleute der Stadt, andere im blauen Hemd
oder im braunen Mantel der Fellachin, einige mit grünen,
andere mit weißen Turbanen, viele nur mit dem braunen Filz-
mützchen armer Bauern und Tagelöhner bedeckt, saßen,
einen langgestreckten ovalen Ring bildend, am Boden und
warteten flüsternd oder still vor sich hin murmelnd auf den
Anfang der Feier. In der Mitte des Rings ragte der Lichter tra-
gende Mast, gegen die beiden Enden waren zwei meterhohe
Wachskerzen in hölzernen Ständern aufgestellt. Am oberen
Ende des Rings standen vier Sänger, hinter denselben ebensoviele Musikanten, von denen zwei mit kleinen Trommeln, die
andern mit einer Klarinette und einer Laute versehen waren.
O'Donald, der schon öfter einen Sikr gesehen hatte, erklärte
der unaufhörlich fragenden Bertha, was er zu erklären wußte,
so daß Ibrahim, der sich in der Ausübung seiner Berufspflicht
beeinträchtigt fühlte, schließlich halblaut zu der still dasitzenden Sakuntala sagte: »Er weiß alles, wie ein Papagei aus
Indien.«

Es dauerte eine Viertelstunde, ehe ein Derwisch, der nur
durch seinen etwas größeren grünen Turban vor den andern
hervorragte, sich langsam erhob. Er trat in das Innere des

Rings und rief laut: El Futa! – Wie das Gemurmel der fernen See klang es, als nun der ganze Kreis die erste kurze Sure des Korans sprach. Auch einige der Zuschauer beteten mit und Ibrahim flüsterte, so laut er es zu tun wagte, eine englische Übersetzung in Sakuntalas Ohr, die ihm sein früherer Herr beigebracht haben mußte. Der Jahrmarktslärm ringsumher schien zu verstummen. Die Geister Arabiens senkten sich auf die murmelnde Versammlung.

»Im Namen des Allbarmherzigen! Lob und Preis Gott, dem Herrn der Welt, dem Allerbarmer, der da herrscht am Tage des Gerichts. Dir wollen wir dienen und zu Dir wollen wir flehen, auf daß Du uns führest den rechten Weg: den Weg derer, die Deiner Gnade sich freuen und nicht den Weg derer, über welche Du zürnest und nicht den der Irrenden.«

»Das ist ganz schauerlich«, sagte Bertha leise zu Sakuntala, »man könnte glauben, diese Leute beteten wirklich.«

»Tun sie es nicht?« fragte Miss Thinker.

»Wo denkst du hin! Es sind doch nur halbe Heiden; eigentlich beten können sie nicht«, sagte Fräulein Schütz sehr bestimmt. Weitere Erklärungen konnte sie nicht beifügen, denn die Sänger, die ebenfalls vorgetreten waren, begannen mit durchdringender näselnder Stimme ein langes Gebet zu singen. Als es dem Ende nahe war, erinnerte sich Ibrahim plötzlich seines Berufs und sprach halblaut mit:

»An Gott haben wir genug; kein Hüter ist mit ihm zu vergleichen. Es ist keine Kraft noch Macht außer Gott, dem Hohen, dem Großen. O Gott! O unser Herr! O Du freigebig Vergebender. O Du Allgütigster! Höre uns! Amen.«

Jetzt begannen, noch immer sitzend, die sechzig Sikir, wie man die Teilnehmer an einem Sikr nennt, in langsamem Takt nach einer einförmigen Mollmelodie, die sich endlos wiederholte, ihr Lied: La ila ha illallah! La ila ha illallah! La ila ha illallah! Es ist kein Gott, außer Gott! – und bei jeder Wiederholung der großen Wahrheit des Islams beugten sie Kopf und Körper zweimal nach vorn. Es war ein Schwingen und Wogen des ganzen Rings, wie wenn es *ein* Riesenleib wäre, den eine Riesenseele bewegte und als ob die Riesenseele nur einen Gedanken hätte: den einzigen.

»Mir wird zumut, wie wenn ich auf der hohen See wäre«, flüsterte Bertha. »Hast du kölnisches Wasser hier, Sakuntala? Bitte!« –

Keine Frage, es war eine langwierige, anstrengende Art, seinen Gott zu verehren. Über eine Stunde dauerte das einförmige Singen und nur dreimal wurde, nach einer kurzen Pause, die einfache Melodie des ›La ila ha‹ gewechselt. Von Zeit zu Zeit rief der Vorbeter im grünen Turban ›Mescheb!‹ ›Hilfe!‹ in die Nacht hinauf. Manchmal klang dies wie eine wehmütige Klage aus tiefstem Erdenelend, manchmal laut und stürmisch, wie in heißem Gebetskampf mit dem Höchsten, während das einförmige Singen, bald zu lautem Geschrei anschwellend, bald zurücksinkend in dumpfes Murmeln, ununterbrochen seinen Fortgang nahm. Fräulein Schütz war so still geworden wie Sakuntala und sah mit starren Blicken dem Schaukeln des Rings, dem wilden Sich-hin-und-herwerfen der braunen Gestalten zu. Es wurde nicht langweilig, so lange es dauerte. Jenes geheimnisvolle Etwas, das bewegte Menschenseelen ausstrahlen, wie Nachtblumen ihren Duft, zog selbst die Männer unwiderstehlich in seinen betäubenden Bann.

In den zwei Pausen, die dem Wechsel der Melodie des ›La ila ha‹ vorangingen, sangen die vier Sänger Lieder, die sie mit sanftem Schlagen ihrer Handtrommeln begleiteten. Lieder der Sehnsucht und der Liebe, wenn man sie wörtlich nimmt; Lieder, merkwürdig ähnlich denen, die vor dreitausend Jahren Salomo dichtete. Ibrahim ben Musa machte einen vergeblichen Versuch, ihren Sinn zu übersetzen, gab ihn aber bald als hoffnungslos auf, besonders weil er nach dreiviertel Stunden nicht mehr widerstehen konnte, das Lailaha mit zu murmeln und im Takt der Derwische hin- und herzuschwingen. Fräulein Schütz blickte hilflos zu Fritschy auf; auch sie begann leise zu pendeln. Sakuntala sah starr vor sich hin; sie schien zu träumen.

Nachdem die dritte Melodie lange genug gesungen war, standen die Derwische auf. Die Sache wurde offenbar ernster. Einige drückten dem Nachbar die Hände, als wollten sie Abschied nehmen; doch blieben sie, jeder auf seinem Platze, stehen. Das Singen begann aufs neue und wurde laut bis zum Heulen, die Bewegungen immer unbändiger. Wohl fünf Minuten lang warfen sie den Oberkörper seitwärts nach links und rechts; dann ebensolange nach vorn und hinten, so daß da und dort ein Turban abfiel, und die Schöpfchen auf den kahlen, glattrasierten Schädeln wild in der Luft flatterten. Vier der Leute, die unter einem besonderen Gelübde standen, hatten Mähnen, wie aufgelöste Frauenhaare und warfen sie wechselweise bei jedem ›Lailaha‹ nach hinten und nach vorn, so daß sie aussahen, wie die zerfetzten Fittiche eines schwarzen Adlers, der sich im Todesringen zerschlägt. Wuchtig schob sich jetzt der ganze Ring vorwärts, in langsamer Drehung von links nach rechts; unruhig flackerten die Lichter auf dem Maste; eine der großen Wachskerzen war erloschen. Eine wilde unverstandene Bewegung schien durch die ganze Luft zu gehen.

In diesem Augenblick sprang ein großer schwarzbrauner Mann in weißem Burnus mitten in den Kreis, warf den Mantel zur Erde und fing laut an zu schreien: Allah – Allah – Allah, allah, allah, la, la la la, fünfzig, hundertmal la la la la in immer schnellerem, sich überstürzendem Tempo wiederholend. »Mesched! Mesched!« – »Hilfe! Hilfe!« rief der Vorsänger dazwischen, das Allah des Wütenden übertönend, während der ganze Ring sich nichts um diese Szene zu kümmern schien und unbeirrt sein La ilaha-Schreien fortsetzte. Buchwald starrte fast entsetzt in die verzerrten Züge des sich in Krämpfen windenden Beduinen, der ihn von Zeit zu Zeit mit irren Gegenblicken streifte. Er stand nur sechs Schritte von ihm. Es war kein Zweifel: er kannte den Mann: Hassan, den Imam von Kafr.

Buchwald war kein Feigling, aber ein Schauer rieselte ihm über den Rücken. Es war etwas so Fremdes, so Unerklärliches, diese Gewalt, die den Mann hin- und herwarf; diese Mischung von Verzückung und Haß, die aus den weißen Augen, aus dem fast schwarzen Gesicht nach ihm herüberblitzte.

Allah, Allah la la la la!

Der Schaum trat dem Mann auf die Lippen. Plötzlich erstarrte sein ganzer Körper; er rang keuchend nach Atem und schloß die Augen. Dann öffnete er sie wieder, wie irr nach den Sternen suchend. Da fiel sein Blick auf Sakuntala. Ein wundermildes Lächeln flog über die verzerrten Züge; es war als ob das Bewußtsein wie mit einem Schlag zurückkehrte. Er richtete sich hoch auf: eine prächtige Bildsäule mitten im Tosen der Derwische. Dann sanken seine erhobenen Arme schlaff herab. Sein Körper stürzte vornüber. Er hätte mit der Stirn auf den Boden geschlagen, wenn nicht der Vorsänger mit einem Sprung an seiner Seite gewesen wäre und ihn aufgefangen hätte. Sanft, wie die Mutter ein Kind anfaßt, legte dieser die leblose Gestalt auf die Erde. Es war all das eine bei einem guten Sikr gewöhnliche Erscheinung. Der Imam war ›mebus‹ geworden. Gott hatte ihn heimgesucht.

Die Derwische schrien fort, wilder und wilder: »La ila ha illallah!« Aus der Menge der Umstehenden antwortete jetzt da und dort ein lautes »Allahu«. Hinten bei der Moschee fing ein gemeiner Soldat, in der Uniform der ägyptischen Kamelsreiter, dort drüben, bei dem Stand des Scherbetverkäufers, ein alter weißbärtiger Händler das »Allah, Allah, la, la, la« zu schreien an und drängte sich durch die Menge, um noch in den Ring zu kommen, ehe der Anfall sich vertobt hatte.

Sakuntala stand mit sichtlicher Anstrengung auf.

»Gehen wir!« sagte sie dumpf zu Buchwald, ohne imstande zu sein, das Auge von dem noch immer regungslos daliegenden Imam abzuwenden.

Fräulein Schütz saß noch auf ihrem Korbbänkchen, wiegte

den Kopf hin und her und flüsterte »Allah, Allah la la la«. Dann sprang sie plötzlich auf und warf sich mit einem Schrei in die Arme des entsetzten Fritschy. Sie war offenbar nicht mehr bei sich, riß sich wieder los, und begann zu schluchzen. Der Dragoman nickte verständnisvoll mit dem Kopf. O'Donald, ebenfalls nicht wenig erschrocken, bot ihr seinen Arm, und so, Fritschy auf der einen, den Prokuristen auf der andern Seite, drängten sie sich aus dem Gewühl.

Nach wenigen Minuten befand sich die ganze Gesellschaft in der mondbeglänzten Stille der mittleren Esbekiye. Über dem Festplatz, aus dessen einförmigem Brausen man nur noch das dumpfe Schlagen der Trommeln und das rhythmische Händeklatschen der alten, verbotenen Tanzweisen hörte, lag es wie roter Nebel, düster und blutig. Alle atmeten auf, als sie sich wieder auf dem Weg zu Shepheards Hotel zurechtfanden, wie man Atem holt, wenn man aus den feuchtwarmen Gängen eines Bergwerks ans Tageslicht tritt. Fräulein Schütz schämte sich nicht wenig, aber sie lachte wieder. Fritschy lachte nicht, obgleich er sich auch schämte. Er fühlte, daß er nicht weit davon gewesen war, ebenfalls mebus zu werden. Mesched! Mesched! klang es ihm noch immer in den Ohren.

Auch in Schubra stand am folgenden Morgen alle Arbeit des Pflügens und Säens, des Grabens und Bauens, des Schmiedens und Schlosserns still. Die Fellachin liefen scharenweise nach Kairo, und die Schmiede und Schlosser stolzierten in neuen safrangelben Schuhen mäßig und feierlich durch das Dorf. Den Fellachin folgend ritt ich nach Kairo, um zunächst bei Shepheard anzufragen, ob jemand meiner dortigen Freunde Lust habe, das Doseh anzusehen, jenes weltbekannte und noch immer merkwürdigste Schauspiel, das sich an das Geburtsfest des Propheten knüpft. Ich fand den kleinen Kreis um Ben Thinker noch beim Frühstück, jedoch nicht in der rosigsten Laune. Herr Ben wollte von dem ›Unsinn‹ nichts wissen, der seinen Mädchen den Kopf schon genügend verdreht habe. Solchen Verrücktheiten nachzulaufen! Ich, ein Ingenieur! Er verstehe mich nicht. Überhaupt! –

In dem ›Überhaupt‹ lag ein schwerer Vorwurf. Ich hatte die Unvorsichtigkeit begangen, teilnehmend nach Herrn Joe zu fragen.

»Und Sie, Fräulein Schütz?« wandte ich mich an die Ex-Gouvernante, »interessiert Sie das Wunderbarste, was man in Kairo sehen kann, ebenso wenig? Es ist einer der seltenen Fälle, bei denen es sich, wenigstens scheinbar, um die Aufhebung der Schwerkraft handelt.«

»Dummes Zeugs!« schaltete Ben ein.

»Wird dabei geallaht?« fragte sie, von ihrem Buch, der Geschichte der Mamelukensultane, aufsehend.

»Und wie!« antwortete ich, in der Hoffnung, dadurch vielleicht auch Miss Sakuntala zu bestimmen. Der Gedanke an meinen Freund Buchwald war völlig wirkungslos. Ich konnte diese liebliche Gestalt, dieses träumerische Gesicht, diese tiefblauen Augen unter der schmalen reinen Stirne und dem rabenschwarzen Haar nicht sehen, ohne daß mich alle Entsagung zu verlassen drohte. Übrigens war es ja harmlos, indische Prinzessinnen aufs heimlichste zu verehren.

»Dann nie – nie in meinem Leben!« rief Fräulein Bertha leidenschaftlich. Glücklicherweise hatte mir Fritschy auf der Veranda mit noch immer verstörter Miene erzählt, was sich ereignet hatte, so daß ich keiner weiteren Erklärung bedurfte.

»Sie müssen die Sache nicht zu ernsthaft nehmen«, tröstete ich sie. »Das hat schon starke Männer gepackt, wie Ihnen O'Donald bestätigen kann. Es liegt in der Luft des Morgenlandes, die wir alle erst hier atmen lernen.«

»Nie mehr in meinem Leben!« wiederholte sie unerbittlich. »Überdies: Wir müssen uns ausruhen für den Abend. Sakuntala auch. Wir haben Nerven wie vernünftige, wohlerzogene Wesen. Wer weiß, wie lange auf einem türkischen Ball getanzt wird. Und dann die Masken! Wir haben alle Hände voll zu tun!« – –

Ich hatte das Doseh einmal, aber in Gesellschaft einer Schar schnatternder europäischer Gänschen gesehen, die mir die Stimmung gründlich verdarben. Diesmal wollte ich es ernsthafter nehmen, aber doch nicht ganz allein gehen, schon weil vier oder sechs Augen mehr sehen als zwei, wenn sie einigermaßen zusammenpassen. Ich ritt deshalb zu Buchwald, den ich neben Joe Thinker vor seiner Staffelei traf.

Das große Bild machte Fortschritte. Von der Technik der Malerei verstand ich zu wenig, um mir hierüber ein Urteil zu gestatten. Man kann dies zur Not entbehren, denn in der Technik wird nie der wahre Wert eines Kunstwerks liegen. Der Eindruck aber, den der riesige Pyramidenbau machte, auf dem es wimmelte wie über einem Ameisenhaufen, war packend. Dabei hatte jedes der hundert Figürchen eine ausgeprägte Physiognomie, jede Gruppe einen bestimmten Volkscharakter, als ob die ganze Menschheit an dem Bau mitgearbeitet hätte und doch lag über dem ganzen jene einheitliche Ruhe, die jedem wahrhaft großen weltgeschichtlichen Vorgang zukommt, so stürmisch bewegt er im einzelnen erscheinen mag. Die Gestalt des Pharao, der das große Werk leitet, und wie ein Prophet in Demut seine Eingebungen von oben erwartet, während er nach unten mit zermalmender Festigkeit seine Sklaven beherrscht, atmete trotz dieser Doppelseitigkeit seines Wesens eine Wahrheit, die ich hinter der Kraft und dem Verständnis meines Freundes Buchwald nicht gesucht hätte. Oder hat vielleicht ein Künstler auch seine Eingebungen, die er wiedergibt, ohne sie eigentlich zu verstehen? – Herr Joe war trotz allem nicht zufrieden. Der Erbauer der Pyramide war ihm nicht halb gottähnlich genug. »Er vermag es eben nicht zu fassen«, klagte er mir, Buchwald wehmütig auf die Schulter klopfend, »um was es sich in Wahrheit bei diesem Bau gehandelt hat. Man muß sich vor allen Dingen klar machen, wie der heilige Johannes ausgesehen hat, als er mit seiner Adlerfeder die Offenbarung niederschrieb.«

Buchwald war bereit, mich zu begleiten. Er konnte noch immer neue Modelle für seine Arbeiterscharen brauchen und jeder Volksauflauf lieferte ihm Stoff zu seinem Bild. Joe schloß sich gerne an, wenn er sich auch nur zerstreuen wollte. Eine Berechnung bezüglich der Eklipse und der neuentdeckten Luftkanäle in der Kammer der Königin, auf die er große Hoffnungen gesetzt hatte, war nach dreitägiger harter Arbeit fehlgeschlagen: sie hatte das Gegenteil von dem ergeben, was er vorauszusehen geglaubt hatte. Er war deshalb in einer Stimmung, in der man zu allem bereit ist, selbst zur Sünde, fremden Göttern zu dienen.

»Haifa!« rief Buchwald, seine Pinsel zusammenwerfend. Aber es kam keine Antwort.

»Es ist ein Elend mit dem Menschen«, seufzte er, »man gewöhnt sich an alles. Sie hielt mein Malzeug in Ordnung wie einen Juwelenladen. Seit gestern ist sie verschwunden. Nun stehe ich hier und kann meine Pinsel selber waschen. Die kleine Katze fehlt mir förmlich.«

»Du hast kein Talent für Einsiedelei!« sagte ich lachend. Dann gingen wir.

Der Zufall begünstigte uns über Erwarten, obgleich Joe alles erdenkliche Unheil für den Tag vorhergesagt hatte. Als wir aus dem düstern Seitengäßchen in die Muski eintraten, riß uns sofort der Strom eines Menschengedränges fort, wie es nur in einer Straßenenge Kairos und unter Menschen möglich ist, die in der Mehrzahl barfuß gehen und mit einem Baumwollhemd bekleidet sind. Am oberen Ende der langen Straße, wo sie sich in den innersten Gassen der Altstadt verliert, erschien in diesem Augenblick trommelnd und pfeifend, schreiend und singend die große Prozession der Saadiyederwische, die, zahllose Banner schwingend, mit lautem Jauchzen auf uns zukamen. In ihrer Mitte ritt auf einem kleinen weißen Pferde ihr Schech, der zugleich das Amt des

Hauptpredigers an der berühmtesten Moschee Kairos, der Gama el Hassanen, bekleidet. In einer Hausnische geborgen konnten wir den größeren Teil des unordentlich, aber rasch dahinströmenden Zuges an uns vorübergehen lassen, bis wir uns dem frommen Reitersmann gegenübersahen. Es war ein kleiner Herr mit schneeweißem Barte, kleinen Mausäuglein unter gewaltigen weißen Augenbrauen und einem blassen Gesicht voll gewinnender Freundlichkeit. Sein Turban war grün, der fast das ganze Pferd mit bedeckende Burnus weißlich gelb, und das Pferd, ein Araber aus alter, guter Familie, weiß wie Schnee. Das Tier wurde von zwei weißgekleideten Saisen sorgfältig am Zügel geführt, während sich Hunderte herandrängten, um es zu berühren, oder die Steigbügel des Schechs zu küssen. Er selbst schien dies kaum zu bemerken, denn er saß völlig regungslos, beide Hände über dem hohen Sattelknopf gekreuzt, in dem thronartigen Sattel. Seine Lippen zitterten, seine Augen waren rot, wie wenn er geweint hätte. Die Lider waren minutenlang geschlossen. Nur selten schlug er sie auf und sah dann gen Himmel, als ob ihn diese Erde nichts mehr anginge.

Tobend wälzte sich der Zug aus der Muski und bog dem südlichen, arabischen Teil der Esbekiye zu, nach links ab. Von allen Seiten kamen Trüpplein von Derwischen der verschiedensten Orden, mit ihren Bannern in allen Farben, die meisten buntgestickt, mit Gebeten und Koransprüchen bedeckt. Auch der Lärm wurde mannigfaltiger. Trommeln und Pfeifen, und ganze Musikbanden arbeiteten sich ab, die Aufregung des Volkes zu schüren, das sich in einer goldschimmernden Riesenstaubwolke jetzt langsam vorwärts wälzte. Man war kaum noch hundert Schritte vom Ziel, dem Hause des Schech el Bekri entfernt.

Hier hielt die Prozession. Mit Mühe und vielem Geschrei gelang es, vor dem Pferde des Schechs etwas Raum zu schaffen. Das Gedränge war fürchterlich, in dem wir drei Ungläubige staken, und obgleich uns niemand zu beachten schien, war es doch nicht unangenehm, über zehn Turbane hinweg Ibrahim ben Musa zu entdecken, der sich wacker zu uns durchdrängte. Da und dort hörte man jetzt einzelne Rufe: ›Allah, Allah‹, wie sie gestern und seit zehn Nächten an dieser Stelle zu wildem Brausen angeschwollen waren. Unmittelbar vor dem Schech, in dessen Nähe wir uns zu halten wußten, warfen sich drei, vier, dann ein Dutzend, dann immer mehr, fünfzig, sechzig Männer mit dem Gesicht nach unten neben einander auf die Erde, streckten die Beine und legten den Kopf auf die übereinandergeschlagenen Arme. Sie brauchten nicht viel zu rücken, um einen soliden, mit Menschenleibern als Schwellen gepflasterten Weg zu bilden. Wo sich noch eine Lücke zeigte, warf sich mitten durch das Volk brechend, oder von den Nächststehenden geschoben ein Fellah, ein Wasserträger, ein Derwisch neben seine Brüder. Die Zuschauer, die sich bis an die nackten Fußsohlen und die beturbanten Köpfe herandrängten, bildeten zwei dichte Menschenmauern, zwischen denen sich die lebendige Gasse hinzog. Am oberen Ende derselben wartete der betende Schech auf seinem Pferde. Alles in nächster Nähe wurde jetzt still. Nur die Daliegenden murmelten ohne Aufhören in die Ärmel ihrer Kaftane: Allah, Allah, Allah; so daß ein tiefes Murmeln, ein sanftes Rauschen aus dem lebendigen Boden zu kommen schien. Dann liefen zehn Derwische, auf kleine Trommeln schlagend und laut nach Allah rufend, rasch die Gasse entlang.

Und nun kam das von den Saisen geführte Pferd des Schechs heran. Auch die Lippen des Alten flüsterten jetzt unaufhörlich Allah! Allah! während das Pferd mit ängstlicher Vorsicht den rechten Vorderhuf auf den Rücken des ersten Mannes setzte. Es fühlte den weichen, lebendigen Grund und zog den Fuß wieder, wie erschreckt, zurück. Die Saise standen schon, der eine auf dem Kopf, der andere auf den Beinen des dritten Mannes, zogen an den Zügeln und sprachen dem klugen Tiere freundlich zu. Es versuchte das Experiment mit dem linken Vorderfuß. Allah, Allah, Allah! murmelte der

Mann unter seinem Hufe, heftiger betend; aber noch immer wagte das Tier nicht, aufzutreten. Jetzt wurde es von hinten erst von zwei, dann von sechs Derwischen geschoben. Auch der Schech neigte sich nach vorn und klatschte es sanft auf den Hals. Nun trat es auf. Nun war es mit allen vier Beinen auf den ersten vier Leibern. –

Allah! Allah! Allah! – Der kleine feierliche Zug durch die lebendige Gasse setzte sich in Bewegung.

Allah! Allah! Allah! – Dazwischen ein leises Stöhnen – ein Röcheln – ein unterdrückter Schrei. –

Allah! Allah!

Jetzt aber erstickte wilder, wachsender Lärm das feierliche Gemurmel. Hinter dem Pferde sprangen Mann um Mann, schreiend, ächzend, jauchzend, die getretenen Gläubigen in die Höhe und warfen sich unter die Volksmenge, von Freunden und Verwandten umarmt und beglückwünscht, wenn sie noch jubeln konnten, rasch auf die Seite geschleppt, wenn einer, nach Luft schnappend, ernstlich verletzt schien. Dies galt als Beweis, daß er sich nicht mit reinem Herzen und Gewissen zum Doseh gedrängt hatte. Denn der wahrhaft Gläubige, erklärte Ibrahim im Tone unerschütterlicher Überzeugung, fühlt den Huf des Pferdes kaum. Der Irrende, der Sünder kann daran sterben, wenn er von Reue nichts weiß. Der Ungläubige wäre des Todes sicher. Doch kommt derartiges nie vor. Denn wo würde der Unwürdige den Mut hernehmen, sich dieser Prüfung zu unterwerfen?

Der Schech war am Ende des wohl hundert Mann langen Pfades angelangt. Die Gasse, deren lebendiger Boden sich hinter seinem Pferd lärmend erhoben hatte, war verschwunden. Der ganze Platz hatte sich in eine wogende, brausende Menschenmenge verwandelt, über der im grellen Mittagssonnenlicht hundert Fahnen wallten und die, wie mir schien, aus tiefstem Herzen Gott lobte, daß das Doseh vorüber war. Fast unbemerkt war der geistliche Reiter samt seinem Pferd und wohl fünfzig Derwischen seines Ordens unter dem Torweg verschwunden, vor dem das Doseh sein Ende erreicht hatte. Das Volk umstand jetzt das Haus des Schech el Bekri und wartete auf die Rückkehr der Saadiyes. Es bringt Glück, den Blick des alten Herrn zu erhaschen, wenn er mit dem Segen des Meisters aller Derwische auf dem Haupte heraustritt.

Meine Bemühungen, mit meinen Freunden in das Innere des stattlichen alten Hauses nachzudrängen, schienen anfänglich aussichtslos. Freundlich aber unerbittlich wurden wir von den Boabs des Schech el Bekri daran erinnert, daß wir bei diesem Fest nichts zu tun hätten. Was den Ungläubigen zu sehen vergönnt war, hätten wir gesehen. Erst als ich mich in meinem besten Arabisch auf Halim Pascha berief, dessen vielgeschätzter Diener ich sei, ließ man uns durchschlüpfen, und nur ein schwarzbrauner Derwisch, der ebenfalls zurückgewiesen worden war, wünschte: »ein Salzkorn in das Auge derjenigen, die den Propheten nicht segnen!« hinter uns her.

Im kleinen halbdunkeln Hof des Hauses war der Schech abgestiegen. Es war köstlich kühl und still hier, nach dem Tumult, der Hitze und dem Staub auf dem Platze draußen. An der schattigsten Stelle der Ostwand befand sich eine Mauernische, welche die Gebetsrichtung gegen Mekka andeutet. Dort saß der alte Herr bereits auf einem Gebetsteppich, einen Rosenkranz in den Händen, unablässig leise murmelnd, während Tränen aus seinen halbgeschlossenen Augen in seinen Bart rieselten. Vier Imame zu seiner Rechten, vier zur Linken hatten sich an seiner Seite niedergelassen. Alle erhielten nach einiger Zeit von zwei alten Dienern ein Täßchen Kaffee, das sie dankend in die Hand nahmen, aber nicht berührten. Vom Schech el Bekri, dem der Besuch galt, war nichts zu sehen. Dieser, behauptete Ibrahim, der von tiefster Ehrfurcht ergriffen war, betet jetzt auf dem Dache des Hauses für seinen Bruder. Alle übrigen Personen standen in tiefem Schweigen, einen Halbkreis bildend, um die Gruppe unter der Gebetsnische. Hinter denselben fand sich zu meiner Beruhigung auf einer umgestürzten alten Säule ein ziemlich verstecktes Plätzchen für die drei Ungläubigen, für die ich mich verantwortlich fühlte.

Nach zehn Minuten traten sechs Derwische aus dem Halbkreis vor den Schech. Jeder derselben war mit einer kleinen Handtrommel ausgestattet, die er mit einem Lederstreifen schlug, während alle, einen Sikr beginnend, bei jedem Schlage Allah hei; Ja hei – Gott ist lebendig; o Lebendiger – riefen und sich nach links und rechts verneigten. Ein pechschwarzer Nubier und ein Tscherkessenjunge, weiß wie ein europäisches Mädchen stürzte sich in den Kreis und begann das tolle Allah, Allah la la der von Gott Heimgesuchten, bis beide, zuerst der Neger, dann der Tscherkesse zu Boden stürzten und noch immer Allah stöhnend sich vor die Füße des Schechs wälzten. Niemand schien sie zu beachten. Der Sikr, ruhiger und würdiger, als der in der gestrigen Nacht, nahm seinen Fortgang und kam zu Ende mit dem wohl hundertmal wiederholten sanften Ruf »Ja daim!« O Ewiger. – Nun ging die ganze Versammlung am Schech vorüber und küßte ihm die Hand, worauf er mit seinen acht Begleitern in feierlicher Stille unter einem Pförtchen verschwand, das nach den oberen Gemächern des Hauses führte. Die öffentliche Feier hatte ihr Ende erreicht.

Es galt jetzt, sich eine Gasse durch die wogende Volksmenge zu brechen, die noch immer mit lärmender Geduld – eine orientalische Eigenschaft, die in Europa fast unbekannt ist – vor dem Hause des Schech el Bekri wartete. Weniger das drohende Geschrei Ibrahims, als die Ellbogen und der sanfte Druck von Buchwalds Rücken, der Gläubige und Ungläubige ineinander schob, brachte das Wunder fertig. Noch ein paar Schritte und wir hatten glücklich den fast menschenleeren Teil der mittleren Esbekije erreicht.

Joe Thinker, der alles schweigend beobachtet hatte, seufzte jetzt auf und sagte fast traurig:

»Da haben wir es wieder einmal gesehen, was der Glaube vermag, auch der unsinnigste. Es war ein wirkliches Pferd, das

515

auf die Leiber der Unglücklichen trat: es waren wirkliche Tränen, die über die Wangen des alten Schechs liefen.«

»Und es war der wirkliche Gott, den sie anriefen«, sagte ich, etwas ärgerlich. Ich hatte in diesem Punkt meine eigenen Gedanken.

Joe sah mich strafend an. Dann sagte er mild: »Darüber ließe sich streiten.« Sein Blick aber sagte deutlicher als Worte: »Nicht mit Ihnen. Schließlich sind Sie doch nur ein Ingenieur, und ein Deutscher. Wer weiß, ob Sie die Fähigkeit besitzen, auch nur an die Offenbarungen der Pyramide zu glauben.«

Ich mußte ihm die Antwort schuldig bleiben, denn in diesem Augenblick stürzte plötzlich Buchwald vorwärts, einer Gruppe von Leuten zu, die zwanzig Schritte vor uns hinter einem riesigen Busch von Kaktusbirnen halb verborgen war.

Auf dem Boden ausgestreckt lag ein Mann, scheinbar ein Fellah, in langem kaftanartigem Hemd. Der Turban war ihm abgefallen. Sein Kopf ruhte im Schoß eines verschleierten arabischen Weibchens. Vor ihm kniete eine europäisch gekleidete Dame. Auch ihr war der Hut vom Kopf geglitten. Sie drückte, allem Anschein nach ängstlich erregt, ein weißes Taschentuch abwechselnd auf Mund und Schläfe des besinnungslos Daliegenden.

Es war Sakuntala. Neben ihr stand Fräulein Schütz mit einem Fläschchen in der Hand, hinter ihr O'Donald und Fritschy. Die Herrn, von der ganzen Szene wenig erbaut, trugen jene Hilflosigkeit zur Schau, die den meisten Männern derartigen Samariterdiensten gegenüber eigen ist.

»Aber was um Himmels willen macht Ihr hier?« fragte Joe erschrocken, indem er ebenfalls ein Fläschchen hervorzog. Es enthielt Whisky, den er als treuer Sohn seiner schottischen Heimat für alle Fälle der Not mit sich führte.

Sakuntala hatte keine Zeit zu Erklärungen. Sie goß wieder einige Tropfen aus Berthas kleinem Kristallbehälter auf ihr Taschentuch und drückte es auf das Gesicht des Ohnmächtigen. Es war ein dunkelbrauner, aber fast klassisch schöner Kopf von ursprünglich finstern trotzigen Zügen, die jetzt in ihrer Hilflosigkeit eine unbeschreibliche Schwermut ausdrückten.

»Hassan!« rief Buchwald, fast entsetzt.

In diesem Augenblick schlug die kleine Araberin, die den Kopf des Mannes in ihrem Schoße hielt, die Burka zurück und sah ihn mit großen Augen an. Es war Haifa.

Fräulein Schütz aber begann hastig flüsternd zu erklären: Sie hatten sich im Hotel gelangweilt, nachdem die Masken für den Abend besorgt waren. Das Doseh wollten sie ja eigentlich nicht sehen, aber sie konnten sich nach dem Lunch auf den Weg machen, um Onkel Joe zu suchen. Herr O'Donald und Fritschy erboten sich, sie zu begleiten. Dann aber hätten sie weder Herrn Joe noch den Dosehplatz gefunden: das Gedränge war zu toll. Und auf dem Rückweg habe sie das Stöhnen des Mannes und das Klagetrillern der Kleinen in das Gebüsch gelockt. Der Mann sei - so erklärte es Herr O'Donald - von dem Pferd des Schechs bös getreten worden. Miss Sakuntala habe eine Essenz bei sich gehabt - man hätte ja doch vielleicht auf das Doseh stoßen können -, die in Indien die Toten lebendig mache, und da seien sie nun daran, ihre Wirkung an dem armen Menschen zu versuchen.

Sie lächelte kopfschüttelnd. In diesem Punkt waren die Freundinnen offenbar nicht ganz gleicher Ansicht.

Buchwald war neben dem Manne niedergekniet. Sakuntala richtete sich in die Höhe.

»Ich fürchte, er hat ein paar Rippen gebrochen«, sagte der Maler. Seine anatomischen Studien gestatteten ihm, den Fall nicht ohne Sachverständnis zu beurteilen.

»Es wirkt!« flüsterte Sakuntala und stand auf.

In der Tat: der Imam öffnete die Augen. Haifa beugte sich mit einer leidenschaftlichen Bewegung über ihren Bruder und küßte seine Stirne. Die Besinnung schien dem Daliegenden noch nicht zurückgekehrt zu sein. Die weitoffenen Augen starrten, wie seelenlos, gerade aufwärts, in das Blau des Himmels. Dann kam ein leises Stöhnen.

»Bitte, drücken Sie ihm das Taschentuch noch einmal auf den Mund«, bat Sakuntala und Buchwald gehorchte.

Jetzt fiel der Blick Hassans auf den Maler und wie wenn ein elektrischer Schlag den Mann getroffen hätte, fuhr er in die Höhe. Der Beduine war wieder da, lebendig genug.

Da sah er Sakuntala. Sie kannte diesen Blick. Es war derselbe, der sie gestern Nacht getroffen hatte, ehe Hassan in der Mitte des Sikrs zu Boden gestürzt war. Ein Blick voll Sehnsucht, voll heißer Liebe, voll Ergebung; ein Blick in eine andere Welt, die der Mensch nie erreichen konnte.

Ob er an sein Paradies dachte? Er schloß die Augen wieder. Die geballten Fäuste lösten sich und der Kopf sank zurück in Haifas Schoß.

»Kommen Sie«, sagte O'Donald ungeduldig. »Wir können hier wirklich nichts mehr tun. In ein paar Tagen ist der Kerl wieder so gesund wie der Fisch im Wasser. Ich kenne das. Sie sind wie die Katzen, diese Fellachin.«

»Komm, mein Kind!« sagte Onkel Joe und nahm Sakuntalas Arm. »Ich glaube, dort kommen seine eigenen Leute.«

KAPITEL

**Des Propheten
Geburtstag
*à la franca***

Nach einer Abwesenheit von mehreren Monaten war die Mahrussa, die prachtvolle neue Yacht des Vizekönigs, unter dem Donner der Geschütze, die zum erstenmal hundertundeinen, statt einundzwanzig Kanonenschüsse abgeben durften, in Alexandrien wieder eingelaufen. Die zweite Hauptstadt des Landes hatte ihren Herrscher bereits pflichtschuldigst mit Jubel, Illumination und Feuerwerk begrüßt. Man wußte, er kam nicht mit leeren Händen von seinem zweiten Besuch in Konstantinopel zurück, wo die endlosen Verhandlungen diesmal ebenso erfolgreich als kostspielig gewesen waren. Dies wollten die Eingeweihteren aus den vergnüglich blinzelnden Augen des neuen Herrn von Ägypten und dem langen Gesicht Kivork-Beys, seines konstantinopolitanischen Bankiers, schließen, der ihn auf der Rückfahrt begleitete, um seine leeren Kassen ohne Verzug in Kairo wieder zu füllen. Denn was sich Ismael Pascha diesmal vom Sultan Abdul Asis erkaufen konnte, hatte gewaltig runde Summen gekostet, und alles, nach was sein Herz lüstete, war noch nicht einmal käuflich gewesen.

Man munkelte – und es war so – daß das uralte Erbfolgegesetz mohammedanischer Herrscherfamilien durch einen Firman des Sultans und Kalifen der Gläubigen umgestoßen werden solle, sobald die goldene Überredungskunst des Vizekönigs auch die Ulemas von Kairo überzeugt habe, daß der

519

Koran in dieser Beziehung mißverstanden worden sei. Der Schech ul Islam zu Stambul hatte diese Überzeugung gegen einen Jahresgehalt von 15 000 türkischen Pfund, wie einige wissen wollten, bereits gewonnen und wie das unerbittliche Schicksal stiegen die Wetterwolken am Horizont von Schubra auf, wo Halim, der altberechtigte Thronfolger, ahnungslos seine Baumwolle baute. Die Forderung einer direkten Erbfolge nach europäischem Muster, welche Ismael Pascha mit allen ihm zu Gebot stehenden Mitteln verfolgte, war dem Sultan ein willkommener Vorgang; denn er wünschte nichts sehnlicher, als für seinen eigenen Sohn in Konstantinopel zu tun, was für das kränkliche Söhnchen seines Vizekönigs in Ägypten verlangt wurde. Armer Sultan. Auf irgendeinem Diwan seines Harems lag schon die Schere, die seiner eigenen Herrschaft, geschweige denn der seines Sohnes, ein Ende machen sollte.

Auch in anderer Richtung hatten der schlaue und ehrgeizige Pascha und seine fürstlichen Bakschischs Zugeständnisse von hoher Bedeutung erreicht: das Recht, Heer und Flotte beträchtlich zu vergrößern; das Recht, auch die höchsten Beamten des Landes ohne Rücksicht auf Konstantinopel zu ernennen; das Recht der Verleihung von Dekorationen; das Recht, eigenes ägyptisches Geld zu prägen; das Recht Handelsverträge abzuschließen; das Recht, politische Agenten in Europa aufzustellen – all das hatte die Pforte bewilligt, nachdem ihre Angeln entsprechend geölt worden waren. Die völlige Unabhängigkeit Ägyptens war das Ziel dieser Schritte. Als Wegegeld mußte allerdings für den Augenblick der Tribut, den das Land dem Sultan zu bezahlen hatte, nahezu verdoppelt werden. Nur der ersehnte Titel ›Asis el Mosr‹ – Herrscher von Ägypten – ließ sich vorläufig nicht erkaufen und das spätere ›Khedive‹ war noch niemand eingefallen. Dies war der einzige unangenehme Fleck in dem Festglanze, den die aufgehende Sonne über Ägypten verbreitete.

Grämliche Leute, die etwas weiter in die Zukunft blickten,

sahen allerdings noch einige andere trübe Punkte. Der zweite Besuch des Vizekönigs bei seinem Padischa hatte das dreifache vom ersten gekostet, und dieser hatte schon Millionen verschlungen. Dann war vor wenigen Monaten der Streit mit Lesseps und der Suezkanalgesellschaft durch den Schiedsrichterspruch Napoleons in dem Sinne entschieden worden, daß Ägypten rund sechzig Millionen Mark an die Gesellschaft zu bezahlen habe, wenn es den Frondienst von monatlich zwanzigtausend Fellachin am Kanal und gewisse Landkonzessionen aufzuheben wünsche, die der gutmütige, leichtbetörte Said-Pascha seinem Freund Lesseps gemacht hatte. Dies war aber nur der Anfang einer Reihe ähnlicher Verpflichtungen, welche hydraartig, eine aus der andern, herauszuwachsen schienen und Ägypten schließlich eine Last von dreihundertvierzig Millionen für den Kanal auferlegten, der ihm den Weltverkehr heute an der Nase vorbeiführt. Kein Wunder, daß das erste Anlehen im Betrag von hundertvierzehn Millionen Mark, mit dem der Vizekönig seinen Regierungsantritt gefeiert hatte, längst verbraucht war, und daß die runde Summe von achtundsechzig Millionen, das Ergebnis der ersten Anleihe auf seine Privatvermögensverwaltung, die sogenannte Daira, zur Neige ging. Dafür hatte Sadyk Pascha die Kunst das Schuldenmachens nach europäischen Regeln erlernt und die Bankiers Europas strömten herbei, um ihm weiteren Unterricht, verbunden mit praktischen Übungen, zu erteilen. Wozu waren Bankiers in der Welt? – Aus Oberägypten kamen zwar schon klägliche Berichte über die jammervolle Armut der Bauern, über Hunger und Not in manchen Distrikten, über die Gewaltsmaßregeln, welche die Mudirs* anwenden mußten, um die Frondienste auf den vizeköniglichen Baumwollfeldern im Gang zu erhalten und die schon jetzt auf zwei Jahre vorausbezahlten Steuern einzutreiben. Aber Geld kam doch immer noch, so lange der Boden Baum-

---

* Die Provinzialpräsidenten.

wolle trug und der Kurbatsch nach alter Landessitte seine Pflicht tat. Man mußte nur den Fellah verstehen und zu behandeln wissen und Sadyk, selbst ein Fellah, verstand dies. – Dagegen konnte eine ganze Reihe großartiger Unternehmen aufgezählt werden, die im Begriff waren das Land zu beglücken: Eisenbahnen und Telegraphen, Flotten auf der See und dem Strom, Bewässerungsanlagen und Dampfkultur, Zucker und Baumwollplantagen, die in einem Maßstab erstehen sollten, wie man sie in der Welt noch nicht gesehen hatte. Das alles mußte schließlich ungezählte Millionen einbringen, wenn es nur einmal im Gang war. Vorläufig galt es, die Güter der Nebenzweige der Familie – Mustaphas, Halims, Tussuns – unter annehmbaren Vorwänden aufzusaugen und zu verwerten. Auch mit den ausgedehnten Besitzungen der Moscheen ließ sich etwas machen, obgleich man hier vorsichtiger sein mußte. Was schließlich das Volk, die Fellachin, besaßen, diese Kleeessenden, in Lumpen gekleideten, in Lehmhütten wohnenden Millionen – ja, die besaßen ja eigentlich nichts, denn der Boden auf dem sie standen, war ihnen zu diesem Zweck nur geliehen, und die Luft, die sie atmeten, verlieh ihnen das Recht, für das Gemeinwohl, das der Vizekönig vertrat, zu fronen. – Wo so viel Licht war, konnten einige Schattenstriche nicht fehlen.

So war es nur natürlich, daß Alexandrien den unternehmendsten, den intelligentesten Fürsten des Orients jubelnd empfing und daß auch er sein schönes Land am Nil mit Freuden begrüßte. Durch ein Versehen war zwar auch zu seinen Ohren gedrungen, daß sich in einigen Muderiyen eine gewisse unverständige Gärung gezeigt hatte. Das Fronen am Suezkanal hatte aufgehört; dafür mußte die doppelte Zahl von Fellachin auf den vizeköniglichen Gütern zweimal so lang graben und hacken, und die Nasirs – die Gutsverwalter – waren zweimal so grob als die französischen Ingenieure. In einigen Bezirken in dem ärmeren Oberägypten hatte man die Leute mit militärischer Gewalt abhalten müssen, ihre Palmbäume umzuhauen, weil sie die neue Palmbaumsteuer nicht zahlen wollten; in andern wurde böswilligerweise behauptet, mit oder ohne Palmbäume sei kein Geld mehr zu finden, nachdem man die gesetzlichen Steuern schon auf mehrere Jahre vorausbezahlt habe. Dagegen waren die Bankiers nicht nur willig, sondern förmlich gierig, Geld herbeizuschaffen und wenn das auch zu sieben, zu acht und bald zu zehn und mehr Prozent geschah, so bewies es doch, daß die Einsichtigsten und Weitblickendsten Vertrauen in den Unternehmungsgeist des Vizekönigs und in die Leistungsfähigkeit des Landes hatten. All das und mehr des Widersprechendsten konnte man in Alexandrien und Kairo in allen Tonarten der Entrüstung und der Bewunderung hören.

Mittlerweile war schon vor Wochen, als Vorläufer der Rückkehr Seiner Hoheit, der Befehl in Kairo eingetroffen, daß der bevorstehende Geburtstag des Propheten in besonders festlicher Weise gefeiert werden müsse, nicht bloß um der Freude des Volkes, sondern auch um der Dankbarkeit des Vizekönigs für den Segen Ausdruck zu verleihen, den Allah sichtlich seiner Regierung verlieh. An dieser Feier sollten auch die europäischen Freunde des Hofs in vollstem Maße teilnehmen. Gleichzeitig könne der neuerbaute Palast auf der Gesira, Bulak gegenüber, seine vorläufige Einweihung erhalten, und nichts solle gespart werden, das Fest würdig zu gestalten.

Diese Weisung Effendinis brachte Franz Bey, den wackeren Deutschen, der das dornenvolle Amt des Hof- und Leib-Architekten des Vizekönigs innehatte, an den Rand der Verzweiflung, denn er hatte darauf gerechnet, den neuen Palast in ungefähr zwei weiteren Jahren fertigzustellen. Nur etwa zwei Drittel des königlichen Baues auf der Nilinsel war unter Dach. Aber der Telegraphendirektor von Kairo hielt ihm eigenhändig und wiederholt den Streifen Papier unter die Nase, auf dem der Befehl in unzweideutiger Weise eingepreßt war. Aus der Verwirrung, die durch das Hin- und Hertelegraphieren über

Syrien und Kleinasien entstand, ging schließlich hervor, daß achthundert Teilnehmer eingeladen werden müßten und daß Sadyk Pascha und der Minister des Innern für das Gelingen der Veranstaltungen verantwortlich gemacht würden.

Ich sah Franz Bey in diesen Tagen auf einen Augenblick im Hinterstübchen der einzigen Bierwirtschaft Kairos, in der Muski, halb ohnmächtig auf einem alten Sofa liegen. Er winkte mir nur die Bitte zu, nicht mit ihm zu sprechen. Er sei nicht mehr imstande, einen zusammenhängenden Satz anzuhören. Das Gesirapalais und die Gärten in seiner Umgebung trugen jedoch am bestimmten Tage ihr Einweihungsfestgewand, wie befohlen. Der ehrliche Franz Bey hatte sich entschließen müssen, zum erstenmal in seinem Leben ein Potemkinsches Dorf im arabischen Barockstil zu bauen, und hatte dies mit so glänzendem Erfolge fertig gebracht, daß es niemand merkte, den er nicht selbst in die Geheimnisse der uralten Kunst einzuweihen für gut fand. Man mußte allerdings den Abdinpalast, den gewöhnlichen Aufenthalt des Vizekönigs in Kairo, des größeren Teils seiner Möbel und Teppiche auf einige Tage berauben. Zwei Eisenbahnzüge brachten Kunstgegenstände und Hausrat aller Art aus dem Palast von Ras el Tin zu Alexandrien. Was in den Gärten des alten Palais El Meks, Said Paschas letzter Wohnstätte, auszureißen war, wurde telegraphisch herbeigeholt. Schließlich wurde eine Allee prächtiger Platanen, die noch Mohamed Ali hinter Schubra gepflanzt hatte, ausgegraben, um die Bäume vor dem glücklicherweise soeben fertig gewordenen großen Kiosk der Gesira aufzupflanzen, und so dem nächtlichen Gartenfest seinen natürlichen Charakter zu wahren. Kurz: Himmel und Erde waren seit vierzehn Tagen in Bewegung infolge von zehn Worten, die der Telegraph aus Konstantinopel herübergeblitzt hatte. Wem es vergönnt war, einen Blick hinter die Kulissen zu werfen, mußte fast mit Entsetzen erkennen, was die Macht des Ostens und die Kunst des Westens mit vereinten Kräften zu leisten vermochten.

Das äußerlich einfach gehaltene, halbfertige Gebäude, welches später das Hauptschloß des Vizekönigs werden sollte, steht unmittelbar am Nil, Bulak, der Hafen- und Fabrikvorstadt Kairos, gegenüber. Drei Flügel umschließen einen nach der Flußseite hin offenen Hofraum.

Ein prachtvolles Portal schmückt die nach dem Garten gekehrte Fassade des nördlichen Seitenflügels, durch das man in eine gewaltige Vorhalle tritt, an deren Seiten sich der Wartesaal, der Empfangssaal, ein großer und ein kleiner Speisesaal und eine Reihe Privatzimmer des Vizekönigs anschließen. Der mittlere und der südliche Flügel sind für die Gäste des Hofes eingerichtet und enthalten eine Reihe von Wohnzimmern, an die sich je zwei Schlafzimmer anschließen. Einem dieser Flügel fehlte noch das Dach gänzlich, dem anderen zur Hälfte. Aber es war gelungen, dort oben eine Art von hängenden Gärten der Semiramis herzustellen, welche lieblich von der Mauerkante herunterwinkten, die man aber allerdings nicht betreten durfte. Dies war um so leichter durchzuführen, als der fliegende Park nur auf Leitern erreicht werden konnte, welche man in einem vernagelten Gastzimmer versteckt hatte. Nördlich vom Schloß stehen die düsteren Gebäude eines Harems, das aus älteren Zeiten stammt und vorläufig unbewohnt war. Diese wären auch den bevorzugtesten Gästen Seiner Hoheit verschlossen geblieben. Was sie irgend Brauchbares enthielten, mußten auch sie vorläufig an das neue Schloß abgeben. – In dem großen Garten, dessen zukünftige Pracht man wenigstens ahnen konnte, stand, zum Glück bereits nahezu fertig, der langgestreckte eiserne Kiosk, ein kleiner Palast im Stil der Alhambra, der einen feenhaften Hintergrund für ein maurisches Gartenfest bilden konnte. Rasch wurden die halbfertigen Teichbecken, welche die Parkanlagen in allen Richtungen zierten, mit Wasser gefüllt, das leider den halbtrockenen Zement mannigfach durchbrach. Trotzdem gelang es, mittelst einer provisorischen Röhrenleitung, die nach einem einen Kilometer entfernten großen

Pumpwerke gelegt wurde, die Becken wenigstens auf einige Stunden gefüllt zu erhalten. Es gemahnte an die reinste Zauberei, wie sich die Kalkgruben mit Grün bedeckten und aus Zementfässern reizende Aussichtshügel entstanden. Ja selbst die zwölf höchsten Bäume aus den Palmenwäldern bei Sakara kamen noch rechtzeitig den Nil herunter, so daß, wenn der Mond durch das wollende Gitterwerk der Blätter schien, man nicht im Zweifel sein konnte, im alten unverfälschten Ägypten zu schwärmen. Franz Bey wußte, daß einige der zu erwartenden Gäste dies ungern entbehrt hätten.

Nicht weniger als Architekten und Kunstgärtner mußten sich die eigentlichen *maîtres de plaisir* Seiner Hoheit anstrengen, um das Programm der Nacht würdig zu gestalten. Zum Glück standen ihnen die phantasievollen Attachés der französischen Gesandtschaft zur Seite, denen ihrerseits mannigfache Ratschläge aus andern Kreisen der Gesellschaft zugingen, so daß es an Gedanken nicht fehlte. Das Fest sollte in den unteren Räumen der zwei bedachten Palastflügel beginnen, wo sich das allgemeine Publikum in den Zimmern der fürstlichen Gäste der Zukunft bei der unvermeidlichen Tasse Kaffee gegenseitig begrüßen und unterhalten konnte, während der Vizekönig in der zum Tanzsaal umgewandelten großen Vorhalle die bevorzugten Eingeladenen empfing und sich vorstellen ließ. Dort sollte sodann ein paar Stunden lang getanzt und dem Maskenscherz freie Bewegung gestattet werden. Dann war geplant, den kleinen Empfangssaal links und den großen Speisesaal rechts zu öffnen. Im ersteren sollte ein Prunkmahl für die hierzu besonders Eingeladenen stattfinden; im andern, der dem leiblichen Wohl der übrigen Gäste gewidmet war, ein offenes Büffet aufgestellt werden. Daran schloß sich das Gartenfest, während für das tanzlustige Europa der Ball wieder aufgenommen wurde. Die Mehrzahl der Gesellschaft sollte sich nach dem großen Kiosk begeben, wo für jeden Geschmack gesorgt werden mußte. Hier war namentlich auch darauf Rücksicht genommen, daß das Fest doch eigentlich ein orientalisches war, das der Vizekönig den Großen seines eigenen Landes gab, was im Schlosse selbst weniger hervortrat, wo alles abendländischen Sitten entsprechend verlaufen sollte. In dem palastartigen Kiosk boten zahlreiche kleine Säle und Gemächer die beste Gelegenheit, für jede Art von Vergnügungen, welche auch die europäischen Gäste auf einige Stunden unterhalten konnten, die nötigen Veranstaltungen zu treffen. Den Schluß endlich sollte ein Feuerwerk bilden, das auf dem großen Teich vor dem Kiosk abgebrannt werden konnte, während die Gäste an hundert Tischchen, die vor dem Teich aufzustellen waren, noch einmal bewirtet wurden, ehe sie in der Morgendämmerung den Heimweg antreten durften. –

Eine Zeitlang, zwei Stunden nach Sonnenuntergang, wimmelte der Nil in der Nähe des glänzend beleuchteten Schlosses, das breite Lichtbrücken über den Strom warf und aus dem festliche Klänge lockend herübertönten, von Booten, welche die vizekönigliche Flagge trugen und die Gäste nach der Gesira brachten. Ganz ohne Verwirrung ging der Empfang nicht ab. Einige der hervorragenden Herren der arabischen Gesellschaft gerieten in ein spärlich beleuchtetes Gewächshaus und brachen durch die liegenden Fenster in kostbare Beete von Ananas; ein würdiger Ulema rief aus einer ungenügend verwahrten Kalkgrube kläglich um Hilfe. Doch fand man sich schließlich zurecht und ein heiteres, fast zu ungezwungenes Treiben entwickelte sich in den Zimmern des mittleren Schloßflügels, wo sich Bekannte in kleineren Gruppen zusammenfanden und von Zeit zu Zeit dem großen Tanzsaal ihren Besuch abstatteten. Dieser bot ein glänzendes, bunt belebtes Bild, das einem europäischen Maskenball aus der Ferne zum Verwechseln ähnlich sah, obgleich nur wenige wirkliche Masken erschienen waren. Aus der Ferne – denn die Türken und Beduinen waren echt, die Turbane und Kaftane von untadeliger Korrektheit, die ungewohnten, phantastischen Uniformen strotzten von wirklichem Gold und Silber. Nur die anwesenden Italiener hatten sämtlich den Wink bezüglich des Nach-Karnevals nicht unbeachtet gelassen und erschienen mit dem ihnen hierfür eigenen Geschmack in grotesken Masken aller Art.

Das war in der Tat ›*civilisation et progrès, Monseigneur!*‹, wurde dem Fürsten des Festes in der ersten halben Stunde wohl zehnmal gesagt und von ihm mit dem verbindlichen Lächeln eines Souveräns erwidert. Die offizielle Vorstellung von einigen wenigen Herren und Damen, die von ihren Gesandten oder Konsuln dem Vizekönig zugeführt wurden, war vorüber, die üblichen Begrüßungsworte waren gewechselt. Effendini hatte sich für den Augenblick in seinen Privatsalon zurückgezogen, wo er mit dem Bankier Oppenheim, nicht ohne geschäftliche Nebenabsichten, eine kostbare Zigarre rauchte. Er war eine der Naturen, die mit den glänzendsten Vergnügen die glänzendsten Geschäfte zu verbinden wissen und für letztere immer und überall Zeit finden.

Zwei Musikkapellen, die eine deutsch-österreichisch-ungarischen, die andere türkisch-ägyptischen Ursprungs, beide von ungewöhnlicher Leistungsfähigkeit, bemühten sich schon seit zwei Stunden, die Tanzlust in der großen Empfangshalle zu entfesseln. Was an Damen aller europäischen Nationen in Kairo und Alexandrien weilte, hatte diese seltene Gelegenheit herbeigesehnt, sich wieder einmal dem fast vergessenen Genuß der Heimat hingeben zu können. Es wimmelte von juwelenbedeckten, im übrigen wunderbar duftig gekleideten Schönheiten aller Art. Griechinnen, Armenierinnen, Jüdinnen, Italienerinnen mit rabenschwarzen Haaren und dunkelbrennenden Augen bildeten die Mehrzahl, aber auch hellere Französinnen und blonde Deutsche und Engländerinnen fehlten nicht. Der Aufschwung Ägyptens in den letzten drei Jahren äußerte auch in dieser Hinsicht seine zauberhafte Wirkung. Und dabei war die gesamte Damenwelt in einer glücklichen Lage, die in Europa nur selten eintritt. Auf jede tanzlustige Schöne warteten mindestens drei Herren, welche sich mit giftigen Blicken und verzweifelten Anstrengungen die reizende Beute zu entreißen suchten. Der schwarze Frack verschwand trotzdem fast unter der Farbenpracht des Orients. Die Volkstrachten aus den Bergen Armeniens oder Albaniens, aus Griechenland, Ungarn oder Algier, die angelegt wurden, halb aus Stolz auf die eigene Heimat, halb des Maskenscherzes wegen, mischten sich mit den seidenen Kaftanen Kairos und den weißen Burnussen von Beduinenschechs. Manchmal allerdings nahm sich der Orient in der ungewohnten Umgebung etwas wunderlich aus: wenn ein vornehmer Mudir aus Oberägypten in einer Ecke verzweifelte Versuche machte, unter der Anleitung seines stutzerhaft befrackten Söhnchens Glacehandschuhe über die schwarzbraunen Riesenfinger zu ziehen, oder wenn ein fetter Juwelenhändler aus dem syrischen Bazar, dem der Vizekönig achtzigtausend Pfund schuldig war, hinter einer Marmorsäule Anstalt machte, die peinlich ungewohnten Lackstiefeletten auf ein Viertelstündchen auszuziehen, um ein wenig in Strümpfen weiter zu leben. Fast wehmütig berührte den Kundigen ein prachtvoll geschnitztes schwarzbraunes Gitter auf einer balkonartigen Erhöhung, das zwischen den zwei Musikkapellen stumm und ernst auf das bunte Treiben herabsah. Hinter demselben saßen die Damen des vizeköniglichen Harems und genossen in ihrer Weise die Freuden, die ihnen ein europäisches Ballfest zu bieten vermochte.

Auf der treppenartigen Erhöhung hinter den den Saal umgebenden Säulen, von wo aus man das buntbewegte Treiben überblicken konnte, standen zwei Gestalten, die in die Märchenwelt des Orients nicht übel paßten. Ein Mephisto in schwarzer Maske und langen, mit Klauen versehenen Fledermausflügeln konnte einen Afrit vorstellen, einen jener mächtigen bösen Geister, die den Rand der Wüste bevölkern und sich gelegentlich – wie jedermann weiß – auch in Kairo herumtreiben. Neben ihm tänzelte ein weiblicher Ginni, der trotz aller Gaze- und Spitzenwolken, in denen er schwebte, fast etwas zu körperlich aussah und an nichts weniger zu denken schien, als im Mondschein zu verduften. Der Ginni sprach flüsternd, aber nicht sehr korrekt französisch, der Afrit, was einem Afrit zu verzeihen ist, mißhandelte diese Sprache der Ungläubigen ohne Erbarmen.

»Die Triangel ist nicht hier«, sagte der weibliche Ginni neckisch, »und du siehst, kleiner Teufel, daß du dich nicht zu maskieren verstehst.«

»Ich sehe, daß du dich nicht maskieren wolltest«, versetzte der Afrit. »Deine schönen Schultern kennt die ganze Geisterwelt von Kairo. – Hören Sie? Das ist ein Wiener Walzer, der Sie anheimeln sollte. Wollen wir herumflattern?«

»Nein. Ich hab's fast genug«, sagte der Ginni. »Es ist hart, zuviel mit jungen Türken zu tanzen, die nicht lang genug in Paris waren.«

»Halten Sie sich an die alten!«

»Das tu' ich, so lang sie mich nicht langweilen, wie Inglischmen. Sagen Sie mal, Teufelchen, Sie kennen den wilden Mann dort mit dem Fell um die Schultern –.«

»Wen meinen Sie? Es wimmelt von wilden Männern hier.«

»Den Lohengrin in der Ochsenhaut! Der sich jetzt vor der indischen Prinzessin verneigt.«

»Das ist kein Lohengrin; das ist ein alter Cherusker.«

»Jung genug für mich. In den bin ich verliebt. Wie mach' ich's?«

»Was?«

»Ist jeder Afrit so dumm? Stellen Sie sich nicht so. Vielleicht kann ich Ihnen auch mal einen Gefallen tun.«

»Aber wie kann ich armer Teufel Ihrem reichen Herzen zu Hilfe kommen?«

»Er ist Ihr Freund. Ich weiß, Sie kennen ihn. Ich kenne jeden, der in seinem Atelier aus- und eingeht. Wir sehen einander in die Fenster.«

»Was wollen Sie mehr? Schleudern Sie ein paar Pfeile aus Ihren schönen Augen hinüber und beobachten Sie die Wirkung.«

»Hilft nichts. Würde ich Sie sonst am Flügel zupfen? Ich habe ihn, in meiner Rolle als Ginni, heute schon zwei Stunden lang umschwebt. Er merkt nichts oder will nichts merken.«

»Er ist ein Deutscher. Die brauchen kräftigere Winke, wenn sie die Augen öffnen sollen.«

»Bringen Sie uns zusammen, anständig, *à l'anglais!* Dann will ich schon weiter kommen.«

»Ja, zarteste Elfe Arabiens, das ist nicht so einfach, wie unter uns, in der Geisterwelt. Ich kenne den Cherusker, ja. Aber bis zur förmlichen Freundschaft haben wir's noch nicht gebracht, und was Sie verlangen, ist, bei Cheruskern, etwas kitzliger Natur. Sehen Sie, wie er die Hörner schüttelt?«

»Unsinn! Ohne die Ochsenhaut ist er weiter nichts als ein Künstler. Und ich bin eine Künstlerin; nicht wahr?«

»Die größte Künstlerin Afrikas«, rief der Afrit begeistert.

»Also! Wozu so viele Umstände? Ich möchte bloß wissen, ob er so nett ist, wie er aussieht. Das ist doch nicht zu viel verlangt.«

»Nein. Aber Sie müssen sich an den rechten Mann wenden, der Ihnen das mitteilen kann. Sehen Sie, jetzt steht er neben ihm.«

»Der alte Professor im Frack? Kenne ihn.«

»Das ist sein Busenfreund. Wenn Sie den überreden - und - und -«

O'Donald hob seine schwarze Maske in die Höhe; seine Augen blitzten wie zwei Karfunkel, listig, seelenvergnügt, boshaft. Eine tolle Fröhlichkeit packte ihn. Er lachte laut auf.

»Was lachen Sie wie verrückt?« fragte Madame Geraldine ärgerlich. »Zum mindesten möchte ich mitlachen.«

»Dem alten Herrn könnten Sie einen ungeheuren Dienst erweisen, Madame; einen Dienst, wofür er Ihnen, ich glaube wahrhaftig, seinen Freund Buchwald vor die Füße werfen würde.«

»Ich habe die alten Herren satt!« versetzte die Künstlerin grimmig. »Einer ist genug.«

»Der müßte auch mithelfen –« und O'Donald lachte aufs neue.

»Gehen Sie! Machen Sie Ihre englischen Sprünge anderswo!«

»In Ungnade entlassen? Ich beuge mich, Gnädigste!« lachte der Prokurist. »Aber sehen Sie, jetzt tanzt er mit der Inderin. Das heiß ich ein Paar!«

»Wie zwei Hohepriester der Tanzkunst«, sagte Madame Geraldine höhnisch. »Ich glaube, so haben sie vor Zeiten um alte Pagoden herumgetanzt. Ein schöner Mann ist er trotzdem, und wenn ich etwas Desperates tue, sind Sie schuld daran. *Bonsoir!* –«

Sie schwebte in den Saal, hinter ihr an einem langen rosafarbenen Band ein kaum drei Fuß hohes pechschwarzes Männchen führend, das als Amor mit Pfeil und Bogen ausgestattet war, aber in entwürdigender Gefangenschaft zu schmachten schien. Es war ihr kleiner Diener Chalil, der in dieser Weise am Fest teilnehmen durfte.

»Ein tolles Geschöpf«, lachte O'Donald, indem er sich seine Maske wieder zurechtsetzte. »Und das Tollste wäre es nicht, wenn sie dem guten Thinker in den Sattel helfen würde.« Vorsichtig nach seinen Flügeln greifend, stieg dann auch er in das Ballgewühl hinab.

Nach wenigen Minuten stieß er auf Fräulein Schütz, die ihre Maske abgenommen hatte und verzweifelnd umhersah. Sie war ein Rotkäppchen von erstaunlicher Jugendlichkeit, ein Schwarzwälder Häubchen auf dem Kopf, in kurzem Röckchen, roten Strümpfen, und das Körbchen mit dem Essen für die Großmutter am Arm. Sie und ihre Kölner Jugendzeit, unterstützt von Joe Thinkers Bonner Erinnerungen, hatte den jüngeren Teil der Thinkerschen Gesellschaft veranlaßt, an der

Maskerade teilzunehmen. Jetzt klammerte sie sich an den Afrit wie an einen rettenden Engel.

»Ich habe mit Osman Effendi ein wenig getanzt«, klagte sie; »nun hat ihn mir Herr Ben fortgenommen und meinen Wolf habe ich verloren.«

»Nur nicht verzweifeln!« tröstete O'Donald. »Ich bin heute ein mit übernatürlichen Kräften ausgestattetes Wesen. Auch verliert sich ein Wolf nicht so leicht. – Sehen Sie, dort kommt er! Böse sieht er aus; als ob er bereit wäre, Großmutter und Enkelin zu verschlingen. Halten Sie sich an mich; retten wir uns!«

Er faßte sie um die Taille und tanzte mit ihr davon.

»Es geschieht ihm schon recht: warum hat er mich verloren«, sagte sie, wieder lachend.

Aber schon beim zweiten Umkreisen des Saals trat ihnen der Wolf mit grimmigem Knurren entgegen. Aus dem aufgesperrten Rachen sah Fritschys rundes Gesicht nicht allzu freundlich hervor. Sie kannten sich natürlich alle, denn sie hatten die Masken gemeinsam ausgewählt. Doch in dem Augenblick, in dem Fritschy nach dem Fittich des Afrits schnappte, und laut zu jammern anhub, daß er seit einer halben Stunde in allen Sälen nach seinem Rotkäppchen gesucht habe, unterbrach eine schmetternde Fanfare beider Orchester den Tanz.

»Hören Sie das?« rief O'Donald, seine Maske wegwerfend. »Das bedeutet das Öffnen der Speisesäle. Jetzt wird es ernst. Es gilt das Recht des Daseins zu wahren. Zeigen Sie uns, Fritschy, daß Sie ein Wolf sind. Den Hunger vorzustellen, bin ich fähig und bereit. Vorwärts!«

Die Szene, die sich entwickelte, hat man wohl auch in Europa gelegentlich gesehen. Auf afrikanischem Boden, wo der Europäer leichter zum Wilden herabsteigt, machte sie sich vielleicht noch um einige Grade naturwüchsiger. Die Pforten des kleinen Speisesaals auf der linken Seite der großen Halle blieben dem Publikum verschlossen. Dort speiste in würdiger Stille der Vizekönig mit dreißig Erwählten, die sich des Besitzes besonderer halbmondförmiger Einlaßkarten erfreuten. Die Gesandten und Konsuln mit ihren Damen; die höchsten Militär- und Zivilbeamten der Hauptstadt, und einige hervorragende Fremde, die sich zufällig in Kairo befanden: Lesseps vom Suezkanal, der deutsche Erbgroßherzog, Dhulip-Sing, der Sohn des Maharadschas von Lahore, der sich auf der Durchreise nach England in Kairo aufhielt, und vom Vizekönig mit ahnungsvoller Teilnahme behandelt wurde, zuletzt, aber keineswegs als geringste, fünf Bankiers aus London, Paris, Frankfurt, Konstantinopel und Alexandrien, als deren Werk genaugenommen das ganze Fest angesehen werden durfte.

Dagegen wurden die Türflügel des großen Speisesaals weit aufgerissen und gestatteten einen feenhaften Blick über sechs endlose Tafeln, auf denen unter riesigen Blumensträußen und fürstlichen Tafelaufsätzen kalte Speisen aufgehäuft waren: Austern und Hummern, Braten und Geflügel, Pasteten und Puddinge, Torten und Kuchen. Türme von Tellern, Pyramiden von Bordeaux- und Burgunder-, stolze Reihen von Champagnerflaschen unterbrachen die Erzeugnisse der Küche. Entlang den Tafeln waren je sechs in weiß und gold gekleidete Diener aufgestellt, bereit den Gästen behilflich zu sein, die zuerst fast schüchtern in diesen Tempel des Lukullus eintraten.

Dann aber, als sich draußen im Tanzsaal in geheimnisvoller Weise plötzlich die Empfindung verbreitete, was hier vorgehe, entstand ein wildes Gedränge unter den zwei Türen. Eine erst jubelnde, dann zornig schreiende Menge stürmte in den Speisesaal und fiel über die Tafeln her. Hilflos gingen die weißgoldenen Diener im Wogenschwall der Masse unter. Die ersten der Eindringlinge hatten auf den hundert bereitstehenden Tellern sich ein bescheidenes Gansleberstückchen, einen Hummerschwanz, eine Schnitte Rehbraten herausgefischt, und begannen zu speisen. Aber die hinter ihnen Ste-

henden griffen jetzt, als ob es gälte, dem Hungertode zu ent-
rinnen, mit klauenartig gekrümmten Fingern über sie weg,
hier ein Huhn erhaschend, dort ein Dutzend Austern über die
Köpfe der Umstehenden ergießend, hier verzweifelnd einen
leeren Teller schwingend, dort dem Nachbar sein einziges, die
nutzlose Gabel, entreißend.

Zuerst geschah dies alles lachend und spaßend; dann fuhren zornige Rufe dazwischen, das Aufkreischen von Frauen,
der Streit wütender Männer, die gegenseitig mahnten, sich
nicht wie wilde Tiere zu benehmen. Da und dort verstummte
der Lärm einer Gruppe wohl auch plötzlich, wenn der Zufall
den Streitenden einen Schinken oder einen halben Kapaun
in den Schoß schleuderte. Verhältnismäßig ruhig und anständig standen Türken und diejenigen Araber im Getümmel, die
noch keine europäische Erziehung genossen hatten, im
festen Glauben, daß sie Allah nicht vergessen werde, wenn sie
warteten. Um ihre Lippen spielte ein mitleidiges Lächeln,
während sie die Angst und das Drängen der Ungläubigen
anstaunten.

Dem Prokuristen war schon zu Anfang dieses Kampfes
ums Dasein einer seiner Fledermausflügel abgerissen worden. Bei dem Versuch denselben zu retten, wurde er von der
Seite des Rotkäppchens gerissen, für das Fritschy in seinem
Wolfskopf mit unerwartetem Erfolge Bahn brach, so daß sie
bis an die Kante des zweiten Tischs vorrücken konnten. Denn
selbst der hungrigste Draufgänger wich erschreckt auf die
Seite, wenn, unerwartet von hinten kommend, die spitzen
Wolfszähne seine Schultern berührten. Aber auch O'Donald
war nicht der Mann, der den Kampf mutlos aufgegeben hätte,
besonders nachdem er Joe Thinker erspäht hatte, der gegen
eine Wand gedrückt hilf- und brotlos festgekeilt war. Wenn er
selbst nichts ergattern konnte, sollte wenigstens sein Freund
nicht darben.

Er kämpfte sich zu ihm durch, bat ihn, die Vorlesung über
den materialistischen Zug der Zeit zu verschieben, die ihm

auf den Lippen schwebte, nahm ihn unter den ungebrochenen Flügel und erreichte nach zehn Minuten geduldigen Drückens eine Tischecke, und den Rest dessen, was vorangehende Vandalen übrig gelassen hatten. Es wäre noch für Hunderte genug gewesen, wenn sie in menschenwürdiger, gesitteter Weise zugegriffen hätten. Doch jeder Versuch in diesem Sinne wurde vom wildfremden Nachbar lachend oder mit dem stummen Zorn des Verhungernden vereitelt. Das mühevoll aufgespießte Stückchen verschwand auf dem Wege zum Mund von der Gabel, und wenn der Räuber nicht alle Menschlichkeit verloren hatte, so deutete er vielleicht auf eine Dame, die zehn Schritte entfernt die Hände hilfeflehend gen Himmel streckte. Trotz alledem war es beiden mit vereinten Kräften gelungen, eine Flasche Bordeaux zu entkorken, mit welcher Joe den Rückzug antrat, während der Prokurist eine halbe Mandeltorte an einer Bratengabel hoch in der Luft tragend, ihm folgte.

Als sie mit ihrem Raube den Tanzsaal erreichten, fanden sie dort schon zahlreiche kleine Gruppen, die, um ein ähnliches Beutestück geschart, sich friedlich und fröhlich darein teilten. Die Ruhe der Erschöpfung und die Befriedigung eines harterkämpften Sieges lag auf allen, während oben auf den Galerien die Musik einsetzte und in feierlicher Weise den Krönungsmarsch aus dem *Propheten* anstimmte. Langsam füllte sich der Saal wieder. Plaudernd spazierten Herren und Damen auf und ab, während sie sich lachend oder murrend die Abenteuer der letzten Stunde erzählten. Der eine konnte nicht genug rühmen, wie fett die Austern, wie mild der Gazellenbraten gewesen war, die andern berichteten jammernd, daß sie sich mit einem Senftopf oder einer leeren Bouillontasse hätten begnügen müssen. O'Donald bat Joe, sich vorsichtig umzuwenden und nach hinten zu sehen. Dort saß auf dem Boden, im Schatten eines mit Palmen bemalten Kaminschirms, das Rotkäppchen seinem Wolf gegenüber. Zwischen ihnen stand eine halbgeleerte Flasche Champagner. Fräulein

Schütz war im Begriff, die Hälfte einer wuchtigen Gänseleber-pastete in ihr Körbchen zu packen, während Fritschy, das Sektglas sinnend in der Hand haltend, der hausmütterlichen Arbeit mit andächtigem Ernst zusah. Joe lächelte. »Es hat etwas für sich, eine Genossin um sich zu haben«, sagte er, fast so nachdenklich wie Fritschy.

Jetzt spielte die Janitscharenmusik einen Straußschen Wal-zer, und da und dort begannen tanzfrohe Pärchen vorberei-tend zu schaukeln.

»Wo Miss Sakuntala sein mag«, fragte O'Donald. »Sie ist mir einen Walzer schuldig und die blaue Donau ist gerade gut genug für mich, wenn ich den Trauermarsch aus *Saul* nicht haben kann.«

»Dort drüben steht mein Bruder, der es wissen sollte«, ver-setzte der Doktor. »Ich habe sie auch seit einer Stunde nicht gesehen. Er ist rücksichtslos gleichgültig gegen seine Mündel, finde ich. Das sind die Folgen davon, wenn man sich von Ideen niederer Gattung völlig aufsaugen läßt.«

»Er weiß, daß sie auf eigenen Füßen steht«, entgegnete der Prokurist, »und hat den Kopf zu voll von Wasser. Sie ahnen allerdings nicht, wie wichtig dies in Ägypten ist. Kennen Sie den Herrn, mit dem er sich unterhält?«

»Osman Effendi, immer Osman Effendi! Was er bei dem halbreifen Jungen sucht? Eine zweite seiner Unbegreiflich-keiten!«

»Ich meine nicht Osman«, sagte O'Donald. »Betrachten Sie den andern aufmerksam, bitte; den älteren, dicken Herrn im Stambulrock, mit seinen zwei Sternen. Das ist Osmans Papa, Sadyk Pascha. Merken Sie noch immer nicht, wozu Ihr Bruder den Jungen braucht? Sehen Sie nur, wie sie ineinander hinein-reden! Wenn das so fortgeht, lieber Herr Thinker, wird Sadyk ein Wasserschwärmer, und Ihr Bruder hat nächste Woche seine Audienz beim Vizekönig an der Hand des großen Man-nes. Dann müssen Sie wohl oder übel Ihre Pyramidenträume einpacken.«

Thinker faßte den Afrit krampfhaft am noch übriggebliebenen Flügel und zog ihn in eine Fensternische.

»Halten Sie wirklich die Gefahr für so nahe?« flüsterte er aufgeregt.

»Hier in Ägypten ist alles möglich«, war die Antwort; »aber bitte, lassen Sie meinen Flügel los. Ich habe nur noch einen und ich stehe Ihnen gerne Rede und Antwort, so lange wir Miss Thinker nicht entdecken.«

»Sie kennen das Land, werter Freund«, drängte Joe; »Und sie wissen, was auf dem Spiel steht. Das größte, heiligste –«

»Ja; Sie haben mich über all das mehrfach unterrichtet«, unterbrach ihn der Prokurist; »aber ich bin der nutzloseste Taugenichts, wenn es sich um heilige Bauten handelt. An den Herrn dort drüben hätten Sie sich machen sollen, der heute, wie Allah, schützen und zerstören kann, was er will. Statt dessen haben Sie's mit unserem Konsul verdorben, der zur Not hätte Vorspann leisten können, haben Woche um Woche verstreichen lassen, und nun sitzen wir da!«

»Und Sie wissen kein Mittel, daß Entsetzliche abzuwenden?« stöhnte Joe, mit verzweifelnden Blicken in den Saal hinausstarrend. »Wenn ich direkt zum Vizekönig ginge?«

»So einfach ist dies nicht«, sagte der Prokurist mitleidig. »Sie würden ausgelacht.«

»Wenn Sie –«

»Wo denken Sie hin! Ich würde meine Reputation als ein vernünftiger Finanzmann für den Rest meines Lebens einbüßen und schlimmer verhöhnt werden als Sie. Ihre Sache muß durch Sadyk gehen oder einen der königlichen Paschas, Halim vielleicht, Tussun. – An einen andern Weg habe ich wohl schon gedacht – aber – er ist unmöglich, fast unmöglich!«

»In der Lage, in die mich mein leiblicher Bruder gestürzt hat«, rief Joe, voll Bitterkeit, das Auge noch immer auf die Gruppe der drei Herren geheftet, die in eifriger Beratung begriffen schienen, »in meiner Lage darf ich keinen Versuch für zu verzweifelt halten, der dem Gang der Dinge Einhalt tun könnte, die sie dort drüben besprechen. O daß ich Ihnen die Bedeutung der Sache zum Bewußtsein bringen könnte!«

O'Donald hatte seinen einzigen Flügel sinken lassen und sah aus wie die Hoffnungslosigkeit selbst. Nur das leise Blinzeln in seinen Augen verriet, daß ein Gedanke in ihm arbeitete.

»Wollen Sie mich ruhig anhören?« sagte er nach einer Pause.

»Sprechen Sie, bester Freund, sprechen Sie!«

»Und nicht tun, als ob Sie mich und den ganzen vizeköniglichen Palast zerschmettern müßten.«

»Sie können mir nichts sagen, was ich nicht dankbar hinnehmen werde, wenn Sie mir einige Hoffnung machen können, das Entsetzliche abzuwenden. Werden Sie mein Retter!«

»Sie kennen Madame Geraldine?«

Joe starrte seinen Retter an:

»Die Tingeltangel- ... die Ballettperson?«

»Die Künstlerin«, sagte O'Donald ernsthaft. »Die ganze Stadt behauptet, daß sie Sadyk Pascha um den Finger wickeln könne. Ich halte sie für ein kluges Persönchen, die keine Dummheiten macht – ohne triftige Gründe – und die Welt kennt. Ich möchte sogar behaupten, ihr Verhältnis zu unserm neuesten Potiphar ist ehrenhaft, in gewissem Sinne: so etwas Nichten- und Onkelhaftes. Man weiß, es gab verliebte Onkel in der Weltgeschichte.«

Der Prokurist wedelte lebhaft mit seinem linken Flügel. Er konnte das Vergnügen kaum verbergen, das ihm die Wendung des Gesprächs bereitete. Joe raffte sich auf.

»Nun?« fragte er.

»Geraldine kennt auch Sie. Erinnern Sie sich der Kuchenkügelchen, die sie Ihnen vor einigen Tagen zuwarf?«

»Herr O'Donald!« rief Joe, mit fast drohendem Ernste.

»Ich dachte mir's!« entgegnete O'Donald und ließ seinen Flügel wieder schlapp zur Erde sinken.

»Bitte, fahren Sie fort«, sagte der Doktor nach einer Pause, als ob er jede Silbe mit Gewalt herauspressen müßte.

»Wenn Sie jetzt schon beleidigt sind, Herr Thinker, hat es keinen Zweck fortzufahren«, entgegnete O'Donald gekränkt.

»O mein lieber Freund«, rief Joe, mit einem plötzlichen Ausbruch überwallenden Gefühls, »Sie wissen nicht, was ich für den großen Gedanken, dem mein Leben geweiht ist, zu dulden imstande bin.«

»Nun, Verehrtester, die Sache ist so tragisch nicht«, tröstete ihn der Prokurist. »Wenn Sie Madame Geraldine für Ihre Sache gewännen? Wenn die Künstlerin – Sie verdient wahrhaftig, so gut wie manche andere, als Künstlerin angesehen zu werden – Sadyk Pascha mit Ihren Wünschen bekannt machte? Es handelt sich ja zunächst nur um eine wohlvorbereitete Audienz beim Allerhöchsten. Wenn dann Sadyk, und so weiter, und so weiter. – Bedenken sie, wir sind in Ägypten. Wir haben mit einem Hof zu tun, der seit kaum einem Jahrzehnt aus der Barbarei des Mittelalters heraustritt. Er befindet sich heute ungefähr im Zeitalter Ludwigs XIV., in etwas kleinerem Maßstab, mit orientalischem Behang. So sehe ich das Leben hierzulande an und bin nicht schlecht dabei gefahren. Wollen Sie ähnliches in Ihren Angelegenheiten erreichen, so müssen Sie den historischen Boden studieren, auf dem Sie stehen und, wo es unvermeidlich ist, sich danach einrichten.«

»So – sozusagen historisch – angesehen, gewinnt die Sache allerdings ein etwas besseres Aussehen«, sagte Joe nachdenklich. »Sie sind ein entsetzlich kluger junger Mann, Herr O'Donald, aber ich fürchte es wird mir nicht möglich sein, mich Ihrem achtzehnten Jahrhundert anzupassen.« –

»Achtung, jetzt kommt etwas!« rief der Prokurist, schlug heftig mit dem Flügel und stellte sich auf die Zehen. Die Türen des kleinen Speisesaals, die bisher geschlossen gewesen waren, flogen auf und Ismael Pascha, Lesseps am Arm führend, trat an der Spitze seiner glänzenden Tafelrunde in den Tanzsaal, über den die Klänge der neuesten ägyptischen

Nationalhymne mit mächtiger Paukenschlagbegleitung hereinbrauste. Es war ein wunderliches Paar: die zierliche, ritterliche Gestalt des französischen Diplomaten und der kleine, fette Orientale, die beide, so lange sie lebten, sich zu überlisten bemüht waren und beide einer glänzenden Höhe zustrebten, hinter der, in ferner, aber sicherer Zukunft, ein tiefer Absturz lauerte. Ein behagliches Lächeln lag auf den Zügen des Vizekönigs, der mit listigen, halbgeschlossenen Augen nicht unfreundlich um sich blinzelte. Was ihn umgab: die lichtstrahlende Halle, die festlich geschmückten Gäste aus allen Himmelsgegenden des Morgen- und Abendlandes mußte seinem Ehrgeiz schmeicheln. Das war doch anders als in Stambul; hier war er Souverän und verteilte seine Huld, wie er wollte. Von Gruppe zu Gruppe gehend wechselte er mit diesem und jenem ein paar Worte. Auch bei Sadyk blieb er stehen und Joe beobachtete angstvoll jede Bewegung seines Bruders, der sich sichtlich vorbereitete, den Vizekönig am Rockknopf zu nehmen. Aber es kam nicht dazu. Der Fürst ließ Lesseps los, nahm Sadyk am Arm, winkte den Bankier Oppenheim herbei, eine Figur, die der seinen merkwürdig ähnlich war und ging mit beiden dem Ausgang zu.

Alles folgte, die Musik mochte Webers Aufforderung zum Tanz noch so hinreißend spielen. Dem Programm entsprechend, das auf allen Tischchen und Säulengesimsen umherlag, ging es jetzt nach dem sogenannten großen Kiosk, wo die verschiedensten Unterhaltungen eines nächtlichen Gartenfestes ihren Anfang nehmen sollten, ohne die Tanzlustigen in ihrem Vergnügen zu stören. Doch wer wollte tanzen, wenn Effendini nicht mehr zuzusehen geruhten? Auch die meisten Masken verschwanden und tauschten, der Anweisung des Programms weiter Folge leistend, ihre phantastischen Trachten gegen bequemere Anzüge ein, die sie in den Garderoben niedergelegt hatten.

Die Bilder, die der Kiosk im Innern und in seiner nächsten Umgebung bot, waren feenhaft. Park und Teiche strahlten im

Licht von tausendfarbigen Lampen. Die zahllosen kleinen und größeren Gemächer erschienen wie die bedachte Fortsetzung eines tropischen Gartens, der durch Fenster und Türen eingedrungen war. Hier war nicht mehr zu befürchten, beim Pflücken einer Rose aus einem reizenden Bosquet in eine Kalkgrube zu stürzen oder beim Öffnen einer eleganten Portière auf eine Gruppe von Mauerleitern oder Zimmermalertöpfen zu stoßen. Das kleine Wunderwerk aus Guß- und Schmiedeeisen war fertig und zeigte, was unsere geschickte Zeit aus der Poesie der alten Baukünstler zu machen versteht; eine schwebende Alhambra aus zierlichen Säulen, durchbrochenen Wänden, geschnitzten Erkern, Nischen und Decken mit ihren hängenden Stalaktiten. Und den phantastischen Blumen, den üppigen Gewächsen, die sich an Säulen und Wänden emporrankten und aus jedem Winkel hervorquollen, sah man nicht an, daß sie noch vor wenigen Tagen aus allen Himmelsgegenden herbeigeströmt waren. Der stille große Teich draußen verriet nicht, daß er von einer in weiter Ferne keuchenden Pumpe nur mit der größten Anstrengung ein paar Stunden lang bis an den Uferrand gefüllt erhalten werden konnte. Das Ganze war so feierlich schön, daß das laute Schwatzen und Lachen der Hunderte, die sich jetzt über die Parkwege und die Zimmer und Zimmerchen des Kiosk ergossen, eine Zeitlang nur gedämpft weitersummte, bis sich die Gäste daran erinnerten, daß ihr königlicher Wirt wünschte, sie möchten sich hier zu Hause fühlen.

Bald fand auch jeder, was ihm das Angenehmste war. Um die Blumenbeete und auf den Gartenbänken saßen und standen kleine Gruppen in behaglicher Unterhaltung, Zigaretten rauchend und ihre Täßchen Kaffee schlürfend, welche schwarzbraune Diener auf riesigen Messingplatten in alle Winkel von Park und Haus trugen. In einigen Sälen saßen bereits still dampfende Türken und Araber, die nach dem unverständlichen Treiben im Tanzsaal glücklich schienen, die Ruhe eines Schibuk gefunden zu haben. In zwei halbrunden

Zimmern erzählte mit näselnder Stimme ein Schaer seine nie veraltenden Geschichten von Abu Seyd oder von Es Zahir. In zwei andern sang ein Sänger die heißen Liebeslieder eines vergangenen Jahrhunderts, begleitet von der unergründlichen Musik eines arabischen Quartetts, aus Hackbrett, Geige, Laute und Flöte bestehend, wie man sie wohl noch in arabischen Kaffeehäusern älteren Schlages trifft. In einem unter Palmetten fast begrabenen Gemach im linken Flügel tanzten abwechslungsweise die drei berühmtesten Chawasi des Landes, die man aus Edfu verschrieben hatte, denn aus Kairo sind die alten Tänzerinnen seit Jahren verbannt. Trotz des verborgenen Eingangs und der eigentümlich düsteren Ausstattung des engen Raumes hatten sich hier auch Gäste aus Europa eingefunden, die sich gegenseitig versicherten, ausschließlich des Studiums alter Volkssitten wegen anwesend zu sein. Ein ähnlich verborgenes Gemach entdeckte die Spürnase O'Donald's nach kurzer Zeit auch im linken Flügel des Kiosk, wo zwei Roulettetische aufgestellt waren, an denen bereits eifrig gespielt wurde. Hier herrschte die vornehme Stille, die in den Spielsälen von Spa und Monaco üblich ist. Bemerkenswert war, daß, wie sich bei den arabischen Tänzerinnen drüben, die nur für das Ergötzen der Orientalen bestimmt waren, eine beträchtliche Anzahl bewundernder Franken eingestellt hatte, so hier, an den Spieltischen, die der Vizekönig für die Europäer hatte aufstellen lassen, eine ebenso große Zahl arabischer und türkischer Herren die Kultur des Westens studierten. Woraus Joe Thinker in trüben Gedanken den Schluß zog, daß sich die Menschen überall traurig ähnlich sehen, während O'Donald in derselben Tatsache einen gewissen Trost fand, soweit er eines solchen bedurfte.

Weniger erfreulich fand auch er es, daß Osman Effendi am ersten der Spieltische bereits in voller Tätigkeit war, und daß neben ihm Ben, der kluge, gesetzte Ben Thinker von Zeit zu Zeit ein Pfund Sterling auf den Tisch warf. Joe entfernte sich rasch, als er dies ebenfalls bemerkte. Er war zartfühlend genug, nicht zu wünschen, daß sein Bruder sehe, daß er ihn gesehen habe. O'Donald konnte sich nicht enthalten, einige Minuten länger den stillen Beobachter zu spielen. Die Roulettes waren nicht wie die ägyptischen in der Esbekiye mit 24, sondern wie richtige europäische Apparate mit 36 Nummern ausgestattet. Trotz der scheinbaren Ruhe wurde bereits hoch und ernsthaft gespielt. Ein Herr von vornehmer militärischer Haltung war der Bankhalter und die ganze Einrichtung machte den Eindruck, daß sie nur veranstaltet war, damit die Gäste kein Vergnügen missen sollten, das die orientalische Gastfreundschaft des Herrschers von Ägypten zu bieten vermochte. Doch schien die Mehrzahl der Spieler das Feine dieser Aufmerksamkeit kaum zu würdigen. Die unterdrückte Leidenschaft oder die unverhüllte Geldgier zeigte sich auf den meisten Gesichtern, und das in beträchtlichen Massen hin- und herwandernde Geld hatte seine Wirkung wie überall. Osman verlor, soweit der Prokurist bemerken konnte; Ben gewann, schob aber die Beute lachend seinem jungen Freund zu, der sie mit finstern Blicken wieder verspielte.

»Die alte Geschichte!« sagte O'Donald zu Joe Thinker, den er im Garten wieder einholte; »nur sind die Herrn um einen Schritt weiter gekommen, seitdem wir sie im Café français beobachteten. Osman beutelt Ihren verehrten Herrn Bruder aus, wie es der gewiefteste Hochstapler nicht besser tun könnte, und Ihr Bruder glaubt den kleinen Effendi in der Tasche zu haben, zu bekannten Zwecken. Hoffen wir, daß alles gutgeht. Nur sehe ich die Pyramiden mit dem Kopfe wackeln, das kann ich Ihnen nicht verhehlen. – Achtung! Es stellt dies eine Nacht der Überraschungen vor, in der es nützlich ist, Augen und Ohren bei sich zu haben.«

Sie waren im Schatten einer riesigen Palmettengruppe scharf um die Ecke gebogen und stießen fast mit Madame Geraldine zusammen, die, gefolgt von *dreien* ihrer französischen Freunde, lachend und plaudernd spazieren ging. Sie hatte einen seidenen weiß- und rotgestreiften Beduinenmantel über ihr Geisterkostüm geworfen und sah aus wie eine Königin von Saba. Hinter ihr trottete noch immer der kleine schwarze Cupido, stolz auf seine Würde, indem er seinen Pfeil als Spazierstock benützte. Halb ernsthaft verneigte sie sich vor Thinker, der verlegen den Hut zog, während sie O'Donald einen spitzbübischen Blick zuwarf.

»Wo ist Ihr Cherusker?« fragte sie, sich umwendend; nachdem sie schon aneinander vorübergegangen waren.

»Das müssen Sie die Götter dieses Parks fragen«, antwortete der Prokurist. »Wir suchen ihn selbst seit eine Stunde.«

»Ich sah ihn, dort unten am Nil, mit der Inderin«, sagte sie, rasch zu ihm tretend und ihn auf die Seite ziehend, während die Franzosen weitergingen. »Lassen Sie ihn mir nicht entwischen!«

»Cherusker sind schwer zu stellen.«

»Und – und –« fuhr die Künstlerin fort, ohne seine bedenkliche Miene zu beachten, »ich habe den Bleistift an meiner Tanzkarte verloren. Können sie mir den Ihrigen borgen?«

»Ein Afrit und ein Prokurist haben alles«, versetzte O'Donald. »Sie wollen noch tanzen?«

»Weiß nicht«, war die hastige Antwort, »aber andere sollen mir tanzen.«

Im nächsten Augenblick war sie mit ihren Franzosen verschwunden.

Indessen hatte Joe bessere Gesellschaft gefunden. Jubelnd, wie wenn sie nach jahrelanger Trennung ihren eigenen Onkel wieder gefunden hätte, flog Fräulein Schütz auf ihn zu; hinter ihr her Fritschy, scheinbar nicht weniger erfreut und noch immer in vollem Maskenanzug. Der Wolf hatte die größere Hälfte jener Champagnerflasche geleert, das Rotkäppchen die kleinere. Sie waren in der glückseligsten Stimmung, über deren Unerklärlichkeit sich Fräulein Bertha öfter aussprach. Das Feuerwerk soll jetzt gleich losgehen, berichtete sie. Wenn man nur wüßte, wo Sakuntala wäre. Herr Ben sei auch verloren gegangen und ihr Körbchen mit der Gänseleberpastete, die sie für Sakuntala mitgenommen habe, sei ebenfalls verschwunden. Aber es sei doch ein herrliches Fest und der Vizekönig ein prächtiger Herr und das Feuerwerk werde gleich losgehen.

Dies war richtig. Ein dichter Kreis von Zuschauern hatte sich schon erwartungsvoll um den großen Teich gesammelt. Auf einer riesigen Vase aus Zement fand Fräulein Bertha mit Hilfe Fritschys zu ihrer und ihrer Begleiter Freude noch einen ausgezeichneten Platz und wenige Minuten später stiegen die ersten Raketen am Nachthimmel empor, als wollten sie den Mond verschlingen, der ruhig und schweigend heruntersah.

Das Feuerwerk stammte aus Neapel. Man versteht diese Dinge in Italien. Bald flammte Himmel und Erde in allen Farben. Zischend und knallend regnete es Sterne und Kometen, flammende Garben und feurige Schlangen und das A und O der staunenden Gäste mischte sich mit dem Geknatter von Schwärmern und Rädern und dem dumpfen Knallen der auf dem See explodierenden Gondeln, zwischen denen blau und grün strahlende Schwäne still hin und her segelten.

Die Vorstellung sollte sich in zwei Abteilungen und zwölf Nummern abspielen, zwischen denen die Janitscharenmusik auf der andern Seite des Teichs einen betäubenden Jubellärm erhob und Fräulein Schütz, das Programm in der Hand, von ihrem Blumentopf herunter die kommenden Herrlichkeiten verkündete. Die Schlußnummer der ersten Abteilung, die auf die europäischen Gäste berechnet war, wurde mit dem lautesten Entzücken begrüßt. Über dem Teich, an einem in der Nacht unsichtbaren Gerüst, flammten plötzlich in allen Farben des Regenbogens die Worte: *Ismael Pacha, Viceroi de l'Egypte régénerée*. Nachdem dieselben über eine Minute lang ruhig gebrannt hatten, schossen aus den Buchstaben die Worte ›Ismael Pascha‹ mit wildem Geprassel hundert Blitze nach allen Seiten. Als dieses aufhörte, strahlte wieder die Inschrift ruhig aus dem Nachthimmel herab. Nur die vier

Buchstaben des Wortes *Vice* waren erloschen. Der Zusatz hieß jetzt *roi de l'Egypte* und der Jubel der Zuschauer, namentlich der Herren Bankiers, kannte keine Grenzen. Die Araber allerdings, die das sinnige Spiel am nächsten betraf, hatten den Witz nicht verstanden. Er sollte ihnen in den kommenden Jahren bitter klar werden. Denn die Blitze kosteten ungezählte Summen, die das arme Volk herbeizuschaffen hatte, und mit dem *Vice* ist auch sein *roi* verschwunden.

Während sich in der Pause zwischen den zwei Abteilungen alles aufs lebhafteste über das Geschehene unterhielt und phantastische Hoffnungen auf kommende Genüsse austauschte, fühlte sich O'Donald an seinem linken Flügel, von dem er sich noch immer nicht trennen konnte, unsanft berührt. Es war Ben Thinker, der ihn hastig auf die Seite zog. War es das gelbe Licht einer bengalischen Flamme? – Er hatte Herrn Ben noch nie so verstört gesehen.

»Gott sei Dank, daß ich Sie endlich gefunden habe«, sagte er leise. »Wollen Sie mir einen Gefallen tun?«

»Gerne. Aber was ist's mit Ihnen? Sind Sie unwohl? Ist etwas Unangenehmes geschehen?« fragte O'Donald.

»Nein!« war die ungeduldige Antwort. »Aber ich weiß nicht, ob wir rechtzeitig fertig werden.«

»Mit was?«

Darauf antwortete Ben nicht, sondern fuhr fort:

»Wollen Sie meine Damen nach Hause begleiten, wenn sie zu gehen wünschen? Es ist dringend notwendig, daß ich heute abend frei bleibe.«

»Machen Sie keine Torheiten, Herr Thinker,« sagte O'Donald, mit ungewohnter Dringlichkeit.

»Torheiten? – wieso?« versetzte Ben heftig. »Sie sorgen für die Damen, nicht wahr? Das Schicksal meines Stauwerks – bei Gott, das Schicksal von ganz Ägypten hängt vielleicht an diesem Abend.«

»Für die Damen werde ich in diesem Gewühl von Ungläubigen sorgen wie ein Ritter aus den Kreuzzügen«, versicherte

O'Donald pathetisch. »Heißt das: sobald ich sie beisammen habe – aber –«

Es war nutzlos, fortzufahren. Thinker war bereits wieder verschwunden und wie ein tausendstimmiges Hagelwetter prasselte ein Raketenschwarm gen Himmel, der den zweiten Teil des Feuerwerks einleitete. Während dasselbe seinen rauschenden Fortgang nahm und immer farbenprächtigere Bilder vor den staunenden Gästen entfaltete, spielte sich in dem dunkelsten Winkel das Parks ein Vorgang ab, von dem nur zwei kleine Kobolde in Menschengestalt das Tatsächliche wahrheitsgetreu erzählen könnten. Erst Wochen später, und Zug um Zug aneinanderfügend, gelang es dem Spürsinn O'Donalds, das rätselhafte Spiel jener Nacht aufzuklären. So und nicht anders, behauptete er, müssen sich die Dinge zugetragen haben:

Kurz, nachdem sich Madame Geraldine von Herrn Joe und dem Prokuristen getrennt hatte, schrieb sie, inmitten ihrer französischen Begleitung, mit von der Geistesarbeit tiefgefurchter Stirne einige Sätze auf die Rückseite ihrer Tanzkarte. Da die Worte gut deutsch, ja mehr als deutsch: ein Gemisch von wienerisch und steierisch mit etwas böhmisch waren, und die Franzosen keine Ahnung von dieser Sprache hatten, der Künstlerin aber trotzdem eifrig behilflich zu sein versuchten, so wurde das kleine Zwischenspiel für eine köstliche Komödie erklärt, die noch stundenlang in Ausrufen von unsinnigem Kauderwelsch nachspielte. Während die Franzosen sich in dieser Weise untereinander vergnügten, nahm Geraldine ihren schwarzen Cupido beiseite, löste das Rosaband, mit dem sie ihn bisher geführt hatte und befahl ihm mit vielen Gebärden und den wenigen arabischen Worten, deren sie mächtig war, den ganzen Garten abzusuchen und Buchwald, den der Kleine wohl kannte, die Karte einzuhändigen. Jetzt erst glättete sich ihre schöne Stirne wieder und lustig lachend ging sie mit den Franzosen zum Feuerwerk.

Der Cupido, ein gescheites, frühreifes Bürschchen, wie

man es unter Negern nicht selten findet, verstand mehr von seiner Aufgabe, als man seiner Größe nach hätte vermuten können und tat sein Äußerstes. Er verlor seinen Köcher, er wurde von einem Herrn umgerannt und fast zertreten, er fiel in eine Sandgrube, aber er suchte noch immer vergeblich. Kein Wunder! Der Park war groß, Hunderte von Menschen wogten hin und her und an vielen Stellen, im Schatten von Gerüsten und Gerümpel aller Art war die Nacht pechschwarz.

Nun war vor einer Stunde ein Ereignis eingetreten, das nicht auf dem Festprogramm stand. Die Mauer, welche später den Park umgeben sollte, gehörte auch zu den noch unfertigen Teilen der ganzen Anlage. Da und dort war sie durch einen höchst mangelhaften Bretterzaun ersetzt, und vor diesen Lücken stand Kopf an Kopf die nicht geladene Gesellschaft, die Musik und Feuerwerk und eine Ahnung von all den Herrlichkeiten im Innern mitgenoß, so gut es ging. Der Nil wimmelte von Booten, welche die Bevölkerung von Bulak und Kairo zu diesem Zweck herübergebracht hatten. Die Leute sahen, mit großer Geduld, stundenlang nichts. Als aber das Feuerwerk seinen Anfang nahm, war die entzückte Menge nicht mehr zu halten. Trotz der durch die vizekönigliche Leibgarde schleunigst verstärkten Polizei drangen Hunderte in den Park und schlichen, wie Mäuse kriechend, so nah als möglich an den Teich heran, wo die ›Fantasia‹ abgebrannt wurde. Wie in Europa war auch bei diesem Einfall, trotz Tarha und Burko, das zarte Geschlecht ebenso gewandt und mutig und zahlreicher, als das starke.

So kam es, daß der kleine Neger, als er sich aus seiner Sandgrube herausarbeitete, von einer kleinen Frau erkannt wurde, die fast kreischend aufschrie:

»Ja Salaam! Ja Chalil!«

Chalil spitzte die Ohren. Er vermochte dies im buchstäblichsten Sinn.

»Ja Haifa!« schrie er dann und wollte seine Freundin mit

stürmischer Zärtlichkeit begrüßen. Diese aber gab ihm einen derben Schlag in sein rundes schwarzes Gesicht, so daß er sich darauf beschränkte, grinsend seine prächtigen Zähne zu zeigen. Dann erklärten sie sich. Haifa war aus Neugier mit andern Mädchen herübergekommen; auch weil sie wußte, daß ihr Herr hier war.

»Den suche ich!« sagte Chalil und zeigte die Tanzkarte. »Ich suche ihn seit Stunden und glaube bald, daß er fortgegangen ist.« Dann erklärte er weiter, geheimnisvoll, daß die Karte von seiner Herrin geschrieben sei. »Du weißt was sie will!« flüsterte er, mit einem erneuten Versuch, Haifa in die Arme zu schließen.

Haifas große Augen blitzten.

»Gib das Papier!« sagte sie herrisch.

»Willst du es ihm geben?«

»Deshalb verlange ich es.«

»Wahr?«

»Wallah dugri!« schwur Haifa und steckte die Karte in ihr Kleid. »Du sagst deiner Frau, er habe sie erhalten.«

»Ich bin's zufrieden; ich habe das Suchen satt«, sagte der Kleine. »Findest du ihn heute nicht, so siehst du ihn morgen gewiß. Ich gehe zurück zu meiner Herrin. Sie ist mir ein Bakschisch schuldig, weil ich alles so gut besorgt habe.«

Die zwei Kobolde trennten sich. Jetzt begann Haifa, die Burko dicht um den Kopf wickelnd, das Suchen, aber nur zögernd und sehr vorsichtig. Sie schien sich mehr mit ihren eigenen Gedanken zu beschäftigen. Selbst die Wunder, die sie durch die Lücken des Buschwerks durchblitzen sah, hinter dem sie sich möglichst versteckt hielt, ließen sie fast gleichgültig.

»Soll ich? Soll ich nicht?« fragte sie sich, von Zeit zu Zeit stehenbleibend. Mit einem Blick voll Haß, der dem kleinen Gesicht einen wunderlich reifen Ausdruck gab, sah sie die Karte an. Einmal warf sie sie weg; aber sie holte sie wieder. Fast gleichzeitig sah sie, nur wenige Schritte entfernt, Joe

Thinker neben der großen Vase, auf welcher Fräulein Schütz thronte. Sie kannte ihn. Sie hatte ihn fast täglich bei Buchwald aus- und eingehen sehen. Es war der große Zauberer, den sie schon in Kafr heimlich verehrt hatte. Ein neuer Gedanke schoß ihr durch den Kopf. Sie zog die Karte wieder hervor und besah sie auf beiden Seiten. Vielleicht war es ein Amulett, das ihren Herrn bezaubern sollte: ein Spruch aus dem Koran der Ungläubigen. Der Zauberer mußte das verstehen, und sie wußte, er war sein Freund. Jetzt wurde ihr plötzlich klar, was sie zu tun hatte.

Wie ein Kätzchen schlich sie, ihre Burko fester zusammenhaltend, an Joe Thinker heran und zog ihn leise am Frack. Erst merkte er nichts; dann sah er sich unwillig um. Niemand beachtete was vorging, denn eine glänzend aufsteigende Sonnenkugel sandte in diesem Augenblick rote, blaue und gelbe Sterne nach allen Seiten hinaus, die langsam dahinzogen und dann lautlos erloschen. »Es ist förmlich ergreifend!« flüsterte Fräulein Schütz, während Fritschy, aus dem Rachen des Wolfs heraus, einen tiefen Seufzer ausstieß. Er hatte den Kopf der Bequemlichkeit halber wieder aufgesetzt.

Joe, dessen gutes Herz allem was klein und hilflos schien zugänglich war, beugte sich zu dem Weibchen herab, das ihn gezupft hatte. Sie schlug den Schleier zurück.

»Haifa!« sagte er, halb erschrocken.

Sie legte den Finger auf den Mund und gab ihm die Karte.

Er warf einen Blick auf die Seite mit den Tänzen und machte ein sehr verwundertes Gesicht. Haifa konnte ihn kaum zu einer Polka auffordern wollen und das Licht der sternespendenden Sonne war zu matt, um weiteres lesen zu können. Er steckte deshalb die Karte nach kurzem Zaudern in seine Brusttasche. Man konnte ja nicht wissen, was sie zu bedeuten hatte und mit Haifa ließ sich ohne Dragoman nicht sprechen. Also für morgen!

Und als er wieder niedersah, um dies dem Mädchen deutlich zu machen, war sie verschwunden.

»Ah – ah – ah!« jubelte es ringsum. Das letzte Tableau fing an, aufzuleuchten. Es war ein unerwartet würdiger Schluß des Ganzen. Zuerst, scheinbar hoch oben im dunkeln Nachthimmel erschien ein matter Schimmer, wie ein Sternennebel. In demselben zeigten sich rätselhafte Zeichen, die immer heller, immer leuchtender hervortraten und schließlich stand dort oben lautlos strahlend in der prachtvollsten Farbenzusammenstellung, was gestern auch über den Sikris gestanden hatte: *La ila ha illallah.* Es gibt keinen Gott außer Gott. Dies galt den arabischen Gästen und dem Fest des Propheten. Der Lärm wurde stiller. Die Muhamedaner beugten die Köpfe. Selbst die Christen hörten auf zu schwatzen, als die ruhig strahlenden Buchstaben langsam erloschen und die liegende Mondsichel – der wirkliche Mond – hinter ihnen sichtbar wurde.

Fräulein Schütz ließ sich von der Vase heruntergleiten.

»Sie sagen im Hotel«, flüsterte sie, und es schien als versuchte sie ihre Bewegung abzuschütteln, »sie sagen, Franz Bey, der Architekt des Vizekönigs, habe auch das Programm des Feuerwerks gemacht.«

»Es sollte mich nicht wundern«, versetzte Joe. »Ein Deutscher hat es sicher ausgeklügelt. Selbst hinter den Kindereien, die Ihre Landsleute machen, steckt zum Schluß etwas Tieferes. Die Franzosen hätten zuletzt ein riesiges »I« abgebrannt, um Ismael Pascha zu schmeicheln. Wir Engländer hätten überhaupt nichts derart fertig gebracht.«

»Aber sehen Sie«, rief Fräulein Schütz erschrocken, »die Leute gehen schon. Es muß schrecklich spät sein.«

»Oder früh«, sagte O'Donald. »Über dem Mokkatam dämmert's, und ich versprach, Sie gestern noch nach Hause zu bringen.«

»Wer das heute tut, ist mein Retter«, lachte Bertha. »Ich fürchte mich vor Wölfen. – Aber um Gottes willen, wo ist Sakuntala?«

21.
KAPITEL

Die
Märchenschlacht

Sakuntala war ganz in der Nähe. Sie kam von einem Feuerwerk eigener Art, bei dem sie nicht weniger glücklich gewesen war als ihre Freundin.

Während der Erstürmung des großen Speisesaals war es Buchwald gelungen, seine Dame mit der ihm eigenen sanften Gewalt vor jeder Berührung mit der ums Dasein ringenden Volksmenge zu schützen und einen genügenden Teil vom Besten zu erbeuten, das Morgen- und Abendland zu bieten vermochten. Ein verlassenes Eckchen des Tanzsaals war im Nu in ein reiches arabisches Nomadenzelt verwandelt, in dem er eine Fürstin hätte bewirten können. Später, nachdem beide einen Teil ihres Maskenanzugs in der Garderobe ausgetauscht hatten, waren auch sie in den Garten hinausgetreten, hatten sich aber rasch von dem lärmenden Strom getrennt, der sich nach links dem großen Kiosk entgegenwälzte. Das Spiegeln des Mondes in dem gewaltigen Marmorbecken vor dem Schloßportal zog Sakuntala nach rechts. Sie wollte die Wasserfläche umkreisen, an deren Rand, fast allzu symmetrisch, vier Gruppen von je drei Palmbäumen aufstiegen. Auch die Palmetten und Aloes am Ufer hätten bei Tag gezeigt, daß sie in dieser Erde noch nicht Wurzel geschlagen hatten und die Zementgruppe in der Mitte des Teichs, die provisorisch einen das Land segnenden Nilgott vorstellte, war bei dem ersten Anlassen der Wasserkunst zur Hälfte weggespült worden, so daß der Gott mit verdrehtem Kopf hilfeflehend gen Himmel sah.

Enttäuscht lächelte Sakuntala und wandte sich ab. Hundert Schritt nilabwärts schimmerten die alten niederen Haremsgebäude aus Mohamed Alis Zeiten hinter dichtem Buschwerk hervor. Es war sicher nicht bloße Neugier, die sie weiter zog. Buchwald folgte ihr, kaum weniger froh, den leeren Lärm des allzu künstlichen Festes hinter sich lassen zu können.

Durch eine Öffnung in dem halbzerfallenen Bretterzaun, der die neuen Anlagen abschloß, betraten sie den älteren Teil des Parks. Hier war es still. Neben den schlecht gepflegten Wegen schimmerte da und dort das Mondlicht aus dem Grund, das sich in kleinen, verwachsenen Gräben spiegelte, welche dem verwilderten Garten Wasser zuführten. Das Buschwerk war echt genug; schlecht gepflegt und staubbedeckt, dabei üppig wuchernd, als wollte es den Fußpfad ersticken. Es wäre leicht gewesen, jede Richtung zu verlieren, wenn nicht von Zeit zu Zeit der weiße Schimmer der Haremsmauern hinter dem verschlungenen Geäste sichtbar geworden wäre. Dies leitete Sakuntala, die vorwärtsschritt, wie wenn sie mit klarer Absicht ein bestimmtes Ziel verfolgte.

Jetzt standen sie vor der fast fensterlosen Vorderseite des Gebäudes. Ein großer, schmuckloser Torweg, über dem ein ausgestopftes Krokodil hing, stand offen und gestattete einen Blick durch die schwarze Höhle in den mondhellen Hof des scheinbar völlig verlassenen Hauses. Doch regte sich jetzt etwas. Links unter dem Torweg saß auf einem niederen Stühlchen ein alter Neger, welcher halb schlafend auf den Festlärm lauschte, der aus der Ferne herüberklang. Rechts, in seinem Burnus gewickelt lag der Boab, der völlig eingeschlafen zu sein schien. Sakuntala war im Begriff, ruhig zwischen beiden weiter zu schreiten.

Da erhoben sich die lässigen Wächter fast gleichzeitig. Der Eunuche linkerhand machte ein höfliche Verbeugung und eine sanft abwehrende Gebärde. Der Nubier rechts sprang erschrocken in die Höhe, knurrte wie ein Schloßhund und hielt seinen langen Stock quer über den Weg. Es war nicht weiterzukommen.

»Wollen wir die Wache überrumpeln? Es sind nur zwei«, fragte Buchwald, bereit jedem Wink Sakuntalas zu gehorchen.

»Nein«, antwortete sie. »Wir sehen hier, was ich sehen wollte. Mehr ist, glaube ich, auch drinnen nicht zu finden.«

Sie blickte lange in den stillen Hof, dessen einfache Arkaden eine Reihe tiefschwarzer Nischen bildeten und lauschte auf das schwache Plätschern eines kleinen Springbrunnens, das mit seiner Einförmigkeit die tiefe Stille doppelt fühlbar machte.

»Mir ist wunderlich zumute«, sagt sie leise. »All das berührt mich wie eine Erinnerung. Auf der Zenana meiner Mutter lag der Mondschein wie hier. Auch dort murmelte ein Springbrunnen alte Geschichten, Tag und Nacht. Und doch war alles etwas anders; – so ähnlich – und ganz anders. Wie wenn uns ein liebes Auge aus einem fremden Gesicht entgegenlächelt.«

»Mir ist alles fremd, Gesicht und Auge«, sagte Buchwald, und doch zieht mich's wie mit tausend Fäden«.

»Erinnerung!« flüsterte Sakuntala. »Es gibt eine Erinnerung an Dinge, die wir nie erlebt haben.«

»Gehen wir zurück!« schlug der Maler vor; »ins Freie, an den Nil. Es ist nicht gut, sehnsüchtig durch ein offenes Tor zu sehen, hinter dem nichts liegt.«

»Ist unsere Sehnsucht nichts?« fragte Sakuntala. Aber auch sie wandte sich um. Schweigend schritten sie nebeneinander in Richtung des Ufers weiter, beide in Gedanken versinkend, die sich schwer in Worte hätten fassen lassen und die sie, wenn ihnen dies gelungen wäre, nicht auszusprechen gewagt hätten.

Miss Thinker war eine junge Dame, deren Erziehung sie mit allem vertraut gemacht hatte, was ein Mädchen in den besten Ständen Englands oder Deutschlands zu wissen pflegt. Sie liebte und bewunderte die neue Heimat, die durch ihren Vater die ihrige geworden war. Und doch war ihr vieles kalt und fremd geblieben, was dort dem Leben seine Bedeutung und seinen Wert gibt; vieles hatte sie vermißt, das ihr wie das Glück eines verlorenen Paradieses erschien. Seitdem sie noch als halbes Kind Buchwald kennengelernt hatte, schien etwas aus jener fast vergessenen Welt zurückgekehrt zu sein. Er war anders als die Männer, denen sie in ihren englischen Kreisen begegnet war. Sie fühlte sich zu ihm hingezogen, seit er ihr das erste Märchen unter den Palmetten von Stoke-Newington erzählt hatte. Und doch – wie konnte sie ihn verstehen? Er war ein Weißer, ein blonder, fremder Mann. Sie fürchtete den Europäer.

Und Buchwald? Er war sich klar bewußt, was er liebte, was er wollte. Aber er wußte auch, was er war: ein junger deutscher Maler, der noch immer seine Stellung im Leben zu erringen hatte. Es war ihm fast spielend gelungen, sich in der reichen englischen Gesellschaft, in die ihn ein glücklicher Zufall geworfen hatte, geltend zu machen. Aber nun stand er vor einer Schwierigkeit, der man auch in der englischen Gesellschaft nicht alle Tage begegnet. Miss Thinker war zweifellos eine Prinzessin. Man konnte es in den Archiven der ostindischen Kompagnie mit Dokumenten auf Palmblättern beweisen. Was konnte, was durfte er einer Fürstin bieten? Die Frage klang fast komisch. Er liebte Sakuntala, daß ihm das Herz zu zerspringen drohte, aber er fürchtete die Prinzessin.

Sie gingen nebeneinander her, Sakuntala träumend, Buchwald mit seinen Gedanken kämpfend, bis sie am Ende des verwilderten Pfades einen kleinen Kiosk erreichten, der auf der Brüstung einer Mauer steht, die senkrecht in den Nil abfällt. Es war ein lauschiges Plätzchen, das sich Franz Bey, der Architekt, zu eignem Gebrauch eingerichtet hatte, wenn er den Sorgen des Palastbaus auf ein Stündchen entfliehen wollte. Wilde Weinranken und anderes großblättriges Schlinggewächs bedeckte den zierlich phantastischen Bau und umrahmte die Fenster mit fremdartigen Blumen. Der Blick in die mondhelle Nacht hinaus bot in wunderbares Bild: den Nil, in dessen spiegelndem Glanz da und dort ein schwarzes Boot hinglitt; drüben die Lichter von Bulak und Alt-Kairo; in der silbernen Dämmerung die Spitzen von hundert Moscheen der großen Stadt und hinter ihnen, wie ein Nachthauch, die Felsberge des Mokattam.

»Ein Maler könnte zufrieden sein vor einem solchen Bild«, sagte Buchwald nach einer langen Pause, während beide das Auge auf dem Strom ruhen ließen und den kühlen Duft der Nacht einsogen.

»Sind Sie es nicht?« fragte Sakuntala.

»Es ist nicht immer Mondnacht am Nil«, versetzt Buchwald. »Ich fühle mit jedem Tag mehr, daß ich diesem Lande fremd bleiben werde. Und in der Fremde kann man nicht aus dem Vollen schaffen.«

»Muß es ›geschaffen‹ sein?« fragte Miss Thinker lächelnd.

»Ja«, antwortete der Maler. »Es ist das Lebenselement von uns Nordländern. Können wir es nicht, so werden wir Taugenichtse. Ich glaube, dies ist anders im Süden.«

»Aber Sie schaffen.«

»Mein großes Bild? Das ist's eben«, entgegnet Buchwald verstimmt. »Es bleibt mir fremd. Anfänglich glaubte ich, die Richtung in ihm gefunden zu haben, in der mich mein innerstes Wesen zieht. Doch es war nur Ihr Onkel, der mich zog, wie er es mit jedem macht, der in seiner Nähe kommt. Das Bild wird fertig werden und wird vielleicht nicht das schlechteste sein, das in den letzten Jahren gemalt wurde. Aber es ist nicht mein Bild.«

»Mir geht es ähnlich mit dem ganzen Land«, sagte Sakuntala. »Erst glaubte ich mich zu Hause zu fühlen: der Himmel, die Sonne, die Luft – das war mein Süden. Aber es ist nichts. Es ist nicht mein Osten.«

»Was Sie zieht, kann man verstehen. Es sind die Erinnerungen einer glücklichen Kindheit.«

»Wer weiß, vielleicht haben auch Sie Erinnerungen, die Sie weiter ziehen.«

»Wo sollten sie herkommen? Meine Kindheit war einfach genug. Im Odenwald wachsen keine Palmen.«

»Aber Sie träumen in Ihrem Vaterland mehr als anderswo, wurde mir gesagt. Wenn ich Onkel Joe ansehe, der länger dort war, als gut für ihn gewesen sein mag, so kann ich's glauben. Das ist anders in England. Dort verstehen sie das traumlose Schaffen. Dort muß jeder Schritt ein Ziel haben, jeder Gedanke einen Zweck. Das ist das Schreckliche des Landes. Es macht die Leute vernünftig und reich. Ja; aber die Natur und Gott in der Natur schaffen anders und sind auch reich geworden, über die Maßen reich. Sie brauchen keine Stauwerke! – Wie mir die Stauwerke wehtun!«

»Ich glaube, Sie zu verstehen. Bei Frauen sind solche Gefühle natürlich. Doch an das Leben des Mannes haben Träume und Erinnerungen kein Anrecht.«

»Das verstehe ich nicht. Wir haben alle das Recht, Träume und Erinnerungen zu pflegen. Die meisten sind Grüße aus einer besseren Welt.«

»Manchmal mag dies so sein!« sagte Buchwald nachdenklich. Nach einer langen Pause, wie man sie genießt, wenn man in fließendes Wasser oder brennendes Feuer blickt, fuhr er fort:

»Hören Sie drüben die Musik?«

»Kaum. Man hört nur die Paukenschläge«, versetzt Sakuntala. »Wie öd, wie handwerksmäßig dies klingt.«

»Vergnügungsküfer, die härter arbeiten als Taglöhner«, lächelte Buchwald. »Dabei freuen sich die armen Leute.«

»Freuen wir uns in unserer Weise, bis sie's drüben müde sind!«

»In Erinnerungen?« neckte der Maler.

»Ja«, versetzte Miss Thinker ernsthaft. »Wissen Sie noch, wie es in Stoke-Newington war? Dort hatten wir keine wundervollen Mondnächte nötig, keinen ägyptischen Sternenhimmel, keinen Nil. Erzählen wir uns Märchen!«

»Scheherazade, meine Fürstin!« rief Buchwald, den die Poesie des Bildes ringsumher zu überwältigen drohte.

»Das nicht! Wir sind nicht in Bagdad«, sagte Sakuntala, indem sie sich auf einem kleinen Diwan niederließ und den Kopf nachdenklich auf die Fensterbrüstung stützte. »Auch sind Sie noch lange kein blutdürstiger Kalif. Wir wechseln ab. Wer das schönste Märchen erzählt, gewinnt.«

»Was?«

»Eine Lotusblüte, wenn noch eine im Nil gefunden werden kann. Aber nichts erfinden, nur erinnern sollten wir uns. Daraus sind in den ältesten Zeiten Märchen geworden.«

»Erinnern Sie sich schon??« fragte Buchwald, indem er sich über die Brüstung lehnte und in die Ferne blickte.

»O gewiß! Aber Sie dürfen nicht lachen. Kann ich für meine Erinnerungen? Die kommen woanders her.«

»Nie lag mir's ferner, zu lachen«, versetzte der Maler gepreßt. »Lassen Sie hören!«

Sakuntala begann: »Vor ungefähr hundertundfünfzigtausend Jahren –«

»Sie haben ein gutes Gedächtnis!« unterbrach sie Buchwald wieder lächelnd. Er klammerte sich gewaltsam an den scherzhaften Ton ihrer gewöhnlichen Unterhaltung.

»Das habe ich von meiner Mutter«, versetzte Sakuntala fast traurig. »Es liegt in der Luft meiner Heimat.«

»Und wie heißt die Geschichte?« fragte der Maler, indem er sich auf ein Polster niederließ, das von dem Diwan herabgeglitten war. »Sie wissen, Scheherazade gab all ihren Märchen einen Namen auf den Weg.«

»Sagt ich's Ihnen nicht –: ich bin keine arabische Prinzessin!« rief Sakuntala etwas ärgerlich. »Doch ich weiß, die Deutschen wollen alles gründlich und pünktlich und ordnungsgemäß numeriert haben. Gut! Aber unterbrechen Sie mich nicht mehr, sonst reißt der Faden meines Erinnerns. Er ist ein Sonnenfädchen, zehnmal feiner, als ihn die Seidenraupe spinnt. Und die Geschichte heißt:

Die Schlange und das Äffchen

In den Dschungeln des oberen Ganges, am Teiche Kuru-kschetra, von wo man an hellen Tagen schon die Spitzen des Himalaya sieht, stand viele tausend Jahre, ehe Menschen waren, ein uralter Brotfruchtbaum, der alles in der Wildnis überragte, so daß ihn jedes Tier meilenweit im Umkreis kannte. Am Fuße des Baumes wohnte seit undenklicher Zeit eine Königsschlange und hatte sich unter den mächtigen Wurzeln und in den Höhlungen des Stammes mit der Zeit einen Palast gebaut, wie es keinen zweiten im Walde gab. Sie selbst, so alt sie war, war noch immer eine Schönheit, rund und lang, mit blaugrünen Schuppen, die ins rötliche schillerten, wenn sie erregt wurde, mit Augen wie Rubinen, auf dem Kopf ein goldenes Krönlein, dessen Spitze ein blitzender schwarzer Diamant zierte, der einzige, der je in Indien gefunden worden war. Die Wände ihrer Wohnung waren mit Edelsteinen ausgelegt und der Boden mit Goldstaub gestreut. Das war aber das Wenigste, das sie besaß. Sie *wußte* alles. Ihrer Weisheit wegen suchten sie die wildesten Tiere auf, wenn sie in Not waren, und kamen aus weiter Ferne. Daher mochte es auch kommen, daß sie von allem unterrichtet war, obgleich sie selbst nie umherstreifte. In der Nähe ihres Baumes kannte sie natürlich alles aus eigener Beobachtung, das Kleinste wie das Größte: die Sterne, die über ihm funkelten, die Kräutchen, die um ihn wuchsen. In den Sternen verstand sie zu lesen, und die Kräutchen gaben ihr Säfte von geheimnisvoller Kraft. Und wenn sich ein schweifender Königstiger über all das wunderte, so sprach sie: ›Wundere dich nicht. Warum bleibst du nicht an deinem Ort und baust dein Haus wie ich? Du findest alles, was die Welt zu bieten vermag, wenn du liebst, was dir am nächsten liegt: dein Heim.‹

So hatte sie auch ganz in der Nähe, aber tief im Boden, eine siebeneckige Erdnuß gefunden, die sie auszupressen verstand. Wenn sie von dem scharfen Saft ein Tröpfchen nahm, wurde sie um zehn Jahre jünger. Zehn Tröpfchen machten hundert Jahre. Wäre der Saft nicht so furchtbar bitter gewesen, so hätte sie sich wohl einmal aus Versehen über ihren ersten Geburtstag hinaus verjüngt und wäre dadurch in die größten Schwierigkeiten geraten. So erreichte sie ohne Schaden ein unglaubliches Alter und blieb jung dabei. Ihr Mann war gestorben und ihre Kinder den Ganges hinuntergezogen, als sie die merkwürdige Eigenschaft der Nuß entdeckte.

Daher kam es, daß sie allein blieb in ihrer Schönheit und Jugend; denn sie war schon zu klug, wieder einen Mann zu nehmen.

Ihr Palast wurde immer prachtvoller, ihre Schätze häuften sich, die Besuche kamen aus immer weiterer Ferne und verehrten sie aufs höchste. Trotz alledem wurde sie nachgerade mißmutig. Die Jahrhunderte schienen ihr länger zu werden und was sich ereignete war schließlich immer dasselbe. Nur wurde die Welt sichtlich schlechter. So nahm sie nichts mehr von dem Erdnußsaft, wurde wirklich alt und immer verdrießlicher.

Eines Abends, als sie müde vom Zählen ihrer Smaragde den Mondschein noch ein wenig genießen wollte, fand sie am Fuß des Brotfruchtbaums ein Geschöpf, das einem Äffchen auffallend ähnlich sah. Es war sicher einmal ein hübsches Tierchen gewesen, hatte einen wunderschönen schwarzweißen Schweif und die zierlichsten spitzen Öhrchen. Doch es sah jämmerlich aus und lag im Sterben. Sprechen konnte es kaum mehr und was es sagte, konnte sie nicht verstehen. Nur so viel war klar, daß es aus Schwäche vom Baum heruntergefallen war. Wie es dorthin gekommen, wußte sie nicht zu sagen.

Sie ließ es waschen und kämmen und, was das Nötigste war, füttern. Nach ein paar Tagen hatte es sich soweit erholt, daß es versuchte, in der Sprache der Gegend sich zu verständigen. Doch lernte die alte Schlange die Sprache des Äffchens rascher als umgekehrt, und das Kauderwelsch, das sie zusammen sprachen, belustigte sie ganz besonders. Dabei stellte sich heraus, daß das Äffchen aus einer guten Familie auf der Insel Lanka stammte, aber mit einer so unwiderstehlichen Wanderlust geboren worden, daß es trotz aller Warnungen auf und davon gegangen war, um sich in der Welt umzusehen. So war es bis an den oberen Ganges gekommen.

Anfänglich war es ihm nicht schlecht ergangen. Es konnte sich noch verständlich machen. Sein gesittetes Betragen, sein Mut, sein prachtvoller Schweif gewannen ihm alle Herzen. Dann aber kam es anders. Die Waldbewohner weiter im Norden konnten es nicht mehr verstehen und überlegten, wenn es schüchtern um Nahrung bat, ob es wohl selbst eßbar sei. Fremde rohe Affen warfen mit Steinen nach ihm, um es hüpfen zu sehen und schreien zu hören. Bald genug sah es verkommen und zerlumpt aus. Ratlos, halb verhungert irrte es schließlich wochenlang in der Wildnis umher, bis es ohnmächtig von dem Brotfruchtbaum fiel, auf dem es sich verstecken wollte. Das war denn doch zu schändlich für ein gebildetes Äffchen aus einer der besten Familien von Lanka, meinte es, und wedelte selbstgefällig mit seinem wieder wohlfrisierten Schweif.

Die Schlange, die in ihrer Freude an dem komischen Bürschlein vor wenigen Stunden zum erstenmal wieder nach langer Zeit ein ganzes Kaffeeschälchen von ihrem siebeneckigen Erdnußsaft getrunken hatte, sagte mit mütterlicher Zärtlichkeit: ›Auf deinen Schwanz brauchst du dir nicht zuviel einzubilden. Da kannst du bei mir denn doch etwas ganz anderes sehen. Aber deine spitzen Öhrchen sind zum Küssen, kleiner Knirps, das muß ich sagen.‹ ›Ich heiße Bibidschinka‹, sprach das Äffchen mit einigem Stolz. Am Abend aber trank die Schlange noch etwas Erdnußsaft.

Man hätte sie nicht mehr erkannt, wenn das goldene Krönlein auf ihrem Kopf und der strahlende schwarze Diamant auf ihrem Krönlein nicht dieselben geblieben wären. Ihre blaugrünen Schuppen fielen ab; dafür wuchsen rosafarbene und weiße Sterne kamen an beiden Seiten zum Vorschein. Es war eine Pracht. Gleichzeitig erholte sich Bibidschinka wunderbar und bekam ein glänzendes Fell. Auch sproßten die ersten Barthärchen über seinen Lippen, was ihn viel beschäftigte.

Übrigens war er ein gutartiges Kerlchen, das sich die mütterliche Sorgfalt seiner Retterin gnädig gefallen ließ und manchmal versuchte, sich nützlich und unterhaltend zu machen, indem es z. B. einen wertvollen Edelstein versteckte und nach einiger Zeit wieder brachte, oder sonst Mittel erdachte, seine Freundin zu erfreuen. Ganz behaglich war es ihm jedoch nie, wenn sie ihn umschlang, so daß fast nichts mehr von ihm zu sehen war. Erst als sie noch ein Täßchen Erdnußsaft getrunken hatte und darauf auffallend kleiner geworden war, fühlten beide, daß Sie zusammengehörten fürs Leben. Die übrigen Tiere im Wald mißbilligten das Verhältnis. ›Paßt auf, das wird schon noch schief gehen‹, sagte ein alter Bär, der aus dem oberen Himalaya gekommen war, um wegen seiner Frau, die sich für unverstanden hielt, mit der alten Schlange zu sprechen und dafür ein junges rosafarbenes Ding fand. Entrüstet ging er wieder heim.

Man sollte nun glauben, Bibidschinka, der wie der Vogel im Hanfsamen saß und alles hatte, was das Herz begehren konnte: Honig zum Essen, Palmwein zum Trinken, Bewegung auf dem prachtvollsten Brotfruchtbaum und Ruhe auf Seidenkissen, dazu eine zärtliche Freundin von wundervoller Schönheit, sei zufrieden und glücklich gewesen. Dies war auch anfänglich der Fall. Zehnmal des Tags mußte er der Königsschlage versichern, daß er nicht mehr daran denke, nach Lanka zurückzukehren oder gar seine tolle Wanderschaft fortzusetzen und tat dies auch mit den aufrichtigsten Gefühlen. Nach einigen Monaten aber, als es ihm wieder ganz wohl war, blieb er abends länger auf dem Gipfel des Baumes, als es die Königin für recht hielt und mehrmals mußte sie selbst hinaufklettern, um ihn zur Abendtafel zu holen. Dort fand sie ihn, sehnsüchtig nach Norden blickend, wo man den Schnee der Berge im Abendrot schimmern sah. Er wollte wissen, was das sei: Silber oder Gold.

›Und wenn es Silber und Gold wäre: Hast du nicht genug Edelmetall in dem Wurzelprunkschlafgemach, das ich dir einrichten ließ?‹ fragte die Schlange besorgt: ›Geht dir's nicht über alle Maßen gut, seitdem du bei mir bist? Erinnerst du dich, wie dir das Wandern bekam?‹

Sie umschlang ihn zärtlich und zog ihn hinunter. Nach einigen Tagen aber saß er wieder auf dem höchsten Gipfel bis tief in die Dämmerung. ›Man sieht den Schnee selbst beim Mondschein!‹ sagte er, als sie ihn vorwurfsvoll ansah. Darüber wurde sie zornig und sagte: ›Es ist weder Gold noch Silber, sondern ein weißer Teig, kalt und naß. Wenn du ihn je berühren solltest, würdest du wahrscheinlich sterben. Ich weiß es von dem alten Bären, der mich früher öfter besuchte.‹ Bibidschinka lachte in sich hinein, denn er glaubte ihr nicht. Er wollte ihr zwar nicht widersprechen, aber sein Entschluß war gefaßt. War *das* ein Leben, auf *einem* Baum!

Als sie nach etlichen Wochen wieder einmal stundenlang auf das Äffchen gewartet hatte und hinaufkletterte, um es zu suchen, fand sie nichts als ein trockenes Palmblatt, das mit einem Dorn am höchsten Zweig befestigt war. Auf dem Blatt stand in der kaum leserlichen Hand Bibidschinkas und mit vielen Fehlern:

Lebewohl, meine Süße! – Für immer, lebt wohl – ihr Küsse, ihr Grüße! – Es war mir zu wohl. – Ich brauch' meine Füße – brauch Hände und Arm – Lebewohl, meine Süße – hier ist es zu warm. – Wie ist mir's geworden – So wund und so weh! – Es zieht mich nach Norden, – ich muß in den Schnee.
                    Dein ewig dankbarer Bibidschinka.

›Dummes Zeugs!‹ sagte die Schlange und warf das Palmblatt in den Wind. ›Er wird bald genug wiederkommen, zähneklappernd.‹ Dann ging sie hinunter in ihren Wurzelpalast, stopfte die Türe zu und weinte lang und bitterlich. Denn das Äffchen kam nicht wieder.

Ob es gestorben und verdorben ist?

Jahrelang hielt sie sich an einen wunderlichen Trost. Sie hatte entdeckt, daß Bibidschinka ein Fläschchen aus Nephrit, dem kostbaren Zauberstein, mitgenommen hatte, das mit siebeneckigem Erdnußöl gefüllt war. ›So lange er das bei sich hat, wird er nicht zu Grunde gehen‹, sagte sie sich, ›und wer weiß, was noch aus ihm wird!‹ Sie hatte mittlerweile erfahren, daß er vom Stamme Hanumans war, des großen Heldenaffen, der viele tausend Jahre später für den heiligen Rama gegen die Rakschasateufel zu Feld zog und sie aufs Haupt schlug. Aber der Trost erbleichte nach und nach. Bibidschinka ließ nichts mehr von sich hören.

Sie selbst schauderte jetzt, wenn sie den Erdnußsaft nur sah, so daß sie wieder blau und grau wurde und steinalt. Doch konnte sie nicht sterben aus Sehnsucht nach dem Äffchen, das wohl längst erfroren sein mochte. Sie würde vielleicht heute noch leben, wenn der alte Brotfruchtbaum nicht umgefallen wäre. Dabei wurde sie erdrückt. Ihre Seele aber ward endlich frei und zog, wohin sie das Herz zog.«

Sakuntala schwieg. Sie stützte das Kinn auf die Hand, die lässig auf der Fensterbrüstung lag. Ihr sinnender Blick folgte der Lichtbrücke, die der Mond über das Wasser spannte und verlor sich in der Dämmerung des jenseitigen Ufers. Aber es war klar: sie sah und hörte nichts. Sie besann sich mit aller Macht, als ob sie fürchtete, etwas Wichtiges vergessen zu haben.

»Eine so alte Geschichte haben Sie noch nie erzählt«, sagte Buchwald endlich leise. »Man fürchtet sich fast.«

»Ja«, versetzte Sakuntala, »vor den dämmernden Ewigkeiten, die dahinter liegen. Was sind die Pyramiden dagegen!«

»Sprechen wir hiervon nicht!« sagte der Maler, als ob ihn etwas peinlich berührt hätte. »Nun aber – wo soll ich das Gedächtnis hernehmen, um etwas zu erzählen, das sich an alte indische Geschichten anschließt?«

»Tausend Jahre sind wie ein Tag und ein Tag wie tausend

Jahre in meinem Land«, entgegnete Sakuntala. »Denken Sie zurück; es wird schon kommen.«

Buchwald begann langsam und zögernd:

»Hunderttausend Jahre waren vergangen.«

»Und die Geschichte heißt?« fragte Sakuntala.

»In Nacht und Eis

Bei uns nennt man es die Urzeit. Damals war meine Heimat ein weiter See, von der Gegend, wo sich jetzt der Rhein durch das Binger Loch drängt, bis gegen die Hügel bei Basel und Schaffhausen, vom Fuß des Schwarz- und Odenwalds, bis ins Wasgau hinüber. Gewaltige Eisinseln, umgeben von tausend weißen Schollen, die von den Gletschern losgebrochen waren, unter denen die Alpen begraben lagen, zogen auf den stillen schwarzen Wassern langsam nach Norden. Auch die milderen Höhen des Odenwalds, der Hardberg, der Melibokus, der Königsstuhl, wie man sie später nannte, waren durch lange Wintermonate mit Eis und Schnee bedeckt, und nur am Ufer des Sees und an den südlichen Halden der Täler sproßten während des kurzen Sommers, wenn die Sonne heiß durch die ewigen Nebel brach, Gras und Blumen in rasch vergänglicher Pracht. Doch kaum gekommen, war die Sommerzeit wieder vorbei und die kahlen Bäume, die kümmerlichen Stauden, das spärliche Moos verschwanden unter der weißen Decke.

Sie lebten vom Fischfang und von der Jagd, die wenigen Leute, welche an dem ungastlichen Ufer hausten. Nur ein rauhes tapferes Geschlecht konnte ertragen, was die harte Natur ihnen auferlegte. Ihre Hütten standen auf Pfählen im seichten Wasser. Sie hatten dann wenigstens im Sommer und solange sie das Eis brechen konnten, Ruhe vor den Tieren, mit denen sie in täglichem Streit lebten: dem Wolf, dem Bären, dem Ur. Nur der zottige Hund, so wild als der wildeste Wolf, merkte, daß er im Menschen einen Herrn und einen Freund gefunden hatte und focht und starb für ihn in blutigen Kämpfen auf dem Eis und in den Bergschluchten.

Gefährlich wurde der Hunger, wenn der See unter der Eisdecke zu vertrocknen schien, die Bären sich in ihren Höhlen versteckten, um den Jammer zu verschlafen, und nur ein heulender Wolf auf der öden Schneefläche zu sehen war. Auch die köstlichen Buchenkörnchen, die die Weiber im Sommer gesammelt hatten, gingen manchmal zu Ende und in weitem Umkreis war oft keine Rinde mehr zu finden, um den knurrenden Magen zu beruhigen. Aber trotz all dem wuchsen stahlharte Männer auf diesem Boden und die Frauen warfen das Steinbeil wie sie.

Der Winter war länger gewesen und härter als je. Die alten Leute versicherten, daß es mit jedem Jahre kälter werde. Selbst in den besten Hütten, die mit Rentierfellen doppelt verwahrt waren, war die kalte Not eingekehrt. In andern war es still geworden. Dort lagen nur noch Leichen, hart und starr wie Stein, vor dem erloschenen Herdfeuer. Bei Baratas Vater regte sich's noch.

Er hatte Tara, seine Braut zu sich genommen, obgleich die Mutter ihn vor dieser Torheit warnte. Hatten sie doch selbst kaum mehr als ein gedörrtes Stück Bärenfleisch und einen gefrorenen Fisch für die nächsten Tage. Allein er war ein trotziger Junge und der Vater meinte, was er getan habe, sei ebenso gut als schlimm. Schlimm, weil für einen weiteren Mund Nahrung gefunden werden mußte, gut, weil dieser Mund lächelte wie die Frühlingssonne und gelächelt haben würde, wenn er im Wintereis erstarrt wäre. Auch wußte sie die wunderbarsten Geschichten vom Süden, wo es warm sei, jahraus jahrein, und keine Not. Freilich der Süden war mit Eisgebirgen vermauert, die nie ein Mensch überschritten hatte. – Die Mutter lag jetzt krank vor dem Herdfeuer, der Vater war so schwach, daß er kaum mehr zu gehen vermochte. Sie waren nicht fern vom Ende, das die Nachbarn ereilt hatte. Da sagte die Mutter: ›Gerne seh ich's nicht, aber die Not bricht Felsen, Barata. Geh zu der Urahne des Vaters in der Melibokushöhle und hole Rat und Hilfe. Wir sind zu Ende.‹

Barata hing sein dickstes Bärenfell um die Schultern, steckte sein schwerstes Steinbeil in den Gürtel und machte sich auf den Weg. Im tiefsten Tal des Odenwalds ging es hinauf. Wo es von senkrechten Eiswänden verschlossen war, stand eine gewaltige Buche, hinter deren Stamm der Eingang zur Höhle lag, die die alte Frau bewohnte. Der Baum, von dem sie im Sommer ihr Brot pflückte, denn es ist der Brotfruchtbaum des Nordens, neigte sich nach vorn. Die Eiswand war ihm so nahegekommen, daß es aussah, als wollte sie ihn erdrücken.

Die alte Frau saß zähneklappernd bei einem guten Feuer. Sie hatte seit kurzer Zeit einen Knecht, der ihr mit erfrorenen Füßen zugekrochen war. Erst wollte sie ihn vor der Höhle erfrieren lassen. Da aber sein Gestöhne sie nicht schlafen ließ, so nahm sie ihn auf und das war gut, für beide. Seine Füße wurden wieder leidlich heil. Nun konnte er die harte Arbeit für sie tun: Holz holen, Eis schmelzen und dergleichen.

Sie war eine Frau, vor der sich die meisten fürchteten, weit und breit, denn kein Mensch wußte, wie alt sie war. Ihr Haar war weiß; aber ihre Haut dunkelbraun. Wenn sie jemand darüber befragte, so lachte sie und sagte: ›So wart ihr alle, zu meiner Zeit. Wer weiß ob ihr nicht wieder so werdet.‹ Überdies war sie eine Hexe. Das allein wußte man genau.

Als sie Barata begrüßte, sagte sie spöttisch: ›Kommt unser Königssohn? Sind die Trotzigsten endlich ausgefroren?‹

Barata erzählte ihr, daß seine Mutter im Sterben liege, und sein Vater nicht weit davon sei. Er komme, sie um Hilfe zu bitten.

›Und ihr klammert euch noch immer an das Land von Eis und Schnee?‹ fragte sie.

›Es ist unsere Heimat. Hier sind wir geboren, und groß geworden und stark‹, sagte Barata.

»Und hier wollt ihr erfrieren«, lachte die Alte. ›Wer kennt seine Heimat? Der Mensch ist wie der Wind; niemand weiß, woher er kommt. Wüßtest du wenigstens, was ich weiß.‹

›So sag mir's‹, bat Barata.

›Sieh selbst!‹ rief die alte, nahm eine Handvoll dürrer Kräuter von der Steinplatte hinter dem Herd und warf sie in das Feuer. Ein blutroter Qualm füllte die Höhle. Barata glaubte zu ersticken. Dann aber wurde ihm plötzlich wohl und warm, wie es ihm noch nie zumute gewesen war. Durch den roten Dampf, der den hinteren Teil der Höhle vollständig verhüllte, sah er in eine sonnige Ferne. Duftige Berge, Palmen, spiegelnde Teiche, grüne Matten, mit tausend Blumen bedeckt.

Die Alte beobachtete ihn mit stechendem Blick.

›Wenn dies deine Heimat wäre: würdest du den Mut haben, sie aufzusuchen?‹ fragte sie.

›Und die alte verlassen? Ich weiß nicht‹, antwortete Barata. ›Wahrhaftig, ich weiß nicht, aber es will mir das Herz zerspringen vor Sehnsucht.‹

›Tu, was du nicht lassen kannst und geh zu den Deinen‹, sagte die alte Frau. ›*Ich* will den Winter nicht überleben. Es ist genug.‹

Dann gab sie ihm ein Fläschchen aus grünem Nephrit.

›In dem Fläschchen sind noch zehn Tropfen‹, sprach sie. ›Sei sparsam. Die alten Eltern werden sie verjüngen. Ihr Jungen müßt Hunger und Kälte tragen, so gut ihr könnt. Und ehe du aus meinem Tal hinaustrittst gegen den See, findest du links am Berghang ein Bärennest. Dort schläft Nahrung für Monate. Es tut mir leid um die alte Bärin. Sie war meine Freundin, seit Jahren. Doch bist du mir lieber, Barata. Vielleicht findest du den Weg in die Heimat: nach Ost, nach Ost, der Sonne entgegen und dann gegen Süden. Dort kannst du wieder werden, was du bist.‹

Barata ging und fand die Bärin. Es war ein kurzer Kampf, denn die Kälte hatte auch die Tiere halb betäubt. Schwerbeladen setzte er seinen Weg fort, aber noch schwerer war es in seinem Sinn: die Palmen, der blitzende See, die Sonne – wenn er mit Tara das Paradies finden könnte!

Als er seiner Eltern Hütte erreichte, fand er ein grausiges

Bild. Sie war halb eingestürzt. Rauchende Balken waren auf dem Eis zerstreut. Seine Mutter ruhte starr und still neben dem Herd auf ihrem Lager. Sie war wohl aus Schrecken gestorben. Der Vater lag mit einer klaffenden Wunde auf der Brust im Schnee, regungslos. Und vor dem Herd lag Tara ein Steinbeil in der Hand, mit geschlossenen Augen, mit tiefgefurchter Stirne, aber ihr Lächeln noch auf den Lippen, wie Sonnenschein. Man sah nur ihren Kopf, ihren Arm, ihre Brust. Denn auf ihrem Leib lag die Pfote eines riesigen weißen Tieres, das Barata zähnefletschend betrachtete und sein blutiges Maul gegen ihn öffnete. Er schleuderte sein Beil und traf das Ungetüm auf die Stirne, daß der Stein im Kopf stecken blieb. Der weiße Bär stand auf und brüllte, wie Barata noch nichts hatte brüllen hören. Dann fiel er um und Barata fiel auf ihn, wie tot. Es war zuviel für ihn gewesen.

Am folgenden Morgen ging er von Hütte zu Hütte und was noch gehen konnte, ging mit ihm. Er erzählte ihnen, was ihm die Frau in der Melibokushöhle gezeigt hatte. Zuerst zogen sie dorthin. Sie wollten sich weitere Weisung holen, ehe sie die große Wanderung antraten. Allein als sie in den Grund des Tals kamen, lag die Buche am Boden. In der Höhle war das Feuer erloschen und die alte schwarzbraune Frau saß vor dem Herd, tot und steif.

›Es macht nichts‹, sagte Barata. ›Ich weiß, was sie mir sagte: der Sonne entgegen und dann rechts.‹

Tausend Männer, hart wie Feuerstein, tapfer wie sie im Eis des Nordens wachsen, zogen mit ihm. Gut war's, daß er das Fläschchen aus Nephrit mitgenommen, sonst hätte er sein Ziel nie erreicht. Drei Menschenalter hielt es ihn aufrecht. Mit den Enkeln seiner Mannen fand er die uralte Heimat, schlug die Rakschasas und die Bhils und Nagas, daß sie vor ihm krochen wie das Gewürm, daß sie sind. Er blieb ein Held. In seinen letzten Tagen sagte er sinnend: ›Mir ist als sehe ich Tara neben mir, wie sie mit dem Steinbeil spielt und Blumen in ihr Haar flicht. Hätte sie die Palmen gesehen!‹

Sakuntala sah den Maler fragend an, doch dieser war zu Ende. Sie nickte leise mit dem Kopf und fuhr dann, ohne einen Augenblick zu zögern, fort, als sei es dasselbe Märchen, das sie weitererzählte.

»Zehntausend Jahre waren darüber hingegangen –«

»Wie heißt die Geschichte jetzt?« fragte Buchwald.

»Die Doppelheimat

Fast waren die alten Sagen verklungen, die durch Jahrtausende im Lande Hind fortgelebt hatten, von Bharata und seinen blonden Männern, die über die Berge aus dem Norden gekommen waren und die Nagas, die Bhils, die Rakschahsas in die Dschungeln getrieben und sie zu Parias gestempelt hatten. Brahmanen wiegten sich im Stolz ihrer Weisheit, Kschatriyas im Trotz ihrer Waffen, und Waisyas sammelten ihre Schätze. Die Sonne hatte ihre Haut gebräunt, ihr Haar geschwärzt. Sie hatten gelernt, Radsch an Radsch zu gründen, Paläste zu bauen, mit Edelsteinen zu prunken und das Gold zu lieben. Manches was mehr wert ist als Gold, war im Schwinden, und doch war es noch tausend Jahre bis zu den Zeiten der Kauravas und Pandavas*, noch fünfzehnhundert, bis der heilige Rama**, der Gottgeborene, erschien und das Heer der tapferen Affen aus den Westbergen für ihn und die Seinen kämpfte.

Aber schon damals gab es am Indus und Ganges Hunderte von Hinduradschas, die sich um Ehre und Geld und die Größe ihrer kleinen Fürstentümer bekriegten. Schon damals kannten sie Gift und Dolch, und die Kräfte böser Geister und Sprü-

---

* Kauravas und Pandavas sind die zwei feindlichen Zweige einer Herrscherfamilie, deren Kämpfe das älteste indische Heldengedicht, der Maha-Bharata besingt.

** Das nächstälteste große Sanskritepos, die Ramayana, erzählt von den Schicksalen Ramas, einer Inkarnation Wischnus, bei dessen Kämpfen die Affenvölker des Südens eine merkwürdige Rolle spielen.

che von Zauberern waren ihre Waffen geworden. Sie vergaßen nur zu oft den ehrlichen Kampf der alten Zeit, und hatten völlig vergessen, daß sich Brüder zerfleischten, wenn sie aneinandergerieten. Der Friede schien für immer aus dem Lande gewichen zu sein. Haß und Neid regierte die Herzen der Großen und das Volk verblutete in zwecklosen Kämpfen.

Zwei mächtige Königreiche waren inmitten dieser Wirren entstanden, das eine um den oberen Ganges, das andere am Dschumna und standen sich gegenüber, lauernd, wer den Nachbar verschlingen sollte. Da starben beide Radschas zu gleicher Zeit, das erhobene Schwert in der Hand, von Gott, dem ewigen Erhalter, geschlagen.

Der Radscha am Ganges hatte nur eine Tochter hinterlassen, Gandhari, die ältere, eine mutige stolze Frau, die ohne Zaudern das Schwert ergriff, das ihrem Vater entfallen war. Das Reich am Dschumna fiel an Teutuna, den einzigen Sohn des Königs, einen Jüngling, tapfer und mild zugleich, den schon seit Jahren das Los des Landes seiner Väter bekümmerte. ›Soll alles im Blute untergehen?‹ fragte er seinen Gott. Doch der Gott schwieg.

So, nach einer Woche des Kampfes mit sich selbst, qualvoller, als alles was er je gesehen hatte, denn er war ein geborener Held und kannte niemand im Lande Hind, der seinen Bogen zu spannen vermocht hätte, schickte er Boten an die Fürstin Gandhari, mit den reichsten Geschenken aus seines Vaters Schatz und ließ ihr sagen:

›Sollen alle im Blute untergehen, die wir doch eines Stammes sind? Wir wissen, es soll nur ein Radsch sein, an den beiden Schwesterflüssen; das ist die Botschaft der Vergangenheit. Gott der Schöpfer hat es so bestimmt; Gott der Erhalter will nicht, daß unser Volk durch unsere Sünden zu Grunde gehe. Nicht das Schwert wollen wir befragen. Das Schicksal, das mit den Völkern spielt, als wäre ihr Los ein Würfelspiel, soll entscheiden. Spielen wir, du und ich! Der Gewinnende herrsche am Ganges wie am Dschumna. Der Verlierende ziehe mit seinem Volk woher wir gekommen sind in uralter Zeit; nach Norden, über die Berge.‹

Gandhari war eine kluge Frau, trotz ihrer Jugend, und war's zufrieden. Sie sagte sich: ›Bin ich nicht die Tochter von drei Geschlechtern, die die Kräfte der Zauberei kannten wie niemand im Lande Hind? Steht nicht in meinem Radsch der Zauberbaum am Kuru-kschetra? Ich weiß, es ist uns verboten, die alte Schlange zu rufen, denn sie will seit Jahrhunderten schlafen. Aber Not kennt kein Gebot. Ich muß gewinnen.‹

Sie schickte Boten an Teutuna und ließ ihn fragen:

›Wirst du zu uns kommen, oder sollen wir zu dir kommen, um das Spiel auszutragen? Wer weiß, wo der Verrat lauert?‹

Teutuna schwur einen heiligen Eid, bei dem ältesten Gott den er kannte – man glaubte, es sei der Gott des Eises, starr und klar, wie Kristall, unverändert und ewig – und sprach: ›Ich werde zu dir kommen; denn ich traue der alten Treue, die wir fast vergaßen. Aber eins mußt auch du schwören, bei dem ältesten Gott, den du kennst, gleichwie ich es tat: Wer verliert, zieht und wenn ihm das Herz bricht!‹

Gandhari lachte, als sie dies hörte: ›Was meint der Mann mit dem Herzen? Ich schwöre bei der Königsschlange unter dem Brotfruchtbaum. Das ist der älteste Gott, den wir hier kennen.‹

Darauf hieß sie ein großes Fest rüsten, wie noch keines in Indien gefeiert worden war. Es sollte die letzte Aswamedha* in ihrem Königreich sein. Das weiße Pferd sollte nach dem Dschumna gejagt werden, aber an der Grenze ihres eigenen Gebiets sollten ihre eigenen Krieger es töten. Denn ihr Feind sollte im Frieden auf seine große Wanderung ziehen. Das hatte die Rani sich selbst erdacht, denn sie war voll Siegesge-

---

* Ein Aswamedha ist ein altindischer Brauch. Ein Pferd wurde in feierlicher Weise in Freiheit gesetzt. Verlief es sich im Laufe eines Jahres in das Gebiet eines Nachbars, so wurde diesem der Krieg erklärt und er, wenn möglich, seines Radschs beraubt.

wißheit und ihr Geist lebte auf in alten Liedern und in den Gebräuchen ihrer Väter.

In der Nacht aber vor dem Spiel zog sie in das Tal, wo der Brotfruchtbaum stand. Am Felseneingang ließ sie ihr Gefolge zurück. Allein trat sie in den Schatten seiner Zweige und rief die Schlange. Dreimal mußte sie rufen, in Zauberworten, die kein Sterblicher mehr verstand. Es war die Sprache, die die Geschöpfe der Erde gesprochen hatten, ehe Menschen waren. Dann regte sich etwas, unter den moosigen Wurzeln, müde und langsam.

Sie kam herauf. Sie konnte kaum den Kopf mehr heben und war sehr verdrießlich.

›Du hast mich tausend Jahre zu früh geweckt‹, sagte sie. ›Sprich schnell, sonst schlafe ich wieder ein.‹

›Ich weiß‹, sprach Gandhari, ›daß du Würfel segnen kannst, so daß sie jederzeit gewinnen. Hier sind die Würfel. Segne sie!‹

›Mit wem wirst du spielen?‹ fragte die Schlange.

›Mit Teutuna, dem Fürsten vom Dschumna‹, antwortete Gandhari. ›Wir spielen um unsere Königreiche. Du wirst selbst wünschen, daß das Land, in dem du wohnst, und wo man dich anbetet, den Sieg gewinnt.‹

›Mir ist das gleichgültig‹, sagte die Schlange, schläfrig. ›Willst du den Fluch tragen, der an dem Segen haftet?‹

›Ich trage alles!‹ sprach die kühne Rani. ›Ich will herrschen.‹

Da träufelte die Schlange von der Spitze ihrer Zunge einen Tropfen Gift auf jeden Würfel, ließ den Kopf sinken und schlief ein. Gandhari aber nahm die Würfel mit einem freudigen Griff vom Boden und eilte zu ihrem Gefolge zurück.

Am folgenden Tag zog Teutuna mit einer auserwählten Schar seines Volks in der Gangesstadt ein. Nie hatte man einen stolzeren Zug gesehen. Zehn Elefanten voran – doch was soll ich beschreiben, was vor sechstausend Jahren aller Augen entzückte und heute im Winde zerstäubt ist? Herrlicher als alles war der Führer des kleinen Heeres; ernst und mild sein Antlitz und die Kraft seiner Väter in jeder Bewegung der mächtigen Glieder. Sieben Tage dauerte das Fest: Spiele und Kämpfe, Tänze und Gelage wechselten ohne Aufhören, so daß die Leute vom Dschumna gestehen mußten, daß sie an Glanz und Reichtum und sinniger Kunst nichts Ähnliches hätten bieten können.

Der Abend des siebenten Tags war für das entscheidende Spiel bestimmt. Dreimal hatte Gandhari, dreimal Teutuna die Würfel zu werfen. Die einfache Summe der Augen sollte das Schicksal von Fürst und Volk entscheiden.

›Ich habe goldene Würfel mitgebracht, würdig von deiner Hand berührt zu werden‹, sprach Teutuna. ›Jedes Auge ist ein Edelstein.‹

›Ich habe uralte Würfel aus heiligem Nephrit‹, sprach Gandhari, und ein wunderliches Zittern lag in ihrer Stimme. ›Wir sind beide kaum würdig, sie zu berühren, denn sie sind das Heiligste im Schatzhaus meines Vaters. Mit diesen wollen wir spielen.‹

›Wie du willst!‹ sagte Teutuna milde und blickte auf Gandhari herab, die vor ihm stand wie ein Mädchen, das mit der Lotusblume spielt. Sie wußte nicht, wie ihr geschah. Wo war der Stolz der Fürstin?

Des Radschas oberster Rat ergriff die Würfel und prüfte sie von allen Seiten, während die Fürsten zusammen sprachen, als ginge sie die Sache nichts mehr an. Er versuchte sie wohl zwanzigmal, als ob er mit sich selbst spielte, und sagte endlich, noch immer mißtrauisch: ›Ich kann nichts Bedenkliches an den Steinen finden; mögen die Götter uns schützen.‹

Dann wurde ein Tischchen herbeigebracht und Teutuna und Gandhari würfelten. Bei jedem Wurf ging ein Zittern durch den Saal. Männer wandten sich ab mit bebenden Lippen, Frauen weinten in ihrer Angst; alte Krieger sanken auf die Knie. Zweimal verlor Gandhari um ein Auge. Sie war bleich wie der Tod; man sah, wie es in ihr schwankte und wogte. Teutuna lächelte ruhig. Beim dritten Wurf siegte sie um drei Augen. Sie hatte das Königreich gewonnen.

Ein dumpfes Murmeln ging durch den Saal. Da und dort brach eine Frau von Teutunas Gefolge in laute Klagerufe aus. Der Fürst bot Gandhari die Hand, ohne zu zittern.

›Bleibe!‹ sagte ihr Auge, denn kaum regten sich die bebenden Lippen.

›Lebewohl, Rani vom Ganges und Dschumna!‹ sprach Teutuna ruhig. ›Ich habe geschworen beim ältesten Gott, den ich kenne, starr und klar, wie Kristall, ohne Wechsel und ewig. Ich werde meine Eidestreue halten und er wird mich geleiten – Lebewohl!‹

Am andern Tag zogen sie ab. Er selbst kehrte nicht mehr nach seiner eigenen Hauptstadt zurück. Durch das ganze Land aber sandte er Boten und ließ verkündigen: ›Teutuna, euer Fürst, geht und sucht eine neue Heimat. Wer ihm folgen will, möge sich sputen!‹ Tausende zogen gegen Norden, und ein mächtiges Heer verschwand mit ihm in den Pässen des Himalaya. Monatelang, jahrelang hörte man noch von ihnen aus Kaschmir, aus Bokara und Merw, wie die Wildnisse von Bergen und Wüsten später genannt wurden. Dann ward es still.

Gandhari wurde die größte Rani zwischen dem Indus und dem Bramaputra, aber nichts gab ihr die alte Freude am Leben, am Genießen und Herrschen wieder. Einsam lag sie nachts auf dem Dach ihrer Zenana und sah nach Norden. Dort, wo selbst im Mondlicht die weißen Spitzen der fernen Berge erschienen, starr und klar, ohne Wechsel und ewig, suchte ihr schwarzes Auge Ruhe. So fanden sie ihre Frauen eines Morgens mit halbgeschlossenen Lidern tot.«

»Geschieht ihr recht!« sagte Buchwald, als Sakuntala schwieg, mit fast kindlicher Befriedigung.

»Vielleicht wußte sie nicht, an was sie sich versündigt hatte«, versetzte Sakuntala. »Die Leute vom Ganges und die vom Dschumna hatten längst vergessen, daß sie zusammen gehörten.«

»Das darf man eben nicht vergessen«, meinte der Maler. »Es

steigt immer wieder auf und dann gibt es bitteres Herzeleid. Davon weiß ich etwas zu erzählen.«

»Um so besser. Fangen Sie an. Wie heißt die Geschichte?«

»Der verirrte Kreuzfahrer!«
antwortete Buchwald und begann:

»Fünftausend Jahre waren vergangen wie eine Nacht. Da dämmerte es wieder.

Wo in meiner Heimat der Odenwald steil nach dem Rheintal abfällt, nicht weit vom höchsten Gipfel des Gebirges und am Eingang seines tiefsten Tals, stand vor Zeiten eine Burg, die heute spurlos verschwunden ist. Im Mund des Volks hieß sie Rattenstein. Ihre Herren hatten sich selbst an den Namen gewöhnt und nannten sich wie ihr Schloß, obgleich in den ältesten Urkunden die Namen Bartenstein, Barattenstein und Baratastein gefunden wurden, von denen niemand wußte, woher sie stammten. Es war schon vor Jahrhunderten ein reiches und stolzes Geschlecht gewesen und kannte Geschichten, die über die Zeit hinausgingen, in der sich die Leute der Nibelungen erinnerten, die in den gleichen Bergen gehaust hatten. Seit Menschengedenken war es allerdings mit den Herren von Rattenstein rückwärts gegangen. Kein Wunder! sagten die Nachbarn. Sie waren allzu wunderliche Leute, diese Rattensteiner. Schön und kräftig genug, der Sohn wie der Vater, so lang man sich erinnern konnte und in allen ritterlichen Künsten von niemandem übertroffen. Aber schon ihre schwarzen Augen, ihre tiefbraune Haut stimmte nicht mit den flachshaarigen Franken und Schwaben der Gegend. Nie konnten sie zur Ruhe kommen. Es war ein ewiges, zweckloses Reiten; nicht auf Raubzüge, die Rattensteiner haßten den ritterlichen Erwerb jener Tage; nicht um die Feste und Gelage der Nachbarn zu besuchen; sie gingen ihnen aus dem Weg, denn sie waren keine Trinker. Sie zogen umher, als suchten sie etwas und wüßten selbst nicht was. Ihr Wappen glich einem Buchenzweiglein in goldenem Feld. In früherer Zeit, hieß es, habe sich ein Schlänglein um den Zweig gewunden, bis die Mönche vom St. Vincentius zu Worms einen ihrer Vorfahren überredet hätten, das Heidensymbolum wegzulassen. So war nur das Zweiglein geblieben.

Schlimmer als ihr Wandern war ihr Hang zum Würfelspiel. Sie hatten keine Freude daran, aber sie konnten's nicht lassen und mußten mitansehen, wie ein schönes Land, das sie sich ehrlich mit dem Schwert in der Hand erstritten hatten, Dorf um Dorf, Hof um Hof dahinschwand. Kein Enkel besaß mehr als die Hälfte von dem, was der Großvater besessen hatte. Den schönsten Weiler am Rhein hatte der Vater des Junkers Bartolf auf seinem Totenbett an den Abt von St. Vincenz verspielt, der gekommen war, ihm die letzte Wegzehrung zu geben. Dabei waren sie nicht wild und ausgelassen wie so viele der Herren am Rhein und Neckar, sondern spielten wie im Schlaf. Nur wenn es zum wirklichen Schlagen kam, stellten sie ihren Mann, so daß es niemand wagte, ein Wort des Spotts, selbst nicht der Warnung an die Träumer von Rattenstein zu richten.

Doch das Schlimmste hing mit ihrem Wappen zusammen, dem Buchenzweiglein, sagte man. Im tiefsten Grund des Waldtals hinter ihrer Burg stand eine uralte Buche von einer Art, die sonst nirgends in der Gegend angetroffen wird. Dies war ihr ›Stammbaum‹, hieß es. Anstatt nach dem Rechten zu sehen und Haus und Leute zu pflegen, wenn sie von ihren Wanderzügen zurückkehrten, saß ein echter Rattensteiner stundenlang unter diesem Baum und träumte. Fragte man ihn, was dies zu bedeuten habe, so wurde er zornig. Es hieß, sie wüßten es selbst nicht, und jeder dritte Stammhalter sei unter der Buche tot gefunden worden. Trotzdem konnten sie es nicht lassen.

Der Vater des Junkers Bartolf war ein schöner Mann und ein Ritter, wie kein zweiter am Rhein zu finden war. Auf seinen Kreuz- und Querzügen hatte er auch die Stauffenburg angeritten und eine Nichte der großen Stauffen heimgeführt, die seine ritterliche Schönheit gefangen genommen hatte.

Sonst hätte er sie wohl nicht bekommen. Sie war eine fromme kluge Frau, und als sie sah, wie es auf dem Rattenstein stand, beschloß sie, ein anderes Wesen in der Burg einzuführen. Auch war ihr Gemahl gerne dazu bereit, denn er liebte sein Weib und fühlte wie Fesseln, was auf seinem Hause lag. Sein Großvater war unter der Buche gestorben. Seine Frau ließ eine Messe für ihn lesen, so oft er dem Drang nicht widerstehen konnte, in das Buchental zu schleichen. Da wurde es nach und nach besser, und auch Rattenstein, das alte Nest, hob sich und blinkte und glänzte, als ob es eine zweite Jugend erleben sollte. Ein schweres Unglück kam dennoch. In einem Streit mit den Nürnbergern, die ein Dorf, das sein Vater verspielt hatte, gegen gutes Geld nicht zurückgeben wollten, wurde der brave Rittersmann erschlagen.

Die Witwe verlor den Mut nicht; doch wandte sie sich noch mehr als bisher dem Himmel zu. Der sollte auch ihr Söhnlein in seinen heiligen Schutz nehmen und die Mönche von St. Vincenz, die dafür sorgen mußten, kamen nicht von der Burg. So wurde Junker Bartolf erzogen, fast als ob er für den Himmel bestimmt wäre. Nie durfte er das Buchental betreten; kein Würfel war auf der ganzen Burg zu finden und sein einziges Wandern ging an den Festtagen der Kirche nach dem Kloster des heiligen Vincentius. Doch lernte er Reiten und Fechten nach Ritterart, wenn er auch wenige Freunde seines Alters um sich sah.

Es ging nach der Mutter Meinung alles vortrefflich, bis der Junker achtzehn Jahre zählte. Da, bei einer Jagd in den Bergen, verloren ihn seine Gesellen, und erst nach tagelangem Suchen in den fernsten Schluchten des Gebirgs fand man ihn in nächster Nähe, unter der Buche. Seitdem war kein Halten mehr. Seine Mutter weinte und flehte. Er verstand sie nicht und gehorchte einem Trieb, den er ebensowenig verstand. Zweimal versuchten sie mit Gewalt, ihm den Weg zu verlegen. Er erschlug einen Knecht; es war eine böse Geschichte. Er selbst wußte nicht, wie ihm geschah. Ließ man ihn gewähren, so war er der mildeste freundlichste Junker weit und breit, fromm und gehorsam, fast wie ein Mädchen.

Nun versuchte die Mutter ein anderes Mittel. Sie schickte ihn zu seinen Verwandten nach dem Stauffen. Er ging mit großer Freude. Der erste Ritt in die blaue Ferne! Danach hatte er sich schon längst gesehnt. Und es ging wieder alles vortrefflich. Er fand, was seine Mutter für ihn wünschte: eine Braut aus einem edlen Schwabengeschlecht, und kam zurück, glückselig. Aber das Erste war doch, daß er seinen neuen Traum unter der Buche weiter träumen wollte. Die Mutter wußte, sie konnte ihm dies nicht nehmen.

Nun war's ein monatliches Reiten hin und her, zwischen dem Odenwald und der Alb; in der ersten Zeit voller Glück und Freude und Sehnsucht. Die schwäbischen Verwandten meinten, das Paar sei noch zu jung zum Freien und zwei, drei Jährchen des Glücks der Erwartung sollte man beiden gönnen. So stürmisch wie in den ersten Wochen brauchte es ja nicht zu bleiben.

Das blieb es auch nicht. Das Reiten gefiel Junker Bartolf mehr und mehr. Bald machte er weite Umwege, zuerst beim Zurückreiten, dann auch auf dem Hinweg nach Stauffen. Es war, als treibe ihn etwas immer weiter in die Ferne, und auch von seinen Besuchen im Buchental kam er stiller zurück, je öfter er ging. Wenn dann die Mutter ihn vorwurfsvoll ansah, drückte er ihre Hand und folgte ihr zur Messe, häufiger als er es früher getan hatte. Es war deutlich zu sehen: Er kämpfte mit sich.

Da ging der Ruf durch die Christenheit: ›Gott will es!‹ Es galt, das Grab des Herrn zu befreien. Tausende von Rittern mit ihren Knechten, Abertausende von freien Männern rüsteten sich, dem Ruf zu folgen. Mutter, Braut, das ganze Glück der Heimat verschwand vor seinen Augen. Sollte er nicht im Gefolge des großen Kaisers, seines hohen Verwandten, reiten dürfen? Hinaus nach Osten, woher die Sonne kommt! War es nicht Christenpflicht, Christenrecht? Und ging es nicht nach

Osten? – Das Fähnlein mit dem wunderlichen Buchenzweig war nicht das letzte in dem gewaltigen Zug, der sich an der Donau hinunterwälzte. Er hatte nur zwei Knappen bei sich; aber seine Reitgesellen wußten bald genug, daß er selbst für sechse zählte und gaben es auf zu spotten.

Nachrichten kamen nur spärlich nach Hause. Als Kaiser Friedrich im Kalykadmus ertrunken war, und sich sein Heer in den Wüsten und Bergen Kleinasiens verlor, kamen sie allmählich zurück, müde kranke Reiter, die Trauerkunde auf den zitternden Lippen, den Tod im Herzen. Nur wenige erreichten das heilige Land; unter ihnen Junker Bartolf, den noch der Kaiser zum Ritter geschlagen hatte. Das geschah seines guten Schwertes halber. Aber niemand habe auch die stechende Sonne, die Dürre der Wüste, das Gift der Nächte besser ertragen als er. Mit wenigen Getreuen, die sich die Hoffnung nicht rauben ließen, drängte er vorwärts. Als in Aleppo die letzte Aussicht geschwunden war, das zersprengte Heer gegen die Ungläubigen zu sammeln, sei er unter die Templer gegangen, berichteten heimkehrende Pilger. Da ging seine Braut nach Lorch, ins Kloster.

Sieben Jahre lang geleitete Bartolf Pilger von Beirut nach Damaskus, vom Karmel nach Nazareth, von Joppe nach Jerusalem, wie es der Orden befahl; aber alle Freude war von ihm gewichen. Das war nicht der Dienst, den er erhofft, nicht der Osten, den er gesucht hatte. Die Zedern des Libanon verstanden ihn nicht. Unter der Buche in der fernen Heimat hatte er ganz andere Bilder gesehen, und ein wunderliches Heimweh zog ihn weiter fort statt zurück.

Da sollte er eines Tags von Damaskus aus eine kleine Karawane nach Jerusalem führen. Es waren fremde Pilger aus Armenien, hieß es, deren Sprache niemand verstand: eine Fürstentochter und ihr Gefolge, sagte man ihm, die einen königlichen Führerlohn hinterlegt habe. Er sah sie nicht von Angesicht zu Angesicht, bis sie drei Tagereisen von Damaskus entfernt waren. Ein Templer hat nicht nach dem Gesicht seiner Schutzbefohlenen zu fragen, sonderlich wenn es Frauen sind. Am dritten Abend lagerten sie an einer einsamen Quelle in der syrischen Wüste. Da ließ die Fürstin bitten, ihr Gesellschaft zu leisten. Er war ein Templer; aber er war auch ein Ritter und gehorchte.

Nie hatte er etwas Ähnliches gesehen an Schönheit und Liebreiz. Sie bot ihm eine Schale Scherbet, kühl wie Eis.

›Wir haben eine lange, lange Reise vor uns. Ihr bedürft der Stärkung‹, sagte sie.

Er wunderte sich, wie gut sie die Lingua franca sprach und erwiderte:

›Es ist ein Weg von drei Wochen, von hier bis an unser Ziel.‹

Sie lächelte: ›Vielleicht von ebensovielen Jahren.‹

›Wir gehen nach Jerusalem!‹ sagte er und es wurde ihm bange bei ihrer unheimlichen Schönheit und den unerklärlichen Worten.

›Wir gehen, wohin dich dein Herz zieht‹, sprach sie.

›Ich habe meine Ordenspflicht zu erfüllen‹, sagte er finster, denn er sprach nicht gerne mit Frauen, die wie Königinnen sprechen.

›Wir gehen, wohin dich dein Blut zieht‹, fuhr sie fort.

›Ich habe gelernt, ihm zu widerstehen‹, meinte er noch düsterer.

›Nur so lange, bis dich die Geister rufen, die das All regieren. Willst du, daß das Los entscheide?‹

Sie zog einen goldenen Becher und drei Würfel aus dem Täschchen an ihrem Gürtel. Dann sprach sie:

›Gewinnst du, so geht es nach Jerusalem und ich suche meinen Weg allein; gewinne ich, so ziehst du, wohin dich dein Herz zieht.‹

Mit gierigen Blicken und wirrem Sinn griff der Templer nach dem Becher, in dem die Prinzessin die Würfel schüttelte.

›Ein Wurf!‹ rief er. ›Länger ertrage ich den Kampf nicht.‹ Er warf zweimal Eins und einmal Zwei. Sie lächelte wie ein glückliches Kind und warf dreimal Sechs.

Dann stand sie auf und schlug den Vorhang des Zeltes zurück. Es war eine klare Mondnacht. In der Ferne sah man Paläste und Palmen und einen silberglänzenden Teich.

Der Templer sagte schaudernd: ›Ich sah das zuvor, in meiner Heimat.‹

›Es ist deine Heimat‹, sagte sie.

Er verneigte sich und ging mit entschlossenen Schritten nach seinem Zelt. Die Würfel waren gefallen.

Aber als er sich in der Morgendämmerung zum Aufbruch rüsten wollte und gierig nach der neuen Richtung ausspähte, da sah er mit Entsetzen, daß drei Viertel des Lagers verschwunden war. Keine Prinzessin, nicht eine Spur ihres Gefolges! Kein Zweifel: das alles war ein Spuk gewesen, einer der Ginni des Morgenlandes, wie sie die Ungläubigen nur zu wohl kennen.

Doch hatte er nicht das Los geworfen? Hatte er nicht die neue Heimat gesehen? Dort im Osten, wo jetzt die Sonne aufging, *mußte* sie liegen.

Er brach auf, mit zusammengebissenen Zähnen, denn er hatte nie sein Wort gebrochen und war ein tapferer Mann. Nur seine zwei Knappen begleiteten ihn, kopfschüttelnd, aber ohne Murren. Acht Tagesreisen von der Stelle, wo der Ginni verschwunden war, liegen die Gebeine von allen dreien im Sand begraben.« –

»Daraus sieht man, daß wir keinem arabischen Ginni trauen dürfen, wenn er sich noch so liebreizend stellt«, sagte Miss Thinker nachdenklich.

»Und keinem Phantom nachlaufen sollten«, fügte Buchwald hinzu, »auch wenn es im eigenen Herzen sitzt.«

»Das weiß ich nicht«, entgegnete Sakuntala. »Vielleicht wäre der Tempelritter unglücklicher geworden, wenn er seinem Herzen nicht nachgezogen wäre. Das Leben von heute dauert nur einen Tag. Wer weiß, was uns der nächste Morgen bringt. Nur muß man das Märchen weiter zu spinnen wissen.«

»Dazu sind wir Nordländer zu schwerblütig.«

»So hören Sie!«

»Aber wie heißt die Geschichte?«

»Die letzte Sati*«

sagte Sakuntala und begann:

»Fünfhundertundfünfzig Jahre waren vergangen. Die Zeit lag nicht zu weit zurück, der Ort lag nicht zu weit entfernt von meiner Heimat, daß ich nicht die Wahrheit hätte hören können.

Seit Jahrhunderten war es immer schlimmer geworden im Lande Hind. Ein Stamm zerfleischte den andern, ein Reich verschlang das andere, ein Glaube spie den andern aus. Die Fürsten mordeten mit Gift und Schwert, die Völker starben dahin in Blut und Hunger. Kinder töteten die Väter, Brüder erschlugen um sich her, was verdächtig war, Bruder zu sein, um zu leben. Wilde Horden kamen von Nord und Ost, Fremde, klug wie Teufel, von der See und verwirrten die Verwirrung zu einem einzigen bluttriefenden Knäuel. Das war aus Indien geworden, vom Himalaya bis Ceylon, vom Indus bis an den Bramaputra.

In einem kleinen Radsch des Südens, wo der Godavery seine Wasser sammelt, herrschte seit kurzem eine Rani. Sie hieß Nurmahal, ›das Feuer des Harems‹. Ihres Vaters Bruder hatte seinerzeit alles getötet, was er an Verwandten finden konnte, um sich und seinem Sohne die Herrschaft zu sichern. Der Sohn aber starb an einem Sturz vom Pferde seines ermordeten Oheims, und den Radscha zerriß das Gewehr, mit dem er das Unglückspferd erschießen wollte. Man war ratlos, wem das Radsch gehören sollte, das rings von gierigen Feinden umgeben war. Da brachte ein Einsiedler, der zwölf Jahre im

---

*   ›Sati‹ ist die indische Bezeichnung für die bekannte Sitte der Witwenverbrennung.

Gebirge gewohnt hatte, Nurmahal, die Tochter des früheren, rechtmäßigen Fürsten, die er als dreijähriges Kind gerettet und seitdem in den Dschungeln versteckt hatte. Alte Leute erkannten in ihm Bhima, den Brahmanen, der Wesir des vorletzten Herrn gewesen war. Das Volk pries die alten Götter und machte Nurmahal zu dem was sie war: Fürstin von Baratpur.

Es war ein wunderbares Mädchen, die neue Rani: klug wie wenige ihres Geschlechts und Alters, weise wie keine. Sie hatte in der Einsamkeit des Waldes die Sprüche und Lehren der Väter erlernt und kannte Sagen und Lieder aus Zeiten, die die Ältesten vergessen hatten. Dabei war sie eine Schönheit, wie sie nur selten auf Erden zur Blüte kommt.

Dies wurde das Unglück des Radschs und des Herzens von Indien, weit und breit. Denn die mächtigsten Fürsten verlangten, Nurmahal zu freien und hätten längst das kleine Volk überwältigt und die Rani mit Gewalt entführt, wenn sie sich nicht untereinander in blutigen Kämpfen das Recht bestritten hätten, dies zu tun. Tausende, die sie nie gesehen hatten, wurden erschlagen, weil Nurmahal so schön war. Sie aber wollte nicht freien. Im Garten ihrer Zenana wandelte sie unter ihren Lieblingsblumen, den Feuerlilien und sehnte sich, sie wußte nicht nach was. Niemand konnte sie verstehen. Der alte Bhami fragte sie bekümmert: Kannst du es länger mit ansehen, wie sie sich um deinetwegen verbluten? Bist du kein Kind Indiens? Was sollen die Feuerlilien? Pflege Lotusblumen, liebe und freie. Sie schüttelte den Kopf und ging in ihren Garten.

Endlich aber, als es immer schlimmer wurde im Land, sah sie ein, daß der Alte recht hatte. Sie wollte freien, um ihr Volk zu retten. Da erschrak ihr greiser Ratgeber, der sie liebte wie seinen Augapfel, aufs neue. Wen sollte sie zum Gemahl erwählen? Wer war der Tugendhafteste, der Edelste, der Tapferste, der Reichste an Schätzen, wie sie sein Liebling fordern durfte? Wie war er zu finden und zu erproben? – Bhami war ein großer Zauberer, aber erst nach langem Sinnen und Suchen in uralten Palmblattbüchern war er mit seinem Plane fertig und Nurmahal fand, daß es der Beste war, den Menschenwitz ersinnen konnte.

›Niemand sieht in die Herzen, keiner in die Zukunft‹, sprach der Weise. ›Die Götter bestimmen unser Glück, als sei es ein Spiel. Laß sie spielen, mein Kind, und vertraue auf die Barmherzigkeit Gottes, des Erhalters.‹

Hierauf ließ man weit und breit verkünden, daß Nurmahal, den Bitten ihres Volkes sich fügend, zu freien gedenke. Jeder von edlem Blut und reiner Kaste, der sich würdig achte, ihr Gemahl zu werden, sei geladen, im Hofe ihrer Zenana zu erscheinen. Dort werde er mit der Rani das Los werfen, und denjenigen, der mit dem höchsten Wurf sie und alle andern besiege, werde sie als ihren von den Göttern bestimmten Gemahl ehren. Die Verlierenden aber sollten im Frieden von dannen ziehen; es sei des Bluts genug geflossen.

Schmunzelnd, mitten im Ernst jener Tage, traf der alte Brahmane seine Vorkehrungen für die bestimmte Stunde. Für die Rani wurde im Schloßhof ein Thron errichtet. Vor denselben stellte man einen kleinen Altar, auf diesen einen silbernen Becher mit goldenen Würfeln, welche Bhami drei Nächte lang gegen alle bösen Mächte gefeit hatte, so daß sie nur dem Wahren und Guten dienen konnten. Ringsum, an den Wänden des Hofs wurden Schaubühnen gebaut, denn ihr Volk, sprach die Rani, sollte sehen, für wen sich der Himmel entschied. Unter dem finstern Schloßtor aber, durch den die Bewerber einer nach dem andern eintreten mußten, ließ der Brahmane eine Querschwelle lösen und unter derselben zwei verschlungene Schlangen begraben. Das tat er heimlich, in der Nacht. Zu Nurmahal aber sprach er: ›Du weißt noch nicht, was dies bedeutet, darum höre: Wo zwei verschlungene Schlangen liegen, von der Art derer, die unter Brotfruchtbäumen hausen, da liegt der Gott der Häuslichkeit, der Familie, des Segens, den Eltern den Kindern und Kinder den Eltern bringen. Wer über diese Schlangenschwelle schreitet, zeigt, er mag wollen oder nicht, öffentlich und in körperlicher Gestalt, was im Innersten seiner Seele wohnt. Viele glauben, er erscheine in der Form, in der er die große Wanderung antreten müßte, wenn er heute stürbe. So werden wir erkennen, wes Geistes Kind sie sind, ehe deine Bewerber den Würfelbecher berühren.‹ – Sie war's zufrieden.

Von allen Seiten strömten sie am bestimmten Tage herbei und standen vor dem Schloß in der Pracht ihres Reichtums, im Glanz ihrer Waffen, mit zornigen Blicken die Gegner messend und mit neugieriger Zuversicht durch die finstere Pforte spähend, durch die man in hellem Lichte den Tisch mit den Würfeln und hinter demselben Nurmahal sehen konnte, die mit einer Feuerlilie spielte.

Zuerst kam ein Hinduprinz aus Bengalen, der sich überaus klug und gelehrt dünkte. Auf seinem Gürtel waren Zauberzeichen eingegraben, auf seiner Nase saß eine Brille und in der Hand hielt er eine gewaltige Rolle voll selbstverfertigter Gedichte. Als er über die Schwelle trat, spürte er in allen Gliedern ein peinliches Recken und Strecken, und einen unwiderstehlichen Drang, statt sich zierlich zu verbeugen, mit den Händen bis auf den Boden zu fallen. Vor der entsetzten Versammlung aber stand nach wenigen Augenblicken ein junger grauer Esel, sah sich höchst verwundert um und begann mit einem markdurchdringenden – ah den Hofstaat der Rani wohlgefällig zu begrüßen. Dann aber schien auch ihn ein jäher Schreck zu überfallen. Er drehte sich um, schlug unhöflich nach hinten aus, galoppierte durch das Tor hinaus, durchbrach die Reihen der draußen wartenden Gefolge und stürmte angstvoll brüllend dem nahen Walde zu, in dem er verschwand.

Nun kam ein Sohn des großen Padischa von Delhi, des gefürchteten Moguls, stolz wie es nur ein Sterblicher sein kann, bedeckt mit Gold und Edelsteinen. Das krachte und knackte, wie er über die Schwelle trat! Es war aber nicht die

587

Schwelle, es waren die Knochen des armen jungen Mannes. Denn sie wuchsen und wuchsen und ein prächtiger Elefant stand dumm und verlegen unter dem Torweg, erhob den Rüssel, wie wenn er trompeten wollte, senkte ihn dann aber wieder rasch, als wäre ihm nichts Passendes eingefallen. Da er sich unter dem Tor nicht umdrehen konnte, mußte er zu diesem Zweck in den Schloßhof eintreten, was seine Verlegenheit sichtlich vermehrte; dann aber trampelte er schwerfällig und so schnell er konnte dem Walde zu und verschwand, wo der Esel verschwunden war. Das Volk aber, das an die Zauberkünste seines alten Brahmanen schon gewöhnt war, betrachtete die Sache als einen vortrefflichen Scherz und lachte, daß das Schloß erzitterte.

Jetzt trat einer der Fürsten aus Radschputana unter das Tor, eine prächtige Gestalt, mit blitzenden Augen und keckem Schritt. Der Mann kannte keine Furcht, man sah das; aber all sein Mut half ihm nichts. Zwar kam er zehn Schritte über die Schwelle, ehe er zusammenzusinken schien. Dann, mit blutunterlaufenen Augen, bereit zum Sprung, stand mitten im Schloßhof ein Königstiger und betrachtete die Leute, als ob er sich seine Beute wählen wollte. Niemand lachte diesmal. Bhami mußte seinen schwarzen Stab ausstrecken, an dessen Spitze ein roter Karfunkel blitzte. Nun erst besann sich der Tiger eines besseren, drehte sich um und stürzte in wilden Sätzen, brüllend, daß die Erde bebte, durch das Tor hinaus.

Dem Radscha folgte ein Mahratte und schlich als Fuchs davon, diesem ein Afghane, der sich mit einer zottigen Wolfshaut begnügen mußte. Dann nahten ein paar fremde Gestalten, die schon draußen, unter den harrenden Sudras und Parias, lauten Spott und kaum verheimlichten Haß erregt hatten. Es war nämlich ein behäbiger holländischer Kaufherr aus Sadras und ein kecker, aber allzu lebhafter Franzose aus Pondicherry. Woher nahmen diese kastenlosen Herrn die Frechheit, hier zu erscheinen, fragte das Volk unwillig. Doch gehorchte man dem Wink der Fürstin und ließ sie passieren.

Die verzauberte Schwelle wirkte auf die weißen Männer, wie sie auf die dunkeln gewirkt hatte. Als griesgrämiger plumper Tapir trottete der Holländer dem nächsten Sumpfe zu und wälzte sich, nicht allzu traurig, grunzend in den trüben Wassern. Der Franzose, den die Schwelle in ein prachtvolles Cochinchinahuhn verwandelt hatte, fürchtete sogar den Zauberstab Bhamis nicht, hüpfte selbstgefällig auf den Würfeltisch und krähte dort dreimal aus vollem Hals. Es war gut für den Hahn, daß auch Bhami lachen mußte. Ein Diener trug das kreischende Tier hinaus und ließ es am Waldesrande fliegen. Dort rettete es sich auf den höchsten Tamariskenbaum und fuhr fort zu krähen.

Nun wagte niemand mehr in den Hof einzutreten. Fröhlich lachend erhob sich die Prinzessin und alles endete mit einem lustigen Fest für die ganze Stadt.

›Was aber wird aus den armen Tieren?‹ fragte die Rani, voll Mitleid für alles, was leidet.

›Sei unbesorgt‹, versetzte Bhami. ›Der Zauber dauert sieben Tage. Schon morgen werden sie alle fühlen, wie sich die Tiergestalt wieder zurückzubilden beginnt. Dies ist allerdings anfänglich mit heftigen rheumatischen Schmerzen verbunden. Allein eine kleine Strafe haben die Herren wohl verdient und gegen das Ende der Woche, wenn die Menschengestalt wieder fast ganz herausgewachsen ist, spüren sie nur noch ein angenehmes, sanftes Prickeln. Du wirst sehen: in acht Tagen wird einer um den andern aus dem Wald kommen, etwas beschämt natürlich, denn ihre feinen Kleider werden in allen Richtungen geplatzt sein, aber im übrigen heil und gesund. So lange müssen wir die Leute ihres Gefolges natürlich hier behalten!‹ – ›Bewirte sie gut‹, sprach die Rani und zog sich in ihren Garten zurück.

Doch der blutige Ernst des Lebens kam wieder, nach diesem fröhlichen Tag. Der Kampf um das Radsch entbrannte aufs neue, toller als je zuvor. Die Rani wurde trüber und träumerischer mit jedem Tag, denn sie sah keine Rettung. Ihr einziger Trost war ihr Garten und die freundlichen Feuerlilien. Das half dem armen Volk allerdings wenig, das sich der Feinde kaum mehr erwehren konnte.

Da eines Tags hörte Nurmahal, daß am unteren Godavery, an der Küste, ein Mann erschienen sei, wie noch niemand einen ähnlichen gesehen habe, mit blonden Haaren und blauen Augen; ein Eroberer, sagten die Hindus der Gegend, ein König der Könige, sagten die Nagas. Sein Antlitz sei mild, wie die Morgensonne im Frühling. Er trage kein Schwert, sondern ein Buch. Der treibe keinen Handel. Er rufe nicht zum Streit, sondern spreche von Liebe, einer Liebe, die man im Lande Hind nicht kenne. Und er komme aus dem fernsten Norden, wenngleich er in einem Schiff aus Südosten gekommen zu sein scheine. Denn alles an und um ihn sei voller Rätsel.

Als sie all dies hörte, blieb die Rani drei Tage in ihrem Garten. Ihre Frauen sagten, sie spreche kein Wort und sei wie tot. Dann ließ die Bhami rufen und sprach: ›Dies ist er, auf den ich wartete. Ich werde ihm Geschenke schicken und meinen Ring, obgleich er weiß, daß er hier die Heimat findet, die er sucht.‹

Bhami erschrak heftig: ein Fremder, der nichts wußte von den Göttern des Landes! Aber es half ihm nichts. Der Bote ging und nahm als Geschenk einen schwarzen Edelstein mit, der auf der Kronenspitze einer toten Königsschlange gefunden worden sei, hieß es. Es war das Kostbarste, was Nurmahal besaß.

Da rief Bhami seinem Diener und sprach: ›Ich weiß, du bist ein Thug. Ein Fremder ist in wenigen Tagen auf dem Weg hierher. Am Saume des großen Waldes flußabwärts steht ein Brotfruchtbaum. Er ist seit Jahrhunderten der geheiligte lebendige Grenzpfahl unseres Fürstentums. Dort erwarte ihn und tue, was deines Amtes ist.‹

An jenem Baum schlug zwei Wochen später der Fremde seine Zelte auf, in der letzten Nacht, ehe er Baratpur zu erreichen hoffte und wurde am folgenden Morgen erdrosselt aufgefunden.

Als dies Nurmahal hörte, sprach sie sanft: ›Ich bin Witwe, ehe ich Frau geworden. Aber ich klage nicht. Es geschehe mir nach der Sitte meines Volks, so wird Friede sein.‹

Bhami erschrak abermals in den Tod, denn er kannte den eisernen Willen dieser Sanftmut. Und nichts, was er sagen, nichts was er tun konnte, änderte diesen Willen, noch die Wege des Geschicks. Ein großes Fest wurde für Stadt und Land zugerichtet. Trauer und Freude feierten zu gleicher Zeit die alten Gebräuche. Mitten im Garten ihres Schlosses wurde ein Scheiterhaufen aus dem Holz des Brotfruchtbaums aufgebaut, unter dem ihr Gemahl, den sie nie lebendig gesehen hatte, gefunden worden war. Ringsum standen die Feuerlilien in staunender Pracht, als die Flammen gen Himmel stiegen. Wortlos nahm sie von den Blumen Abschied, während sie allein dreimal um die brennende Lohe schritt. Dann trat sie in die Flammen und starb ihm nach.«

»Und diese Geschichte nennen Sie nicht traurig?« fragte Buchwald entrüstet.

»Ist es so traurig, wenn sich die beiden endlich zusammenfanden?« fragte Sakuntala dagegen. »Glauben Sie nicht an ein Leben nach dem Traum, den wir heute träumen?«

»Eins gefällt mir an der Geschichte«, tröstete sich der Maler. »Es war die letzte Sati.«

»Ja, in Baratpur, denn wenige Monate später erschien ein englisches Regiment aus Madras an der Stelle, wo der Weiße verschwunden war, und verlangte seine Herausgabe. Noch war alles in wilder Verwirrung und halbbetäubt von dem was geschehen war. Überdies stand an der entgegengesetzten Grenze des Landes ein kleines Mahrattenheer und verlangte die Auslieferung der Rani, die seinen Radscha tödlich beleidigt habe. Es war der Fuchs im Würfelspiel. Die Mahrattenräuber wurden rasch vertrieben. Die Engländer blieben, nach ihrer Art. Und damit war es aus mit den Witwenscheiterhaufen. – Nun aber hinaus aus meiner schwülen Heimat zu Ihrer Geschichte. Wie heißt sie?«

»Schwarze Diamanten«

antwortete Buchwald und begann:

»Fünfundfünfzig Jahre waren vergangen. – Sehen Sie, Miss Thinker, wo der Mond steht? Es ist höchste Zeit, daß wir in unsere Tage kommen. Und verzeihen müssen Sie mir, wenn ich nichts von Radschas und Ranis, von Fürsten und Prinzessinnen zu erzählen weiß. Es geht alles einfacher zu, wo ich zu Hause bin.

An der Bergstraße, zwischen Jugenheim und Balkhausen, in dem Waldtal, das gegen den Melibokus hinaufführt, wohnte ein Holzhauer in einem uralten Steinhäuschen. Man sagte, es sei aus den Steinen einer verschwundenen Ritterburg gebaut worden und der Großvater des Mannes habe schon drin gewohnt. Er hatte einen Jungen, an den sich ältere Leute heute noch erinnern, klug und munter, aber wild wie eine Waldkatze. Zu Zeiten half er dem Vater beim Holzhauen; dann brachte dieser zweimal so viel fertig als ohne den Knirps. Auch war der Pfarrer zu Jugenheim förmlich in den Jungen verliebt, gab ihm Unterricht in Latein und Griechisch und versicherte, er sei noch nie einem Schüler begegnet, der, wie der kleine Berthold, den Spiritus der alten Sprachen sozusagen gerochen habe. Der Junge *müsse* studieren. Dabei dachte er nicht an recht bedenkliche Fehler des Bürschchens. Von Zeit zu Zeit packte es den Kleinen in unerklärlicher Weise. Dann lief er tagelang in den Wäldern umher, bis ihn der Hunger wieder heimtrieb. Er habe alte Buchen gesucht, die reif zum Fällen seien, erklärte er, selbst zweifelhaft, wenn er seine Prügel weg hatte. Kein Strick aber hätte ihn gehalten, wenn Zigeuner in die Gegend kamen. Einmal blieb er eine ganze Woche weg und wurde von Landjägern aus dem Neckartal zurückgebracht. Das nächstemal kam er überhaupt nicht mehr.

Er war mit einer andern Zigeunerbande den Rhein hinab gewandert und bis in die Ruhrgegend gekommen. Dort blieb er krank und elend am Wege liegen und wurde vom Weib eines Bergmanns gefunden und ein paar Tage lang gefüttert und gepflegt. Das nette Kerlchen gefiel den kinderlosen Leuten. Da nichts ihn bewegen wollte, über seine Herkunft Aufschluß zu geben, nahm ihn der Mann in die Kohlengruben mit und merkwürdigerweise gefiel ihm die Arbeit in den finstern Gängen. Namentlich das Sprengen des Schiefers, das Brechen der Kohle erfüllte ihn mit unruhiger Neugier. Sie strahlte aus seinen Augen, wenn ein Bohrloch gefeuert werden sollte, und er war immer der erste, der die eingestürzten Wände mit Hammer und Brechstange durchstöberte. Es war als ob er ganz andere Dinge in den faserigen und oft genug formlosen Blöcken und Bruchstellen sehe als jeder andere Arbeiter. Wie er früher in den Buchenwäldern Stunden verträumt hatte, so saß er jetzt manchmal in der schwarzen Kohlenwelt, ganz zufrieden, ohne sich zu rühren.

Nach ein paar Jahren war er einer der besten Arbeiter geworden. Aber nun kam die Unruhe wieder über ihn, und eines Tages ging er auf einem Kohlenschiff, das für Holland bestimmt war, auf und davon, erst den Rhein hinunter, dann übers Meer. So kam er nach England, nach London. Dort war es nun allerdings aus mit dem Träumen; er mußte leben. Von den großen Kohlenlagern der Riesenstadt, entlang der Kanäle, die von Norden kommen, fand er seinen Weg schließlich nach Yorkshire. In wenigen Monaten hatte er die Sprache erlernt und in noch kürzerer Zeit war er Aufseher in einer kleinen Grube bei Barnesley geworden. Ein kluger Bursche war's, Glück hatte er auch und das Träumen verlor sich mit der Zeit. So kam's, daß nach etlichen Jahren, als der Besitzer der Grube starb, die Erben ihm das Bergwerk übertrugen, obgleich er sich unerklärlicherweise weigerte, die hübsche Grubenwitwe zu heiraten. Mit dem Träumen war es eben gründlich vorbei. Er wurde, nicht ohne Anstrengung, ein harter Mann, kaufte Grube um Grube, häufte Gold und Gold und war schließlich einer der reichsten Kohlenbergwerkbesitzer im Norden.

Aber er blieb ein wunderlicher Kauz. Obgleich er als alter

Junggeselle an Prunk und Pracht nicht die geringste Freude hatte, häufte er doch in seinem einsamen Haus auf einer der kahlsten Höhen des West-Ridings wunderliche und kostbare Schätze an. Wo in den Kohlenflößen Spuren von alten Holzstämmen gefunden wurden, mußten sie sorgfältig herausgeschält und nach seiner Villa gebracht werden. Auch sonstige Versteinerungen aus dem Kohlenschiefer waren ihm willkommen. All das wertlose Zeug, wie es die Bergleute nannten, ließ der alte Bert im Grundstock seines Hauses aufstellen, so daß die Geologen, die ihn besuchten, versicherten, man fühle sich bei ihm wie in einem schwarzen Palmenwald. Baumfarn von riesiger Größe, Calamiten, Sigilarien standen an den Wänden umher. Seine Dienerschaft behauptete, daß er an Sonntagen, statt die Kirche zu besuchen wie ein Christenmensch, stundenlang unter diesen Trümmern der Urzeit spazierengehe. Er konnte dies, denn das Haus war nach seinen eigenen Plänen so gebaut, daß man von der Vorhalle aus in sieben Zimmern die Mittelhalle umkreisen konnte. Letztere ging durch zwei Stockwerke, um die erforderliche Höhe für die Sigilarien zu gewinnen. Im oberen Stock hatte er seine einfachen Wohnzimmer sowie ein geheimes Gemach, in dem eine zweite seiner Liebhabereien Unterkunft fand. Ich meine nicht den gewaltigen Geldschrank, der jedoch keine unwichtige Rolle in seinem Leben spielte – ›Geld ist Macht‹ war eins seiner Lieblingssprichwörter – sondern eine wundervolle Sammlung von Edelsteinen. Sie waren fast alle indischen Ursprungs und hatten ihn viele Tausende gekostet. Er konnte plötzlich die Times auf den Boden werfen und nach London abreisen, wenn er zufällig las, daß ein bestimmter ihm bekannter Stein dort versteigert werden sollte, oder alles im Stich lassen, wenn ein Agent ihm mitteilte, daß ein Kaufmann der indischen Kompanie eine Sendung seltener Mineralien aus Bombay oder Ceylon erhalten habe.

So einsam und einfach er lebte, war er nicht ganz ungesellig und hatte ein lebhaftes Interesse auch für ethnographi-

sche und anthropologische Fragen. Seine Bibliothek war voll
nutzloser Bücher, wie seine Nachbarn behaupteten, und
wenn die *British Association* ihre Jahresversammlung im
Norden hielt, in Newcastle, York oder Durham, so ließ er die
Gelegenheit nicht vorübergehen, Gelehrte zu sich einzuladen und fürstlich zu bewirten. Mit einer fast naiven Neugier,
wie ein Kind, das einem Märchen lauscht, folgte er dann den
Gesprächen dieser Herren, die meist zu erbitterten Wort-
kämpfen Veranlassung gaben. Wo ist Sanskrit entstanden?
Kamen die germanischen Stämme aus Indien? Oder war es
umgekehrt: Kommen die Arier, die am Ganges wohnen und in
den Vedas die älteste Weisheit der Menschen niederlegten,
aus dem Norden? Ist es nicht Torheit, fragte der eine, anzunehmen, daß die blonden, blauäugigen Rassen der Sonnenglut
der Tropen entsprungen seien? Ist es nicht Wahnsinn, zu vermuten, rief der andere, daß der allweise Schöpfer – wenn Sie
einen solchen annehmen, Herr Kollege – damit anfing, den
armen nackten Zweifüßler in Eis zu legen, um ihn auf seine
Dauerhaftigkeit zu prüfen? Wenn dann die gelehrten Gegner
sich gegenseitig genügend der Unwissenheit und Unwissen-
schaftlichkeit überführt hatten und Arm in Arm nach Hause
gingen, pflegten sie wohl zu sagen: Na, Herr Kollege – schließlich – ob die Germanen am Ganges geboren wurden oder die
Inder im Sachsenwald – sein Portwein war ausgezeichnet! –
Der Eigentümer des feinen Ports aber, der allein zurückgeblieben war, saß dann wohl unter einer verkohlten Fächerpalme
der Urzeit, und träumte ausnahmsweise noch ein Viertelstündchen, wie er als Junge geträumt hatte, mit einem Druck
auf dem verknöcherten Herzen, den ihm sein Hausarzt nicht
erklären konnte.

Im Alltagsleben war und blieb er ein harter Mann, gegen
sich und andere. Die sogenannte Schule des Lebens und ein
eiserner Wille hatte ihn dazu gemacht. Seine Arbeiter haßten
ihn. Wenn er, was trotz seines Alters häufig geschah, in die
Gruben fuhr und unerwartet durch die Stollen kroch, gab es

für jede kleine Unordnung, die er entdeckte, derbe Zurechtweisungen und rasches Gericht über Sein und Nichtsein der Schuldigen. Eines Tages besuchte er in dieser Weise ein Bergwerk, das in alten Zeiten den heute nicht mehr passenden Namen der Frohen Hoffnungsgrube erhalten hatte. Weite Strecken waren längst verlassen, lange Stollen halb eingestürzt, die tiefsten waren ertrunken, kurz, es war ein höchst vernachlässigter Teil seiner großen Werke, in dem nur noch an zwei Punkten lässig und zugleich mühevoll gearbeitet wurde. Vier Wochen zuvor hatte er dort ein Dutzend Arbeiter entlassen, die an dem ärgerlichen Zustand des Ganzen völlig unschuldig waren. So traf er heute nur finstere Gesichter. Niemand bot ihm einen Bergmannsgruß; nur als die schwarzen, grimmigen Gesellen sahen, wie der alte Mann, gebückt und allein weiterschleichend, einen falschen Weg einschlug, winkten sie sich und keiner warnte den Herrn.

Erst am folgenden Tag wurde er in seiner eigenen Villa vermißt. Dann natürlich begann ein Suchen nach allen Richtungen. In die Nachbarorte, nach Newcastle, nach London wurde telegraphiert; in allen Schächten wurde nachgefragt. Endlich kam man auch nach der Frohen Hoffnungsgrube. Ja; dort hatte man ihn zuletzt gesehen. Trüppchen wurden organisiert, die die endlosen alten Gänge nach einem bestimmten Plan durchforschten. Eine Abteilung kam an das Ende eines halb eingestürzten Stollens, dessen Boden durch den völligen Einsturz des darunterliegenden ausgebeuteten Flözes sich um mehrere Meter gesenkt hatte. Dadurch war eine geräumige Höhle mit hohen Wänden entstanden, die einen merkwürdigen Anblick boten. Stamm an Stamm ragten Palmen nach der Decke. Rippen und Abdrücke von Farnkrautblättern bedeckten den Boden. Ein Baum, von dessen Gattung man bisher nie eine Spur entdeckt hatte, mehr einem riesigen Laubholzbaum späterer Jahrtausende ähnlich, stand an der hinteren Wand der Kammer. Dort lag auch Herr Bert bewußtlos am Boden, mit einer blutenden Wunde auf der Stirne.

Man richtete ihn auf und flößte ihm Branntwein ein, das Heilmittel für alle Schäden in den Kohlendistrikten Englands. Er erholte sich verhältnismäßig rasch, sah erst entsetzt um sich und lächelte dann, als ob er vor den Leuten einen kleinen Unfall verstecken wollte. Dann schien ihn plötzlich eine Erinnerung zu ergreifen. Er fuhr mit der Hand nach der Brust, zog einen kleinen, glänzenden Stein aus der Tasche und verbarg ihn wieder. Der Aufseher, der den alten Herrn in den Armen hielt, behauptete nachher, es sei ein blitzender Diamant gewesen, aber kohlschwarz, wenn ihn das Spiegeln der Wände in dem Stein nicht getäuscht habe.

Man trug Herrn Bert aus der Grube und führte ihn nach seinem Haus. Einen halben Tag war es möglich, ihn im Bett zu halten. Staunend hörte die Welt einige Tage später, daß er seine Bergwerke verkaufen wolle. Rasch genug war dies geschehen, da es fast schien, als ob ihm der Preis gleichgültig wäre. Er war mit allem in fieberhafter Eile, und nach drei Monaten war das große Geschäft sowie sein Haus in andere Hände übergegangen.

Selbst sein ihm freundschaftlich ergebener Hausarzt, ein leidenschaftlicher Geologe, mit dem er den Kohlenschiefer der Gegend in jedem Sinne zu durchforschen pflegte, erfuhr nicht, was ihm in jener Calamitenhöhle begegnet war. Aus den fast sinnlosen Andeutungen, die ihm gelegentlich entschlüpften, ließ sich nichts ersehen, als daß der Verstand des alten Herrn vielleicht durch einen Sturz gelitten haben mochte. Er hatte Stunden tiefer Schwermut, in denen er seinem Freunde seufzend gestand, sein Bestes erstickt, seine Lebenskraft mißbraucht zu haben, um mit Gewalt seine Seele versteinern zu lassen. Er müsse, war der Schluß solcher Ausbrüche, die Farnpalmen an Ort und Stelle sehen; das allein könne ihm vielleicht noch helfen.

Keine Warnung des besorgten Arztes machte den geringsten Eindruck auf ihn. Schon halbkrank, schiffte er sich in Southampton ein. Man hörte später von Mitreisenden, daß seine Ungeduld während der zwar langen aber glücklichen Überfahrt fast peinlich anzusehen gewesen sei. Es war unzweifelhaft, daß sein Geist in eigentümlicher Weise angegriffen war. Während der letzten Tage im Indischen Ozean, wurde der alte Herr schon so schwach, daß man ihn auf das Deck tragen mußte, als Ceylon in Sicht kam. In den zitternden Händen habe er bis zuletzt einen kostbaren schwarzen Stein gehalten, den er mit fast kindischer Heimlichkeit versteckte, wenn er sich beobachtet glaubte. Als man die Berge der paradiesischen Insel und die prachtvollen Palmenwälder von Colombo im Widerschein des Abendrots vor sich liegen sah, sei er sanft aber unerwartet rasch gestorben. ›Lanka, meine Heimat!‹ seien seine letzten Worte gewesen.«

»Ich dachte mir's«, sagte Sakuntala. »Heute kennt ihn kein Mensch mehr, aber Lanka ist der uralte Name von Ceylon. Von dort stammte der kleine Bibidschinka in unserem ersten Märchen. Aber jetzt zum Schluß, mein Märchenspinner!«

Sie neigte sich gegen Buchwald mit einem Lächeln voll unbewußter Liebe, daß es ihm heiß und kalt über den Rücken lief.

»Hören Sie die letzte unserer Geschichten; dann wollen wir richten! Sie hat noch keinen Namen. Doch Ihnen zuliebe nenne ich sie:

Die Lotusblume und der Schmetterling«

Dann, über den Strom hinwegblickend, begann sie:

»Nichts war vergangen. Was sind fünf Jahre in den Zeiten, mit denen wir rechnen?

Nichts war vergangen – nichts vergeht.

Der Segen des Himmels hatte sich nach einem Jahrtausend wieder einmal über das verschmachtete Land ergossen. Der Teich von Kuru-kschetra, der seit dreißig Menschenaltern vertrocknet und vergessen gewesen war, hatte sich wieder gefüllt. An seinen Ufern sproßten Blumen aus tausendjährigen Samenkörnchen, und Palmen schossen empor wie unter dem Zauberstab des Schöpfers. Ruhig und friedlich lag der blaue Spiegel unter dem blauen Firmament und erkannte die Sterne wieder, die er vor zehn Jahrhunderten aus seiner Tiefe gegrüßt hatte.

Nichts war vergangen – nichts vergeht.

In einer warmen Mondnacht stieg aus dem feuchten Grunde eine Blume empor, jung und frühlingsfrisch. Ihre herzförmigen tiefgrünen Blätter wiegten sich über dem Wasser im Hauch der Nacht, als der Mond aufstieg und sein silbernes Licht über die fernen Berge warf und über die dunkeln Ufer in ihrer stillen Pracht. Alles blühte ihm entgegen. Da öffnete auch die Blume ihren weißen Kelch, um dessen Rand ein sanftes Rot spielte wie der Atem des Lebens. In ihrem Kelch aber, umringt von goldgelben Staubfäden, lag auf goldenem Kern etwas wie ein Tautropfen, wie eine Perle, wie ein Edelstein. Es blitzte und funkelte, wenn der Mondstrahl es berührte und war fast schwarz, wenn es der Schatten der Blätter des Kelchs deckte. Eine gewöhnliche Lotusblume war es nicht, die aus der Tiefe gestiegen war.

Sie sann und sann durch die stillen Stunden der Nacht. Woher war sie gekommen? Woher ihre Schönheit, ihr Duft, ihre Sehnsucht? Sie erinnerte sich nicht, doch sie fühlte es, daß jahrhundertelang ihr Samenkorn scheinbar tot in der toten Erde gelegen hatte. Und doch war sie jetzt lebendig, blühte fröhlich in der stillen Welt, die sie umgab und duftete dem Mond entgegen, der sie mit seinen Strahlen küßte wie eine Mutter aus einer andern Welt ihr erdgeborenes Kind. Aber sie sehnte sich, sie wußte nicht nach was. Es war das schmerzliche Frühlingsglück der Lotusblumen.

Stunden zerrannen wie lange selige Jahre, in unbegreiflichem Erinnern und ihr Sehnen und Duften wurde immer mächtiger. Dabei sah sie den Mond emporsteigen, ruhig aber unaufhaltsam, vom Rande des Sees, bis er senkrecht über ihrem Kelche stand. Was kümmerte sie die Zeit!

Und als der Mond in der Mitte des Himmels stand und die

halbe Nacht schon vorüber war, da endlich kam es, von der andern Seite des Sees, von Norden her: ein großer silberner Schmetterling. Lautlos wiegte er sich über den Wassern. Auf jedem seiner weißen, mächtigen Schwingen war ein grünes Fleckchen. Es glich einem Blatt. Sie wußte, was es bedeutete. Langsam sank der Falter aus der Höhe, setzte sich auf den Rand der Blume und küßte ihr dunkles diamantenes Herz.

Da schloß sie zitternd die Blätter des Kelchs. Der Falter war gefangen und lautlos sank die Blume unter Wasser.

Der Mond aber ging weiter auf seiner stillen Bahn. Das zeitlose Glück fragt nicht nach Stunden, nicht nach Jahrtausenden.«

Sakuntala schwieg. Sie hätte keinen Grund dafür angeben können, aber ihre Augen hatten sich mit Tränen gefüllt. Der Mond – der wirkliche Mond – stand jetzt auch fast senkrecht über ihnen und erfüllte alles ringsumher mit seiner silbernen Klarheit. Auf dem Nil, in den sie hinuntersah, trieb eine Lotusblume vorüber.

»Sehen Sie sie!« rief Buchwald bebend. »Schnell, ehe sie versinkt!« wollte er hinzusetzen, aber die Stimme versagte ihm. Er sank vor Sakuntala nieder.

»Sie versinkt nicht; nicht ohne dich«, flüsterte sie.

Da hatten sie sich gefunden. –

Die Lotusblume auf dem Nil gehörte nicht zu den sieben Märchen. Man hatte aus den Teichen in den alten Gärten von Schubra ganze Bündel der altägyptischen Seerosen herausgefischt und wollte die Zementbecken der Gesira damit schmücken. Da dieselben noch nicht mit Wasser gefüllt waren, hatte man die Wagenladung, um sie frisch zu erhalten, am Nilufer ins Wasser gesetzt und sie dann, nach ägyptischer Art, vergessen. In der Nacht hatte sich ein Teil derselben losgemacht und war mit dem Strom, am Ufer entlang, davongesegelt. Buchwald, als gründlicher Deutscher, ruhte nicht, bis er einige Tage später das Geheimnis enträtselt und für Sakuntala noch ein Dutzend der zurückgebliebenen Blumen erbeutet hatte.

Als sie Hand in Hand zum Festplatz zurückgingen und zusammen beschlossen, daß noch niemand ihr Geheimnis teilen solle, kamen sie gerade rechtzeitig, um den Schluß des Feuerwerks zu sehen. Hoch am Nachthimmel standen in ruhiger Flammenschrift die ernsten rätselhaften Zeichen.

»Was sie wohl bedeuten mögen«, fragte Buchwald. »Es ist arabisch; aber zum Lesen habe ich es noch nicht gebracht.« – »O, das habe ich schon als Kind spielend gelernt. Es waren Muhamedaner genug um Vater und Mutter«, sagte Sakuntala. »Es heißt: *La ila ha illallah*. Es ist nur ein Gott!«

»So ist es!« sagte Buchwald sehr ernst und küßte sie auf die Stirne.

Dann sahen sie, im Aufleuchten einer bengalischen Flamme, Fräulein Schütz auf ihrer Vase. Auch das *La ila* war erloschen. Sie hatten die Erde und ihre Freunde wiedergefunden.

4. Teil

Erde

Führt um die Sonne dich dein Riesenpfad,
Als triebe dich ein felsenfester Wille;
Liegst träumend du in einer Mondnacht Stille
Auf Berg und Tal, die nie der Mensch betrat:

Du bist das Sichre, Feste, das er hat,
In der Erscheinung buntbewegter Fülle,
Die schlichte Treue, ohne Schein und Hülle;
Dein ist die Kraft der Ruhe; dein die Saat.

O Mutter, die wir weinend wieder suchen,
Wenn uns das Leben allzu weh getan;
Das Leben, das verzweifelnd wir verfluchen

In seinen Wirren und in uns'rem Wahn;
Das stets verjüngt du uns zurückgegeben:
Dein ist die Saat, o Mutter, dein das Leben!

22. KAPITEL

Ein Opfer

Selbst der schwarze Bob, ein weißhaariger Sudanese, das älteste Inventarstück des Hotel Shepheard, der die wanderlustige Bande der arabischen Zimmermädchen männlichen Geschlechts überwachte und als Dragoman für alles im oberen Stockwerk des Gasthofs diente, konnte sich nicht erinnern, einen ähnlichen Morgen erlebt zu haben. Niemand verlangte seine Dienste. In der geräumigen Halle, die kreuzgangartig den stillen Hotelgarten umschloß, brannte die Morgensonne seit drei Stunden, aber es rührte sich nichts. Von Zeit zu Zeit schlich Mansur, der frechste der Stiefelputzer, die eigenen Schuhe in der Hand, an den Zimmertüren hin und horchte. Es war, als ob sich die Geschichte vom Dornröschen nach Ägypten verirrt hätte. Nur im Zimmer des Amerikaners schnarchte es. Das war dessen Frau. Sie also lebte noch. Mansur, von plötzlichem Schrecken erfaßt, lief davon und erzählte unten, mit weit aufgerissenen Augen, was er gehört und gesehen hatte.

Es war nicht geheuer, im oberen Stockwerk. Das Töpfchen heißen Wassers, das sich Lord Dudley jeden Morgen bringen ließ, stand seit zwei Stunden vor Nummer acht und war längst kalt geworden. Selbst der Herr Kurier Seiner Lordschaft schlief noch, obgleich er den Ball nur von außen mitgemacht hatte. An dem Türpfosten von Nummer zweiundvierzig pflegte Herr Webster, seitdem er verlobt war, allnächtlich einen feinen schwarzen Gehrock aufzuhängen, in der Hoffnung, daß ihn ein guter Ginni ausbürsten würde. Dort hing heute der vollständige Anzug eines Bajazzos, als ob Herr Webster denselben nun täglich zu tragen beabsichtige. Vor Nummer sechzig, dem Zimmer von Mayer & Cie., Papierhandlung *en gros* aus Berlin, stand nur ein einziger staubiger Stiefel, denn die Hausdiener kannten das etwas rasche nervöse Temperament von Herrn Mayer jr. und wagten nicht, den Einsamen zu berühren, aus Furcht, des Diebstahls ›seines Bruders‹ bezichtigt zu werden. Nur einmal, seitdem die heiße Morgensonne dies alles an den Tag gebracht, hatte sich eine Spur von Leben in dem hinteren Quergang gerührt. Mansur sah dort Herrn Ben vorsichtig an der Wand hinschleichen. Er hatte einen grauen Staubmantel über dem Arm, war in Frack und weißer Binde und trug einen Zylinder, der ihm viel zu klein war und tief im Nacken saß. Sein Gesicht hatte einen völlig ungewohnten Ausdruck. Müdigkeit und Entsetzen schienen sich in den sonst so harmonischen Zügen um die Herrschaft zu streiten. Auch kam er nicht, wie gewöhnlich um diese Stunde, aus seinem Schlafgemach, sondern suchte es mit eiligen scheuen Schritten auf und schloß leise die Türe hinter sich, wie wenn er fürchtete, als Hoteldieb ertappt zu werden. Ein Eselsjunge aus Bulok habe ihn gebracht, sagten sie unten. – Eine weitere Stunde verging. Manchmal hörte man jetzt, hinter andern Türen, das Röcheln eines unter schweren körperlichen Leiden Träumenden, das zornige Räuspern eines Erwachenden. Es war ein unbehaglicher, ein unheimlicher Morgen.

Am schlimmsten sah es in Joes Zimmer aus. Auch er hatte sich noch nicht entkleidet und saß schon seit Stunden fast regungslos auf dem Gesims des offenen Fensters – zum Glück war es die Schattenseite des Hauses – lehnte den Kopf an das Fensterkreuz und sah in den Garten hinab. In der Hand hielt er eine goldumränderte Karte, die er von Zeit zu Zeit mit starren Augen bald auf der einen, bald auf der andern Seite betrachtete und dann wieder, mit allen Zeichen der Hoffnungslosigkeit, sinken ließ.

Auf der einen Seite der Karte waren in einem Kranz lieblich flatternder Amoretten, die sich mit Rosen bewarfen, die sechzehn Tänze des gestrigen Balls ordnungsgemäß aufgeführt und hinter den acht ersten in, wie man vermuten mußte, kufischen oder demotischen Schriftzügen unentzifferbare Namen eingetragen, so daß wenigstens das Ganze dem Scharfsinn keine allzu schwere Aufgabe stellte. Es war die Tanzkarte einer Dame des neunzehnten Jahrhunderts. Anders auf der andern Seite. Dort waren die demotischen Zeichen leserlich, die Sprache aber nicht etwa altägyptisch, sondern deutsch.

War es ein Glück, war es ein Unglück für Thinker, daß er sechs Jahre lang in unserem Vaterland studiert hatte? Wer wagte diese Frage nach jenem verhängnisvollen Tag zu entscheiden? Er hatte Deutschland liebgewonnen und sogar – ein seltener Fall bei einem Sohn Albions – die deutsche Sprache mit Ausdauer und leidlichem Erfolg zu erlernen sich bemüht. Er glaubte in ihren Geist eingedrungen zu sein und erzeugte eigenhändig, allerdings nur auf dem Papier, Worte und Sätze von wunderbarer Länge, die er mit Stolz betrachtete. Jene feineren Eigentümlichkeiten, die das klassische Hochdeutsch der Zeit von Weimar von dem ebenso klassischen des gemütlichen Wiens unterscheiden, waren ihm trotzdem fremd geblieben. Er las deshalb ohne Anstoß, wenn auch mit einem Gemisch von Staunen und Schrecken, wie folgt:

Habns nix gmerkt? Muß mer Ene a Bußerl nochschmeissn? Mer san doch halbe Landsleut und Kollegn.

Machens keine Faxn und kummens morgen abend um neune, heißt das heint, ins Hotel di Nil. I hab nix ztanzn. Mer wolln en gmütlichn Tee mitsammn trinken.

Alles in Er, notabene; i hob die Franzosn satt.

Künstler simer jo alle zwei beide. I kann de halt leide und, wer waß, i kann der verleicht a amol ebes zlieb don in dem Sauland.

Waßt, i plausch halt gern, wie mer der Schnabel gwaxn is. Das Französch kommt mer scho de hals aufi.

I paß auf Die, Mutzi! Net vergessen, neune. Zimmernummer 47 im zweiten Stock links.

Mille baisers! Madame Géraldine.

Ob Brugsch, der große Demotiker, nach zwei Stunden soviel von der rätselhaften Inschrift entziffert hätte, mag dahingestellt bleiben. Auch Thinker war nicht alles klar, sooft er sich auch aufs neue an die Arbeit gemacht hatte. In der ersten Stunde war er mehrmals im Begriff gewesen, die Karte zu zerreißen und zum Fenster hinauszuwerfen. Doch es regten sich die früher unbeachteten Einflüsterungen O'Donalds unheimlich, sooft er sie zu diesem Zweck zwischen Daumen und Zeigefinger faßte. Diese Anwandlungen eines unverständigen Zorns waren jetzt vorüber. Er begriff, daß er von Geraldinen, die der weltkundige und im ganzen doch recht achtbare Prokurist der ägyptischen Handelsgesellschaft vielleicht nicht ganz mit Unrecht anders beurteilte als er selbst, eine Einladung zum Tee erhalten hatte. Ohne Zweifel, sagte er sich weiter, die Einladung war in der Form nicht ganz korrekt, ja nach englischen Begriffen sehr anfechtbar. Allein man konnte englische Begriffe nicht bei aller Welt voraussetzen. Einer seiner geschätztesten Jugendfreunde aus der Bonner Zeit, der beste Sanskritkenner der jüngsten Generation, aß noch heute mit dem Messer; ein anderer, ein vortrefflicher Charakter, war in bezug auf das Boxen in den lächerlichsten Vorurteilen befangen, während er sich nicht entblödete, die häßliche Unsitte des Paukens zu verteidigen. Wie oft hatte er sich all das in Deutschland sagen müssen. Solche Erfahrungen sollte ein Billigdenkender nicht so leicht vergessen.

Andererseits: was ging ihn eine Sängerin, und selbst die

hervorragendste, eines *Café chantant* an? Oder vielmehr umgekehrt!? Der Gedanke grenzte ja an Wahnsinn!

Er warf die Karte zum drittenmal auf den Boden, zog jetzt erst Frack und Halsbinde aus und wusch sich den Kopf mit kaltem Wasser. Zum Unglück ist das Wasser in Ägypten nie kalt genug. Dann, vor dem Rasierspiegel stehend, prüfte er sich abermals, äußerlich und innerlich. Aber es wollte kein Lichtstrahl in das Dunkel seines Sinnes fallen.

»Es ist Wahnsinn«, wiederholte er, halblaut mit dem Spiegel sprechend. »Ich weiß allerdings – man findet Andeutungen ähnlicher Art bei den ältesten Autoren – die Kapricen dieser Frauenzimmer sind oft völlig unerklärlich. Schon in Griechenland gab es Beispiele. Und hier, auf ägyptischem Boden, wo die römische Überkultur in ihrem Zerfall die wunderlichsten Blüten getrieben hat –: wer weiß, ob das nicht heute noch im Boden liegt?«

Er hob die Karte wieder auf.

»Ehe ich die ganze vielleicht peinlich unwürdige Sache von mir abschüttle«, fuhr er fort, »sollte ich wenigstens wissen, was die Person sagt. Das bloße Problem des Entzifferns hat einen berechtigten Reiz, dem ich nicht zu widerstehen brauche. Daß sie mich auf neun Uhr zum Tee bittet, ist unzweifelhaft. Was aber heißt ›Mutzi‹? Das Wort scheint mir von Bedeutung zu sein.«

Thinker kam, ohne daß er es wußte, eine Erfahrung zustatten, die andere vor ihm gemacht haben. Der Dialekt und auch grobe Sprachfehler, denen ein der Sprache nur halb Kundiger begegnet, machen ihm weit geringere Schwierigkeiten, als einem anderen, der mit der Sprache völlig vertraut ist und den die Abweichungen deshalb mehr verwirren. So war er dem Sinn des Schreibens näher gekommen, als man erwarten sollte, fast ohne zu ahnen, welche sprachliche Bildungsstufe es verriet. Er packte jetzt sein Rasierzeug weg, kleidete sich um und sah wohl sorgenvoll, doch etwas frischer in den Tag hinein. Dann schloß er einen seiner großen Schiffskoffer auf und holte aus dessen tiefstem Grund mit sicherem Griff ein kleines deutsch-englisches Handlexikon hervor. *Mutzi* aber wollte sich nicht finden und all seine Konjekturen, so kühn sie zuletzt wurden, führten zu keinem besseren Ergebnis.

»Ich muß diesem interessanten Wort auf den Grund kommen«, sagte er eigensinnig. »Es enthält den Schlüssel zum Ganzen, davon bin ich fest überzeugt. Wenn ich Buchwald zu Rat zöge?«

Damit öffnete er die Türe des Schlafzimmers, blieb aber sinnend auf der Schwelle stehen.

»Buchwald kennt es ohne Zweifel. Allein die ganze Sache ist so eigentümlich! Er wird natürlich fragen, wie ich zu dem Wort komme. – Ich würde dem jungen Mann doch ungern in einem Licht erscheinen, das – das – mißverstanden werden könnte. – Der Wirt, Herr Zech, ist ja auch ein Deutscher. – Aber er ist zu wenig Philologe, das ist sicher. Freilich ist das der Maler ebensowenig. – Gibt es denn keinen einzigen brauchbaren Deutschen, der mir in dieser Verlegenheit helfen könnte, ohne daß ich mich möglicherweise kompromittiere?«

Plötzlich hellte sich sein schwermütiger Blick auf. »Schubra! Eyth! Das ist's! Jetzt nur rasch einen Esel!«

Er frühstückte in dem noch immer leeren Speisesaal fast ohne zu wissen, was er tat. Wenige Minuten später ritt er in munterem Trab auf seinem gewohnten Grauschimmel die Sykomorenallee entlang, die ihn aus dem schwülen Getümmel der Stadt in die Morgenstille des Landes hinausführte. Von Zeit zu Zeit griff er nach seiner Brust. Dort lag, sorgfältig in einem Briefumschlag geborgen, die wertvolle Tanzkarte. Die erquickende Ruhe ringsumher, der kühle Schatten der dichtbelaubten Bäume und selbst der kluge Esel, der jetzt mit der ganzen Behaglichkeit seiner Natur langsamer dahinschlenderte: all das gab ihm Muße, sich zu sammeln und den Stand der Dinge reiflicher zu überlegen.

»Was macht es eigentlich«, sagte er sich nach einiger Zeit,

»wenn ich über dieses merkwürdige Wort erst später Aufklärung erhalte? Viel wichtiger scheint mir der Satz -: *I kann der verleicht a amol ebes z'lieb don in dem Sauland*, der völlig klar ist. ›Sauland‹ ist allerdings noch etwas zweideutig. Sollte es Seeland heißen? Meint die Künstlerin vielleicht – und mit vollem Recht: das der See entstiegene Land. Wahrhaftig, so nannten die alten Ägypter das Delta! Es würde dies einen Grad von klassischer und naturwissenschaftlicher Bildung andeuten, den ich offengestanden bei Madame Geraldine nicht gesucht hätte. – Ich habe ihr vielleicht in mehr als einer Beziehung Unrecht getan.«

Fünfzig Schritte der Allee schoben sich zwischen diesen und den nächsten Gedanken:

»Trotzdem wäre es vielleicht das Klügste, und in meiner Lage das Würdigste, dieses rätselhafte Schreiben unbeachtet zu lassen. – Habe ich doch bisher jede Berührung mit diesen Kreisen ängstlich, vielleicht zu ängstlich, vermieden. Ich kann mir nicht verhehlen, daß ich mir einer gewissen Unbeholfenheit bewußt bin, einer unpassenden Scheu, den Anforderungen des Lebens in dieser Richtung entgegenzutreten.«

Er hielt ganz unwillkürlich den Esel an. Das gehorsame Tierchen stand stockstill und schien ebenfalls nachzudenken. Dann fühlte es, daß sein Herr umzudrehen wünsche, und tat es.

»Auch dies ist meiner nicht würdig!« dachte Joe weiter, indem er sinnend seinen Weg in der Richtung gegen Kairo fortsetzte und weislich jedem seiner Gedanken drei Sykomorenbäume zumaß. »O'Donald steht ihr offenbar näher als ich bisher vermutete. Sollte er, im Interesse der guten Sache, an der er so lebhaften Anteil nimmt, ihr einen Wink gegeben haben? Mir gab der wackere junge Mann Winke genug. – *I kann der verleicht a amol ebes z'lieb don* ist, wenn ich die charakteristisch formulierte Periode nicht völlig mißverstehe, das edelmütige Anerbieten ihres Beistands. Der ganze übrige Brief zeigt die lebhafteste Teilnahme für meine Bestrebungen, und ihr Einfluß ist in den Kreisen, von denen – Gott sei's geklagt! – so viel abhängt, nicht – nicht bedeutungslos.«

»Nein, hier waltet kein Zufall! Die mehrfachen Begegnungen in der letzten Zeit, die Andeutungen O'Donalds, das förmliche Drängen dieses weltklugen Herrn – ich darf, ich muß all das als eine Weisung ansehen, die bestimmt ist, meinen Plan zu fördern, das große Rettungswerk einzuleiten. Darf ich dieser Weisung mein Ohr verschließen? Soll ich ein zweiter Jonas werden, der sich weigert, nach Ninive, in die Sündenstadt zu pilgern? Der Augenblick ist gekommen, in dem ich mich für die Sache, der ich diene, überwinden muß, will ich nicht zu leicht befunden werden. Mein Gott, würde ich zaudern, wenn mein Ninive männlichen Geschlechts wäre? Nicht einen Augenblick. Und da es dies nun einmal nicht ist: habe ich das Recht, der inneren Stimme den Gehorsam zu weigern, ich, ein Mann in meinen Jahren, ein Doktor der Philosophie, ein nicht unwürdiges Glied des geistlichen Standes?«

Sein Zorn erwachte. War dies alles nicht eine kindische Schwäche? »Vorwärts! Es muß sein!« rief er laut, stieß dem überraschten Esel die Fersen seiner kräftigen Stiefel in die Seite, und im Galopp gings nach Kairo zurück.

Und doch kamen, trotz dieses Aufschwungs, im Laufe des Tages noch Augenblicke, ja ganze Stunden großer Schwäche. Während des zweiten Frühstücks, zu dem er gerade rechtzeitig im Gasthof eintraf, sah er niemanden seiner näheren Bekannten bei Tisch. Die Gesellschaft seines Bruders ließ sich die Mahlzeit aufs Zimmer bringen. Die Damen waren von den Anstrengungen des gestrigen Tages vermutlich noch zu ermüdet, und Herr Ben war, wie Joe zufällig hörte, vor einer Stunde hastig ausgeritten. Der Zufall wollte es, daß er neben zwei Franzosen zu sitzen kam, die sich zuerst über des Vizekönigs Ball unterhielten und dann die Frage erörterten, wie man in erschöpftem Zustande den Abend möglichst schmerzlos zubringen könne. Dabei kamen sie, nach ihrer Art, auf

Madame Geraldine zu sprechen, die heute unglücklicherweise nicht auftreten werde. Was sie des weiteren sagten, verstand der Doktor nur halb, aber, als er sich erhob, war sein
neuester Entschluß gefaßt: er wollte der Einladung zum Tee
nicht Folge leisten. Konnte ihm ein herbes Geschick zumuten, solch zweifelhafte Wege einzuschlagen, um einer großen
und heiligen Sache zu dienen? Zwar durfte er sich der Wahr-
nehmung nicht verschließen, daß sein Bruder durch kaum
weniger verwerfliche Mittel eine Stellung gewonnen hatte,
die seine eigenen Pläne aufs ernstlichste bedrohte. Gestern
noch hatte sich der Gegner vielleicht Vorteile gesichert, welche die entsetzliche Entscheidung herbeiführen konnten,
während er dem kindischen Feuerwerk untätig zusah. Aber
durfte er nunmehr, in der Not, ähnliche Wege betreten? Nein!
Dies konnte von ihm nicht verlangt werden.

Er begab sich auf sein Zimmer, um während der heute
besonders notwendigen Mittagsruhe das innerliche Gleichgewicht wiederzufinden. Dort lag er auf seinem Sofa, mit offenen Augen an die Decke starrend, Geraldinens Tanzkarte in
der Hand, alle zehn Minuten einen neuen Entschluß fassend.
Zwei Moskitos leisteten ihm Gesellschaft. Das war kein Sofa;
es war eine Folterbank.

Nach einer Stunde war er wieder unten. Sobald das
Schlimmste der Mittagshitze vorüber war, ritt er aus, um
O'Donald oder Buchwald aufzusuchen; nicht mit der Absicht,
ihnen etwas von der Einladung und seinen inneren Kämpfen
mitzuteilen. Alles aber war besser als dieses Hin-und-her-
geworfen-werden zwischen Wollen und Nichtwollen. Er fand
Buchwalds Wohnung leer. Haifa saß auf der Schwelle des
Haustors und sah ihn mit großen Augen an, als ob sie erwartete, gefragt zu werden. Sie war neugierig zu wissen, was der
Zauberer mit dem Amulett gemacht habe, das sie ihm ausge-
liefert hatte. Aber selbst wenn es ihm möglich gewesen
wäre, mit dem arabischen Mädchen zu sprechen, er hätte
keine Silbe über die Lippen gebracht. Er schämte sich vor

dem Kind, dem er die Hauptsache, um die es sich handelte, die Rettung der Pyramide, doch niemals hätte verständlich machen können. So begnügte er sich mit ihrer Andeutung, daß Buchwald nach einem kurzen Schlaf schon früh ausgegangen und seitdem nicht zurückgekehrt sei.

Auch O'Donald war nicht zu finden. In seinem Büro hieß es, Herr Ben Thinker sei hier gewesen und habe bei verschlossenen Türen ein längeres Gespräch mit dem Chef gehabt. Dann sei Osman Effendi gekommen und alle drei hätten das Haus verlassen, um, soviel man wisse, nach der Geschäftsstelle des Crédit Lyonnais zu gehen. Dies gab Joe aufs neue zu denken. Osman Effendi und sein Bruder schienen unzertrennlich geworden zu sein und er, Joe Thinker, wußte noch immer nichts zu tun, um die hereinbrechende Katastrophe abzuwenden! Hatte ihn der wackere O'Donald nicht hundertmal gewarnt? Hatte er ihm nicht den Weg angedeutet, wie der Gefahr zu begegnen sei? Wies ihn nicht der heutige Tag auf diesen Weg, in einer Weise, daß man an das Eingreifen höherer Mächte hätte denken können? Und er fand nicht den Mut, den klugen Ratschlägen seines aufrichtigsten, wenn auch etwas leichtfertigen Freundes zu folgen! – Fast verzweifelnd deutete er dem Eselsjungen an, daß er auf die Zitadelle reiten wolle. Er mußte Luft schöpfen. Dort oben war es jetzt etwas kühler.

Es ist einer der schönsten Punkte der Erde, die Bastei vor der Marmormoschee Mohamed Alis; wie geschaffen, die Seele aus dem Lärm und den kleinen Nöten des Tags herauszuheben und in die große stille Welt der Vergangenheit, grenzenlos nach Raum und Zeit, hinüberzuführen. Wer sich hier nicht träumend im bildgewordenen Leben der Menschheit verliert, der hat nie geträumt.

Über die Zinnen mittelalterlicher Türme und Festungswerke hinweg sah Thinker zu seinen Füßen die größte Stadt des Orients mit ihren hundert Kuppeln und Minaretts, in der sich heute, wie schon öfter in früheren Jahrhunderten, Morgen- und Abendland berühren. In nächster Nähe, an dem gewaltigen Karamedan-Platz, auf dem sich zahlreiche kleine Gruppen von Kamelen, von Pferden und bunten Menschen bewegten, steigt die Moschee Sultan Hassans empor, der schönste Bau aus der Glanzzeit des arabischen Ägyptens, gewaltig in seiner Masse, wunderbar zierlich und doch von klassischer Schlichtheit in seinem baulichen Schmuck. Gegen Süden, hinweg über ein Häusermeer, das hundert Gärten und Höfe unterbrechen, erblickt man die älteste, die Moschee Ibn Tulun; gegen Norden die alte Stadtmauer mit den wuchtigen Türmen des Bab el Nasr und Bab el Futuh. Rings um die See vielfach zerfallener Häuser und Paläste liegen gegen Süd und Ost hin die Friedhöfe mit ihren weißen wimmelnden Grabsteinen von heute und den prächtigen Grabmoscheen und Minaretts aus der Zeit der Mamelukensultane und der ägyptischen Kalifen, die den Rand der Wüste und die einsamen Schutthügel um die Stadt her schmücken. Im Norden breitet sich bis zum Horizont das blaudämmernde Delta mit dem grünen Schimmer seiner unerschöpflichen Fruchtbarkeit, belebt von Gruppen dunkler Sykomoren und zierlicher Palmen, die die Fellahdörfchen beschatten. Im Westen an das Häusermeer sich anschließend erscheint Bulak, die Hafenstadt Kairos, mit den rauchenden Schloten seiner Flußdampfer, seines Arsenals und seiner Fabriken, ein Nebelfleck, den unsere Zeit in das sonnige Bild vergangener Jahrhunderte setzt; und im äußersten Süden, aus weiter Ferne hereindringend, blitzt der Spiegel des Stroms, der vor Urzeiten dieses Land geschaffen hat, der es noch heute erhält und ihm für alle Zukunft eine scheinbar unvergängliche Blüte sichert.

Thinker bewunderte dieses Bild nicht zum erstenmal. Es zog ihn heute mehr als sonst aus sich heraus. Er sah die Größe und Pracht dieser Welt, in ihrem Werden und Vergehen, sah Frühling und Herbst, Sommer und Winter auch im Leben der Menschheit, sah die ewige Wiederkehr der Kräfte, die längst erstorben und begraben scheinen. Was war das Sorgen, das

Schaffen und Kämpfen des einzelnen gegenüber diesem großartigen Spiegel der Natur mit ihrem Menschengeschlecht! Lohnte es sich, sich aufzuregen? Lohnte es sich, einen Finger zu rühren? Nicht immer hat ein derartiges Bild des allumfassenden Lebens die Wirkung, das kleine Ich an die Pflichten des eigenen Daseins zu mahnen.

Doch jetzt sah er auch im Flimmern der Abendsonne, die alle Formen in flüssiges Gold aufzulösen drohte, am Horizont die Umrisse seiner Pyramide. Das war für ihn das Bleibende, das Ewige in dem Bilde. Dort am westlichen Horizont stand sie: ein Denkmal der Zeiten, die dem Menschengeschlecht beschieden sind, ein verschlossenes Buch, das sich heute zu öffnen begann und uns in großen Zügen sagen konnte, woher wir gekommen und wohin wir gehen. Und dieses Monument übermenschlichen Ursprungs sollte verschwinden, weil unsere kleine, dem Bauch dienende Zeit das Graben und Sprengen und Zerstören besser versteht als frühere Jahrhunderte? Nein, weil er, Joe Thinker, nicht den Mut, nicht die moralische Kraft hatte, diesem Frevel entgegenzutreten mit den Waffen, die uns diese häßliche Welt des Kampfes aufdrängt. – Er war nicht hierhergekommen, um die Pyramide aus der Ferne zu betrachten, auch nicht, um hier die Frage des Augenblicks aufs neue zu erwägen. Im Gegenteil, er war auf die Zitadelle geritten, um sich selbst und all seinen Zweifeln zu entfliehen. Nun stand die Pyramide doch vor ihm, flammend wie in heiligem Zorn, und fragte ihn, ob ihm das kleinste Opfer – lächerlich in seiner Kleinheit – zu schwer sei, das sie von ihm fordere.

Zehn Minuten lang starrte er in die Glut, bis ihm die Augen übergingen. Dann wandte er sich langsam um. Sein Entschluß – der wirkliche Entschluß – war gefaßt.

In den oberen, etwas engen Gängen des Hotel du Nil überließ man die Beleuchtung gewöhnlich dem Mond. Dies war heute voll berechtigt, denn er schien mit seiner ganzen ägyptischen

Pracht seit einer Stunde durch das große Fenster am Ende der langen Zimmerreihe. Das Gesims dieses Fensters war bei Tage die Wohnung des kleinen Chalil; bei Nacht schlief er am Fuß desselben auf dem Bretterboden, der mittels einer alten Binsenmatte in ein nach sudanesischen Begriffen üppiges Schlafgemach umzuwandeln war. Heute hatte sich der schwarze Schlingel noch nicht zur Ruhe begeben und machte die sinnreichsten Versuche, auf dem Wege der drahtlosen Telegraphie über den Garten hinweg mit seiner Freundin Haifa in Verbindung zu treten. Alles ohne Erfolg. Haifa war entweder nicht zu Hause oder verschmähte es, sich anschließen zu lassen. Die offenen Fenster von Buchwalds Atelier blieben ohne Leben.

Ärgerlich sah sich Chalil nach einer andern Unterhaltung um, denn er hatte Befehl erhalten, wach zu bleiben und sich als wohlerzogener Chadam* zu benehmen. Dazu kam jetzt Gelegenheit. Die Tritte von zwei Männern ließen sich am andern Ende des Gangs hören. Auch eine Papierlaterne wurde sichtbar und hinter dem Hoteldiener, der sie trug, kam mit vorsichtigen, zögernden Schritten eine hohe schwarze Gestalt: Dr. Joe Thinker.

Chalil sah ihn erstaunt an. Das war nicht der Gast, den *er* erwartet hatte, so festlich, in Handschuhen und hohem Hut, er auch gekleidet war. Eine lebhafte Erörterung zwischen den beiden Dienern endete damit, daß Thinker dem kleinen, sichtlich widerspenstigen Neger, der sich wie der Boab eines Harems erster Klasse gebärdete, seine eigene sowie die verhängnisvolle Tanzkarte übergab, mit denen der Kleine in das Zimmer seiner Gebieterin schlüpfte. Wenige Augenblicke später streckte er den Kopf wieder aus der kaum sich öffnenden Türspalte, grinste wie ein Kobold, zeigte zwei Reihen glänzender Zähne und winkte Thinker, hereinzukommen. Mit einer entschlossenen Bewegung sich zusammenraffend, trat

---

* Hausdiener.

der Doktor ein. Der Kleine schlüpfte wie eine Eidechse an ihm vorüber, schloß die Türe und fragte den Hoteldiener zornig, was er hier mache.

Thinker stand allein in einem geschmackvoll ausgestatteten kleinen Salon, dessen Hauptfenster sich türenartig nach einem Balkon hin öffnete. Vor dem mit orientalischen Stickereien bedeckten Diwan stand ein runder Tisch, auf welchem eine schlanke Moderateurlampe brannte, die unter einem roten Lichtschirm aus Papierspitzen hervor durch das ganze Zimmer eine behagliche gedämpfte Helle verbreitete. Ein sichtlich wertvoller russischer Samowar stand auf dem Tisch, den ein schwarzer, ebenfalls buntgestickter Teppich bedeckte. Links und rechts von der Teemaschine befanden sich Platten mit kalten Fleischwaren. Drei Tassen, die Teller und alles Zubehör verrieten, daß hier nicht ein Hotelkellner, sondern eine weibliche Hand ordnend gewaltet hatte. Auf einem Seitentischchen prangte ein riesiger Blumenstrauß und in der entgegengesetzten Zimmerecke stand ein Pianino, eine damals seltene Erscheinung in Ägypten, auf dem etwas wirr, Noten, ein Damenhut, eine Reitpeitsche und in nicht aufdringlicher Weise ein Strickstrumpf und ein Pomadetöpfchen zu sehen waren. Man mußte zugeben, daß das Ganze den Eindruck einer gemütlichen, nicht allzu pedantischen Häuslichkeit machte, die man in einem ägyptischen Gasthof kaum gesucht hätte.

Der Doktor hatte Zeit, diese Beobachtungen zu machen, denn er blieb volle fünf Minuten allein. Die Türe nach dem Nebenzimmer war halb geöffnet. Hinter derselben hörte er von Zeit zu Zeit Bewegungen, leises Flüstern, das Rauschen eines Kleides. Er war im Begriff, einen Farbendruck näher zu betrachten, welcher rahmenlos, von einem großen welken Kranz umgeben, an der Wand befestigt war und Romeo vorstellte, wie er sich, an einer Strickleiter hängend, mit qualvoller Gebärde von Julie losreißt, als sich die Seitentüre geräuschlos öffnete. In einem einfachen hellen Kleide, ohne jeden Schmuck, ihr gewinnendstes Lächeln auf den Lippen, stand Madame Geraldine vor ihm.

Aber es dauerte nur einen Augenblick. Wie ein Blitz flog es über ihr etwas allzu rundes Gesicht, das aus einem Wald von hundert blonden Löckchen hervorsah: Erstaunen, starre Verwunderung, Entsetzen. Die weitaufgerissenen braunen Augen funkelten, die allzu roten Lippen öffneten sich, als ob sie nach Luft schnappte. Dann plötzlich erfaßte sie eine unbändige Heiterkeit, die sich in ein schallendes Gelächter auflöste. Joe Thinkers englischer Gleichmut hatte zwei Minuten lang eine schwere Probe zu bestehen. Aber er bestand sie.

»I bitt Ihnen«, schluchzte Geraldine endlich, »wo kommen denn Sie her?«

»Madame«, sagte Thinker mit Fassung, all sein Deutsch zusammennehmend, »ich habe mir erlaubt, Ihrer Einladung Folge zu leisten, denn –«

»Ja, du heiliger Wenzel«, unterbrach ihn die Künstlerin, »wie kommen's denn zu meiner Kart'n?«

Jetzt ahnte Joe, daß nicht alles mit rechten Dingen zugegangen sein könnte. War er das Opfer eines unglücklichen Zufalls? Hatte ihm ein gewissenloser Bösewicht einen Streich gespielt? Solche Vermutungen lagen weitab von seinem gewöhnlichen Denken, allein in dieser Welt verstand er sich selbst nicht mehr. Jetzt galt es, seine Selbstachtung, die Würde seines hohen Berufs zu wahren. Er richtete sich auf und sah die noch immer ausgelassen lachende Dame vorwurfsvoll an.

»Die Karte wurde mir von einem weiblichen Wesen zugestellt«, sagte er leise, aber fest, »an dessen gutem Glauben zu zweifeln ich keine Ursache hatte.«

»A schwarzer Bua is g'wes'n«, lachte Geraldine. »Wissen's nit, was a Bua is?«

Sie ging rasch auf die Türe zu, öffnete sie und rief hinaus:

»Du verflixter Kerl! Willst hergeh'n! Was hast mit der Kart'n g'macht?«

Aber Chalil, der die Sprache seiner Herrin kannte, auch

wenn er nur wenige Worte deutsch verstand, hatte sich bereits am andern Ende des Gangs in Sicherheit gebracht und verriet dies nicht mit einem Laut.

»Wissen's«, sagte die Sängerin, die Türe wieder schließend, etwas ruhiger, »die Karte war nit für Sie. Den Maler, den Buchwalderl, hätt' i gern hier g'habt. Wir sind all' zwei beide Künstler und Landsleut'. Und da hab' i halt dacht, mer kännt' wohl amol z'sam'n sitze' und a bisserl plausch'n. Die Franzosen und Türken und all das Gesind'l is mer schon z' fad. Und jetzt müß'n Sie derher komm'n! Der Onkel statt'm Neff'n. Des is ja die reinste Komödi'! Aber's soll gut sein, wann i nit verstick.«

»Es lohnt sich wohl kaum, das Mißverständnis völlig aufzuklären«, sagte Joe steif. »Wenn die Karte nicht mir galt, so gestatten Sie, Madame, daß ich mich empfehle.«

»Na, warum nit gar! Des wär' no schöner!« rief Geraldine in jenem Ton gewinnender Herzlichkeit, mit dem das Beste ihrer österreichischen Heimat siegreich durchbrach. »Sie verstehn a bissl deutsch und der Tee is fertig. *Me speak english.* Nehmen's Platz! Wenn Sie auch kein Künstler sein sollt'n, was i schon glaub': A guter Kerl sein's doch, des gsi i glei. Nacher bleiben's halt a bissl do. I kenn' Sie ja schon, Sie sind der Spezel vom Buchwalderl, den i gar z'gern hab. Nacher kennen Sie mir'n verleicht amol zuschick'n. Pepi! – Pepi!!«

Dies galt dem Nebenzimmer, dessen Türe sich jetzt völlig öffnete, um eine kleine runde Frau eintreten zu lassen, die trotz des Strickstrumpfs in der Linken, in tadelloser Form vor Thinker knixte. Er erkannte sofort die ›Theatermutter‹, wie sie O'Donald nannte, die er vor dem Café français flüchtig gesehen hatte. Entweder war die Dame eine vortreffliche Schauspielerin, oder er und sein weltkluger Freund hatten sich damals gründlich getäuscht. Sie sah so häuslich, so mütterlich gutmütig aus den klugen braunen Äuglein, daß es Joe ordentlich wohl wurde.

»Pepi ist eigentlich meine Tante«, sagte Geraldine, die Dame vorstellend. »Sie versteht das Teemachen besser als ich. Sie hat's in Moskau und Petersburg g'lernt, wie sie noch erste Tragödin am deutschen Theater g'wes'n is. Haben's von der berühmten Ganganelli nie g'hört? Aber setzen wir uns, Mister Inglischmen!«

Sie brach aufs neue in helles Lachen aus; es war aber so echt und gutartig, daß Joe nicht weit davon war, einzustimmen. War das dieselbe Madame Geraldine, die er in dem elenden *Café chantant* gesehen hatte und die später wie ein Pfau durch den Saal in Shepheards Hotel stolziert war?

»I hätt' auch Tragödin wird'n soll'n, aber's is nix g'wes'n; I' tanz besser«, erzählte sie, indem sie sich neben Joe setzte, den Brotlaib ergriff und Butterbrot schnitt. Die Tragödin machte sich über den Samowar her, der offenbar ihr Stolz war.

Thinker saß zwischen den zwei Damen, ehe er wußte, was mit ihm geschah. Er war noch zu verwirrt, um auf ihre Fragen antworten zu können. Manchmal hatte er das Gefühl, daß alles ein Traum sei: die Ballnacht auf der Gesira, der heiße fiebrige Tag und jetzt der singende Teekessel und die fremden Damen in ihrer einfachen, zierlichen Häuslichkeit. Alles wogte in seinem Innern wirr durcheinander.

»Aber wissen's«, fuhr Geraldine fort, ohne das verlegene Schweigen ihres Gastes zu beachten, »die Bud' auf der Esbekiye hab i jetzt bald satt. Der Direktor hat mi ang'schmiert in Paris. Da hat's g'heiß'n: grandiose Bühne, erste Kräfte, alles tiptop. Na, Sie wissen's, wie's is. Aber was kann mer mach'n. I muß halt tanz'n.

Sie zersäbelte den Brotlaib mit unverkennbarer Entrüstung.

»Na, ewig wird's auch nit dauern«, tröstete sie sich selbst. »Wissen's schon? Der Vize will ein Theater bau'n - Oper - alles - großartig! Da muß ich Primadonna wird'n. Gucken's mich nur an! - 's wird schon geh'n. Und mein Tanterl wird Heldenmutter; anders tu i's nit. I hab'n Freund, der macht hier alles.«

Daran hatte Thinker trotz aller Verwirrung schon seit einigen Minuten gedacht. Wäre es möglich, daß diese über alle maßen wunderliche Wendung der Dinge ihn doch dem ersehnten Ziele näher bringen sollte? Es war ein ernster Augenblick. Mit erzwungenem Lächeln nahm er die Teetasse aus der Hand der Tante und begann gleichzeitig mit fast bebender Stimme:

»Wenn Sie mir erlaubten, Madame Geraldine –«

»I heiß Gertrud; Trudel wenn's Ihnen besser g'fallt; so hat mi mein Onkel selig in Steinbruck g'heißen,« unterbrach ihn die Tänzerin. »Herr Gott, is das lang her! Und Madame? – Is nit! Des is für die Franzosen. I bin a steirisch Madel, daß nur wiß'n!«

»Schön, Fräulein Gertrud«, begann Thinker aufs neue. »Darf ich ihnen gestehen, daß ich Ihre Einladung mit Freuden angenommen habe. Ich weiß jetzt, daß sie nicht mir galt. Trotzdem knüpfe ich eine Hoffnung an dieselbe –«

»Na, ich bitt ihnen! Sie werden doch nit!« lachte Gertrud Geraldine, etwas abrückend.

»Nein, nein! Sie mißverstehen mich!« rief Thinker selbst lächelnd. »Aber Sie sind in der Lage, mir einen großen, einen sehr großen Dienst zu erweisen, für den ich Ihnen ich weiß nicht wie dankbar sein würde, und ich hoffe, Sie überreden zu können –«

Er stockte. Die Einleitung war nicht leicht.

»Na, da bin i doch begierig. Geh'n Sie's an!« sagte Fräulein Gertrud, indem sie kräftig in ihr Butterbrot biß.

»Wollen Sie mich aufmerksam, geduldig anhören?« fragte Joe, fast schmeichelnd, aber noch immer zweifelhaft, wie er weiter kommen sollte.

»Wir hab'n sonst nix z'tun; machen's keine Umständ!« versetzte die Künstlerin. »I hab schon mehr dummes Zeugs anhören müss'n, als mir lieb is.«

»Gut; also hören Sie, mein liebes Fräulein«, bat Thinker mit steigender Zuversicht. »Sie sehen in mir einen Mann, dessen Lebensaufgabe mit der großen Pyramide steht und fällt.«

»Na, i bitt schön, des is nit möglich!« rief Geraldine, ihn starr ansehend.

»Aber wenn ich Ihnen versichere –«

»I sag, es ist nit möglich! Sie guter alter Onkel und die groß' Pyramid'. Wissen's, i weiß was i sag'. I hab ein' Bruder, der hat in London und Paris und Petersburg g'arbeitet, von Berlin und Wien will i gar nix sag'n. Akrobat is er. Wissen's was des is? Na, der hat die groß' Pyramid' mit sechs Damen und drei Herrn g'stellt; und i hab d' Spitz g'macht dazumal. I bin halt noch a kleins Dirndel g'wes'n. Und mer hab'n allemal a Not g'habt, daß wir a Musikholl oder a *Café chantant* g'fund'n hab'n, hoch g'nug, daß i mir den Kopf nit ang'stoß'n hab. Großartig! – Aber Sie!«

Thinker begann das Mißverständnis zu verstehen.

»Ich meine nicht diese Art von Pyramiden«, erklärte er etwas kleinlaut. »Sie haben doch die Pyramiden hier in der Nähe von Kairo, bei Gise, schon gesehen, die steinernen viertausendjährigen Pyramiden –«

»Ach, die?« rief Geraldine wegwerfend. »Weiß schon! Wir waren letzte Weihnachten mit der ganzen Bande dort. Fein! Ich hab den schönsten weißen Esel der ganzen Kavallerie g'habt. Das war das erste Präsent, das mir der Sadyk schickte.«

Sie schlug sich mit der Hand auf den Mund, sah Thinker fragend an und fuhr dann beruhigt fort, ihrem Schinken zuzusprechen.

»Ja, die!« sagte der Doktor entmutigt, raffte sich dann aber gewaltsam auf und suchte seiner neuen Freundin zu erklären, welche Bedeutung die große Pyramide für ihn habe, und für Ägypten und für die ganze Menschheit. Sie hörte ihn ruhig und aufmerksam an, während sie mit gesundem Appetit ihren Tee beendete. Die Tante strickte eifrig und wandte kein Auge von den sich mehr und mehr belebenden Zügen des Gelehrten. Ob sie an die alte Zeiten dachte, da sie noch ›Tragödin‹ war, und derartige Studien gemacht haben mochte, wenn ihr ein interessanter Kopf, eine leidenschaftliche Gebärde begegnete? Thinker hatte jetzt sein Gleichgewicht wiedergewonnen. Er ließ sich gehen, wie immer, wenn er seine Lieblingsgedanken verfolgen durfte. Sie lauschten auf seine Worte, diese Frauen. Er glaubte zu fühlen, daß selbst auf diesem Boden die Kraft der Wahrheit nicht versagte.

»Und sollten Sie es für möglich halten«, schloß er, »daß es Menschen gibt, die den teuflischen Plan hegen, dieses rätselhafte Bauwerk umzustürzen?«

»Rätselhaft scheint es mir auch zu sein«, sagte Geraldine, »aber was können wir machen?«

»Menschen«, fuhr Joe heftig fort, »die sich in den höchsten Kreisen Einfluß zu verschaffen wissen und mit deren Hilfe die verwerfliche Absicht möglicherweise ins Werk setzen werden.«

»Sie sollten sie halt bei der Polizei anzeigen«, riet die praktische Geraldine. »Die wird sie schon abschieb'n.«

»Die Polizei ist nicht klug genug für solche Dinge«, klagte Thinker, mit einem Lächeln auf dem ernsten Gesicht.

»Oder beim Vize«, fuhr sie eifrig fort. »Das wollt' ich schon fertigkriegen.«

»Nur an dieser Stelle können wir auf Erfolg rechnen«, entgegnete der Doktor rasch und fast freudig. »Und dabei können Sie mir behilflich sein.«

»Ich?« rief die Künstlerin, aufrichtig erstaunt.

»Ja, Sie!« sagte Thinker nachdrücklich, alle Bedenken abwerfend. »Sie kennen Sadyk Pascha –«

»Na, und ob!« lachte Geraldine unschuldig. »Wissen Sie's auch schon? Aber Sie müssen nicht glauben –«

»Ich glaube nichts –« versicherte der Doktor mit ungewöhnlicher Wärme.

»Nämlich – er will mi heirat'n«, unterbrach ihn die Tänzerin. »Aber i mag nit. Er hat schon zwei Frau'n. I weiß wohl, er ist ein Türk. Aber des san mir halt nit g'wohnt, bei uns z'Haus.«

»Ich glaube nichts«, wiederholte Joe ernstlich. »Ich habe

Sie heute als ein wackeres Mädchen kennengelernt, das sein hartes Brot –«

»Na, ich bitt' Ihnen –«

»Das seinen Beruf erfüllt, ehrlich und tapfer, wie irgendein Mann es kann. Aber Sie kennen Sadyk Pascha. Sie haben Einfluß auf den Herrn. Erzählen Sie ihm von der Pyramide. Interessieren Sie ihn. Sprechen Sie von mir. Sagen Sie ihm, was er für uns tun muß.«

»Na, was muß er denn tun?«

»Er muß mit dem Vizekönig sprechen. Er muß mir Gelegenheit verschaffen, daß ich mit Seiner Hoheit sprechen kann.«

»Sie woll'n eine Audienz hab'n?« rief Geraldine erleichtert. »Wenn's weiter nix is. Das hab i schon mehr als einmal g'macht.«

»Sie sind der Rettungsengel der Pyramide, Geraldine«, rief Joe, der nach all den Qualen der letzten Wochen sein Ziel plötzlich vor Augen sah.

»Wollen Sie mir dann den Buchwaldl schicken?« fragte sie mit ihrem verführerischsten Lächeln.

»Was Sie wollen – wen Sie wollen!« erklärte der Doktor. »Sie wissen nicht, was Sie für mich, was Sie für die ganze Menschheit zu tun im Begriff stehen. Ich danke Ihnen, Geraldine!«

»Aber den Buchwaldl! – nicht vergessen!«

In diesem Augenblick öffnete sich die Zimmertüre gerade weit genug um Tarbusch und Kopf Chalils durchzulassen. Der Kleine sah aus, wie ein echter Kobold aus dem Innersten des schwarzen Erdteils. Seine weißen Augäpfel schienen aus ihren Höhlen treten zu wollen. Die roten aufgeworfenen Lippen bildeten ein rundes Loch, das Entsetzen und zugleich eine teuflische Lust an dem Schrecken ausdrückte, den er zu verbreiten hoffte. Und wie das Zischen einer Schlange klang es leise, zweimal hintereinander:

»Sadyk Pascha! Sadyk Pascha!«

Die Tragödin sprang auf, ließ den Strickstumpf fallen, schlug, nicht ohne theatralische Wirkung, die Hände über dem Kopf zusammen und lief nach der Türe des Nebenzimmers. »Es ist nicht möglich«, flüsterte Geraldine. »Ich weiß, er ist heute früh nach Alexandrien.«

Aber schon hörte man ein langsames Schlurfen im Gang.

»Er ist's!« keuchte die Tante, die wieder zurückgekehrt war, und sichtlich nach Fassung rang.

»Dann tun Sie mir den einzigen Gefallen, bester Pyramidenonkel und machen Sie, daß Sie fortkommen«, sagte Geraldine, mit erstaunlicher Ruhe und plötzlich hochdeutsch sprechend. Aber schnell – schnell, *s'il vous plaît!* – Machen Sie uns nicht unglücklich. Ich will Primadonna werden, und ohne Sadyk werde ich es nie.«

»Nicht da hinaus!« flüsterte die Tante, als sie Thinker den Weg nach der Zimmertür einschlagen sah. »Sie laufen ihm in die Arme.«

»Gut, so begegne ich ihm hier!« sagte Thinker entschlossen. Seine Mannheit regte sich; er war kein Feigling.

»Sie sollen Ihre Audienz haben; Sie sollen alles haben, was Sie verlangen!« sagte Geraldine drängend. »Wollen Sie unser Unglück werden? Wissen Sie, er kann uns nichts anhaben; er hat kein Recht dazu. Aber es ist ein Türk – er sieht's nicht gern, wenn er andere hier findet, der dumme Kerl. Und ich *will* Primadonna werden!«

Es klopfte.

»Hier hinaus!« rief die Tante, mit der Entschlossenheit der Verzweiflung. Thinker wußte kaum, wie ihm geschah. Er konnte eine Frau die rohe Gewalt des Mannes doch nicht fühlen lassen und sie schob ihn mit einer Kraft, die er dem kleinen Wesen niemals zugetraut hätte, indem sie ihn zugleich fortwährend mit den zärtlichsten Worten überschüttete. In weniger als einer halben Minute, aber nicht zehn Sekunden zu früh stand er auf dem Balkon. Die Tragödin hatte ihren Atem und ihre Geistesgegenwart wieder gefunden und schloß die Balkontüre hinter sich.

»Sie können nicht hierbleiben«, sagte sie hastig, aber

bestimmt.«Man sieht Sie durch das Fenster, und man sieht Sie vom Garten herauf.«

»Aber«, entgegnete Thinker, verwirrt durch das Gefühl, das ihn heute schon einmal beschlichen hatte, daß das alles ein häßlicher Traum sein müsse, »ich sehe keine Möglichkeit, weiterzukommen.«

»Was? Es sind keine fünf Fuß bis zu dem flachen Dach hier unten«, sagte die Tante, verächtlich hinabsehend, »das ist das Dach des Speisesaals. Es führt Sie um die Ecke des Hauses herum. Dort hinten kommen Sie auf das neue Hotelwaschhäuschen. Dann haben Sie nicht mehr weit: einen Katzensprung in den Garten!«

Die alte Dame bewies eine erstaunliche Ortskenntnis und Thinker war noch immer ein gewandter Herr für sein Alter. Er hatte auf der Cheopspyramide ganz andere Turnkunststückchen mit Erfolg ausgeführt, aber er zauderte dennoch. Das Abenteuer war so ganz unpassend, so ganz gegen sein Empfinden! – Ohne sich umzusehen, fühlte er jetzt, daß sich die Türe im Salon öffnete und daß Madame Geraldine den neuen Gast empfing. Es war keine Zeit zum Überlegen übrig.

»Soll ich es Ihnen vormachen?« fragte die Tragödin, mit dem Ausdruck der Verzweiflung in den sonst so ruhigen behaglichen Zügen. Sie hatte in jüngeren Jahren sicherlich nicht bloß in Tragödien geglänzt und machte alles Ernstes Anstalt, das Geländer zu übersteigen. Diese Form der Aufforderung war zu viel für Thinkers Zartgefühl. Mit einem Schwung, der seiner eigenen Jugend in den schottischen Bergen Ehre gemacht hätte, flog er über die Brüstung und im nächsten Augenblick stand er auf der Plattform, welche, terrassenartig vorspringend, das hohe Erdgeschoß des Hauses umgab.

»Gute Nacht, mein Ritter ohne Furcht und Tadel!« flüsterte Madame Ganganelli gerührt. Die dreißigjährige Erinnerung an einen längst verwelkten Romeo ergriff sie mächtig. Mit einem tiefen Seufzer der Erlösung öffnete sie die Balkontüre wieder und verschwand.

Thinker sah sich um. Es war klar, daß auf dem kaum zwei Schritte breiten Vordach seines Bleibens nicht sein konnte. Nicht bloß aus Nummer 47 – eine unheilige Zahl, die er in seinem Leben nie mehr vergaß – fielen rötliche Lichtstreifen über den weißen Zementboden, auf dem er stand. Acht, neun weitere Zimmer beleuchteten entlang der Seite des Hauses den bedenklichen Weg, den ihm die besorgte Tante angedeutet hatte. In diesen Lichtstreifen war er keinen Augenblick sicher, von den Gasthofzimmern aus gesehen zu werden und auch die dunkeln Stellen zwischen den Fenstern boten in der mondhellen Nacht keine Sicherheit, wenn jemand zufällig vom Garten herauf sehen sollte. Ein Glück war es wenigstens, daß diese Seite des Hauses im Schatten des Mondlichts lag. Aber auch so –: welche Lage für einen Gelehrten, für einen Doktor, für einen Reverend!

Glücklicherweise gehörte Joe trotz all seiner Versenkung in die Welt des Geistes nicht zu jenen verknöcherten Seelen, welche in jeder Lage des Lebens gleich hilflos sind. Dies verdankte er seiner Knabenzeit, die er in Wald und Feld, wenn auch mit Büchern in der Hand, zugebracht hatte. Dutzende von vergessenen Jugenderinnerungen stiegen in ihm auf, und wie einen heiteren Anachronismus empfand er die mißliche Lage und die rührende Unschuld, die ihn in diese Lage gebracht hatte. Er war am Verzweifeln, aber er mußte lachen. Dann brummte er sich selbst ärgerlich zu: »Beim Zeus, die Geschichte ist nicht zum Lachen!«

Er bückte sich und schlich wie eine Katze an der Wand des Hauses entlang. Wer ihn so gesehen hätte, würde von Stund an das gelegentliche Erscheinen eines Afrits nicht mehr bezweifelt haben. Glücklich kam er an das hintere Ende und um die Ecke des Hauses. Der Dachvorsprung setzte sich auch hier noch fort, und nicht ein Fenster des Gasthofs auf dieser Seite war beleuchtet. Der Garten unter seinen Füßen lag im schwarzen Schlagschatten des großen Gebäudes. An dasselbe schloß sich der erwartete kleine Nebenbau, dessen Giebel ungefähr einen Meter unter der Plattform lag, auf der er stand. Von dem Dach des Nebenhauses war es in der Tat nicht mehr weit in den Garten, wie Madame Ganganelli vorhergesagt hatte. Aber eine unerwartete Schwierigkeit bot sich dennoch. Der Schuppen war vielleicht das einzige Gebäude in Kairo, das ein regelrechtes geneigtes europäisches Dach hatte. Von der Dachkante bis zum Boden mochte es kaum zweieinhalb Meter sein. Dies ließ sich machen. Allein vom Dachfirst, der ohne Mühe zu erreichen war, nach der Dachkante, führte eine ziemlich steile schiefe Ebene aus Asphaltplatten, über die hinabzugleiten höchst gefährlich schien. Rittlings und sehr nachdenklich saß Thinker eine halbe Minute später auf dem First und überlegte dies alles mit sorgenvollen Blicken.

Es schien unbedenklich, hier eine Zeitlang zu verweilen. Der tiefe Schatten des Hauses machte eine sofortige Entdeckung nicht wahrscheinlich. Nur das entfernte Ende des Schuppendachs wurde vom Mond noch erreicht. Dort saß auf dem First, ihm unmittelbar gegenüber, eine fratzenhaft ausgeschnittene Wetterfahne, die ihm von Zeit zu Zeit zutraulich zuwinkte, als ob sie beide in ungefähr derselben fatalen Lage wären. Und während er sie ingrimmig beobachtete, glaubte er nicht ohne Besorgnis zu bemerken, daß ihm das Mondlicht näher rückte. Das war wohl Täuschung; so schnell konnte es nicht gehen. Oder saß er schon eine Viertelstunde lang hier? Er war erstaunt, keine Langeweile zu empfinden.

Es war eine wundervolle Nacht; wenn nur die Umstände etwas günstiger gewesen wären, sie zu genießen. Auf der entgegengesetzten Seite des Gartens standen Busch und Strauch fast taghell in vollem Mondlicht. Aus der Tiefe, in dem schwarzgrünen Schatten der Bäume, hörte er das Plätschern eines Springbrunnens. Dort drüben ragte weiß und gespenstisch die kleine Moschee mit ihrem zerfallenen Minarett in den dunkelblauen Nachthimmel hinein. Links davon bedeckte das düstere, palastartige Gebäude, in dem sich Buchwalds Atelier befand, einen Teil des Firmaments. Seine Fenster standen weit offen und erschienen in der mondbestrahlten Wandfläche schwarz und tot wie die Augenhöhlen eines Schädels. Doch der Sternenhimmel, mit seiner zauberhaften Klarheit, mit der Ruhe seiner Unendlichkeit, wölbte sich über all die Erbärmlichkeiten des Menschenlebens heute wie vor Jahrtausenden. Gerade über dem Minarett standen die Plejaden, und dort das kleine, aber fast stechend blitzende Sternchen war die Alcyone. Die Alcyone, der Pyramidenstern von 2160 vor Christus! –

Schritte – Stimmen unten im Garten riefen den unverbesserlichen Träumer auf die Erde zurück. Es kamen, langsam daherschlendernd, Leute, die in lebhaftem Gespräch waren. Thinker drückte sich an die Wand des Gasthofs und lauschte gespannt. Sie kamen näher. Jetzt konnte er zwei Gestalten unten sehen. Und jetzt unterschied er auch die wohlbekannten Stimmen. Es war Buchwald, der sich ohne Zweifel auf dem Weg nach Hause befand und den O'Donald, wie es schien, begleitete.

Sie blieben im vollen Mondlicht zehn Schritte vor dem Schuppen stehen. Thinker nahm seinen Hut ab, bückte sich nach der andern Seite des Schuppens und machte gleichzeitig einen Versuch, seinen Rockkragen aufzustülpen.

»Unbegreiflich!« rief Buchwald lebhaft, sich plötzlich gegen O'Donald und den Schuppen wendend. »Ein Mann in seinem Alter!«

»Alter schützt vor Torheit nicht!« versetzte O'Donald halb lachend, halb ärgerlich.

Thinker legte sich jetzt mit dem Oberkörper flach auf den Dachfirst.

»Ein Mann, der das Leben von allen Seiten gesehen haben muß und wissen sollte, wie solche Geschichten fast immer enden«, fuhr Buchwald fort.

»Sie vergessen, daß er einen Zweck hatte.«

»Darüber brauchte er nicht den Kopf völlig zu verlieren.«

»Ich bin keineswegs sicher, daß er ihn verloren hat«, versetzte der Prokurist nachdenklich. »Der Mann hat einen großen Gedanken. Sein Plan ist nicht so verrückt, wie manche andere. Nehmen Sie seinen Bruder!«

»Es scheint in der Familie zu liegen«, sagte Buchwald.

»Genie und Narrheit«, bestätigte der Prokurist. »Aber beide behalten ihr Ziel scharf im Auge, das muß ihnen ihr schlimmster Feind lassen. Und beide haben je einen Gedanken. Solche Leute erreichen etwas, Herr Buchwald.«

»Man sieht's. Zehntausend Pfund!« rief Buchwald mit neuerwachtem Entsetzen. »Eine fürchterliche Summe für unsere deutschen Begriffe.«

»Auch für uns Engländer rund genug«, entgegnete O'Donald. »Aber möglicherweise lohnt es sich, sie den hungrigen Effendis und kleinen Paschas in den Rachen zu werfen. Das Projekt würde es tragen. Und wenn er sich nicht täuscht, so hat er damit einen Stein aufs Brett gesetzt, mit dem er das Spiel zu Ende führen könnte. Sadyk ist der Mann, der heute alles macht, wenn er will; verschmitzt wie ein Affe, gewalttätig wie eine Bulle, wo er es sein kann. Und der Vizekönig ist für alles zu haben, was groß klingt.«

»Zehntausend Pfund!« wiederholte Buchwald. »Und in einer einzigen Nacht! Ob alles mit rechten Dingen zuging?«

»Was heißen Sie rechte Dinge in diesem Land?« fragte der Prokurist. »Wenn Osman Effendi mit seinem Vizepapa und dieser mit der Bank unter einer Decke steckte, dürften Sie sich nicht wundern. Es gibt alle möglichen Formen, dem richtigen Mann das richtige Bakschisch abzulocken. Wenn unser Freund Ben dafür den Vizekönig überzeugt, daß sein Stauwerk gebaut werden muß, so ist das volle zehntausend Pfund wert, für mehr als eine Person, das dürfen Sie mir glauben. Und ich verstehe nichts davon!«

»Nehmen Sie irgend etwas ernst im Leben?« fragte der Maler.

»Donnerwetter, ja! Zum Beispiel zehntausend Pfund, die

wir ohne genügende Sicherheit bis morgen abend irgendwoher beschaffen sollen. Vom blauen Himmel können wir sie nicht herunterkratzen, wie der gute Ben denkt.«

»Und daß so große Dinge auf so gemeine Weise verfolgt werden müssen?« fuhr Buchwald fort. »Muß das sein?«

»Ja, lieber Freund, auf Ihrer Leinwand können Sie sich das alles freilich anders malen«, lachte der Prokurist mit einem kleinen Seufzer. »Natürlich, es ist nicht überall ganz so schlimm. In Ägypten aber dürfen Sie sich buchstäblich über nichts wundern – das heißt – der Kuckuck hol's – das heißt – weiß der Teufel, es regt sich!« –

O'Donald flüsterte plötzlich in abgebrochenen Sätzchen und wies halberschreckt nach dem Dachfirst.

Beide blickten jetzt mit aller Anstrengung in der Richtung empor, welche der Prokurist mit ausgestrecktem Arm bezeichnete.

»Ich glaube, wir sind zu einem Spitzbubenstreich gerade recht gekommen«, sagte er, fast atemlos. »Wahrhaftig, es regt sich!«

Thinker hatte jedes Wort gehört. Selbst das Flüstern verstand er. Nun war das Unvermeidliche da. Er mußte handeln. Ohne weiter zu überlegen, begann er auf der entgegengesetzten Seite des Dachs hinabzugleiten. Nach fünf Sekunden hatte er allen Halt verloren und schoß über die glatte Asphaltpappe weg und über die Dachkante hinaus.

Die beiden nächtlichen Spaziergänger hörten das gleitende Rascheln und gleich darauf einen dumpfen Schlag. Buchwald umkreiste in ein paar Sätzen den Schuppen. Ehe ihn O'Donald wieder erreichen konnte, hatte er Thinker aufgerichtet.

Der Maler wußte in der Erregung noch nicht, wen er in den Armen hielt, als O'Donald noch sechs Schritte entfernt, aufschrie:

»Herr Joe! Guter Gott, wo kommen Sie her?«

Thinker, von dem entsetzten Buchwald gehalten, raffte sich auf, sank aber wieder zusammen.

»Fragen Sie mich nicht! – Sagen Sie ihm, er soll mich nicht fragen!« stöhnte er, fast tonlos.

»Wollen Sie sitzen?« sagte der Maler sanft. »Haben Sie sich verletzt?«

»Nein, nicht sehr – ich denke nicht sehr«, antwortete der Gestürzte, indem er sich niedersetzte.

»Holen Sie einen Esel, O'Donald, aber schnell!« sagte Buchwald dringend. »Wir bringen ihn so rasch als möglich zu Shepheards.«

O'Donald, seit vielen Jahren zum erstenmal aus dem Gleichgewicht gebracht, lief bereitwillig und so rasch er konnte, den Gartenweg entlang.

»Wo haben Sie Schmerzen?« fragte Buchwald, Thinker vorsichtig gegen die Wand des Schuppens drückend.

»Im Fuß; im Knöchel«, sagte Joe.

»Doch nichts gebrochen?«

»Nein; ich denke nicht. Aber fragen Sie mich nichts.«

Er lehnte den Kopf an die Wand und sah starr nach oben. In seinen Augen war ein eigentümlicher Glanz. Buchwald glaubte eine Träne drin zu sehen.

»Was sehen Sie? Sehen Sie etwas?« fragte er teilnehmend.

»Die Plejaden«, antwortete Thinker wie irr. Aber ein Lichtblick flog über seine entstellten Züge. »Die Alcyone!« sagte er dann, mit einem triumphierenden Lächeln und sank, vom Schmerz übermannt, zurück.

»Sie sind kein Kind, Herr Ben! Ich brauche Ihnen nicht zu erklären, daß zehntausend Pfund kein Pappenstiel sind«, sagte O'Donald mit einem Gesicht, das seinen Freunden im Hotel Shepheard bis jetzt völlig unbekannt geblieben war. Daß der heitere, zu jedem törichten Streich aufgelegte Prokurist wie ein steinernes Rechenexempel aussehen konnte, war auch Herrn Ben unangenehm neu.

»Nein; denn Sie haben mir dies schon zehnmal gesagt«, erwiderte der letztere gereizt und auch er trug eine Miene zur Schau, die man nur in Augenblicken des völligen Mißglückens einer Erfindung bei ihm bemerkt hatte. »Übrigens sind es nicht zehntausend Pfund, sondern nur neuntausendachthundertdreißig. Über fünfzehnhundert kann ich verfügen, wie Sie sich gütigst erinnern wollen. Bleiben noch etwas über achttausend. Soviel muß ich aber morgen Vormittag haben oder – oder ...«

»Was: oder? Diese ›Oder‹ verschaffen uns keinen Pfennig«, versetzte O'Donald. »Ich wollte, Sie könnten sich entschließen, Geschäftliches geschäftlich zu betrachten. Hätten Sie von Anfang an daran festgehalten! Wenn es in die Tausende geht, wird jedes Spiel ein Geschäft. Es ist nicht meine Sache, Ihnen Moral zu predigen; aber unbegreiflich bleibt mir, wie ein Mann in Ihren Jahren sich von einem Jungen so in die Tinte reiten lassen konnte.«

»Dann bleiben *Sie* mir unbegreiflich, Herr O'Donald!« war die trotzige Antwort. »Sie wissen, welche Ziele ich verfolge, und Sie wissen, daß ich auf dem rechten Weg bin. Es handelt ich um das größte Projekt unserer Zeit. Mit Osman und Sadyk verliere ich den Stützpunkt des Hebels, mit dem ich diese faule Welt aus den Angeln heben kann. Daß eine lumpige Summe von achttausend Pfund hierbei nicht in Betracht kommen darf, sollte jedes Kind einsehen.«

»Verehrter Freund«, versetzte der Prokurist ruhig, »es sitzen hierzulande so viele Tauben auf den Dächern, nach denen die Leute mit Pfunden werfen, daß wir, die wir uns mit den Sperlingen in der Hand begnügen müssen, dem Spiel mit einiger Zurückhaltung zuzusehen pflegen. Übrigens haben wir den ganzen kühlen Abend vor uns; verbittern wir uns das Dasein nicht zwecklos. Erzählen Sie mir lieber einmal Schritt für Schritt, wie Iblis, der Satan der Araber, einem so vortrefflichen Christen zehntausend Pfund abschwindeln konnte.«

»Achttausend!« wiederholte Ben hartnäckig und begann, in Nachdenken versinkend, an dem Strohhalm zu saugen, den er kunstgerecht zwischen die Klümpchen seines geeisten Grogs gesteckt hatte. Es war eine berechtigte Beschäftigung am Abend eines in mehr als einer Beziehung schwülen Tages. Vor einer Viertelstunde hatte er zum drittenmal versucht, den Prokuristen in seinem Büro aufzusuchen und war ihm endlich unter der Tür des Zimmers begegnet, das er soeben verlassen wollte. Sie waren dann zusammen nach dem Garten des Café français gegangen und hatten sich in dessen schattigem Winkel an einem der Marmortischchen niedergelassen, um sich ungestört auszusprechen.

»Es war die einfachste Sache der Welt«, begann Ben nach einer längeren Pause. »Sie wissen, daß der kleine Effendi vom Spielteufel besessen, aber sonst ein gutartiges und aufgewecktes Bürschchen ist. Man muß die Welt nehmen wie man sie findet. Ich habe ihm seit Wochen gelegentlich eine Zehn-, eine Zwanzigpfundnote zugesteckt, wenn er auf dem

Trockenen war. Dafür versprach er hoch und heilig, mir bei seinem Papa die Wege zu ebenen und tat es wohl auch, so weit er konnte.«

»Wir wollen dies annehmen!« warf O'Donald verächtlich ein.

»Selbst gespielt habe ich an den Tischen der Esbekiye natürlich nie. Die Kinderei hat für mich nicht den geringsten Reiz, was Sie mir wohl glauben werden. Auf der Gesira hatte die Sache wenigstens ein anderes Aussehen. Es ging dort alles in der anständigsten Weise zu; man fühlte sich unter Gentlemen. Mehr noch: man fühlte, daß der Vizekönig die Tische aus Liebenswürdigkeit für seine Gäste hatte aufstellen lassen und die Gäste spielten aus Liebenswürdigkeit für den Vizekönig. Es war die Gastfreundschaft des Orients ins Europäische übersetzt.«

»Die Übersetzung gelang!« spottete der Prokurist; doch Ben ließ sich nicht unterbrechen.

»Ein englischer Oberst an meiner Seite gewann ein halbes Vermögen. Osman natürlich spielte wie gewöhnlich, nur doppelt und dreifach so hoch. Er hatte mich bald trocken gesaugt. Dafür hatte er mir eine Stunde zuvor seinen Papa vorgestellt, der mich lachend vor seinem mißratenen Früchtchen warnte. Bei Georg, der intelligenteste Araber, dem ich bis heute begegnet bin! – Um den Jungen bei guter Laune und über Wasser zu halten, versuchte ich zum erstenmal mein eigenes Glück. Das ging anfänglich vortrefflich, dann in schwankender Weise auf und ab. Man gewöhnt sich rasch an die großen Summen, die wie Spielmarken hin und her fliegen und verliert das Gefühl für die Bedeutung von hundert und von tausend Pfund. Dann wurde es heiß. Man wird durstig; man trinkt, und der Vizekönig hatte, wie Sie wissen, auch hierfür aufs beste gesorgt. Mein Nachbar, der Oberst, wurde schläfrig und entfernte sich mit ein paar tausend Pfund, als ihm das Glück den Rücken zu kehren begann. Uns blieb das Unglück treu und wir blieben wach. Gegen Morgen stellte mich Osman Effendi dem Bankhalter vor, einem Baron de Charbonel –«

»Dem Kammerdiener und Hofmeister Sadyks! Bei Zeus, ein netter Baron!« bemerkte O'Donald, die Nase rümpfend.

Ben fuhr eifrig fort:

»Die Bank nahm nun in entgegenkommendster Weise meine Bons für bares Geld: Papierzettelchen, mit Bleistiftnotizen, zahlbar auf Ehrenwort, drei Tage nach Ausgabe. Und als der erste Sonnenstrahl in den Kiosk fiel und der Deckel des Roulettes mit seinem ewigen *Rien ne va plus* zum letztenmal zuklappte, war ich für Osman dreitausend und für mich siebentausend Pfund schuldig.«

»Macht, wie mir scheint, doch volle zehntausend«, lachte O'Donald grimmig.

»Meinetwegen!« rief Ben, ebenso zornig. »Morgen muß ich sie haben, wenn diesen Türken gegenüber mein guter Ruf und meine Leistungsfähigkeit und alles was dazu gehört, das großartigste Stauwerk der Welt zu sichern, nicht in die Brüche gehen soll. Nun helfen Sie! Sie müssen mir helfen, O'Donald!«

»Sie beurteilen die Lage der Dinge bezüglich des Stauwerks richtig genug, fürchte ich«, entgegnete der Prokurist mit unerschütterlicher Ruhe. »Man erzählte sich schon gestern in der Stadt, daß die Spieltische auf der Gesira eine Erfindung Sadyks gewesen seien. Seitdem Sie mir sagten, wer der Bankhalter war, bin ich dessen sicher. Sadyk war nicht bloß der Erfinder, er war wahrscheinlich auch der Unternehmer und Eigentümer des Roulettes. Sie sind Ihre zehntausend Pfund dem Pascha schuldig und niemand anderem. Dann allerdings können Sie das Sümmchen als Pflastergeld für ihr Stauwerk ansehen. Damit liegt es aber noch nicht auf dem Tisch.«

»Ihre Handelsgesellschaft kann mir jeden Augenblick die zehnfache Summe ins Hotel schicken«, sagte Thinker, gepreßt.

»Seien Sie kein Kind!« mahnte O'Donald ungeduldig. »Wir

behandeln in unseren Büros Hundertpfundnoten nicht wie Spielmarken. Ich selbst bin keineswegs Herr über die Kasse und den Kredit der Gesellschaft. Was ich mache, muß ich schwarz auf weiß verantworten können; in diesem Punkt verstehen meine Direktoren keinen Spaß. Sie brachten uns einen Kreditbrief, der Sie ermächtigt, zweitausend Pfund zu erheben. Auf Grund desselben hat Ihnen unser Haus in Alexandrien fünfhundert Pfund ausbezahlt. Somit können Sie morgen fünfzehnhundert Pfund holen lassen, leider aber keinen Pfennig mehr. Ich telegraphiere für Sie auf meine Kosten – bitte zu beachten, welch' gutmütiger Kerl ich bin und wie lieb ich Ihr Stauwerk habe – an Ihre Londoner Bank. Dort liegen für Sie noch dreitausend Pfund; mehr nicht.«

»Das ist leider annähernd richtig«, bestätigte Ben kleinlaut. »Mein kontinuierlicher Patentziegelofen hat ein unsinniges Geld verschlungen, bis ich ihn aufzugeben wagte.«

»Sie sehen also, Herr Thinker«, fuhr O'Donald fort, es ist mir als Prokurist der Ägyptischen Handelsgesellschaft einfach unmöglich, Ihnen zehn- oder auch nur achttausend Pfund morgen ohne weiteres vorzustrecken. Eine Unmöglichkeit muß man seinen besten Freunden nicht zumuten.«

»Aber ich muß das Geld haben! Sehen Sie dies denn nicht ein? Ich muß es haben!«

»Ja, wenn Sie Ihr Herr Bruder wären!«

»Wieso?«

»Er übergab uns von Baring Brothers einen Kreditbrief ohne jede Beschränkung. Auf Grund eines solchen Dokuments könnte ich Ihnen jede Summe auszahlen.«

»Natürlich!« sagte Thinker bitter. »Joe hat ohne Zweifel einen völlig nutzlosen Haufen Gold in seiner Bank liegen. Er hat nie einen kontinuierlichen Ziegelofen gebaut.«

»Und wird sicherlich nie einen bauen«, lachte der Prokurist. »Das wissen die Barings und brauchen deshalb mit seinen Kreditbriefen nicht so vorsichtig zu sein. Wenn Herr Joe für Sie bürgen wollte, wäre uns mit einem Schlag geholfen.«

»Was?« rief Ben aufspringend und den Stuhl umwerfend.

»Bleiben Sie sitzen!« mahnte O'Donald. »Ich sage: wenn Ihr Herr Bruder mir ein Blättchen Papier einhändigte, mittels dessen er sich verpflichtet, für die Ihnen eingehändigte Summe gutzustehen, könnte ich Ihnen das Geld morgen früh auszahlen.«

Ben antwortete nicht, richtete seinen Stuhl vorsichtig wieder auf und setzte sich.

»Er ist mein leiblicher Bruder«, sagte er nach einer langen Pause.

»Ja; und soviel ich weiß ein herzensguter Herr«, meinte O'Donald.

»So weit sein armer Kopf es erlaubt«, versetzte Ben seufzend. »Wenn er ahnte, wozu ich das Geld brauche, würde er sich die Hand abhauen, ehe er den Zettel unterschriebe.«

»Es käme auf einen Versuch an«, sagte der Prokurist. »Er liegt schwach und krank im Hotel. Sie wissen von dem unerklärlichen Unfall, der ihn gestern betroffen hat. Es wäre sowieso Ihre Pflicht, ihn zu besuchen.«

»Ich versuchte dies schon heute vormittag, aber er ließ mich nicht vor. Unsere Beziehungen sind leider Gottes etwas getrübt.«

»Solche Zeiten sollten dazu dienen, die Luft zwischen Brüdern zu klären«, mahnte O'Donald. »Es ist nicht meine Sache, mich in Ihre Familienangelegenheiten zu mischen, Herr Thinker; noch weniger, in Ihrem großen Pyramidenstreit Partei zu ergreifen. Diese Dinge verstehe ich glücklicherweise nicht. Aber es macht mir Spaß, Ihnen und ihm behilflich zu sein, wenn es sich ohne Schwierigkeiten tun läßt. Und nun könnten Sie sich gegenseitig einen wirklichen Dienst tun, wenn Sie wie vernünftige Menschen handeln wollten.«

»Er wird sich eher die Hand abhauen«, wiederholte Ben mit neuerwachendem Grimm.

»Er hat vorläufig genug mit seinem Bein zu tun«, meinte O'Donald. »Wie wär's, wenn wir's versuchten?«

Er stand auf und schlug entschlossen die Richtung nach Shepheards Hotel ein. Zögernd, mit tiefgesenktem Kopf, wie er noch nie in seinem Leben gegangen war, folgte ihm Ben Thinker. Es war ein saurer Gang.

Schon seit einer Stunde saßen wir, Buchwald und ich, in einer Fensternische des Zimmers, in dem sich der Maler als ständiger Krankenwärter seines invaliden Freundes festgesetzt hatte. Joe Thinker war endlich, nach einem unruhigen Nachmittag, leicht eingeschlummert und lag, das wohlverbundene Bein auf der Decke, unter seinem Moskitozelt. Ein in der Nähe des Hotels wohnender junger arabischer Arzt französischer Schule hatte schon vor Sonnenaufgang eine gründliche Untersuchung des Falls vorgenommen, bedenklich den Kopf geschüttelt, da keine gebrochenen Gliedmaßen zu entdecken waren, eine nicht ungefährliche Verstauchung des linken Fersen festgestellt, Eisumschläge und absolute Ruhe angeordnet und ein leichtes Fieber vorhergesagt, das bereits eingetreten war. Ich hatte gegen Mittag durch meinen Sais mit der täglichen Post auch in Schubra die Kunde erhalten, daß ein englischer Gelehrter vom Dach des Hotels du Nil gestürzt sei und den Hals gebrochen habe. Ernstlich um Thinker besorgt war ich deshalb, sobald es Dampfpumpen und Dampfpflüge erlaubten, nach Kairo geritten, wo mich Buchwald halb ernst, halb verlegen empfing. Er wußte selbst noch nicht, wie alles zusammenhing. Es war während des Tags zu keiner offenen Aussprache gekommen. Der Maler hatte taktvoll jede Erörterung vermieden, die seinen Freund unangenehm hätte berühren können, und widmete sich mit Geschick seinem Samariterberuf. Daß das Fieber im Steigen war, konnte er natürlich nicht hindern.

Es war in dem Zimmer zum Ersticken heiß geworden, obgleich es gegen Nordosten und den kleinen Hotelgarten gelegen war. Seit dem späten Nachmittag standen die großen

Fensterflügel weit offen, um den ersten Hauch der Abendluft zu fassen. Wir hatten beide die Röcke abgeworfen und saßen uns gegenüber, den Rücken gegen die kühle Mauerwand gedrückt, auf der Fensterbrüstung und genossen, nach Art alter guter Freunde, ebensosehr die kurzen Bemerkungen, die wir uns zuwarfen, als die langen Pausen, die sie unterbrachen.

»Man sollte es nicht glauben, daß das alte Ägypten so vieler Unruhe fähig ist«, sagte Buchwald mit einem kleinen Seufzer. »Es ist die erste ruhige halbe Stunde, die ich seit drei Tagen finden konnte.«

»Ich habe bald vier Jahre dieser Art hinter mir«, versetzte ich, »aber man gewöhnt sich an alles.«

»Und doch verstehst du es, wie mir scheint, der Unruhe aus dem Weg zu gehen. Niemand sah dich beim großen Fest auf der Gesira. Ich suchte dich überall. Zuletzt kam ich auf den Gedanken, du dürftest, als Dampfmaschine verkleidet, mitgewirkt haben.«

»Du suchtest mich nicht allzu eifrig, soweit ich aus deinem lückenhaften Bericht schließen kann«, entgegnete ich. »Übrigens war niemand von Schubra dort.«

»Warum?«

»Staatsgeheimnis. Das heißt – Staatsgeheimnisse gibt es eigentlich hierzulande nicht. Jedermann weiß alles, und mehr. Um was es sich hier handelt, wird in einigen Monaten der ganzen Welt bekannt sein, fürchte ich. Der Vizekönig sucht Halim Pascha an die Wand zu drücken. Äußerlich ist die Freundschaft noch groß. Das wird solange dauern, bis Ismael mit dem nächsten Thronerben, mit Mustapha Pascha, fertig ist. Dann aber kann es mit jedem Tag zum Krachen kommen und ich glaube, Halim möchte dem Vizekönig andeuten, daß er nicht blind ist.«

»Dich gehen aber diese Dinge nichts an.«

»Nein. Aber ich stehe, wie du weißt, mit Herz und Hand auf Halims Seite und die falschen Salaams sind mir zuwider. Ich gehe ihnen aus dem Weg, wenn ich kann, was freilich nicht immer möglich ist. In den nächsten Tagen habe ich dem Vizekönig meine Reverenz zu machen.«

»Du? Davon hast du mir nie erzählt.«

»Es ist von keiner Bedeutung und spinnt sich in ägyptischer Weise schon seit Monaten hin. Vorigen Sommer fiel es Effendini ein, daß ein Vizekönig auch als Erfinder glänzen sollte. Du weißt natürlich nichts von ägyptischen Noraks, Dreschvorrichtungen, wie sie seit dreitausend Jahren am Nil üblich sind und auch von Salomo und Hiob gebraucht wurden. Sie arbeiten langsam wie die Mühlen Gottes, aber dreschen nicht nur das Korn aus, sondern zermalmen auch das Stroh, so daß es für Kamel und Esel genießbar wird. Davon haben die englischen Dreschmaschinen, die man hier einzuführen versucht, keinen Begriff. Das Stroh, das diese liefern, verachtet das Kamel, denn es zerreißt ihm das Maul und der gewissenhafte Esel berührt es nicht, weil er es für ungedroschen ansieht. Nun kam der Vizekönig auf den glänzenden Gedanken, die langsam mahlende Weisheit des Morgenlandes mit der dampfgetriebenen Behendigkeit des Abendlandes in einer Weise zu vereinigen, daß die Dreschmaschine der Zukunft in gleichem Maße dem modernen Menschen und dem altertümlichen Kamel zusagen sollte. Gesagt, getan. Das heißt, nach einem Versuch, der zum Erstaunen Seiner Hoheit jammervoll mißglückte, wurde ich ihm von Halim-Pascha als künftiger ägyptischer Hof- und Staatserfinder vorgestellt und gnädigst beauftragt, die Erfindung des Vizekönigs aus dem Reich der ungeborenen Gedanken in das der rauhen Wirklichkeit zu überführen, mit der ausdrücklichen Weisung, mich nicht allzustreng an den ursprünglichen Plan zu binden. Letzteres darf ich als das Wesentliche der Idee des Vizekönigs bezeichnen und habe nun seitdem in aller Ruhe in diesem Sinne weitergearbeitet. Meine Pläne sind fertig und meine Absicht ist, sie dem hohen Erfinder vorzulegen, womöglich ehe der Streit zwischen Schubra und der Gesira in hellen Flammen ausbricht.«

»So kommst du mit dem Vizekönig in persönliche Berührung?« fragte Buchwald, sichtlich, aber erfolglos bemüht, einen Hintergedanken zu verstecken.

»Nicht häufig und nur oberflächlich, natürlich: Wenn er etwas erfinden will.«

»Und könntest vielleicht unserem Freund dort drüben auf seinem dornenvollen Weg ein wenig weiterhelfen?«

Ich hatte erwartet, daß dies kommen werde, denn ich wußte, Buchwald gehörte mit Leib und Seele zur Pyramidenfamilie, wenn er mir auch noch nicht anvertraut hatte, wie sehr. Doch auch dies sollte kommen. Der Balsam der Abendluft, die Stille des Krankenzimmers, das Stündchen, in dem wir den harmlosen Plauderton unserer alten Freundschaft wiedergefunden hatten –: all das begann zu wirken.

»Soweit geht mein Einfluß in den allerhöchsten Kreisen kaum, trotz aller Dreschmaschinen«, entgegnete ich auf seine Frage vorsichtig. »Mit Halim aber habe ich vor etlichen Tagen über die Phantasien Thinkers gesprochen und – merkwürdig genug – Halim, ein kühler berechnender Kopf im Alltagsleben, macht Miene, die Theorien unseres Freundes ernst zu nehmen. In altarabischen ägyptischen Kreisen habe man vor Jahrhunderten ähnliches ausgeklügelt. Zumindest machte er keine Anstalt, auf den Kopf zu stehen und sich mit den Beinen zu verwundern, wie es ein normal angelegter Europäer getan hätte.«

»Siehst du!« rief der Maler erfreut. »Unser guter Thinker verdient jedenfalls milder beurteilt zu werden, als du zugeben willst.«

Ich nickte: »Zumindest solange er wie ein Märtyrer seines Glaubens hier liegt. Bedenklich und bedauerlich ist mir nur, daß er dich einzuspinnen droht. Für schwache Geister – schwach in Wahrscheinlichkeitsberechnungstheorien, *in mathematicis* im allgemeinen – sind seine Schlüsse das reinste Opium.«

»Schwach!« lachte Buchwald, mit der Miene reinster Glückseligkeit, wie ich sie in diesem Grade noch nie aus seinem ehrlichen Gesicht hatte strahlen sehen; »schwach! Ich fühle mich wie ein Riese, dir, der ganzen Menschheit gegenüber. Armer Eyth! Wie maulwurfsblind die Weisen dieser Welt doch manchmal sind. Ich könnte seit gestern die große Pyramide ohne Schwierigkeit umreißen und ans Herz drücken, so stark fühle ich mich. Auf ihrem Gipfel fing ich an, zu erstarken.«

Er sprach lauter, als in einem Krankenzimmer neben dem Bett eines Schlafenden nötig war und ich gestehe, ich erschrak ein wenig. In der Aufregung dieser letzten Tage schien mir etwas mit den Gehirnorganen meines Freundes schiefgegangen zu sein.

Doch nun, zögernd, stückweise, kam es allmählich zutage: das erste Wiedersehen in der Königskammer, die Geschichte auf der Pyramidenspitze, der kleine Kiosk, die Märchenschlacht und die schwimmende Lotusblume. Es war ihm nicht ganz wohl beim Erzählen. Er versicherte mir zehnmal, daß, wenn sie wüßte, welch guter Kerl ich wäre – ich nickte zustimmend –, sie mir dies alles selbst sagen würde. Etwas zurückhaltender hätte er allerdings sein können. Allein sein volles Herz konnte all das Glück nicht mehr fassen und so wurde ich auf jenem Fenstersims in Shepheards Hotel der erste Vertraute des großen Geheimnisses. Daß mir dabei ein leiser scharfer Stich durchs Herz ging, war beschämend. Doch ging dies vorüber und nur noch ein- oder zweimal spürte ich in den nächsten Tagen ein Zucken, wie in einer kleinen halbvernarbten Wunde. Tief kann sie nicht gewesen sein, sagte ich mir, wohl mit Recht.

Er war noch mitten im Erzählen, als vorsichtig an der Türe geklopft wurde und fast gleichzeitig der weiße Schädel des schwarzen Boabs durch die Türspalte drang. Er hielt uns zwei Karten entgegen und fragte, ob die Herren eintreten könnten. Joe war gleichzeitig aus seinem Schlaf erwacht und rief, ohne an seinen Fuß zu denken, wie er es in gesunden Tagen getan haben würde: »Natürlich; ja wohl!« Buchwald betrachtete die Karten. Wir hatten O'Donald und Ben Thinker zu erwarten.

Der Doktor hatte seinen Moskitovorhang weit aufgeschlagen, machte aber einen entschlossenen Versuch, ihn wieder zu schließen, als er hinter O'Donald die Gestalt seines Bruders auftauchen sah. Der Prokurist bemerkte die Bewegung jedoch rechtzeitig, schüttelte dem Kranken mit der Rechten lebhaft die Hand und befestigte gleichzeitig das Netz mit der Linken in einer Weise, die ein ähnliches strategisches Manöver für die nächste halbe Stunde unmöglich machte. An Gewandtheit und Kaltblütigkeit in allen Lebenslagen gebrach es O'Donald nicht.

»Es freut mich, Sie so munter zu sehen, lieber Herr Thinker«, rief er fröhlich. »Man sieht es Ihnen schon jetzt an, daß der kleine Unfall Ihre gewohnte Beweglichkeit nicht lange stören wird. Sie sind ein merkwürdiger Glücksvogel, eins ins andere gerechnet.«

»Sie sind ein merkwürdiger Optimist«, versetzte Joe mit einem sauern Lächeln. »Aber Sie waren mir ein guter Freund in der Not; das werde ich Ihnen nicht vergessen, wenn wir auch in andern Dingen manches anders ansehen mögen. Was stellen Sie sich unter einem Glücksvogel vor?«

»Na, zum Beispiel einen gelehrten Herrn, der in der Dunkelheit von einem Waschhausdach schießt und den Hals dabei nicht bricht«, antwortete O'Donald ernsthaft, ohne die tiefe Falte zu beachten, die auf Joes Stirne entstand. »Da Sie meine wohlgemeinten Glückwünsche heute vormittag nicht anzunehmen geruhten, so versuche ich mein Glück heute abend zum zweitenmal. Daß sich hierbei Ihr Herr Bruder anschließt, ist unter den interessanten Umständen, in denen Sie sich befinden, nicht mehr als Christenpflicht, hoff' ich.«

»Er ist unverbesserlich, dieser Prokurist«, sagte Ben etwas kleinlaut, indem er an das Bett trat und Joes freie Hand ergriff. »Aber er hat recht, Joe, trotzdem. Wir sind und bleiben schließlich Brüder. In einem wildfremden Land, wenn uns unverdientes Unglück niederdrückt, denken wir eher daran, wo wir unsere natürliche Stütze suchen sollten.«

»Ich habe das nie vergessen, Ben«, versetzte der Doktor mit einem schmerzlichen Zucken um den Mund. »Wir wären uns nicht so fremd geworden, wenn du dich manchmal des Geistes erinnert hättest, den unser guter Vater in uns zu wecken sich bemühte. Ach Ben! Es waren schöne Zeiten am Loch-Mulardoch. Du warst schon damals der Geschicktere, aber du versuchtest wenigstens nicht zu zerstören, was mir heilig ist.«

»Und du, Joe, wußtest damals noch nicht, daß du dich an Dinge klammerst, die des Zerstörens kaum wert sind; denn sie sind der Vernichtung geweiht, was wir auch tun mögen.«

»Wie meinst du das?« rief Joe Thinker und richtete sich auf, bereit, den Kampf zu beginnen. Doch Ben bezwang sich und fuhr fort:

»Und doch waren wir Brüder und freuten uns einer glücklichen Jugend unter einem Dach, an einem See, auf denselben unvergeßlichen Bergen. Wozu hat es geführt? Heute liegen wir beide samt unsern Lebensaufgaben in diesem verrückten Land, das du so wenig verstehst als ich, elend und hilflos am Boden.«

»Was – du auch?«

»Ich auch, ja. Schlimmer als du. Ich wollte, ich hätte dein Bein – das heißt – hm – ja – ich wollte, ich könnte dir helfen, wie du mir helfen könntest.«

Sobald O'Donald bemerkte, daß die Brüder sich in friedlicher Aussprache zusammengefunden hatten, zog auch er sich in die Fensternische zurück, in der Buchwald und ich der weiteren Entwicklung entgegensahen. Fast ungestört und ohne zu stören konnten wir hier, während die Abenddämmerung hereinbrach, unsere eigene Unterhaltung weiter führen, ohne außer acht zu lassen, was an dem Krankenbett vorging. O'Donald kam wie gewöhnlich nicht mit leeren Händen. Dem findigen Prokuristen war es bereits gelungen, den Schleier wenigstens teilweise zu heben, der die Geheimnisse der letzten Nacht verhüllte. Mit einem Gemisch von Entsetzen und Unglauben vernahmen wir, daß das Abenteuer des wackeren Doktors mit einem Besuch bei Madame Geraldine in Verbindung stand. Näheres zu erfahren sei noch nicht möglich gewesen, erklärte unser Gewährsmann und gab sich gleichzeitig redlich Mühe, uns zu versichern, daß ein unter ähnlichen Umständen nächstliegender Gedanke den Tatsachen sicherlich nicht entspreche. Dieser Ansicht schloß sich Buchwald sofort mit leidenschaftlicher Entschiedenheit an. Ich war leider mit den Wunderlichkeiten des Lebens schon allzu vertraut und glaubte mir schuldig zu sein, eine gewisse Zurückhaltung zu beobachten.

Das Gespräch der Brüder zog sich in die Länge. Buchwald und ich faßten uns in Geduld und wunderten uns gelegentlich, weshalb der Prokurist seinen ruhelosen Blick mit so gespannter Aufmerksamkeit nach dem Bett richtete. Dort war mit der zunehmenden Dämmerung die Unterhaltung immer leiser und zugleich lebhafter geworden. Buchwald zündete zwei Kerzen an, die auf dem Seitentisch standen. Es war, als ob das trübe flackernde Licht auch das flüsternde Gespräch neu belebte.

»Verspreche mir eins, Ben!« sagte soeben der Doktor heftig. Er saß auf die Ellbogen gestützt aufrecht im Bett und hielt die Hand seines Bruders krampfhaft fest.

»Ich kann nicht!« versetzte der andere mit schmerzlicher Entschlossenheit.

»Versprich mir, daß du deinen gottlosen Plan fallenlassen willst«, fuhr Joe fort. »Dann unterschreibe ich, was du mir vorlegst, ohne zu fragen. Kannst du denn nicht sehen, daß es zu deinem eigenen Heil dient, was ich verlange? Versprich mir wenigstens, daß mein Geld nicht dazu dienen wird, das entsetzliche Projekt zu fördern, das dir der leibhaftige Satan vorgespiegelt haben muß.«

»Wie kann ein Mensch wissen, wozu Geld dient, das er nicht mehr sein eigen nennen kann?« fragte Ben. »Mute mir keine Unmöglichkeiten zu. Sage kurz und bündig, daß du dich weigerst, deinen einzigen Bruder aus einer schmachvollen Lage zu befreien, was du mit einem Federstrich tun könntest.

Sage mir, daß dir die Ehre unseres Namens ein solches Opfer nicht wert sei, daß du die phantastischen Träumereien, die du dir vormalst, höher anschlägst als das einzige, was uns unsere Eltern auf den Lebensweg mitgeben konnten. Denn daß es sich hier um unseren guten Namen handelt, Joe, habe ich dir hoffentlich deutlich gemacht.«

»Aber, im Namen von allem, was uns heilig ist, wie konntest du dich – uns – in eine solche Lage bringen?«

»Kann ich dir das erklären, wenn du es noch nicht begriffen hast? Glaubst du nicht, daß auch ich meine Ziele, meine Ideale habe, für die ich Opfer zu bringen bereit bin, für die ich Hab und Gut und das lumpige Leben einsetzen könnte, so gut wie du? Wenn ich zu weit ging – glaubst du, ich mache mir nicht selbst Vorwürfe genug? Aber ohne zu wagen, bleibt jedes Ideal ewig ein leerer Schall, und wenn das Wagnis mißglückt, sind wir die unglücklichen Narren, die verdienen, zugrunde zu gehen. Ja, so ist es! Unsere eigenen Brüder sind dann gewöhnlich die ersten, uns versinken zu lassen. Schön ist es nicht, Joe; ideal gedacht ist *das* nicht.«

Sie hatten laut und erregt gesprochen. Um so eindrucksvoller war die kurze Pause, die auf Bens Worte folgte.

»Gib mir die Tinte«, sagte jetzt der Doktor, kurz und tonlos.

O'Donald schien auf etwas dieser Art gewartet zu haben. Er hatte schon seit Minuten das Auge auf das Tintenfaß gerichtet, das auf dem Seitentisch zwischen den zwei brennenden Kerzen stand. Rasch ging er auf den Tisch zu, zog gleichzeitig ein Notizbuch aus seiner Tasche und entfaltete einen kleinen Zettel, der in demselben lag. Dann bot er Joe die eingetauchte Feder und überlas, gegen den Kranken gewendet, das Papier halbblaut:

»Ich, Joseph Thinker, von Pyramiden Villa, Sydenham, in Kent erkläre hiermit, daß ich für eine am 2. April 1865 von meinem Bruder Benjamin Thinker bei der Ägyptischen Handels-Gesellschaft zu erhebenden Summe von zehntausend Pfund hafte.«

Joe unterschrieb. O'Donald hielt den Zettel vorsichtig über eine der Kerzen, um die Unterschrift zu trocknen, und legte ihn wieder in seine Brieftasche, mit dem bewegungslosen Gesicht, das er in Augenblicken ernster Arbeit anzunehmen wußte. Ben drückte dem Doktor die Hand. Der ungewohnte Zug der Sorge, der den ersteren seit zwei Tagen nicht verlassen hatte, war verschwunden. Die alte, fast knabenhafte Fröhlichkeit wallte wieder auf, nur leicht gedämpft von einem Gefühl wirklicher Rührung, das er, nach englischer Art, so rasch als möglich zu unterdrücken suchte.

»Ich danke dir, Joe. Ich weiß was dich dies gekostet hat«, sagte er leise und ernst, den Bruder nochmals bei der Hand fassend. »Pflege dein Bein! Und wenn du eine lebendige Stütze brauchst, schicke nach Nummer achtzehn.«

Dann gingen sie; Ben voran mit elastischen Schritten, triumphierend, O'Donald, wie mir schien, fast etwas kleinlaut. Es war alles so schnell gekommen, daß wir uns ein wenig überlegen mußten, wo wir eigentlich waren.

Auch Joe Thinker schien diesem Bedürfnis Rechnung tragen zu wollen. Er war auf sein Kissen zurückgesunken und starrte mit weit offenen Augen nach der Zimmerdecke. Eine tiefe Traurigkeit lag auf seinem Gesicht. Wir hielten es für das beste, sein Nachdenken nicht zu unterbrechen, bis er selbst, ohne den Kopf zu bewegen, mit halblauter Stimme fragte, ob ich noch hier sei. Dann bat er mich, an seinem Bett Platz zu nehmen. Es schien ihm wehzutun, laut zu sprechen, und die hastige Art, wie er die Worte hervorstieß, zeigte deutlich, daß das Fieber im Zunehmen war. Die Bitte Buchwalds, doch lieber zu versuchen, ob er nicht schlafen könne, wies er mit einer ungeduldigen Bewegung zurück, so daß wir uns in das Unvermeidliche ergaben.

»Haben Sie meinen Aufsatz gelesen, Herr Eyth?« fragte er, indem er meine Hand ergriff und sie mit seinen langen feinen

Fingern festhielt, als ob er jeden Augenblick fürchte, daß ich ihm entwischen könnte.

»Gewiß, Herr Thinker; und mit der Aufmerksamkeit, die eine so merkwürdige und gründliche Arbeit verdient«, war meine Antwort.

»Was denken Sie von der Sache?«

»Wenn die Zahlen richtig sind – wenn kein Irrtum in den Maßen –«

»Dies ist völlig ausgeschlossen«, unterbrach er mich hastig. »Diese Zweifel habe ich durch den Aufsatz selbst unmöglich gemacht, wie sie mir zugeben werden, wenn sie ihn aufmerksam gelesen haben. Die Zahlen stützen sich nicht auf die Messungen von Leuten, die für unsere Auffassung voreingenommen sind. Wir beachten und berücksichtigen aufs sorgfältigste, was aus durchaus andern, ja aus feindlichen Quellen stammt. Feindlich darf ich wohl die französischen Gelehrten der Revolution und die in ihrem Antiquariatsmoder versunkenen Deutschen nennen. Alles, was wir zu diesem Zahlenmaterial beitrugen, ist die gewissenhafte Prüfung der älteren Angaben. Diese bestätigt in noch erstaunlicherem Grade, was schon in Letzteren mit mathematischer Folgerichtigkeit hervortrat: die Beziehungen zur Zahl π, zur Polarachse der Erde und zur Sonnenentfernung, zur Länge des Sonnenjahrs und zum spezifischen Gewicht der Erde, zum fünfundzwanzigtausendjährigen Kreislauf der Präzession der Tag- und Nachtgleichen und schließlich zur astronomischen Festlegung des Erbauungsjahrs der Pyramide. All das in einem unzerstörbaren Steingebilde aus einer Zeit, in der die Menschheit nach unsern gewöhnlichen Begriffen aus ihrer ersten Kindheit heraustrat. – Was denken Sie davon?«

»Was kann man viel denken, wenn uns ein Stein auf den Kopf fällt, er mag noch so fein gemeißelt sein?« fragte ich, in wirklicher Verlegenheit.

»Und wenn *ich* Ihnen sage, daß ich in dem Aufsatz nicht die Hälfte von dem angedeutet habe, was uns die Pyramide erzählt!« fuhr Thinker heftig fort. »Zum Beispiel: daß sich aus den haarscharfen Steinfugen in den dunkeln Gängen des wunderbaren Baus die Zeitgeschichte der Menschheit ablesen läßt, wie aus einem Buch. Mißt man mit dem Pyramidenmaßstab die Entfernung dieser Fugen vom Eingang bis in die Königskammer, weiß man, daß der Pyramidenzoll ein Jahr bedeutet, so finden wir mit einer Bestimmtheit, die uns schwindeln macht, die älteste wie die jüngste Vergangenheit aufgezeichnet. Keine Hieroglyphen, keine Keilschrift, keine Stenographie, keine Schreibmaschine kann deutlicher sprechen. Noah, Abraham und Moses, Nebukadnezar und Cyrus, die Gründung Roms und der Fall Jerusalems, Christus, der Mittelpunkt des Ganzen und unsere christliche Zeit mit all den großen Ereignissen, durch die Gott seine Menschheit ihrer Vollendung entgegenführt – und das Ende des irdischen Weltlaufs in drohender Nähe; so nah, daß etliche von uns den Tod nicht sehen werden, ehe der große Tag anbricht – all das enthält dieses Buch, das seit Jahrtausenden versiegelt vor uns lag. Was sagen Sie dazu?«

»Lieber Herr Thinker«, sagte ich, ihn sanft in seine Kissen zurückdrückend, »wenn ich vor einem schlechterdings unlöslichen Rätsel stehe – die Welt ist voll solcher Rätsel auch außerhalb Ägyptens, wenn sie uns auch nicht alle anstarren, wie dieses –, so pflege ich zu meinen Pflügen zu gehen, nehme dem Fellah das Steuerrad aus der Hand und pflüge ein paarmal auf und ab. Bricht dann eine Pflugschar ohne vernünftigen Grund oder reißt ein Drahtseil, so ist mir für den Tag geholfen. Auch ohne einen solchen Zwischenfall fühle ich mich zumindest beruhigt.«

»Sie sind wie die meisten, selbst von den Besseren«, seufzte der Doktor. »Sie kleben an der Erde. Sie haben nicht den Mut, der Wahrheit ins Gesicht zu sehen, demütig, gläubig; nicht den Mut zu erkennen, daß an dem Punkt, wo die eigene Weisheit versagt – und wie bald versagt sie – eine höhere Weisheit beginnen muß. Muß, sage ich. Denn wie könnten wir, wie könnte diese ganze Welt voll unlöslicher Rätsel sein, ohne sie? Der Gedanke ist undenkbar. Und daß diese höhere Weisheit nicht stumm sein kann, so taub wir sein mögen –«

Er hatte dies laut und aufgeregt gesprochen. Jetzt zog er mich zu sich herunter und flüsterte:

»– das ist's, was wir in der Pyramide erkennen. In diesem Bau hat die Weisheit des Höchsten zu uns gesprochen. Nur so ist das Geheimnis erklärlich. Er, von dem Salomo sagt: Du hast alles geordnet mit Maß, Zahl und Gewicht. Auch was die altägyptischen und chaldäischen Sagen uns überlieferten, deutet darauf hin. Ein fremder Herrscher, den die Ägypter haßten, der ihre Tempel schloß und ihre Götzenbilder zerbrach, wie Herodot noch erfuhr, war das Werkzeug des Höchsten. Die Zeit, in der dieser Herrscher baute, waren jene heiligen Jahre, in denen in Chaldäa und Syrien auch Abraham die Offenbarungen Jehovas empfing; in denen Gott seiner Erde näher war als zu andern Zeiten. Und die Hand, die er im Lande Ägypten zu diesem seinem Meisterwerk gebrauchte, war keine andere als die Melchisedechs, des Freundes und Meisters Abrahams, des Friedefürsten und Priesters der Gerechtigkeit. Er war der Weise, unter dessen Führung die widerstrebenden Ägypter bauen mußten. Er war es, der die Prophetengedanken des Höchsten für uns in jene Steine schrieb, den Weisen ein Trost und eine Verheißung, den Unverständigen ein unvergängliches *Mene tekel upharsin.*

Und nun kommen die Tage, kurz vor dem Ende der Dinge, in der wir die heilige Schrift zu verstehen beginnen; auch die Zeit, in der die Mächte der Finsternis sich gewaltig emporrecken, um zu zerstören, was uns der Herr geschenkt hat. Gottbegnadete Männer, würdiger als ich, haben den Schlüssel des Geheimnisses gefunden. Ich ward berufen, nach Ägypten zu ziehen um mit schwacher Hand den heiligen Bau zu schützen, ich – ich!«

Er hatte sich aufgerichtet und ballte die Faust. Buchwald trat rasch ans Bett und hielt den Kopf des erregten Mannes mit beiden Händen. Das Fieber arbeitete jetzt heftig in dem erhitzten Blut.

»Beruhigen Sie sich, lieber Herr Thinker«, bat ich ihn. »Die Pyramide steht so fest wie je und wird noch Jahrhunderte stehen, verlassen Sie sich darauf.«

»Und wie jammervoll habe ich meine große Aufgabe vernachlässigt!« rief er, sich losschüttelnd. »In trägem Grübeln habe ich Jahre vergeudet, anstatt zu schauen und zu glauben. Die Feinde ließ ich Schritt um Schritt Boden gewinnen. Gestern habe ich in lächerlicher Verirrung meine Rettung gesucht und heute – guter Gott! jetzt erst sehe ich es mit voller Deutlichkeit. Meinem eitlen, weichlichen Gefühl folgend, habe ich dem Feind die Waffen in die Hand gegeben, mit denen er unser Heiligtum zertrümmern wird. – Nun liege ich hier, hilflos und verlassen. – Entsetzlich! – In wenigen Jahren, wenn der schreckliche Tag hereinbricht – und Er Rechenschaft von mir fordert und nach Seiner Pyramide fragt, werde ich zitternd bekennen müssen: Herr, ich war ein ungetreuer Knecht. Deine steinernen Worte liegen zerbrochen im Nil – um den Fluß zu stauen – um Baumwolle zu bauen – ich war unwürdig, ein Gefäß Deines heiligen Geheimnisses zu sein! – Helfen Sie mir! Retten Sie mich!«

Er wand sich in meinen Armen und versuchte aus dem Bett zu springen.

»Hole den Arzt, Buchwald, die Sache wird ernst«, sagte ich zu meinem Freund. »Ich denke, ich kann ihn solange halten. Wir müssen uns auf ein paar unruhige Stunden gefaßt machen. Mit der ägyptischen Nachtluft ist nicht zu spaßen.«

Buchwald ging. Der Arzt, Chinin, Eis – all das war schnell genug zur Stelle, aber eine lange, wilde Nacht wurde es dennoch.

Alles was in Thinker seit Jahren in dumpfer unklarer Gärung gewühlt hatte, brach wie ein Sturm aus ihm hervor: haarscharfe Schlüsse und tolle Hypothesen sprudelten über uns, tiefste Überzeugungen und wirre Herzenswallungen jagten einander, Sinn und Unsinn überstürzten sich. Wenn ich ein Kapitel mit Pyramidentollheiten füllen wollte, so brauchte ich nur die Vorkommnisse der nächsten Stunden zu Papier zu bringen. Doch meinte später Buchwald, meine Notizen enthielten schon jetzt eine genügende Menge brauchbaren Materials dieser Art, um einen aufmerksamen Leser leidlich verrückt zu machen. Er rate mir deshalb, auf die Schilderung jener Nacht nicht näher einzugehen. Er mag recht haben.

Gegen Morgen wurde der Doktor ruhiger und verfiel schließlich in einen tiefen Schlaf, aus dem er, wie mir mein Freund später erzählte, mit dem Gefühl erwachte, daß das Millenium noch nicht angebrochen, daß aber auch noch nicht alles verloren sei.

24. KAPITEL

List und Liebe

Wenn in dieser schlechten Welt ein im Grunde guter Mensch nicht mehr gehen kann, so fangen die weniger Guten an, für ihn zu laufen. Diese Wahrheit, die zwar von Pessimisten heftig bestritten wird, durfte Joe Thinker in den folgenden vierzehn Tagen in reichlichem Maße erfahren, obgleich ihm die Tatsache kaum zum Bewußtsein kam und er sie, wie es die im Grunde guten Menschen zu tun pflegen, in der naivsten Weise als selbstverständlich hinnahm. Nie hatte seine Sache solche Fortschritte gemacht, als während der Zeit, die er auf einem Sofa liegend in seinem Zimmer oder mühselig an zwei Stöcken humpelnd im Hotelgärtchen zubringen mußte. Dabei gingen sein verstauchter Knöchel und seine Ferse langsam aber sicher der Heilung entgegen. Sakuntala und Fräulein Schütz leisteten ihm teils abwechselnd, teils mit vereinten Kräften Gesellschaft, und es war für sämtliche Hotelgäste rührend anzusehen, wie er gepflegt wurde und mit welcher Geduld er Leiden und Pflege ertrug. Ben hatte kaum mehr nötig, sich seiner Pflichten als Onkel, Vormund und allgemeines Familienreiseoberhaupt zu erinnern, und schien dem immer zärtlicher werdenden Verhältnis seiner Nichte zu seinem Bruder und der Pyramide sorglos zuzusehen. Weit wichtiger aber war, was außerhalb dieses engeren Kreises für Joe geschah, während er mit kindlichem Vertrauen seiner Wiederherstellung entgegensah.

Es war O'Donald geglückt, die Geschichte jener Unglücks-
nacht zu seiner eigenen vollen Zufriedenheit aufzuklären,
wozu Madame Geraldine mit großer Offenheit das Nötige
beitrug. Er erzählte, daß er nur mit Mühe die gutherzige
Künstlerin abhalte, an das Krankenlager des Doktors zu eilen,
um ihm ebenfalls ihre Pflege angedeihen zu lassen. Sie habe
sich dagegen reumütig des Versprechens erinnert, das sie
Herrn Thinker gegeben, und sei seitdem unermüdlich bemüht, Sadyk Pascha über die Geheimnisse des Pyramidenbaus aufzuklären und ihm die Zusage abzuringen, dem Doktor eine wohlvorbereitete und wohlwollende Audienz beim
Vizekönig zu verschaffen.

Von Zeit zu Zeit drangen weitere Nachrichten selbst bis
Schubra: Anfänglich stießen Geraldines Bemühungen bei
Sadyk auf großes Unverständnis, ja auf entschiedenen Widerstand. Dies war erklärlich. Seitdem Ben die mehrmals erwähnten zehntausend Pfund in neuen knisternden Banknoten an
Osman Effendi, dieser das Geld an Baron de Charbonel und
dieser allerdings wahrscheinlich nur teilweise an Sadyk
Pascha ausbezahlt hatte, war der letztere überzeugt von der
Vorzüglichkeit des großen Bewässerungsplans, der sich auf
die Erbauung eines neuen Stauwerks mit Benutzung der alten
wertlosen Pyramide als billiges Baumaterial stützte. Die technische Seite der Sache war ihm natürlich ebenso dunkel als
gleichgültig. Das Projekt hatte aber eine unerwartete finanzi-
elle Bedeutung gewonnen. Keineswegs im Sinne, den man in
Europa betont hätte: als ein Mittel zur erhöhten landwirtschaftlichen Ausnützung des Bodens, zur Gewinnung neuer,
heute unbebaut liegender Landesstrecken und so weiter. Der
Wert des Thinkerschen Planes lag tiefer. In den vizeköznigli-
chen Staats- und Privatkassen war seit einigen Monaten
bedrohliche Ebbe eingetreten. Die schwebende Schuld
wuchs von Tag zu Tag mit erschreckender Schnelligkeit und
mit ihr die Schwierigkeit, da und dort bei den Bankiers von
Kairo und Alexandrien kleine Summen für die Augenblicks-

bedürfnisse des Hofs zu entlehnen. Es mußte notwendig wieder eine größere Anleihe – etwa fünfzehn oder zwanzig Millionen Pfund wären annehmbar gewesen – aufgenommen werden. Eine Gruppe französischer und deutscher Geldmänner war bereit, die Sache in die Hand zu nehmen, machte aber Bedingungen, die Sadyk Pascha als Patriot und Finanzkünstler anzunehmen nicht gewillt war. Man hätte besser verhandeln können, wenn eine andere, etwa eine englische Finanzgruppe, Gegengebote gemacht hätte. Um diese etwas hartköpfigen Leute in Bewegung zu setzen, die unangenehm gerne nach dem Warum und Wozu fragten, bedurfte es eines annehmbaren Grundes für ein neues Darlehen. Da war nun ein großartiges Bewässerungsprojekt, aus dem man ungezählte Millionen künftiger Einnahmen herausrechnen konnte, ein hochwillkommener Gedanke. Bens Aussichten, erklärte O'Donald ernsthaft, nahmen plötzlich eine überaus günstige Wendung.

In den letzten acht Tagen konnte aber auch Madame Geraldine, wie sie meinte, auf glänzende Fortschritte hinweisen. Ob Sadyk nebenbei sein Herz entdeckt hatte und sie diese Entdeckung mißbrauchte, wird ein ewiges Geheimnis bleiben. »I hab ihn a paarmal Mutzi g'heiß'n. Des hat ihm g'fall'n«, erzählte sie dem Prokuristen, der ihr einen Besuch abstattete, um sie an ihre Pflicht zu erinnern. »Nur noch a bissl Geduld! In ena Woch' hab i ihn rum.«

Als mir dies O'Donald weitererzählte, wurde ich selbst ein wenig verwirrt.

»Sagen Sie mir jetzt nur eins, Verehrtester!« bat ich, indem ich ihn am Rockknopf schüttelte: »Mit wem halten Sie es eigentlich? Das einemal scheinen Sie alle Hebel in Bewegung zu setzen, um Herrn Bens Stauwerk zu fördern, das anderemal schrecken Sie vor den bedenklichsten Schritten nicht zurück, dem wackeren hilflosen Doktor vorwärts zu helfen. Erklären Sie mir das!«

Der Prokurist wurde nachdenklich.

»Darüber habe ich mich selbst schon gewundert«, sagte er nach einer Pause. »Ich glaube, die Pyramide kümmert mich genau so viel wie das Stauwerk, und Ben und Joe sind beide gute Kerle, jeder in seiner Art. Wissen Sie, was Sport ist? Das einzige, was uns das Dasein in diesem Jammertal erträglich macht. Soll ich mir eine so schöne Gelegenheit verderben, etwas Leben in der Bude zu sehen? Mir ist wie beim Seilziehen auf einem Turmplatz zumute. Sehe ich die eine Partie gewinnen, so kann ich mich nicht enthalten, der andern beizuspringen. Sie heißen das Leichtfertigkeit und Charakterlosigkeit. Ich heiße es Edelmut. Wird es ernst, so wird sich die Sache schon von selbst ausfechten. Das überlasse ich andern. Übrigens – mit wem halten denn Sie's?«

Damit mußte ich mich begnügen. Ging es mir in der Tat nicht ähnlich, obgleich mich der Ernst dieses wunderlichen Kampfes etwas näher berührte als O'Donald? Hatte ich nicht seit vierzehn Tagen für Joe gearbeitet wie vor etlichen Wochen für Ben? Hatte ich nicht mit heimlichem Vergnügen bemerkt, wie Halim Pascha in der letzten Zeit zu öfterem auf die Pyramidentheorien unseres Freundes zu sprechen kam und sich mit ungewohnter Teilnahme nach dem verrückten Engländer erkundigte, wie er ihn nannte? Hatte ich ihn nicht schlau und stetig darauf hingewiesen, daß er den Vizekönig für die Sache interessieren sollte, die für Ägypten, dieses Land der alten Wunder, keineswegs gleichgültig sei?

Auch Bens persönliches Verhältnis zu Joe hatte eine fühlbare Änderung erlitten, seitdem die Brüder durch die Bürgschaftsangelegenheit wieder zusammengeführt worden waren. Je mehr Ben sich bewußt wurde, daß der Doktor einer hoffnungslosen Niederlage seiner Pläne entgegentrieb, während er selbst seinem Ziele triumphierend zusteuerte, und daß diese Wendung der Dinge im wesentlichen die Folge der zehntausend Pfund war, die Sadyk Pascha von der Genialität und der Leistungsfähigkeit des Engländers überzeugt hatten; um so weniger wurde er des Gefühls der Beschämung Herr,

das ihn beschlich, sooft er den armen Invaliden seine Geh-
versuche im Garten des Hotels machen sah. Er besuchte ihn
täglich. Sie schüttelten sich wieder die Hand. Ben sprach mit
gedämpfter, liebevoller Stimme. Jede Anspielung auf das, was
beide unablässig beschäftigte, wurde ängstlich vermieden. Joe
ahnte nicht, daß sein Bruder nur mit Mühe Gefühle triumphierenden Mitleids verbarg, während dieser keine Ahnung
davon hatte, daß sein Gegner weit entfernt von der Hoffnungslosigkeit war, die ihn hätte niederdrücken sollen, und
daß ihm O'Donald, Buchwald und ich fast täglich Geheim-
mittel zutrugen, die ihn in dieser Zeit der Trübsal stärkten.

Zehn Minuten nach Sonnenaufgang stand ein Mameluk
Halim Paschas in meinem Garten: Effendini lasse mich bitten,
meinen üblichen Morgenbesuch eine Stunde vor der
gewohnten Zeit abzustatten. Dies war stets ein Beweis, daß
ihm am Abend zuvor oder in der Nacht ein Gedanke aufge-
stoßen war, den er vor Mittag verwirklicht sehen wollte, daß
ich mich deshalb auf einen warmen Vormittag gefaßt machen
müsse. Ich traf meinen Herrn und Meister auf der Gabeleya,
dem Hügel in den damals noch berühmten Gärten Schubras,
wo er unter der Veranda des den Gipfel zierenden Kiosks in
der kühlen Morgenluft Billard zu spielen pflegte und dabei
geschäftliche Dinge aller Art erörterte. Im Einklang mit der
jeder Überstürzung abholden Weise des Orients wurden die
gewöhnlichen Fragen, die der Tag mit sich brachte, vorerst in
aller Ruhe erledigt. Ich teilte dem Pascha mit, daß die Umge-
staltung des Baumwollpflugs, dessen erster mißglückter
Arbeitsversuch mir so viel Kummer bereitet hatte, langsame,
aber immerhin bemerkbare Fortschritte mache. Die Lokomotivwerkstätten zu Bulak hätten sich nach längerem Zaudern bereit erklärt, die von mir angegebenen Änderungen
auszuführen, so daß wir hoffen könnten, das Geräte in einigen Monaten wieder im Feld zu sehen.

»Sehr gut, *mon cher*, sehr gut!« sagte Halim, sichtlich in bester Laune, zu seiner Billardkugel, die im Verlaufen eine völlig unerwartete Bewegung ausführte und dadurch seinen Gegner und Adjutanten, Rames Bey, in die mißlichste Stellung brachte. Dann trat er rasch auf mich zu.

»Was ich Ihnen sagen wollte, Herr Eyth: ich war gestern Abend bei meinem Neffen, dem Vizekönig. Er sprach von Ihrem Plan einer Dampf-Norak. Er meint natürlich, es sei sein Projekt.«

»Seine Hoheit gab den Anstoß zur Sache«, sagte ich, mich verbeugend.

Halim lachte; ich lächelte. Dann fuhr er fort:

»Er erwartet Ihren Besuch mit Ungeduld. Ich glaubte ihm mitteilen zu können, daß seine Ideen so weit gereift seien, um ihm vorgelegt zu werden. Das ist doch wohl so?«

»Ich habe zwei Pläne ausgearbeitet, die beide den Zweck, den der Vizekönig im Auge hat, erreichen dürften«, begann ich, mit Behagen ausholend. »Beim ersten ist ein intermittierender Betrieb –«

»Die Einzelheiten kümmern mich blutwenig, mein Freund«, unterbrach mich Halim, der darauf hielt, alleiniger Erfinder ägyptischer Maschinen zu sein. »Auch mein Neffe wird davon nicht viel wissen wollen. Aber er wünscht die Pläne zu sehen, um mit dem Bau der Maschine beginnen zu können. Machen Sie heute alles zurecht. Melden Sie sich morgen um neun Uhr im Abdinpalast. Er erwartet Sie.«

Eine abermalige Verbeugung meinerseits. Der Pascha griff wieder nach seinem Queue; die Audienz schien ihrem Ende nahe zu sein.

»Und noch eins – fast hätte ich es vergessen!« sagte er nach einem erfolgreichen Stoß, dessen Ergebnis ich mit höflicher Teilnahme verfolgte: »Nehmen Sie Ihren Freund mit – wie heißt der Herr? – Sinker? – Zinker? – Wir haben auch über diese Angelegenheit gesprochen. Der Vizekönig sagte mir, er stehe mit einem andern Mann desselben Namens in Verbindung, der sich ebenfalls mit der großen Pyramide beschäftigte. Ich konnte ihn hierüber aufklären und riet ihm, den beiden feindlichen Brüdern zu gestatten, ihre Sache vor ihm auszufechten, so gut sie könnten. Es ist zum mindesten amüsant, diese Herren um den alten Steinhaufen eifern zu sehen. Das leuchtete ihm ein. Treffen Sie also Ihre Vorbereitungen, Herr Eyth und benachrichtigen Sie Herrn Sinker, sich bereit zu halten.«

Ich hatte den Prinzen, die Gabeleya und den Garten rasch genug hinter mir und war nicht wenig erfreut über die Wendung, die die Dinge plötzlich genommen hatten. Es galt nun zunächst, hiervon Joe so schnell wie möglich in Kenntnis zu setzen, so daß auch er sich überlegen konnte, in welcher Weise die bevorstehende Begegnung auszunutzen war. Und es schien einer der Tage werden zu wollen, an denen sich die glücklichen Zufälle überstürzen. Vor meiner Haustüre stand Fritschy, die Hände in den Hosentaschen, sichtlich auf mich wartend.

Der Mann war während der letzten Tage unruhig und verstört zwischen Kairo und Schubra hin- und hergelaufen. Herr Ben habe nichts Vernünftiges mehr für ihn zu tun, erklärte er; mir selbst ging es augenblicklich fast ebenso. Täglich wurde jetzt Monier, der Administrator von El Mutana erwartet, dem ich ihn, in allseitigem Interesse, gerne mitgegeben hätte. So blieb nichts übrig, als ihn wiederholt zur Geduld zu ermahnen; aber noch nie hatte ich jemand ein nicht allzu schweres Geschick mit größerem Unbehagen tragen sehen. Die äußeren Umstände boten hierfür keine Erklärung. Er hatte etwas auf dem Herzen und wußte nicht, wie er es loswerden sollte.

»Können Sie ein Geheimnis vierundzwanzig Stunden lang bewahren, Fritschy?« rief ich ihm entgegen, erfreut eine Beschäftigung für ihn zu haben.

»Wochenlang!« antwortete er seufzend. »Es scheint mir zehnmal schwieriger, eins los zu werden – unter Umständen.«

»Mit Ihnen ist etwas nicht richtig«, sagte ich halb teilnehmend, halb ärgerlich. »Sie sind seit einiger Zeit ein anderer Mensch geworden, nicht zu Ihrem Vorteil.«

»Darunter leidet niemand mehr als ich«, versetzte er, trübselig einen vollen Apfelsinenbaum betrachtend.

»Was ist los mit Ihnen? Heraus mit der Sprache! Sind Sie krank?«

»Was kann ich tun?« fragte er ablenkend.

»Gehen Sie, so schnell Sie können, nach Kairo. Sagen Sie Herrn Joe Thinker, aber so, daß es sonst niemand hört oder erfährt, daß ich ihn morgen früh um acht Uhr abholen und mit ihm zum Vizekönig gehen werde.«

»Ist das alles?«

»Ja. Das weitere weiß er schon. Nehmen Sie mein Pferd. Es ist von Bedeutung, daß er die Botschaft so bald als möglich erhält. Und dann kommen Sie zurück und sagen mir, daß sie richtig bestellt ist und daß sie sonst niemand zu wissen bekam. Verstehen Sie: niemand! – Aber nehmen Sie sich in acht. Das Pferd hat seinen eigenen Kopf.«

Ich stieg ab, Fritschy auf. Nach einigem Zureden geruhte mein Araber trotz des ungewohnten Reiters den Weg nach Kairo einzuschlagen, und ich ging in mein Arbeitszimmer, um die Zeichnungen und Skizzen zurechtzulegen, die ich morgen dem Vizekönig zeigen sollte. Es war noch manches daran auszubessern, Schattenlinien zu ziehen, einzelne Teile in Farben hervorzuheben, so daß auch ein königlicher Erfinder seine Gedanken erkennen konnte. Darüber waren zwei Stunden vergangen, als Fritschy erhitzt und staubbedeckt wieder eintrat.

»Nun?« fragte ich, etwas erstaunt über sein verstörtes Wesen. »Haben Sie die Sache besorgt?«

»Nein!«

»Der Kuckuck! Warum nicht?«

»Die ganze Gesellschaft ist abgereist. Fräulein Bertha, Herr Joe, Miss Sakuntala, Herr Ben – alles verschwunden!«

Ich starrte ihn entsetzt an.

»Das ist ja nicht möglich!« sagte ich endlich.

»Die Unmöglichkeit ist eine Tatsache«, versetzte der Monteur. »Man sagte mir im Hotel, die Herrschaften seien insgesamt kurz nach Tagesanbruch nach Bulak gefahren, hätten sich auf Herrn Bens Dahabie eingeschifft und hinterlassen, daß sie wahrscheinlich erst in drei bis vier Tagen zurückkommen werden.«

»Sapristi; nun ist guter Rat teuer«, sagte ich halblaut zu mir selbst.

»Ich ritt geradewegs nach Bulak«, fuhr Fritschy fort, »um vielleicht dort zu hören, wo sie hingesegelt seien. Richtig! Der Platz, wo Herrn Bens Dahabie gelegen hatte, war leer. Neben demselben lag ein Boot, auf dem der Dragoman einer andern Gesellschaft wohnt. Der Mann wußte mir zu sagen, daß die Thinkers kurz vor sieben Uhr mit einem feinen Südwind flußabwärts gefahren seien und bei der Barrage Mittag zu machen beabsichtigten. Der Reis habe schon am Abend zuvor Weisung erhalten, seine Leute für fünf oder sechs Tage zu verproviantieren.«

»Das war klug von Ihnen, Fritschy. Sie sind noch nicht ganz auf den Kopf gefallen«, sagte ich, um ihn aufzumuntern. »Nun bleibt nichts anderes übrig als den Flüchtlingen nachzujagen. Gehen Sie ohne Verzug auf den Feuerschech. Lassen Sie heizen und holen Sie die Leute zusammen. In dreiviertel Stunden sollten wir abfahren können. An Schubra ist die Dahabie natürlich längst vorüber, aber der Südwind wird nicht den ganzen Tag anhalten. Gegen Mittag spätestens müssen wir sie eingeholt haben.

Eine Stunde später waren wir in voller Fahrt stromabwärts. Der Nil nähert sich um diese Jahreszeit seinem niedersten Wasserstand, so daß wir, zwischen den steil abfallenden Lehmufern eingeschlossen, immer nur eine kurze Stecke des Flußlaufs übersahen. Zahllose Sandbänke und Inselchen, langgestreckte Landzungen, die von beiden Seiten in das

Flußbett traten, machten die Fahrt schwierig, und mehr als einmal hörten wir den schlürfenden Ton und fühlten das unbehagliche Aufsteigen des Bootes, wenn der Kiel des kleinen Dampfers durch den Sand schnitt. Bei jeder Biegung des Flusses hoffte ich deshalb auch, Thinkers wohlbekannte Dahabie in einer unmöglichen Stellung quer über den Strom liegen zu sehen oder, wenn er sein Patentsteuer gebraucht haben sollte, sie bei dem Versuch zu überraschen, die steile Uferböschung zu erklimmen. Doch vergingen zwei volle Stunden, ohne daß diese Erwartung in Erfüllung ging, so daß ich schon zu zweifeln begann, ob Fritschys Nachrichten aus Bulak richtig gewesen waren. Der Monteur hatte den Rock abgeworfen und die Aufsicht im Maschinenraum übernommen. Er schien zehnmal ungeduldiger als ich und ließ trotz meiner Mahnungen heizen, daß die Sicherheitsventile, seit wir Schubra verlassen hatten, nicht mehr zur Ruhe kamen. Manchmal erschien sein blühendes Gesicht in dem Loch, das in den Maschinenraum hinabführte. »Noch nichts!« schrie er dabei halb lachend, halb ärgerlich herauf. »Noch nichts!« rief ich halb ärgerlich, halb lachend hinunter. Worauf ich regelmäßig ein erneutes heftiges Rasseln mit Schürhacken und Kohlenschaufeln hören mußte.

Endlich kam die lange Brücke der Barrage in Sicht und dort, an der Mauer der großen Schleuse, lag die ersehnte Dahabie mit eingerafftem Segel und von zwei Tauen festgehalten. In wenigen Minuten waren wir an ihrer Seite. Der Reis und seine Leute saßen müßig auf dem Vorderdeck und kochten. Ben Thinker, ein langes Fernrohr in der Hand, mit dem er uns beobachtet hatte, stand allein auf dem Dach der Kajüte.

»Hallo! Herr Eyth!« rief er mit zu, »was der Kuckuck bringt Sie hierher?«

»Mein Feuerschech, wie Sie sehen«, antwortete ich ausweichend. »Sie können uns zu allen Tages- und Jahreszeiten in jedem Winkel des Landes sehen, wo drei Fuß Wasser zu finden ist. Aber was in aller Welt fiel Ihnen ein, wie ein Dieb in der Nacht mit Kind und Kegel davonzusegeln? Das ist ja förmlich polizeiwidrig.«

Damit sprang ich auf die Dahabie über. Wir begrüßten uns lebhaft, wobei unverkennbar war, daß sich Ben in ungewöhnlicher Verlegenheit befand.

»Haben Sie einen Versuch mit dem Patentsegelsteuer gemacht?« fragte ich, um die Unterhaltung in Gang zu bringen.

»Ja – das heißt, nein – nämlich – ich dachte –«, stotterte er; »mein Bruder Joe braucht frische Luft, nach seiner Krankheit, und da kam mir der Gedanke, wir könnten ihn ein paar Tage spazierenführen – ja – und Fräulein Schütz lag mir schon seit vierzehn Tagen in den Ohren, ich möchte doch Sakuntala und sie nach Benha nehmen, wo sie, weiß der Himmel weshalb, die Ruinen von Athribis studieren will. Vielleicht weil ihr Joe gesagt hat, daß die Alten den Schutthaufen ›die Herzstadt‹ hießen. Das klingt wie ein Femininum. Nun sehen sie, diese zwei Gedanken ließen sich vortrefflich ineinander arbeiten – und so –«

»Wo ist denn aber Ihre Reisegesellschaft?« fragte ich.

»Droben auf der Brücke bei Monsieur Marie, der uns natürlich mit Enthusiasmus empfing und nun meinen Bruder für die Barrage zu begeistern sucht. Das war auch eine meiner Nebenabsichten bei dem Ausflug. Vielleicht gelingt es doch noch, Joe etwas Vernunft beizubringen. Denn sehen Sie, Herr Eyth –«

Er wurde wieder verlegener. Dann brach er plötzlich los: »Donnerwetter – so kommen wir nicht weiter. Sie sind, glaube ich, ein ehrlicher Mann, der mein Vertrauen nicht mißbrauchen wird. Sie müssen ein Freund der guten Sache sein, denn Sie sind Ingenieur und vergeuden Ihre Kräfte mit Wasserpumpen. – Hand drauf: es bleibt unter uns, was ich Ihnen sage! – Ich habe morgen meine erste Audienz beim Vizekönig. Alles ist geregelt. Sadyk Pascha wird mich einführen. Wie mir Osman Effendi sagt, ist der Vizekönig so viel als entschlossen, auf meine Pläne einzugehen, wenn sie für seinen Geschmack großartig genug sind. Na, dafür werde ich schon sorgen.«

»Aber ich begreife nicht, wie Sie unter diesen Umständen die Segelfahrt antreten konnten«, rief ich, unfähig ein erschrockenes Erstaunen ganz zu verbergen.

»Sagt' ich es Ihnen nicht?« fragte Ben, wieder etwas zögernd. »Es ist eigentlich mehr mein Bruder, der die Segelfahrt antritt. Seit er mir in einem wirklich mißlichen Augenblick auf die edelmütigste Weise beisprang, möchte ich alles für ihn tun, was in meinen Kräften steht. Er braucht frische Luft. Und dann hoffe ich, daß ihn der Anblick der Barrage mit meinen Plänen aussöhnt, und dann – dann möchte ich ihm das peinliche Gefühl ersparen, mitansehen zu müssen, wie nun eben doch meine Ideen durchdringen. Glauben Sie mir, Herr Eyth, es ist besser für ihn, er hält sich für einige Tage mit den Damen in Benha auf und studiert die Herzstadt. Ich denke, als der Vernünftigere von uns beiden, an sein weiches Gemüt und an das Fieber, das er kaum überwunden hat.«

»Schön; aber Sie? Ich begreife noch immer nicht –«

»Ah, dafür ist gesorgt!« rief Ben, mit dem alten Ton des Triumphs. »Ich hatte schon vor zehn Minuten im Sinn, mich zu entfernen, als Ihr Feuerschech in Sicht kam. Seit gestern Abend wartet dort drüben in Kaliub mein Dragoman und ein Pferd auf mich. Sehen Sie dort auf dem Tisch liegt ein Brief für Bruder Joe, der ihm mein plötzliches Verschwinden erklärt. Wollen Sie ihm den Brief übergeben? Es hat keine kleine Mühe gekostet, die Dinge so zu ordnen, daß alles klappt. Aber was war zu machen? Die großen Aufgaben, für die wir arbeiten, verlangen manchmal außerordentliche Mittel.«

»Sie sind wahrhaftig mehr als ein Erfinder!« sagte ich bewundernd.

»Keine Schmeicheleien! Ich tue, was mir meine schwachen Kräfte zu tun gestatten und was ich meinem Ziele und meinem Bruder schuldig zu sein glaube. Wahrhaftig, Herr

Eyth, ich denke in wirklicher Liebe auch an meinen Bruder. Es ist nichts für ihn, sich in diesem Kampf der Interessen zu bewegen. – Nun aber halten Sie mich nicht länger auf. Glückliche Fahrt! Und wenn Sie Joe begrüßen, vergessen sie nicht, was Sie mir versprochen haben. Der Brief erklärt ihm alles, was er zu wissen braucht. – Ali!« –

Einer der Schiffsjungen sprang auf.

»Der Bursche zeigt mir, wo ich den Dragoman mit dem Pferd finde. Leben sie wohl! Und reinen Mund halten!«

Er war schon über dem Gangbrett der Dahabie und nach einer weiteren Minute hinter dem Damm verschwunden, der nach der Landseite hin unsern Horizont bildete. Ich brauchte etwas länger, bis ich mich einigermaßen gefaßt hatte. Dann stieg ich langsam die Steintreppe hinauf, die auf die Höhe der Brücke führt, wo ich Joe und die Damen zu finden hoffte.

Sie kamen in dem Augenblick, als ich das Ende der Treppe erreichte, unter Monsieur Maries Führung aus einem der Ecktürme hervor, welche den mächtigen Bau schmücken. Der alte Brückeninspektor war in voller Tätigkeit, mit Armen und Beinen und der nie ermüdenden Zunge seinen Gästen den großen Gedanken der Barrage, den unglücklichen Stand der Dinge und die führende Rolle, die er bei all dem gespielt hatte, auseinanderzusetzen. Er litt sichtlich unter einem peinlichen Seelenzwiespalt, da er sich verpflichtet glaubte, seine Aufmerksamkeit in gleichem Maße den Damen und Herrn Joe zuzuwenden. Mein Erscheinen verdreifachte seine Schwierigkeiten; denn er wollte nun auch mir weit mehr als ein Drittel seiner Erklärungen zugute kommen lassen, ohne die andern zu verkürzen.

»Sie sehen in Herrn Eyth«, erklärte er Thinker, »einen der verständigsten Ingenieure, die mir von Zeit zu Zeit die Ehre ihres Besuchs schenken. Ein wirklich hervorragender Herr. Sollte sein hoher Chef, Seine Hoheit Halim Pascha sich der großen Aufgabe annehmen, die hier noch zu lösen ist, so könnte ich mit Befriedigung in die Zukunft blicken. Stolz aber wäre ich, unsäglich stolz, wenn Ihr Herr Bruder, dem ich meine reichen Erfahrungen eine ganze Woche lang zur Verfügung stellte, seine großartigen Gedanken zur Ausführung brächte. Dann würde auch ich einem Ziel meiner Lebensarbeit entgegensehen, das mich für die schmerzlichen Enttäuschungen entschädigte, die ich an dieser Stelle erfahren mußte.«

Joe wandte sich bewegt ab und bat Fräulein Schütz, ihm nichts mehr zu übersetzen, – er verstehe genügend Französisch, um Monsieur Marie folgen zu können, – worauf sich dieser mit ungeschwächter Kraft an die Damen wandte. Ich zog den Doktor auf die Seite:

»Soeben habe ich Ihren Herrn Bruder begrüßt und verlassen.«

»Er blieb unten«, erklärte mir Joe. »Er leidet neuerdings wieder häufiger an seinen Kopfschmerzen und scheint heute schlimmer daran zu sein, als ich mit meinem Fuß.«

Es war nicht leicht, mein Versprechen der Verschwiegenheit so zurechtzulegen, daß ich sagen konnte, was gesagt werden mußte.

»Er verabschiedete sich von mir«, begann ich zögernd. »Er ging nach Kairo zurück, wenn ich ihn recht verstanden habe.«

»Was? Das ist ein Mißverständnis«, rief Joe. »Wir sind auf dem Wege nach Benha; das heißt – er. Er will die Mädchen nach Benha bringen.«

»Ich glaube nicht«, versetzte ich. »Er ließ einen Brief für Sie zurück und bat mich, Ihnen denselben einzuhändigen.«

Der Doktor öffnete das Schreiben, sichtlich verwirrt.

»Können Sie mir dies erklären?« sagte er nach einer Pause und gab mir den Brief zurück. Er lautete:

Lieber Bruder! Du kennst die Kopfschmerzen, die mich gelegentlich heimsuchen. In der Hitze des ägyptischen Klimas verdient dieses Leiden eine sorgfältigere Beachtung als in unserer kühlen Heimat. Da sich in dem benachbarten Kaliub eine Gelegenheit bietet: – es steht dort ein Pferd, das nach Kairo gehen soll –, so habe ich mich rasch entschlossen, ebenfalls zurückzukehren. Die Dahabie und alles, was damit zusammenhängt, steht zu Deiner Verfügung. Übernimm das Kommando, sorge für die Mädchen und sei wegen mir ganz unbesorgt. Wenn Ihr Eure interessanten Studien in Benha beendet habt, hoffe ich Euch wohl und munter und namentlich Dich vollständig hergestellt in Bulak eintreffen zu sehen. Indessen glückliche Reise! Dein treuer Bruder Ben.

Nachschrift: Nötigenfalls könnt ihr von Benha auch mit der Bahn zurückkehren, wenn Du nicht vorziehen solltest, was ich Dir ernstlich raten möchte, die frische Luft auf dem Fluß ein paar Tage länger zu genießen.

In der Tat, an meinem Freund Ben ist ein Diplomat verlorengegangen, dachte ich in stiller Bewunderung. Es war kein unwahres Wort in dem Brief und nicht eine Silbe, die die Wahrheit verraten hätte. Kein Wunder, daß mich der Doktor wie betäubt ansah.

»Können Sie mir dies erklären?« wiederholte er endlich, fast stammelnd.

»Ich möchte mir kaum erlauben, mich in die Angelegenheiten Ihres Herrn Bruders zu mischen«, antwortete ich vorsichtig: »Übrigens erleichtert mir seine Abwesenheit die Mitteilung, um deretwillen ich Ihnen nachgefahren bin. Sie wird Ihnen alle trüben Gedanken mit einemmal verscheuchen. Wünschen Sie sich Glück. Der Vizekönig will Sie morgen empfangen.«

Joes Gesicht leuchtete auf. Doch drückte es nicht Überraschung und Entzücken aus, sondern die ruhige Freude satter Befriedigung. Die Reihe des Erstaunens war an mir.

»Ich weiß es, ich weiß es!« rief er und drückte mir die Hand.

»Nicht möglich! Sie können es nicht wissen.«

»Doch, doch! Schon seit gestern Nachmittag.«

»Das ist nicht möglich«, sagte ich hartnäckig. »Ich selbst hörte es erst heute und aus allererster Quelle.«

»Ah, mein lieber Freund«, versetzte der Doktor mit seinem glücklichen Lächeln, in das er erfolglos etwas wie listige Verschmitztheit zu legen suchte; »ich bin auch kein Neuling mehr und beginne die krummen Wege dieses Landes zu verstehen. Woher ich es weiß? Ja, das ist eine lange Geschichte. Sie wissen – mein Fuß –«

Er schlug mit dem Stock, den er zum Gehen noch nicht entbehren konnte, fröhlich auf seinen Stiefel und sah sich dann vorsichtig um. Die Damen waren mit Monsieur Marie weitergegangen und Fritschy, mit rosig geriebenem Gesicht und triefenden Haaren, befand sich bereits mitten unter ihnen. Joe fuhr fast flüsternd fort:

»Freund Buchwald sagte mir, daß Sie von der Sache wissen, lieber Herr Eyth. Auch glaube ich, sind Sie der letzte, der ein durchaus achtbares Verhältnis mißverstehen könnte, in das ich durch ganz merkwürdige, ich möchte sagen, providentielle Umstände verwickelt wurde. Kurz und gut: Madame Geraldine ließ mir gestern durch O'Donald sagen, daß der einflußreiche Sadyk Pascha versprochen habe, meine Audienz beim Vizekönig auf morgen anzusetzen. Was sagen Sie dazu?«

»Daß ich und Seine Hoheit Halim Pascha offenbar um vierundzwanzig Stunden zu spät kommen«, versetzte ich lachend. »Um so besser und meine doppelten Glückwünsche! Aber – sagen Sie mir jetzt nur eins! – wie kommen Sie denn hierher, auf eine Fahrt nach Benha, die Sie mindestens vier Tage kosten wird, wenn sich der Wind dreht?«

»Pst!« machte Joe mit der Miene unbeschreiblicher Schlauheit. »Ich bin keineswegs auf dem Weg nach Benha. Aber das ist eine zweite Geschichte. Wir haben jetzt Zeit. Sie sollen alles erfahren. Gehen wir nach dem Boote; die andern werden schon nachkommen.«

Er schmunzelte in sich hinein, nahm meinen Arm um besser gehen zu können und fuhr fort:

»Ich weiß, Sie halten mich für einen unpraktischen Träumer. Sie werden staunen! – Vielleicht haben Sie es selbst bemerkt: seit der unseligen Geldgeschichte ist mein Bruder für mich die Aufmerksamkeit und Herzlichkeit selbst. Das hält ihn jedoch nicht ab, seine verwerflichen Pläne unablässig und unbarmherzig zu verfolgen. Ich vermute, er denkt ähnliches von mir. In allem andern kann es seit meiner Krankheit keine wahrhaft liebevolleren Brüder geben als uns. So schlug er mir schon gestern früh vor, mit seiner Dahabie nach der Barrage oder bis Benha zu fahren, um einmal gründlich frische Luft zu schöpfen. Ich nahm die Einladung dankbar und mit Vergnügen an. Nachmittags kam dann O'Donald mit seiner Nachricht von Madame Geraldine. Was war nun zu machen? Ich konnte Ben den wirklichen Sachverhalt unmöglich mitteilen. Erstens wollte ich ihn nicht betrüben, und zweitens war nicht abzusehen, was er in seiner raschen und gewalttätigen Weise getan hätte, um meinen Erfolgen in den Weg zu treten. Das beste schien, ihn auf einige Tage von Kairo fernzuhalten. Ich beschloß deshalb, ruhig bis zur Barrage mitzufahren und nach Besichtigung dieses mißglückten Wunderwerks – ein echtes Bild unserer Zeit! – an der meinem Bruder viel gelegen zu sein schien, von Kaliub aus unbemerkt nach Kairo zurückzukehren. O'Donald versprach, Reittiere zu schicken, die mich mit Ibrahim ben Musa, dem Dragoman, seit heute Mittag dort erwarten.«

»Sie haben recht«, sagte ich. »Dies hätte ich Ihnen nicht zugetraut.«

»Ach mein lieber Freund«, rief Joe aus tiefster Seele; »es wächst der Mensch mit seinen höheren Zwecken, sagte schon Ihr Goethe. Wenn wir einer wahrhaft großen Sache dienen, sind wir zu Taten fähig, die uns unter gewöhnlichen Umständen unmöglich wären. Übrigens möchte ich nicht unerwähnt lassen, daß mich bei all dem O'Donald mit Rat und Tat wesentlich unterstützte. Wenn die Pyramide gerettet wird, soll ihm dies in der dankbaren Erinnerung der Nachwelt nicht vergessen sein.« –

»Sind es Esel? – ich meine die Reittiere in Kaliub«, fragte ich.

»Ich denke ja. O'Donald weiß, daß mir Pferde weniger angenehm sind.«

»Gut. Nun lassen wir durch einen meiner Bootsleute dem Dragoman sagen, er solle getrost nach Hause reiten. Sie können die Damen mitten auf dem Nil nicht im Stich lassen. Ich nehme Ihre Dahabie ins Schlepptau; so fahren wir ohne Verzug nach Kairo. Ohne mich würden Sie bei diesem Wind Bulak heute nicht mehr erreichen.«

»Ein ausgezeichneter Plan!« rief Thinker erfreut. »Nur bedaure ich, daß mein armer Bruder mit seinen Kopfschmerzen den weiten Weg nun zu Pferd zurücklegen muß. Wie viel bequemer hätte er es haben können! Er war von jeher zu hastig. Und morgen liegt er höchst wahrscheinlich schwer darnieder. Dieses unglückselige Stauwerk!«

Eine halbe Stunde später waren wir nach einem wort- und gefühlsreichen Abschied von Monsieur Marie auf der Rückfahrt, die gegen Wind und Strömung mit bedächtiger Langsamkeit vor sich ging. Etwas erschöpft von der wiederholten Besichtigung der Barrage und den Höflichkeiten Iskanders hatten sich die Damen in die Kajüte der Dahabie zurückgezogen. Thinker und ich saßen im Vorderteil des Feuerschechs, wo uns ein lebhafter Südost wenn nicht Kühlung, so doch frische Luft entgegenblies. Fritschy lag auf einem Diwan aus Segeltuch und Tauen am Steuer und sah unverwandt nach der Dahabie, die verdrossen hinter uns herschaukelte. Es wäre von der einförmigen Fahrt kaum ein Wort mehr zu melden, wenn mir nicht Buchwald einige Wochen später Mitteilungen gemacht hätte, die aus allererster Quelle stammten, und ebenso gut an dieser Stelle eingeschaltet werden können, auf die sie ein chronologisches Recht haben.

Unter den offenen Fenstern der kleinen, aber elegant ausgestatteten Hauptkajüte der Dahabie liefen auf beiden Seiten
breite Diwans hin, auf denen man gar bequem dem Plätschern des Wassers gegen die Seiten des Schiffs und dem ein-
schläfernden Rauschen des Raddampfers zuhören konnte.
Hier hatten sich Sakuntala und Bertha, jede mit einem Buch
bewehrt, niedergelassen, um die unausbleiblichen Folgen
einer derartigen Nachmittagslektüre in Ergebung zu erwarten.

Nach einer halben Stunde, die in traumhaftem Rauschen
und Plätschern hinschwand, erhob Sakuntala ihre samtene
Stimme und sagte teilnehmend: »Du schläfst nicht, Bertha?«

»Ich lese«, antwortete Fräulein Schütz schwermütig und
richtete den Blick auf die am Boden liegende Geschichte der
Kalifen. Kurz zuvor hatte ihr Auge mit sinnender Beharrlich-
keit auf dem Steuerruder des Feuerschechs geruht, das sie
durch die offenen Fenster sehen konnte, so oft sich die Dahabie etwas schief gegen die Zuglinie des Dampfers drehte. Es
gab so viel zu denken. Dieser zweite Besuch der Barrage hatte
Erinnerungen geweckt, welche weit zurückzuliegen schienen, so voll waren die Wochen gewesen, die sie seitdem
durchlebt hatten. Hier hatte sie das Wölfchen kennengelernt,
das später im Garten des Hotel Shepheard, in einem ihm
eigenst gezimmerten Häuschen – ›Er‹ verstand wunderniedli-
che Häuschen zu zimmern – allen Zähmungsversuchen erfolgreichen Widerstand geleistet hatte. Das Tierchen war
erstaunlich schnell gewachsen, aber wilder statt zahmer
geworden. Da es seine Kette nicht zu zerreißen vermochte –
›Er‹ hatte ihm eine zierliche, aber wundervoll starke Kette
geschmiedet – war es vor wenigen Tagen samt der hölzernen
Hütte durchgegangen, von der man am äußersten Ende der
Schubra-Allee nur noch einige klägliche Überreste entdeckte.
Hier auch hatte sie den schwarzlockigen Techniker kennengelernt, dessen Geist weit über seinen Beruf hinausstrebte,
dessen Herz – doch was ging sie sein Herz an!

»Du liest nicht, Bertha!« sagte Sakuntala nach einer weiteren Viertelstunde.

»Ich schlafe«, versetzte Fräulein Schütz, noch schwermütiger. »Das heißt, ich versuche zu schlafen. Aber diese Zeiten sind für mich vorbei!«

Sakuntala, die während der letzten Dreiviertelstunde ebensowenig gelesen hatte, aber so munter geworden war wie eine Lerche in den ersten Morgenstunden, sprang auf und setzte sich auf ein Feldstühlchen neben ihre Freundin.

»Du bist unglücklich, meine Liebe!« sagte sie mit überquellender Teilnahme. »Ich schäme mich, denn ich bin so glücklich, daß ich es fast nicht mehr ertragen kann. Warum sollen wir länger Versteckenspielen? Kennen wir uns nicht lange genug und sind wir nicht fast allein in der Welt? Tausche dein schweres Herz ein gegen mein volles, du machst keinen schlechten Tausch!«

Sie umschlang die ältere Freundin, die ihr Gesicht in die nächste beste Schlummerrolle drückte und leise zu schluchzen begann.

»O Sakuntala, hast du je geliebt?« flüsterte sie kaum hörbar.

Sakuntala war hierüber keinen Augenblick im Zweifel.

»Und wie!« rief sie unbedacht, suchte aber dann tastend und verwirrt nach eine zweiten Schlummerrolle, um die brennende Röte, die in ihren Wangen aufstieg, zurückzudrängen.

»Du auch!« hauchte Bertha, sich aufrichtend. »Oh, ich ahnte es schon längst. Und er liebt dich, du Glückliche!«

Das Eis war gebrochen. Schon seit dem Ballfest schmolz es, ohne daß sie es bemerkt hatten. Bertha vergaß ihr Herzeleid in der Teilnahme an dem Glück, das in leisen heißen Worten über die Lippen Sakuntalas strömte.

»Und auch du mußt glücklich werden! Ich weiß, du wirst glücklich werden!« schloß sie die etwas verwirrte Schilderung von dem, was Buchwald für sie geworden war.

Bertha blickte sinnend durch ihre Tränen und das Kajütenfenster. Der Zufall wollte es, daß sich die Dahabie wieder einmal krebsartig schief gegen den Dampfer fortbewegte. Dort am Steuer saß Fritschy noch immer, unverwandt, toggenburgartig das scheinbar unbewohnte Nilboot betrachtend, das widerwillig dem Feuerschech folgte.

»Du wirst glücklich werden, meine beste Bertha!« wiederholte Sakuntala, die den Blick ihrer Freundin begleitet hatte. »Er sitzt nicht umsonst seit zwei Stunden am Steuer. Auch ich bin ja noch nicht am Ziel. Deshalb müssen wir vernünftig sein, aber handeln.«

Entschlossen trocknete sie Berthas Wehmuts- und ihre eigenen Freudentränen. Dann wurde ein Kriegsrat gehalten, der mit bewundernswerter Klarheit die Schwierigkeiten ins Auge faßte und die Maßregeln erwog, welche zu einem glänzenden Doppelsiege führen könnten. Allerdings scheiterten die kühneren Vorschläge Sakuntalas an der mädchenhaften Zaghaftigkeit ihrer älteren Freundin. Die üblichen Rollen von Erzieherin und Schülerin schienen plötzlich vertauscht zu sein: so schnell reift der Geist der Frau unter den Strahlen einer glücklichen Liebe. Endgültig wurde nur der ziemlich bescheidene Beschluß gefaßt, Onkel Joe bei der ersten besten Gelegenheit in das Hauptgeheimnis einzuweihen, da sein Herz vertrauenswürdiger sei als der Verstand irgendeines andern zur Verfügung stehenden Onkels, und daß nach seinem Rat alles weitere geregelt werden solle.

Kaum waren die Beratungen bis zu diesem Punkt gediehen, als der Feuerschech mit seinem Anhang in Schubra ans Land stieß. Ich verabschiedete mich rasch von meinen Freunden, denn ich hatte einen in anderer Richtung verlorenen Tag nachzuholen. Thinker nahm mein Anerbieten, ihn bis Bulak schleppen zu lassen, dankbar an und Fritschy erbot sich, den kleinen Dampfer zu steuern und unversehrt zurückzubringen. Mein Reis, dem der rasche Aufbruch am Morgen noch im Magen lag, versicherte nämlich hoch und heilig, daß er wegen dringender Familienverhältnisse an diesem Abend nicht mehr weiter fahren könne.

»Gut«, sagte ich, nach einigem Zaudern zu dem Monteur. »Aber nehmen Sie sich in acht. Der Nil ist voller Sandbänke weiter oben. Ich könnte wetten, daß Sie stecken bleiben.«

»Keine Furcht!« rief er mit erzwungenem Lachen und gab mit der Dampfpfeife ein langes klagendes Signal zur Weiterfahrt. – Ein wunderlicher Kerl, der Fritschy!

25. KAPITEL

Ein
kritischer Tag

Wenn sich der Vizekönig während der Winter- und Frühlings-
monate in Kairo aufhielt, bewohnte er den Ab'dinpalast, ein
weitläufiges zweistöckiges stilloses Gebäude im Westen der
Stadt, das, damals noch zwischen düsteren arabischen Häusern eingeengt, mit seinem ockergelben Anstrich einen
nichts weniger als achtunggebietenden Eindruck machte.
Trotzdem war es auch vor seinem späteren Umbau von den
stets zur Hälfte zerfallenen, zur Hälfte im Bau begriffenen
Schlössern seiner Vorgänger, die ihm zur Verfügung standen,
noch immer das wohnlichste. Im Inneren verirrte man sich
allerdings leicht in winkeligen Gängen oder in staubigen
Gemächern, die mit einem halben, glänzend polierten Maha-
gonitisch oder mit einem zertrümmerten Spiegel in pracht-
vollem Rokokorahmen ausgestattet waren. Selbst der langgestreckte Wartesaal vor dem Audienzzimmer des Paschas
deutete an, daß sich der Hof hier nur vorübergehend auf-
halte. Durch die drei hohen Fenster französischen Ursprungs,
die nicht genau in die Mauerrahmen paßten, fiel das Licht auf
kahle Wände und einem mit teilweise zersprungenen Marmorplatten belegten Boden. An jedem verwendbaren Streifen der Wandfläche zogen sich niedere breite Diwans hin,
deren dunkelroter Plüsch abgenützt und verlegen dreinsah.
Für Sitz- und Ruheplätze war auf diese Weise reichlich
gesorgt. Selbst in der Mitte des Saales standen zwei in acht-

679

eckiger Form gebaute Riesensofas mit einem aus ihrer Mitte aufsteigenden ornamentalen Holzaufbau. Der letztere diente als Postament für die zwei einzigen Schmuckgegenstände, die sich im Zimmer befanden. Der eine war die etwas plumpe Nachbildung eines Kriegsschiffs älterer Bauart, der andere das glänzend polierte Modell einer Vakuumpfanne, das, wie die Inschrift besagte, aus der Fabrik von Cail & Co. zu Paris stamme und von den harrenden Besuchern gewöhnlich für einen amerikanischen Panzerturm angesehen wurde.

Wichtiger, in der Tat das Wichtigste in dem Saal war jedoch die hohe zweiflügelige Türe aus schwarzem mit Goldleisten verziertem Ebenholz, welche in der Mitte der hinteren Schmalwand des Gemachs in das Audienzzimmer führte.

Nutzlos pünktlich, einige Minuten vor neun Uhr, hatten wir, Joe Thinker und ich, uns in nächster Nähe dieser verhängnisvollen Türe niedergelassen. Ich war nicht zum erstenmal hier und wußte, daß uns nur eins sicher war: Stunden und Stunden endlosen Wartens. Weiter hatte mich schmerzliche Erfahrung gelehrt, daß die richtige Vorbereitung hierfür ein ungewöhnlich kräftiges Frühstück und der felsenfeste Entschluß war, sich in der christlichen Tugend der Geduld von keinem Türken übertreffen zu lassen. Der Saal, den wir noch zur Hälfte leer antrafen, füllte sich rasch mit einer unruhigen Menge bunter Gestalten, die von Barrot Bey, dem französischen Sekretär des Vizekönigs und dessen, wie es schien, armenischem oder türkischem Hilfszeremonienmeister mit flüsternder Höflichkeit empfangen, zu einem der Diwans komplimentiert und um ihre Karte gebeten wurden. Kartenlose Besucher trugen ihre Namen in das in der Nähe der schwarzen Türe aufliegende Buch ein, Schreibunkundige wurden dem Armenier auf Gnade und Ungnade übergeben.

Mit den Karten verschwand Barrot Bey lautlos durch eine Spalte der verhängnisvollen Türe, worauf sich der Gast einige Stunden der Ruhe hingeben konnte. Sozusagen amtlich wurde dieselbe von Zeit zu Zeit von einem der vier in reicher türkischer Tracht gekleideten Kawassen unterbrochen, die dem Wartenden ein fingerhutgroßes Täßchen heißen Kaffees anboten, die leeren Tassen wieder abholten, wohl auch einem bevorzugten Gast, den Barrot oder der Armenier mit einem Kopfnicken bezeichnet hatte, stillgeschäftig eine Nargileh vor die Füße stellten.

Wer für das ruhelose Schattenspiel des Lebens menschliche Teilnahme besaß, brauchte sich nicht zu langweilen. Ein beweglicheres, wunderlicheres Kaleidoskop war anderwärts nicht leicht zu finden. Zylinder und Turbane, Fräcke und Kaftane, Uniformen und Burnusse, Priestertalare und Fellahhemden kamen und gingen. Ihre Besitzer saßen stundenlang rauchend, flüsternd, spielend und betend an den Wänden umher. Flüsternd: doch manchmal bildeten sie auch kleine Gruppen, die sich mit steigender Lebhaftigkeit unterhielten, so daß ein ›Pst! Pst!‹ des immer lächelnden Barrots sie daran erinnern mußte, daß man sich nicht in einem Café befinde; spielend: denn man konnte fast immer wenigstens ein Paar sehen, das sich auf diese Weise die Zeit verkürzte. Das beliebteste Spiel war scheinbar von kindlicher Harmlosigkeit. Der eine warf eine handvoll Geldstücke in die Luft, der andere mußte ›Gerade‹ oder ›Ungerade‹ rufen, ehe sie auf den Diwan gefallen waren. Hatte er erraten, so gehörte das Geld ihm; war ihm das Kunststück mißglückt, so mußte er seinem Gegner die gleiche Summe aushändigen. Oft vertrieben sich in dieser Weise zwei, drei Paare in der Mitte einer Gruppe von Zuschauern Zeit und Geld. Selbst Dominos und zwei Schachspiele standen den Wartenden zur Verfügung. – Wieder andere beteten. Der Rosenkranz zwischen den Händen von Kopten und Armeniern spielte eine große Rolle; ja, einem schlichten Schech konnte es einfallen, aufzustehen und mitten im Saal sein Vormittagsgebet zu verrichten, ohne daß dies irgend jemand gestört hätte. Die meisten hatten dem Vizekönig etwas zu zeigen; eine Zeichnung, einen Juwelenkasten, das Modell einer Maschine oder eines Gewehrs und zogen die Umstehenden mit naiver Bereitwilligkeit in ihr Vertrauen. Äußerlich wenigstens schien jene Zurückhaltung, welche Leute, die sich vielleicht nie zuvor gesehen haben, in Europa beobachten, hier nicht Sitte zu sein. In Wahrheit bemühten sich alle, vielleicht nur übungs- und versuchshalber, sich gegenseitig zu belügen, wie sie den Vizekönig zu belügen hofften und unterhielten sich dabei vortrefflich. Nirgends blühten die sprichwörtlich gewordenen ›Bazargeschichten‹ des Orients so üppig wie in diesem Saal.

Jetzt blickte alles mit gespannter Aufmerksamkeit nach der schwarzen Türe. Effendina hat seinen Harem verlassen, flüsterte es. Seine Hoheit sind anwesend. Barrot verschwand, kehrte nach zwei Minuten zurück und winkte einem Ulema in rotseidenem Kaftan, grünem Turban und langem schneeweißem Bart. Es war der Schech der Azhar-Moschee und zugleich der Rektor der bedeutendsten Hochschule des Islams. Ein mildes Lächeln lag auf seinen Zügen, ein listiges Blinzeln in seinen Augen. Die Tür schloß sich hinter dem würdigen Herrn, und das Rauchen und Plaudern, das Spielen und Beten wurde wieder aufgenommen. Die regelmäßige Tagesarbeit des Regenten hatte begonnen. Nach sechs Minuten erschien der Ulema wieder. Das listige Blinzeln war lebhafter, das milde Lächeln heiterer. Der Mann hatte seinen Zweck erreicht und verabschiedete sich feierlich von Barrot Bey, während dessen Assistent einen öligschmunzelnden schlechtbefrackten griechischen Bankier heranwinkte, der schon nach zwei Minuten mit gläsernen Augen, wankend wie ein gebrochener Mann, zum Vorschein kam. »Gott straft, wen er will!« murmelte mein Nachbar, ein fetter Mudir aus Oberägypten, der mit ehrfurchtsvollen Blicken die schwarze Türe betrachtete und dabei eifrig seinen Rosenkranz durch die Finger laufen ließ.

Wir saßen noch nicht eine halbe Stunde in unserer nicht unbehaglichen Ecke. Barott lächelte mich an, so oft er an mir vorüberging. Er kannte mich und ich kannte dieses Lächeln.

Es besagte:»Nur Geduld, mein Lieber; an dich kommt es noch lange nicht.« Ich war nicht so unvernünftig, mich hierüber zu beklagen; wir waren erst an der zweiten Tasse Kaffee. Da bemerkte ich auf der anderen Seite des Zimmers einen neuen Ankömmling, in elegantem, stahlgrauem Anzug, einen tadellosen roten Tarbusch auf dem Kopf. Er sah mich zu gleicher Zeit und kam zu uns herüber.

Es war ein junger englischer Zahnarzt namens Walker, der mich, beim erstenmal mit O'Donald, schon öfter in Schubra besucht hatte. Der Mann versuchte vor einem Jahr, sich in Kairo niederzulassen und geriet in große Gefahr, für seine eigenen Zähne keine normale Tätigkeit zu finden, da bereits ein Amerikaner sowie zwei Franzosen für die wenigen Gebisse sorgten, die einer europäischen Pflege bedurften. So saß er hinter einem prachtvollen Schild, das er aus England mitgebracht hatte, in einem Haus in der Nähe des Ab'dinpalastes und nagte am Hungertuch. Ich darf vermuten, daß ich diesem Umstand seine Besuche verdankte, denn sie hörten später auf. – Nun wollte es Allah, der Allgütige, daß eines nachts in einem Hintergebäude des Schlosses Feuer ausbrach. Natürlich schlief alles in der Umgegend, was wachen sollte, und nur Walker, der füglich hätte schlafen dürfen, wachte, sah den Feuerschein und erschrak heftig. Brüllend hämmerte er an den Türen des Palastes, brüllend lief er nach der benachbarten Saptiye* und weckte die Leute, welche die vizekönigliche Feuerwehr vorstellten, und brüllend war er der erste, der sich mit einer unbrauchbaren Handspritze und vier hilflosen Polizeisoldaten am Ort der Gefahr einfand. Der Vizekönig, zu dessen hervorragenden Eigenschaften persönlicher Mut nicht gehörte, vernahm dieses Gebrüll mit Wohlgefallen. Nachdem das Feuer aus Mangel an Brennstoff nahezu von selbst erloschen war, ließ er sich den Retter des Palastes und vielleicht des vizeköniglichen Lebens vorstellen und machte ihn – *in flagranti* –

* Polizeigebäude

zum Bey vierter Klasse. Dies war immerhin ein Anfang und ein unerhörter Glücksfall für den armen Walker, denn die Sache war damit nicht abgemacht. Seine Hoheit litt schon seit Wochen an Zahnschmerzen, wagte aber in seiner krankhaften Furcht vor Verschwörungen nicht, seine Person den Mordwerkzeugen eines unerprobten Zahnkünstlers anzuvertrauen. Nun war der richtige Mann gefunden, denn Walker hatte laut bewiesen, daß er für das Wohl der höchsten Person ein wachsames Auge besaß. Auch war es nicht wahrscheinlich, daß ein neugeschaffener Bey sich sofort an seinem Herrn und Wohltäter vergreifen würde. Dieser glaubte deshalb, dem jungen Mann ohne Gefahr die Zähne zeigen zu können. Walker plombierte in Gegenwart von sechs Arnauten mit aufgepflanzten Bajonetten, die übrigens hinter einem Vorhang verborgen waren, seinen ersten vizeköniglichen Stockzahn, wurde Hofdentist, erhielt ein der hohen Stellung entsprechendes Gehalt und war gerettet.

Seine Hauptaufgabe bestand nun darin, dem Vizekönig dreimal wöchentlich seine Aufwartung zu machen und nach dessen Zähnen zu fragen. Mit anderen Worten: Er war verpflichtet, drei Tage der Woche in dem Wartezimmer zuzubringen, meist ohne vorgelassen zu werden. Kein Wunder, daß er in der Lage war, manche interessante Erscheinung zu erklären, die uns sonst ein nichtssagendes Rätsel geblieben wäre.

»Langweilig!« rief er, sich neben mich setzend und auf meine teilnehmende Frage antwortend. »Verehrtester, es gibt nichts Unterhaltenderes auf der weiten Welt als diesen Saal. Ich will nicht von den verrückten Gebissen sprechen, die man hier zu sehen bekommt. Die Rassenunterschiede der Schneidezähne sind allein ein Lebensstudium wert. Aber bedenken Sie: Jeder bringt das Interessanteste aus seinem Leben hierher. Hier spricht man sich aus, hier lernt man sich kennen. Sie sehen Glück und Unglück, Hoffnung und Verzweiflung, Demut und Trotz – das letztere seltener – durch diese schwarze Türe hinein- und herausgehen. Hier begegnen

Sie allen Lastern des Lebens und einigen Tugenden, wenn Sie nur die Augen und Ohren öffnen wollen. Es ist ein Roman ohne Ende, den man mir seit einem halben Jahr vorspielt. Einige der Mitwirkenden kommen täglich, andere alle Wochen ein- oder ein paarmal, wieder andere sind seltene Zugvögel, aber einer ist fast so durchsichtig wie der andere, in der Erregung des großen Augenblicks. Sehen wir ein wenig, wer heute zur Stelle ist.

Damen voran. Schon weil sie in dieser Umgebung eine große Seltenheit sind. Sie sehen die tiefverschleierte Frau dort drüben, ganz in schwarz. Das ist die Gemahlin des vizeköniglichen ägyptischen Vizeadmirals Frederici. Ihr Mann soll aus Istrien stammen und kam als Schiffsjunge nach Alexandrien, noch in Mohamed Alis Zeiten; wurde Moslem unter Abbas Pascha und Fregattenkapitän unter Said. Vor einem halben Jahr schickte ihn der Vizekönig mit seinem Flaggschiff nach Malta, um die englische Mittelmeerflotte zu begrüßen, die sich dort zu einer großen Parade sammelte. Nach acht Tagen kam der Unglückliche unverrichteter Dinge wieder in Alexandrien an, weil er Malta nicht habe finden können. So wenigstens will es Scherif Pascha aus dem Munde des Vizekönigs selbst gehört haben. Ungnade, Kriegsgericht, Absetzung, Strafverbannung nach Massoa folgten sich Schlag auf Schlag und nun sitzt seine arme Frau, eine Italienerin mit fünf Kindern, tagtäglich hier, um, wenn möglich, für ihren Mann wenigstens eine Kapitänstelle auf einem Postdampfer im Roten Meer zu erbetteln.

Sie sehen den Mann, der jetzt der Dame ein Kästchen zeigt. Das ist der feinste Juwelenhändler in der Muski, ein griechischer Jude seines Zeichens. Er hat einen Diamantschmuck hier, der fünfzehntausend Pfund kostet, und sagte mir, er sei entschlossen, ihn heute nicht mehr nach Hause zu tragen. Ich meinte aufs Geratewohl, das Kästchen werde keine dreitausend wert sein. ›Was heißt‹, antwortet mir der Ehrenmann, ›will Er sein ein Fürst, muß er auch fürstlich bezahlen.‹

Neben den beiden sitzen zwei Schachspieler. Der eine, ein Zwerg, ist der offizielle Hofschachspieler, von Herkunft ein Perser, und eine kleine giftige Kröte, die jedermann fürchtet. Wenn er mit dem Vizekönig spielt, so plaudert er halblaut mit seinen Schachfiguren und setzt auf diese Weise seinem Herrn die unglaublichsten Dinge in den Kopf. Der andere, der Lange, Dürre ist der Traumdeuter Seiner Hoheit, der sich jeden Morgen zu erkundigen hat, ob Effendina etwas von Bedeutung zu träumen geruhten. Er hat strenge Weisung, sein Amt vor Fremden geheim zu halten, aber es ist bekannt, daß er oft mitten in der Nacht geholt wird, um seinen hohen Herrn zu beruhigen. Er sei ein gutmütiger dummer Mensch, sagen die einen, ein Derwisch von der nubischen Grenze; andere halten ihn für einen gefährlichen Schlaukopf. Beide spielen Tag für Tag von morgens früh bis in die späte Nacht Schach, so daß Barrot seine Mühe hat, sie abends nach Hause zu jagen.

Die zwei Ulemas, die ihnen zusehen, wollen versuchen, Steuerfreiheit für die Güter ihrer Moschee zu erbetteln: achttausend Hektar des besten Landes im Delta. Sie hätten Aussicht auf einen ungnädigen Empfang, wenn der Schech der El-Ahzar-Moschee – sie sahen den Herrn im roten Kaftan, der die erste Audienz hatte – ihnen den weg nicht geebnet hätte. Dieser gelehrte Herr kommt gegenwärtig fast täglich. Ich höre, er soll dem Vizekönig das Erbfolgegesetz nach der neusten Lesart des Koran auseinandersetzen. Böse Zungen behaupten allerdings, die Sache verhalte sich umgekehrt: der gelehrte Schech sei der gelehrige Schüler. – Bei Zeus, jetzt werden sie schon hineingerufen! – Die Gottesweisheit steht augenblicklich in hohen Ehren. Und der kleine Oppenheim kaut an seinen Nägeln vor Ärger. Er ist auch schon seit neun Uhr hier und ist das Warten noch nicht gewöhnt.

Sehen Sie, in der zweiten Fensternische! Wie liebenswürdig sie sich unterhalten, und die ganze Welt weiß, daß sie sich vergiften könnten. Oppenheim hat die Erlanger und die Rothschild hinter sich, sein Gegenüber, der stattliche soldatisch aussehende Herr, ist der Alexandriner Bankier Smart, der wer weiß wie viele englische Bankhäuser vertritt. Man sagt, es handle sich um ein neues großes Darlehen. Armer Vizekönig! Zwischen den beiden Gruppen von Raubtieren edelster Rasse wird ihm die Haut nicht übel über die Ohren gezogen werden. – Hallo, jetzt kommt etwas Außergewöhnliches!«

Es war aber nur ein türkischer Pascha in voller Uniform, rot wie ein Krebs, gestaltet wie ein Kürbis auf zwei Stelzbeinchen, der trotz dieser Schwierigkeiten mit gravitätischem Ernst in das Zimmer trat. Barrot Bey stürzte ihm entgegen, begrüßte ihn ehrfurchtsvoll und führte ihn ohne weiteres auf die schwarze Tür zu. Zum erstenmal öffnete diese wie von selbst beide Flügel, so daß man einen flüchtigen Blick in das düstere Heiligtum werfen und sich überzeugen konnte, daß nichts zu sehen war.

»Ein außerordentlicher Gesandter aus Stambul!« erklärte Walker. »Er soll vorgestern angekommen sein, um dem Vizekönig einige der Zugeständnisse wieder abzuhandeln, die ihm in Konstantinopel gemacht wurden. Die Sache wird sich wie gewöhnlich mit einer kleinen Nachzahlung regeln lassen. – Sage ich's nicht? – Da läuft schon einer, um den Finanzminister hineinzurufen. Ich bin nur begierig, zu wem dieser schicken wird, um der gähnenden Leere in seinen Kassen abzuhelfen.

Dazu könnten allerdings die drei Baumwollmakler zu gebrauchen sein, die dort breit und protzig mitten im Saal sitzen, als ob die Welt ihnen gehöre. Sie spielen zu Zeitvertreib ›Gerad' und ungerad'‹ mit Napoleons. Ein ekelhaftes Volk: Juden, Griechen, Armenier, das Crescendo der kaufmännischen Spitzbüberei. Und gegenwärtig, bei vierundzwanzig Pennies das Pfund Wolle, wissen sie nicht, wie sie den Tarbusch frech genug aufsetzen sollen. Wenn die Amerikaner die Bruderschlächterei satt bekommen und die Wollpreise wieder sinken, wir die Herrlichkeit mit Heulen und Zähneklappern enden. Darauf wartet ihr Nachbar dort, der elegante Herr in Frack und weißer Binde; ein Zuckerfabrikmensch und Agent für Cail & Co. in Paris. Sie haben wohl schon davon gehört, daß die riesigsten Zuckerindustriepläne in der Luft liegen. Das Fayum und ganz Oberägypten soll in zwei oder zwanzig – was weiß ich! – Zuckerfabriken verwandelt werden, die das gesamte Europa versüßen und den Nilschlamm in Gold verwandeln müssen, sagt Cail.

Das Verwandeln glaubt auch der schwarzhaarige Herr in dem abgeschabten Samtrock zu verstehen, der sich nicht entschließen kann, Platz zu nehmen. Er bildet sich ein, der Vizekönig brenne seit mehreren Tagen vor Ungeduld, ihn zu empfangen, und hält Barrot, der ihn aus Bosheit warten lasse, für seinen Todfeind. Er behauptet, wirkliche, echte Diamanten fabrizieren zu können, wenn ihm nur das nötige Geld zu einer Edelsteinfabrik angewiesen werde. Dort unten schart sich überhaupt das kleinere Volk, das wenigstens drei Tage sitzen muß, ehe sein Name bis zu den allerhöchsten Ohren dringen kann. Ein wackerer Fellah, der Seiner Hoheit einen Korb Spargeln verehren möchte, um seinen Sohn vom Militär frei zu bekommen, zwei Dorfschechs aus der Gegend von Bibe, die den Mudir ihrer Provinz verklagen möchten, weil er einen dritten zu Tode geprügelt hat. Seit vierzehn Tagen liegen sie hier und wagen es nicht mehr, nach Hause zurückzukehren, wo ihnen dasselbe Los droht. Eine ganze Dorfdeputation, sieben Mann hoch, ist ebenfalls seit Wochen hier, um Effendina vorzustellen, daß ihnen wegen Steuerrückständen das letzte Stück Vieh fortgetrieben worden sei. Sie seien nunmehr außerstande, die benachbarten Güter Seiner Hoheit zu bestellen, da ihre Weiber schon längst zu schwach seien, einen ordentliche Pflug zu ziehen. Deshalb bitten sie, im Interesse Seiner Hoheit, ihnen ihr Vieh wieder zu leihen. Der phantasievoll ausgestattete Franzose, der mit ihnen zu parlieren sucht und den die armen Kerls lachend umstehen, ist ein Schauspieler. Er hofft für ein projektiertes großes Theaterunternehmen, in Wahrheit für ein weiteres *Café chantant* auf der Esbekiye, die durchaus notwendige Staatsunterstützung zu erhalten, wobei er sich auf das leuchtende Vorbild des Kaisers Napoleon und der *Comédie francaise* beruft. Er wird sein Geld leichter erhalten, als die Fellachin ihr Vieh. Wenn diese armen Teufel noch ein Woche hier gesessen haben, werden sie voraussichtlich zu einander sagen: ›Gott straft, wen er will‹ und sich wieder auf ihren vierhundert Meilen weiten Heimweg machen. – Achtung! Jetzt kommt der Mann des Tages!«

Mit manchen Pausen und Unterbrechungen waren volle drei Stunden in dieser Weise vergangen. Ich ließ mir das Geplauder Walkers willig gefallen und ihm schien es Vergnügen zu machen, den Cicerone dieser lebenden Galerie zu spielen, die jede Minute eine andere Zusammenstellung der Bilder bot. Joe Thinker saß still in seiner Ecke und wurde von Viertelstunde zu Viertelstunde schwermütiger. Plötzlich aber erwachte auch er und sah starr auf die neue Gruppe, die sich in der Nähe der Eingangstür begrüßte. Es war auf der einen Seite der unermüdliche Barrot Bey und sein türkischer Assistent, auf der anderen Sadyk Pascha, ernst und gemessen und sichtlich gewohnt, in diesem Raum das große Wort zu führen. Neben ihm stand Ben Thinker, mit einem dritten Herrn, dem Dragoman des englischen Konsulats. Den Vertreter der britischen Krone schien er demnach ebenfalls gewonnen zu haben, der Schlaukopf!

»Guter Gott, wie kommt mein Bruder hierher? Ich glaubte, er liege mit seinen Kopfschmerzen tief im Bett«, flüsterte der Doktor, erbleichend. »Ich hatte keine Ahnung, daß er mich bis hierher verfolgen könnte.«

»Bleiben Sie ruhig!« bat ich. »Wir stehen jetzt mitten im Kampf auf Leben und Tod. Die erste Aufgabe ist, kühles Blut zu bewahren. Ich wußte, daß wir ihm begegnen würden, wenn wir lange genug zu warten hätten.«

»Und Sie sagten mir nichts!«

»Wozu wäre dies gut gewesen! Wir konnten es nicht verhindern. Jetzt ist es das beste, ich gehe hinüber und begrüße ihn. Wollen Sie mitkommen!«

»Ich bin außerstande!« stöhnte der Doktor. »Sie haben keine Ahnung, wie schwer mich das alles drückt. Mein eigener Bruder!«

Er rückte etwas auf die Seite und lehnte sich weit zurück, so daß unser Nachbar, der fette Mudir, der nachdenklich aber stillvergnügt das Innere seines Kaftans untersuchte, ihm Ben verdeckte. Dieser hatte samt seinem Dragoman auf der anderen Seite des Zimmers Platz genommen und hielt das übliche Kaffeetäßchen bereits in der Hand, während Barrot Bey und Sadyk Pascha schon vor der schwarzen Türe standen und der erstere den letzteren in das Audienzzimmer komplimentierte.

Ich begrüßte Ben, der große Augen machte, aber erfreut schien, jemand zu finden, dem er sein Herz ausschütten konnte. Ich sagte ihm, daß ich zunächst hier sei, um dem Vizekönig eine neue Dreschmaschine zu zeigen. –

»Man fühlt sich wie ein Frosch in einem Ameisenhaufen, in diesem Geflüster und Gezischel, von dem kein Mensch ein Wort versteht« sagte er, unbehaglich hin- und herrückend. »Selbst sitzen kann man auf diesen Baumwollsäcken nicht. Trotzdem komme ich vorwärts, Herr Eyth, vorwärts, daß es eine wahre Freude ist. Nur weiß ich nicht genau, wo ich bin. Eine verflixte Situation.«

Ich meinte, er dürfe unter allen Umständen mit sich zufrieden sein. Von Sadyk Pascha eingeführt zu werden, sei an sich ein Triumph seiner Diplomatie, der alle Bewunderung verdiene.

»Ja, ja. Schlauer als mein armer Joe habe ich die Sache wohl angegriffen, teurer aber war sie auch«, versetzte er halb lachend, halb ärgerlich. »In diesem Augenblick hinke ich mehr als er, kann tatsächlich kaum gehen. Es war ein harter Tag gestern, das kann ich Ihnen versichern.«

»Wie? Sind Sie auch von einem Waschhaus heruntergefallen?« fragte ich teilnehmend.

»Das nicht. Aber denken sie sich: als ich gestern nach Kaliub kam, wo ich Pferd und Dragoman finden sollte, war weder von dem einen noch von dem anderen weit und breit eine Spur zu sehen. Ein Mißverständnis oder die verdammte Faulheit meines Dragomans war wohl schuld daran. So blieb mir nichts übrig, als im Schweiß meines Angesichts nach der Barrage und der Dahabie zurückzugehen. Na, die Barrage war noch da, aber die Dahabie und den Rauch Ihres Dampfers konnte ich gerade noch am Horizont verschwinden sehen. Nun war guter Rat teuer. Ich lief wieder nach Kaliub; vielleicht war doch das Pferd mittlerweile gekommen, hoffte ich. Nach Kairo mußte ich um jeden Preis; Sie wissen ja, weshalb. – Kein Pferd! Kein Dragoman! – Bei Zeus, Sie hätten mich sehen sollen, wie ich in dem Nest, auf dem großen Platz vor der Moschee meinen Gefühlen freien Lauf ließ. Die ganze Dorfbevölkerung tanzte um mich her, lachend, schnatternd, schreiend und kein Wort der Verständigung war möglich. Aber man darf nie verzweifeln. Mit einemmal sah ich im Gedränge zwei Esel und einen Eselsjungen, der mir aussah, als ob ich ihn schon vor Shepheards Hotel gesehen hätte. Ich setzte mich ohne weiteres Parlamentieren auf eins der Tiere, gebrauchte meine Nilpeitsche, schrie ›Kairo‹, und fort gings. Der Junge heulte zwar stundenlang hinter mir her und behauptete, ich sei nicht der rechte Herr. Er gehöre einem anderen. Aber es half ihm natürlich nichts und schließlich wurde sein Gewimmer schwächer. Damit waren wir aber allerdings noch nicht in Kairo. Fünf Stunden auf einem störrischen Esel, mit einem heulenden Eselsjungen dreißig Schritt hinterher und im schlechtesten Sattel, der im Land zu finden ist, das alles will gewöhnt sein. Ich war verhungert, verdurstet und gerädert als ich ankam. Aber angekommen bin ich.«

»Und auf Herrn Joes Esel!« sagte ich, bewundernd. »Wäre

ich ein Moslem, so würde ich jetzt ausrufen: Allah segnet, wen er will!«

»Was? Joes Esel?« rief Ben, mich mit erstauntem Gesicht anstarrend. »Donnerwetter, Joe ist auch hier!« unterbrach er sich dann selbst. »Natürlich um seinen Steinhaufen zu retten. Na, um so besser. Mir macht nichts mehr Spaß, als ein ehrlicher Kampf mit ein bißchen Spitzbüberei. Kommen Sie! Gehen wir, ihn zu begrüßen. Er sieht nicht glücklich aus. Armer Joe!«

In diesem Augenblick aber öffnete sich die schwarze Pforte etwas hastiger als gewöhnlich. Barrot Bey trat heraus, näherte sich uns rasch und flüsterte in der erwartungsvollen Stille, die plötzlich eingetreten war: »Treten Sie näher Herr Thinker! Treten Sie ein! Seine Hoheit wünschen Sie zu sprechen. – Sogleich, Herr Eyth, sogleich!« –

Das letztere war nur eine Liebenswürdigkeit des Franzosen und hatte keine Bedeutung. Auch Bens Konsulats-Dragoman erhob sich, und alle drei waren wie weggeblasen.

Ich ging zu Joe zurück. Auch er war um ein Erlebnis reicher geworden, das viele andere auf eine Viertelstunde glücklich gemacht hätte, das er mir aber mit entsetzt aufgerissenen Augen erzählte. Seinem Nachbar, dem Mudir von Feschna, war es gelungen, einen Floh zu fangen. »Der scheut den Berg nicht, der darauf geboren,« sagt unser großer Schiller. Ähnlich der Ägypter und der Floh. Er hielt das Tierchen vorsichtig und stillvergnügt zwischen seinem Daumen und Zeigefinger, zog bedächtig eine Lupe aus der Seitentasche seines Kaftans, die er gestern als neueste Errungenschaft der Zivilisation in der Muski gekauft haben mochte und betrachtete aufmerksam das kleine Wunder der Schöpfung. Gefällig und nicht imstande, seine Freude länger für sich zu behalten, bot er dann Lupe und Floh seinem Nachbar an. Dieser wandte sich hilfesuchend an mich. Der gute Mudir betrachtete kopfschüttelnd das entsetzte Gesicht Thinkers und lud mich ein, an seinen wissenschaftlichen Forschungen teilzunehmen. »Sieh doch, o

Fremdling, wie wunderbar« sagte er, aufmunternd. Höflich, wie ich bin, nahm ich die Lupe. Wie er mir aber auch den Floh einhändigen wollte, entwischte das unverständige Geschöpf und ein Zug gekränkter Enttäuschung flog über das Gesicht des arabischen Regierungspräsidenten. Joe war unhöflich gewesen und ich ein recht ungeschickter Mensch. Wir waren in seiner Achtung nicht gestiegen.

Wieder erschien Barrot Bey unter der Türe und winkte Mr. Smart, dem englischen Bankier, der mit gemessenem Schritt und erhobenem Kopf in das Audienzzimmer trat. Diese Herren wußten, daß man sie brauchte. Die Sache wurde nun auch mir bedenklicher, und es kostete mich einige Überwindung, Joe zu trösten, der mit ungewohntem Scharfblick die vermutliche Bedeutung des letzten Vorkommnisses erriet. Es handelte sich wahrscheinlich schon um die Geldfrage, diesen wichtigsten Teil der Pläne Ben Thinkers. Lange genug dauerte diesmal die Beratung hinter der schwarzen Pforte. Im ganzen Wartezimmer erschienen Zeichen der Spannung und Ungeduld. Am deutlichsten zeigten sie sich bei dem kleinen Herrn Oppenheim, der gerade uns gegenüber nervös auf den Fensterscheiben trommelte. Daß Smart, ein bloßer Agent, vor ihm empfangen wurde, war unerhört. Diese Engländer!

Endlich wurden die Doppelflügel des Tors aufgerissen, und die ganze Gesellschaft – Sadyk, Ben Thinker, Smart, Barrot und der Konsulatsdragoman – trat lachend und plaudernd heraus. Nach der Miene und den Bewegungen Bens zu urteilen, mußte das Ergebnis der Besprechung alle Erwartungen übertroffen haben. Triumphierend schritten die Herren durch den Vorsaal und verschwanden, von neidischen Blicken verfolgt, unter der Eingangstür. Nur Barrot, der Herrn Thinker nach englischem Brauch gewaltsam die Hand geschüttelt hatte, eilte zu seinem Herrn zurück.

Schon nach einer Minute erschien er wieder. Erregt durch die ungewöhnlich lange Dauer der soeben beendeten Audienz, noch mehr aber durch die Tatsache, daß die üblich Empfangszeit nahezu verstrichen war, glaubte jetzt jedermann, die Reihe müsse an ihn kommen. Ich selbst war deshalb kaum überrascht, als Barrot meinen Namen aufrief und mich bat, gleichzeitig Herrn Dr. Joseph Thinker einzuführen.

Wir traten in ein großes, fast leeres Zimmer, dessen Boden ein kostbarer Teppich bedeckte. Die Fenster waren verhängt; das Gemach empfing sein Licht durch teilweise farbige Scheiben von der Decke, wodurch ein feierliches kühles Halbdunkel entstand, an das man sich gewöhnen mußte, ehe Gegenstände und Personen deutlich erkennbar wurden. Wie im Vorzimmer waren auch hier die Wände fast kahl. Nur zwei Landschaften in reichen Rahmen hingen sich gegenüber: die eine Phantasiebild des fertigen Suezkanals, die andere des Hafens von Alexandrien, wie er in zehn Jahren aussehen mochte. Auf einem Seitentischchen, das in dem leeren Raum wie verloren aussah, lagen etliche Bücher und Karten. Sechs unregelmäßig verteilte Stühle aus Mahagoni und Leder teilten die Einsamkeit des Tischchens. An der dem Eingang gegenüberliegenden Hinterwand befand sich in der linken Ecke eine schmale, mit schweren schwarz-roten Vorhängen verhängte Türen, vor welcher, schildwachartig und regungslos wie Statuen, zwei Offiziere standen, die vermutlich für die persönliche Sicherheit Ismael Paschas verantwortlich waren; in die andere Ecke schmiegte sich ein breiter türkischer Diwan, auf dem sich der Vizekönig soeben niedergelassen zu haben schien.

Es war ein kleiner wohlbeleibter Herr in schwarzem Stambulrock und weißer Weste, welche nur durch die doppelte Uhrkette zusammengehalten war, die breit und protzig über seinem nicht unansehnlichen Magen lag. Der Tarbusch, unter dem das weiße Unterkäppchen hervorsah, saß ihm tief im Nacken. Das fette Gesicht erschien bleich, umrahmt von einem kurzgeschnittenen rotbraunen Bart. Die Augen waren meist halbgeschlossen und ausdruckslos. Das konnte aber auch anders kommen. Seine Bewegungen war lässig und langsam. Er tat sich seinen augenblicklichen Gästen gegenüber keinen Zwang an. Sein eines Bein lag nach Türkenart auf dem Diwan, das andere hing nach europäischer Sitte herab; eine fast symbolische Stellung, die ihm offenbar zur Gewohnheit geworden war.

Ich fühlte mich mit meiner Papierrolle dieser feierlichen Einsamkeit gegenüber nicht gerade behaglich und bemerkte nur annähernd, während ich mich nach Landessitte verbeugte, ohne natürlich den Tarbusch abzunehmen, und Herr Thinker mit seinem Zylinder eine selbsterfundene morgenländische Begrüßung ausführte, daß der Vizekönig uns winkte, näher zu treten.

»Ich habe Sie schon seit Wochen erwartet, Herr Eyth«, sagte er, leise sprechend und in einem Ton, den man als Vorwurf oder als Zeichen erwachender Teilnahme auslegen konnte. »Nehmen Sie Platz! Ah, das ist Ihr Freund Herr …« –Er griff nach der Karte, die ihm Barrot reichte – »Herr Dinker, von dem mir Halim erzählte. Herr Dinker spricht französisch? Nein? Auch gut. Bitte, nehmen Sie Platz. – Und nun eins nach dem anderen: was haben Sie mit meiner Norak gemacht?«

Da keine andere Möglichkeit vorhanden war, legte ich dem Vizekönig meine Zeichnungen buchstäblich zu Füßen und war bald im munteren Erklären des Prinzips, das ich der neuen Maschine zu Grunde legen wollte, und der wesentlichen Einzelheiten der Ausführung. Mit fast geschlossenen Augen hörte der Vizekönig zu, nachdem ihm auf einen kaum merklichen Wink eine prachtvolle Wasserpfeife herangerückt worden war, aus der er behaglich zu rauchen begann.

»Das mag alles nicht übel sein«, sagte er, nachdem ich zu Ende war. »Sie muten mir nicht zu, daß ich es verstehen soll. Das einzige, was mich interessiert, ist die Frage: wird es gehen?«

»Hoheit, das weiß man von einer durchaus neuen Maschine nie mit Sicherheit vor den ersten Versuchen.«

»So!« war die etwas scharfe Antwort. »Soviel weiß ich

eigentlich auch. Es ist schade, daß ich nicht Ingenieur geworden bin. Was wird die Maschine kosten?«

»Auch das hängt davon ab, wo sie gebaut werden soll. In England würde sie etwa zweihundertfünfzig Pfund beanspruchen.«

»Das ist viel Geld, denn ich brauche allein vielleicht hundertundfünfzig Stück. Was würde sie in Bulak kosten?«

»Wahrscheinlich mehr als fünfhundert Pfund.«

»Sie amüsieren mich, Monsieur Eyth. Sie scheinen mir keinen blauen Dunst vormalen zu wollen. Gut! Ich will auch einmal eine ägyptische Maschine haben, in Ägypten erfunden und erbaut. Ich werde noch heute den Befehl an die Werkstätten in Bulak schicken lassen, Ihnen alles Erforderliche zur Verfügung zu stellen. Wann kann die Maschine fertig sein?«

»In Bulak? Das, Königliche Hoheit, weiß nur der Himmel!«

»Sapristi, mein Lieber, Sie sind zu ehrlich!« rief der Vizekönig und zum erstenmal flog etwas wie ein Lächeln über sein Gesicht. »Tun Sie Ihr Möglichstes. Ich will den Weizen dieses Jahres noch mit meiner Maschine dreschen sehen. Auf Wiedersehen! – Ah, ich vergaß – Ihr Freund, Monsieur Dinkär! Wollen Sie seinen Dragoman spielen, Herr Eyth, oder wollen wir Jackson rufen lassen?«

Er klatschte sanft in seine fetten Hände und Barrot, der für diesen Ton das Gehör einer Spitzmaus besaß, stürzte aus der fernsten Ecke des Wartezimmers herbei. In schläfrigem Ton sagte Ismael Pascha:

»Rufen Sie Jackson. Der Kerl ist nie bei der Hand, wenn man ihn braucht.«

Ehe jedoch Jackson gefunden wurde, war die Unterhaltung im besten Gang, die, mit Weglassung der Übersetzungsschwierigkeiten, ungefähr folgenden Verlauf nahm.

»Wie ich höre, Herr Thinker«, begann der Vizekönig, »wollen Sie mir einiges über unsere Pyramiden mitteilen. Sie haben Sie wohl schon gesehen? – ich meine, besucht?«

»Königliche Hoheit, ich habe fünfzehn Jahre meines

696

Lebens der Erforschung der großen Pyramide gewidmet«, versetzte der Doktor mit bewegter Stimme.

»Was Sie sagen!« rief Ismael Pascha, etwas lebhafter. »Aber Sie haben keine Pyramiden in England und Schottland.«

»Nein, Hoheit. Aber ich habe mir alle irgend erreichbaren Angaben anderer Forscher von der ältesten Zeit bis auf unsere Tage zu verschaffen gewußt und auf Grund derselben meine Ansichten gebildet, für die ich hier an Ort und Stelle die merkwürdigste Bestätigung gefunden habe.«

»Nun, da gratuliere ich!« lächelte Ismael, der nicht ohne Humor war. »Es findet nicht jeder in Ägypten, was er sucht.«

»In einem Punkte ging es allerdings auch mir so, Hoheit!« fuhr Thinker fort. »Ich fand das wunderbarste Bauwerk der Erde in einem Zustand des Verfalls und der Vernachlässigung –«

Er stockte. Über die Züge des Vizekönigs flog ein leichter Schatten.

»Aber bedenken Sie, mein Lieber«, sagte er, »wie viele Jahrhunderte schon an dem alten Kasten genagt haben. Auch bei uns kann man nicht für die Ewigkeit bauen.«

»Dieses Bauwerk wurde aber für die Ewigkeit gebaut, wenn mir Hoheit die Bemerkung gestatten. Das ist gerade das Wunderbare an der Sache«, rief Joe mit Wärme, und ich sah, nicht ohne Besorgnis, daß er mit Volldampf in sein Gedankengeleise einlenkte.

»Sie setzen mich in Erstaunen!« lächelte Ismael.

»Daß ich Eurer Hoheit die Gründe mitteilen dürfte, die mich zu dieser Überzeugung geführt haben!« seufzte der Doktor.

»Ich bin begierig, sie zu hören«, versetzte der höfliche, jedoch unvorsichtige Vizekönig. »Aber bitte, bleiben Sie sitzen! Barrot, eine Zigarette!«

Sechs Zigaretten rauchte Ismael Pascha in der nächsten halben Stunde. Ob er etwas dabei dachte, weiß ich nicht, denn ich hatte gerade genug zu tun, im Schweiß meines Angesichts Satz für Satz zu übersetzen, was Thinker mit steigendem Feuer vortrug. Die Unterbrechungen, die hierdurch seine Darlegung erlitt, waren der Sache eher von Nutzen als schädlich. Man konnte, wenn man wollte, sich Sinn und Bedeutung jedes Satzes überlegen, ehe der nächste einen Schritt weiter führte. Es ist kaum wahrscheinlich, daß der Vizekönig sich dieses Vorteils bediente. Mit der ausdruckslosesten Miene des fetten unbeweglichen Gesichts saß er halbliegend vor uns und blies feine Rauchwölkchen in regelmäßigen Abständen gegen die Decke. Man hielt dies für einen Beweis, daß ihm kein Wort entgehe. So vergingen zwanzig Minuten; da richtete er sich plötzlich auf und sagte lebhaft:

»Ich danke Ihnen! Ich glaube Ihnen, nehmen wir dies an. Ich verstehe nicht die Hälfte von dem, was Sie mir sagen, aber ich finde diese Hälfte sehr interessant. Es wird Sie freuen zu hören, daß Mansur El Baggara, ein gelehrter Herr meines Hofes, mir schon ähnliches vorgeplaudert hat. Aber was sollen wir mit all dem machen?«

Mansur el Baggara war der schachspielende Astrologe und Traumdeuter im Vorzimmer. Joe, dessen Augen jetzt ihren Prophetenglanz angenommen hatten, stand auf und sagte feierlich:

»Ich halte die große Pyramide, die in dieser wunderbaren Weise die Geheimnisse des Weltalls und der Menschheit verkörpert, für ein Gebäude, an dessen ehrfurchtgebietende Bedeutung kein Tempel, keine Moschee, kein Dom in diesem oder einem anderen Lande heranreicht. Ich glaube, es ist die Pflicht einer weisen und gottesfürchtigen Regierung, diesen Bau entsprechend zu pflegen: ein Heiligtum, Hoheit, das seit Jahrtausenden dem Land Ägypten seine Weihe verliehen hat und es für alle Zukunft als das Gesegnetste der Erde erhalten wird.«

»Inschallah!« rief der Vizekönig ernsthaft. »Wissen Sie, lieber Freund, daß vor einer Viertelstunde eine ganze Bande von Herren hier war, die mich überreden wollten, das heilige Bauwerk stückweise in den Nil zu werfen und dadurch dieses Land ebenfalls zum Gesegnetsten der Erde zu machen? Genau ihre Worte!«

»Ich weiß von diesem gotteslästerlichen Plan«, rief Thinker, der jetzt jede Zurückhaltung von sich schleuderte, »und ich bin hier, um Eure Hoheit anzuflehen, den entsetzlichen Menschen kein Gehör zu schenken. Das einzig Richtige wäre, in achtungsvoller Entfernung eine gewaltige Schutz- und Ringmauer um die große Pyramide zu ziehen. Ein monumentales Werk, fünfundzwanzig Pyramidenmeter hoch und fünf stark, würde den Verhältnissen entsprechen. Ich würde es nicht als einen Raub ansehen, hierzu die Steine der dritten Pyramide zu verwenden, welche schon aus einer Zeit des Abfalls und der Verwirrungen stammt. Eine Schutzwache aus würdigen und gläubigen Männern sollte für immer am einzigen Tor dieser Schutzmauer wohnen und dafür Sorge tragen, daß keine frevelnde Hand die heiligen Steine berühre, kein unwürdiger Fuß die Gänge und Kammern, die Stufen und die Spitze des Baus betrete. Gerne würde ich für den Rest meines Lebens dieses Ehrenamtes warten, ohne an irgendwelchen Lohn zu denken, und der ganze Erdkreis würde Eurer Königlichen Hoheit für alle Zeiten dankbar sein, wenn Sie in dieser Weise die Verpflichtungen erfüllen wollten, welche dem Land Ägyptens aus dem Besitz dieses unschätzbaren Kleinods erwachsen.«

Joe Thinker schwieg erschöpft.

»Hm, hm!« sagte Ismael Pascha, nachdem ich den letzten Satz pflichtgetreu übersetzt hatte. »Barrot, eine Zigarette!«

Der Wärmeverlust, welches Joes glühende Begeisterung durch das Übersetzen erlitt, war unberechenbar. Dennoch war der Vizekönig sichtlich nachdenklich geworden.

»Denken Sie sich«, sagte er nach einer langen Pause, in der wir etwas verlegen dasaßen, denn auch ich wußte nicht, was zu tun sei, wenn bei Seiner Hoheit vollständiger Gedankenstillstand eintreten sollte, »denken Sie sich, mir hat vor etlicher Zeit etwas ähnliches geträumt. Ich muß die Sache wirklich dem Baggara vorlegen. Was sagen Sie dazu, Herr Eyth? Sie sehen nicht ganz nach *civilisation et progrés* aus, die Pläne Ihres Freundes.«

»Ich möchte dies nicht ohne weiteres behaupten, Königliche Hoheit«, begann ich, entschlossen, Joe nicht im Stich zu lassen.»Die große Pyramide hat einen greifbaren Wert für das Land. Seit viertausend Jahren kommen Fremde aus aller Welt hierher, sie zu sehen, ohne daß je durch Annoncen oder andere Reklamemittel darauf aufmerksam gemacht worden wäre. Das alte Wunder zieht. Das ist für den Eigentümer von unberechenbarem Wert. Es ist nicht bloß der Geldgewinn aus dem gesteigerten Fremdenverkehr, an den ich denke. Ägypten ist berühmt und wird es stets bleiben, selbst wenn der Nil vertrocknen sollte, durch seine große Pyramide. Was Herr Thinker vorschlägt – ohne auf seine tiefere Begründung einzugehen – würde das Prestige des Landes nur erhöhen und ihn ein Element der Größe erhalten, worauf es seit Jahrtausenden stolz sein konnte.«

Zum Dank warf mir der Doktor einen zornigen Blick zu.

»Das heiße ich der Sache eine vernünftige Seite abgewinnen«, sagte der Vizekönig befriedigt.»Ist es Ihnen nicht auch schon aufgefallen, Herr Thinker, wie viele Seiten alle irdischen Dinge haben?«

»Fünf«, antwortete Joe prompt; aber er kam nicht weiter. Barrot war auf den Zehenspitzen ans uns vorbeigeschlichen und flüsterte dem Pascha etwas ins Ohr, worauf sich dieser langsam erhob.

»Jedenfalls ist es gut, daß Sie gekommen sind, Herr Thinker«, sagte er gleichzeitig, »und Ihren Freund mitgebracht haben, der Ihren Wünschen einen greifbaren Zweck zu geben wußte. Vor einer halben Stunde dachte ich ernstlich daran, das alte Steinungetüm in anderer Weise zu verwerten. Jetzt sehe ich die Sache etwas anders an. Sie muß überlegt werden. Kommen Sie in acht Tagen wieder. Beide. Herr Eyth kann mir dann sagen, wie weit er mit meiner Dreschmaschine gekommen ist. *Au revoir, Messieurs!*«

Wir waren entlassen. Ich raffte meine Zeichnungen zusammen und Barrot komplimentierte uns etwas rasch zur Türe hinaus. Aber ich hatte trotzdem das Gefühl, daß wir erreicht hatten, was heute irgend erreichbar war und freute mich hierüber fast so sehr als über die Dreschmaschinenangelegenheit. Joe las dies aus meinem Gesicht und folgte mir mit stolz erhobenem Haupt durch die noch immer, nun aber vergeblich wartende Menge im Vorzimmer. Ehe wir dessen Ausgang erreichten, eilte uns Barrot nach und faßte mich am Arm.

»Seine Hoheit wünscht«, sagte er hastig, »daß Sie und Ihr Freund an der Frühstückstafel teilnehmen. Bitte, folgen Sie mir!«

Wir machten kehrt und gingen durch die jetzt ehrfurchtsvoll zurücktretenden Leute auf eine Seitentür zu, durch die uns Barrot Bey nach dem Innern des Palastes führte.

»Nun, scheint mir, ist fast alles gewonnen!« sagte ich zu Joe, der mich verwirrt und hilflos ansah und kaum wußte, wie ihm geschah.

26. KAPITEL

Scheidend

Einen Vorteil brachte mir die vizekönigliche Erfindung einer Dreschmaschine jedenfalls. Sie wurde die Ursache, daß mein Baumwollpflug Aussicht hatte, in seiner verbesserten Gestalt noch im laufenden Frühjahr die Reparaturwerkstätten zu Bulak zu verlassen. Als ich nämlich am Tage nach den Audienzen den arabischen Unterdirektor der staatlichen Maschinenfabrik besuchte, um die Arbeiten für die Norak einzuleiten, fand ich ihn bereits mit dem amtlichen Schreiben aus der Geheimkanzlei Seiner Hoheit in der Hand, das, wörtlich genommen, mir sämtliche Werkstätten des Landes zur Verfügung stellte. Nun war ich Achmed Ali Bey, dem besagten Direktor, längst ein Dorn im Fleisch, da ich schon öfter seinen Seelenfrieden mit hastigen Besuchen und schriftlichen Weisungen von hoher und höchster Stelle gestört hatte. Das plötzliche Auftauchen des Baumwollpflugs war ihm ein besonderes Ärgernis gewesen. Er hatte deshalb auch sein Möglichstes getan, die erforderlichen Arbeiten unter allen erdenklichen Vorwänden auf die Seite zu schieben. Nun gar eine vollständige Dreschmaschine nach verrückt neuen Grundzügen und ein Befehl von Effendina selbst, sie augenblicklich fertigzustellen! Wer sollte denn die zwanzig Lokomotiven reparieren, die ihm Jeffrey-Bey, der Oberdirektor, erst gestern fluchend auf die Seele gebunden hatte. Er erhob beide Arme gen Himmel und beklagte sich bei seinem Schöpfer bitterlich, daß er geboren worden.

Ich tröstete ihn, so gut ich konnte und versprach, ihm mit allen mir selbst zu Gebote stehenden Mitteln beizustehen. »Ich sehe ja wohl ein« sagte ich, »daß es die Leistungsfähigkeit und namentlich die geistigen Kräfte von Bulak übersteigt, zwei so wichtige Arbeiten, wir diese Norak und den Baumwollpflug gleichzeitig fertigzustellen. Ich schlage deshalb vor, und übernehme hierfür die volle Verantwortlichkeit, mit der Norak nicht zu beginnen, bis der Baumwollpflug die Werkstätte verlassen hat. Damit dies, der Norak wegen, in möglichster Bälde geschehe, würde ich mir täglich die Ehre schenken, Seiner Hochwohlgeborenen« – man versteigt sich im Vulgärarabischen bis zu den Höflichkeiten des deutschen Briefstils – »einen Besuch abzustatten. Auch habe ich meinen vorzüglichsten Monteur, Herrn Fritschy, mitgebracht, der sofort beginnen könnte, seinen Leuten an die Hand zu gehen.« – Dies alles gefiel ihm nur halb; eine solche Überstürzung der Dinge war unerhört. Doch wirkte das vizekönigliche Schreiben, das ich ihm lächelnd unter die Augen hielt, so kräftig, daß vier arabische Werkführer herbeigerufen und mit zornigen Worten angewiesen wurden, Herrn Fritschys Befehlen mit der denkbar größten Bereitwilligkeit zu gehorchen.

Die weitere Folge dieser Verhältnisse war, daß ich in der nächsten Zeit jeden Morgen nach Bulak ritt, um mit Achmed Ali Bey die Fortschritte des Baumwollpflugs zu bewundern. Da der Weg an Shepheards Hotel vorbeiführte, so bekam ich mehr von meinen dortigen Freunden zu sehen als je zuvor. Die elektrische Spannung, welche die Besprechungen mit Ismael Pascha in dem kleinen Kreise hinterlassen hatten, wollte nicht weichen. Sie schien eher zu wachsen. Und dies war nicht unnatürlich. Denn eine Entscheidung in der Hauptfrage hatte jener Tag in keiner Weise gebracht, so sehr sich auch jeder der zwei Brüder in die Überzeugung hineinarbeitete, daß seine Sache einen großen Triumph errungen habe. Bei dem vizeköniglichen Frühstück, mußte sich Joe selbst sagen, war nicht mehr viel herausgekommen. Ismael Pascha sprach mit Oppenheim über die Geldverhältnisse der Zuckerindustrie und stellte uns seinen Haus- und Hofgelehrten, Herrn Mansur el Baggara vor, der nur arabisch verstand. Allein die Einladung an sich durfte als Beweis angesehen werden, daß Seine Hoheit die wahre Bedeutung der großen Pyramide erfaßt hatte, und wo war dann Ben mit seinen verruchten Plänen? – Dieser glaubte, für seine Aussichten einen viel festeren Boden gefunden zu haben als ein nichtssagendes Frühstück. Er arbeitete angestrengt und vertiefte sich in Berechnungen der Millionen, die die Ausführung seines großen Gedankens kosten und einbringen mußte. Smart, der Alexandriner Bankier, besuchte ihn zweimal, um sich Notizen zu holen, welche mit der in nächster Zeit aufzunehmenden Anleihe in Zusammenhang gebracht werden konnte. Mit jedem Tag gewann die Sache weitere greifbare Anhaltspunkte und wuchs an Größe und Bedeutung. Es war fast zu viel für Bens Nerven. Er sah verstört aus, wenn er sich nicht beobachtet glaubte. Die nahende Sommerhitze mochte damit zu tun haben, aber die größere Hälfte der Schuld fiel doch auf die Spannung, mit der er der weiteren Entwicklung seiner Aussichten entgegensah. Selbst mir schien es, als ob dieselben eine ernste Wendung genommen hätten.

Ein sicheres Zeichen hierfür war – meinte O'Donald –, daß Ben den Besuch seines Feindes, des englischen Konsuls erhielt. Mr. Coalville wußte gewöhnlich, woher der Wind kam. Daß er sich überwand, einen Landsmann aufzusuchen, der ihm in so ungebührlicher Weise die Meinung gesagt hatte, bewies, daß dieser Landsmann im Begriff war, eine Rolle zu spielen, welche man nicht mehr ignorieren durfte. An Joe ging er vorüber, ohne ihn zu sehen. Armer Joe, dachte Ben, der dies wohl bemerkt hatte.

Aber auch Joe erhielt seine Besuche. Zweimal erschien der gelehrte Mansur El Baggara in seinem Zimmer, überschüttete ihn mit einem Strom von arabischen Höflichkeiten, lächelte ihn an, stotterte sogar ein paar französische Worte und blieb dann schweigend sitzen wie eine Wachsfigur. – Der herbeigerufene Dragoman holte nicht viel mehr aus ihm heraus. Doch schien El Baggara etwas auf dem Herzen zu haben. In den langen Pausen des unmöglichen Verkehrs suchten seien triefenden Augen vergeblich Erleuchtung an der Zimmerdecke. Das drittemal blieb er eine volle Stunde sitzen, ohne dem Zweck seiner Besuche näher zu kommen, die der Doktor nachgerade mit großer Geduld hinzunehmen gelernt hatte. Als er mir davon erzählte, glaubte ich ihm einen Wink geben zu müssen:

»Sie erinnern sich, was uns der Zahnkünstler von dem sonderbaren Herrn erzählte? Wollen Sie, daß die Träume des Vizekönigs eine Ihnen günstige Deutung zulassen, so drücken Sie dem Mann das nächstemal , wenn er sich verabschiedet, zehn Pfund in die Hand oder schicken ihm heute in einem Blumenkörbchen fünfundzwanzig. Im Interesse Ihrer großen Sache hätten Sie dies schon längst tun sollen. Beobachten Sie dann seine Mienen. Lächelt er, so ist es gut. Lächelt er nicht, so haben Sie die Summe zu verdoppeln. Zeigt er tugendhafte Entrüstung, so fürchte ich, müssen Sie mit zehnmal so viel kommen.«

»Sie vergessen, Herr Eyth,« versetzte Joe sehr ernst, »daß es sich nicht bloß um eine große, sondern um eine heilige Sache handelt; nicht um materielle Bestrebungen, wie die meines armen Bruders. Einmal bin ich, leider Gottes, vom geraden Weg abgewichen. Was war die Folge? Ich hinke heute noch und werde mir's nie verzeihen. Nein, Herr Eyth, einmal und nicht wieder!«

»Ich hielt es für meine Pflicht, Sie auf die krummen Wege aufmerksam zu machen, die nun einmal hier landesüblich sind. Ich rate Ihnen nicht, sie zu betreten«, sagte ich beschämt. –

Fast komisch war das Verhältnis der beiden Brüder zueinander. Jeder bemitleidete den anderen insgeheim und begegnete ihm mit einer scheuen Herzlichkeit, wie man Menschen behandelt, die man an der Grenze geistiger Zurechnungsfähigkeit hinschwanken sieht, oder von denen man weiß, daß sie einer unabwendbaren Katastrophe ahnungslos entgegentaumeln. Sie gingen sich nicht mehr aus dem Wege wie vor kurzer Zeit. Sie suchten Gelegenheiten auf, sich kleine Gefälligkeiten zu erweisen. Beide sagten sich im stillen, wie schmerzlich es sei, sehen zu müssen, wie dieser unselige Bruder in seiner Verblendung verharre; aber es sei augenscheinlich unmöglich, den wunden Punkt noch einmal zu berühren. Es bleibe nichts übrig, als die Lösung des Knotens in dem armen Gehirn einer höheren Fügung zu überlassen.

Buchwald arbeitete ungewöhnlich fleißig an seinem großen Bild. Es gestaltete sich, soweit ich es beurteilen konnte, zu einem nicht gewöhnlichen Werk. Joe, der ein ausgesprochenes künstlerisches Gefühl hatte und vor allem den Geschmack seiner Landsleute kannte, prophezeite dem Werk einen bedeutenden Erfolg und war von allem bezaubert, außer von der Hauptfigur, dem Cheops, oder, wie er ihn seit einiger Zeit ohne Scheu nannte, dem Melchisedek. »Aber in den unwissenden Kreisen von Künstlern und Kritikern,« erklärte er, »wird man das Göttliche, das in dieser Gestalt liegen sollte, nicht vermissen. Das Bild kann London im Sturm erobern. Buchwald ist auf dem Weg, einer unserer großen Künstler zu werden, wenn es ihm gelingt, sich noch etwas mehr zu vertiefen.«

Sakuntala sah den Maler nicht häufiger als gewöhnlich. Es schien eine beiderseitige Verabredung zu sein. Sie lebte still dahin, sammelte Pflanzen, malte auch wieder und überließ sich wie ein glückliches Kind der Führung Berthas, die sich alle Mühe gab, ihre alte Lebens- und Tatenlust wiederzufinden und zu verbergen, welche Mühe sie dies kostete. Es war gut, daß neben ihren Altertumsstudien ein neues, ungewöhnlich lebhaftes Interesse für die moderne Entwicklung Ägyptens, namentlich aber für die Fabriken zu Bulak in ihr erwacht war.

Trotz aller Nebenbeschäftigungen fühlten jedoch alle, wie die erwartungsvolle Spannung in dem kleinen Kreise mit jedem Tage wuchs. Zum Glück war Fräulein Schütz eine gesunde praktische Natur; sie allein sah, daß es so nicht fortgehen könne und etwas geschehen müsse. So rückte sie eines Morgens mit dem Gedanken heraus, daß sie alle einen gemeinsamen Ausflug nach den Pyramiden machen sollten, die jetzt, bei dem niedrigen Nilstand, leichter zu erreichen wären als vor einigen Monaten. Sie war selbst erstaunt, wie freudig der Vorschlag aufgenommen wurde. Allerdings konnte sie auch nicht ahnen, daß dieser Bereitwilligkeit bei beiden Brüdern das gleiche – und ein sehr eigentümliches – Gefühl zu Grunde lag. Als ich die Thinkersche Gesellschaft, den Plan besprechend, beim Frühstück zusammen fand, wurde ich bestürmt, mich dem vielversprechenden Picknick anzuschließen. Ich hatte keine Ursache, es abzulehnen, da jetzt die Arbeiten in Bulak ihr Geleise gefunden hatten und in Schubra nichts Ungewöhnliches vorlag. Herr O'Donald habe leider abgesagt, erzählte Fräulein Schütz. Er sei von Geschäftssorgen ganz niedergedrückt und behaupte, eine Besprechung mit Herrn Smart und Oppenheim zu haben. »Da könnte«, fuhr sie nicht ganz unbefangen fort, »Herr Fritschy wieder einmal ein wenig mithelfen; denn Arbeit gebe es übergenug bei solchen Ausfahrten.« – Ja, auch Herr Fritschy könne mithelfen, wenn Fräulein Schütz seiner Unterstützung bedürfe und er Lust habe, gab ich zu. Und Fritschy hatte Lust, wie sich am nächsten Tage zeigte, an dem wir, acht Mann hoch, in Feiertagslaune einem köstlichen Morgen entgegenritten.

Die richtige Karawanen- und Pyramidenstimmung kam allerdings nicht über uns, ehe wir, auf der anderen Seite des Nils, Gise hinter uns hatten und an kümmerlichen Baumwollreihen und halbverdursteten Kleefeldern hinreitend, den gelben Wüstensaum vor uns sahen und über demselben die gewaltigen Dreiecke emporstiegen, die bei jedem Aufblick mächtiger anzuwachsen schienen. Die weite sonnige Landschaft mit ihren kaum angedeuteten Wegen und den vor uns liegenden Hügeln ohne jede Spur von Pfad, die man in der klaren Luft stundenlang mit der Hand greifen zu können glaubt, erfüllte uns mit jenem Gefühl der Freiheit von Leib und Seele, welches bei den meisten in ausgelassene Heiterkeit umzuschlagen drohte. Nur bei Joe Thinker schien diese Wirkung ausbleiben zu wollen.

Unsere Esel, muntere kräftige Tierchen, die Bertha mit Hilfe Ibrahim ben Musas schon am Abend zuvor vor dem Gasthof ausgesucht hatte, waren in ihren gewohnten Geschäftstrab gefallen; die Reiter hatten die ihrem Behagen zusagende Ordnung gefunden. Voran Fräulein Schütz, geleitet von ihren getreuen Knappen Fritschy auf der einen und von Buchwald auf der anderen Seite. Warum sich dieser Heuchler in so auffälliger Weise an das Fräulein herandrängen durfte, die ihn aufs Unnötigste in Anspruch nahm, hing mit jenen Seelenregungen des Weibes zusammen, von denen wir Männer gewöhnlich nicht ahnen, daß sie uns ein Rätsel sind, bis wir dessen Lösung erfahren. Den dreien folgte Miss Thinker auf einem wahrhaft königlichen Tier von schneeweißer Farbe, das ich aus meinem Esels-Marstall von Schubra heraufgeschickt hatte. Neben ihr ritt Joe, der, wenn sein Auge nicht an der Pyramide hing, sich nicht enthalten konnte, bewundernd an Sakuntala emporzusehen. War das das kleine braune Hindumädchen, daß vor sechs Jahren zu seinem Schrecken in Glenisloch angekommen war? Dann kamen Ben und ich. Auch er hatte mit einem gewaltsamen Entschluß die Sorgen des Tages hinter sich gelassen und plauderte munter über dies und das, sichtlich bemüht, sich und anderen die alles verzehrenden Gedanken ferne zu halten. Morgen waren die acht Tage verflossen, die sich der Vizekönig als eine Art Bedenkzeit bestimmt hatte. In nächster Zeit mußte die Entscheidung fallen. Ben war seiner Sache zwar sicher, natürlich! Trotzdem klopfte sein Herz, wenn er daran dachte, was der Morgen bringen könnte. Er hatte in den letzten Wochen übermäßig gearbeitet; die Aufgabe in all ihren Verzweigungen ging doch etwas über seine Kräfte. Heute wollte er in der reinen Wüstenluft das Gleichgewicht seiner Nerven wiederfinden. Hinter uns kam der würdige Ibrahim ben Musa und ein weiterer Esel, dem in wohlgepackten Lastkörben und Satteltaschen das körperliche Wohl der ganzen Karawane anvertraut war. Man hatte für einen vollen Tag reichlich Sorge getragen. Die Thinkersche Gesellschaft gehörte nicht zu den Leuten, die den Pyramiden einen flüchtigen Touristenbesuch abstatten, und alle fühlten, wenn auch in verschiedenem Grade, daß der heutige eine ganz besondere Bedeutung habe.

»Denn sehen Sie«, sagte Ben, indem er seinen Esel an den meinen heranschob, um weniger laut sprechen zu müssen, »Ich habe mich zu dem Ausflug namentlich meines Bruders wegen entschlossen. Ich habe ihn um seinetwillen eigentlich ersonnen und nur zum Schein unsere Bertha vorgeschoben. Es ist vorauszusehen: Wenn ihm in den nächsten Tagen die Entscheidung des Vizekönigs mitgeteilt werden muß, wird er schwerlich länger in Kairo bleiben. Er ist nicht rasch in seinen Entschlüssen, aber in diesem Falle, fürchte ich, wird es bei ihm zu einer Art Katastrophe kommen. Er wird sich selbst von mir nicht halten lassen und über Hals und Kopf abreisen. Denn es ist nicht nur die Pyramide, es sind all seine verdrehten Theorien, die mit dem Entschluß Ismael Paschas fallen müssen. Das hält er nicht aus, und ich kann's ihm nicht verargen. Da wollt' ich ihm heute noch einmal Gelegenheit geben, das ganze Bild seiner Träumereien so recht *con amore* zu genießen. Man verschmerzt alles mit der Zeit und so denke ich mir, wird ihm dieser Tag eine freundliche Erinnerung für den Rest seines Lebens bleiben. Wer weiß, wir werden noch ruhig darüber plaudern können, wenn in zehn oder zwölf Jahren mein Stauwerk diese halbverdorrte Wüste, auf der wir jetzt reiten und Hunderte von Quadratmeilen landabwärts in einen immergrünen Garten verwandelt hat.«

»Sie scheinen Ihrer Sache sehr sicher zu sein, Herr Thinker«, sagte ich bedenklich.

Er schob seinen Esel noch etwas näher an mich heran, so daß sich unsere Steigbügel aneinander rieben, und flüsterte aufs Vertraulichste:

»Ich war dies von Anfang an, natürlich. Aber ich weiß jetzt von Coalville – der eingebildete Haubenstock besucht mich nicht ohne Grund –, wie die Sachen wirklich stehen. Der Vizekönig braucht eine annehmbare Entschuldigung, um ein neues großes Anlehen aufnehmen zu können. Da kommt ihm mein Projekt gerade recht. Sie sehen, ich mache mir keine Illusionen. Nichts ist schlimmer im praktischen Leben, als sich von Illusionen einschläfern zu lassen. Aber helfe, was helfen mag. Die meisten großen Dinge in der Welt entstanden aus Ursachen, die sie nichts angingen. Ich glaube, die Philosophen in Ihrem Vaterland nennen dies das Gesetz der Kausalität. Der Witz ist, die falschen Ursachen beim Schopf zu fassen und richtig zu gebrauchen. Dafür haben die Philosophen in Ihrem Vaterland noch keine erschöpfende Bezeichnung gefunden. Höchstens, und kopfschüttelnd, finden sie den Vorgang unlogisch und merken nicht, daß alles im Leben außerhalb ihrer Bücher unlogisch ist und daß eben darin das Leben des Lebens besteht. Woraus in ihren Köpfen und anderen schon manchfache Verwirrung entstanden sind.«

An dieser Stelle verursachte ein Esel eine kleine Unterbrechung, vielleicht nicht zum Nachteil unseres philosophierenden Freundes. Mit Vorbedacht hatte sich Fräulein Schütz das munterste Tierchen ausgesucht, das auf der Esbekiye zu finden war, hatte hierbei aber doch ihre eigene Reitkunst etwas überschätzt. War es nun der erhebende Anblick der Pyramiden, an deren Fuß große Fütterung zu erwarten war, oder die Morgenluft oder die beständigen handgreiflichen Neckereien, zu denen die besonders langen Ohren des Esels Veranlassung gaben: Lady Palmerston – dies war sein oder vielmehr ihr Name, wenn sie sich vorwiegend in englischer Gesellschaft befand – ging zum zweitenmal mit unserer Bertha durch. In rasendem Galopp verfolgte sie der getreue Fritschy und etwas zurückhaltender Buchwald, während die übrige Gesellschaft beim Schauspiel in atemloser Bewunderung und in der stillen Hoffnung nachsah, das mutige Fräulein ohne Schaden an Leib und Leben und mit Berücksichtigung aller Regeln des Anstandes absitzen zu sehen. Diese Hoffnung wurde diesmal nicht getäuscht. Hinter einem Tamariskenge- büsch, das der Esel rücksichtslos durchbrach, muß die Kata- strophe erfolgt sein, denn er erschien auf der anderen Seite des Buschwerks wild jauchzend, aber ohne Fräulein Schütz, ja ohne Sattel. Nun natürlich begannen wir alle auch zu galop- pieren, ohne zu jauchzen. Es wäre unpassend gewesen. Ehe wir die Unglücksstätte erreichen konnten, hatte Buchwald den Esel eingefangen, Fritschy den Sattel und Fräulein Schütz sich selbst wiedergefunden, denn sie trat, etwas rot im Gesicht, sonst aber wohl und munter aus dem Busch hervor. Nun aber mußten ernstere Maßregeln mit dem wilden Tier ergriffen werden. Nach kurzem Wortgefecht, in welchem die edelsten Gefühle des Muts und der Opferwilligkeit zutage tra- ten, wurde Fräulein Schütz' und Fritschys Sättel vertauscht. Wie zu erwarten, gelang es dem Manne ohne Schwierigkeit, die allzu muntere Lady Palmerston auf den Pfad der Pflicht zurückzuführen, so daß die Karawane ihren geordneten Marsch fortsetzen konnte.

»Ein ganz vortreffliches Frauenzimmer, unsere Bertha«, nahm Ben die Unterhaltung wieder auf. »Ich weiß nicht, was ich täte, wenn ich zwanzig Jahre jünger wäre. Ich weiß nicht, was ich tun würde, wenn sie den unglücklichen Gedanken haben sollte, uns mit irgendeinem anderen Esel durchzuge- hen. Aber dazu ist sie viel zu klug; das ist das Beruhigende. Bei Sakuntala mag ja etwas dieser Art über kurz oder lang ein- treten. Ende des Sommers wird sie ihr eigener Herr. Wer weiß, ob sie uns dann nicht eines ihrer Märchen vom Zug des Her- zens erzählt und wieder in Indien oder in irgend einem ande-

712

ren exotischen Traumland verschwindet. Ehrlich gesprochen, ich habe Kundel nie recht verstehen können. So klein und kindlich sie zu uns kam, sie ging über meinen Horizont. Mit Joe wußte sie sich von Anfang an besser zu stellen. Sie sehen, wie beide heute wieder zusammen schnäbeln!«

Wer nicht in die Verhältnisse hineinsah wie ich, hätte glauben können, das Wort sei nicht ganz unpassend gewählt. Sie ritten so nah beisammen als möglich. Sakuntala neigte sich nach rechts, Joe nach links, so daß sich sein eines altgriechischen Helden würdiger Korkhelm und ihr niedliches Hütchen berührten, denn sie saß um so viel höher als er. Aber ich wußte genau, daß sie harmlose Dinge besprachen: Erlebnisse im Pfarrhaus zu Glenisloch oder von Spaziergängen um Sydenham, Kindergeschichten aus Indien und dergleichen. Für die große Erklärung, die über kurz oder lang kommen mußte, war dies alles nur Vorspiel. Auch wußte ich von Buchwald, daß er eine solche für seine Sache hielt; wie recht und billig. Daß aber Joe der bevorzugte Onkel war und daß man etwas von dem bevorzugten Onkel erwartete, das konnte ein Geistigblinder in der Gruppe sehen, die flüsternd vor uns hertrabte.

Ohne weitere Störung oder unliebsame Beschleunigung unseres Ritts ließen wir die Dörfchen El Tabiye und El-Kumal-Aswud hinter uns, die zu dieser Jahreszeit auf dem nächsten Weg nach den Pyramiden liegen und freuten uns, laut und im stillen, des überwältigenden Anwachsens des Riesenbildes, das bald frei und offen vor uns stand, bald zwischen den spärlichen Gruppen von Sykomoren und Palmen durchblickte, denen wir in weiten Abständen am Rand vertrockneter Wassertümpel oder neben dem verfallenen Grab eines Schechs begegneten. Erst als wir, El Kafr zur Linken, an dem steilen Hang emporritten, der zu den Pyramiden hinaufführte, stießen wir auf ein fast unbesiegliches Hindernis der Fortbewegung. Die Bewohner des Dorfs hatten entdeckt, daß ihr Freund, der schwarze Zauberer, den sie neuerdings auch mit dem Titel eines Magnun* beehrten, samt seinem Jünger zurückgekommen war. Schrille Rufe tönten von Hütte zu Hütte. In Scharen strömte jung und alt uns entgegen. Auf den Feldern warfen Männer ihre Hauen, Mädchen ihre Körbe weg und liefen freudig schreiend auf uns zu. Etliche Weiber eilten schon mit Körben auf dem Kopf herbei, in denen hastig zusammengeraffte Datteln und Zwiebeln, Eier und Ziegenbutterkügelchen durcheinander kollerten. »Schnell! schnell! Er kommt wieder! Der Vater der Zauberei ist zurück!« riefen sie sich lachend zu. Die Begrüßung war stürmisch und fast rührend. Sie küßten Joe die Hände und die Rockschöße, sie suchten seine Steigbügel zu verehren. Glaubten sie in diesem Sinn genug getan zu haben, so fielen sie über Buchwald her, der als minder ehrwürdig liebevollere Ausbrüche ihrer Freude erdulden mußte. Das Merkwürdige war; aus dem Geschrei und Jubel der Leute hörte man nicht einmal das Wort ›Bakschisch‹ heraus. Sie hatten es wohl alle auf der Zunge, aber niemand sprach es aus. Ich wußte es ja längst: Sie waren wunderliche, großgewachsene Kinder; aber auch in Kindern steckt manchmal ein erstaunliches Anstandsgefühl. Erst als sich der Begrüßungstaumel gelegt hatte und sie merkten, daß auch Fremde in unserer Gesellschaft waren, kam ein schüchternes ›Bakschisch, ja Hoaga!‹ da und dort aus dem Hintergrund und bald darauf der Chor kleiner schriller Stimmen: »Bakschisch, Bakschisch!«

Auf der Höhe, am Fuß der Cheopspyramide wurde Halt gemacht. Es war notwendig, einen Kriegsrat zu halten, um die weiteren Vorgänge des Tages festzustellen; auch war nach dem langen Ritt ein kleiner Imbiß nicht zu verachten. Fritschy und der Dragoman machten sich an die Arbeit. Unter den gewandten Händen Berthas waren auf einem gutbehauenen Felsblock, den das zerfallene Pyramidchen von Cheops Toch-

---

* Magnun heißen die Araber Irrsinnige, denen sie, als von Gott berührt, mit ehrerbietiger Scheu begegnen.

ter geliefert hatten die nötigen Vorbereitungen rasch getroffen. Während jedoch zwei kalte Hühner und die bessere Hälfte eines rosigen Schinkenbeines einträchtig verschwanden, stellten sich in anderer Richtung große Meinungsverschiedenheiten ein. Ben äußerte den Wunsch, das Innere der Cheops-Pyramide noch einmal, und zwar aufs eingehendste zu besichtigen. Namentlich wollte er die Kammern des Königs, der Königin und die fast nie besuchte unterirdische Grabkammer untersuchen. Aus Rücksicht auf Joe gab er den Zweck, der diesem Wunsche zugrundelag, den er mir aber heimlich mitgeteilt hatte, öffentlich nicht preis. Er wollte darüber klar werden, in welcher Weise das Steingefüge im Innern am schnellsten und billigsten auseinanderzureißen wäre, und ob der einfachste Gedanke, die Entzündung einer gewaltigen Masse von Dynamit in den Kammern und Gängen des Baus, zum Ziel führen könnte.

Joe seinerseits hatte zwar keine Ahnung von den verbrecherischen Hintergedanken seines Bruders, doch kannte er dessen Gesinnung nur zu wohl. Es widerstrebte ihm, mit einem Mann die heiligsten Räume des geweihten Baus nochmals zu betreten, der ein solches Unverständnis für ihre Bedeutung zu Schau trug. Mit rücksichtsvoller Umgehung dieser seiner wahren Gründe führte er deshalb alles Erdenkliche an, was gegen den Besuch der Innenräume sprechen konnte und es gelang ihm schließlich auch, Ben zu einer gemeinsamen Besteigung des Gipfels zu bewegen. Dies gefiel Sakuntala nicht, die eine eigentümliche Scheu davor empfand, in großer Gesellschaft mit Buchwald die Stelle wieder zu sehen, wo sie ihm zum erstenmal sozusagen ihr junges Leben anvertraut hatte, Buchwald, der schon seit mehreren Wochen die Sprache ihrer leisesten Bewegungen verstand, unterstützte sie laut und entschlossen.

Bertha wollte vor allen Dingen die Haushaltung in den Grabhöhlen wieder eingerichtet wissen. Wenn man einen ganzen Tag hier bleibe, was ja sehr nett sei, so müsse man doch ein Heim haben, in dem man sich zusammenfinden, ausruhen, essen und trinken und überhaupt ein menschenwürdiges Dasein führen könne. Fritschy sah die begeisterte Rednerin bewundernd an und nickte heftig. Ich sah diese Zersplitterung der Ansichten nicht ungern. Sie stimmte mit meiner Theorie, daß das Leben um so genußreicher wird, je kleiner die Gesellschaft ist, in der wir es genießen. Heimlich gehe ich in diesem Sinne bis zur Einheit herunter. Ich schlug deshalb vor, daß wir uns in kleine Gruppen spalten sollten und jede versuchen möge, nach ihrer eigenen Façon vergnügt, wenn nicht selig zu werden, wie dies der große Preußenkönig gewünscht habe. Dies fand lauten Anklang und man begann sofort Entwürfe nach dem neuen Grundsatz auszuarbeiten.

Fräulein Bertha, mit Fritschy, dem Dragoman und dem Speiseesel wollten sofort die Grabkammern aufsuchen, um unsere Heimstätte zu bauen. Sakuntala bat Buchwald, sie an die Stelle zu führen, von wo er sich den Blick auf sein großes Bild gedacht habe. Auch den Punkt, von dem aus die reizende Skizze der Sphinx aufgenommen worden sei, die er ihr male, würde sie gerne besuchen. Sie wolle ihr eigenes Skizzenbuch nicht umsonst mitgebracht haben. Ben und Joe beschlossen, nicht ohne einiges Zaudern auf beiden Seiten, gemeinsam den Gipfel zu besteigen. Jeder versicherte leichthin, dem anderen etwas zeigen zu können, was er sicher noch nicht beachtet habe. Innerlich hofften beide, gegenseitig sich dort oben das Geständnis abringen zu können, daß das Schicksal der Pyramide den eigenen Anschauungen entsprechend entschieden sei, sobald man mit freiem offenem Geist und von oben herab die ganze Sache überblicke.

»Und dann –« rief Fräulein Schütz fröhlich, indem sie, zum Ärger der im Kreis umhersitzenden Freunde aus Kafr, den Rest des Schinkenbeins wieder einpackte, »dann, wenn ihr alle genügend verbrannt und verhungert seid, gegen Mittag, kommt ihr heim und findet die Tafel gedeckt und ein Mahl, wie sich's die alten Ägypter nicht besser hätten wünschen können.«

»So sei es!« sagte ich. »Das ist neuester Kriegsbrauch: Getrennt marschieren und vereinigt schlagen.«

Denn das ist das Schlimme größerer Gesellschaften: Man schämt sich nicht, die schlechtesten Witze, die jedermann hundertmal gehört hat, laut und lärmend auszusprechen und ist sicher, dankbare Zuhörer zu finden. Je größer die Gesellschaft, um so schlechter darf der Witz sein; je schlechter der Witz, um so größer wird die Dankbarkeit.

Buchwald winkte mich auf die Seite. Er wollte mich zu Rede stellen, obgleich ich an dieser Zersplitterung der Kräfte sehr unschuldig war. –»Du könntest mir einen wirklichen Freundesdienst erweisen, Eyth«, sagte er fast ängstlich. »Geh mit dem Brüderpaar auf den Gipfel. Wir dürfen nicht wagen, sie allein zu lassen. Wenn du gesehen hättest, was ich von dort oben herab sehen mußte, würdest du mich verstehen. Sie waren nicht weit davon, Mord und Totschlag zu begehen, ehe wir sie trennen konnten. Und oben ist es zehnmal gefährlicher, wegen des Absturzens.«

Ich blinzelte listig mit den Augen; aber es war ein falscher Verdacht, der sich in mir regte. Buchwald wollte mich nicht aus dem Wege schaffen, dazu war er viel zu ehrlich. Er war wirklich besorgt, ein Zusammenstoß der feindlichen Elemente in solcher Höhe könnte ein Unglück herbeiführen. Da mir die zehnte Besteigung der Pyramide noch immer das gleiche Vergnügen machte wie die erste, so kostete es mich keine Überwindung, seiner Bitte zu entsprechen. Ben sowohl als Joe schienen erfreut über meinen Entschluß. Ich war ihnen ein willkommener Puffer, gegen den sie die Stöße richten konnten, die dem Bruder galten. –

Fünf Minuten später war der Kriegsrat aufgelöst, und jede der drei Abteilungen setzte sich in verschiedener Richtung in Bewegung. Munter kletterte Joe über die gewohnten Fels-blöcke, deren Höhe im unteren Zehntel der Pyramide einen guten Turner erfordert. Er zählte liebevoll die Schichten, denn jede war ihm ein besonderer Freund geworden und fast an jede knüpfte sich die Erinnerung an ein kleines Erlebnis. Hier war er ausgeglitten und hatte sich das Knie verstaucht, dort hatte ihm ein Araber aus Versehen sein Frühstück aufgegessen. Diese Schicht war merkwürdigerweise genau zweimal so hoch, als die nächste. Dort – Ben! beachte dies wohl! – dort kommen wir schon auf die fünfzigste Stufe, die genau in der Höhe des Bodens der Königskammer liegt. Du bemerkst den immer wiederkehrenden Fünfer. Aber das Merkwürdigste ist: auf dieser Höhe ist der Umfang der Pyramide 25 827 Pyramidenzoll, und Laplace, der große Astronom, berechnet den Kreislauf der Präzession der Tag- und Nachgleichen auf 25 816 Jahre. Wer will nun entscheiden, ob sie Laplace um elf Jahre, oder die Pyramide um elf Zoll getäuscht hat?

Ben war außer Atem und krebsrot im Gesicht, lange ehe Joe an eine Ruhepause dachte. Allerdings wurde der letztere auch trotz alles Scheltens und Bittens von seinen alten Freunden, den Arabern, in einer Weise nach oben gezerrt und geschoben, die jedem anderen zur Qual geworden wäre. Aber er konnte den guten Leuten die Freude nicht verderben. Und wenn er auch vier der eifrigsten seinem Bruder zu Hilfe schickte, so blieben ihm noch immer sechs, die darauf bestanden, dem Vater der Zauberei handgreifliche, fast schmerzhafte Liebesdienste zu leisten.

Jetzt waren wir oben und sahen uns um, das alte herrliche Bild in seiner Ruhe und Größe vor uns. Die Araber kannten die Gewohnheiten ihres Vaters noch und setzten sich rücksichtsvoll fünf Stufen tiefer, außer Sicht, nebeneinander wie eine Reihe von Geiern. Dort besprachen sie das Ereignis des Tages und die Aussichten auf ein ungewöhnliches Bakschisch, so daß wir auf der Gipfelplatte ungestört und allein waren. Jeder von uns ließ gerne fünf Minuten vergehen, ohne den Mund zu öffnen. Nicht, jedenfalls nicht allein, weil uns der Atem ausgegangen war.

»Bei Zeus, man bekommt hier oben einen Begriff von dem, was aus diesem Land noch gemacht werden kann«, begann endlich Ben, der lange stille Betrachtungen am wenigsten ertrug. »Sehen Sie, Herr Eyth, dort ist ganz deutlich die Spitze der Tirseinsel zu erkennen. Dort muß unser neues Stauwerk angelegt werden. Und quer über die ganze Talbreite, etwa bei der kleinen Pyramide von Sauiyet beginnend, ziehe ich einen Hauptschutzdamm, so daß wir für das unterhalb gelegene Land, für Kairo und das Delta doppelte Sicherheit hätten, wenn je einmal weiter oben ein Paralleldamm des aufgestauten Stromes brechen sollte. Oberhalb des neuen Stauwerks würde dann der Nil während des ganzen Jahres auf seiner vollen Hochfluthöhe gehalten und von hier aus würden rechts und links vom Fluß die Hauptkanäle abzweigen, die das Land auf beiden Seiten und, über die alten Barragebrücken hinweg, weiter unten auch das Delta jahraus, jahrein mit hochfließendem Wasser versorgen müßten. Bitte, Herr Eyth, denken Sie sich die sandgelben halbverdorrten Flächen, die wir hier unten sehen, weit über den jetzigen Wüstenrand hinaus in einen grünen Teppich verwandelt, auf dem Tausende von Rindern und Kamelen weiden und Millionen glücklicher Menschen die Dörfchen von heute verdoppelt und statt ärmlicher Hundehütten aus Lehm menschenwürdige Wohnungen hingestellt hätten. Wäre dieser Anblick nicht mehr wert, als das Gefühl, auf einem nutzlosen Steinhaufen zu stehen, er mag noch so alt und ehrwürdig und – und – dreieckig aussehen!«

Joe hatte sich mit einem Seufzer abgewandt, als sein Bruder begann. Bei den letzten Worten wandte er sich mit einer scharfen Drehung wieder uns zu und sagte, scheinbar ruhig lächelnd.

»Mein guter Bruder vergißt, trotz seines praktischen Sinns, manchmal eine Kleinigkeit, Herr Eyth. Wir könnten natürlich den Anblick, den ihm seine Phantasie vormalt, nie haben, ohne den Steinhaufen, auf dem wir stehen. Doch es ist vielleicht besser, wir verlassen Symbolik und Zukunftsmalerei. Seine Ideen haben ja einiges Richtige, nur übersieht er, daß sie so alt sind, als die alten Ägypter selbst, die zu unseren Füßen schlafen. An die Mittel, die Ben anwenden will, hat allerdings vor unserer ruch- und respektlosen Zeit noch niemand gedacht.«

»Ebensowenig als an den ernsten Versuch, Herr Eyth, eine solche Anlage in ihrer großartigen Vollständigkeit auszuführen«, unterbrach Ben seinen Gegner; »denn die Barrage von Kaliub ist eine traurige Spielerei verglichen mit dem, was mir vorschwebt. Solche Aufgaben verlangen natürlich auch außerordentliche Mittel. Wenn wir an die Zukunft glauben, müssen wir den Mut haben, in der Gegenwart zuzugreifen. Den haben wir, Gott sei Dank, und was unter diesem Himmelstrich die Hauptsache ist: den hat auch der Herr dieses Landes, mein Freund Ismael Pascha.«

»Ben weiß, was ich von all dem denke, Herr Eyth«, sagte der Doktor nach einer längeren Pause, in der er seinen aufsteigenden Grimm mit Erfolg niederrang. »Er kennt die Aufgabe, die mir gestellt ist, wenn er sie auch nicht begreift. Aber er weiß nicht, was der Vizekönig von ihr denkt, und ich möchte ihn heute nicht mit einer näheren Erklärung betrüben. Heute nicht! Denn wer weiß, Ben, ob du es in einigen Tagen der Mühe wert finden wirst, diesen Gipfel noch einmal zu besteigen. Genieße den Augenblick; wie schnell ist er verflogen. Alles Irdische fließt wie ein Strom dahin; auch unsere irdischen Pläne und Gedanken.«

»Je«, versetzte sein Bruder drohend, »wenn du anfängst, mir die Strohwahrheiten deiner Klassiker aufzutischen, so rechne ich dir den Kubikinhalt des Niltals vor, wenn es einen Fuß tief unter Wasser steht, oder den Wert der Baumwolle, in die wir diese Wassermenge zu verwandeln vermögen. Du wirst dich an derartige Zahlen sowieso gewöhnen müssen, wenn du ein gebildeter Mensch deiner Zeit bleiben oder vielmehr werden willst; wenigstens soweit, daß ein halbbarbarischer Vizekönig nicht über dich lächelt. Aber du hast recht: Lassen wir diese Dinge ruhen. In zwei, drei Tagen wird sich die Entscheidung nicht länger verheimlichen lassen. Ich fürchte, du wirst dann keine Lust mehr haben, deinen Aufenthalt in Ägypten zu verlängern. Genießen wir den dahinfließenden Augenblick oder wie deine Klassiker sagen, die euch Gelehrte mit Gedanken versorgen..«

Beide schwiegen gekränkt. Es war dies das beste, was sie tun konnten, um wieder mit heiler Haut auf sicheren Grund und Boden zu kommen. Ben, der trotz seines roten Gesichts nervös und angegriffen aussah, setzte sich am Südrand der Plattform nieder und betrachtete scheinbar aufmerksam die Chefrenpyramide, obgleich sie, wie er behauptete, für seine Zwecke zu klein war. Joe stand neben mir, gegen Osten blickend und vertiefte sich, das Feldglas vor den Augen, in die Berge von Tura

»Ich will ihm diesen letzten Tag nicht verderben«, sagte er nach einer Pause halblaut zu mir. »Er tut zwar, als ob er nicht wüßte, wie die Sachen stünden. Das war von jeher seine Art. Er ahnt jedenfalls, daß er diesen herrlichen Anblick heute zum letztenmal genießt und ich kann ihm nachfühlen, wie peinlich dies sein muß. – Armer Bruder! – Bitte, Herr Eyth, vermeiden wir alles, was ihm den Tag noch weiter verbittern müßte. Sie sehen, ich gehe sogar soweit, seinen grausigen Ideen nicht direkt zu widersprechen. Ich weiß, ich bin in diesem Punkte zu schwach, aber ich hoffe, es wird mir um der guten Absicht willen verziehen werden – Ben! –«

Er setzte sich neben seinen Bruder. Sie sahen jetzt beide in die Wüste hinaus.

»Ben, wir stehen an einem Wendepunkt unseres Lebens«, begann er mit fast weicher Stimme wieder. »Ich denke hierbei nicht an unsere persönlichen Wünsche und Hoffnungen. Du auch nicht. Ich denke an die furchtbare Bedeutung, welche unsere Bestrebungen für Millionen Menschen haben müssen. Genau wie du. Dabei bekümmert mich ein Gedanke heute mehr als alles andere, wenn ich diese stille friedliche Welt ums uns her betrachte. Einer von uns muß unterliegen. Wirst du die Kraft haben, die Niederlage zu ertragen, ohne mir, deinem älteren einzigen Bruder, für immer den Rücken zu kehren?«

»Unsinn!« brach Ben los; »von einer Niederlage kann gar keine Rede sein. Du bist blind wie ein Maulwurf, wenn du dir dies in den Kopf gesetzt hast. Uns gehört die Zukunft, mag kommen was da will. Morgen, heute, jetzt ist unser Tag angebrochen und der alte Plunder muß Platz machen für die neue Zeit.«

»Gut! Gut!« unterbrach ihn der Doktor, der im Gefühl seines Triumphes merkwürdig weich geworden war. »Nehmen wir an, ich unterliege; ich mit der ganzen großen Vergangenheit, die heute noch regiert und alle Zukunft beherrschen wird. Aber nehmen wir an, ich unterliege. Dann frage ich mich, könnte ich dir die Hand reichen, als dein Bruder? Ich fürchte, ich könnte es nicht. Wir wollen Abschied nehmen; heute; in Fried' und Freundschaft hier auf dem Gipfel der Pyramide, um die wir kämpfen. Abschied, Ben, ehe die Würfel fallen.«

»Unsinn, Joe, Unsinn! Du bist und bleibst ein Phantast. Aber ich werde dich nicht fahren lassen. Ich werde dich lieben und verzärteln und alles erdenkliche Schöne und Gute aus dir heraus und in dich hineinlesen, ähnlich wie du es mit deinen Mumien machst. Du sollst einen Ehrenplatz in meinem neuen Ägypten bekommen und mit dem Zehnten jedes Baumwoll- und Zuckerfeldes, das ich der Wüste abgewinne, soll man dir ein Museum bauen, in dem die alten Ägypter und Chaldäer, Griechen und Römer und alles Volk, das einmal war und heute verschwunden ist, fortleben möge nach deiner Art. Denn ich gebe zu: Sie waren unsere Väter. – Hand drauf! – Nur mußt du mir nicht in den Weg kommen, wenn ich einen neuen Kanal graben muß oder eine Brücke über einen Meeresarm schlage, oder was sonst einmal die Millionen brauchen werden, die leben müssen, weil sie unsere Kinder sind.«

»Warten wir's ab!« sagte der Doktor leise, lächelnd über die Verirrungen seines ›armen‹ Bruders.

Dann standen beide auf und gaben sich die Hand, herzlich und brüderlich. Es war die wunderlichste Versöhnung, die ich je mit angesehen habe. Und dann plauderten wir über andere Dinge: über das Verhältnis Ägyptens zum künftigen Suezkanal, über die Pyramiden von Sakkara, über das Gemütsleben der arabischen Pferde und den Verstand der ägyptischen Esel, bis es Zeit wurde, an den Abstieg zu denken, bei dem uns unsere arabischen Freunde nach Möglichkeit hinderlich waren.

Von den Erlebnissen der zweiten Abteilung der Karawane unter Fräulein Berthas Führung bekam ich nie ein klares Bild. Die drei höchst mangelhaften Berichte von ihr, von Fritschy und dem Dragoman zusammenhaltend, scheinen sie folgenden Verlauf genommen zu haben:

Nach den Angaben Buchwalds konnte man hoffen, wertvolle Spuren der früheren Bewohner der Höhlengräber vorzufinden. Davon war jedoch keine Rede. Die Leute von Kafr hatten sich ohne Zweifel die letzten Stückchen der zerbrochenen Stühle und des Tischchens, Thinkers Tintenfaß, die Lampe und die brauchbareren Reste des Küchengerätes zur Erinnerung an jene denkwürdigen Tage abgeholt. So mußte alles neu geschaffen werden. Doch dies dämpfte den Mut der drei Pioniere der Zivilisation keineswegs. Fritschy machte sich an den Aufbau eines Tischs aus Steinblöcken. Der Dragoman wurde nach Kafr geschickt, um Wasser herbeizuschaffen. Fräulein Schütz wußte mit Schirmen, Plaids und Tischtüchern eine Veranda vor der Jägerhöhle zu errichten, wobei Fritschy allerdings zu häufiger Hilfeleistung herangezogen werden mußte. Über weiteres wurden die Berichte spärlich und lückenhaft. Aber das Ergebnis der gemeinsamen Arbeit war ein glänzendes. Eine Behausung, halb Höhle halb Zelt, spendete Schatten und Kühlung. Unter dem Zelt stand ein unleugbar sehr niederer Tisch – von antiker Form, erklärte Bertha – mit einem schneeweißen Tischtuch und sieben Gedecken geschmückt, und auf dieser Tafel befand sich fast alles, was an kalten Speisen und Getränken der erste Gasthof Kairos zu liefern vermochte. Im halbdunkeln Innern der Höhlen waren mit Hilfe von Sätteln, Satteltaschen und Decken Ruheplätzchen hergestellt, die, nach dem fröhlichen Mahle, im Jägergrab für die älteren Herrn, im Hochzeitsgrab für die Damen ein Stündchen ungestörter Erholung versprachen. Die jüngeren Männer sollten gebeten werden, sich draußen im Sand zu vergnügen. So konnten Fräulein Schütz und Fritschy mit dem Gefühl, sich selbst übertroffen zu haben, die zurückkehrenden Freunde erwarten. Alles, was sie hierüber zu sagen wußten, war, daß ihnen die Zeit nicht lange geworden sei.

Sehr viel reichhaltiger war der Bericht der dritten Abteilung. Ich halte mich an das, was mir Buchwald mehrere Tage später nicht ohne einiges Zaudern mitteilte. Wir Germanen verstehen solche Dinge nur halb, und was wir nur halb verstehen, wissen wir nicht gut zu erzählen. Das ist zum Beispiel bei den Franzosen ganz anders.

An den Grabhöhlen verließ Sakuntala mit dem Maler die geschäftige Gruppe, welche die Sorge für das leibliche Wohl der Gesamtheit übernommen hatte und ritt der dritten Pyramide entgegen. Auf einer Anhöhe hinter den Tempelresten, die sich an ihrem Fuße befinden, hatte sich Buchwald den Standpunkt gedacht, von dem aus er vor viertausend Jahren sein Bild der im Bau begriffenen Cheopspyramide gemalt haben würde, wenn er Gelegenheit dazu gehabt hätte. Schweigend ritten sie über den felsigen Grund, nur gefolgt von den beiden Eselsjungen, die in beträchtlicher Entfernung mißmutig hinter ihnen hertrotteten, bis die Todesstille der Wüste daran mahnte, daß sie zum erstenmal seit der Märchennacht allein waren.

»Warum müssen wir uns so selten sehen, Hermann?« fragte Sakuntala, indem sie ihr stolzes weißes Tier, an das sich Buchwalds graues freundschaftlich herandrängte, zwang, im Schritt zu gehen.

»Wir sehen uns täglich und ich sehe dich immer, Tag und Nacht«, sagte Buchwald lächelnd.

»Du malst fleißiger als je«, versetzte sie mit einem leisen Vorwurf in ihrer Stimme. »Du vergräbst dich in deiner Werkstatt.«

»Du hast recht: ich kann wieder malen, seit ich meiner selbst sicher bin; ich male alte Ägypter, weil ich es nicht aushalte, stundenlang nicht dich malen zu dürfen.«

»Ich denke, dies sollte anders werden.«

»Auch deshalb male ich. Ich möchte mir die alte Zeit von der Seele malen und mit dir eine neue beginnen. Es war alles eine Verirrung, ehe ich die gefunden hatte.«

»Oder ein Suchen. Und dabei fandest du manches andere, das des Findens wert war.«

»Es freut mich, daß du so denkst, und ich möchte es beweisen. Auch deshalb male ich fleißiger. Das Bild muß fertig werden. Vielleicht täusche ich mich, aber ich glaube wieder an mich, seit ich weiß, daß du an mich glaubst. Wenn mich die Welt einen großen Maler hieße, käme ich wenigstens nicht mit ganz leeren Händen zu dir.«

»Was kümmern mich deine Hände«, versetzte Sakuntala ungeduldig. »Mir ist nur um eins zu tun, um dein Herz – und du weißt es.«

Sie waren auf der Höhe angelangt. Ein frischer Ostwind wehte über das heiße Tafelland und das Wüstenbild mit den gewaltigen Pyramiden im Mittelgrund und dem fernen blauen Horizont, an dem die Minaretts von Kairo auftauchten, gab ihrem Gespräch auf Augenblicke eine andere Wendung. Aber immer wieder glitt es zurück in das alte Spiel, das liebende Herzen seit undenklicher Zeit gespielt haben und spielen werden, solange die Pyramiden stehen.

Dann ritten sie weiter, gen Osten, um die Sphinx zu besuchen. Buchwald hielt plötzlich an.

»Dort hinter dem Felsblock war mein Wüstenatelier, solange wir hier wohnten. Willst du es sehen, mein Schatz?«

»Dort entwarfst du die ersten Skizzen zu deinem großen Bild – gewiß!« versetzte Miss Thinker.

Sie ritten um den Felsblock. Die offene Höhle lag vor ihnen. Die glatten glänzenden Wände, der mit weißem Sand bedeckte Boden sahen so reinlich aus; daß man sie sofort wieder hätte beziehen können. In der einen Ecke lag noch der würfelförmige Stein, auf dem Buchwald manchmal ausgeruht hatte, in der anderen, in welche die Morgensonne nicht dringen konnte, stand die Staffelei, welche er in der Eile des damaligen Aufbruchs und im Gefühl, daß er wohl bald wiederkommen werde, zurückgelassen hatte. Es war einigermaßen auffallend, daß dieses wertvolle Stück Holz von den Leuten aus Kafr noch immer nicht gestohlen worden war, noch merkwürdiger aber erschien, daß an der Staffelei, kreuzweise übereinander geneigt, zwei große halbverdorrte Palmzweige lehnten, wie sie die Araber auf die Gräber ihre Verwandten und Freunde zu legen pflegen.

Sakuntala war abgestiegen. Der Maler band die Zügel der Tiere an einem Stein fest, da die pflichtvergessenen Eselsjungen weit zurückgeblieben waren. Miss Thinker studierte die Spuren von Bildern und Hieroglyphen, die sich in verblaßten Farben an den Wänden zeigten und holte dann ihr Skizzenbuch hervor. Buchwald betrachtete nachdenklich die Palmzweige. Alles schien wie aufgeräumt und abgestaubt und dort hinten stand sogar ein Kullah! Diesen konnte der Zufall nicht herbeigebracht haben. Doch war es nutzlos, darüber nachzudenken. Sakuntala hatte angefangen zu zeichnen. Er zeigte ihr plaudernd, daß die Perspektive Westeuropas auch in ägyptischen Gräbern ihre Gesetze geltend mache.

Als sie das Grab Hand in Hand verließen, denn sie hatten beide das Skizzenbuch zu halten, in dem Buchwald einige Striche änderte, fühlte Sakuntala ein heftiges Zucken, wie wenn ihr Freund erschrocken wäre. Gleichzeitig sah sie, daß sie nicht allein waren. Auf der Felsplatte über dem Grab saß ein Fellahweibchen, in ihr blaues Hemd gewickelt, die Burko dicht über das Gesicht gezogen, regungslos wie eine Mumie.

»Haifa!« rief Buchwald, der das Mädchen in dieser Stellung, ein Bild hoffnungsloser, in sich selbst versunkener Entsagung nicht zum erstenmale gesehen hatte.

Haifa sprang auf. Sie schien zuerst die Flucht ergreifen zu wollen. Dann wandte sie sich wieder um, warf ihren Schleier zurück und stürzte auf Buchwald los, indem sie den schrillen Triller ausstieß, mit dem die Klageweiber auf arabischen Friedhöfen ihren Jammer in die Luft schleudern. So klein das schwarzbraune Mädchen war, es hatte in diesem Augenblick etwas so Wildes, Dämonisches, daß Sakuntala unwillkürlich Buchwalds Arm faßte. Zwei Schritte von ihnen hielt die kleine Fellachin plötzlich still, sah erst den Maler, dann seine Braut mit weit aufgerissenen Augen an, stürzte vor Sakuntala nieder und bedeckte den Saum ihres Kleides mit Küssen, während sie hundert unverständliche Worte in die Falten des Gewandes murmelte. Sakuntala, die von all dem nichts verstehen konnte, zeigte keine Furcht, versuchte aber vergeblich, die Kleine aufzurichten. Endlich stand sie von selbst auf und begann, während die hellen Tränen über ihr Gesichtchen rollten, mit lebhaften Gebärden eine Geschichte zu erzählen, deren Inhalt auch Buchwald nur erraten konnte. Immer hastiger und leidenschaftlicher wurde ihr Geplauder, und als sie zu Ende zu sein schien, wies sie nach dem Horizont, den in nächster Nähe ein kleiner Sandhügel bildete, faßte Buchwalds Hand und drückte sie wohl zehnmal an ihre Stirn.

Dort oben, nicht dreißig Schritte von ihnen, stand starr und stumm eine hohe Gestalt: Der Imam von Kafr; nicht in seiner gewöhnlichen Fellahtracht, sondern gekleidet wie ein Beduine, die lange Flinte über dem Rücken, einen Speer in der Hand. Sakuntala hatte ihn schon längst bemerkt und sich enger an Buchwald gelehnt. Sie fühlte seine brennenden Augen, denen sie schon zweimal begegnet war, bei Sikr auf der Esbekiye und nach der Dose. Sein Blick war regungslos auf sie gerichtet, während Haifa ihre Geschichte erzählte und von Buchwald Abschied nahm. Dann wandte sich der Beduine plötzlich ab, stieß seinen Speer in den Sand, warf seinen Burnus auf den Boden und nahm, gen Osten gewendet, die feierliche Stellung ein, mit der der Araber sein Mittagsgebet beginnt. Das Händeerheben und Verbeugen, das Knien und Aufstehen, die zweimalige Berührung der Erde mit der Stirn dauert in seiner ruhigen Weise mehrere Minuten lang, während deren die helle, hohe Gestalt eine wunderbar schöne Silhouette gegen die tiefblauen Himmel des Südens bildete. Als er zu Ende war, stand Haifa an seiner Seite, faßte seine Hand und zog ihn fort, über den Rand des Hügels hinunter.

Sakuntala und Buchwald standen noch immer auf derselben Stelle, als von beiden nichts mehr zu sehen war. Buchwald verstand die Szene, die sie erlebt hatten, beinahe. Sakuntala sah ihn fragend an. Dann plötzlich, als ob der Bann gewichen wäre, der sie festgehalten, schlang sie ihre Arme um seinen Hals, küßte ihn, wie sie ihn noch nie geküßt hatte, und flüsterte: »Ich glaube dir! Ich glaube dir!«

Später, nach Tisch, als wir Jüngeren vor den Grabhöhlen unsere Zigaretten rauchten, sagte der Dragoman Ibrahim ben Musa zu dem Maler:

»Wissen Sie, was ich unten im Dorf gehört habe, als ich dort einen Wasserträger suchte? Der Imam von Kafr – Gott verdamme den Bösewicht, der mir einen Zentnerstein auf den Fuß warf! Aber der Allgerechte errettet die Frommen, die nur Gutes tun. Sie erinnern sich des Imams? Dieser falsche Derwisch hat sich auf die Wanderung nach dem Sudan gemacht, wo er hingehört. Sie sagen, es sei dort wieder einmal ein neuer Mahdi erstanden, der die Gläubigen sammle. Es wird ein Schwindler sein, Inschallah! – Und seine Schwester, die Haifa, habe er mitgenommen. Sie ist wohl fort!« –

Als sich gegen Mittag die verschiedenen Trüpplein zusammenfanden, bewährte sich wieder einmal das alte Sprichwort: Arbeit macht das Leben süß. Nur Fräulein Schütz und

Fritschy waren so fröhlich, wie es alle hätten sein sollen. Ben Thinker litt sichtlich unter der Hitze und fühlte sich unwohl. Joe empfand die Nähe der großen Pyramide zu sehr, die ihn gleichzeitig hob und drückte, trotz alles Siegesbewußtseins, das er rücksichtsvoll verbarg. Sakuntala und Buchwald sahen sich nachdenklich und ernst in die Augen, sooft sie sich unbemerkt glaubten, denn sie hatten beschlossen, daß der heutige Tag eine Entscheidung bringen müsse. Und ich, als siebtes Rad am Wagen, fühlte, daß ich kaum mitzählte. So verlief das Mahl nicht ganz so heiter, als man hätte erwarten können. Die Mittagsruhe in der kühlen Höhle dagegen behagte namentlich Ben so sehr, daß es nach einem letzten Ritt kreuz und quer über das Pyramidenfeld fast Abend wurde, ehe der Rückweg nach Kairo angetreten werden konnte. Es schien als ob man nicht loskommen könne. Ahnten wir, das es für die Mehrzahl von uns ein Abschied war auf Nimmerwiedersehen?

Dafür lohnte uns jetzt ein unvergeßlicher Ritt in der Abendglut des herrlichen Tages, während die ersten Atemzüge des Nordwinds vom Delta her die heiße Stirn der Wüstenhügel berührte. Vor uns, wenn auch noch in weiter Ferne, lagen wie in rotes Feuer getaucht die schroffen Felsenhöhen des Mokkatam, hinter uns in violettem Dunste die Pyramiden, deren riesige Schatten mit phantastischer Eile vor uns herjagten, jetzt das Dörfchen dort, jetzt die Gruppe von Palmen oder, schon weit vor uns, das funkelnde Emeraldgrün eines Zuckerrohrfeldes verschlingend. Endlich war es auch gelungen, die rastlos plaudernde Schar unserer Begleiter aus Kafr abzuschütteln. Zum letztenmal lief uns ein Fellahjunge, unermüdlicher als die anderen, nochmals nach, um den zehnfachen Abschied ein elftesmal zu wiederholen. Wir trabten über die weite Fläche der Niltalsohle munter dem fernen Strome zu. Die Karawane hatte ihre lose Marschordnung wiedergefunden.

Nach den Gesetzen jenes Zufalls, der die menschlichen

Geschicke leitet, hatte sie sich etwas anderes gestaltet, als beim Herritt. Voraus ritt diesmal Ibrahim ben Musa, im Gefühl seiner Würde, das durch den Rest der Weinflaschen, die er dem Esel nicht mehr anvertrauen wollte, ins Ungebührliche gesteigert worden war; neben ihm Ben, der sich bemühte, über die land- und wasserwirtschaftlichen Verhältnisse der Gegend, die wir durchritten, Belehrung zu gewinnen und die unglaublichsten Aufschlüsse erhielt. Ihnen folgten Sakuntala und Bertha, beide ungewöhnlich schweigsam, die Blicke zumeist auf die bleiche Mondsichel gerichtet, die vor uns im östlichen Widerschein des Abendrots immer deutlicher, aber mit wunderbarer Zartheit hervortrat. Nur Bertha drehte zuweilen den Kopf; war es, um zu sehen, ob sich das nächste Paar nicht verlor? Oder ob es weit genug entfernt war, um ungehört ein paar hastige Worte mit der Freundin zu wechseln? Dann kam ich, stillvergnügt über den schönen Tag, der mir meine Pumpen und Dampfpflüge etwas fernergerückt hatte und sie deshalb doppelt anziehend erscheinen ließ; Fritschy neben mir, unruhig mit seinem oder vielmehr Fräulein Berthas Esel hadernd. Dabei hatte er mir die freudige Nachricht mit allen Einzelheiten mitzuteilen, daß in Bulak der Baumwollpflug morgen fertig sein müsse und spätestens übermorgen in Schubra sein könne. Und doch war der Mensch kaum fähig, mir ins Gesicht zu sehen. Was er wohl haben mochte? Nur eines war klar: ich mußte so bald als möglich eine ernsthafte aufreibende Arbeit für ihn finden, wenn er bei Vernunft bleiben sollte. Den Schluß bildete das alte Pyramidenfreundespaar: Joe und Buchwald. Sie schienen sich von dem großen Bilde in unserem Rücken nicht trennen zu können und wandten mehr als einmal ihre Reittiere völlig, um es minutenlang in seiner geisterhaften Größe und Stille einzusaugen.

Natürlich blieben sie hierdurch weiter zurück, als es sonst erklärlich gewesen wäre. Als Buchwald die Entfernung für genügend hielt, sagte er ziemlich leise:

»Herr Thinker, darf ich Ihnen eine Mitteilung machen, die Sie überraschen wird?«

»Weshalb fragen Sie?« antwortete der Doktor mit bewegter Stimme; eine eigentümliche Rührung zitterte in ihm nach, seitdem sie die Pyramiden im Rücken hatten. »Ich zweifelte nie daran, lieber Freund: Sie beginnen Licht zu sehen in dem, was uns das große Mysterium Ägyptens zu sagen hat.«

»Ich sehe Licht, aber in anderer Richtung«, versetzte der Maler. »Lassen Sie mich ohne Umschweife sprechen. Ich liebte Miss Thinker, ohne es zu wissen, seit ich sie kenne. Ich weiß seit wenigen Wochen, daß sie mich liebt. Wen habe ich zu fragen, ob es uns beschieden sein wird, für alle Zeiten glücklich zu sein?«

Joes Esel wäre fast zu Fall gekommen, so rasch zog sein Reiter die Zügel an. Er stand jetzt still, als wäre er aus Holz. Der Doktor verriet kaum mehr Leben.

»Das ist etwas unerwartet!« sagte er endlich, fast tonlos. »Lassen Sie mich denken.«

Buchwald ließ ihn denken.

Nach einer langen Pause begann er wieder:

»Es wäre das Beste, wir fragten Ben. Sie Sache berührt, heute wenigstens, ihn mehr als mich. Unsere Sakuntala steht in diesem Jahr unter seiner Vormundschaft; im nächsten, wenn die Reihe wieder an mich käme, wird sie mündig.«

Buchwald gab dem steifen Esel seines väterlichen Freundes einen Schlag, daß das überraschte Tier seinen Herrn fast abgesetzt hätte, und im Galopp wurde die Karawane eingeholt. Er bat Fritschy, Ben zu bitten, etwas zurückzubleiben und bald bildeten die drei unsere Nachhut. Fast stotternd teile Joe seinem Bruder mit, wie es mit ›seinem lieben, armen Buchwald‹ stehe. Die Wirkung der Mitteilung war kaum weniger überraschend, nachdem Ben begriffen hatte, um was es sich handle.

»Heiraten will er unsere Kundel?« rief er mit rätselhafter Freudigkeit. »Gescheiteres könnte uns ja gar nicht passieren,

Joe! Ich meine – ich wollte sagen – kann er ja gar nicht tun. Wir haben Ihnen vor allen Dingen von Herzen Glück zu wünschen, Herr Buchwald. Sie werden es brauchen können. Kundel ist ein prächtiges Geschöpf, aber sie hat ihre Eigenheiten. Bei Zeus ja; wie jedes andere Frauenzimmer. Ich habe in den nächsten Jahren so sehr alle Hände voll zu tun, daß ich jedem dankbar bin, der mir die Verantwortung für andere Aufgaben abnimmt. Ich sah mit Schrecken – aufrichtig gesprochen, mit Schrecken – wie sie immer größer und schöner wurde. Du solltest die Sache ähnlich auffassen, Joe: als einen Glücksfall für alle Beteiligten. Nach allem, was ich von Herrn Buchwald weiß, ist er ein wackerer Mann und ein Gentleman, obgleich ein Deutscher. Dafür stammt sie vom Ganges. Ich sehe nicht ein, weshalb du ein so langes Gesicht machst.«

»Das Glück unserer Sakuntala ist kein Kinderspiel.«

»Ein Spiel ist alles Glück, Joe. Wenn unser Herrgott seinen Segen dazu gibt – an dem meinen soll's nicht fehlen! Kundel! Kundel!«

Es gab in den nächsten fünf Minuten keine kleine Verwirrung unter den sieben Eseln. Man mußte sich doch Glück wünschen und die Hände drücken. Und gar ein erster halb öffentlicher, halb heimlicher Kuß ist sehr schwierig, wenn man auf zwei langohrigen Grauschimmeln sitzt, die sich nicht verstehen. Als endlich leidliche Ordnung wieder hergestellt war, hatte sich die Karawane anders gestaltet. Voran ritten ich und Ben, sehr zufrieden miteinander, dann folgte Joe mit dem Dragoman, beide etwas verwirrt durch die jüngsten Erlebnisse. Dann kamen, sehr eng beisammen, Buchwald und Sakuntala und schließlich Fräulein Schütz und Fritschy. Ihnen allein hingen die Köpfe.

So kamen wir am Nil an, und ich vergesse nicht, wie still und klar der Mond auf uns herabsah und eine goldene Brücke über den ganzen Strom schlug, auf der wir sozusagen hinüberzogen, als ginge es in ein Zauberland voll Duft und Silberglanz.

Es geht in unserer dampfbewegten Zeit nicht mehr an, auch am spätesten Abend den Tag zu loben. Als wir vor der Veranda bei Shepheard abstiegen, empfing uns Zech, der Gasthofbesitzer, welcher derartige Ausflügler nicht feierlich zu begrüßen pflegte, in ungewohnter Aufregung.

»Endlich! Sind Sie endlich hier!« rief er uns schon von weitem zu, kam sogar, trotz seiner Gicht, die Verandastufen herab und machte einen ungeschickten Versuch, Joe aus dem Sattel zu helfen. »Dreimal hat der Vizekönig nach Ihnen geschickt. Dreimal sind Kawassen und Effendis hier gewesen, um Sie nach dem Ab'dinpalast zu holen.«

»Dich, Joe?« schrie Ben erbleichend. »Nehmen Sie sich in acht, Herr Zeh, was sie sagen!«

»Ah, Herr Ben! Gehorsamster Diener! Ja, daraus wurde ich selbst nicht klug. Herr Dinkär! Herr Dinkär! Schrien sie durch das ganze Haus. Aber welchen Dinkär, das wußte die Esel selbst nicht. Und sogleich, sogleich! *Hoaga Dinkär, ekri kedir!* schrien sie und jagten wieder davon. Der letzte, der dicke Mustapha Effendi, dampfte förmlich.«

»Ich reite noch heute hinüber!« sagte Ben entschlossen, seinen Esel festhaltend.

»Begehen Sie keine Torheiten!« mahnte ich. »Die Würde des Stauwerks duldet keine Überstürzung. ›Bugra!‹, ›morgen‹ ist das geheiligte Zauberwort jedes weisen Mannes im Lande Mosr. Heute ist im Ab'dinpalast kein Mensch mehr zu sprechen. Wir werden jetzt in aller Ruhe zu Nacht essen und morgen, gegen neun Uhr – früher hat es keinen Sinn – können wir dem Vizekönig unsere Aufwartung machen, wenn wir nicht vorziehen sollten, seine nächste Botschaft in würdiger Ruhe abzuwarten. Alles kommt dem Mann, der wartet!«

Wir genossen ein spätes, unruhiges Abendbrot. Die Wogen beruhigten sich einigermaßen. Ich beschloß, ebenfalls bei Shepheard zu übernachten, um am folgenden Morgen bereit zu sein, mit den Herren nach dem vizeköniglichen Palast zu gehen. Dann trennten wir uns. Buchwald und ich plauderten noch ein Viertelstündchen auf der Veranda; aber das Glück hatte ihn auffallend still gemacht, und auch er ging nach einem stummen Händedruck seiner Muski zu.

Schwer aber würde sich entscheiden lassen, wer von allen, die den schönen Tag mitgenossen hatten, in jener Nacht schlechter geschlafen hat.

27. KAPITEL

Wetterschläge

Als ich am folgenden Tag in ungewohnter Umgebung später als gewöhnlich erwachte, stand Ben Thinker vor meinem Bett.

»Verzeihen Sie, daß ich Ihnen zu etwas früher Stunde einen Besuch abstatte – guten Morgen, Herr Eyth!« rief er mit jener unbefangenen Selbstverständlichkeit, die bei Engländern auch ferner stehenden guten Freunden gegenüber die sonst üblichen Umgangsformen wesentlich vereinfacht. »Sie waren heute mein Zimmernachbar. Ihre Türe stand offen. Alles schläft noch, und ich kann es nicht länger aushalten.«

»Es müssen noch drei Stunden vergehen, ehe wir irgend etwas tun können«, sagte ich, nicht gerade erfreut, mich nach einer heißen unruhigen Nacht der Morgenruhe, auf die ich ausnahmsweise gerechnet hatte, beraubt zu sehen.

»Das ist es eben«, lachte Ben mit erzwungener Lustigkeit, »stehen Sie auf oder bleiben Sie liegen, wie es Ihnen behagt; aber plaudern wir ein wenig!«

Er holte sich einen Stuhl und setzte sich neben mein Bett.

»So geht es, wenn man seine Zimmertür nicht schließt«, fuhr er fort. »Aber Sie tun ein gutes Werk. Es prickelt mir in allen Adern. Ich muß eine Ablenkung haben, bis es Zeit wird, nach dem Ab'dinpalast zu fahren.«

»Ich begreife das«, versetzte ich. »Es kann ein entscheidender Tag werden.«

»Ich bin überzeugt, daß schon alles entschieden ist«, war die hastige Antwort. »Das ist's nicht, was mich beunruhigt. Die Größe der Aufgabe fängt an, mich zu drücken, die Verantwortung, welche das ganze Projekt auf meine Schultern legt. Ihnen, als Berufsgenossen und als Freund, kann ich dies ja sagen. Es ist noch so viel zu überlegen und alles geht in die Millionen. Ich habe dieses Gefühl noch nie so peinlich empfunden. Vielleicht ist es auch die Hitze. Das bohrt und bohrt. So kam ich zu Ihnen, um das Mühlrad zum Stillstehen zu bringen, das sich in meinem Gehirn dreht und ein lottriges Hammerwerk zu treiben scheint. Sprechen wir von etwas anderem!«

Es kam mir nun wirklich auch der Gedanke, daß ich meinem Besuch nützlich sein könnte. Er sah heiß und aufgeregt aus; nicht, wie man an einem frischen Morgen eines ereignisvollen, vielleicht anstrengenden Tages aussehen sollte.

»Haben Sie Ihr Bad genommen?« fragte ich.

»Schon geschehen!« antwortete er. »Hilft nichts!«

»Gut; plaudern wir von dem schönen Tag, den wir gestern genossen haben«, schlug ich vor.

»Das Beste war der Schluß«, fiel Ben bereitwillig ein. »Nicht hier im Hotel – drüben überm Nil. Auch nicht gerade für uns, aber für Ihren Freund Buchwald.«

»Ich hoffe es«, antwortete ich, nicht sehr zuversichtlich. »Es ist ein großes Wagnis: eine indische Prinzessin und ein deutscher Maler. Sie wissen, Buchwald ist mein wirklicher Freund. Ich sehe die Sache ernsthafter an als Sie.«

»Eigentlich sollte es umgekehrt sein«, meinte Ben. »Kundel ist meine wirkliche Nichte. Aber ihr Deutsche seid fähig, über einer Hochzeitskarte schwermütig zu werden. Ich habe mir die Sache reiflich überlegt, nachträglich. Da ist die Rassenfrage. Aber mein älterer Bruder und tausend andere haben sie in Fällen, die genau zweimal so bedenklich sein müßten, mit Erfolg gelöst; sie braucht uns deshalb nicht allzu sehr zu beunruhigen. Buchwald und Sakuntala haben überdies entdeckt – wie mir unsere Bertha sagt – daß die Indogermanen eine uralte, gelehrte Tatsache seinen. Was die ›Prinzessin‹ betrifft, so ist dies in der Tat nicht halb so schlimm als es klingt. Die Radschas und Ranis von Indien blühten, wuchsen und verwelkten wie bei uns die Brombeeren. Sie waren im Dekan und in Radschputana genau was die alten Ritter, Barone und Gräfchen in Ihrem Vaterland waren, mit denen es auf- oder abging, wie es die Zeiten mit sich brachten. Hier wie dort ist die Herrlichkeit so viel als verschwunden. Oft genug ist der schöne Titel das einzige, was davon übrig blieb. In Kundels Fall bleibt noch ein rundes Sümmchen Geld in Londoner Banken, ein beträchtliches Stück wildes Dschungelland am Mahanadi und ein Häufchen Familienedelsteine, die in Kalkutta liegen sollen. Dagegen läßt sich natürlich manches einwenden vom Standpunkt eines armen Malers.«

Ben lachte laut und schlug mir empfindlich auf die Schulter.

»Stehen Sie auf, Eyth!« rief er vergnügt. »Ich kann dieses Bild menschlicher Faulheit nicht mehr länger mit ansehen und möchte einen Morgenspaziergang machen, bis man in dieser verkommenen Karawanserei ein Frühstück erhalten kann. – Das Geld! Danken Sie für Ihren Freund allen indischen Göttern, daß es dort hinten im Osten noch nicht ganz alle ist; wie ich es tue. Wir, Joe und ich, haben kein Anrecht auf Sakuntalas mütterliche Schatzkammer und brauchen es Gott sei Dank nicht. Mein wackerer verstorbener Bruder, der sich zu seinen Lebzeiten wenig genug um die Familie kümmerte, hat uns nach seinem Tod genügend bedacht, so daß ich unbesorgt noch eine Reihe von Erfindungen machen kann und Joe schon jetzt nicht weiß, was er mit seinem Erbteil anfangen soll. Sakuntala hätte ohne Zweifel eine bessere Partie machen können, wenn sie gewartet hätte, bis sie vernünftiger geworden wäre. Doch wie kann man das wissen; es hätte auch zehnmal schlimmer gehen können. Wer will ein indisches Mädchenherz kontrollieren? Persönlich bin ich Buchwald aus tiefster Seele dankbar, daß er mir die Verantwortlichkeit abnimmt, die mir die Vormundschaft aufbürdete. So sehe ich in dem gestrigen Familienereignis eitel Trost und Freude und bemerke nur einen kleinen schwarzen Punkt in der sonnigen Zukunft: Ich möchte wissen, wie ich mein Konversationslexikon, unsere Bertha, um mich behalten könnte, wenn wir nicht mehr in der Lage sind, ihr etwas zum Erziehen anzuvertrauen. Ich selbst bin doch zu alt zu diesem Zweck.«

Ich weiß nicht, was mir Ben in der Erregung von Familien- und Herzensangelegenheiten noch anvertraut hätte, wenn uns nicht, als wir das Zimmer verlassen wollten, der Schech der Hausknechte, der schwarze Bob, entgegengetreten wäre. Er kam von Joe, der mich bitten ließ, mit ihm auf seinem Zimmer zu frühstücken.

Ben stutzte.

»Um so besser!« rief er nach einer augenblicklichen Pause. »Ich muß ohnedies Coalvilles Bureau aufsuchen und den Konsulatsdragoman in Bewegung setzen. Sie können mir bei Joe einen unbezahlbaren Dienst leisten. Er scheint noch immer die Lage der Dinge völlig mißzuverstehen. In wenigen Stunden steht er der bitteren Wahrheit gegenüber. Wer weiß, welche Wirkung dies auf sein weiches Gemüt haben wird. Bereiten Sie ihn vor; langsam und so schonend als möglich. Und sagen Sie ihm, daß sein Bruder ihn aufrichtig bedauert. Aber recht vorsichtig, nicht wahr, lieber Herr Eyth, recht vorsichtig!«

Das kam schon vom Fuß der Treppe, wo ich den Davoneilenden nicht mehr sehen konnte.

Ich klopfte an Joes Zimmertüre.

Der Doktor öffnete sie selbst. Er hatte bereits seinen langen feinen Gehrock angelegt, der ihm das Aussehen eines Hohenpriesters unserer Tage verlieh, und schien auch im übrigen bereit zu sein, ohne Verzug in jeden Audienzsaal einzutreten. Aber er war sehr bleich, denn auch er hatte eine schlaflose Nacht hinter sich, und begrüßte mich mit mehr als gewöhnlicher Feierlichkeit.

»Wissen Sie, daß heute der fünfundzwanzigste April ist?« sagte er mit feinem Lächeln. »An einem fünfundzwanzigsten September lernte ich Piazzi Smyth kennen. Fünf mal fünf! Schade, daß wir nicht im Mai stehen. Wenn es auch der fünfte Monat dieses Jahres 65 wäre, würde mein Vertrauen, daß ich einem glücklichen Tag meines Lebens entgegengehe, noch größer sein. Aber es braucht wahrhaftig nicht zu wachsen.«

Er drückte mir in einer Weise die Hand, die deutlicher als ebenso viele Worte sagte: »Ich weiß, Sie verstehen mich!« und lud mich ein, an einem Tisch Platz zu nehmen, auf dem hinter zwei Gedecken ein englisches Frühstück in seiner reichsten Vollständigkeit bereit stand.

»Ich glaube kaum, daß wir heute so lange zu warten haben als vor acht Tagen, doch ist Vorsicht immer besser als Nachsicht, namentlich bei leerem Magen«, sagte er, freundlich lächelnd, indem er mir den Teller mit Yorkshireschinken und Eier belud, während ich das Amt des Teetassenfüllens übernahm.

»Man kann in Ägypten nie wissen, welche Wendung die Dinge nehmen«, sagte ich, an Ben und dessen Bitte denkend.

»Nein, und deshalb suche ich mir auch immer alle Möglichkeiten vor Augen zu halten«, versicherte Joe. »Es wäre zum Beispiel denkbar, daß uns – Sie werden mich doch gewiß begleiten, Herr Eyth?«

»Ich habe im Sinn, mit Ihnen zu gehen, schon der Norak wegen«, antwortete ich. »Es wird sich ja dann zeigen, ob ich auch sonst nützlich sein kann.«

»– daß uns der Vizekönig um einen Plan, oder wenigstens um eine Skizze ersucht, die die Lage und den allgemeinen architektonischen Eindruck der Ringmauer veranschaulicht, auf deren schleunige Erbauung ich großen Wert lege. Nicht bloß als äußeren Schutz für die Pyramide. Wenn wir einmal so weit sind, eine Art *Haram esch Scherif*, einen heiligen Raum rings um das Gebäude abgegrenzt zu haben, ist viel gewonnen. Das Symbolische der greifbaren Tatsache wirkt auf die Gemüter mehr als die Tatsache selbst.«

»Und doch wäre es nach Ihren eigenen Grundsätzen vielleicht klug«, warf ich ein, »auch damit zu rechnen, daß der Vizekönig nichts von der Mauer wissen will.«

»Das halte ich für ausgeschlossen!« versetzte der Doktor leichthin, aber doch mit einem leisen Vorwurf in Klang seiner Stimme. »Dagegen scheint Seine Hoheit es zu lieben, daß ihm alles mit großer Bestimmtheit als etwas Wohldurchdachtes, Fertiges unterbreitet wird. Da kam mir der Gedanke – Sie verzeihen doch, wenn ich ohne Umschweife mit meiner Bitte herausrücke –: Ich selbst kann nicht zeichnen. Mein lieber Buchwald ist vermutlich unfähig, wenn ich ihn auch holen ließe, nach den gestrigen Erlebnissen heute einen vernünftigen Strich zu machen. Wir haben noch zwei volle Stunden Zeit. Kurz und gut: ich wollte Sie bitten, mir eine kleine Skizze der Ringmauer, des Eingangstors und der Wohnung der Pyramidenschutzwache anzufertigen. Eine Zeichnung dieser Art könnte einen sofortigen entscheidenden Entschluß des Vizekönigs herbeiführen; so etwa wie bei Ihrer Norak. Dieser Vorgang machte einen tiefen Eindruck auf mich.«

Ich bemerke jetzt erst, daß auf einem Seitentisch allerdings etwas mangelhafte Vorbereitungen für die vorgeschlagene Arbeit getroffen waren. Neben einem großen Bogen Papier lagen zwei unbrauchbare Lineale, ein verkommener Zirkel und nicht weniger als zwölf gespitzte Bleistifte. Es war fast rührend. Holzschnitte und Lithographien von Grundrissen und Durchschnitten der Pyramide waren auf zwei Stühlen neben dem Tisch aufgestapelt. Ich sah, daß mir Joe mit großer List eine Falle gestellt hatte, fand aber keinen triftigen Grund, seine Bitte abzulehnen. Daß ich kein Architekt war, hatte in Ägypten keine Bedeutung. Vielleicht gelingt es während des Skizzierens, dachte ich, durch kluge Seitenbemerkungen seine Hoffnungen etwas herabzustimmen und ihm den Gedanken nahe zu legen, daß all unsere Arbeit nutzlos sein könnte.

Aber auch die deutlichsten Winke in diesem Sinn prallten an der unzerstörbaren Zuversicht des Doktors ab. Freudig begrüßte er jede Linie, die ich auf das Papier warf. Immer neue Verbesserungen und Verschönerungen des einfachen Grundgedankens tauchten in seinem geschäftigen Gehirn auf. Ich selbst – wie es mir schon oft gegangen ist – wurde nach und nach von dem Schaffensfieber meines Mitarbeiters angesteckt, so daß ich nach einer halben Stunde nicht minder eifrig als er an der Befestigung und Ausschmückung unserer Ringmauer arbeitete und in kurzer Zeit ein wunderbares, alles architektonische Gefühl unserer entarteten Zeit trotzig ins Gesicht schlagendes Bauwerk auf dem Papier prangte. Der Stil sollte sich möglichst an chaldäische Überlieferungen anschließen, meinte Joe. Dies schien mir auch gelungen zu sein; um so mehr, als ich von chaldäischen Überlieferungen einen überaus dunklen Begriff hatte. Als wir schließlich an die Behausung des Hohenpriesters und der Hilfswächter kamen, bei welcher immerhin einige Rücksicht auf die Bedürfnisse der Gegenwart genommen werden mußte, vergaßen wir in unserem Eifer Zeit und Raum. So war es ein unverdientes Glück, daß der schwarze Bob nach zweimaligen vergeblichem Klopfen den Kopf ins Zimmer schob um mitzuteilen: daß der Bote, den ich nach Schubra geschickt hatte, um auch für mich hoffähige Kleider herbeizuschaffen, seit einer Stunde vor meiner Zimmertür stehe. Es war halb zehn Uhr vorüber, die höchste Zeit, nach dem Ab'dinpalast aufzubrechen.

Schweißtropfen auf der Stirn, die Halsbinde etwas schief, einen geplatzten Handschuh in der Hand und halb betäubt von der Überstürzung der letzten halben Stunde fuhren wir am Portal des Schlosses vor. Es war, als ob die Betäubung nicht weichen wollte. Alles auf dem engen Hof sah anders aus als gewöhnlich. Statt der acht oder zehn Wagen, die hier zu halten pflegten, stand nur eine neben dem unseren. Über allem schien der Dunst einer unruhigen verwirrten Verlassenheit zu liegen, die ich mir nicht erklären konnte. Ich rieb mir die Augen, holte zum letztenmal tief Atem, um das Gefühl des ungebührlichen Hastens abzuschütteln, das mich noch immer verfolgte, und ging mit dem Doktor nach dem wohlbekannten Wartezimmer.

Der Saal, öd, kahl und leer, bot einen fast erschreckenden Anblick dar. In der Nähe der Eingangstüre lagerte noch immer die Gruppe von Arabern, die, wie alle Tage, geduldig darauf warteten, was das Schicksal über sie verhängen werde. Weiter oben standen, nachlässig plaudernd zwei sichtlich untergeordnete, mir völlig fremde Effendis. Von Barott Bey war nichts zu sehen. Die schwarze Türe war wie gewöhnlich geschlossen. Doch wurden hinter derselben von Zeit zu Zeit Stimmen hörbar. Es mußte also doch jemand Audienz haben. Die Araber grinsten, als ich sie zu befragen suchte, wußten aber nichts zu sagen. Die Effendis sprachen nur türkisch und waren deshalb ebenfalls unzugänglich. Es blieb vorläufig nichts übrig, als uns in unserer alten Ecke niederzulassen. Selbst der gewohnte Kaffee blieb aus. Dies war förmlich unheimlich. – Wir versuchten zu tun, was die Araber taten, und warteten auf den Wink des Geschicks. Aber es winkte nicht, volle zehn Minuten lang. Nur ein Kawasse schlürfte mit faulen Schritten durch den Saal und musterte uns, wie mir schien, mit ungewöhnlich frechen Blicken, als wollte er sagen: Wartet, so lange es euch beliebt; Kaffee gibt es heute nicht! Endlich öffnet sich die schwarze Pforte, aber nur um ein Männchen durchzulassen, das hastig der Eingangstüre zulief, dort den Kawassen einholte und ihm in schrillem aufgeregtem Ton einige Befehle gab, die ich nicht verstand. Dann lief der Kawasse weiter und das Männchen kam zurück. Es war der armenische Hilfssekretär Barott Beys. Damit war wenigstens einige Hoffnung auf Aufklärung in Sicht.

Ich trat ihm in den Weg. Er starrte mich verständnislos an. »Ich bin Herr Eyth von Schubra, Baschmahandi Seiner Hoheit des Prinzen Halim Pascha«, sagte ich laut und sehr bestimmt.

»Was wollen Sie hier?« fragte der Armenier in qualvollem Französisch und versuchte an mir vorbeizukommen.

»Ich wünsche auf Befehl Seiner Königlichen Hoheit, des Vizekönigs, mit meinem Freunde Herr Dr. Joseph Thinker dem Vizekönig meine Aufwartung zu machen.«

Der Mann wurde plötzlich höflich.

»Ja, *mon cher Monsieur,* wissen Sie denn nicht, daß Seine Hoheit abgereist sind? Heute vor Tagesanbruch. Hoheit schliefen schon auf dem Nildampfer. Barott Bey, Nubar Pascha, Sadyk Pascha, der halbe Harem, der ganze Hof – alles abgereist. Werden vielleicht vier, fünf Wochen in Oberägypten verbleiben. Herr Dinkär, sagen Sie? Herr Dinkär Numero zwei. Sehr gut. Bitte warten Sie einen Augenblick. Habe mich schon gestern bemüht, Herrn Dinkär Numero zwei aufzufinden.«

Er schlüpfte wie ein Wiesel an mir vorüber und verschwand hinter der schwarzen Türe. Joe hatte von unserem Gespräch wenig verstanden und trat mit verstörter Miene an mich heran.

»Ist etwas Unerwartetes passiert?« fragte er halblaut.

»Ich sagte es Ihnen ja, mein lieber Herr Thinker: in Ägypten muß man jederzeit auf alles gefaßt sein. Der Vizekönig ist uns vorläufig durch die Finger geschlüpft.«

»So plötzlich? Aber er wollte mich gestern noch sprechen. Er muß eine Lebensfrage für uns alle entscheiden. Erklären Sie mir –«

»Zu erklären ist noch nichts. Wir müssen vor allen Dingen die Tatsachen feststellen. Daß er abgereist ist, sieht man allerdings an jedem Hund, dem wir hier begegnen.«

Ich fühlte, daß ich selbst etwas nervös wurde. Der Armenier kam in diesem Augenblick zurück. Er hatte zwei Briefe in der Hand, einen großen, feierlich aussehenden und einen kleineren, die er mir beide mit einer tiefen Verbeugung überreichte.

»Auf Befehl Seiner Königlichen Hoheit!« sagte er dabei.

Gleichzeitig war die Eingangstür des Wartezimmers hastig aufgerissen worden. Der zurückgekehrte Kawasse wurde von einem Hintermann fast hereingeschleudert und dann auf die Seite geschoben. Es war Walker, der englische Zahnarzt. Er ging, ein poliertes Kästchen unter dem Arm, rasch an uns vorüber, winkte mir zu und rief mit halberstickter, keuchender Stimme: »Keine Zeit. Amtsgeschäfte! Keine Zeit!« Dann, ohne alle weiteren Komplimente, verschwand er mit dem Armenier im Audienzsaal.

»Jetzt wird mir die Sache doch fast zu bunt«, sagte ich zu Joe, der wie hypnotisiert auf die Briefe starrte, die ich noch immer in der Hand hielt. »Der Vizekönig ist fort und seine Zähne scheinen noch hier zu sein.« Ich sagte dies, um den Doktor etwas aufzurichten, aber es hatte keine Wirkung.

»Was schreibt er?« fragte er tonlos.

Der größere Briefumschlag war an Thinker, der kleinere an mich gerichtet. Ich erbrach zuerst das gewaltige Amtssiegel, das eine Pyramide unter einer Dattelpalme vorstellte. Im Dreieck der Pyramide prangte in arabischen Buchstaben der Name Ismael. Rasch entfaltete ich das große Papier und reichte es dem Doktor. Er winkte mir mit der Linken ab und fuhr mit der Rechten über die Augen, wie wenn ihn die Sehkraft verlassen hätte.

Ich überflog das Schreiben. Es war französisch und von Barott Bey unterschrieben. In deutscher Wendung lautete es ungefähr folgendermaßen:

Hochgeehrter Herr Doktor!
Im Auftrag Seiner Königlichen Hoheit, des Vizekönigs Ismael Pascha beehre ich mich, ganz ergebenst mitzuteilen,

daß Höchstdieselben es ablehnen müssen, auf die von Ihnen angeregten Ideen einzugehen. Seine Königliche Hoheit glauben, daß ebensowenig unsere Zeit, die Zeit der Aufklärung und des Fortschritts, als das Land, das zu beherrschen er berufen ist, dazu geeignet sind, durch die Pflege nichtiger Träumereien den Spott der zivilisierten Welt auf sich zu lenken. Die praktischen Aufgaben, welche die Regierung eines Beherrschers der Nilländer beschäftigen müssen, werden seiner Hoheit auch in der Zukunft verbieten, den Spielen der Phantasie, selbst, wenn sie sich an ehrwürdige Denkmale der Vergangenheit knüpfen, eine nennenswerte Aufmerksamkeit zu schenken. Seine Hoheit ersuchen Sie deshalb, auch die von Ihnen befürwortete Angelegenheit hiermit als abgeschlossen zu betrachten. Genehmigen Eure Hochwohlgeboren den Ausdruck vorzüglichster Hochachtung, mit welcher zeichnet

Eurer Hochwohlgeboren sehr ergebener

Barott Bey

Geheimsekretär Seiner Königlichen Hoheit, des Vizekönigs von Ägypten.

»Was sagt er?« wiederholte Thinker, der meine Gesichtszüge, während ich murmelnd las, mit brennenden Blicken beobachtet hatte und sank auf den nächsten Diwan.

Ich fühlte mich, als ich ihn ansah, unfähig zu antworten und riß den an mich gerichteten zweiten Brief auf. Vielleicht enthielt er ein paar Worte, die den niederschmetternden Eindruck des ersten mildern konnten. Auch er war von Barott in seiner eigenen krausen Handschrift geschrieben und begann:

Mein lieber Herr Eyth!

Unsere morgige plötzliche Abreise nach Oberägypten und die Unmöglichkeit, mit Ihnen heute in Verbindung zu treten, veranlassen mich, im Auftrag Seiner Königlichen Hoheit, Sie zu ersuchen, keine Zeit zu versäumen und die

Norak sofort fertigzustellen. Der Vizekönig wünscht, sie nach seiner Rückkunft in vier bis fünf Wochen in Tätigkeit zu sehen. Was Ihren Freund, den Doktor Thinker betrifft, so würden Sie mich verpflichten, um alle späteren Ungelegenheiten zu vermeiden, wenn Sie dem Herrn mit tunlichster Bestimmtheit mitteilen wollten, daß der Vizekönig vor einigen Tagen eine entschiedene Abneigung gegen seine Pläne gefaßt zu haben scheint und verboten hat, dieselben in seiner Gegenwart zu erwähnen. Solche Schwankungen sind eine Eigenheit des hohen Herrn, die uns schon viel zu schaffen machte und – unter uns gesagt – mit dem Traumleben der menschlichen Natur zusammenhängen.

Mich Ihrer Gewogenheit empfehlend
Ihr ergebener Freund
Barott Bey.

»Nun, was sagte er?« drängte Thinker. Der sich jetzt aufraffte und die geballten Fäuste auf den Diwan gestützt zu mir emporsah.

»Keine sehr günstigen Nachrichten!« sagte ich vorsichtig.

»Spannen Sie mich nicht länger auf die Folter. Was sagt er?«

»Wollen Sie das Schreiben wörtlich übersetzt haben?«

»Halten Sie mich für ein Weib? Bitte, Wort für Wort!«

Es war vielleicht das beste. Ich übersetzte den kurzen Brief ohne Auslassungen und Zutaten. Joe begrub sein Gesicht in den Händen. Er saß vor mir wie ein gebrochener Mann. Zum Glück kennen nur wenige Menschen das Gefühl, das uns beim Erwachen aus einem zwanzigjährigen Traum erschüttern mag.

»Nehmen Sie die Sache nicht allzu schwer!« sagte ich nach einer langen Pause. »Wegen eines Stücks Papier stürzt die große Pyramide nicht ein.«

Er antwortete nicht. Sein Kopf lag fast auf den Knien. Von Zeit zu Zeit schüttelte ein Krampf den ganzen Körper des bedauernswerten Mannes.

»Wer weiß, wie bald sich alles wieder ändern wird«, fuhr ich in meinen nutzlosen Tröstungen fort und legte meine Hand auf seine Schulter. Das hilft manchmal ein wenig.

»Wehe dem Mann!« stöhnte er jetzt leise zwischen die Finger, »wehe dem Mann, der sich auf Fürsten verläßt, und nennet Fleisch seinen Arm, und – und –«.

»Lieber Herr Thinker, bedenken Sie, wir sind in Ägypten«, unterbrach ich sein Stottern. »Beobachten Sie die Nilufer. Hier ist der Wechsel das einzige Bleibende.«

»Und mit seinem Herzen von dem Herrn weichet!« rief er, zornig auffahrend, indem er sich, wie in wilder Reue mit den Fäusten auf die Knie schlug.

Fast im gleichen Augenblick hörte ich ein scharfes Zischen hinter mir.

»Pst, pst! Herr Eyth! Pst!«

Ich wandte mich um. Die schwarze Tür hatte sich ein wenig geöffnet. In der Spalte erschien das Gesicht Walkers. Hatte ihn der Anblick Joes so erschreckt, oder war heute jedermann aus Rand und Band?

»Bitte kommen Sie herein«, sagte er hastig und halblaut. »Auch Herr Thinker. Aber schnell!«

Wir folgten dem Winke rascher als es unter gewöhnlichen Umständen geschehen wäre. Alles schien von einer neuen Art von Fieber ergriffen zu sein. Ich hatte das Gefühl, als ob jede Minute eine weitere erstaunliche Überraschung bringen müßte, und mein Gefühl täuschte mich nicht.

Es dauerte eine kleine Weile, bis wir uns an das Halbdunkel in dem weiten düsteren Raum gewöhnt hatten. Dann aber packte mich ein wirklicher Schrecken. Auf dem Diwan, auf dem der Vizekönig zu sitzen pflegte, lag ein Mann in Hemdsärmeln, mit aufgerissenem Hemd, den Kopf auf einem Kissen, das Gesicht blaurot. Der rechte Arm war bis an die Schulter entblößt und hing schlaff auf den Boden herab, wo ein großes messingenes Becken stand. Ein dicker schwarzer Blutstrom rieselte über den Arm. Zwei Leute – der armenische

Sekretär und der englische Konsulatsdragoman – schienen den Besinnungslosen festzuhalten.

Im ersten Augenblick fuhr mir eine entsetzliche Vermutung durch die Glieder: Hatte ich die peinliche Ehre, einer echten orientalischen Tragödie beiwohnen zu müssen? Das düstere Zimmer, der Diwan des Paschas, der besinnungslose, blutüberströmte Mann – alles stimmte. Doch nein – es war nicht der Vizekönig, der dort lag; es war Ben Thinker.

Joe stürzte auf seinen Bruder zu, kniete vor dem Diwan nieder, richtete den Kopf auf, der hilf- und leblos hin- und herwackelte und drückte seine Lippen auf die Stirn des Ohnmächtigen.

»Das Blut fließt herrlich«, flüsterte mir Walker zu. »Ich glaube nicht, daß es zu Ende geht.«

»Aber wie kam das alles?« fing ich an zu fragen.

»Was weiß ich«, versetzte der Zahnkünstler. »Ein wahres Glück, daß sie mich gefunden haben, die Esel, und daß ich etwas mehr verstehe als Zähne ziehen. Als ich eintrat, glaubte ich, es sei alles vorbei.«

»Er lag schon hier, als Sie kamen?«

»Er lag auf dem Boden. Sie ließen ihn liegen, wie er gefallen war; doch hatten sie wenigstens so viel Verstand, nach mir zu schicken. Er soll einen großen Schrecken gehabt haben. Unsinn! Zuviel und zu dickes Blut hat er gehabt. Es ist ein Sonnenstich oder ein kleiner Schlaganfall. Da läßt sich helfen, wenn man beizeiten zugreift.«

Unser Retter hatte recht. Ben öffnete die Augen und atmete auf, wie wenn er aus einem tiefen Schlaf erwachte. Sein matter Blick fiel auf seinen Bruder. Er wandte ihn unwillig ab. Dann starrte er auf ein weißes Papier, das mitten im Zimmer auf dem Boden lag. Mit einer heftigen Bewegung drehte er sich gegen die Wand, so daß sein Arm das Becken fast umgestoßen hätte.

»Es ist sowieso genug«, sagte Walker, der sein Verbandzeug gemächlich aufgerollt hatte. Damit trat er rasch zwischen die

Brüder und begann in etwas gewaltsamer Weise die Wunde zu unterbinden.

Ich hob das Papier auf. Es war ein vizekönigliches Schreiben, ähnlich dem, das Joe erhalten hatte. In der Lage, in der ich mich den Thinkers gegenüber befand, machte es mir keine Bedenken, den offenen Brief zu überfliegen, während Walker und Joe um den Kranken beschäftigt waren. Er lautete:

Hochgeehrter Herr!

Im Auftrag Seiner Königlichen Hoheit des Vizekönigs von Ägypten beehre ich mich, ergebenst mitzuteilen, daß Höchstdieselben es ablehnen, auf die von Ihnen angeregten Pläne einzugehen. Abgesehen von den enormen Summen, welche die Ausführung Ihres Projekts beanspruchen würde, glaubt Seine Königliche Hoheit es dem Lande, das zu beherrschen er berufen ist, sowie den Gefühlen des zivilisierten Europas schuldig zu sein, ein Monument, selbst wenn es nutzlos sein sollte, intakt zu erhalten, das so viele Jahrhunderte lang der Stolz und die Bewunderung der Welt gewesen ist. Die großen und mannigfachen Aufgaben, welche die Regierung Seiner Hoheit in Anspruch nehmen, werden ihm ohne Zweifel für immer verbieten, dem Projekt in der von Ihnen befürworteten Form näherzutreten. – Genehmigen Eure Hochwohlgeboren den Ausdruck vorzüglicher Hochachtung, mit dem ich die Ehre habe zu zeichnen

Eurer Hochwohlgeboren sehr ergebener
Barott Bey

Ich hatte dies vermutet, fast gehofft. Nun hatte jeder der Brüder wenigstens den Horazschen Trost, einen Leidensgefährten zu besitzen. Vielleicht konnte uns dies über die nächsten schweren Tage weghelfen.

Nach einer halben Stunde fühlte sich Ben soweit besser, daß er, auf Joe und Walker gestützt, nach seinem Wagen gebracht werden konnte. Im Schritt wurde die Rückfahrt angetreten. Es sah aus, als ob wir mit einer Leiche von Schlachtfeld zurückkämen, denn Ben hatte einen zweiten Ohnmachtsanfall, ehe wir Shepheards Hotel erreichten. Walker, ein Heilkünstler der energischen Schule, hatte ihm vielleicht etwas zuviel Blut abgezapft. Während die anderen mit Hilfe der erschreckten Dienerschaft des Gasthofs den Kranken vorsichtig in sein Zimmer trugen, lief ich, trotz heftigen Widerspruchs von seiten Walkers, nach einem deutschen Arzt, der allerdings den Kopf bedenklicher schüttelte als der Dentist. Das aber, hoffte ich, gehört zum Handwerk und hat nicht viel zu bedeuten. Um so glänzender ist dann der Erfolg, wenn er nicht ausbleibt.

Müde und müßig nach dem vielbewegten Tag lehnte ich neben O'Donald über das Geländer der Shepheardschen Veranda und sah auf die leere mondhelle Straße hinab. Drüben über dem Weg, im Schatten der Sykomoren saß nur noch mein Sais, fest schlafend, die Zügel meines Pferdes um den Arm geschlungen, das weiß und gespenstisch aus dem Dunkel herüber schimmerte. Ich hatte mich nicht entschließen können, früher nach Schubra zurückzukehren. Bens Zustand hatte sich während des Nachmittags verschlimmert. Wenn es auch niemand aussprach; namentlich wir älteren Ägypter sahen mit ernster Besorgnis dem Abend entgegen. Ich wollte die Thinkers nicht alleinlassen, ehe man sehen konnte, wie sich die Nacht anlassen würde. Auch O'Donald, der beim ersten Alarmgerücht herbeigekommen war und ab und zu seine Ratschläge erteilt hatte, wollte die kritische Tageszeit abwarten.

An Pflege fehlte es dem Kranken allerdings nicht. Joe wich nicht von seiner Seite und hatte sogar den vizeköniglichen Brief, der ihm bewies, daß die Pyramide wenigstens vor unmittelbarer Zerstörung sicher sei, fast unwillig auf die Seite geschoben. Der junge deutsche Arzt schien überglücklich zu sein, einen interessanten Fall cerebraler Nervenerschütterung, verbunden mit übermäßigen Blutverlust und gastrischen Fiebererscheinungen behandeln zu können. Vor einer Stunde wurde zwischen ihm und Miss Thinker vor der Zimmertür des Kranken ein Zweikampf auf Leben und Tod ausgefochten. Sakuntala bestand darauf, ihren Onkel mit ihrem indischen Geheim- und Universalmittel zu behandeln. Der Deutsche sprach von lebensgefährlicher Quacksalberei. Sakuntala versicherte, daß das Mittel in der Familie ihrer Mutter seit Jahrhunderten Wunder verrichte. Und sie triumphierte schließlich mit Hilfe von Buchwald, der den übereifrigen Vertreter akademischer Wissenschaft zu einer Flasche Bier verlockte. Seitdem schlief Ben ruhig und man fing an, aufzuatmen. Joe und der Maler wollten abwechslungsweise die Nachtwache übernehmen. Ich hatte mich soeben von beiden verabschiedet und beabsichtigte, nach ein paar Minuten ruhigen Plauderns mit O'Donald, endlich den Heimweg anzutreten.

»Die unmittelbare Lebensgefahr scheint hinter uns zu liegen«, sagte ich zu dem Prokuristen, »aber es wird einige Wochen kosten, bis sich das alles entwirrt hat. Solch konfuse Tage wie heute und gestern habe ich zum Glück noch nicht häufig erlebt.«

»Es liegt alles klarer als Sie glauben«, antwortete O'Donald. »Das meiste hätte ich Ihnen schon gestern sagen können. Dann wäre der heutige Unfall vielleicht vermieden worden. Aber die Leute sind hierzulande nie zu finden, wo man sie braucht.«

»Die Abreise des Vizekönigs ist ein glänzender Beleg hierfür«, versetzte ich. »Das konnte wohl niemand ahnen.«

»Vor drei Tagen, nein«, gab O'Donald zu. »Vorgestern aber ist es Oppenheim und seinen französischen Freunden, dieser Bande von Intriganten, gelungen, den Abschluß des großen Anlehens an sich zu reißen. Als Hauptvorwand soll das riesige Zuckerfabrikenprojekt dienen, hinter dem Cail und eine Anzahl anderer Zuckerleute stehen. Wir hatten die größte Mühe, noch in letzter Stunde Smart, Coalville und ein paar weitere englische Firmen in die Kombination hineinzubringen. Sehen Sie jetzt etwas deutlicher?«

»Noch nicht«, sagte ich, teils weil es so war, teils weil ich noch mehr hören wollte.

»Zur Feinmechanik haben die Ingenieure offenbar kein Talent«, bemerkte O'Donald in seinem gewöhnlichen Ton trockenen Spottes. »Sehen Sie denn nicht: Damit war Ben Thinkers Wasserprojekt unnötig geworden. Auch Sadyk Pascha, der seine zehntausend Pfund in der Tasche hatte, wußte, daß ein Zuckerhut süßer ist als ein Glas Wasser. Wozu sich also weiter quälen, mochte er denken.«

»Aber die Abreise?« fragte ich. »Der Vizekönig fürchtete sich doch nicht etwa vor dem wackeren Ben.«

Das kaum«, lächelte der Prokurist. »Die Reise nach Oberägypten gehört zu der Komödie, die man für die künftigen europäischen Gläubiger aufspielt. Unter den Augen des Paschas selbst werden die Ländereien in den Zuckerdistrikten besichtigt, der Boden untersucht, die Wasserverhältnisse geregelt werden. Man spricht von einem Kanal von Siut bis Bibe und nach dem Fayum. Mit den günstigen Ergebnissen dieser Untersuchungen wird sodann die Anleihe aufs verlockendste begründet, und Sadyk Pascha hat auf ein paar Jahre volle Kassen – Inschallah!«

»Ein geriebener Schwindel!« rief ich, ehrlich entrüstet.

»Nur nicht zu rasch, lieber Freund«, mahnte O'Donald. »Natürlich wird auch gepflügt und gepflanzt, es werden Fabriken gebaut und es wird Zucker gesotten werden. Daran brauchen Sie nicht zu zweifeln. Ja, wenn ich Ihnen Ihr Geld abnehmen wollte, würde ich eine schwere Wette eingehen, daß Sie dabei selbst mitpflügen, mitpflanzen und mitbauen werden, trotz des Schwindels, über den Sie sich so nutzlos entrüsten. Denn alles wird nicht verjubelt, vertanzt und verraucht werden, nur etwa die Hälfte. Das übrige dient dem Fortschritt und der Zivilisation, hoffen wir alle. – Was wollen Sie machen? Wollen Sie den großen Karren aufhalten, wenn er seinem Verderben zuläuft! Die wahre Kunst ist, abzuspringen, wenn es Zeit ist, ohne sich zu weh zu tun.«

»Ein überfeines Kunststück, das manchem mißlingen dürfte«, sagte ich, ärgerlich über den Zynismus dieser Geldmenschen. Aber war es wirklich so schlimm, wie es O'Donald malte?

»Und unter diesem Karren wurde auch unser armer Freund Joe zermalmt?« fragte ich weiter, nach einer Pause.

»Nein, dieser Karren wäre für ihn zu plump gewesen«, lachte O'Donald. »Aber etwas Ähnliches in kleinerem Maßstabe war es doch. Ich hörte es gestern Abend von Walker, der nachgerade die ganze vizekönigliche Sippe kennt. Unser Doktor hat sich sein Unglück – wenn es nicht sein Glück ist – selbst zuzuschreiben. Dreimal war der Hofastrologe – el Baggara heißt der gelehrte Herr – mit den besten Absichten bei seinem englischen Kollegen, um ihm anzudeuten, daß eine Zehnpfundnote jeden Traum des Vizekönigs zum besten zu wenden vermöge. Daß Thinkers Sache ins Gebiet der Träume schlage, war nämlich dem schlauen Baggara rasch deutlich geworden. Allein der Kollege aus dem Norden wollte nichts verstehen. So wurde der Hofastrologe schließlich ärgerlich, oder er sah, daß hier wirklich nichts zu erträumen war. Kurz, bei der nächsten Gelegenheit gab er dem Vizekönig eine solch erschreckende Auslegung eines harmlosen, vielleicht auf Plumpudding oder Camembert beruhenden Nachtgebildes, daß dieser in Joe Thinker und der großen Pyramide die Schlingen des leibhaftigen Iblis sah. So lange Ismael Pascha das Zepter über dem Niltal schwingt, ist für unseren wackeren Joe hier nichts mehr zu machen. Man muß übrigens ein grundgelehrter Herr sein, um sich sein Spiel in so gründlicher Weise zu verderben.«

»Gute Nacht, O'Donald«, sagte ich, mich aufraffend. »Es ist eine ekelhafte Welt.«

»Einverstanden«, versetzte der Prokurist. »Kommen Sie gut nach Hause!«

Dreimal hatte ich zu rufen, ehe mein Sais erwachte. Stolpernd kam er mit dem Pferd über den Weg. Ich schwang mich in den Sattel, und halb schlafend langten wir alle drei nach einer Stunde, die wie ein dumpfer gestaltloser Traum an mir vorüberzog, in Schubra an.

Der Mond schien noch immer mit der alten Klarheit über Busch und Strauch. Die Grillen zirpten und die Frösche quakten. Und morgen – oder war es heute? – konnte ich meinen Baumwollpflug von Bulak erwarten.

Trotz allem: hier außen war das Leben noch zu ertragen.

28. KAPITEL

Das Ende vom Lied

Was wäre es doch für ein jämmerlich Ding um das Menschenleben, wenn all seine eitlen Hoffnungen mit einemmal ausgemerzt würden und wir unsere Wüstenreise fortsetzen und beenden müßten, ohne daß uns eine freundliche Fata Morgana von Zeit zu Zeit die heißen und trockenen Stunden verkürzte. Gestern, nach einem Tag voll peinlicher Erlebnisse und Enttäuschungen, die mich doch auch ein wenig berührt hatten, schlief ich getröstet und fast fröhlich ein, weil ich mit Bestimmtheit vorauszusehen glaubte, daß am kommenden Morgen mein Baumwollpflug seinen triumphierenden Einzug in Schubra feiern werden. Und zur selben Stunde stak der Unglückselige zu Bulak bereits eingequetscht zwischen einem Torpfeiler und einer Lokomotive, mit der er, infolge der intelligenten Leitung eines arabischen Werkführers, gleichzeitig die Fabrik zu verlassen versucht hatte. Ein gewisser, aber geringer Trost lag allerdings darin, daß die gewalttätige Lokomotive mehr Schaden gelitten hatten als das gewaltige landwirtschaftliche Gerät. Aber dies half nicht über die Tatsache weg, daß der Pflug voraussichtlich auf mehrere Wochen als Invalide in die Fabrik zurückkehren mußte und an die ersehnten Feldversuche vorläufig nicht gedacht werden konnte.

Leid und Trost blieben mir jedoch während der ersten Morgenstunden jenes Tages noch verborgen, so daß ich in meiner Ungeduld bereits mein Pferd satteln ließ, um selbst in Bulak nachzusehen, ob der Pflug aus Versehen vielleicht nach Alexandrien geschickt worden sei. Der Gedanke lag nahe; solch kleine Mißverständnisse waren in jenen Tagen nichts Seltenes. Doch auch dies mißlang, denn als ich den Fuß schon im Steigbügel hatte, erhielt ich den längsterwarteten Besuch von Herrn Monier, dem Administrator von El Mutana, der gestern in Schubra angekommen war. Die Liste seiner Bedürfnisse und Wünsche, die er mit einem gewissen Stolz entfaltete, schien endlos, und Halim Pascha hatte ihn kurzerhand mit der größeren Hälfte seines wuchtigen Notizbuches an mich gewiesen. Zu meiner Beruhigung fühlte ich jedoch bald heraus, daß der Hauptzweck seiner Reise erreicht war, wenn er das einsame Leben in Oberägypten auf ein paar Wochen mit den gesellschaftlichen Genüssen vertauschen konnte, die Kairo bot.

Obgleich er dies zu verheimlichen suchte, schloß doch jede seiner Beschwerden mit der bitteren Klage, daß es dort oben an der Grenze Nubiens für einen Franzosen und für eine Leuchte der Zivilisation nicht auszuhalten sei. Vor allen Dingen müsse er für die weitere Entwicklung der dortigen Güter einen verständigen gewandten Techniker haben, den er von Zeit zu Zeit als seinen eigenen Stellvertreter zurücklassen müsse, um die unvermeidlich häufigeren Reisen nach Kairo und Alexandrien unternehmen zu können. Dann erzählte er endlose Geschichten von den Leuten, die er bisher gehabt habe und die ihm alle nach kurzer Zeit aus nichtigen Grünen davongelaufen seien. – Nichtig? rief er, nein, nicht nichtig! *Pas des plaisirs, pas des amusements, pas des femmes!* Drei seiner eigenen Landsleute hätten es je vier Wochen ausgehalten. Der Beste sei noch ein Engländer gewesen, der in sechs Monaten keine zwei Worte gesprochen habe. Es wäre auch nutzlos gewesen, denn niemand hätte ihn verstanden. Schließlich allerdings habe der Mann ihn, Monier, den Administrator von El Mutana, infolge eines Mißverständnisses zur eigenen Türe hinausgeworfen, so daß eine Trennung unvermeidlich geworden sei. Ob ich ihm endlich jemand gefunden habe? Er zahle für einen geeigneten Mann, was man irgend verlangen könne.

Natürlich sprach ich sofort von Fritschy, der ein solider tüchtiger Arbeiter, und ein verständiger Techniker sei, französisch und arabisch spreche und von Thalia her an das Leben in einer halben Wildnis gewöhnt sei, kurz, der alle Eigenschaften besitze, die Monier verlangt habe, mit Ausnahme einer Frau. Er schüttelte den Kopf: kein unverheirateter Mann bleibe ihm dort oben länger als vier Wochen, wie die Erfahrung gezeigt habe. Ich sprach mit aller Wärme für Fritschy und suchte dem Franzosen klarzumachen, daß seine Begriffe vom ehelichen Leben in einer Wildnis auf falschen Voraussetzungen beruhen dürften. Der Ehestand bringe unerwartete Schwierigkeiten mit sich, die nicht zu unterschätzen seien. Es sei mathematisch nachweisbar, daß das Elend zehnmal leichter allein zu tragen sei, als wenn man es verdopple. Ich führte in der Tat alles an, was ein Junggeselle in seinem dunkeln Drange zur Verteidigung seiner Grundsätze vorzubringen weiß.

Monier wurde nachdenklich und schließlich überzeugt. Er sehe die Sache jetzt von einer anderen Seite. Wenn Fritschy ein tüchtiger Arbeiter und ein denkender Techniker sei, französisch spreche, die Einsamkeit liebe und wilde Tiere statt einer Familie aufzuziehen pflege, so sei er der Mann für El-Mutana. Er möge seine Forderungen selbst stellen. Wenn sie irgend annehmbar seien, so könne ein Vertrag morgen unterzeichnet werden. »Unverheiratet?« fragte, sich verabschiedend, der Franzose mit jener Beweglichkeit des Geistes, die der Stolz seiner Landsleute ist. »Natürlich unverheiratet! Es ist dies zehnmal besser für die Stellung, die ich ihm biete, wie sich mathematisch nachweisen läßt. Ich würde einen verheirateten Mann unter keinen Umständen annehmen!«

So wäre wenigstens für diese zwei gesorgt, dachte ich,

indem ich unter meiner Gartentür Moniers Esel nachblickte, auf dem er in wildem Galopp in der Richtung von Kairo davoneilte. Noch ehe er verschwunden war, kam ihm ein zweiter Reiter fast im Schritt entgegen und näherte sich wie zögernd meinem Haus. Ich erkannte ihn kaum; es war nicht die Art, wie Fritschy zu reiten pflegte.

Das trübselige Tempo seines Esels wurde nach wenigen Worten erklärlich. Er kam von Bulak und brachte die Kunde von dem Unfall, der den Baumwollpflug betroffen hatte. Er sei auf einen Augenblick nach Shepheards Hotel geritten, um mir Nachrichten von Herrn Ben Thinker bringen zu können. Während seiner Abwesenheit hätte ein Kamel von einem Werkführer den Pflug aus der Fabrik zu schaffen versucht. Da habe ihn eine Lokomotive, die an diesem Unglücksmorgen ebenfalls die Werkstätten verlassen sollte, überfahren, habe dabei ihre eigenen Zylinderdeckel zerschlagen, einen Mann mit heißem Dampf verbrüht, den Pflugrahmen verbogen, zwei Streichbretter abgeknickt und drei Ringwalzringe zermalmt. Sonst sei alles noch gut.

»Das erinnert an den Mann, Fritschy, der nach einem Eisenbahnunglück noch ganz unbeschädigt unter den Wagen hervorgezogen wurde. Nur der Kopf war ab!« sagte ich, grimmig.

Doch blieb nichts übrig als sich zu beruhigen. Es war allzu sichtlich Allahs Wille, daß der Prüfung dieses Pfluges noch einige Prüfungen meiner Geduld vorangehen sollten. Dagegen waren die Nachrichten von Thinker erfreulich. Er hatte gut geschlafen und sei, wenn auch sehr schwach, fast fieberfrei.

»Eine gute Nachricht ist die andere wert!« sagte ich, indem ich mich bemühte, den wackeren Monteur, dem das Unglück mit dem Pflug sichtlich zu Herzen ging, wieder aufzurichten. »Monier von El-Mutana ist angekommen!«

Es zuckte wie ein Blitz über Fritschys Gesicht. Wenn er auch nie davon gesprochen hatte –: es war klar, er hatte diese Mitteilung seit einiger Zeit mit Spannung erwartet.

»Und was mehr ist, Fritschy«, fuhr ich fort, »ich habe den Herrn Ihnen zuliebe überzeugt, daß sein Gedanke, einen verheirateten Techniker nach El Mutana zu nehmen, durchaus verfehlt war. Er will Sie um jeden Preis haben, namentlich weil Sie nicht mit Weib und Kind belästigt sind. Er hat mir sogar vor fünf Minuten versichert, er würde einen verheirateten Mann unter keinen Umständen in Oberägypten brauchen können.«

Fritschys Mienenspiel war, während ich ihm dies heiteren Sinnes mitteilte, eine kleine Tragödie nach klassischen Mustern. Freude, Hoffnung, Schrecken, Verzweiflung und unaussprechliches Mitleid mit sich selbst – das alles ließ sich der Reihe nach unschwer in seinen beweglichen Zügen lesen.

»Aber« – stotterte er endlich, »Herr Eyth, ließ sich nicht – ich bin Ihnen sehr dankbar – aber –«

»Nun, freuen Sie sich nicht?« fragte ich lachend. »Dreißig Pfund monatlich und freie Wohnung sind ihnen sicher; etwas mehr, wenn es sein muß und jedenfalls ein rasch steigendes Gehalt, vorausgesetzt, daß alles gutgeht.«

Er zauderte noch immer, in Freudentränen auszubrechen. Mich dagegen packte der Geist der Weissagung, wie er den Menschen in entscheidenden Augenblicken manchmal heimsucht, und er war merkwürdigerweise diesmal kein Lügengeist. Ich fuhr fort:

»Bessere Leute als Sie würden mit allen zehn Fingern zugreifen. Sie können später einmal mich einen Phantasten heißen, wenn Sie dort droben ihr Leben nicht als Direktor eine vizeköniglichen Zuckerfabrik beschließen, vorausgesetzt, daß Sie lang genug aushalten. Wie?«

Jetzt lachte er wieder:

»Wie gesagt, ich bin Ihnen sehr dankbar; aber könnte nicht Herrn Moniers Ansicht in betreff – bezüglich – des Heiratens wieder abgeändert werden?«

»Was meinen Sie!« rief ich. »Es hat keine kleine Mühe gekostet, den Herrn zu unserem Glauben zu bekehren. Ich bin förmlich stolz darauf, daß es mir gelungen ist, obgleich ich nicht halb so weiberfeindlich gesinnt bin wie Sie. In der Tat, Fritschy, Sie haben Ursache mir dankbar zu ein, vielleicht zeitlebens.«

»Ja, sehen Sie, Herr Eyth – meine Ansichten haben sich in den letzte Wochen ebenfalls geändert«, sagte Fritschy in höchster Verlegenheit. »Wenn Herr Monier an seinen ersten Bestimmungen festhalten wollte – es läßt sich doch vieles dafür sagen –«

»Ho, ho!« rief ich, nicht wenig belustigt von den Nöten, in denen sich der arme Monteur vor meinen Augen krümmte. »Wie weit sind Sie denn mit Ihrer Sinnesänderung gediehen?« Natürlich war ich nicht ganz blind gewesen und hatte mit heimlicher Teilnahme verfolgt, was niemanden, der Fritschy und Fräulein Schütz in den letzten Wochen zusammen sah, ein Geheimnis bleiben konnte.

Auf Fritschys Stirn traten jetzt perlende Schweißtropfen. Dann raffte er sich zusammen und sagte entschlossen:

»Ich kann die Stelle nicht annehmen, wenn Herr Monier auf seinen Ansichten beharrt. Wir sind seit heute früh verlobt.«

»Donnerwetter!« rief ich. »Fritschy, Sie sind ein charakterloser Mensch. Wie kam's denn?«

»Es ist mir selbst noch nicht ganz klar«, antwortete der Monteur kleinlaut. »Sie wissen ja: ich hatte immer Pech mit Frauenzimmern und bin ihnen aus dem Weg gegangen, soweit ich's vermochte.«

»Das war nicht weit«, unterbrach ich ihn.

»Nun aber scheint eine Wendung eingetreten zu sein. So ist mir's noch nie zu Mut gewesen, so ernsthaft glücklich, bei allem Unglück. Wie es kam? Als ich am Hotel vorbeiritt, mit dem verunglückten Baumwollpflug auf dem Gewissen, fand ich Fräulein Bertha ebenfalls ganz erschüttert von allem, was gestern passiert war. Das sagte sie, wie viel besser es wäre, wenn man den Jammer des Lebens gemeinsam trüge. Darauf sagte ich: das hätte ich auch schon gedacht. Und da wir beide gerade ganz im Jammer waren, probierten wir's, ohne weiteren Verzug. Und wahrhaftig. Herr Eyth. Ich spüre es schon ganz deutlich: Es geht leichter. Selbst der Baumwollpflug drückt mich nicht mehr so wie heute früh. Wenn Sie jetzt noch Herrn Monier umstimmen könnten, so, glaube ich, brauchte ich nichts weiter, um der glücklichste Mensch in ganz Afrika zu werden.«

»Monier will ich schon auf mich nehmen«, sagte ich, indem ich ihm die Hand drückte. »In Gottes Namen, Fritschy: lassen Sie sich das gemeinsame Tragen nicht verdrießen. Es kommen auch leichtere Tage. Reiten Sie gleich wieder zurück zu Ihrer Braut und fangen Sie an, Pläne für die Zukunft zu schmieden. Sie haben nicht viel Zeit zu verlieren. Ich selbst muß jetzt wohl nach Bulak und mir den Schaden ansehen. Auf dem Rückweg werde ich bei Shepheards vorsprechen.«

Nun folgten vierzehn Tage hastigen Arbeitens und mannigfachen Sorgens für uns Nebenpersonen, und seligen Glücks für die Hauptbeteiligten.

Ben hatte im Grunde eine zähe kerngesunde Natur und erholte sich rasch unter der wahrhaft mütterlichen Pflege, die ihm Joe Thinker angedeihen ließ. Sein alter Lebensmut zeigte sich wieder und zwar in liebenswürdiger Weise, solange er durch körperliche Schwäche etwas gedämpft war. Die wiedererwachende Heiterkeit äußerte sich auch wohltuend in der Art, wie er seinen Bruder behandelte, der in der ersten Zeit nach dem verhängnisvollen Tag, an dem seine Hoffnungen einen so herben Stoß erlitten hatten, in tiefe Schwermut versank, sooft er sich allein glaubte oder durch die Pflege des Kranken nicht in Anspruch genommen war. Beide vermieden sorgfältiger als je, von den Dingen zu sprechen, die noch vor kurzem ihr ganzes Sinnen beherrscht hatten und schienen mit der Vergangenheit abgeschlossen zu haben.

Die Zukunft gab ihnen allerdings für den Augenblick genug zu tun und zu denken. Sobald Ben kräftig genug erschien, auch wieder weniger Angenehmes zu hören, wurde ihm mitgeteilt, daß Fräulein Schütz dem Beispiel ihrer Schülerin und Freundin folgen werde. Anfänglich war seine Entrüstung, sein wirklicher Kummer groß und laut. Er warf sich vor, in Fritschy eine Schlange an seinem Busen genährt zu haben. Er warnte ›unsere Bertha‹ vor Ingenieuren, Technikern, Monteuren und der ganzen Gesellschaft, die sich mit rohem Eisen und rußiger Kohle beschäftige und die er nur zu gut kenne. Dann aber, nachdem er sich von der Fruchtlosigkeit seiner Einwände überzeugt hatte, beschäftigte er sich so eifrig als irgend jemand mit dem künftigen Wohl des Brautpaares, das schon in wenigen Wochen als Mann und Frau seine Reise nach Oberägypten antreten sollte. Es kam Zug und eine fast chamsinartige Sturmgeschwindigkeit in alles, was nun vor sich ging.

Auch Sakuntala und Buchwald hatten mit der lebhaften Beteiligung Joes Pläne gefaßt, die manchem anderen etwas überstürzt erschienen wären. Eine kleine Doppelhochzeit ergab sich aus den Verhältnissen von selbst. An dieselbe sollte sich, von Suez aus, eine Hochzeitsreise von nicht gewöhnlicher Ausdehnung anschließen. Ihr Ziel war die Jugendheimat der Braut. Sie glühte bei dem Gedanken, ihrem Hermann das Tal und die Berge von Nirwapura zu zeigen, mit ihm zu sehen, ob die Lotusblumen noch im See Okruris schwimmen, und ihre ganze glückliche Kindheit auf der der ewig junge Zauber eine vieltausendjährigen Poesie lag, mit ihm aufs neue durchzukosten. Dort sollte Zufall oder Herzensneigung entscheiden, wie sie ihr Leben weiter gestalten wollten: vielleicht in dem wiederhergestellten Schloß von Nirwapura, ähnlich dem ihres Vaters und ihrer Mutter, als segenbringende Wohltäter, wenn auch nicht als Beherrscher des Tals; vielleicht, wenn Buchwald dem Zug nach dem Norden nicht widerstehen könnte, in England oder Deutschland. Das alles überließen sie getrost der Zukunft. Wozu lange grübeln, wenn die Gegenwart so voll des Glückes war?

Und das Glück, wie das Unglück, kommt selten allein: So fehlte es in diesen Tagen nicht an förderlichen Zufällen, die nachhalfen, wo Hindernisse aufsteigen wollten. Gegen Ende April leeren sich die Gasthöfe in Kairo so vollständig, daß die Thinkers das ganze Hotel Shepheard zur Verfügung hätten haben können, wenn es nötig gewesen wäre. Der Besitzer versicherte, daß er in vierzehn Tagen ein Dutzend Hochzeiten abhalten könnte, wenn es gewünscht würde. Man einigte sich nach Joes Vorschlag auf den 10. Mai, den zweimal fünften Tag des fünften Monats im Jahre fünfundsechzig, wie er mir flüsternd erklärte.

Ein junger anglikanischer Geistlicher, den ein Brustleiden nach Ägypten geführt hatte, mußte über den Sommer am Nil aushalten. Fräulein Bertha hatte sich schon in England überzeugt und überzeugte ohne Schwierigkeiten sowohl ihren Hans als auch Buchwald, daß die anglikanische Kirche vollständig berechtigt sei, einer christlichen Ehe jeder Konfession den vollen kirchlichen Segen zu erteilen. Ohne jede kirchliche Weihe hatte sich, nebenbei bemerkt, Fritschy einer Umtaufe unterziehen müssen. Das elsässische ›Jean‹ auf das er von Kindesbeinen an stolz gewesen war, wurde ihm kurzerhand entzogen und durch das schlichte deutsche ›Hans‹ ersetzt. Das fängt gut an! dachte ich im stillen, während ich ihm auch zu dieser Taufe Glück wünschte und einen silbernen Löffel versprach.

Mr. Coalville, der englische Konsul, hatte eine Frau, die, wie die meisten Engländerinnen, eine Hochzeit für den heiligsten Ritus aller Religionen hielt. Sobald sie hörte, was die Thinkers im Schilde führten, wurde ihr Gemahl gezwungen, sich auch mit Joe feierlich zu versöhnen und jede etwaige gesetzliche Schwierigkeit, die einer plötzlichen Heirat in fremden Landen im Wege stehen mochte, mit allen, selbst ungesetzlichen Mitteln aus dem Wege zu räumen. Mit einem Eifer und einer Opferwilligkeit, die beispiellos genannt werden muß, beschäftigte sie sich sodann mit den nötigen Einkäufen in Kairo und Alexandrien, wo man schließlich alles findet, was ein heiratslustiges Menschenpaar bedarf, wenn man weiß, wo man zu suchen hat. Sie war in wenigen Tagen die Mutter der ganzen Gesellschaft geworden und gebrauchte hierbei Joes Börse mit dem Gefühl, daß sie zur Familie gehöre, was der wackere Gelehrte mit dankbarem Lächeln anerkannte. Ein wirkliches Glück war es nun doch, daß sein Kreditbrief unter keiner Beschränkung litt, da es in jenen Tagen unmöglich gewesen wäre, in so kurzer Zeit die erforderlichen Geldmittel aus England zu beschaffen.

Das Wunderbarste von dem vielen Wunderbaren dieser vierzehn Tage war, daß trotz der hundertfältigen Aufgaben, die auch auf meinen Freund Buchwald einstürmten, sein großes Gemälde der Vollendung entgegenging. Sakuntala schien nicht weniger eifrig zu sein als er selbst und brachte den größten Teil des Tages in dem Atelier beim Hotel du Nil zu, wo sie ihm half, Farben zu mischen und Pinsel zu waschen und neckend die kleine Haifa spielte. Ja, sie gab sogar ihre Zustimmung dazu, daß ihr Hermann einen Anstands- und Abschiedsbesuch im gegenüberliegenden Gasthof machte, den Joe Thinker für eine moralische Pflicht hielt, nachdem ihm O'Donald mit gewohnheitsmäßiger Bosheit das Gewissen geschärft hatte.

Er habe allerdings, gestand er kleinlaut, in dem unbewachten Augenblick einer unvergeßlichen Nacht eine Art Versprechen abgegeben, das nur sein lieber Buchwald einzulösen vermöge; das dieser aber unter den veränderten Verhältnissen zu erfüllen nicht gezwungen werden könne. Wenn der Maler sich trotzdem dazu verstünde, um es seinem alten Freunde zu ermöglichen, auch aus dieser mißlichen Geschichte mit einem entlasteten Gewissen hervorzugehen, so halte er es für seien Pflicht, wie sauer es ihm auch falle, das Peinliche eines Abschiedsbesuches bei Madame Geraldine mit Buchwald zu teilen. Dieser war bereit, wenn Sakuntala keine Einwendungen erhöbe und Sakuntala, im Gefühl ihres Glücks und ihres Herzensreichtums, lachte ihr silbernes Lachen und hatte nichts einzuwenden. Aus dem Fenster des Ateliers sah sie zu, wie die beiden Herrn, zwei arme Sünder in elegantem schwarzem Anzug, in hohen Hüten und weißen Handschuhen ihren Bußgang antraten. Mit Vergnügen hörte sie eine halbe Stunde später, daß Madame Geraldine die Herren als große Dame mit untadelhaftem Anstand empfangen und ihrem Hermann Glück zur bevorstehenden Hochzeit gewünscht habe, ohne durch ein Zucken der Wimpern zu verraten, daß sie ihn vor kurzem heiß, wenn auch vorübergehend geliebt habe. Damit aber, meinte seine Braut, sei dieser kleine Zwischenfall für immer abgeschlossen. Inschallah! rief O'Donald.

Das große Gemälde *Die Erbauung der Cheopspyramide* konnte am Tage vor der Doppelhochzeit für fertig erklärt werden und wurde, wohlverhüllt und vorsichtig, von sechs Arabern nach Shepheards Hotel getragen, ohne daß sie ein Loch in dasselbe schlugen. Dort wurde es in Joes Zimmer heimlich aufgestellt und ihm am Abend von Buchwald feierlich übergeben. Während die andern auf der Veranda einen bescheidenen Polterabend feierten, bei dem O'Donald mit Erfolg die lustige Person spielte, soll der Doktor tiefergriffen bis nach Mitternacht vor dem Bilde gesessen und beschlossen haben, sich zeitlebens nicht davon zu trennen und es nach seinem Tode der britischen Nationalgalerie zu vermachen. Dort hängt es leider heute schon, schrieb mir Buchwald in späteren Jahren.

Mit hoher Bewilligung Halim Paschas ließ ich in jenen Tagen alle Teiche und Sümpfe in und um Schubra absuchen und zwei Wagenladungen von Lotusblumen der ägyptischen und indischen Spezies nach Kairo führen. Für die Hochzeitsfeier waren die zwei größten Zimmer im ersten Stock des Gasthofs bestimmt worden, von denen das eine in eine Kapelle verwandelt wurde, im andern sollte das Hochzeitsfrühstück, wie es die englische Sitte verlangt, stattfinden. Fritschy zimmerte nach einer Skizze, die ich ihm machte, den kleinen Altar, unter der Aufsicht und mit der nötigen Mithilfe seiner Bertha, die das Kunstwerk noch zehnmal reizender fand als das reizende Hundehäuschen, das ihr Hans seinerzeit für das Wölfchen gebaut hatte. Die ägyptischen Lotusblumen im Festsaal und die indischen in der Kapelle gaben dem Ganzen eine Weihe, die allerdings von der Mehrzahl der Gäste nicht, von Buchwald halb und nur von Sakuntala ganz gewürdigt wurde.

So klein die Gesellschaft war, es wurde eine hübsche, fast rührende Feier. Sakuntala sah aus wie eine traumverlorene Peri, und auch Buchwald schien halb im Traum zu leben, aber überaus glücklich dabei zu sein. Fräulein Schütz weinte reichlich und Fritschy tröstete sie liebevoll. Ich zwang mich zu denken, dies hätte eigentlich umgekehrt sein sollen, wie es sich für einen charakterfesten Junggesellen geziemt, aber es wollte nicht recht gelingen. Ben war noch etwas zu schwach, um laut und lärmend zu sein, wie er es wohl sonst gewesen wäre, und Joe erfreute sich einer wehmütigen Abschiedsstimmung. Doch spielten beide die Rolle der Väter in fast meisterhafter Weise. Der einzige Mangel war, daß die Schwiegermütter fehlten, meinte O'Donald, mit den üblichen sich an diesen Gedanken anschließenden unpassenden Scherzen; denn Frau Consul Coalville könne beim besten Willen eine Doppelmutter nicht ersetzen. Aber etwas mütterlich-rührendes lag trotzdem auf der ganzen Feier. Wir alle fühlten die bevorstehende Trennung des kleinen Kreises um so tiefer, als niemand da war, der sich getraute, dies laut auszusprechen.

Sie kam trotzdem. Frau Coalville hatte dafür gesorgt, daß alles in der strengsten Ordnung, die von der altehrwürdigen Sitte vorgeschrieben ist, seinen Verlauf nahm. »*A most respectable wedding!*« flüsterte sie mir bei Tisch mehrmals zu;

namentlich nachdem ihr Gemahl in einer korrekten und überaus langweiligen Tischrede das Hoch auf die jungen Ehepaare ausgebracht hatte. Dann fuhren Fritschy und seine junge Frau in einem blumengeschmückten Wagen nach Bulak ab, wo sie sich auf dem Nildampfer einschiffen mußten, der noch am gleichen Abend seine Fahrt nach Oberägypten antreten sollte. Eine halbe Stunde später verließen uns Buchwald und Sakuntala, die nach dem Bahnhof fuhren, um mit dem Dreiuhrzug nach Suez zu fahren. Dort lag die ›Lanka‹, ein Dampfer der ›Piäno‹, (schreibe P. & O., zu deutsch Peninsular and Oriental Steam Navigation Company), behaglich rauchend auf der Reede und sollte am nächsten Morgen nach Bombay, Colon und Kalcutta absegeln. »Lanka! Welch ein wunderlicher Name «, hatte O'Donald zu mir gesagt, als auch dieser Wagen abgefahren war. Ich konnte ihm mitteilen, weil ich es von Buchwald wußte, der es von Sakuntala hatte, daß ›Lanka‹ ein uralter Name von Ceylon sei, und fand es trotzdem noch wunderlicher als er: dieses Zusammentreffen von Märchen und Wirklichkeit. Wir waren nicht umsonst im Morgenlande.

Und wieder eine halbe Stunde später ritt ich nach Schubra zurück. Es war still und leer unter den Sykomoren, deren tiefe Schatten sich der Mittagsglut kaum erwehren konnten. Ein ungewohnter Druck lag mir auf dem Herzen: das schmerzliche Gefühl eines Vakuums. Doch schien es klug, ihn vorläufig ruhig liegen zu lassen. Finden und Verlieren, auch Scheiden und Wiedersehen, das ist unser Leben. Mancher freilich findet nie und manchmal bleibt das Wiedersehen aus. Das Schlimmste aber erschien mir für den Augenblick, daß man Leute so lieb gewinnen kann, in wenigen Wochen.

Und das Beste war, daß der nächste Tag ein tüchtiger Arbeitstag wurde. Der Baumwollpflug war während der gestrigen Hochzeitsfeier in Schubra glücklich angekommen, so daß ich in aller Frühe nach den Versuchsfeldern schicken konnte und er nun zum zweitenmal seiner Prüfung entgegensah. In Stellvertretung des verschwundenen Fritschy mußte ich einen meiner Engländer heranholen lassen, der sich gewöhnlich auf einer benachbarten Nilinsel mit einem kleineren Dampfpflug herumschlug. Bis die Maschinen aufgestellt und ein Stück Land gepflügt und geeggt war, auf dem das neue Gerät seine Kunst zeigen konnte, verging der Vormittag und der größere Teil des Nachmittags, so daß wir erst gegen Abend an die eigentlichen Versuche kamen. Das alles lag im üblichen Verlauf der Dinge. Minder angenehm war, daß einer der Mameluken Halim Paschas mir nicht von der Seite wich. Während ich zu Mittag aß, saß er in meinem Garten und beobachtete die Haustüre, um mich nicht zu verlieren. Er hatte Befehl, den Pascha schleunigst zu benachrichtigen, sobald der Baumwollpflug in Tätigkeit gesetzt werden konnte. Dies war für mich der unangenehme Teil der Prüfung; denn nichts ist peinlicher, als derartige Versuche unter den Augen von halbverständigen Zuschauern machen zu müssen, die nur das fertige Ergebnis und den Erfolg sehen sollten. Aber es ließ sich nicht ändern. Halim Pascha stand mit gierigen Blicken neben mir, als ich den Pflug bestieg, um ihn zum erstenmal eigenhändig über das Feld zu steuern. Selbst das ›Bravo, bravo!‹ das er mir nachrief, während ich in einer Wolke von Staub davonfuhr und drei wohlgeformte Gräben und Beete hinter dem knirschenden und rauschenden Gerät zurückließ, besänftigte meinen versteckten Ärger nicht ganz.

Doch ging diesmal alles wie am Schnürchen. Die eigentliche Arbeit machte der Pflug fast untadelhaft und an den Feldenden hoben sich die Schare aus dem Boden und drehte sich der gewaltige Rahmen, als ob das Ganze ein lebendiges Ding wäre, das wüßte, was es zu tun hat. Halim lief händeklatschend hinterher. Dann wollte er neben mir aufsitzen und selbst steuern. Dadurch entstanden drei verzweifelt krumme Beete, worauf er mir lachend am Steuer wieder Platz machte, abstieg und nun befriedigt am oberen Feldende zurückblieb.

Als ich das nächstemal von meiner Fahrt nach der fernen Dampfmaschine zurückkehrte und sich die undurchdringliche Staubwolke legte, die das Gerät auf dem trockenen, fast pulverisierten Boden auswirft, sah ich, daß der Pascha Gesellschaft bekommen hatte. Er winkte mir. Ich gab das Steuer meinem Engländer und begrüßte Ben Thinker, den ich aus einem qualvollen Versuch, sich mit Halim Pascha französisch zu unterhalten, befreite.

»Sagen Sie ihm«, sagte Halim, »daß ich gehört habe, welche Erfahrungen er bei meinem Neffen machen mußte. Vor solchen Überraschungen sind auch andere Leute nicht sicher. Man muß dabei vor allen Dingen kühles Blut bewahren. Krank werden nützt nichts. Sagen Sie ihm, er soll die Hoffnung nicht aufgeben. Erinnern Sie ihn daran, was ich ihm sagte: wenn ich einmal Vizekönig bin, darf mir kein Tropfen von diesem Nilwasser, das wir hier unten an uns vorüberfließen sehen, ins Meer entwischen. Mit oder ohne Stauwerk. Wie das zu machen ist, überlasse ich den Herren Ingenieuren. Aber gemacht muß es werden. Und wenn mir Herr Thinker mit seinen Ideen dabei hilft, um so besser!«

Bens Augen leuchteten auf.

»Ich kam in hoffnungsloser Stimmung hierher«, sagte er, »um von Herrn Eyth Abschied zu nehmen. Ich gehe mit der Gewißheit, daß die Zukunft Eurer Hoheit gehört und – und meinen Plänen.«

»Inschallah!« rief Halim und sprang in seinen Korbwagen. »Ah! Da kommt ja auch der Gegner unserer Hoffnungen! Den überlasse ich Ihnen, Herr Eyth; ich bin für die Wasserwirtschaft. Vorwärts!«

Er fuhr freundlich grüßend an Joe Thinker vorüber, dessen lange feierliche Gestalt auf seinem gewohnten Eselchen am oberen Ende des Feldes erschienen war. Langsam, sichtlich zögernd, ritt er auf uns zu.

»Wir sind völlig versöhnt, wie Sie wissen«, sagte Ben rasch, »und doch hätte ich gerne allein von Ihnen Abschied genommen. Wir gehen nämlich beide morgen mit dem nächsten Dampfer nach England zurück; etwas rascher als ich noch gestern beabsichtigte. Aber es ist plötzlich so entsetzlich leer in Kairo geworden, daß ich es nicht länger aushalte. Und zu machen ist für den Augenblick nichts. Ich verlasse das Land mit schwerem Herzen, aber ich rechne auf Sie, Herr Eyth. Vergessen Sie unsere große Aufgabe nicht. Schreiben Sie mir, wenn irgend etwas geschehen kann oder geschieht. Und sprechen Sie nicht zu Joe davon. Ich möchte – ich will ihm nicht weh tun. Aber ich verlasse mich auf Sie!«

Er drückte mir rasch, aber herzlich die Hand und bestieg seinen Esel, während Joe noch in einiger Entfernung abstieg. Sie grüßten sich mit geflissentlicher Unbefangenheit, wie Leute die sich alle Augenblicke sehen und deshalb keine Umstände miteinander machen. Ben trabte davon, wandte sich aber noch einmal um und rief seinem Bruder zu:

»Wir können zusammenreiten, wenn du dich nicht lange aufhältst, Joe! Der gute Eyth hat heute wenig Zeit für uns. Ich erwarte dich in der Schubra-Allee. Es muß sein. Mach's kurz!«

Der Doktor warf ihm einen Blick nach, der nicht gerade brüderliches Vertrauen ausdrückte.

»Ja, es muß sein«, sagte er dann, mir die Hand reichend. Ich komme um Ihnen Lebewohl zu sagen und für Ihre treue Mitarbeit an der großen Aufgabe zu danken, die uns allerdings für den Augenblick aus den Händen genommen ist. Aber nur für den Augenblick! Sie sehen mich so hoffnungsvoll und kampfesfreudig, wie mir seit Wochen nicht zumute war, obgleich ich selbst glaube, daß ich wenigstens in den nächsten Monaten hier eher schaden als nützen würde. Es waren schwere Schläge! Schwere Schläge!«

»Ich freue mich, Herr Thinker, Sie in dieser Stimmung scheiden zu sehen«, versetzte ich; »doch ich wußte, daß Ihre Entmutigung nicht allzulange anhalten würde.«

»Ich schäme mich, daß ich mich nicht schneller fassen konnte«, entgegnete Joe. »Das ist das Große geistiger Kräfte, daß sie nicht unterzukriegen sind. Mein armer Bruder, mit dem ich mich übrigens vollständig ausgesöhnt habe, muß der Verzweiflung nahe sein, denn er hat nicht mehr die geringste Aussicht, seine Pläne zu verwirklichen. So geht es mit Dingen, die in der Materie leben und mit ihr verwesen müssen. Ich meinerseits weiß, daß Geist und Wahrheit nicht sterben und kann es Ihnen schwarz auf weiß beweisen.«

Er reichte mir einen Brief in einer Handschrift, die zu lesen sechs erwachsene Männer kaum imstande gewesen wären, nahm ihn mir aber sofort wieder aus der Hand, indem er sich wohl dieses Umstands erinnerte, und fuhr fort:

»Von meinem hochgeschätzten Freund Piazzi Smyth! Der Mann, der nächst John Taylor mehr als irgend jemand für unsere Forschungen – darf ich sagen für unsern Glauben? – getan hat. Er schreibt, daß er soeben von der Regierung einen wesentlichen Geldbeitrag erhalte habe, um seine Pyramidenstudien an Ort und Stelle fortsetzen zu können. Smyth ist kein reicher Mann und war von jeher leider zu stolz, von seinen Freunden eine ähnliche Beihilfe anzunehmen. So mußten sie *diesen* Weg einschlagen, was nicht ganz leicht war. Er wird nun im Oktober nach Ägypten kommen. Für diplomatische Schritte, wie ich sie unternahm, ist er allerdings weniger geeignet. Aber auf die gewissenhafteste Bestätigung alles bis jetzt Errungenen, auf neue Offenbarungen der erschütterndsten Art dürfen wir mit Sicherheit rechnen. Und wissen Sie, wieviel ihm die Regierung unter einem ebenso seltenen als rätselhaften Impuls zuwendete? Fünfhundert Pfund! Fünfhundert. Nicht etwa dreihundert, oder tausend; fünf, fünf! Wieder die heilige Zahl des großen Mysteriums.«

»Es freut mich, daß Sie das mit solcher Freude erfüllt«, sagte ich, halb im Ernst, halb unfähig, meine Heiterkeit zu verbergen.

»Ja; ich kann nun beruhigt nach England zurückkehren. Das große Werk wird seinen Fortgang nehmen. Und Sie – deshalb komme ich noch einmal nach Schubra, obgleich wir schon gestern Abschied nahmen – Sie wollte ich bitten, auch meinem Freund Smyth ein treuer Freund zu sein. Selbst wenn Sie noch nicht völlig überzeugt sein sollten, daß wir auf dem rechten Wege sind –: geben Sie die Hoffnung nicht auf. Das wird kommen; das muß kommen! Sehe ich ja sogar bei meinem Bruder Zeichen, daß die Wahrheit anfängt zu wirken. Sie brauchen ihm aber hiervon nichts zu sagen – überhaupt –«

Er umarmte mich: ein bei Engländern fast unerhörter Vorgang. Dann nahmen wir herzlich Abschied. Es hat etwas Rührendes, einen Mann zu sehen, den sein Glaube nicht verläßt, mag derselbe nun sein was er will. Hinter Thinkers Glaube aber steckte zumindest ein ehrliches Herz, so wunderlich die Schale sein mochte, unter der es schlug. Dies ist am Nil, wie anderwärts, eine Seltenheit, von der man sich nie leichten Sinnes trennen sollte. –

Als er gegangen war, setzte ich mich auf meinen Pflug. Es war Zeit Feierabend zu machen. Die Leute hatten die Feuer in den Maschinen schon ausgestoßen und waren im Begriff, die nie ermüdenden Ungeheuer für die Nacht in ihre schwarzen Decken zu hüllen, ehe sie nach Hause gingen. Der ganze Himmel und die halbe Erde flammte in der Glut der Abendsonne, die den Nil in Gold verwandelte, so weit man ihn sehen konnte. Und dort in der Ferne stand ruhig und unbeirrt von allem, was seit viertausend Jahren um sie her vorging, die alte Cheopspyramide.

Ob sie nun Ruhe haben wird? Ob meine Freunde und andere nach ihnen weiter um sie streiten werden? Wer schließlich den anderen niederringen mag, im Lauf der Zeit?

Oder hatte ich den echt menschlichen Schluß alles menschlichen Ringens auch in diesem Falle miterlebt: den wehmütigen Verzicht auf die Entscheidung der Gegenwart, die vielleicht eitle Hoffnung auf die Kraft der Zukunft.

Die sinkende Abendsonne hatte hierauf keine Antwort, keine, die vernehmlich an mein Ohr geschlagen hätte. Und doch ist sie die Quelle jener göttlichen Kraft, die seit Jahr-

tausenden nicht ermüdet, Neues zu schaffen, Altes zu verjüngen. Sehen wir dies nicht fast alle Tage, seit Menschen
sehen? Warum so kleingläubig?

Sonnig genug lag die Zukunft vor den zwei Paaren, die die
Hoffnung eines kommenden Geschlechts in das Leben hin-
austrugen. Und die Sonne täuschte sie nicht. Jahrzehnte später kehrte Fritschy mit seiner mutigen kleinen Frau und einer
Schar nur allzu mutiger Kinder als wohlhabender Zuckerfa-
brikdirektor und vielbestaunter Bey a. D. in die alte Heimat
zurück. Sakuntala ist noch heute an der Seite ihres Gemahls
die angebetete Rani im Tal von Nirwapura, wo mein Freund
Buchwald, der angesehenste Indigopflanzer Indiens, das
eigene Blau für seine seltener werdenden Bilder wachsen
sieht, in denen noch immer die ganze Poesie seiner Kinder-
träume lebt.

Wehmütiger war der Abschluß, mit dem der nie ganz zur
Ruhe kommende Kampf der beiden Brüder endete. Ben starb
fünf Jahre nach seinem Scheiden von Nil den Heldentod des
Erfinders, durch einen Sturz aus einem Ballon, und als im Jahr
1881 Joe beim besten Willen keine Anzeichen entdecken
konnte, daß das Millennium angebrochen sei, das er auf
Grund seiner Pyramidenforschungen mit Bestimmtheit erwartet hatte, legte er sich zu Bett und verschied.

Hätte Ben es erlebt, wie sich seine Pläne, großartiger als er
sie zu träumen gewagt, heute am Nil verwirklichen wie die
zehnmal verurteilte Barrage bei Kaliub gezwungen wurde,
ihre Aufgabe zu erfüllen, so daß in den heißen Monaten des
Jahres kaum ein Tropfen Wasser seinen Weg in das Meer findet, wie durch das Riesenstauwerk bei Assuan ein See, gewaltiger als der des Möris, in Nubien im Entstehen begriffen ist;
hätte Joe ruhig weiter gerechnet und daneben gesehen, wie
seine Pyramide in ihrer ewigen Ruhe das Treiben und Schaffen der Menschlein zu ihren Füßen überdauert, als ob nichts
entstünde und nichts verginge: sie wären beide ruhigeren
Sinnes dahingegangen.

Warum so kleinmütig?

Auch ich sah in jener Stunde all das noch nicht. Ein Glück, daß mich mein schlichtes Tagewerk im Frieden auf meinem Pfluge sitzen ließ. Zu schlicht, zu friedlich wollte es mir in diesem Augenblick erscheinen. Doch bringt es nicht auch seine Kämpfe, fordert es nicht auch seine Opfer, hat es nicht auch seinen Platz in dem großen Ganzen, für das die Menschheit denkt und schafft und leidet? Was ist groß, was ist klein, im Lichte des Alls? Sicher ist eins; ehe vor Jahrtausenden die Pyramide dort drüben stand, ging ein Pflug auf diesem Felde und wenn sie einst verschwunden sein wird, nach Jahrtausenden, wird noch ein Pflug hier gehen. Ist das kleine Ding nicht fast so ehrwürdig, als der stolzeste Bau der Erde?

ENDE

»Meine Schulhefte ... wimmelten von Pyramiden«

Nachwort von Nikolaus Gatter

1.

Kein Geringerer als Theodor Heuss – der spätere erste Bundespräsident – hat dem Politiker, Schriftsteller, Reisenden und Ingenieur in einem seiner frühen Essays eine »breite und wohl dauernde Volkstümlichkeit« vorausgesagt. Dennoch zählt Max Eyth heute wohl zu den bekanntesten Unbekannten der deutschen Literatur nach 1900. Nur selten tauchen die Titel seiner Schriften im literarischen Tagesgespräch auf, seltener noch im Druck. Undenkbar, daß ein Buch von ihm im Literarischen Fernsehquartett eines Reich-Ranicki verrissen oder gar emporgehoben würde. Würde es von den Jüngeren überhaupt noch gelesen?

Dieser skeptische Befund mag auf den ersten Blick überraschen – wenn man auf das äußerlich so erfolgreiche Leben des Dichters blickt. Eyths Nachlaß enthält acht Ordensdiplome, eine Ehrenbürgerurkunde, diverse Ehrenmitgliedschaften und einen Ehrendoktor. Noch in seinem Todesjahr setzte man ihm ein Denkmal in der Reichshauptstadt. Es bestand, einer zeitgenössischen Schilderung zufolge, »aus einem schlanken Postamente, das durch eine wohlgetroffene Porträtbüste des Gefeierten bekrönt ist; an den Seiten desselben befinden sich zwei allegorische Gestalten: eine lebensgroße weibliche Figur, die Landwirtschaft darstellend, legt, den Pflug zu ihren Füßen, ihre rechte Hand auf die Büste, blickt dankbar zu dem Gefeierten auf, für den sie in der linken Hand einen Lorbeerkranz bereit hält. Auf der anderen Seite des Postaments ist ein kleiner Putto damit beschäftigt, ein Zahnrad am Schraubstock zu feilen. Vorn liest man unter dem Namen Eyth seine von einem Lorbeergehänge umrankten Lebensjahre 1836–1906; unten speit ein Delphinkopf Wasserstrahlen in das halbkreisförmige Becken.«

Das Denkmal steht längst nicht mehr. Doch tragen mehrere gymnasiale Schulen, eine agrotechnische Gesellschaft und sogar ein See den Namen des Geehrten. Straßen, Plätze und Alleen, die nach Max Eyth benannt sind, gibt es nicht allein dort, wo er lebte und wirkte: in Kirchheim/Teck, Stuttgart, Berlin (dort gleich zweimal), Ulm- und Neu-Ulm. Und nicht nur im baden-württembergischen Städten wie Aalen, Albstadt, Esslingen, Friedrichshafen, Göppingen, Fellbach, Heilbronn, Ludwigsburg, Reutlingen, Schwäbisch Gmünd, Sindelfingen, Tübingen und Waiblingen. Max-Eyth-Straßen finden sich auch in Bielefeld, Bochum, Bremen, Bremerhaven, Dortmund, Düsseldorf, Erlangen, Frankfurt am Main, Gießen, Halle (Saale), Hamburg, Hameln, Hannover, Hildesheim, Kiel, Köln, Leipzig, Menden im Sauerland, Nürnberg, Oberhausen, Peine, Potsdam, Remscheid, Rostock und Unna – und damit sind nur jene Großstädte genannt, deren Straßen das Postleitzahlenverzeichnis erfaßt.

Andererseits zeigt die neuere deutsche Literaturwissenschaft bisher nur geringes Interesse. 1995 erschien mit Katja Schwiglewski: *Erzählte Technik – Die literarische Selbstdarstellung des Ingenieurs seit dem 19. Jahrhundert* die erste germanistische Dissertation seit fast einem Jahrzehnt, die sich unter anderem auch Eyths Werk widmet. Die Abstinenz könnte damit zusammenhängen, daß sich der Autor trotz moderner Stoffe – seine technischen Schilderungen sind bis heute stilistisch unübertroffen – selbst nicht zur literarischen Moderne bekannte. Über Zola, den er als sein Vorbild verehrte, und Hermann Hesse, dessen *Peter Camenzind* er nicht ohne Wohlwollen las, kam der Leser Max Eyth nicht hinaus. Und selbst der düstere Pessimismus Zolas, des französischen Romanciers der Bordelle und Bergwerke, fand nicht immer Anklang. »Zola wird alt«, notierte Eyth am 4. Juni 1898 in sein Tagebuch: »Eine unglaubliche Ermangelung eines positiven Ziels. Details des Häßlichen und Jammervollen so gut als je.«

Für den vorliegenden Roman nahm der Autor allerdings durchaus in Anspruch, sich der Wirklichkeit ohne Scheuklappen zu nähern. Als ihm die Freundin und Ratgeberin Lili Du

Bois-Reymond Kürzungen vorschlug, »welche unangenehme Vorkommnisse oder Personen betreffen«, reagierte der Autor gereizt (Brief vom 30.5.1901): »Derartige Beschreibungen mögen ungeschickt sein; das ist eine Frage für sich. Aber ein Buch, das das Leben schildern will mit Auslassung seiner unangenehmen Seiten, ist wirklich nicht wert, geschrieben zu werden. [...] Peinliches, Unangenehmes, Widerwärtiges muß gelegentlich in einem solchen auftauchen, wenn es nicht süßlich und unwahr werden soll. In unsrer modernen Literatur beansprucht diese Seite des Lebens bekanntlich den breitesten Raum. Dies ist natürlich ebenso unwahr, als ihr ganz aus dem Wege gehen zu wollen.«

Die Zurückhaltung war es, die ihm an Fontanes Kindheitserinnerungen mißfiel. Seiner Freundin gab Eyth mit der Bemerkung zurück (31.7.1902), er finde darin »die ganze poesielose Atmosphäre unseres philisterhaften Mittelstandes mit seinen fadenscheinigen Prätensionen«; vielmehr wundere er sich, »daß in diesem ehrlichen, aber steifen Charakter so gar nichts von dem französischen Blut seiner Eltern zu spüren« sei. Fontane wiederum, der stets den Ausgleich über die Extreme stellte, hielt das Talent Emile Zolas für »kolossal und gar nicht zu überschätzen« (Brief an seine Frau vom 26.3.1880), doch beharrte er darauf, »daß die *Kunst* andere Aufgaben hat. Es ist ein Unterschied, ob ich die Morgue male oder Madonnen, auch wenn das Talent dasselbe ist«. Und hierin stand Eyth dem zwischen zwei künstlerischen Optionen balancierenden Fontane doch näher, als er dachte. Wo die Grenze seines eigenen Gestaltungswillens lag, läßt die Bemerkung in Eyths Brief vom 27.12.1904 erkennen: »Ich lasse mir Photographien gefallen, aber es darf nicht die Photographie von Düngerhaufen sein, wenn ich nicht gerade einen Vortrag in der Düngerabteilung der D[eutschen] L[andwirtschaftlichen] G[esellschaft] mitgenieße.«

2.

Im gleichen Spannungsfeld zwischen Verklärung und Berechnung, Romantik und Utilitarismus, praxisnahem Nützlichkeitsdenken einerseits, überschwenglichem Idealismus und gelehrtem Fleiß andererseits steht auch die Geschichte von Ben und Joe Thinker. Ihr Ursprung ist vielleicht in der Kindheit des Autors zu suchen – und in seinen Eltern.

Der Vater, Dr. Eduard Eyth (1809–1884) war Sohn eines Gymnasialprofessors und einer Professorentochter und studierte Altphilologie, um Lehrer zu werden – zunächst in Kirchheim an der Lateinschule, später am Evangelischen Seminar in Schönthal. Er dichtete selbst Hymnen in den alten Sprachen, begann auch mit seinem dreizehnjährigen Sohn am 29. März 1849 das Griechische und schenkte ihm zu Weihnachten einen Kalender mit 365 lateinischen Sprüchen. Seine Ausgaben und Kommentare der Klassiker wurden noch bis in unser Jahrhundert genutzt. Eduard Eyth stand im Briefwechsel mit Dichtern der schwäbischen Dichterschule, darunter Gustav Schwab, Justinus Kerner, Ludwig Uhland und Nikolaus Lenau.

Die Mutter, Julie geb. Capoll (1816–1904), teilte wohl die literarischen Neigungen ihres Mannes und veröffentlichte 1848 unter dem Titel *Bilder ohne Rahmen – Aus den Papieren einer Unbekannten* eine seinerzeit vielgelesene Sammlung religiöser Dichtungen. Dennoch war sie, meint Thilo Dinkel – ein Kenner der Familiengeschichte –, von anderem Kaliber als der zwischen Romantik und Pietismus schwankende Eduard Eyth: herzhaft und genau beobachtend. Ihre Lyrik läßt darauf schließen, daß Max Eyths Stil weit mehr von der Mutter geprägt ist als von den trockenen Miszellen des Vaters.

Daß ihr Sohn eine ganz andere Laufbahn einschlug, als die Familientradition vorgab, wird beiden nicht leicht gefallen sein. Schon das spätere Motto Max Eyth: »Taten statt Tinte«

bringt die bewußte, distanzierende Abgrenzung von der stubengelehrten Atmosphäre des Elternhauses auf den Begriff. Doch eines vergaß der Autor allerdings nie: »Obgleich Philologe von altem Schrot und Korn, war mein Vater ein ungewöhnlich verständiger Mann, dem ich das Beste verdanke, was der Mensch dem Menschen geben kann, meine Freiheit.« Und in sich selbst vereinte er, was in seinen Romanfiguren so schroff auseinanderfällt: Pragmatismus und Sinn für Poesie.

Auf eine umfassende Biographie soll an dieser Stelle verzichtet werden; interessierte Leserinnen und Leser mögen das Nachwort im ersten Eyth-Band der Reihe *Klassiker des historischen Romans* heranziehen: *Der Schneider von Ulm*, Bergisch Gladbach 1997, S. 853–897. Im folgenden sind nur die wichtigsten Lebensdaten des Autors festgehalten:

6. Mai 1836: geboren in Kirchheim / Teck

1852: Max Eyth verläßt das Seminar ohne Examen und wird am 1825 gegründeten Polytechnikum in Stuttgart immatrikuliert, der späteren TH. Auf dem Stundenplan stehen u. a. Arithmetik, Bau- und Konstruktionslehre, Materiallehre, Chemie, Planzeichnen, Trigonometrie, Deutsch, Englisch, Französisch, Italienisch, Buchführung, Warenkunde, Maschinenbau und -konstruktion, Modellbau, Technisches Zeichnen.

1854 erscheint die Erzählung *Mönch und Landsknecht.*

1855 faßt Eyth den Entschluß, »dem Fabrik- und Maschinenwesen eine poetische Stellung zu erkämpfen«.

1856 Teile des romantischen Epos *Volkmar* erscheinen im Cottaschen *Morgenblatt für gebildete Leser.*

1857 Schlosserlehre in der Heilbronner Werkstätte Hahn & Göbel.

1858 Anstellung bei Gotthilf Kuhns Maschinen- und Kesselfabrik in Stuttgart. Reisen durch Baden-Württemberg zur Reparatur von Dampf- und Fördermaschinen.

1859 Eyths erstes Patent wird in Deutschland angemeldet; eine Daumensteuerung für Dampfmaschinen. In der Folgezeit entstehen rund zwei Dutzend Patente, zumeist Verbesserungen vorhandener Geräte, aber auch einzelne eigenständige Erfindungen.

1860 Reise nach Paris zum Studium der Lenoirschen Gasmaschine.

1861 Reisestipendium der Württembergischen Zentralstelle für Handel und Gewerbe, um die Zentren der Industrialisierung in Deutschland an Sieg, Rhein und Ruhr zu besuchen. Vergebliche Stellungssuche in der Hörder Eisenhütte, bei Krupp und in der Gutehoffnungshütte. Weiterreise nach Belgien und England. Maschinenarbeiter in der Londoner Firma Kiston & Hewitson. Empfehlung und Anstellung bei John Fowler in den Steam-Plough-Werken in Leeds.

1862 Eyth vertritt die Fowlerschen Dampfpflüge auf der Londoner Weltausstellung.

1863 *Volkmar* erscheint als Buch.

ca. 1865 ab Mitte der sechziger Jahre intensive journalistische Tätigkeit nachweisbar; Korrespondenzen für den SchwäbischenMerkur und den Staatsanzeiger.

1863–1866 Tätigkeit für Prinz Halim Pascha in Ägypten; Import und Betreuung von 27 Dampfpflügen und 70 Bewässerungsmaschinen.

1864 John Fowler, Gründer und Direktor der Steam-Plough-Werke, stirbt; sein Sohn Robert Fowler übernimmt die Firma.

1866–1886 zweijähriger Aufenthalt in Amerika; in den folgenden Jahren Reisen nach Südamerika, Trinidad, Spanien,

Italien, Polen, Böhmen, in die Ukraine, nach Algier und Panama, zur Propagierung des Dampfpflugs.

1867 Abhandlung über *Das Agricultur-Maschinenwesen in Aegypten.*

1870 *Lieder am Schraubstock* erscheinen in *Altes und Neues aus Pfarrhaus und Pfarrleben*, hg. v. Gustav Kutteler, Ulm.

1871–1884 *Wanderbuch eines Ingenieurs*, gesammelt aus den Reisebriefen an die Eltern, in sechs Bänden.

1873 Teilnahme an der Weltausstellung in Wien.

1878 Weltausstellung in Paris. *Der Waldteufel. Eine Komödie in fünf Akten* erscheint.

1879 Abhandlung über *Die Königliche Landwirthschaftliche Gesellschaft von England und ihr Werk.*

1882 Auflösung des Anstellungsverhältnisses bei den Steam-Plough-Werken, Rückkehr nach Deutschland.

1884 Gründung eines Agrarvereins nach britischem Vorbild, der Deutschen Gesellschaft für Landwirtschaft mit zunächst 390, dann 2500 Mitgliedern.

1886 Eyth läßt sich in Berlin nieder. Begegnung mit Sebastian Hensel, Alain und Lili Du Bois-Reymond. In den folgenden Jahren organisiert Eyth zehn Landesausstellungenen der DLG, deren Mitgliederzahl auf rund 12 000 anwächst.

1891 Vortrag *Das Wasser im alten und neuen Ägypten.*

1896 Vortrag *Vergangenheit und Zukunft der Wanderausstellungen der Deutschen Landwirtschafts-Gesellschaft.* Eyth verläßt Berlin, um auf seinen Ulmer »Athos« zu ziehen, wo er das letzte Lebensjahrzehnt als Schriftsteller zubringt. Er erhält den Zähringer Löwenorden und das Ehrenkreuz derWürttembergischen Krone, das mit der Erhebung in den Adelsstand verbunden ist. Außerdem wird er preußischer geheimer Hofrat.

1898 Vortrag *Ein Pharao im Jahrhundert des Dampfes.*

1899 Vortrag *Binnenschiffahrt und Landwirtschaft*; Sammelband: *Hinter Pflug und Schraubstock.*

1900 Vorträge: *Hindernisse der deutschen Binnenschiffahrt; Die Sprengung des Eisernen Tors und die freie Donauschiffahrt.*

1901 Vortrag: *Mathematik und Naturwissenschaft der Cheopspyramide.*

1902 Roman: *Der Kampf um die Cheopspyramide*, 2 Bände.

1903–1905 Reisebriefe: *Im Strom unserer Zeit*, 3 Bände.

1904 Sammelband: *Feierstunden.* Julie Eyth, die Mutter des Dichters, stirbt.

1905 Gesammelte Vorträge: *Lebendige Kräfte.* Eyth wird Dr. h. c. ing. der TH Stuttgart, seiner ehemaligen Ausbildungsstätte.

1906 Roman: *Der Schneider von Ulm*, 2 Bände.

25. August 1906 Max Eyth in Ulm gestorben.

3

»Meine Schulhefte«, beginnt Max Eyth die kleine, in Ägypten angesiedelte Erzählung *Das verhängnisvolle Billardbein* im ersten Band von *Hinter Pflug und Schraubstock*, »und vor allem eine Schulausgabe von Ciceros Reden gegen Catilina, die einen breiten, weißen Rand hatte, wimmelten von Pyramiden. Die Herren Professoren außer dem alten Zeichenlehrer, den niemand beachtete, schüttelten die Köpfe. Denn man hielt sie für Dreiecke und sah darin einen unpassenden Hang zur Geometrie und anderen unklassischen Allotrien. Daneben fand sich manchmal auch ein kleiner, mißgestalteter Hund, für den ich rückhaltlos ausgescholten wurde. Sogar der Zeichenlehrer mußte hier den Kopf schütteln. Ich schwieg still, im Gefühl erlittenen Unrechts. Es war gar kein Hund. Es war die Sphinx, das Rätsel allen Lebens, am Fuß der Grabdenkmale der ältesten Könige der Welt. Welche Erbärmlichkeiten waren dagegen die Republik und der ganze römische Plebs samt dem langen Cicero! Das Ziel meiner kindlichen Sehnsucht war Ägypten.«

Im Jahr 1861 ging der Kindheitstraum unvermutet in Erfüllung. Doch die Zeit der Pyramiden und Sphinxe war für das Land der Pharaonen längst dahin. Ägypten befand auf dem Weg in die Moderne. Zwar war man noch weitgehend abhängig vom Vizekönigreich des Sultans in Konstantinopel – doch diese Abhängigkeit war, wie sich bald herausstellte, nur eine relative, verglichen mit dem Einfluß, den in Kürze die Westmächte und vor allem England angesichts der katastrophalen Staatsverschuldung durch den Suezkanalbau ausüben würden.

Den industriellen und sozialen Umbruch hatte Ägypten weitgehend dem Begründer seiner letzten Dynastie zu verdanken: Mohammed Ali, dessen Nachkomme Faruk erst 1952 den Thron räumen mußte. Mohammed (auch Mehemed geschrieben, oder wie im Roman Mohamed) war 1769 im makedonischen Kawala geboren, als Sohn eines Polizeioffiziers, der früh verstarb. Sein Sohn fand Aufnahme beim Ortskommandanten und soll der Legende nach keine Ausbildung erhalten, sondern erst viel später lesen und schreiben gelernt haben. 1789 kam er als Offizier mit türkischen Truppen, die Napoleons Feldzug abwehren wollten, nach Ägypten, machte rasch Karriere und besetzte 1805 Kairo. Der Sultan akzeptierte sein autokratisches Gebaren, weil er ihn brauchte – als Gegengewicht zu den aufsässigen Mameluken, die seit 1252 die ägyptische Führungsriege stellten. 1811 ließ Mohammed Ali bei einer Festlichkeit auf der Zitadelle die meisten von ihnen niedermachen, die übrigen ergreifen und enthaupten. In den Jahren 1813 bis 1815 bekämpfte er die fundamentalistische Sekte der Wahabiten. Bei einem Feldzug, den er 1820–1822 gegen Nubien, Senaar und Kordofan unternahm, dehnte er sein Herrschaftsgebiet nach Süden aus und verschaffte sich die Mittel zum Aufbau seines Heeres, mit dem ihn die Pforte 1824 gegen die rebellischen Griechen entsandte. Sein Adoptivsohn Ibrahim Pascha eroberte Morea, doch wurde die ägyptische Flotte von britischen, russischen und französischen Kriegsschiffen im Hafen von Navarin blockiert und 1827 nahezu aufgerieben.

Mohammed Ali hatte sich Hoffnungen auf Gebiete in Syrien gemacht; im Dezember 1831 ließ er unter Ibrahim Pascha ein Heer in Syrien einrücken, das zunächst Akka und bis Ende 1832 die gesamte Provinz besetzte. Der Feldherr wurde vom Sultan geächtet. Doch das türkische Heer, das im Juni 1839 gegen ihn entsandt wurde, erlitt am oberen Euphrat eine vernichtende Niederlage.

Vermittlungsbemühungen der Westmächte schlugen fehl; erst als die englische Flotte vor Alexandria erschien, gab Mohammed Ali nach. Gegen das Zugeständnis der Erblichkeit seiner ägyptischen Machtstellung räumte er die besetzten Gebiete in Kreta, Syrien und Arabien, gab die türkische Flotte frei und unterwarf sich dem Sultan.

Im Jahr 1848 wurde Mohammed Ali, zunehmend geistig umnachtet, durch Ibrahim Pascha abgesetzt, der allerdings selbst schon im November verstarb. Damit wurde der Weg frei für den Enkel Mohammed Alis, Abbas Pascha. Seine Position wurde vom Sultan bestätigt. Abbas führte mehrere wichtige Reformen durch, kürzte den Rüstungshaushalt, verminderte die Gehälter der höheren Beamten und förderte die Agarwirtschaft, doch sein Haß auf die europäischen Mächte schuf ihm nicht nur Freunde. Erneute Handelsbeschränkungen, Korruption und Wucher führten dazu, daß er 1854 von zwei Mameluken erdrosselt wurde.

Unter seinem Nachfolger Said Pascha begann jene Phase der Liberalisierung, von der auch die Dampfpflugindustrie und ihr Propagandist Max Eyth profitierten. Sichtbares Zeichen für das Streben nach »Zivilisation und Fortschritt« war die Vereinbarung über den Bau des Suezkanals, die Said gegen den Willen Englands und des Osmanenherrschers durchsetzte. Freilich hinterließ er aus demselben Grund seinem Sohn Ismael Pascha, als er 1863 starb, einen Schuldenberg von 30 Millionen Pfund Sterling und eine Reihe von Verpflichtungen. So sollte der ägyptische Staat 100 000 Fellachen für die Erdarbeiten am Suezkanal ständig bereitstellen, was wegen der schwierigen Ackerbewirtschaftung im Niltal unmöglich war.

Einige der Vertragsbedingungen konnten durch Vermittlung Napoleons III. wieder korrigiert werden, doch für die neuerlichen Schulden mußten neue Anleihen aufgenommen werden. Durch den späteren Verkauf der ägyptischen Suez-Anteile an Großbritannien kamen nur vier Millionen wieder herein. Viehseuchen und Mißernten in der Mitte der sechziger Jahre zehrten das Kapital, das durch Baumwollhandel eingenommen wurde – in den USA kam die Produktion infolge des Bürgerkriegs zum Erliegen – rasch wieder auf. Für die Teilautonomie des Khediven –, darunter das Recht, Verträge mit fremden Staaten zu schließen, eigenes Münzrecht, weitgehende Militärbefugnisse, nur der Bau von Panzerschiffe mußte vom Sultan genehmigt werden –, waren hohe Abgaben nach Konstantinopel zu zahlen. Hinzu kamen militärische Abenteuer wie die fehlgeschlagene Besetzung Abessiniens durch Prinz Hassan im Jahr 1875. Am Ende stand der Staatsbankrott. Es gelang Ismael nicht mehr, die Finanzen zu konsolidieren, und seine Absetzung leitete die lange Phase britischer Dominanz in der Region ein.

4

Von alledem ahnte – wie wir aus seinem Buch *Im Strom unserer Zeit* wissen – der frischgebackene Dampfmaschinen-Vertreter Max Eyth noch nichts. Das bewegte Jahr seiner dreifachen Auswanderung – hatte er doch erst Württemberg, dann Deutschland und zuletzt den Kontinent verlassen – endete mit der Aussicht auf einen erneuten, exotischeren Ortswechsel. Sein Arbeitgeber Fowler hatte ihm, »als spräche man von einem kleinen Ausflug nach Wakefield« (29.11.1861), mitgeteilt, er solle »sich bereit halten, in vierzehn Tagen nach Ägypten aufzubrechen, hätten Sie Lust?« Mein schlechtes Englisch wollte im ersten Augenblick nicht ausreichen, die himmelhoch jauchzende Freude auszudrücken. Aber ich glaube, sie war sichtbar genug … Die Maschinen gehören dem Oheim des Vizekönigs; das Feld, auf dem sie zu arbeiten haben, liege am Fuß der Pyramiden, und Miss Bitter, die meine Begeisterung teilt, bestellte bereits Steine von Memphis und Thebä und womöglich ein Stück von der Memnonssäule, das morgens noch klinge«.

Allerdings zerschlug sich der Plan wieder, da Eyth im folgenden die große Weltausstellung in London zu betreuen hatte: »Und es wäre *zu* schön gewesen!«. Im Sommer empfing der Firmenvertreter erstmals eine ägyptische Delegation, als er den Eltern mit typisch-ironischem Understatement mitteilte

(24.7.1862):»Überdies habe ich in letzter Zeit die persönliche Bekanntschaft der Prinzen von Preußen, der japanesischen Gesandtschaft, Said Paschas, des Vizekönigs von Ägypten, des Gouverneurs von Algier, verschiedener Granden von Spanien und mehrerer Herren aus dem Oberamt Böblingen gemacht.« Doch eine Rückkehr nach Deutschland, womöglich als Ausbilder und Propagandist der Dampfkultur, zeichnete sich nicht ab, da die landwirtschaftlichen Maschinen in der Heimat zwar einiges Interesse, jedoch kaum Absatz fanden.

Als die Ausstellung im November zu Ende ging, und Eyth nach Leeds zurückkehrte – die Belegexemplare seines Epos *Volkmar* im Gepäck – stand sein Ausflug nach Ägypten wieder in der Diskussion (2.12.1862):»Es wurde nämlich von dem dampfpflügenden Pascha bei Kairo telegraphisch jemand verlangt, der seinen widerspenstigen Pflug drei Monat lang in Ordnung halten sollte. Fowler telegraphierte nach London, daß er mich für den geeignetsten Mann halte ... Unglücklicherweise muß in denselben Tagen unser erster Zeichner, mein früherer Widersacher, erkranken, und so hieß es nach zwei Tagen freudiger Erwartung:›Es sei ganz unmöglich, mich gerade jetzt fortzulassen; ohnedies sei es kein Posten, der für meine Fähigkeiten passe; man habe anderes mit mir im Sinn, Dinge, die für das Geschäft und für mich selbst von größerer Bedeutung seien als ein paar Pflüge in Ägypten ...‹«Auch eine Reise nach Indien wurde verabredet, wo eine Indigopflanzung den Dampfpflug einsetzen wollte und Eyth als Ingenieur unter Vertrag nahm. Doch schließlich kamen (13.1.1863) »neue Telegramme aus Ägypten, wo, wie es scheint, energisches Eingreifen nötig ist, wenn nicht alles aus den Fugen gehen soll«.

Im Februar 1863 konnte der Autor schließlich die Ankunft auf afrikanischem Boden vermelden (21.2.):»Die Eisenbahnfahrt von Alexandrien nach Kairo kostet ungefähr sieben Stunden und würde sich ziemlich einförmig ansehen, wäre man nicht auf dem geheimnisvollen Boden Innerafrikas, aus dem das Nildelta besteht.« Seine ersten Eindrücke der Hauptstadt schildert er wie folgt:»Wunderlich windet sich der Weg durch die hohe, regellose Häusermasse, vorbei an Läden und Moscheen, die in Trümmer liegen, oder an prachtvoll reichen Minaretts, durch das bunte, schreiende und lärmende Gewühl einer bald halbnackten oder in Lumpen gehüllten, bald in kostbarer Seide daherwandelnden Bevölkerung.«

Eyths künftiger Arbeitsplatz lag allerdings – wie im Roman geschildert – in einer Vorstadt außerhalb der Mauern Kairos. Dort traf er anderntags mit seinem begüterten Auftraggeber zusammen, dem die Modernisierung seiner landwirtschaftlichen Produktion am Herzen lag. »In Schubra allein stehen gegen zwanzig Dampfmaschinen, die pflügen, Wasser schöpfen, Zuckerrohr zermalmen, Baumwolle reinigen. Halim selbst, ein kleiner, lebhafter, leicht gebräunter Herr, der fließend Französisch spricht, gefällt mir ausnehmend wohl.« Weniger zufrieden zeigte sich der Fowler-Vertreter mit seinen hiesigen Kollegen, »die hier Chef spielen wollen und alles tun, um ernstliche Arbeit zu vermeiden«; solche Konflikte gingen allerdings nicht in die autobiographischen Passagen seines Romans ein.

Deutsche Gründlichkeit und protestantisches Arbeitsethos mußte Eyth auch bei den Einheimischen vermissen (17.3.1863): »Dabei wird mir nach und nach klar, wieviel ein arabischer Schlosser und ein ägyptischer Schmied zu leisten vermögen. Diese Leute sind willig, aber ihr Fleisch ist schwach, und infolge des Ramadans schlafen sie, sobald man ihnen den Rücken kehrt. Auch komme ich hier des Tags zehnmal in die Lage, dem Schlosser die Feile und dem Schmied den Hammer aus der Hand zu nehmen und auf diese Art zu sagen, wie man das Eisen anpackt. [...] Gegen zehn Uhr bin ich bei den Dampfpflügen im Felde, um zehneinhalb erscheint der Prinz, der mit einem stereotypen: ›Comment vous portez-vous?‹ die Unterhaltung eröffnet. [...] Er wurde in Paris erzogen und soll sogar auf den Barrikaden für die Republik gefochten haben, aber eben deshalb rasch eingeheimst worden sein. [...] Seine Umgebung ist türkisch gekleidet, er selbst europäisch, mit Ausnahme der Pantoffeln, in denen er auch im Felde erscheint. Seine Umgangsformen, abgesehen von einer gewissen Neigung, sich auf den Boden zu setzen, sind durchaus französisch-englisch.«

Einer Hofintrige seines Vorgängers zum Trotz konnte Eyth den prinzlichen Gutsbesitzer veranlassen, die beabsichtigte Rücksendung von Fowlerschen Geräten im Wert von dreitausend Pfund zu stornieren und statt dessen weitere Bestellungen zur Ergänzung des vorhandenen Pflugsystems aufzugeben. Die Frage war, ob es gelingen würde, den für die (finanziell aussichtsreiche) Baumwollkultur eingerichteten Dampfpflug auf die Bodenverhältnisse in Ägypten einzurichten. Für die von Eyth zu entwickelnden technischen Neuerungen sollte ihm eine kleine Maschinenfabrik in Schubra eingerichtet werden, »in der ich Werkführer, Konstrukteur und Direktor zu sein habe« (21.7.1863), wie sich später herausstellte, mehr noch: »Sodann muß ich nach jedem Bolzen, nach jedem Backstein selbst sehen, muß Maurer, Bauführer, Schlosser, Schmied und Ingenieur in einer Person sein …« (28.10.1863)

Am 6. April 1863 hatte sich das noch immer anvisierte Projekt der Weiterreise nach Indien endgültig zerschlagen, und der Autor durfte sich als »Ingenieur en chef Sr. K. Hoheit« bezeichnen: »Wie das alles kam, wie ich in Übereinstimmung mit Fowler, dem nichts lieber ist als mein Hierbleiben, meinen indischen Vertrag mittelst zweier Telegramme löste, […] wie ich jetzt in gewissen Kreisen als der abgefeimteste Spitzbube erscheine und die Leute höflich sind mit Galle im Herzen, wie selbst Halims Harem bis ins Innerste erregt ist (dies ist kein schlechter Witz, sondern der gefährlichste Punkt für mich): – das alles kann ich jetzt nicht beschreiben … Trotzdem fühle ich mich jetzt schon fester im Sattel. Der erste Versuch mit einem für die hiesige Baumwollkultur geeigneten Pflug, den ich in den letzten Wochen notdürftig herrichten ließ, verlief über Erwarten gut.«

Solche Versuche brachten allerdings oft unerwartete

Schwierigkeiten mit sich, zumal wenn sie von hohen Würdenträgern wie dem Herrscher des Osmanischen Reiches vorgeführt werden sollten (24.4.1863): »Drei Tage lang standen wir unter vollem Dampf geduldig im Feld, bereit, beim ersten Zeichen der Annäherung Sr. Majestät draufloszupflügen. Ein echt türkisches oder russisches Manöver! Hie und da zeigte sich wirklich auch ein Wesir in grüner Seide, ein Zigarrenträger in Gold, oder sonst ein ›konstantinopolitanischer Schnupftabaksdosenverwalte‹. Der Sultan aber kam zum großen Ärger des Prinzen, dessen Steckenpferd seine Landwirtschaft ist, nicht, sondern begnügte sich, in den Gärten des Harems Kaffee zu schlürfen.«

Auch das Klima machte dem Autor gelegentlich zu schaffen, der am 22.5.1863 einen Chamsin (fünfzigtägiger Wüstenwind) schildert: »Während des Hauptsturmes war ich im Begriff, nach meinem gewohnten Badeplatz zu reiten. Die heißen Stöße des Windes, die, selbst wenn sie keinen Staub mit sich führen, jeden nach Luft zu schnappen zwingen, brachten schließlich meinen Esel zum unbeweglichen Stillestehen. In den kühlsten Zimmern war die Temperatur 32° Réaumur [ca. 40° Celsius], die Sonne verschwindet fast gänzlich, der Himmel wird weißlichgrau und ein trüber, gelbglühender Fleck deutet an, wo der schlichte König des Tages steht. Sogar die Nacht war nicht viel besser.« Der tägliche Ritt von Kairo und zurück half Eyth dabei, sich »gründlich zu akklimatisieren«, und als sein Hausstand in Schubra eingerichtet war (21.6.1863) konnte er von sich sagen, »ich genieße Sonne, Wind und Staub wie nur wenige im Lande und bin eine Autorität geworden, wenn es sich um Esel handelt, deren Gemütsleben eines meiner Lieblingsstudien geworden ist«.

Sein Haus in Schubra entpuppte sich allerdings bei der ersten Besichtigung als »ziemlich großes viereckiges Gemach mit nackten Wänden und nacktem Boden aus Nilschlamm«, in welchem sogar ein Bett fehlte: »Mittlerweile kamen die Araber zurück und schleppten zu meinem Erstaunen den Flügel des

Haustors, einen halben Spitzbogen bildend, zur Türe herein, worauf sie sich abermals entfernten und vier Wurzelstumpen verstorbener Palmbäume stöhnend hereinbrachten. [...] Aber, o Schrecken! – tausend und abertausend Ameisen lustwandelten emsig über die Restchen meines Tees, über meine Matte, über mein Bett, – und tausend und abertausend andere quollen noch immer aus einem der Baumstumpen hervor, auf denen mein ganzes Dasein beruhte. [...] Aber man lernt alles in Ägypten, selbst das Schlafen auf Ameisennestern.«

Auch an die Tischgewohnheiten der Araber gewöhnte sich der junge Ingenieur mit der Zeit (10.8.1863): »Diese Art zu essen hat etwas ungemein Gemütliches. Man setzt sich im Kreis um ein riesiges Kaffeebrett, auf dem für jeden Gast ein rundes arabisches Brot liegt, das als zeitweiliger Teller dient. Ein Schwarzer oder Brauner bringt ein Wasserbecken, in dem man sich unter vielen Höflichkeitsbezeugungen die Hände wäscht. Sodann bringt ein anderer eine Platte mit einem mächtigen Kapaunen, der in Flädchen eingehüllt ist, oder eine ähnliche kräftige und stets sehr gut gekochte Fleischspeise. Man reißt dem Geschöpf nun nach Kräften Stücke aus dem Leib, wie's gerade kommt, und führt sie ohne weitere unnötige Vermittlung zum Munde. Hie und da legt mir auch mein Gastwirt mit einladendem Lächeln die Beute eines besonders kühnen Griffes auf mein Brot, was ich dankend anerkenne. Und so verschwindet allmählich der Kapaun und macht einer Reihe kleinerer Gänge Platz, bis eine Schüssel Reis den Schluß andeutet und man sich abermals die Hände wäscht, um Kaffee zu trinken.«

Mitte Oktober berichtete Max Eyth seinen Eltern von der alljählichen Überschwemmung des Nilstroms, die den Ackerbau an seinen Ufern erst möglich macht: »Die großen Pumpmaschinen der Umgebung hörten auf zu rauchen, da und dort füllt sich ein Gräbchen, da und dort schlängelt sich ein dickgelbes Bächlein am Weg hin, da und dort verwandelt sich ein steinhart ausgetrocknetes Feldstück in einen See. Nach drei

Tagen erscheint an derselben Stelle die nasse schwarzbraune Erde wieder, die sich nach abermals drei Tagen in eine grüne Fläche verwandelt. [...] Steigt dagegen der Nil höher als gewöhnlich, wie in diesem Jahr, so hört die Gemütlichkeit auf. *Zwischen* den Hauptdämmen wälzt sich dann ein braunes Meer dem großen blauen zu. *Auf* den Dämmen liegen Tausende von Fellachen, mit Schaufeln und Strohkörbchen bewaffnet, um wieder einen Zoll Erde aufzuschütten, wenn das geheimnisvolle Ungetüm um einen weiteren Zoll zu wachsen droht. Aus dem unteren Delta herauf hört man von weggerissenen Dörfern. Selbst in der Nähe von Kairo ist uns vorige Woche eine Insel mit hundertfünfzig Hektar Baumwollpflanzung untergegangen!« (15.10.1863)

Voller Stolz reichte Max Eyth im November desselben Jahres sein erstes englisches Patent ein, die sogenannte »Elefantenrüsselpumpe«, die den Transport des Wassers vom Brunnen zum Anbaugebiet automatisieren soll. Freilich wurde die Patentierung im Frühjahr 1864 abgewiesen, weil eine ähnliche, nie ausgeführte Konstruktion bereits in früherer Zeit patentiert worden war.

Zu den Erfahrungen, die Eyth in der Fremde machen konnte, gehörte auch der relativierende Blick auf die eigene Kulturtradition (25.12.1863): »Die Kopten feiern die Geburt des Heilands in zehn, die Syrer in achtzehn Tagen. In England wünscht man sich nicht ›gesegnete‹, sondern ›lustige‹ Feiertage; in Frankreich ist Weihnachten ein Fest, das niemand sonderlich beachtet. In Deutschland nur hängen sich alle kindlich-religiösen Erinnerungen an diesen Festtag und darum verletzt es unser Gefühl, wenn wir ihn brechen. Aber auch nur dieses. Und was ist das Gefühl mehr als das ewig Schwankende und Irrende in uns, über dem, unbewegt von unserem Wissen und Glauben, die ewige Wahrheit stehen sollte und steht.«

Zwar blieb der negative Eindruck von den inneren Verhältnissen Ägyptens bestehen, doch fragte der Autor im Verlauf seines Aufenthalts auch nach den Ursachen. Gelegentlich konnte er unter vier Augen mit dem Prinzen diskutieren (23.4.1864): »Nachdem die Kapitel der Baumwolle und der Steinkohle erschöpft waren, sprachen wir in der unbefangensten Weise über Leibeigenschaft, Konstitution, Sozialismus, Freiheit und schließlich über Christentum und Islam.« Zunehmend skeptisch äußerte sich Eyth über den Einfluß der zahlreichen auswärtigen Investoren, Hasardeure und Berater der vizeköniglichen Führung (18.11.1863): »Zivilisation und Barbarei, fieberhafte Unternehmung und unüberwindliche Faulheit, der alte Fanatismus, der, weil er nicht mehr morden kann, betrügt und stiehlt, und der modern-christliche Unglaube, der in größerem Stile raubt und plündert, wo etwas zu holen ist, all diese widersprechenden Elemente liegen sich brüderlich in den Haaren. Amerikanische Industrieritter und englische Stallknechte, griechische Spitzbuben und französische Komödianten, deutsche Trunkenbolde und italienische Apotheker und Giftmischer auf der breiten Grundlage von Arabern und Kopten, bei denen jedes Wort eine Lüge ist und jede Handlung ein Diebstahl, ein Versuch zu bestechen oder bestochen zu werden: – *das* sind die Elemente dieser Gesellschaft. [...] Nach Jahrzehnten, wenn die Flut der eindringenden Zivilisation sich zu legen beginnt, wenn Arbeit und Verdienst ihr Gleichgewicht gefunden haben, wird sich das alles vielleicht besser gestalten.«

Inzwischen brachte der amerikanische Bürgerkrieg die Baumwollproduktion der Vereinigten Staaten zum Erliegen, was zum sprunghaften Anstieg der Weltmarktpreise führte. Konsequent trieb Halim Pascha den Ausbau seines Maschinenparks voran, wie Eyth nach Deutschland schrieb (1.2.1864): »Vor einigen Tagen durfte ich wieder zehn neue Maschinen bestellen und werde somit im nächsten Jahr fünfundzwanzig Stück für Dampfkultur in Gang haben. [...] Fowler hat infolge der ägyptischen Bestellungen seine Fabrik um das Dreifache vergrößert und der Vizekönig, der nicht warten will, hat die Vergrößerung bezahlt. Was gegenwärtig besonders wirkt, ist, daß ich im barbarischen Ägypten der einzige bin, der es fertigbringt, mit Erfolg bei Nacht zu pflügen. Dies geschieht seit vier Wochen in Schubra, um die Felder für die Aussaat der Baumwolle fertigzubekommen.«

Um die Felder in die üblichen Längsbeete zu legen, mußte Eyth erneut ans Reißbrett, um eine eigenes, ebenfalls dampfbetriebenes Gerät zu konstruieren (8.3.1864): »Wenn es gelingt, wird ein einziger derartiger Apparat jeden Tag die Arbeit von etwa fünfzehn Paar Ochsen und zweihundertfünfzig Leuten ersetzen.« Ein Wettpflügen, bei dem die Fowlerschen Pflüge gegen Dampfmaschinen der Konkurrenzfirma Howard antraten, konnte Eyth für seinen früheren Arbeitgeber entscheiden (26.4.1864): »Was mich am meisten freut, ist, daß der Sieg von meinen arabischen Truppen erfochten wurde. Meine hiesigen Berufskollegen sind nämlich nicht wenig erbost auf mich, weil ich für die Bildungsfähigkeit der Rasse einstehe. Jetzt sehen sie's! Die Möglichkeit ist bewiesen.«

Inzwischen betrieb Eyth nicht mehr nur Landmaschinen, sondern reiste »Nil auf und Nil ab« zu den Besitzungen Halim Paschas und betreute »Dampfpflüge, Dreschmaschinen, Werkstätten, Gasfabrik, Pumpen, Dampfschiffe, Baumwollgins, Zuckerfabriken« (30.5.1864). Daß es in der vizeköniglichen Familie zu Streitigkeiten kommen würde, war nicht abzusehen (21.6.1864): »Die Ursache war, daß Ismael eine Anzahl Dörfer, die Tussum Pascha, dem Sohn des vorigen Vizekönigs Said, dem Pflegesohn Halims, gehörten, einfach annektierte. Worauf der große Neffe und der kleine Onkel sich nicht fein die Meinung sagten und Halim die Präsidentschaft des Staatsrates, die er bisher innegehabt hat, niederlegte.« War dieser Zwist noch von verhältnismäßig geringer Bedeutung für Eyths berufliche Laufbahn, so erschütterte ihn zum Ende seines zweiten Jahres in Ägypten (11.12.1864) die Nachricht: »John Fowler ist tot. Es ist ein fürchterlicher Schlag für die Steam-plough-works. [...] Fowler war nur achtunddreißig Jahre alt. Die unausgesetzten Sorgen und Anstrengungen hatten seine Gesundheit sichtlich erschüttert, so daß die Ärzte darauf bestanden, daß er sich Erholung verschaffen müsse. […] Ein Starrkrampf endete jedoch plötzlich, in fünfzehn Minuten, sein Leben!«

Eyths Engagement für die Weiterentwicklung der Fowlerschen Maschinen ließ nicht nach. Im folgenden Frühjahr war es endlich so weit; der neuentwickelte Prototyp für den Baumwollanbau konnte vorgeführt werden (7.4.1865): »Das neue, von den Dampfpflugmaschinen gezogene Gerät besteht aus drei an einem Rahmen befestigten Häufelpflügen, die im Abstand von je vier Fuß drei Gräben von der nötigen Tiefe ziehen. Zwischen denselben stecken auf einer gemeinschaftlichen Achse etwa drei Fuß hohe Scheiben, deren zackige Radreifen auf den aufgeworfenen Boden drücken, die großen Schollen zerbrechen und dem Beet die Form geben, die für die vollkommenste gehalten wird. Die Maschine ist, wie hieraus zu sehen, über zwölf Fuß breit, und eine der Hauptschwierigkeiten war, solche Vorrichtungen zu treffen, daß sie leicht gesteuert und an den Enden des Feldes von einem Mann umgewendet werden kann.« Doch nur wenige Wochen später nahm der amerikanische Bürgerkrieg die entscheidende Wendung zugunsten der Nordstaaten (4.5.1865): »Mit dem Fall von Richmond stürzt das Glück der Leute zusammen, die auf den Sand der ägyptischen Baumwollglanzperiode gebaut haben … Halim Pascha, der die Hauptmasse seiner diesjährigen Wolle auch noch nicht verkauft hatte, macht, wie das ganze übrige Land, ein böses Gesicht. Wie's überhaupt weitergehen soll, weiß niemand.«

Seinen 29. Geburtstag am 6. Mai feierte Max Eyth auf dem Gräberfeld von Sakkara, im Schatten der Stufenpyramide – »der Eingang ist verschüttet; dagegen zeigt sie das völlig Eigenartige, daß sie sechs, vielleicht sieben große Terrassen bildet, und deshalb an chaldäische Formen erinnert. Das Steinwerk ist in zertrümmertem Zustand und sieht in der Nähe dem Schuttberg eines Steinbruchs nicht unähnlich. […] Gegen Osten, vom Fuß unserer Pyramide bis zum Absturz des Tafellandes gegen das Niltal hin ziehen sich wellenförmige Sandhügel, Reste kleinerer, zertrümmerter Pyramidchen und Grabbauten (Mastabas), neben zahllosen, im Sand trichterförmig erscheinenden Eingängen zu Gräberschächten verschiedener Art. In den Felsabstürzen nach der Talseite hin befinden sich Gräber von Ibismumien, von denen ich schon in Kairo gehört hatte. [...] Gibt es einen Wahnsinn, den die Menschheit noch nicht ersonnen, – nein, den die Menschheit nicht Jahrhunderte lang mit Andacht gepflegt hat? Wieviel von dem, was *wir* tun und treiben, wird in tausend Jahren gleichfalls Wahnsinn heißen!«

Mit dem Prinzen, den er auf eine längere Europareise begleiten sollte – sie wurde wegen der in Alexandrien ausbrechenden Cholera in letzter Minute abgesagt –, unternahm Eyth eine Besichtigung seiner Güter. »Halim Pascha ist der liebenswürdigste Gesellschafter. Seine Teilnahme für das allgemein Menschliche vom Begriff Gottes bis zu den Bubengeschichten aus seiner Pariser Zeit läßt den Stoff nie ausgehen ... Halim ist, wie es bei einem gebildeten Moslem fast selbstverständlich scheint, Materialist, oder, wenn man will, Pantheist. Ich verteidigte meinen Glauben an einen bewußten Gott, wobei ich die französische Grammatik nicht schonte. Von gegenseitigem Überzeugen ist natürlich bei derartigen Streiten, wie in Deutschland am Neckar, so auch am Nil in Ägypten nicht die Rede; wir sind überall Menschen. [...] Auch die Frage der Vielweiberei wurde verhandelt. Halim gab hier nach, sagte jedoch am Schluß: ›Er für seine Person müsse nichts destoweniger gestehen: – je mehr Weiblein, desto besser!‹«

Als der Vizekönig in begreiflicher Furcht vor der Epidemie außer Landes ging, wurde für die Zeit seiner Abwesenheit nicht Halim Pascha als der legitime Regent eingesetzt, sondern der unbedeutende Kulturminister Scheriff. Eyth überstand die Cholera, ohne angesteckt zu werden, und begann ernsthaft damit, arabisch zu lernen. Im August und September verreiste er tatsächlich in Halim Paschas Begleitung, nicht jedoch nach Europa, sondern nach Syrien, wo er Bewässerungsmöglichkeiten erkunden sollte, und nach Jerusalem. Tatsächlich erhielt der Prinz die Konzession der türkischen Regierung für den Plan einer Wasserleitung in Beirut, doch aus dem Bau, dessen Aufsicht der Ingenieur aus Deutschland übernehmen sollte, wurde nichts.

Die »asiatische Geschäfts-, Vergnügungs- und Pilgerreise« (18.10.1865) endete mit schlechten Nachrichten, die bei der Heimkehr auf sie warteten: »Die Baumwollernte dieses Jahres ist mißraten«, teilte Max Eyth seinen Eltern mit (19.11.1865): »Ein kleiner, fast mikroskopischer Wurm hat die Knospen angefressen, die nun von den sonst prachtvollen Stöcken halbreif abfallen. Der Vizekönig schickt die Leute schiffsladungsweise nach Europa zurück und läßt Fabriken und Maschinen verrosten. Auch dieses Fieber ist ansteckend. Es hat mich ernsthafte Auseinandersetzungen selbst bei Halim Pascha gekostet, wenigstens das Angefangene vollenden und das im Gang Befindliche erhalten zu dürfen. [...] Eine andere Frage tritt allmählich in den Vordergrund. In drei Monaten ist mein Vertrag abgelaufen. Was tun? Halim Pascha – das weiß ich – wünscht das Verhältnis nicht zu lösen.«

Anlaß zur Besorgnis gaben die unerquicklichen Familienstreitigkeiten zwischen Halim Pascha und dem Vizekönig, in denen auch Politik im Spiel ist und die »in der letzten Zeit zur förmlichen Kriegsführung« ausgeartet waren (5.1.1866): »Hingegen wurden nun von sämtlichen anderen Gütern meines Paschas alle Leute weggezogen, die nicht förmlich Halims Leibeigene sind. Thalia steht verlassen; die Baumwolle verfault auf den Feldern. Leute, die ich seit drei Jahren zu Maschinenwärtern und Dampfpflügern herangezogen habe, werden gezwungen, als Karrenbauern oder Erdarbeiter am Suez- oder Moezkanal zu arbeiten, und ich habe mir neue heranzuschulen. Bei der Zahl unserer Maschinen ist dies keine kleine Arbeit und läßt mich meines Lebens nicht froh werden.«

Ende Januar erfuhr der Prinz auf Umwegen, daß Eyth nach England zurückkehren wollte. Die Kündigung wurde noch einmal abgewendet, vielmehr handelt der Ingenieur sogar noch einen neuen, weit günstigeren Vertrag aus – doch es half alles nichts. Am 8. April war es soweit: »Es war eine Szene, die an Napoleon zu Fontainebleau gemahnte. Er sagte, daß ihm nichts mehr bleibe als Schubra, daß er genötigt sei, seine Unternehmungen sämtlich einzustellen oder wenigstens aufs äußerste einzuschränken, daß, so schmerzlich es ihm sei, er unter diesen Umständen mich –. Es fiel ihm offenbar sauer, der langen Rede kurzer Sinn, den ich natürlich alsbald begriff, in das entscheidende Wort zu fassen. So half ich nach und sagte, daß ich jeden Augenblick bereit sei, meinen neuen Vertrag in seine Hände zu legen. Dabei und einem stillen Händedruck blieb's.«

Am 17. Mai 1866 bereitet sich Eyth auf die Abreise vor. »Es war ein förmlicher Kampf um meine Stelle, der noch einmal meine ganze Tätigkeit in Anspruch nahm. Doch ist jetzt *mein* Kandidat siegreich eingeführt. [...] Etliche Male habe ich mir die Frage vorgelegt, ob ich nicht am Ende selbst lieber bleiben und mein künftiges Geschick für immer mit Halim Paschas Schicksal verbinden wollte. Ich könnte angenehm leben, soweit dies in Ägypten möglich ist, und würde im übrigen auf die Zukunft bauen. Mein Gehalt wäre natürlich immer noch mehr, als mir vielleicht in Europa zu Gebote steht, und so hätte die Sache einiges für sich. Aber geistig wäre ich geliefert. Dieser Gefahr möchte ich mich denn doch nicht aussetzen.«

5

Obwohl er nur noch einmal kurz in das Land zurückkehren konnte, hat Ägypten ihn nie mehr losgelassen. Erst recht nicht, als sich Max Eyth 1896 aus der Vereinsarbeit für die von ihm gegründete DGL zurückzog, und in seiner Ulmer Junggesellenklause mit dem liebevollen Spitznamen »Athos« niederließ.

Bei Niederschrift und Herausgabe seiner autobiographischen Erinnerungsbücher hatte der ehemalige Dampfpflug-Baschmahandi des Prinzen immer wieder diese erlebnisreichste Zeit seines Lebens vor Augen. In mehreren Vorträgen, Aufsätzen und Gutachten beschäftigte er sich nach wie vor mit Industrialisierung der ägyptischen Landwirtschaft, Bewässerungsproblemen nahöstlicher Städte und – was sich nicht nur im »Schlagbaumkapitel« des Romans niederschlug – mit mathematischen und naturwissenschaftlichen Aspekten der Cheopspyramide.

Das Tagebuch, das Eyth auf dem »Athos« führte, und das Adolf Reitz in einer gedrängten Auswahl herausgegeben hat, ermöglicht uns einen Blick in die Werkstatt. Dabei stellt sich heraus, daß dem welt- und sprachgewandten, stilsicheren Mann, der vor den unterschiedlichsten Auditorien mit Erfolg zu referieren pflegte, das Schreiben keineswegs leichtfiel. Zehn Seiten waren es am 11.1.1897: »Dies scheint aber das Maximum zu sein, das ich an einem Tag fertig bringe, ohne abgespannt zu werden. Merkwürdig wenig!« In diesem Rhythmus entstand der »Pharaoaufsatz«, den er im Februar 1897 halten sollte. Recherchen nicht inbegriffen, die er doch zweifellos anstellen mußte – wie am 14. Februar 1899 in der Königlichen Bibliothek zu Berlin: »Wo ich ohne Schwierigkeit reichlich Material für meine Zwecke finde, tatsächlich aber in dem embarras de richesse nichts machen kann, wenn ich nicht genauer weiß, was ich will.«

Die Pläne für den ersten großen Roman zeichneten sich noch im selben Frühjahr ab. Der Arbeitstitel wird erstmals im Tagebucheintrag vom 28. April 1899 genannt: »Suche, vorläufig umsonst, nach einem passenden Schlußeffekt für die Pyramidenschwärmer.« Offenbar pflegte Eyth seine dichterische Produktion vom Ende her aufzurollen. Ein konkretes Vorhaben schien seit längerem zu bestehen, doch erst am 24. Juni 1899 heißt es: »Athos. Ernstlich mit dem Plan und den Studien für den Pyramidenschwärmer angefangen – und begonnen nach einem Stundenplan zu arbeiten, was die Existenz wesentlich erleichtert, aber nicht lang dauern wird.« Aus dem Nachlaß ist eine minutiöse Tageseinteilung des Autors überliefert, nach dessen Spaziergängen die Ulmer Mitbürger ihre Uhr zu stellen pflegten.

Während in den folgenden Monaten die geselligen Pflichten, das Briefeschreiben und Vorträgehalten überhand nahmen, erfahren wir nicht mehr viel vom Fortgang des Romans. Sogenannte Schmierkonzepte entstand, die vom Autor wieder und wieder umgeschrieben wurden – mit der Hand, denn eine Schreibmaschine zum Preis von 450 Mark schaffte er sich erst im Oktober 1901 an, um sie für Briefe zu benutzen.

Eine Zeitlang schien Eyth den Plan eines Romans wieder verworfen zu haben. Am 12. Dezember 1899 standen immerhin schon die esoterischen Thesen fest, um die es in vielen teils ironisierenden Dialogen, besonders aber im essayistischen vierzehnten Kapitel geht: »Die Verrücktheiten gegen den Schluß des Buches (besonders die 36. hohe Stufe am Südende der Großen Galerie, die die Weltherrschaft im messianischen Sinn der Engländer bedeutet) haben meine Bedenken, das ganze Buch als Grundlage eines Novellenstoffs zu benutzen, wieder aus dem Wege geräumt. Solche Narren verdienen die Geisel! Siehe Salomo!« Anderntags ist der Autor »fertig mit Smyth«, von dem er noch am 11. Dezember meinte: »Fast bekomme ich Gewissensbisse, den Mann mit seinem Ernste zu verarbeiten.« Vier Tage später heißt es: »Angefangen, den Plan der Pyramidenschwärmer aufs neue vorzubereiten. Es wird mehr und mehr licht, und könnte eine wirklich gute Geschichte werden, wenn sie auch die tiefsten Probleme des Lebens nicht berührt.«

Der 5. Januar 1900 verging mit »abschreiben und Plan für das dritte Kapitel«; am 9. Januar war er »Fertig mit Kapitel II, das mir sehr viel Spaß macht, aber als Teil des Ganzen zu groß ausgefallen ist.« An den langsameren Arbeitsrhythmus des Romanschreibens mußte sich Max Eyth erst gewöhnen (10. Januar): ›Wenn ich nur wüßte, wie ich die Hast im Arbeiten an dem Pyramidenschwärmer zügeln könnte. Es wäre so nett, dies behaglich zu tun.« Darin liegt freilich, konstatiert er am 11. Januar, die ›Gefahr […], daß ich auf diesem Wege langweilig werde. Eine andere Gefahr ist, daß ich zu viel mit Ironie und dem selbstironisierenden Mißbrauch von Worten spiele. Aber wer will seinem Stil gebieten, ohne das Beste seines eigenen Ichs über Bord zu werfen?«

Dem notorischen Workaholic gelang es nicht, den eigenen Fleiß zu zügeln: »Siebtes Kapitel der Pyramidenschwärmer begonnen«, heißt es am 24. Februar, »und splendid vorwärtsgekommen. 11 Seiten. Dies ist jedoch entschieden zu viel und erschöpft. Doch suche ich noch umsonst nach einer geistigen Bremse für solche Tage. Der rein äußerliche Trieb, vorwärts zu kommen, ist stärker als das innerliche Gefühl, daß hierbei nichts wahrhaft Gutes herauskommt.«

Auch die Einsamkeit des Produzierens beeinträchtigte nach Meinung des Autors das Ergebnis: »Es ist noch vieles dunkel«, heißt es am 30. März. »Manchmal scheint mir der Stoff zu reich, manchmal nicht vielseitig genug. Es bedarf jedenfalls noch des Organisierens.« Am 3. April nahm er die Korrepodenz des kommenden Jahres mit Lili Du Bois-Reymond prophetisch vorweg: »Wenn ich mir nur irgendwie das ehrliche Urteil eines Verständigen verschaffen könnte. Es wird allerdings nicht viel helfen, denn ich könnte doch nicht anders schreiben: ›le style c'est l'homme.‹ –«

Zunächst jedoch, am 9. Mai 1900, offenbarte er sein Vorhaben dem Freund Poggendorf. Inzwischen hatte er auch den Titel *Der Kampf um die Cheopspyramide* gefunden. So sehr ihn das Abschreiben anstrenge, mochte er nicht darauf verzichten, selbst in den Urlaub am Bodensee drei Kapitel mitzunehmen, den er am 23. Juli 1900 antrat. »Es wird mir sehr oft fraglich«, notierte er nach der Rückkehr am 28. August, »ob das Ausspinnen eines an sich verrückten Gedankens wie P[iazzi] Smyths zu einem langen Buch Erfolg haben kann, oder vielmehr, nicht eine wirkliche Verirrung war.«

Niederschmetternd klingt die Feststellung vom 1. September: »Entdecke einen groben Fehler bezüglich der Piazzi Smythschen Ideen, so daß ich ein Stückchen umarbeiten muß. Die Breitengrade der Lage der Pyramide sind äußerlich nicht dargestellt. Bin unnatürlich entmutigt und habe nur den Trost, daß es anderen, großen Schriftstellern ähnlich ging, z. B. Carlyle mit seiner französischen Revolution.« Drei Tage später notierte er: »Könnte manches feiner ausarbeiten, wenn mich nicht das Gefühl quälte, daß es nicht der Mühe wert sei.«

Mitte Oktober war er mit dem ersten Viertel so zufrieden, daß er es nach Berlin zu senden wagte und um eine »rücksichtslose Kritik« bat. »Sie werden in dem Manuskript wohl manche kleine Unebenheit entdecken«, schrieb er an Lili Du Bois-Reymond am 16.10.1900, »die noch verschwinden dürfte, und manche große, die, fürchte ich, stehenbleiben muß. Nicht wahr, Sie geben es nicht aus der Hand? Eine halb- oder vielmehr viertelsfertige Arbeit gehört nicht in fremde Hände. Mit der Lektüre hat es keine Eile, wenn ich das Paket in zwei Monaten zurückerhalte, kommt es früh genug. Ich fange morgen das vierzehnte Kapitel – das letzte des zweiten Abschnittes – an, und brauche den ersten Teil nicht, ehe das achtundzwanzigste, das letzte des vierten Abschnitts, hinter mir liegt.«

Mit Erleichterung registrierte er am 25. Oktober ihr Angebot, Korrekturen und Kürzungsvorschläge vorzunehmen: »Der weiße Rand steht Ihnen in jeder Weise zur Verfügung. Nur eine Bedingung möchte ich vorschlagen: daß Sie die Sache fallen lassen, sobald Sie finden, daß sie Ihnen lästig wird. Sie ist sicherlich weniger angenehm, als Sie dies in der ersten Aufwallung des Gedankens annahmen.«

Am 30. Oktober stand fest, daß der Roman *Der Kampf um die Cheopspyramide* heißen wird. »Kann vorläufig noch immer keinen genügend durchschlagenden Schluß finden«, heißt es in den Aufzeichnungen unter dem 2. November 1900. Erst drei Tage zuvor hatte er Lili Du Bois-Reymond gegenüber geklagt: »Das Buch wird mir zu lang. Ich habe halb und halb im Sinn, die letzten zwei Teile in *einen* zusammenzudrängen und so drei aus dem Ganzen zu machen. Eine gedrungene Erzählung ist in unsrer Zeit meist mehr wert als eine behaglich ausgesponnene. Nur ein technisches Bedenken hält mich zurück: es würde dadurch *ein*, aber ein fast zu dicker Band entstehen, statt der zwei handlichen Bändchen, auf die ich es ursprünglich abgesehen hatte.«

Von der Urenkelin Mendelssohns erhoffte sich Max Eyth vor allem eine stilistische Kritik: »Sehr dankbar bin ich, wenn Sie mich auf Anglicismen aufmerksam machen wollen. [...] Auch wenn Sie Schwabicismen mit nordischer Energie anstreichen, dürfen Sie meiner Dankbarkeit sicher sein. Korrigieren werde ich sie vielleicht nicht immer. Denn ich finde, daß manche süddeutsche Wendung, die dem norddeutschen Ohr unangenehm auffällt, sprachberechtigt ist, wie umgekehrt mancher norddeutsche Sprachgebrauch uns mit Recht nicht behagen will. Das Berliner Journalistendeutsch liefert hierfür manchen Beleg. Ich halte es aber keineswegs für notwendig, daß wir alle nach einem Reglement geschoren werden.«

Einwände erhob die erste Leserin des Romans gegen den Spott über die kletterfreudigen »Herdenreisenden«, das Rekapitulieren autobiographischer Passagen aus früheren Büchern sowie gegen die ausführliche Darlegung der Pyramidentheorie im 14. Kapitel.

Eyth entgegnete ihr am 5.12.: »Was die Geschichte meiner Anwesenheit in Ägypten betrifft, so war es mir widerwärtig genug, sie wiederholt zu erzählen. [...] Aber in einem täuschen Sie sich sicherlich: daß das Publikum sie kennt. Es ist nach meiner Erfahrung erstaunlich, wie selten eine solche Voraussetzung zutrifft [...]. Und da ich nun einmal als nicht unwichtige Nebenfigur in der Geschichte eine Rolle spiele, so muß meine Anwesenheit in einem Land, in dem man nicht gerade jedermann trifft, begründet sein, wie die Anwesenheit der Thinkers oder Buchwalds. So konnte ich mir nicht anders helfen, als die alte Geschichte noch einmal, hoffentlich zum letztenmal, aufzutischen. […] Was ich mit dem Kapitel bezweckte, ist, Thinkers Gedankenwelt einigermaßen zu rechtfertigen, ihn nicht ganz als Narren erscheinen zu lassen. Es gibt in der Tat solche Verrückte, die nebenbei die wackersten Menschen von der Welt sind, und es gibt solche Verrücktheiten […], auf die sie sich mit einem Schein von Recht stützen können.«

Zu Jahresbeginn arbeitete Max Eyth an den Märchenschlacht-Kapiteln, wozu er »Studien über Lotos und altindische Sagen« betreibt: »Das vierte Märchen ohne Anstand«, vermerkte er am 24. Januar 1901. »Stehe ratlos vor dem fünften. Doch mache ich hierbei wieder die merkwürdige Erfahrung, daß je widerwilliger und vernagelter man an eine derartige Aufgabe geht, um so sicherer kommt etwas Gutes. Das Strohfeuer einer Anfangsbegeisterung gibt nicht die geringste Sicherheit für einen leidlichen Erfolg.«

Tatsächlich entstand anderntags »das fünfte Märchen – mit Begeisterung«, auch wenn er die übermäßige Ausdehnung des Kapitels fürchtet. Am 26. Januar war der Autor »mit dem sechsten und siebten Märchen und damit Kapitel zwanzig fertig, das leider viel zu groß geworden ist, aber auch Poesie für ein ganzes Buch enthält«. Stolz stellte er am 30. Januar 1901 fest: »Finde die Märchen gut.«

Nach Überwindung einer depressiven Phase entschloß sich Eyth am 26. März, »die Abschnittsanfänge der Pyramidenschwärmer mit 5 Sonetten verzieren. Wenn sie nur schon gemacht wären!« Mit dem 15. April kann er zwar nicht das Werk als Ganzes, wohl aber seine erste Fassung fertig nennen. Eine Woche später schickte er den zweiten Teil des Manuskripts an Lili Du Bois-Reymond (22.4.1901): »Ich fürchte sonderlich, daß Ihnen die ans Burleske grenzenden Partien des zweiten Teiles wenig behagen werden, denn ich weiß, was Sie vom Struwwelpeter denken. In diesem Punkte sind von jeher Ansichten und Geschmack verschiedener Naturen außerordentlich verschieden gewesen und werden schwerlich je unter einen Hut zu bringen sein. Aber nicht wahr, Sie sagen mir offen, ob ich nach Ihrem Gefühl zum Beispiel im einundzwanzigsten Kapitel zu weit gegangen bin.«

Über die Antwort aus Berlin muß sich Eyth erheblich geärgert haben. Das geht nicht allein aus dem Tagebuch hervor, sondern auch aus seinem Brief vom 18. Mai 1901, dem ein wieder verworfenes Konzept vorausging. Nicht nur, daß sich der Ehemann seiner Freundin, Alain Du Bois-Reymond, seiner ausdrücklichen Warnung zum Trotz mit Kürzungsvorschlägen für den ersten Teil einmischte. Man mutete dem Autor auch noch zu, die Liebesgeschichten auszuspinnen und mit einer Doppelhochzeit abzuschließen. Er holte zu einer ungewöhnlich scharfen Entgegnung aus, entschieden im Ton und unerbittlich in der Sache (im gleichen Brief orientiert Eyth seine Leserin über die geplante Kapiteleinteilung nach den vier Elementen, auf die sich je ein Sonett beziehen soll):

»Ich habe mir durch das ganze Buch Mühe gegeben, keinen Roman zu schreiben, das heißt keine Geschichte, die auf der Fiktion beruht, daß das einzig Interessante im Leben darin liegt, ob und wie ein paar Gänschen und einige Gänseriche sich zusammenfinden [...]. Ich weiß, daß achtzig Prozent der deutschen Romane von diesem nichtswürdigen Gedanken leben und daß fünfundneunzig Prozent der Romanleser dies verlangen. Es ist aber grundfalsch und weiter nichts als eine Geisteskrankheit der letzten paar Jahrhunderte. Es gibt nichts Schwachköpfigeres, nichts Uninteressanteres, nichts Unbrauchbareres als Wesen im Zustand der Verliebtheit. Das weiß man im wirklichen Leben recht gut und läßt sie allein. Nach der Krankheit werden es vielleicht wieder ganz vernünftige Menschen, während derselben sind sie, auch in Büchern, nur genießbar für solche, die ähnlich veranlagt sind oder es werden möchten. So kommt es, daß fast ausschließlich Frauen – für die das Verhältnis der Geschlechter in jeder Phase von weitaus größerer Bedeutung ist als für den Mann – deutsche Romane lesen, zu denen die Männer von heute nur in der Not der äußersten Langeweile greifen. – Früher war dies anders. Ein Homer, ein Virgil, die ›Nibelungen‹, selbst ›Tausend und eine Nacht‹ und die Literatur des Mittelalters weiß von dieser grotesken Einseitigkeit nichts.

[…] Ich weiß, die geneigte Leserin wird empört sein. Aber ich weiß auch, wie oft und wie sehr sie mich empört hat mit ihrem verflachenden, versüßelnden Einfluß auf unsre unglückliche, verbackfischte Literatur. […]

Nun wissen Sie auch, wie ein ehrlicher alter Junggeselle über diesen Punkt denkt. Daß die meisten Männer ebenso fühlen, ohne zu denken, das weiß ich.

Ich wollte nun für Männer schreiben oder jedenfalls nicht vorzüglich für Frauen. Das ist mein Recht. Und ich werde wahrscheinlich dafür büßen. Das ist meine Pflicht. Das Buch sollte die Geschichte von Joe, Ben und der Pyramide erzählen, die alle drei selbstverständlich mehr Symbole als reale Wirklichkeit vorstellen.«

Doch so sehr sich der Autor ereifert haben mag, am 26. Mai hatte er ein Einsehen und schrieb das letzte Kapitel im Sinne seiner Kritiker um. Tatsächlich schließt die Geschichte in der Fassung, wie er sie am 28. Mai an den Verlag sandte, mit dem *happy end* eines »most respectable wedding« der Paare Buchwald – Sakuntala bzw. Fritschy – Fräulein Schütz. Am 30. Mai skizzierte Eyth, der ein begabter Zeichner war, die Buchumschläge; von vier Alternativen wählte man die utopische Ansicht der (unversehrten) Cheopspyramide, die sich im (fiktiven) Stausee spiegelt. Und noch am selben Tag teilte er Lili Du Bois-Reymond versöhnlich mit:

»Früher wollte ich Ihnen nicht schreiben, denn Sie mußten doch erfahren, was mit dem achtundzwanzigsten Kapitel geschehen ist, und vor vier Tagen wußte ich es selbst noch nicht. Ich wollte mich erst unter dem Eindruck der endgültigen Revision des dritten und vierten Teils des Buchs entscheiden. […]

Und nun werde ich das alte achtundzwanzigste Kapitel in

einem hervorragenden Geheimkabinett sorgfältig aufbewahren, als einen denkwürdigen Beweis männlicher Schwäche und weiblichen Triumphes. Ich besitze leider wenige *Documents humains* dieser Gattung.

Ernsthaft gesprochen: vom Standpunkt des Lesers haben Sie völlig recht. Weshalb das Kapitel überhaupt erdacht und geschrieben wurde, fühlen Sie vielleicht, wenn sie den Sinn des vierten Sonetts (Erde) auf sich wirken lassen. Ich wollte den Leser zwingen, über eine Generation hinauszublicken, ich wollte feststellen, daß das Untergehen der Saat nicht das Ende der Dinge bedeutet. Siebenundzwanzig Kapitel schildern das Leben dieser Saat, das achtundzwanzigste zeigt, wie die Früchte reifen. Aber ich habe all das vielleicht zu sehr in die Sprache und das Treiben des gewöhnlichen Lebens gehüllt, so daß es diesen Eindruck auf Ihren ›Leser‹ nicht macht. Das ist mein Fehler, den ich gerne zugebe, aber ich büße es auch dafür mit dem Opfer des achtundzwanzigsten Kapitels und von mehr als ihm.«

6

Abschließend wäre noch ein Blick auf den eigentümlich passiven Titelhelden der doch so bewegten Romanhandlung fällig – die Große Pyramide von Gise, die mit Recht als Weltwunder gilt und die Menschheit seit viereinhalbtausend Jahren vor schier unlösliche Rätsel stellt.

Daß der Autor an die (von Mathematik und seriöser Archäologie weitgehend widerlegten) Pyramidentheorien seines Romans glaubte, steht außer Frage. Piazzi Smyth hatte er persönlich kennen- und schätzengelernt. Seine »verrückten Gedanken« zum Gegenstand einer – wenn auch nur milde satirischen – Romanschilderung zu machen, brachte Eyth in

Gewissensnöte. Und mit Schrecken wurde er gewahr, daß man ihn mit den extremen Positionen der beiden Duellanten identifizieren könne. So schrieb er am 5. Dezember 1900 einigermaßen verstört an Lili Du Bois-Reymond: »Sie haben doch Thinkers Äußerungen über Lepsius nicht für *meine* Ansicht gehalten? Ich fuhr mit L. einmal von Alexandrien nach Triest und habe ihn ebenso liebgewonnen, als ich ihn zuvor hochachtete. Ich wollte mit den betreffenden Bemerkungen nur jenen eigentümlichen Haß der Gruppe eigensinniger Mystologen gegen das offizielle Wissen und Forschen andeuten, der in P. Smyths Büchern häufig zum Ausdruck kommt und die Spezies aller Faddisten charakterisiert. Wenn dies mißverstanden werden kann, so will ich den Satz jedenfalls milder fassen.«

Andererseits behandelte er den Idealisten Joe Thinker mit unverhohlener Sympathie, was auf Ben Thinkers destruktiven Aktionismus wohl nicht zutrifft. Beide Figuren stehen nicht für sich selbst, wie er in seinem zornigen Brief an Du Bois-Reymond vom 18. Mai 1901 hervorhebt; sie weisen ebenso über sich hinaus wie die Cheopspyramide selbst, und der Bemerkung, daß »alle drei selbstverständlich mehr Symbole als reale Wirklichkeit vorstellen«, kommt programmatische Bedeutung für das Romankonzept zu. Am 5. Dezember 1900 hatte er von Joe Thinker erklärt, er bleibe »wie immer der symbolische Repräsentant einer Richtung, die in unsrer Zeit und in Deutschland sehr ernst genommen sein will und tatsächlich noch immer die herrschende ist«.

Max Eyth, der sich als junger Mensch vorgenommen hatte, »dem Fabrik- und Maschinenwesen eine poetische Stellung zu erkämpfen«, war die Pyramidologie der esoterischen Art nicht fremd. »Ich habe mich von jeher gern zu den Toten geflüchtet, wenn mich das Leben ärgerte«, schrieb er den Eltern, als er Kairo nach fast zwei Jahrzehnten wiedersah (27.3.1880): »Hier in Ägypten winken sie uns von allen Seiten, aus allen Jahrhunderen. [...] Schon in früheren Jahren hatte ich meine besonderen Lieblinge unter diesem gespenstigen Volk, die ich gerne

810

besuchte. Es sind nicht gerade die Großen, wenn auch der alte Cheops mit seinem Pyramidenrechenexempel dazugehörte.«

Heute gehört die Pharaonen-Schwärmerei zum festen Repertoire der Esoterikwelle. Das Spektrum reicht von Rasierklingen, die unter pyramidalem Einfluß bei Mondlicht scharf werden sollen, über Charroux' obskure Magnetfeld-Doktrin bis hin zur Internetgemeinde, die im Cheops-Baudenkmal ein willkommenes Chatting-Thema entdeckt hat. Spökenkiekerfibeln wie Willi Schröters *Grenzwissenschaftlichen Versuche* zitieren Max Eyth als verläßliche Quelle, um sich einen wissenschaftlichen Anstrich zu geben.

Unverständlich bleibt – und das könnte die Lehre des Schlagbaumkapitels sein –, weshalb der legendären Großen Pyramide Eigenschaften angedichtet werden, die sie noch mirakulöser erscheinen lassen, als sie ohnehin schon ist. Lassen wir ein paar Fakten sprechen: Die ursprüngliche Höhe des gewaltigen Bauwerks betrug 146,60 Meter; heute fehlt die Spitze, wodurch sie ca. 9 Meter verlor. Und Cheops wählte nicht einmal die höchste Stelle auf dem Plateau; erst Pharao Chefren verewigte sich auf einer Anhöhe, wodurch der Eindruck entsteht, seine Pyramide sei höher. Bis ins 19. Jahrhundert galt die Cheopspyramide als das weltweit größte Gebäude der Welt. Ihre vier Seiten sind mit nur minimalen Abweichungen nach den Hauptrichtungen der Windrose ausgerichtet.

Die Seitenlänge beträgt mit minimalen Abweichungen 230 Meter; die längste und kürzeste Seite sind gerade mal 20,3 Zentimeter auseinander. Die Grundfläche beträgt ca. 5,3 Hektar, darauf fänden Westminster Abbey und St. Paul's Cathedral in London, Petersdom und sowie die Dome von Mailand und Florenz zugleich Platz. Rund um einen riesenhaften Felsblock wurden ca. 2,3 Millionen annähernd würfelförmige Steinquader mit einem Durchschnittsgewicht von 2,5 Tonnen getürmt. Angeblich hat sich Napoleon von einem Teilnehmer seiner Expedition, dem Mathematiker Gaspard Monge, bestätigen lassen, daß die Steine der drei Pyramiden von Gise ausreichen würden, ganz Frankreich mit einer 30 Zentimeter dicken und 3,70 Meter hohen Mauer zu umfrieden.

Außen war die Pyramide mit blendendweißem Kalkstein verkleidet; aus diesen Steinen wurde das mittelalterliche Kairo errichtet. Der Totentempel, der auf der Ostseite stand, ist bis auf das Fundament von 52 x 40 Metern ganz abgetragen. Reste des Taltempels fanden sich, als 1991 die Kanalisation im nahegelegenen Dorf restauriert wurde.

Im Inneren findet sich eine Galerie von achteinhalb Metern Höhe, mit kragförmigem, perfekt ineinander verfugten Gewölbe überdacht; der anschließende horizontale Gang führt zur zentralen Königskammer. Sie wurde ganz aus poliertem rosafarbenem Assuan-Granit errichtet. An der Westseite steht ein großer, aus einem einzigen Block gemeißelter, unpolierter Sarkophag; ein Deckel fehlt, und er trägt noch Spuren der Steinsäge, mit der er geschnitten wurde. Eine Inschrift fehlt. Für den Transport durch den aufsteigenden Gang (47 Meter Gesamtlänge) ist der Sarkophag ein winziges Stück zu breit; er wurde offenbar eingelassen, bevor die Kammer mit neun flachen, ca. 45 Tonnen schweren Granittafeln gedeckt wurde! Die Arbeiter, über denen sich der Schlußstein senkte, gelangten durch einen komplizierten »Notausgang« von ca. 60 Meter Länge hinaus. Vier Hohlräume wurden angelegt, um den Druck nach außen zu leiten. Über der horizontalen Decke von 1800 Tonnen Gewicht wurde die oberste Entlastungskammer mit einem Spitzdach gedeckt.

Vom Erbauer, der griechisch Cheops, Suphis oder ägyptisch Chufu genannt wird, wissen wir so gut wie nichts, nicht einmal, ob er je beigesetzt war. Der ungeheure Aufwand verfehlte jedenfalls seinen Zweck und konnte nur kurze Zeit vor Grabräubern schützen. Ebensowenig kennen wir die technischen Mittel, die seinen Baumeistern zur Verfügung standen. Herodot behauptet, der Bau sei auf Terassenstufen hochgezogen worden, wobei man mit kurzen Baumstämmen die Steinquader an allen vier Enden zugleich anhob. Die Zahl der daran beteiligten Arbeitskräfte muß in die Tausende gehen. Selbst wenn man zwanzig Jahre Bauzeit unterstellt, müßte täglich und ohne Unterbrechung durchschnittlich alle zwei Minuten einer der Sandsteinquader verlegt worden sein. Die Kosten beziffert Herodot mit 1600 Silbertalenten; nach heutiger Wertstellung des Edelmetalls wären das siebeneinhalb Millionen US-Dollar.

Und noch lange nach Max Eyths Aufenthalt in Ägypten wurden neue Wunder offenbar. Eins von ihnen ist das Grab der Hetep-Heres, Cheops Mutter, das die amerikanische Expedition des Museum of Fine Arts 1925 entdeckte. Es ist das einzige bisher aufgefundene Grab, das nie geplündert worden war: Gefäße aus Kupfer, Stein und Gold, Werkzeuge, Messer, Nagelfeilen aus Gold, ein Toilettenkästchen für acht alabasterne Schminkfläschchen – und Möbel: ein Bett, zwei Sessel, eine Sänfte aus goldbeschlagenem Holz. Ein weiteres Wunder ist das Schiff des Cheops, das beim Reinigen des Geländes rings um die Pyramide entdeckt wurde: 43 Meter lang und aus Zedernholz. Weil es zu lang für die Grube war, hatten die Bestatter es in 650 Teile zerlegt, die mühevoll zusammengesetzt wurden; heute ist das Schiff in einem eigenen Museum untergebracht. Kürzlich fand man eine weitere, noch nicht geöffnete Grube, die ein weiteres Schiff enthält. Und von der Djoser-Pyramide mit ihren dreißig- bis vierzigtausend aus einem Block gedrehten Alabastergefäßen oder vom Sphinx, der Chephrens Pyramide bewacht, war noch gar nicht die Rede.

Jeder dieser Fund gibt fast mehr Rätsel auf, als er zu erhellen vermag. Alle zusammen sorgen dafür, daß die von den Pyramiden ausstrahlende Faszination nicht nachläßt. Nimmt man hinzu, daß all diese Vorkehrungen für ein anderes Jenseits getroffen wurden, läßt sich vielleicht nachvollziehen, weshalb gerade Ägypten seit jeher ein Lieblingsspielplatz der Esoteriker, Sektierer, Mond- und Sonnenanbeter aller Schattierungen ist. Auch Max Eyth, der Techniker und Organisator, hatte einen Sinn für das Geheimnisvolle, ohne sich von ihm überwältigen zu lassen. Daher vereinigte er beide Positionen der Thinkers in sich. Und darin liegt die tiefere Dialektik, die das lebenspraktische Fräulein Bertha Schmitz zur Sprache bringt, als sie den Streit der ungleichen Brüder kommentiert:»Wenn Herr Joe spricht, bin ich ganz seiner Ansicht, und wenn Herr Ben das Wort hat, bin ich überzeugt, daß er recht haben muß.«

Als er Sebastian Hensel am 13. Januar 1896 die *Dunklen Blätter* übersandte, die erste dichterische Bearbeitung seiner Ägyptenzeit, schrieb Max Eyth dem Vater Lili Du Bois-Reymonds und Biographen der aufgeklärten Mendelssohn-Familie: »Ich glaube schon öfter mit geheimer Verwunderung bemerkt zu haben, daß Ihnen der Sinn für die Mystik der Menschennatur fehlt. Bei mir ist er ganz entschieden vorhanden, wenn auch vielleicht nur in der Form des Hangs nach der Poesie der Mystik. Die ›dunkeln Blätter‹ streifen dieses Gebiet. Doch können Sie sich auch als eine Schilderung der verschiedenen Formen des Aberglaubens verstehen, die im Volksleben der Ägypter heute noch eine nicht unbedeutende Rolle spielen. Noch im Jahr 63 nahm der Vizekönig Said-Pascha seinen Astrologen nach Paris und London mit und ging auf dessen Rat rasch nach Alexandrien zurück, um dort zu sterben: was auch gelang.«

Zum Text

Als Textgrundlage der vorliegenden Ausgabe diente die in der Carl Winter'schen Universitätsbuchhandlung Heidelberg erschienene zweibändige Originalausgabe von 1902. Offenkundige Druckfehler wie ›vom Hund‹ statt ›von Hand‹; ›Cherub‹ statt ›Chirurg‹; ›Märchen‹ statt ›Mädchen‹ wurden korrigiert. Da es zu Lebzeiten des Autors keine international einheitliche Umschrift der arabischen und indischen Schriftsprache gab (und noch heute nicht gibt bei ägyptischen Namen der Pharaonenzeit), wurde die originale Schreibweise beibehalten und ggf. vereinheitlicht. Eyths eigenem Anspruch folgend, über den noch während der Entstehung des Romans eine Rechtschreibreform hereinbrach, wurde jedoch z. B. ›Kalif‹ statt ›Chalif‹, ›Kristall‹ statt ›Krystall‹, ›Sphinx‹ statt ›Sphynx‹, ›Minarett‹ statt ›Minaret‹ gesetzt. Die behutsame Modernisierung erstreckt sich auch auf Getrennt- bzw. Zusammenschreibung (›weitergehen‹ statt ›weiter gehen‹; ›imstande‹ statt ›im Stande‹; ›wieso‹ statt ›wie so‹, ›zumindest‹ statt ›zum mindesten‹) sowie auf inzwischen eingetretenen Genuswandel (›der‹ statt ›das Bleistift‹; ›das‹ statt ›der Gehalt‹). Gelegentlich wurde antiquierter Wortgebrauch den heute gebräuchlichen Ausdrucksweisen angepaßt (z. B. ›Kran‹ statt ›Krahnen‹, ›Farn‹ statt ›Farren‹, ›Mameluken‹ statt ›Mamluken‹, ›Darlehen‹ statt ›Anlehen‹, ›fiebrige‹ statt ›fieberische‹, ›gespenstische‹ statt ›gespenstige‹).

Literaturhinweise

Über Max Eyth und seinen Roman:

Eine umfassende Bibliographie der Werke von und über Max Eyth hat OStR Thilo Dinkel in Kirchheim/Teck zusammengestellt, dem der Vf. wertvolle Hinweise verdankt.

Georg Biedenkapp: *Max Eyth, ein deutscher Ingenieur und Dichter*. Eine biographische Skizze, mit Proben aus seinen Werken nebst Illustrationen, Stuttgart 1910.

Hans Binder: *Der Ingenieur und Dichter Max Eyth (1836–1906) und sein Plan der Mammuthöhle in Kentucky (USA) aus dem Jahr 1866*. München 1997 (= Abhandlungen zur Karst- und Höhlenkunde 20).

Christoph Cober: *Max Eyth, Der Kampf um die Cheopspyramide*. Kindlers Neues Literatur Lexikon, München 1996, S. 559 f.

Julius v. Diefenbach: *Eyth, Max*. Biographisches Jahrbuch und Deutscher Nekrolog 13 (1908), Berlin 1910, S. 343–353.

Lili Du Bois-Reymond: *Max Eyth*. Ingenieur, Landwirt, Dichter, Berlin 1931.

Theodor Ebner: *Max Eyth*. Dichter und Ingenieur. Ein schwäbisches Lebensbild, Heidelberg 1906.

Max Eyth: *Gesammelte Schriften*. 6 Bde., Heidelberg / Stuttgart 1909–10; darin Bd. 6: *Aus Max Eyths Freundesbriefen*. Als Ergänzung seiner Briefbücher hg. v. Lili Du Bois-Reymond, S. 407–534.

Ders.: *Das Agricultur-Maschinenwesen in Aegypten nach seinen Hauptbestandteilen dargestellt*, Stuttgart 1987.

Ders.: *Hinter Pflug und Schraubstock*. Skizzen aus dem Taschenbuch eines Ingenieurs. 2 Bde., Stuttgart/Leipzig 1899

Ders.: *Im Strom unserer Zeit*. Aus Briefen eines Ingenieurs. Einbändige Reprintausgabe mit Einführung von Harald Winkel, Düsseldorf 1985 (= Klassiker der Technik)

Ders.: *Der Schneider von Ulm*. Historischer Roman um den Mann, der vom Fliegen träumte. Neu durchgesehen, mit Anmerkungen und einem Nachwort versehen von Nikolaus Gatter, Bergisch Gladbach 1997 (= Klassiker des historischen Romans/Bastei-Lübbe-Taschenbuch 13 880).

Sonderheft Max Eyth. Württemberg. Monatsschrift im Dienste von Volk und Heimat 8 (1936), H. 89 (Mai), S. 201–248.

Max Eyth 1836–1906. Ein Leben in Skizzen. Ausstellung v. 20. 78.–24. 8. 1986 im Ulmer Museum. Redaktion: Viktor Pröstler, Ulm 1986.

Rudolf Max Heege: *Max von Eyth*. Ein Dichter und Philosoph in Wort und Tat, Berlin 1928 (= Arbeiten der Deutschen Landwirtschaftsgesellschaft 336).

Ders.: *Max Eyth und die Muttersprache*. Muttersprache. Zeitschrift zur Pflege und Erforschung der deutschen Sprache 1957, H. 1 (Januar), S. 14–22.

W[erner] F[rasch]: Pionier der Technik in der Landwirtschaft. Max Eyth war auch ein Dichter und Dokumentator seiner Zeit, Teckbote v. 9.5.1981.

817

Ders.: *Max Eyth – Leben und Wirken*. Informative Ausstellung bis zum 17. Mai im Kirchheimer Kornhaus, Teckbote v. 9.5.1981.

Theodor Heuss: *Deutsche Gestalten*. Studien zum 19. Jahrhundert, Stuttgart / Tübingen 1947, S. 238–246.

Gottfried Kittel: *Max Eyth und seine Sippe*. Zu seinem 100. Geburtstag im Jahre 1936, Hameln 1936.

Esther Knorr-Anders: *Abenteuer eines Ingenieurs*. Die Zeit Nr. 43 v. 16.10.1987.

Lahnstein, Peter: *Max Eyth*. Das Schönste aus dem zeichnerischen Werk eines welterfahrenen Ingenieurs, Stuttgart 1986.

Literarische Gedenkstätte. Max Eyth als Schriftsteller. Stuttgarter Zeitung Nr. 201 v. 31.8.1992, S. 18.

Wolfgang Messerschmidt: *Eine unbekannte Lokomotivfabrik*. Hier arbeitete Max Eyth – Ingenieur und großer Ezähler, VDI-Nachrichten Nr. 28 v. 8.7.1964.

Wolfgang Metzger: *Max Eyth*. Der Dichter und Pionier der Technik, Stuttgart 1940.

Engelbert Pernerstorfer: *Techniker und Poeten*. Das literarische Echo. Halbmonatsschift für Literaturfreunde 10, H. 2 v. 15.10.1907.

Adolf Reitz: *Max Eyth*. Ein Ingenieur reist durch die Welt. Pioniertaten eines Landtechnikers, Heidelberg 1956.

Ders.: *Hinter Buch und Schreibtisch*. Vergessene Tagebücher von Max Eyth, Ulm 1961.

Rawhia Riad Abdel-Noor: *Ägypten in der deutschen Literatur des 19. Jahrhunderts*, München 1986

Katja Schwiglewski: *Erzählte Technik*. Die literarische Selbstdarstellung des Ingenieurs seit dem 19. Jahrhundert, Köln 1995 (= Kölner Germanistische Studien 36).

Friedrich Seebaß: *Max Eyth*. Neubau. Blätter für neues Leben aus Wort und Geist 5 (1950), H. 10, S. 406–412.

Karl Storck: *Zum Gedächtnis*. Max Eyth. Der Türmer. Monatsschrift für Gemüt und Geist 9 (1906), H. 2 (November), S. 275 f.

Christiane Todrowski: *Bürgerliche Technik-»Utopisten«*. Ein Beitrag zur Funktion von Fortschrittsoptimismus und Technikeuphorie im bürgerlichen Denken des 19. Jahrhunderts, dargestellt am Beispiel der Publikationen Max Eyths und Max Maria von Webers, Münster 1996.

Carl Weihe: *Max Eyth*. Ein kurzgefaßtes Lebensbild mit Auszügen aus seinen Schriften. Nebst Neudruck: *Wort und Werkzeug* von Max von Eyth (Erschienen 1905), Berlin 1916.

Harald Winkel: *Max Eyth*. Ingenieur, Erfinder, Dichter und Maler. In: *Schwäbische Tüftloper und Erfinder*, Stuttgart 1986, S. 83–89.

Felix Zimmermann: *Die Widerspiegelung der Technik in der deutschen Dichtung von Goethe bis zur Gegenwart*, Dresden 1913.

Handschriftliche Manuskripte von Max Eyth, auch das seines Romans *Der Kampf um die Cheopspyramide*, seine Tagebücher 1866–1906 und seine Briefe an Lili Du Bois-Reymond werden im Deutschen Literaturarchiv, Marbach am Neckar aufbewahrt. Rund tausend Zeichnungen und Aquarelle des Autors befinden sich im Ulmer Stadtmuseum. Eine umfassende Sammlung von Bildern, Dokumenten, Büchern und Lebenszeugnissen wird im Max-Eyth-Haus, einem Literaturmuseum in Kirchheim unter Teck ausgestellt

... über die Cheopspyramide:

Robert Charroux: *Unbekannt – geheimnisvoll – phantastisch*. Auf den Spuren des Unerklärlichen. Aus dem Französischen von Elisabeth Schwarz, Düsseldorf 1970.

Peter A. Clayton: *Die Pharaonen*. Herrscher und Dynastien im alten Ägypten. Deutsch von Nikolaus Gatter, Düsseldorf 1995.

Glyn Daniel: *Geschichte der Archäologie*. Deutsch von Joachim Rehork, Bergisch Gladbach 1982.

Rudolf Drößler: *Als die Sterne Götter waren*. Archäologen auf der Spur der Sonnengötter – von der Altsteinzeit bis zum Mittelalter, Bergisch Gladbach 1981 (= Bastei-Lübbe Taschenbuch 64 051).

Werner Ekschmitt: *Die Sieben Weltwunder*. Ihre Erbauung, Zerstörung und Wiederentdeckung, Mainz 1984 (= Kulturgeschichte der Alten Welt).

G. Goyon: *Die Cheops-Pyramide*. Deutsch von Joachim Rehork, Bergisch Gladbach 1979.

Richard Lepsius: *Briefe aus Ägypten, Äthiopien und der Halbinsel Sinai*, Berlin 1857.

Hermann Neikes: *Der goldene Schnitt und die »Geheimnisse der Cheopspyramide«*, Köln 1907.

Fritz Noetling: *Die kosmischen Zahlen der Cheopspyramide. Der mathematische Schlüssel zu den Einheits-Gesetzen im Aufbau des Weltalls*, Stuttgart 1921.

Willy Schrödter: *Grenzwissenschaftliche Versuche für jedermann*, Freiburg im Breisgau 1960, S. 43–46, 210 ff.

... die Rätsel der Pyramiden im Internet:

http://www.idsc.gov.eg/culture/pyr.htm

Fremdenverkehrsseite »Egypt's Culture Net« mit Bildern und Erläuterungen zu allen großen Sehenswürdigkeiten Ägyptens.

http://www.abc.se/~m10354/pic/mus/giza_pyr.jpg

Unkommentierte Abbildung des Pyramidenfelds bei Gize.

http://ccat.sas.upenn.edu/arth/zoser/zoser.html

Gezeigt wird die Stufenpyramide von Sakkara, mit Erläuterungen, Abbildungen, Landkarten und »anklickfähigen« Grundrissen.

http://watchtower.observer.org.photodrama

Website der Zeugen Jehovas, die alle historischen Relikte auf die Bibel bezieht; u.a. wird Adam als Pharao und Erbauer der Pyramiden dargestellt.

http://pharos.bu.edu/Egypt/Wonders/pyramid.html

»Weltwunderseite« mit Fotos und Beschreibungen der Cheopspyramide.

http://www.dcs.shef.ac./uk/~martins/Pyramid

»Pyramidenskeptische« homepage mit Diskussionsforum und (englischsprachigen) Aufsätzen von Martin Stower, der gegen Howard Vyse und andere Pyramidologen polemisiert.

http://www.goodfelloweb.com/giza

Stephen Goodfellow vermißt einen »Fluchtpunkt« neben den Pyramiden von Gise, woraus er abenteuerliche Schlüsse zieht.

http://www.chez.com/egypte/guizeh.html

Französischsprachige Site mit Theorien über das Pyramidenfeld mit vielen interessanten Bildern.

http://www.aas-ra.org/sz/pyramide.html

Artikel aus der Zeitschrift *Ancient Skies* 4/1994 (in deutscher Sprache) über Fotos von einer metallverriegelten »Tür« imInnern der Cheopspyramide, die der deutsche Ingenieur Rudolf Gantenbrink 1993 mit einem ferngesteuerten Roboter aufgenommen hat.

http://www.access/ch/mow/gizeh.html

Esoterische Website von Anhängern Erichs von Däniken in
der Schweiz, die einen Erlebnispark vorstellt. In diesem sollen auch Gantenbrinks Aufnahmen von der geheimnisvollen
Tür in voller Länge gezeigt werden. Die Tür ist unzugänglich,
weil der Schacht, durch den der Roboter fuhr, nicht breiter als
20 x 20 Zentimeter ist.

**http://ourworld.compuserve.com/homepages/FDoer-
nenburg/hauptpyramide.html**

Umfassendste, mit zahlreichen Diagrammen und Abbildungen versehene homepage von Frank Dörnenburg (Essen), der
»seriöse« Pyramidenfans anspricht, esoterische Spekulatio-
nen vermeidet und die Diskussion versachlichen möchte.

Anmerkungen

Wort- und Sacherklärungen

Textstellen, aus denen sich nähere Erläuterungen ergeben
sind mit den Nummern der Teile (röm. Ziffer) und Kapitel
(arab. Ziffer) angegeben.

arab. = arabisch; bibl. = biblisch; dt. = deutsch; engl. = englisch; frz. = französisch; gr. = griechisch; hebr. = hebräisch;
ind. = indisch; ital. = italienisch; lat. = lateinisch; pers. = persisch; röm. = römisch; russ. = russisch; türk. = türkisch.

A most respectable wedding!: engl. eine höchst würdige Hochzeit!

à l'anglaise: frz. auf englische Art

à la franca: nach Art der Franken (Westeuropäer)

Ab'dinpalast: im Westen gelegener, zweistöckiger, architektonisch jedoch unbedeutender Verwaltungssitz des Vizekönigs in Kairo IV, 25

Abu Amad: arab. für »Vater Adam«; der Name Adam bedeutet hebr. Mensch und bezeichnet nach biblischer Überlieferung den Stammvater des Menschengeschlechts.

Abu Seyd und Es Zahir: die Geschichte von Abu Seyd,
deren Erzählung mehrere Tage dauern würde, handelt von
einer alten Frau, deren Schaf im Garten eines Reichen Gras
abfraß; der Besitzer ertappte es dabei und tötete das Tier. Die
Frau klagte vor Abu Seyd, dem Richter des Dorfs, und aus der
Auseinandersetzung entspann sich ein vierzigjähriger Krieg.

Abusir: in der Antike Busiris oder Heptanomis; Stadt in
Mittelägypten mit den verfallenen Pyramiden der Herrscher
Neferirkare, Niuserre und Sahure aus der Zeit der fünften
Pharaonendynastie.

Ach, mit des Geschickes Mächten: eigtl. »Doch mit des

Geschickes Mächten / ist kein ew'ger Bund zu flechten«, aus Friedrich Schillers *Lied von der Glocke*.

Affenarmee: mythische Armee der mit Rama verbündeten Affenfürsten Sugriwa und Hanuma aus dem altindischen Epos *Ramayana*.

Afghanen: in Indien: Unter der Dynastie der Ghuri-Sultane erstreckte sich das Reich der Afghanen seit 1193 bis in den Subkontinent hinein.

Afrit: arab. Name für Scheitan, den Teufel.

Agréez, Monsieur etc.: frz. Kurzformel beim Briefschluß (etwa wie: Hochachtungsvoll).

ah, mon coeur: frz. Ach, mein Herz!

Albion: kelt. das Bergland; alter, nur noch poetisch gebrauchter Name für England, ein Sohn Albions ist ein Engländer.

Alcyone: im Altertum Bezeichnung des Eisvogels; Stern dritter Größe im Sternhaufen der Plejaden.

Alexandrien: die 332 v. Chr. von Alexander dem Großen gegründete und nach ihm benannte Handelsmetropole an der Küste von Unterägypten mit rund 230 000 Einwohnern in der Mitte des 19. Jahrhunderts.

Alpha: auch Thuban genannt, Fixstern im Sternbild des Drachen.

Alhambra: arab. »der Rote«; nach ihrem roten Turm benannt ist die 1248 von Ibn al Ahmar begonnene und um 1314 von Mohammed III. vollendete Schloßresidenz der maurischen Könige bei Granada.

All right: engl. in Ordnung.

Allahabad: im Kolonialzeitalter eine der britisch-indischen Nordwest-Divisionen mit 5,7 Millionen Einwohnern zwischen Ganges und Dschumna.

Allons enfants de la patri-i-ie: frz. vorwärts, Kinder des Vaterlands; Anfangszeile der frz. *Marseillaise*, die Claude Joseph Rouget de Lisle am 25.4.1792 im Auftrag des Straßburger Bürgermeisters schrieb und die 1795 zur frz. Nationalhymne erklärt wurde.

Amour propre: frz. Eigenliebe.

Anachoret: griech. »Einsiedler«; Vorgänger der Mönche, die in frühchristlicher Zeit zurückgezogen in Höhlen und Wüsten lebten.

Anikut: ind. Staudämme in Flüssen, die der Landbewässerung dienen. I, 3

Areopag: nach einem Felshügel bei Athen benannter oberster Gerichtshof im alten Griechenland.

Arier: nannten sich die drei oberen altindischen Kasten, nachdem sie die Stämme der Drawida – die Urbevölkerung Nordindiens – überwunden hatten. Denselben Namen eigneten sich auch die frühen Perser an. Die Anthropologen des 19. Jhds. setzten den zunächst nur sprachgeschichtlich gebrauchten Begriff der »Indogermanen« mit den Ariern gleich; erst in der antisemitischen Rassenlehre der Nazis wurde der Begriff für alles Nichtjüdische gebraucht.

Arnaute: türk. soviel wie »Albanier«.

Arsinoë: Name mehrerer Ortschaften in Ägypten, am See Möris (jetzt Medinet el Fayûm) bzw. Am Nordende des arabischen Meerbusens (jetzt Zeitîye).

Asis el Mosr: arab. Herrscher von Ägypten (Misr ist der Name von Ägypten).

Asra: eigentlich »Benu Asra«, Volksstamm der Araber. Max Eyth spielt hier auf das Gedicht *Der Asra* aus dem *Romanzero* von Heinrich Heine an, in dem eine Sultanstochter ihren Sklaven, der beim Brunnen steht und täglich blasser wird, nach seiner Herkunft befragt: »Und der Sklave sprach: Ich heiße / Mohamet, ich bin aus Jeman, / und mein Stamm sind jene Asra, / Welche sterben, wenn sie lieben.« Der frz. Dichter Henri Beyle, genannt Stendhal, hat diese Geschichte in seinem Buch *Über die Liebe* (Kap. 53) aus arabischen Handschriften übersetzt.

Associé: frz. Teilhaber.

Assuan: (arab. Aswan), Stadt am rechten Nilufer in der oberägyptischen Provinz Esne, südlichster Grenzort Ägyptens. Das erwähnte Stauwerk wurde 1902 fertiggestellt, 1912 und 1933 ausgebaut; der heutige Stausee (Nassersee) bei As-Sadd el-Ali südlich von Assuan von 550 km Länge entstand erst in den sechziger Jahren unseres Jahrhunderts.

Ayah: ind. Amme

Bab en Nasir: Vorstadt von Kairo mit Gräberfeldern.

Bajazzo: ital. Possenreißer, Hanswurst; in der Commedia dell'Arte weißgekleidet und mit zuckerhutartiger Kopfbedeckung.

Bakschisch: ursprünglich das Geschenk des Padischah an die Janitscharen und Spahi, heute allgemein gebräuchlich für (touristisches) Trinkgeld; **Bakschish very good-up!:** Ruf der Pyramidenführer nach »gutem Trinkgeld«.

Barakpore: britisch-indische Stadt im Kolonialdistrikt, wo im Februar 1857 der Aufstand gegen die Engländer losbrach.

Barnesley: engl. Gemeinde in der Grafschaft Yorkshire.

Barrage: frz. Weg- oder auch Talsperre.

Behufie: ein Nilkanal.

Bei Georg!: im Englischen ist by George – wohl ersatzweise für »by God« – ein Fluch oder Ausruf des Erstaunens.

Benares: heute Varanasi, ind. Stadt am linken Ufer des Ganges, 1781 von den Briten erobert. im Kolonialzeitalter eine der britisch-indischen Nordwest-Divisionen mit rund 10 Millionen Einwohnern.

Bengalen: rührt vom Sanskritnamen des Ganges-Deltas her (»Banga«); zum Zeitpunkt der Romanhandlung größte und wichtigste britische Provinz Ostindiens, deren Gebiet in vorkolonialer Zeit fast ganz Nordindien umfaßte.

Bey: von arab. Bek; türk. Bê, d. h. Herr; dem Personennamen angehängter Titel für höhere Staatsbeamte und Militärs, im Rang zwischen Effendi und Pascha.

Bharata: s. *Marabharata*.

Bhil: Familie von Bergvölkern im westlichen Vorderindien, die zum Zeitpunkt der Romanhandlung noch rund zwei bis drei Millionen zählten und in den Wäldern des Windhya-

und Satpuragebirges sowie Gudscharakbergen von der Jagd
lebten mit Pfeil und Bogen lebten.

bis!: frz. zweimal, der Ruf nach einer Zugabe.

Boab: nubischer Türhüter. II, 10

Boardinghouse: engl. Pension, wo man gegen Miete
Unterkunft und Kost erhält.

Bokara: zentralasiatisches Gebiet (heute Tadschikistan),
westlich an Afghanistan und das Pamirgebirge, östlich an die
Wüste von Karakum grenzend.

bon!: frz. gut!

bonjour, Messieurs!: frz. guten Tag, meine Herren!

Brahmanen: von pers. Brâhmana, die Beter, Opferer, Priester, Söhne oder Jünger des Brahman, in deren Hand sich der
Opferkultus befindet. Oberste Stufe im indischen Kastensy-
stem; oft politisch einflußreich in der Stellung von königlichen Hauspriestern.

British Association for the Advancement of Science:
wissenschaftliche Gesellschaft, gegründet 1831.

bugra: arab. morgen.

Bulak: elfter Stadtteil von Kairo am rechten Nilufer, durch
den Kanal Tura el Ismaîlia von der Hauptstadt getrennt. Zugleich Anlegestelle für den Schiffsverkehr und Industriezen-
trum (Eisengießerei, Lokomotivwerkstätten). Zum Zeitpunkt
der Romanhandlung lebten hier ca. 50 000 Einwohner.

Burko: arab. Gesichtsschleier.

Burnus: arab. Beduinenmantel aus Wolle, meist weiß und
mit Kapuze versehen.

C'est dangereux, mais je me porte très bien: frz. es ist
gefährlich, aber ich halte mich tapfer.

c'est mon type: frz. das ist mein Typ.

Café chantant: Unterhaltungsstätten mit Ausschank, in
denen auch Chansons gesungen wurden, waren in Frankreich um die Mitte des 19. Jahrhunderts sehr beliebt. Aus
ihnen gingen später Cabarets wie das 1881 gegründete Chat
noir in Paris hervor.

Café français de la Caire: frz. das Fremdencafé in Kairo.

Cail & Co.: Firma, deren Gründer Jean-François Cail (1804–1871) einen Destillationsapparat und eine Vakuumpfanne für die Zuckerindustrie erfand und mit dem Apotheker Carles Derosne (1780–1846) eine Werkzeugmaschinenfabrik gründete.

Calamiten: sind versteinerte Schachtelhalme mit einer Höhe von bis zu zwölf Metern.

Candia: ital. Name der Insel Kreta.

Cauvery: auch Kaweri, Fluß in Südindien (Madras), von 760 Kilometern Länge, der sich in ein breites, fruchtbares Delta verzweigt und bei Tritschinapalli im Golf von Bengalen mündet.

Cawnpore: heute Kanpur, am Gangesübergang zwischen Delhi und Luknau gelegen; Garnisonsstadt der ostindischen Kompagnie; hier verübten die Sepoys unter Führung von Nana Sahib, dessen Vater eine Rente entzogen worden war, ein grausames Massaker an den bereits abziehenden britischen Soldaten, bei dem auch zweihundertelf Frauen und Kinder ermordet wurden.

Chadam: arab. Hausdiener IV, 22.

Chaldäa, chaldäisch: Land Vorderasiens am unteren Euphrat, ursprünglich Südteil von Babylon; später wurde auch ganz Babylon mit diesem Namen bezeichnet. Im biblischen Buch Daniel und bei Griechen und Römern galten die traditionell als Tempelpriester der Babylonier fungierenden Chaldäer als Traumdeuter und Astrologen.

chambre: frz. Zimmer.

Chamsin: von arab. »fünfzig«, ein trockener, bis 47, 5° Grad heißer Wüstenwind, der während der fünfzig Tage nach dem Frühjahrsäquinoktium auftritt.

Chatelaine: von frz. »Burgherrin« herstammende Bezeichnung eines aus verzierten Metallgliedern zusammengesetzten Gürtels, an welchem im Mittelalter Gebetbuch, Schlüssel etc. getragen wurden.

Chawasi: ursprünglich von türk. Kavas, Wachmannschaft.

Chedive: pers., eigtl. Chidiv, Gewaltiger, Herr; ein schon 1845 an Mohamed Ali statt des bisherigen Wali (Statthalter) verliehener offizieller Titel des Vizekönigs.

chef de cuisine: frz. Küchenchef.

chef du section neuf de l'irrigation: frz. Vorsteher des neuen Abschnitts der Wasserversorgung.

Cheopspyramide: größtes und einziges erhaltenes der Sieben Weltwunder auf dem Plateau von Gise südwestlich von Kairo; ursprünglich 146, 60 Meter hoch; bis ins 19. Jahrhundert das größte Gebäude von Menschenhand, Grabmal des Cheops (eigentlich Chufu), desen Dimensionen und baulichen Eigenarten die Forscher noch heute vor zahlreiche Rätsel stellt. Die um die Zahl Pi kreisenden Rechenexempel, die Max Eyth im Anhang zum ersten Band zitiert, müssen heute weitgehend als Spekulation gelten. II, 14

Chephren: s. Chefren.

Chignon: von frz. Genick, eine Frisur, bei der das Haar nicht geflochten, sondern im Nacken in einem Dutt zusammengefaßt und mit einem Kamm zusammengesetzt wird.

Chimborasso: Andenvulkan mit vielen erloschenen Kratern; höchster Berg in Ecuador.

chiotisch: nach Chios, Insel des Ägäischen Meers, ursprünglich unter byzantinischer Herrschaft, seit dem Vordringen der Osmanen im 14. Jahrhundert jedoch vorwiegend ein Sitz türkischer Piraten war.

Cicerone: werden, in Anspielung auf Cicers rhetorische Künste, die italienischen Fremdenführer wegen ihrer Redseligkeit genannt.

civilisation et progrés en Égypte: frz. Zivilisation und Fortschritt in Ägypten.

Cochinchina: d. h. südliches China, das heutige Vietnam, damals frz. Kolonie in Hinterindien; **Cochinchinahuhn:** in Ostasien weitverbreitete Hühnerrasse.

Coleroon: Mündungsarm des indischen Stroms Cauvery.

Colombine: von ital. colombina, Täubchen; Gestalt in der Commedia dell'Arte.

Comédie française: das 1680 gegründete repräsentative frz. Nationaltheater, das die frz. Dramentradition wahren soll; durch Erlaß Napoleons I. von 1812 zum Staatstheater erklärt.

complaisance: frz. Gefälligkeit, Wohlgefallen.

conférence d'un monsieur anglais: frz. der Vortrag eines Herrn aus England.

Courage, Madame!: frz. nur Mut, gnädige Frau!

Courage, mon ami!: Nur Mut, mein Freund!

Crédit Lyonnais: frz. Bankhaus.

Croupier: verwaltet die Bank beim Glücksspiel.

Cupido: lat. das liebende Verlangen, zugleich Name der Gottheit der sinnlichen Liebe, auch Eros genannt.

Czardas: oder Csárdás von ungar. csárda, Schenke; Nationaltanz der Ungarn im 2/4 oder 4/4-Takt; auf den ruhigen Kreistanz der Männer folgt der wildbewegte Haupttanz der Frauen.

Da capo!: ital. von Anfang an, ital. Ruf nach einer Zugabe.

Dämos: oder Demos, gr. Volk, in der Antike die durch Volksversammlung repräsentierte Gesamtgemeinde.

Dahabie: arab. die Goldene, zweimastige Nilschiffe, lang und schmal, oft mit Verdeck und unter der Wasserlinie liegender Kabine.

Damiette: arab. Dumyât; Stadt am östlichen, drei bis sieben Meter tiefen und 280 Meter breiten Hauptmündungsarm des Nil.

Dampfkultur: umfassender Begriff für die Anwendung von Wärmekraftmaschinen, bei der durch überhitzten Dampf entstehender Hochdruck genutzt wird. Dieser wird einem Zylinder zugeleitet, um einen Kolben zu bewegen; mittels Pleuelstangen und Kurbelwellen wird die lineare Bewegung in die Rotation eines Schwungrads übertragen. Dionys Papin setzte das schon von Leonardo konzipierte Prinzip experimentell um und erzeugte Hochdruck mit dem »Papinschen Topf« (luftdicht verschließbares Gefäß mit Sicherheitsventil, heute als Dampfkochtopf gebräuchlich); seine Ergebnisse wurden in den *Acta Eruditorum* von 1688 publiziert. Unabhängig davon erfand Thomas Savery 1689 eine ähnliche Maschine zum Heben von Grubenwasser aus Bergwerken. Papin verbesserte seine Maschine durch Hinzufügung des Kolbens und entwickelte ein Dampfschiff mit Wasserrad, das jedoch nach einem Versuch auf der Weser bei Münden von Matrosen zerstört wurde. Die Konstruktion einer Kolben-Dampfmaschine, die tatsächlich Anwendung fand, gelang erst Newcomen; sein Modell wurde von James Watt durch Kondensator und Luftpumpe, Zylinder- und Wagenkessel sowie durch die Erfindung des Parallelogramms zum Ausgleich der Kolbenbewegung vervollkommnet.

Dampfpflug: um 1850 entwickelte Anwendung, um Dampfkraft beim Ackerbau zu nutzen. Max Eyth war bei der britischen Firma John Fowler mit der Entwicklung und technischen Betreuung von Dampfpflügen betraut. Bei diesem System steht die Dampfmaschine fest und bewegt mittels einer Winde durch Drahtseile die Ackergeräte. Der Fowlersche Dampfpflug besteht aus der Lokomotive, dem Ankerwagen und dem Kultivator. Die Straßenlokomotive wird an einem Ende des Feldes aufgestellt; ein auf zwei Windetrommeln gewundenes Seil bewegt den »Kultivator« durch wechselnde Umdrehung der Scheibe hin und her. Ist der Pflug am Ende des Ackers angekommen, werden die Dampfmaschine und der Ankerwagen rechtwinklig zur Richtung des Seils weiterbewegt, und es beginnt ein neuer Zyklus des Hin- und Herbewegens.

Daschur: oder Dahschur; ägypt. Ruinenstätte 25 km vor Kairo am Westufer des Nils, wo Snofru (der zwischen 2613 und 2589 v. Chr. regierende König) die Rote oder Nördliche Pyramide sowie eine – geometrisch merkwürdige – Knickpyramide mit abruptem Wechsel des Neigungswinkels errichtete. Mehrere Könige der späteren Zwölften Dynastie folgten seinem Beispiel.

dégoûtant: frz. widerlich.

Dehli: indische Stadt am rechten Ufer der Dschamna, einst Residenz der Mogulen; 1857 Bollwerk der aufständischen Inder, die den Großmogul Mohammed Bahadur zum Kaiser ausriefen. Noch im September desselben Jahres wurde Dehli nach dreimonatiger Belagerung von den Engländern gestürmt und Bahadur in die Berbannung geschickt, seine Söhne erschossen.

Dekan: im Sanskrit Dakschina, die Südhälfte Vorderindiens, die gegen Norden durch das Windhya-Gebirge von der hindostanischen Tiefebene getrennt ist.

Delta: Fixstern im Sternbild des kleinen Bären (oder Wagens, in der sog. »Deichsel« zwischen Polarstern und Hauptgruppe.

Derwisch: pers. Armer, dass. wie arab. Fakir; Mohammedaner, die ähnlich wie Mönche unter Führung von Scheichs in Orden zusammengefaßt sind und sich bestimmten Regeln und Übungen unterwerfen.

desperat: verzweifelt.

Dhulip-Sing: Sohn des Maharadschas von Lahore.

Dix neuf!: frz., neunzehn!

dolce far niente: ital. süßes Nichtstun.

Doseh: arab. sich treten lassen; Zeremonie in Kairo am 11. Rebî ulewwel, dem Geburtsfest Mohammeds (s. Molid en Nebbi), dabei reitet der Scheich der Saadi-Derwische in der Sykomorenallee der Esbekiye über die ausgestreckten Ordensmitglieder hinweg, ohne jemanden zu verletzen.

Drache: Sternbild (nach der hesperischen Schlange der antiken Sage benannt) am nördlichen Himmel, das sich mit dem Kopf zwischen Kleinem Bären, Leier und Herkules, mit dem Schwanz zwischen Großem und Kleinem Bären hindurchschlingt.

Dragoman: arab. Drogman, Dolmetscher im Dienst fremder Gesandter.

Dschinn: s. Ginni.

Dschumna: altindisch Jamuna oder Kalinda, rechtsseitiger Nebenfluß des Ganges in Ostindien.

E'bin: verkürzt für frz. eh bien, »nun gut«.

Effendini: von neugr. Authenthes, »Herr, Gebieter«, Ehrentitel des osmanischen Reiches und »einer der Titel des Vizekönigs und der Prinzen des vizeköniglichen Hauses«. Max Eyth: *Dunkle Blätter.*

Ein lebender Hund ist mehr wert als ein toter Löwe: stammt aus den biblischen Predigten Salomonis, Kohelet 9, 4.

El futa: die Öffnende, erste kurze Sure des Korans.

El Molid en Nebbi: Geburtstag des Propheten.

El Mutana: Landgut des Prinzen Halim Pascha, sechzig Meilen unterhalb des ersten Nilkatarakts.

El-Ahzahr-Moschee: große Moschee in Kairo mit einem integrierten Wohn- und Speisehaus für Arme, einer Islamschule und einer großen Bibliothek.

Eleasar: hebr. Gott hilf, biblischer Sohn Arons und dessen Nachfolger als Hohepriester.

Emeraldgrün: soviel wie smaragdgrün.

en face: fr. gegenüber.

Esbekye: großer, begrünter Hauptplatz im Norden von Kairo, »dessen Mitte verwilderte Gärten bilden, in welche ägyptische, griechische, italienische und französische Cafés eingebaut sind, während die wenigen europäischen Gasthöfe und eine Reihe düsterer Koptenhäuser den Platz umschließen« (Brief Max Eyths an die Eltern v. 21.2.1863).

Es gibt mehr zwischen Himmel und Erde ...: ›There are more things in heaven and earth, Horatio,/Than are dreamt of in your philosophy‹, heißt es in Shakespeares *Hamlet* 1. Akt, 5. Szene.

L'Etat, c'est lui: frz. der Staat ist er, nach dem angeblichen Motto Louis' XIV.

Eunuchen: griech. Betthüter; entmannte Sklaven zur Bedienung und Aufsicht in den Harems; zugleich aber im Vorderen Orient, namentlich im Perserreich ein höchst angesehenes Hofamt.

Excelsior!: lat. »höher!«, »erhabener!«

Expedition, französische: mit Zustimmung des Direktoriums unternahm Napoleon Bonaparte im Mai 1798 einen Feldzug nach Ägypten, eroberte Malta und ging am 2. Juli bei Alexandria mit seinen Truppen an Land. Nach der Schlacht bei den Pyramiden hielt er einen triumphalen Einzug in Kairo, verlor jedoch die frz. Flotte bei Abukir und kam bis nach Syrien, wo er sich im Mai 1799 vor Akka zurückziehen mußte. Von den frz. Wissenschaftlern, die Napoleon in großer Zahl begleiteten, blieben viele im Land, um ihre Messungen und Ausgrabungen fortzuführen; dabei ergaben sich neben botanischen, geographischen und meteorologischen auch wichtige Erkenntnisse zu Kultur und Geschichte im Pharaonenreich.

F, Verkörperung der vier: gemeint ist das Motto des Turnvaters Jahn und seiner Jünger: Frisch, fromm fröhlich, frei.

Faites votre jeu, Monsieur: frz. machen Sie Ihr Spiel, meine Herren; Aufforderung der Croupiers zum Setzen beim Roulette.

Fayum: von altägypt. Phiom, Sumpf, Seeland. Oase in Mittelägypten, westlich des Nils, umgeben von den Höhenzügen der lybischen Wüste. Der vom Nil abgeleitete Josedskanal läuft hier in ein Delta aus, das zu den fruchtbarsten Gegenden Ägyptens zählt.

fechtend auf Schusters Rappen: an den Türen um Wegzehrung bettelnd (nach Handwerksburschenart) und zu Fuß.

Fedan: ägyptisches Feldmaß; soviel wie 400 Quadrat Kassebehs oder 59, 29 Ar.

Fellah, Fellahin: arab. Bauern; **Fellah-Dörfchen** sind Bauerndörfer.

fine Champagne: frz. feiner Champagner.

Firman: von pers. Ferman, Befehl; vom Sultan gegebene und vom Großwesir ausgefertigte, mit dem Namenszug des

Sultans (Tura) versehene Anordnung, die größtes Ansehen genießt und vor dem Lesen ehrfurchtsvoll an die Stirn gedrückt wird.

Fostadt: Name für das alte Kairo.

foreigner: engl. Ausländer.

Formez les bataillons: frz. bildet Schlachtreihen; eigentlich »formez vos bataillons«; aus dem Refrain der frz. Nationalhymne, der *Marseillaise* (vgl. oben »Allons enfants ...«).

Freiheit, die ich meine: Anfangszeile des Lieds *Freiheit* von Max von Schenkendorf (1813).

Gama Amr: älteste Moschee Kairos.

Ganges: im Sanskrit Ganga, Hauptstrom Vorderindiens und heiliger Fluß der Hindu; entspringt einer Eishöhle im mitleren Himalaja in 4205 Metern Höhe, durchläuft Hindustran und mündet in einem breiten Delta im Golf von Bengalen.

Gentlemen satisfied-up!: Ruf der Pyramidenführer; »die Herrschaften werden zufrieden sein«.

Geometer: Landvermesser.

Gerad oder ungerad mit Napoleons: aus der Antike stammendes Glücksspiel, bei dem Münzen (hier Napoleonsd'or, ein in Gold geprägtes Zwanzig-Franc-Stück) oder sonstige kleine Gegenstände in die Hand genommen werden; der Spielgegner muß raten, ob die Anzahl gerade oder ungerade ist.

Gesirapalais: Palais in einem vizeköniglichen Park auf der Insel Bulkak (Gesira), erreichbar über eine Gitterbrücke.

Getrennt marschieren, vereint schlagen: soll der strategische Grundsatz Helmuth von Moltkes (1800-1891) gewesen sein.

Ghaselen: lyrische Form in der arab. und pers. Dichtung, bei der die Endreime nach dem Schema AABA durch eine oder mehrere reimlose Zeilen unterbrochen werden. Das Metrum ist beliebig, doch die einmal begonnene rhythmische Struktur muß durchgehalten werden, wobei einzelne oder mehrere bedeutsame Worte oder Sätze durch zyklische Wiederkehr betont sind.

ghaselenartig: nach Art einer Ghasele.

Ghasipur: Hauptstadt der gleichnamigen indobritischen Nordwestprovinz am Ganges.

Ginni: oder Dschinnen sind in der arab. Mythologie böse Geister, die vor Adam die Erde besiedelt hatten; der Legende nach wurden die Engel aus dem Licht des Feuers, die Ginni aus seinen Flammen und die Teufel aus dem Rauch erschaffen.

Gise: auf dem linken Nilufer, Kairo gegenüber gelegene Hauptstadt der gleichnamigen ägyptischen Provinz; bekannt durch den sieben Kilometer westlich gelegenen Standort des Sphinx und der drei großen Pyramiden des Chephren (Chafre), Cheops (Chufu) und Menkaure.

Gise, Pyramide: von s. Cheopspyramide.

Gizeh: s. Gise.

Go ahead; full steam!: engl. Volldampf voraus!

Godavery: oder Godaweri, Hauptstrom des Dekan in Vorderindien, entspringt der als heilig geltenden Quelle im Bergland Baglana und fließt in den bengalischen Golf.

Gama el Hassanen: berühmte Moschee in Kairo.

good bye!: engl. Auf Wiedersehen!

Gosen: ägypt. Kes oder Kesem, Ort im Osten des Nildeltas beim jetzigen Saft el Henneh; zugleich eine unterägypt. Landschaft, in der sich die auf Josephs Einladung nach Ägypten einwandernden Kinder Israels ansiedelten.

Hanuman: mit Rama verbündeter Affenkrieger aus dem altindischen Epos *Ramayana*: die bis zur Insel Lanka vordringen.

Haram esch Scherif: arab. Heiliger Raum.

Hardberg: Berg im Odenwald.

Harlekin: von ital. Arlecchino, Possenreißer aus der Commedia dell'Arte, entspricht dem deutschen »Hanswurst«.

Haubenstock: rundlicher Klotz, auf den man eine Kopfbedeckung setzt, damit sie die Form behält.

Hedschra (oder Hegira): arab. Flucht oder Auswanderung, nämlich Mohammeds von Mekka nach Medina 622 n. Chr., womit die arabische Zeitrechnung beginnt und bezeichnet wird.

Heliopolis: griech. Sonnenstadt, ägypt. Pe-Ra (Haus der Sonne) Stadt in Unterägypten auf dem rechten Nilufer an der südlichen Deltaspitze.

Hellua: Dorf am Fuß der Turaberga zwischen Rotem Meer und Niltal.

Herkules am Scheideweg bzw. vor dem Augiasstall: myth. Held der Antike; am Scheideweg soll er sich nach Xenophon, von den Göttinnen der Wollust und der Tugend verlockt, für die Tugend entschieden haben. Zu seinen Heldentaten gehört auch die Säuberung des Augiasstalles.

Heureka: griech. »ich hab's gefunden!«, soll Archimedes gerufen haben, als er das Gesetz der Hydrostatik entdeckte.

high animal spirit: engl. in Hochstimmung.

Horch, der Wilde tobt schon an den Mauern: ein Zitat aus Friedrich Schillers Gedicht *Hektors Abschied* von 1793, das – leicht abgewandelt – auch in der Turmszene der *Räuber* vorkommt.

hors de concours: frz. Außer Konkurrenz.

How do you do, Sir? I hope, you are quite well!: engl. Wie geht es Ihnen, mein Herr? Recht gut, wie ich hoffe!

Hydor men aristos: gr. »Wasser ist das Beste«; aus Pindar, Olympia 1, 1, dort Ariston Mèn hydor.

Iblis: arab. Name des Satans, der den Menschen in unterschiedlicher Gestalt erscheint, um ihr Trachten von Gott abzulenken und sie sich zu unterwerfen.

Ihansi: engl. Form für Dschhansi, in kolonialer Zeit eine indische Provinz unter britischer Herrschaft und deren gleichnamige Hauptstadt.

il le payera très cher, volontièrement: frz. er wird ihn gut und gerne entlohnen.

impare!: frz., ungerade (Zahl, hier: Ausruf beim Roulettespiel).

in flagranti: lat. Auf frischer Tat.

Indigo: blauer Farbstoff aus Indigopflanzen; in Ostindien vor allem in Bengalen und Madras verbreitet.

Indra: Hauptgottheit der Inder, »Herr und Fürst« des Wolkenreichs, der durch Genuß des berauschenden Soma-Trankes ein kühner Kämpfer wird.

Inschallah: eigentlich In-scha-allah, arab. wenn es Allahs Wille ist, Gebetsruf der Mohammedaner.

Islington: nördlicher Stadtteil von London.

Istmus: von griech. Isthmos, Landenge; gemeint ist der Suez, wo Fellachin Frondienst beim Kanalbau leisteten.

ja Hoaga: Ruf nach Bakschisch.

Jakobsleiter: nach Genesis 28, 12 die vom Erdboden bis an den Himmel reichende Leiter, die der Patriarch Jakob im Traum erblickt.

Janitscharenmusik: im 14. Jahrhundert die Kriegsmusik der Türken, deren Instrumentierung mit Bläsern und Schlagzeug (Pauken, Trommel, Becken, Triangel) seit dem 17. Jahrhundert auch in Europa nachgeahmt wurde.

je ne suis pas compris: frz. man versteht mich nicht.

Jeder nach seiner Façon selig: mit diesen Worten forderte Friedrich der Große in einer Randnotiz von 1740 Toleranz gegenüber den Religionen ein; die Staatsbehörden sollten nur darauf achten, daß sie einander nicht abträglich seien, »den hier mus ein jeder nach seiner Fasson Selich werden«.

jeunesse dorée: so bezeichnete man in Paris die Jugend der höheren Stände, die sich nach dem 9. Thermidor der Konterrevolution gegen die Schreckensherrschaft verschrieb; der Name kam erst durch die Geschichtsschreibung der frz. Revolution auf. Später wurde der Name gebräuchlich für reiche, großstädtische Dandys.

Jonas: bibl. Prophet, der nach 2 Kön. 14, 25 den zweiten Sieg Jerobeams über die Syrer weissagte; er wollte als Bußprediger nach Ninive fliehen, wurde aber schiffbrüchig und brachte drei Tage im Bauch eines Wals zu, der ihn an Land spie.

Kabriolet: von frz. Kabriolett, leichte, zweirädrige und einspännige Kutsche mit beweglichem Verdeck.

Kafr: Ort bei den Pyramiden.

Kaftan: orientalisches Oberkleid aus Baumwolle oder Seide.

Kali: auch Pârwati, in der indischen Mythologie Tochter des Gebirges und Schicksalsgöttin, die in Südindien als schreckliche, blutdürstige Gestalt mit einem Kranz aus Totenschädeln, Keule und Schlangengürtel dargestellt wird (nach ihrem Namen wurde Kalkutta benannt).

Kalif: von arab. Chalifah, Stellvertreter; unter diesem Titel ließ Mohammed bei seinen Zügen nach Medina einen Oberaufseher zurück; davon leiteten seine Nachfolger in den Jahrhunderten bis 1258 ihre Amtsbezeichnung her, ihr Reiche hießen Kalifat.

Kaliub: nach der ägyptischen Provinz Kaliubiyn bzw. ihrer gleichnamigen Hauptstadt benannte Niltalsperre I, 3

Kalkutta: zum Zeitpunkt der Romanhandlung Hauptstadt der britischen Kolonie Indien und Bengalens mit ca. 430 000 Einwohnern, Sitz des Vizekönigs (Generalgouverneurs).

Kalykadmus: oder Kalykadnos, Fluß in Kilikien, wo am 10.6.1190 Kaiser Friedrich I. Barbarossa auf dem dritten Kreuzzug beim Übersetzen ertrank.

Kapricen: von frz. caprices, Laune, Eigensinn (davon abgeleitet: kapriziös, sich kaprizieren).

Kattun: v. Arab. koton, Baumwolle; aus ungefärbtem Garn leinwandartig gewebter Stoff, der zu Segeln oder, feiner gewebt und einfarbig gefärbt, zu Kleidern verarbeitet wird.

Kaurawas: eine der verfeindeten Sippen, deren Fehde im indischen Epos *Mahabharata* geschildert wird.

Kawasse: richtrig Chawwas, arab. Leibgardist; im osmanischen Reich Bezeichnung der Polizei, auch der Eingeborenen, die europäischen Gesandten zur Wache beigegeben werden.

Khalif: s. Kalif

Khedive: s. Chedive

Kiosk: von pers. koschk, Lustschloß; auf Säulen ruhendes, rundes oder viereckiges Gartenzelt; auch ein nach vorn offener, einem orientalischen Palast nachgebildeter luftiger Bau, der als Gartenpavillon dient und von denen unsere großstädtischen Zeitungskioske abstammen. III, 20

Kohlengries: wohl wie »Kohlengrus«, pulverisierte Reste von Kohle.

Königsstuhl: Berg im Odenwald bei Heidelberg.

Konjekturen: lat. Vermutung, Verbesserungsvorschlag bei der Textkritik, etwa die Zufügung oder Weglassung bei der Erstellung eines rudimentär überlieferten Textes.

Kopten: ägypt. Volksstamm, christliche Nachfahren der alten Ägypter, von denen 1880 rund 500 000 im Nildelta lebten.

Korah: bibl. Aufrührer im Alten Testament (Num 16,1–35), der sich mit 250 Anhängern gegen Moses und Aaron erhob.

Korfu: im Altertum Kerkyra oder Korkyra, nördlichste und größte der Ionischen Inseln am Eingang der Adira.

Krimkrieg: Mit dem Anspruch auf die Schutzherrschaft über die orthodoxe Christenheit im osmanischen Reich führte Rußland 1853 einen vergeblichen Eroberungsfeldzug gegen Konstantinopel. Der Krieg, der im Kaukasus, an der Donau und im Schwarzen Meer gegen die Türken und ihre Aliierten (England, Frankreich, Sardinien) geführt wurde, führte zur Verzichtserklärung des Zaren und zum Friedensschluß am 30.3.1856 in Paris.

Krinoline: eigentlich Gewebe aus Roßhaar (frz. crin), ein Drahtgestell unter Frauenkleidern, das zuerst 1856 in Frankreich in Mode kam.

Kristallpalast von Sydenham: 1854 eröffneter, von Sir Joseph Paxton konzipierter großer Stahl-Glas-Bau, der Skulpturensammlungen, Bildergalerien ein Opernhaus, eine Konzerthalle, eine Orgel, ein Aquarium, und ein botanisches Gewächshaus enthielt.

Krönungsmarsch aus dem Propheten: in einer Oper von Giacomo Meyerbeer (1791–1864)

Kschatriyas: Kriegerkaste im alten Indien, die dem europäischen Ritteradel entsprach, aus der auch die Könige hervorgingen.

kufische demotische Schriftzeichen: nach der Stadt Kufa am Euphrat benannt (wo Adam begraben liegen soll), eine der ältesten Formen der arabischen Schrift.

Kullah: Wasserkrüge aus porösem Ton, deren Verdunstungskühle in ägyptischen Wohnungen die Zimmer klimatisiert. I, 6.

Kurbotschhiebe: aus türk. kurbatsch, Peitsche aus geflochtenen Lederriemen.

Kuru-Kschetra: ein Teich am oberen Ganges.

Lanka: Sanskritname für die Insel Ceylon.

Leele, ja leele: arab. Ruf der Nilschiffer.

Leise flehen meine Lieder/durch die Nacht zu dir: aus dem Gedicht *Ständchen* von Ludwig Rellstab.

Lepsius' Inschrift: s. Lepsius, Richard.

levantinisch: von Levante, ital. Morgenland, im engeren Sinne die Küsten Kleinasiens, Syriens und Ägyptens, sonst alle im Osten von Italien gelegenen Länder.

Lokomobile: bewegliche Dampfmaschine, bei der Kessel und Maschine ein Ganzes bilden; sie dienen zum Betrieb landwirtschaftlicher Maschinen und Wasserhebepumpen.

Lord bless you!: engl. Gott segne euch!

Lorgnette: Brillengläser ohne Traggestell; die Gläser sind an einer Feder befestigt und werden durch diese auf die Nase geklemmt.

lottriges Hammerwerk: Hütte oder Fabrik, wo Eisen, Kupfer, Stahl auch Messing mit Hilfe des Feuers und der Hämmer verarbeitet wird.

Ludgatehillviadukt: in London zwischen Blackfriars Bridge und Holborn.

Luknau oder **Lakhnau:** Hauptstadt der gleichnamigen

Division der britischen Kolonialprovinz Audh, rechts am Gumti gelegen; als Residebanz der Könige von Audh im 18. Jahrhundert ein Mittelpunkt der indischen Baukunst und Literatur. Vom 1. Juli 1857 bis 15. März 1858 war die Stadt in der Hand der Aufständischen.

Lukullus, Tempel des: bildlich für »Restaurant«, nach dem Römer Lucius Licinius Lucullus (ca. 117–ca. 57 v. Chr.), der für sein aufwendiges Luxusleben bekannt war.

Machmudiekanal: verbindet Alexandria im Süden und Westen mit dem Nildelta und sorgt durch einen Zweigkanal (Moarrem-Bey) für die Wasserversorgung der Stadt.

magnifik: verballhornt aus »magnifique«, frz. großartig.

Magnun: Wahnsinnige, denen man bei den Mohammedanern als von Gott berührte mit Ehrfurcht begegnet. IV, 26.

Mahabharata: das älteste indische Sanskritepos vom Sippenkampf der Kauravas und Pandavas, deren Kernstück, die Bhagavat-Gita, in einem Gespräch des Helden Ardschuna mit der Gottheit Krishna den Kern der hinduistischen Ethik schildert. III, 21

Maharadscha: im Sanskrit »Großkönig«, indischer Herrschertitel.

Mahratten: indischer Volksstamm, das ursprünglich in Maharshtra (Zentralindien) angesiedelt war und nach Dekhan auswanderte, wo sie den islamischen Herrschern von Dehli untergeben waren, in Wahrheit jedoch als Brahmanen die Oberschicht bildeten. Ihr Reich hatte um die Mitte des 17. Jahrhunderts die größte Ausdehnung und zerfiel nach 1750 wieder. In die Kämpfe zwischen verschiedenenen Mahrattenstaaten war auch die ostindische Kompagnie verwickelt. 1817/18 wurde das Reich britischer Herrschaft unterworfen.

Mah sch allah: arab. wie Gott will.

Mahura: arab. Kneipe.

mais: frz. aber.

Mais ils sont insupportables, ces Anglais: frz. sie sind eben unausstehlich, die Engländer.

mais, que voulez-vous?: frz. Aber was wollen Sie (machen)?

maîtres de plaisir: frz. Tanzmeister.

Malakoff: russ. Malachow Kurgan, Bastion von Sewastopol, die am 8.9.1855 von frz. Truppen gestürmt wurde.

Mameluken: von arab. Memalik, Sklave; militärische Elitetruppe, die Sultan Nodschem Eddin im 12. Jahrhundert aus Mingreliern, Tscherkessen und Kiptschaken bildete. 1254 rebellierte sie und brachte nach dem Attentat auf Sultan Turan den ersten Baharitenherrscher auf den ägyptischen Thron. Auf diese Dynastie (1254–1382) folgte die Herrschaft der Bordschiten (1382–1517). Deren Reich wurde von Selim I. gestürzt, doch die Mameluken stellten nach wie vor die 24 Provinzialstatthalter; erst durch Mohamed Ali, der ihre Führerkaste ermorden ließ, wurden sie vollständig unterdrückt.

Marmormoschee Mohamed Alis: in Kairo, nicht weit von der El-Nasr-Muhammad-Moschee südlich der Saladin-Zitadelle gelegen.

Mastabas: im Umkreis der Pyramiden gelegene, oft noch mit Inschriften oder Wandmalerei versehene Grabkammern der Hofleute aus der Umgebung der Pharaonen.

mebus: arab. bei Muslimen der Zustand des Heimgesuchtseins von Gott. III, 19

Meerout: engl. Meerut, auch Mirat; Hauptstadt der gleichnamigen Provinz im indischen Nordwesten. Hier brach am 10. Mai 1857 eine Rebellion der indischen Bevölkerung gegen die engl. Kolonialherrschaft aus, die sich rasch über die Nordwestprovinzen ausbreitete und erst nach langen Kämpfen 1859 niedergeschlagen wurde.

el Mek-Palais: Palast Said Paschas in Alexandria.

Melibokus oder Malchen: Gipfel des Odenwaldgebirges nahe Zwingenberg; der Name Melibokon Orus stammt aus der Weltbeschreibung des Ptolemäus, wo er allerdings den Thüringer Wald oder den Harz bezeichnet.

Menufie oder **arab. Menûdfije:** Verwaltungsbezirk in

Unterägypten; danach benannt ein Nilkanal, der die Haupt-mündungen von Rosette (Raschid) und Damiette (Dumiât) miteinander verbindet.

Merw: Oase am Südrand der zentralasiatischen Wüste Karakum.

Mesdames et Messieurs: frz. Meine Damen und Herren!

Mesched: arab. Hilferuf.

Miasmen: von Miasma, griech. Verunreinigung; darunter verstand man im 19. Jhd. ein unter gewissen Bodenverhält-nissen entstehendes spezifisches Krankheitsgift.

Mikrometer: mit Fernrohren oder Mikroskopen versehe-nes Instrument, mit dem man Gegenstände von wirklich oder scheinbar sehr kleinen Dimensionen messen kann.

mille pardons: frz. entschuldigen Sie vielmals!

Minarett: Turm einer Moschee, von dem aus der Muezzin zum Gebet ruft.

Mirzapur: Hauptstadt des gleichnamigen Distrikts am Ganges.

Mit-Rahine: Palmenwälder in der Gegend des ehemaligen Memphis, am linken Nilufer, an der Spitze des Delta; dort auch einige Tempelruinen.

Moderateurlampe: Lampe für fette Öle, die in einem fla-schenförmigen Blechgefäß enthalten sind.

Mogul: von pers. Mughal, Mongole; Titel der mongoli-schen Herrscher von Dehli und der Abkömmlinge von Timur Lenk, die sich selbst als Schah oder Padischah (Großkönig) bezeichneten.

Mokkatam: Steinbrüche bei Kairo, wo es auch Fossilien gibt (versteinerter Wald).

Mon dieu!: frz. mein Gott!

Monsieur, il faut abolir les vices: Wortspiel mit dem frz. Wort »vices« = Laster: mein Herr, man muß die Laster (Vizekö-nige) ausrotten!

mores lehren: lat. mores = Sitte; jemandem moralische Belehrungen erteilen.

Moschee Sultan Hassans: berühmtes Bauwerk in Kairo.

Moses in der Amalekiterschlacht: nach Exodus 17, 11 behielten die Israeliten die Oberhand, solange Moses die Arme erhob.

Mosesquellen: Touristenziel in Ägypten in der Bucht von Suez, unterhalb des Berges Ataka.

Mosr (Land)

Muderiyen: ägypt. Mudîrîje, Provinz in Ägypten, an deren Spitze ein Mudir steht.

Mudir: Vorsteher einer Provinz; in Ägypten soviel wie Provinzialgouverneur.

Mufetisch Bey: Titel des Regierungspräsidenten einer ägyptischen Provinz. III, 16.

Mohammedaner in Indien: zum Zeitpunkt der Romanhandlung lebten rund 45 Millionen Menschen islamischen Glaubens in Ostindien; erst 1858 wurde das (seit dem 18. Jahrhundert fakisch von England abhängige) islamische Sultanat von Delhi durch das Indiengesetz aufgehoben.

Muski: Geschäftsstraße in Kairo, die von der Esbekyie ins Zentrum führt: »Französische Photographen, englische Geldwechsler, italienische Cafetiers, deutsche Bäcker sind hier zu finden. [...] Die Gasse selbst ist immer zum Erdrücken voll von Eseln und schreienden Eselsbuben, von Kamelen, von Karren, Wagen und Menschen aller Nationen. Ein Teil der Straße ist mit zerlumpten Matten überdeckt, der Boden ungepflastert, das Ganze ebenso fremdartig als anziehend: ein richtiger Torweg ins Innere des Orients.« (Brief Max Eyths an die Eltern v. 21.2.1863)

Nagas: ein Pariavolk, das in der Provinz Assam an der birmanesischen Grenze im Süden des Brahmaputra in kleinen Dorfgemeinschaften lebt und als räuberisch und kriegerisch gilt.

Nargileh: pers. nargil, Kokosnuß, vom Sanskritwort Narikela; eine Wasserpfeife, ursprünglich aus Kokosnußholz gefertigt.

Nasir: in Ägypten die Gutsverwalter von Domänen. III, 15.

Nephrit: so viel wie Jade, das in Süddeutschland aus prähistorischer Zeit gefunden wurde.

Nil: der mit 7000 Kilometern Stromlänge wichtigste Fluß des afrikanischen Kontinents, dessen regelmäßige Überschwemmungen am Unterlauf für Ägypten lebenswichtig ist. II, 16

Ninive: bibl. Hauptstadt Assyriens am linken Tigrisufer.

nom de Dieu!: frz. Allmächtiger!

Ophir: im Alten Testament genanntes Land, aus dem König Salomo Gold, Edelsteine und Sand importieren ließ.

Orissa: im Sanskrit Odran, Provinz in Bengalen längs der Westküste des Golfs; um 1000 v. Chr. von brahmanischen Siedlern kolonisiert. Hier regierte die Dynastie der Gangakönige, die ein großes Wischnu-Heiligtum in Dschaganatha schufen. Seit Mitte des 18. Jahrhunderts im Besitz der Mahratten, seit 1803 britisch.

ostentatiös: prahlerisch, geflissentlich zur Schau stellend.

Ostindische Kompagnie: im Jahr 1600 gegründete britische Handelsgesellschaft, die sich zu einem der wichtigsten kolonialen Machtfaktoren entwickelte, nachdem sie 1661 das Recht erhielt, mit nichtchristlichen Staaten Kriege zu führen. Ihr Handelsmonopol in Indien galt bis 1813, in China bis 1813. Bestrebungen, den ungeheuren Besitz der Kompagnie zu verstaatlichen, wurden im 18. Jahrhundert vom Parlament unterbunden, weil man einen zu starken Machtzuwachs der Krone und des Ministeriums fürchtete; erst seit dem indischen Aufstand von 1857 wurde die Kompagnie staatlich kontrolliert.

Ottomanisches Reich: auch osmanisches Reich genannt, erstreckte sich über den größten Teil der Balkanhalbinsel, Schwarzmeergebiet, Kleinasien, einen Teil von Armenien, Kurdistan, Mesopotamien, Irak, Syrien, den Küstenstreifen am Roten Meer bis zum Jemen, Ägypten und Tripolis.

Padischa: pers. Besitzer des Thrones; von den Osmanen

ursprünglich nur ihren Sultanen verliehener Titel; Padischa von Delhi ist gleichbedeutend mit Mogul.

paisiblement: frz. friedlich.

Palmetten: dem Palmblatt ähnliche Verzierung an Dachfirsten, Gesimsen, oder als Bekrönung von Grabstelen.

Pandawas: nach dem Stammvater Pându (ind. weißlich, bleich) eine der verfeindeten Sippen, deren Fehde im indischen Epos *Mahabharata* geschildert wird.

par le porteur: frz. durch den Träger.

parbleu: frz. potztausend!

Pas des plaisirs, pas des amusements, pas des femmes!: frz. keine Genüsse, keine Unterhaltung, keine Frauen!

pas encore: frz. noch nicht.

Paschalik: im osmanischen Reich das Amt der Statthalterschaft oder Unterstatthalterschaft.

Patna: Hauptstadt der gleichnamigen bengalischen Provinzdivision südlich des Ganges.

patronisieren: bevormunden.

Paukens, häßliche Unsitte des: gemeint sind studentische, gewöhnlich auf dem »Paukboden« mit dem Degen ausgetragene Duelle.

Peninsular and Oriental Steam Navigation Company: Agentur, die den Dampfschiffverkehr an den Küsten Spaniens und im Nahen Osten betrieb.

Peri: in der arab. Mythologie sanfte gute Fee, deren Aufgabe es ist, die Menschen vor bösen Geistern (siehe Ginni) zu bewahren.

Pferd von Troja: nach der Ilias verbargen sich die Belagerer von Troja in einem hölzernen Pferd, das die Bewohner der Stadt als vermeintliche Opfergabe selbst in ihre Mauern schafften.

Phrat: soviel wie Euphrat. Am Ufer dieses Flusses wurden die Trümmer des babylonischen Turmbaus vermutet.

Pi: nach dem griechischen Buchstaben π (nach dem Mathematiker Ludolph von Ceulen auch Ludolphische Zahl genannt). Eine sogenannte irrationale Zahl, die nicht durch einen Bruch dargestellt werden kann bzw. für die es nur Annäherungswerte gibt: Mit ihrer Hilfe berechnet man den Flächeninhalt eines Kreises. Läßt man einen Rad von einem Meter Durchmesser genau einmal abrollen und mißt die zurückgelegte Spur nach, ist sie 3,14 Meter lang. John Taylors Pi-Pyramiden-Theorie läßt sich wie folgt zusammenfassen: »Der Umfang der Pyramide verhält sich zur doppelten Höhe wie 1 : 3,14159 … Die berühmte Zahl π ist bis in die fünfte Dezimalstelle genau in den Maßen der großen Pyramide verkörpert. Der grandiose Bau ist die steingewordene Lösung der Quadratur des Kreises.« (Allerdings ergeben bei (durchschnittlicher) Basisbreite 230, 38 und (zurückberechneter) Höhe 146, 6 Meter, teilt man die doppelte Basisbreite durch Höhe, 3, 142 97 … Näheres siehe im Internet auf der *homepage* von Frank Dörnenberger.

Plejaden: in der griech. Mythologie die sieben Töchter des Atlas und der Pleione; nach ihnen wurde der Sternhaufen im Sternbild des Stiers benannt.

plum pouding oder plum poudain frz. verballhornt für Plumpudding.

Pondicherry: Hauptstadt der frz. Besitzungen in Indien an der Koromandelküste, durch einen Kanal in die Weiße und die Schwarze Stadt geteilt.

Portière: frz. Türvorhang.

pour ses études: frz. für seine Untersuchungen.

prendre des mesures (niveau d'eau etc.): frz. Messungen durchführen (den Wasserspiegel usw.).

Primadonna: ital. erste Sängerin einer Oper.

Propheten, der nach rückwärts sieht: nach einem Aphorismus Friedrich Schlegels, auf den der Autor hier anspielt, sind die Historiker rückwärts gewandte Propheten.

Pura: ind. Stadt, vielen Ortsnamen angehängt.

Quant à moi – les dames sont charmantes: frz. was mich betrifft, ich finde die Damen zauberhaft.

Quarter: engl. Kornmaß (Imperial Quarter) zu 8 Bushels = 290,788 Liter.

Quartier Latin: frz. »lateinisches Viertel«, eigentlich das Studentenviertel von Paris am linken Seineufer.

Rabia el Auwal: dritter Mondmonat nach islamischer Zeitrechnung, in den der Geburtstag des Propheten fällt.

Radscha: Sanskrit-Bezeichnung des Königs in Indien, von den Engländern als bloßer Titel verliehen.

Radschputana: Kolonialprovinz in Indien zwischen Sind Pandschab und dem Gouvernement Bombay.

Rakschasas: (Parias), Gegner des Rama aus dem Ramayana.

Rama: Name des altindischen Helden, Fürsten und Lehrers, einer Inkarnation Wischnus, dessen Taten im *Ramayana* besungen werden.

Ramadan: Fastenmonat, jeweils der neunte des Jahres nach islamischer Zeitrechnung, in dem Mohammed seine ersten göttlichen Offenbarungen erhalten haben soll.

Ramayana: im Sanskrit die Schicksale des Rama, zweitältestes indisches Epos, das von Leben und Taten Ramas handelt.

Ranas von Nirwapura

Ras el Tin: vizeköniglicher Palast in Alexandrien.

Ratschputana: in kolonialer Zeit britische Provinz zwischen Sind, Pandschab und Bombay.

Rebecca: bibl. Tochter des aramäischen Nomaden Bethuel, die Abraham nach Gen. 14 seinem Sohn Isaak durch Elieser als Gattin zuführen ließ.

regenerée: frz. erholt, wiedergeboren.

Rien ne va plus!: frz. Ruf der Croupiers am Billardtisch: »Nichts geht mehr!«

Riesenoktoaeder: ein Oktoaeder (griech. Achtflächner) ist ein von acht flachen, gleichseitigen Dreiecken begrenzter Körper in Form einer quadratischen Doppelpyramide.

Rosette: von arab. Raschid (nach Harun al-Raschid), Stadt am linken Ufer des Nil, nach der einer seiner Hauptmündungsarme benannt ist. Hier wurde 1799 die Basaltstele gefunden, die dreisprachig beschriftet ist und die Entzifferung der Hieroglyphen möglich machte.

Rotte Korah: s. **Kohrah.**

rouge!: frz., rot! (hier: Ausruf beim Roulettespiel)

Sadras: ostindische Stadt im britischen Kolonialgouvernement Madras an der Mündung des Palaw in den bengalischen Golf.

Saîd: arab. soviel wie Oberägypten.

Saint John's Wood: Vorstandt von London, nordwestlich des Regent's Park.

Saïs: »die Läufer, ohne die kein angesehener Mann einen Ausritt oder eine Ausfahrt unternimmt«. Max Eyth: *Dunkle Blätter.*

Sakie, Sakien: arab. Längenmaß

Sakkara: Dorf in Mittelägypten; in der Nähe finden sich die Stufenpyramide des Djoser und das Pyramidenfeld von Abusir.

Sanskrit: übersetzt soviel wie »richtig gebildet«; die zweitausend Jahre alte und heilige, von der Gelehrten- und Priesterkaste gebrauchte Sprache der Inder.

Sansculottes: von frz. ohne Hosen, spöttische Bezeichnung für die radikalen Vertreter der Französischen Revolution, die keine Kniebundhosen (*culottes*), sondern lange Hosen (*pantalons*) trugen.

Saptiye: Polizeipräsidium in Kairo.

Sati: im Sanskrit die Gute; Bezeichnung für die treue Frau, die nach dem Vorbild der Gemahlin Schiwas den Scheiterhaufen besteigt, um ihrem verstorbenen Mann nachzufolgen. Witwenverbrennung ist ein heute noch gelegentlich praktizierter Brauch im Hinduismus.

Sauiyet, Pyramide von: gemeint ist das Monument von Saujet el-Arjan, drei Kilometer südlich von Gise; ein unbeschrifteter Sarkophag, der sich dort fand, gehörte möglicherweise einem unbekannten König der 4. Dynastie.

Saul: bibl. König, für den die Hexe von Endor den Geist

des toten Samuel beschwor; aus dem alten Testament (1 Samuel 28,3–25).

Schaer: arab. Märchenerzähler. »Die zünftigen Geschichten- und Romanerzähler in Ägypten heißen Schoara, Schaer im Singularis.« Max Eyth: *Dunkle Blätter.*

Scheb: soviel wie **Scheich**

Scheherazade: Märchenerzählerin in Tausendundeiner Nacht.

Scheich: arab. Graubart; Ältester, Häuptling eines Stammes, Hauptprediger einer Moschee oder Oberhaupt eines Derwischklosters.

Scherbet: arab. eisgekühltes Getränk, Limonade; davon stammt das Wort Sorbet ab.

Schibuk: arab. Pfeife

Schiwa: der Sanskritname bedeutet gütig, günstig, glücklich; neben Wischnu und Krishna einer der drei Hauptgötter des Hinduismus, verkörpert den Aspekt der Zerstörung.

Schubra: wird von Max Eyth in einem Brief an die Eltern (24.4.12863) so geschildert: »... Schubra, Choubrat, Shoobra, wie Ihr wollt, liegt fast vier englische Meilen nördlich von Kairo hart am Ufer des Nils, fast genau an dem Punkte, wo das Delta beginnt. Es ist ein kleines Dorf mit einem griechischen Kneiplein, mit dem Palast und Harem des Paschas, mit schönen, im ganzen Orient berühmten Gärten und mit einem großen Landgute.« Heute ist Schubra längst »eingemeindet« und gehört zum Stadtgebiet Kairos.

Sepoy: Bezeichnung der im britischen Heer aufgenommenen indischen Eingeborenen, die 1857 gegen die Kolonialmacht rebellierten.

Septye: arab. Polizeigebäude.

s'il vous plaît: frz. bitte sehr.

si vite que possible, s'il vous plaît: frz. so schnell wie möglich, bitte.

Sigilarien: Siegelbaumgewächse; eine ausgestorbene Bärlappart; aus versteinerten Resten von Siegelbäumen bildete sich die Steinkohle.

Sikir: Teilnehmer an einem Sikr.

Sikr: moslemischer Gebetstanz: »Bei den Gebetsreigen [...] werden, wie um den Takt der Bewegungen festzuhalten, Ausrufe wie: ,Allah Hu! Allahu! und andre, nach bestimmten Rhythmen hundertfach wiederholt und scheinen wesentlich zu der religiösen und nervösen Erregung beizutragen, die der Zweck des Sirks ist.« Max Eyth: *Dunkle Blätter*. III, 19.

Siut: von Assiut, in der Antike griech. Lykonpolis, Wolfsstadt; größte Stadt Oberägyptens in Nilnähe; viele Grabkammern der hier einst verehrten Wolfsgottheit.

Sodom: Name einer biblischen Stadt, die nach Gen. 18–19 gemeinsam mit Gomorrha wegen ihrer Sündhaftigkeit von Gott zerstört wurde.

Son: rechter Nebenfluß des Ganges in Indien von 748 km Länge.

Sphinx: in der Ägyptologie ist der Sphinx männlich, im Gegensatz zu seiner Namensvetterin, der griechischen Sphinx der Ödipussage. Die mächtige Löwengestalt mit Menschenkopf gehört zu Chephrens Grabanlage; mutmaßlich stellt das Gesicht ein Porträt des Herrschers dar. Der Sphinx wurde aus Kalksteinfelsen gemeißelt, ist ca. 20 Meter hoch und 73 Meter lang und lag früher fast zur Gänze im Sand begraben. Erst im Lauf des vorigen Jahrhunderts wurde er freigelegt, was schon 1419 v. Chr. der Pharaonen-Anwärter Thutmosis tun mußte, um ihn zu sehen.

Sovereign Turko: türkische Variante der engl. Standard-Goldmünze Sovereign (ein Pfund Sterling).

Stambul türk. Name für Konstantinopel.

Stambulrock: »Der Stambulrock ist ein einfacher Gehrock aus leichter, schwarzer Seide, mit einreihigen Knöpfen; in Ägypten das übliche Kleidungsstück von Beamten und höheren Dienern, die keine Militäruniform tragen.« Max Eyth: *Dunkle Blätter*.

Stockzahn: soviel wie Weisheitszahn.

Stoke-Newington: Vorstadt nördlich von London. I, 7

Stronzianlicht: nach der schottischen Ortschaft Strontian benannt; Strontiansalze vermögen Flammen zu färben; die alkoholische Lösung brennt mit schöner purpurroter Flamme.

Stufenpyramide: gestuftes Grabmal des Königs Djoser mit aufwendiger Ummauerung (Temenosbezirk), um 2450 v. Chr. errichtet, eins der frühesten bekannten Steinbauwerke der Welt.

Sudras oder Nairen: Volksstamm, der auf Malabar die Oberkaste stellt.

Suezkanal: schleusenlose Wasserstraße durch die schmalste Stelle der 113 km breiten Landenge zwischen Mittelmeer und Golf von Suez, 110 km lang. Geplant wurde der Durchstich schon in antiker Zeit unter dem Ptolemäer Necho II., der jedoch nie über Anfänge hinauskam. Seit 1854 lag der Bau des Suezkanals in den Händen von Vicomte Ferdinand Lesseps, der von Vizekönig Said Pascha eine Konzession für 99 Jahre ab Inbetriebnahme des Kanals erhalten hatte. Am 17. November 1869 wurde der Suezkanal eingeweiht.

Sybariten: griech. Einwohner der Stadt Sybaris in Unteritalien, die im Ruf der Prasserei standen.

Sydenham: südlicher Vorort Londons in der engl. Grafschaft Surrey.

Syene: Teil von Assuan (s. d.) am Ostufer des Nil. In der Nähe die Steinbrüche mit rotem und schwarzem Granit (»Syenit«), aus dem Statuen und Obelisken gefertigt wurden.

Sykomoren: griech. Maulbeerfeigenbaum, auch Eselsfeige genannt; in Ägypten verbreitete Baumart. Aus dem festen, äußerst dauerhaften Holz wurden die Sarkophage der Pharaonen hergestellt.

Tal der Verirrungen: Touristenziel in Ägypten.

Tamarisken: in Steppen- und Wüstengebieten sowie auf salzigen Böden verbreitete Strauch- und Baumart mit Schuppenförmigen Blättern und rosafarbenen Blüten.

Tanzkarte: Liste der Tanzpartner beim Ball.

Tarbusch: leichte Wolle oder Filzkappe, die unter dem Turban getragen wird.

Tapir: in den Wäldern Südostasiens verbreiteter Unpaarhufer mit stumpfer, rüsselartiger Schnauze.

Tebn: Eseln wohlschmeckendes Distelgewächs.

Templer: der von Hugo von Payens 1119 gegründete und vom Papst privilegierte Ritterorden, der heute in Zypern residiert; sein Name leitet sich von seinem ersten Domizil auf dem Jerusalemer Tempelberg ab.

Thalia: Landgut Halim Paschas am rechten Ufer des Rosette-Nilarms.

Theodolit: Instrument mit einem um die Waagerechte und Senkrechte drehbaren Fernrohr zur Messung von Horizontal- und Vertikalwinkeln.

Thug: ind. Räuberbanden, die Reisende ausplündern und ermorden.

toggenburgartig: Toggenburg ist eine Landschaft im schweizerischen St. Gallen; Max Eyth spielt hier auf das Buch *Der arme Mann im Toggenburg* von Ulrich Bräker an.

Tonkin: auch Tongking; seit 1863 frz. Kolonie in Hinterindien.

tranquilité: frz. Ruhe, Gelassenheit.

Troglodyt: Höhlenbewohner

tscherkessisch: zum Volk der Tscherkessen gehörig, die in der Westhälfte des Kaukasuis leben; die Mameluken sprachen tscherkessisch als arabisch.

Tura: Gebirgszug zwischen Niltal und rotem Meer.

Turkos: aus Eingeborenen bestehende leichte Infanterie der frz. Armee in Algerien.

Ulemas: arab. Wissende; unter dem Scheich-ul-Islam stehende Theologen, die zugleich Juristen sind; zu ihnen gehören Imame (Kultusdiener), Muftis (Gesetzausleger) und Kadis (Richter); auch die Muezzin (Gebetsausrufer) zählen zu ihnen.

Ur: soviel wie Auerochs.

vandalisch: bezieht sich auf die Vandalen, die bei der Plünderung Roms auch Kunstwerke vernichtet haben sollen.

Veda oder Weda; Sammlung von religiösen Schriften, die höchste Autorität genießen und den ältesten Teil der Sanskrit-Literatur bilden.

Vedette: hier soviel wie Bote.

Vekil arab. Diener.

via triumphalis lat. Triumphzug.

Viceroi de l'Égypte: Khedive (Vizekönig) von Ägypten, Titel Mohammed Alis, der 1833 die Staathalterschaft von Syrien erhielt und daraufhin von den Großmächten der Form nach als Großwürdenträger des osmanischen Reichs angesehen wurde, de facto aber als Alleinherrscher regierte.

voilà le sabre, le sabre de son père! frz. dies ist der Säbel deines Vaters!

voilà les trois mousquetaires du progrès! frz. seht, die drei Musketiere des Fortschritts

Wahrheit wird über uns kommen wie ein gewappneter Mann: evtl. nach Paulus' Brief an die Epheser 6.

Waisya: dritter Stand der alten indischen Kastenordnung (Bürger und Bauern).

Wallah dugri: arab. Eidesformel

Waruna: ursprünglich ind. Himmelsgott und Weltschöpfer, der das Gute schützt und das Böse straft; später weitgehend durch Indra abgelöst.

Wasserhebemaschine: mechanische Vorrichtung zum Pumpen oder Fortbewegen von Wasser, etwa bei einer Feuerspritze, durch Behälter mit starkem inneren Druck (z. B. Dampfkessel).

Wehe dem Mann, der sich auf Fürsten verläßt und nennet Fleisch seinen Arm: nach dem biblischen Weisheitssprüchen Jeremias 17,5 in der Übersetzung Martin Luthers.

Weli: arab. heiliger Mann.

Wischnu: zweite der drei nachvedischen Götter, mit dem-

Symbol der Lotosblume, das Luft und das Wasser personifizierend.

Wodki: russ. Wässerchen, gemeint ist Wodka.

Yorkshire: größte Grafschaft in England zwischen Lincoln, Nottingham, Derby, Chester, Lancaster, Westmoreland und Durham.

Zenana: pers. Frauengemach; in Indien der von den Frauen bewohnte Teil des Hauses.

Zentrifugalpumpe: Saug- und Hebepumpe, die das Wasser durch Zentrifugalwirkung in den rotierenden Schaufeln eines sog. Kreisels anzieht..

zéro! frz. null! (hier: Ruf beim Roulette.)

Zuavenjäckchen: nach dem algerischen Kabylenstamm, der die Elitetruppe der frz. Turkarmee bildet.

Historische Namen

Abbas Pascha: Enkel Mohamed Alis; folgte dessen Adoptivsohn Ibrahim Pascha auf den Thron, der 1848 in Kairo verstarb, und wurde als Großwesir des osmanischen Reiches für Ägypten bestätigt, da der Sultan zu Lebzeiten Mohamed Alis den Titel Vizekönig nicht verleihen wollte. Nach Konflikten mit der Pforte erhielt er schließlich weitgehende Zugeständnisse, modernisierte das Land und beutete es zugleich durch Wuchersteuern aus. In der Nacht vom 12. Auf den 13. Juli 1854 wurde Abbas Pascha von zwei Mameluken erdrosselt. I, 4; III, 17.

Abdul Asis, d. h. Arab. Knecht des Allmächtigen; 32. Sultan der Osmanen, geb. 9. Februar 1830. Als er seinem Bruder 1861 auf den Thron folgte, enttäuschte er die Hoffnungen auf Reform; trotz einer 1862 eingesetzten Finanzkommission überschuldete er sein Reich, schloß aber Handelsabkommen mit Rußland, Schweden, Spanien, Österreich und dem deutschen Zollverein. 1863 unternahm er eine Reise nach Ägypten, wo Ismail Pascha an die Macht gelangt war, im Sommer 1867 betrat er als erster Sultan europäischen Boden. 1869 schuf er für die ägyptischen Statthalter den Chediventitel. 1875/76 kam es zu Aufständen auf dem Balkan und in Konstantinopel; der Staatsbankrott mußte erklärt werden. Am 4. Juni 1876 wurde Abdul Asis auf Befehl des Großwesirs Mahmud Nedim ermordet. III, 17

Airy, George Biddell: (1801–1892) engl. Astronom; 1828 Professor für Physik und Mathematik und Direktor der Sternwarte Cambridge; später königlicher Astronom in Greenwich, 1872 in den Ritterstand erhoben.

Al Mamun: Kalif (787-813), Sohn Harun al-Raschids, trat nach dessen Tod im März 809 die Nachfolge an. IV, 23

Aschraff: as-Sultan al-Aschraf Djanbulat war in Alexandria von Adil Tuman Bey ermordet worden; seine Leiche wurde am

22. April 1501 nach Kairo überführt und zunächst im Mausoleum des Sultans Quaitbay beigesetzt. Die Mameluken setzten durch, daß er ein eigenes Mausoleum im Bab-en-Nasir erhielt.

Brugsch, Heinrich Karl: Ägyptologe (1827–1894), der als Sohn eines Berliner Wachtmeisters schon mit zehn Jahren eine Grammatik des Demotischen schrieb. Gefördert durch Alexander von Humboldt, konnte er die Museen in Paris, London, Turin und Leiden besichtigen und trat 1853 seine erste Forschungsreise nach Ägypten an, wo er mit Mariette zusammentraf. Später wirkte er als Konsul in Kairo und Professor in Göttingen und Berlin. Wie Max Eyth war er bis 1880 im Dienst des Vizekönigs tätig und sollte das Großprojekt eines ägyptologischen Museums in Bulak verwirklichen. I, 5; II, 9

Carlyle, Thomas: populärer schottischer Historiker (1795–1881), der bereits mit vierzehn Jahren die Universität Edinburgh besuchte und sich neben dem Studium der engl. und frz. Revolutionen vorwiegend mit deutscher Literatur, Philosophie und Geschichte beschäftigte. Er verfaßte Essays über die Werke Goethes, mit dem er korrespondierte, eine Biographie Friedrichs des Großen sowie zahlreiche politische und philosophische Schriften. I, 5

Champollion-Figeac, Jean-François: Historiker aus Grenoble (1791–1832), der gemeinsam mit seinem älteren Bruder Jean Jacques ägyptologische Studien trieb und die Hieroglyphenschrift entschlüsselte. Nach einer Reise ins Land der Pharaonen 1828–1830 wurde er in Paris zum Professor und Mitglied der Akademie der Wissenschaften ernannt. I, 5

Chefren: oder Chafre, einer der Söhne des Cheops, der die Zweite Pyramide auf dem Gräberfeld bei Gise und den großen Sphinx errichten ließ. Er regierte ungefähr ein Vierteljahrhundert zwischen 2558 und 2532 v. Chr. Unter seinem Land erlebte das Land eine Blütezeit, darauf deuten die reichgeschmückten Grabkammern (mastabas) seiner Hofleute hin. I, 8

Cheops: dritter ägyptischer Herrscher der 4. Dynastie, der ca. 2589 bis 2566 v. Chr. regierte; sein eigentlicher Name »Suphis« wurde in der griechischen Form Cheops oder in der ägyptischen Chufu gebräuchlich. Er unternahm Feldzüge auf die Sinai-Halbinsel und ließ im Süden des Landes bei Aswan Granit brechen. Ferner soll er »heilige Bücher« verfaßt haben. Seine wichtigste Leistung war die Errichtung seines monumentalen Pyramiden-Grabmals bei Gise. II, 8

Cheops' Tochter: evtl. Anspielung auf eine durch Herodot überlieferte Legende. Danach soll der Pharao eine seiner Töchter ins Bordell gesteckt haben, weil er Geld für die Pyramide brauchte. Die Prinzessin verlangte von ihren Kunden außer dem Lohn jeweils einen eigenen Steinblock und errichtete aus den angesammelten Steinen angeblich eine eigene Nebenpyramide, die im Zentrum der Ostseite steht.

Elanger: frz. Bankhaus des 19. Jahrhunderts. III, 17

Friedrich I., Kaiser: genannt Barbarossa, geb. um 1121, starb während des dritten Kreuzzuges nach seinem Sieg über die Türken bei Ikonion bei der Überquerung des Flusses Kalykadmus (Salpeh) am 10. Juni 1190 in Kilikien.

Gordon Pascha, Charles George: britischer Offizier (1833–1885), der zunächst im Krimkrieg und in China kämpfte. 1873 trat er in ägyptische Dienste und unternahm eine Expedition an den Oberlauf des Nils; wurde 1877 Pascha und Gouverneur des Sudan. Zeitweilig kehrte er nach China zurück, wurde Gouverneur in Südafrika und nahm im Auftrag des belgischen Königs an der Kolonisierung des Kongo teil. Bei Khartum fiel er im Kampf gegen sudanesische Aufständische.

Greaves, John: britischer Orientalist (1602–1652), besuchte die Cheopspyramide im Jahr 1638 und fertigte für sein Werk *Pyramidigraphia* die ersten ernstzunehmenden Zeichnungen an, darunter einen Querschnitt. I, 5; IV, 25

Grant, James Augustus: engl. Offizier (1827–1892); unternahm 1860–1863 eine Forschungsreise nach Ägypten, um die Nilquellen zu erforschen.

Halim Pascha: leibhaftiger Sohn Ibrahim Paschas; Max Eyths Arbeitgeber in Ägypten. I, 5; III, 17

Händels Saul: Oratorium (Londoner Erstaufführung v. 16.1.1739), von Georg Friedrich Händel. I, 5

Harun al Raschid: (d.h. »der Gerechte«), einer der ruhmreichsten Kalifen aus der Abbassidendynastie, der 786–809 regierte und acht siegreiche Feldzüge gegen Byzanz führte. Im Westen ist er vor allem durch seine – möglicherweise legendären – Beziehungen zum Hof Karls des Großen bekannt. III, 17; IV, 23

Herodot: der früheste Geschichtsschreiber der Griechen, geb. 484 v. Chr. in Halikarnassos, gestorben nach 430 in der griechischen Kolonie Thurioi in Unteritalien. Er bereiste Griechenland, Makedonien, Vorderasien und Ägypten. Seine *Historia* in neun Büchern schildert anschaulich und mit viel Realismus die antike Welt, wobei allerdings manche Begebnisse dramatisch ausgestaltet oder mythisch gedeutet werden. IV, 22, 23

Herschel, John: auch der jüngere Herschel genannt (1792–1871), folgte seinem Vater Friedrich Wilhelm Herschel in seinen astronomischen Interessen und entdeckte 380 Doppelgestirne. Von ihm stammen u. a. eine theoretische Schriften über das Licht und den Schall sowie eine Propädeutik der Naturphilosophie. Königin Victoria ernannte ihn 1838 zum Baronet und betraute ihn 1850 mit dem königlichen Münzwesen. IV, 23

Hipparchus: antiker Naturwissenschaftler aus Nicäa, gilt als Begründer der wissenschaftlichen Astronomie. Er lebte in Rhodos und Alexandrien, wo er vermutlich um 125 v. Chr. starb. Auf seinen Erkenntnissen fußt u. a. die exakte Bestimmung des Sonnenjahrs. Er berechnete die Entfernung der Erde von Sonne und Mond und hinterließ ein Verzeichnis der Fixsterne. IV, 23

Homer: Name des griech. Dichters (um 950–900 v. Chr.), dem die *Ilias* und die *Odyssee* zugeschrieben werden. IV, 26

Horaz: eigtl. Quintus Horatius Flaccus (65–8 v. Chr.), Verfasser einer Dichtungslehre *De arte poetica*; führte mit seinen *Oden* die Kunstformen griech. Poesie ins Lateinische ein. IV, 26

Ibrahim Pascha: Adoptivsohn (1789–1849) des ägyptischen Vizekönigs Mohamed Ali; besiegte 1819 die Wahabiten, wurde Pascha von Mekka und Medina und organisierte die ägyptische Armee nach europäischem Vorbild. Von Mohamed Ali zum Nachfolger bestimmt, wurde er bei Ausbruch von dessen Geisteskrankheit 1848 von Konstantinopel als Vizekönig anerkannt, erlag jedoch noch im selben Jahr einer tödlichen Krankheit. Sein Nachfolger wurde Mohamed Alis Enkel Abbas Pascha.

Ismael Pascha: zweiter Sohn (1830–1895) Ibrahim Paschas; mit seinem Bruder Achmed in Frankreich erzogen. Schloß sich 1849 der Opposition gegen Abbas Pascha an und wurde von seinem Onkel Said Pascha 1855 in den Staatsrat berufen. 1863 folgte er Said auf dem Thron und bekannte sich wie dieser zu liberalen Grundsätzen. Erhielt vom Sultan den Titel des Chediven und erlangte schließlich eine faktische Unabhängigkeit. Allerdings gerieten die ägyptischen Finanzen durch seinen Luxus und ehrgeizige Modernisierungsprojekte in Unordnung, so daß Ismael 1878 nicht mehr zahlungsfähig war und im Folgejahr zugunsten seines Sohnes Tewfik abdanken mußte.

Kambyses: Sohn des Kyoos und persischer König (529–522 v. Chr.).

Kant, Immanuel: deutscher Philosoph (1724–1804) aus Königsberg, der die *Kritik der reinen Vernunft*, die *Kritik der Urteilskraft* und die *Grundlegung zur Metaphysik der Sitten* verfaßte. I, 5

Kivork: Bankhaus in Konstantinopel.

Laplace, Pierre Simon: frz. Mathematiker (1749–1827), Mathematiklehrer in Beaumont, bevor er Mitglied der Akademie der Wissenschaften, des Nationalinstituts und des Längenbüros in Paris wurde. Kurze Zeit war er Innenminister; Bonaparte ernannte ihn zum Senator. 1805 betrieb Laplace die Wiedereinführung des gregorianischen Kalenders statt des bisher geltenden Revolutionskalenders. 1814 stimmte er für die Absetzung Napoleons und wurde in der Restaurationszeit Marquis und Pair. In der Astronomie gehört Laplace zu den wichtigsten Entdeckern, weil er den gegenseitigen Einfluß der Planetenbahnen bestimmte und die Konstanz der mittleren Entfernung der Planeten von der Sonne bewies.

Lepsius, Richard: dt. Ägyptologe aus Naumburg (1810–1884), der mit 31 Jahren die von Friedrich Wilhelm IV. veranlaßte wissenschaftliche Forschungsreise bis zu ihrer Rückkehr 1845 leitete. Bei dieser Gelegenheit wurde auch eine selbstentworfene Hieroglyphen-Inschrift zu Ehren des königlichen Geburtstags (15. Oktober 1842) an der Cheopspyramide angebracht, die mit den Worten anhebt: »So sprechen die Diener des Königs, des Name Sonne und Fels von Preußen ist ...« Auch Weihnachten und Sylvester wurde auf der Cheopspyramide gefeiert, indem die Spitze weithin sichtbar mit einem großen Freudenfeuer illuminiert wurde. Nach seiner Rückkehr erhielt Lepsius einen Posten als Professor in Berlin und leitete die ägyptische Abteilung des königlichen Museums. Er machte sich um die Erforschung der zwölften Königsdynastie verdient und entwickelte ein gemeinsprachliches Standard-Alphabet. I, 5; II, 10

Lesseps, Ferdinand: Vicomte (1805–1894) und Erbauer des Suez- und des Panamakanals. Als frz. Diplomat diente er in Lissabon, Tunis, Alexandria, Rotterdam, Malaga und Barcelona; in Madrid wurde er 1848 bevollmächtigter Minister der Republik Frankreich. Im Auftrag der Société des études du Canal de Suez ging Lesseps 1854 nach Alexandria, um mit Said Pascha über die Fertigstellung des seit 1816 geplanten Durchbruchs zu verhandeln. Seine Baugesellschaft, ausgestattet mit Aktienkapital in Höhe von 200 Millionen Francs, stellte innerhalb von zehn Jahren den Kanal fertig, der am

16.11.1869 eröffnet wurde. Seit 1880 arbeitete Lesseps am Durchstich der Landenge von Panama. III, 18

Lesueur, Charles Alexandre: frz. Naturwissenschaftler (1778–1857).

Linant de Bellefonds, Maurice Adolphe: auch bekannt als Linant Pascha (1800–1883). Der gelernte Ingenieur Linant leitete 1845 die Untersuchungen beim Durchstich des Suezkanals, reichte 1847 das Projekt ein und leitete als Chefingenieur 1859–1869 dessen Realisierung. Er starb in Kairo. I, 4

Mahdi: ägypt. »Prophet«, eigentl. Mohammed Achmed el Mahdiji; religiöser und politischer Führe im ägyptischen Sudan, gest. 1885; urspünglich Sklavenhändler, beteiligte er sich an einer Rebellion, die den Verlust des Sudan für Ägypten zur Folge hatte. Er ließ sich zum Propheten ausrufen und besiegte 1882 die Ägypter, eroberte 1883 Kordofan und Sennaar und vernichtete ein ägyptisches Heer unter Hicks Pascha.

Mariette, Auguste Edouard: franz. Ägyptologe (1821–1881); reiste 1850–1854 im Auftrag des ägyptischen Museums zu Paris mehrfach nach Ägypten, wo er sich 1857 niederließ und das Museum Bulak-Kairo gründete, dessen Direktor er wurde (seit 1879 im Rang eines Paschas). I, 5; III, 21

Maskelyne, Revil: engl. Astronom (1732–1811), beobachtete 1761 auf St. Helena den Venusdurchgang; seit 1765 Direktor der Sternwarte zu Greenwich.

Menkauras: auch Menkaure oder griech. Mykerinos; ägyptischer Pharao, der zwischen 2532 und 2504 v. Chr. regierte. Der Legende nach war seine gütige Regierung den Göttern mißliebig, die eine hundertfünfzigjährige Leidenszeit über Ägypten verhängt hatten, weshalb sie ihm nur eine sechsjährige Herrschaft zubilligten. Nach anderen Quellen hielt er sich dreiundsechzig Jahre an der Macht. Sein verhältnismäßig kleines Grabmal steht am Südrand des Pyramidenfelds von Gise. II, 8

Mohamed Ali: ägyptischer Vizekönig (1769/1805?–1849), Sohn eines mazedonischen Polizeioffiziers aus Kavala, der nach dem frühen Tod seines Vaters durch den Gouverneur aufgezogen wurde, doch keine Ausbildung erfuhr und zunächst als Tabakverkäufer arbeitete. Nach seiner Teilnahme an der Unterdrückung eines Aufstands kam er zum Militär, heiratete eine reiche Dame aus der vornehmen Gesellschaft und kämpfte gegen die Franzosen in Ägypten. Als Anführer des Albanesenkorps nutzte er die Konflikte zwischen mamelukischen und türkischen Machthabern, setzte den Statthalter ab, wurde 1805 selbst zum Pascha von Ägypen ausgerufen und in dieser Stellung von der osmanischen Führung bestätigt. Im Juli 1848 wurde er selbst durch Ibrahim Pascha, seinen ältesten Sohn, des Amtes enthoben. I, 4; II, 9; III, 17

Moses: bibl. Befreier und Gesetzgeber Israels, der um 1400 in Ägypten lebte; unter seiner Führung befreite sich das israelitische Volk aus der Herrschaft des Pharao, empfing am Sinai die Gesetzestafeln und zog nach Kanaan, das Moses selbst, der im biblischen Alter von 120 Jahren gestorben sein soll, nicht mehr betreten sollte.

Napoleon III.: frz. Kaiser und dritter Sohn Louis Bonapartes (1808–1873); wuchs nach dem Sturz Napoleons I. in Augsburg auf und wurde 1834 Artilleriehauptmann des Berner Truppenkontingents, obwohl er sich als legitimer Nachfolger seines Onkels betrachtete. In den dreißiger und vierziger Jahren scheiterten mehrere Versuche, sich in Frankreich an die Macht zu putschen; 1848 wurde er für vier Jahre zum Staatspräsidenten gewählt, löste 1851 die gesetzgebende Versammlung auf, stellte das allgemeine Stimmrecht wieder her, ließ sich auf zehn Jahre wählen und 1852 zum Kaiser mit diktatorischen Vollmachten ernennen. I, 4; III, 17, 20

Nebukadnezar: König von Babylon (zweiter seines Namens, 605–562), der am Euphrat den ägyptischen Pharao an der Besetzung des Assyrerreichs hinderte und sein verödetes Land durch Staudämme und Kanalsysteme wieder aufbaute. Auf ihn gehen Marduktempel, Ischtartor und die sog. 'Hängenden Gärten' von Semiramis zurück. IV, 24

Nubar Pascha: ägypt. Staatsmann aus Smyrna, von armenischen Eltern abstammend (1825–1888); seit 1842 im diplomatischen Dienst, wurde er 1854 unter Abbas Pascha in Wien akkreditiert. Unter Said Pascha wurde er Direktor des Verkehrsministeriums und führte unter Ismail Pascha mit Frankreich und der Türkei die Verhandlungen über den Staatsbankrott beim Suezkanal. Als ägyptischer Ministerpräsident 1878–1879 und 1884–1888 versuchte er, das Land zu reformieren. III, 16

Offenbach, Jacques: Komponist (1819–1880), geboren in Köln, kam als Wunderkind nach 1835 in Paris, wo er zum Cellisten an der Opéra comique ausgebildet wurde. Als Kapellmeister am Théâtre français hatte er überwältigenden Erfolg mit parodistischen, schwungvollen Einaktern und Operetten; zu seinen bekanntesten Werken zählen die Opern *Orpheus in der Unterwelt* und *Hoffmanns Erzählungen*. III, 17

Oppenheim: Bankhaus im 19. Jahrhundert. III, 17, 21.

Palmerston, Henry John Temple: engl. Staatsmann (1784–1865); seit 1859 bis zu seinem Tod Schatzkanzler des Parlaments. III, 15.

Plinius: Gajus Plinius Secundus d. Ä.; schrieb eine enzyklopädische Naturgeschichte in 37 Büchern. IV, 22, 23

Preußenkönig, der große; gemeint ist Friedrich II., genannt »der Große« (1740–1786), König von Preußen. II, 12

Rothschild: Bankhaus im 19. Jahrhundert. III, 17

Said Pascha, Mohammed: vierter Sohn Mohamed Alis (1822–1863), der seinem Neffen Abbas Pascha auf den Thron folgte und von 1854 bis zu seinem Tod als Vizekönig von Ägypten regierte. Sein Neffe Ismail Pascha folgte ihm.

Scherif Pascha: ägypt. Staatsmann, gest. 1887; zweimal Ministerpräsident unter Vizekönig Tewfik, mußte beim zweiten Mal auf britischen Druck zurücktreten und war stark europäisch, insbesondere nach Deutschland orientiert.

Schubert, Franz Peter: österr. Liedkomponist (1778–1828), schrieb schon als Student und später als Musiklerer beim

Grafen Esterhazy zahlreiche Balladen, Lieder und Singspiele, ferner Kammermusik, Klaviersonaten und Symphonien.

Smyth, Charles Piazzi: Professor in Edinburgh und königlicher Astronom von Schottland (1819-1900); bekannt durch seine stark spekulativen Werke über die Cheopspyramide, die er als ein von Gott selbst inspiriertes Bauwerk deutete: *Our inheritance in the great Pyramid* erschien 1880 zu London in dritter Auflage.

Sophokles: bedeutendster Tragödiendichter (ca. 496-406 v. Chr.) der Antike neben Euripides und Äschylos; von seinen hundert bis hundertdreißig Dramen sind nur sieben z. T. fragmentarisch erhalten. IV, 26

Speke, John Hanning: engl. Forschungsreisender (1827-1864); schrieb u. a. ein Buch über seine Suche nach den Nilquellen. III, 18

Strabo: griech. Geograph der Antike (geb. um 54 oder 66 v. Chr., gest. 24 n. Chr.), lebte teils in Rom, unternahm aber ausgedehnte Reisen u.a. nach Ägypten. IV, 22, 23

Sultan Hassan: Hasan ibn Nasir Muhammad regierte als Sultan 1347-1351 und 1354-1360; seine Moschee unweit der Zitadelle in Kairo zählt zu den Glanzstücken mittelalterlicher Baukunst.

Straußsche Walzer: von Johann Strauß (Vater 1804-1849, oder Sohn 1825-1899) komponierte Walzermelodie.

Taylor, John: engl. Verleger und Politiker (1781-1864); schrieb mit *The Great Pyramid. Why was it built? & who built it?*, London 1859 eins der ersten spekulativen Werke über die Cheopspyramide.

Tewfik: auch Taufiq, Sohn Osmail Paschas (1852-1892), Vizekönig von Ägypten, erhielt durch Firman des Sultans vom 8. August 1879 den Chediventitel.

Verdis Trauermarsch: gemeint ist wohl *Va pensiero* aus der Oper *Nabuccho* von Guiseppe Verdi (1813-1901).

Vyse, Richard William Howard: engl. Oberst (1784-1853), der 1835 zum ersten Mal nach Ägypten kam und anderthalb Jahre die Cheopspyramide erforscht hat. I, 5; III, 21

Virgil: eigtl. Publius Vergilius Maro (70 v. Chr.–19 n. Chr.), röm. Dichter, schrieb Lobgedichte auf Kaiser Augustus, das Epos *Aeneis* und schilderte in den *Georgica* die ital. Landwirtschaft. IV, 26

Webers Aufforderung zum Tanz: Rondo brillante Des-Dur für Klavier (1819) von Carl Maria von Weber, opus 65 (Jähns-Verzeichnis 260). III, 20

Wilkinson, Sir John Gardner: engl. Ägyptologe (1797–1875); befaßte sich mit der Alltagsgeschichte im Pharaonenreich, mit Hieroglyphenkunde und schrieb auch einige Werke über das moderne Ägypten. I, 5; IV, 22

TASCHENBÜCHER
KLASSIKER DES HISTORISCHEN ROMANS

In dieser Reihe erscheinen alle zwei Monate Meisterwerke aus dem Genre des historischen Romans. Es handelt sich durchweg um Autoren, die in ihrer Zeit großes Gewicht in der literarischen Öffentlichkeit besaßen. Die Reihe umfaßt neben Klassikern der deutschen Literatur auch repräsentative Werke aus England, Frankreich, Spanien, Holland, Amerika, und zwar in vollständigen und neu erstellten oder neu überarbeiteten Übersetzungen. Die Mehrzahl der Autoren gehört dem 19. Jahrhundert an, als der Historismus über Jahrzehnte hinweg das geistige Leben in Europa bestimmte. Die thematische Vielfalt der ›Klassiker‹ erstreckt sich vom alten Ägypten bis zur Französischen Revolution, von der Sporenschlacht in Flamen bis zur Seeschlacht von Trafalgar 1805, von der Fronde bis zum amerikanischen Unabhängigkeitskampf. Ziel dieser Reihe ist es, die einseitige und bequeme Werkauswahl zu korrigieren, die der Buchmarkt seit Jahren bei den Klassikern vornimmt, indem er von bestimmten Schriftstellern immer wieder die gleichen Romane neu veröffentlicht. Alle Bände dieser Reihe sind mit erläuternden Anmerkungen zu wichtigen Namen, Daten und Begriffen der Romane sowie mit fachkundigen Essays zu Leben und Werk des Autors versehen.

Band 13 841 / DM 14,90
CHARLES DICKENS
BARNABY RUDGE
764 Seiten

Unter dem Eindruck der sozialen Unruhen seiner Zeit schrieb
Charles Dickens in den Jahren 1840 / 41 diesen großen historischen Roman über die sogenannten Gordon-Aufstände von
1780: eine antikatholische Erhebung, die die Stadt London
erschütterte und in der Erstürmung des berüchtigten New-
gate-Gefängnisses gipfelte.

Während der erste Teil des Romans den Leser auf den verschlungenen Pfaden von Liebesgeschichten und Intrigen in
die alte Zeit zurückführt, entfaltet der zweite Teil ein ein-
dringliches Psychogramm von Rädelsführern und Schergen,
von Demagogen und leicht verführbaren Menschen, das bis
heute nichts von seiner Gültigkeit verloren hat.

›Barnaby Rudge‹ hat aber auch unheimliche Momente: Sie
knüpfen sich vor allem an die faszinierende Gestalt des sprechenden Raben, der später Edgar Allan Poe zu seinem großen Gedicht ›The Rave‹ inspirierte. Nicht zufällig spricht Stephen King in seinem Vorwort zur ›Green Mile‹ seine
uneingeschränkte Bewunderung für den großen britischen
Romancier aus und erinnert daran, daß sich Dickens' Leser
einst sogar ins Hafenwasser stürzten, um an die neueste
Fortsetzung eines seiner Meisterwerke zu gelangen. So viel
Wagemut erfordert guter Geschmack heute nicht mehr: Wir
können Charles Dickens im Trockenen lesen.

Band 13 744 / DM 12,90
VICTOR HUGO
1793 ODER DIE VERSCHWÖRUNG IN DER PROVINZ VENDÉE
412 Seiten

Auf dem Höhepunkt der Französischen Revolution wird
Marquis de Lantenac nach Jersey verbannt, gilt er doch als
Königstreuer. Aber der Marquis entkommt seinen Wächtern

und kehrt in die Provinz Vendée zurück. Für die Bauern dort ist er immer noch der große Fürst. Am Tage seiner Landung schart er achttausend Mann um sich, innerhalb von einer Woche sind dreihundert Gemeinden in Aufruhr.

In Paris ist man überzeugt: Nur der republikanische Offizier Gauvain, der schon in der Rheinarmee Großes geleistet hat, kann den Marquis stoppen. Aber der junge Offizier ist der Großneffe des Marquis von Lantenac. Er nimmt den Kampf dennoch auf. Allerdings stellt man ihm mit Cimourdain einen alten, erfahrenen Revolutionär zur Seite. Niemand in Paris ahnt, welche Konflikte damit heraufbeschworen werden.

Dieses Werk war Hugos letzter Roman und ist eine Art erzählerisches Testament: packend und ohne Scheu vor grellen Effekten erzählt, stringent im Handlungsaufbau, aber durchsetzt mit funkelnden Aphorismen und originellen geschichtsphilosophischen Reflexionen.

›Eine fesselnde Geschichtsstunde‹ (Freundin)

Band 13 743 / DM 12,90
GEORG EBERS
EINE ÄGYPTISCHE KÖNIGSTOCHTER
538 Seiten
3. Auflage

Ägypten, im sechsten Jahrhundert vor unserer Zeit: Der Pharao Amasis verwaltet umsichtig das Reich am Nil. Um den Frieden mit den immer mächtiger werdenden Persern zu besiegeln, will Amasis seine hübsche Tochter Nitetis dem persischen Thronfolger zur Frau geben. Aber sein Sohn, der Wachs in den Händen der fremdenfeindlichen Priester ist, arbeitet diesem Plan mit aller Macht entgegen. Und er verfügt auch über die Mittel, seinen Vater zu erpressen: Weiß er doch, daß die hübsche Nitetis in Wahrheit gar nicht die Tochter des Amasis ist ...

Dieser Roman war eines der meistgelesenen Bücher des 19. Jahrhunderts und löste eine Ägyptenmode aus: 400.000 Exemplare wurden von der ›Ägyptischen Königstochter‹

zwischen 1864 und 1920 verkauft. Georg Ebers war einer der größten Ägyptenkenner seiner Zeit, unternahm ertragreiche Forschungsreisen an den Nil und hielt sich in seinen Romanen sehr eng an die historische Überlieferung. Dennoch löste das Erscheinen dieses Buches unter Ebers' Professorenkollegen erhebliche Irritationen aus.

Band 13 943 / DM 16,90
GEORG EBERS
UARDA, DIE ÄGYPTERIN
ca. 560 Seiten

›Uarda‹ gilt neben der ›ägyptischen Königstocher‹ als der gelungenste Roman dieses Schriftstellers. Fünf Auflagen schon im Jahr der Erstveröffentlichung und wiederum 400.000 verkaufte Exemplare in den folgenden Jahrzehnten belegen die Bedeutung dieses großen historischen Romans aus der Zeit Ramses II.

Band 13 746 / DM 14,90
JAMES F. COOPER
DER LOTSE
504 Seiten

Im westlichen Flügel eines Herrenhauses an der englischen Küste werden zwei junge Frauen in einer Art sanfter Gefangenschaft gehalten. Der Mann, der als Verwandter und Vormund über sie wacht, ist Oberst Howard, ein bedingungsloser Untertan der englischen Krone und ein Feind aller Unabhängigkeitsbestrebungen in den englischen Kolonien.

Oberst Howard schreckt nicht wenig auf, als ihm das Gerücht zu Ohren kommt, daß John Paul Jones, der Seeheld der aufbegehrenden Kolonien in Übersee, der Freibeuter und Pirat, an der Küste sein Unwesen treiben soll. Howard sieht jetzt nicht nur sein Land in Gefahr, er bangt auch um die

Loyalität seiner beiden weiblichen Schutzbefohlenen, die dem berüchtigten Seehelden und seinen Freunden verbotene Gefühle entgegenbringen.

›Ein vielfach nachgeahmter Roman ... liegt jetzt als gut kommentiertes Taschenbuch vor.‹ (Rheinische Post)

Band 13 741 / DM 12,90
HONORÉ DE BALZAC
DIE CHOUANS
ODER DIE KÖNIGSTREUEN
380 Seiten

Die Liebe in den Zeiten der Revolution – mit diesem Stoff erzielte Honoré de Balzac 1829 seinen Durchbruch als Schriftsteller. Da die ›Chouans‹ in der ›Comédie humaine‹ unter der Rubrik mit dem abschreckenden Titel ›Scènes de la vie militaire‹ zu stehen kam, wurde der Roman lange Zeit kaum beachtet.

Marie de Verneuil ist eine selbstbewußte und hübsche Frau – und eine entschiedene Anhängerin der Französischen Revolution. Als im Westen der Republik die Aufstände unter der weißen Fahne der Chouans die neue Ordnung gefährden, wird Marie de Verneuil von Paris in die Bretagne ausgesandt. Als Spionin soll sie vor allem auskundschaften, welchen Anteil der geheimnisvolle Marquis de Montauran an diesen Aufständen hat. Der Auftrag scheint der Marie de Verneuil auf den Leib geschrieben zu sein – aber sie weiß bald nicht mehr, wo ihre Rolle aufhört und wo ihre Gefühle anfangen.

›Packend‹ (Freundin)

Band 13 745 / DM 12,90
HENDRIK CONSCIENCE
DER LÖWE VON FLANDERN
344 Seiten

Dieser spannende Roman über den Freiheitskampf der Flamen gegen die Franzosen im 13. Jahrhundert ist in Holland und Belgien der Klassiker schlechthin!

Hendrik Conscience (1812–83) gelang mit dem ›Löwen von Flandern‹ ein besonderer Geniestreich, schrieb er den Roman doch in einer Sprache, die es im 19. Jahrhundert offiziell gar nicht gab: in Flämisch. Ob in Schulen, öffentlichen Versammlungen oder Zeitungen – im Flandern des 19. Jahrhunderts durfte nur das Französische gepflegt werden. Hendrik Conscience mußte sich die flämische Sprache als Autodidakt aneignen, bevor er seine großen historischen Romane schreiben und seinen Landsleuten ihre Sprache zurückgeben konnte.

Band 13 742 / DM 12,90
WILLIAM M. THACKERAY
DIE GESCHICHTE DES HENRY ESMOND
474 Seiten

William M. Thackerays Zeitgenossen rühmten ›Henry Esmond‹ als ›den besten historischen Roman‹, der je geschrieben worden sei. Auch heute fasziniert das 1832 entstandene Meisterwerk mit betörend schönen Frauen, Degen schwingenden Helden, mit gedämpftem Schlachtenlärm, Intrigen und geheimen Fluchtwegen.

Thackeray stellt einen frei erfundenen Helden in einen interessanten Abschnitt der englischen Geschichte und läßt ihn mit historischen Persönlichkeiten wie Königin Anna, Marlborough, Addison und Steele zusammentreffen. In Form dieser fiktiven Autobiographie erzählt Henry Esmond die Geschichte seiner Familie, die Glück und Leben der verlorenen Sache der Stuarts opferte.

›In überaus farbigen, an Humor nicht armen Szenen durchläuft er einen Erkenntnis- und Desillusionierungsprozeß, in dessen Verlauf die Auffassung von der Geschichte als einem heroischen Geschehen als Mythos entlarvt wird.‹ (Wochenblatt, Altdorf)

Ein bedeutender Roman vom Autor des ›Jahrmarkts der Eitelkeiten‹.

Band 13 834/DM 14,90
WILHELM WALLOTH
DAS SCHATZHAUS DES KÖNIGS
284 Seiten

Memphis, Ägypten, zur Zeit des mächtigen Ramses II.: Isaak lebt mit seinem Vater im ärmlichen Judenghetto. Auf dem Sterbebett enthüllt der Vater seinem Sohn, daß er in seiner Jugend beim Bau eines großen Schatzhauses mithelfen mußte. Als das geheime Gebäude vollendet war, ließ der damalige König Sethos alle Arbeiter töten, damit nichts verraten werden konnte. Nur Isaaks Vater entkam mit Glück. Jetzt will er seinem Sohn den Weg zu den verborgenen Schätzen weisen, aber er kommt nicht dazu, die Zeichnung zu vollenden. Isaak und eine Schwester aber werden durch die Aussicht auf Reichtum zu anderen Menschen, die vor keinem Abenteuer mehr zurückschrecken.

Wilhelm Walloth (1852–1932) war einer der ganz wenigen deutschen Autoren, die Errungenschaften des Naturalismus für den historischen Roman fruchtbar machten. Er war auf dem Weg, einer der erfolgreichsten deutschen Schriftsteller des 19. Jahrhunderts zu werden – bis die Staatsanwaltschaft sein Werk entdeckte und Wilhelm Walloth einen skandalösen Prozeß bereitete.

Band 13 851 / DM 12,90
ALFRED DE VIGNY
CINQ-MARS ODER DER REBELL DES KÖNIGS
474 Seiten

Henri d'Effiat alias Cinq-Mars geht aus Liebe zur Prinzessin
María de Gonzaque an den Hof Ludwigs XIII. und will dort
Karriere machen. Er rückt schnell zum besonderen Günstling
des Königs auf und wird sein erster Stallmeister. Aber als
Sohn einer entmachteten Adelsfamilie verfolgt Henri noch ein
zweites Ziel: Er will mithelfen, Kardinal Richelieu zu stürzen,
jenen Mann, der im Hintergrund die Fäden der Politik zieht
und dessen Skrupellosigkeit zunehmend Widerstand hervorruft.

›Cinq-Mars‹, *der hier in neuer Übersetzung vorgelegt wird, gilt
als der erste große historische Roman der französischen Literaturge-
schichte:* ›Der umfangreiche Stoff ist zu einer dramatischen Handlung gestaltet und psychologisch so sorgfältig ausgearbeitet, daß die
einzelnen Kapitel spannende Akte werden – ein großes Sprach-
kunstwerk‹ *(Kindlers Lexikon der Weltliteratur).*

Band 13 858 / DM 15,00
BENITO PÉREZ GALDÓS
TRAFALGAR / DIE ABENTEUER DER PEPITA GONZÁLEZ
426 Seiten

›Der führende Realist im Spanien des 19. Jahrhunderts‹, ›der
größte Epiker seit Cervantes‹, ›der beste Chronist der spanischen Geschichte‹ – so und ähnlich lauten die Urteile der Lite-
raturkritik über Benito Pérez Galdós (1843–1920), der immer
wieder im Zusammenhang mit dem Nobelpreis für Literatur
erwähnt wurde, den er jedoch vermutlich aufgrund seiner
starken Kritik an der Kirche nie erhielt. In seinen groß angelegten ›Episodios nacionales‹ hat er die Geschichte Spaniens
im 19. Jahrhundert zu unvergleichlich packend und anschaulich erzählten Romanen verdichtet, die so mustergültig
recherchiert sind, daß sie ihrerseits schon wieder Quellen für

Geschichtsforscher wurden. Die Stellung von Benito Pérez Galdós in der spanischen Literatur ist der des Francisco Goya in der spanischen Kunstgeschichte vergleichbar: Beide waren leidenschaftliche, aber auch um Objektivität bemühte Chronisten der Umwälzungen und des Terrors ihrer Zeit und verfügten über eine überragende künstlerische Erfindungskraft.

Erstmals werden nun die Romane des Hauptwerks von Pérez-Galdós, die ›Episodios nacionales‹ ins Deutsche übertragen.

Als seine Mutter stirbt und das Joch seines Onkels, der ihn erziehen will, unerträglich wird, weiß Gabriel Araceli, daß er in eine fremde Stadt fliehen muß: Der Familienvater, dem er dort seine Dienste anbietet, ist ein leidenschaftlicher, aber hochbetagter Seeheld. Ihn begleitet der junge Gabriel nach Trafalgar, zur entscheidenden Seeschlacht mit dem legendären Nelson.

Nach diesem Abenteuer wendet sich ›Gabrielto‹ nach Madrid, wo er sich als Diener einer berühmten Schauspielerin verdingt. Aber er steckt voller Ehrgeiz und sucht um jeden Preis Zugang zum Königshof, wo er in der Tat bald denkwürdige Abenteuer erleben wird …

›Eines der ganz großen Genies des historischen Romans endliche in deutscher Sprache … Wir würden gern weiterlesen‹. Rolf Volkmann in der F. A. Z.)

Band 13 904/DM 15,00
BENITO PÉREZ GALDÓS
DER AUFSTAND VON MADRID/BAILÉN
480 Seiten

Gabriel Araceli hat sich in die junge Inés verliebt: Doch das intelligente Mädchen wird einem Kaufmann in die Obhut gegeben, der sie wie eine Gefangene einsperrt und erbarmungslos ihre Arbeitskraft auspreßt. Während Gabriel auf Möglichkeiten sinnt, Inés aus dem Hause ihres Peinigers zu befreien, gerät rings um ihn die Welt in Aufruhr Die Spanier lehnen sich gegen Napoleons Schergen auf, die sich in Madrid selbstherrlich einquartiert haben. Der Konflikt spitzt sich zu und mündet in den berühmten Aufstand vom 2. Mai 1808. Nur mit großem Glück entgeht Gabriel der Exekution durch die Franzosen und meldet sich als Freiwilliger für die spanischen Truppen, die in Bailen auf die Elite von Napoleons Soldaten zu einer Schlacht treffen, die von ausschlaggebender Bedeutung für die europäische Geschichte werden sollte.

Band 14 138 / DM 15,00
BENITO PÉREZ GALDÓS
NAPOLEON IN CHAMARTÍN / ZARAGOZA
490 Seiten

Spanien im Winter 1808: Während Napoleons Truppen unaufhaltsam auf Madrid zurücken, versucht der mittellose Gabriel Araceli verzweifelt, sich die große Liebe seines Lebens aus dem Kopf zu schlagen: Denn seit die vornehme Herkunft der schönen Inés aufgedeckt worden ist, schirmen deren Schutzbefohlene sie hermetisch von ihm ab. Bald verschlägt das Schicksal den jungen Abenteurer nach Zaragoza, ins Herz von Aragonien. Dort erlebt Gabriel die legendäre Belagerung durch die Franzosen mit, die bei der Bevölkerung einen beinahe übermenschlichen Widerstandsgeist und Behauptungswillen hervorruft.

Band 14 174 / DM 16,90
GEORG ELIOT
ROMOLA
784 Seiten

Ein paar kostbare Gemmen und seine Gelehrsamkeit sind alles, was dem Griechen Tito Melema nach einem Schiffbruch geblieben ist. Aber mit seinem Charme und seiner Unbekümmertheit gewinnt der junge Mann in Florenz schnell Freunde und Gönner. Einer unter ihnen ist der alte Bardo, ein erblindeter Gelehrter, der dem verblassenden Ruhm seiner einst mächtigen Familie nachtrauert. Seine bildhübsche Tochter Romola ist für ihn die einzige Stütze. Zwischen ihr und dem fremden Griechen erwächst eine Liebe, gegen die auch der Vater nichts einzuwenden hat. Aber bald fallen dunkle Schatten auf Titos geheimnisumwitterte Vergangenheit: Ist er überhaupt derjenige, für den er sich ausgibt?

Band 14 189 / DM 15,00
ANATOLE FRANCE
JEANNE D'ARC / DIE GÖTTER DÜRSTEN
644 Seiten

Zwei Hauptwerke des französischen Nobelpreisträgers Anatole France (1844–1924), der ein großer Stilist und brillanter Erzähler war.

In Jeanne d'Arc rekonstruiert Anatole France das Leben der Jungfrau von Orleans, die sich während des Hundertjährigen Krieges berufen fühlte, Frankreich von den Engländern zu befreien – eine Entscheidung, die ihr zum Verhängnis wurde.

Die Götter dürsten erzählt die Geschichte des jungen Evarist Gamelin, der als Maler keinen Erfolg hat. Trost findet er nur bei Elodie Blaise, der unbekümmerten und hübschen Tochter eines Kunsthändlers. Die junge Frau weiß jedoch, daß ihr Vater eine Heirat mit allen Mitteln verhindern würde. Sie versucht daher, den allzu tugendhaften Evarist in eine Affäre zu locken …

Band 14 196 / DM 22,90 (Schuberausgabe)
HENRYK SIENKIEWICZ
MIT FEUER UND SCHWERT
1344 Seiten

Erstmals ungekürzt in deutscher Sprache: Das polnische
Nationalepos des Literaturnobelpreisträgers Henryk Sienkiewicz (1846–1916). Auf über 1300 Seiten schildert der Autor
von Quo Vadis? den erbitterten Kampf der ukrainischen
Kosaken gegen die polnisch-litauische Union im 17. Jahrhundert – Ein Kampf, der das Gesicht Osteuropas nachhaltig
geprägt hat. Auf Seiten der Union stehen der unerbittliche
Prinz Jaroma und seine treuen Gefährten, während sich die
rebellierenden Kosaken unter dem Banner des charismati-
schen Zaporoger-Hetmans Chmel'nieckij vereinen. Die Auseinandersetzung zwischen diesen Kräften, die menschlichen
Schicksale, die damit verbunden sind, werden von Sienkiewicz zu einer Saga verdichtet, die in der europäischen Litera-
turgeschichte ihresgleichen sucht.

Band 14 201 / DM 15,00
BENITO PÉREZ GALDÓS
DIE BELAGERUNG VON GERONA / CÁDIZ
462 Seiten

Wir schreiben das Jahr 1809, als der Widerstand gegen napoleon in Spanien mehr und mehr zu einem Aufstand gegen die
eigene Regierung wurde und zu den traditionellen Stände-
vertretungen erstmals gewählte Volksvertreter hinzukom-
men. Der junge Held Gabriel Araceli erfährt von der für Spanien mit großen Entbehrungen und Verlusten verbundenen
Belagerung von Gerona und sieht sich in Cádiz mit einem
Nebenbuhler konfrontiert, der ihm seine Geliebte Inés streitig
macht. Doch das ist erst der Beginn von Verwicklungen, wie
sie sich nur in den großen Romanen des vergangenen Jahrhunderts finden.